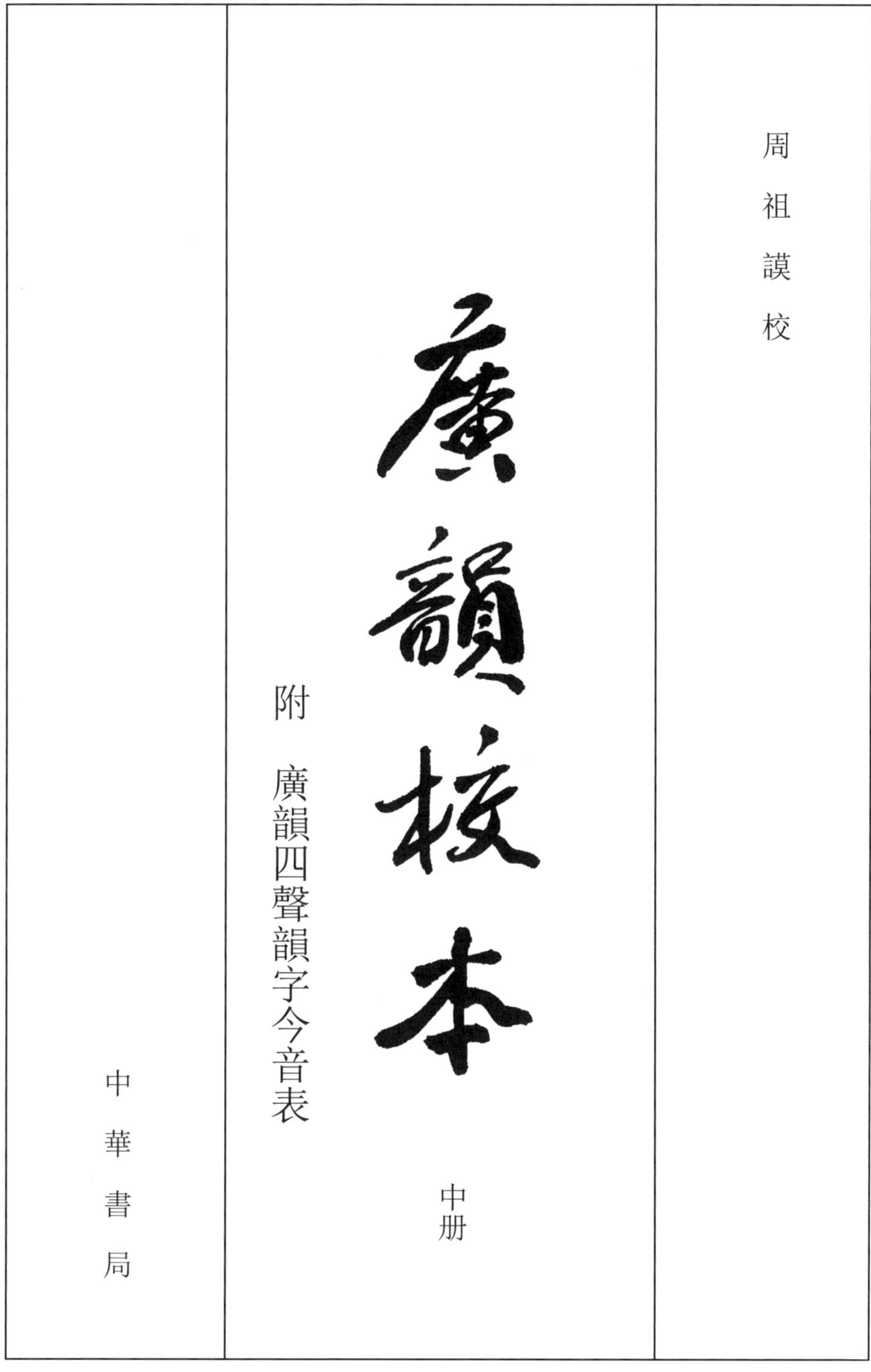

周祖謨校

廣韻校本

中册

附　廣韻四聲韻字今音表

中華書局

周祖謨校

廣韻校本

附 廣韻四聲韻字今音表

上册

中華書局

圖書在版編目(CIP)數據

廣韻校本:附廣韻四聲韻字今音表/周祖謨校. —4版.
—北京:中華書局,2011.2(2025.5重印)
(音韻學叢書)
ISBN 978-7-101-07611-0

Ⅰ.廣… Ⅱ.周… Ⅲ.①韻書-中國-北宋②廣韻-校勘 Ⅳ.H113.3

中國版本圖書館CIP數據核字(2010)第194682號

封面設計:劉　麗
責任印製:韓馨雨

音韻學叢書
廣　韻　校　本
附廣韻四聲韻字今音表
(全三册)
周祖謨 校
*
中華書局出版發行
(北京市豐臺區太平橋西里38號　100073)
http://www.zhbc.com.cn
E-mail:zhbc@zhbc.com.cn
北京新華印刷有限公司印刷
*
710×1000毫米 1/16・92¾印張・6插頁・367千字
1960年10月第1版　1988年2月第2版
2004年6月第3版　2011年2月第4版
2025年5月第6次印刷
印數:8801-9400册　定價:358.00元

ISBN 978-7-101-07611-0

《音韻學叢書》出版説明

我國古代音韻學的研究源遠流長，自漢末魏晋始，各個歷史時期都留下了不同類型的音韻學文獻。這些文獻既包括古人分析和描寫古漢語語音的韻書、韻圖，也包括系統研究古漢語語音狀况的古音學專著，可謂彌足珍貴。二十世紀以後，隨著西方語言學理論的引入，音韻學在研究方法和研究材料上都有較大突破，出現了一批經典著作，成爲進一步開展音韻學研究的出發點。

自二十世紀五十年代起，中華書局出版了一系列音韻學古籍、研究專著和論文集，其中一部分收入《音韻學叢書》《韻學叢書》等叢書中，内容涵蓋了上古音、中古音、近代音和等韻學等音韻學的主要研究領域，對促進音韻學研究的發展，起到了積極的作用。但由於出版時間不一，這些書籍的出版體例未能統一，所收書的種類亦不能完全滿足學界的需要，因此我們决定重新編輯出版一套《音韻學叢書》。

這套《音韻學叢書》將以整理我國音韻學古籍爲主要内容，遵循工具性、資料性和權威性的原則，力求爲音韻學研究提供版本可靠、校勘精良、使用方便、全面系統的文獻資料。主要收録：音韻學傳世和出土文獻及其整理校勘成果，主要包括各個歷史階段出現的韻書、韻圖，此外還將適當選收與音韻學關係密切的佛典音義、域外對音等古籍文獻；清代及清代以前學者的音韻學研究著作及其點校整理本。此外，由於二十世紀以來某些現代學者具有標誌性的音韻學研究專著和文集已經成爲音韻學研究的經典著作，《音韻學叢書》也將酌情收入。

中華書局編輯部

二〇〇九年二月

《廣韻校本》再版説明

周祖謨先生的《廣韻校本》（全二册）由中華書局於一九六〇年出版。一九八八年再版時，增加了周士琦先生編的《〈廣韻校本〉部首檢字表》。二〇〇四年三版時，將《廣韻校本》納入到《韻學叢書》中，開本也隨之改變爲大三十二開，未再收入《〈廣韻校本〉部首檢字表》。

此次再版，我們對全書重作了校訂，改正了原本中的部分錯誤，增補了一些内容。收入《音韻學叢書》之中，釐爲三册。上册爲《宋本廣韻》，中册爲《廣韻校勘記》《廣韻校勘記補遺》《廣韻校勘記再補》。下册收入《〈廣韻校本〉部首檢字表》和原先單行的《廣韻四聲韻字今音表》，並征得李葆嘉先生的同意，將其《〈廣韻四聲韻字今音表〉校讀記》一併收入，以更加方便讀者使用和查檢。

中華書局編輯部

二〇一〇年九月

《廣韻校本》總目

上册

序言（周祖謨）……一
校例……一
宋本廣韻……一
　重刊廣韻序……三
　重刊古本廣韻序……五
　大宋重修廣韻牒、切韻序、唐韻序……一一
　廣韻上平聲卷第一……二三
　廣韻下平聲卷第二……一三三
　廣韻上聲卷第三……二三五
　廣韻去聲卷第四……三四一
　廣韻入聲卷第五……四四九
　雙聲疊韻法……五四九
　六書……五四九
　八體……五五〇
　辯字五音法……五五〇
　辯十四聲例法……五五〇
　辯四聲輕重濁法……五五一
　跋……五五五
廣韻收字與唐本韻書歸韻異同表……五五七

中册

廣韻校勘記卷一……五六五
廣韻校勘記卷二……六九七
廣韻校勘記卷三……七八九
廣韻校勘記卷四……九〇七
廣韻校勘記卷五……一〇五五
廣韻校勘記補遺……一一六一
　上平聲……一一六一
　下平聲……一一六五
　上聲……一一六七
　去聲……一一七二
　入声……一一七五
廣韻校勘記再補……一一八一

下册

部首检字表（周士琦）……001
廣韻四聲韻字今音表（周祖謨）……157
廣韻四聲韻字今音表（李葆嘉）……249

序言

廣韻一書有詳注本及略注本兩種。詳注本爲宋陳彭年等原著，略注本則爲元人據宋本删削而成者。明人所見多爲略注本，詳注本流傳甚少。至淸初，張士俊乃據汲古閣毛氏所藏宋本及徐元文所藏宋本校訂重雕，廣韻原書面目始爲世人所知。其後曹寅亦曾據宋本雕板，但行款與宋本不同。曹刻印本較少，故不若張刻流傳之廣。

惟張氏刻書頗好點竄，顧千里嘗疑其所刻廣韻亦有增改，但以不見徐元文所藏宋本，未敢斷言。及至淸末，楊守敬於日本獲得宋本，與張氏所據宋本刊工姓名相同，取與張刻相校，頗有不同，乃知張氏確有校改。楊氏日本訪書志云：「原本謬訛不少，張氏校改撲塵之功誠不可沒。然亦有本不誤而以爲誤者，有顯然訛誤而未校

出者，有宜存而徑改者。」是張氏所改亦不完全確當。爾後黎庶昌又以楊守敬所得宋本廣韻刻入古逸叢書中。本擬全據宋本，不加校改，但雕板之時黎氏復據張本刊正，增改之處頗多。宋本與張本不同者，從原本者十之二，從張本者十之八。原本不誤因校改而誤者亦復不少。故廣韻一書始終缺一完善之刻本。宋本面目惟有憑藉黎刻所附校札始得窺其大略。

邇來古本秘笈流傳較廣。去年得見傅氏雙鑑樓及日本金澤文庫所藏北宋監本廣韻照片，又見涵芬樓所藏景寫南宋監本。北宋監本與南宋監本刊工姓名不同，文字亦略有出入。涵芬樓所藏景寫南宋監本與黎氏校札所言宋本相同，與張氏澤存堂本亦極相近，由是始知張黎兩本所據同爲南宋監本。因以澤存堂初印本爲底本，參照各本，以復宋本之舊。其後復取四部叢刊景印南宋巾箱本、曹刻楝亭

五種本、黎刻古逸叢書覆元泰定本以及顧炎武翻刻明經廠略注本，校其異同。苟有可采，悉加擇錄。進而博考羣書，並參考今日所見唐本韻書，以正宋人重修之失。最後寫爲定本，並撰述校勘記五卷，附於校本之後，以便尋案。

考廣韻之作乃據唐本切韻纂錄而成，雖經陳彭年、丘雍等校讎刊正，其中錯亂乖謬之處尚多。就全書體制而言，則有以下數端：一曰體例不一。例如反切依例當列於本字訓釋之末，而間有列於訓釋之前者；注文所出又音稱「又某某二切」，間有作「又某切又某切」者。張本雖依例校改，亦未能盡。二曰解說有誤。韻書初製，本依音繫字，取便尋覽。每字之下，僅麤具訓釋而已。及孫愐著唐韻，乃詳姓氏，解名物，援引憑據，注文漸繁。後來作者，務求詳備，倉卒寫就，難免譌誤。廣韻因承唐本之舊，遂亦以譌傳譌。如

哿韻左字下謂觸龍爲秦人，矦韻矦字下謂矦獳複姓豎矦是也。三曰誤記書名。如虞韻氍下引通俗文誤爲風俗通，遇韻芋下引廣志誤爲廣雅是也。四曰引書割裂。如引釋名、山海經等書每每節取改易，甚至文義不全，難以理解。五曰抄撮古書全與字義無關。如號韻旄下「狗足旄毛」乃爾雅釋獸文，魚韻鐻下「鐻耳之傑」乃左思魏都賦文，皆非「旄」、「鐻」義訓，引猶不引。如此之類，自唐韻已然。校記中間亦注明，用祛疑惑。其無礙文義者，則不復一一考證，以免繁瑣。

至於書中文字譌奪音義錯亂者尤多。論形體，則有字體不正，於音義不合者；有本非一字，誤合爲一者；有本爲一字之譌體，誤分之爲二者；有此字之或體誤屬於他字之下者。論聲音，則有反切又音譌誤者；有形譌而別作一音者；有字本不誤，因纂者所據之舊

音反切文字有誤而別出一音者；有抄寫錯行，於音不合者；有字音與諧聲偏旁不合而爲纂集之誤者。論義訓，則有與古書不合者；有形音不誤，而義訓乖謬者；有承前代字書之誤，以兩字之義合併於一字之下者；有同紐之內上下文字脫奪，以致注釋相亂者。今於形體則審其音義及隸變草變正譌之例，別考字書，以正其誤。於聲音則辨別諧聲，並參考隋唐以前之反切定其然否。於義訓則根據聲音形體交相證發，並尋繹古書之訓釋，以正其疏失。凡有校改，皆標記書上。非有確證，不敢妄下雌黄。

昔讀黄丕烈藏書題識，知段玉裁有廣韻校本。近得見王國維所臨黄丕烈過錄之段校本，書中訂正廣韻之誤字極多。王氏亦嘗以宋刊巾箱本校澤存堂本，後又以切韻唐韻通勘廣韻，標出陸孫二家原有之字。趙斐雲先生復重校一過，益以故宫博物院所藏王仁昫刊謬

補缺切韻，朱墨琳琅，用力甚勤。今得綜覈各本匯事校讎者，實得前輩之啓發。但廣韻雖爲韻書，實兼字書之用，乃唐以前文字訓詁之總匯，欲一一校訂無誤，亦非易事。惟期引證翔實，便於應用而已。於所不知，則闕而不論。校勘時復承斐雲先生懇切指示，並惠借資料，受益實多。今略陳旨趣，惟覽者詳焉。

一九三七年三月周祖謨序。　一九五八年重訂。

校例

一、本書以張士俊澤存堂本廣韻爲底本，據傅氏雙鑑樓及日本金澤文庫所藏北宋刻本、涵芬樓所藏景宋寫本、涵芬樓覆印宋刊巾箱本、黎刻古逸叢書本、曹刻楝亭五種本、雠校異同，以訂正張刻之誤。

二、廣韻舊有略注本，多刻於元明兩代，其中文字亦足與詳本互證。今參校黎刻古逸叢書中元泰定本及顧炎武翻刻明經廠本，凡有可取，皆列入校勘記。

三、廣韻據唐本韻書修輯而成，審核不精，頗有譌誤。今取殘存之唐人韻書考案訂正之。本書參考之唐人韻書殘本凡二十種。國內保存者，有清末蔣斧舊藏之唐韻殘卷（簡稱唐韻），故宮博

物院所藏之王仁昫刊謬補缺切韻（簡稱故宫王韻）及卞永譽式古堂書畫彙考所錄明項子京所藏唐韻序（簡稱卞錄唐韻序）三種。國外收藏者，有英國倫敦博物院所藏得自敦煌之切韻殘卷三種（簡稱切一，切二，切三）。法國巴黎國家圖書館所藏得自敦煌之王仁昫刊謬補缺切韻（簡稱敦煌王韻），五代刻本韻書殘葉，刻本韻書五五三一（五五三一爲法人伯希和之標號，以下並同），切韻殘葉二〇一七，唐切韻殘葉二〇一六，唐韻殘葉二〇一八，唐本韻書殘葉二〇一九，劉復敦煌掇瑣所錄韻書序甲本（簡稱掇瑣甲本），韻書序乙本（簡稱掇瑣乙本）九種。德國人所藏得自吐魯番之唐人韻書殘片兩種（簡稱韻書殘片一，韻書殘片二），刻本切韻一種，刻本韻書殘葉一種。日本大谷光瑞西域考古圖譜所收得自吐峪溝之唐寫本韻書斷片一種。

四、校勘記依據張氏澤存堂原刻本而作，每葉有校語者皆分别標明數字，讀者可就原書葉次依數字檢查校勘記。

五、黄丕烈所臨段玉裁校本廣韻，改正譌字甚多。段氏校語，今皆采入。段校有未舉證據者，今略爲補充，以便參考。

六、凡張刻本文字確知爲誤字者，即於字旁用×號標出，别記正字於書上。衍文亦用×號標明，於書上記明某字當删。其有脱奪宜增補者，即於脱奪處以㇏號識之，記當補之字於書上。

七、廣韻中一字有兩音者皆按音分載兩處。但亦有此處注文注明又音而彼處不見其字者，今皆於校勘記中指出。惟廣韻注中所記又音，或因承舊本，或出自宋人增補，聲韻不合在所難免。每有不見於又音所指之韻，而見於鄰近之韻者。但所見是否即爲所指，尚在疑似之間。今亦指出，以便尋案。

八、廣韻字下注有又音，該字未曾互見者，除上文所言疑似之類不論外，均於缺載處補出，但列於一紐之末。爲免與原書相混，僅記於書上，而補處以△號識之。若當見之處無此一紐者，則記於韻末，以○號識之。如此，廣韻全書所出之字音皆已具備。凡字下注有又音，該字未曾互見，而本書已增補者，均於注文又音旁以✓號識之。

九、廣韻注中所記說文又音某、應劭音某、王肅音某、何承天音某、顏師古又音某等與互注之又音不同，即使未曾互見，亦不增補。

十、傅氏雙鑑樓所藏北宋本廣韻存上平、上、去三卷，校勘記中簡稱北宋本。日本金澤文庫所藏北宋本廣韻五卷，簡稱日本宋本。涵芬樓所藏景宋寫本，簡稱景宋本。四部叢刊覆印宋刊巾

箱本，簡稱巾箱本。黎氏古逸叢書所據之宋本（即黎氏校札中所稱宋本），今稱黎氏所據本。黎氏古逸叢書本，簡稱黎本。曹氏楝亭五種本，簡稱楝亭本。黎氏古逸叢書覆元泰定刊本，簡稱元泰定本。顧翻明經廠本，簡稱明本。

張氏重刊

宋本廣韻

澤存堂藏板

重刊廣韻序

聲韻之學盛于六代周顒以天子聖哲分四聲而學者言韻悉本沈約顧其書終莫有傳者今之廣韻源於陸法言切韻而長孫納言爲之箋注者也其後諸家各有增加已非廣韻之舊然分韻二百有六部未之紊焉自平水劉淵淳祐中始併爲一百七韻於是合殷于文合隱于吻合焮于問盡率唐人之官韻好異者又惑于婆羅門書取華嚴字母三十有六顛倒倫次審其音而紊其序逮洪武正韻出脣齒之不分清濁之莫辨雖以天子之尊行之不遠則是非之心

顒張氏棧刻改作捨

人皆有之矣曩崑山顧處士炎武校廣韻力欲復古刊之淮陰苐仍明内庫鏤板緣古本箋注多寡不齊中消取而删之略均其字數頗失作者之旨吴下張上舍士俊有憂之訪諸琴川毛氏得宋時鋟本證以藏書家所傳抄務合乎景德祥符而後已抑何其用力之勤與嗟夫韻學之不講久矣近有嶺外妄男子僞撰沈約之書以眡于世信而不疑者有焉幸而廣韻僅存則天之未喪斯文也吾故序之俾海内之言韻者必以是書爲準康熙四十有三年六月秀水朱彝尊書

重刊古本廣韻序

吳門張氏刻古本廣韻成余亟稱其書之善謂古音之條理猶可攷見者獨賴此書之存文人學士宜家置一編而人或未喻有問余者曰韻爲詩設也詩人用韻樂寬而苦狹今世俗通行之譜僅一百七韻此書乃分爲二百六韻得無繁碎而窘於押用乎荅曰韻本乎聲聲之自出有脣舌齒牙喉之異有輕重清濁陰陽之殊其播爲音也有宫商角徵羽之辨昔人精於審音條分縷析如冬鍾必分爲二支脂之必分爲三删山先仙必分爲四豈好爲繁瑣哉亦本其自

然之音使各得其所而已後世讀字失其本音不曉分韻之故遂舉而併省之使古音之相近而不相侵者雜然混而爲一失莫甚焉賴有此書而最初立韻之部分犁然具在蓋自陸法言等數人斟酌古今南北勒成一書歷代增修雖有切韻唐韻廣韻之異名而部分無改唐宋用以取士謂之官韻與九經同頒無敢出入宋末元初始加改併名爲併其所通用實則非通而併且闌入他韻者多矣今學詩者必宗唐宋而用韻不從唐宋其可乎從此書所標之通用者韻固未嘗狹也而無訛濫之失不亦善乎客曰部分

 一

則聞命矣書中收字太多不盡適於用且有一字而三四韻並收者於義何居曰此書之作不專爲韻也取說文字林玉篇所有之字而畢載之且增益其未備釐正其字體欲使學者一覽而聲音文字包舉無遺故說文字林玉篇之書不可以該音學而廣韻一書可以該六書之學其用宏矣若夫一字而具數音或有異義或無異義此即轉注假借之法屈宋以降迄唐名人率多用之自後世删去複字而古人有韻之文多不可讀一披廣韻而其字具在非出韻也非叶韻也夫韻書之作非專爲詩非專爲近體也以爲

賦頌箴銘以爲長篇古體惟恐其字之易盡也而何嫌於繁乎曰本文之浩博可也小注則粗明字義可矣而何姓氏地理物類方言之旁羅曲載乎曰此正古人之善著書也其人既博極古今而爲書之意欲舉天地民物之大悉入其中凡經史子志九流百家僻書隱籍無不摭采一公字也而載人姓名至千有餘言一楓字也而蚩尤桎梏化楓楓脂入地千年變虎魄之説無不備録不惟學者可以廣異聞資多識而世本姓苑百家譜英賢傳續漢書魏略三輔決録等古書數十種不存於今者賴其徵引班班可見有

功於載籍亦大矣而近代刻廣韻者盡刪去之此古本之所以尤可貴也先師顧亭林深明音學憫學者泥今而昧古實始表章此書刻之淮上然其所見乃内府刊本已經刪削者久而覺其書之不完作後序以志遺憾近歲来始見宋鋟本於崑山徐相國家借録以歸張子士俊孜孜好古得舊刻於毛氏而缺其一帙余乃畀以寫本精加挍讎梓之行世因以告客之語書于簡端若夫極論古今音之異同得失而折衷之以經則有先師之音學五書在學者究觀焉可也舊史氏松陵潘耒書

大宋重修廣韻一部

凡二万六千一百九十四言

注一十九万一千六百九十二字

準[1]景德四年十一月十五日

勅[2]四聲成文六書垂法乃經籍之資始寔簡册之攸先自吴楚辨音隷古分體年祀寖遠攻習多門偏旁由是差譌傳寫以之漏落矧注解之未備諒教授之何從爰命討論特加刊正仍令摹印用廣頒行期後學之無疑俾永代而作則宜令崇文院雕[3]印送國子監依九經書例施行牒至準

勑故牒

又準大中祥符元年六月五日

勑道有形器之適物有象數之滋一爻始畫於龍圖八體遂生於鳥跡書契是造文字教興踵事增華觸類浸長沿賡載以變本尚諧律之諧音集韻成書抑亦久矣朕聿遵

先志導揚素風設教崇文懸科取士考覈程準兹實用焉而舊本既譌學者多誤必豕魚之盡革乃朱紫以洞分爰擇儒臣叶宣精力校讎增損質正刊修綜其綱條灼然叙列俾之摹刻垂于將來仍特換於新

[1] 彥

名庶永昭於成績宜改爲大宋重修廣韻牒至準

勑故牒

陸法言撰本　長孫訥言箋注

儀同三司劉臻　外史顏之推

著作郎魏淵[1]　武陽太守盧思道

散騎常侍李若　國子博士蕭該

蜀王諮議參軍辛德源

吏部侍郎薛道衡已上八人同撰集

郭知玄拾遺緒正更以朱箋三百字

關亮增加字　薛峋增加字

3 古
5 涉

王仁昫增加字　祝尚丘增加字

孫愐增加字　嚴寶文增加字

裴務齊增加字　陳道固增加字

更有諸家增字及義理釋訓悉纂略備載卷中

勒成一部進上

勑賜絹五百疋

昔開皇初有儀[2]同劉臻等八人同詣法言門宿夜永

酒闌論及音韻以今[3]聲調既自有別諸家取捨[4]亦復

不同吳楚則時傷輕淺燕趙則[5]多傷重濁秦隴則去

聲爲入梁益則平聲似去又支章移切[6] 脂旨夷切 魚語居切

虞遇俱切[1]共爲一[2]韻先蘇前切仙相然切尤于求切侯胡溝切俱
論是切欲廣文路自可清濁皆通若賞知音即須輕
重有異呂靜韻集夏侯該[3]韻略陽休之韻略[4]周思言
音韻李季節音譜杜臺卿韻略等各有乖互江東取
韻與河北復殊因論南北是非古今通塞欲更捃選
精切除削疏緩蕭[5]顏多所決定魏著作謂法言曰向
來論難疑處悉盡何[6]不隨口記之我輩數人定則定
矣法言即燭下握筆略記綱紀[7]博問英辯殆得精華
於是更涉餘學兼從薄宦[8]十數年間不遑修集今返[9]
初服私訓諸弟[10]子凡有文藻即須明[11]聲韻屏居山野

14 也

15 訥言謂陸生此製

16 權而論之

17 若

20 弱冠嘗覽顏公字樣

21 悟

24 以

交游阻絕疑惑之所質問無從亡者則生死路殊空
懷可作之歎存者則貴賤禮隔[12]以報絕交之旨遂取
諸家音韻古今字書以前所記者定之爲切韻五卷
剖析豪氂分別黍累何煩泣玉[13]未得縣金藏之名山
昔怪馬遷之言大持以蓋醬今歎楊雄之口吃非是
小子專輒乃述羣賢遺意寧敢施行人世直欲不出
戶庭于時歲次辛酉大隋仁壽元年[14]　訥言[15]曰此製
酌古沿今[16]無以加也然古[17]傳之已久多失本源[18]差之
一畫[19]詎惟千里[20]見炙從肉莫究厥由輒意形聲固當
從夕及其晤[21]矣彼乃乖斯若靡馮[22]焉他皆倣[23]此頃[24]佩

1 揩
3 盪
4 乃廣
7 撤
8 又加六百字用補闕遺
9 類
10 但稱案者俱非舊說
12 也
13 者

經之隙沐雨之餘楷[1]其紕繆疇茲得失銀鉤[2]創閱晉豕成羣盪[3]櫛行披魯魚盈貫遂[4]銜金篆遐泝石渠略題會意之辞[5]仍記所由之典亦有一文兩體[6]不復備陳數字同歸惟其擇善勿謂有增有減便慮不同一點一畫咸資別據[8]其有類[9]雜並爲訓解[10]傳之不[11]謬庶埒箋云[7]于時歲次丁丑大唐儀鳳二年[12]

前費州多田縣丞郭知玄拾遺緒正更以朱箋三百字其新加無反音[13]皆同上音也

陳州司法孫愐唐韻序

蓋[14]聞文字聿興音韻乃作[15]蒼頡爾雅爲首詩頌次之

三·八西　韻上平　四　方至

則有字統字林韻集韻略述作頗衆得失互[16]分惟陸生[17]切韻盛行於世[18]然隨[19]珠尚纇虹[20]玉仍瑕注有[21]差錯文復漏誤若無刊正何以討論我國家偃武修文大崇[22]儒術置集賢之院召才學之流自開闢以來未有如今日之盛上行下效比屋可封輒[23]罄謏聞敢補遺闕兼習諸書具[24]爲訓解州縣名号亦據今時字[25]體從木從才著彳著亻施[26]攴施攵安尒安禾並悉具言庶無紕繆其有異聞奇怪傳說[27]姓氏原由土地物産山河草木鳥獸蟲魚備載其間皆引[28]憑據[29]隨韻編紀添彼數家勒成一書名曰[30]唐韻蓋取周易周禮之義也

5 梁　　9 二　10 戰

及[1]案三蒼爾雅字統字[2]林說文玉篇石經聲韻聲[3]譜九經諸子史漢三國志[4]晉宋後魏周隋陳宋[5]兩齊書本草姓苑風俗通古今注賈執姓氏英賢傳王僧孺百家譜[6]周何潔集文選諸集孝子傳輿地志[7]及武德已[8]來創置迄開元三[9]十年並列注中等夫輿誦流[10]汗交集愧以上陳天心又有元青子吉成子者則汝陽侯榮之曾孫卓尒好古博通內外遁祿巖嶺吐納自然抗志鈐鍵棲神梵宇淡泊無事希夷絕塵倏忽風雲靈餤怡懌考窮史籍廣覽羣書欲令清濁昭然學之上有終日而忘食有連宵而不寐案搜神記精怪

圖山海經博物志四夷傳大荒經南越志西域記西
壑傳漢纂藥論證俗方言御覽字府及九經三史諸
子中遺漏要字訓義解釋多有不載必具言之子細
研窮究其巢穴澄凝微思鄭重詳思輕重斯分不令
恩糅緘之金篋珍之寶之而已哉寧辭阻險敢不躬
談一訢愚心克諧雅況依次編記而不別番其一字
數訓則執優而尸之劣而副之其有或假不失元本
以四聲尋譯冀覽者去疑宿滯者豁如也又紐其脣
齒喉舌牙部件而次之有可紐不可行之及古體有
依約之並采[11]以爲證庶無壅而昭其憑[12]起終五年精

成一部前後總加四萬二千三百八十三言仍篆隸

石經勒存正體幸不譏繁于時歲次辛卯天寶十[1]

載也

論曰切韻者本乎四聲紐以雙聲疊韻欲使文章麗

則韻調精明於古人耳或人不達文性便格於五音

爲足[2]夫五音者五行之響八音之和四聲間迭在其

中矣必以五音爲定則參宫參羽半徵半商引字調

音各自有清濁若細分其條目則令韻部繁碎徒拘

桎於文辞[3]耳

廣韻上平聲卷第一

東第一 德紅 獨用
冬第二 都宗 鍾同用
鍾第三 職容
江第四 古雙 獨用
支第五 章移 脂之同用
脂第六 旨夷
之第七 止而
微第八 無非 獨用
魚第九 語居 獨用
虞第十 遇俱 模同用
模第十一 莫胡
齊第十二 祖奚 獨用
佳第十三 古膎 皆同用
皆第十四 古諧
灰第十五 呼[1]恢 咍同用
咍第十六 呼來
眞第十七 職鄰 諄臻同用
諄第十八 之純

側詵臻第十九　武分文第二十欣同用[2]

許巾欣第二十一[3][4]　語袁元第二十二魂痕同用

戶昆魂第二十三　戶恩痕第二十四

胡安寒第二十五桓同用　平官桓第二十六

所姦刪第二十七山同用　所閒山第二十八

一東春方也說文曰動也从日在木中亦東風菜廣州記云陸地生莖赤和肉作羹味如酪香似蘭吳都賦云草則東風扶留又姓舜七友有東不訾又漢複姓十三[5]氏左傳魯卿東門襄仲後因氏焉齊有大夫東郭偃又有東宮得臣晉有東關嬖五神仙傳有廣陵人東陵聖母適杜氏齊景公時有隱居東陵者乃以爲氏世本宋大夫東鄉爲賈執[6]英賢傳云今高密有東鄉姓宋有貟外郎東陽無疑撰齊諧記七卷昔有東閭子嘗[7]富貴後乞於道云吾爲相六年未薦一士夏禹之後東樓公封于杞後以爲氏莊子東野稷漢有平原東方朔曹瞞傳有南陽太守東里昆何氏姓苑有東萊氏德紅切十七　菄東風菜義見上注俗加艹　鶇鶇鳿鳥名美形出廣雅亦作⿱鳥東[8]　䍶獸名

6 人

8 ⿱鳥東

山海經曰秦[1]戲山有獸狀如羊一角一目目在耳後其名曰䍶又音陳音棟倲儱倲儜劣[2]皃出字諟倲上同𩟼地理志云
東郡館名⿰忄仝古文見道經涷瀧涷沾漬說文曰水出發鳩山入於河又都貢切蝀螮蝀虹也又音董凍凍淩又都
貢切鯟魚名似鯉徚行皃崠崠如山名埬上埬地名𧑆蛞𧑆科斗蟲也案爾雅曰科斗活東郭璞云蝦蟆子
也字俗從䖵䰤醜皃○同齊也共也輩也合也律歷有六同亦州春秋時晉夷吾獻其西河地於秦七國時屬魏秦幷天下爲內史
之地漢武更名馮翊又有九龍泉泉有九源同爲一流因以名之又羌複姓有同蹄氏望在勃海徒紅切四十五仝古文出道書童
童獨也言童子未有室家也又姓出東莞漢有琅邪內史童仲玉僮僮僕又頑也癡也又姓漢有交阯刺史僮尹出風俗通銅金之
一品桐木名月令曰清明之日桐始華又桐廬縣在睦[3]州亦姓有桐君藥錄兩卷峒崆峒山名硐磨也⿰舟同⿰舟同舩⿰豸同獸似[4]
豕出泰山筒竹筒又竹名射筒吳都賦曰其竹則桂箭射筒曈目曈⿰甬瓦⿰甬瓦瓦⿰同瓦上同罿車上網又音衝犝
犝牛無角筩竹筩潼水名出廣漢郡亦關名又通[5]衝二音曈曈曨日欲明也又他孔切洞洪洞縣名在晉州北又徒
弄切侗楊子法言云倥侗顓蒙橦木名花可爲布出字書又鍾橦二音烔熱氣烔烔出字林𪆮鸏𪆮水鳥黃喙喙長

9 鼕

13 達

△ 沖本韻敕中沖切又音蟲

尺餘南人以爲酒器出劉欣期交州記 挏引也漢官名有[6]挏馬又音動 酮馬酪又音動 鮦爾雅云鱰大鮦又直冢直

柳二切 𤭛井甓一云甃也 𦏁無角羊 𦍳上同 眮目眶又徒揔切 董草名又多動切 種種稑先種後熟謂之

種後種先熟謂之稑又音重 衕通街也 𩍅[7]鞍具飾也 𢈉[8]地下應聲也 𥦗通𥦗也 哃哃唐大言 𢏳弓飾

絧布名 郮鄉名 𨞺地名又姓 鼕[9]鼓聲 𪄌[10]黑虎 𪆂黑皃 ○中平也成也宜也堪也任也和也半也又姓漢少

府卿中京出風俗通又漢複姓有七氏漢有諫議大夫中行彪晉中行偃之後虞有五英之樂掌中英者因以爲氏古有隱者中梁子漢書藝

文志有室中[11]周著書十篇賈執英賢傳云路中大夫之後以路中爲氏張晏云姓路爲中大夫何氏姓苑有中壘氏中野氏陟弓切又陟仲切

四 衷善也正也適也中也又衷衣[12]褻衣也 忠無私也敬也直也厚也亦州名本漢臨江縣屬巴郡後魏置臨州貞觀爲忠州 𦬕

草名又音沖 ○蟲爾雅曰有足曰蟲無足曰豸又姓漢功臣表有曲成侯蟲進[13]直弓切七 沖和也深也 种稚也或作沖亦

姓後漢司徒河南种暠 盅器虛也又敕中切 爞爾雅云爞爞炎炎熏也 𦬕草名又音中 翀直上飛也 ○終

極也窮也竟也又姓漢有濟南終軍又漢複姓二氏東觀漢記有終利恭何氏姓苑云今下邳人也左傳郰人七族有終葵氏職戎切十五

6 倕

衆又之仲切潨小水入大水又徂紅在冬二切𣧩殁也螽螽斯蟲也蝝上同鼨豹文鼠也蔠蔠葵蘩露也
柊木名又齊人謂椎爲柊楑也霥小雨䶱字書云龜名也鴤[1]鳥名䈺篋䈺戎人呼之泈水名在襄陽
𧳧獸如豹○忡憂也敕中切三沖沖瀜水平遠之皃又[2]音蟲盅器虛也又音蟲○崇高也敬也就也聚也又姓鋤弓
切四崈上同𠞊鍤屬𩞐饞𩞐貪食也出古今字音○嵩山高也又山名又姓史記有嵩極玄子或作崧息弓切九崧
上同䳒似鷹而小能捕雀也娀有娀氏女簡狄帝嚳次妃吞乙卵生契菘菜名硹地名在遼倯姓也蜙蟲名
髶[3]細毛○戎戎狄亦助也說文作𢦦兵也又姓漢宣帝戎婕妤生中山哀王竟如融切九𢦦上同茙茙葵蜀葵也又
虜姓後魏書官氏志云南方有茙眷氏改爲茙氏也㭜木名駥馬八尺也䇀小竹可爲矢㑷㑷人身有三角也狨
細[4]布絨上同○弓弓矢釋名曰弓穹也張之穹穹[5]然也其末曰簫又謂之弭以骨爲之滑弭弭也中央曰弣弣撫也人所撫持也簫弣
之閒曰淵淵宛也言曲宛然也世本曰黃帝臣揮作弓墨子曰羿作弓孫子曰[6]倕作弓又姓魯大夫叔弓之後居戎切六躳身也親也又姓
出姓苑躬上同涫縣名在酒泉宮白虎通曰黃帝作宮室以避寒[7]暑宮之言中也世本曰禹作宮亦官名漢書曰少府

9 曹

11 [犭毋]

官有守宮令主御筆墨紙封書泥也又姓左傳虞有宮之奇　躬謹敬之皃又音穹　○融和也朗也說文曰炊气上出也又姓

世本云古天子祝融之後以戎切四　螎上同　彤[8]祭名又敕林切　瀜沖瀜大水皃　○雄雄雌也亦姓舜友有雄陶羽弓

切二　熊獸名似豕魏略曰大秦之國出玄熊亦姓左傳賢者熊宜僚又漢複姓左傳楚大夫熊率且比　○瞢目不明莫中切六　夢

說文曰不明也又武仲切　鄸邑名在魯[9]郡　懜慚也國語云君使臣懜　⿰夢色艶艶醜皃　⿰夢豕獸似豕目在耳出崐崘

○穹高也去宮切七　⿰忄宮憂也　焪乾也　芎芎藭香草根曰芎藭苗曰蘼蕪似蛇牀　⿱艹宮上同　躬謹敬之皃

䇍䇍籠也又去龍切　○窮窮極也又窮奇獸名聞人闘乃助不直者渠弓切三　藭芎藭　竆羿所封國　○馮馮翊

郡名又姓畢公高之後食采於馮城因而命氏出杜陵及長樂房戎切七　堸蟲室　汎浮也又孚劒切　芃草盛也又音蓬　⿰馮阝

姬姓之國　渢弘大聲也　梵木得風皃又防泛切　○風教也佚也告也聲也河圖曰風者天地之使元命包曰陰陽怒而爲風方

戎切七　⿰雚風古文　楓木名子[10]可爲式爾雅云楓有脂而香孫炎云欇欇生江上有奇生枝高三四尺生毛一名楓子天旱以泥泥

之即雨山海經曰黃帝殺蚩尤棄其桎梏變爲楓木脂入地千年化爲虎魄　猦猦母[11]狀如猨逢人則叩頭小打便死得風還活

2 隆　5 石　7 貌　8 甲

出異物志颫地名䫺䫺梵[1]聲也䌎竹名出南海○豐大也多也茂也盛也又酒器豆屬又姓鄭公子豐之後敷空[2]切八酆邑名亦姓左傳有狄相酆舒蘴蕪菁苗也灃水名在咸陽寷大屋麷煮麥僼偓僼仙人𡾰山名○充美也塞也行也滿也昌終切七珫珫耳玉名詩傳云充耳謂之瑱字俗從玉茺茺蔚草也㤝心動䘪䘪褌衣也𪏆黃色又音統浺水聲○隆盛也豐也大也力中切六癃病也亦作㾯𪔝[3]鼓聲俗作𪔛窿穹隆天勢俗加穴霳豐隆雷師俗加雨𡕩多𡕩礼天○空空虛書曰伯禹作司空又漢複姓有空桐空相二氏苦紅切十四箜箜篌樂器釋名云師延所作靡靡之音[4]出桑間濮上續漢書云靈帝胡服作箜篌也崆崆峒椌器物朴也又丘江切硿硿青色[5]也䅝稻稈悾悾悾信也愨也埪土埪龕也倥倥侗涳涳濛小雨又口江切䳮怪鳥出字統䓤䓤心草也𢄦[6]衣袂𧍢蟬脫𧍢皮○公通也父也正也共也官也三公論道又公者無私也從八從厶厶音私八背意也背厶爲公也亦姓漢有主爵都尉公儉又漢複姓八十五氏左傳魯有公冉務人公斂陽公何藐[7]公父歜公賓庚公思展公鉏極公申[8]叔子費宰公山弗擾[9]公甲叔公巫召伯衞有公文要戰國策齊威王時有左執法公旗蕃左傳齊悼子公旗之後左傳季武子

庶子公沮[10]後以爲氏孟子有公行子著書左傳晉成公以卿之庶子爲
公行大夫其後氏焉孔子家語魯有公冶長又公索氏將祭而亡其牲
者魯有公愼氏出娙妻又有公罔之裘揚觶者孔子弟子齊人公晳
哀陳人公良儒公西赤公祖句兹公肩定漢書藝文志有公檮子
著書又有公勝生著書濟南公玉帶上明堂圖功臣表有公師壹
晉穆公子成師之後又有公扈滿意後漢有零陵太守公仇稱晉
穆公子仇之後又弘農令北海公沙穆山陽公堵恭魏志有公夏
浩晉書有征虜長史太山公正羣成都王帳下督公帥蕃本姓公
師避晉景帝諱改爲公帥氏前趙録有犬[11]中大夫公帥式子夏門
人齊人公羊高作春秋傳列女傳有公乘之姒墨子魯有公輸班
衞大夫公叔文子史記有魯相公儀休孔子門人公休哀又有公
祈哀禮記魯大夫公明儀何氏姓苑云今高平人衞大夫公南文
子魯有公荆皎衞大夫公子荆之後魯大夫公襄昭魯襄公太子
野之後魯大夫公伯寮何氏姓苑云彭城人趙平陵太守公休勝
魯士官公爲珍魯昭公子公爲之後楚大夫公朱高宋公子子朱
之後公車氏秦公子伯車之後淮南子有公牛哀病七日化爲虎
齊公子牛之後呂氏春秋有郰大夫公息忘孟子稱公都子有學
業楚公子田食采於都邑後氏焉公劉氏后稷公劉之後古今人
表有公房皮楚公子房之後郭泰別傳有渤海公族進階衞大夫
有公上王世本有魯大夫公之文晉蒲邑大夫公佗世卿秦公子

金之後有公金氏齊公子成之後有公牽氏何氏姓苑云公右氏今琅邪人公左氏今高平人又有公言公孟公獻公留公石公旅公仲等氏
又左傳衞有庚公差以善射聞祭公謀父出自姜姓申公子福楚申公巫臣之後衞有尹公佗楚大夫逢公子仲楚白公勝之後有白公氏文
字志云魏文侯時有古樂人竇公氏獻古文樂書一篇秦有博士黃公庇古今人表神農之後有公幹仕齊爲大夫其後氏焉世本有大公叔
潁又有公紀氏衞有大夫左公子洩右公子職漢四晧有園公先生尚書僕射東郡成公敞古紅切十三　功功績也說文曰以勞定國曰功
又漢複姓何氏姓苑云漢營陵令成功恢禹治水告成功後爲氏俗作㓛　工官也又工巧也　疘文字集略云脫疘下部病也　蚣
蜈蚣蟲　玒玉名又音江　釭車釭說文曰車轂中鐵也又古雙切　魟⿰魚斤魟江蟲形似蟹可食又音烘　攻攻擊也　刅銍穫
愩憒也　碽擊聲　篢篢笠方言　○蒙覆也奄也爾雅釋草曰蒙王女也莫紅切二十六　冡說文覆也　濛涳濛
細雨　⿰馬蒙驢子曰⿰馬蒙　艨艨艟戰船又[2]武用切　朦大皃　矇矇瞽　饛盛食滿皃　⿱髟蒙馬垂鬣也　檬似[3]槐葉黃
⿰酉冡麴生衣皃　⿺麥冡上同　⿰酉⿱冡皿[4]亦上同　鸏鸏⿰童鳥鳥也　幪覆也蓋衣也又幪轂　罞爾雅曰麋罟謂之罞　幏說文
云蓋衣也又莫弄切　髳爾雅釋詁曰覭髳茀離也　蠓蠛蠓似蚊又莫孔切　夢草可爲帚　雺天氣下地不應曰雺又莫候[5]切

霿霥並上同 朦朦朧月下 ⿱窗皿器滿 懞心悶闇也 霥小雨 ○籠西京雜記曰漢制天子以象牙爲火籠盧紅切又力董切二十七 豅大谷 龒說文云房室之疏也亦作櫳 朧朦朧 ⿱龍口大聲 ⿰頁龍大⿰頁龍[6]頭 ⿰革龍上同 瀧瀧涷沾漬說文曰雨瀧瀧也 聾耳聾左傳云不聽五聲之和曰聾釋名曰聾籠也如在蒙籠之內不可察也 ⿰車龍軸頭 礱磨也 ⿰禾龍禾病 ⿰歹龍上同 嚨喉嚨 蘢蘢古草名又音龍 櫳檻也養獸所也 ⿱龍瓦字書云築土[7]⿱龍瓦瑴 巃巃嵸山皃嵸祖紅切又音竉摠 襱襱裙 ⿰衤同上同 瓏玲瓏玉聲 曨日欲出也 鸗鳥名 ⿰食龍⿰食龍餅 蠪蠪蛭如狐九尾虎爪音如小兒食人一名⿰虫奇蠪又爾雅曰蠪朾螘郭璞云赤駮蚍蜉 ⿰山兒崆⿰山兒山皃 ⿰山工山形 ○洪大也亦姓共工氏之後本姓共氏後改爲洪氏戶公切二十二 鉷弩牙 訌潰也詩曰蟊賊內訌 紅色也又姓 虹螮蝀也又古巷切 仜身肥大也 鴻詩傳云大曰鴻小曰鴈又姓左傳衛大夫鴻聊[8]魋 葒水草一曰蘢古詩云隰有游龍傳曰龍即紅草也字或從卄 葓上同 谼大壑又谼谷寺在相州 ⿰米工陳赤米也 烘字林云燎也又呼紅切 洚說文曰水不遵道一曰下也又戶冬下江二切 ⿰氵虹潰⿰氵虹水沸湧也 ⿰阝虫[9]從⿰阝虫山名在雲南 魟魟白魚又音烘 ⿰阝共坑也 ⿰音工大聲 ⿱工羽飛聲 ⿺風工大風 [10]⿰石夅石聲 ⿰工隹鳥肥

△烘 腫韻居悚切又戶工切

2 又

3 階

4 曈曨

△潼 本韻徒紅切又音通

大唯唯然。叢 聚也徂紅切五 藂 俗 叢 草叢生皃 潀 水會也 篵 籠篵取魚器俗。翁 老稱也亦鳥頸毛又姓漢書貨殖傳有翁伯販脂而傾縣邑烏紅切八 螉 蠮螉蟲名細要蠭也[1] 鰯 魚名 蓊 蓊鬱草木盛皃又烏桶切 䈵 竹盛皃 ⿰革翁 吳人靴靿曰⿰革翁 ⿰木翁 水⿰木翁子果名出南州 ⿰翁頁 頸毛也。悤 速也倉紅切十五 忩 俗

葱 葷菜 樬 尖頭擔也 ⿰車悤 轞車載囚 聰 聞也明也察也聽也殷仲堪父患耳聰聞牀下蟻動謂之牛鬭出晉書 繱 絕青黃文細絹 璁 石似玉也 驄 馬青白雜色 蟌 蜻蜓淮南子曰蝦蟆爲鶉水蠆爲蟌 囪 竈突 ⿰酉悤 ⿰酉悤醁濁酒

鍯 大鑿平木器 熜 熅也又子孔切 ⿸广悤 屋[3]中會又子孔切。通 達也三禮圖曰通天冠一名高山冠上之所服也亦州名本漢宕渠縣內有地萬餘頃因名爲萬州後魏以萬州居四達之路改爲通州又姓出姓苑他紅切九 蓪 蓪草藥名中有小孔通氣 侗 大也 恫 痛也 痌 上同 曈 曨[4]曈欲明之皃 俑 俑偶人又音勇 狪 獸名似豕出泰山又音同[5] ⿰足同 走皃。葼 木細枝也子紅切二十一 鬷 釜屬又姓左傳鄭大夫鬷明 嵕 九嵕山名 猣 犬生三子 豵[6] 豕生三子 鯼 石首魚名 椶 椶櫚一名蒲葵 騣 馬鬣 鬉 上同 蝬 蝑蝬蟲名 蓯 蘢蓯又作孔切 艐 書傳云三艐國名說文云船著

八十 韻上平 十二 趙中

8 下　10 瀧　12 ⿰目曾　13 伯　14 彧

沙不行也蝬三蝬蛤屬出臨海異物志堫種也⿰石㚇石也⿰耳㚇聳翅上[8]皃緵縷也又作弄切⿱山㚇飛而斂足又子貢切

⿰亻㚇數也稯禾束鬉毛亂○蓬草名亦州名周割巴州之伏虞郡於此置蓬州因蓬山而名之薄紅切十⿱竹夆

車⿱夆車篷織竹夾箬覆舟也髼髼鬆髮亂皃蜂蟲名出蒼頡篇又音峯芃芃芃草盛皃又音馮袶

爾雅曰囷衱袶亦作袶又音降韸[9]鼓聲驡充塞皃又音龍[10]⿸風凡風皃又[11]步留切○烘火皃呼東切又音紅六叿

叿叿市人聲魟河魚似鼈谾谷空皃出字林⿰言共⿰言共訌大聲⿸風共大風○⿰山兇崆⿰山兇山皃五東切又魚江切一

○檧小籠蘇公切又先孔切三憽惺憽了慧人也⿰目曾[12]⿰目曾白皃出聲譜

二○冬四時之末尸子曰冬爲信北方爲冬冬終也又姓前燕慕容皝左司馬冬壽都宗切七⿱自大古文苳草名⿰冬鳥

⿰冬鳥鳥好入水食似鳧形小笗竹名⿱雨冬雨皃⿰豸冬獸如豹有角○彤赤也丹飾也亦姓彤伯爲成王宗枝[13]徒冬切二

十二疼痛也佟姓也北燕錄有遼東佟萬以文章知名炵火威[14]皃又他冬切⿰虫鳥鳥名⿰虫鳥渠狀如山雞黑身赤足

出山海經也鼕鼓聲⿰忄蟲⿰忄蟲⿰忄蟲憂也出楚詞[15]⿰⿱宀口攴擊空聲爞旱熱⿰忄冬惶也痋動[16]病⿰矛虫刺矛鉵

4爲　6聲　7鼕

大鉏赨赤色䲴[1]黑虎浵水名亦水皃䶱龜名又音終𡰢[2]楚云深屋鉖釣鉖䢸古國名㣚戎云幡也𧹞赤蟲○賨戎稅說文曰南蠻賦也藏宗切十一琮說文云琮瑞玉大八寸似車釭周禮曰以黃琮禮地悰慮也一曰樂也潀小水入大水也又徂紅職戎二切淙水聲又士江切慒謀也又似由切鬃高髻又士江切𤮐甓屬又士江切孮族盛[4]孮鄉誴謀誴[5]樂也㡐帛㡐又布名○農田農也說文作䢉耕也亦官名漢書曰治粟内史秦官也景帝更名大司農又姓風俗通云神農之後又羌複姓有蘇農氏奴冬切十二䢉上同辳古文𨑃籀文𩟊𩞄𩟊強食𩞄女耕切噥多言不中𩅽露多憹㦀憹悩也𤢪多毛犬也又乃刀切儂我也𥂁說文曰腫血也膿上同○攻治也作也擊也伐也古冬切二釭燈也又音江○硿硿𥗊石落[6]戶冬切四洚說文曰水不遵道一曰下也孟子曰洚水警予嗵歌也又胡宋徒送二切𩗕大風○𥗊力冬切三鼕[7]鼓聲𪔵聲也○宗衆也本也尊也亦官名漢書宗正秦官也掌親屬亦姓周卿宗伯之後出南陽又漢複姓二氏前漢有宗伯鳳南燕錄有宗正謙善卜相作冬切二倧上古神人○鬆鬈鬆髮亂皃私宗切二𩬰上同○炵火色他冬切一

10 鐘籠　14 茯　15 名　16 淞　17 縱　18 艨艟

三○鍾當也酒器也又量名左傳曰釜十則鍾亦姓出潁川又漢複姓有鍾離氏世本云與秦同祖其後因封爲姓職容切十八
鍾樂器也呂氏春秋云黃帝命伶倫鑄十二器世本曰垂作鍾　蚣⿱自䖵⿱夂䖵蟲　忪心動皃　⿱竹公長節竹也　蹱躘蹱
小兒行皃　彸征彸行皃　衳小褌也　伀志及衆也　橦字樣[9]云本音同今借爲木橦字　籦籠[10]籦竹名廣志云可爲笛
妐夫之兄也　⿰口公衆口也　⿰角工[11]舉角也　炂熱化[12]也　⿱艹公草名　⿵門公門外開閟　鈆鐵鈆　○龍通也和也
寵也鱗蟲之長也易曰雲從龍又姓舜納言龍之後力鍾切九　攏圭爲龍文　躘躘蹱　鸗鳥名　驡野馬　⿱龍巫巫也
籠⿱竹蚩籠竹車弇亦籦籠竹又力東力董二切　⿰舟龍小船上安蓋者　蘢蘢古草　○舂世本曰雍父作舂呂氏春秋曰
赤冀作舂書容切六　蝽蜙蝑俗呼蝽蟧　椿[13]揰也　踳躡也　⿰鳥舂鸀⿰鳥舂鳥名　惷愚也　○松木名玄中記曰松脂淪入
地千歲爲伏[14]苓亦州[15]舜竄三苗於三危河關之西南羌是也後魏末始統其城改置州焉祥容切四　窓古文　淞[16]凍落皃又先恭切
訟爭獄又徐用切　○衝當也向也突也說文曰通道也尺容切十一　衝上同　罿縱[17]也又音童　憧憧憧往來皃
⿰車童陷陣車　艟艟[18]艨戰船　潼河潼又音同　褈[19]褈褣衣也　⿰童刂刺也　⿰重刂同上　⿰矛重短矛也　○容

2 嵱山

4 爲之

盛也儀也受也爾雅曰容謂之防郭璞云形如今牀頭小曲屏風唱躲
者所以自防隱司馬法云軍容不入國國容不入軍是也又州名又姓
八凱仲容之後禮記有徐大夫容居餘封切三十五溶水皃又音勇滽水名出宜蘇山庸常也用也功也和也次也易也
又姓漢有庸光⿱亯用古文⿰豸庸獸似牛領有肉也⿰犭庸⿰牜庸並上同墉城也垣也鎔鎔鑄鏞大鐘銿上
說文與鐘同鄘國名傭傭賃又丑凶切鷛鷛鷞鳥名似鴨雞足也⿰容瓦甖也⿰庸瓦同上鱅魚名又音
慵蓉芙蓉⿰虫庸⿱攸虫⿰虫庸色[1]如黃蛇有羽傛傛華縣也又漢書婦官有傛華褣⿰衤童褣搈不安瑢瑽瑢佩玉
行也䈶䈶⿱竹耳又矢嵱山名在容州山下有鬼市頌形頌又似用切宂宂盛也說文云古文容輁車行皃
⿰山庸山[2]⿰山庸在建州⿰镸容⿰食労[3]⿰镸容⿰容鳥⿰容鳥鸓樢槦木中箭笴⿰庸彡重影一曰形⿰庸彡⿰庸戈⿰庸戈戣兵器○封大也國也厚也
爵也亦姓望出渤海本姜姓炎帝之後封鉅爲黃帝師又望出河南後魏官氏志云是賁氏後改爲封氏府容切五⿱丰土古文犎野牛
葑菜名詩云采葑采菲崶山名一名龍門山在封州大[4]魚上化爲龍上不得點額流血水謂丹色也○胷膺也亦作匈肎許容
切十凶凶禍⿰歹凶古文銎懼[5]也又斤斧柄孔又曲恭切洶水勢也恟懼也訩訟也兇惡也訩衆語

△⿱𠔁重本韻丑凶切又直容切

15 曳

匈匈奴○顒仰也爾雅云顒顒卬卬君之德也說文云大頭也魚容切四⿰馬禺上同見廣蒼鰅魚名說文曰皮有文

出樂浪喁噞喁又音隅○邕說文曰四方有水自邕成池者是也於容切十六雍和也與邕略同又雍奴縣名在幽州水經

云四方有水曰雍不流曰奴亦姓左傳有雍糾又於用切噰鳥聲嗈上同⿰多邕⿰多邕⿰多農多皃澭水名在宋灉上同爾雅

曰水自河出爲灉癰癰癕罋汲器廱辟廱天子教宮饔熟食壅塞又音擁雝爾雅曰䳭[6]鴒雝渠⿰邕鳥

上同⿱雍玉[7]玉器⿰豸雍獸似猨也○醲厚酒女容切八⿰多農⿰多邕⿰多農濃厚也襛襛華又衣厚皃又而容切穠花木厚又

而容切⿰木農木名⿰黑農⿰黑庸⿰黑農⿰土農[8]多也○重複也疊也直[9]容切又直勇直用二切六種先種晚熟曰種緟說文云增

益也褈複也⿰重鳥⿰重鳥⿰巿鳥鳥名蝩蠶晚生者○從就也又姓漢有將軍從公何氏姓苑云今東莞人疾容切又即[10]容七恭秦

用三切三从古文說文曰相聽也⿰彳⿱从隹方言云南[11]楚人謂雞○蹱躘蹱丑凶切七傭均也直也又音容⿰月庸上同⿺辶⿸广馬

馬不行也⿰豸重土精如⿰犭屯在地下也⿱𠔁重地[12]名又直容切⿰黑庸深穴中⿰黑庸黑也○逢值也迎也符容切八縫紩又音俸漨

水名韼[13]鼓聲⿰豸逢[14]⿰豸逢⿰衤肯寻也夆掣[15]也又敷[16]恭切⿰礻逢[17]大黃負山神能動天地氣昔孔甲遇之捀[18]說文曰奉也又

1 丯　2 夆 本韻符容切 又敷恭切　3 髶　6 稍

符用切○峯山峯也敷容切十六鋒劒刃鋒也丰丰茸美好說文本作丯草盛丯[1]也從生上下達也丯上同

夆使也妦好也蠭說文曰螫人飛蟲也孝經援神契曰蠭蠆垂芒爲其毒在後蜂上同𧖲古文葑菜名又音豐桻木上熢熢火夜曰熢晝曰燧烽上同莑草牙始生出音譜仹仙人犎犎牛○縱縱橫也即容切又子用切九氃毾氃也蹤蹤跡蹤車跡樅木名又七恭切磫磫礭礪石豵豕生三子𤐫火行[2]穴中

𧺆急行也又此從切○茸草生皃而容切十䩸毳飾髶[3x]髮多亂皃䇯竹頭有文襛華皃又厚[4]衣皃又女容切穠花木厚也又女容切搑擣也[5]䄤袶䄤寻也榵木名似檀𥢧禾梢[6]○蛩蛩蛩巨虛獸也說文云一曰秦謂蟬蛻曰蛩渠容切十六卭勞也病也又臨卭縣亦卭僰又姓列仙傳有周封史卭䟽舼舼船䑋上同笻竹名可爲杖張騫至大宛得之輁輁軸所以支棺也又音拱䒂萁莢實也䇨䇨[7]籠𥓡[8]水島石也又居勇切蛬蟋蟀又音拱傑傑傛可憎之皃𩬰𩬰鬆髮亂也桏柜柳𣏹稰也又巨壠切𤤽𤤽佩䳵獸如馬而青一走千里也○鱅魚名似牛音如豕蜀庸切又音庸三慵慵懶也𩍓通[9]俗文云牽乾也○恭[10]恭敬也說文本作恭肅也又姓

方至

11 ⿰禾從　○龏用韻居用切又九容切　14 木　15 大

晉太子申生號恭君其後氏焉出國語九容切陸以恭蜙縱[11]等入冬韻非也十　龔姓也漢有龔遂　供奉也具也設也給也進也又居
用切　珙璧也又音拱　䢼邑名出異苑又亭名出晉書　共共城縣在衞州又渠用切　⿰田共⿰目匊也　廾竦手也說文本居竦切
䰰䰰髮　⿰共鳥鳥似雉鳴自呼　○蜙蜙蝑蟲名息恭切六　淞水名在吳又[12]音松　凇凍落之皃　鬆髮亂皃亦
作鬆　倯倯恭怯皃　⿰彳松小行恐皃　○樅木名松葉柏身七恭切又音蹤十二　鏦短矛又音窻　從從容又疾容秦用二
切　瞛[13]光也張景陽七命云怒目電瞛是也　⿰虫從蝑⿰虫從小蜂生牛馬皮中也　瑽瑽瑢佩玉行皃　⿰扌從打也又音窻　⿰月從肥病
⿰禾從治禾⿰禾從移　⿺走从急行也又音蹤　鬆髮亂又息恭切　⿺辶公⿺辶公遷　○銎斤斧受柄處也曲恭切又許容切二　⿱竹蛩⿱竹蛩籠

四○江江海書有九江尋陽記云烏江蚌江烏白江嘉靡江畎江源江廩江提江菌江亦姓出陳留本顓頊玄孫伯益之後爵封於江
陵爲楚所滅後以國爲氏古雙切十一　扛舉鼎說文云扛橫關對舉也秦武王與孟說扛龍文之鼎脫臏而死　杠旌旗飾一曰牀
前横[14]　茳茳蘺香草　釭燈又音工　矼石矼石橋也爾雅曰石杠謂之徛字俗從石　豇豇豆蔓生白色　肛胮肛脹大又許
江切　玒玉名又音工　⿰角工舉角　谾谾谷在南郡　○厖厚也犬[15]也莫江切十四　駹黑馬白面　狵犬多毛亦作尨

6 堅　5 瓨　2 羫

尨上同 浝水名 哤語雜亂曰哤 牻牛白黑雜[1] 娏女神名 䵨陰私事也 𡼏五𡼏山名在蜀 蛖

蛖螻螻蛄類 眬目不明 痝病困 㟌不媚 ○聰耳中聲也女江切八 氄髮多 涳姓出纂文又音羫[2] 噥

噥嗔語出字林 饢強食 鬞髮亂 矇目不明 鸗鸗鴻 ○囪說文曰在牆曰牖在屋曰囪楚江切九 窻說文

作窗通孔也釋名曰窻聰也於[3]內見外之聰明也 牕上同 窓俗 䆫種也 𡑲上同 摐打鐘鼓也 鏦短矛也

𥵃上同 ○邦國也又姓出何氏姓苑博江切四 峀古文 梆木名 垹土精如手在地中食之無病 ○栙

栙𥳓帆未張下江切八 跭跭𨇾胡豆 降降伏又古巷切 缸甖缸[4] 瓨[5]上同 洚說文曰水不遵道一曰下也又古巷切 夅

服也 跭跭𨇾堅[6]立也 ○胮胮脹匹江切又音龐五 𤸇上同 䬉鼓聲 鼜上同 䵷黑皃 ○瀧南人

名湍亦州在嶺南呂江切又音雙二 驡充塞之皃 ○雙偶也兩隻也又姓出姓苑後魏有將軍雙仕洛所江切七 艭舽艭[7]船名

䉶帆也 愯[8]懼也左傳云駟氏愯 𨇾豆也 瀧水名在郴州界 𨇾跭𨇾立也 ○龐姓也出南安南陽二望本周文

王子畢公高後封於龐因氏焉魏有龐涓薄江切五 逄[9]姓也出北海左傳齊有逄丑父 胮胮肛脹大皃 䬉鼓聲 舽

10 名　11 名　12 尻　14 尻　16 衹

解舡船皃[10]○肛許江切四啌啌瞋語出聲譜谾空谷皃舡解舡船皃[11]○胦胦肛不伏人握江切一○腔羊腔
也苦江切十二⿰彳空上同羫古文控打也又苦貢切椌椌楬悾信也慤也又音空跫蹋地聲涳直流崆
崆⿰山兒山皃又音空䯧髗䯧[12]尻骨⿸疒空病喉中⿰荒瓦⿰荒瓦甄甗也○幢旛幢釋名曰幢幢[13]也其皃幢幢然也宅江切六撞
撞突也學記曰善待問者如撞鐘撞擊也橦木名又音鍾童㫄旌旗杠皃出說文又丑善切噇喫皃髗髗䯧[14]尻骨
○惷愚也丑江切又[15]丑龍切又抽用切五⿰春見視不明也一曰直視又丑巷切⿰禾春黍⿰禾春不實也⿰礻春祠不敬也⿰衤春短敝衣也
○椿橛也都江切二湷深水立湷○⿰山兒五江切一○淙水流皃士江切又才宗切四鬃髻高皃⿱從瓦甖也
出方言⿱從食饞⿱從食愛食

五○支支度也支持也亦姓何氏姓苑云琅邪人後趙錄有司空支雄又漢複姓莊子有支離益善屠龍章移切二十九⿰糸支
綘⿰糸支挽船繩也只專辝又之爾切汥水都名⿰女毛⿰耒毛⿰女毛者輕毛皃巵酒器梔梔子木實可染黃枝枝柯又漢
複姓左傳楚大夫枝如子弓衹[16]適也又巨支切疧疾也衼衹衼尼法衣也衹音[17]歧肢肢體胑⿰身支並上同

禔福也又是支切駃馬強氏月氏國名又閼氏匈奴皇后也又精是二音疷毁傷敍[1]多也又音寘鳷鳥名
漢武帝造鳷鵲觀在雲陽甘泉宮外雃同上觶本音寘今作奉觶字榰爾雅曰榰柱也謂相榰柱也⿱林卮玉篇
云木盛⿱芰鳥土精如鴈一足黃色毁之殺人⿱芰虫蟲名似蜥蜴能吞人眵目汁凝又尺支切軙軙軝長轂⿰革龠皮鞁
○移遷也遺也延也徙也易也說文曰禾相倚移也又官曹公府不相臨敬則爲移書蕺[2]表之類也亦姓風俗通云漢有弘農太守移良
弋支切三十二⿰禾也上同迻說文遷也⿸厂欠說文歠也杝[3]木名鉹方言云涼州呼甑又音侈袲宋地名又音侈
箷衣架⿰禾施[4]上同又榻前几⿰忄虒低⿰忄虒不憂事詑詑詑自得皃又淺意也簃樓閣邊小屋又音池⿱艹移萎⿱艹移
草⿰火移熑⿰火移火不絕皃扅扊[5]扅戶扃袘[6]衣袖暆東暆縣在樂浪迆逶迆又移爾切⿰豸多獸名似犬尾白目喙
赤出則大兵栘扶栘木名又成兮切歋歋廞手相弄人亦作擨又以遮切酏[7]酒也又羊氏切匜杯匜似榹可以
注水又羊氏切拸加也誃埤蒼云冰室門名⿰氵移上同蛇蝼蛇莊子所謂紫衣而朱冠又蛇丘縣名又神遮切虵
俗螔爾雅曰蚹蠃螔蝓注謂即蝸牛也⿰亻歋⿰亻歋廞⿰亻欲笑⿰亻欲⿺風它小旋風咸陽有之小⿺風它於地也○爲爾雅曰作

八・卅七　韻上平　十七　曹榮

14 三　11 順　10 一

造爲也說文曰母猴也又姓風俗通云漢有南郡太守爲昆蘧支切又王僞切六 爲俗 潙水名在新陽 隝阪名在鄭

又王詭切 鄬[8]地名 鰞大魚又許爲切○嬀水名亦州春秋時屬燕秦爲上谷郡漢爲潙縣武德初置北燕州貞觀改爲嬀州因

水爲名又姓文士傳有嬀覽居爲切二 潙音爲○摩說文曰旌旗所以指摩也亦作麾許爲切六 麾上同

噅[9]口不言正 撝說文曰裂也易曰撝謙注謂指撝皆謙也 鰞大魚又音爲 隝鄭地○逶逶迤於爲切十[10] ⿰歹委枯死

萎蔫也 ⿰木委田器 覣好視 蜲蜲蛇 痿痹濕病也 倭慎[11]皃 委委委佗佗美也 ⿸鹿委鹿肉 蟡洄水精一

身兩頭似蛇以名呼之可取魚鼈○糜糜粥靡爲切九 縻繫也又縻爵易作靡 爢爢爛也 ⿸麻步散也 蘼薔蘼

虋冬也又云彼切 䊳䊳碎 䵏䵏穄別名 ⿸麻耳乘輿金耳 醿[12]酴醿酒也○隓毁也說文曰敗城𨸏曰隓許規切九

墮上同 隳俗 眭眭盱健皃又息爲切盱音吁 觿角錐童子佩之說文曰觿角銳耑可以解結也又戶圭切 睢

仰目也 ⿱隋言相毁之言 鑴大鍾又戶圭切 蘳華[13]黃也又果實也○鬌髮落直垂切又大果切[14] 錘八[15]銖又馳僞切

甀甖也○埀幾也疆也說文曰遠邊也是爲切十 垂上同 陲邊也說文危也 倕重也黃帝時巧人名倕 ⿱垂缶

1 鴉　3 華　6 羽　10 美　14 隨

小口嬰也雖雅[1]鳥圌山名在吴都[2]又市緣切篅盛穀圓笹籥上同䇖草木[3]葉縣○羸瘦也力爲切二

[illegible]膝病○吹吹噓昌垂切又尺僞切三炊炊爨[illegible]習管古文作龡又尺僞切○鈹大針也又劍如刀裝者[4]敷羈切

十二帔又芳髮切鮍魚[5]鮍披又作翍開也分也散也𤱿耕也耚上同狓狓猖皃出新字林翍翍[6]張

之皃旇旗靡秛禾租[illegible]器破而未離[7]又皮美切[illegible]開[8]肉又匹靡切○陂書傳云澤障曰陂彼爲切十一詖

辯辭又[9]音祕碑釋名曰本葬時所設臣子追述君父之功[10]以書其上羆爾雅曰羆如熊黃白文孝經援神契曰赤羆見則姦

宄自遠也[illegible]古文[illegible][11]玉篇云耜屬也犤[12]牛名又音皮[illegible]鋸鉏[14]也[illegible]竹名襬關東人呼裙也[illegible][13]

草名又彼義切○隨從也順也又姓風俗通云隋[14]侯之後漢有博士隨何後漢有扶風隨蕃旬爲切三隋國名本作隨左傳曰

漢東之國隨爲大漢初爲縣後魏爲郡又改爲州隋文帝去辵[illegible][illegible]隨籠○虧缺也俗作虧去爲切一○闚小視去隨

切二窺上同○奇異也說文作奇又虜複姓後魏書奇斤氏後改爲奇氏渠羈切又居宜切十琦玉名騎說文曰跨馬也

又其寄切鵸鵸鵌鳥似烏三首六尾自爲牝牡善笑鵌音余出山海經弜強也又其丈切魌小兒鬼碕曲岸又[15]巨支切

16 敊　17 枝　19 陖　21 蟁　△碕 紙韻墟彼切又巨支切　23 八　25 杓　26 獻　27 歔

枝木別生也敊[16]上同又横首皃[17]鉹釜屬又魚綺切○祇地祇神也巨支切二十五示上同見周禮本又[18]時至切

衹衹裗尼法衣岐山名亦州春秋及戰國時爲秦都漢爲右扶風[19]魏置雍城鎮又改爲岐州因山而名又姓黃帝時有岐伯

歧歧路郊邑名在扶風䟗勁皃疷病也詩云俾我疷兮蚑蚑蚑蟲行皃又長蚑蠨蛸別名出崔豹古今注忯爾雅

云忯忯惕惕愛也趆說文曰緣大木也一曰行皃攱攱攱飛皃毄[20]弓硬皃軝說文曰長轂之軝以朱約之詩曰約

軝錯衡鞎上同芪藥草說文曰芪母也汥說文曰水都也又音支跂行皃又音企⿰馬氏雞又云鴈蚔

蟁[21]也秖赤米⿱艹弜繅絲鉤緒伎舒散又音技鬾[22]長鬾國名髮長於身也⿱人介參差也○犧犧牲書傳曰色

純曰犧許羈切十九[23]羲姓風俗通云堯卿羲仲之後吙吙欱貪者欲[24]食皃桸杓[25]也巇巇嶮苐地名在魏

戲於戲歎辭又姓虙戲氏之後又喜義切⿰氵戲水名在新豐曦日光㩉擊也⿰虫戲蠡名觛角匕又火元切

䖒古陶器也⿰犭戲獸名又曰豕也⿰戲欠[26]吹戲口聲⿸虍戲[27]相笑之皃⿰土戲毀也⿰阝戲上同○攲不正也去奇切十一觭

角一俯一仰也踦脚跛又居綺切⿰歹奇死也說文棄也俗語謂死曰大殑崎崎嶇⿰耳奇[28]一隻碕[29]石橋猗虎牙

1 意
2 ⿱立宐 ⿱宀多
3 支
4 下字當刪
6 徯
▲鯷寘韻是義切又音提
7 門人二字當刪

倚㥏倚儉急[1]䗁長腳鼅鼄敧宗廟宥座之器說文又居宜切持去也○宜說文本作宐所安也俗作宜亦姓出姓苑魚羈切十一宐上同⿱宀勿[2]⿱宀多並古文儀儀容又義也正也亦州名本漢涅縣地秦爲上黨郡武德爲遼州又爲箕州今爲儀州亦姓左傳徐大夫儀楚竩上同⿰義阝地名在徐鸃鵕鸃神鳥轙車上環轡所貫也又音蟻涯水畔也又五佳切崖崖岸又五佳切○皮皮膚也釋名曰皮被也被覆體也亦姓出下邳符羈切六疲勞也乏也郫郫縣名在蜀罷倦也亦止也又音矲椑木下交皃[3]又符支切犤下小[4]牛也○提羣飛皃是支切又弟泥切十二翨上同⿰口是鳥鳴匙匕也⿱⺮是說文曰簣屬堤堤封頃畝漢書作提顏師古曰提封者大舉其封疆也提音題禔[5]福也亦安也喜也又音支⿱甚是⿱甚是母即知母草出字林忯愛也㛅㛅母也又尺氏切眂眂[6]眂役目⿰木氏碓衡○兒嬰兒又虜姓官氏志云賀兒氏後改爲兒氏汝移切四⿱臼儿上同唲曲從皃楚詞云喔咿嚅唲婼前漢西域傳有婼羌○離近曰離遠曰別說文曰離黃倉庚鳴則蠶生今用鸝爲鸝黃借離爲離別也又姓孟軻門[7]人有離婁呂支切三十七籬笊籬又爾雅曰樊藩也郭璞云謂藩籬也醨酒薄罹心憂璃琉璃酈魯地名又音歷⿰麗攵陳也又力米切驪馬深黑色又姓驪戎國之後⿰鼠离⿰鼠离小鼠相銜

8 谷　9 蚰蜒　11 言　13 揄　△ 姕 本韻即移切又疾支切 本韻此移切又疾移切　15 北海　16 萠

行也 樆山梨 鸝鸝黃 鵹上同 ⿰离鳥上同又鳺⿰离鳥自爲牝牡 縭婦人香纓 褵玉篇云衣帶也 蘺江蘺蘼蕪別名

⿱艹麗草木附地生也 麗東夷國名又盧計切 离明也又卦名案易本作離又丑知切 䍦接䍦白帽 ⿰木離柴⿰木離也 蠡

匈奴傳有谷蠡也又[8]音鹿 ⿰禾离長沙人謂禾二把爲⿰禾离 孋孋姬本亦作驪 漓水滲入地 灕淋灕秋雨也 ⿰虫麗蜒[9]蚰別名

⿰火离帷中火也又丑知切 ⿰虫離螹⿰虫離蟲名 攡[10]太玄經云張也 黐黏也又丑知切 矖矖瞜也 穲穲穲黍稷行列 ⿰忄离

多端又思之也 ⿱離心上同 謧弄語[11]也 劙分破也 ○疵黑病疾移切八 骴殘骨又[12]音自 玼玉病又七禮切 茈鳧茈

草 枇無枇木一名揄[13] 胔人子腸名 飺嫌食皃 鴜鸃鴜水鳥似魚虎蒼黑色又即知切 ○貲貨也財也即移切十六

頾說文云口上須俗作髭 鴜鸃鴜又疾移切 ⿱此鼠鼠名似雞 鮆魚名又才禮切 訾思也又姓何氏姓苑云今齊人本姓蔡[14]氏

漢元帝功臣表有樓虛侯訾順 ⿰胔阝⿰胔阝城名在海[15]北 ⿱此巾布名 媊說文云甘氏星經曰太白上公妻曰女媊居南斗食厲天下祭之曰

明星又音前[16] ⿰此阝谷名 ⿰此欠歐也又子賜切 鈭鈭鉀斧也又千支切 姕婦人皃又疾[17]支此移二切 ⿱此⿱艹貝菜名 ⿱此虫蟲似蟬

觜觜星爾雅曰娵觜之口營室東壁也又遵[18]誄切 ○羈馬絆也又馬絡也居宜切九 畸殘田 羇寄也 掎掎角又居綺切

1 以　3 掾　5 庳　6 麭　7 蠯　9 下枝　10 麵

攲箸[1]取物也說文曰持去也又起宜切奇不偶也又虧也又渠羈切㱦棄也又丘奇切妓妓斐[2]態皃又渠綺切躸騎身

單皃○卑下也賤[3]也亦姓蔡邕胡太傅碑有太傅掾鴈門卑整府[4]移切十一鵯鵯鶋鳥又音匹椑木名似柹荆州記曰宜都

出大椑潘岳閑居賦云烏椑之柹箄取魚竹器裨裨補也增也與也附也助也又音陴鞞牛鞞縣在蜀又薄迷脯鼎二切顊

須髮半白痺[5]下也又音婢渒水名錍鋻錍斧也⿰巾卑晃也○陴城上女牆也符支切十五⿱亯卑籀文焷無也

脾說文曰土藏也釋名曰脾裨也在胃下裨助胃氣主化穀也⿰麥卑麵[6]餅埤附也增也又音婢裨副將又姓鄭有大夫

裨竈蜱爾雅曰蟷蠰其子蜱蛸郭璞云蟷蠰螗蜋別名⿱卑䖵上同螷爾雅曰蜌蠯[7]即蚌屬也又薄[8]佳切又薄猛切蠯

上同⿰木庳木枝[9]下也郫郫邵晉邑亦姓出姓苑⿺麥比⿺麥比⿺麥妻麥麵[10]紕飾緣邊也○纚繒似布說文曰粗緒也式支切

十二絁俗施施設亦姓左傳魯大夫施伯何氏姓苑云今沛人又式豉以寘二切葹卷葹草名拔心不死⿰㐌見⿰㐌見⿰㐌見面柔

也本亦作戚施鍦短矛鉈上同說文本食遮切鸍似鴨而小又音彌⿱爾黽⿰酓黽⿱爾黽蟾蜍別名⿱施虫米穀中蟲⿰㐌見誘⿰㐌見⿰㐌攵

說文斆也○斯此也說文曰析也詩曰斧以斯之又[12]姓吳志賀齊傳有剡縣史斯從息移切二十六虒似虎有角能行水中⿱雨斯小雨榹

八•八十　韻上平　二十　方至

14 螺

16 名

△嗁 卦殺所賣切 又丑辯切

18 汙

19 竹箴

21 深

榹桃山桃 㴲涯也又水名出趙國 廝廝養也役也使也 㒋上同 凘凘[13]凌 磃館名 𤸎瘦𤸎疼痛又斯齊切

傂傂祁地名在絳西臨汾水本亦作虒 謕數諫也諒也 𪕍鼠名又音啼 鷈鸒鷈雅烏 蟴爾雅曰螺[14]蛅蟴郭璞

曰蛓屬也今青州人呼蛓爲蛅蟴蛓音刺 ⿱斯瓦⿱斯瓦破 螔守宮別名 䫢𩕳[15]䫢頭不正也𩕳音精 纚經緯不同又式支切 ⿱斯艸

草[16]生水中其花可食 菥葴菥草似燕麥 ⿰石斯⿰石斯磨 蟴爾雅曰蟴螽蜙蝑郭璞云蜙蝬也俗呼蝽螓 燍火焦臭也 禠福

鐁[17]平木器名 ○差次也不齊等也楚宜切又楚佳楚懈二切四 嵯嵾嵯山不齊又在河切 齹齒參差 縒參縒也

○摛舒也丑知切九 螭螭無角如龍而黃北方謂之地螻 誺不知又洛代切 魑魑魅 黐所以粘鳥又呂支切 㷰火焱

离猛獸說文作𡕛山神獸也又呂知切 𡕛上同 彲獸名文王卜獵于渭陽所獲非龍非彲 ○彌益也長也久也亦姓三輔

決錄有新豐彌升又羌複姓後秦將軍彌姐婆觸武移切十七 弥上同 鸍鸍鳥名又名沈鳧似鴨而小也又式支切 镾長久

罙罟也 宷上同 䁥䁥汗[18]面皃又莫結切 璽玉名 獼獼猴 籋篾[19]竹亦作篹 擟擟[20]拘山名 麊縣名在交

阯 冞冞[21]入也冒也周行也 㜷齊人呼母 ⿱彌金青州人云鎌 ⿰豸爾豸也 濔渺濔大水皃 ○雌牝也說文曰鳥母也

4 又字當刪　5 美　6 木　7 三

△猇有䶩胡弟切又直支切

此移切五胔小腸娎婦人皃又即移[1]疾移二切鋻鋻鉀斧也又即移切羋說文曰羊名蹏皮可以割桼[2]○知

覺也欲也陟離切六鼅說文曰鼅鼄蟊也鼅上同蜘亦同𨡔酒也𧴺質當也亦作贄○漪於離切水文也十一

猗長也倚也施也又犗犬出字林或作犄[3]椅木名梓實桐皮旖旖旎旗舒皃又音上聲禕美也珍也陭陭氏

縣名欹歎辭𤸎身急又[4]弱也犄犗也𩕊笑容[5]皃也檹說文曰木檹施也賈侍中說檹即椅也[6]可作琴○馳

馳騖也疾驅也又姓出姓苑直離切十四[7]趍說文曰趍趙夂也池停水曰池廣雅曰沼也又姓漢有中牟令池瑗出風俗通又有

池仲魚城門失火仲魚燒死故諺曰城門失火殃及池魚簃連閣又音移篪樂器以竹爲之長尺四寸小者尺二寸七孔世本曰

蘇成公所作也鯱上同踟踟蹰褫蓐衣又曰褫㲉說文曰奪衣也又敕爾直爾二切𩐨咸𩐨黄帝樂名樂記作池𪗉

𪗉[8]𪗉齗誃別也亦作謻傂俿傂參差也又息移除爾二切𧼮輕薄皃○眭姓也出趙郡息爲切一○危疾也隤也

不正也不安也魚爲切四㕒厜㕒洈水名在南郡峗三峗山名○詑自多皃俗作訑香支切又[9]湯何切二咲咲欿

乞人見食皃○釃下酒所宜切又山爾切七簁下物竹器又所綺切欐梁棟別名又禮麗二音襹襹纚毛羽衣皃褷

八·四五　韻上平　二十一　吳椿

10 鞘　13 規　14 鷤鴂　15 ⿰火雋　17 累　18 累

八•四五　韻上平　二十　吳椿

上同⿰虫麗蚰蜒別名籭盝也又山佳切○⿰革雋鞍鞴[10]一曰垂皃山垂切二⿰食巂小餟之皃○痿濕病一曰兩足不能相及人[11]垂

切又於佳[12]切二⿰風委風緩之皃○厜厜㕒山巔狀姊宜[13]切六觜星名纗細繩惢善也說文曰心疑也又桑果才捶二切

嫢盈姿皃⿱此朿鳥喙○蘇說文曰小頭蘇蘇也居隋切七櫇上同槻木名堪作弓材規圓也字統云丈夫識用必合規

矩故規從夫也鬹三足釜有柄也⿰夫隹鷤[14]鴂鳥名摫裁摫方言曰梁益閒裂帛爲衣曰摫○劑券也遵爲切又在細切六⿱此朿

廣雅云石針也⿱此朿地莢臇臇臛也又子兗切⿰火雋[15]⿰火巽並上同○衰小也減也殺也楚危切又[16]所危切二夊夊行遲皃

○腄瘢胝竹垂切三箠節也又之壘[17]切⿰垂支鼓⿰垂支不齊○⿰馬垂馬小皃子垂切又之壘[18]切一○眵目汁凝也叱支切二

⿰糸壘[19]粗緒又式支息移二切○齜開口見齒側宜切一○⿰此皮器破也匹支切一○⿱艹隋悅吹切藍蓼秀又羊箠切六

⿰阝萑說文云飛也蠵觜蠵大龜欈⿰木觜欈木名實可食也⿰豕巂小⿰豕責也⿰豕隋[20]上同○齹士宜切齒參差亦作

⿰齒差又楚宜切一

六○脂脂膏也釋名曰脂砥也著面軟滑如砥石也說文云戴角者脂無角者膏又姓魏略有中大夫京兆脂習字元升旨夷[21]切十

1 泜　3 菹　4 盜　5 從大大人也　6 蟣　7 鵯

祗 敬也俗從互餘同 泜[1] 水名又音遲 砥 石細於礪又音旨 指 指柄木名亦指柄杜 鴲 小青雀也 湄[2] 水名 疷 積血腫皃 菧 菧菹[3]也 盜[4] 上同。姨 母之姊妹又爾雅曰妻之姊妹同出爲姨以脂切二十六 彝 常也法也亦酒樽也 寅 敬也亦辰名爾雅云太歲在寅曰攝提格又引人切 夷 夷猶等也滅也易也說文平也从大弓又曰南蠻從虫北狄從犬西羌從羊唯東夷從[5]大大人也俗仁而壽有君子不死之國亦姓齊大夫夷仲年又漢複姓六氏史記范蠡適齊爲鴟夷子左傳宋公子目夷之後以目夷爲氏祝融後董父之胤其後以融夷爲氏淮夷虎夷皆國名後並爲氏秦末虎夷渠帥助番君攻秦世本云宋襄公子墨夷須爲大司馬其後有墨夷皐 峓 嵎峓山名書作嵎夷傳云東表之地 恞 悅樂 眱 熟視不言 𣝗 木名 珆 石似玉也 蔩 蔩瓜又羊善弋仁二切 𡰥 陽𡰥地名本古文夷字 痍 瘡痍 陝 陝陝險阻 荑 莁荑 桋 木名 蛦 蟣[6]蛦蟲名又蟣蛦山雞也 䩗 廣雅云䩗鱁鯷鹽藏魚腸又魚名也 羠 犍羊也 羨 沙羨邑名在江夏出地理志又羊箭祥面二切 鏔 戟之無刃者出方言 侇 說文曰行平易也 鵜 鵜鶘[7]一名飛生 㢠 㢠踞 跠 上同 洟 易曰齎咨涕洟又他計切。師 師範也衆也亦官[8]名大戴禮曰昔者周成王幼在繈[9]褓之中太公爲太師也又姓晉有師曠又漢複姓十二氏左傳衞大夫褚師圃馬師頡鄭

10 官　13 藩　15 錧　16 筌

有鄉校子産云是吾師也其後以校師爲氏陳悼太子偃師其後以王父字爲氏扶風傳有范師利蔓世本云鄭有子師僕殷時掌樂有太師摯少師陽宋有樂人師延世掌樂職後有宋大夫師𨒪宜風俗通云有牧師氏春秋釋例楚有師祁黎後漢末有南陽師宜宮[10]善篆跡夷切六　鰤老魚　蒒草名出玉篇　篩篩竹一名太極長百丈南方以爲船出神異經又竹器也　獅犬生二子　螄螄螺　○𣬴說文曰人臍[11]也今作毗通爲𣬴輔之毗房脂切二[12]十三　毗義見上注　比和也並也又匕鼻必三音　琵琵琶釋名曰推手爲琵引手爲琶取其鼓時以爲之名也　榌楣又方奚切　芘蔾芘荆蕃[13]　沘水名在楚　貔獸名　豼上同　膍牛百葉也又鳥膍胵也又步迷切　肶上同　蚍蚍蜉大螘　螕上同　枇枇杷果木冬花夏熟　仳仳倠醜女　𨈏𨉅𨈏體柔　魮文魮魚名狀如覆銚鳥首而[14]翼魚尾音如磬生珠玉出山海經　鈚犂錧[15]別名　𦳢蒿也　𦊃篝[16]笭　阰山名在楚南　𧏖蟲名　鵧鳥名　○咨嗟也謀也即夷切十五　資助也機也貨也又姓陳留風俗傳云黃帝之後　粢祭飯　𪗋上同　齌齌縗經典通用齊　穧上同　諮諮謀　姿姿態　盗黍稷在器　澬水名在邵陵又音茨　𣲆具𣲆山在滎陽出山海經　齎齎持也又子兮切　蒫蒫薺實也　𩅦雨聲　霣上同　○飢飢餓也又姓左傳殷人七族有飢氏居夷切四

2 覗　3 茨　4 蚰蜒

机木名似榆又音几　肌肌膚　虮密虮蟲名　。鴟一名鳶也處脂切七　䳟上同　鵄亦同　胵膍胵鳥藏

鮨魚名　諸怒也　遈走皃　。絺細葛也丑飢切七　辴笑皃又敕辰抽敏二切　郗邑名又姓出高平

⿱竹希竹器　脪⿰月石脪牛馬子腸　瓻酒器大者一石小者五斗古之借書盛酒瓶　訵出字林　。郪縣名在梓

州取私切又七西切九　趑趑趄趨不進也　輂說文作䡊連車也一曰郤車抵堂又士佳疾資二切　趀說文云倉卒也　趦

上同　覗[2]盜視　⿸尸次上同亦此也　⿸尸資此也　蠀蝎化也　。茨茅茨又姓後漢有茨光[3]亦漢複姓晉有茨茈仲疾資切十

三　薋蒺藜詩作茨說文又作薺　薺上同又才禮切　餈飯餅也　餎上同　垐以土增道　積積禾　蠐

蠐螬又疾兮切　瓷瓦器　澬水名在常山郡又涔澬久雨又音資　絘絘補　輂連車又七茨切又士佳切　䨩涔䨩久雨

。尼和也女夷切八　柅木名又女履切　怩忸怩心慙也　蚭字林云北燕人謂蜒蚰爲蚰蚭也　跜躨跜蚪龍動皃見文選

呢言不了呢喃也　䭲餌　貎獸名　。墀說文云墀塗地也禮天子有[5]赤墀漢典職曰以丹漆地故稱丹墀漢書曰王根

作赤墀直尼切十五　坻上同　坁小渚俗從互餘同　泜水名在常山陳餘死處也又旨夷切　遲徐也久也緩也亦姓

7 白
8 秀
9 佼
10 脂

晉湘東太守遲超又虜姓後魏書尉遲氏後改爲尉氏又音穉遲上同蚳蟻[6]卵岻山名祗祗徊猶徘徊也阺字統云秦
謂陵阪爲阺也荎爾雅云藸荎今之刺楡也菭水衣也又徒來切謘語諄謘也莉姓也出淮南貾貝之黃質有曰[7]
點者。私不公也說文曰禾也息夷切五錗平木器也亦作鐁厶自營爲厶也說文曰姦衺也⿰耒厶說文曰茅蒡[8]也⿰王厶
石似玉者。尸主也陳也利也又姓秦有尸佼[9]爲商君師著書式之[10]切四鳲鳲鳩鴶鵴今布穀也詩䟽云鳩之養其子朝從上下暮從
下上食之平均如一也屍禮記曰在牀曰屍在棺曰柩蓍蒿屬筮者以爲策說文云蓍生千歲三百莖易以爲數天子蓍九尺
諸侯七尺大夫五尺士三尺。鬐馬項上鬐也渠脂切十一耆方言云長也說文云老也左傳云強也禮記音義云至也言至
老境也耆上同愭畏也敬也⿰耆見視也⿰目耆上同⿰禾耆[11]麥下種也祁盛也縣名在太原左傳晉大夫祁奚之邑因以
名之又姓出太原黃帝二十五子之一也何氏姓苑云今扶風人⿰金耆衛軸鐵也鰭魚脊上骨鮨鮓也。伊惟也因也侯也
亦水名又州本伊吾盧地在燉煌之北大磧之外秦末有之漢爲伊吾屯隋爲郡貞觀初慕化內附置伊州焉又姓伊尹之後今山陽人於脂
切五咿喔咿蛜蛜蝛⿰虫桼負蠜也黝縣名屬歙州又[12]於九切黟上同。黎果名魏文詔云眞定御黎大如拳甘如蜜

12 蠪　11 十　10 換　8 垂　7 甲 而　3 麵　1 郎

力脂切十四梨上同剺直破秜稻死來年更生蜊蛤蜊蔾蒺蔾犂牛駁又耶奚切劦姓也出蜀刀逵之後避難改爲劦氏也出字書㦒說文恨也一曰怠也鯬魚名鑗金[2]屬[illegible][3][illegible]黎餅也蟍蛱蟍蝍蛆蟆蚣[illegible][4]國名○葵說文曰菜也常傾葉向日不令照其根渠追[5]切八鄈鄈丘地在陳留又在河東漢祭后土處楑柊楑[illegible]魚名[illegible]悚也又祇癸切[illegible]臛[illegible]醜也[illegible][illegible]鳩鳥[illegible]蟲名○追逐也隨也陟隹[6]切三[illegible]雷也出韓詩娺疾也○龜說苑曰靈龜五色似玉似金背陰向陽上高象天下平法地易号爲龜大戴禮曰田[7]蟲三百六十四[7]神龜爲之長居追切六龜上同[illegible]古文跰曲脛螝爾雅云蠶蛹騩馬淺黑色○蕤葳蕤草木華[8]皃又蕤賔五月律儒隹[9]切七甤說文曰草木實甤甤也緌緌纓擩[10]染也又而樹切桵白桵木也[illegible]禾四把也又息遺切捼摧也又奴禾切俗作挼○衰微也所追切三榱屋橑說文曰秦名爲屋椽周謂之榱齊魯謂之桷[illegible]病也說文減也一曰秏也○惟謀也思也以追切十二[illegible]旌也維豈也隅也持也繫也說文曰車蓋維也遺失也亡也贈也加也又姓急就章有遺餘又以醉切濰水在琅邪壝埒也壝也又以癸切[illegible]目病蓶菜名似韮而黃[illegible][11]就也又士隹切琟石似玉也唯獨也又以癸切[illegible]蠪[12][illegible]

八八十九　韻上平　二十四　吴志

△陎 隋韻落猥切又力追切

神蛇一首兩身六足四翼見則其國大旱湯時見於陽山出山海經○瀿水名在鴈門力追切十三纍纍索也亦作縲又姓晉七輿大夫纍虎虆蔓草欙山行乘欙亦作樏犪求子牛𡾰嵔𡾰又力[13]罪切𡾊上同嫘嫘祖黃帝妃[14]亦作嫘瓃玉器𥈶視皃鸓飛生鳥也又力水切儽嬾解皃亦作傫又力[15]罪切纝網絡論語注云黑索也亦作縲

○綏安也說文曰車中靶[16]也又州名春秋時爲白翟所居秦并天下爲上郡後魏廢郡置州取綏德縣以爲名息遺切十二雖語助也本蟲名似蜥蜴而有文荾胡荾香菜博物志曰張騫西域得胡荾石虎鄴中記曰石勒改胡荾爲香荾荽上同芆亦同葰亦同說文曰薑屬可以香口浽浽溦小雨奞說文曰鳥張毛羽自奮奞也又[17]戌閏切夊行遲皃又楚危切睢水名在梁郡又許葵切濉上同䅗禾四把長沙云又儒佳切

○逵隱也爾雅曰九達謂之逵渠追切十九夔夔龍亦州名春秋時魚國漢爲魚復縣梁隋皆爲巴東郡唐初改爲信州又改爲夔州取夔國名之又獸名似牛一足無角其音如雷皮可以冒鼓夒俗馗說文曰九達道也與逵同又鍾馗俗以辟惡戣兵器戟屬鍨上同騤強也盛也又馬行皃犪犪牛出岷山肉重數千斤出山海經躨躨跜見文選䐶臞䐶醜皃艽埤蒼云遠荒又音求跰左脛曲也𠎤左右視也𠔱

1 䕠

3 擵 △娓 至韻明祕切 又音眉

4 歂

6 所

顪皃　頯小頭也　𩓋使也　覽遥視又丘韋切　弅持也　頄面顴也又音求　○眉說文作眉目上毛也武悲切二十　𥇛

見上注　嵋山形　湄釋名曰湄眉也臨水如眉也爾雅曰水草交爲湄　𤄳上同　鶥鳥名爾雅曰鶥麋鴰今呼鶬鴰字林作鶥

楣戶楣釋名云楣近前各兩若面之有眉　瑂石似玉也　䁇伺視　䰨上同　𥳁竹名又音微　黴黴黧垢腐皃又莫背

切　麋鹿屬冬至解其角又姓蜀將東海麋竺也　蘪蘪蕪香草即江蘺[1]也　郿縣名在岐州　溦爾雅曰谷者溦郭璞云通

於谷也　薇爾雅曰薇垂水謂生於水邊　𪎭金飾馬耳[2]又武甲切　葿菧葿草　擵[3]水芝名也　○悲痛也府眉切一

○錐說文銳也職追切八　隹說文曰鳥之短尾者總名　䴌鹿一歲　騅馬蒼白雜毛又姓左傳晉七輿大夫騅歂也

奞[5]木名似桂　鼪鼠名　萑萑蓷芜蔚又名益母　鵻鳥名　○誰何也視隹切三　讙就也又以隹切　脽說文

尻也亦汾脽巨靈所坐也　○帷說文曰在旁曰帷釋名曰帷圍也以[6]自障圍也洧悲切一　○邳下邳縣名在泗州又姓風俗通

云奚仲爲夏車正自薛封邳其後爲氏後漢有信都邳彤符悲切六　鉟刃戈又音丕　鴀鸔也　岯山再成也　魾大鱯也又

音丕　𩑶說文云短須髮皃又音丕　○丕大也亦姓左傳晉大夫丕鄭[8]敷悲切十二　平上同　伾有力　秠黑黍一稃二米又匹几切

9 色馬

11 隻

12 累

13 尺

○嫢 旨韻求癸切 又聚惟切

16 切

17 𩚴

18 歃

頚大面 駓[9]桃花馬色 伾恐也伾伾 䫊短須髮皃 豾[10]貍子 髬髬髵猛獸 魾大鱯 鉟刃戈○倠

仳倠醜面許維切六 婎同上 睢睢盱視皃 眭眭盱健皃 嫢[11]姿嫢 𡡪同上○鎚金鎚又權也文字音義云從垂亦通

直追切五 椎椎鈍不曲橈亦棒椎也又椎髻 槌上同又直畏[12]切 桘俗 顀項顀○推排也又佳[13]切又湯回切二 蓷萑蓷

又湯回切○胝皮厚也俗作胵丁[14]尼切四 疷上同 秖穀始熟也 氐氐池縣名又音低○紕繒欲壞也匹夷切六 ⿰比支[15] ⿰糸坒

二同 ⿰言坒謬也 ⿰忄坒上同 𢞁惡性也○嶉高皃醉綏切二 檇以木有所擣又地名左傳越敗吳於檇李又音醉○巋

小山而衆丘追切又丘誄切二 蘬龍古大者曰蘬○狋犬怒皃牛肌切又巨圓切一○咦笑皃喜夷切五 忔廣雅云喜皃

⿰月戾臀之別名 ⿸尸犬呻吟聲 屎上同○

七○之適也往也閒也亦姓出姓苑止而切四 臸到也又如一[16]也 芝芝草論衡曰芝生於土土氣和故芝草生古瑞命記曰王

者慈仁則芝草生也 㞢篆文象芝形蚩從此也○飴餳也與之切二十七 𩚴[17]籀文 飤古文 怡和也悅也又姓周書怡峯

傳云本姓默台避難改焉 弫弓名出韻略 𡣿說文云悅樂也 异已也又音異 㼢甗㼢甂也 𣐈船歃[18]水斗 鏔戟無刃也

6 覷　　3 晨

圯土橋名在泗州貽貺也遺也巸長也美也廣巸也洍水名詩云江有洍又音似毛詩作汜𦣝說文曰顄也⿰𦣝首籀文

頤頤養也說文亦上同詒贈言⿰王𦣝玉名沶水名宧[1]室東北隅⿰月𦣝豕息肉今謂之豬⿰月𦣝⿰魚𦣝鯸⿰魚𦣝魚也姫

王妻[2]別名本又音基台我也又姓出姓苑又音胎眙盱眙縣在楚州瓵爾雅云甌瓵也○時[3]晨也廣雅曰時伺也又善也中也是

也又姓良吏傳有時苗何氏姓苑云今鉅鹿人市之切七峕古文塒穿垣棲雞鼭鼠名榯樹木立也蒔蒔蘿子又[4]音示

鰣魚名似魴肥美江東四月有之○疑不定也恐也惑也嫌也語其切三嶷九嶷山名亦作疑又魚力切觺觺觺獸角

皃又魚力切○思思念也息茲切又息吏切十五恖上同司主也亦姓左傳鄭有司臣又漢複姓八氏司馬氏本自重黎程

伯休甫之後出河內世本士丏弟佗爲晉司功因官爲氏及司徒司寇司空並以官爲氏漢有朝議郎司國吉諫議大夫司鴻儀左傳宋大夫

司城子罕其後氏焉罳罘罳屏也崔豹古今注云罘罳復思也謂臣來朝君行至內屏外復思惟故曰罘罳也伺伺候又息吏切絲

說文云蠶所吐也又一蠶爲忽十忽爲絲淮南子曰蠶餌絲則商弦絕緦緦麻⿱竹思竹名有毒傷人即死禗不[5]安欲去⿰思見

覷[6]也⿲犭𦣝犬辯獄相察⿰目司姦[7]視蕬菟蕬草名案爾雅云女蘿菟絲字不从廾偲論語曰朋友切切偲偲楒相楒木○輜

九●卅五　韻上平　二十六　吴椿

9 鯿

楚持切又側持切義見下文二颸風也。其辝也亦姓陽阿侯其石是也又漢複姓六氏左傳郱庶其之後以庶其爲氏世本楚大夫涉其帑漢清河都尉祝其承先王僧孺百家譜蘭陵蕭休緒娶高密侍其義叔女何氏姓苑有行其氏令其氏渠之切又音基三十期期信也會也限也要也又姓風俗通有期思國又漢複姓二氏後漢梁鴻改姓運期氏古仙人有安期生賈執英賢傳云今琅邪人旗旌旗釋名曰熊[8]虎爲旗將軍所建象其猛如虎與衆期之於下也戰國策曰建七星之旗天子之位也又姓齊卿子旗之後漢有九江太守旗光綦履飾又蒼白色巾也詩曰縞衣綦巾又姓何氏姓苑云義興人綨上同帺俗萁豆萁⿰豆其上同蜝蟚蜝似蟹而小晉蔡謨食之殆死也琪玉也麒麒麟騏騏驥淇水名出沮洳之山說文曰淇水出河內共北山東入河鶀鳥名錤鎡錤鋤別名也藄紫藄似蕨菜棊博物志曰舜造圍棊丹朱善之櫀上同碁亦同⿰王綦弁飾璂上同鯕編[9]魚蘄州名漢蘄春縣也晉孝武鄭后諱春改爲蘄陽周平淮南改爲州因蘄水以爲名又姓也祺祥也吉也禥籀文踑踑馴跡也⿰舟基⿰舟基艃舟名䑴上同畁舉也⿰齒其齧也。詩說文曰志也詩序云發言爲詩釋名曰詩之也志之所之也書。之切六邿地名齝說文曰吐而噍也又敕釐切⿰齒司呞並上同⿰目矢⿰目矢的也見聲類。而語助說文曰頰

1 子　3 陾　5 錤　6 把　9 從

毛也如之切二十一栭木名[1]似栗而小一曰梁上柱也檽[2]木耳別名隭地名又蔓險也陾[3]上同又音[4]仍陑上同髵
須也髶髵也峏山名轜喪車輀上同臑煑熟胹烦並上同䰭籒文洏漣洏涕流皃鮞
魚子耏獸多毛亦作髵又姓左傳宋有耏班咡吻又音餌𦓝丸之熟也又音丸誀誘也又音餌鴯莊子云鳥莫智
於鷾鴯鷾鴯玄鳥也○欺詐也去其切十一娸姓一曰醜也𩓐大頭䫏方相說文曰醜也今[6]逐疫有䫏頭𠐌上同
魌亦同僛醉舞皃鶀鵋鶀鵂鶹鳥亦作鶀[5]𪀘廣雅云多䶞齧也抾把也[7]又丘之切○姬周姓也居之切十二
朞周年又復時也稘上同基經也業也址也始也設也箕箕帚也世本曰箕帚少康作也又姓左傳晉有大夫箕鄭其
菜似蕨又音期簊可以取蟣也諅謀也說文忌也本渠記切其不其邑名在琅邪又人名漢有酈食其錤鎡錤大鉏
居語助見禮諆謀也說文欺也本去其切○詞請也說也告也說文曰意內而言外也似茲切七祠祭名柌鎌柄辭
辭訟說文曰辭[8]說也辤上同說文曰不受也受辛宜辤之辝籒文䌳補也○釐理也一曰福也里之切二十貍野猫
狸俗氂十豪嫠無夫剺剝也梩從[9]土臿出六韜又[10]都皆切犛犛牛又音茅𤛮[11]字統云微畫也倈

△唉 哈韻烏開切 又於其切

13 葘　14 ⿰皮甾　15 曰

俫來見楚詞艃艥艃船名秜毛起也又音來孷孷孷雙生子也慦愁憂之皃⿱髟里髮⿱髟里髮起⿸疒里病也又音

里箣竹名斄說文曰強曲毛也可以著起衣庲古文⿱𢻯犮[12]引也○菑說文曰不耕田也爾雅曰田一歲曰菑側持切

又音栽十五甾上同又說文曰東楚名缶曰甾葘[13]亦同淄水名亦州名春秋時屬齊漢爲濟南郡宋文帝改清河郡隋置淄州

因水以名焉古通用菑⿰皮甾[14]手足生皮堅也茬茬丘名案漢書地理志泰山郡有茬縣顏師古又[15]士疑切亦姓輜輜軿車

錙錙銖鶅東方[16]雉也緇黑色繒也紂上同椔木立死鯔魚名䎩耕也鄑鄉名○僖樂也又姓

姓苑云彭城人許其切十五歖卒喜熙和也廣也長也嬉美也一曰游也禧福也吉也嫛善也悅也譆痛聲

⿱𢻯火坼也瞦目睛⿰火矣火盛熹盛也博也熱也熾也或作熺嘻噫嘻歎也⿰此欠喜笑娭婦人賤稱出蒼頡篇

誒說文云可惡之詞也○醫醫療也亦官名漢太常屬官有太醫令續漢書曰秩六百石有藥丞主藥方說文曰巫彭初作醫於

其切五毉上同譩忿也⿸疒殹羸也又乙賣切噫恨聲○癡不慧也丑[17]之切四齝牛吐食而復嚼也笞

棰擊痴痴癡不達之皃○治水名出東萊亦理也直之切三持執持莉姓也姓苑云維南人○蚩蟲名亦輕侮字從㞢[18]

赤之切七 嗤 笑也俗又作欪 䖿 輕侮 媸 妍媸[1] 䎢 羽盛 謦 告也又乃經切 眵 目汁凝 ○慈 愛也亦州名春秋時
晉之屈邑夷吾所居西魏改爲汾州開皇初爲耿州武德改爲慈州因慈氏縣名之疾之切五 磁 磁石可引針也 鶿 鸕鶿鳥亦作鷀
不卵生口吐其鶵又子之切 濨 澗水名也 兹 龜[2]兹國名龜音丘 ○兹 此也又姓左傳魯大夫兹無還子之切十四 孳 孳息
嵫 崦嵫山名日所入處 孜 處[3]也力篤愛也 滋 水名出高麗山又旨也蒔也多也蕃[4]也液也 嗞 嗞嗟憂聲也 䵋 染黑 鎡
鎡錤 孖 雙生子也 鼒 小鼎 鰦 魚名 仔 克也 鶿 鸕鶿鳥 稵 禾生皃 ○茬 說文曰草皃濟北有茬平縣俗
作茌士之切一 ○漦 涎沫也又順流也俟甾切一 ○抾 挹也丘之切一 ○眣 眴也式其切一
八○微 妙也細也少也說文曰隱行也無非切八 𢼸 說文曰妙也 溦 浽溦小雨也 薇 菜也 䉠 竹名又武悲切 𨯳
埋蒼云懸物鉤 癓 三蒼云足上瘡 矀 伺視又武悲切 ○揮 揮霍亦奮也灑也振也動也許歸切十三 煇 光也 輝 上同
暉 亦同又日色 徽 美也又三糾繩也 翬 飛皃又雉五色備也 褘 后祭服也 黴 魚有力也 楎 椸也在牆曰楎又犂頭也
幑 幡也 瀈 竭也 𣄻 動旗 㹆 山㹆獸名似犬見人則笑行疾如風又胡昆切 ○幃 香囊也一說單帳也雨非切又[5]許歸切十五

6 婔當入霏細
7 褢
9 巾
11 足
12 戰國策
△ 賁 未韻扶沸切又音肥
13 義
14 壘

韋柔皮也又姓出自顓頊大彭之後夏封於豕韋苗裔以國爲氏因家彭城至楚太傅韋孟遷于魯孟玄孫賢爲漢丞相始遷京兆之杜陵也闈宮中門也圍守也圍也遶也褘重衣[束韋]束也違背也湋水名口文字音義云回也象圍帀之形也鍏方言云宋魏呼臿也潿水不流濁皃婔[6]江婔神女褢裹也褱[7]衺也[韋攴]戾[韋攴]○霏雪皃芳非切九[雨飛]上同妃嘉偶曰妃說文匹也又音配菲芳菲又芳尾切[非毛]細[8]毛婓婓婓往來皃一曰醜騑騑騑馬行皃裶衣長皃[非日]大目又方市[9]切○斐姓左傳晉有斐豹甫微切十二飛飛翔亦漢複姓史記有飛廉氏古通用蜚扉戶扉緋絳色[牛飛]獸如牛白首一目非不是也責也違也亦姓風俗通有非子伯益之後馡香也䬠魚名騛騛兔馬而兔趫騑驂旁馬也又音菲誹誹謗又方未切餥糇也又方尾切○肥肥腯說文曰多肉也亦姓[12]左傳有肥義符非切十一腓腳腨腸也䈈竹名淝水名在廬江本作肥疤風疤病也痱上同蜰蟲名即負盤蟲[非巴]蟗[非巴]鳥名如梟人面一足冬見夏蟄著其毛令人不畏雷出山海經蟦蠐螬賁姓也出[13]姓苑又布昆彼羲符文三切裴即裴縣名案漢書地理志在魏郡應劭音非本又音陪○威威儀又姓風俗通云齊威王之後於非切八葳葳蕤隇隇陝險也嵔嵔礨[14]也又於鬼烏罪二切蝛蛜蝛蟲也一名𧑒蝜鰄

△蘄 欣韻巨斤切又巨希切

3 ⿱幾血

4 二

5 名

魚名媁美也椷決塘木也又椷㮯麥器也○祈求也報也告也渠希切十九頎長皃旂爾雅曰有鈴曰旂釋名曰交龍
曰旂旂倚也畫作兩龍相依倚也通以赤爲之無文彩諸侯所建也䰙鬼俗畿王畿⿰土幾上同崎曲岸碕上同圻亦上
同又書傳爲京圻字又魚斤切刉以血塗門又居依古對二切⿰豈幾危也說文曰訖事之樂也又[1]公哀切⿰月幾[2]頰肉俟虜複姓北
齊有特進万俟普万音墨幾近也又居依居豈二切蚚蟲也爾雅云強蚚玂犬生一子蟣爾雅云蛭蟣又居豈切
岓山傍石也𪘏齒危○機會也萬機也說文云主發謂之機書曰若虞機張傳云機弩牙也居依切十六譏諫也誹也譴也問也
蘄縣名在徐州亦草名又音其芹嘰口醜說文云小食也蘔菹蘔草磯大石激水𩌏繫馬饑穀不熟禨祥也
幾庶幾又祈蟣二音⿺走幾走也鐖鉤逆鋩淮南子曰無鐖之鉤不可以得魚僟精也明堂月令曰歲將僟終璣珠不圓也
刏斷切也刺也刲傷也⿱幾血[3]血祭○希止也望也散也施也爾雅罕也又姓三輔決録有希海字子江香衣切十二晞日氣乾也莃
菟葵鵗北方雉[5]睎視也眄也望也稀稀踈豨豬也又虛豈切⿺走希走皃桸木名汁可食悕願也又悲也俙
依俙欷說文曰歔也又喜既切○依倚也祿也於希切八郼殷國名也衣上曰衣下曰裳世本曰胡曹作衣白虎通云衣者隱也裳

九·廿四　韻上平　二九　沈思忠

7 溰　8 永

者障也所以隱形自障蔽也又姓出姓苑譩[6]痛聲㛄女字㐆說文曰歸也从反身⿰阝衣天⿰阝衣縣在酒泉悘念痛聲也○沂
水名出泰山魚衣切二溰[7]溰溰霜皃○巍高大皃語韋切二犩爾雅云犩牛郭璞曰即犪牛也如牛而大肉數千斤○歸
還也公羊傳曰婦人謂嫁曰歸亦州名古夔子國武德初割夔州之秭歸巴東二縣置州取歸國爲名也舉韋切三㱕籀文騩大騩山
○蘬馬蓼似蓼而大也丘韋切又丘追丘誄二切二⿰歸見視也

九○魚說文曰水蟲也亦姓出馮翊風俗通云宋公子魚賢而有謀以字爲族又漢複姓二氏左傳晉有長魚矯史記有修魚氏語居
切十一䲆說文曰二魚也漁說文云捕魚也尸子曰燧人之世天下多水故教民以漁也又水名在漁陽⿰氵䲆同上魰同上䲜
䲜獵亦同上齬齬齬不相值又魚舉切鋙鉏鋙又音語䁜爾雅曰馬二目白魚字或從目衙說文曰衙衙行皃又音牙○初
舒也始也從刀衣蓋裁衣之初楚居切二⿰口楚呵叱人也○書世本曰沮誦蒼頡作書釋名曰書庶也紀庶物也亦言著也著之簡紙求[8]
不滅也傷魚切七鵨鳥似鳧也⿰王荼美玉名案禮記注云笏也本亦作荼舒緩也遲也伸也徐也敘也亦州名春秋時晥國晉於
晥縣置懷寧縣武德改爲舒州亦姓何氏姓苑云廬江人⿱艹舒魚薺紓緩也⿰舒阝[9]地名在廬江○居當也處也安也九魚切十四

1 飲　2 把　3 蟝　5 栫　8 賸

居居儲据手病詩云予手拮据毛萇曰拮据撠挶也裾衣裾琚玉名賰貯也鶋鶢鶋海鳥車車輅又昌遮切蜛

蜛蠩崌崌崍山也椐木名涺水名䓔苴䓔草也腒鳥腊又音渠○渠溝渠也亦州名宋置宕渠郡周仍爲郡武德初

改置州亦有宕渠山又姓左傳衛有渠孔御戎強魚切二十六轖車輞𦄡履飾璩玉也磲硨磲石次玉蕖芙蕖

籧籧篨⿱竹豦牛筐淭淭挐方言云把宋魏之間謂之淭挐醵合錢飲酒又巨略切腒鳥腊鱇鶢鶋鳥⿱豦䖵

說文云⿱豦䖵蟝也一曰蜉蝣朝生暮死者爾雅作渠略⿰虫渠上同貗貗獀獸名食猛獸出山海經豦獸名說文曰鬬相丮不解

也从豕虍豕虍之鬬不相捨司馬相如說豦封豕之屬一曰虎兩足舉又音據蘧蘧麥又姓鐻鐻耳之傑璖耳環𨜔聚名㯫

㯫樝藩籬名⿺走豦小走皃⿱艹豦⿱艹豦菜似蘇又音巨⿱穴豦穴類⿰衤虛繫⿰衤虛㦆怯也又音遽○余我也又姓風俗通云

秦由余之後何氏姓苑云今新安人以諸切三十蜍蜘蛛又常魚切藇芑藇香草澦水名餘殘也賸也皆也饒也又姓晉有

餘頠又漢複姓三氏晉卿韓宣子之後有名餘子者奔於齊號韓餘氏又傳餘氏本自傳說說旣爲相其後有留於傳巖者因號傳餘氏秦亂

自清河入吳漢興還本郡餘不還者曰傳氏今吳郡有之風俗通云吳公子夫概奔楚其子在國以夫餘爲氏今百濟王夫餘氏也輿

10本經重出當刪　11擧　12肻　13之　15書　北

車輿又多也又權輿始也續漢書輿服志曰上古聖人覩轉蓬始以爲輪輪行不可載因物生智後爲之輿又姓周大夫伯輿之後旟周禮曰鳥隼曰旟州里所建也爾雅曰錯革鳥曰旟郭璞云此謂合剥鳥皮毛置之竿頭鵌鳥名與鼠同穴又大都切璵魯之寶玉艅艅艎吴王船名畬田三歲也[9]畭上同㶛[10]水名歟說文云安气也又語末之辭亦作與與上同本又餘佇切譽稱也又音預嬩女字舁對舉擧[11]上同妤婕妤婦人官也亦作倢伃伃上同悆恭敬麢說文云似鹿而大又弋庶切予我也又餘佇切㺞獸名𩣡馬行皃𧼯𧼯𧼯安行皃狳獸名山海經云餘我之山有獸如兔鳥喙鴟目蛇尾遇人則眠名曰犰狳見則有螽蝗爲害也鸒爾雅云鸒斯雅烏又羊庶切雓爾雅曰鷄大者蜀蜀子雓。胥相也說文曰蟹醢也又姓晉有大夫胥童何氏姓苑云琅邪人也俗作肻[12]相居切又息呂切十一䱬魚名𥰭竹名稰落也楈木名藇姓出纂文本又音序諝有才智[13]稱又息呂切㥠上同湑露皃又息呂切蝑蜙蝑蟲揟取水具也。疽癰疽也七余切十六岨石山戴土砠上同𨚮鄉名在鄠縣又[14]子余切趄趑趄苴履中藉又子魚切沮止也非也又水名在房陵所謂沮漳亦[15]云漆沮既從並在此地又子魚側魚疾與子預四切狙猨也又[16]七預切胆蟲在肉中蛆俗雎雎鳩鳥葅苞葅又則吾切

6 楬　4 ⿰月疋　3 蒱

濾說文云水出北地直路西東入洛　伹拙人　坥蝖場又七預切　㞘此也　○鉏誅也又田器釋名曰鉏助也去穢助苗也說文曰立薅斫也又姓左傳有鉏麑士魚切六　鋤上同　耡周禮曰以興耡利甿又音助　豠豕屬　⿰豕助上同　⿰鉏鳥鸛⿰鉏鳥鳥白鷺也爾雅作春鉏　○攄舒也丑居切四　樗惡木　⿱⺮梌竹篾名也　摴摴蒱戲又姓史記秦相摴里疾　○⿰足㐬通也除也分也遠也窻也又姓漢有太子太傅東海疏廣或作⿺廴疋俗作踈所葅切又所助切十一　梳梳櫛說文曰理髮也　練練葛　蔬菜蔬　踈稀踈　⿰糸⿺廴疋⿰糸⿺廴疋繼　釃下酒　⿱罒麗上同　⿺廴疋通也　⿰月⿺廴疋青疏　疋足也古爲雅字　○虛空虛也亦姓出何氏姓苑朽居切又音祛六　驉驅驉畜似騾也　歔歔欷　嘘吹嘘　魖魖耗鬼又䰩魖罔象木石之怪也　⿰衤虛上同出字書　○徐緩也說文安行也亦州名古之彭國禹爲徐州秦屬泗水郡漢爲郡復置徐州又姓自顓頊之後春秋時徐偃王行仁義爲楚文王所滅其後氏焉出東海高平東莞琅邪濮陽五望似魚切四　⿰余阝地名又音徒　⿰羊余野羊　俆說文緩也　○於居也代也語辭也又商於地名亦姓今淮南有之央居切又音烏五　扵俗　箊竹名　淤淤泥又依倨切　唹笑皃　○豬爾雅曰豕子豬陟魚切六　䐗上同　猪俗　瀦水所停也　櫫揭櫫有所表識　藸藸蒘草又音除　○臚皮臚腹前曰臚又鴻臚寺漢書曰典客秦官武帝更名大鴻臚韋昭曰鴻

大也臚陳庁也欲以禮大閭侶也居也又閭閻周禮曰五家爲比使之相
陳庁賔客也力居切十七保五比爲閭使之相受也又姓出衛國頓丘
二望又漢複姓四氏凡閭氏出自晉唐叔賈執英賢傳云今東莞有之
林閭氏出自嬴姓文字志云後漢有蜀郡林閭翁孺博學善書藝文志
云古有將閭子名菟好學著書髗毛也説廬寄也舍也周禮曰凡
晉有寧州刺史樂安辟閭彬文鬛也國十里有廬廬有飲
食亦州名春秋時舒地秦爲合肥縣梁以爲合州隋爲廬蘆漏蘆
州又山名廬山記云周威王時有匡俗廬君故山取其號草又
音櫚栟櫚木名有葉無枝驢畜藘蘩藘⿱艹閭菴⿱艹閭爈火燒⿰氵閭涺
盧博雅曰栟櫚椶也也草草山界⿰氵閭
海水洩處窯盧玉篇云櫖諸櫖山櫐璷字林云⿰馬衣傳馬⿱竹閭⿱竹閭箐
莊子作尾閭⿰山盧山名爾雅作慮玉名名竹名
⿰忄閭⿰忄閭憂○諸之也旃也辯也非一也又姓漢有洛陽令諸於出風俗通又
也漢複姓有諸葛氏吳書曰其先葛氏本琅邪諸縣人徙陽都
先姓葛時人謂徙居者爲諸葛氏因爲氏焉風俗通云葛嬰爲櫧木
陳涉將有功而誅孝文追[7]録封諸縣侯因并氏焉章魚切七名
渚水名在藷藷蔗⿱艹儲著預[8]䃴礛䃴青蠩蜛蠩一頭數尾長二三尺
北嶽甘蔗別名礪也左右有腳狀如蟹可食也
○除階也又去也躇躊儲儲副又姓後涂水名在堂邑篨籧篨蘆
直魚切十三躇漢有儲太伯又直胡切蓆也

7 其孫

8 韻

1 鴾

△袽 本韻女余切又音如

△耶 本韻七余切又子余切

生 ⿱艹⿱且皿

藷 薵藷 葱名 宁 門屏閒 又音佇 ⿸疒除 瘕也 著 爾雅云太歲在戊曰著雍 又直略陟慮陟略三切 滁 水名出 皺箕山

入海亦州春秋時楚地梁爲南譙 州齊改爲臨滁郡開皇改爲滁州 蒢 草名可染又 蘧蒢口柔也 屠 匈奴傳有休 屠王又音徒

藸 爾雅曰菋荎藸郭璞云五 味也蔓生子叢在莖頭 ○如 而也均也似也謀也往也若也又姓 晉中經部魏有陳郡丞馮翊如淳注

漢書又虜姓後魏書如羅 氏後改爲如氏人諸切八 蒘 蒘藘草也 亦作茹 鄏 地 名 洳 水名在南郡 又人慮切 鴽 鴾 也

翟 上 同 ⿱穴萬 假寐也又 如與切 茹 恣也相牽引皃也易曰拔茅連茹又虜複姓 後魏書普陋茹氏後改爲茹氏又如慮切又

而與 切 ○且 語辭也說文薦也子 魚切又七也切四 蛆 蝍蛆食蛇蟲蜈蚣是也爾雅曰蒺藜 蝍蛆郭璞云似蝗大腹長角能食蛇

腦 苴 苞苴亦姓漢書貨殖傳 有平陵苴氏又音疽 沮 虜複姓有沮渠氏其先世爲匈奴左沮 渠遂以官爲氏沮渠蒙遜以後魏天興

四年僭號於 張掖稱北涼 ○虛 說文曰大丘也去魚 切又許魚切十二 墟 上 同 筶 飯 器 祛 袖也 舉也 阹 依山谷爲 牛馬之圈

椐 木名又 音居 胠 腋下又胠篋 莊子篇名 魼 比目魚又 他合切 ⿰山虛 ⿰山虛崎 山路 㩀 擊 也 ⿰木去 板置驢 上負物 ⿱艹去

草 器 ○葅 說文曰酢菜也亦 作菹側魚切四 ⿱艹⿰禾虘 上 同 ⿰齒虘 齒不 齊皃 沮 人姓世本云沮誦蒼頡 作書並黃帝時史官 ○蜍

九•廿一 韻上平 三十二 沈思恭

蟾蜍也署魚切又音余二**藷**似薯蕷而大或作稌○**袽**易曰繻有衣袽女余切又[5]音如六**帤**幡巾**毹**犬多毛也**蒘**藉蒘

草名**⿰木挐**溗⿰木挐杷名**挐**牽引

十○虞度也說文曰騶虞仁獸白虎黑文尾長於身不食生物俗作騪又周禮有山虞澤虞掌山澤之官也亦姓出會稽濟陽二望風

俗通云凡氏之興九事一氏於號唐虞夏殷是也遇[6]俱切二十**騪**俗見上注**愚**愚憃說文曰戇也从心禺禺母猴屬獸之愚者

娛娛樂**澞**齊藪名亦作隅爾雅曰齊有海澞又水名在襄國**堣**堣夷日所出處書亦作嵎**⿰禺鳥**鳥名狀如梟人面四目而

有耳見則天下大旱出山海經**嵎**山名在吳**髃**骨名在髆前又五茍切**禺**番禺縣在南海亦姓出姓苑本又音遇母猴屬也**隅**

角也陬也**⿰寓鳥**鳥似禿鶖**鰅**魚名有文出樂浪**鍝**鋸也**澞**爾雅曰山夾水澗陵夾水澞**蝺**搜神記曰蠍蝺似蟬而長味辛

美可食一名青蚨異物志云蠍蝺子如蠶子著草葉得其子母自飛來就之**㷒**抜器煑食**齵**齵齒重生**⿰虞鳥**鸈鸆一名[7]婟澤**鄅**

地○**芻**芻豢說文云刈草也俗作蒭名亦姓出何氏姓苑側隅切二**犓**養牛曰犓○**無**有無也亦漢複姓二氏楚熊渠之後號無

庸其後爲氏又有無鉤氏出自楚姓武夫切二十一[8]**毋**止之辭亦姓毋丘或爲毋氏又漢複姓八氏漢書貨殖傳有毋鹽氏巨富齊毋鹽邑大夫

2 歁

3 沈

之後漢有執金吾東海毋將隆將作大匠毋丘興風俗通有樂安毋車伯奇爲下邳相有主簿步邵南時人稱毋車府君步主簿何氏姓苑有毋終氏左傳魯大夫茲毋還晉大夫綦毋張漢書有巨毋霸王莽改爲巨毋氏 膴膴膢又亡撫切 膴無骨腊又荒烏亡甫二切 蕪荒蕪 誣誣枉 巫巫覡周禮春官曰司巫掌羣巫之政令若國大旱則帥巫而舞雩亦山名又姓風俗通云氏於事巫卜陶匠是也漢有冀州刺史巫捷 莁莁荑 璑三采玉 ⿰阝無地名在弘農 ⿱竹無黑皮竹也 鷡鷡鴛鳥名 ⿱罒舞罟屬又音武 蝥爾雅云鼅鼄鼄蝥又音牟 ⿰忄某爾雅云愛也又音武 无虛无之道又漢複姓左傳莒有大夫无[1]婁修胡 㡚欲[2]空之皃 譕譕誘詞也 墲冢也 鵐鳥名雀屬 憮空也又音武 ⿱罒無雉網也 ○于曰也於也說文本作亐凡從于者作亐同又姓周武王子邘叔子孫以國爲氏其後去邑單爲于漢有丞相東海于定國又望出河南者即後魏書万忸于氏後改爲于氏凡諸姓望在後而稱河南者皆虜姓後魏孝文詔南遷者死不得還北即葬洛陽故虜姓皆稱河南焉又漢複姓五氏後漢特進漁陽鮮于輔袁紹大將軍淳于瓊劉元海太史令宣于修之何氏姓苑有多于氏閼于氏羽俱切二十 迂遠也曲也又憂俱切 盂盤盂說文曰飯器也又姓左傳晉有盂丙 邘地名在河內又姓漢有邘侯爲上谷太守 雩請[3]雨祭名又況于切 ⿱羽于飛皃說文曰雩羽舞也或从羽同上 竽笙竽世本曰隨作竽

九 卅

韻上平

三十三

沈思忠

4 吙　6 瞜　7 麑　9 文　10 朐 脯　12 杷

玗玉名 芋草盛皃又王遇切 汙水名又屋孤烏故二切 醧宴也 杅因杅匈奴地名 釪錞釪形如鐘以和鼓 衧衺衣 骬髑骬缺盆骨也 䒘說文云草木華也本音吁 謣[4]妄言 軒車環靻也 迂窻迂牀也 ⿱艹盂菹⿱艹盂似韭 。訏大也況于切二十 吁歎也 雩雩婁古縣名在廬江 欨吹欨一曰笑意又況宇切 疞病也 盱舉目又[5]盱眙縣在楚州 ⿰衤瓜大袑衣也 眗眗瞜[6]笑皃 姁姁婾美態 冔殷冠名又音詡 扜說文云指摩[7]也又憶俱切 䒘草木華也 荂上同又音敷 忓憂也 醧宴也 旴日始出皃 軒軒靻 欨欨樂 虖虎吼又虎乎切 ⿱襾亐臿屬又矩[8]于切 。衢街衢爾雅曰四達謂之衢其俱切三十六 劬勞也 軥車軛 氍氍毹毛席也風俗通[9]云織毛褥謂之氍毹亦作𣰽 眗[10]脯也一曰屈也亦山[11]名在東海又姓出姓苑 ⿰阝句地名在河東 臞瘠也 癯上同 鴝鴝鵒亦作鸜周禮曰鸜鵒不踰濟 鸜上同亦鸜鵒又漢複姓莊子有鸜鵒子 灈水名在汝南 躣行皃楚詞曰右蒼龍之躣躣 忂上同 䮛馬左足白爾雅云馬後足皆白 鼩鼱鼩小鼠本作翑 蘧蘧麥又巨居切 斪鉏屬 句寃句縣名在曹州又九遇古候二切 蠷蠷螋蟲 瞿鷹隼視也又姓王僧孺百家譜曰裴桃兒取蒼梧瞿寶女又有瞿曇氏西國姓又九遇切 欋釋名曰[12]齊魯間謂四齒把為欋

九卅　韻上平　三十三　沈思忠

2 朐　3 盥　6 耎　8 問娶子奢莫之媒也　9 殊　10 歹

蒟爾雅云蒟芀熒 鶵鳥羽 翑同上 蚼蚼蛘蚍蜉 鼩䵹屬說文云頭有兩角出遼東亦作鼅䵹音奚 趯走顧之皃 趜
上同 朐[2]脯名 絇履頭飾也 屨同上 盥[3]聲類云樹種也 𥗲磫𥗲青礪 戵戟屬 鑺同上 姁姁然樂也又況羽切 儒
柔也人朱切十六 獳朱獳獸名似狐而魚翼出則國有恐又女侯切 濡水名出涿郡又霑濡 襦說文云短衣也俗作襦
懦弱也又乃[4]亂切 嚅囁嚅多言 鱬朱鱬魚名魚身人面 麢鹿子又相俞切 嬬妻[5]名 繻易曰繻有衣袽亦見
周禮注又音須 顬顳顬耳前動 𧹓火色 臑嫩耎[6]皃 醹厚酒又音乳 𦒃[7]柔皮又而兖切 䰭鬼魅聲䰭䰭不止又
乃侯切 ○須意所欲也說文曰面毛也俗作鬚又姓風俗通云太昊之後史記魏有須賈又漢複姓左傳遂人四族有須遂氏又虜複姓匈
奴貴姓有須卜氏相俞切十四 鬚俗 嬃女字也 須待也 𥪖上同 繻傳符帛 𢄙頭𢄙 麢鹿子也又音儒
需卦名 娶荀卿子曰閭娶[8]之媒又七句切 緰衫緰帛也 蕦蕵蕪別名 鑐鎖中鑐也 隃北陵名又注式朱二切
○株木根也陟輸切十一 誅責也釋名曰罪及餘曰誅如誅大樹枝葉盡落 邾國名 鼄鼅鼄網蟲亦作蜘蛛 蛛
上同 跦行皃 祩字統云朱衣曰祩又昌朱切 列[10]列[9]殺字從歹又五割切 秼上同 鴸鳥名似鴸人首 𪏮黏皃 ○鼅

11 撞

九·芺 韻上平 三十四 沈思恭

獸名似貍敎俱切二 貙俗 ○殊異也死也帀朱切十二 銖錙銖八銖爲錙二十四銖爲兩 洙水名在魯 茱茱萸

⿰朱瓦小甖 殳兵器釋名曰殳殊也長一丈二尺無刃有所撞[11]挃於車上使殊離也詩云伯也執殳又姓舜典有殳折[12] ⿱人亏上同出道書

⿰月朱⿰月朱膢所以過水 ⿱自殳八觚杖也 陎陎𨼤縣名 几說文云鳥之短羽飛几几也象形 杸說文曰軍中士所持殳也司馬

法曰執羽從杸 ○逾越也羊朱切四十五 踰上同 窬門邊小竇又穿窬也 臾善也亦須臾又姓左傳晉大夫臾騈 楰

木名又音庾 腴肥腴 諛諂諛 隃隃麋古縣在扶風 鄃地名在涿郡又音輸 覦覬覦欲得 ⿵門俞窺也 俞然也

荅也說文作俞空中木爲舟也又姓又恥呪切 歈巴歈歌也 愉悅也和也樂也 ⿸广歈邪⿸广歈舉手相弄或作歋歈 揄揄揚詭言也又

動也說文引也 褕褕狄后衣又由昭切 瑜玉名 崳崳次山在鴈門 ⿰忄臾憂也 羭黒羝 蝓蠍蝓蝸牛 榆木名說文

曰白枌也春秋元命包曰三月榆莢落 萸茱萸 堬方言云墳堬培塿埰埌塋壠皆冢別名 牏築垣短版 渝渝變

也亦州名本巴國漢爲巴郡之江州縣梁於巴郡置楚州隋改爲渝州因渝水爲名 婾靡也又音偷 ⿰犬欠⿰犬欠⿰犬欠呼犬子也 ⿰氵臾

汙溲 ⿰王臾美石次玉 瘉病也 ⿱俞虫爾雅云蠭醜⿱俞虫 蕍澤蕮 ⿱艹庾草也 ⿰革俞⿰革俞餘也出字林 ⿰豆俞變色豆也

1 蓲　2 弋　3 里　5 袾　△趍 遇韻七句切又七俱切　6 瘬瘻曲脊

蕍 蓲蕍花皃 蘛 上同 舀 曰也又音由又代[2]兆切 𤭞 瓶也 騟 紫馬 偷 行皃 𥰭 黑竹 䃋 石次
玉也○區 具區吴藪名又禮曰草木茂區萌達注云屈生曰區亦姓後漢末有長沙區景[3]豈俱切八 鰸 魚名出遼東似蝦無
足 驅 驅馳也 毆 古文 嶇 崎嶇 軀 身也 摳 褰裳又苦侯切 𨼋 𨼋隅[4]不安皃○朱 赤也說文曰赤
心木松柏屬也又姓出沛國義陽吴郡河南四望本自高陽後周封于邾後爲楚所滅子孫乃去邑氏朱焉亦漢複姓莊子有朱泙漫郭
象注云朱泙姓也章俱切十 珠 珠玉白虎通曰德至深淵則海出明珠 侏 侏儒短人 絑 纁純赤色 秼[5] 詛也又音
注 咮 龍咮多言皃 鴸 鳥名似鵂人首 鮢 似蝦無足 𢓜 𢓜儒 硃 硃研朱砂○趨 走也七逾切三 趍
俗本音池 鯫 淺鯫小人不耐事皃又士后切○僂 悅也力朱切又落侯切十六 蔞 蔞蒿又虜姓官氏志云一郍蔞氏後改爲
蔞氏 氀 毛布 瞜 瞴瞜又落侯切 鱋 魚名 嶁 山頂 貗 求子豬也又落侯切 㺏 上同 摟 曳也 鷜 鵱鷜
野鵝又落侯切 鏤 屬鏤劒名又盧豆切 鄋 鄉名又落侯切 婁 詩曰弗曳弗婁傳曰婁亦曳也又落侯切 瘻 瘻[6]痀
曲瘠 膢 𦙮膢所以過水 膢 飲食祭也冀州八月楚俗二月○扶 扶持也佐也漢三輔有扶風郡扶助也風化也魏爲岐州

八·六八　韻上平　三十五　沈思忠

7 𢻩　9 氐　11 眣　12 名　14 洽

又扶州在隴右元魏置管同昌怡夷二縣又姓漢有廷尉扶嘉防無切二十六　𢻩[7]古文　芙芙蓉　符符契河圖曰玄女出兵符與黃帝戰蚩尤說文曰符信也漢制以竹長六寸分而相合又姓魯頃公之孫雅仕秦爲符璽令因而氏焉琅邪人也　颫[8]颫風大風　鳧野鴨　榑榑桑海外大桑日所出也　苻苻鬼目草又姓晉有苻洪武都氐[9]人本姓蒲氏因其孫堅背文有草付之祥改姓苻氏洪子健以晉穆帝永和七年僭号於長安稱秦　蚨青蚨蟲子母不相離　夫語助又府符切　蒚蒚蒐茈草也案爾雅曰芍鳧茈不從艹　鳧水名　枹枹罕縣名在河州罕音漢　瓿甌瓿瓶也　詄詄詞　扶扶疏盛也　坿白石英也　泭水上泭漚說文曰編木以渡也本音孚或作游　游見上注　䍖小畚器也　𣝔草木子房　湄[10]水名其中有神古人　㥔心明　䎐飛皃　聅[11]望也　玸玉[12]文　○䅳稷穰仕于切四　雛鶵鶵爾雅曰生噣雛謂鳥子能自食俗作雛噣音卓　鶵籒文　𡠗崔子玉清河王誄云惠於𡠗嬬說文曰婦人妊[13]娠也本側鳩切　○㑳纂文云偛㑳小人皃莊俱切偛側治[14]切二　搊解也　○敷散也說文从尃施也芳無切三十六　麩麥皮也　麱上同　孚信也　𣟋木名　郛郛郭　鄜鄜州漢鄜縣今鄜城是隋改作鄜州　鋪又普胡切　筟織緯者　俘囚也　痡

4 上　　1 華

病也 殍餓死 怤思也悅也 𦑣翻下羽也 敷花葉布也 孵卵化 豧豕息也 尃布也 𩶉魚名 罦車上

網以捕鳥 稃穀皮 粰同上 莩漢書云非有葭莩之親張晏云莩者葭中白皮 泭小木栰也說文云編木以渡也 鄜

鄉名又云亭名在汝南又方矩切 庯石間見也 桴屋棟又音浮 艀艀艇舩也 㪔張也 姇姇悅 荂荂[1]榮之皃

又音吁 紨布也又細紬也 䓡䓡蕍花皃 𣭊毛[2]解 䒰花盛 秿禾穳也又扶甫切 ○諏謀也[3]子于切又子侯切七

㖩𡄯㖩不廉 𡹸𡹸嵎 娵娵觜星名 陬陬隅又子侯切 嗺高皃 掫擊也又子侯切 ○跗足趺[4]也甫無切二十一 趺

上同又跏趺大坐 膚皮膚又美也傳也 肤上同 邞古縣名在琅邪 鈇鈇鉞 衭衣前襟 怢上同 玞珷玞

美石 䲘鶘䲘鳥名三首六足六目三翼 𦼮地𦼮藥名 簠簠簋祭器又方羽切 夫丈夫又羌複姓後秦建威將軍

夫蒙大羌 鳺鳺鳩鳥 柎欄足 扶公羊傳云扶[5]寸而合注云側手曰扶案指曰寸 𩬆𩬆髻本也 𩵜𩵜鯕魚名 𥝓

里𥝓玉篇云再生稻也 祑祭名 妋玉篇云貪皃 ○紆縈也曲也詘也勞也又姓後秦有肥鄉侯始平紆邈憶俱切十二 靬鞶華

又音于 陓陽陓澤名 扜說文云[6]指麾也 𩋰鞻也 𧜻編枲頭衣又烏侯切 蓲草名又去鳩烏侯二切 迂曲也

7 寫　東 本韻況于切又矩于切　11 度　12 亦

又音于　醞 能者飲不能者止也又音于　尪 盤旋　虷 蚰蜒別名　雩 雩注雨皃　○輸 盡也寫也墮也說文曰委輸也式朱切又式注切三　鄃 縣名在貝州　隃 北陵名又相俞式注二切　○樞 本也爾雅曰樞謂之椳郭璞云門戶扉樞也昌朱切五　姝 美好

軀 軀骨　袾 朱衣　筞 筞策　○廚 說文曰庖屋也俗作厨直誅切五　蹰 踟蹰行不進皃　趎 人名莊子有南榮趎　㡡 帳也似廚形也出陸該字林　裯 襌衣也又直休切　○拘 執也舉朱切十四　駒 馬駒　眗 左右視也　眴 上同　岣 岣嶁衡山別名

斞[8] 挹也酌也　[illegible] 上同　捄 盛土詩云捄之陾陾　跔 手足寒也　鮈 鮬[9]鮈魚名　俱 皆也具也又姓南涼錄有將軍俱延　痀 曲脊　[illegible] 說文目邪也　[illegible] 磫[illegible]礪石　○毹 氍毹也山芻切四　愉 裂繒　橾 說文曰車轂中空也　螋 蠷螋蟲又所留切

十一○模 法也形也規也莫胡切十二[10]　橅 上同出漢書　摸 以手摸也亦作摹又音莫　嫫 嫫母黃帝妻皃甚醜亦作嫫

[illegible] 車衡上衣　䤧 䤧醐榆子醬[10]也醐大胡切　謨 謀也亦作謩　謩 古文　墲 規墓地[11]　无 南无出釋典又音無　䉑 竹名　膜 膜拜胡禮拜也　○酺 大酺飲酒作樂周禮注云蓋[12]為壇位如雩禜云族長無飲酒之禮因祭酺而與其民以長幼相獻酬焉又漢律禁三人以上羣飲酒故賜酺得會聚飲食也薄胡切十　匍 匍匐　蜅 蛤蜅　莆 莆攎收亂草也　樸 樸劚縣名在武威劚音還

1 謂　3 頸　5 [illegible]

菩梵言菩提漢言王道莆脯魚亦雉有莆肉也蒲草名似蘭可以爲席亦州名舜所都蒲坂秦爲河東郡後魏爲雍州又改爲秦州周改爲蒲州因蒲坂以爲名又姓風俗通漢有詹事蒲昌又苻洪之先家池中蒲生長五丈如竹形時咸爲[1]之蒲家因以爲氏又漢複姓有蒲姑蒲城蒲圃二氏出何氏姓苑蒱[?]摴蒱戲也博物志曰老子入胡作摴蒱䈬[?]竹笪沈水取魚之具○胡何也又胡虜說文曰牛頷垂也亦姓出安定新蔡二望又漢複姓二氏齊宣王母弟別封母[2]鄉遠本胡公近娶母邑故爲胡母氏又胡公之後有公子非因以胡非爲氏又虜複姓南涼錄禿髮壽闐之母姓胡掖氏戶吳切三十頶牛頷垂也咽上同壺酒器[3]也禮記投壺篇云壺徑脩七寸腹脩五寸口徑三寸半容斗五升亦姓風俗通云漢有諫議大夫壺遂狐狐狢說文曰妖獸也鬼所乘有三德其色中和小前豐後死則首丘又姓左傳晉有狐氏代爲卿大夫瓳瓳瓳博雅曰甗甂也餬寄食又糜也使餬其口於四方是也或作𩚵[?]瑚瑚璉湖江湖廣[4]曰湖也鶘鵜鶘鳥名猢獑猢獸名似猨醐醍醐酥屬黏黏也粘上同䴯[?]糊並俗弧弓也乎極也辭也𠥼[?]古文䶂[?]鼳[5][?]䶂[?]似猨身白署手有長白毛善超坂絕巖也亦作[illegible]瓠瓠𤬥瓢也又音護葫葫瓜又草名㾦[?]㾦[?]癭物在喉中魱[?]當魱魚名箶箶簏箭室又竹名𥴲[?]稜也篺[?]篺[?]被也出韻略䄮[?]䄮[?]裓𣜳[?]棗名也大而銳上者本作壺[6]見爾雅虖

7 肶　8 王字當刪　9 柧棱　司 姓譜公戶切又古乎切　10 一　11 惲　12 梚　14 郝

歎也○孤孤子又虜複姓有獨孤温孤步鹿孤步六孤乙速孤氏古胡切二十八苽說文曰雕苽一名蔣也菰上同胍胍肶[7]大腹

夵大皃姑舅姑又父之姊妹也辜罪也呱啼聲泒水在鴈門酤酤酒又胡五昆互二切觚酒爵蛄螻蛄蟲

箛竹名鴣鷓鴣鳥橭木名⿰舟古漢書越王[8]巫⿰舟古祠在雲陽亦小兒病鬼也沽水名在高密柧柧棱[9]⿰金辜字林曰鏶⿰金辜魯矢左

傳作僕姑⿱竹觚方也本亦作觚⿸虍古⿸虍古息禮記作姑盬陳楚人謂鹽池爲盬出方言又音古嫴說文曰保任也罛魚罟軱

大骨也出莊子又盤骨箍以篾束物出異字苑⿰月辜⿰月辜脯⿰古瓜瓜也○徒黨也又步行也空也隸也同都切三十[10]辻上同

屠殺也裂也刳也尸子曰屠者割肉知牛之長少史記樊噲少屠狗亦姓左傳晉有屠岸賈又音除瘏病也塗塗泥也路也亦姓風

俗通云漢諫議大夫塗禪[11]途道也酴酒名騟騊駼馬山海經曰北海有獸狀如馬名曰騊駼⿰牛余黃牛虎文鵌鳥名與鼠同穴

涂水名在益州梌木名梚[12]上同荼苦菜圖爾雅曰謀也說文[14]曰畫計難也啚俗本音鄙[13]廜廜廯草菴通俗文曰屋平

曰廜廯⿰屠阝鄉名菟菟丘地名又音吐捈捈引⿰余阝下邑地名稌穗也嵞嵞山古國名禹所娶也說文云會稽山也一曰九江當嵞

也亦作峹又書作塗峹上同⿰木茶楸木別名鍍以金飾物又音度⿰酉俞醔⿰酉俞醬也⿰氵荼虎杖䖘烏䖘楚謂虎也左傳作於菟鷵爾雅

1 鶩·蒼
2 鳥籠
3 之字當刪

曰鵞[1]鶘鶘郭璞云似烏倉白色 筡 爾雅曰簢筡中言其中空竹類 。奴 人之下也乃都切七 伮 古文 砮 礪也 駑 体馬

字林曰駘也 帑 說文曰金幣所藏也又他朗切 孥 妻孥書傳云孥子也 笯 籠[2]鳥 。呼 喚也說文曰外息也又姓列仙

傳有仙人呼子先又虜複姓二氏前趙錄匈奴貴姓有呼延氏後漢書匈奴四姓有呼衍氏荒烏切又火故切十七 嘑 哮嘑周禮曰雞

人掌大祭祀夜嘑旦以嘂百官 虖 姓也說文曰哮虖也 評 亦喚也 歑 温吹氣息也 戲 古文呼字 謼 大叫又火

故切 膴 無骨腊又音無 憮 大也 葫 大蒜也張騫使大宛所得之[3]食之損人目 侉[4] 怯也 軤 姓也 虍 字林云虎文也

芧 草多 虘 鳥名 𩲃 鬼皃 滹 滹池水名周禮作虖池 。吾 我也漢改中尉爲執金吾吾御也執金革以御非常亦姓

漢有廣陵令吾扈又漢複姓五氏鄭公子有食采於徐吾之鄉後以爲氏左傳有鍾吾子其後氏焉昆吾氏昆吾國之後由吾氏秦相由余之

後古有肩吾子隱者五乎切二十一 鼯 似鼠一曰飛生亦作䳟蜈 䳟 蜈 並上同 吳 吳越又姓本自太伯之後始封於吳因以

命氏後季札避國子孫家于魯衞之閒今望在濮陽 浯 水名 菩 草名似艾 㹳 猿屬 珸 琨珸美石 珸 上同 蜈 蜈蚣

郚 鄉名在東莞 齬 齟齬又音語 鯃 魚名 娪 美女 鋘 錕鋘山名出金色赤如火作刀可切玉出越絕書 梧

籍　議　吐　樽

梧桐木名又姓峿區[5]峿山名麌牝麢也又音俁艅船名䘘福也○租積也稅也則吾切二葅茅藉[6]封諸侯葅以茅又子余[7]切○盧說文曰飯器也亦姓姜姓之後封於盧以國爲氏出范陽又漢複姓八氏列子有長盧子孟子有屋盧子著書古尊盧氏後氏焉古蒲盧胥善弋亦姜姓左傳齊大夫盧蒲嫳後漢諫[8]大夫東郡索盧放何氏姓苑云盧妃氏濟陽人又有湛盧氏亦虜複姓五氏周書豆盧寧傳云其先慕容氏支庶後魏書有吐盧沓盧呼盧東盧等氏又三字姓有叱[9]伏盧奚計盧莫胡盧三氏俗作盧落胡切三十四鑪酒盆又鑪冶也壚土黑而䟽籚籚[10]西竹出會稽蘆蘆葦之未秀者又蘆菔菜名亦虜姓後魏書莫蘆氏後改爲蘆氏顱頭顱髗上同鱸魚名攎攎歛櫨欂[11]櫨柱也又木名轤轆轤圓轉木也黸黑甚獹韓獹犬名鸕鸕鷀艫舟後纑布縷瀘水名亦州名在蜀瓐玉名爐火牀出玉篇漢官典職曰尚書郎給女史二人著潔衣服執香爐燒熏玈黑弓也𢐗俗虜廡也又力古切甗酒器嚧呼豬聲也矑目童子也𤸷集略云癱類枰黃枰木可染也鬛鬛盧髮亂𥃮飯器說文曰𠤭[12]也𠚧上同鑪籀文蠦蠦蜰一名蜚又名蟦蠜虧㪌也㪌音邸蘆蘆會藥名○蘇紫蘇草也蘇木也滿也悞也又姓出扶風武邑二望素姑切四穌息也舒悅也死而更生也𪎭廜𪎭

△𢋤 歌韻昨何切又才都切
2 小
3 枝鳴
4 郍
8 𧼮趖
9 一
10 汙

草菴又廜㾼酒元日飲之可除瘟[1]氣酥酥酪○徂往也昨胡切四退上同殂死也㱐古文○烏安也語辭也說
文曰孝烏也爾[2]雅曰純黑而返哺者謂之烏小而不返哺者謂之鵶又
姓左傳齊大夫烏枝[3]鳴又虜姓周上開府烏丸泥又虜三字姓北齊有
烏舩[4]羅愛後魏書有烏石蘭氏烏落蘭氏哀都切二十一鳴嗚呼洿說文曰濁水不流者汚上同又一故切杇泥鏝
圬釫並上同鰞鰞鰂魚月令云九月有寒鳥入水化爲烏鰂魚歍口相就也鎢鎢錥温器弙滿挽弓有所向
於古作於戲今作嗚呼瑦美石鄔縣名又音塢盓盤盓旋流也又亙[5]憂俱切螐蚅螐蠋蟲也大如指白色惡
安也扜引也蔦蔦蘆荻也槝槝椑青柹鴮鴮鸅鵜鶘別名俗謂之掏河也○逋逋懸也博孤[8]切十三餔說文
云申時食也又音步盙籀文晡申時庯屋上[6]平陠上同鵏鵏䳲鳥名𧼮趖[8]𧼮伏地峬峬峭好形皃出
字林誧諫也稨刈禾治稨鯆鯆鮬魚名亦作鯆抪展舒也又布也○枯枯朽也苦胡切十[9]刳剖破
又判也屠也扝揚也郀地名軲車也又山名亦姓出字統𣧑𣧑瘁說文枯也跍跍蹲皃挎空也坼也弙
又注[11]乎切橭木四布也鮬婢妾魚名○麤說文云行超遠也又字統云警防也鹿之性相背而食慮人獸之害也故從三鹿倉

△姥韻徂古切
祖又千胡切

12 漢·蔡

13 脈肶

18 衷

20 麋

胡切六 麁跡也大也物不精也本亦作麤 麤說文云草履也 䴸米不精也 觕公羊傳曰觕者曰侵精者曰伐 皻皮皵

惡也 ○瑹美玉他胡切十二 稌稻也又他古切 悇廣雅云懷憂皃 嵞山名 𤩽玉名 荼名 庩庯庩

屋不平也 趃趙趃伏地 梌鋭也 𤨒𤨒玗玉名 捈臥引 𩋯鞾𩋯屧 ○都都猶揔也尚書大傳十邑爲都帝王世紀

曰天子所宮曰都又姓[12]有臨晉侯都稽何氏姓苑云今吳興人當孤切七 𥲤竹名 闍闉闍城上重門又市遮切 肶肶脈[13]大腹 𧶠

賭勝出新字林 醏醆[14]醏醬也 鞖折[15]皮具牛牽舩出通俗文 ○秿豆秿也普胡切十二 鋪鋪設也陳也布也又音孚 鯆

魚名又江豚別名天欲風則見 鱄[16]上同 𨂔馬蹀跡也 痡病也又音孚 誧諫也又音普 豧[17]豕名 陠哀[18]也 墲

規墓地也 䮒馬名 𢼂𢾈𢼂屋壞

十二○齊整也中也莊也好也疾也等也亦州名春秋時齊國秦爲郡後魏置州因齊地以名之又姓風俗通氏姓篇序曰四

氏於國齊魯宋衞是也[19]徂奚切九 臍膍臍說文作𦟇 麡麡狠似鹿[20]而角向前入林則挂其角故常在淺草中逐入林則

搏之出異物志又隮豺二音 蠐蠐螬蟲 𪗊[21]等也 懠詩云天[22]之方懠懠怒也又音劑 𪗋好皃又[23]子兮側皆二切

𩥇 本韻杜奚切又丁奚切

癠病也又音劑銻利也又子兮切○黎衆也又姓黎侯國之後郎奚切二十一犂墾田器亦耕也山海經曰后稷之孫叔均
所作魏略曰皇甫隆爲燉煌太守教民作樓犂也𥝩上同莉茈莉黧黑而黃也藜藜藋鯬鯬鯠䌤繂䌤
惡絮蠡以瓢爲飲器也邌徐行皃𨜒亭名在上黨廲廲廔綺窻蔾蔾蘆藥名筣竹名驪穆天
子駿馬名盜驪綠耳又力知切瓈玻瓈寶玉𥌠𥌠視䮹馬屬亦作驪㦒㦒怟欺慢之語出方言謧弄言又力支切
䳬䳬黃鳥○妻齊也七稽切又七計切十萋草盛皃淒雲皃又千[2]弟切凄寒也悽悲也痛也鶈鳥名
郪縣名在梓州緀緀斐文章相錯皃齌說文云炊餔疾本子兮切又才細切霋說文云霽謂之霋○低低昂也俛
也垂也都奚切俗作仾二十二[3]氐氐羌說文至也袛袛裯短衣磾漢有金日磾說文云染繒[4]黑石出琅邪山鞮革履腣腣胵
胅腹胵音奚羝羝羊眡視也隄防也堤上同岻山名[5]𨹔篆文云姓也奃大也趆趨也𡰷說文云
不能行爲人所引曰𡰷尵鍉歃血器柢木根也又音帝𦛜臍𦛜強脂𧣲獸角不正𥿻絲滓揥指也𠜵刲𠜵以刀
解物𩛛𩛛餬○嗁泣也說文曰號也杜奚切六十啼㖒並上同蹏足也蹄上同𥳑竹名提提攜詆訶也

又音底瑅玉名隄隄封漢書作提桋樹之長條題書題說文頟也媞美好皃爾雅云媞媞安也說文又時介切諦也一曰
妍黠𧡓[6]現也說文顯也綈厚繒也罤兔網漽研米槌也樨上同締結又音悌蕛爾雅曰蕛英也郭璞云蕛似稗
布地生穢草也或作稊稊易曰枯楊生稊稊楊之秀也苐草也銻鎕銻醍醍醐褆衣服好皃又是豸二音鵜
鵜鶘荑荑秀禔福也鮷魚黑色崹崥崹山皃緹周禮注緹衣古兵服之遺色又音體鷤鷤鴂鳥又音滯鷈爾雅
曰鷈鼠夏小正曰鷈鼬則穴又音斯騠駃騠馬名又下[7]奚切折禮記云吉事欲其折折爾謂安舒貌霋霋霽雲出字林銕
字林云鐵名又說文云古鐵字鮷魚四足者虒[8]臥也又音梯䁮䁮視困皃䬫字林云寄食𧢼獸角不正又音低徲
久待謕轉語又他兮切𨓈𨓈行皃厗磄厗[8]石也鶗鶗鴂鳥春三月鳴也鷉鷈鷉鳥𡰶又音低蝭蝭蟧又音
帝𨪐器也鴺鷘鴺山雞名帍帍帍幭[9]銻鎕銻火齊鮷大鱧趧趧鞻四夷樂也𧌑螗𧌑小蟬也鮧鮎也鯷
上同睼[10]遠[11]視也又坐見○豍豆名邊兮切十六㡙車㡙螕牛蝨椑椑榹小樹又樹裁也䕻䕻麻蓖上同䋔[12]
謬也又芳脂切篦眉篦梐門外行馬又防啓切矲矲䂬[13]短皃陛說文曰牢[14]也所以拘罪也狴上同又狴犴獸也

○棿 脂韻房脂切 又方奚切

3 紕

4 然

箄冠飾鎞鎞釵悂誤也䚜横角牛名○雞說文曰知時畜也易曰巽爲雞古奚切十鷄籒文稽考也同也當也留止也又山名亦姓呂氏春秋有秦賢者稽黃枅承衡木也笄女十有五而笄也楷楷風扶杓木也蚈螢火卟字書云問卜也禾木不長也又音礙鍇[2]堅也○奚何也說文曰大腹也又東北夷名亦姓夏車正奚仲又虜複姓後魏書有達奚薄奚統[3]奚吐奚等四氏胡雞切十八豯豕生三月徯有所望也又胡禮切㜎女奴蹊徑路螇螇䗍似蟬榽榽蘇木名似檀騱馬前足白又驒騱野馬名驒音壇胿腣胿奊獸跡亦邑名在洛陽郋里名鼷水蟲傒東北夷名嵆山名亦姓出譙郡河南二望兮語助鼷鼠名一名甘口鼠食人及鳥獸至盡皆不痛蒵草名貕幽州藪澤曰貕養出周禮○鷖鳧屬烏奚切十二翳蔽也又烏計切⿱殹言相諁[4]應辝嫛人始生曰嫛婗出釋名黳小黑⿱殹羊黑羊⿱殹土塵埃䃜美石黑色黟說文黑木也丹陽有黟縣緊是也辝也又赤黑繒亦戟衣也⿰言兮誠也又於米切⿰女耒⿰女耒⿰木斯弩楔木也○倪莊子云天倪自然之分亦姓後漢有楊州刺史倪諺五稽切十八蜺似蟬而小霓雌虹又五結五繫二切郳郳城在東海齯老人齒落復生婗嫛婗輗車轅端持衡木棿上同猊狻猊師子屬一走五百里麑上同貎亦同鯢雌鯨兒姓也漢御史大夫兒寬千

王玩

5 斆·毀
6 欲
7 帥
8 卤
9 妻
10 匾匽

乘人⿰衤見衣巟謂之⿰衤見也又妍啓切⿰亻兮⿰亻兮俾伴不知皃觬角不正皃又研啓切⿱㚘木⿱㚘木⿰木斯弩楔⿰皃支⿰皃殳⿰皃支皃又五禮切○醯
酢味也俗作醓呼雞切六⿰弓色痛聲⿰奚色黃病色也⿰巾虒⿰忄闌⿰巾虒赤紙出埤蒼榼木名忚欺慢之皃○西秋方說文曰鳥在巢
上也日在西方而鳥西故因以爲東西之西篆文作卤象形亦州名本
漢車師國之地至貞觀討平以其地爲西州亦姓又漢複姓十一氏左
傳秦師西乞術宋大夫西鉏吾西鄉錯出世本又黃帝娶西陵氏爲妃
名纍祖史記魏文侯鄴令西門豹周末分爲東西二周武公庶子西周
爲氏晉有北海西郭陽何承天以爲西朝名士慕容廆以北平西方虔
爲股肱何氏姓苑有西野氏西宮氏王符潛夫論姓氏志曰如有東門
西郭南宮北郭皆是因居也先稽切十六卤籀文卥古文棲鳥棲說文曰或从木西栖上同⿱斯瓦瓦破聲犀犀牛
似豕角生鼻上又姓秦有犀首嘶馬嘶撕提撕⿸疒虒瘦⿸疒虒疼痛亦作⿸疒斯⿸疒斯上同⿰木斯椑⿰木斯屖瓠屖說文遲也⿱斯言
悲聲粞碎米⿰屖刂⿰爽刂⿰屖刂○梯說文云木階也土雞切九睇視也又徒計切鷈鸊鷈似鳧而小⿷匚虒臥也⿰阝虒上同⿷匚虒
匾⿷匚虒薄也⿰𧾷弟⿰𧾷弟蹋謕轉相誘語⿰馬虒遍○鼙騎上鼓釋名曰鼙裨也裨助鼓節也呂氏春秋曰帝嚳令人作鼙鼓之樂也部
迷切七鞞上同椑圓榼漢書云美酒一椑膍膍膌說文曰牛百葉也一曰鳥膍胵也亦作肶又音毗崥崥崹⿰卑瓦

2 祖　3 韲　△齎 本韻祖奚切 又子兮切　4 此　5 [illegible]　7 北地　9 鷘　10 机　△檕 霽韻古詣切 又口奚切

瓦器笓取蝦竹器○磇磇霜石藥出道書匹迷切七陛牢也所以拘罪人也⿰畀刂⿰畀刂斫⿰毘鳥⿰毘鳥鵊鳥名錍錍斧又方

支切批擊也推也轉也示也鈚[1]鈚箭○齎持也付也[2]遺也裝也送也相稽切十五賫俗韲[3]薑蒜爲之齏上同

齏齏菜俗銻利也又徂兮切櫅櫅榆堪作車轂爾雅云白棗也𥎊綼𥎊擠排擠齌炊餔疾也又才細切躋登也

升也又音霽隮上同⿸广齊又音齊音豺義見齊字中懠懠疑人方言云吳人云之呰弱𥎊也又[4]玆比切[5]迷惑也莫兮切六⿱癶女

齊人呼母⿰酉㒳醭⿰酉㒳醬上白也麛鹿子⿰民見[6]病人視皃鼂⿸麻黽似龜堪啖多膏○泥水和土也說文云水出郁[7]郅北蠻中詩疏

云泥中衛之小邑又姓出姓苑奴低切又奴計切四埿塗也俗屔受水丘也爾雅曰水潦所止爲屔丘郭璞云頂上汚下者亦作泥

臡雜[8]骨醬也○谿爾雅曰水注川曰谿苦奚切八嵠溪磎並上同鸂鸂鶒[9]水鳥檕爾雅云杭[10]檕梅子如小柰也

螇土螽似蝗鼷小畚○圭圭璧說文曰瑞玉也上圜下方公執桓圭九寸侯執信圭伯執躬圭皆七寸子執穀璧男執蒲璧皆五寸周禮

以青圭禮東方又孟子[11]曰六十四黍爲一圭十圭爲一合古攜切十五珪古文邽下邽縣在馮翊上邽縣在隴西閨閨閤袿

釋名曰婦人上服曰袿廣雅曰袿長襦也窐甑下孔楚詞云珪璋雜於甑窐又音攜亦作⿰巂瓦鮭魚名又音奎⿸鹿圭鹿屬洼姓也

12 翟

15 三

16 鑊

17 巂 上同又子巂鳥出蜀中

18 安

21 刖

23 一

漢有大鴻臚洼丹又音哇䍜[12]䍜谷名⿰圭句⿰圭句裂也胿脪胿⿰耒圭田器⿰圭欠邪也又紆佳切茥缺盆草也又音睽○睽

異也乖也外也說文云目[13]少睛苦圭切十五奎星名湀泉水通川又古比切刲割刺又作劉⿰奎刂上同茥缺盆草䯓

肩骨聧[14]說文云耳不相聽方言云聾之甚者秦晉之閒謂之聧鮭漢複姓漢有鮭陽鴻⿱圭虫蠆也蝰蛹中也⿰扌奎鉤

⿰木奎橀也⿰目葵⿰句瓜⿰區瓜亦作⿰癸瓜⿰盾圭說文曰盾握也○攜提也離也又姓出何氏姓苑戶圭切二十四[15]㩗俗蠵大龜鑴

大[16]鐘窐甑下孔⿰鬲圭上同畦菜畦驨似馬一角⿰巂鳥[17]子⿰巂鳥鳥出蜀中巂上同酅地名在東平[18]⿰忄巂離心也

蜀姓也梁四公子蜀闖之後⿱圭毋姓[19]也⿱山厓姓出纂文纗說文曰維綱中繩也讗說文曰自[20]是也⿰巂刂廣雅云挑剜刲

⿰巂刂[21]削罣姓出說文⿰黃圭說文云鮮明黃也⿺尢巂尵⿺尢巂也眭目深惡視觿角錐童子所佩又儇規切⿰目幵眂[22]能視也

⿱巂鬲有骨醢也人兮切又音泥一○移棠移木也成巂切又余[23]氏以支二切○烓說文曰行竈也爾雅曰煁烓郭璞云今之三隅

竈烏攜切三鼃上同⿰巂瓦甑下孔○睳目瞢呼攜切一

十三○佳善也大也好也古膎切二街道也說文云街四通道也風俗通云街攜也離也四出之路攜離而別也○⿰忄彖心不平又

1 樝　4 雜　6 名　7 卻　8 士　9 ⿰羊兒⿰黍需　△睚 卦韻五懈切又五佳切　10 淫　11 唲

恨也戶佳切八鮭魚名出吳志膎脯也肉食肴也鞵屩也鞋上同⿰扌奚挾物也⿰衤奚袖也榽榽梭○牌牌膀也薄佳切七⿰魚卑魚名廣雅云黑鯉謂之⿰魚卑簰大桴曰簰郫縣名在蜀又音皮廲江東呼蚌長而狹者爲廲棑棑筏又音敗犤牛也○媧女媧伏羲之妹古蛙切七緺青緺綬也⿰言咼⿰言咼情也腡手理也蝸蝸牛小螺騧馬淺黃色歄歄佽○蛙蝦蟆屬烏媧切二鼃上同又戶媧切○咼口戾也苦緺切六喎上同絓惡絲菲菲雜斜絕葵葵斜闟斜開門國語云闟門而與之言又王詭切○柴薪也又姓高柴之後士佳切八祡祭天燔柴齹齹⿰齒宜齒不正也茈茈葫藥名⿱此手積也詩云助我舉⿱此手⿸疒柴瘦也庫連車也一曰卻車抵堂也查猹郎又七瑕切○釵婦人歧笄也楚佳切九靫鞴靫盛箭室鞴音步⿰叉頁領⿰叉頁頤傍叉兩枝也說文曰手指相錯也芆鬼芆草名⿰月差⿰月差服脯腊甊甊𤭛屑瓦洗器差差殊又不齊⿰⿱叉金刂小矛又⿰⿱叉金刂劉也○⿰立爾物不正火媧切四華竝雜之皃⿰口爾口偏⿰食非⿰食非消食○⿰羊兒⿰黍需⿰羊兒胡羊妳佳切三掜掜搦皃誽言不正也○崖高崖也五佳切七涯水際啀犬鬬⿰齒宜齹⿰齒宜猚說文云鳥名又水名在睢陽厓山邊⿱雨衣雨聲○娃美女皃於佳切五洼水名哇淫聲⿰圭欠邪皃又音圭唲唲嘔小兒言也○崽

12 器　15 有　19 狗

呼彼之稱山佳切又山皆切三　𥶵竹名[12]　諰[13]語失也又思耳切　○⿱殹口笑皃火佳切二　吹欸[14]吹氣逆病欸昏狹切

○扠以拳加人亦作搋丑佳切一　○䁡視皃莫佳切二　⿰革買⿰革買鞵履也　○鼃蛙屬戶媧切一

十四○皆說文作皆俱詞也古諧切十九　偕俱也　⿰黑皆麻稈　稭上同又古八切　喈鳥聲　階階級也說文曰階陛釋名曰階梯也如梯之等[15]差也　⿰月皆瘦也　薢薢茩藥名決明子是也又音懈　荄草根　痎瘧疾二日一發　堦堦砌　楷說文云木[16]名孔子冢蓋樹也廣志云孔子冢上特多楷樹　鶛爾雅云鷯鶉其雄鶛　湝水流皃又戶皆切　街又音佳　⿰皆瓦牡[17]瓦　⿰皆風疾風　蝔蟲名淮南子曰蝔[18]知雨至蝔蟲大如筆管長三寸代謂之猥[19]狳知天雨則於草木下藏其身又音諧　鍇鐵也

○挨推也亦背負皃乙諧切一　○諧和也合也調也偶也戶皆切九　⿰馬皆馬性和也　骸骸骨　瑎黑石　湝風雨不止　䲒說文曰樂和䲒也　蝔又音皆　鞋履也又音膎　⿱艹很⿱艹很菔草　○排推排釋名曰彭排軍器也彭旁也在旁排敵御[20]攻也步皆切六　俳俳優　輫車箱　牌又薄佳切　猈短頭[21]狗也　⿰皆頁曲頤皃　○乖睽也離也戾也背也古懷切四

⿱艹北上同　𠦬說文曰背呂也脊字從此　⿸疒乖惡瘡　○懷抱也和也來也思也亦州名春秋時野王邑漢爲河內郡武德初於

1 桐

2 乃

▲齋 齎賴祖奚切又側皆切

5 乖

▲榸 之類里之切又都皆切

6 諧

7 玉爲

相崖城置懷州又姓吴志顧雍傳有尚書郎懷叙戶乖切十二 褢 俠也苞也歸也 櫰 爾雅云槐大葉而黑曰櫰 槐 木名又音

回 孃 和也 𪉲 戎狄鹽 𡾰 崴𡾰不平皃 犪 似牛四角人目 淮 水名出桐栢又姓也 褱 說文藏也 𧞤

上同 瀤 北方水名 ○匯 澤名苦淮切又胡罪切三 擓 揩摩 𠡾 劾𠡾人有力也 ○犲 狠屬禮記云仲秋之月犲[2]祭獸

士皆切四 儕 等也輩也類也 麡 又音齊音隮義見齊字中 𡾊 山名在平林 ○差 簡也楚皆切又楚宜楚牙楚懈

三切二 𧺆 起去也 ○虺 虺隤馬病呼懷切又灰毀[3]二音一 ○隤 杜[4]懷切二 頪 頭肤也出聲類 ○埋 瘞也藏也

莫皆切四 薶 上同 霾 爾雅曰風而雨土爲霾釋名曰霾晦也如物塵晦之色也 𢡆 慧也 ○齋 齋潔也亦莊也敬也經典

通用齊也側皆切一 ○崴 崴𡾰乙皆[5]切四 碨 碨磑不平也磑音鴉 𪉾 鹽也亦作𪉲 溾 溾涹穢濁 ○𪘏 齧也卓皆切二

榸 枯木根出聲類 ○唻 唱歌聲賴諧切一 ○揩 揩摩拭口皆切四 緒 大絲 偕 俳偕行惡 稭 米之別名 ○擳

諧[6]皆切一 ○崽 方言云江湘閒凡言是子謂之崽自高而侮人也山皆切又山佳切二 𥳑 𥳑籮古以爲[7]玉柱故字從玉今俗作筳

○𩃩 雨聲擬皆切二 㛸 醜女皃 ○搋 以拳加物丑皆切一 ○俙[8] 訟也喜皆切一 ○膠 膠膗形皃惡力懷切一 ○膗

9 帥 10 箴 13 魯 14 睢

仕懷切二 擺 擺倒損出方言

十五○灰 說文曰死火也淮南子云女媧積蘆灰而止淫水呼恢切六 豗 豕掘地也 鼿 上同 𡿨 相𡿨擊 瘣 馬虺病 虺 虺隤 ○恢 大也苦回切八 詼 詼調 悝 病也憂也一曰悲也亦大也又音里 魁 魁師[9]一曰北斗星 箴[10] 箭竹 䂓 多大也 頿 頿頭 盔 盔器盂[11]盛者也 ○隈 水曲也烏恢切十一 煨 煻煨火 緭 五色絲飾 渨 渨没 椳 戶樞 偎 愛也亦國名 颾 風低皃 揋 揋掎 䚈[12] 角曲中也 蒑 山草 鰃 魚也 ○回 違也轉也邪也又回中地名亦姓古賢者方回之後戶恢切十三 洄 逆流 迴 還也 櫆 木名五經通義曰士之冢樹櫆春秋說題辭曰櫆木者虛星之精也又姓晉[13]大夫富櫆之後 徊 徘徊 瑰 玫瑰火齊珠也又古回切 蚘 人腹中長蟲 蛕 上同 佪 玉篇云佪佪惽也 烠 光色 郈 鄉名在濉[14]陽 𩢍 馬名 茴 茴香草名 ○枚 枝也亦姓漢有淮南枚乘莫杯切十五 梅 果名又姓出汝南本自子姓殷有梅伯爲紂所醢漢有梅鋗 媒 媒銜說文曰謀也謀合二姓也 玫 玫瑰 煤 炱煤灰[15]集屋也炱杜來切 脢 脊側之肉又云代切 脄 上同 腜 孕始兆也 禖 郊禖求子祭也 䍙 雉網 莓 莓莓美田也 塺 塵也 鋂 大鐶詩傳云一環貫二 䊈

3 甗　4 秃　6 博　7 毋　8 庳

酒母酶醋之別名。○傀大皃又美也盛也偉也亦怪異公回切十　瓌上同　傀亦同　瑰瓊瑰石次玉又音回　瓌上同

韢說文云韋繡也又求位切　櫰山海經云中曲山有木如棠而圓葉赤實如木瓜食之多力又音懷　膭肥皃　⿰月豈[1]畜胎　⿸广⿱艹鬼

菜名又乎罪切○雷說文作靁云陰陽薄動靁雨[2]生物者也又姓後漢有雷義魯回切十三　靁古文　儡儡同　⿰畾力勉也又盧對切

瓃玉器　櫑說文曰龜目酒尊刻木作雲雷之象象施不窮也　罍上同　鑘劒首飾也亦作櫑　䍣百囊魚網　鐳

瓶也壺也　甗[3]屋棟瓦也　畾田閒　轠轠轤不絕○穨暴風也杜回切十三　頹[4]上同　㿉陰病　隤下墜也　墤上同

⿸广隹墜[5]也　魋獸似熊而小又人名　𡰝虺𡰝　蘈爾雅曰蘈牛蘈郭璞云高尺餘許方莖葉長而銳有穗穗閒有華紫縹色

⿰言⿸广隹譟也　⿰衤敫棺覆　蹪蹪仆　⿰片貴膗膭屋破狀○崔姓也齊丁公之子食采於崔因以爲氏出清河博陵二望倉回切六

催迫也[7]　縗喪衣長六寸傅[6]四寸亦作衰　陮陮崩隤也　⿰彳崔行急皃　趡逼也○磓落也亦作塠都回切十五　塠

上同　頧毋[7]頧夏冠名禮記作追　䭔餅也　堆聚土　鴭雀屬　⿸厂阜[8]⿸厂阜撲物也亦作掉　鎚治玉也周禮作追[10]　搥摘[9]也

⿱誰土上同　崔高也　䩞䩞䩞醜面　𠂤說文曰小阜也　敦詩曰敦彼獨宿　⿰𠂤坐⿰𠂤坐坐皃出聲譜○⿰片崔⿰片崔膭素回切六　挼

17 欬、欬改

12 坏

擊也䪎鞍邊帶也毰毰毸鳳舞出楚詞嗺嗺送歌蓑蓑蓑蕊下垂皃本又音莎○摧折也阻也昨回切五崔崔嵬又音催慛傷也憂也榷木名堪作杖檇木有所擣也○裴衣長皃又姓伯益之後封于𨛍鄉因以爲氏後徙封解邑乃去邑從衣至燉煌太守裴遵始自雲中徙居河東本亦作裵薄回切十二徘徘徊培益也隄也助也治也隨也重也陪陪廁也𨛍鄉名在聞喜鄁鄉名在扶風婄婦人皃棓姓也前漢爰盎之棓生所問占又龐項切毰毰毸鳳舞𤗏版也䫋曲頤也又音牌輫車箱○桮說文曰匵也布回切三杯上同盃俗○肧懷胎一月芳杯切八坏[12]未燒瓦也㾦弱也醅酒未漉也衃說文曰凝血也䱝魚名𤬪瓜瓿抔披抔○鮠魚名似鮎[13]五灰切五桅小船上檣嵬崔嵬磑磨也又五內切峞高皃○𨌯車盛皃他回切七𨊻上同煺煺燖毛出字林蓷草名又推昌隹切藬牛蘈草也㞲屨屬有[14]頸曰㞲○巙[15]古之善塗者乃回切三捼手摩物也又奴和切䤥一䤥飯出字林○嗺字書云口嗺頹臧[16]回切四脧赤子陰也𧖴上同見老子㞦上同出聲類

十六○咍笑也呼來切三𤸃病也㱾[17]×敥×殹笑聲也○開開解亦州名本漢朐䏰縣地蜀置漢豐縣後魏置開州領

1 衛公子開方

3 譍

6 在

7 之

△ 鐖 徵韻渠希切又公哀切

10 濊

11 蔽蒲草

東關東岡二郡又姓呂氏春秋云關方[1]衞公說文作開經典亦作闓苦哀切五 ⿰亥殳[2] ⿰亥殳段 侅 奇侅非常又古哀切 奒 大皃 ⿰多亥 多也

○哀 悲哀也又姓漢有哀章烏開切六 埃 塵埃 唉 慢膺[3]又於[4]其切 ⿰火矣 熱甚 欸 歎也 毐 說文云人無行也本又烏改切

○臺 土高四方曰臺又姓漢有侍中臺崇徒哀切十五 擡 擡舉 菭 魚衣濕者曰濡菭亦作苔說文曰菭水衣

苔 上同又蘚也 炱 炱煤 嬯 鈍劣 薹 蕓薹 箈 竹萌 儓 輿儓 檯 木名 駘 駑馬 ⿰黑臺 黕⿰黑臺大黑之皃又都來切

籉 可禦[5]雨也 跆 蹋跆連手唱歌 鮐 魚名

○該 備也咸也兼也皆也又軍中約也古哀切二十 豥 豕四蹄白 垓 八極又垓下隄名沛[6]郡項羽敗處也 荄 草根又古諧切 郂 鄉名在陳留 ⿰歹豈 羊胎又音敳 剴 大鎌一曰摩也又五哀切

陔 殿階次[7]序 姟 數也十萬曰姟 ⿰糸亥 挂也出淮南子 晐 備也兼也 峐 爾雅云山無草木峐 祴[8] 祴夏樂章名 侅 奇侅

賅 上同又贍也 ⿰扌豈 ⿰扌豈觸也 胲 足大指毛肉也 ⿰食亥 飴也 ⿰齒豈 牙也 ⿰月豈 肥也

○裁 裁衣昨哉切九 纔 僅也又截代切 財 貨也賄也 才 用也質也力也文才也說文作才艸木之初也 材 木梃[9]也 ⿺麥才 麴也 濊[10] 水名 鼒 爾雅注鼎斂上而小口又音兹 芓 蔽前[11]草箭

○來 至也及也還也又姓後漢來歙光武姑子蜀志云荊楚名族有黃門侍郎來恂俗作来落哀切二十五 萊

余歆

13 之　15 鷹　17 ⿺羌毛　18 菑

藜草亦州名漢掖縣屬東萊郡秦屬齊郡後魏分青州置光州取界内光水爲名隋改爲萊州又姓左傳晉與秦戰于郩[12]萊駒爲右郲地名騋馬高七尺崍崍嵦山也斄鄉名在扶風又力知[13]切⿱來玉說文云瓄[14]玉也亦作琜⿰豸來貍也猍上同淶水名出涿郡鯠魚名鶆鶆鳩鷹[15]出埤蒼䅘䅘麰之麥一[16]麥二稃周受此瑞麥出埤蒼⿰來毛毛起䋱上同庲舍也⿸疒來惡病棶棶椋木名犛關西有長尾[17]牛又音氂音茅逨至也又力代切麳小麥⿺走麥上同⿰田來耕外舊場⿰黑來⿰黑來黸大黑徠還也又力代切○烖天火曰烖祖才切十二灾上同災籒文⿰扌火古文栽種也哉語助𡿧說文曰害也菑[18]上同亦作菑見經典𢦏說文曰傷也烖字類從之省文⿹𢦏土⿹𢦏土蒔溨水名出蜀⿰目𢦏睽也或作截○猜疑也恨也倉才切四偲多才能也⿰目𢦏睽也𧺠說文曰疑之等𧺠而去也○⿰片咅版也扶來切二棓[19]姓出姓苑○胎始也說文曰婦孕三月也土來切七抬上同鮐魚也台三台星又天台山名邰地名后稷所封在始平或作斄⿰虫台說文云黑[20]貝亦珠⿰虫台⿱髟台⿱髟咼婦人僞髻出證俗文○孩始生小兒戶來切八咳小兒笑皃頦頣下⿰扌豈觸也⿺走里留意⿰身豈長身⿰魚豈鯨⿰魚豈雄蟹也豥豕四蹄白○鰓魚頰蘇來切八揌擡揌粞碎米䚡角中骨顋顋頷俗又作腮⿰忄思意不合也⿰思鳥[21]鳥名毢毸毢

1 獃

2 職

3 莭

△䮮 脂韻丑飢切又敕辰切

○皚霜雪白皃五來切七 嵦峽嵦 敳有所理又隤敳八元名 殪殺羊出胎 隑企立 剴又音垓 獃獃癡象犬小時未有分別 ○能爾雅謂三足鼈也又獸名禹父所化也奴來切又奴登切二 𤸷病也 ○𪐴黭𪐴大黑皃丁來切二 懛懛剴失志 ○犨昌來切牛羊無子一 ○婄好色皃普才切一

十七○眞眞僞也又姓風俗通云漢有太尉長史眞祐俗作真側[2]鄰切十六 甄姓也陳留風俗傳云舜陶甄河濱其後爲氏出中山河南二望又舉延切 振又之刃切 禛以眞受福 稹說文云穜概也又之忍切 磌柱下石也 畛田界又之忍切 籈爾雅云所以鼓敔 侲字林云養馬者 振屋梠 蒖莭[3]也 脣驚也 㖘上同 帪馬篼囊也 𧃍葪𧃍家首草也 殿擊也又音辰 ○𤡷犬走草狀丑人切三 胂申也 縝縝紛 ○因託也仍也緣也就也亦姓左傳遂人四族有因氏俗作囙於眞切二十三 茵茵褥說文曰車重席也詩曰文茵暢轂文茵虎皮也 鞇上同 禋祭也敬也 𦀚[4]籀文 闉闉闍城上重門 駰白馬黑陰又於巾切 湮落也沈也 烟烟熅天地氣易作絪縕 氤氤氳元氣盛也 絪絪縕麻枲 垔塞也 陻𡊨並上同 堙亦上同又土山也 洇水名 姻婚姻白虎通曰婦人因人而成故曰姻也字林云婚婦家姻壻家 婣古文出周禮 諲

九十 韻上平 四十七 秦暉

5 九　7 ⿰辰殳　9 惡字當刪　12 掾

茵也　裀玉篇云衣身　⿰羊垔黑羊　歅秦穆公時有[5]方歅一名皐善相馬也或作諲　⿰扌因就也　。新新故也亦姓國語晉大夫新[6]穆子又複姓二氏何氏姓苑有新和氏陳留風俗傳云畢公封於新垣後因氏焉魏將新垣衍改爲梁垣氏息鄰切三　辛薑味也爾雅云太歲在辛曰重光又姓夏啓封支子于莘莘辛聲相近遂爲辛氏漢初辛蒲爲趙魏名將及徙家隴西便爲隴西人　薪柴也周禮委人掌祭祀之薪詩云翹翹錯薪　。辰辰象也又辰時也爾雅曰太歲在辰曰執徐植鄰切十三　晨早也明也　晨古文　⿰辰殳[7]擊聲　宸屋宇天子所居　鷐鷐風鸇也　麎牝麋　桭兩楹閒又音眞　茞草名　晨重脣[8]　臣伏也男子賤稱春秋說曰正氣爲帝閒氣爲臣孝經說曰臣者堅也　⿰臣阝地名　鄺姓也　。仁仁賢莊子曰愛人利物謂之仁釋名曰仁忍也好生惡殺善惡[9]含忍也又姓姓苑云彭城人也如鄰切三　⿰木人屋上閒杒　人天地人爲三才亦漢複姓十氏左傳[10]有寺人披齊有徒人費周有王人子突魯有雍人高宋有廚人濮鄭有大夫子人九國語吳有行人儀孔子弟子左人郢漢司空椽[12]封人嬰後漢司徒聞人襲　。神靈也易繫辭曰陰陽不測之謂神亦姓風俗通云神農之後漢有騎都尉神曜何氏姓苑云今琅邪人食鄰切二　晨又植鄰切　。親愛也近也說文至也七人切三　寴⿱宀亲並古文　。礥鞕也下珍切又下憐切三　訽誑也　⿰口賢難也　。申身也伸也重也容也篆文作申又辰

憤

名太歲在申曰涒灘亦州名春秋時屬楚秦南陽郡後魏爲郢州周爲申州又姓出魏郡亦漢複姓四氏莊子有申徒狄漢丞相申屠嘉長沙太傅申章昌左傳齊有申鮮虞失人切十六伸舒也理也直也信也紳大帶娠孕也又脂刃切呻呻吟⿰申欠⿰口身並上同眒鳥獸驚皃胂脢也⿰亻身說文曰神也又姓出姓苑⿰革申革帶㬰引也身親也躬也柛爾雅木自斃曰柛謂斃踣也䰠山海經云青要山䰠也說文曰神也訷訷說信也○賔敬也迎也列也遵也服也說文作賓所敬也又姓左傳齊有大夫賓須無必鄰切十賓古文濱水際檳檳榔⿰賓見觀䙟暫見顮頭懫懣也儐敬也又音殯鑌鑌鐵爲刀甚利矉說文曰恨張目也⿰賓鬼鬼皃○粦鬼火說文曰兵死及牛馬之血爲粦今作燐同力珍切又力刃切二十三燐上同鄰近也親也說文曰五家爲鄰俗作隣轔車聲嶙嶙峋深崖狀也粼水在石閒亦作磷又力刃切磷上同疄田壟麟仁獸

爾雅云麢身牛尾一角麐上同鱗魚甲又姓左傳宋大夫鱗朱璘璘⿰王扁文皃駗馬色翷翂翁飛皃⿰豕粦獸名似豕黃身白首出埤蒼瞵視皃獜獜獜犬健也出說文驎騏驎白馬黑脊⿰田絲菜畦⿱粦魚魚名鏻健皃又力丁切繗紹也潾水名○⿰矛堇矛柄也又鉏耰也古作矜巨巾切五⿰扌堇拭也堇黏土墐上同魿蟲魚連行又力丁切○珍貴也

九·　韻上平　四十八　余敏

6 闠　7 闠

九 重也寳也俗作珎陟鄰切三 鎮戌也又陟刃切 填壓也又音田 ○陳陳列也張也衆也布也故也亦州名本太昊之墟畫八卦之所周武王封舜後胡公滿於陳楚滅陳爲縣漢爲淮陽國隋爲陳州又姓胡公滿之後子孫以國爲氏出潁川汝南下邳廣陵東海河南六望又虜三字姓後魏書有侯莫陳氏直珍切又直刃切五 敶古文說文本直刃切列也 ⿰羊東[2]獸名似羊目在耳後 趁越履 塵說文本作𪋻鹿行揚土也 ○津說文作𣹟水渡也將鄰切五 ⿰舟隹古文 璡美石次玉 ⿰氵盡氣之液也本亦作盡 𦘦飾也 ○瞋怒也說文曰張目也又作嗔昌眞切六 嗔上同本又音塡 謓亦上同說文恚也 䐜肉脹起也 ⿰糸眞纑也 縝上同 ○秦州名古西戎地春秋時爲秦國後并天下爲隴西郡漢武分置天水郡後魏改爲秦州因邑以爲名又姓秦自顓頊後子嬰旣滅支庶以爲秦氏也匠鄰切三 螓螓[3]蜻似蟬而小 㮗牛名 ○寅辰名說文作寅翼眞切又以[4]之切六[5] 夤夤緣連也又敬惕也 ⿰月寅脊⿰月寅 ⿱艹寅黃菟瓜 螾寒蟬 ⿰土寅⿰土寅塲 ○紉單繩女鄰切一 ○繽繽紛匹賓切五 ⿰賓羽飛皃 ⿰賓鬼說文云鬼皃又音頻 ⿰忄賓敬也 ⿵門賓[6]⿵門賓爭說文作⿵門賓[7]鬬也 ○頻數也急也比也說文作瀕水厓人所賓附瀕蹙不前而止又姓風俗通云漢有酒泉太守頻暢符眞切十四 蘋大萍也又作薲 薲上同 嬪婦也一曰妻死

曰嬪櫇木名玭珠也又步田切蠙珠母又步田切獱獺之別名顰顰眉蹙也⿱頻言多言也嚬笑皃⿱頻鬼鬼皃

⿰糸頻擣衣⿰女頻⿰女頻姿○銀周禮荊州其利銀爾雅曰白金謂之銀鍾山之寶有銀燭謂有精光如燭銀重八兩爲一流也語巾切十六

犾犬聲狺上同⿱虤曰兩虎爭聲⿰木銀木名色白鄞縣名在會稽又音齗圁圁陽縣名在西河誾和也又誾誾中

正之皃又姓何氏姓苑云今廣平人訔上同嚚愚也⿰扌斤亭名在江夏珢說文云石之似玉者⿸鹿言獸名似貉而八[1]目出

山海經垠垠岸也⿰龠斤大虒泿水名○巾釋名曰巾謹也二十成人士冠庶人巾當自謹修於四教居銀切一[2]○麏鹿屬居筠

切六麇麕並上同頵大頭莙爾雅云莙牛藻似藻而葉大又渠殞切汮水名○筠竹皮之美質也爲贇切四囩

田十二頃說文回也縜繩[3]細䓵藕根小者○囷倉圓曰囷去[4]倫切又各[5]倫渠殞二切七箘桂又竹名又渠殞切箟箭竹輑

車軸相逢蜠[6]大貝又渠殞切峮嶙峮山相連皃壼說文曰宮中道又苦本切○珉美石次玉亦作玟瑉武巾切十九岷

山名江水所出亦州名秦隴西郡之臨洮縣也後魏置岷州因山以爲名罠彘網閩閩越蛇種也又音文緡錢貫亦絲緒釣魚綸

也又姓出何氏姓苑⿰民頁強也笢竹膚又亡忍切旻仁覆愍下謂之旻天旼和也痻病也⿵門旻亭名在汝南汶汶山

7 税

郡又音問 揗撫也 忞自勉強也 敃視皃 睯上同 鍲筭稅也 鴖鳥似翠而赤喙 錉錉鋖[7] ○貧乏也少也符巾切二 穷古文 ○䵫鼓聲於巾切三 鼘上同又烏玄切 駰馬陰淺黑色又音因 ○贇美好也於倫[8]切四 奫泉水 頵說文曰頭頵頵大也 蝹蝹蝹龍皃 ○彬文質雜半說文云古文份也府巾切十三 斌上同 份說文曰文質備也 玢文采狀也 豳地名本豳國之地又有豳城公劉所邑蓋此地也因以名州亦作邠又姓出姓苑 邠州名 汃西方極遠之國 霦璘霦玉光色 瑸上同 ⿱非目大目皃 攽說文分也 虨虎文俗作彪又普巾方閑二切 砏水名又石 ○民說文曰衆萌也彌鄰切五 闅低目視也 睧視皃又音旻 泯沒也又亡忍切 怋亂也

十八 ○諄至也誠懇皃也章倫切五 忳心實也又音敦 ⿰目享鈍目也又音稕 肫鳥藏 訰亂言之皃 ○椿木名丑倫切八 楯木名 輴載柩車也 ⿰車川上同 鶞爾雅云春鳸鳻鶞鳻音汾 杶書曰杶幹栝柏 櫄說文同上 瑃玉名 ○醇純美酒也直倫切又常倫切二 ⿰巾盾布貯曰⿰巾盾 ○荀草名又姓本姓郇後去邑爲荀今出潁川相倫切十四 郇地名在河東解縣周文王子封於郇後[9]以爲氏王莽時有郇越 詢咨也 眴眩又音舜 峋嶙峋 珣玉名 橁[10]說文曰大木也可以爲鉏柄又祥[11]勻切 洵

2 言有理　3 公　4 鰥　5 而掄材

水名在晉陽 恂 信也 眴 爾雅曰眴眴田也謂墾辟也又音勻音旬 檈 承食案也 橁[1] 杶木別名 姰 狂也又音縣 欨 氣逆

也又信也 ○純 篤也至也好也文也大也常倫切十三 蓴 蒲秀 蒓 水葵 醇 厚也醲也 鶉 鶴鶉也莊子曰田鼠化爲鶉淮

南子曰蝦蟆化爲鶉字林作䳕 𦎫 說文曰孰也凡從𦎫者今作享同 陙 小阜名也 忳 憂悶 錞 樂器鳴之所以和鼓 淳

清也朴也又姓何氏姓苑云今吳人 奄 大也 焞 明也又他昆切 䣝 美也 ○犉 黃牛黑脣如勻切四 䳜 鷚鷄晚生者 瞤

目動 眴 上同 ○脣 口脣食倫切五 漘 水際 䔚 牛䔚草似蘭青黑色 㸯 牛行遲也又音巡 紃 環綵條也又音巡

○淪 沒也力迍切十五 倫 等也比也道也理也又姓風俗通曰黃帝樂人伶倫氏之後 論 有言理出字[2]書又盧昆切 䑳 船䑳

輪 車輪周禮曰軫之方以象地蓋之圜以象天輪輻三十以象日月 陯 山阜陷也 䲈 魚名 蜦 神蛇能興雲雨文字集略云蝦

蟆大如屨能食蛇也又力計切 棆 木名 綸 絲綸又姓魏志[3]孫文懿臣綸直又音鱞[4] 惀 欲曉知也 侖 說文思也 踚 行也

掄 擇也[5]周禮曰凡邦工入山林掄材而不禁又力昆切 䈁 䈁子船具 ○屯 難也厚也陟綸切又徒渾切四 窀 窀穸下棺 迍

迍邅本亦作屯易曰屯如邅如 𢅃 布貯 ○逡 逡巡退也七倫切十 竣 止也倨也一曰改也 皴 皮細起也 㕙 東郭㕙古之狡兔也

6 墫
7 酒
8 鷷
▵[illegible] 本韻相倫切 又祥勻切
11 三
○囷 真韻去倫切 又渠倫切

又音俊 墫舞皃 捘推也左傳云捘衛侯之手又子寸切 壿喜也 踆退也 匆上同 夋倨也 ○遵循也率也
行也習也將倫切五 跧蹙也又阻圓切 僎鄉飲禮僎者降席而遵法也或作遵又音撰 嶟山皃 鷷西方雉名 ○春四時之首
尚書大傳曰春出也萬物之出也春秋說題曰春蠢也蠢興也春秋繁露曰春喜氣又姓何氏姓苑云春申君黃歇之後昌脣切一 ○鷷
西方雉名昨旬切一 ○勻徧也齊也說文少也从勹二羊倫切二 畇詩曰畇畇原隰又音荀音旬 ○旬十日曰旬詳遵切十七 㫬
古文 巡逡巡說文曰視行也 馴擾也從也善也 循善也 揗手相安慰 ⿰牜川牛行遟又音脣 紃環綵絛又食倫切 ⿰糹盾
縫也 駨駨䳜小鳥出字統 洵均也龕也 楯楯闌檻也 灥三泉相通 甾均也 ⿺走敫說文曰走皃也 畇墾田 ⿰虫旬蟲名
○均平也又學曰成均亦州名春秋及戰國時並屬楚秦屬南陽郡隋爲均州取汮水以名之居勻切四 鈞二十斤也又姓風俗通云楚大
夫元鈞之後漢有侍中鈞喜 袀戎衣也左傳曰均服振振字書從衣 汮水名出析縣北山入沔今作均 ○趣行也渠人切又去忍切一
○砏砏磷大雷普巾切又布巾切二 虨虎文也俗作彪 ○
十九 ○臻至也乃也側詵切十二 蓁草盛皃 搸聚也又琴瑟音 溱水名在河南 潧水名在鄭國出說文此水南入洧詩作溱洧誤

亲亲栗榛上同⿰木屖亦同瀙字林云水名在豫州⿰金屖埤蒼云小鑿轃說文曰大車簀也○莘地名在虢又姓所臻切二十㜪有㜪國名扟從上擇取物也駪馬多籸粉滓驫衆盛皃甡衆多皃兟進也詵衆人言也侁行皃詩云侁侁征夫⿰魚莘魚尾長也詩云有莘其尾字書從魚屾說文云二山也⿰多辛多也燊熾也⿰羽辛羽多⿰彳先往來之皃⿰木莘方言云杠東齊海岱之間謂之⿰木莘杠牀前橫也阠八陵東名阠又息進切姺女字⿸疒辛寒病○蓁木叢生士臻切三殷呂氏春秋注云殷殷動而喜皃又音真帘幕也又音廉

二十○文

文文章也又美也善也兆也亦州名禹貢梁州之域自戰國時宋及齊梁皆諸羌所據後魏平蜀始置州亦姓漢有盧江文翁無分切十六聞說文曰知聲也又音問䎹古文彣青與赤雜紋綾也雯雲文駇馬赤鬣縞身目如黃金文王以獻紂蟁爾雅曰鷏蟁母郭璞云似烏鷃而大黃白雜文鳴如鴿今江東呼爲蚊母俗說此鳥常吐蚊因名云說文曰齧人飛蟲也蚊上同𧒂亦同出漢書⿸麻文摩也鴍鳥也爾雅曰鶔子鴍閺俗作閺說文曰低目視也弘農湖縣有閺鄉汝南西平有閺亭汶黏唾又音旻問鼤班鼠閩閩越也又音旻○雲說文云山川气也从雨云象雲回轉形河圖曰雲者天地之本傳子曰以

雲母飾車謂之雲母車臣不得乘之又姓縉雲氏之後又後魏書宥連氏後改爲雲氏王[2]分切二十二 芸 香草也說文云似目宿淮南王說芸草可以死復生雜禮圖曰芸蒿也葉似邪蒿香美可食也 蕓 蕓薹菜名 ⿰耒員 說文曰除苗間穢也 ⿰耒芸 上同 耘 亦同 鄖 國名 妘 女字又姓 紜 紛紜 溳 水名在南陽一云在美[3]陽 澐 江水大波 云 辝也言也說文古文雲字亦姓出自祝融之後 篔 篔簹竹名 䢵 邑名 員 益也說文作員物數也又音圓又音運姓也 鼎 籀文 愪 憂也 沄 說文云轉流也 ⿰負云 亂也 耺 耳中聲 橒 木名 ⿱竹雲 竹名 ○熅 烟熅天地氣也易作絪縕於云切十 氳 氤氳元氣 緼 亂麻又於粉切 馧 香也 蒀 蒕蒀盛皃 榅 上同 輼 轒輼兵車又於粉切 蘊 蘊積也又於粉切 蝹 蝹龍皃 壼 鬱也 ○汾 水名在太原本漢茲氏縣地屬西河郡魏於茲氏縣置西河郡今州城是也符分切三十七 墳 墳籍又墓也 氛 氛氳祥氣 ⿸气盆 俗 鼖 大鼓周禮鼓人掌六鼓以鼖鼓掌[4]軍事 轒 上同 ⿱賁鼓 亦同 濆 水際也又水名 焚 焚燒 燌 上同 羒 白羝羊也 豶 豕也 頒 魚大首亦衆皃又布還切 羵 土中怪羊 ⿰賁鳥 似鵠白身三目赤尾六足 枌 白楡木名 鳻 春鳫鳻鶥亦作⿱分鳥又說文曰鳥聚皃一曰飛皃 蕡 草木多實 ⿱艹黽[5] 古文 橨 枰仲木別名出埤蒼 棼 複屋棟也 賁 三足龜 葐 葐蒀 魵

1 輐　2 握　4 痺　5 所

魚名𧮛谷名在臨汾妢周禮考工記云妢胡之笴棻香木名也梤上同肦大首皃𩕊醜皃鐼飾也說文曰鐵類讀若熏又音訓馩馩馧香氣馚上同岎草初生香分布也又音芬鼢田中鼠又音憤蚡上同轒轒軳[1]兵車○分賦也施也與也說文別也府文切六饙一蒸飯也餴上同扮掘[2]也坌[3]埽棄之也又方問切𣯷𣰆毨罽也○羣羣隊也說文輩也亦作群渠云切五帬說文曰下裳也釋名曰帬羣也連接羣幅也裠上同亦作裙宭羣居也又音君𤺄痺[4]也○薰香草韻略曰薰陸香出大秦國亦姓出何氏姓苑許云切十二曛日入也又黃昏時勳功勳也勛古文熏火氣盛皃燻上同獯北方胡名夏曰獯鬻周曰獫狁漢曰匈奴纁三染絳醺著酒葷臭菜焄禮曰焄蒿悽愴鄭玄云焄謂香臭也臐儀禮鄭玄注云羊曰臐豕曰膮皆香美之名膮呼堯切○君白虎通曰君者羣也羣下之歸[5]心也荀卿子曰君者儀也民者影也儀正則影正君者盤也民者水也盤圓則水圓又君者民之源也源清則流清源濁則流濁舉云切八軍軍旅也周禮夏官司馬曰凡制軍萬有二千五百人爲軍王六軍大國三軍次國二軍小國一軍軍將皆命卿又漢複姓二氏禮記有將軍文子晉有太傅參軍襄城冠軍夷皸足坼桾桾櫏木也䇹竹名莙牛藻菜也宭

6 撫　7 翻　9 閿，閺閿

△堇 隱韻居隱切 又音芹

羣鮶蟲名水鮶居如魚乘焉○芬芬芳又姓戰國策晉有大夫芬質府文切十三紛紛紜衆也亂也帉巾也亦作帉𣯦
毛落衯說文曰長衣兒翂翻[7]翁飛兒棻說文云香木也砏砏汃[8]水石𡴞草木初生香分布也氛氛侵妖氣雰上同
又霧氣也闅[9]闅閿之兒錀埤蒼云兔奄錀
二十一○欣喜也亦州名本漢陽曲縣地隋置欣州因欣口爲名許斤切六忻上同昕日欲出也訢喜也炘熱兒
邤邤鄰[10]地名○殷衆也正也大也中也說文从身殳作樂之盛稱殷亦姓武王剋紂子孫分散以殷爲氏出陳郡於斤切四慇
慇懃濦水名在潁川溵上同○勤勞也盡也巨斤切八芹水菜食之宜丈夫呂氏春秋曰菜之美者雲夢之芹
懃慇懃慬憂哀懄上同瘽病也矜矛柄古作矜蘄草也又巨希切○斤十六兩也說文曰斫木也
又虜複姓二氏後魏書去斤氏後改爲艾氏奇斤氏後改爲奇氏舉欣切四筋筋骨也說文曰肉之力也从力肉竹竹物之多筋者
又姓出姓苑觔俗釿說文云劑斷也本宜引切○虓虎聲語斤切十二犾犬相吠也圻圻堮又岸也垠
上同齗齒根肉也齦上同麐獸似貉也斦二斤𪛔大篪䓀亭名在江夏郡狺犬爭鄞縣名在會稽郡

1 後，州字當刪
2 厵
3 檀
4 厵
5 厵
6 在武陵郡鐔成西
8 三
9 禁
12 嬋

二十二。元 大也始也長也氣也又姓左傳衞大夫元咺又後魏孝文改拓拔爲元氏望在河南愚袁切二十二 原 廣平曰原亦州名漢高平縣魏[1]爲鎮州又改原州蓋取高平曰原爲名又姓孔子弟子有原憲說文本作邍原即與厵[2]同 邍 周禮有邍師注云邍地之廣平者 源 水原曰源又姓禿髮傉擅[3]之子賀入後魏魏太武謂之曰與卿同源可爲源氏說文本作厵[4]篆文省作原後人加水 厵[5] 上同 杬 木名出豫章煎汁藏果及卵不壞 嫄 姜嫄帝嚳元妃 沅 水名在[6]象郡鐔淫城西亦云在牂牁 騵 赤馬白腹 黿 似鼈而大紀年曰穆王[8]十七年起師至九江以黿爲梁 羱 羱羊角大者可爲器又五丸切 蚖 蠑蚖蜥蜴也一名守宮字林云在辟曰蝘蜓在洲曰蜥蜴 螈 晚蠶周禮縈[9]原蠶鄭注云原再也俗從蚰 芫 草名有毒可爲藥也 邧 地名 榞 實如甘蕉而皮可食 謜 徐語孟子云故謜謜而來 ⿰牛原 獸如牛也 ⿰食元 ⿰食元餌又五[10]丸切 獂 豕屬又音桓 阮 五阮郡出史記又元遠切 蒝 莖葉布也 袁 姓出陳郡汝南彭城三望本自胡公之後雨元切十六 爰 於也行也爲也哀也引也亦姓出濮陽亦舜裔胡公之後袁或作爰 垣 垣墉也又姓漢西河太守洛陽垣恭也 𩫖 籀文 園 園圃亦姓 援 援引也又爲眷切 榬 絡絲籰 轅 車轅方言云轅楚衞謂之輈又姓左傳陳大夫轅濤塗之後又漢複姓有軒轅氏 鶢 鶢鶋海鳥 媛 嬋[12]媛枝相連引又爲眷切 洹

23 潘 本韻附袁切又音翻

18 璵璠

16 鶘

水名亦縣名在相州又音桓 溒 篆文云姓也玉篇云水流皃 ⿺走亘 易田名也 蝯 蝯猴五百歲化爲玃爾雅曰猱蝯善援 猨 上同 猿 俗 ○煩 勞也說文曰熱頭痛也附袁切三十八 番 說文曰獸[13]足謂之番經典作番又翻盤潘三音書亦音波 蹞 足有文也說文同上 蹯 亦同上見左傳 緐 㮣也多也 蘩 皤蒿 薠 似蘋[14]而大 樊 樊籠亦姓周宣王封仲山甫於樊後因氏焉今在南陽 ⿰扌煩 ⿰扌煩摟也 繙 繙帑亂取[16]帑於元切 燔 炙也 膰 祭餘熟肉 瀿 水名玉篇云水暴溢也

羳 羊黃腹也 𩐁[15] 百合蒜也 鷭 鷭鵃鳥 蟠 蟠[17]負又扶干切 蕃 茂也息也滋也又音藩 蠜 蠜螽 礬 礬石 鱕 鼠名 ⿱樊邑 鄉名在京兆杜陵 鐇 廣刃斧 璠 璠璵[18]魯之寶玉 笲 竹器禮記云婦執笲 ⿰禾番 稻也出齊人[19]種術 ⿰犭番 犬鬬也 襎 襎裷幭也 袢 絺綌詩云是紲袢也 棥 藩屏 緐 馬飾名也 絣 上同 墦[20] 冢也 ⿰番豕 生養也

⿰馬番[21] 上同 旛 旐也 ⿰樊見 觀⿰樊見 藩 蕁苑葉如韭又音[22]翻 ○飜 覆也飛也孚袁切十 翻 上同 旛 旌旗揔名 番 數也遞也又盤潘煩三音 幡 說文曰書兒拭觚布俗通爲幡[23] ⿰氵旛 大波 潘 米汁 轓 車大箱也 繙 繽繙風吹旗皃 反 斷獄平反又方晚切 ○暄 溫也況袁切十九 煖 上同 喛 恐懼 萱 忘憂草說文又作藼蕿 睻 大目也 諼 詐也 塤 說文作壎樂器也以土爲

1 鴝　3 繙　4 幹　7 菸

之六孔釋名曰塤喧也聲濁喧然世本曰暴辛公作塤 壎上同 ⿰宣鳥⿰宣鳥[1]鳥名 吅喚聲又私全切[2] 貆獸名詩云有縣貆兮

又丸歡二音 喧大語也 諠諠譁亦作喧譁 愋恨也 讙讙囂皃也 翧飛來 ⿰角雚揮角 ⿰角亘角匕又許羈切

蝖蟦螬○鴛鴛鴦匹鳥於袁切十八 冤屈也枉也曲也又冤句縣在曹州句音劬 帣幡[3]帣 鵷鵷鶵似鳳 ⿰氵冤

水名 惌惌枉 鋺鋤頭曲鐵 宛屈草自覆又宛縣在南陽又音苑 蜿蜿蜿龍狀也又音苑 ⿰食冤貪也 蒬棘蒬草名

怨怨讎又於願切 婉婉婉美也 ⿱艹惌敗也 ⿰車宛兵車 ⿰革宛量物之具又於阮切 ⿰衤卷幡⿰衤卷 眢目空皃又一丸切○言

言語也字林云直言曰言荅難曰語釋名曰言宣也宣彼之意也又姓孔子弟子有言偃語軒切五 琂石似玉 甗無底甑也又語

戰切 ⿱⺮言大籥 ⿱艹言草名○攑舉也丘言切二 ⿱寒走走皃又虛言切○軒軒車又姓軒轅之後漢有諫大夫軒和虛

言切六 掀以手高舉 騫飛舉皃 ⿰車軍車前[4]輕也 蓒蓒芋[5]草名 ⿱寒走走皃○攑攑子樗蒲采名居言切十二

⿰木寋上同 靬乾革又驪靬縣在張掖又下[6]僤切又口旦切 鞬馬上盛弓矢器 ⿰革寋上同 ⿰虔刂以刀去牛勢或作犍 犍犗牛

名又犍爲郡 腱筋也一曰筋頭 騝騮馬黃脊曰騝 ⿰食建粥也亦作飦 ⿱粥鬲上同 ⿱粥鬲籀文○蔫蔫菸[7]也謁言切

二焉安也又不言也○蕃蕃屏甫煩切六藩籬也亦藩屏也轓車箱又音幡鱕魚有橫骨在鼻前如斤斧
籓大箕一曰蔽也鐇廣刃斧也○𩨨筋鳴也巨言切二赶獸舉尾走○樠松心又木名也武元切又莫昆切一
二十三○䰟魂魄也白虎通曰魂者沄也猶沄沄行不休也魄者迫也猶迫迫然著於人也淮南子曰天氣爲䰟地氣爲魄又反
魂樹名在西海中聚窟洲上花葉香聞數百里狀如楓香煎其汁可爲
丸名曰震靈丸亦名反生香又名卻死香死屍在地聞氣乃活出十洲
記戸昆切二十四梱大木未剖驒驒騱[8]野馬𤞑似犬人面見人則笑行疾如風餛餛飩䭨上同𪌉不破麥也鼲
鼠名楎[9]三爪犂曰楎犂上曲木也渾渾濁益部耆舊傳曰漢武時洛下閎明曉天文於地中轉渾天定時節亦姓左傳鄭大夫
渾罕又胡本切沄水流兒忶埤蒼云心悶也脘[10]蒲也又胡官[11]切倱全也僤女字又五昆切𨍭還也車相避也
堚[12]里名在洛陽⿰忄䰟⿰忄䰟悶⿰木䰟⿰木䰟榾捆捆推煇赤色顐顐顐禿也覠覠視琿玉名○昆兄也後也同也
又姓夏諸侯昆吾之後戰國策有齊賢者昆辨古渾切二十晜上同罤上同說文云周人謂兄曰罤菎香草幝褻衣
說文幒也褌上同崐崐崘山名琨琨珸[13]玉名鵾鵾雞鶤上同鯤北溟大魚䖵說文曰蟲之總名也蜫上同惃

1 千　4 人

亂也䵎䵎于不可知也錕錕鋙鐵赤色可爲劒瑻同琨[2]麘鹿屬猑獸名騉騉駼馬名牛蹄能升高山○昷

說文曰仁也从皿以食囚也今作昷同烏渾切十三温水名出犍爲又和也善也良也柔也暖也又姓唐叔虞之後受封於河内温因以命

氏又郤至食采於温亦号温季因以爲族出太原又漢複姓二氏莊子有温伯雪子姓苑又有温稽氏轀轀輬車也蕰蕰藻節中

生葉又[3]於殟切⿰馬昷⿰馬昷驆駿馬殟病也鴛鴛鴦匹鳥又音寃⿰昷⻏鄉名出蜀志豱豕名緼禮曰一命緼韍韞

赤色又於粉切⿰瓜昷瓜名⿰鹵昷戎狄云鹽○門問也聞也字從兩戶亦姓周禮云公卿之子入王端之左教以六藝謂之門子其後氏焉

又漢複姓十四氏左傳魯卿東門襄仲宋樂大心爲右師居桐門後因氏焉伍子胥抉眼吳門因謂子胥門子孫乃以胥門爲氏吳有胥門巢

世本晉大夫下門聦齊臨淄大夫車門遽陳有關門氏戰國策有雍門周魏侯嬴爲夷門抱關者後姓夷門氏吕氏春秋有陽門介夫後以陽

門爲氏古今表[4]有逢門子豹宋諸公子食采於木門者後遂爲氏漢書儒林傳有闕門慶忌何氏姓苑云弋門氏今漁陽人又有剌門氏莫奔

切十三捫以手撫持樠木名虋赤粱[5]粟也俗作虋璊玉色赤也亹浩亹地名出漢書上地理志云浩音鴿⿰氵亹同

怋怋怋不明又亂也顐頭多殟顐⿺毛㒼赤色罽名⿺走昷行遲⿰米㒼粥凝⿱𩁹鳥比翼鳥也○孫爾雅釋親曰凡子之

九·九十四　韻上平　五十五　秦顯

子爲孫孫之子爲曾孫曾孫之子爲玄孫玄孫之子爲來孫來孫之子
爲晜孫晜孫之子爲仍孫仍孫之子爲雲孫又岱岳謂之天孫又姓周
文王子康叔封于衞至武公子惠孫曾耳爲衞上卿因氏焉後有孫武
孫臏俱善兵法各撰書凡太原東莞吳郡安樂四望又漢複姓二十三
氏左傳秦大夫逢孫氏魯卿有臧孫辰仲孫何忌魯桓公之子慶父之
後有孟孫氏叔孫氏季孫氏同出桓公号爲三桓子孫代爲魯之上卿
孫氏衞有王孫賈出自周頃王之後王孫賈之子自以去王室久改爲
秦下大夫楊孫氏齊大夫長孫修世本云食邑於唐其孫仕晉後号唐
賈孫氏晉濟南太守魚孫瑋出自宋魚石奔楚其孫在國者因以魚孫
爲氏漢有烏孫昆彌後漢有士孫瑞古封公之後自皆稱公孫故其姓
多非一族也孔子弟子有顓孫師國語晉公子利孫夫之後以利孫爲
氏何氏姓苑有經孫新孫古孫牟孫室孫長孫叔孫等氏望稱河南之
者是虜姓也思渾切六 蓀香草 飧說文餔也 蕵烏蕵草又蕵蕪酸可食也 猻猴猻 搎捫搎摸揉也 ○尊
尊卑又重也高也貴也敬也君父之稱也說文曰酒器也本又作𢍜尊周
禮有司尊彝從土從缶從木後人所加亦姓風俗通云尊盧氏之後祖
昆切五 罇樽並見上注 嶟山皃 繜衣也 ○存在也察也恤問也徂尊切五 蹲坐也說文踞也 拵据也
𨚗𨚗鄢縣在戎州 袸爾雅云衿謂之袸袸小帶也又音荐 ○敦迫也亦厚也又姓敦洽衞之醜人也都昆切七 惇厚也

弴畫弓也天子弴弓又丁僚切　張[1]上同　驐去畜勢出字林　墩平地有堆　㽎瓦器似甌瓿　○暾日出皃他昆切七

燉火色　涒涒灘歲在申也　䵳禮記孺子䵳之喪也魯公子名亦黃色也　噋詩云大車噋噋重遲皃　蜳蜳蝺蟲名

黗黃黑色也　○屯聚也又姓後蜀録有法部尚書屯度徒渾切二十二　豚豕子　㹠豘並上同　窀火見穴中又音迍

臀廣雅云臀謂之脽亦謂之脽[2]也說文作屍[3]髀也　屍脽臀並同上見說文　軘兵車　飩餛飩　篼榜也　坉以草裹土築城及塡水也

沌水勢　邨地名亦音[4]村　燉火熾又燉煌郡燉大煌盛也　忳悶也　啍口氣　芚菜似菎[5]也

庉風與火爲庉又徒損切　黗黃色　瓲甗瓲瓜名　○村墅也此尊切一　○倱女字又姓出纂文牛昆切又戶昆切四

痽癡皃　顐顐顐禿無髮也　梱爾雅釋木曰髡梱　○盆瓦器亦作瓫爾雅曰盆謂之缶說文曰盎也又姓風俗通云盆成括仕齊孟軻知其必死其子逃難改氏成焉蒲奔切四

葐覆葐草　鳻鳻鳩鳥　湓水名在尋陽一曰水涌也[6]　○奔奔走也說文作奔博昆切四

賁勇也周禮有虎賁氏掌先後王而趨以卒伍軍旅會同亦如之舍則守王閑閑梐枑也書云武王伐紂戎車三百兩虎賁三百人亦姓古有勇士賁[7]育又肥祕[8]墳三音

鷬鷬如鸛三目六足白身　犇牛驚出文字集略　○論

說也議也思也慮也盧昆切又力旬盧鈍二切四崘崐崘掄說文擇也一曰貫也菕菕蘛草也○坤乾坤苦昆切七巛
古文髡去髮顐顐顐臗體也臋也髖上同豤齧也○昏說文曰日冥也亦作昬呼昆切七惛不明婚
婚姻嫁也禮娶以昏時婦人陰也故曰婚棔合棔木名朝舒夕斂閽守門人也殙病也又未立名而死㱡不可知也○濆
潠也普魂切三噴上同歕吐也又吹氣也○黁香也亦人名姚興太史令郭黁奴昆切一
二十四○痕瘢也戶恩切四鞎車革前飾拫急引⿰木焉所以平量斗斛○根根柢也亦姓根牟子古賢者著書出
風俗通古痕切四跟足後踵也⿰山艮上同珢石次玉又音銀○恩恩澤也惠也愛也隱也亦姓前燕慕容皝東庠祭酒恩茂風俗
通云陳大夫成仲不恩之後烏痕切三⿱大衣說文炮炙也以微火溫肉煾上同○吞咽也吐根切又音天一○垠垠㓵五根切又
語斤切三圻上同泿水名
二十五○寒寒暑也釋名曰寒捍也捍格也亦姓後漢博士魯國寒朗武王子寒侯之後也胡安切十二韓亦作韓井垣也
亦國名又姓出自唐叔虞之後曲沃桓叔之子萬食邑於韓因以爲氏
代爲晉卿後分晉爲國韓爲秦滅復以國爲氏出潁川後韓騫避王莽

1 阿　2 四　3 汗

亂移居南陽故有潁川南陽二望虇虇蔫草也翰天雞羽有五色又音扞鶾上同邯邯鄲縣名又漢複姓漢有衞尉邯鄲義風俗通云因國爲姓也邗邗溝水名在廣陵虷虷蟹一名蜎蟲汗可汗蕃王稱又音犴韓白韓草也又何旦切𩦈駇𩦈蕃大馬出異字苑○豻胡地野狗似狐而小或作犴俄寒切又音岸四犴上同雗雗鴟鳥一名雝鸔鴟音石讛山形也○單單複也又大也亦虜姓可[1]單氏後改爲單氏都寒切又常演切十襌襌衣鄲邯鄲丹赤也說文曰巴越之赤石也亦州名春秋時白翟所居後魏置汾州廢帝三年以河東汾州同乃改爲丹州亦姓晉有大夫丹木出風俗通殫盡也簞簞笥小筐匰宗廟盛主器出字書嘽嘽孤山名癉火癉小兒病也䐷大腹○安安徐也寧也止也平也亦州名春秋時鄖國漢屬江夏郡宋分江夏郡爲安陸郡武德年[2]討平王世充改爲安州有鄖水亦姓風俗通云漢有安成爲太守盧山記有安息國王子安高又漢複姓有安都氏烏寒切五盦盦𥂕大盂鞌鞌韉𨛍地名在當陽侒說文宴也○難艱也不易稱也又木難珠名其色黃生東夷曹植樂府詩曰珊瑚間木難又姓百濟人說文作鸛鳥也本又作䕼那干切又奴肝[3]切四鸛見上注䕼難並古文○餐說文吞也七[4]安切三湌上同俗作飡䬸䬸笒出異字苑○灘水灘

7 誹　8 晉　10 騏　11 賊　12 淫

爾雅云太歲在申曰涒灘他干切十 嘽馬喘 嘆長息與歎同又音炭 擹[5]擹蒱賭博 譠譠謾欺謾言也 痑力極 攤[6]開也亦緩也 譂譂誕言不正也 嬗緩也 㨏攀㨏婉轉 。𦙃脂肪蘇干切五 跚蹣跚跛行皃 珊珊瑚廣雅曰珊瑚珠也說文曰珊瑚生海中而色赤也 姍誹[7]也 䈀竹器 。壇封土祭處徒干切十五 檀木名亦州名春秋時及戰國並爲燕地漢屬漁陽郡隋置檀州取白檀縣爲名又姓太公爲灌檀宰後氏焉禮記魯有檀弓今檀城在瑕丘瑕丘屬山陽魯[8]改山陽爲高平郡檀氏望在高平也 鷤鸛鷒如鵲短尾射之銜矢射人說文爾雅並作鸛鷒 癉風在手足病又都彈切 撣觸也太玄經云撣[9]繫其名 彈糾也射也亦彈碁梁冀傳云冀好彈碁也又徒案切 驒連錢驄一曰青驪白文又丁年切驒騱[10]匈奴畜似馬而小 驙白馬黑脊又知連切 但語辭亦姓何氏姓苑云漢有但巴爲濟陰太守又徒旱切又徒旦切 胆胆口脂澤出證俗文 繟寬緩 儃態也又市連切 聅軍法以矢貫耳曰聅 唌歎也 貚貙屬 。殘餘也說文贓[11]也昨干切七 䏼禽獸食餘 𣧠上同 戔傷也又戔戔束帛皃易曰束帛戔戔 盞盞盞大盂也 𣦼穿也 帴帔也 。干求也犯也觸也亦姓左傳宋有干犨又漢複姓何氏姓苑漢有干己衍爲京兆尹古寒切十六 乾字樣云本音虔今借爲乾濕字又姓出何氏姓苑 漧古文 竿竹竿 肝木藏 奸[12]以婬

1 股　2 二　4 堅　5 顛

犯也 鳱 鳱鵲鳥名知未來事喿則行人至鵲字或作雗䧹古沃切 玕 琅玕美石次玉 邗 越別名又音寒江名也 汗 餘汗縣名又寒翰二音 迀 進也 ⿱干皿 盤也又大盌名 ⿰旱戈 戰盾 忓 說文極也 ⿰乾阝 地名 尪 尪腶[1] ○蘭 香草亦州名古西羌地隋文帝置蘭州取皋蘭山爲名又姓漢有武陵太守蘭廣落干切十一[2] 瀾 大波 闌 晚也牢也遮也希也又飲酒半罷曰闌 讕 逸言又力誕切 攔 階際木句攔亦作闌 ⿵門鳥 妄入宮門 籣 盛弩矢人所負也 韊 上同 欄 木名 躝 踰也 幱 幱衫幱裙 㘓 㘓哰偖拏語不可解 ○看 視也苦寒切七 ⿰卓⿱𠆢古 古文 栞 槎木[3]也 ⿱幵示 上同 靬 弓衣 臤 豎[4]也又口閒口耕二切 刊 削也剟也 ○頇 顢[5]頇大面皃許干切二 鼾 臥氣激聲 ○渜 水名出涿郡乃[6]官切一

二十六○桓 桓桓武也又姓本自姜姓齊胄桓公後因謚爲氏望出譙郡後漢有太子太傅桓榮胡官切二十九 完 全也 ⿸鹿完 鹿一歲 䳄 䳄鵜鳥鳥喙蛇尾也 丸 彈丸 瓛 圭名說文曰桓圭公所執 紈 紈素 雚 雚葦易亦作萑俗作萑雚本自音灌 萑 木兔鳥也 洹 水名在鄴又于元切 汍 汍瀾泣淚 絙 緩也 芄 芄蘭草名 豲 豕屬又豲道縣在天水亦作獂 梡 木名出蒼梧子可食 荁 堇類 莞 似藺而圓可爲席又音官 綄 船上候風羽楚謂之五兩 ⿰羊萈 山羊細角而形大也 萈 上同

八百五十　韻上平　五十八　金滋

9 曰字當刪

△皖 魏韻戶昆切又胡官切

△⿰食元 元韻愚袁切又五丸切

11 精

△⿰衤宛 阮韻於阮切又安阮切

涴 過韻烏卧切又烏官切

15 鄟

見說[8]文 貆說文曰貉之類又音歡 狟大犬也周書曰尚狟狟 峘爾雅云小山岌大山曰[9]峘又戶登切 𤿍皮病 [illegible]丸屬

垸漆加骨灰上也 寏周垣 院上同 捖揳刮摩也。岏巑岏五丸切十 刓圓削 园上同 忨貪也 蚖

毒蛇 䯈骬䯈 羱羱野羊角大又語袁切 黿黿似鼈又音元 抏挫也 ⿰元兔⿰龜兔。端正也直也緒也等也亦姓

出姓苑又漢複姓孔子弟子端木賜也多官切十一 褍衣長也又衣正幅也 剬齊也 䚙角䚙獸名狀如豕角善爲弓李陵以

此遺蘇武 耑說文曰物初生之題也上象生形下象其根也 鍴鑽也 篅竹名出南嶺 竱齊也又之耎切 䕎草名 ⿰禾耑

禾垂皃又丁果切 偳抄偳又音湍。剜刻削也一丸切六 眢井無水一曰目無睛[11] 豌豆也 蜿蟠蜿龍皃 帵

帵子裁餘 婠德好皃又古[12]旦切。湍急瀨也他端切又音專六 貒[13]似豕而肥又他畔切 ⿰黃耑黃黑色 ⿰黃專黃色又湯

門切 煓火盛 偳人名又多丸切。酸醋也素官切五 狻狻猊師[14]子猛獸 ⿰豸夋上同 痠痠疼 䨘小雨。團

團圓度官切十二 慱詩云勞心慱慱 篿竹器 剸截也 鄟邾鄟[15]之邑 ⿰虫專魚似鮒而豕尾 敦詩云有敦瓜苦

又都昆切 漙詩云零露漙兮 鷒爾雅曰鸛鷒鶝鶔如鵲短尾射之銜矢射人 鷻鵰之別名詩亦作鷻傳云鵰也 摶說文

廣韻校本

1 襸、襸補　2 攢　3 亓　4 鑾

曰圜也禮云無摶飯 霉露皃○欑木叢也在丸切九 巑巑岏小山皃 𨏄車縛軛也又借官切 菆菆塗見禮

襸[1]襸補 鄼鄼聚也又音纂音贊 穳穳補也又刈禾積也 篹上同 劗剃髮[2]也又子攢切○官官宦

左傳曰黃帝以雲紀官炎帝以火紀官太皥以龍紀官少皥以鳥紀官又君也法也事也又複姓三氏左傳晉王官無地御戎魯先賢傳云孔

子妻亓[3]官氏楚莊王少子爲上官大夫以上官爲氏古丸切十 悹憂也又古玩切 莞草名可以爲席亦云東莞郡名又姓姓苑云今

吳人又胡官切 棺棺槨禮記曰有虞氏瓦棺夏后氏堲周殷人棺槨說文曰關也所以掩屍也 觀視也又音灌 貫穿也

又音灌 冠首飾說文曰絭也所以絭髮弁冕之總名也亦姓風俗通云古賢者鶡冠子之後又音灌 涫樂涫縣在酒泉 倌

倌人主駕說文曰小臣也詩云命彼倌人 毌穿物持也○鑾鑾鈴崔豹古今注云五輅衡上金雀者朱鳥也口銜鈴鈴謂之鑾也或謂

朱鳥鸞也鸞口銜鈴故謂之鸞[4]落官切十四 鸞春秋元命包曰离爲鸞孫氏瑞應圖曰鸞者赤神之精鳳皇之佐也山海經曰女牀山有鳥狀

如翟而五采文名曰鸞見則天下太平安寧 巒小[5]山而銳 欒木名說文曰木似欄禮天子樹松諸侯柏大夫欒士楊又曲枅亦姓

代爲晉卿出左傳 羉羉罟 虊蒐葵一曰茒也 䜌南䜌縣在鉅鹿 𣣶迷惑不解理一曰欠皃 臠臠臠病瘠皃

6 鴅　8 ⿱暴車　9 屈　△碆 戈韻薄波切 又音盤

灤水名灓說文曰漏流也水沃也漬也癵病也瘦也圝團圝圓也曫日夕昬時○歡喜也呼官切十
三懽上同又音貫驩馬名貆貉屬獾牡狼鸛鸛鶇鳥射之則銜矢射人說文爾雅並云鸛鶇鴅6
鳥名人面鳥喙鄱魯郡邑名貛野豚犿上同奞化也始也出方言讙讙諠䑇䑇兜四凶名古文尚
書作腡7○寬愛也裕也緩也苦官切二髖髖兩股閒也○鑽刺也借官切又借玩切六欑說文曰車衡三束也曲轅欑縛直轅⿱暴車8
縛⿰革贊⿰車贊並上同⿰贊攵姓出姓苑劗剃髮○槃器名薄官切二十二盤籀文鎜古文柈俗瘢瘡痕
磻磻溪太公釣處幋大巾磐大石⿰髟般⿰髟般頭曲髮爲之又臥髻也又音班9般樂也又博干切釋典又音鉢蹣蹣跚跛行皃搫搫擖
婉轉鞶鞶革說文曰大帶也縏縏纓馬飾見左傳⿱般鳥⿱般鳥鶡異鳥人面出山海經⿱般目轉目視也⿱般女奢也一曰小妻又⿱般女⿱般女來往皃
縏番和縣名在涼州蟠鼠負蟲又龍蟠也⿱般黑下色⿱⺮般⿱⺮般也⿰犭般⿰犭般狐犬也○瞞目不明也說文曰平目也曹操一名瞞又姓風
俗通云瞞氏荆蠻之後10本姓蠻其枝裔隨音變改爲瞞氏母官切二十四顢顢頇大面皃謾欺也慢也蹣踰牆⿰米曼⿰米曼頭餅也饅
俗慲忘也鏝泥鏝槾墁並上同蔄無孔狀鞔鞔鞋履樠11木名松心鰻鰻鯠魚也曼路遠蔓

1 子　2 瓿　3 笱　6 主　7 籥

蔓菁菜也 𥗼 𥗼欲亭名在上艾欲音求 獌 獸似狸也 𧼮 行遲皃 䅼 種遍皃 芇 相當也又云殄武仙二切 悗

惑 鬗 長鬗髮也 絻 連也 ○潘 淅米汁又姓周文王畢[1]公之子季孫食采於潘因氏焉出廣宗河南二望普官切六 甂 甂坂[2]大甎

番 番禺縣在廣州 拌 弃也俗作拚 𢋂 峙居也 𤻄 弃𤻄 ○䤸 部黨北潘切四 般 般運 𥳉 捕魚筍[3]其門可

入不可出 𠦒 弃糞器名又姓出姓譜

二十七 ○删 除削也又定也所姦切又所[4]晏切五 訕 謗也 潸 出涕皃 殦 單于別名 狦 說文曰惡健犬也又

所晏 ○關 說文曰以木橫持門戶也聲類曰關所以閉也又姓風俗通云關令尹喜之後蜀有前將軍關羽河東解人古還切六 閞

俗 瘝 病也 擐 貫也又音患出文字指歸 嚾 二鳥和鳴 綸 織貫杼也 ○彎 說文曰持弓關矢也烏關切五 灣

水曲 蟃 蝺[5]蟃蟲名 䨴 吳王[6]孫休長子名見吳志 潫 潫瀿[7]潫 ○𣝗 關門機出通俗文數還切一 ○還 反也退也

顧也復也戶關切又音旋二十 環 玉環爾雅曰肉好若一謂之環又姓古有楚賢者環淵後有環濟撰要略一部 𠠝 檏𠠝縣名

在武威 鬟 髫鬟 寰 王者封畿內縣又玄甸切 闤 闤闠崔豹古今注云闤市垣也闠市門也 糫 膏糫粔籹 鍰

16 臂 14 女、一 12 賊 11 媥 孏

六兩曰鍰鍰黃鐵也一曰錢也 圜 圜圍又王權切 鐶 指鐶 轘 轘轅又地名也 韋 里名在洛陽 䍺 獸名似羊而黑

色無口不可殺也 ⿰羊睘 上同 郇 姓出絳州又音荀 澴 水名 ⿰睘飛 ⿰睘飛飛遶皃 ⿱馬千 馬一歲又音[8]弦 戊 屋牡[9]瓦名

鬟 堅鬟 ○班 說文曰分瑞玉俗作班亦姓出扶風風俗通云楚令尹鬭班之後布還切十三 頒 布也賜也又音汾 鳻 大鳩

肦 大首又音汾 盤 盤螯毒蟲 斑 駮也文也 辬 上同見說文 ⿱髟般 髮半白又音盤 般 還師亦作班[10]師又盤鮭鉢

三音 媥 孏[11]媥 鯿 魚名又音編 扳 挽也公羊傳云扳隱而立又音攀 ⿱亼美 賊[12]事之皃 ○蠻 南夷名亦姓莫還切七

⿰䜌鳥 似鳧一目一足一翼相得乃飛即比翼鳥也 ⿰彳曼 很屬又莫[13]干晚販二切 鬘 衣出釋典 謾 方言曰謾台脅閲懼也燕

代之間曰謾台齊楚之間曰脅閲台音怡 ⿰禾曼 赤⿰禾曼稻名 ⿱冠黑 畫車輪也 ○顏 顏容亦顏額又姓出瑯邪本自魯伯禽支庶有

食采顏邑者因而著族又邾武公名夷字曰顏故公羊傳稱顏公後遂爲氏五姦切二 ⿰木彥 木名似橦 ○姦 私也詐也古顏切俗作姧

四 菅 草名又姓出越郡或作蕑 葌 香草 蕑 上同 ○攀 引也普班切三 扳 上同又音班 眅 目多白皃 ○奻 訟也

奴[14]還切 ○⿸疒睘 ⿸疒睘痺五還切二 頑[15] 頑愚 ○馯 姓也漢書有江東馯臂[16]字子弓傳易丘姦切一 ○豻 胡地野犬似狐而小

1 腹　4 瞯　5 鷳　6 莖　8 轏　9 𡒄門聚

黒豥可顏切又我悍俄寒二切二　鬜 鬝鬢禿皃　。跧 跧伏阻頑切一

二十八。山 廣雅曰山產也能產萬物說文曰山宣也宣气散生萬物又姓周有山師之官掌山林後以官爲氏或云古烈山氏之後望出河內所閒切三　疝 疝瘕病也[1]　屾 地名出地理志　。鰥 鰥寡鄭氏云六十無妻曰鰥五十無夫曰寡又魚名古頑切三　[2]鐶 鐶犂鈃也　綸 爾雅釋草曰綸似綸東海有之說文曰青絲綬也又音倫　。閒 隙也近也又中閒亦姓出何氏姓苑古閑切又閑澗二音六　艱 艱難　囏 古文　靬 黎靬國名在西域其人善眩幻又犍看二音　蕑 蘭也　覸 視皃　。閑 闌也防也禦也大也法也習也暇也戶閒切九[3]　嫺 嫺雅　癇 小兒瘨　騆 馬一目白　蛝 蟲名　瞯 人目多白又姓史記濟南瞯氏[4]　鷳[5] 白鷳似雉而尾長四五尺　[illegible] 莖[6]餘又音莧　憪 心靜說文愉也　。慳 恡也苦閑切八　覵 人名出孟子齊景公勇臣成覵說文曰很視也　顅 頭髮少皃　掔 爾雅云固也莊子注牢也　鬜 鬝鬢禿皃又苦八切　羥 羊名　臤 堅也又口[7]耕切　[illegible] 堅破聲　。虥 虎淺毛皃士山切又音棧又昨閑切七　潺 潺湲水流又士連切　孱 孱劣皃又士連切　僝 僝惡罵也　轏 轏軒[8]又士連切　[illegible] 小鑿名又士連切　𡒄 門聚[9]又昨閑切　。羴 羊臭許閒切又尸[10]然切一　。詽 爭也五閑切四　㺌 犬鬭聲也亦作狠

七百　韻上平　六十一　方至

11 煸爛　12 𢿀　14 ⿰土座門聚　15 杯

𡃤訟詞虎怒。黰涤色黑也烏閑切五⿰革垔黑羊䵅赤黑色也左傳云左輪朱䵅⿰牛因牛尾色也黫黑色

出字林。媥媥爤色不純也方閑切二虨虎文又甫巾切。孄爤[11]媥力閑切四𢿀[12]上同⿱林心地名出玉篇潾水皃

又力人切。嘫語聲女閑切二⿱日難喝⿱日難煖狀。⿰彳單噬也充山切一。嬽媚容也委鰥切一。窀穴中見火墜頑切又陟倫

切一。⿺辶羸⿺辶羸權胥膝痛也力頑切一。權跪頑切一。譠謾也陟山切又他單[14]切二儃廣蒼云走也藏也。⿰犭然獸走

[13]皃直閑切又丑連切一。湲水流皃獲頑切一。虥虎淺毛皃昨閑切二⿰土座門聚

廣韻上平聲卷第一

新添類隔今更音和切

卑必移切陴並之切眉目悲切邳並悲切悲卜眉切肧偏林[15]切頻步真切彬卜巾切

廣韻下平聲卷第二

蘇前先第一仙同用　相然仙第二

蘇凋蕭第三宵同用　相焦宵第四

胡茅肴第五獨用　胡刀豪第六獨用

古俄歌第七戈同用　古和戈第八

莫霞麻第九獨用　與章陽第十唐同用

徒郎唐第十一　古行庚第十二耕清同用

古莖耕第十三　七情清第十四

倉經青第十五獨用　煑仍蒸第十六登同用

都滕登第十七　羽求尤第十八侯幽同用

3 之

胡鉤侯第十九　於虯幽第二十

七林侵第二十一獨用　徒含覃第二十二談同用

徒甘談第二十三　余廉鹽第二十四添同用

他兼添第二十五　胡讒咸第二十六銜同用

戶監銜第二十七　語䩎嚴第二十八凡同用

符咸凡第二十九

一○先 先後也又姓左傳晉有先軫蘇前切又蘇薦切四 躚 蹁躚旋行皃 蹮 上同 𥑮 石次玉也 ○前 先也昨先切六 歬 古文 騚 馬四蹄皆白也 湔 湔葫藥名 䈴 說文曰蔽[1]絮[2]簣也或作笄 籤 上同 ○千 十百也又漢複姓有千乘氏出何氏姓苑蒼先切九 圱 三里爲圱 阡 阡陌南北爲阡東西爲陌 汘 水名 仟 千人長[3]也又仟眠廣遠也 芊 草盛 谸 說文曰望山谷之谸[4]青也 迁 伺候也進也又迁葬又標記也 杄 木名 ○箋 說文曰表識書也則前切十五 戔

上同薡古文濿水名說文曰水至也又才薦切棧小兒藉也韉鞍韉淺淺淺流疾皃又倉翦切湔水名出蜀
郡玉壘山帣幡幟機小栗名趙魏間語也轃大車簀也濺濺疾流皃又子賤切錢楚人革馬簻鞍韉又彭祖姓
棧香木逮[1]埤蒼云至也說文云自進極也○天上玄也說文曰顛也至高無上从一大也爾雅曰春爲蒼天夏爲昊天秋爲旻天冬爲上天他
前切六兲萸並古文𥏹𥏹𥐚語不正也呑姓也漢[2]有呑景雲又湯門切訮訮訶皃○堅固也長也強也
又姓漢二十八將有揚化將軍潁川堅鐔古賢切十七鋻剛也又古宴切掔[3]縣名在東萊又音弦怰布名幵說文曰平也兩
干對舉又羌名今作开同又[4]音牽肩項下又任也克也作也滕也又姓出姓苑鳽鵁鳽[5]鳥名又五革五堅二切豣大豕也一
曰豕三歲豜上同猏俗菺茙葵也今蜀葵麉鹿有力又音牽麉上同鵳鵯鵳鷂屬鰹鮦大曰鰹小曰鮵鮵
音奪䶬說文曰龍鬐脊上䶬䶬緊緊也○賢善也能也大也亦姓胡田切十七臤古文又口閒切弦弓弦五經文字曰其
琴瑟[6]亦用此字作絃者非說文作弦又姓風俗通云弦子後左傳鄭有商人弦高晉有弦超絃俗見上注舷舩舷胘肚胘牛百葉也
蚿馬蚿蟲一名百足慈亭名在密縣說文云急也𠛆自刎頸也伭說文作伭很也掔[7]縣名又音堅𦭱草名婜

△騆 刪韻户關切 又音弦
8 脂
9 挈
14 淵
△ 瑱 霰韻他甸切 又音田
15 秊

婦人守志 ⿺走玆 疾走 礥 艱險又剛強也 痃 痃癖病 ⿰口賢 難也 ○煙 火氣也烏前切十二 烟 上同 ⿱宀垔 古文 ⿱宀⿰垔欠
籀文 燕 國名亦州又姓邵公奭封燕爲秦所滅子孫以國爲氏漢有燕倉又於薦切 咽 咽喉 橪 橪支香草 驠 馬竅白
湮 爾雅云落也又音因 胭 胭項[8] ⿱竹無 竹名 閼 閼氏單于適妻也氏音支 ○蓮 爾雅云荷芙蕖其實蓮落賢切八 憐
愛也又哀矜也 怜 俗 嗹 嗹嘍言語繁絮[9]皃 縺 縺縷寒具 ⿺麥粦 ⿺麥粦⿺麥婁餅也 羸 羸𨻻縣在交趾 零 漢書云先零西
羌也本力丁切 ○田 釋名曰土已耕者曰田田塡也五稼塡滿其中也又姓出北平敬仲自陳適齊後改田氏九代遂有齊國徒年切十九
佃 作田也說文云[10]中也春秋傳曰乘中佃一轅車古輕車也又音甸 畋 取禽獸也又音甸 畇[11] 地名在絳 塡 塞也加也滿也又陟
陳切 寘[12] 上同字統云寘顛府在北州 闐 轟轟闐闐盛皃 ⿰足田 ⿰足田蹋地聲 ⿰舌單 ⿰舌單[13]⿰舌延語不正也又他丹切 鈿 金花又音甸
輷 輷輷衆車聲 沺 字林云沺沺水勢廣大無際之皃 磌 柱礎 鷏 蚊母鳥也 嗔 說文曰盛气也 ⿰車身 呂氏春秋云天
子⿰車身⿰車身殷殷莫不載悅殷音軫 滇 滇汅[14]大水皃又都年切 貚 貙屬 搷 擊也 ○秊 穀熟曰年[15]奴顛切三 年 上同 ⿰秊阝
鄉名在馮翊 ○顛 頂也又姓左傳晉有顛頡都年切十五 巔 上同 齻 牙齻儀禮曰右齻左齻鄭玄云齒堅也 ⿰馬眞 馬額

2 鵁

○秆本韻古賢切又音牽

4 幷

5 蚌

白今戴星馬槇木上瘨病也癲上同滇滇池在建寧趚走頓巔山頂也驒驒騱野馬顚顚隕

也又倒也傎上同蹎蹎仆說文跋也厧厧家○牽引也挽也連也亦姓晉有牽秀何氏姓苑云武邑人苦堅切九縴

縴綄惡絮邢地名在河內汧水名在安定說文曰水出扶風西北入渭爾雅云汧出不流又苦蘑切蚈螢火又古奚切[1]麉

鹿之絕有力者亦作麙掔固也厚也持也又音慳岍山名在京兆書曰導岍及岐雃說文曰石鳥一名雝鳽一曰精列又秦

公子名士鳽○妍淨也美也好也五堅切八鳽鵁鳽也又古賢五革二切研磨也硯上同揅⿰揅刂破⿱开皿醆也趼

獸跡俓急也又牛耕切○眠寐也莫賢切七瞑上同說文曰翕目也又音麪⿰耳冥埤蒼云注意而聽也矏爾雅曰密也

臱上同⿱髟臱燒煙畫眉⿱宀臱不[3]見○蹁蹁躚旋行皃部田切十二蠙蠙珠骿骿[4]肋輧四面屏蔽婦人車又房丁

切駢并駕二馬⿰扁瓜黃瓜名胼胼胝皮上堅也跰上同楄木名食不噎又杜預云楄部棺中露牀也賆益也玭

班[5]珠或與蠙同琕上同○淵深也管子曰水出而不流曰淵又姓世本有齊大夫淵湫烏玄切十⿰淵刂上同囦古文⿸疒肙

骨節疼也弲弓曲勢剈剪鼘鼓聲⿺辶淵行皃⿱鳥淵鳥羣蜎蜎蠉又毆[6]泫切○涓說文曰小流也又姓列仙

傳有齊人消子古玄切八　睊視皃　蠲除也潔也明也說文曰馬蠲蟲明堂月令曰腐草爲蠲　菺草名　稍麥莖　鵑杜鵑鳥　焆明也　鞙鞙馬尾也[7]又胡犬[8]切　○銷銅銚火玄切五　駽爾雅曰青驪駽郭璞云今之鐵驄　圎規也又辭沿切　棩椀屬　⿰目复直視　○邊畔也又邊陲也近也厓也方也又姓出陳留北平二望陳留風俗傳云祖于宋平公布玄切十四　籩竹器　㵐水名出畨侯山　甂小盆　蝙蝙蝠仙鼠又名伏翼　猵獺屬　⿰禾旁籬上豆也又北典切　編次也又方泫切　萹萹竹草又北泫切　⿰足邊足趾不正　⿰亻邊身不正也　牑牀上版也　⿺走邊說文走意　蹁行不正皃又薄邊切　○玄黑也寂也幽遠也又姓列仙傳有玄俗河閒人無影胡涓切十三　縣說文云繫也相承借爲州縣字　懸俗今通用　眩亂也又胡練切　⿰馬玄馬一歲　玹石次玉　玆說文曰黑也春秋傳曰何故使君[9]水玆本亦音滋按本經只作滋　⿱襾廾吳王次子名　⿰目縣目童子也　伭說文很也　昀目大皃　胘牛百葉又音弦　訇說文云漢中西城有訇鄉　○祆胡神官品令有祆正呼煙切二　訮訶也怒也　○犳[10]獸似豹而少文崇玄切一

二○仙神仙釋名曰老而不死曰仙仙遷也遷入山也故字從人旁山相然切十二　僊上同又僊僊舞皃　⿰亻䙴古文　秏

2 於水泉其

3 鞦韆

5 奴縣隋改

7 遺

秏廷蜀也鮮音癬苮草名似莞躚舞皃秈秈稻[1]鮮鮮潔也善也又鮮卑山因鮮爲國号亦水名水經曰北

鮮之山鮮水出焉又姓後蜀録李壽司空鮮思明又漢複姓鮮于氏硟衦繒石也鱻說文曰新魚精也廯倉廩○錢

周禮注云錢[2]泉也其藏曰泉其行曰布取名流行無不徧也又姓晉有歷陽太守錢鳳昨仙切二⿱錢虫方言云鳴蟬也○遷去下之高

也詩云遷于喬木七然切八䙴古文䙴上同⿰䙴阝地名櫏椙櫏木名䉦篧䉦竹名韆韆[3]鞦繩戲⿸疒遷痡也

○煎熟煑子仙切四湔洗也一曰水名出蜀玉壘山葥草茂皃出字林鬋女鬢垂皃○然語助又如也是也說文曰燒也

俗作燃又姓左傳楚有然丹何氏姓苑云今蒼梧人如延切九燃俗見上注獑猓獑獸名似猿白質黑文嘫姓也肰犬肉繎

絲勞[4]皃䕼竹名虃草名𤎅陸佐公石闕銘云刑酷𤎅炭○延稅也遠也進也長也陳也言也亦州漢高奴[5]縣取延川爲延安

郡又姓漢有延篤南陽人爲京兆尹殺梁冀使者以然切十三埏際也地也又墓道亦地有八極八埏又音羶筵席也鋪陳

曰筵藉之曰席狿獌狿大獸名郔地名在鄭綖冠上覆也蜒蚰蜒䘰帤䘰牛領[6]上衣鋋小矛又市連切䀽相顧視也⿺辶⿱山目[7]上同

遈行皃莚草名○饘厚粥也諸延切八䭆上同旃之也爾雅曰因章爲旃郭璞云以帛練爲旒因其文章不復畫之也

九•廿一

韻下平

四

李倚

4 亶 旱韻多旱切又遮連切

9 上

11 壥門聚

13 盂

卌本曰黃帝作旃亦曲柄旗以招士衆也或作旜又姓出姓苑 旜上同 栴栴檀香木 氈席也周禮曰秋斂皮冬斂革供其毳毛爲氈 鸇晨風鳥 ⿰旃頁江湘間人謂頷也 ○甄察也一曰免也居延切又章鄰切三 ⿱艹甄草名一曰豕首又名蟸盧 ⿱⺮甄竹器 ○邅迍邅也又移也張連切又亶[8]連雉戰二切五 ⿰走亶同[9]行難也說文曰趁也又直然切 驙馬載重行難又白馬黑脊曰驙又徒安切 鱣詩云鱣鮪發發江東呼爲黃魚 ⿰魚廛上同 ○潺潺湲水流皃士連切五 孱不肖也漢書曰吾王孱王也 ⿰金孱小鑿 ⿰車單[10]軒輞 壥[11]門聚 ○羶羊臭也式連切八 埏打瓦也老子注云和也 挻柔也繫也和也取也長也或作煽 扇扇涼又式戰切 煽火盛也又式戰切 ⿰魚延魚醬 脠生肉醬又丑延切 䘰帊䘰牛領上[12]衣又音延 ○脠[13]魚醢也說文云肉醬丑延切四 梴木長 鋋鉛礦也又力延切 㢟說文曰安步延延也 ○鋋小矛方言曰五湖之間謂矛爲鋋市連切又以然切九 單單于又丹善二音 蟬蜩也禮記仲夏之月蟬始鳴[14]季秋之月寒蟬鳴援神契曰蟬無力故不食也 撣撣援牽引也 儃態 僤上同 禪靜也又市戰切 澶杜預云澶淵[15]地名在頓丘縣南又音纏 嬋嬋娟好皃 ○纏繞也又姓漢書藝文志有纏子著書直連切十 纒俗餘皆倣此 躔日月行也說文曰踐也 瀍水名在河南 鄽市鄽 ⿵門廛市門 ⿰走亶移也又張連切 ⿰虫廛守宮別名

△澶本韻市連切又音纏

3 者

廛居也說文曰一畮半也一家之居也壥上同○嘕笑皃許延切四仚輕舉皃說文曰人在山上也嫣長皃好皃又於建於遠二[1]

切翾飛皃○連合也續也還也又姓左傳齊有連稱又虜複姓六氏西秦丞相出連乞都後魏書官氏志云南方宥連氏後改爲雲氏

是連氏改爲連氏費連氏改爲費氏綦連氏改爲綦氏又有赫連氏力延切十三聯聯綿不絕說文作聯漣漣漪風動水皃翴

翴翩飛相及皃鰱魚名𤢀𤢀猭兔走皃令漢書云金城郡有令居縣顏師古又音零鏈鉛礦又丑延切磏上同𢙨

說文曰泣下也槤簃也又橫關柱又木名𪘲齒露也瀶瀶水名出王屋山○篇篇什也又姓周大夫史篇之後芳連切七

偏不正也鄙也衺也又姓急就章有偏呂張翩飛皃媥身輕便皃𤺄身枯艑小舟萹萹茿可食又補殄切○便[2]辯也

僻也安也又姓漢有少府便樂成房連切又去聲九緶縫也楩木名平書傳云平平辨治也又皮明切諞巧言又符蹇切㛹

㛹娟美好箯竹輿𧍙𧍙蟼沙蝨也亦作𧓎楄木名食之不咽○緜精曰緜麤曰絮說文曰聯微也又姓晉張方以緜思

爲腹心武延切十七綿上同棉屋聯棉又木棉樹名吴録云其實如酒杯中有綿如蠶綿可作布又名曰緤羅浮山記曰正月花如芙蓉

結子方生葉子內綿至蠶成即熟廣州記云枝似桐枝葉如胡桃葉而稍大也謾欺也矊瞳子黑又矊眇遠視蝒馬蜩蟬中最大[3]

九·十一　韻下平　五　秦顯

4 蛃

6 鐫 △吅 元韻況袁切又私全切用韻似用切又音宣

7 褑、㖉、瑌

蛃上同說文曰蛃蚗蟬屬 矏密緻皃 㦤忘也 节說文曰相當也今人賭物相折謂之节 宀深屋 𩕄雙生

櫋說文曰屋櫋聯也 柄木名 臱視遠之皃 𣖮木名 櫋櫋密也 ○全完也具也又姓吳有大司馬全琮疾緣切七

仝說文 上同見 泉水源也又錢別名 𧑕貝也白質黃文 牷牛全色書傳云體完曰牷 䀬目眇視皃 葲荃葲草也

○宣布也明也徧也通也緩也散也須緣切九 揎手發衣也 撏上同 䳦鴝䳦小鳥鴝音句 愃吳人語快說文曰寬嫺心腹皃

圝5面圓也 顈頭圓也 瑄爾雅曰璧大六寸謂之瑄郭璞曰漢書所云瑄玉是也 𩔗6𩔗額 ○鐫鑽也斲也子泉切四

鋑古文 朘縮朒 剶剝也又丑全切 ○翾小飛許緣切九 儇智也疾也利也慧也又舞皃 弲角弓皃 蠉蟲行皃

𧽚疾走皃 嬛便嬛輕麗皃又音娟音瓊 譞智也 頨頨妍美頭 𥌯目童子也 ○堧江河邊地又廟垣或從需餘同而緣切六

褑7促衣縫也 𤱈城下田也 瑌瑌珉也玉佩也 撋摧物也 繎繎絲難理 ○穿通也孔也昌緣切三 川山川也蔡邕月令章句曰衆流注海曰川釋名曰川者穿也穿地而流也

灥三泉 ○沿從流而下也與專切十二 㳂上同 鉛說文曰青金也一曰錫之類也 鈆上同 櫞枸櫞樹皮可作粽埤蒼云果名似橘 捐弃也 鳶鴟類也 蝝蝗子一曰蟻子 緣

1 干　2 嫖　4 簿　6 太　7 藑、筵、兮

緣由又羊絹切鱌魚名蕮郭璞云蕮尾草一名射干[1]腇短也○旋還也疾也似宣切十七檈圜案璿玉名
璿上同𡨲籀文蜁蝬蜁沙蝨淀回淀琁美石次玉璇上同櫏說文曰櫏味稔棗也蜁蜁蝸蝸螺也匴
漉米竹器還還返圓規也又火玄切暶好皃嫙上同鏇圓轤也○娟便娟舞皃嬋娟好姿態皃於緣切七嬛
身輕便皃悁悁憂悒也蜎蠋皃又狂兗切峭山曲濴水深嬽[2]娥眉說文曰好也○船方言曰關西謂之船關東謂之
舟又姓出姓苑食川切二舩上同○鞭馬策也卑連切六鯾魚名鯿上同編次也又布千方典二切箯竹輿揙
揙擊○㳄口液也夕連切二涎上同○詮平也說文具也此緣切十九銓銓衡也又量也次也度也硂上同痊
病瘳佺偓佺仙人悛改也止也駩白馬黑脣筌取魚竹器絟細布譔善言謜言語和悅縓爾雅曰一染謂
之縓今之紅也又采選切恮謹皃荃香草也刳剔峑山巔𠤭[3]簿[4]也又竹器名鐉說文曰所以鉤門戶樞也一曰治門戶器
也拴揀也俗○專擅也單也政也誠也獨也自是也亦姓吳刺客專諸職緣切十二甎甎瓦古史[5]考曰烏曹作甎顓顓頊
又姓神仙傳有太[6]玄女姓顓頊名和篿楚詞云索瓊[7]茅以筳[7]篿王逸云折竹卜曰篿又音團嫥可愛之皃諯說文曰數也一

八·六九　韻下平　六　張榮

曰相讓又尺絹帀專二切湍水名在鄧州又音煓膞膞鳥胃也鱄魚名專諸吴刺客或作鱄鷒鳥名又徒端切䜚

䜚斷首出玉篇鄟邾鄟[8]邑名○遄速也疾也帀緣切八篅說文曰以判竹圜以盛穀也圌[9]上同諯又職緣尺絹二

切輲無輪車名輇上同椯木名歂字林云口氣引也又姓史記有歂[10]師○貟說文作員物數也王權切又云運二音四

圜天體圓上同湲潺湲○惓曲卷也莊緣切四跧屈也伏也蹴也䀌目眇視也蟤蜿蟤蛇名○栓木丁也山[11]

貟切二篹篹車軸也○猭⿰犭絲猭兔走皃丑緣切二剶去木枝也○乾天也君也堅也渠焉切又音干九虔恭也

固也殺也說文曰虎行皃又姓陳留風俗傳云虔氏祖於黃帝犍犍[12]爲縣在嘉州鰬魚名𨛹聚名在河東聞喜也𩦎

騮馬黃脊榩廩也構木爲之鍵鑰也又[14]音件揵舉也○愆過也去乾切十䇂古文𠐱籀文僁[13]俗褰

褰衣騫虧少一曰馬腹縶亦姓風俗通云閔子騫之後吐谷渾視熊博士金城騫包𧞤齊魯言袴又已偃切[15]𧾍蹇足

跟也攓縮也嗖方言曰嗖[16]嗖歡皃○權權變也反常合道又宜也秉也平也稱錘也又爾雅曰權黃華又姓出天水本顓頊

之後楚武王使鬬[17]緡尹權後因氏俗作權巨貟切二十三拳屈手也廣雅云拳拳憂也又拳拳奉持之皃又姓衞大夫拳彌⿰彳示

狋氏縣在代郡氏音精 觠曲角 顴頬骨 踡踡跼不行[1] 婘美皃 孉上同 𨇨曲脊行也 𤸬手屈病也

犈牛黒耳又音卷 蠸食瓜葉黄甲蟲 齤齒曲 卷曲也又九免九院二切 欟欟鵠[2]也 夐大視皃又音[3]倦

𥁕盌也 𢐧弓曲 鬈髮好也又胡人髮也又音捲 𧾩[4]曲走皃 𦣘臛脵醜皃 蜷蟲形詰屈 捲說文云气勢也國語曰予[5]有捲勇 ○椽屋桷也直攣切二 傳轉也又持戀切又丁戀切 ○孿攣綴呂員切三 癵病也亦作𤻹 䜌南䜌縣在鉅鹿 ○𢍏古縣名在滎陽丘圓切五 𣈹小幘 棬器似升屈木作 鬈髮好皃 𨝐鄉名在聞喜 ○焉何也又鳥雜毛說文曰鳥黄色出江淮間於乾切五 閼閼氏單于妻又音遏 蔫物不鮮也 嫣長皃又人名 鄢人姓又鄢陵縣名又於[6]晚切亦作傿 ○漹水名出西河[7]也有乾切三 𧊱蔫螻蟲名 焉語助也又於乾切 ○嬽娥眉皃於權切二 潫水深皃 ○燀火起皃尺延切一 ○𡰝[8]行不正皃丁全切一 ○勬強健也居員切一

三○蕭蒿也詩云采蕭穫菽亦縣名在沛郡新語云蕭斧名又姓出蘭陵廣陵二望本自宋支子食采於蕭後因爲氏漢侍中蕭彪始居蘭陵彪玄孫望之居杜陵望之孫紹復還蘭陵紹十一代孫整始過江爲廣陵人風俗通云宋樂叔以討南宮萬立御說之功受

八·六十五 韻下平 七 才堅

9 蚑　11 ⿲氵丨攵　12 見　13 輊

封於蕭列附庸之國漢相國蕭何即其後氏也蘇彫切十六 簫 樂器風俗通云舜作簫其形參差以象鳳翼 彇 弓弭 蟰

蟰蛸蟲一名長蚑[9] 橚 橚槮樹長皃 潚[10] 水名 飍 涼風 䠛 跳䠛 𢹾 擊也又把也 箾 舞箾說文云以

竿擊人也又音朔 ⿰肖羽 羽翼⿰肖羽皃 ⿰角毛 上同 艘 船揔名又音騷 瞍 目無眸子曰瞍又音藪[12] 翛[13] 翛翛飛羽聲 撨 擇也

○祧 遠祖廟也吐彫切十一 佻 輕佻爾雅曰佻偷也 挑 挑撥 朓 月出[12]西方又吐了切 恌 轉[13]薄 ⿸广斛[14] 斗旁耳又爾雅云⿸广斛

謂之鍵古田器也郭音鍫 庣 不滿之皃 銚 田器 趒 雀行又他弔切 聎 耳疾 蓧 苗也 ○貂 鼠屬出東北夷又姓出姓

苑都聊切二十二 ⿰镸周 小兒留髮 刟[15] 斷穗 刁 軍器纂文曰刁斗持時鈴也又姓出渤海風俗通云齊大夫豎刁之後[16]俗作刀 琱

琱琢 凋 凋落 鯛 魚名 ⿰矢召 短尾犬也 雕 鶚屬又姓漢武帝功臣表有雕延年 鵰 籀文 蛁 蛁蟟茆[17]中小蟲 彫 彫刻亦作

雕 ⿰衤鳥 說文云短衣也 ⿴衣周 死人衣 芀 葦華也又音調 ⿱艹凋 ⿱艹凋葫菱實 䑿 吳船 鳭 鳭鷯剖葦求蟲食似雀青班色

⿰多周 大也多也 奝 上同 弴 天子弓也說文曰畫弓也詩又作敦又丁昆切 䳂 熟視 ○迢 迢遰徒聊切二十二 條 小枝也貫

也教也爾雅云柚條似橙而實酸又姓左傳殷人七族有條氏後趙錄冉閔司空條攸姓苑云安定人 樤 柚條或從木 髫 小兒髮俗

作齠䠷躍也鋚紖頭銅飾螩螩蟰狀如黃蛇魚翼出入有光見則大旱出山海經蜩大蟬佻獨行皃詩曰佻佻公子趒說文曰雀行也苕苕菜詩云卭有旨苕芀葦華調和也又姓周禮有調人其後氏焉又徒料切鮡魚名岧岧嶤山高皃䯾多髮皃[1]又音凋音綢鞗鞗革轡詩云鞗革沖沖嬥聲類云細腰皃𠤷田器𣯉𣯉毷毛皃卣草木實垂卣卣然也鰷白鰷魚名○驍驍武也古堯切九梟說文云不孝鳥也故曰至捕梟磔之从鳥頭在木上又姓隋煬帝誅楊玄感改其姓爲梟氏県到懸首漢書曰[2]三族令先黥劓斬左右趾県首葅其骨謂之具五刑澆沃也薄也儌儌幸或作僥又作僥倖釗覿也遠也亦弩關[3]一云周康王名又作䎓又指遙切邀遮也又於宵切蟂水蟲似蛇四足能害人也徼求也抄也又音叫○聊語助也亦姓風俗通有聊倉爲漢侍中著子書又有聊氏爲潁川太守著萬姓譜落蕭切四十二𦗕[4]耳中鳴也又力刀切膋腸間脂也膫上同飉風也遼遠也又水名憀無憀賴也寮穿也寥空也又寂寥也寥廓也料料理也量也又郎弔切㙩周垣橑蓋骨亦椽也又力道切撩取物又理也摷擊也又側交切廖人名左傳有辛伯廖又力救切僚同官爲僚又姓左傳晉陽氏大夫僚安寮上同鐐有孔鑪又紫磨金也爾雅曰白金曰銀其美謂之鐐

7 蟳

簝宗廟盛肉方竹器 嵺空谷 鷯鷦鷯 䉼竹名 璙玉名 嫽相嫽戲也又力弔切 漻水清也 蟟蛁蟟

瞭[5]目明也 䜍谷名 䕩草木疎莖 𩮴細長 嶚嶚巢山皃 翏高飛皃 繚繚綾經絲出字林 憭空皃

獠夜獵也又知卯盧皓二切 髎髖骨名 廫崖虛 蟧馬蟧大蟬 蔾草器又力戈切 敹揀擇 嘹嘹亮聞遠聲又

力弔切 熮說文曰火皃 ○堯至高之皃謚法曰翊善傳聖曰堯五聊切五 嶢嶕嶢山危 僥僬僥國名人長一尺五寸一云

三尺 垚土高皃 顤頭高長皃 ○膮豕羹也許幺切七 嘵懼聲詩曰予維音之嘵嘵 憢憢憢懼也 㚁長大皃 𦞦

膆[6]脾腫欲潰也 翖翖毦毛皃 䫜大額又去遙切 ○幺幺麼小也於堯切五 怮怮怮憂也又一糾切 葽草盛皃 魩魚名 皀

望遠也 ○鄡鄡陽縣名在鄱陽又姓出何氏姓苑苦幺切五 郻縣名在鉅鹿郡 㪣玉篇云擊也 墽地名說文磽也 𥨎𥨎寥空也

四 ○宵夜也相邀切二十 消滅也盡也息也 霄近天氣也 捎摇捎動也又使交切 逍逍遙 痟痟渴

病也司馬相如所患 綃生絲繒也 銷鑠也 焇上同 硝硭硝藥名 蛸螵蛸蟲也爾雅注云一名蟳[7]蟭亦姓南齊武帝改其子巴

東王子響爲蛸氏又所交切 莦草名又使交切 哨口不正也又七笑切 翛鳥毛羽也 鮹魚名又所交切 狷狂也出文

1 ⿰角肖 又
3 ⿺鬼逍
△鼂 本韻直遙切 又陟遙切

字集略⿰鹵肖煎鹽⿱肖手長皃[1]色交色角二切奞張[2]羽又先準切魈山魈[3]出汀州獨足鬼○超說文曰跳也又姓漢有太

僕超喜敕宵切六怊悵恨⿰召欠健也⿰巾召細絲⿰口召鳴也⿺風召涼風○朝早也又旦至食時爲終朝又朝鮮國名亦姓左傳有

蔡大夫朝吳陟遙切又直遙切二⿰𠦝舟古文○鼂蒼頡篇云蟲名亦姓風俗通云衞大夫史鼂之後漢有鼂錯直遙切又陟[4]遙切五晁

同上鼂古文朝朝廷也禮記曰諸侯於天子五年一朝又姓唐有拾遺朝衞潮潮水○嚻喧也許嬌切又五[5]刀切十枵

玄枵虛危之次歊熱氣說文曰歊歊氣出皃毊大磬也爾雅注云形如犂錧以玉石爲之又音喬獢猲獢短喙犬也⿰犭嚻

犬黃白色藃草皃又火交切呺呺然大皃⿴㗊高炊氣虈白芷別名○樵柴也說文[6]木也昨焦切十五藮同上劁

刈草憔憔悴瘦也顦同上⿰耳曹耳中聲又音曹譙國名又姓蜀有譙周嶕嶕嶢⿱山巢嶚巢山高皃又音巢鐎

又音焦鄡縣名僬又音焦⿰面焦面枯皃又音焦撨取也⿱艹沼草名○驕馬高六尺舉喬切九嬌女字亦態憍

憐也恣也本亦作驕穚禾秀鷮鷮似雉而小走鳴長尾蕎藥名一名大戟喬爾雅云句如羽喬郭璞曰樹枝曲卷似鳥毛羽

簥大管名也撟舉手○焦傷火也又姓周武王封神農之後於焦後以國爲氏出南安即消切十七⿱雔火籀文⿰焦毛兜鍪

8 邎

上毛飾蕉芭蕉膲人之三膲鷦鷦鵬南方神鳥似鳳又鷦鷯小鳥鳭上同椒木名爾雅云檓大椒又椒榝醜莍莍實也

應劭漢官儀曰皇后稱椒房以椒塗壁取其溫也又山巔亦姓楚有大夫椒舉茮上同噍嘐噍聲鐎刁斗也溫器三足而有柄

蟭螵蟭螗蜋卵也醮面醮枯也𪚰灼龜不兆也亦作爑僬義見僥字燋傷火說文曰所以然持火也䌨生枲也

○饒益也飽也餘也又姓風俗通云漢有饒斌爲漁陽太守如招切六橈楫也又女教切襓劒衣犪牛馴伏又而沼切蟯

人腹中蟲蕘芻蕘○燒火也然也式招切又式照切二𤬩瓜名○遙遠也行也餘昭切三十六媱美好傜使也役也

又喜也或作傜繇於也由也喜也詩云我歌且繇颻飄颻𣤒氣出皃窯燒瓦窯也窰上同䔄蒲葉也又草也𧀇

𧀇芅萇楚今羊桃也爾雅作銚珧玉珧蜃甲鰩文鰩魚鳥翼能飛白首赤喙常游西海夜飛向北海銚燒器亦古田器又姓後漢衞尉

潁川銚期又徒弔切姚姚悅美好皃又舜姓今出吳興南安二望左傳有鄭大夫姚句耳搖動也作也又姓東越王搖句踐之後謠謠歌

也爾雅云徒歌謂之謠軺說文曰小車也又音韶愮憂也悸也邪也惑也恌上同邎疾行又音由或作䌛[8]陶皐陶舜臣又徒

刀切蘨草茂也又音由𤬩瓜也鷂大雉名爾雅云青質五彩皆備成章曰鷂又音曜洮五湖名風土記云陽羨縣西有洮湖別名

1 瘅 痤　2 揄　3 鞀　5 人　6 亦不同

長塘湖義興記曰太湖射湖貴湖陽湖洮湖是爲五湖 烑光也 㢒座[1]也 ⿰弓䌛弓利 旟旗旒 榣木名 嗂樂也說文
喜也 䠛跳䠛行步皃 瑤美玉 猺獸名又獏猺狗種也 䬙䬙餌食 褕褕狄后衣亦作揄[2] ○韶舜樂也紹也市
昭切十 ⿱殸召上同 佋廟佋穆也或作昭父昭子穆孝經疏云昭明也穆敬也故昭南向穆北向孫從父坐又市沼切 苕草名 卲
卜問 玿美玉 ⿰帚召[3]擊也 軺使車又音遙 柖說文曰樹搖[4]皃又射的也 ⿰爿召沼沝別名 ○昭明也光也著也覿也又姓楚詞
昭屈景三族戰國策楚有昭奚恤止遙切七 鳭鷯鳭鳥也又竹交切 鉊淮南[5]呼鎌 招招呼也來也又姓漢有大鴻臚招猛 釗
遠也見也勉也亦弩牙又周康王名 盄玉篇器也 皽皮上腲膜 ○飆風也俗作飈甫遙切十五 標舉也又木杪也又必小切 猋
群犬走皃 杓北斗柄星天文志云一至四爲魁五至七爲杓又音漂 瘭瘭疽病名 幖頭上幟也 熛飛火 㠒山峯 ⿺走票
輕行 蔈爾雅曰黃華蔈郭璞云苕華色異名也[6] 驫衆馬走皃 ⿰月猋⿰月猋脾腫欲潰也 ⿰方猋旌旗飛揚皃 贆貝居陸也 髟
髮長皃又所銜切 ○鑣馬銜甫嬌切七 ⿰角麃上同 臕脂臕肥皃 儦行皃詩云行人儦儦 瀌雪皃詩云雨雪瀌瀌 ⿰耒麃
除田薉也亦作穮 藨雀葦秀爾雅云猋藨芀 ○瓢瓠也方言云蠡或謂之瓢論語曰一瓢飲符霄切六 飄老子曰飄風不終朝

10 又公混切四字當刪

12 臼

13 鴟

18 七

注云疾風也剽爾雅云中[7]鏞謂之剽又小輕也或作㓷藨[8]方[9]言云江東謂浮萍爲藨櫜[10]槖也又公混切螵螵蛸蟲名又撫招切○蜱蟲名彌遙切五𧊅蠶初生也篻竹名𢂇玉篇云細網也𪀚工雀○苗田苗亦夏獵曰苗又求也衆也禾秀也亦姓風俗通云楚大夫伯棼之後賁皇奔晉食采於苗因而氏焉武瀌[11]切五描描畫也又音茅緢說文曰旄絲也貓獸捕鼠又爾雅曰虎竊毛謂之虦貓又武交切猫俗○要俗言要勒說文曰身中也象人要自𦥑[12]之形今作腰又姓吳人要離之後漢有河南令要兢於霄切又一笑切九腰見上注亦作䙅葽秀葽草也喓蟲聲蝘蛇名褸褸襻邀邀遮又音梟鷮鳥名似山鷄而長尾蟯腹中蟲又如消切○鴞鴟[13]鴞于嬌切二𨚍鄉名在滱[14]陽○喬高也說文曰高而曲也又虜姓前代錄云匈奴貴姓喬氏代爲輔相巨嬌切十六橋水梁也又姓出梁國後漢有太尉橋玄趫善走又去遙切僑寄也客也𡪇上同鐈似鼎長足鷸雉名又音驕嶠亦作嶠山銳而高又其廟切䃕大磬又虛驕切轎小車嬌廣[15]雅云禹妃之名又音驕蕎蕎麥又音驕蟜[16]蠪蟜螳也蠪音龍蹻驕也慢也又巨虐切䎗飛皃𥂀盂也○鍫臿也亦作[17]𣂪七遙切十[18]鍬上同篍吹竹箭又音秋幧斂髮謂之幧頭亦作幓𢄔上同𦅾生麻𣞾抄飯匙也[19]

1 少　　4 憍 絝　　6 支

○妖 妖豔也說文作媄巧也今從夭餘同於喬切五 祅 祅災 枖 說文云木盛[1]皃詩云桃之枖枖本亦作夭 訞 巧言皃 夭 和舒之皃又乙矯切 ○蹻 舉足高去遙切又其略切六 繑 說文云絝紐也 趬 行輕皃 蹺 揭足 顤 顤大皃又火幺切 [illegible] 長大皃又火條切 ○怊 奢也尺招切又敕朝切二 弨 弓弛皃詩云彤弓弨兮 ○㶾 說文曰火飛也周禮注云輕㶾[2]土地之輕脃也今作票同撫招切二十一 漂 浮也亦作[illegible][3] 杓 北斗柄星 飃 飃颻風吹皃 嫖 身輕便皃 旚 旌旗動皃 犥 牛黃白色也又敷沼切 鏢 刀劒鞘下飾也 僄 輕也又匹妙切 䴩 鳥飛 飄 飄颻 慓 急也 彯 彯彯長組之皃 摽 字統云擊也 [illegible] 說文曰輕行也 [illegible] 上同 翲 高飛 瞟 瞟睽明視 螵 螵蛸 嘌 疾吹之皃 臕 臕脾腫欲潰也 ○翹 舉也懸也危也又鳥尾也渠遙切六 荍 草名今荊葵也 䕯 蓮䕯草也 嘺 不知 𦑜 側飛 [illegible] 几也 ○燎 庭火也力昭切又力照切二 髎 髖骨也又音聊 ○趫 善走又緣木也起嚻切又巨嶠切四 憍 紆[4]也 橇[5] 蹋樀行又禹所乘也 鞽 上同

五 ○肴 骨體也又葅也凡非穀而食曰肴亦啖也胡茅切十九 餚 上同 崤 崤函山名在弘農 [illegible] 茅根 殽 溷殽雜也和也亂也 洨 水名出常山又縣名在沛郡 笅 竹索 姣 姣婬 猇 虎聲又縣名在濟南又直交[6]切 [illegible] 桷桃梔子 爻

八六七　韻下平　十一　陸選

8 芃 △⿱大子 攷韻古孝切又音交 9 高 10 陽 11 鈴 13 崒 14 奴

易卦六爻淆混淆濁水笅小簫一十六管胶字書云胶聲也酘沽也絞黃色倄痛聲恔快也砓石名

○交戾也共也合也領也古肴切二十二蛟龍屬漢書曰武帝元封五年自於尋陽浮江親射蛟江中獲之茭說文曰乾芻也又爾雅曰茭牛蘄郭璞云今馬蘄葉細銳似芹亦可食鵁鵁鶄鳥膠膠漆亦太[7]學也又姓史記紂臣膠鬲鮫魚名皮有文可飾刀咬鳥聲郊邑外曰郊鉸樂器以土爲之雙相黏爲鉸也轇轇轕戟形漻漻葛水皃⿺辶交說文會也教效也又古孝切⿱竹殽竹圍索名⿰米交⿰米交粡米餅摎東也撓也又音留鉸鉸刀又古卯切佼交也又古卯切艽[8]秦艽藥名詨誇語也又音哮嘐詩云雞鳴嘐嘐⿰⿱爻韋殳橐囊也

○巢說文曰鳥在木上曰巢在穴曰窠爾雅曰大笙謂之巢又縣名在廬江亦姓有巢氏之後左傳楚有巢牛轈兵車[9]若巢以望敵也勦輕捷也又子小[11]切⿱山巢山高皃⿰束巢蒜束樔說文曰澤中守艸樓⿰土巢地名在聊城鄛鄉名在南郡[10]

○鐃鐃似鈴[11]無舌女交切九呶喧呶譊爭也又恚呼也怓心亂鷍鳭鷍鳥名也鳭音嘲⿰氵冈[12]⿰氵冈沙藥名⿰石農上同⿱山麃⿱山麃捽[13]也獶犬多毛又力[14]刀切

○梢船舵尾也又枝梢也所交切十七捎蒲捎良馬名也亦芟也又音宵髾髮尾輎兵車旓旌旗旒也弰弓弰⿱竹稍飯帚筲斗筲竹器鞘

2 河　△烋幽韻香幽切又火交切　3 [illegible]　4 戍

鞭鞘　蛸蠨蛸喜子　鮹海魚形如鞭鞘　䘯衣袵　綃帆維又音宵　颵風聲　萷說文惡草皃又音消　娋小娋偷也

𡟯齊人呼姊○茅草名左氏傳曰前茅慮無明[1]又姓史記秦有茅焦莫交切八　蝥盤蝥蟲名　貓又武濂切　犛牛名又力

之切　罞麋罟也　鶜鶜鶔鳥也　描打也出玉篇　媌美好皃○虓虎聲許交切十六　虠上同　髇髇箭　歊禾傷

肥又音顤　穘上同　窙高氣　嗃嗃謈恚也　䫿風䫿䫿也　哮哮闞　庨庨豁宮殿形狀　灱乾也又熱也　涍水名在南[2]

郡　嘐誇語也　顤顟顤胡人面也　鵁鵁鶄似鳧腳近後不能行　𧱉豕驚○包包裹亦姓楚大夫申包胥之後後漢有大

鴻臚包咸布交切五　胞胞胎又匹交切　枹爾雅注曰樹木叢生枝節盤結詩云枹有三枿又楊枹菜　苞叢生也豐也茂也又苞筍又姓

勹包也象曲身皃○胞胞胎匹交切九　𨚔邑名說文布交切地名　䍖覆車網也又縛謀切　脬腹中水府　抛

拋擲　泡水上浮漚說文曰水出山陽平樂東北入泗又音庖　僇盛也　𣪧擊也　艽藥名○敲擊頭也口交切十一　跤

脛骨近足細處　骹上同　膠[3]面不平也　怓怓㤉伏態皃　磽石地　䂭䂭磝城[4]名今濟州是也出音譜　磝上同　鄗

邑名又杜預云山名在滎陽縣西北又音郝　墝[5]墝埆瘠上　頝頝顟頭不媚也○聱不聽也五交切又[6]五勞語彪二切四　謷不肖

△磽 效韻五教切又五交切

7 肓

9 肉

也又五勞切磝砇磝𣭲蒼頡篇云擊也○䎻耳中聲側交切五罺抄網抓抓掐𠺕小兒聲摷擊也○嘲

言相調也陟交切五䞴䞴趙跳躍趙竹窅[7]切啁說文曰啁嘐也鵰鵰鶇黃鳥鵃[8]鶻鵃似山鵲而小短尾至春多聲○𧭈

代人說也楚交切六抄略也又初教切鈔上同𦾕𦾕摷取訬健也𩴿疾兒○庖食廚也薄交切十七咆咆虓熊虎

聲匏瓠也可爲笙竿炮合毛炙物也一曰裹物燒[9]炰上同鉋鉋刷瓟似瓠可爲飲器麃獸名似鹿掊手掊

颮風聲鞄鞄皮說文云柔革工也狍獸名羊身人面目在腋下跑足跑地也捊引取亦作抱𤙖牛脛相交也又

力釣切泡水名又匹交切𪍪赤黑之漆○𩑶頭凹也於交切九呋呋咋多聲坳地不平也窅深目兒又烏了切

軪軪軋奇兒又車聲也眑面目不平又於糾切咬淫聲梎梎桐鐮柄皃[10]目深○颮熱風敕交切二嘮嘮呶讙也

○顟顤顟胡人面狀力嘲切四僇盛也窌深空之兒䝋謎語云錢又力[11]絞切○䄻禾穭生直交切穭音呂一

六○豪豪俠說文曰豕鬣如筆管者亦州名屬九江郡古鍾離國與吳爭桑而滅隋改爲州山海經云渠猪之山多豪魚赤尾赤

喙有羽胡刀切十三號大呼也又哭也詩云或號或呼易云先號咷而後笑又平到切毫長毛嘷熊虎聲獋上同

濠城濠又水名　壕上同　顥顥顥大面皃顥音刀　號木名　崤山名在弘農又胡交切　鄗鄉名在南陽　𠢕俊健　𨻰𨻰䧘　○高上也崇也遠也敬也又姓齊太公之後食采於高因氏焉出渤海漁陽遼東廣陵河南五望又漢複姓高堂氏出泰山古勞切二十一　膏脂也元命包曰膏者神之液也又澤也肥也　皐高也局也澤也詩云鶴鳴九皐言九折澤也又姓皐陶之後左傳有越大夫皐如　臯上同　羔羊子　餻餻糜　嵲嵲崪古亭　櫜韜也一曰車上囊　咎皐陶舜臣古作咎繇

鼛役事車[1]鼓長丈二尺詩曰鼛鼓鐘伐鼛傳云鼛大鼓也　鷱鶅鷱鳥名　篙進船竿　槔桔槔　𧡍見也　䓘葛之白花　㤕知也[2]局也　釋今之餹餅曰釋[3]　㭼木名　倃毀也　𦯍白𦯍草食之不飢　鄡鄉名在范陽　○勞倦也勤也病也又姓後漢有琅邪勞丙魯刀切二十二　澇水名在京兆又郎到切　牢養牛馬圈亦堅也固也又蒲牢獸名又姓孔子弟子琴牢之後漢石顯之黨有牢梁　窂上同　簩竹名一枝百葉有毒　䝁野豆　豂上同　蟧小蟬一曰蚵蟧螗蛄也　醪濁酒

撈取也　峷嵲峷　嘮嘮嘈聲也　髝髝髞[4]高皃　憥苦心皃　𦗏耳鳴又力彫切　𧮫𧮫谾深谷皃　𨧀𨧀鑪鉀也　璙玉名　嫪姤也又力報切　哰囒哰[5]摿挐　栁木名　簝宗廟盛肉竹器又音寮　○蒿蓬蒿又姓出姓苑呼毛切七

6 𣝣 7 之屬 8 爰

䃦 䃦硣深谷皃 撓 攪也又奴巧切 薧 死人里又音考 薅 除田草也 茠 𣝣(6) 並上同 ○毛 說文曰眉髮(7)及獸毛也亦姓本自周武王母弟毛公後以爲氏本居鉅鹿避讎滎陽也莫袍切一十 髦 髦鬣也髦俊也 芼 菜也又音耄 渵 水名出諸與山 旄 旄鉞書曰武王右秉白旄史記曰昴星曰旄頭星徐援(8)釋疑曰乘輿黃麾內羽仗班弓箭左罼右罕執罼者冠熊皮冠謂之髦頭也 犛 犛牛尾也犛音猫 楘 冬桃 枆 上同 酕 酕醄醉也 堥 前高後下丘名 ○饕 貪財曰饕土刀切二十八 洮 水名出西羌又清汰也 韜 藏也寬也說文曰劒衣也 縚 上同 謟 疑也 滔 漫也又水流皃 叨 叨濫 弢 弓衣 䮻 馬行皃 犞 牛羊無子又昌來切 ⿰牛叏 牛行遲皃 慆 悅樂 縧 編絲繩也 幍 上同 ⿸攸目 目通白也 槄 木名爾雅云槄山榎今山楸也 蜪 爾雅曰蝝蝮蜪郭璞曰蝗子未有翅者又音陶 夲 說文曰進趣也从大十大十者猶兼十人也 丰 上同 綢 爾雅曰素錦綢杠郭璞曰以白地錦韜旗之竿又音紬 搯 搯捾周書云師乃搯搯捾烏活切 翢 羽葆幢又徒刀切 瑫 玉名 叏 叏滑也又䍐鼓大頭名 箌 牛篆 匋(9) 古器 詨 詨謟言不節 挑 挑達往來相見皃詩曰挑兮達兮又條了切 ○刀 釋名曰刀到也以斬伐到其所也說文云兵也都牢切七 魛 魚名 忉 憂心皃 裯 說文曰祇裯短衣又直流切禪被也 舠 小船 ⿰壽頁 ⿰壽頁⿰阜頁大面

皃杚木心○騷愁也蘇遭切十三搔爬刮繅繹繭爲絲繰上同俗又作縿縿本音衫臊腥臊鰠魚名溞
淅米颾風聲鱢鯹臭⿰木叟說文曰船總名也亦作⿰木叟艘上同亦作艘⿰亻蚤驕也慅恐懼○袍長襦也薄褒切三
⿳亠包衣上同軳戾也又車軫也○襃進揚美也說文作𧜭衣博裾也又姓禹後因國爲氏博毛切四褒俗𠅤吳主四子字名
盟也⿰包阝地名○陶陶甄尸子曰夏桀臣昆吾作陶周書神農作瓦器又陶正官名齊職儀曰左右甄官署掌塼瓦之作也又喜也正也化也
亦姓陶唐之後今出丹陽徒刀切二十五⿰言匋詉⿰言匋言不節說文曰往來言也一曰小兒未能正言也一曰祝也⿰言包上同咷號咷桃
果木名鄴中記石虎苑中有句鼻桃重二斤又姓何氏姓苑云今西陽人後趙石勒將有桃豹綯爾雅曰綯絞也謂糾絞繩索也燾覆燾
也又徒到切逃去也避也亡也鼗大者謂之麻小者謂之料又小鼓著柄者鞀鞉並上同濤波濤掏掏擇檮
春秋傳云檮杌杜預曰凶頑無儔匹之皃騊說文曰騊駼北野之良馬又山海經曰北海有獸狀如馬名騊駼萄蒲萄翿纛也
亦作翢舞者所執也又音導𩘣大風匋養也啕多言翢羽葆幢又音叏錭錭鈍也駣馬四歲也蜪蝗子裪
𧝑裪衣袖○糟粕也作曹切九⿱艹酒上同醩俗遭遭逢⿰火曹火餘木也槽果華實相半也又才刀切傮終也⿰歹曹

4 身　5 鼈　6 肖　11 㲉

上同幩藉也○敖游也說文作敖亦姓顓頊大敖之後或作遨五勞切二十五遨上同翺翺翔聱不聽又五交切驁
駿馬熬煎也嶅山多小石獒犬高四尺滶水名出南陽魯陽縣蔜蘩縷蔓生或曰雞腸草也鷔不祥鳥白首赤
口也鼇海中大鼇5螯蟹屬謷不省6語也又哭不止悲嗸衆口愁也嗷上同䫨高頭也𢧢戟鋒摮
擊嫯慢也䮯長大皃⿱敖木船接頭木⿱敖舟上同⿱敖肉蟹大腳也鰲魚名○曹曹局也又輩也衆也群也亦州名蓋
取古國以名之又姓本自顓頊玄孫陸終之子六安是爲曹姓周武王封曹挾於邾故邾曹姓也魏武作家傳自云曹叔振鐸之後周武王封母弟
振鐸於曹後以國爲氏出譙國彭城高平鉅鹿四望昨勞切十四⿱東曹古文槽馬槽螬蠐螬蟲嘈喧嘈鏪鐵剛折也䄚
祭豕先也艚船艚⿰耳曹耳鳴⿰曹鳥高也䐬䐬脛蓸草名漕衛邑名又水運曰漕又昨到切褿帬也○熝7埋物灰中令熟
於刀切三鏕8銅瓫說文云温器也鏖上同○猱猴也奴刀切八獿長毛犬又音鐃獶上同巎山名嶩9平嶩山名在齊
出地理志猺上同瓇玉名獶獸名○尻說文脾10也苦刀切二訄戲言○操操持七刀切又七到切四幧所以裹髻又七
揺切㲉11平持幩藉也○橐囊張大皃普袍切四藨醋莓可食⿺風毛輕皃⿰尸毛12毛起皃出聲譜

1 有　2 渮　4 䔢字當刪

七○歌 禮記曰舜作五弦之琴以歌南風釋名曰人聲曰歌歌者柯也以聲吟詠[1]上下如草木之有柯葉兗冀言歌聲如柯古俄切十一 訶 上同 柯 枝柯又斧柯又姓吴公子柯盧之後何氏姓苑云吴人也又虜姓後魏書柯拔氏後改爲柯氏望在河南 㚛 女師以教女子 恕 法也楷也 菏[2] 澤[3]水在山陽湖陵縣 牁 所以繫舟又牂牁郡名 戕 陸云上同 滒 多汁 哥 古作歌字今呼爲兄也 駉 駉鵝

○蹉 蹉跌也七何切七 瑳 玉色鮮白也又七可切 搓 手搓碎也 磋 治象牙曰磋 溠 水名在義陽 傞 舞不止皃又素何切 䶑 齒䶑跌出字統

○多 衆也重也又貝多樹名葉如枇杷葉得何切三 䔢[4] 姓也漢有䔢宗 偂 上同

○娑 婆娑舞者之容素何切十一 抄 摩抄 挲 上同 傞 舞不止皃又千何切 鞕 鞕鞄樂器亦謂馬尾 獻 獻鐏見禮記亦作犧 莎 莎蔢草木盛皃 仯 行也又舞不止[5] 桫 桫欏木名出崐崘山 鈔 鈔鑼銅器 䁻 偷視也

○駝 駱駝外國圖云大秦國人長一丈五尺好騎駱駝俗從㐌餘同徒河切二十三 駞 俗 鼉 說文曰水蟲也似蜥蜴而長大 䡐 䡐負 紽 絲數詩云素絲五紽 鮀 魚名 陀 陂陀不平之[6]皃陂普河切 驒 連錢驄說文曰驒騱野馬也又丁年切 𦍛 似羊四耳九尾 沱 滂沱大雨也詩云月離于畢俾滂沱矣又爾雅云江爲沱謂江水出別爲沱也 跎 蹉跎 詑 欺也 池 虖池水名在并

八○八十九

韻下平　十五　刘昭

8 可　15 出　16 冤

州界出周禮又音馳 酡飲酒朱顏皃 㼠瓦瓫 馱[7]馱騎也 迱逶迱行皃 𪕮鼠名又託何切 袉裾也又達[8]河切

鞑鞑緧 軑疾馳 𧋍如人羊角虎爪 佗委委佗佗美也又託何切 。醝白酒也昨何切十九 𤰽殘薉田也 瘥

病也又初介[9]切 䣜䣜縣名在譙[10]郡或作酇酇本音贊 𣩈小瘦病也 鹺禮云鹽曰鹹鹺 嵳嵳峩 蒫[11]薺實又子邪切

𥰭籠屬 艖小舸 蔖爾雅曰蓾蔖郭璞曰作履苴草又采古切蓾音魯 𪍿穀麥淨也[13] 𣉍擣也 䠞蹋也 躦上同

虘虎不柔也又才[12]都切 齹齒跌 齹齒本 𩭹髮多皃 。莪草名似蕣蒿詩云蓼蓼者莪五何切十三 哦吟哦

娥美好也又姓後魏將軍娥清 䄉[14]上同 峩嵳峩 鵝說文曰鴚鵝也 俄俄頃速也 䫏齊也 蛾蠶蛾又姓左傳晉大

夫蛾析禮記又音蟻 睋視也 涐水名在[15]汶江 誐嘉善也詩云誐以謐我 硪說文曰石巖也 。佗非我也亦虜三字姓

後魏書佗駱拔氏後改爲駱氏託何切七 他俗今通用 拕曳也俗作拖 它說文曰虫也从虫而長象冕[16]曲垂尾形上古艸居患它故

相問無它乎 蛇說文同上今[17]市遮切 痑馬病又力極也又叨丹切 鼧鼠名 。羅羅綺也古者芒氏初作羅爾雅鳥罟謂之羅又

姓出長沙本自顓頊末胄受封於羅國今房州也爲楚所滅子孫以爲氏魯何切十 蘿女蘿 籮篩籮 儸僬儸出玉篇 饠

鉀鑼邏汨邏水名屈原沈處欏桫欏木名出崐崘山囉囉歌詞又嘍囉也亦小兒語也鑼鈔鑼器也剆擊也。那何也都也於也盡也詩云受福不那那多也亦朝那縣名在安定又姓西魏揚州刺史那椿諸何切九⿰黃能獸名似鼠班頭食之明目⿰牛冊似牛白尾挪搓挪儺驅疫單上同⿰多冊多也⿺鬼難纂文云人值鬼驚聲臡麋鹿骨醬。何辝也說文儋也又姓出自周成王母弟唐叔虞後封於韓韓滅子孫分散江淮閒音以韓爲何字隨音變遂爲何氏出廬江東海陳郡三望胡歌切七河水名出積石山海經云河出崐崘西北隅發源注海亦州取水以名之爾雅有九河徒駭太史馬頰覆釜胡蘇簡[2]絜鉤盤鬲津荷爾雅曰荷芙蕖又胡哿切菏菏蔽草也苛政煩也怒也說文曰小艸也蚵蜉蠪魺魚名。訶責也怒也虎何切五呵上同⿰可頁傾頭⿱止可止也抲擔抲俗。珂馬腦苦何切四⿰可去開口聲⿰骨可膝骨軻又苦賀切。阿曲也近也倚也爾雅云大陵曰阿亦姓風俗通云阿衡伊尹号其後氏焉又虜三字姓四氏後魏書云阿伏于[3]氏後改爲阿氏阿鹿桓氏後改爲鹿氏又有阿史那氏阿史德氏烏何切七娿媕娿不決媕音庵痾亦作疴病也妸女字妿女師又音哥⿰糹阿繒之細者錒錒鏻小釜

八。戈干戈說文云平頭戟也天授年置司戈八品武職古禾切十五過經也又過所也釋名曰過所至關津以示之也或曰傳過

5 莁 蓫

也移所在識以爲信也亦姓風俗通云過國夏諸侯後因爲氏漢有兖州刺史過栩渦亦作濄水名出淮陽扶溝浪蕩渠又姓三輔決錄有

扶風太守過尚鍋温器⿰車咼車盛膏器楇上同一曰紡車收絲具瘑瘡也⿸疒瓜上同⿰咼斗說文曰秦名土釜曰⿰咼斗⿰鬲咼

上同⿰口過小兒相應也又音禾緺綬名堝甘堝𪃓鳥名⿰虫過螗蜋別名○⿺辶莝脃也七戈切一○⿰阝朵⿰阝朵堆丁戈切二[4]桗木桗

也○莎草名亦樹似桄榔其樹出麪蘇禾切十二魦魚名挱手挼挱也⿱山心[5]⿱山心題縣名在涿郡趖趖疾蓑草名

可爲雨衣唆⿰口過唆小兒相應⿰言坐倿也髿鬖髿髮皃梭織具晉書陶侃少時漁於雷澤嘗網得一梭以挂於壁上須臾雷雨暴至

乃化爲龍而去桫上同⿰女坐女字穆天子傳云盛姬喪天子三女叔⿰女坐爲主也○婆老母稱也薄波切九媻說文曰奢也鄱

鄱陽縣名在饒州皤老人白也⿰番頁⿰番頁⿰番頁勇舞皃說文同上繁姓也左傳殷人七族有繁氏漢有御史大夫繁延壽又音煩

搫除也潘岳射雉賦云搫場挂翳又披散也亦音盤蔢蔢蔢草木盛皃碆纜繳石又音[6]盤○牠牛無角也徒和切三

⿰石咼碾⿰石咼堶飛塼戲也○摩研摩又滅也隱也迫也莫婆切十一⿸麻食⿸麻食食也出異字苑⿸麻皿杯也又莫加切⿸麻女⿸麻女尼魔

鬼魔⿸麻月偏病磨磨礪爾雅曰石謂之磨劘削也⿰月麻漏病⿰月靡上同⿰食靡哺[7]皃○矬短也昨禾切五痤癤也銼

2 詆 誂

銼⿰金𣎆小釜 桗爾雅云座棲慮李今麥李也或從木 脞小目 ○訛謬也化也動也五禾切七 譌 吪並上同 鈋刓也去角也

囮網鳥者媒 鮀魚名 ⿸厃匕[1]木節 ○詑欺也說文曰兖州謂欺曰詑土禾切五 訑俗 涶水在西河 誂 誂[2]詆 ⿰言育退言

○驘獸名魚身鳥翼落戈切十六 摞理也 騾騾馬也蜀志云後主乘騾車降鄧艾也 驘上同 蔂盛土草器

鸁桑飛鳥也 ⿴𣎆木木名可為箭笴 螺蜂屬 蠃上同 ⿴𣎆禾穀積也或作⿰禾累 ⿰禾累上同 ⿱艹⿴𣎆禾草名生水中 ⿰金𣎆銼⿰金𣎆小釜也或作鏍

覼[3]覼縷爾委曲 腡手指文也 蠡瓠瓢也又禮鹿[4]二音 ○捼捼莏說文曰摧也一曰兩手相切摩也俗作挼奴禾切二 ⿺丸亞丸熟

○波波浪博禾[5]切六 皤老人白皃又音婆 紴錦類又絛屬也 嶓嶓冢山名 番書曰番番良士爾雅曰番番矯矯勇也

碆石可為矢鏃也 ○頗說文曰頭偏也滂禾[6]切又匹我切四 坡坡坂 陂陂陀不平 玻玻瓈玉西國寶 ○和爾雅云笙之小者謂之和和順也諧也不堅不柔也亦州名在淮南漢九江都尉居之屬九江郡齊為和州又姓出汝南河南二望本自羲和之後一云卞和之後晉有和嶠又虜複姓和稽氏後改為緩氏戶戈切九 咊古文 ⿰爿禾棺頭 禾粟苗 龢諧也合也或曰古和字 鉌鉌鑾亦作和 ⿱艹禾草名 ⿰口過小兒相應 盉調五味器 ○科程也條也本也品也又科斷也苦禾切又苦臥切十四 窠窠窟又巢

8 藤　　12 加

薖草名又寬大皃稞青稞麥名萪萪藤[8]生海邊葉肕可爲篋也蝌蝌蚪蟲名爾雅曰科斗活東蝦蟆子也字林從虫

牱牛無角也犐上同課課差又苦臥切簻簻軸又陟瓜切⿱竹科竹名⿸疒瓜禿瘡又古禾切髁膝骨說文口臥

切髀骨也⿰亻過美也○倭東海中國烏禾切七濄水回渦水坳涹濁也堝地堝窟也踒躅也⿰多委燕人云多

○鞾鞾鞋釋名曰鞾本胡服趙武靈王所服許[9]𦙶切四靴上同⿰扌化撝也⿰口靴道經疏云吐氣聲也○𦙶𦙶⿰骨化手足曲病於靴

切二俄俄佪[10]癡皃出釋典○⿰骨化手足疾皃去靴切二⿰骨它上同○伽伽藍求[11]迦切三茄茄子菜可食又音加枷刑具又音

加○佉丘伽切四呿張口皃㰦欠去佪俄佪○迦釋迦出釋典居伽[12]切又音伽一○脞肥也醋[13]伽切二⿰女坐訬疾○侳

安也子[14]⿰骨化切二⿰食坐骨⿰食坐出異字苑○瘸脚手病巨靴切一○⿰月䜌臚腸胃也縷⿰骨化切一

九○麻麻紵亦姓風俗通云齊大夫麻嬰之後漢有麻達注論語莫霞切八⿸麻牛⿸麻牛牛重千斤出巴中蟆蝦蟆亦作蟇

䵝鼉䵝似鼂鼊生海邊沙中肉甚美多膏⿸麻頁⿸麻頁⿰阝頁難語出陸善經字林痲痲風熱病⿸麻皿杯也又莫[15]何切⿸麻心⿸麻心愍

○車古史考曰黃帝作車引重致遠少昊時加牛禹時奚仲加馬周公作指南車又姓出魯國南平淮南河南四望本自舜後陳敬仲奔

7 及　5 詠

齊爲田氏至漢丞相田千秋以年老得乘小車出入省中時人謂之車丞相子孫因以爲氏漢末避地於魯又複姓二氏世本有齊臨淄大夫車遽氏又有車成氏亦虜複姓魏獻帝命踈屬車焜氏後改爲車氏尺遮切又音居二 硨硨磲 ○奢張也侈也勝也式車切三 賖不交也 畬燒榛[1]種田又音余 ○邪琅邪郡名俗作耶瑘亦語助以遮切又似嗟切十三 耶瑘並見上注 釾鏌釾 鋣上同 椰椰子木名出交州其葉背面相似 擨擨歈舉手相弄 斜斜谷在武功西南入谷百里而至說文抒也又似嗟切 ⿱艹邪草[2]名 蒣木名皮可爲索 ⿱艹斜禯也 ⿱艹何梟屬 ⿱竹耶竹名生臨海 ○遮斷也正[3]奢切四 庶庶儸健而不德 奓吳人呼父 諸姓也漢有洛陽令諸於何氏姓苑云吳人又職余切 ○嗟咨也子邪切十二 ⿱差口[4]上同 罝兔罟也詩有兔罝篇 蒫薺實又昨何切 謯說文詠[5]也 瘥爾雅云病也又在何切 ⿰镸差長歎 祖縣名又似與[6]切 ⿰女虘憍也 怚上同 ⿰歹差小疫 ⿰镸左⿰镸左丘山在東海 ○蛇毒蟲又姓後秦錄姚萇后蛇氏也南安人食遮切又音它三 虵俗 荼爾雅云蔈荂荼即芀也又音徒荂音吁 ○華草盛也色也說文作蕐榮也崔豹古今注曰堯設誹謗木今之華表也西京記謂交午柱戶花切又呼瓜戶化二切十 驊驊騮周穆王馬 鷨鳥名似雉 ⿰虫華蟲名似蛇字林云⿰虫華大蛇也出魏興啖小蛇吸蝮但張口小蛇自入也 鋘鋘鍫 鏵上同 釫亦同上

8 虎·桂
9 祖
13 昏
15 跌

樺木名又戶化切崋西嶽名也又戶化切划划撥進船也○瓜說文蓏也廣雅云龍蹄[8]獸掌羊骹兔頭挂髓蜜箭小青大班皆瓜名亦州名本古西戎地左傳范宣子數戎子駒支曰昔秦人迫逐乃[9]祖吾離于瓜州又漢複姓王莽傳有盜賊臨淮瓜田儀古華切七騧黃馬黑喙緺青緺綬也婐女侍又於果切蝸蝸牛小螺媧古女后也抓引也擊也○華爾雅云華荂也呼瓜切四花俗今通用譁諠譁誇上同○誇大言也苦瓜切八䠸䠸毗體柔也爾雅作夸毗夸奢也姱姱奢皃跨吳人云坐胯兩股閒也佤佤邪離絕之皃䯞額上骨也○拏牽也女加切九詉譇詉語皃[10]譇張加切挐絲絮相牽又女書切摣取也蒘藸蒘草䘦衣敝設[11]絲設語不解也𤬪[12]爬𤬪以收除也笯鳥籠又乃胡切○嘉善也美也又姓左傳周[13]大夫嘉父古牙切二十六家居也爾雅云㞳內謂之家又姓風俗通漢有家羨為劇令加增也上也陵也葭葭蘆也說文曰[14]葦之未秀者又音遐笳笳簫卷蘆葉吹之也麚牡鹿䴥上同豭豕也子路佩豭說文曰牡豕也猳俗痂瘡痂鴐鴐鵞鳥枷枷鎖又連枷打穀具袈袈裟毠毠毲毛衣跏跏跌[15]坐也迦不得進也猲猲玃䖙米中黑蟲茄荷莖又漢複姓有茄羅氏迦漢複姓有迦葉氏又居伽切珈婦人首飾瘕病也犌牛絕有力幏說文

1 碬字當删
2 ⿰韋叚⿰革叚二字當删
3 沙

九·十六

曰南郡蠻夷賓布　貑貑羆又貑玃也並見爾雅注　螿爾雅云螿蟆蛙類也又音荆　○遐遠也胡加切十四　蝦蝦蟆　鍜

錏鍜　霞赤氣騰爲雲又漢複姓有霞露氏　瑕玉病也過也又姓左傳周大夫瑕禽又漢複姓有瑕呂氏　騢馬赤白雜色　鰕

大鯢　蝦腳下　⿰叚頁⿰亻頁⿰叚頁言語無度　碬[1]礪石也春秋傳曰鄭公孫碬字子石　⿰韋叚[2]履跟後帖　⿰革叚上同　赮日朝赤色　蕸荷葉

○葩花也又草花白亦作皅普巴切七　鈀方言云江東呼鎞箭　妑字林云女字也　蚆貝也爾雅曰蚆博而頯郭璞云頯者

中央廣兩頭銳　吧吧呀大口皃　舥舥腳船也　⿰角巴牛角闊也　○鴉烏別名於加切八　鵶上同　錏錏鍜　⿱穴亞⿱穴亞奈

作姿態皃奈音宅加切　椏方言云江東言樹枝爲椏杈也　丫象物開之形　⿰石亞⿰石艮⿰石亞地形不平　⿰亞刂自刎　○巴巴蜀又州

取國以名焉三巴記云閬白水東南流曲折三迴如巴字亦蟲名又姓後漢有揚州刺史巴祗伯加切八　鈀兵車又音葩　笆有刺竹籬

豝豕也　芭芭蕉　⿰皮巴⿰皮巴皻鼻病　蚆又匹加切義見上文　吧吧呀小皃忿爭　○叉交手初牙切九　杈杈杷田器說文曰杈枝也

差擇也又差舛也　靫靫鞴弓箭室也　鎈錢異名出字諟　⿰月差腶⿰月差脯也　⿰差刂⿰差刂物　⿰舟叉小船名　艖上同　○鯊魚名今之

吹鯊[3]小魚是也所加切十一　魦上同　沙沙汰說文曰水散石也爾雅曰潁爲沙謂大水溢出別爲小水之名亦州取沙角山爲名即三

韻下平　十九　何澄

4 鞣

8 草

秦記鳴沙山也又姓何氏姓苑云東莞人又漢複姓二氏左傳齊有夙沙衛神農時夙沙氏之後漢書功臣表有昭沙掉尾又百濟有沙吒氏

砂俗 裟袈裟 毟髦毟毛衣 桬桬棠木名出崐崘山 紗絹屬一曰紡纑也 髿髮髿垂皃 𩋡𩌏𩋡素[4]韈

履也 硰硰石地名見漢書 ○牙牙齒又牙旗吳志曰孫權因瑞作黃龍大牙常在軍中諸軍進退視其所向又姓風俗通云周大司

徒君牙之後五加切七 衙縣名在馮翊亦衙府又姓秦穆公子食采於衙因氏焉蜀志有晉督護衙傳又音語音魚 芽萌芽 齖

齇齖齒不平正 呀吧呀 枒杈枒 吾漢書金城郡有允吾縣允[5]音鉛 ○樝似梨而酸或作柤側[6]加切十二 柤上同又煎藥滓

蒩芹楚葵生水中 摣以指按也 齇齇齖 皻皰鼻 担說文挹也 溠水名出義陽又側稼切 渣上同 𤸰瘡痂

甲也 𥢆赤𥢆稻名 浾棠汁 ○宗𡨦宗宅加切十五 𨅊𨅊跱行難皃 荼苦菜又[7]音徒 𨞏亭名在郃陽 𣘻

春藏[8]葉可以為飲巴南人曰葭𣘻 荼俗 秅說文曰秭也周禮云聘禮曰十斗曰斛十六斗曰籔十籔曰秉四秉曰筥十筥曰稯十稯曰秅

𡛝美也 瘵瘢瘵瘡痕 舍含舌皃 𥥛宊𥥛深皃 塗塗飾又音徒 𨻳丘名 梌吳人云刺木曰梌也 秺開張屋也

又[9]縣名說文作庛 ○衺不正也似嗟切四 斜上同 邪鬼病亦不正也論語曰思無邪 䔑䔑蒿 ○闍闉闍城上重門也視

遮切又德胡切五佘姓也見姓苑出南昌郡鉈短矛又音夷[1]鍦⿰豸施並上同○窊凹也說文曰汙衺下也烏瓜切六
洼深也亦渥洼水名又於佳切⿰田瓜⿰田瓜留地名在絳州蛙蝦蟆屬也窪[2]深也說文曰清水也一曰窊也又水名哇婬聲○髽
婦人喪髻莊華切一○檛棰也左氏傳曰繞朝贈之以策杜預云馬檛也或作簻陟瓜切四簻上同篧亦同膼腿也○爬搔也
或作把又姓本杞東樓公之後避難改焉西魏襄州刺史把秀蒲巴切三杷枇杷木名說文曰收麥器也琶琵琶樂器○楂水中浮木
又姓出何氏姓苑鉏加切六査槎二同䶥䶥齖又音樝⿸广查壞也淮南子云⿸广查屋之下不可坐也苴詩傳云水中浮草也
○侘侘傺失意敕加切傺丑例切四哆張口也痄痄癡皃也⿱尚多緩口又厚脣也○奓張也陟加切八譇譇詉語不正也
觰角上廣也秅開張屋也又縣名瘵瘡痕咤達利咤出釋典本音去聲齹嗟聲⿰月奓不密又黏也○煆火氣
猛也許加切又呼嫁切六呀唅呀張口皃又呀呷也谺字統云谽谺谷中大空皃疨疨病岈峆岈山深之狀颬吐氣又風
皃○齖大齧也苦加切三㤉⿱巧心㤉伏態之皃⿱巧心苦交切⿱齖女亞⿱齖女女作姿態○⿱大且大口皃才邪切一○若蜀地名出巴中
記人賒切又惹弱二音二婼婼羌西域國名○些少也寫邪切一○爹羌人呼父也陟邪切一○⿰亻欠歇⿰亻欠猶歇姬也五瓜切二

九·五三　韻下平　二十　何昇

4 一

九•五三

艗 鶻艗骼骨 ○傺 乞加切一

十○陽 陰陽說文曰高明也爾雅云山東曰朝陽山西曰夕陽又姓出右北平本自周景王封少子於陽樊後襄避周之亂適燕家於無終因邑命氏秦置右北平子孫仍屬焉又漢複姓二十二氏歐陽氏越王句踐之後封于烏程歐陽亭後因爲氏望出長沙呂氏春秋有辯士高陽魋帝顓頊高陽氏之後漢有東海王中尉青陽精少昊青陽氏之後又有御史孫陽放秦穆公時孫陽伯樂之後魯之公族有名子陽者及衞公子趙陽之後並以名爲氏漢有周陽由淮南王舅周陽侯趙兼之後又駙馬都尉涇陽準秦涇陽君之後世本云偪陽妘姓國爲晉所滅子孫因氏焉左傳晉有梗陽巫皐衞有戲陽速漢有博士中山鮭陽鴻又有葉陽氏秦葉陽君之後列仙傳有沛國陵陽子明止陵陽山得仙其後因3山爲氏漢有揚州刺史鮮陽戩後漢有櫟陽侯景丹曾孫汾避亂隴西因封爲氏又長沙太守濮陽逸陳留人也神仙傳有太陽子白日升天春秋釋例周有老陽子修黃老術漢有安陽護軍河東成陽恢何氏姓苑有朱陽氏索陽氏與章切三十二4 暘 日出暘谷 楊 赤莖柳爾雅曰楊蒲柳又姓出弘農天水二望本自周宣王子尚父幽王邑諸楊号曰楊侯後并於晉因爲氏也 揚 舉也說也導也明也又州名禹貢曰淮海惟揚州李巡曰江南之氣躁勁厥性輕揚故曰揚州 颺 風所飛颺 昜 飛也又曲昜縣在交阯 羊 牛羊禮記凡祭羊曰

2
末

柔毛崔豹古今注云羊一名髯須主簿又姓出泰山本自羊舌大夫之後戰國策有羊千者著書顯名又漢複姓二氏列士傳有羊角哀左傳晉大夫有羊舌職　样廣雅云样槌也方言曰懸蠶柱齊謂之样　眻美目又餘亮切　佯詐也或作詳　詳上同本音祥

徉儴徉徙倚　洋水流皃又海名又音祥　烊焇烊出陸善經字林　煬釋金又音恙　鍚兵名又馬額飾　⿰革昜馬額上靼

輰輰䡾車也　敭明敭　瘍瘍傷也說文云瘍頭瘡也周禮療瘍以五毒攻之　鴹鸍鴹一足鳥舞則天下雨出字統　鰑赤鱺

(木昜 over 鳥)白鷹　蛘蟲名　禓道上祭一曰道神又舒羊切　崵說文曰崵山在遼西　諹讙也又音恙　瑒玉名　(楊 over 皿)杯也　(艹 over 羊)

(艹 over 羊)蒖藥名　⿰多羊多也　○詳審也論也諟也似羊切八　洋水名出齊郡臨朐縣北亦州名本漢成固縣秦爲漢中郡魏置洋州　翔翱翔

庠說文曰禮官養老夏曰校商曰庠周曰序　祥吉也善也　跘趨行　殎女鬼古作祥禫字　痒病也　○良賢也

善也首也長也又姓左傳鄭大夫良霄鄭穆公之子子良之後呂張切十八　梁梁棟又州名書曰華陽黑水惟梁州晉太康記云梁者言

西方金剛之氣強梁故因名之舜置也秦爲漢中郡後其地入蜀魏末克蜀分廣漢三巴涪陵以北七郡爲梁州梁大同年復移在南鄭亦姓出

安定天水河南三望本自秦仲周平王封其少子康於夏陽梁山是爲梁伯後爲秦并子孫奔晉以國爲氏又漢複姓十二氏左傳有梁其踁

5
牻

魯伯禽庶子梁其之後又魯有仲梁懷晉有梁餘子養梁由靡秦有強梁皐莊子有卜梁倚楚文王庶子有食邑諸梁者其後爲氏魯有穀梁赤治春秋史記有將梁氏漢光武時有侍御史梁垣烈新垣衍之後漢明帝時有梁成恢善歷數**粱**稻粱廣志曰遼東有赤粱魏武以爲粥也俗作粱**粮**粮食**糧**上同**涼**薄也亦寒凉也又州名禹貢雍州之域古西戎地也六國時至秦屬戎狄月氏居焉秦置三十六郡西北唯有隴西北地二郡於漢屬涼州部至武帝改雍州爲涼州後獻帝分渭川河西四郡爲雍州建安十八年復改爲涼州又姓魏志有太子太傅山陽涼茂**凉**俗**⿵風京**北風也又力向切**量**量度又力向切**蜋**蜣蜋蟲一名蛣蜣又音郎**踉**跳踉也又音郎

椋木名**⿰貝京**[3]賦也**綡**冠纚**⿸疒京**薄也又力[4]尚切**⿰牛京**牻[5]牛駁色**⿰酉京**漿水**輬**轀輬車名○**香**說文作䅵芳也漢書云尚書郎懷香握蘭許良切五**皀**稻香**薌**穀氣**鄉**鄉黨釋名曰萬二千五百家爲鄉鄉向也衆所向也又姓出姓苑**膷**牛羹○**商**金音度也張也降也常也亦州名即古商國後魏置洛州周爲商州取商於地爲名又姓家語有商瞿式羊切十八**⿱商貝**說文曰行賈也典籍通用商漢書曰通財鬻貨曰商白虎通云居賣曰賈通物曰商俗作⿱商貝**傷**傷損**⿰矢昜**傷也又且羊切**殤**殤夭**慯**憂皃**觴**酒器俗作⿰酉昜**湯**湯湯流皃本他郎切**蔏**蔏陸草也**⿰商鳥**⿰商鳥鷞又⿰商鳥鶬也**螪**螪羊[6]蟲**⿰氵刅**水名**䵘**說文云赤黑色

又餘[1]諒切 禓 道上祭也又以章切 鑲 饋也又式尚切 鬺 煑也亦作鬺 塲 耕[2]塲 畼 上同 ○房 房室亦州名即春秋時防渚也秦爲房陵郡唐武德爲房州又姓出清河濟南河南三望本自堯子丹朱舜封爲房邑侯子陵以父封爲氏陵四十八代孫雅王莽末爲清河太守始居清河雅十九代孫諶隨慕容德南遷因居濟南郡生四子豫坦邃熙号四龍今稱四祖房氏符方切七 防 防禦也隄防也 坊 上同見禮又音方 魴 魚名 方 方與縣名又府良切 肪 脂肪又音方 鴋 澤鷏也又音方 ○章 篇章又章甫殷冠名禮記曰孔子長居宋冠章甫之冠又明也采也程也又姓秦將有章邯諸良切十五 漳 水名山海經曰漳水出荊山南注于沮水 樟 豫樟木名 慞 懼也 璋 半珪曰璋詩云乃生男子載弄之璋 彰 明也 墇 壅也又之尚切 障 隔也又丘山頂上平又音去聲 麞 鹿屬 獐 上同 鄣[3] 邑名在紀 蔁 蔁柳當陸別名 ⿰章鳥 吳人呼水雞爲⿰章鳥渠 ⿰革章 ⿰革章泥鞍飾 暲 日明 ○昌 盛也說文曰美言也一曰日光也又姓後漢有東海相昌狶尺良切八 裮 衣披不帶 倡 樂也優也又音唱 猖 猖狂 閶 閶闔 琩 耳璫 鯧 鯧鯸[4]魚名 菖 菖蒲藥也 ○羌 章也強也發語端也說文云西戎牧羊人字从人羊又姓晉有石冰將羌迪去羊切四 ⿰犭羌 上同或從犬 羗 古文 蜣 蜣蜋 ○薑 菜名說文云御濕之菜史記云千畦薑韭與千戶侯等居良切十五 ⿱艹彊[5] 上同

6 死

畺說文界也疆上同壃俗畕說文曰比田也犟牛長脊一曰白脊牛繮馬組韁上同殭死不朽也

礓礓石橿一名檍萬年木又云鉏橿鉏柄也姜姓也出天水齊姓本自炎帝居於姜水因爲氏漢初以豪族徙關中遂居天水

也⿰虫畺蠶[6]白僵仆也○長久也遠也常也永也直良切又直向丁[7]丈二切八萇萇楚蔓生如桃又姓左傳周有大夫萇弘腸腸胃

釋名曰腸暢也通暢胃氣也場祭神道處[8]又治穀地也⿰足長⿰足長跪方言曰東齊北燕之閒謂跪曰⿰足長⿰土長道也⿰虫長蛐蜒別名

瓺瓶[9]也又除向切○張張施也又姓出清河南陽吴郡安定燉煌武威范陽犍爲沛國梁國中山汲郡河内高平十四望本自軒轅第五子

揮始造弦寔張網羅世掌其職後因氏焉風俗傳云張王李趙黄帝賜姓也陟良切四餦餦餭餳也粻食米漲水大皃又音帳

○穰禾莖也又姓齊將穰苴之後何氏姓苑云今高平人汝陽切十七禳除殃祭也攘以手禦又竊也除也逐也止也揎袂出臂曰攘

又音讓⿰襄殳盜也鑲鉤鑲兵器又息羊切⿰襄阝縣名在南陽躟疾行瀼露濃皃⿱雨襄上同獽戎屬儴

爾雅曰因也蘘蘘荷⿱竹襄⿱竹襄籅盜米竹器鬤鬇鬤亂毛勷劻勷迫皃瓤瓜實也又女良切孃亂也又女良切○方

四方也正也道也比也類也法術也亦官名續漢書曰尚方令掌上手工巧作御刀劒諸好器物也又姓史記周大夫方叔之後府良切十三

汸併船也說文本作方或從水 坊坊巷亦州名本上郡地周於今州界置馬坊武德初置坊州因馬坊爲名漢宮有太子坊坊亦省名又音房 蚄虸蚄蟲名 肪脂肪 邡什[2]邡縣在漢州 鴋鷃鴋鳥名人面鳥身 枋木名可以作車又蜀以木偃魚爲枋

鈁鑊屬 牥牛名 趽跰也說文曰曲脛馬也 秎禾名 匚受物之器又一斗曰匚也 ○襄除也上也駕也返也亦州名本楚之西津魏武置襄陽郡西魏改爲襄州因水立名又姓魯莊公子襄仲之後子孫以謚[3]爲氏後漢有襄楷息良切十三 廂廊也亦曰東西室

湘水名在零陵 相共供也瞻視也崔豹古今注云相風烏夏禹作亦相思木名又姓出姓苑又息亮切 緗淺黃 纕馬腹帶國語云懷[4]挾纓纕 儴儴佯 驤馬騰躍又速也低昂也馳駕也 鑲兵器又女羊切 蘘馬帶飾東京賦曰鉤膺玉蘘 欀欀木皮中有如白米屑擣之可爲麪 箱箱籠 葙青葙子也 ○將送也行也大也助也辤也又姓後趙錄有常山太守將容即良切又子諒切六 漿漿水 鱂鱋鱂魚名鱋烏盍切 蔣菰蔣草又音獎 螿寒螿蟬屬 牂說文云扶也字林又作㨪 ○創說文曰傷也禮曰頭有創則沐今作瘡初良切又初亮切三 瘡上同 刅俗 ○亡無也滅也迷[5]也說文正作亾武方切十二[6] 芒草端也 莣爾雅曰莣杜榮郭璞云今莣草似茅可以爲繩索履屩 鋩刃端 硭硭硝 杗屋梁又莫郎切 朚忘[7]也又莫郎切

漾韻巫放切 △忘又音亡

邙縣名在沛郡又洛北山名又音忙 鄣郡名也又鄉名 望看望又音妄 朢弦朢又音妄 ○孃母稱女良切四 娘少女之号 瓤瓜實也又音穰 鑲兵器 ○牀簀也易曰巽于牀下士莊切三 床俗 疒病也又女戹切 ○莊嚴也又莊田爾雅曰六達謂之莊亦姓莊周著書也側羊切五 庄8俗 妝女字又飾也 裝裝束又側亮切 粧粉飾也 ○常倍尋曰常又官名漢書曰奉常秦官掌宗廟禮儀景帝六年更名太常也釋名曰九旂之名日月爲常謂畫日月於其端天子所建言常明也亦姓出河内漢有常恵市羊切十 尚尚書官名又時仗切 裳上曰衣下曰裳 嘗試也曾也說文本作甞口味之也又姓風俗通云齊孟嘗君之後 甞上同 鋿車鋿輪鐵 鱨魚名 償報也還也當也復也又音尚 ⿰常鳥⿰尚鳥⿰常鳥鳥名 徜徜徉猶徘徊也 ○霜凝露也又姓色莊切七 鸘鷫鸘 鷞9上同 孀寡婦 驦驌驦良馬 騻10上同 蠰爾雅云齧桑蝎也又傷餉二音 ○牆垣牆爾雅云牆謂之墉說文曰牆垣蔽也在良切十 廧上同 墻俗 佯弱也 嬙嬪嬙婦人官名 檣船檣 薔薔薇又東薔子十月熟可食出河西子虛賦云東薔彫胡 蘠上同 戕殺也又他國臣來殺君也 奘妄強犬也又徂朗切 ○鏘鏗鏘七羊切十二 瑲玉聲 槍稍也通俗文云剡葦傷盜謂之槍說文曰歫也 蹌說文

2 脖

曰動也詩曰巧趨蹌兮蹡行皃⿱將足上同斨斧斨說文云方銎斧也牄說文云鳥獸來食聲嶈山高皃⿵門倉

門聲和也⿰矢昜傷也又式羊切搶拒也突也○匡輔助也正也又姓風俗通云匡魯邑也句須爲之宰其後氏焉漢有匡衡去王切十

三邼邑名說文曰河東聞喜鄉也筐筐籠⿰虫匡海中大蝦框棺門恇怯也劻劻勷⿱髟匡⿱髟匡鬤洭水名出桂陽含

洭縣軭車戾眶目眶⿱艹匡草名⿰馬匡耳曲○王大也君也字林云三者天地人一貫三爲王天下所法又姓出太原琅邪周靈王[1]太

子晉之後北海陳留齊王田和之後東海出自姬姓高平京兆魏信陵君之後天水東平新蔡新野山陽中山章武東萊河東者郿王子比干

爲紂所害子孫以王者之後号曰王氏金城廣漢長沙堂邑河南共二十一望又漢複姓五氏左傳晉有樂王鮒小王桃甲賈執英賢傳云東

莞有五王氏史記云出齊厫王至建王五王之後風俗通云漢有中郎厫王弼出自楚厫王後漢有新豐令王史音雨方切又雨誑切四蚟

蚟孫蟲名又蜻蛚即今促織也⿰魚王⿰魚王鮪魚名⿰彳王急行○央中央一曰久也於良切九鴦鴛鴦匹鳥又烏郎切殃禍也咎也

罰也敗也⿰衤央上同鉠鈴聲又音英秧蒔秧又於丈切雵雵霙白雲皃又音英胦脖[2]胦泱水流皃又烏朗切○強

健也暴也說文曰蚚也又姓後漢有強華奉赤伏符巨良切四彊與強通用說文曰弓有力也⿰魚畺鯨魚別名又其京切勥迫也

九十八 韻下平 二十四 方堅

3 褚 4 心 5 一字當刪 6 窐

◯葟草名褚羊切三[3] 倀失道皃又狂也 䰕鼓聲 ◯芳芬芳亦州地多芳草故以名之置在常芳縣又姓風俗通云漢幽州刺史芳乘敷方切三 妨妨害 汸水名 ◯狂病也韓子曰必[4]不能審得失之地則謂之狂也巨王切五 軖紡車也 軭說文曰車戾也又去王切 鵟鴟屬 㞷草木妄生狂匡往皆從此

十一◯唐說文曰大言也又州春秋時楚地戰國時屬晉後入於韓秦屬南陽郡後魏爲淮州隋爲顯州貞觀改爲唐州因唐城山爲名即高鳳隱所亦姓唐堯之後子孫氏焉出晉昌北海魯國三望徒郎切四十一[5] 啺[illegible]並古文 煻煻煨火 糖飴也 糛上同 堂堂除亦屋白虎通曰天子之堂高九尺天子尊故極陽之數九尺也堂之爲言明也所以明禮義也禮記曰天子之堂九尺諸侯七尺大夫五尺士三尺又姓風俗通云堂楚邑大夫五尚爲之[6]其後氏焉 坣古文 𪕋𪕋鼠一月三易腸 棠棠梨又棠棠木生崐崘山黃色赤實味如李食之使人不溺亦姓左傳齊大夫棠無咎又漢複姓吳王闔閭弟夫漑奔楚爲棠谿氏 搪搪揬 蓎蓎蒙女蘿案爾雅作唐蒙不從艸 瑭玉名 餹餹餳黍膏餳杜兮切 簹筕簹竹笪 螗蜩螗 [illegible]牛 [illegible]上同 螳螳蜋禮記仲夏月螳蜋生 塘陂塘 碭芒碭山名又音宕 鶶鶶鷵鳥名似烏蒼白色 [illegible]魚名 踼踼跌頓伏皃又吐郎切

闣說文曰闣闣盛皃又他郎切　赯赯赤色　磄磄岸石也　溏池也　鄌地名　傏傏偀不遜　堂殿基　隚隄隚
闛[2]高門也　鎕鎕銻火齊　篖罩也[3]　輴輴輥軘軨　橖車橖　榶榶棣木名案爾雅曰唐棣移不從木　𣯴
𣯴毦[4]罽也　甋瓷器　○郎官名又魯邑又姓出中山魏郡二望魯當切三十　蓢說文曰禾粟之穗生而不成者謂之董蓢　稂
草名似莠說文同上　桹桄桹木名　廊廡也文穎曰廊殿下外屋也　榔檳榔　鋃鋃鐺鎖頭一曰鍾聲　硠硠磕石聲
䳖䳖鷞鳥名　浪滄浪水名又盧宕切　䯖骯䯖股肉骯苦光切　蜋螳蜋　䱶魚脂　琅琅玕玉名爾雅曰西北之美者有崐
崘璆琳琅玕焉又琅邪郡名今沂州也又姓齊有大夫琅過　瑯琅邪郡名俗作瑯琊　㝗㝗㝗宮室空皃　狼豺狼說文曰豺似犬
銳頭而白頰高前廣後帝王世紀曰有神牽白狼銜鉤入殷朝又姓左傳晉有大夫狼瞫　㰠㰠欲貪皃　蒗蒗毒藥名　踉踉䠙行皃
莨草名　崀峻崀冬日所入山名　輥輴輥軘軨　艆海中大船　駺馬尾白　躴躴躿身長皃　筤車籃一名笑笑
音替　裉短寻　閬高門又盧宕切　哴哴吭吹皃　○當敵也直也主也值也亦州本羌地周置同昌郡隋改爲嘉城鎮貞觀中改爲當
州蓋取燒當羌以名之又姓也都郎切十一　鐺鋃鐺　簹篔簹竹名　襠兩襠衣　璫耳珠　䡴車䡴　檔木名出文

8 映　7 長門　6 堽

字音義當止也又丁宕切膛耳膛耳下[當瓜][當瓜][襄瓜]瓜中蟷蟷蠰螗蜋別名亦作[當虫]○倉倉庾也亦官名齊職儀曰
大倉令周司徒屬官有廩人倉人則其職也釋名曰倉藏也藏穀物
也漢書曰耿壽昌奏設常平倉又姓黃帝史官倉頡之後七岡切七蒼
蒼色也又姓漢江夏太守蒼英鶬鶬鶊鳥名[倉隹][倉隹]雉[5]說文同上滄滄浪亦州後魏所置蓋取滄海爲名凔寒皃[匚倉]
古器也出說文○岡爾雅曰山脊岡古郎切十六崗又作堽[6]並俗剛強也罡俗掆舉也笐說文曰竹列也
又爾雅曰仲無笐竹類也鋼鋼鐵綱綱紀說文曰維紘繩也亢星名一曰亢父縣說文人頸也犅特牛也堈甕也[岡瓦]
上同牨水牛苀爾雅釋草曰苀東蠡又音杭魧魚名爾雅云大貝本杭沆二音迒獸跡又音杭○桑木名史記曰齊
魯千畝桑麻其人與千戶侯等又姓秦大夫子桑之後漢有御史大夫桑弘羊息郎切六桒俗喪亾也死喪也又姓楚大夫喪左又息
浪切[喪]上同[糸喪]淺黃[馬喪]馬色○康和也樂也又姓衛康叔之後亦西胡姓苦岡切十四穅穀皮糠俗[康欠]穀不
升謂之[康欠]㝩㝩官槺槺梁虛梁也見文選[7]賦[阝康]爾雅云虛也本亦作漮蠊蠊蚸蜻蛉[目康]眏[8][目康]目皃邟邟城在陽
翟漮說文云水虛也[康瓦]瓦也[荒瓦]上同躿躿躴身長○荒荒蕪又姓呼光切十四[禾荒]果蓏不熟又說文曰虛無食也

1 巟　2 二

肓心上鬲下衁血也䮏馬奔鄺人姓何氏姓苑云今廬江人統絲曼延也帝幭也謊夢言䀮目不明又很䀮南夷國名人能夜市金㬻旱熱㤺蒙掩巟[1]說文曰水廣也㳤上同○黃中央色也亦官名有乘黃令晉官主乘輿金根車也又州名古邾國地秦屬南郡漢西陵縣也隋爲黃州取古黃城爲名亦姓出江夏陸終之後受封於黃後爲楚所滅因以爲氏漢末有黃霸胡光切[2]三十三皇君也美也天也說文作皇大也又姓左傳鄭大夫[3]皇頡璜說文曰半璧也周禮以玄璜禮北方惶懼也恐也遽也遑急也潢說文云積水池也堭堂堭合殿煌火狀餭餦餭餳也騜馬黃白色艎艅艎吳王舟名簧笙簧隍城池也有水曰池無水曰隍癀病也𨞰古國名湟水名出金城徨彷徨篁竹名鱑魚名蝗蟲蝗爲災凰鳳凰本作皇詩傳云雄曰鳳雌曰皇偟偟暇媓女媓堯妻獚犬名蟥蚑蟥蛢甲蟲也韹韹樂鐘聲也又音橫𨛫古縣名𦐖羽舞名𥟖稖𥟖穄名𪏉榮也𦵔上同趪趪趪武皃又張設皃○光明也亦州名漢西陽縣地屬江夏郡梁置光州因浮光山爲名又姓田光之後秦末子孫避地以光爲氏晉有樂安光逸古黃切十四灮上同洸水名又烏光切桄桄桹木名胱膀胱水府垙垙陌䡅車下橫木輄上同橫長安門名又戶觥切𩧉決𩧉馬旋毛在脊也[4]恍武也茪䒗茪

草名儻儻儻武皃侊盛皃○湯熱水又姓宋有沙門湯休有文集吐郎切十一簜[5]水名在鄴今簜陰縣單作湯鏜以鐵
貫物說文曰鼓鐘聲也闛盛皃又音唐趟趟走皃踼踼跌又杜郎切盪盪突又[6]徒郎切螗蛈螗蟲名鼟鼓聲
蕩蓫蕩馬尾[illegible]上同○滂滂沱普郎切七鎊鎊削霶霶霈大雨雱雨雪盛皃詩曰雨雪其雱⿱雨旁上同磅
石聲斛量溢也○汪水深廣又姓汪芒氏之胄姓苑云新安人也烏光切五尣曲脛俗作尢尪尪弱說文同上洸
水名又音光⿰氵鳥雉鳴○鴦鴛鴦匹鳥烏郎切又一良切七佒體不申也咉譍聲⿰豸央貉屬⿰犭央上同眏眏矏目皃
妜女人自稱又烏朗切○炕煑[7]䏘呼郎切又苦朗切四欥歍欥⿰月荒[8]狠⿰月荒南夷國名忼[9]咉忼很戾○航船也胡郎切十八筕
筕篖桁械也行伍也列也又戶庚戶浪戶孟三切迒獸迹又古郎切𨀅上同頏頡頏詩傳云飛而上曰頡飛而下曰頏說
文音剛與亢同⿰亢羽飛高亢下也魧魚名又大貝胻脛也邟餘邟縣名在吳興又音侃杭州名古於潛餘邟皆別名今餘
杭於潛縣並在杭州沆渡也[10]又胡朗切蚢爾雅蚢蕭繭郭璞曰食蕭葉者皆蠶類肮犬[11]脈也苀東蠡草名抗舉也又苦
浪切吭鳥喉又下浪切○茫滄茫莫郎切十四吂不知也䀭目不明也汒谷名在京兆恾怖也忙上同莔

1 牂

遽也邙北邙山名又武方切芒草端亦姓史記有魏相芒卯又音亡砿砿碭山名史記本只作芒杗大梁又武方切蘉

勉也𥨍寐語𨛫鄉名在藍田○臧善也厚也又姓出東莞本自魯孝公子臧僖伯之後則郎切六匨古文牂[1]牝羊

戕戕牁亦作牂贓納賄曰贓样槌也出廣雅○囊袋也說文曰囊橐也又姓楚莊王子子囊之後以王父字爲氏奴當

切二蠰蟷蠰即螗蜋也○傍亦作旁側也說文曰近也又羌姓步光切十三彷彷徨膀膀胱髈上同䠙踉䠙急行趽

腳脛曲皃房阿房宮名旁爾雅曰二達謂之歧旁謂歧道旁出也說文曰溥也篣竹箕又薄庚切䢍亭名在汝南螃

螃蟹本只名蟹俗加螃字稖稖程穄名騯馬盛皃又甫盲薄庚二切○卬高也我也又姓漢有御史大夫卬祗五剛切又魚兩

切七䭭千里駒說文又五浪切䭭䭭馬怒皃枊繫馬柱也劉備縛督郵者又五浪切昂舉也茚昌蒲別名又魚兩切㭿

飛㭿斜桷𩊚履頭○藏隱也匿也昨郎切又徂浪切一○骯骯髒苦光切一○幫衣治鞋履出文字集略博旁切五縍

上同幇[2]捍也衛也䤚加杯上酒鞤鞋革皮也[3]

十二○庚更也償也爾雅云太歲在庚曰上章又姓唐有太常博士庚季良又漢複姓莊子有庚桑楚古行切十二鶊鶬鶊

八·六十三　韻下平　二十七　劉昭

4 勑　5 陽　7 兒

更代也償也改也又古孟切　逕兔徑　秔秔稻　稉上同　粳俗　賡續也經也償也　羹羹美臛爾雅曰肉謂之羹

鶊古文　埂秦人謂坑也　浭水名出北平　○阬爾雅曰虛也郭璞云阬壍也客庚切六　坑上同　硎亦同　脛

脛矘視不分明　砊砊硠石聲　劥劥勳[4]有力　○盲目無童子武庚切八　蝱蟲也　鄳縣名在江夏　䁅䁅盯直視　莔

貝母草　鄳古縣名在義昌[5]　鑑鑑銷　笽竹名　○橫縱橫也又姓風俗通云韓王子成號橫陽君其後爲氏戶盲切十六　黌

學　蝗蟲又音皇　鐄大鐘　瑝玉聲說文音皇　喤泣聲　鍠和也樂也又鐘聲說文音皇　䫛䫛颶暴風　潢方舟也一

曰荆州人呼渡津舫爲潢或作䑟　禝禝祭名　襀襀褡小被　甂瓦甂也　䵃織也　㤨憕㤨也　諻聲也　彋弸環帷帳起皃

○閍宮中門也一曰巷門甫盲切六　祊廟門傍祭　鬃上同　騯騯騯馬行又音傍音彭　嗙喝聲　㔙大也　○諻語聲

虎橫切五　䎐䎐然飛聲　謍謍謍小聲　[6]嚝鼓鐘聲　喤喤呷也又音橫　○觵觵角爲酒器受七升罰失禮者古橫切六　觥

上同　侊小皃春秋國語曰侊飯不及壺飱　𩃭吳主孫休二子名　𦊺網滿　橐上同　○彭行也道也盛也說文曰鼓聲也

又姓大彭之後左傳楚有令尹彭仲爽漢有大司空彭宣薄庚切十七　澎地名又擊水勢又撫庚切　膨膨脝脹皃　蟚蟚蜎似蟹

而小鬡鬡鬤亂髮皃鬤乃庚切棚棧也閣也榜說文曰所以輔弓弩也又甫孟切⿰礻旁⿰礻旁禮祭名搒笞打說文

又北孟切掩也蒡菜一名隱葱似蘇可爲葅篣籠又音旁⿰旁香⿰旁香馞大香騯馬行盛皃憉憉悙自強⿰旁斗量溢

輣兵車又樓車也⿰車旁上同○脝膨脝脹也許庚切三悙憉悙自強亨通也或作亯又匹庚許兩二切○瞠

直視皃丑庚切五橕撥也又橕柱也樘上同說文曰衺柱也⿰⻊丁字書跉⿰⻊丁行遟皃⿱穴見正視○鎗鼎類楚庚

切四鐺俗本音當槍欃槍祅星琤玉聲○傖楚人別種也助庚切五⿴行角角長皃⿱髟帀⿱髟帀鬡亂髮皃鬇

上同崢崢嶸山皃○霙雨雪雜也於驚切七鍈鈴聲韺五韺高陽氏樂亦作英渶水名出青丘山鶧繼鶧鳥名

英華也榮而不實曰英也又英俊亦姓漢有英布瑛玉光⿰英皮青皃媖女人[2]稱美楧楧梅今之雀梅○碤小石

落聲撫庚切四怦滿也亨煮也俗作烹又許庚許兩二切澎澎湃水皃又音彭○平正也和也易也亦州名古

山戎孤竹白狄岜[3]子二國之地秦爲遼西郡隋爲北平郡武德初爲平州有盧龍塞又姓齊相晏平仲之後漢有[4]丞相平當又漢複姓何

氏姓苑云有平陵平寧二氏符兵切八評評量亦評事大理寺官唐初置十二負又音病苹蔎一曰蒲白又曰萍別名又云

九•〇六　韻下平　二十八　劉昭

1 十

2 美稱

3 肥

5 師　6 麃　8 堂

蘋蕭也枰枰仲木名又博局也泙水名說文谷也坪地平胓牛羊脂也蚲蛘蚲○驚懼也說文曰馬駭也舉卿切七京大也廣雅曰四起曰京風俗通曰京非人力所成天地性自然也京[5]義亦取此公羊曰京者大也師者衆也天子之居必以衆大之辭言之又姓風俗通云鄭武公子段封於京號京城大叔其後氏焉漢有京房荊荊楚亦木名可染又州名夏及周並爲州秦爲南郡即郢都之渚宮又姓燕刺客荊軻麠獸名一角似麞[6]牛尾麖上同鶁羌鶁鳥蟼蟼蛙○明光也昭也通也發也又姓出平原河南山公集有平原明普武兵切五盟盟約殺牲歃血也周禮有司盟盟上同䳟[7]鷫䳟似鳳南方神鳥鳴嘶鳴又姓出姓苑○棖門兩旁木直庚切七盯矖盯視皃澄水清定又音懲掁掁觸牚[8]距也周禮曰唯角牚之揨擧也憕憕㤺失志又音懲○趟趟趟躍跳竹盲切趟陟交切二䬝䬞䬝狂風○榮榮華又姓漢有榮啓期永兵切六禜祭名又音詠蠑蠑螈[9]蜥蜴別名瑩玉色詩云充耳秀瑩又烏定切揘拔也嶸崢嶸又戶[10]萌切○兵戎也周禮有司兵掌五兵五盾世本曰蚩尤以金作兵器也甫[11]明切一○兄爾雅男子先生曰兄說文長也許榮切一○卿說文章也公卿春秋漢含孶曰三公象五岳九卿法河海三公法三台九卿法北斗釋名曰漢置十二卿正卿九太常光祿衛尉太僕廷尉鴻臚宗正司農少

公子

府又姓風俗通云趙相虞卿之後去京切一 ○生 生長也易曰天地之大德曰生又姓出姓苑所庚切十 笙 樂器也禮記女媧造笙簧釋名曰笙生也象物貫地而生也又簟也吳都賦曰桃笙象簟 牲 犧牲 猩 猩猩能言似猿聲如小兒也 狌 上同 鉎 鐵鉎 甥 外甥又姓風俗通云晉大夫呂甥之後 ⿸鹿生 獸名大如兔也 鼪 鼪鼬鼠也 珄 金色 ○擎 舉也渠京切十一 勍 強力 黥 黑刑在面 ⿰黑刂 剠 並上同 䲔 大魚雄曰䲔雌曰鯢 鯨 上同 檠 所以正弓 樈 鑿柄 ⿱艹勁 山薤 ⿰成頁 頸也 ○迎 逢也語京切一 ○行 行步也適也往也去也又姓周有大行人之官其後氏焉戶庚切又戶剛戶浪下孟三切十 衡 横也平也又姓風俗通云阿衡伊尹之後又云衡魯公子後乃氏焉 䯒 牛脊後骨 胻 牛勢胻也 洐 溝水也 笐 笐篖竹笪 珩 佩上玉 桁 屋桁 蘅 杜蘅香草大者曰杜若也爾雅注曰杜衡似葵而香字不從卄 ⿰月蘘 熟肉 ○鬤 鬡鬤亂髮皃乃庚切六 ⿰寧毛 犬多毛皃 ⿰寧殳 說文云亂也一曰窒⿰寧殳 獰 惡也 ⿰禾寧 穀芸長也 ⿱艹⿰寧殳 說文曰䍧⿱艹⿰寧殳可以作縻綆

十三 ○耕 犁也周書曰神農之時天雨粟神農耕田而種之古莖切一 ○鏗 鏗鏘金石聲也口莖切十五 銵 上同 ⿱殸車 車鞕又車堅牢 鵛 雝渠鳥名 誙 莊子曰誙誙如也 牼 牛膝骨又人名宋有司馬牼 ⿱巠山 或作硎谷名在麗山昔秦密種瓜處 硻

八·八十七

秦顯

△臤山韻苦閑切 又口耕切

5 甍

8 二

9 垪

△僜蒸韻直陵切 又竹萌切

12 士

說文云餘堅也殸敵也𢫬琴聲䡩車聲硜硜硜小人皃摼撞也𣢔欿𣢔羥羊名。甍屋棟也莫耕切十一

𣞻上同䉚竹筒萌萌牙氓民也甿上同嫇嫈嫇新婦皃䕨[4]爾雅云存存䕨䕨在也又莫登切本亦作萌又

作蕄𥉁𥉁盯甍[5]苕可爲帚矒瞪矒視不分明。浜布[6]耕切安船溝又布[7]耿切三[8]垪[9]家口穴也。宏大也戶萌切十六

紘冠卷也又八紘紭網紭[10]閎爾雅曰衖門謂之閎郭璞云閎衖頭門又曰所以止扉謂之閎郭璞云門辟旁長橛也又姓漢有閎孺

嶸崢嶸山峻嵤上同谹谷中響一曰谷名也耾耳語翃蟲飛浤浤浤汩汩水波之勢竑量度周禮考工曰故竑其輻宖

屋響又烏宏切鈜金聲吰噌吰鐘音硡玉篇云石聲也彋弸彋開張也。莖草木榦也戶耕切三䪫樂名亦作莖

牼牛膝下骨又苦耕切。朾伐木聲也中莖切七丁上同詩曰伐木丁丁玎玎玲玉聲又齊太公子伋謚玎公出說文也

僜僜偒不仁也出聲譜𤼵𤼵設幕出字林䟓跉䟓腳細長也𥨒𥨒宏閎大皃。甖瓦器烏莖切十三罌

上同罃說文曰備火長頸缾也鸎鳥羽文也嚶鳥聲櫻含桃嫈嫈嫇又於營切又乙諍切鸚鸚䳇能言之鳥譻

譻𧬈小聲鸎黃鸎褮鬼衣𠠸芟除林木也出齊[11]人要術莖爾雅釋草云姚莖涂薺。崢崢嶸七[12]耕切六䈴䈴䉬

草亂皃鬇鬇鬡毛髮亂皃埩魯城北門池也說文作淨鏳鏳鎗玉聲崝淮南子云崝陗也○琤玉聲楚耕

切五錚金聲凈冷也出字書橕木[1]束噌噌吰鍾音○儜困也弱也女耕切七薴䕅薴鬡鬡鬡[2]⿰言寧

譻⿰言寧鑏鐵鑏⿰食寧元食嬣嬣体○怦心急又中直皃普耕切十一姘齊與女交罰金四兩曰姘蒼頡篇曰男女私合

曰姘閛門扉聲牼牛色駁[3]如星也伻使人弸弸彋也⿰羊平使羊⿰女平急也匉匉訇大聲抨彈[3]也砰

砰磕如雷之聲○轟群車聲呼宏切十輷上同⿱訇羽群鳥弄翅揈擊聲訇匉訇大聲又姓蜀錄關中流人訇琦

訇廣鍧鏗鍧鐘鼓聲相雜也渹水石聲又大也⿰羽訇飛聲⿱訇石石落聲⿰忄訇⿰忄朋訇好嗔皃○繃束皃衣墨子云禹葬

會稽桐棺[5]三寸葛以繃束也北萌切五絣振繩墨也幽上同拼爾雅云使也又從也⿰舟并艕⿰舟并舟具○橙柚屬宅耕切十

二揨撞也觸也⿰亭攴⿰亭殳並上同湞水名出南海朾爾雅曰䗥朾螘郭璞云赤駁蚍蜉虰上同憕失志皃又

音澄瞪直視皃䆸䆸穻[7]響也⿰目亭安審視也穻小[8]突○泓水深也烏宏切四謍謍譻宖屋響又戶萌切閎[6]

試力士錘○輣兵車薄萌切五棚棧也弸弓弱皃⿰忄朋⿰忄朋訇好嗔皃庄平也亦作庄○娙身長好皃漢書曰娙娥婦

11 曰注　13 不正　15 籯

官也武帝邢夫人號娙娥五莖切二俓急也。爭競也引也側莖切七箏樂器秦蒙恬所造埩理也[9]治也綪

禮云齊則綪結佩䋫縈也猙獸名似豹[10]一角五尾又音淨䲝魚名

十四。清山海經曰太時之山清水出焉釋名曰清青也去濁遠穢色如青也又靜也澄也潔也七情切二圊廁也。情

靜也說文曰人之陰气有所欲也疾盈切五晴天晴請受也又在性七井二切殅說文曰雨而夜除見星也䞍䞍受賜也

。精明也正也善也好也說文曰擇也易曰純粹精也子盈切十五氏狋氏縣名狋音權菁蕪菁菜也鶄鵁鶄鳥也蜻

蜻蛪蟋蟀也晶光也鼱鼱鼩小鼠婧竦立也又慈性切睛目珠子也涻水名在南郡旌旌旗周禮曰析

羽爲旌爾雅注[11]云旌首曰旌旍上同見禮[12]箐笭箐小籠頱䫀頱頭也[13]聙聰[14]聽也。盈充也滿也又姓出姓苑以

成切十二嬴秦姓⿰女嬴美好皃瀛大海亦州名漢河間王國後魏於此立瀛州蓋以瀛海爲名籯籠也說文笭也漢書

曰遺子黃金滿籯不如教子一經亦作𣎆[15]楹柱也孔子曰夢奠於兩楹贏利也益也有餘也財長也𤠔似狐色黃⿱艹嬴

菊花一名帝女花⿰盈阝姓也出姓苑⿰月盈魯大夫名攍擔也。營造也度也說文曰帀[16]居也亦州名舜分青州爲營州爾雅

曰齊曰營州今青州也又姓風俗通云周成王
御士營伯之後漢有京兆尹營郃余傾切六 鎣 采鐵又音瑩 塋 墓域 謍 惑也
又戶扃切 濴 波勢回皃 謍 說文曰小聲也引詩云謍謍青蠅 ○嬰 蒼頡篇云女曰嬰男曰兒又姓風俗通云晉大夫季嬰之後於
盈切七 瓔 瓔珞 纓 冠纓禮記玉藻曰玄冠朱組纓 攖 亂也 𨞬 地名又一井切 賏 貝飾 蘡 蘡薁藤也 ○貞 正也
陟盈切六 楨 楨榦題曰楨旁曰榦 禎 善也祥也 䢼 地名又直貞切 湞 湞陽縣名湞水所出 隫 丘名
○檉 木名說文云河柳也丑貞切八 偵 偵候又丑鄭切 赬 赤色俗作頳 經 上同 𧿒 跉𧿒行不正 竀 正視 蟶
蚌屬 虰 蟶也 ○成 畢也就也平也善也亦州名古西戎地州南八十里有仇池山晉改爲仇池郡後爲南秦州梁廢帝改爲成州又姓
出上谷東郡二望本自周文王子成伯之後又漢複姓十五氏莊子有務成子廣成子顔成子游伯成子高韓子有容成子列子有考成子國
語晉郤犨食采苦成後因以爲氏世本曰宋有大夫老成方盆成括仕於齊晉有英成僖子漢有廣漢太守古成雲古音枯高祖功臣有陽成
延後漢有密縣上成公白日升天晉戊己校尉燉煌車成將古成氏之後史記有形成氏是征切十 𡰪 古文 城 城郭崔豹古今注云城者
盛也所以盛受民物也又淮南子曰鮌作城亦姓風俗通云氏於事者城郭園池是也 誠 審也敬也信也 宬 屋容受也 郕

5 辭　6 篁　7 鍚

地名也在東平筬筬筐織具盛盛受也黍稷在器也又時正切珹珠類頳頸也○呈示也平也見也直貞切七程
期也式也限也品也又姓出廣平安定二望本自顓頊重黎之後周宣王時程伯休父入爲大司馬封于程後遂爲氏與司馬氏同酲
酒病郕地名又音貞珵玉名䇸筳也裎佩帶又恥領切○聲聲音又姓左傳蔡大夫聲子書盈切一○征行也
諸盈切十三⿺辶正上同鯖煮魚煎食曰五侯鯖又倉經切⿱刑酉[4]⿰月正並上同鉦鐃也似鈴怔怔忪懼皃正正朔本音
政䳌方言云齊魯間謂題肩爲䳌鳥䋊乘輿馬飾眐獨視皃衼衼衳小兒衣出字林佂佂伀遽行皃○輕輕重
去盈切三⿱巠足一足跳行鑋說文曰金聲也○名名字春秋說題[5]曰名成也大也功也号也說文曰自命也从夕口夕者冥不相見故
以口自名也又姓左傳楚大夫彭名之後武并切二洺水名在易陽亦州名春秋時爲赤狄之地後屬晉秦爲邯鄲郡周於此置洺州
以洺水爲名○跉跉⿰足丁呂貞切二令使也又呂鄭郎丁二切○并合也亦州名舜分冀州爲幽州并州春秋時爲晉國
後屬趙秦爲太原郡魏復置并州又姓出姓苑府盈切四栟栟櫚木名簈簈篁[6]車轓屏屏盈傍徨又餅萍二音
○傾側也伏也敧也去營切二頃西頃地名出地理志說文曰頭不正也又去潁切○鍚[7]飴也徐盈切一○縈繞也於營

1 睘　2 𡣕　8 落　10 荆

切五褮說文云鬼衣也㜲小心態又烏莖切謍聲也𢃳覆也○瓊玉名渠營切十七璚上同煢獨也
一曰迴飛也焭上同睘[1×]驚視惸無弟兄也𢷾博𢷾子一名投子藑藑茅草也嬛好也𡣕[2×]上同赹獨行
皃憌憂也㤤上同䓪草旋蘻上同䡓車輮規一曰輪車也𠑷特也○騂[3]馬赤色也息營切四𤙈[4]上同
垶赤土觲[5]角弓○頸項也頸在前項在後巨成切又居郢切四䲔魚名葝[6]鼠尾草又山薤又音擎𦳝上同○䞑
貨也火營切一

十五○青東方色也亦州名九州之一禹貢曰海岱惟青州又男青女青皆木名出羅浮山記亦姓出何氏姓苑又漢複姓三
氏風俗通云漢有青烏子善數術又有青牛氏青陽氏倉經切五鶄鵁鶄鳥也出南海又音精鯖魚名又諸盈切蜻
蜻蛉蟲方言曰蜻蛉謂蝁蛉也六足四翼又音精𩇯艵𩇯無色○經常也絞也俓也亦經緯又姓出何氏姓苑古靈切又音俓四
涇水名淮南子云涇水出薄洛[8×]之山鵛[9]鸒鵛鶄也巠直波爲巠說文曰水脈也○荆[10×]說文曰罰辠也今只用下文刑戶經
切十七刑法也禮曰刑者侀也侀者成也一成而不可變故君子盡心焉說文剄也形容也常也邢地名在鄭亦州名古邢侯

八·六十五　韻下平　三十二　沈思忠

11 鄭　13 型　14 鍾　15 甹　16 曰

國也項羽爲襄國隋爲邢州取國以名之又姓出河間也本周之胤邢侯爲衛所滅後遂爲氏漢有侍中邢辟直道忤時讁爲河間鄭[11]令因家焉

𤬪小瓜　郉鄉名在密　桯牀前長几又音廳　鈃[12]祭器　型鑄鐵[13]模也又作型　陘連山中絕又姓陘晉邑也其大夫氏焉今有井陘縣　侀成也　硎砥石　娙女長皃又五莖切　鈃酒器似鍾[14]而長頸也　瓶⿰巠瓦並同上　鋞說文曰溫器也圜而直上

○庭門庭又直也亦州名即漢車師後王庭之地本烏孫國土也其前王庭即交河縣是也特丁切二十一　停息也定也止也　鼮鼮鼠豹文漢武帝得此鼠孝廉郎終軍識之賜絹百匹　莛草莖　葶葶藶　筳竹筳　亭今亭子名釋名曰亭停也人所停集也漢典職曰洛陽二十街街一亭十二城門門一亭也　聤耳出惡水　霆雷霆　渟水止　鯙魚名

綎綬也　娗好皃　⿰丁瓦甎也　甹[15]定息　挺縣名在膠東又徒頂切　楟山梨木名　蜓蜻蜓亦蟪蛄別名　廷風俗通云廷者平也又正也國家朝廷也釋名曰廷停也人所停集之處漢書曰廷尉秦官也應劭曰古官也　㹶猨屬　⿰虫霆埤蒼云蠶二眠

○丁當也亦辰名爾雅云太歲在丁曰強圉又姓本自姜姓齊太公子伋謚丁公因以命族出濟陽濟陰二望當經切八

釘又都定切　玎玉聲　⿰阝丁丘名　靪補履下也　虰爾雅曰虰[16]蛵負勞郭璞云或即蜻蛉也　仃伶仃獨也　叮叮嚀

○馨香也呼刑切三 ⿰臾只說文聲也 蛵虰蛵 ○星星宿說文曰萬物之精上爲列星淮南子曰日月之淫氣精者爲星辰也又姓
羊氏家傳曰南陽太守羊續娶濟北星重女桑經切十二 曐上同出說文 腥豕息肉又先定切 胜犬膏臭也 鮏
說文云魚臭也 鯹上同 ⿰禾星稀⿰禾星 醒酒醒又思挺先定二切 鉎鐵鉎 箵箳箵別駕車轓 猩說文曰猩猩犬吠聲又音
生 惺惺憽了慧皃出聲類 ○竮竛竮行不正亦作伶俜普丁切八 俜見上注又匹正切 甹甹夆掣曳說文曰亟詞也
或曰甹俠也三輔謂輕財者爲甹 ⿰彳甹使也 艵縹色 頩面色又普冷切 姘男女會合 覮淮南子云覮然能聽 ○靈
神也善也巫也寵也福也亦州名漢北郡富平縣地赫連勃勃之果園也後魏置靈州取靈武縣名爲之又姓風俗通云齊靈公之後或云宋
公子靈圍龜之後晉有餓者靈輒郎丁切八十七 ⿱雨弜⿱雨龜並古文 䨩廣雅曰玉名說文曰巫以玉事神也與靈同 舲舟上
有窗 齡年也 麢大羊 ⿰羊靈上同 囹囹圄 鴒鶺鴒 笭竹名 蛉蜻蛉 鈴似鐘而小 霝落也墮也說文曰雨零也
从雨㗊象零形或作零 醽醁酒 苓茯苓 櫺窗櫺又櫺檻階際欄 柃說文木也 ⿱雨鬲空也 伶樂人 泠清泠水也
又水名出丹陽又姓左傳周大夫泠州鳩 瓴瓴甋一曰似罌有耳 ⿰虫霝說文曰螟⿰虫霝桑蟲也或作蛉 拎手懸捻物 刢刢利使性

4 墩

人也䖅似虎而小出南海⿰令豬通俗文云豬糞曰⿰令豬⿰令瓜小瓜名出安南玲玲瓏玉聲⿰金霝似瓶有耳⿰霝頁瘦也矜
上同聆以耳取聲竛竛竮⿰令丁字類揰⿰令丁蘦菜名似葵可食軨車闌⿰車霝上同笭笭箐小籠零落也說文
曰徐雨也又姓出姓苑⿱霝女女字令漢複姓有令狐氏本自畢萬之後國語云晉大夫令狐文子即魏顆也自漢巳[3]後世本太
原至邁爲王[4]莽所誅邁少子始居墩煌也⿰鼠令⿰鼠冋⿰鼠令班鼠灵字類云小熱皃⿰食零食飽⿰霝鬼山海[5]經曰神名人面獸身或作
龗一曰龍名[6]龗說文龍也翎鳥羽閝門上小窻出崔浩女儀𪉖壏𪉖⿱零鳥⿱零鳥鳥鶴別名也昤昤曨日光出道書
駖駖蓋車騎聲䗅螢也⿱霝器器名又人名也蕶草蕶落也酃地名在湘東詅詅音相次出異字音彾
彾⿰彳甹行皃䯍䯍骨呤埤蒼云呤呤語也跉徐行不正皃出異字音狑犬名⿰犭霝上同爧火光皃泠泠澤
吳人云冰凌又力頂切怜心了黠皃⿲口口口衆鳥也從三口⿰舟霝⿰舟霝艦有屋舟名⿰扌霝插空又力定切澪水名𨿯健也⿰禾霝
草莖踈也秢穗熟玉篇云年也⿱艹領鼠耳草也本亦作苓獜玉篇云獜獜犬聲又力仁切岭山深皃魿
魚連行皃⿰令毛毛結不理玉篇云長毛也⿰食令餌也紷緷絲一百升又絮名⿱竹霝竹名砱石砱阾阪名⿰羊令羊子

[1]飲食 [2]鴂 [5]史 [7]漬

娙女字 牸牛名 ○寧安也說文曰願詞也亦州名禹貢古西戎地秦爲北地郡亦爲豳州又爲寧州奴丁切九 寍說文曰安也从宀心在皿上皿人之食飲器所以安人也 鸋爾雅曰鴂鴟鸋鴂又曰鴽子鸋 寗天也 聹告也[3]又乃定切 𨟊鄉名在馮翊谷口又奴顛切 𧓍螻蛣 嚀叮嚀 聹耳垢又乃鼎切 ○汀水際平沙也他丁切十四 訂平議也又徒頂他頂[4]二切 桯碓桯 綎絲綬帶綎 聽聆也又湯定切 廳廳屋 町田處又徒頂切 艼草名 罡罟也 鞓皮帶鞓也 䩍上同 縕縉屬說文緩也 綎上同 庁平庁 ○冥暗也幽也又姓禹後因國爲氏風俗通云漢有冥都爲丞相[5]莫經切十五 榠榠樝果木 銘銘記釋名曰銘名也記[6]名其功也 鄍晉邑 溟溟濛小雨又溟海也 顯眉目閒也 螟螟蛉桑蟲說文曰蟲食穀葉者吏冥冥犯法即生螟 𧳜小豚 猽上同 蓂蓂莢堯時生於庭隨月彫榮 瞑合目瞑瞑又亡千切 眷漬[7]米 嫇好皃 覭小見也又爾雅曰覭髳茀[8]離也又莫的切 瞑晦瞑也 ○瓶汲水器也又姓風俗通云漢有太子少傅瓶守後趙録有北海瓶子然二姓蓋別薄經切十五 缾上同 蛢以翼鳴蟲 鼮鼠子說文云鼮令鼠 屏三禮圖曰扆從廣八尺畫斧文今之屏風則遺象也又必郢切 荓荓馬帚似著又荓翳雨師名也 箳竹名 軿輜軿兵車 萍水上浮萍 洴上同 竮

九·二 韻下平 三十四 陳晃

竛竮又普經切 郱 郱城在東莞 𤱶[9] 織蒲爲器 洴 莊子曰有洴澼絖造絮者也 簈 簈篂別駕車名[10] 。熒 光也
明也戶扃[11]切六 褮 衣開孔也又音縈鬼衣也 螢 螢火禮記云季夏月腐草爲螢一名丹良又名蛢 滎 小水也又水名在鄭州
瞥 瞥惑也又余傾切 眴 貨也 。扃 戶外閉關古螢切八 駉 駿馬也詩曰駉駉牡馬傳云良馬腹幹肥張也 駫 馬肥
盛也 坰 野外曰林林外曰坰 向 古文 䶄 䶄鼩班鼠 絅 引急也 檺 木名
十六。蒸 衆也進也君也又麁曰薪細曰蒸說文曰析麻中幹也又爾雅曰冬祭曰蒸經典亦作烝煑仍切七 蒸 說文同上 烝
說文曰火氣上行也 脀 熟也 蒸 葅也 篜 竹也 玉篇云 𦙶[12] 凝兒 。承 次也奉也受也又姓後漢有承宮署陵切[13]二 丞
佐也翊也物理論曰高祖定天下置丞相以統文德立大司馬以整武事爲二府也 𨍏[14] 軺車後登也出字林 。澂 清也直陵切五
澄 上同 瞪 直視也又直庚切[15] 憕 平也又竹萌切[16] 懲 戒也止也 。陵 大阜曰陵釋名曰陵崇也體崇高也又犯也侮也侵也
也遲也又漢複姓六氏吳延陵季子之後有延陵氏高士傳有於陵子仲戰國策有安陵丑呂氏春秋有鈆陵卓子漢有高陵顯秦昭王弟高
陵君之後楚有公子食采於鄧陵後以爲氏力膺切十八 淩 歷也又水名出臨淮亦姓吳將有淩統 夌 說文越也 綾 綾紈 凌

9 斷
10 車輪
12 𦙶
13 三
14 𨍏

3
邘

冰凌朕上同淩芰也菱蔆並同倰伶也鯪臨海風土記曰鯪魚腹背皆有刺如三角蔆也崚崚嶒山皃

殑殑殑鬼出皃𡋯[1]去也餕說文曰馬食穀多氣流四下也本力甑切掕止也又力證切[2]祾祭名神靈之福𣢐欺𣢐

俗○膺胷也親也於陵切四應當也又姓出南頓本自周武王後左傳曰邘[3]晉應韓武之穆也漢有應曜隱於淮陽山中與四皓俱

徵曜獨不至時人語之曰南山四皓不如淮陽一老八代孫[4]劭集解漢書䗀寒蟬鷹鳥名月令曰驚蟄之日鷹化爲鳩○凭

依几也扶冰切五馮周禮馮相氏鄭玄云馮乘也相視也世登高臺以視天文又防戎切憑憑託淜說文曰無舟渡河也凜

水聲○冫水凍也說文本作仌筆陵切三冰上同說文本魚陵切掤說文曰所以覆矢也詩云抑釋掤忌○蠅蟲也詩云

營營青蠅余陵切一○繩直也又繩索俗作繩食陵切十二譝稱譽憴上同鱦小魚乘駕也勝也登也守也

說文作椉覆也又姓漢有乘昌爲黃棗侯椉上同兖古文澠水名在齊左傳云有酒如澠又澠緬二音溗波前後相淩也

塍稻田畦也畔也塖上同騬犗馬○升十合也成也又布八十縷爲升識蒸切五昇日上本亦作升詩曰如日之升升出

也俗加日陞登也躋也勝任也舉也說文本从舟經典省作月他皆倣此又漢複姓何氏姓苑有勝屠公爲河東太守又書證切

九·五十 韻下平 三五 吳益

4 陾 之韻如之切 又音仍

7 氐

8 嬹 女字

10 殑

13 砅

抍 上舉易曰抍馬壯[5]吉說文音蒸上聲 ○仍 因也就也重也頻也又姓出何氏姓苑如乘切七 芿 草名謂陳根草不芟新草又生相因芿也所謂燒火芿者也 䚮 厚也 迈[6] 往也 礽 福也 扔 引也 ⿰木乃 木名 ○兢 兢兢戒愼居陵切二 矜 本矛柄也巨巾切字樣借爲矜憐字 ○徵 召也明也成也證也經典省作徵又姓吳太子率更令河南徵崇陟陵切四 ⿰徵阝 古國名 癥 腹病

⿰方斤 旌旗柱說文本丑善切旌旗杠皃 ○繒 繒帛又姓漢功臣表有繒賀疾陵切六 鄫 國名也在琅邪 驓 馬名四骹皆白 橧 豕所寢也 竲 高皃 嶒 崚嶒山皃 ○凝 水結也又成也魚陵切一 ○興 盛也舉也善也說文曰起也从舁从同同力也亦州名戰國時爲白馬玄[7]之地漢置武都郡魏立東益州梁爲興州因武興山而名虛陵切又許應切三 嬹[8] 說文曰[9]地名也 ○稱 知輕重也說文曰銓也又姓漢功臣表有新山侯稱忠處陵切又昌證切三 爯 并舉也 偁 宣揚美事又言也好也揚也舉也足也

○殑 殑[10]殑欲死狀其矜切又其拯切二 ⿱艹琴 草名根可緣竹器又音琴 ○殑 殑殑山矜切一 ○硱[11] 硱磳石皃綺兢切又苦本切一 ○僜 醉行皃丑升切三 ○夌 亭名在吳興孫權射虎處又丑拯切 睖 睖瞪直視 磳[12] 硱磳仕兢切一 ○砅[13] 水擊山巖聲披冰切一

十七○登 成也升也進也衆也說文曰上車也亦州名漢文帝封悼惠王子爲牟平侯即此地也周爲登州取文登山而名又姓蜀

4 闍

有關中流人始平登定都滕切八 璒石似玉也 燈燈火 簦長柄笠也 毲毲毲 ⿱𡗗登金⿱𡗗登草 㽅瓦器 䳾䳾鶝鳥也
○楞四方木也魯登切六 棱上同又威棱又柧棱木也 稜俗 輘車聲 倰倰儯長皃 祾祭也福也靈也 ○僧沙門
也梵音云僧伽蘇增切三 鬙鬅鬙髮短 ⿰曾色⿰瞢色⿰曾色神不爽也 ○崩說文云山壞也北滕切一 ○增益也加也重也又埋幣曰
增作[1]滕切十二 憎憎疾 磳硱磳石皃又士[2]殑切 曾則也亦姓曾參之後漢有尚書曾偉古作曾又音層 矰弋射矢也 罾
魚網 熷蜀人取生肉於竹中炙 翻舉也又飛鳥皃 竲巢高 橧禮運曰夏則居橧巢也 譄加言 ⿱艹曾菎草 ○瞢
目不明武登切四 ⿳艹罒⿱冖心爾雅云存存⿳艹罒⿱冖心⿳艹罒⿱冖心在也 ⿰瞢色⿰瞢色⿰曾色神不爽也 ⿳艹罒夂穢也 ○層重屋也昨[3]棱切又作滕切三 曾
經也又作滕切 ⿰目曾目小作態瞢⿰目曾也 ○朋朋黨也五貝曰朋書云武王悅箕子之對賜十朋也步崩切六 堋射堋 鵬大鳥
棚棚門[4]又薄庚切 倗輔也又姓漢書王尊傳云南山羣盜倗[5]宗等又匹等切 鬅鬅鬙被髮 ○弘大也又姓衛有弘演胡肱
切三 鞃鞃鞃軾中靶也 苰藤苰胡麻也 ○肱臂也古弘切二 䩑軾中靶也 ○薨說文云公侯卒也呼肱切五 儚說文
曰惛也 顭惛迷也 ⿺風薨⿺風薨大風也 ⿰氵薨水聲 ○能工善也又獸名熊屬足似鹿亦賢能也奴登切又奴代奴來二切一 ○騰

八·九十五　韻下平　三十六　吴益

6 二　7 䐪　9 渤　11 中

馳也躍也說文曰傳也一[6]曰犗馬也徒登切十一　滕國名亦姓滕侯之後以國爲氏　縢行縢　幐囊可帶者　螣螣蛇或曰食禾蟲
藤藤蔓又藤蘿　謄移書謄上　驣黑虎也　儯倰儯長也　𤺙𤺙痛　䲢魚名蒼身赤尾　𥉮[7]美目皃
○恒常也久也亦州名春秋時鮮虞國地漢爲恒山郡周武帝置恒州因山以爲名爾雅曰恒山爲北嶽又姓楚有大夫恒思公胡登切三[8]
㮓古文　峘爾雅曰小山岌大山峘郭璞云岌謂高過　○𢱢急也淮南子云大弦𢱢則小弦絕也古恒切三　緪大索　縆上同
○鼟鼟鼟鼓聲他登切四　膯飽也吳人云出方言　𣸭小水相添益皃　𪔳上同　○漰漰漖[9]水擊聲普朋切二　堋堋振動皃
十八○尤過也甚也怨也多也說文異也又姓出姓苑羽求切九　𣏾木名　腄縣名在東萊　疣結病也釋名曰疣丘
也出皮上聚高如地之有丘也　肬上同　䘤籀文　沋水名在高密　郵境上[10]舍亦督郵古官号釋名曰督郵主諸縣罰
負郵殿糾攝之又姓西京雜記有郵長倩　訧過也博雅曰惡也　○憂愁也又姓出姓苑於求切十七　優饒也亦優倡又姓史
記楚賢臣優孟　瀀瀀渥　𢕟優游本亦作優詩云慎爾優游　麀牝鹿　𪊨上同　櫌鉏也又打塊槌　鄾邑名在鄧　𢆶
微小　怮含怒不言　嚘歐嚘歎也　耰覆種出玉篇　獶獶狻犬名　蘷菜名　纋笄㤑[11]　㱊氣逆　妖鼻目閒恨

1 畱　2 駵　4 𪕋　6 鰡　7 鬮

劉 尅也陳也殺也亦劉子木名實如梨核堅味酸美出交阯又姓出彭城沛國弘農河間中山梁郡頓丘南陽東平高平東莞平原廣陵臨淮琅邪蘭陵東海丹陽宣城南郡高堂高密彥陵長沙河南等二十五望並自陶唐氏旣衰其後劉累學擾龍事孔甲范氏其後也唯河南一望卽虜姓也後魏書官氏志獨孤氏後改爲劉氏力求切四十四 留 住也止也說文作畱[1]亦姓出會稽本自衞大夫留封人之後後漢末避地會稽遂居東陽爲郡豪族吳志有左將留贊 蒥 蒥蒦藥名 勠 并力也又力逐切 摎 絞縛殺也又姓魏有河內太守摎尚 鶹 鶹離鳥名少美長醜亦作流 騮 驊騮周穆王馬 駵[2] 赤馬黑髦尾 疁[3] 田不耕而火種 䊍 粰䊍饊也 流 演也求也覃也放也說文曰水行也 𣲙 古文 飂 高風也 飀 上同 瘤 肉起疾也釋名曰瘤流也流聚而生腫也 榴 石榴果名博物志云張騫使西域迴所得 鎏 美金說文曰垂玉也冕飾今典籍用下文旒 旒 旗旒廣雅天子十二旒至地諸侯九旒至軫大夫七旒至轂士三旒至肩 瑠 瑠璃 𪕋[4] 食竹根鼠又音柳 𤢪 上同 劉 說文云竹聲也又音柳 䉧 竹名出玉篇 瀏 水清又音柳 飀 風行聲又音柳[5] 鰡[6] 魚名 鰡 同上 嵧 岣嵧羅君山峯 橊 扶橊藤名緣木生其味辛可食其花實似蒟醬 鎦 殺也 綹 綺別名也 𢯭 斬刺 鬮[7] 殺也 懰 烈也 餾 飯氣蒸也又力救切 蟉 蜉蟉蟲本作蜉蝣蝣音游 𥛱

九·六二　韻下平　三十七　宋琚

爾雅曰衣裗謂之裞郭璞云衣縷也齊人謂之攣或曰袿衣之飾鶹飛鸓鳥名䴆麻也硫石硫黃藥名遛逗遛䚧
觩䚧角皃憀悲恨也又音聊鏐美金曰鏐即紫磨金也○秋春秋說文曰禾穀熟也又姓宋中書舍人秋當七由切十七秌
古文鞧車鞧緧上同說文曰馬紂也緌上同周禮曰必緌其牛後鞦亦上同又鞦韆繩戲古今藝術圖曰鞦韆北方山戎戲以習輕
趫者湫水池名北人呼鶖秃鶖鳥亦作鵚鰍魚屬亦作鰌楸木名萩蕭似蒿也䵸爾雅曰鼁䵸蟾諸郭璞云似蝦
蟆居陸地淮南謂之去蚥龝上同蟗爾雅曰次蟗鼅鼄⿱秋隹雞雛篍說文云吹筩也玉篇云吹簫也趥說文曰行
皃○猷謀也已也圖也若也道也說文曰玃屬一曰隴西謂犬子爲猷以周切四十五猶上同又尚也似也悠遠也遐也思也
憂也油水名出武陵又油脂由從也經也用也行也又姓史記有由余攸所也又姓北燕尚書攸邁蕕水蕕草又臭草浟
水流皃𠧟氣行皃或作逌𢋅歋𢋅以手相弄冘冘豫不定𨘋行也輶輶車又易受移授二切蘨草盛也
秞禾盛皃蚰蚰蜒蝣蜉蝣朝生夕死櫾木名出崐崘山楢積也又音酉莤水草一名軒于斿旌旗之末垂者
游浮也放也又姓出馮翊廣平前燕慕容廆以廣平游邃爲股肱遊上同逕古文卣中樽樽有三品上曰彝中曰卣下曰罍

3 息
4 甹
5 木
6 甹枿
△⿱艹卣 木韻似由切又音由
△噍 笑韻才笑切又子由切

䚻從也鮋鮂鮋小魚鯈上同抌[1]抒臼出周禮揄上同又音俞舀上同又以沼切偤侍也出文字辨疑䍃
瓦器䤋遺玉又弋九切邮亭名在高陵繇猶也洩皁[2]也⿸疒酉病也又臭[3]惡肉囮鳥媒⿴囗繇上同庮久屋木周
禮曰牛夜鳴則庮鄭司農云庮朽木臭也又弋久切甹[4]空也說文云[5]生條也引書云若顛木之有甹[6]枿[7]又胡感切⿰木迪上同⿰卣見
下視深也⿱艹卣說文草也。牛大牲也世本曰黃帝臣胲作服牛史記曰紂倒曳九牛又姓出隴西本自殷周封微子於宋其裔司寇牛
父師師敗狄長丘死之子孫以王父字爲氏風俗通云漢有牛崇爲隴西主簿馬文淵爲太守羊喜爲功曹涼部云三牲備具語求切一。遒
盡也即由切又自秋切十一鮂烏化爲魚頂上有細骨如禽毛⿰耳秋耳鳴聲蝤蝤蛑似蟹而大生海邊也又自秋切啾啾唧
小聲逎縣名在燕又迫也促也⿱髟酋接髮揂聚也揫束也聚也湫水名又子小切[8]⿱秋隹聚也又束皋也。酋長也
說文曰繹酒也禮有大酋掌酒官也自秋切十⿰忄酋慠也遒盡也又即由切⿰耳秋耳中[9]聲也又即由切崷崷崪山峻皃鰌
魚名二月有之蝤蝤蠐蝎也煪煪熮⿰角酋雉射收繳角也⿱艹酒⿱艹酒液周禮音糟。脩脯也又長也又姓漢有屯騎校尉脩炳姓
苑云今臨川人息流切七修理也說文飾也羞恥也進也又致滋味爲羞𩜨𩜨饡⿰飠修上同䡴䡴輊載喪車樇木名

九·五十　韻下平　三大　趙中

10 惏

△㲃 廣韻烏候切 又市由切

○抽 拔也引也或作紬紬引其端緒也丑鳩切八 搊 上同 掐 上同見說文 婤 好皃又音周 瞗 失意視皃 惆 惆悵 瘳 病愈 妯 詩曰憂心且妯妯動也悼也 ○惏[10] 戾也去秋切三 惆 上同 𣪠 𣪠屈 ○犨 白色牛說文曰牛息聲也又姓風俗通云晉大夫郤犨之後呂氏春秋云陳有惡人焉曰敦洽讎麋狄顙廣額顏色如漆陳侯悅之赤周切二 犫 上同 ○周 周帀也又至也備也徧也密也又姓出汝南廬江尋陽臨川陳留沛國泰山河南等八望本自周平王子別封汝川人謂之周家因氏焉一云赧王為秦所滅黜為庶人百姓稱為周家因而氏焉魏官氏志獻帝次兄普氏後改為周氏又漢複姓魏初徵士燉煌周生烈晉武帝中經簿云周生姓烈名職流切十 州 州郡周禮曰五黨為州又姓左傳晉大夫州綽 ⿰米周 粖⿰米周米粉餅出字林 輈 重載也 洲 洲渚也爾雅曰水中可居曰洲 賙 瞻也 喌 呼雞聲又音祝 舟 舟船墨子曰工倕作舟呂氏春秋曰虞姁作舟世本曰共鼓貨狄作舟二人並黃帝臣又姓左傳晉大夫舟之僑 郮 黃帝後所封國 婤 女字左傳衞襄公有嬖人婤姶又音抽 ○雔 匹也仇也市流切十 㲃 懸擊也 敼 上同說文棄也 鮋 魚名又直留切 酬 周也報也以財貨曰酬又酬酢 醻 上同說文本作醻主人進客也 詶 以言荅之又之又切 雔 說文曰雙鳥也又爾雅曰雔由樗繭郭璞云食樗葉俗作讐 䰩 惡也棄也又音醜 ⿰壽阝 蜀江原地[12]又音儔 ○柔 順也說文曰[13]木曲直也耳

2 瞉 1 耎　　8 訢

由切十六鍒鐵之耎[1]也⿰田柔良田騥馬青驪也蝚爾雅云蛭蝚至掌又云蝚蛖螻蛭音質蹂踐蹂又[2]而九切葇香葇菜鞣熟皮鰇魚名瑈玉名也見聲類腬肥皃鶔鸓鶔鳥揉捻也又順也詩曰揉此萬邦又[3]汝[4]又切⿱髟柔馬之繫鬣⿰柔阝鄉名⿰柔頁[5]面和○收斂也捕也又夏冕名史記曰堯黃收純衣俗作収[6]式州切一○丘聚也空也大也又丘陵爾雅非人爲之曰丘郭璞云地自然生說文作北亦姓出吳興河南二望風俗通曰魯左丘明之後又云齊太公封於營丘支孫以地爲氏代居扶風漢末丘俊持節江淮屬王莽篡位遂留江左居吳興也又漢複姓四十四氏左傳齊有耤丘子鉏梁丘據閭丘嬰莒有著丘公渠丘公後並因邑爲氏晉有虞丘書爲乘馬御祖氏家記有太中大夫東安於丘淵史記有狐丘子林楚有苞丘先生齊桓公至麥丘麥丘人年八十三祝桓公封於麥丘其後氏焉孟子[7]齊有曼丘不擇又有咸丘蒙隱居列仙傳有浮丘公梁州刺史莊丘黑魯莊公庶子食采於瑕丘其後氏焉齊有勇士菑丘訢[8]神仙傳漢有稷丘子又有廩丘充隱居齊魯之閒楚有列威將軍何丘寄楚文王庶子食采於軒丘其後爲氏周宣王支庶食采於謝丘其後爲氏漢有趙人吾丘壽王又有曹丘先生侍御史余丘炳鉅鹿太守莊[9]丘勝以勇力聞安丘望之注老子列仙傳有高邑人商丘子胥藝文志有桑丘公漢有吳人龍丘萇隱居不屈濟北蛇丘惑爲河內太守魏有幽豫二州刺史毋丘儉吳有平原陶丘洪晉有

九·七十六　韻下平　三九　宋琚

20 誺　14 鬮　11 迫

雍丘洛以武力聞何氏姓苑云漢有司隷校尉水丘岑古有蔡[10]丘欣喪馬淮陽東海北丘氏又有羌丘常丘崎丘獻丘陽丘逢丘厚丘泥丘等

氏又虜複姓二氏後魏獻帝次弟丘敦氏後改爲丘氏丘林氏後改爲林氏去鳩切六 丠古文 蓲烏蓲草名 蚯蚯蚓蟲名禮記孟夏

月蚯蚓出 邱地名 訄追[11]也 ○䬕風吹皃匹尤切七 秠一稃二米又芳鄙切 ⿱宀⿰爿憂寐作聲 衃凝血 肧孕一月又普回[12]普來二切

紑說文云白鮮衣皃又甫鳩切 醅醉飽又普裴切 ○鳩鳥名又聚也居求切十 艽秦艽[13]藥名又居由切 ⿰九力大力 朻

高木又居虯切 ⿰車丩車軫長也 ⿸疒丩腹中急痛又古巧切 鬮[14]鬮[15]取也又音糾 丩相糾繚也 龜又居危[16]切 勼說文聚也 ○不

弗也又姓晉書有汲郡人不準盜發六國時魏王冢得古文竹書今之汲冢記也甫鳩切又甫九甫[17]救二切五 哹吹氣 紑詩傳云潔鮮貌

𣪘未燒瓦器 ⿰石鳥⿰石鳥鳩鳥也 ○搜索也求也聚也所鳩切十七 搜上同凡從叜者作叜同 餿飯壞 颼颼飀風皃 溲

小便 鎪馬金[18]耳飾 廋匿也論語曰人[19]焉廋哉 蒐茅蒐草又春獵曰蒐 蓃鷄腸草也 獀獿獀南越人名犬 鱐乾魚

鄋北方國名 螋蛷螋蟲亦名蠷螋 騪騚騪蕃中大馬 犙牛三歲也又息含切 醙白酒 𧽉趨𧽉不進 ○搊手搊楚鳩

切七 搯俗做此 篘酒篘 𨣂上同 㮲板木不正 𥺬𥺬粉 謅謅諏[20]陰私小言 ○鄒縣名屬兖州又姓漢有鄒陽側

△聚 本韻直由切又側鳩切

3 髤

6 藸

鳩切十四鄹上同郰説文云孔子之鄉也論語作鄹騶廄御亦騶虞仁獸又姓越王之後齱齱齵齒偏陬鄉名一曰隅也

緅青赤色也又子侯切𦪇䑨𦪇海船名𨄔獸足也菆草名又矢之善者説文曰麻蒸也一曰蓐也棷薪之別名又叉[1]

苟切箃竹柴別名𠻝小兒聲𢉜聚[2]麻○愁憂也悲也苦也士尤切二𤃜腹中有水氣也○休美也善也慶也息也又木

名許尤切十三貅貔貅猛獸𤝪上同鵂鵂鶹鳥也𩦎馬名𤵸下病庥爾雅曰庇庥廕也郭璞曰今俗呼樹蔭爲庥

脙瘠也俗作脙又音求䐢上同髤周禮駹車有髤飾注謂髤漆赤多黑少也或作髹髹[3×]上同咻口病聲也溲

汗面或作膄○囚拘也繫也似由切六泅人浮水上汓古文莤莤芝瑞[4]草一歲三華又音由慒慮也又在冬切鮂

白鯈○儔儔侶也直由切二十七檮剛木也躊躊躇幬説文作幬禪帳也𢃳上同裯禪被𠷎咨也説文

誰也又作𠷎疇誰也等也壟[5]也田疇也又疇昔説文作疇耕治之田也紬大絲繒又音抽綢綢繆猶纏綿也稠穊也多也

燽著也[7]薵薵藸[6]葱名鯈魚子又魚名也籌籌筭𪇘雉爾雅云南方曰𠷎字或從鳥𪈐上同聚字統云姓

也又側鳩切椆[8]木名不凋怞朗也𦡀𦡀腊脯也懤愁毒皃鮋魚名又音由𩙗風颸菗荼菜𨞡

影周 蕭韻徒聊切 又音綢

13 病

蜀江原地又上牛切篙說文云籌箸也○輈車轅也張流切十一盩[9]盩厔[10]縣在京兆府水曲曰盩山曲曰厔又云引擊也
啁啁噍鳥聲譸譸張誑也爾雅亦作侜侜壅蔽也騆騆騪蕃中大馬調朝也詩云惄如調飢本又音條咮
曲喙又張救切⿺走舟⿺走舟⿺走叟行不進也⿰矢舟射鳥箭也⿰弓舟上同○裘皮衣詩云取彼狐狸爲公子裘又姓本作仇避讎改作裘巨鳩
切四十四裘上同仇讎也又姓左傳宋大夫仇牧之後又漢複姓有章仇仇尼二氏隋有章仇大翼善天文⿱九口漢書地理志⿱九口
猶縣屬臨淮郡又詩曰⿱九口矛鋈錞傳云⿱九口三隅矛又說文曰氣高也厹上同求索也又姓三輔決錄云漢有求仲[11]⿱宀求上同頄
頰閒骨也又求龜切蛷蛷螋蟲⿱求䖵上同說文云多足蟲也逑匹也球美玉說文曰玉磬也璆上同又渠幽切艽
遠荒之地詩云至于艽野又獸蓐也鼽月令云人[12]多鼽嚏說文云[13]寒鼻塞也莍椒也⿰求阝地名賕[14]財賄殏殏也梂
說文曰櫟實也一曰鑿首朹爾雅曰朹繫梅郭璞云朹樹狀似梅子如指頭赤色似小桳可食⿱林九荆⿱林九亭名俅戴[15]也脙瘠也
又音休⿰月咎上同馗爾雅曰中馗菌今土菌可食又音逵紌急引也絿上同⿰谷九⿰石叟⿰谷九亭名扏緩[16]也銶鑿屬⿰求頁
廣蒼云戴也⿱竹求籠也毬毛毬打者⿰足求⿰足求蹋也犰犰狳獸似魚蛇尾豕目見人則佯死⿺走求違也訅安也謀也釚

弩牙捄長匕皃詩曰有捄棘匕傳云捄長皃肒乾肉醬也𢗎怨仇也又其九切苀白茈苀[illegible]迫也又去牛切。浮汎也縛[2]謀切二十四

呼吹氣又[3]拂謀切桴齊人云屋棟曰桴也枹鼓槌箁竹有文者罦覆車網也罘上同琈玉名

粰粰䊩䳕䳕鳩罘兔罟䱐魚名涪水名在巴西芣芣苢車前也江東謂之蝦蟆衣蜉蚍蜉大螘烰火氣爾雅曰烰烰烝也郭璞云氣出盛

鉘鉘鏂大釘𡖊多也䒄姓也出纂文艀舟也棓杖也又音棒掊把也

䤫小缶䨍雨雪皃。謀謀計也又姓風俗通云周卿士祭公謀父之後莫浮[4]切二十四鴾魚名雺天氣下地

不應又莫[5]貢切又莫紅切眸目童子牟說文曰牛鳴又過也陪也進也大也亦牟平縣屬登州又姓風俗通云牟子國祝融之後

後因氏焉漢有太尉牟融又漢複姓三氏東萊先賢傳有兗州刺史平昌曹牟君卿禮記云魯有賔牟賈何氏姓苑有彌牟氏侔等也

均也齊也矛戈矛說文曰酋矛也建於兵車長二丈象形吳越春秋曰越王以屈盧之矛步光之劒獻於吳王𢦏古文鍪兜鍪

首鎧說文曰鍑屬也鞪上同漢書云鞮鞪麰大麥又短粒麥䅓上同堥堆堥小隴劺勉也𨡓𨡓酳揄人醬

蝥食穀蟲說文本又作蟊蟊食艸根者吏抵冒取民財則生蟊上同說文曰蠿蟊也鶜鶜鷂鳥也鬏[6]鬏髮至眉或作髳𦃄

九·六　韻下平　四十一　吳楷

。呼 本韻縛謀切又拂謀切

8 獳

縛也悴愛也鴾鶵之別名蛑蝤蛑似蟹而大繆絲千[7]累。

十九。侯 候也何也美也辟也爾雅曰公侯君也又乃也又周禮司裘氏王大射則共虎侯熊侯豹侯諸侯則共熊侯豹侯卿大夫則共麋侯皆設其鵠鄭司農云方十尺曰侯四尺曰鵠說文本作矦从人从厂象張布之狀矢在其下又姓出上谷河南二望亦漢複姓八氏夏侯氏出自夏禹之後杞簡公爲楚所滅其弟佗奔魯魯悼公以佗出自夏后氏受爵爲侯謂之夏侯因而命氏後有去魯之沛者分沛立譙遂有譙魯二望羅國爲楚所滅其後号羅侯氏韓詩[8]外傳云周宣王大夫韓侯子有賢德史記魏有屈侯鮒左傳曹有豎侯獳漢有尚書郎相侯雋吴有張昭師白侯子安又虜三字姓二氏周書有侯莫陳氏侯崇傳云其先魏之別部也又周有大將軍伏侯龍氏名恩戶鉤切二十四 矦注見上 矦古文 帿射侯見上注俗從巾 鄇地名 ⿰侯頁⿰侯頁顝大言 鍭箭鍭 銗鏂銗鋞鍛 猴獼猴猱也 糇糇粮 翭說文曰羽本也一曰羽初生皃 ⿰羽鳥上同 餱乾食 喉咽喉 篌箜篌 鯸鯸鮔[9]魚名 ⿰木侯⿰木侯桃又⿰木侯櫟木也 𧮫谷名在成皐亦作⿰谷侯 瘊疣瘻 ⿰虫侯蟲名 葔葔莎草 骺骨骺 睺半盲又胡遘切 ⿰衤侯⿰衤侯褕小衫。謳吟也歌也烏侯切十六 嘔嘔唲小兒語也 歐歐陽複姓出長沙郡 甌瓦器亦甌閩又姓出姓苑 區姓也古善劒區治子之後今郴州有之

1 苦　2 恪　5 傴　6 剅字當刪　7 螯

漚浮漚鷗水鳥說文云水鴞也曉深目皃又若侯切瞘上同櫙木名爾雅曰櫙荎今之刺榆藲上同醧酒甘
剾剾[2]剜又格侯切䙔小兒涎衣鏂鏂銗膒久脂○羺羺[3]羖胡羊奴鉤切四獳犬怒䨲兔子䰭鬼彫聲䰭䰭不
止也出說文○樓亦作婁重屋也亦姓夏少康之裔周封爲東樓公子孫因氏焉漢末樓奏自譙徙居會稽因以東陽爲望也又虜複姓有
蓋樓氏賀樓氏落侯切二十九婁空也又星名亦姓邾婁國之後漢有婁敬又漢複姓五氏左傳齊大夫工婁灑漢書藝文志有齊隱士贛
婁子著書何氏姓苑云母婁氏今琅邪人又有精婁氏邾婁氏又虜複姓二氏後魏獻帝次弟爲伊婁氏又有匹婁氏後並改爲婁氏說文作
婁今作婁並同䣚鄉名又力于切𨻻縣名甊㼴甊土瓜蔞爾雅曰購蔏蔞蔞蒿也生下田初出可啖詩云言采其蔞
又力朱切𠟡剅劅[4]小穿貗求子豬也𦎼土𦎼似羊四角其銳難當觸物則斃食人出山海經僂傴[5]僂又力主切艛舟名耬
種具髏髑髏膢八月祭名又力于切甊㼴甊苦甊廔麗廔綺窻剅[6]小穿又音兜摟探取嘍嘍㖢鳥聲瞜
視皃螻螻蛄一名仙蛄一名石鼠爾雅曰螜[7]天螻又曰蟝蛖螻簍籠也鞻鞮鞻氏掌四夷之樂慺慺慺謹敬之皃鷜
爾雅曰鵱鷜鵞即今之野鵞𩸞魚名褸衣襟又力主切遱說文曰連遱也謱說文云謰謱也○涑澣也速侯切八鏉

8 擊

△諏 廣韻子于切又子侯切

10 鴡

刻鏤 鞍 軟皮 鞦 上同 鬏 𩮀鬏白頭人也 撖 摟撖取也出陸氏字林 漱 冷漱 嫯 女字○彄 弓彄恪侯切八 摳 摳衣挈衣也 劻 剜裏也又乙侯切 韝 射韝臂捍也又古侯切 ⿰巾句 指⿰巾句 滱 水名在北地又音寇 夠 多也 瞘 目深瞘曉○齁 齁鼾鼻息也呼侯切二 ⿰口鳥 ⿰口鳥鳥青色似鵶鳩也○⿰糸最 麻幹也子侯切五 緅 青赤色也再染曰緅三入成纁 陬 隅也又聚居 棷 薪別名 掫 說文云夜戒守有所繫[8]也○偷 盜也爾雅云佻偷也謂苟且託侯切四 鍮 鍮石似金陶之則分 鋀 上同 媮 薄也又巧黠也○頭 說文云頭首也釋名云頭獨也於體高而獨也度侯切十五 剅 劅剅足節又刀剜物 投 託也弃也合也說文擿也亦姓郈伯周畿內侯柏王伐鄭投先驅以策其後氏焉漢有光祿投調又漢複姓有投壺氏風俗通云晉中行穆子相投壺因以氏焉姓苑云東莞人也 ⿱俞麻 字書云麻一絜說文云⿱林糸屬或作⿸麻俞 骰 骰子博陸采具出聲譜 𣪠 遥擊[9]皃 坄 陶窯 牏 築垣短版又羊朱切[10] 醽 醬醽醬也 ⿸广俞 ⿸广俞行圊廁 揄 引也又欲朱切 窬 穿也又羊朱切 緰 布也 歈 歌也又羊朱切 ⿰豆鳥 鴢頭鵃似鳧脚近尾○齵 齱齵五婁切又牛俱切一○鉤 曲也又劒屬字樣句之類並無著厶者古侯切十八 ⿰句刂 說[11]文云鬬西呼鎌爲⿰句刂也 溝 溝渠爾雅云水注谷曰溝釋名曰田閒之水曰溝溝搆也縱橫相交搆也 褠 襌衣 韝 臂捍又苦

1 兩　2 鉬　3 士　4 裒　7 箬　○棷厚韻倉苟切又側溝切

侯切緱緱氏縣屬河南府又姓孝子傳陳留緱氏女名玉亦刀劒頭纏絲爲緱篝燻籠篘篘篘桃枝竹名鼁鼁鼁似龜說文其俱切鼅屬頭有兩角出遼東亦作𪓰⿰口冓唱⿰口冓⿰口冓⿰句瓜⿰句瓜甊⿰舟句⿰舟句艛船名冓數名十秭曰冓枸曲木又木名也句說文曲也又高句驪遼東國名又句龍社神名亦姓史記有句疆又九遇古候二切軥車軥心木又夏后之輅曰軥也夠多也鴝鴝鵒鳥又音衢○兜兜鍪首鎧也當侯切十侸佔侸垂下皃佔丁兼切吺輕出言也篼飼馬籠也⿰目豆⿰目豆瞜目汁凝瞜赤支切剅小穿又音婁或作⿰豆句[2]⿰豆見說文云目蔽垢也⿰豆句小裂皃郖說文云弘農縣庾地⿱髟兜⿱髟兜⿱髟殼白頭○⿰聚刂細斷徂鉤切二[2]鯫魚名又七苟切又小人之皃也[3]○裒聚也薄侯切九[4]⿱髟咅說文云髮皃[5]捊說文云引取也抔手掬物也掊詩曰曾是掊克謂聚斂也⿰月咅豕肉醬也餢餢饇曰食也[6]錇說文云小缶也箁說文云竹箬也[7]○諏就也子侯切一○呣慮也亡侯切一○

二十○幽深也微也隱也亦州名釋名曰幽州在北幽昧之地故曰幽禹貢冀州之域舜以冀州南北廣大分燕北爲幽州又北方曰幽都又姓出姓苑於虬切七泑澤在崑崙山下呦鹿鳴⿰幼欠上同⿰虫幽⿰虫幽蟉龍皃又一糾切[8]怮說文憂皃𢆶

八○卅一　韻下平　四十三　曹榮

微也。虯無角龍也渠幽切又居[9]幽切七 觩匕曲皃 璆玉名 觓角爵皃 鷚爾雅云鷚天鸙郭璞云大如鷃雀色似鶉好高飛作聲又音繆 蟉蛐蟉龍皃 ⿰牛求角皃。彪虎文也甫休切三 髟髮垂皃又標彡二音 ⿱馬馬馬走皃又音標。鏐紫磨金也力幽切二 蟉蛐蟉又翹糾切。樛說文曰下句曰樛詩曰南有樛木傳云木下曲也居虯切五 丩說文曰相糾繚也今作丩同 ⿱艹丩[10]草之相糾繚也 朻說文云高大[11]也 ⿸疒丩腹急病也。滮水流皃亦作淲皮彪切三 瀌雨雪皃又音鑣 颩風皃。䅵禾生也子幽切一。犙牛三歲山幽切一。聱聱取[12]魚鳥狀語蚪切又五苞切一。飍驚風香幽切又[13]風幽切二 烋美也福禄也慶善也出玉篇又火[14]交切。繆詩傳云綢繆猶纏緜也說文曰枲[15]十絜也武彪切又目謬二音三 鷚天鸙鳥也又音虯 ⿱敄糸縛也

二十一。侵漸進也說文作㑴又姓三輔決録有侵恭七林切七 㑴上同 駸馬行疾也 浸浸淫也又子鴆切 ⿰豆𠬶野生豆也 ⿰衤𠬶錐也 綅說文曰絳綫也詩曰貝冑朱綅又子心息廉二切。尋長也又尋常六[16]尺曰尋倍尋曰常山海經曰尋木長千里生河邊又姓晉有尋曾字子貢徐林切十六 ⿰彳尋上同出說文 鐔劒鼻又姓漢有鐔顯又覃淫二音

△飍 本韻香幽切 又風幽切
△虯 本韻渠幽切 又居幽切
10 茻
11 木
12 耳
16 八

1 肸　4 覸　7 玏　8 ⿰土斗·⿰土斗　9 蕁

潯傍深又水涯也鱏魚名口在腹下又音淫橝木名似槐鄩地名在鞏又姓左傳有周大夫鄩肸[1]隯小堆阜也

膞姓也出纂文⿰女風姓也姓苑云汝南人襑衣博大也枔木葉撏取也灊水名出巴郡又才心昨鹽二切鬵

鼎[2]大上小下又才心昨鹽二切⿰糸尋續也○林林木爾雅曰野外謂之林說文曰平土有叢木曰林又姓風俗通曰林放之後力尋切八

琳玉名淋以水沃也臨莅也大也監也又姓後趙錄有秦州刺史臨深也痳痳病箖箖箊竹名瀶水出皃說文云

谷也一曰寒也霖久雨○琛琛寶也丑林切七棽[3]木枝長又林森二音⿰舟彡船行覸[4]私出頭視也又丑鴆切綝

繕也郴縣名在桂陽又姓陶侃[5]別傳有江夏郴寶賝賝賮也○斟斟酌也益也又姓國語云祝融之後侯伯八姓斟姓無後

賈逵注云斟姓是曹姓之後又漢複姓有斟弋[6]氏出史記職深切九針針線鍼上同說文曰所以縫也⿰箴鳥⿰箴鳥鴜鳥名箴

箴規也又姓風俗通云有衞大夫箴莊子葴酸蔣草也瑊廣雅曰瑊石次玉也郭璞云瑊玏[7]似玉之石司馬相如子虛賦曰其石則

瑊玏玄礪鱵魚名⿰土斗[8]⿰土斗鄩古國名○沈没也說文曰陵上滈水也又漢複姓魯有沈猶氏常朝飲其羊何氏姓苑云今泰山人直

深切又尸甚切九沉俗⿰牛冘水牛莐爾雅曰蕁[9]莐藩郭璞云生山上葉如韭⿱艹冘上同又羊針都敢二切霃久陰湛

九　韻下平　四十四　方至

11 七

12 黓

13 又延求切四字當刪

14 日

漢書曰且從俗浮湛又徒減切 枕繫牛杙也 鈂鍤[10]屬 ○碪擣衣石也知林切五 砧上同 椹鈇椹斫木質文字指歸俗用爲桑椹 枮上同 坫權安厝也 ○諶誠也爾雅云信也氏任切七 愖上同 訦上同說文曰燕代東齊謂信曰訦 忱上同 煁煁烓行竈烓烏珪切 瘎腹內故病 疣上同 ○任堪也保也當也又姓出樂安黃帝二十五子十二人各以德爲姓第一[11]爲任氏如林切七 鵀戴勝鳥也頭上毛似勝又女今切 恁信也又音荏 壬佞也又辰名爾雅曰太歲在壬曰玄[12]黓 紝織紝亦作絍 銋銋濡廣雅韏也 䛘信也念也 ○深遠也又水名出桂陽南平式針切二 蓡蒲蒻 ○淫久雨曰淫書曰罔淫于樂傳云淫過也餘針切十五 霪久雨 婬婬蕩 䇤竹名 蟫白魚蟲 鷣鷂之別名 𦬁熱也 冘行皃 㣌上同 醰熟麴又昨淫切 撢探也 鄩地名 㸒貪也又[13]延求切 鐔劍鼻又尋鐔二音 鱏魚名又徐林切 ○心火藏釋名曰心纖也所識纖微無不貫也息林切四 䋘久緩皃 軡車軥軡木 杺木名其心黃 ○愔靖也挹淫切二 𩐨聲和靖也 ○祲目[14]傍氣也子心切又子禁切九 梫木名 兟銳意 埐說文地也又昨淫切 䲋雞之別名 𪖙高鼻 綅縫線 𧜗錐也 鱈魚名 ○鯵大魚曰鮓小魚曰鯵一曰北方曰鮓南方曰鯵昨淫切十 䲐上同見說文 鬵說文曰大

釜也一曰鼎大上小下若甑曰鬵嶜嶜嵒梣木名埐地名又子心切䰼掘也鈂上同又直林切灊水名出巴郡䣢熟麴又餘針切○訨訨譀喉聲女心切三絍絍織也齊也或作紝鵀戴勝○琴樂器神農作之本五弦周加文武二弦白虎通曰琴禁也以禁止淫邪正人心也又姓左傳琴張也巨金切二十二𢷾急持捦上同擒亦同黔黑而黃亦姓齊有黔敖又巨炎切禽二足而羽者曰禽又姓高士傳有禽慶芩黃芩藥名𨛋亭名檎林檎果名𡋘說文云石地也鵭鷂鳥亦作鳹䒦草名根可緣竹器出玉篇澿水名澟寒狀又力甚切庈人名又庈父雂鳥名又巨炎切𢻹持也炈禁也又竹甚切黚黃黑色又巨炎切䅩禾欲秀也耹音也靲靲鞻四夷樂也○欽敬也又姓何氏姓苑云吳人也去金切五菳草名似蒿衾被也嶔嶔崟顉曲頤又五感切○吟歎也說文云呻吟也魚金切十訡上同䪩古文唫亦古吟字說文又巨錦切崟嶔崟𠴨水葉似蒜喦僭差霒霖雨又牛皆切㐺眾立皃厰嶔厰山崖狀也又口敢切○歆神食氣也許金切四廞爾雅曰興也亦陳車服也亦廞巇山險皃又許錦切嬜愛也又火甘切𤈦火盛皃○金金寶說文曰五色金也黃爲之長久薶不生衣百鍊不輕从革不違西方之行生於土亦州名周爲附庸

△僸 沁韻居蔭切又居林切

4 霒

6 突

國魏於安康縣置東梁州後周改金州又金鼓釋名曰金禁也爲進退之禁也又姓古天子金天氏之後也又漢複姓有金留氏出姓苑居吟切九 今對古之稱說文云是時也 黅黃色 衿衣小帶也[2]又其禁切 襟袍襦前袂 裣上同 禁力所加也勝也又居蔭切 ⿰忄禁心⿰忄禁皃 ⿰黑金淺黃色說文云黃[3]黑也又古咸切 ○音說文曰聲也生於心有節於外謂之音宮商角徵羽聲也絲竹金石匏土革木音也於金切八 陰陰陽也說文作陰闇也水之南山之北也又姓出武威風俗通云管修自齊適楚爲陰大夫其後氏焉 隌爾雅云闇也注謂隌然冥貌又烏感切 瘖瘖瘂文子曰皐陶瘖 霒[4]雲覆日又姓出纂文 ⿰豆音⿰豆夋豆 喑極啼無聲又於含切 ⿰酉音醉聲又於[5]南切 ○森長木皃所今切十 參參星亦姓世本云祝融之後又蒼含切 曑上同 蔘人蔘藥也 蓡古文 槮樹長皃 襳襳纚毛羽衣皃 ⿱穴豕[6]突也 罙上同 棽木枝長也又丑林切 ○岑山小而高又姓出南陽風俗通云古岑子國之後後漢有岑彭鋤針切九 涔涔陽地名又管涔山名又蹄涔不容尺鯉蹄牛馬跡 ⿱山入入山深皃 梣青皮[7]木名又子心切 ⿰木鬵上同 ⿱雨朁雨聲 ⿰魚朁魚名 ⿰禾朁禾欲秀 笒竹名 ○兂說文曰首笄也側吟切四 簪上同 ⿰王朁石似玉也 撍速也 ○嵾嵾差不齊皃亦作參楚簪切六 參上同 梫梫桂木花白也又音寢 穇字書云禾長皃 駸馬行疾皃

1 二十
2 鐔
4 覘 本韻他含切又大含切 䵅 集韻徒紺切又徒南切
5 之字當刪
6 濟

槮木長皃。覘說文云內視也充針切一

二十二。覃及也延也又姓梁東寧州刺史覃元先徒含切十[1]九 鄿鄿城縣名 潭水名出武陵郡潭[2]成縣東入鬱林又深水皃 曇雲布 藫水衣 橝木名可染也 蟫白魚蟲又音淫 譚大也又姓漢有河南尹譚閎 ⿺走覃⿺走參⿺走覃走皃 燂火爇 壜甀屬 鐔劍口又音尋 眈[3]視近而志遠又音耽 ⿰甚尤⿰甚尤⿰甚尤室深皃 ⿰耳覃聒也 醰醰醰香氣 蕁草名爾雅曰蕁薚藩 蕁上同 ⿰米覃糝也 䵅長味又徒紺切[4]。參參承參覲也俗作叅倉含切五 驂驂馬 ⿺走參⿺走參⿺走覃 僋好皃 ⿰女參玉篇云婪⿰女參也。南火方亦果名臨海異物志云多南子大如指紫色味甘似梅又姓魯大夫南遺也又漢複姓九氏左傳齊有南史氏其後爲姓又魯有南宮敬叔晉國高士全隱於南鄉因以爲氏六國時有南公子著書言五行陰陽事莊子有南郭子綦又有南榮趎古有善暴背於南榮之[5]者獻之於君其後爲氏又有南伯子蔡姓苑有南野氏又有南門氏那含切七 男男子也又所[6]封爵也環濟要略曰男任詔事受王命爲君 枏木名又人詹切 楠俗 抩併持也又他含切 䶲龜有距也又如詹切 舑上同。諳記也憶也烏含切十二 鵪鵪鶉字林作雒雗 媕媕娿不決 庵小草舍也 腤煑魚肉也 菴菴蕳草又菴羅果也

八七十 韻下平 四六 李倚

△鏨 闞韻䥅濫切又音䫮

11 憾

△揇 本韻那含切又他含切

14 一

𨓏蹇跛之皃 馣香也 㜸貪愛 䫩聲小又於林切[8] 盦說文曰覆蓋也 喑啼泣無聲 ○含說文銜也胡男切二十二 涵涵泳 䈄實中竹名 笒上同 梒梒桃禮亦作含 䤫鎧別名孟子云矢人豈不仁於䤫人哉矢人唯恐不傷人䤫人唯恐傷人 函容也禮云席間函丈 顄頤顄 𩑰上同 蜬爾雅云蠃小者曰蜬 頷說文曰面黃也又胡感切 涵水澤多皃 鋡受也 䃭似瓶有耳 䑢船沒 䶳鼠屬又古南切 圅銜也說文舌也 肣排囊柄也說文同上 霠久雨 䨡上同 𢎘說文曰嘾也艸木之華未發圅然象形又下感切 涵寒皃 ○婪貪也盧含切六 惏上同 燣焦色 嵐州名近太原因岢嵐山爲名有渥洼池出良馬亦山氣也 葻草得風皃 啉酒巡匝曰啉出酒律亦作𣊬 ○蠶吐絲蟲俗作蚕非[10]昨含切四 撏取也 鄿亭名 䠎止也 ○簪作含切又側岑切七 撍盡也 篸所以綴[11]衣又作感切 䗞蠶籆 䐶脂䐶 𦍧羊腌 鐕無蓋釘也 ○探取也說[12]文作撢遠取之也他含切三 撢周禮有撢人 貪貪婪也釋名曰貪探也探入他分也 ○耽說文曰耳大垂也又耽樂也詩曰無與士耽或作躭丁含切九 湛湛樂亦見詩 眈視近而志遠也 酖嗜酒 妉妉樂 甔大甖可受一石 媅媱過說文樂也 䚞內視又[13]大含切 𡖅多也 ○龕塔也亦[14]曰龍皃又云塔下室口含切十 戡[15]殺也刺也

2 拄

3 淦

5 濫

頷醜皃 堪任也勝也克也說文曰地突也又姓風俗通云八元仲堪之後 戡勝也克也 ⿸厤甘[1]和也又紅談古三二切 嵁

嵁崿又五男切 坩瓦器 撖挂[2]也 ⿰今攴敨多也 ○嵢大谷也火含切八 ⿰面含面紅 馠小香 欿含笑皃 谽

谽谺谷空 唅唅呀 ⿱宀憂不脫冠帶而寐也 ⿱穴炎上同 ○毵長毛皃蘇含切三 蔘蔘綏垂皃 犙牛也 ○弇同也

蓋覆也後漢有耿弇古南切又音掩五 ⿰舟含鼠名 淦水入船中又最也泥也汲也又甘暗切吉州有新淦縣[3]水所出入湖或作汵

⿱敢糸持意也又呼兼切 蜬蠃小者又貝居水者肉如科斗但有頭尾 ○[illegible][4]不惠也又詀弄言五含切三 ⿱穴含寐中言語 嵁

嵁崿又苦男切

二十三○談 談語又言論也戲調也又姓蜀錄云晉有征東將軍談巴徒甘切十一 郯國名其後以國爲姓春秋時郯

子入魯辨古官與孔子相遇姓苑云沛人 惔憂也 錟長矛 淡水皃又徒覽徒濫二切 痰胷上水病 澹漢複姓孔子弟

子有澹臺滅明又徒覽徒濫二切 倓恬也安也靜也又徒監[5]徒坎二切 餤進也詩曰亂是用餤又徒[6]濫切 ⿰⿱竹炎刂刮馬篦也 ⿱天火

小熱 ○甘說文作甘美也又隴右州本月支國漢匈奴觻得王所居後魏爲張掖郡又改爲州取甘峻山名之界有弱水祁連山上有松

10 𨚗，或

8 灆

栢五木美水茂草冬温夏涼又有仙樹人行山中飢即食之輒飽不得持去平居時亦不可見也又姓武丁臣甘盤之後又漢複姓有甘莊甘士甘先三氏古三切七柑木名似橘⿱竹甘笴竹苷苷草藥出洮州泔米汁⿸麻甘7和也媣媣媞也○擔擔負釋名曰擔任也任力所勝也都甘切五儋說文何也亦姓左傳周有大夫儋翩聸說文曰垂耳也南方有聸耳之國䫩頰緩甔小甖○三數名又漢複姓五氏三閭氏三閭大夫屈原之後也沛上計三烏群三烏大夫之後也三飯尞之後有三飯氏三州孝子之後有三州氏後單姓州蜀志有三丘務蘇甘切五參上同又七南所今二切俗作叄弎古文彡衣破襤彡鬖䰐鬖毛垂○藍染草又姓戰國策有中山大夫藍諸魯甘切十一襤襤褸䰐䰐鬖踈皃擥擥持籃籃籠𩈴𩈴𩈴長面鸎鸎鷁鳥名今俗呼郭公𢢃𢢃貪皃䆾䆾䆾薄大儖儖儳形皃惡也灆8瓜葅○坩坩甒苦甘切一○𦧺吐舌也他酣切九聃耳漫無輪又老氏名又姓左傳周大夫聃啓躭俗緂色鮮坍水衝岸壞䔊葱別名䆲䆾䆲薄大𤄷𦩍𤄷波也𧂇藍淡瓜葅○憨愧也昨甘切五慙上同鏨小鑿𪇟鸊別名暫說文暫也○酣酣飲應劭曰洽也張晏曰中酒曰酣又樂也胡甘切八甝白虎𧌑桑蟲魽蛤也⿸麻甘9和也又口含古三二切黚火上行皃炶上同邯10江湘人言

1 又音寒三字當刪
2 作
3 爲字當刪
5 ⿰石己

也又[1]音寒。姏老女稱武酣切一。䫲長面皃昨[2]三切一。蚶蚌屬爾雅曰魁陸本草云魁狀如海蛤員而厚外有文縱橫即
今蚶也亦作魽呼談切五⿰貝甘戲乞人物亦作歛嬜貪妄又一含切歛欲也憨癡也

二十四。鹽說文曰鹹也古者宿沙初作煑海爲[3]鹽亦州近北鹽池因
以名之又姓魯國先賢傳有北海相鹽津余廉切十五
塩俗櫩木名閻里中門又姓出天水河南二望壛壛榻也說文同上阽臨危檐屋檐說文曰檐梍也簷
上同櫩亦同櫩步櫩長廊也瀶說文云海岱之閒謂相汙曰瀶鵮鵮離鳥自爲牝牡也⿵門詹語[4]林云大夫向⿵門詹而立說
文曰⿵門詹謂之樀樀廟門也⿸疒閻病走⿰氵鹽進也。廉廉儉也釋名曰廉斂也自檢斂也亦姓趙有廉頗力鹽切二十鐮刀鐮也釋
名曰鐮廉也薄其所刈似廉也鎌上同⿱雨兼久雨㡘幝㡘帷也簾簾箔釋名曰簾廉也自障蔽爲廉恥也三秦記曰明光宮
以金玉珠璣爲簾箔薕薑也說文蒹也蘞白蘞藥又音斂蘝蔓草說文同上又音斂匳盛香器也又鏡匳也俗作奩籢
上同磏赤礪石獫犬長喙又力劒切又音險獫狁也蠊蜚蠊蟲名說文作蠊海蟲也長寸而白可食稴禾名⿰車兼車輞
⿸广鼓⿸广鼓鼓初打也帘青帘酒家望子鬑鬋也一曰長皃覝察也。砭以石刺病府廉[5]切又方驗切二⿰石巴古文。銛

7 柖　9 娑 妗　10 廉　11 姼

銛利也說文曰臿屬篆文曰鐵有距施竹頭以擲魚爲銛也息廉切十三 暹日光進也 枮木名 綅白經黑緯 綅上同 鑯

鑯細又山韭也今通作韱凡從韱者倣此 襳小襦 纖細也微也 憸利口 孅銳也細也 鬑髮也 彡毛飾又所銜切 思疾利口也

○籤說文驗也一曰銳也貫也七廉切十 臉臉臛也 ⿰月韱[6]上同 鹼水和鹽又工斬切 槧削皮又才敢七豔二

切 憸俺憸詖也俺音猒 僉咸也皆也 劒劒切割也 懺慓懺記出字林 譣譣詖 ○詹至也應劭漢官曰詹事秦官也

又姓楚詞有詹尹俗作詹職廉切六 瞻瞻視 占視兆也亦姓陳大夫子占之後又章豔切 蟾蟾蠩蝦蟆也張衡靈憲曰羿請不死

之藥於西王母恒娥竊之奔月宮遂託身於月是爲蟾蠩抱朴子云蟾蠩壽三千歲者頭上有角頷下有丹書八字玄中記云蟾蠩頭生角者

食之壽千歲也 噡噡言語也 厃說文[8]云仰也一曰屋招[7]也秦謂之桷齊謂之厃本魚毀切 ○棎果名似柰而酸視占切三 擔

擔取也 蟾蟾光月彩又職廉切 ○苫草覆屋又凶服者以爲覆席也又姓左傳魯季氏家臣苫夷失廉切三 痁病又音店 娑

妗[9]娑善笑皃又丑兼[10]切 ○韂屏也處占切十一 ⿰女占⿰女占偞輕薄皃又尺涉切 幨幨幃釋名曰牀前帷曰幨 襜襜褕蔽膝 裧

上同 ⿰舟炎⿰舟炎⿰舟炎衣動皃 ⿸疒冉皮剥也 緂衣色鮮 妗妗娑善笑皃又許兼切 惉惉懘音不和也禮記作怗 ⿰巾炎幝也 ○[illegible]

說文曰頰須也汝鹽切十二 髯上同 蚺大蛇 呥噍皃 柟梅也子如杏而酢 䛁多言 蛅爾雅曰蟔蛅蟴郭璞云載屬也今青州人呼載爲蛅蟴 冄說文云毛冄冄也亦作冉 袡衣緣 䶄有距龜 㾆皮剥又處占切 䑙譫䑙長舌[2] ○黏黏麴女廉切三 粘俗 䬯南楚呼食麥粥 ○炎熱也說文曰火光上也于廉切一 ○霑霑濕也又濡也漬也張廉切三 沾水名在上黨說文他兼切 黇黃也 ○覘闚視也丑廉切又丑豔切二 㚲㚲姈喜皃 ○淹漬也滯也久留也敗也央炎切六 菴菴藺草又音諳 崦崦嵫山下有虞泉日所入又於檢切[3] 醃鹽醃又葅也 𨛬邑名 閹男無勢精閉者 ○𢙐𢙐倚意不安也丘廉切二 鈐鈐曲頭鑿 ○䶢齒差語廉切一 ○尖銳也子廉切十一[4] 殲盡也滅也 瀸漬也没也洽也又泉水出微皃 懺拭也 𡅦𡅦哸不廉又將豔切哸子俱切 漸入也漬也又慈染切 䕭百足草 熸火滅 笺刺也銳意也又持戈說文絕也 䨮小雨又霑也 鑯說文曰鐵器也一曰鐫也 鋟以爪刻櫝版也 霋漬也或作𩆜又所咸切 ○潛水伏流又藏也亦水名又姓姓苑云臨川人昨鹽切九 朁於朁縣名屬杭州今作潛 鬵甑也又才林切 𥳁漂絮簀又音前 灊水名在巴郡宕渠又古縣名在廬江又才林切 䁮閉目內思 燂周禮注云炙爛也 燅古文 螹螹蠊蟲名 ○簪

八卌九

韻下平

四十九

秦頭

鏁頭亦作鉗晉律曰鉗重二斤翹長一尺五寸又羌複姓有鉗耳氏說文籋也巨淹切十一[5]鉗上同說文曰以鐵有所劫束也㡦絹㡦

鉆持鐵者說文又敕淹切鐵鉗[6]也一曰膏車鐵鉆黚淺黃黑色又古黚陽縣在武陵又巨今切拑脅持也黔黑黃色說文曰

黎也秦謂民爲黔首謂黑色也周謂之黎民又音琴羬羊六尺爲羬鳹白喙鳥雂上同鍼鍼虎人名又之林切鈐

兵鈐以閉房神府以備非常又鉤鈐星名說文曰鈐鏅大犂也。懕安也一鹽切七猒飽也又於豔切饜上同懕和靜㤿

㤿憸稖稖稖苗美也㜝[7]含怒也又魚[8]檢切。燅說文曰湯中爚肉也徐鹽切九𤎦[9]說文同上燖爓𦢊並同上

䕭山菜𢱢𢱢摘物出字諟及聲類𣟄木細葉也𢅅小巾。襳襳褷毛羽衣史炎切一。𤆍字林云小熱也直廉

切三䕭埤蒼云赤黃色𧧒言利美也又人名字書無。鍼巨鹽切又音針一

二十五。添益也他兼切四沾說文曰水出壺關東入淇一曰沾益也黇黃色舚舚舑吐舌。䯯

䯯鬑鬒髮踈薄皃丁兼切八敁敁敠稱量佔佔佰輕薄也詀轉語㡇[10]衣領又丁頰切䄇上同䎎耳小垂

貼目垂又丁念切。甜甘也徒兼切五恬靖也湉水靖菾菜名葀藥名。鬑髺鬑勒兼切六薕薕蒹

1 未秀　△稴本韻戶兼切又力兼切

4 二

6 黏

△黅侵韻居吟切又古咸切

秀了[1]荻草熑熑軔[2]說文曰火熑車網絕也濂大水中絕小水出也說文曰薄水[3]也一曰中絕小水濂薄也熑火不絕皃△

○謙敬也讓也苦兼切二⿱歉糸堅持意又呼廉切○兼說文曰并也兼持二禾秉持一禾又姓衛公子兼之後古甜切七縑

絹也說文曰并絲繒也鶼比翼鳥䊠青稻白米蒹荻未秀䍐絲網鰜比目魚○嫌說文曰不平於

心一曰疑也戶兼切一[4]稴稻不黏者又力[5]兼切○鮎魚名奴兼切三䬯說文曰相謁食麥也拈指取物也○馦香氣許兼

切七⿸疒兼⿸疒胡⿸疒兼病也⿰黃夾赤黃色⿰甘兼香美欿貪慾也又笑也⿱歉糸堅持意又契兼切妗美也

二十六○咸皆也同也悉也亦姓姓苑云巫咸之後今東海有之胡讒切十一鹹不淡醎俗函函谷關名又函

書亦姓漢有豫章太守函熙又漢複姓漢末有黃門侍郎函治子覺又音含⿰馬咸⿰馬咸驩古縣名漢書只作咸諴和也鰜魚名

稴稻也不作[6]椷杯也⿰木函上同⿰車咸車聲○緘緘封古咸切七⿱歉糸慳恪又堅持意口閉也瑊美石次玉玪

上同尲尲尬行不正也黬釜底黑也⿰黑箴說文曰雖皙而黑也古人名黬字皙[6]攕女手皃所咸切十一摻上同詩曰

摻摻女手又所減切⿰木⿰炎占木名似松爾雅又作⿰炎占杉上同櫼上同說文音尖楔也䨘雨皃說文曰微雨也或作⿱雨韱又子廉切

八十七　韻下平　五十　秦曄

9 兔

△歉 陷韻口陷切 又口咸切

○嚵 殘[illegible]穗染切 又初咸切

雺微雨 彡瞻視又所儳切 轞車聲 𩌈鞍𩌈垂皃 㺑犬容頭進也 ○𤞣犬吠聲乙咸切又乙陷切三 淊淊沒 黯深黑也又乙減切 ○嵒巖也又嶃嵒山高皃亦地名五咸切十 顩面長皃又丘檻切 黬釜底黑也又音緘 羬山羊 𧇮熊虎絕有力也 麙上同 䶃齒皃 喦僭差又牛金切 㺂羊有力也 譀和也又戲言也 ○鹹笑皃許咸切五 蝛似蛤出海中也 妗喜皃又香兼切 谽谽谺谷空皃 𩈈出頭皃 ○詀詀諵語聲竹咸切又尺涉切 䩞䩞𩈈出頭皃 鵮鳥啄物也又苦咸切 𪘨𪘨鹹味 ○諵詀諵也女咸切二 喃上同 ○讒譖也士咸切又士衡切十三 獑獑猢似猿而白又士衡切 鏨小鑿又才三切 饞不廉 毚狡毚 𤢄上同 𪖙鼻高皃 欃檀木別名 攙刺也又楚銜切 𪕹鼠名又埤蒼云鼠皃 㪁鳥㪁物也 儳儳儳皃惡也又仕陷切 鄿宋地名 ○鵮鳥鵮物苦咸切五 㪁上同 嵁嵁巖不平正皃 𡽵山崖空穴間皃 𥤜𥤜顩長面 △○

二十七 ○銜說文曰馬勒口中从金从行銜行馬者戶監切二 甋乾瓦屋也 ○巉險也鋤銜切八 嶃嶃嵒山皃 劖刺也說文曰斷也一曰剽也 艬合木船 鑱吳人云犂鐵說文銳也又士懺切 獑獑猢又士咸切 毚又士

△讒 嚵士咸切又士銜切鑑韻士懺切又士衫切

2 嵌

3 敎

4 芝

5 欲 丘凡切

咸切嚵嚵氣說文曰小啐也一曰喙也又音懺○巖峯也險也峻廊也五銜切三礹上同⿰口巖呻吟○攙攙搶祆星

爾雅作攙槍楚銜切又士咸切一○衫衫衣所銜切八縿帛青色又音裁髟屋翼也又長髮皃縿絳帛說文曰旌旗游也

彡毛長芟刈草穇穇穇穗不實見齊人[1]要術⿰革參又所咸切○監領也察也說文云臨下也古銜切又古懺切五礛

礛儲青礪⿰目監視也鑑鑑諸以取月中水又明也⿰監刂細切○⿺走監步渡水白銜切一○嵌[2]巖山也口銜切一

二十八○嚴嚴毅也威也敬也說文曰嚴[3]令急也亦姓本姓莊避漢明帝諱改姓嚴語𩏩切二⿱竹嚴射翳○𩏩

胡被也虛嚴切五杴鍁屬古作𣞾或作欣方言云青齊呼意所好爲杴㾾㾾瘦物在喉也⿰禾僉禾傷肥也蘞

芋之辛味曰蘞○醃鹽漬魚也於嚴切二腌上同○𢻸𢻸㪁不齊丘嚴切又丘广切二㡋山側空處也

二十九○凡常也皆也輕也非一也又姓周公子凡伯之後姓苑云晉陵人符咸[4]切七帆船上幔也亦作颿又扶汎切⿰亻凡

輕也又孚劒切舧船舡氾國名又姓出燉煌濟北二望皇甫謐云本姓凡氏遭秦亂避地於氾水因改焉漢有氾勝之撰書言種植之事

子輯爲燉煌太守子孫因家焉又音汎颿馬疾步杋木皮可以爲索○芝草浮水皃[5]匹凡切二欲多智慧也

四·八十三　韻下平　五十一　李倚

廣韻下平聲卷第二

新添類隔今更音和切

緜名延切 𩕊中全切 閍北盲切 平僕兵切 凡符芝切 芝敷凡切

廣韻上聲卷第三

董第一獨用 多動
腫第二獨用 之隴
講第三獨用 古項
紙第四旨止同用 諸氏
旨第五 職雉
止第六 諸市
尾第七獨用 無匪
語第八獨用 魚舉
麌第九姥同用 虞矩
姥第十 莫補
薺第十一獨用 徂禮
蟹第十二駭同用 鞋買
駭第十三 諧楷
賄第十四海同用 呼猥
海第十五 呼改
軫第十六準同用 之忍
準第十七 之尹
吻第十八隱同用 武粉

韻上聲 一

於謹隱第十九[2]

虞遠阮第二十混很同用

乎本混第二十一

乎墾很第二十二

河滿旱第二十三緩同用

胡管緩第二十四

山板潸第二十五產同用

所簡產第二十六

先典銑第二十七獮同用

息淺獮第二十八

蘇鳥篠第二十九小同用

私兆小第三十

苦絞巧第三十一獨用

乎老晧第三十二獨用

古我哿第三十三果同用

古火果第三十四

莫下馬第三十五獨用

余兩養第三十六蕩同用

徒朗蕩第三十七

古杏梗第三十八耿靜同用

吳椿

耿第三十九古幸　靜第四十疾郢

迥第四十一戶鼎獨用　拯第四十二蒸上等同用

等第四十三多肯　有第四十四云久厚黝同用

厚第四十五乎口　黝第四十六於糾

寑第四十七七稔獨用　感第四十八古禫敢同用

敢第四十九姑覽　琰第五十以冉忝儼同用[1]

忝第五十一他點　儼第五十二宜奄[2]

豏第五十三下斬檻范同用[3]　檻第五十四乎黤[4]

范第五十五防錽

一。董督也正也固也又姓飂叔安裔子董父實甚好龍帝舜嘉焉賜姓曰董出隴西濟陰二望多動切七　蝀螮蝀虹也又音

五·九十八　韻上聲　二　吴椿

6 天
8 上同
9 軌
11 階中

東董亦姓又竹器也懂懵[5]懂心亂蓳蒫蓳草似蒲而細又藕根⿰黍東⿰黍龍⿰黍東不上⿰鼓董⿰鼓董⿰鼓董鼓鳴也

○蠓列子曰蠛蠓生朽壤之上因雨而生覩陽而死莊子謂之醯雞莫孔切七矇物上白醭鸏水鳥又音蒙濛濛澒

大水又莫紅切朦大皃曚暡曚日未明也懵心亂皃○孔孔穴也又空也甚也亦姓殷湯之後本自帝嚳次妃

簡狄吞乙卵生契賜姓子氏至成湯以其祖吞乙卵而生故名履字太[6]

乙後代以子加乙始爲孔氏至宋孔父嘉遭華父督之難其子奔魯故

孔子生於魯康董切二倥倥傯事多○敂搏擊先孔切三䈡[7]箸桶檧[8]又蘇公切○侗直也一曰長大他孔

切四桶木桶又音動曈曈曨欲曙又音童聾捅捅進前也○總聚束也合也皆也衆也作孔切十五揔

上同愡俗嵸巃嵸山皃⿸广從衆立鬉鬉角本亦作總蓯菶蓯草皃鬷爾雅云軌[9]鬷一名素華

猣犬生三子翪鳥飛竦翅上下也所謂鵲鵙醜其飛也翪睃方言云南人竊[10]視熜煴也說文曰然麻蒸也又

青公切⿸广悤屋[11]會又且公切䡯關西呼輪曰䡯傯倥傯○澒說文曰丹沙所化爲水銀也又濛澒大水胡孔切五

鴻鴻濛又音紅蚕蚕蟲甲類⿰口汞鳴聲⿰口汞⿰口汞也汞水銀滓○蓊蓊鬱烏孔切九滃大水皃

5 塎　　2 出

瞈氣盛皃𡖖𡖖𡖙多皃又音邕濃𦑝𦑝尣屈強皃尣音軓䈵竹盛又音翁䐥䐥臭皃出字林塕

塕埲塵起焧焧然煙氣○𡖙奴動切一○琫佩刀飾也邊孔切四菶草盛𦃂小兒皮屨又巴講切俸

屏俸又扶用切○曨曈曨力董切九襱袴也又直隴切巃巃嵸竉孔竉籠竹器又龍聾二音攏攏略

又[2]𢯼攏籌也謂酒律儱儱悷不調儱儱侗未成器也龓乘馬又牽也說文兼有也○嗊羅嗊歌曲出告幼童文呼孔切二

𢥞𢥞𢥞心神恍[3]忽皃○動躁也出也作也搖也徒揔切九迵古文酮酒壞又音同姛項直皃眮瞋目

詷訂詷訂音挺桶木器又他孔切挏推引也漢有挏馬官作酒又音同硐安硐鏓硐見馬融長笛賦○菶

蒲[4]蠓切草盛皃又方孔切三唪大笑也埲塕埲塵起

二○腫疾也說文癰也釋名曰腫鍾也寒熱氣鍾聚也之隴切六種種類也又之用切踵足後又繼也跓也頻也說文追

也一曰往來皃歱說文跟也偅相跡也喠喠𠹳欲吐○寵寵愛也丑隴切三𧽘小兒行皃埫埫塎[5]不安

○隴說文云天水大坂也亦州漢汧縣後魏置東秦州又改爲隴州因山名之力踵切三壠說文曰丘壠也方言曰秦晉之閒冢謂之壠亦

八•八十　韻上聲　三　趙中

8 慂勸　7 鐘　6 稍

作壟書傳曰敏壟也瀧塗也○擁手擁說文作擁抱也又擁劒蟲形似蟹雀豹古今注云一名執火其螯赤故謂之執火於隴切

三擁上同壅壅堨亦塞也障也又音邕○宂宂散也亦官名續漢志曰先臘一日大儺逐疫鬼宂從僕射將之逐鬼于

禁中俗作冗而隴切十二内上同穁稻[6]穁媷不肖也一曰傛媷劣也或作搑茸又作㲓毷㲓鳥細毛也氄

上同軵推車或作搑𤘨水牛𪕊𪕊鼠㧐拒也亦作軵𨍱輕也搑推擣皃也又而容切○重

多也厚也善也愼也直隴切又直龍直用二切四𢖻遟也襱袴也又來公力董二切又作𧙕鮦魚名又直柳切○冢

大也周禮天官冢宰說文曰高墳也釋名曰冢腫也象山頂之高腫起知隴切二塚俗○奉與也獻也祿也說文承也

扶隴切二唪口高皃出埤蒼○捧兩手承也斂奉切一○勇猛也說文作勈气也余隴切十五恿古文涌

涌泉說文曰滕也一曰涌水在楚國甬草花欲發皃亦甬道周禮云舞上謂之甬甬鍾[7]柄也踊跳也又踊刖者以之接足晏子曰踊

貴屨賤慂方[8]言云慫涌歡也𧻓說文曰喪辟𧻓也經典作踊同塎墉塎不安悀心喜也又出也埇地名

在淮泗溶水皃又音容蛹蠶化爲之傛說文曰不安也又音容俑木人送葬設關而能跳踊故名之出

1 孓　4 巩

埤蒼衕巷道出蒼頡篇○恐懼也丘隴切又丘用切三忈古文⿱艹恐藺蕮也○尰足腫病亦作尰時宄切三瘇上同出說文⿰彳⿱重心自要⿰彳⿱重心出聲譜○拱手抱也又斂手也居悚切十八拲兩手共械周禮曰上罪梏拲而桎碧水邊大石鞏以皮束物又縣名在河南亦姓左傳晉大夫鞏朔蛬蜙蟀又巨容切了[1]孑孓井中小蟲珙璧也廾說文曰竦手也篆文作𠬞弄具奐丞字並从此篆同而隸異也𢪏說文曰楊雄說廾从兩手也𢘍戰慄也又[2]戶工切[3]⿳𦥑共手姓也⿱巩瓦瓨也⿱巩手抱持說文攤也⿱巩車輞也⿰魚共鯤魚子也巩抱也說文作⿱巩手[4]恐鞏類並从此栱爾雅云杙大者謂之栱輁輁軸所以支棺○悚怖也息拱切十竦敬也國語云竦善抑惡慫驚也聳高也說文曰生而聾曰聳⿰糹須絆前兩足也㩳執也駷何休云馬[5]搖銜走也㦀懼也亦作㦀傱傱傱走意又[6]先項切⿰衤從襌衣○洶洶溶水皃許拱切三詾詾嚇也又[7]音凶兇恐懼說文曰擾恐也左傳曰曹人兇懼又音凶○覂覆也或作⿸广乏又作泛此覂駕之馬非良者說文曰反覆也方勇切二⿸广乏上同○湩都⿰冡鳥[8]切濁多也此是冬字上聲一○⿰冡鳥[9]莫湩切⿰冡鳥鳿鳥又莫項切二⿰月尨豐大○⿱巩木穖也渠隴切又渠恭切一○⿰重隹小鳥飛也充隴切二

○㥂本韻職勇切 㥂又且勇切

11 佬

12 硧

13 大

14 屨

○傱 腫韻息悚切又先項切

16 枸

17 坻

嗊氣急之皃。○愡說文曰惲也職勇切二 㥂上同又[10]且勇切。○縱子冢切禪衣又息拱切一。○

三○講告也謀也論也說文曰和解也古項切四 港水派 傋佬傋不媚皃又虛項切 耩耕也。○棒杖也打也步項切八

棒上同 棓上同魏志云曹操爲北部尉門左右縣五色棓各十枚 玤周邑地名又珠次玉 怦怦慃很戾 蚌蛤也

蜯上同 䎸䎸鑼器出埤蒼。○慃怦慃很戾烏項切一。○佬佬[11]傋武項切二 䳞䳞鳥。○項頸項說文

曰頭後也釋名曰項硧[12]也堅硧受枕之處又姓本姬姓國公羊曰爲齊

桓公所滅子孫以國爲氏項燕爲楚將生梁梁兄子籍號霸王胡講切

二 缿說文云受錢器古以瓦今以竹又火[13]口切。○䋯小兒皮履[14]巴講切又補孔切一。○傋虛慃切佬傋二 㦕㦕慃

四。○紙釋名曰紙砥也平滑如砥石也後漢蔡倫以魚網木皮爲紙

又姓後魏書官氏志云渴侯氏後改爲紙氏諸氏切十六

帋上同 只語辭 坻隴坂也又直尼當禮二切 軹縣名在河內又字書云車輪之穿[15]爲道綫子嬰於軹途是也

枳木名周禮曰橘踰淮北而爲枳又居帋切 咫咫尺賈逵云八寸曰咫 抵抵掌說文云側手擊也 汦水名

出拘[16]扶山 砥平也直也均也礪石也書傳云砥細於礪皆磨石也 坻[17]說文云坻著也 汦著止 抧開也 恀怙也

2 精

3 正 △緹 宜韻是義切 又音是

6 擊

又音是積曲枝果也駅駅鵌鳥如烏赤足可以禦火見山海經○是是非也說文曰直也又姓吳志云是儀本姓氏

孔融嘲之曰氏字民無上乃改爲是焉[1]又虜複姓四氏西魏有開府是云寶後魏書又有是連是婁是賁三氏承紙切十氏氏族

又支指[2]二音媞江淮呼母也又音啼諟理也正也諦也審也恀爾雅曰恀怙恃也一云恃事曰恀徥行皃

又池爾切杝杝狠褆衣服端下[3]姼方言云南楚人謂婦妣曰母姼也𧿹𧿹封也謂立也積聚也○[5]靡

無也偃也又靡靡曼美色也說文曰披靡也文彼切七躎行皃𢕟𢕟猶遲遲也骳骳屈曲也𪎬乘輿金耳又美

爲切𥨍[4]熟寐也又莫禮切蘼薔蘼藥名又亡爲切○彼對此之稱甫委切五𣧑相分解也柀木名

爾雅云披煔佊埤蒼云佊邪也㑂倳㑂○被寢衣也又姓呂氏春秋有大夫被瞻皮彼切又皮義切二罷遣有

罪又平陂薄解二切○毀壞也破也缺也虧也許委切十燬火[5]盛檓爾雅云檓大椒毇說文曰米一斛舂爲八斗

𣫉上同𡯌又於詭切義見下文譭謗也譖也𢫩手擊[6]傷也烜周禮有司烜氏以陽燧取火於日以鑒取

水於月𡠜說文曰惡也一曰人皃○委委曲也亦委積又屬也棄也隨也任也又姓漢有太原太守委進出風俗通於

八・廿七 韻上聲 五 劉昭

7 委　10 嫿　12 坺

詭切五骫骨曲又姓出纂文𡰥說文曰鷙鳥食已吐其皮毛如丸又許以[7]切蜲黍負爾雅云蛜威委黍字或從
虫𦏁羊相𦏁羵○跪拜也去委切又渠委切二𡯽刖一足○詭詐也又橫財物爲詭遇也過[8]委切十九垝
垝垣毀垣也又作陒陒上同𨚗陸𨚗山名出山海經攱枕也𨥏戾鋸齒也說文曰臿屬一曰瑩鐵也䑐
羊角不齊恑變也悔也蛫蟹也祪毀廟之祖庪爾雅云祭山曰庪縣𧘂庋並上同洈水名
出南郡東洈山至華容縣入江也蟡長八尺一首二身似蛇以名呼之可取魚鼈䳄子[9]規玉篇云布穀也姽宋玉
神女賦曰既姽嫿[10]於幽靜說文曰閑體行姽姽也桅短矛或作𥎞說文曰桅黃木可染佹戾也○髓說文作𩪧骨中
脂也息委切五嶲[11]越嶲郡靃靃靡草木弱皃䭉䭉餚方言云餅瀡滑也○絫說文曰增也十黍之重也
力委切六累上同又良僞切樏似盤中有隔也又音縲𥴦法者𥴦可以網人心厽說文曰絫坺[12]土爲牆壁
垒說文曰垒墼也○技藝也說文巧也渠綺切六妓女樂徛立也伎侶也錡釜也又魚綺切螧
蟬也○倚依倚也又姓楚左史倚相於綺切五猗猗狔猶窈窕也又於羈切椅椅柅又於宜切旖旖旎旌旗從風

2 食閣

3 閉一扇閉一扇

6 意

7 紫

皃輢[1]車輢○掎牽一脚說文云偏引也居綺切七剞剞剧曲刀庋又[2]音詭⿸厂奇一足又作踦踦公羊傳曰相與踦閭而語閉[3]一扇一人在內一人在外⿰歹奇弃也又丘知九奇二切攲持去也又居宜切○綺文繒又姓漢四皓有綺里季墟彼切七婍皃好碕碕礒石皃又起宜巨[4]支二切⿺走支行皃⿰忄奇惐[5]⿰忄奇又[6]去奇切儉急也觭牛角又丘奇切⿸疒奇痓也喪也又於蟹切○螘爾雅曰蚍蜉大螘小者螘魚倚切十二蟻上同蛾上同見禮錡三足釜一曰蘭錡兵藏又姓武王分殷人六族有錡氏後漢有錡嵩礒碕礒齮齧也艤整舟向岸檥上同說文魚羈切榦也𡾊岌𡾊山高皃轙說文曰車衡載轡者羛羛陽鄉名在魏郡⿰鬲支釜也亦作鈘說文曰三足鍑也一曰滫米器也○蔿草也又姓左傳晉大夫蔿伯韋委切九鄬地名儰不安也⿰阝爲地名蘤花也榮也⿸疒爲口咼⿵門爲闢也國語曰⿵門爲門與之言又姓薳草又姓左傳楚有薳氏代爲大夫寪說文云屋皃○觜喙也即委切二⿱此朿[7]上同說文識也一曰藏也○蘂[8]花外曰萼花內曰蘂如累切四蕊草木叢生皃甤說文曰草木實甤甤也又人隹切繠茸也垂也又佩垂皃○此止也雌氏切九跐蹈也又阻[9]買切佌小舞皃玼

八·十八

韻上聲

劉昭

12 胥

17 中衣袖

○栘 齊韻成雞切 又余氏切

玉色鮮又千禮切泚水清又千禮切⿰此馬[10]馬名⿰亻囟小皃⿺走此淺渡也⿱此大直大也說文火介切瞋大聲也[11]○豸

蟲豸爾雅云有足曰蟲[13]無足曰豸說文云獸長脊[12]行豸豸然欲有所伺殺形池爾切十二褫奪衣易曰以訟受服終朝三褫之陊

山崩也說文大可切落也䊓黏也踶踶跂用心力皃莊子曰踶跂爲義傂仳傂參差皃杝析薪又敕[14]氏切

阤落也說文云小崩也⿰角虒角端不正說文敕豕切角傾也廌解廌又宅買切又作⿰角虒禔好衣徥行皃朝鮮

語○徙移也斯氏切五壐說文曰王者印也所以主土从土爾聲璽籀文⿰亻囟⿰亻囟小皃詩云⿰亻囟⿰亻囟彼有屋本亦

作佌佌又音此⿱徙幺小皃又千[15]禮切○酏酏酒移爾切九迆邐迆連接匜柸匜有柄可以注水又音移袘[16]衣[17]中

袖也胣引腸莊子云萇弘胣崔譔注云胣裂也又敕[18]紙切崺峛崺沙丘狀峛音邐扡加也又離也又弋支切或作拸

⿰忄虒不憂事也又弋支切嫷多態○邐邐迆力紙切三峛峛崺㸚㸚尒布明白象形也○躧躧步也又

作蹝說文曰舞屣也所綺切十⿰革麗上同灑灑埽又所買切纚韜髮者又颯纚長紳皃縰上同釃分也

見漢書溝洫志說文曰下酒也一曰醇也⿰革徙鞮屬屣履不躡跟矖視也簁籬也說文曰簁箄竹器也○裨

4 張　3 俠　2 闢

使也從也職也并弭切十俾上同說文曰益也一曰俾門侍人鞞刀鞞又蒲迷補茗二切箄竹器又甲篦二音

粺黍屬又蒲賣切髀股也又步米切崥山足萆爾雅曰萆鼠莞郭璞曰亦莞屬纖細似龍須可以爲席埤

客捭扶持○爾汝也說文作爾云麗爾猶靡麗也兒氏切四尒義與爾同說文曰詞之必然也又虜姓二氏尒朱氏本北

秀容人也居尒朱川因以爲氏後魏書官氏志尒綿氏後改爲綿氏也邇近也迩上同○渳水皃說文歠也綿婢切十一

弭弓末又息也亦無緣弓也濔水流皃瀰詩曰河水瀰瀰水盛皃也芈羊鳴一曰楚姓敉撫也愛也安也

侎上同葞爾雅云葞春草本草云芒草也蝆爾雅注云今米穀中蠹小黑蟲是也闢[2]力編又乃禮切㣆止也

○婢女之下也便俾切二庳下也或作埤又音卑說文曰中伏舍也一曰屋庳○侈奢也泰也大也尺氏切十五姼

姑姼輕薄皃又美也姑吐涉切𡛜上同鉹甑也誃說文曰離別也㢋廣也國語曰狹[3]溝而㢋我𢇼上同

垑恃土地也濷又昌厲切烙盛也袳衣長[4]亦作袲又宋地名袲上同彖豕也恀恃也又音

帋哆張口又丑加昌者二切○弛釋也說文云弓解也施是切三豕豬也阤壞也又音豸○紫間色也又

7 㪜

9 披 析

15 捶

16 柅 椅 柅

△𣏾 本韻池爾切又敕氏切 肔 本韻移爾切又敕紙切

姓出何氏姓苑將此切九 訿 訿毀 訾 同上 呰 窳也又子西切 泚 水名在長沙 跐 行皃 茈 茈薑又茈草也

呰 口毀說文苛也 批 捽也又子禮側買[5]二切 ○捶 擊也之累切五 箠 策也 ⿰卮耑 小卮出說文 ⿰馬垂 馬小

皃又子垂切 沝 二水又音資[6] ○揣 度也試也量也除也初委切又丁果切二 㪜[7] 試也 ○𤢊 牸豚或作𤢊隨婢切

一 ○舓 以舌取物神帋切四 弛 同上 䑛 俗 𤜘 獸名似狐出[8]則有兵 ○批 拳加人也側氏切又音紫二 跐

蹈也又音紫 ○⿰歹皮 枝[9]折匹靡切三 紴 水波錦文又補[10]柯切 披 開也又偏羈切 ○諀 諀訾惡言匹婢切六 庀 具也

疕 瘡上甲亦頭瘍又卑履切 仳 仳離別之意 訿 具訾也 吡 出莊子 ○葰[11] 雞頭也北[12]燕謂之葰芊捶切六 蒨

草木葉[13]初出皃 芛 爾雅云蕍芛葟華榮 揹 揹棄又揰也[14] 𤢊 小積亦作隊 ⿸疒雋 瘡裂 ○惢 疑也才[15]捶切一 ○跬

舉一足丘弭切四 ⿺走圭 同上 頍 弁皃又舉頭皃 ⿰𧾷奎 ⿰𧾷奎蹻開足之皃 ○狔 犄狔從風皃 旎 旖旎 抳[16]

掎 抳 ○硊 硊硊石皃魚毀切四 頠 閑習容止 姽 好皃又過委切 ⿰危鳥 布穀鳥 ○跪 跽跪亦作⿺走危渠委切又去委切

一 ○褫 敕豸切衣絮偏也又池豸二音一 ○撽 指也說文刺也陟侈切二 ⿰衤敫 ⿰衤敫衸 ○⿰希鼻 去涕也興倚切一 ○企

企望也丘弭切又去智切二跂踶跂山海經云有跂踵國人行腳跟不著地如人之跂足也又去智巨支二切○菙周禮有菙氏燋

焌用荆菙之類時髓切二嫢嫢不悦也○枳木名似橘居帋切又諸氏切一

五旨○旨說文云美也从匕甘又志也亦作旨見經典職雉切八指手指也又示也斥也恉意也祁地名䛈許發人之

惡厎平也致也說文云柔石也砥砥礪也說文同上茋茋蒻小苹○視比也瞻也效也承矢切三眡眎並古

文○美好色說文曰甘也从羊从大羊在六畜主給膳也美与善同意無鄙切五媺上同周禮地官云一曰媺宮室𡙈獸似

牛渼渼陂在京兆鄠縣媄字樣云顏色姝好也○鄙陋也[1]又邊鄙也方美切四啚說文嗇也娝姓出何承

天纂文痞病也又音否○兕爾雅曰兕似牛郭璞曰一角青色重千斤徐姉切七𠒋上同兕古文光俗羠

犍羊又以脂切薙燒草又直履他計二切苵蒿也○几案屬周禮司几筵掌五几凡朝覲大饗射封國命諸侯設左右

玉几祀先王亦如之諸侯祭祀右彫几筵國賓于牖前左彤几甸役右漆几喪事右素几吉事變几凶事仍几或作机居履切九麂

爾雅云麂大麕旄毛狗足麂上同屼女屼山名弱水所出机說文曰木也山海經曰族蔨之山多松柏机柏𨙸地名

八·九十一　韻上聲　八　李倍

2 犱字當刪

5 淠

犱[2] 獸名如兔喙蛇尾見則有蝗災 ⿸尸旨 赤鶡⿸尸旨也 ⿰石夂 石墮聲也 ○姊 爾雅曰男子謂女子先生爲姊將几切二 秭

[3]千億也亦秭歸縣在歸州袁山松云屈原此縣人被放姊來因名其地姊與秭同音風俗通云千生万万生億億生兆兆生京京生秭秭生垓

垓生壤壤生溝溝生澗澗生正正生載載地不能載也 ○匕 匕匙通俗文曰匕首劒屬其頭類匕短而便用故曰匕首卑履切十 妣

爾雅曰父曰考母曰妣又甫[4]至切 秕 秕穅 比 校也並也爾雅曰北方有比肩民焉迭食而迭望蓋半體人也又毗鼻𨙸三音 ⿰礻比

以豚祀司命也 沘 水名出廬江灊縣入芍陂今謂之淠[5]水也 枇 禮記注云所以載牲體 朼 上同 疕 頭瘍 髀 股外

又旁禮切 ○軌 法也車跡也說文曰車轍也居洧切十二 簋 簠簋祭器受斗二升內圓外方曰簋 朹 古文 晷 日影也又

規也 厬 厬泉或作⿰氵軌爾雅云水醮曰厬謂水醮盡也 ⿰氵軌 上同 宄 內盜也 匭 匣也唇垂拱元年置匭於朝令上表

者投之有延恩通玄招諫申冤等四匭也 ⿷匚攴 古文說文云匭匭皆古文簋字 頯 小頭又巨追切 氿 水涯枯土爾雅曰氿泉穴

出穴出仄出也 ⿴行九 ⿴行九跡 ○洧 水名在鄭滎美切四 鮪 魚名 痏 瘡痏 䵋 黃色 ○矢 陳也誓也正也直也

說文曰弓弩矢也古者夷牟初作矢式視切四 ⿱丷天 又作笶並俗 ⿱艹⿴囗㐅 說文曰糞也本亦作矢俗作屎 屎 俗本許伊切

10 圮

○雉爾雅曰雉絕有力奮謂最健鬭也又陳也度也王肅云城高一丈曰堵三堵曰雉直几切三 滍水名在魯陽 薙芟草又辛[1]薙辛夷別名又音替 ○死說文曰澌也人所離也息姊切一 ○牝扶履切又毗忍切一 ○履踐也祿也幸也福也字書云草曰扉麻曰屨皮曰履黃帝臣於則所造又姓出姓苑力几切一 ○水說文曰準也北方之行也釋名曰水準也準平物也式軌切一[2] ○壘說文曰軍壁也又重壘亦姓後趙錄有壘澄本姓裴氏力軌切十四 蜼似猴仰鼻而尾長尾端有歧說文惟季切又音柚 猚上同 櫐藤爾雅曰諸慮山櫐 虆上同 灅水出鴈門 嵬嵬峞山皃 轠轠轤車屬 鸓飛生鳥名飛且乳一曰鼺鼠毛紫赤色似蝙蝠而長 藟葛藟葉似艾或作虆 誄銘誄誄壘也壘述前人之功德周禮曰小史掌卿大夫之喪讀誄也說文曰誄諡也 耒田器又盧[3]對切 讄禱也 䴎飛䴎獸 ○揆度也求癸切五 楑木名又音葵 㨜悸也又巨[4]隹切 嫢細也又聚[5]惟切 湀泉出也說文曰湀辟[6]深水處也 ○趡走也又魯地名千水切三 踓蹵 雟細頸[7] ○柅絡絲柎易曰繫于金柅女履切又音尼一 ○癸辰名爾雅太歲在癸曰昭陽古作癸又姓姓苑云出齊癸公後居[8]誄切二 湀通流 ○否塞也符鄙切又方久切八 痞腹內結痛[9] 圮[10]岸毀又覆也 仳離也

△𪁉 小韻以沼切 又羊水切
16 嶉
17 敱
○笫 止韻阻史切 又側几切
○豨 尾韻虛豈切 又虛几切
21 地

又芳比切 殍草木枯落也又音孚 㠶[12]幓裂 䤵覆也或作嶏 㱾方言云器破而未離南楚之間謂之㱾又匹支芳鄙

二切 ○嶵嵬嶵山皃徂累切一 ○嚭大也匹鄙切五 秠一稃二米又孚[13]悲切 疕頭瘍 嶏崩也 㱾又匹

支符鄙二切 ○惢草木實節生如壘切三 甤說文曰草木實甤甤也 繠垂也 ○唯諾也以水切又音惟八 蓶

草似馬韭而黃可食 鰖蟹子又他果切 壝埒也又音遺[14] 遺魚盛皃 孈愚戇多態又尤[15]卦切 擩棄也

趡走也又千水切 ○欳欳歎驢鳴於几切一 ○濢汁漬也遵誄切四 噿鳥噿 嶉[16]山狀 臎肥皃 ○黹

鍼縷所紩周禮祭祀則用黹冕也豬几切四 敱[17]刺也 夂後至也 撽拄也 ○[illegible][18]移蠶就寬楮几切一 ○跊

止姊切[19] ○瞲恚視火癸切又火季切一 ○郿山名暨[20]軌切一 ○跽張跽暨几切一 ○巋巋然高峻皃又小山而衆曰

巋丘軌切二 蘬龍古大者曰蘬。

六○止停也足也禮也息也待也留也諸市切十 時說文云天地五帝所基止祭[21]也右扶風有五時又時止切 沚釋名

曰沚止也小可以止息其上說文曰小渚曰沚 洔上同說文曰水暫益且止未減也 茝香草字林云虈蕪別名又昌待切

1 刑

趾足也 址基址 阯交阯郡劉欣期交州記云交阯之人出南定縣足骨無節身有毛臥者更扶始得起山海經云交脛國爲人交

脛郭璞曰腳脛曲戾相交所以謂雕題交阯也 芷白芷藥名又芷陽縣名 厎定也又厎柱也[2] ○市說文云買賣所之也周禮曰司

市掌市之治教政形量度禁令大市日側而市百族爲主朝市朝時而市商賈爲主夕市夕時而市販夫販婦爲主古史考曰神農作市世本

曰祝融作市時止切三 恃依也賴也 時又諸市切 ○徵五音配夏亦作徵見經典省陟里切又竹凌切三 䜴言

也出方言 擳指也 ○喜喜樂又聞喜縣在絳州漢武帝幸左邑聞南越破遂改爲聞喜縣禮記曰人喜則斯陶陶斯咏虛里切又

香忌[3]切三 憙悅也又許忌切 蟢蟢子蟲名[4] ○紀極也會也事也理也識也亦經紀又十二年曰紀又姓出丹陽居理切四 己

身己爾雅曰太歲在己曰屠維 妀說文云女字也 㠱說也 ○以用也與也爲也古作㠯羊已切七 㠯古文 已止也

此也甚也訖也又音似 苡薏苡蓮[5]實也又芣苡馬蕮也又名車前亦名當道好生道間故曰當道江東呼爲蝦蟆衣山東謂之

牛舌 苢上同 佁癡也說文讀若騃又夷在切 攺大堅說文曰毅攺大剛卯以逐鬼彪也 ○似嗣也類也象也詳里

切十五 佀上同 祀年也又祭祀 𥙓禩竝上同 娰夏姓一曰娣娰長婦曰娰幼婦曰娣 巳辰名爾雅曰太歲在

巳曰大荒落耜耒耜世本曰倕作耜古史考曰神農作耜耟上同汜水名在河南成皋縣說文曰水別復入水也一曰汜窮瀆也詩曰江有汜洍說文曰水也一曰詩曰江有洍泤上同攺又羊己切鈶鋌鈶6麀鹿一歲曰麛二歲曰麀

○史史籍說文作𠀘記事者也亦姓周卿史佚之後出建康又漢複姓五氏世本衞有史朝朱駒漢書藝文志有青史氏著書又有新豐令王史音吳有東萊太守太史慈晉有東萊侯史光踈士切四使役也令也又踈事切駛疾也又音去聲⿰鼓史香之美者

○耳餌也說文云主聽也而止切五洱水名出罷谷山又而志切駬騄駬周穆王馬名⿰糸耳⿰糸耳⿰糸耳轡盛皃⿺鬼耳鼠名

○里周禮五家爲鄰五鄰爲里風俗通云五家爲軌十軌爲里里者止也五十家共居止也又姓左傳晉大夫里克又漢複姓有相里氏良士切十裏中裏說文曰衣內也鯉魚名悝憂也詩云悠悠我悝又口回切李果名亦行李又姓風俗通云李伯陽之後出隴西趙郡頓丘渤海中山襄城江夏梓潼范陽廣漢梁國南陽十二望𤸷病也理料理義理又正也文也說文曰治玉也亦姓皐陶爲大理因官氏焉殷有理徵娌妯娌俚賴也聊也又南人蠻屬也⿰里阝亭名在西鄂一曰邑名

○枲麻有子曰枲無子曰苴也胥里切七莗胡莗⿰彳思不安皃又作偲⿱竹思竹萌也又音待葸質慤皃又畏懼也諰言且

思之㢩說文曰石利也。始初也詩止切一。峙說文踞也峙躇不前也直里切九跱上同峙具也又峻峙

痔病也偫待也儲也具也又看所望而往洔水中高土又音止畤儲秲稻名秲穲庤詩曰庤乃錢鎛庤具也亦作畤。起興也作也立也發也又姓出何氏姓苑墟里切六邔縣名在南郡又渠記切杞木名又苟杞春名天精子夏名苟杞葉秋名卻老枝冬名地骨根又國名夏之後也亦姓杞梁是也屺山無草木玘佩玉芑白粱粟也

。士說文曰事也數始於一終於十从一十孔子曰推十合一為士又姓左傳晉大夫士蔿又漢複姓二氏古今人表有士思癸又士貞氏晉康公庶子士貞之後鉏里切五仕仕官柹果名戺砌也閾也𡰥上同。俟待也亦作竢又姓風俗通云有俟子古賢人著書又虜複姓二氏後魏書云俟畿氏後改為畿氏俟奴氏後改為俟氏又虜三字姓三氏俟力伐氏後改為鮑氏俟伏斤氏後改為伏氏周書太祖賜韓褒姓俟呂陵氏牀史切又音祈十七竢上同涘水岸涯也騃趨行皃西京賦曰羣獸駓騃又吾駭切

𠩺縄履𥝩不來也說文引詩曰不𥝩不來从來矣聲𠊿同上。子子息環濟要略曰子猶孳也孳恤下之稱也亦辰名爾雅云太歲在子曰困敦又姓又漢複姓十一氏左傳鄭大夫子人氏魯大夫子服氏子家羈莊子有子桑扈皇子告敖何氏

姓苑有子乾子仲子工子革子臧子師等氏即里切八孖古文仔說文克也本又音兹虸虸蚄蟲耔擁苗本也秄
上同梓木名楸屬杍工木匠或作梓○矣說文云語已詞也于紀切二誒蒿也○擬度也魚紀切六儗
僭也薿草盛皃又魚力切⿱孖日盛也譺議也欺也調也又魚記切䅲禾盛○齒齒錄也年也又牙齒昌里切二
紕績苧一紕出新字林○恥慙也敕里切三祉福也祿也褫[10]徹衣又奪衣又直追池耳二切○⿰來刂割聲初紀切三
⿰叕欠齧也⿰⿱匆匆欠上同○滓澱也阻史切五笫牀簀又側[11]几切胏脯有骨曰胏易曰食乾胏⿱艹宰說文云羹
菜也市止也從市一橫止之出文字音義說文即里切○譩恨也又磨也於擬切又於其切二醷梅漿○伱秦人
呼傍人之稱[12]乃里切二⿱斬耳指物皃也
七○尾首尾也易曰履虎尾又姓史記有尾生無匪切八亹美也爾雅亹亹勉也斖俗浘水流皃又
浘潤海水洩處案莊子作尾閭字不从水娓美也說文順也又音美音媚⿰耒尾人名鄭大夫[13]蔡⿰耒尾也⿰禾尾饘也⿰食尾微也
○扆[14]戶牖間也禮疏云如綈素屏風畫斧文也於豈切六⿱依心痛聲偯哭餘聲⿸广衣[15]藏也僾僾俙看不了皃又烏

15 扆

4 冠

代切靉 靉霼不明皃出海賦又烏代切 ○豈[1] 安也焉也曾也祛狶切二 䓇 菜似蕨生水中 ○蟣[2] 蟣蝨居狶切四
幾 幾何又既稀[3]切 機 禾機 鐖 鬼俗吳人曰鬼越人曰鐖又音祈 ○斐 文章皃敷尾切七 菲 薄也微也又菜
名又音妃 朏 月三日明生之名 悱 口悱悱也 騑 馬名 奜 大也 𩇦 鳥如梟也說文別也又平利切 ○匪 非也
易曰匪[4]冠婚媾說文曰器如竹篋今從竹爲筐篚字府尾切八 篚 竹器方曰筐圓[5]曰篚 棐 輔也 餥 餱也一曰相請食 榧
木名子可食療白蟲 ⿱肥虫 爾雅云蜚蠦⿱肥虫[6]即負盤臭蟲又音肥 ⿱艹棐 草也 蜚 蟲名咸蜚又扶沸切 ○韙 是也于鬼切十
三 煒 光煒 暐 暐曄 偉 大也 瑋 玉名 葦 蘆葦 椲 木名可屈爲盂 韡 華盛皃 颹 大風
皃 媁 醜也 愇 字書云恨也 鍏 方言云臿宋魏之間或謂之鍏 ⿰扌韋 逆追 ○鬼 鬼之爲言歸也居偉切一
○虺 蛇虺許偉切五 ⿰火尾 齊人云火 ⿱雨虺 震雷也 虫 鱗介揔[8]名 卉 百草揔名又音諱 ○顗 請也樂也
說文曰謹莊皃魚豈切二 螘 螘子蟲 ○豨 楚人呼猪亦作狶虛豈切五 俙 僾俙 𪖐 𪖐鼻又[9]虛几切 霼
靉霼 唏 哀而不泣 ○磈 磈硊石山皃又危也於[10]鬼切二 嵔 嵔崔山高曲下 ○膭 脽多汁浮鬼切六 ⿰禾冀

17 騎　18 三　19 桷

稻紫莖不黏也又扶畏切橨船邊木也蟦蟦螬別名又[11]符沸切陫陋也又作厞[12]又符沸切𦪈船𦪈釘[13]鐨

八○語說文論也魚巨切十二篽說文曰禁苑也籞[14]上同又池水中編竹籬養魚圉養馬又姓左傳有大

夫圉公陽敔柷敔樂器釋名曰敔衙也衙止也所以止樂也圄囹圄周獄名又守也衙行皃楚詞云導飛廉之衙衙又

音牙齬齟齬不相當也或作鉏鋙說文曰齬齒不相值也鋙鉏鋙不相當也⿰金御上同禦禁也止也應也當也

[15]說文祠也蘌[16]蘌[17]蘩○呂字林云脊骨也說文作呂又作膂亦姓太嶽爲禹心呂之臣故封呂侯後因爲氏出東平力舉切十

二[18]膂上同旅師旅說文曰軍五百人也亦姓漢功臣表有旅卿封昌平侯俗作挔⿱竹旅⿱竹膂器祣祭山川名案論

語只作旅穭自生稻也梠桶[19]端連綿木名說文楣也儢儢拒心不欲爲也出文字指歸侶伴侶⿰木旅木名可爲

箭笴郘亭名絽絣也启晉大夫名○佇久立也直呂切九竚上同芧草也可以爲繩苧

上同紵麻紵杼說文曰機之持緯者又神與切羜生羔五月宁門屏之間禮云天子當宁而立眝說文曰長眙也

一曰張眼也○與善也待也說文曰黨與也余呂切又余譽二音七与上同⿱与廾古文歟歎也又音余予郭璞

7 敝　5 戴　4 雍

云予猶與也又弋諸切蕷蕃蕪亦作藇又徐呂切悆說文曰趣步悆悆也○鬻說文曰亨也章与[1]切亨普庚切四
煑上同陼丘也說文曰如渚者陼丘水中高者也渚沚也釋名曰小洲曰渚渚遮也能遮水使旁迴也又水名出常山
○汝尒也亦水名山海經曰汝水出天息山亦州名春秋時爲王畿及鄭楚之地左傳楚襲梁及霍漢爲梁縣後魏屬汝北郡隋移伊州於
陸渾縣北遂改爲汝州又姓左傳晉有汝寬人諸切六肗魚不鮮茹乾菜也臭也貪也雜糅也又而恕切⿰古瓜乾菜
⿰黍女⿰黍女黏也⿱宀⿰爿要[2]楚人呼寐○暑熱也舒呂切五鼠小獸名善爲盜說文曰穴蟲之總名也黍說文云禾屬而
黏也引孔子曰黍可爲酒故从禾入水也⿰虫黍⿰虫黍蝜[3]癙癙病○杵世本曰羅[4]父作杵臼昌與切二處居也止也制也息也
留也定也說文又作処亦姓風俗通云漢有北海太守處興○貯居也積也丁呂切九⿰宁者上同⿰巾宁楮衣褚裝衣⿰㡭宁
說文曰⿰巾盾也所以[5]盛米也⿰金宁上同著著任又張慮[6]直略二切許有所知也衧衧[7]衣○諝才智之稱私呂切九
胥上同又思余切㥠上同稰熟穫醑簏酒湑露皃糈說文云糧也又音所楈木也稰
祭具○楮木名丑呂切三柠上同褚姓出河南本自殷後宋恭公子石食采於褚其德可師号曰褚師因而命氏也又張

八・七十二　韻上聲　十三　顏彥

呂切。女禮記曰女者如也如男子[8]之教尼呂切又尼慮切二 籹粔籹。許許可也與也聽也亦州名本爲許國大嶽之胤

周武王伐紂所封漢爲潁川郡周爲許州又姓出高陽汝南本自姜姓炎帝之後[9]大嶽之胤其後因封爲氏虛呂切二 鄦地名也出史記

。巨大也亦姓漢有巨武爲荆州刺史其呂切十八 拒拒捍也又格也違也 秬秬黑黍也 距鷄距 ⿰角巨上同 炬

火炬 粔新字解訓曰粔籹膏環[10] 虡飛虡天上神獸鹿頭龍身說文曰鍾鼓之柎也飾爲猛獸釋名曰橫曰栒縱曰虡[11] 虡

上同俗作簴 鐻上同 鉅釋名又大也 苣苣藤胡麻 駏駏驉 藘苦藘江東呼爲苦蕒 ⿱罒巨罟也

詎豈也又音遽 歫書傳云至也 ⿰齒巨齗腫。所說文云伐木聲也詩曰伐木所所又處所也詩曰獻于公所亦姓漢

有諫議大夫所忠踈舉切七 所俗 糈祭神米也 齭齒傷醋也說文音楚 疋記也又山於切 ⿱疋皿說文曰積

⿱疋皿負戴器也 ⿰貝疋齎財問卜。楚萇楚亦荆楚又州本漢射陽縣地春秋時屬吳秦屬九江郡晉爲山陽縣武德初改爲楚

州又姓左傳趙襄子家臣楚隆創舉切八 礎柱下石也 齭齒傷醋也 齼上同 䵛說文曰會五綵鮮皃引詩云衣裳䵛

䵛 ⿰衤戚埤蒼云鮮也一曰美好皃 憷痛也出音譜 濋水名。阻隔也憂也側呂切二 爼[12]爼豆。齟齟齬牀呂

4 舁 舉
6 山
7 入字當刪
8 皻
9 漬

切二鉏鉏鋙不相當也○咀咀嚼慈呂切六沮止也又七余子預二切怚[1]憍也又子據切祖𧻚也說文曰事好也

又子邪切跙行不進皃趡邪出前也又前[2]結切○扵擊也於許切二膂肩骨○舉擧也又立也言也動也說

文本作擧又姓出姓苑居許切十莒草名亦國名又姓嬴姓之後漢有緱氏令莒誦欅木名筥筐筥籧[3]飲牛

筐趄行皃弆藏也柜柜柳郘亭名在長沙郡⿱𦥑力[4]共輿皃○敘次弟爾雅曰敘緒也又姓徐呂切十

一緒基[5]緒說文曰絲耑也亦姓藇姓也巳上三字並出何氏姓苑序庠序又爾雅曰東西牆謂之序漵水浦也

抒渫水俗作汿又神呂切嶼海中洲也鱮魚名⿰酉與酒之美也本亦作藇詩云釃酒有藇⿰衤與矛也⿸尸予履屬

○去除也說文从大凵[6]也羌舉切又丘據切五麮麥粥汁弆藏也又音莒蛣蛣蚑⿰糸疋繼入[7]也又音踈○紓緩也

神與切又音舒三抒左傳云難必抒矣抒除也又音序杼橡也○野田野承與切又與者切二墅田廬○⿰目皮[8]皺⿰目皮

皮裂七與切一○苴履中草子與切又子余切三咀㕮咀儋[9]藥也又慈呂切㕮音甫⿰石甫䃊場外名[10]也

九○麌牡[11]鹿又麌麌羣聚皃虞矩切三俁俁俁容皃大也詩曰碩人俁俁噳噳噳笑皃○羽舒也聚也亦鳥

13 反頨

14 斧

長毛也又官名羽林監應劭漢官儀曰羽林者言其爲國羽翼如林盛也皆冠鶡冠亦姓左傳鄭大夫羽頡又虜姓後魏書羽弗氏後改爲羽氏又音芋王矩切十五 禹 舒也字林云蟲名又姓夏禹之後王僧孺百家譜云蘭陵蕭道遊娶禹氏女 雨 元命包曰陰陽和爲雨大戴禮云天地之氣和則雨說文云水从雲下也一象天冂象雲水霝其閒也 宇 宇宙也又大也說文曰屋邊也易曰上棟下宇亦姓出何氏姓苑又虜複姓宇文氏出自炎帝其後以有嘗草之功鮮卑呼草爲俟汾遂号爲俟汾氏後世通稱宇文蓋音訛也代爲鮮卑單于 㝢 上同 瑀 石似玉也 祤 祋祤縣名在馮翊又況羽切 栩 栩陽地名又況羽切 鄅 鄅子國在琅耶其後以國爲姓2 頨 孔子頭也13說文云頭妍也又讀若翮 楀 木名又音矩 萭 說文艸也 𨙷 亭名在南陽 聥 張耳有所聞又音矩 𩂣 雨皃 ○聚 衆也共也斂也說文會也邑落云聚慈庾切二 鄹 亭名在新豐 ○甫 始也大也我也衆也說文曰男子之美稱也字从父用又姓風俗通云甫侯之後方矩切十九 脯 乾脯東方朔云乾肉爲脯禮記曰牛脩鹿脯田豕脯 斧14 斧鉞周書曰神農作陶冶斤斧 頫15 說文低頭也太史公書頫仰字如此 俯 上同漢書又作俛今音免 府 官府說文曰府文書藏也風俗通曰府聚也公卿牧守道德之所聚也又舍也亦姓風俗通云漢有司徒掾府悝 腑 府藏腑本作府俗加月 簠 簠簋

1 罕父黑　2 ⿰石甫⿰石直　△瓬養韻分兩切又音甫　3 氐　4 俊

又音膚 黼 白黑文也爾雅曰斧謂之黼謂畫斧形因名云 蜅 小蟹 莆 蓮莆蕘之瑞草 釜 爾雅曰蠸輿父守瓜郭璞云今瓜中黃甲小蟲喜食瓜葉故曰守瓜字或从虫 俌 俌輔也出埤蒼 㕮 㕮咀 父 尼父尚父皆男子之美稱又漢複姓三氏孔子弟子有宰[1]父黑漢有臨淄主父偃左傳宋有皇父充石宋之公族也漢初有皇父鸞自魯徙居茂陵改父爲甫後漢安定太守雋始居安定朝𨚗代爲西州著姓又徙居京北又音釜 ⿰石甫 ⿰石直[2]⿰石甫 蚥 蜛蚥螳蜋別名 鯆 大魚 郙 亭名也在上蔡 ○武 止戈爲武又迹也曲禮曰堂上接武又州名本自白馬玄[3]地魏文徙武都郡於美陽今好畤縣界武都古城是也後魏平仇池山築城置武都鎮即今州是也亦姓風俗通云宋武功之後漢有武臣又漢複姓六氏漢有乘黃令武安恭出自武安君白起之後風俗通云漢武強侯王梁其後因封爲氏世本云夏時有武羅國其後氏焉何氏姓苑有廣武氏出自陳餘之後又武成氏武仲氏又虜複姓西秦録有武都氏文甫切二十四 舞 歌舞左傳曰舞所以節八音而行八風也周禮曰樂師掌國學之政以教國子小舞也山海經曰帝後[4]八子始爲舞又姓出何氏姓苑 儛 上同 嫵 嫵媚 侮 侮慢也侵也輕也 䍢 牕中網也 憮 憮然失意皃說文愛也一曰不動也 ⿰亻無 上同 珷 珷玞石次玉 碔 上同 廡 堂下也 ⿸广舞 籀文 甒 甖甒 潕 水名在南陽 鵡 鸚鵡鳥名能言

6 滏　7 把　8 ⿰菩刂　10 ⿱冖吁

鵐上同憮愛也說文撫也膴土地腴美膴膴然也瞴微視之皃娬好也敄彊也⿰舟舞長艇船也⿱罒毋[5]雉網蕪蕃滋生長說文豐也隸省作無今借爲有無字○父說文曰父矩也家長率教者扶雨切十五輔毗輔又助也弼也亦姓左傳晉大夫輔躒又智果以智伯必亡其宗改爲輔氏䩉頰骨⿰甫頁上同腐朽也敗也說文爛也⿰父鳥⿰父鳥鳩越鳥滏水名在鄴山海經云神箘之山滏[6]水出焉駁牡馬㕮㕮咀嚼也又音甫蚥蟾蜍別名㾈病腫也說文俛病也秿禾穳積也鬴說文鍑屬又覆鬴九河之一名釜上同古史考云黃帝始造釜⿰韋甫尻衣○撫安存也又持也循也芳武切十三⿰亡攵上同弣弓弝[7]中也釰上同說文又方九切刀握也拊拍也說文揗也殕食上生白毛⿰糸咅⿰糸咅綿俌輔也又音甫剖判也又普厚切⿱無糸絲⿱髟咅說文云髮皃又步侯切⿰菩刂[8]⿰菩刂草⿺走句健也亦作竘○柱廣雅曰楹謂之柱又姓出何氏姓苑直主切三跓停[9]足⿱山柱天⿱山柱案爾雅曰霍山爲南嶽郭璞云即天柱山字俗從山○詡和也普也遍也大也禮云詡謂敏而有勇況羽切十二⿸尸紆⿰舟于冠名⿰口⿱曰于[10]上同姁呂氏春秋云姁姁然相樂也又漢高后字娥姁說文嫗也栩柞木名說[11]文云杼也其實皁一曰樣樣音象珝玉名欨說文[12]吹也一曰笑意本火于切祤祋祤縣在馮翊咻噢咻病聲⿱呴灬呈示

1 器中空

2 陽

3 祏

⿰阝句鄉名在安邑煦温也又香句切○豎立也又童僕之未冠者又姓左傳鄭有大夫豎柎臣庾切四竪俗樹

扶樹裋敝布襦也○庾倉庾又姓出潁川新野二望本自堯時爲掌庾大夫因氏焉以主切十二窳器空中[1]亦病也⿱穴主上同

抌刺也⿰忄臾懼也⿱艹庾百⿱艹庾草愈差也賢也勝也瘉病也說文曰病瘳也㼌微弱本不勝末貐獸名

龍首食人說文曰猰貐似貙虎爪食人迅走也楰鼠梓似山楸而黑也斞說文量也○主掌也領也典也守也君也說文曰鐙

中火主又姓出姓苑之庾切五麈鹿屬華[2]國志曰郪縣宜君山出麈尾枓斟水器也宔說文曰宗廟宔祏[3]或作砫炷燈炷

又音注○傴不伸也尪也荀卿子曰周公傴背於武切三噢噢咻病聲迂曲迴皃○齵齒病後漢梁冀妻能爲愁眉啼粧齵

齒笑折腰步驅雨切三踽[4]踤踽又獨行皃竘巧也又音口○拄拄從旁指知庾切四柱柱夫草一名搖車也丶說文曰有

所絕止丶而識之也黈黈點義與上同○乳柔也而主切三擩擩取物也醹厚酒○窶[5]貧無禮也其矩切二貗

爾雅云貒子貗○數說文計也所矩切又所句所角二切二籔窶籔四足[6]几也○矩法也常也俱雨切十一榘上同

說文又其呂切踽獨行又驅雨切枸木名出蜀子可食江南謂之木蜜其木近酒能薄酒味也萬姓漢有萬章又音禹聥

7 鸁　8 傴僂　10 莔　13 二

張耳有所聞棷曲枝果也翑曲羽又求俱切楀楀氏木名又音禹蒟蒟醬出蜀其葉似桑實似椹又音句椇枳椇

○取收也受也七庾切一○縷絲縷力主[9]切十三僂鸁[7]僂縣名在交阯僂僂傴[8]疾也褸襤褸衣敝說文衽也簍

小筐嶁岣嶁衡山別名謱觀謱委曲僂姓出纂文溇說文曰雨溇溇也一曰汝南人謂歙酒習之不醉爲溇鷜

鸜鷜鳥今云郭公也⿰女婁女人惡稱⿱艹迺[10]小蒿草蔞草可亨魚又力俱切○⿰糹須絆前兩足相庾切二⿰禾須草名○⿰禾聚

小母豬也鶵禹切二⿰豕取上同

十○姥老母或作姆女師也亦天姥山也又姓出何承天纂文莫補切六莽宿草又音蟒⿰金莽鈷⿰金莽又[11]音蟒媽母也

⿰山老慈母山名在丹陽亦作姥俗從山⿰忄某愛也又音武○土釋名曰土吐也吐萬物也文字[12]指歸無點他魯切四吐口吐亦虜複姓

三氏後魏書有吐奚吐難吐萬氏又虜三字姓三[13]氏慕容廆庶長兄吐谷渾後將所部居西零以西甘松之南極乎白蘭數千里其孫葉延曰

禮云孫子得以王父字爲氏遂以吐谷渾爲氏又後魏書吐伏盧氏稌稌稻芏草名似莞生海邊可爲席○杜甘棠子似梨又

塞也澀也又杜仲藥名亦姓本自帝堯劉累之後出京兆濮陽襄陽三望漢有御史大夫杜周以南陽豪族徙茂陵始居京兆徙古切九

1 根葉都似細辛　2 桴　3 居　5 鼓　6 鼔　8 鼓

鞋鞴靫別名一云鞋韛坻瓶也墢塡也鼔塞也閉也肚腹肚又當古切⿰者攴桑皮荰杜衡香草似葵
山海經云可以治癭帶之令人便馬馬亦善走味似細辛而氣小異字俗從卄土土田地主也本音吐○魯鈍也又國名伯禽之
後以國爲姓出扶風又羌複姓有魯步氏郎古切十七櫓城上守禦望樓釋名曰櫓露也露上無覆屋也說文云大盾也滷
鹹滷虜虜掠又獲也服也擄虜掠或從手𢉖庵舍⿰扌鹵搖動樐彭排⿰舟虜所以進船⿰金虜釜屬
蓾杜衡別名⿱艹魯上同鹵鹵簿今⿹勹鹵匐也鑥鑥以木爲刀柄桴[2]木名可染繒⿰魚虜魚名○蔖
草死爾雅曰蓾蔖郭璞云作履苴草采古切二⿱艹麤草履○覩見也當古切十一睹上同暏詰朝欲明賭
戲賭堵垣堵又姓左傳鄭有堵叔又音者肚腹肚又徒古切帾幡也標記物之處也居[3]美石又音怙楮木名
又音褚⿰者攴桑皮又音杜⿸厂⿱夂目[4]梁公子名仉⿸厂⿱夂目○古故也又姓周太王去邠適岐稱古公其後氏焉蜀志有廣漢功曹古牧又
漢複姓晏子春秋有齊勇士古冶子又虜三字姓後漢書有古口引氏公戶切二十一鼓[5]說文曰郭也春分之音萬物郭皮甲而出故謂
之鼓周禮六鼓靁鼓靈鼓路鼓鼖鼓鼛鼓晉鼓亦作鼓[6]鼓[7]說文曰擊鼓也[8]瞽無目股髀股⿰月古上同罟網罟

八七　韻上聲　十七　陳晃

9 匃 貨　11 兆　14 祖　16 琢　17 鄜

蠱疑也又蠱毒也又卦名蠱事也 估市稅 鹽鹽池又左傳曰鹽其腦杜預云鹽啑也又詩傳云鹽不固也 鈷鈷鏻

羖羖䍽羊說文曰夏羊牡曰羖 粘俗 詁詁訓 牯牯牛 賈商賈又古下切 夃[9]多債利也又[10]古乎切 沽屠人名出沽漢書

兒[11]壅蔽 盬器也說文作盬 ○五數也又姓左傳有五奢亦漢複姓四氏漢有五鹿充宗風俗通云氏於職焉三烏五鹿是也趙有將軍五鳩盧國語云楚昭王時有五參蹇姓苑有五里氏疑古切五 午交也又辰名爾雅云太歲在午曰敦牂

旿明也 伍行伍說文曰相參伍也周禮曰五人爲伍 仵偶敵又伍仵皆姓出姓苑 ○簿簿籍又車駕次第爲鹵簿裴古切二

部部伍又部曲 ○粗麤也略也徂[12]古切又[13]千胡切五 麆大也 駔駿馬又[14]徂朗切 但淺也 觕[15]牛角直下

○祖祖禰又始也法也本也上也又姓祖已之後出范陽則古切六 珇珪上起[16]又美好 組組綬又綸組東海中草名 菹茅藉

蒩說文菜也 靻靻勒名 ○虎獸名說文曰虎山獸之君淮南子曰虎嘯谷風至又姓風俗通曰漢有合浦太守虎旗其先八元伯虎之後呼古切七

琥發兵符有虎文周禮云白琥禮西方 戽戽斗舟中漉水器又音戸 滸水岸 鄜[17]地名

萀虎豆名俗加艹 虝蠅虎蟲俗加虫 ○隖村隖亦壁壘說文曰小障也一曰庳城也安古切十 塢上同通俗文曰營居

1 縣名又姓晉大夫司馬彌牟之後
3 走
5 西京賦云抱杜含鄠
6 罔

曰塢戴延西征記曰叒蝕城川南有金門塢鄔[1]郡名又姓鄔郡太守司馬牟之後因以爲氏瑦石似玉也䃖小障也出埤蒼
⿰巾烏頭巾溩水溩[2]⿰言亞相毁皃⿺走烏足[3]輕⿰車烏車頭中骨[4]○苦麤也勤也患也說文曰大苦苓也康杜切二䇘
竹名○怒恚也奴古切又奴故切五弩弓弩古史考曰黃帝作弩砮石可爲矢鏃又乃胡切努努力⿱奴虫水弩
蟲俗從虫○戶說文云戶護也半門爲戶侯古切二十三楛木名堪爲矢幹書云荊州所貢詩疏云東夷之所貢扈跛扈
猶強梁也又有扈國名亦姓風俗通云趙有扈輒又虜三字姓有扈地干氏怙恃怙鄠縣名在京兆府本夏之扈國秦爲鄠
縣也帍巾也祜福也昈文彩狀又明也㟪山卑而大曰㟪岵山多草木苄地黃雇說文曰九扈農桑候
鳥扈民不婬者也春雇鳻鶞夏雇竊玄秋雇竊藍冬雇竊黃棘雇竊丹行雇唶唶宵雇嘖嘖桑雇竊脂老雇鷃也鳸上同亦作
鳸⿰雩鳥亦同⿸虍邑[5]西京記云抱土含⿸虍邑婟婟惜又音互戽抒也居美石又丁古切洿洿深皃⿱洿女貪也
古酤一宿酒又音姑滬靈龜負書出玄滬水簄海中取魚竹名[6]曰簄○普博也大也徧也又姓後魏十姓獻帝次兄
爲普氏亦虜複姓周書辛威賜姓普屯氏又虜三字姓周書楊忠賜姓普六如氏後魏書有普陋如氏滂古切五溥大也廣也誧

10 移

文字音義云大也助也浦風土記云大水有小口別通曰浦說文瀕也又姓晉起居注有浦選烳火行皃○補補綴說文
曰完衣也博古切三譜籍錄圃園圃說文種菜曰圃亦姓又博故切
十一○薺甘菜徂[7]禮切五鮆魚名常以春時出九江鱭上同癠病也方言曰生而不長也呰弱也又子
西茲此二切○禮說文曰履也所以事神致福也釋名曰禮體也得其事體也又姓左傳有衛大夫禮孔盧啓切十六礼古文⿱⺮豊
竹名蠡蠡吾縣名在涿郡又彭蠡澤名⿰舟蠡大[8]舟也澧水名在武陵又水名出衡山亦姓出何氏姓苑醴醴酒亦醴
泉縣屬京兆府本漢谷口縣也屬馮翊至後魏置寧夷縣隋改醴泉因周醴泉宮名也鱧說文鱯也鱺上同⿰魚蠡說文鮦也
欚江中大舩名[9]亦作⿰舟蠡盠簞也劙刀刺又力[10]多切豊行禮之器⿰麗攴[11]布也說文數也又音離欐小舩又力計切
○體體身也又生也他禮切八軆俗醍醍酒又音啼涕目汁⿰車豊⿰車豊⿰革罷輭皃挮去淚緹纁又音啼
⿰是大橫首杖名○顊傾頭匹米切一○濟定也止也齊也亦濟濟多威儀皃又水名出王屋亦州本齊地秦屬東郡宋於此置
碻磝戍後魏於此置濟北郡周武帝置肥城郡武德改爲濟州或作泲又姓出姓苑襄城人也子禮切又音霽五批殺也又側[12]買切⿱罒齊

2 膿　3 瓮　4 闟　△ 淒 齊韻七稽切又千弟切 䌗 紙韻斯氏切又千禮切　7 殅　8 腓

手搦酒又作擠 𪗉 生而不長 夘[1] 事之制也說文音卿 ○邸 舍也又姓風俗通云漢上郡太守邸杜俗從互餘同都禮切十三 底 下也止也作底非也 詆 呰也訶也 聜 [2]耳聹 坻 隴阪又支氏切 抵 擠也擲也 牴 角觸 觝 同上 柢 本也根 弤 埤蒼云舜弓名 𢼄 隱也 堤 滯也 軧 大車後也 ○弟 兄弟爾雅曰男子先生爲兄後生爲弟徒禮切又特計切七 娣 娣姒 悌 愷悌詩作豈弟毛萇云豈樂也弟易也 艅 艅船 遞 更代也又亭繼切 𤭛 小[3]瓮 媞 好人安詳之容皃又啼是二音 ○禰 祖禰亦姓出平原魏有禰衡亦作祢餘同奴禮切十三 嬭 楚人呼母又奴蟹切 𨵩[4] 智少力劣 苨 薺苨 䩘 𩏂䩘鞆皃 泥 泥泥濃露也亦作泥 濔 水流也 坭 地名 𩯭 髮皃 薾 華茂也 檷 [5]絡絲柎也 鑈 上同 𩏶[6] 轡垂 ○洗 洗浴又姓先禮切又音銑二 洒 上同又所賣切 ○泚 水清也千禮切四 玼 玉色 緀 帛文皃 皉 白色 ○啓 開也發也別也刻也說文教也俗作啟康禮切十二 棨 兵欄說文曰傳信也 綮 戟支一曰戟衣 卟 問卜也又工兮切 䭫 首至[8]地也 稽 上同又古兮切 晵 說文云雨而晝晴[7]也又姓後燕有將軍晵倫或作啓 闙 埤蒼與啓亦同 启 說文開也 𦛁 肥[8]腸又口系切 偯 開衣領也 䡁 至也礙也 ○徯 待也胡禮切八 謑 恥辱 𥴧

所以安重船又音系艀上同涀水名在高陵𧦝說文待也匸有所藏也䁯目動○米穀實說文作米又胡

姓莫禮切七眯物入目中粎繡文如聚米出說文洣水名在茶陵蔝蔝子菜𥨘寐不覺鮇魚子○陛

階陛也傍禮切八梐梐枑行馬髀髀股⿰骨坒上同坒下也萆萆鼠莞見爾雅可爲席又必鼻切⿰牛坒⿰牛坒牲

牛馬行⿰亻坒⿰亻坒倮開聊行也○⿰口兮可也尒也烏弟切二⿰言兮應聲○垷埤垷女墻研啓切六𣪠戰殹擊聲掜不從也

觬角曲⿰衤兒䄒視袿衣飾也晛明也亦作晲[9]○𣪘補米切二皉明白

十二○蟹水蟲仙方云投於漆中化爲水服之長生以黑犬血灌之三日燒之諸鼠畢至胡買切七䲒說文上同解曉也

又解廌仁獸似牛一角亦姓自唐叔虞食邑於解今解縣也晉有解狐解楊出鴈門又虜複姓魏書有解批氏又佳買古賣二切獬字林

字㨾俱作解廌廣雅作貐貏陸作獬豸也澥渤澥嶰山澗間又嶰谷名案漢書只作解谷⿰阝解小谿○買說文市也莫蟹切五

嘪羊聲蕒吴人呼苦蕒⿰氵買水名鷶鷶鷉鳥名○⿱艹丂[10]戾也苦蟹切三嫛意難⿰月皆瘦皃○廌解廌[11]

宅買切三豸⿰豸弟上同○嬭乳也奴蟹切二妳上同○罷止也休也薄蟹切六矲矲⿰矢皆短也猈犬短頸一曰案

11 ⿰月坒

○跐紙韻雌氏切又阻買切
扯紙韻將此切又側買切薛韻子𧨐切又側買切

下狗也鑼大鐵杖㦗疲劣𦋺𦋺𧤗惡怒○矮短皃烏蟹切三庴坐倚皃又作躷躷上同擺擺撥北買切二捭上同鬼谷子有捭闔篇○解講也說也脫也散也佳買切三薢爾雅曰薢茩芵茪檞松樠○灑灑水爾雅云大瑟謂之灑長八尺一寸廣一尺八寸二十七弦所蟹切又所綺切三𩌦履屬躧屣躧○丫丫丫羊角開皃乖買切又工瓦切三𠩫𠩫盾屬也說文苦圭切盾握也枴老人拄[1]杖也○𢪽攙𢪽𢪽物出聲譜丈夥切一○夥多也懷丫切又胡果切一○扮亂扮也花夥切一○箉[2]竹具用之魚笱竹器也求蟹切二拐手腳之物枝也○

十三○駭驚也又九河名一曰徒駭出爾雅孫炎云禹疏九河功衆懼不成故曰徒駭侯楷切四絯大絲[3]又音該侅無侅人名又音該駴[4]駴擊○楷模也式也法也說文曰木也孔子冢蓋樹之者又姓苦駭切四𧤗𦋺𧤗𥎊矲𥎊鍇鐵好○騃癡也五駭切又音俟四㾭[5]㾭疾娭喜樂𧡀笑視○挨打也於駭切二唉飽聲又於來切

十四○賄財也又贈送也呼罪切七䝅上同胎腲胎大腫皃腲都罪切燜熟皃又亡罪切悔悔吝蛕土蛕毒蟲煨南人呼火也○猥犬聲又鄙也烏賄切十腲腲腇[6]肥皃嵔嵔𡾋鍡鍡鑘不平𡟌𡟌娞好皃

8 縣 10 蓓 11 陎 13 鐀 ^ 𡾰 脂頟力追切 又力罪切 儽 脂頟力追切 又力罪切 16 子 17 兀

磈磈磊石皃碨上同㱬㱬矮不知人也𡰻𡰻㞂行病隗隗郲不平○磥衆石皃落猥切十六磊上同

㾯痱㾯皮外小起𡾰𡾰峞山狀礧礧硌大石耒阝耒阝陽鄉[8]名在桂陽鑘鍡鑘灅水名在右北平郲[9]鄙郲

不平㠥㠥嶵山狀又力水切蕾蓓[10]蕾花綻皃儡傀儡戲陯[11]陯郵果實垂又力[12]追切䐯䐯腲腫皃頪

頭不正皃櫑櫑劒古木劒也○錞矛戟下銅鐏或作鐓徒猥切又徒對切五遺遺沱水汎沙動皃陮陮隗不平狀鐀[13]

鍊鐀車轄蓶草名○辠文字音義云辠從自辛也言自辠人蹙鼻辛苦之憂始皇以辠字似皇乃改爲罪也徂賄切三罪上同

嶵㠥嶵山皃○浼水流平皃武罪切六潣上同每雖也辟也頻也說文作每艸盛上出也挴貪也燘燘爤

也又呼猥切豆尾豆碎其也○骽骽股也吐猥切八腿俗聉聉顡癡瘨[14]皃說文五滑切無知意也顡音隗僓長好皃

腇腲腇㟪㟪嶵山高皃𣨙㱬𣨙𡰻𡰻𡰻行病○瘣木病無枝胡罪切九溾溾浽穢濁也㱱㱱𣨙䜅

列也玉篇云譯也說文胡[15]對切中止也匯回也廆晉有大單于遼東郡公慕容廆蘬爾雅云蘬懷羊又音瑰輠

車轉之皃隗隗郲不平○䫥大頭說文曰頭不正也口猥切五𡖇𡖇𡖇多皃傀俗作傀儡字[16]也顝首大骨又口[17]瓦

切

磈磈礧石也○腲腲腇亦[1]作脮都罪切五埻木實垂皃錇陫[2]錇重皃頧頭不正皃謉謉譚譃言出聲譜○餧飢也一曰魚敗曰餧奴罪切八餒上同浽渨浽婑𡟎婑䬐風動皃鮾魚敗腇上同

𤬪傷瓜○𩬕陟賄切假髮髻也一○頠頭也一曰閑習五罪切又五毀切七顡[3]聉顡說文音聵癡顡[4]不聰明也隗陮隗高也亦姓出天水後漢有隗囂峞峞嵔山皃嵬山皃又五[5]回切𩓡頭不正也又口猥切䃬衆石皃○𪈌霜雪白狀七罪切八滜新水狀也澯上同漼水深皃璀玉名粠物粗也𥽔赤米鏙鏙鍇鱗甲皃

○琲珠五百枚蒲罪切三痱痱癗𢊁𢊁起令虛○嶊山林崇積皃子罪切二洅說文云雷震洅洅本作代切

○侑[6×]痛而叫也于罪切

十五○海說文曰天池也以納百川者亦州禹貢徐州之域七國時屬楚秦爲薛郡漢爲東海郡後魏爲海州亦姓呼改切二醢肉醬亦作醘榼㮯榼木名似檀齊人諺云上山斫檀㮯榼先殫○愷樂也康也左氏傳云八愷苦亥切九凱上同

颽南風亦作凱塏爽塏高地爽明塏燥也暟美鎧甲之別名闓開也亦音開𦡞肉美輆輆軩

八・九　韻上聲　二十　高異

8 晉　9 一　10 孟子　11 竪　13 挴

〇宰家宰又制也亦姓孔子弟子宰予作亥切四　縡載也　聹半聾[8]字林云秦音聽而不聰聞而不達曰聹　載年也出方言又音再　〇駘疲也鈍也駘蕩春色皃亦宫名徒亥切又音臺十[8]　殆危也近也　待待擬也俟也　怠懈怠　迨及也　隸上同　紿欺言詐見又絲勞也　箈竹箘　詒相欺　軩輆軩不平　㘆言不止　〇乃語辭也汝也奴亥切三　迺古文　鼐鼎大者曰鼐又奴代切　〇改更也又姓秦有大夫改産古亥切三　頦頰頦又戶坟切　絠解繩說文云彈彄也　〇亥辰名爾[10]雅云太歲在亥曰大淵獻亦姓戰國策晉有亥唐胡改切四　侅奇侅非常　㧡動也　豥堅[11]豥神人　〇啡出唾聲匹愷切一　〇采事也又取也亦姓風俗通云漢有度遼將軍采皓倉宰切七　採取也俗　綵綾綵　寀寮寀官也　彩光彩　䰂髮䰂又七代切　倸恨[12]也　〇茝香草也昌紿切一　〇等齊也多改切又多肯切一　〇䆀禾傷雨也莫亥切又莫代切二　挴貪[13]　〇在居也存也昨宰切一　〇倍不肯也普乃切二　朏說文云月未盛之明又音斐　〇欸相然譍[14]也於改切四　㕀藏也　毒嫪毒秦人名又音哀　挨擊也　〇佁癡也夷在切一　〇[口臺][口臺]㘆言不止他亥切一　〇疓病[15]也見尸子如亥切一　〇釢連絲鈎曰釢出字苑來改切二　唻囉唻歌聲又力諧切　〇䐨肥也與改切二　腁上同

脤

○倍子本等也薄亥切三 菩說文曰草也 蓓黃蓓草也

十六○軫動也車後橫木也又姓今吴縣有之俗從尒餘同章忍切二十三 縝結也單也又丑珍切 胗癮胗皮外小起說文曰脣瘍也又音緊 疹籀文 畛田間道又音眞 賑隱賑說文富也又之刃切 㐱說文曰稠髮也引詩曰㐱髮如雲亦作鬒 鬒上同 稹木密又丁堅切 紾單衣或作縝 縝上同 眡告也 診候脈又視也驗也 袗說文云玄服也亦作裖 裖上同 㰮輴輴㰮㰮喜悦皃輴音田 眕目有所恨而止又厚重也 𩑶顏色𩑶麟慎事也 黰黑皃 駗馬色也 縝纑也 稹緻也又聚物 𦐈新生羽而飛也 ○辴大笑丑忍切一 ○腎五藏之一也時忍切六 蜃大蛤說文曰雉入水所化又時刃切 裖祭餘肉說文云社肉盛之以蜃故謂之裖天子所以親遺同姓 脤上同 㰮指而笑也 鋠玉篇云圓鐵 ○忍強也有所含忍而軫切三 荵說文曰荵冬草也爾雅曰蒡隱荵郭璞云似蘇有毛 涊水名在上黨 ○矤說文曰況也詞也从矢取詞之所之如矢也式忍切六 矧 訠並上同 哂笑也 弞笑不壞顏 頣舉眉視人 ○嶙㠋嶙山高皃良忍切五 僯慙恥 䫰少髮皃 橉門限也又牛車絕橉又力進切 撛扶也 ○紖牛紖直引

八·卅四　韻上聲　二十三　陳晃

2 虛坐盡後食坐盡前

3 七

4 囷 集韻去倫切又渠殞切

5 餘

8 申布也

切四⿰月引杖痕腫處說文音酳瘢也一曰遽也⿰目引瞋怒目皃眹目童子也又吉凶形兆謂之兆眹○緊糾急也居忍切四

胗脣瘍也又之忍切腵瘕並俗○盡竭也終也慈忍切又即忍切二濜濜滇水浂急皃○⿰木盡埤蒼云盂也即忍切二

盡曲禮曰虛坐盡[2]前又慈忍切○牝牝牡毗忍切又扶履切四髕去膝蓋骨刑名臏上同猵獺屬又音邊○釿

齊也說文曰劑斷也宜引切五磭大脣齾齒齊齗犬爭皃听口大皃○笉笑皃士[3]忍切一○窘急迫

也渠殞切十僒上同莙牛藻也⿰口囷吐皃⿰王囷玉名箘竹名菌地菌又姓出姓苑䐃腸中脂也

蔨[4]爾雅曰蔨鹿藿郭璞云今鹿豆也葉似大豆根黃而香蔓延生蜠爾雅曰貝大而險者曰蜠又音囷○引爾雅曰長也說

文曰開弓也余忍切又徐[5]刃切十四⿰弓人上同玉篇云挽弓也蚓蚯蚓又余[6]刃切螾螾衍蛐蜒又餘[7]刃切說文上同弞笑不壞顏

㖂大笑又音衍㦃伸[8]又布也⿰月引當脊肉也濥水門又引水也說文曰水脈行地中濥濥也廴長行之皃戭長槍

也又弋淺切縯齊武王名⿰金引爾雅曰錫謂之⿰金引靷說文曰引軸也又餘[9]刃切○愍悲也憐也眉殞切十四慜

聰也憫憫默亦憂也閔傷也病也又姓孔子弟子閔損敏疾也敬也聰也達也敃說文強也暋上同潣

水流浼浼浼皃 簢竹名可以爲席爾雅曰簢筡中言其中空筡音塗或作⿱竹愍 ⿱竹愍上同 ⿱無牛獸如牛也 ⿱罒黽細罔 ⿰車曼

車軼免下革也 鰵海魚 ○泯水皃亦滅也盡也武盡切又彌鄰切十 ⿰民皮細理 僶僶俛 笢竹膚 黽黽池縣在

河南府俗作[1]黽又音緬 澠上同又音繩 ⿰足民蹄甲 刡刡削 ⿰車昏[2]車軼免下軛也 脗[3]脗合 ○殞殁也于敏切七

溳濜溳波相次也 磒石落 隕墜也落也 霣說文雨也齊人謂靁爲霣一曰雲轉起也 愪憂也 ⿱艹玓

爾雅云⿱艹玓茭蘽蕣根可食者曰茭茭胡狡切

十七○準均也平也度也又樂器名狀如瑟長丈而十三弦隱九尺以應黃鍾[4]之律之尹[5]切又音拙四 准俗 埻

射的周禮或作準 純緣也又音淳 ○尹正也誠也進也說文治也又姓出天水河閒周有尹吉甫又漢複姓齊定王時有尹

文子著書又漢書百官表曰內史周官秦因之掌治京師武帝更名曰京兆尹應劭曰河南尹所以治周地秦兼天下置三川守河洛伊地漢[6]

更名河南太守也世祖徙都雒陽改爲尹余準切八 ⿰尹頁面斜 允信也 狁獫狁 馻馬毛逆 玧充耳玉 ⿰耑允[7]進也

蚒蟲名 ○筍竹萌思尹切九 笋俗 ⿱𦥑弓鸗詞 鵻說文曰祝鳩也 隼鷙鳥也說文同上 箰箰籓以[8]捕鳥

十七十五

韻上聲

二十三

陳晃

9 鐘　10 箰　11 㨋　4 夋 宵韻相選切又先卒切

13 麇

20 四

簨 簨虡釋名曰所以懸[9]鼓者橫曰簨簨峻也在上高峻也縱曰虡虡舉也在旁舉簨也 箰[10] 上同 㨋[11] 亦同又作拘 ○蝡 淮南子曰蠉飛蝡動或作蠕而允切又而兖切一 ○蠢 出也爾雅云作也動也蠢蠢不遜也尺尹切九 𢧵 古文 䐏 肥也 䠞 䠞駁相乖舛也 惷 惷惷擾動皃 朐[12] 漢朐䏰縣名在巴東郡地下濕多朐䏰蟲䏰音閏 偆 厚也富也又癡準切

僢 相背也 𢾾 亂也 ○盾 干盾也食尹切四 揗 摩也 吮 吮舐也 楯 欄檻 ○偆 厚也富也癡準切一 ○䎋 束也力準切二 䎎 上同 ○毴 毛聚而尹切一 ○麇[13] 束縛丘尹切一 ○螼 蚯蚓也爾雅曰螼蚓豎蠶弃忍[14]切三

𤿡 皮厚皃 趣 行皃又去刃切 ○賰 賰[15]賰富有式允切一 ○脪 腫[16]起興腎切二 㾙 上同 ○濜 濜湞水勢鉏紖[17]切一 ○屒 重脣黏好說文伏皃一曰屋宇珍忍[18]切一

十八 ○吻 口吻武粉切七 脗 上同 刎 刎頸也 抆 拭也 伆[19] 離也又武弗切 勿 覆也 芴 薔芴 ○粉 博物志曰燒鉛成胡粉又曰紂作粉方吻切三 黺 黺䋎文 扮 扮動又握也又房吻切 ○憤 懣也房吻切十三[20] 㥼 上同 扮 握也 𤺺 病悶 鼢 字林云地[21]中行鼠百勞所化亦作蚡 蚡 上同 墳 土膏肥也 魵 鰕又音忿 鱝

4 羅　6 十一　9 巹　10 ⿱艹登

鱝魚圓如盤口在腹下尾上有毒　畚莊子有隱畚之丘也　轒轒輐車名　膹切熟肉也　⿰忄畚盛穀囊滿而裂也

坋說文曰塵也一曰大防也又步寸切　○忿怒也敷粉切又敷問切二　魵鰕別名　○惲謀也議也亦厚重也於粉切十

薀藏也說文曰積也春秋傳曰薀利生孽俗作蘊　蕴俗　韞韞櫝　緼枲麻　褞褞袿　輐轒輐車名　賱

[2]賱賰富也　醖釀也又於問切　揾[3]沒也　○齳無齒魚吻切五　齫上同　夽大也　喗大口　⿺走囷走皃又丘粉切

○抎有所失云粉切四　頵說文曰面色顛頵皃　⿱艹頵上同　⿸疒頁病也　○⿺走囷走皃丘粉切二　麇[4]左傳云無勇麇之束縛也

十九○隱藏也痛也私也安也定也又微也又姓吳志有廷尉左監隱蕃於謹切十一　磤雷聲　癮癮胗皮外小起

⿰糸㥯縫衣相著　㥯謹也　櫽[5]說文括也　嶾嶾嶙山皃　乚匿也　濦水名　㐆歸依也又於機切　䡣車聲

○謹絜也慎也居隱切十[6]　⿰黍斤黏皃　⿰牛堇牛馴也　槿木槿櫬也又名蕣一曰朝華一曰日及亦曰王蒸又曰赤堇

堇菜也說文作⿱堇土[7]黏土也又[8]音芹　⿱堇土上同　漌清也　慬愨也　巹[9]以瓢爲酒器婚禮用之也　⿱艹登[10]上同

七·三十　韻上聲　二十四　陳晃

12 ⿰金秦

劉 裒韻渠遠切 又去權切

16 ⿱山厂

蓒菜名。⿰角秦[11]角齊多皃仄謹切二 亲草木衆齊本又音⿰足秦[12] 。赾跛行皃丘謹切一 。近迫也幾也其謹切又其靳切二 瘽病也 。齔[13]毀齒俗作齓初謹切又初[14]靳切一 。听笑皃牛謹切一 。螼蚯蚓也吳楚呼爲寒螼休謹切又虛偃切一

二十阮

。阮姓出陳留虞遠切三 ⿺辶包[15]小皃 邧秦邑名說文云鄭邑也 。遠遙遠也雲阮切二 ⿰爰頁面不正 。偃偃仰又息也說文僵也又姓左傳舒庸舒鳩並偃姓於幰切十二 㫃旗旌之旒 䁄物相當也 鶠鳳也 郾縣名 褗衣領 堰壅水也又於建切 匽隱也 鄢鄭楚地名左傳曰晉侯鄭伯戰于鄢陵 鼴鼴鼠似鼠形大如牛好偃河而飲水也 蝘蜩螗別名又爾雅云蝘蜓守宮也 鰋魚名 。湕水名居偃切五 ⿰矛建矛 ⿰千力⿰千力吃語也 揵難也舉也 蹇跛也屯難也亦卦名又居免切 。寋女字亦姓今蜀人有之其偃切四 楗關楗 鍵上同 ⿰亻蹇倨也 。言言言脣急皃去偃切一 。言語偃切四 巘山形如甑 齴露齒說文作齞 ⿱山干[16]⿱山干齞又大脣皃齞音緯 。幰蒼頡篇云帛張車上爲幰虛偃切四 攇手約物 螼寒螼又休謹切 ⿰言憲⿰言憲搏很戾

嬔 仙韵於乾切
鄢 又於晚切
涴 過韻烏卧切又於阮切

○晚暮也無遠切七 娩婉娩媚也又亡件切 挽引也 輓上同 ⿸虍曼皮脫[1]也又無願切 㝃子母相解又音免

脕色肥澤又音曼 ○反反覆又不順也府遠切六 軬車耳曰軬 阪大陂不平 坂上同 返還也 橎木名

○⿱卷豆黃豆求晚切四 圈獸闌又姓後漢末圈稱字幼舉撰陳留風俗傳圈氏本氏於其國又其卷切 菌[2]蕈也又求敏切

卷風俗傳云陳留太守琅邪徐焉改圈姓卷氏字異音同 ○婉順也美也於阮切二十 菀紫菀藥名又菀茂木也又

姓左傳齊大夫菀何忌 苑園苑白虎通云苑囿所以在東方者謂養萬物東方物所生也 踠體屈 蜿蜿蟺蚯蚓也亦作𧊅

𧊅上同 畹田三十畝王逸云十二畝也 琬圭也 宛宛然說文曰屈艸自覆也又姓左傳有宛春 惌說文同上又周

禮注云惌小孔皃 倇歡樂 䩩䩩量物之䩩也 ⿰革冤上同 䘼襪也又[3]安院切 夗臥轉皃 ⿰韋宛鞔底履名 晼

晼晚 睕乖[4]也又無媚也 ⿰片宛船⿰舟宛木 䛷慰也又於万切 ○⿰禾卷相近皃去阮切六 綣繾綣謹慎 虇蘆筍 裷

幭也 ⿰米卷粉也 ⿰麥卷黏⿰麥卷 ○晅[5]日氣況晚切又古[6]鄧切七 暖大目 咺兒啼不止朝鮮云也 烜光明 愃寬心又音

宣 ⿰夗見大視 諼詐也 ○飯餐飯禮云三飯是扶晚切又扶万切四 ⿱夵車車⿱夵車 笲竹器所以盛棗脩 ⿰夗頁無髮

八十四　韻上聲　二十五　何澄

7 圓　8 始　9 瘷　10 治　11 隱　12 𧿒　13 丈　14 鯀

二十一○混 混㳗一曰混沌陰陽未分胡本切十六 鯶 魚名 渾 渾元又戶昆切 緷 大束 焜 火光說文煌也
倱 倱伅四凶之一春秋作混沌 棍 木名 䫟 頭面形䫟也 睔 大目又古悶切 梱 木未破也 䚠 角圓皃亦上同
䤞 醨酒相沃 𨻻 大阜 掍 掍同 睴 視皃 煇 煇煌光又音揮○翉 飛起又走也普本切一○忖 思也倉本
切三 𢪃 截也 刌 細切又割也○本 本末又治[8]也下也舊也說文曰木下曰本从木一在其下俗作夲夲自音叨布忖切六
畚 草器 𡘋 上同 笨 竹裏又蒲本切 体 戎姓 苯 苯䔿草叢生也○損 減也傷也蘇本切四 瘁 瘁瘷[9]
惡寒 䐇 膹屬 䐣 切熟肉更煑也○𠟠 𠟠減也茲損切六 撙 挫趨禮曰恭敬撙節鄭玄云撙猶趨也 噂 噂喈
譐 上同 䔿 草叢生皃 僔 衆也○穩 持[10]穀聚亦安穩烏本切三 噾 噾喗小口 㥯 㥯[11]㥯○圂 小廩也徒
損切九 笹 籧也說文篅也 盾 趙盾人名 沌 混沌 坉 上同 庉 樓牆 遁 遁逃又音鈍 遯 上同 楯
貯[12]也又張倫支[13]旬二切○鱒 說文曰赤目魚也才本切一○䯨 禹父名亦作骸尚書本作鯀[14]古本切十二 𣝔 大束
衮 天子服也 緄 帶也 鯀 說文曰魚也亦作鮌 輥 車轂齊等皃 緷 爾雅云百羽也 蔉 穮蔉壅養苗 惃

1 高聲　2 硱碖　3 硱碖　4 㨓　5 一　6 佷　9 多穀也

惃亂丨上下相通硍[1]石聲錕車釭○畽畽惌行無廉隅他衮切四腯腯肉吨氣相衝也黗黑狀

○閫閫門限也苦本切十壼居也廣也又宫中道𡇙篆文稇成熟又縛衣也裍成就悃至誠顐秃頭又口没切梱橛弋門橛齫齫齦齒起皃硱[2]碖硱石落皃○惌畽惌行無廉隅盧本切四惀心思求曉事

睔睔目皃碖[3]碖硱石落皃○獖守犬蒲本切四笨竹裏又晉書有兖州四伯豫章太守史疇以大肥爲笨伯㨓[4]車弓体麤皃又劣也○懣愁悶也模本切又亡頓莫旱二切[5]○焫焫熱也乃本切一○緫結也虛本切二惛惛懣忽疾皃也

二十二○很很戾也俗作狠[6]胡墾切二𦻔𦻔似著花青白○墾[7]力也耕也治也康很切四懇[8]懇惻至誠也又信也齦齧也豤豕食皃○頣頣頓後古很切二詪難語皃

二十三○旱不雨胡笴切五㟏山名在南鄭皔白皃䓍草名䛞大言○亶信也厚也大也[9]多也穀也[10]俗作亶多旱切又遮連切八疸病也嬗媛也笪持也笞也又都達切疸黃病又音旦觛小觶

七·五十五　韻上聲　二十六　何澄

16 秆　　13 出

又音但狚獦狚獸担笞也○坦平也安也明也寬也他但切二閆闌也門傍之櫎所以止扉○散散誕說文
作㪔分離也又作散雜肉也今通作散又姓史記文王四友散宜生蘇旱切又蘇汗切十一㪔㪚並見上注饊饊飯糤
上同鏾弩牙緩也繖繖絲綾今作繖蓋字䉤篙䉤桃支竹名傘傘蓋⿰散鳥鳥形又思肝切㦂㦂扇○但
語辝又空也徒也徒旱切十一蜑南方夷袒袒裼又除12鴈切襢上同又陟扇切誕大也育也欺也信也潬水中
沙13爲潬今河陽縣南有中潬城𩌏馬帶繵束䝿大帶膻說文云肉膻也僤疾也本音去聲觛小觶○瓚
圭瓚秬鬯宗廟之盛禮周禮云祼圭有瓚以肆先王藏旱切三𧽘散走又則捍切禶祭○笴箭笴古旱切又音哿十二
簳上同皯面黑又工14旦切䵟上同⿰干皮亦同稈禾莖秆上同仠仠長𦽰衆草莖也矸矸擊
衦摩展衣也又音15幹⿰糸干上同○嬾惰也落旱切五懶俗糷飯相著也⿰米柬上同讕譋讕
○侃強直也又侃侃和樂皃空旱切二衎信言又苦汗切○罕希也亦鳥網又姓左傳鄭有罕氏出自穆公以王父字爲
氏代爲卿大夫又羌複姓有罕井16氏說文作䍐或作罕呼旱切七蔊菜味辛也厂說文云山石之崖巖灘水濡而乾

2 髮　3 管　選 撰誠思兗切又思管切　4 縫

說文呼旰他丹二切暵日乾也又呼旰切焊火乾也熯上同又呼旰人善二切○𩯏款皃作旱切一
二十四○緩舒也又虜姓緩穡氏後改爲緩氏胡管切十四澣濯也浣上同綄候風羽出淮南子又音桓㬰
玉篇云㬰明也又姓晉有西中郎將㬰淸䁔目眥說文火晚切大目也覞大視梡木名又束薪又苦管切棵斷木⿰貝耑
睕⿰貝耑小有財也鰀魚名⿰山爰山名睆縣名⿱竹爰篅篹簡也○短促也不長也都管切四𢭃上同斷斷絕俗作
㫁斷又徒管切攤轉籑○椀器物烏管切三盌上同⿰貝宛睕⿰貝耑小有財○疃說文曰禽獸所踐處也詩曰町疃鹿場毛
萇云町疃鹿迹也亦作畽吐緩切四暖上同瘓⿸疒無瘓皃躖行速○算物之數也蘇管切三匴器也冠箱也⿱竹巻
籮屬○管樂器也主當也又姓出平原周文王子管叔之後古滿切十二筦上同脘胃府輨車轂端鐵盥洗也又公
玩切琯玉琯又姓痯病也郭璞云賢人失志懷憂病也悹悹悹憂無告也詩傳云悹悹無所依又音灌⿰革官車轂
具也錧車具⿰虫官兩下蟲名⿰衣官袴襱也○卵說文曰凡物無乳者卵生盧管切一○款誠也叩也至也重也愛也苦管切八
𣣋上同欵俗窾空也⿰金款⿰金款鏠梡虞俎名形有足如案棵斷木也⿰魚款魚名○煗說文曰溫也乃管切七

20 摌　19 撊　16 䞙　15 赧

10 牝

暵上同暖亦同煖火氣亦上同又音暄餪女嫁三日送食曰餪渜湯也稬方言云沛國呼稻也○纂集也
作管切八穳鋋也又子筭切纘繼也儹聚也鑽竹器酇五百家也又五鄉爲酇周禮曰四里爲酇五酇爲鄙又子
旰切蔂纂組本亦作纂纗古文○伴侶也依也蒲旱[5]切三扶說文云並行也从兩夫輦字从此拌弃也又音潘
○滿盈也充也亦姓出山陽風俗通荆蠻有瞞氏音姩變爲滿魏有滿寵莫旱[6]切五懣煩悶[7]𢡟古文䈽竹器鏋金精[8]
○粄屑米餅也博管切五䉽䬳[9]並上同瓪牡[10]瓦也昄均大也又扶[11]板布綰二切○鄹字林云亭名在新豐
辝纂切一○斷絕也徒管切三毈[12]履後帖也緞[13]上同○攤按也奴[14]但切一○坢平坦坢也普伴切二𧺤走皃
二十五○潸涙下皃數板切又音删一○綰繫也烏板切一○版說文判也布綰切六板上同蝂蝂蝜蟲
瓪瓪瓦昄大也又扶板切鈑鉼金○醡醡醂面皺側板切三拃拃摸𦐇鷙鳥飛○赧[15]慙而[16]面赤俗作赧[17]奴板切
四醂醡醂㬎温濕戁悚懼又音蹴○僩武猛皃一曰寬大下赧切又音[18]簡五憪寬大𤢫[19]猛也捍捍[20]握
播動橺大木也○睆大目也戶板切七睅目出皃䴈黃蒸子玉[21]篇餅也鯇魚名又胡[22]本切䴷䴷子麥麴類皖

2 㡪

明星莞莞爾而笑○阪陂別名扶板切又音返三昄大也又音板魬魚名○矕視皃武板切二蔄草可
染子可食○䶨䶨齴不正士板切二虥蟲名○齴五板切一○㹽齾齧也初板切一○眅目中白皃普板切一○撰
撰述雛鯇切二饌盤饌
二十六○產生也又大籥似笛三孔而短又姓何氏姓苑云彭城人所簡切十簅大籥或從竹摌以手挍物㹌
畜㹌畜牲嵼𡾊嵼汕魚浮水上滻水名在京兆㦃全德又音剗䴼粟䴼驏馬名○限度也齊也界也胡簡
切五硍石聲䀗𩲡䀗無畏視也掔牛掔很不從牽閬門閾又作痕臬並俗本只作限○𩲡武簡切一○簡札也
牒也略也釋名曰簡間也編之扁扁有間也又姓左氏傳魯大夫簡叔蜀志簡雍傳云本幽州人姓耿後音訛改爲簡古限切七瀾洗米
僩武猛皃襉帬襉柬分別也一曰縣名在新寧說文本从束八八分也暕陰旦日明揀揀擇○剗剗削初限
切六鏟平木器也弗炙肉弗也羼說文曰羊相廁也从羴在尸下尸屋也一曰相出前也㦃全德膧皮膧○棧
閣也亦姓魏有任城棧潛士限切八𡺲山皃也嶘同上轏車名士所乘也孱孱陵古縣名在武陵又士連切僝

八·廿四 韻上聲 二八 何澄

書傳云見也說文云具也輚埤蒼云臥車也亦兵車又儀禮注云載柩車也虥虎竊毛謂之虥眼眼目也五限切一○醆
酒濁微清阻限切四琖玉琖小杯盞⿰角戔並上同○㦃全德初綰切二[3]⿰鹵産礶粟○齦齒聲起限切一
二十七○銑說文曰金之澤者一曰小鑿一曰鍾兩角謂之銑蘇典切十一洗姑洗律名跣跣足[4]毨書曰鳥獸毛毨
傳云毨理也毛更生整理姺古國名燹字統云野火也筅洗帚飯具箲上同⿰木先棗木⿱艹先草名⿰魚先魚名
○腆厚也善也忘也至也他典切十五痶痶瘓病也圢坦也淟淟涊熱風町町疃鹿迹⿰田忝上同錪小釜靦
面慙㥏說文曰青徐謂慙曰㥏琠玉名蚕爾雅曰螼蚓蜸蚕郭璞云即蛩蟺也江東呼寒蚓⿰足典行跡⿰足亶行皃
賟賟富晪玉篇云明也○典主也常也法也經也又姓魏志有典韋多殄切五蕇葶藶頣[5]頻後也又古很切
錪小釜又他典切⿱竹典大篋○蝘蝘蜓於殄切五躽身向前也⿰目匽[6]視也宴安也又烏見切嬿嬿婉又烏見切
○殄絕也俗作⿰歹尔徒典切三蜓蝘蜓一名守宮博物志云以器養之食以朱沙體盡赤重七斤擣萬杵以點女人體終身不滅婬則點滅
故号守宮漢武試之驗也又音廷跈蹈也○繭蠶繭古典切十三絸古文⿱爾皿俗⿰繭皮皮起趼上同⿱艹⿱冖東

4 鞘·靼

小東[illegible]俗垷塗泥又大坂在隴西筧以竹通水襺纊著衣也攋拭面挸上同撁古文○峴峻嶺胡典切十三臔肉急哯小兒歐乳也又不顧而吐晛日出好皃又乃見切垷又古典切蜆爾雅曰蜆縊女郭璞云小黑蟲赤頭喜自經死故曰縊女俔譬喻又苦甸切顈顈綴黖黑皃睍小目皃詪爭語㦓意難嫢細胥皃○顯明也著也光也覿也又姓風俗通云有顯甫爲周卿呼典切五韅在背曰韅在胷曰靷在腹曰鞅在足曰絆蜆小蛤抮引戾㬎衆明也微妙也從日中見絲今作㬎又五合切○搷塗也彌殄切四芇相當也又云[1]弦切丏不見也眄斜視又云見切○撚以指撚物乃殄切四涊淟涊蹨蹂蹨又而善切跈蹈也○編編絹[2]方典切一曰次第也又卑連切十一匾匾㔸薄也㔸湯奚切緶褰裳編上同萹萹筑草稨豆名𥢷上同惼㥯惼性狹碥乘車石也扁扁署門戶糄燒稻作米○泫露光又泫然涕流皃胡畎切十四鉉鼎耳說文云舉鼎也琄玉皃𧆸獸名似犬多力出西海一曰對爭也[3]到一虎者非也埍女牢也亦作𡊄又姑泫切繯韋昭云繯繫也旬說文云目搖也䁘目童子又胡涓切鞙韉鞙刀鞘也說文曰大車縛軛靼也𩊺上同陏坑也𨋉車𨋉也𩊺上同馵馬一歲也○く

9 𢉾

△掔 屑韻胡結切 又口珍切

○蜎 先韻烏玄切 又狄泫切

水小流也深尺廣尺曰く姑泫切八 畎上同 甽古文 詃誘也 埍女牢 罥挂也[5] 羂上同[6] 泆爾雅云[7]隊墜也又

伏水 ○辮說文交也薄泫切七 艑吳船 𪉅蜀人呼鹽 扁姓也盧醫扁鵲是也又方典切 毹毹毯毛領 𢉾[9]

骨風病也 𩩂骨𩩂生皃 ○犬狗有懸蹄者曰犬廣雅云殷虞晉獒楚獷韓獹宋猔並良犬苦泫切一 ○𡫑不動牽繭

切四 豤齧也 緊稭別名也 蜸蜸蠶蚯蚓 ○齞開口見齒研峴切一。

二十八○獮秋獵曰獮獮殺也息淺切十三 𤢀 禰並上同見說文 鮮少也 尠俗 尟寡也 癬

癬疥 燹字林云逆燒又音銑 𤓷上同 䉳簈䉳今人戶版籍也簈音牽上聲 廯屋廩 𧕊𧕊蛇 蘚苔蘚

○演廣也亦水長流皃以淺切八 衍達也亦姓字統云水朝宗於海故從水行 縯長也 䔡土瓜 𠻤大笑 戭

長槍又檮戭八元名 𧊔螾𧊔蟲 𧗠上同 ○踐蹋踐慈演切七 諓諂也 餞酒食送人又疾箭切 俴淺也

𤺌小痒 𧗩蹈也 𢓜跡也 ○展舒也整也審也適也說文作㞡轉也又姓魯孝公之子子展之後知演切十 㞡

上同 搌束縛又丑善切 皽皮寬 輾輾轉又虜複姓後魏輾遲氏改爲展氏 紾轉繩也又音軫 㠭極巧視之[10]又視戰切

1 癅　2 蹍　5 七　6 敝　7 詧　8 詧　9 攓　10 言　12 除地曰墠

嫸嫸奵好皃蟺蟲名襢襢衣皃○⿰耳善耳門旨善切十七⿰屏刂以槌去牛勢樿木名禮記用之爲杓顫
說文曰倨視人也饘饘粥又音譠醆杯又側限切皽皮寬又知善切燀又昌善切義見下文⿰禾亶束也⿰身亶
裸形無可蔽也⿰目亶說文曰視而不止⿰目善上同⿰木善木癅[1]⿰羽戔武也又鷙鳥擊勢也⿰亶刂擊也⿰金亶上同⿰女善偏伎
○趁踐也亦作碾[2]尼展切三輾[3]車轢物或作碾㞡[4]柔弱○淺不深也士[5]演切一○闡大也明也開也昌善切九
燀說文曰炊也春秋傳曰燀之以薪又然也又章善切繟寬綽䡲黃色幝車蔽[6]詩曰檀車幝幝⿰阝單魯邑名
灛汶水爲灛嘽寬綽名也樂記曰其聲嘽以緩⿰糸羨偏緩又徐翦切○遣送也縱也去演切八繾繾綣不相離皃
又黏也⿰食遣乾麪餅也⿱竹開⿱竹開⿱竹鮮戶籍⿱臤牛牛很不從引也𠳋小塊說文作詧[7]⿱臼𠳋[8]見上注⿰食𠳋黏也○蹇
跛也屯也難也又姓秦有蹇叔九輦切十一謇吃又止言搴取也攓[9]上同⿰亻蹇偃⿰亻蹇傲也⿰扌善⿰扌善搌醜長皃搌丑輦切
⿰糸蹇⿰糸蹇縮⿰山蹇⿰山蹇⿰山産山屈曲也⿱艹搴爾雅釋草云⿱艹搴葍⿰魚蹇魚名⿰衤蹇⿰衤蹇袴○善良也大也佳也說文作譱言[10]也
又姓呂氏春秋云善卷堯師常演切十一譱見上注篆文又作[11]善墠除[12]墠地名鱓魚名異[13]苑云死人髮化也蟺蛩蟺

八・卅　韻上聲　三十　吳益

蚯蚓 單 單父縣名亦姓出周卿士單襄公之後又丹禪二音 僐 說文云作姿也 鄯 州名本漢之破羌縣地屬金城郡後魏孝昌二

年置鄯州又鄯善西域國也本名樓蘭又音擅 墡 白土 𥗋 上同 𪎵 大麥新熟作𪎵𪍑也 ○翦 戩也齊也殺也勤[14]也俗作

剪即淺切十四 剪 俗 揃 揃搣 戩 福祥也 錢 錢銚田器 媊 明星[15]又子離切 俴 淺也 帴 狹也 𧃮

王彗草名 鬋 髮垂 𥳑 𥳑䉳 篯 竹名 籛 竹名又姓 𢮁 切也俗 ○蹨 踐也續也執也緊也人善切五 橪

橪棗木名 戁 懼也又音赧 熯 乾皃又音漢又音罕 㒄 意肥也又式善切 ○𦅻 緩也徐翦切一 ○輦 人步挽車

又姓出何氏姓苑力展切九 𪍑 大麥𪎵𪍑 𤒈 小然火也 璉 瑚璉 鄻 地名在周 僆 畜雙生子 摙 擔運物也 蓮

蓮芍縣名在馮翊又音憐 膦 膦輭無力 ○齴 齒露魚蹇切七 巘 山峯 𨕊 行皃 嵃 峨嵃山形 讞 議獄 瓛

玉甑 甗 器也周禮曰陶人爲甗甗無底甑也 ○件 分次也其輦切四 𡾊 𡾊嵼又音蹇 鍵 管籥 鑳 上同 ○辯

別也理也慧也說文治也符蹇切五 𧦝[16] 俗 辡 罪人相訟又方免切 辨 別也說文判也又蒲莧切 諞 巧佞言也又符沔切

○緬 遠也說文曰微絲也彌兖切十 沔 漢水別名亦州名春秋鄖國之地戰國時屬楚秦屬南郡武德初平朱粲置沔州 汅 俗

1 靼

6 冡

沔沈　湎思湎酒湎也　黽黽池縣名在河南府俗作澠又忘忍切　䩄勒靼[1]名也　偭背也　勔勉也　愐慕也出玉篇　○褊衣急方緬切二　辡憂也亦曰急也　○臇臛少汁也子兗切三　𤏡上同　𧓁蟲食　○雋鳥肥也又姓漢有雋不疑徂[2]兗切五　隽俗　𤺤大痒　吮嗽也又徐[3]兗切　𦺗葍𦺗菜名　○辯罪人相訟方免切又符蹇切四　瞏蔽目說文曰皃初生蔽目者　䦘視皃　鴘埤蒼云鷹鷂二年色又云人姓　○兖州名尚書禹貢曰濟河惟兖州武王封周公於曲阜爲魯公秦爲薛郡後魏置南兖州於譙城又置西兖州於定陶城隋改爲魯州武德初平徐圓朗復爲兖州又姓出姓苑以轉切十　渷濟水別名出王屋山[4]　沇上同　抁動也　扰上同　䓴草名　駝馬逆毛　㕣山閒泥也　綄絹綄　𩗴小風　○臠肉臠說文曰臞也一曰切肉也力兖切四　孌美好　㜗從也　脟割也　○轉動也運也陟兖切二　叀乘叀　○卷卷舒說文曰膝曲也居[5]轉切六　菤菤耳苓耳　韏爾雅曰革中辨謂之韏車上所用皮也辨音片　𨺡河東安邑聚名　捲捲衣　埢冡[6]土　○圈說文曰養畜閑也渠篆切又求晚切三　䕍爾雅曰䕍鹿藿　䓴耎也　○輭柔也或从需餘同而兖切十七　軟俗　蝡[7]蟲動　㮕紅藍又㮕棗也　萸木耳　碝碝石次玉　瑌上同

八・卌二　韻上聲　三十一　沈思忠

△堧過韻乃卧切又如兗切

13 孑　15 辮

愞愞弱又奴亂反腝脚疾⿰貝耎⿰貝耎小有財物也耎說文曰稍前大也⿰忄叚[8]弱皃⿸尸又[9]弱也又尼展切偄
⿰苟斤也亦弱也⿱耑瓦柔韋[10]又作⿱耑儿見經典⿰田耎城下田也緛衣縫也○舛剝也說文曰對臥也從夂牛相背夂中几切牛
口瓦切昌兗切四喘喘息說文曰疾息也荈茗草名歂揣也又初委切○膞切肉市兗切七腨腨腸鄟
地名⿸厃專說文曰小巵有蓋也歂口氣引皃踹腳跟⿱艹貟草名生處無魚○篆篆書持兗切七瑑璧上文也
沌水名在江夏又徒混切摶周禮百羽爲摶十摶爲緷緷音渾又音鯇⿰糸叀上同亦作縳⿰阝彖道邊埤也⿰土彖耕土
卷也○剸細割旨兗切九剬上同孨孤露可憐說文曰謹也又莊眷切鱄魚名美也出洞庭湖竱等也膞
切肉又市兗切⿵門彖開閉門利⿴囗兗囚刑固出[11]古今音字⿸厃耑小巵也又之累切○選擇也思兗切又思絹切又[12]思管切三
⿱罒巽罟也⿱竹選竹緣○撰述也定也持也士免切五僎具也數也持也又子倫切顨具也見也⿰魚巽魚名譔
專教也又音詮○蛸爾雅曰蛸蠉郭璞云井中小蛣蟩赤蟲一名子孑[13]又姓漢藝文志有老子弟子楚人蛸淵著蛸子十三篇狂兗切一
○蠉[14]香兗切二⿺走睘走皃○楩木名符善切又父綿切四⿱辡心急也諞巧言扁又辮[15]篇二音○免

3 也
4 拔

○吮本韻徂兗切又徐兗切

△島晧韻都晧切又音鳥

止也黜也脫也去也亦姓左傳衛大夫免餘亾辨切八 娩婉娩媚也又音挽 勉勖也勸也強也 俛俯俛 鮸魚名
挽生子挽身 冕冠冕 絻上同又音問 ○搌搌搢丑善切七 ⿰金蚩鑯物令長 㫋旌旗柱[1]又幢㣈二音 蕆
備也一 蚩伸[2]行 延安步行之[3]又丑延切 ⿰革蚩驂具又丑井切 ○鴘埤蒼云鷹鷂二年色被[4]免切一 ○㒄
說文曰意膬也式善切三 㜣女恣態又奴見切 ⿰目亶視面色變也 ○㫃旌旗之皃於蹇切三 ⿺走臱走也 嫣長皃
○邅移行除善切一 ○棧士免切棚也一 ○

二十九○篠細竹也先鳥切七 筱上同 ⿰魚了魚名 ⿰言叜誘爲善也又小也 謏上同 ⿰石肅黑砥
石也又思六切 ⿰扌肅打也[5] ○皎月光詩云月出皎兮古了切十二 璬佩玉 ⿰巾敫行縢憿脛布也 鐃鐵文又呼了切
㿟白也又[6]匹白切 曒明也皎也又珠玉白皃 恔恔憭慧也 繳纏也又音酌 ⿵門翏喪之降殺 晈光明 ⿰衤交
小袴 儌儌抄 ○鳥說文曰長尾禽總名也象形都了切九 ⿰巾勺絹布頭也 ⿰忄勺垂心 蔦樹上寄生 釕
釕鈌帶頭飾出聲譜 扚扚擊 ⿰衤鳥短衣 䄅禾穗垂皃 𠄏懸皃 ○了慧也訖也盧鳥切十四 蓼

7 石　10 爾　11 嬲　16 閑　17 田

辛菜瞭目睛明也䮴䮴驕長皃驕巨夭切鄝地名繚繚繞纏也憭照察䑠玉篇云小船也爒火炙

拭燋也𥗳[7]𥗳帕垂皃撩抉也又力凋切漻水清又小水也𧘇袴也○朓月行疾出西方[8]土了切三篠窈篠

深遠皃𨉍身長皃○鐃鐵文馨皛切四曉曙也明也慧也知也皢白也膮豕羹○杳冥也深也[9]寬也鳥皎

切十五[10]窅深目皃窈窈篠深也靜也偠偠㒡好皃騕騕褭神馬日行千里䮍上同𨱽𨱽𨲠長而不勁

葽廣雅云遠志也𣄠旗類鴢爾雅曰鴢頭鵁郭璞云似鳧脚近尾略不能行又音拗婹婹嬝細弱㫐合也

窅遠也隱也說文冥也宎說文曰戶樞聲也室之東南隅也苭草長○嬲[11]戲相擾奴鳥切九嫋長弱皃

𨲠[12]𨱽𨲠㒡偠㒡褭騕[13]褭嬈苛酷也又擾戲弄也又音遶嬝婹嬝䃚䃚䂖擾摘[14]也○皛

明也胡了切五㵿水㵿㵿皃芍鳧茈草又市若切葯上同𠫤修續譜云相誑也玉篇[15]音患○窕美色曰窕

詩注云窈窕幽[16]閑也徒了切八𤖯𤖯牀子𤱈𤱈𤳟[17]中穴誂弄也俗作挑說文曰相呼誘也掉搖尾又動嬥嬥嬥

往來皃韓詩云嬥歌巴人歌也挑挑戰亦弄也輕也𥔂磽𥔂○磽山田亦作䂖苦皎切二䂖上同○湫湫隘

1 此

子了切又子攸切五剿截也說文絕也杪小木忽高也稍凶首飾藻似薺菜

三十小○小微也私兆切三𩵖小魚名䒒䒒草遠志也○肇始也正也敏也長也治小切十一肁開也又姓戰國策趙有大夫肁賈兆十億曰兆說文分也又姓趙少也久也字林云趍也亦州名春秋屬晉秦屬邯鄲郡後魏以廣阿城置殷州至齊改爲趙州又姓本自伯益孫造父善御幸於周穆王賜以趙城因封爲氏簡襄始大列爲諸侯今出天水南陽金城下邳潁川五望旐旗旐爾雅曰長尋曰旐郭璞云帛全幅長八尺釋名曰龜蛇爲旐旐兆也龜知氣兆之吉凶建之於後察事宜之形兆也狣犬有力也羏羊子鮡魚名似鮎而大駣馬四歲垗葬地⿰兆卜灼龜坼出文字指歸○沼池沼之少切三菬菬子草⿱竹沼竹緣○夭屈也於兆切四殀殁也芺爾雅曰鉤芺郭璞云大如拇指中空莖頭有臺似薊初生可食仸仸僑不伸又尪弱皃○⿰高昇意氣息皃丑小切一○少不多也書沼切又式照切三𦬕草名𨚓說文地名○擾亂也順也說文作擾煩也而沼切七擾上同繞纏繞又姓左傳秦大夫繞朝遶圍遶嬈亂也犪牛馴說文作犪牛柔謹也獿爾雅注云即蒙貴也狀如蜼而小紫黑色可畜之健捕鼠亦作猱又諾高切○摽落也又拊心也字統云合作[1]𠬪苻少切八⿰扌⿱𦥑大上同見說文今

八·五十八　韻上聲　三十三　陳晃

3 䍜　5 繫　6 矯

從票餘同 鰾 魚鰾可作膠 慓 急性 顠 髮白又孚小切 驃 上同 膘 脅前又孚小切 莩 莩草又零落也 ○麵
糗也尺沼切五 麨 上同 弨 弓反曲又昌招切 楢 赤木名又音猶音酉 昭 弄人昭目也 ○縹 青黃色也敷沼切八 醥
清酒 犥 牛黃白色 顠 髮白 皫 鳥變色也 篻 實中竹名 瞟 埤蒼云一目病 膘 脅前又音莩 ○眇 說文
曰一目小也亡沼切十 渺 渺淼水皃 訬 㜒也一曰訬獪 莏 草細 淼 大水 杪 梢也木末也 秒[2] 禾芒 藐 字書藐遠
又亡角切 吵 雉聲 篎 笙管 ○紹 繼也又姓出何氏姓苑市沼切五 䍜[3] 古文 佋 佋介 袑 袴上 覞 玉篇云見也
○矯 詐也說文曰揉箭箝也又姓左傳晉大夫矯[4]文居夭切十二 鱎 白魚別名 𧤗 角長 敿[5] 盾也 撟 說文曰舉手也一曰
撟擅也 嬌 女字又居喬切 䀭 目重瞼也 蟜 山海經云野人身有獸文說文曰蟲也又姓後漢有蟜愼字彥仲 譑 多言
也 鄗 國名 𧇤 竦身 蹻 驕也又其虐切 ○表 明也亦戚表釋名云下言於上曰表說文作𧘵上衣也古者衣裘以毛爲表也又姓
出姓苑陂嬌[6]切四 𧘵 上同 𧞤 古文 𦾨 草名 ○褾 袖端方小切四 覭 字林云目有所察 標 標杪木末 𡾰
峯頭 ○藨 草名可爲席平表切八 蔈 上同 殍 餓死又音孚 莩 上同又音孚 𠬪 物落皃 歍 歐吐 犃

2 眏 抭

5 奴

獪也貓似狐善睡○鷕雉鳴也以沼切又羊[1]水切七溔浩溔大水皃舀說文曰抒臼也眏[2]抭並上同髜肩骨䁘眇䁘目皃○悄悄悄憂皃親小切三愀[3]容色變也釥好也又淨○剿絕也子小切八劋上同出說文勦勞也又音巢漅水名𨚵魯地潐盪酒膘又符小切𢄼拭也○蹻蹻蹻長皃巨[4]夭切一○繚繚繞力小切九燎說文曰放火也左傳曰若火之燎于原敹長皃璙好皃憭慧也又音聊鐐鐐炙也僚朋也又音平聲䣽䣽䣽面白嫽嫽嫽好皃○麃蒼頡篇云鳥毛變色本作皫滂表切又經典釋文云徐房表切劉普保切一○闄隔也於小切一

三十一○巧好也能也善也苦絞切又巧僞苦敎切二𪀗𪀗婦鳥案爾雅注云鷦鷯桃雀也俗呼爲巧婦字俗從鳥○巢動水聲下巧切說文音學六𤢋事露又好[5]巧切說文音哮藃草根亦竹筍也或作茭又音狡佼庸人之敵說文交也又古巧切盪溫器又公巧切䈾竹筍○飽食多也博巧切三𩝍𩟎並古文○𤢋擾亂奴巧切三撓撓亂又音蒿獿犬驚說文又奴交切○卯辰名爾雅曰太歲在卯曰單閼晉書樂志云正月之辰謂之寅寅津也謂物之津塗二月卯卯茂也

6 謂　8 茆　10 交　11 敹　13 見

言陽氣生而孳茂三月辰辰震也謂時物盡震而長四月巳巳起也物至此時畢盡而起五月午午長也大也言物皆長大六月未未味也言時物向成有滋味七月申申身也言時物身體皆成就八月酉酉緧也時[6]物皆緧縮也九月戌戌滅也謂時物皆衰滅十月亥亥劾也言陰氣劾殺萬物十一月子子孳也謂陽氣至此更孳生十二月丑丑紐也謂終始之際故以結紐爲名也莫飽切七　丣[7]篆文　緢旄也又絲名　泖水名在吴華亭縣　媌好皃又莫交切　昴星名　茆鳧葵[8]說文作茆音柳　○絞縛也又姓出何氏姓苑古巧切十五　狡狂也猾也疾也健也說文曰少狗也匈奴地有狡犬巨口黑身　佼女字　攪手動說文亂也　[10]䕧郭璞云江東呼藕根亦作茭又下巧切　筊竹索也又音爻　挍挍㨄物也　鉸鉸刀也　盝器也　姣妖[9]媚也　烄烄木然也　敹[11]上同　盪濁也說文器也又胡巧切　䉰竹筍　疞腹中急痛俗作疞　○爪說文曰丮也覆手曰爪象形丮音戟側絞切八　叉古文說文[12]曰手足甲也　貀貀獠　璅玉名說文曰車蓋玉璅　笊笊籬　䈇䈇頭　抓亂搔搯也　菰草也　○拗手拉於絞切五　䳊䳊頭鵁似鳧而腳近尾　靿靴靿亦從革　見[13]深目　狕獸名　○鮑鮑魚又姓出東海泰山河南三望本自夏禹之裔因封爲氏薄巧切四　骲骨鏃　䶌亩地名　鞄柔革　○齩齧也五巧切一　○䴱黠也士絞切二　㑿㑿㑿長皃出聲譜

[1]攪

○䁭肴韻力嘲切又力絞切

○㷅熬也初爪切七 𩱴𤎖並上同 謅相謅 𩰫乾也 吵聲也本音眇 ○獠夷別名張絞切又盧晧切二

獠上同 ○敹擊也一云攪也亦作數山巧切一 ○

三十二 ○晧光也明也日出皃胡老切十六 昊昊天說文作界[2] 界上同 皡明也旰也曜也亦太皡又姓本出武

落鍾離山黑穴中者見蜀録 鎬鎬京 浩浩汗大水皃又姓漢青州刺史浩賞又漢複姓魯人浩星公治穀梁 顥天邊氣

說文曰白皃楚詞曰天白顥顥[3]商山四顥白首人也今或作晧 灝灝溔水勢遠也 鰝大鰕 夰說文放也界㚖[4]字從此本音杲 薃

薃侯莎 鄗光武立鄗邑名 郻上同 號土釜亦作號 𦃃網綴 滈水名在京兆 ○抱持也說文曰引取也薄浩

切 ○老耆老亦姓左傳宋有老佐盧晧切十四 獠西[5]南夷名 獠上同 轑車軸 橑屋橑簷前木一曰蓋骨一曰欄

也說文曰椽也 潦雨水 蟟乾梅 栳栲栳柳器也 橑木名 顤廣大皃 恅懆恅心亂 嘐嘷嘐無人

𪏛黃色 澇水名又力到切 ○討治也誅也他浩[6]切三 套長也 槄山楸又他[7]刀切 ○道理也路也直也衆妙皆道

也說文曰所行道也一達謂之道徒晧切七 衜䢾並古文 稻秔稻禮記曰凡祭宗廟之禮稻曰嘉蔬又姓何氏姓苑云今晉陵人

8 堖　13 早

駣馬四歲又音兆　藁禾一莖六穗也出字林　䠷䟔䠷長皃又奴晧切　○堖[8]頭堖奴晧切九　腦上同或從甾[9]餘同　𠜾亦同出周禮　惱懊惱　碯碼碯寶石　䯯䟔䯯長皃　𤞞蜼狢　𧳜上同　㛴相㛴亂也說文曰有所恨痛也　○嫂[10]兄嫂蘇老切七　嫂上同　㛮[11]俗　燥乾燥　埽埽除　掃上同　𦾍藪𦾍草　○倒仆也都晧切十一　擣擣築　搗俗　㠀說文曰海中往往有山可依止也又音鳥[12]　禂牲馬祭也　𩦡上同　檮說文曰斷木也又音陶　禱請也求福也　𤸫病也　𡏖高土也　懤憂也　○草說文作艸百卉也經典相承作草采老切七　艸篆文隸變作卄　懆憂心　慅上同　騲牝馬曰騲　𠹭𠹭嘐無人　愺愺恅心亂　○早晨也子晧切十二　澡澡洗　藻文藻說文同下　薻水草也　𧒂齧人跳蟲抱朴子曰蚤蝨攻君臥不獲安　蚤上同又古借爲蚤[13]暮字　鱢魚名似鯉雞足　璪[14]玉名　璅石次玉者　棗果名史記曰楚莊王時有所愛馬啖以脯棗漢書曰安邑千樹棗等千戶侯又姓出潁川文士傳云棗氏本姓棘避難改焉　繰紺色曰繰　繅雜五綵文　○皁皁隸又[15]槽屬亦黑繒俗作皂昨早切四　草草斗櫟子　造造作又七到切　艁艁舟以舟爲橋說文云古文造　○暠明白也古老切十一　㰏木名　杲日出又明白也　槀禾稈又槀本草

3 傳

栩之本槀俗夰說文放也縞素也又音告槀槀本藥[1]臭大白澤也菒乾草碟女碟石似玉○好善也美也呼晧切又呼号切二𡚬人姓○蓩毒草武道切又地名又[2]亡毒切四菽細草叢生媢夫妬婦也說文音冒冃重覆○寶珍寶又瑞也符也道也禮記曰地不藏其寶又天寶晉灼云天寶雞頭人身又姓出何氏姓苑博抱切十五珤古文保任也安也守也說文作保養也亦姓呂氏春秋云楚有保申爲文王傳[3]呆古文堢堢障小城堡同上褓襁褓緥說文曰小兒衣鴇鳥名亦作鳵鴇鳪葆草盛皃又[4]羽葆駂郭璞云今烏驄䎂彩羽宲藏也賲有也𠤏相次也○襖袍襖烏晧切十四镺镺䠷長也懊懊惱䐿藏肉又烏到切芺苦芺麇麇子媪女老稱燠甚熱又音郁夭禮曰不殀夭本又於矯切怏怏正之皃郁邑名蝹蟲名如徠常地下食人腦𩩲藏骨𪀚鳥名○考校也成也引也亦瑕釁淮南子云夏后氏之璜不能無考是也又姓出何氏姓苑苦浩切十攷古文栲木名山樗也槁木枯也說文作槀祰禱也說文曰告祭也洘水乾燺火乾丂氣欲舒皃𩔆𩔆頏大頭薧乾魚周禮曰辨魚物爲鱻薧注云薧乾也亦作槁又薧里字音蒿○䪽瓜蔓苗頭五老

9 曪　7 攞　6 鐁 鐁鉤

切二頜顱頜大頭

三十三〇哿嘉也古我切四舸楚以大船曰舸笴箭莖也又公旱切笴筍笴出南中〇瑳玉色鮮白千可切三䰈髲好皃也又昨何切硰硰石地名〇嚲垂下皃丁可切五軃古文哆語聲又昌者切下脣垂皃癉勞也又怒也頦醜皃〇縒鮮潔皃也蘇可切又楚宜切三娑駊娑殿名又蘇哥切袲衣長皃〇爹北方人呼父徒可切九柁正舟木也俗從㐌餘同舵上同陊下坂皃又落也袉裾也拕引也沱遺沱沙水往來皃又徒河切沲上同詑輕也〇我己稱又姓我子古賢者著書五可切五騀駊騀馬搖頭皃䫘側弁[5]也㧴差也礒砐礒山高皃〇袉長舒皃吐可切一〇櫑櫑椏樹斜來可切九鎯[6]鈞[x]出異字苑欏[7]裂也砢磊砢石皃儸[8]儸懡慙也玉篇又作𩉂𩈖曪[9]色光明出釋典斱[10]相擊也亦斫也剅上同亶暛哆脣垂皃〇橠橠木盛皃奴可切六娜婀娜美皃㑃宬[11]也懐上同𨚓俗言那事本音儺袲褭袲衣好皃〇荷負荷也胡可切又戶哥切二何上同〇歌大笑虛[12]我切五閜上同㰤擊也㪃上同頙傾頭皃又音訶〇可許可

3
趙

也又虜複姓三氏周太保王雄賜姓可頻氏梁有河南王可沓振又有可達氏又虜三字姓三氏後魏書可地延氏改爲延氏又并州刺史男可朱渾買奴前燕慕容儁皇后可足渾氏枯我切四 峇峇嵐鎮在嵐州 軻轗軻又音珂[1] 坷坎坷 ○閜閜砢欲傾皃烏可切七 椏⿰木器椏樹斜 橠橠⿰木褭 婀婀娜亦作婀 娿人姓莊子有娿荷甘又音痾 旑旑旗旑皃又猗[2]蟻切 𧙃𧙃褭 ○左左右也亦姓齊之公族有左右公子後因氏焉又漢複姓二氏左傳宋公子目夷爲左師其後爲氏秦[3]有左師觸龍晉先蔑爲左行其後爲氏漢有御史左行恢臧可切三 ⿺尢左尬⿺尢左又子賀切 𠂇戾也說文曰左手也象形

三十四○果果敢又勝也定也剋也亦木實爾雅曰果不熟爲荒俗作菓古火切十一 菓見上注 猓猓然獸名 輠車脂角又音禍 鐹刈鉤又古臥切 划划刈 裹苞裹又纏也 蜾蜾蠃蟲也 惈蒼頡篇果敢作此惈 䴹餅䴹食 粿淨米 ○埵土埵丁果切十五 鬌小兒翦髮爲鬌 挆稱量 ⿰糸朶冕前垂也 朵木上垂也 朶上同 綞綞子綾出字林 揣搖也又初委切 鍺車鐗 ⿰阝朶小[4]崖 ⿰金朶鈌也 䅜禾垂皃又丁官切 ⿰耑攴試也又初委切 ⿰革朶履跟緣也 褍衣正幅也 ○鎖鐵鎖也俗作鏁蘇果切十二 瑣青瑣漢舊儀曰黃門令日

八·九一 韻上聲 三十七 宋琚

7 捶　12 隓　15 瘱

暮入對青瑣丹墀拜名曰夕郎又瑣小皃溑水名葰葰人縣在上黨又蘇[5]瓦切䈹竹名麱說文曰小麥屑之覈

⿰魚𧴪魚名⿰石𧴪石小⿰𧴪阝[6]亭名在河南惢心疑也又醉隨才棰二切⿰扌𧴪動也𧴪貝聲○墮落也徒果切又

他果切十四垜射垜亦作⿰阝朵甀長沙呼甌也⿰禾垂小積⿱竹朵竹名⿱竹隋同上⿰革朵[9]履跟緣也或作⿰朵殳⿰金⿱左月[10]

車轄又犂錧出玉篇惰嬾惰也說文曰不敬也憜同上媠美也說文曰南楚人謂好曰媠又吐臥切鬌又丁果切

鰖魚子巳生又他果弋水二切嶞山高○妥安也他果切九媠好也隋裂肉也又徒果切[11]鰖魚子巳生

⿰山妥山長皃墮倭墮髻也又徒果切楕器之狹長隓[12]山皃鵎鳥名○麼幺麼細小亡[13]果切三⿰目麼⿰目麼⿰目羅

日無色懡懡㦬人慙○坐釋名曰坐挫也骨節挫屈也徂果切二堊古文○妸[14]好皃五果切二厄木節也亦

作○裸赤體說文曰袒也郎果切九躶臝臝並上同卵又力管切瘰瘰癧[15]病筋結也癳同上蓏

果蓏說文曰木[16]上曰果地上曰蓏應劭云木實曰果草實曰蓏張晏云有核曰果無核曰蓏蠃蜾蠃蒲盧郭璞云細腰蜂也負螟蛉

之子於空木中七日而成其子法言云螟蛉之子殪而逢蜾蠃祝曰類我類我久則肖之○婐婐妸身弱好皃[17]烏果切三倭倭墮

3 𡰙 𡰙𡰪

5 挻

又烏戈[1]切 矮多也 ○妠奴果切二 扼扼擿 ○跛跛足布火切又彼義切四 簸簸揚又布箇[2]切 駊駊騀馬惡行又音叵

𡰙[3]𡰙𡰪行不正也 ○叵不[4]可也普火切四 駊駊騀 頗又普波切 𡸣𡸣峩山皃 ○禍害也胡果切七 𥜿上同

夥楚人云多也 𡖪上同 𣨛說文云逆惡之驚詞 輠車脂角又音果 過過過也秦人呼過爲過也 ○火河圖挻[5]左輔曰伏羲禪於伯牛鑽木作火說文曰燬也南方之行炎而上象形呼[6]果切二 邩玉篇云地名 ○顆小頭苦果切三 堁堀堁塵起也 敤研理又音課 ○爸父也捕可[7]切一 ○脞書傳云叢脞細碎無大略也倉果切二 矬碎石 ○硰硰石地名作可[8]切一

三十五○馬說文曰怒也武也象頭髦尾四足之形尚書中候曰稷爲人司馬釋名曰大司馬馬武也大揔武事也亦姓扶風人本自伯益之裔趙奢封馬服君後遂氏焉秦滅趙徙奢孫興於咸陽爲右內史遂爲扶風人又漢複姓五氏漢馬宮本姓馬矢氏功臣表有馬適育溝洫志有諫議大夫乘馬延年何氏姓苑云今西陽人孔子弟子有巫馬期風俗通有白馬氏莫下切七 碼碼碯石似玉 䣕郁䣕縣名在犍爲 罵罵詈又莫霸切 𥨍穴窵[9]在燕野 鷌異鳥 鰢魚名 ○者語助章也切三 赭赤土 堵縣名又姓左傳鄭有堵女父堵狗又音覩 ○野田野說文云郊外也羊者切五 壄古文 也語助辭之終也 冶銷也尸子曰蚩尤造九冶

九百五十七

韻上聲 三十八 吳益

10 廑　11 咥　12 嫺　14 能　16 䵙

又妖冶亦姓左傳衞大夫冶廑[10]蚳羌複姓有蚳蛭[11]氏又食遮切蛭都結切◦雅正也嫺[12]雅也說文曰楚烏也一名鸒一名卑居秦謂之雅五下切五疋正也待也說文所葅切足也古文以爲詩大雅字又山呂切庌廡也說文曰廡也周禮曰夏庌馬厊厊厍不合䀀酒器◦檟山楸古疋切十榎上同嘏大也福也假且也借也非眞也說文又作假至也又姓漢有假倉叚說文借也賈姓也出河東本自周賈伯之後又音古斝玉爵禮記曰夏后氏以醆商以斝周以爵瘕久病腹內又古牙切椵爾雅曰櫰椵郭璞云柚屬子大如盂皮厚二三寸中似枳[13]食之少味婽好也◦灑灑水也砂下切一◦啞不[14]言也烏[15]下切又乙革切三瘂[illegible]並上同◦灺燭妻徐野切三抯取也䵙[16]䵙墁汚也出文字辨疑◦下賤也去也後也底也降也胡雅切四丅古文夏大也又諸夏亦州名秦屬上郡漢分置朔方郡晉末赫連勃勃於州稱大夏爲後魏所滅置鎮又改爲夏州又胡駕[17]古下二切廈廈屋◦寫憂也除也程也盡也又轉本曰寫悉姐切四樢案之別名瀉瀉水[illegible]獸名◦[illegible][18][illegible]好皃銼瓦切一◦乜蕃姓彌也切一◦且語辭七也切又子余切一◦[illegible]大笑許下切三閜大裂襾說文曰覆也覆覈賈類皆從此◦社社稷又漢複姓二氏風俗通云齊昌徙居社南因以爲氏何氏姓苑云右扶風有焉又有社北氏常者切三[illegible]器名[illegible]宜[illegible]善夢神見仙經◦跒跁跒

2 食無味也　3 屎　6 麫　8 心

行皃苦下切一　○䟶傍下切三　⿰立卑短人立也　笆竹名出蜀又音巴　○捨釋也書冶切五　舍止息亦上同又音赦　騇牝馬　⿰食多餶飫　⿰食舍同上　○姐羌人呼母一曰慢也茲[1]野切三　担取也又才也切　飷無食[2]味也　○把持也執也博下切一

○踝足骨也胡瓦切十一　稞淨穀　屎[3]青絲履又繩履　騍地名　黊鮮明黃色　蘳說文曰黃華又音[4]壞　觟牝牂羊生角者又楚冠名　⿰魚果魚似鮎也　⿰戈凡大[5]口又聲說文曰擊踝也　輠轂頭轉皃　⿰麥果麫[6]名　○寡鰥寡說文少也古瓦切八　冎剔人肉置其骨　剮俗　⿱冎木老人柱杖　⿰亻咼⿰亻咼⿰亻咼行皃　卝羊角皃　⿱竹咼籰⿱竹咼收絲具　⿰角咼觰⿰角咼牛角開

○瓦古史考曰夏時昆吾氏作瓦也五寡切二　邷衞地　○若乾草又般若出釋典又虜複姓二氏周書若干惠傳曰其先與魏俱起以國爲姓後燕録有步兵校尉若久和人者切又人勺切三　惹亂也[8]　⿰口尒譍聲也　○鮓釋名曰鮓葅也以鹽米釀魚以爲葅側下切五　厏厏厊不合　⿰言虘⿰言虘訶訶皃　⿱竹差炭籠也又音齹　痄痄瘡不合　○觰牛角橫都賈切又竹加切一　○槎逆斫木士下切又仕加切二　厏厏厊　○奲寬大也昌者切五　⿰扌者擊也　⿰奢鬼醜⿰奢鬼　哆脣下垂皃又當可切　撦裂開　○⿰糸奓⿰糸奓⿱奴糸相著皃竹下切一　○⿱奴糸奴下切一　○髁髀骨苦瓦切七　跨髀跨又苦化切　骻

八·廿九　韻上聲　三十九　吴虛

9 㐄　10 𥢑　12 滉

上同侉侉衿袍也銙帶飾𢅏帛衣㐄[9]跨步又口化切○䂳好雌黃又瓦切又七火切一○𥢑[10]𥢑粿穀南人食之或云莪葵丑寡切一○葰葰人縣名沙[11]瓦切三謏強事言語傻傻俏不仁○奼嬌奼也丑下切又陟嫁切一○𥗭玉篇云𥗭槎泥不熟皃盧下切一

三十六○養育也樂也飾也字從羊食又姓孝子傳有養奮餘兩切七痒皮痒癢上同瀁混[12]瀁水皃蛘蟻名說文曰搔蛘也勨勉也又音象蠰蟲名○像似也徐兩切十一象說文曰象長鼻牙南越大獸三季一乳象耳牙四足之形爾雅曰南方之美者有梁山之犀象蟓桑上繭橡櫟實襐未笄冠者之首飾也勨勉也又音養鱌魚名似魟白鼻長也潒潒遠𧄳草名𨔑行也嶑山名○獎勸也助也成也譽也屬也即兩切六奬上同說文本作將嗾犬厲之也䉃剖竹未去節也又秦[13]杖切槳檝屬𣝢上同蔣國名亦姓風俗通云周公之胤又漢複姓漢有曲陽令蔣[14]匠熙又子羊切○㒳說文曰再也易云參天㒳地今通作兩良奬切八兩上同說文曰二十四銖爲一兩脼膎脼𣏹松脂緉雙履蜽蝄蜽蟲名說文曰蝄蜽山川之精物也國語曰木石之怪夔蝄蜽亦作魍魎魎見上注𠠄𠠄勥力拒○鞅

1 靼　2 貲　3 迫　△弶 渠䪼其亮切 又魚兩切　6 淨　8 淨　10 堂

牛羈也說文頸靼[1]也於兩切十一　柍木名　秧秧穰禾稠也又音央　鉠飽皃　詇早知也　岟岟山足　駚駚驡馬皃

炴火光　眏無資[2]量謂無極限也　怏怏悵也又於亮切　紻冠纓　○勥迫[3]也勉力也其兩切五　彊說文云弓有力

也或作強又姓前秦錄有將軍強求又其良切　弜弓有力也　誩競言　滰乾米之皃　○仰偃仰也說文舉也魚兩切三

茚昌蒲別名　卬望也欲有所度　○磢瓦石洗物初[4]兩切六　𤮿上同　𠞬皮傷　搶頭搶地見史記又七良七養二[5]切　漺

淨[6]也　愴愴怳失意皃又音創　○想思想也息兩切二　鯗乾魚腊也　○掌手掌又姓晉有琅耶[7]掌同前涼有燉

煌掌據諸兩切三　仉姓梁公子仉督後也　爪反爪　○爽明也差也烈也猛也貴也踈也疎兩切九　爽上同　纕屩中絞繩

鷞鷞鳩　塽塽塏高也　樉木名　𤮿半瓦　漺淨[8]也又初兩切　𩕄醜皃　○響聲也許兩切八　饗歆饗　蠁

說文曰知聲蟲也　蚼上同　亯[9]獻也祭也臨也向也歆也書傳云奉上謂之亯　亨上同亦作享　嚮爾雅兩階間謂之嚮

本亦作鄉又音向　曏不久也又音向　○敞高也昌兩切七　惝惝怳驚皃　氅鷩鳥毛也　鷩上同　廠屋也出方

言又音唱　𧾉[10]踞也又主[11]尚直庚二切　僘僘寬也　○繦絲有類又孟康曰繦錢貫也俗作鏹居兩切五　鏹俗見上注　襁

13 冈

八·八十 《韻上聲 四十 何昇

襁褓負兒衣博物志云襁織縷爲之廣八寸長二尺以約小兒於背上 膙筋頭 憼敬也說文音景 ○丈說苑曰十尺爲丈直
兩切四 杖說文曰持也大戴禮曰武王踐阼爲杖之銘曰惡乎失道於嗜慾惡乎相忘於富貴呂氏春秋曰孔子見弟子抱杖而問其父
母柱杖而問其兄弟曳杖而問其妻子尊卑之差也禮曰苴杖竹也削杖桐也 仗憑仗本又音去聲 ⿸疒丈病也 ○昶通也明也舒也
丑兩切二 鋹利也 獷獷平縣在漁陽居往切又居猛切一 ○壤土也書傳曰無塊曰壤風土記曰擊壤者以木作之前廣後銳
長尺三四寸其形如履臘節僮少以爲戲也逸士傳曰堯時有壤父擊於康衢藝經曰擊壤古戲又漢複姓孔子弟子有壤駟赤如兩切八
⿱艹釀⿱艹釀菜爲菹 䑋肥蜀人云 穰豐穰又汝羊切 蠰蟲名似雞而小 攘擾攘又汝羊切 躟躟躟行疾皃 礢
惡雌黃 ○賞賜也又吴姓有賞氏書[12]兩切五 ⿰食象日西食 餳上同 饟周人呼餉食 曏少時也又火亮切
○髣髣髴亦作仿佛妃兩切六 仿仿佛俗 倣說文曰相似也 紡績紡 鶭鶭鸅鳥蒼黑色常在澤中俗呼爲護
澤 鴋上同 ○网网罟說文曰网庖羲所結繩以田以漁也世本曰庖羲臣芒所作五經文字作罔俗作冈[13]文兩切十二 網上同
罔上同又無也 輞車輞 棢上同 惘惘然失志皃 菵菵草 誷誷誣 㒺上同 ⿰耳罔耳疾 蛧蛧蜽

4 之
○䈇本韻即兩切又秦杖切
8 淫
9 洸
10 治

魍魍魎上同○昉明也分[1]网切四倣學也放上同瓬周禮有瓬人爲[3]簋者蓋摶埴之工[2]又音甫○枉邪曲也亦姓今虢州有[4]紆往切四𢻱曲侵𣢕佞人汪汪陶縣在鴈門又烏光切○往之也去也行也至也于兩切二暀德也是也光也爾雅曰暀暀皇皇美也○怳憱怳許昉切二詤夢中言也又火光切○搶七兩切又初兩七羊二切二㨖上同○長大也又漢複姓晉有長兒魯少事智伯智伯絕之三年其後死智伯之難知[5]丈切又直張切一○上登也升也時掌切又音尚二丄古文○徃楚詞注云徃徃遑遽皃求往切一○臩說文曰驚[6]走也一曰往來皃俱往切四迋欺怨僓載器也出埤蒼𨗁走皃○𩣺姓也毗養切一○𩑛醜也初丈切二傸惡也○

三十七○蕩大也又水名出湯陰又姓宋之公族也徒朗切十二崵山名漢高帝隱處[7]婸婬戲[8]皃簜大竹筩潒水大[9]之皃又洗潒也像放像或作婸愓不憂璗玉名說文曰金之美與玉同色者也盪滌盪搖動皃說文曰滌器也又吐浪切暘春也持[10]米精也簜大竹嵣嵣㟐山皃○顙額也蘇朗切四𪔃鼓匡木也𪔃上同磉柱下石也○廣大也闊也古晃切二鄺姓出廬江○榜木片北朗切六牓題牓𣯴毛𣯴罽文螃陸居

13 ⿰月莽　14 主　16 嵣⿰山芒

蝦蟆蒡牛蒡菜⿱髟並⿱髟並氉亂毛○駔會馬市人又牡馬也子朗切三驡駚驡馬容髒骯髒體盤○曩

久也奴朗切二灢泱灢水不淨見海賦○沆沆瀣氣也胡朗切六骯骯髒體盤䟘伸脛也頏[12]直項之皃蚢

貝大者如車輞爾雅作魧吭聲也○曭日不明他朗切十二儻倜儻不羈又他浪切偒長皃戃戃慌失意皃

矘矘䁆目無精簜說文曰大竹箭也帑金帛舍又音奴爣爣朗火光寬明⿰月黨⿰月黨⿰月莽[13]月不明也⿰瓜昜

大瓜名又⿰瓜昜⿰瓜昜長皃⿰白黨白⿰目黨攩攩㨪搥打○莽草莽說文曰南昌謂犬善逐兔於艸中爲莽又姓前漢反者馬何羅後漢

明德馬后恥與同宗改爲莽氏模朗切又莫古切十茻說文曰衆艸也⿰壴巨吳王[14]孫休子名見吳志⿰目莽無一[15]睛⿰莽色⿰莽色⿰莽色

無色狀⿰目莽日無光鏻鈷⿰金莽又莫古切蟒蛇最大者漭漭沆水大⿰山芒⿰山芒嵣[16]山皃○黨釋名曰五百家爲黨

黨長也一聚所尊長也又輩也美也累也說文曰不鮮也多朗切五讜直言欓木名⿰黨阝地名說文作⿰尚阝⿱艹黨草名

○朗明也亦姓出姓苑盧黨切七朖誏並上同俍俍傷長皃崀嵻崀山空桹木名⿱宀良⿱宀康⿱宀良空虛

○坱塵埃也烏[17]朗切十姎女人自稱姎我又烏郎切映映⿰目莽不明泱滃泱水皃咉咉咽悲也醠濁酒

△忼 唐韻呼郎切又苦朗切

5 㦩慌

7 㥶

筴竹名玉篇云筴筴無色也 盎盆也又烏浪切 駚駚驡馬容 軮軮軋聲也 ○慷慷慨竭誠也苦朗切七 忼

上同 崇崇崀山空 骯骯髒體盤 䡉車䡉之名 㝩㝩㝗空虛 㢢大也又丘廣切[1]說文又口謗切 ○汪

大水烏晃切二 濻水深廣皃 ○晃明也暉也光也亦作晄胡廣切七 幌帷幔也晉惠起居注云有雲母幌 櫎兵欄

榥讀書牀也 滉滉瀁水皃 攩[2]摣打又吐朗切 皝人名前燕慕容皝也 ○髈[3]髀吳人云髈匹[4]朗切二 䒍

䒍䒍無色 ○慌[5]慌㦩呼晃切七 爣爣朗寬明也又苦[6]晃切 宺宺㝗也 䀮䁵䀮目疾出新字林 䐠𦢊䐠

月不明皃 𣅊日旱熱也 䜚夢言也 ○䴚鹽澤也各朗切四 䣈𤱧並上同 䟘伸脛也 ○𩢡馬怒

驣驡𩢡也五朗切一 ○奘大也徂朗切一 ○蒼莽蒼麁朗切一 ○汻姓今涇州有之呼朗切三 酐苦酒 𤰈鹵𤰈

○㢢[7]大也寬也怨也丘晃切三 䡉䡉䡉軻也 爌爌朗寬明也又火光

三十八○梗梗直也又桔梗藥名古杏切九 挭挭槩大略 哽哽咽 郠邑名在莒 綆井索 鯁刺在

喉又骨鯁謇諤之臣 埂堤封吳人云也 骾骨骾 𧋍蟲名 ○丙辰名爾雅云太歲在丙曰柔兆又光也明也又姓風

七·九十六　韻上聲　四十二　劉昭

13 12 11
蚖杏宋

俗通云齊有大夫丙歜兵永切九昞亮[8]也亦作昺怲憂也邴邑名在泰山又姓左傳晉有大夫邴預又音柄炳
炳煥明也秉執持又十六斗曰藪十藪曰秉又姓漢書有秉[9]漢窉爾雅[10]云三月爲窉本亦作寎又兄病孚命區詠三切苪
著蛃蛃蟲名○警寤也戒也居影切八儆上同景大也明也像也光也炤也又姓齊景公之後後漢有景丹境
界璥玉名蟼蛙屬⿰木敬所以正弓出周禮亦作檠憼敬也○影形影於丙切八璟玉光彩出埤蒼璄
上同⿰食景飽亦作⿰食英⿰扌竟中擊⿰英毛毛車⿰英刂刺也⿰風英王篇云高風○省省署漢書曰舊名禁中避元后諱改
爲省中又姓左傳宋大夫省臧所景切又息井切九眚過也災也⿸疒省瘦⿸疒省媘減也⿰省見⿰省見⿰月卯露也⿵門省⿵門省府今爲
省字⿰省瓦甂⿰省瓦有耳瓶渻水名亦丘名⿰省阝上同○永長也引也遠也遐也亦姓出何氏姓苑于憬切二栐
木可爲笏○⿱艹兄小風許永切一○皿器皿武永切三⿱穴皿⿱穴皿戶土穴盟盟也○憬遠也俱永切六囧光也⿱景犬
火也璟玉光⿱景馬驚走皃暻明也曲礼悟也○杏果名廣志曰滎陽有白杏鄴有赤杏黃杏何梗切三莕
莕菜荇上同○猛勇猛又嚴也害也惡也亦姓左傳[11]晉大夫猛獲之後莫幸[12]切六⿰目黽⿰目黽盯視皃蜢蚱[13]蜢蟲艋

舴艋小船舴陟格切鱦蛙屬鄳縣名在江夏○礦金璞也古猛切七鑛上同𨥁古文𪍿𪍿麥𪎭上同
獷犬也又居往切獷平縣名在漁陽穬穀芒又[1]曰稻不熟○浜浦名布梗切又布耕切三𠇗詐僞人也𧙩𧙩急
皃○盯盯䁅張梗切一○瑒祀宗廟圭名長一尺二寸徒杏切又[2]音暢一○䁝清潔烏猛切三泂泂濸水回旋也
奣六合清朗○打擊也德冷切又都挺切一○冷寒也魯打切又魯頂切一○卝金玉未成器也呼[3]䁝切二濸泂濸
水回旋也○鮩鮊魚別名蒲猛切一○𥄎𥄎然舉目也苦礦切又音句一○檸木皮入酒浸治風拏梗切一
三十九○耿耿介也又耿耿不安也又姓晉大夫趙夙滅耿因封焉遂以國爲氏古幸切三𦱊芋莖也𥈋𥈋䁅[4]視皃
○䁅武幸切三黽句黽邑名鼃蛙屬○幸說文作㚔吉而免凶也从屰从夭夭死之事故死謂之不㚔胡耿切四
㚔見上注倖儌倖𤭛𤭛甂瓶有耳○𠊧俱也或作併羅列也蒲幸切四𩶛蛤𩶛𧐍上同𧑓亦同
○𥇠𥇠暍薄[5]皃普幸切一
四十○靜安也謀也和也息也疾郢切十睜昭睜不悅視也𢒪清飾靖立也思也理也審也又姓齊靖郭君

6 亭　7 巠　8 灰　9 云

之後風俗通云單靖公之後姘女人貞絜也婧上同穽坑也阱上同猙獸如狐有翼又音爭竫安停[6]
○整正也齊也之郢切二整俗○逞通也疾也盡也丑郢切六騁馳騁又走也裎襌衣悜慎悜意不
盡也䩚驂具又丑善切睈視也又意不盡○郢楚地以整切三浧泥也梬梬棗似柹而小○痙風強病也巨郢
切二涇[7]玉篇云寒也○潁水名在汝南亦州名禹貢豫州之境春秋時沈丘也秦爲潁川郡漢爲汝南郡之汝陰後魏置潁州餘頃
切二○穎禾末也穗也又姓左傳有穎考叔○領理也錄也說文項也良郢切六嶺山坡也裴潛廣州記云大庾始安臨賀桂陽揭
陽爲五嶺與鄧德明南康記云別也阾古文柃木名[8]可染袊衣袊禮[9]左執領不從衣䕘草名○頸項也居郢切又
巨成切一○餅必郢切五屛蔽也爾雅曰屛謂之樹又廣雅曰罘罳謂之屛風俗通云卿大夫帷士以廉以自鄣蔽鉼
鉼金謂之鈑周禮祭五帝則供鉼金併併合和也又必姓切䴵索䴵出食苑○頃田百畝也去穎切六𩑶[10]古文[illegible]
音也檾枲草苘蘏並上同○丼說文曰八家一井象構韓形•罋之象也古者伯益初作丼今作井見經典省又姓
姜子牙之後也左傳有井伯子郢切二郱郱邢地名○廮安也又廮陶縣名在趙州於郢切五鄸地名癭瘤也

2 二　3 逞　5 ⿱目木　6 涇　7 杼

博物志云山居之人多癭疾𣤺𣤺氣胃滯氣○請乞也求也問也謁也七靜切又疾盈疾姓二切二睛眳睛不悅目皃出字林又音精○省察也審也息井切六渻說文曰少減也一曰水門又水出丘前謂之渻丘睲睲睲照視惺惺悟出字林⿰木省爼几名⿰忄省⿰忄省悟皃俗○眳眳睛云井切二慏慏惺意不盡也○徎雨後徑也丈井切一[2]浧[3]通也

四十一○迥遠也戶頂切五冋空也炯光也明也又音熲泂詩云泂酌迥草名○熲光也又煇也古迥切八炅光也又[4]古惠切炯火明皃又音迥泂滄寒穎篋名餇餇飽⿱目火[5]目驚皃⿰虫冋⿰虫冋⿰虫寧似蛙○茗茗草莫迥切七嫇嫇奵自持也酩酩酊瀴瀴涬大水皃溟上同眳眳睛姳姳好○頂頂顙頭上說文顛也都挺切十三⿰丁首上同⿰鼎頁籀文奵奵嫇奵耵耵聹耳垢鼎說文云鼎三足兩耳和五味之寶器禹收九牧之金鑄鼎荆山之下薡草名酊酩酊濎濎濘水皃葶葶藶毒草靪補履又音丁打擊也又都冷切⿸尸頁展也

○挺挺出說文拔也徒鼎切十二艇小船鋌金鋌梃木片娗長好皃町田畝又音汀霆疾雷又音庭莛草莖又音庭涏涇[6]寒蜓蟲名又徒典切訂平議誔詭言○珽玉名說文曰大圭長三尺杼上八

8 閛
▲訂 青韻他丁切又他頂切

10 䡕

終葵首他鼎切十二 圢平也 脡脯胊 侹長也直也代也勸也 頲直也 侱徑也 壬善也 町田塸 艼葋也

又禿鈴切 𤰞田器 𦉫𦉫䍅小網 閅門上關 ○汫汫濙小水皃徂醒切一 ○濙汫濙烏迴切一 ○謦謦欬

也去挺切一 ○顊頂顊乃挺切五 聹耵聹 𧓍似蛙 濘泥也又乃定切 薴葶薴 ○婞很也胡頂切七 涬

瀴涬大水皃 𩷎魚名 鋞似鍾而長 脛腳脛又胡定切 悻悻恨 緈絓緈 ○醒醉歇也蘇挺切二 箵

箵笭篝籠 ○鞞刀室補鼎切一 ○褧褧衣說文𦁗也口迥切六 𦁗枲屬 苘上同 烓行竈又烏圭切 熲

禪也 絅衣 ○剄斷首古挺切二 烴焦臭 ○頩斂容匹迥切一 ○巊巊溟山水烟涬切三 𩴸誙厭 瀴瀴涬大水

皃 ○笭篝笭籠也力鼎切三 䍅𦉫䍅小網 冷寒也又姓前趙錄有徐州刺史冷道字安義又盧打切 ○竝比也蒲迥

切四 並上同 鮩白魚名也 併立竝又必姓切 ○詗明悟了知也火迥切一 ○䁝直視皃也五剄切二 𥎆小皃

四十二拯 ○拯救也助也無韻切音蒸上聲五 抍撜並上同見說文 䡕軺車後登出字林 丞晉譙王名 ○庱

亭名在吳晉陵丑拯切又恥陵切一 ○殑殑殑欲死也其拯切一 ○𣩠殑𣩠色庱切一

廣韻校本

1 于

4 莥字當刪

四十三○等齊也類也比也輩也多肯切一○倗不肯也普等切二鄯穆天子傳云西征至鄯郭璞云國名也前漢書有鄯成侯○肯可也說文作肎骨閒肉肎肎著也一曰骨無肉苦等切二肎上同○能夷人語奴等切本又奴登切一

四十四○有有無又果也取也質也又也又姓孔子弟子有若又漢複姓有男氏禹後分封以國爲姓出史記云久切九右左右也又漢複姓五氏左傳宋樂大心爲右師其後因官爲氏漢有中郎右師譚晉賈華爲右行因官爲氏漢有御史中丞右行綽何氏姓苑有右閭右扈右南等氏鴧鳥名似雉友朋友同志爲友㕛上同出說文𥁕[1]器也又余救切𥁕上同栯木名服之不妬又於六切䒳草名○柳木名說文作桺小楊也从木丣聲丣古文酉餘倣此又姓出河東本自魯孝公子展之孫以王父字爲展氏至展禽食采於柳因爲氏魯爲楚滅柳氏入楚楚爲秦滅乃遷晉之解縣秦置河東郡故爲河東解縣人力久切十四罶魚梁罶上同懰好也珋石之有光璧珋也說文本音留颲飀颲風皃嬼妖美又嫠婦也劉[2]竹聲䶉似鼠而大又音留熮火爛瀏水清綹[3]十絲爲綹𨋹戴柩車也茆鳧葵水草詩云言采其茆即蓴菜也又莫飽切○狃相狎也女久切十一紐結也鈕印鼻又姓何氏姓苑云今吳興人東晉有鈕滔也杻木名莥[4]玉篇云鹿豆也𠃲爾雅

八·卒一　韻上聲　四十五　陸選

5 菗 菌實亦作菗
6 病
7 㪟
10 王
11 騲

云貍狐貒貅跡也 扭扭手轉皃 𢓜習也 䏔食肉 丣地名 菗[5]菌實亦作菗 ○丑辰名爾雅曰太歲在丑曰赤奮

若敕久切三 杻杻械 杽古文 ○肘臂肘陟柳切四 疛說文曰小腹痛[6] 𤵸同上 扭扭按也又音紐 ○朽

腐也許久切四 歽上同 疞病也 殠臭也 ○久長久也舉有切七 九數也又漢複姓二氏何氏姓苑云昔岱縣

人姓九百名里爲縣小吏而功曹姓萬縣中語曰九百小吏萬功曹列子秦穆公時九方皐一名甄[7]善相馬也 玖玉名 灸灸灼

也又居又切 韭說文曰菜名也一種而久者故謂之韭象形在一之上一地也俗作韮 㚅女字也亦作奺 奞姓出纂文 ○首

頭也始也書九切六 𩠐上同 𦣻人頭象形 手手足 守主守亦姓出姓苑 𩕄人初產子 ○醜類也竅也

釋名曰醜臭也如物臭穢也又虜複姓西秦錄有下將軍醜門于弟昌九切三 䤂瑞草 𩴳弃也惡也又帀籌切 ○湫

洩水漬也在九切又子由子小切二 愀[8]變色也又鍬小切 ○婦說文曰婦服也从女持帚灑埽也房[8]久切十五 𧕞𧕞螽

負擔也荷也又受貸不償曰負背恩忘德曰負也 萯玉萯[10]草 蝜蝂蝜 阜陵阜釋名曰土山曰阜阜厚也言高

厚也廣雅曰無石曰阜 𠂤上同 鴭鷄別名也 偩禮云禮樂偩天地之情 草香草 𨹹[11]盛也亦作隝

⿰阝馬上同焯焯熾萻香草又步乃切⿰虫帚鼠⿰虫帚○缶瓦器鉢[2]也史記云秦王趙王會于澠池藺相如使秦王擊缶是也詩疏云缶者瓦器也所以盛酒漿秦人鼓之以節歌方久切八缹蒸缹否說文不也又房彼切不弗也說文作不鳥飛上翔不下來也从一一猶天也象形又甫鳩甫救[3]二切鴀鴀鳩痞病也殕物敗也⿰女缶好皃[4]也○糗乾飯屑也孟子曰[5]舜飯糗茹草又姓風俗通漢有糗宗爲贏長去久切一○蹂踐也人九切十楺屈木煣上同輮車輞沑說文曰水吏也又温也厹獸跡又女九切葇葇蘱菜不切也⿰禾柔禾⿰禾柔輮車軔粈粽[6]粈○舅夫之父也亦母之兄弟又姓左傳秦大夫舅犯其九切十一倃說文毀也臼杵臼世本曰雍父作臼又姓左傳宋華貙家臣臼任齨齒齨亦馬八歲俗作⿱臼馬麔牝[7]麔⿰臼鳥鳥名似鳩有冠咎愆也惡也過也災也從人各各者相違也⿱臼米糗米⿸疒咎病也⿱咎心怨咎⿰言咎毀也○紂殷王号也方言云自關而東謂緧曰紂俗作䋧除柳切六⿱竹紂竹易根而死也鮦鮦陽縣在汝南又直冢切葤裹也聚姓也襄州有之又音籌⿰月壽小腹痛又腿後○酉飽也老也就也首也又辰名爾雅曰太歲在酉曰作噩又姓魏有酉牧與久切二十一丣古文誘導也引也教也進也說文曰相誅呼也羑

8 禉　11 ⿰酉卤　12 渼　14 考 郢

⿰言盾上同並見說文　牖道也向也說文曰牖穿壁以木爲交窻也禮曰蓽門閨竇蓬戶甕牖　卣中形罇又音由　槱
積木燎以祭天也　梄[8]上同　莠草也　羑羑里文王所囚處又有羑水並在湯陰又姓也　庮久屋木也周禮曰牛
夜鳴則庮鄭司農曰庮朽木臭也　蜏朝生暮死蟲名　⿱宀久字書云貧病也　𣢋說文云言意也　琇玉名又音秀
梄[9]柞梄木　鋚[10]遺玉　輶輕車又音由　⿰酉眞[11]醶酒名　羐[12]水名　○受[13]容納也承也盛也得也繼也殖酉切五
壽壽考又州名楚孝[14]烈王自陳徙都壽春号曰郡秦爲九江郡魏爲淮南郡梁爲南豫州周爲揚州隋平陳爲壽州亦靈壽木名
生日南又姓王莽兖州牧壽良又漢複姓前漢燕王遺壽西長之長安蘇林云壽西姓也又承呪切　⿰壽阝水名在蜀　璹玉名
又音孰　綬組綬禮云天子玄公侯朱大夫純世子綦士緼應劭漢官曰綬長一丈二尺法十二月廣三尺法天地人也　○滫溲麪
說文曰久泔也息有切四　糔糔溲　醙白酒　⿰糹頁絆前兩足又相主切　○⿰風幼⿰風幼[15]於柳切三　⿰魚幼魚名　懮懮受舒遟皃
○酒酒醴戰國策曰帝女儀狄作而進於禹亦云杜康作元命包曰酒乳也又酒泉縣在肅州匈奴傳云水甘如酒因以名之亦姓也子
酉切一　○溲溲麪亦作溲踈有切一　○帚少康作箕帚之九切五　箒俗　鯞鰍鯞魚名　睭明睭　⿰豸周

3 牛短頭

猛獸。恒小怒芳否切三紑鮮也又孚丘切雺霧雺。掫持物相著側九切三搊搊扇別名蝂蟲名。穛聚名士九切一。䩮䩮束初九切二𩍐上同。秠爾雅曰一稃二米此亦黑黍漢和帝時任城生黑黍或三四實實二米得黍三斛八斗是芳婦切又四几孚悲二切一

四十五。厚厚薄又重也廣也說文作垕曰山陵之厚也又姓出姓苑胡口切七垕古文後先後說文遲也又胡豆切逡古文后君也又姓漢有少府后倉又音候郈鄉名在東平又姓左傳魯大夫郈昭伯㖃欲吐又呼后切。母父母老子注云母道也蒼頡篇云其中有兩點象人乳形豎通者即音無莫厚切十四牡牝牡某詔前人之言也拇大拇指也胟上同畝司馬法六尺爲步步百爲畝秦孝公之制二百四十步爲畝也畮畞並古文莽草莽㹯猦㹯獸名痗病痗踇踇偶山名踇[1]行皃䳇鸚䳇能言之鳥又音武。部署也又姓出姓苑蒲口切十培[2]培塿小阜或作㟝犃犃㸸偏[3]高又牛頭短䏽豕肉醬瓿瓿甊小甖錇小缶䴺䴺䵃餅篰牘也蔀蔀菜魚薺也易云豐其蔀王弼曰蔀覆曖鄣光明之物亦音剖婄婦人皃又音剖。斗說文作毛十升也有柄象形石經作斗當口切八㪷

八百十

韻上聲

俗枓柱上方木蚪蝌蚪蟲也阧阧峻陡上同抖抖擻舉皃[4]襡衣袖又音蜀。⿺麥主⿺麥喜⿺麥主天口切九飳

上同妵人名左傳有華妵說文女字也黈冕前纊也䳇水鳥黑色又大口切黊好皃又木苗出斢斢斢兵奪人物

出字[5]書鈄姓出姓苑𩵾魚名。茍茍且又姓出河內河南西河三望國語云本自黃帝之子漢有茍參古厚切十三玽

石似玉狗狗犬垢塵垢笱笱屚縣名在交阯又魚笱取魚竹器⿱罒句上同耇耇老壽也詬詬恥也又呼候切

枸枸杞茩薢茩岣岣嶁山巔敂敂扣打也豿熊虎之子。藕爾雅曰荷芙蕖其根藕五口切六蕅上同

偶合也匹也二也對也諧也耦耦耕也亦姓風俗通云宋卿華耦之後漢有侍中耦嘉髃肩前髃也⿰禺瓦瓦盎名。⿰扌保衣上

擊也方垢切二掊擊也。㝅乳也乃后切六⿰氵乳說文水也陾衆陾⿰女乳⿰女乳婷女肥皃⿰口乳⿰口乳食物出新字林⿺乚⿱小子

小皃。叜老叜蘇后切十五叟上同傁上同亦從叟餘倣此嗾使犬聲⿰口造上同瞍瞽瞍舜父謏謏訹

誘辤擻抖擻舉也藪藪澤爾雅有十[6]藪魯大野晉大陸秦楊陓宋孟諸楚有雲夢吳越具區齊海隅燕昭余祁鄭圃田周焦護又

十六斗曰藪籔漉米器也⿰耳叜字林云聰揔名也廋廣雅云隈也棷薪也駷馬搖銜走又思隴切操車轂

1 注漊字當刪

△銗 講韻胡講切又大口切

2 士

▲棷 尤韻側鳩切又又苟切

中空。○吼牛鳴呼后切七　吽上同　呴亦同　𤚼蔓牛子也　𤛇上同　蚼蚍蜉名也又渠俱切　㖃厚怒聲　○剖判也破也普后切五　婄婦人皃　蔀小席又音部　䳇䳇雀名　䯽髮皃　○歐吐也或作嘔烏后切又烏侯切七　嘔上同　毆毆擊也俗作敺　𤛓特牛又吼口二音　乢山名在溧陽縣　塸聚沙　𧝁次衣也又於侯切　○塿培塿郎斗切十　嘍連嘍煩皃又力侯切　簍籠也周禮作簝　甊瓿甊甖　⿰麥婁⿰麥尃⿰麥婁糫餅　嶁文字音義云山巓也　⿰婁斗⿰婁斗⿰婁斗兵奪人物出新字林　謱謰謱小兒語又力侯切　漊溝通水漊[1]也　耬耕畦　○走趨也子苟切又音奏一　○口說文曰人所以言食也亦姓今同州有之苦后切九　扣扣擊也亦作叩　𤚼牾𤚼　⿰牛口上同　釦金飾　叩叩頭　⿰言口先相⿰言口可　叩鄉名　竘健也又驅甫切　○⿱艹⿰禾俞圓草褥也徒口切六　鋀酒器也或作鍮　⿱豆皿水盥皃也說文同上　揄揄引　⿰斗鳥水鳥又他口切　襡短衣　○鯫魚名一曰姓漢有鯫生又淺鯫小人仕垢切又七[2]溝切一　○趣趣馬書傳云趣馬掌馬之官也倉苟切又七屢切三　取又七庾切　棷棸[3]也又側溝切。

四十六。○黝黑也於糾切又於夷切七　怮憂皃　⿰風幼⿰風幼⿰風幼風聲又於柳切　蚴蚴蟉龍皃　泑崑崙山下澤也

七·六十二　韻上聲　四十八　秦顯

5 闟　6 艌　7 踔　9 錤 銋

黝幽靜之皃 㰶愁皃○糾督也恭也急也戾也俗作糺居黝切四 赳武皃詩曰赳赳武夫 朻爾雅曰朻者聊又居
幽切 闟5闟取皃○蟉蛐蟉龍皃渠黝切一
四十七○寑室也臥也七稔切九 𡪢上同見說文 寢上同見經典 梫木名桂也 㾛㾛痛又皃醜也
𥨟說文曰病臥也 蔓覆也 鋟爪刻鏤版又子廉切 醬小甜○朕我也秦始皇二十六年始爲天子之稱直稔切六
艌6×古文 䲋魚名似鰕赤文出廣雅 䲋䲋蛇 栚說文曰槌之横者關西謂之㯛 鈂鈂顒醜皃○坅坎也丘甚切一
○廩倉有屋曰廩力稔切八 㐭上同 懍敬也畏也 菻菻蒿 凜寒凜 顲顲然作色皃 䫶火舒
瘭粟體○罧積柴取魚斯甚切二 㤢㤢㤢恐皃○踸踸踔7×行無常皃丑甚切三 錤錤銋 䫖8䫖䫖自懊劣皃
○醬小甜也子朕切四 㵪漸也漬也溼通 𩛒上也 𦞙𦞙脣病也○荏菜也又荏苒如甚切十四 飪
熟食 餁上同 飠念亦同又玉篇云飽也 稔年也亦歲熟廣雅曰稔秋穀熟也 栠木弱皃 恁念也 衽文字
音義云臥席也 肚肉汁 袵字書云單席 棯果木名爾雅云還味棯棗 羊稍甚 銋9鐖銋餂 腍味好○枕

枕席又姓出下邳章荏切又之賃切三 頫頭骨後 顲頭銳長也 ○沈國名古作邥亦姓出吳與本自周文王第十子
耼季食采於沈即汝南平輿沈亭是也子孫以國爲氏式任切又丈林切十四 邥古文 宷說文曰悉也知宷諟也 審
詳審也說文同上亦姓漢有辟陽侯審食其 ⿰木審木名山海經云煮其汁味甘可爲酒 瞫窺𥈭視又姓後漢書云武落鍾離
山有黑穴出四姓瞫氏相氏樊氏鄭氏也 諗告也謀也深諫也又如[2]甚切 魿大魚 魫魚子 淰淰潤水動也禮運曰
龍以爲畜故魚鮪不淰淰之言閃也 ⿰女覃志下 眹[3]瞋也 鮇大魚 蕈草名 ○葚說文曰桑實也食荏切二 ⿰桑甚
上同俗又作椹椹本音砧 ○甚劇過也說文曰尤安樂也常枕切二 訦信也又市林切 ○瀋汁也昌枕切一 ○墋土也
初朕切三 醦酢甚 磣食有沙磣 ○拰拰搦尼凜切一 ○噤寒而口閉渠飲切四 ⿰禁頁切齒怒也 澿玉篇云寒
極也 唫說文云口急也 ○錦釋名曰錦金也作之用功重其價如金故字從金帛居飲切一 ○蕈菌生木上慈荏切一
○僸仰頭皃牛錦切又音禁二 趛低頭疾行 ○⿸疒辛寒病踈錦切三 瘮上同 槮木實名也 ○稟供穀又與
也筆錦切一 ○㱃說文曰歠也於錦切三 飲上同 ⿰氵闇大水至又於感切 ○品官品又類也衆庶也式也法也二口

5 大喪歛喪也　7 少　8 淫　10 糝　盬

則生訟三口乃能品量又姓出何氏姓苑丕飲切一。顩[4]頋顩醜皃欽錦切二顉曲頤之皃又五感切。㰹大[5]喪囊也許錦切又義[6]今切一。戡小[7]斫也張甚切又音堪二㪁深擊說文曰下擊上也。潭潭灤水動搖皃以荏切又徒南切一。頋頋顩醜皃士瘁切一

四十八。感動也古禫切十一䈞竹名亦作篢鱤魚名灝豆汁贑水名在南康又音紺贛酒味㵷[8]也贛水名在豫章匶方[9]言云箱類又云覆頭也又音貢䕵薏苡䃭石篋見封禪議灨水名。禫除服祭名徒感切十六糟糝[10]糟滓也霮霮䨴雲皃黮黕黮雲黑又他感切窞坎傍入也易曰入于坎窞髧髮垂萏菡萏荷花未舒䕾同上倓安也窔竈突說文深也覘[11]徐視醰長味嘾莊子曰大甘而嘾說文曰含深也賧買物先入直也譚大也又姓橝木名。晻晻藹暗也冥也烏感切九黭黭黮揞手覆唵手進食也隌隌闇罯魚網黤青黑色也𡯁𡯁跛又蹇也㵪大水至。腩煑肉奴感切六湳水名在西河又姓䈒竹弱䎃羽弱揇揇搦萳草長弱皃。襑衣大他感切五盬[12]

11 性　10 嬒　3 剗　1 醢

盬醢[1]亦作醢肒肉汁噆衆聲黮黕黮黑也又徒感切○歜昌蒲葅徂感切四䃎弓弦䃎又作㨗[2]𩵦大魚又才枕切𠟃剗[3]𠞊又割翦出也○慘慘[4]慼也說文毒也七感切八憯痛也朁說文曾也黲暗色說文曰淺青黑也[5]又倉敢切𡠹說文婪也傪好皃又音平聲噆銜也又子[6]盍切𩕄顉𩕄搖頭又素慘切○顉顉頷五感切三𡢃含怒皃嵁嵁㟯山形○昝姓也子感切三寁速也撍手動○糂羹糂墨子曰孔子厄陳蔡羹不糂也或作糝桑感切八糝上同糣糣䊞滓也㣓[7]顉㣓𢱉撼𢱉搖動也槮郭璞云叢木於水中魚寒入其裏因以箔取之𩕄顉𩕄搖頭皃粽[8]蜜藏木瓜○坎險也陷也又小罍也形似壺苦感切十欿食未飽也惂憂困也又恨也輡輡轗車行不平錎字書云瑣連環[9]也轗轗軻多迍埳埳陷顑顑顲瘦也竷舞曲名臽小阱名也○頷漢書曰班超虎頭燕頷說文曰面黃也胡感切十六頜說文曰顄也嬒[10]嬒害惡姓[11]也撼撼動也淊水和泥或作涵菡菡萏欿欲得蜭爾雅云蜭毛蠹涵水入船又胡南切肣牛腹又音含𢎘說文曰嘾也草木之華未發函然象形𠩺𠩺嘾乳汁狀出莊子𢄼甤耳莟花開顄頤也

七百六十四

12 黃焦色
13 輡
15 眈
16 也又音由四字當刪
19 食 闞韻音濫切 嚂又工覽切
22 福

又胡南切⿰山酓⿰山酓崿○壈坎壈盧感切八燷黃焦轗輡轗[13]𣹟藏梨汁也出字林醂桃菹顲面黃
醜說文曰面顑顲也又力稔切⿱入林愁[14]皃漤鹽漬果○黕滓垢也黑也都感切十耽[15]虎視又丁含切䫲玉篇
云多也又丁含切衴埤蒼云被緣也頕顲頕醜也冄姓也瓭瓦屬抌刺也擊也[16]也又音由⿱竹感[17]箱屬又作
籫籫上同○顑[18]食不飽呼唵切一
四十九○敢勇也犯也說文作𠭥進取也古覽切七𠭥上同𣪘籒文𠭖古文橄橄欖果木名出交阯
澉澉⿱敢食[19]無味⿱竹甘竹名實中○灁果決勇也賞敢切一○覽視也又姓何氏姓苑云彭城人盧敢切六爁火爁擥
手擥取攬上同欖橄欖罱罱網○⿱艹剡說文曰雚[20]之初生一名薍一名鵻吐敢切八菼上同緂青黃
色說文充三切白鮮衣皃𦨴上同毯毛席⿰糸剡毳衣說文曰帛騅色也引詩曰毳衣如⿰糸剡裧俗⿸厂敢⿸厂敢崟[21]也又
五今切○膽肝膽都敢切六紞冕前垂也說文曰冕冠塞耳者⿰石詹石⿰石詹藥名出玉篇黵大污垢黑⿱艹冘蕁⿱艹冘
藩又音沈⿸广鳥應福[22]鳥名○噉噉食或作啖又姓前秦錄有將軍噉鐵徒敢切八啖上同啗亦同澹澹淡水皃

7 壯　　3 始

淡音琰又恬靜又徒濫切 ⿱竹淡竹名 淡淊淡水滿皃又薄味也又徒濫切 憺安緩又徒濫切 惔同上 ○黲日暗色倉敢切一

○⿰女⿱山口[1]鄉名在河東猗[2]氏縣亦作⿰女鄉[3]謨敢切二 ⿰飠⿱山口[4]吳人呼哺兒也 ○⿱斬食澉⿱斬食子敢切一 ○槧削版

牘才敢切又七廉切七豔切四 鏨鏨鑿也又音蹔 嵌開張山皃出蒼頡篇 拑同上 ○喊聲也呼覽切四 㘕同上

壏[5]壏土地之堅也 ⿱監木上同周禮注云強⿱監木地之堅者又音[6]檻 ○埯坑今之窞埯是烏敢切二 揞手揞物也 ○厰

厰嶮側穴口敢切二 ⿰去虎⿸虍甘屬

五十○琰玉名周禮曰琰圭九寸以冉切十一 剡削也利也亦姓又時冉切 ⿰⻊炎疾行 棪木名實似柰可食

燄燄燄火初著也 淡澹淡水皃又徒敢切 扊扊扅戶壯[7]所以止扉或作剡移 淊潭淊水滿 夵上大下小 ⿰耒炎

⿰耒炎耜 ⿰糹閻續也 ○斂收也又姓姚秦錄有輔國將軍斂憲良冉切十三 撿說文拱也 蘞白蘞藥名又力瞻切

蘞同上 瀲瀲灩水溢皃或作澰 獫犬長喙也又音險 溓薄冰[8]也 嬚女字 ⿰飠兼廉也又小食也 羷

羊角三卷羷也 ⿰糹僉懸蠶[9]薄也 ⿺辶埜善美之名 ⿺辶楚功勤之稱 ○險[10]危也阻也難也虛檢切八 獫獫狁 玁同上

七百八十七　韻上聲　五十一　吳椿

19 緣

婡 婡婞性不端良又棄[11]葉切少氣也 譣 譣詖說文息廉切問也 憸 憸詖又息廉切 ⿰韋僉 胡被又音枚 嶮 嶮巇

○貶[12] 損也方斂切二 㝵 說文曰傾覆也或同上 ○颭 風吹落水占琰切一 ○顩[13] 顩顩不平丘檢切二 嵰 山高

○顩[14] 頇顩魚檢切七 广 因巖爲屋 隒 山形似重甑 嬐 嬐然齊也 ⿰魚僉 ⿰魚僉鰅魚名出樂浪 嶮 嵰嶮山不平

噞 噞喁魚口上下皃 ○儉[15] 約也少也饑饉也又姓出姓苑巨險切二 芡 說文云雞頭也方言曰南楚謂之雞頭北燕謂之葰青徐

淮泗之間謂之芡 ○檢[16] 書檢印窠封題也又檢校俗作撿撿本音斂又姓出姓苑居奄切二 瞼 眼瞼 ○黶 面有黑子於琰切八

⿰衤厭 ⿰衤厭⿰衤襄 檿 山桑 厭 厭魅也又於豔切 魘 睡中魘也[17]又於協切 ⿸厭巾 蠏腹下⿸厭巾 擪 持也又一[18]牒切 酓

酒味苦也 ○冉 冉冉行皃又姓孔子弟子冉有而琰切十 姌 長好皃也又奴簟切 苒 草盛皃又荏苒猶展轉也 染 染色

周禮染人掌染絲[19]帛又姓石勒時有染閔 ⿱雨染 濡也 䎃 䎃弱羽也 柟 木名 ⿱冉酉 ⿱冉食⿱冉酉味薄 ⿱竹冉 竹弱之皃 ⿰女染[20]

諟也 ○陝 縣名在弘農亦州名周爲二伯分陝之地即虢國之上陽也秦屬三川郡漢弘農之陝縣後魏改爲陝州失冉切八 睒

暫見 閃 出門皃 ⿱彡貝[21] 蕃姓亦作貧 覢 蒼頡篇云覢覢視皃 ⿰氵閃 水動皃 㚒 盜竊懷物 ⿱陝女 不媚 ○諂

2 ⿰方内字當刪

3 ⿰方酉 掩也

5 有

諂諛丑琰切二 讇同上 ○奄[1]忽也止也藏也取也遽也說文覆也大有餘也又姓左傳秦三良奄息衣儉切十七 ⿱雲奄雲狀

⿰奄阝國名 ⿰木奄⿰木奄柰 閹閹閹 掩閉取也說文云斂也小上曰掩 揜說文曰自關以東謂取曰揜一曰覆也 裺

衣縫緣也 晻晻晻日無光 渰雲雨皃詩云有渰淒淒 罨鳥網又於劫烏合二切 弇蓋也 ⿰方内[2]掩也 ⿰女弇

女有心⿰女弇⿰女弇也 ⿰爿奄屋⿰爿奄雀也 ⿰山弇⿰山弇嵫山日沒處 ⿰方酉[3]掩光又於葉切 ○漸漸次也進也稍也事之端先覩之始也地理志

有漸江今之浙江也慈染切十 磛磛礹 蔪說文曰艸相蔪苞也 ⿱艹漸埤蒼曰麥秀皃 𨗉說文進也 嚵小食[4]又初

咸切 ⿱漸酉⿱漸酉⿱隹酉味薄 鏨小鏨名 螹說文曰螹離也 槧說文曰牘樸也 ○憸憸詖七漸切二 ⿰酉韱醋味 ○⿱漸食

食薄味也子冉切一 ○脥腹下謙琰切一 ○剡縣名屬會稽時染切一

五十一○忝辱也他玷切五 ⿰禾西鄉名在濟北蛇丘縣 栝說文云炊竈木也 銛取也又銛屬又音纖 悿悿弱

○淰水流皃乃玷切四 ⿰女覃弱也 ⿰阝冉亭名在鄭 姌纖細又音冉 ○點點畫多忝切五 玷玉瑕 ⿱耂占老人

面黑[5]子 ⿰占刂斫 鉆說文缺也 ○簟竹席徒玷切六 扂閉戶 扉同上 驔驔馬黃脊 潭潭淊[6]水滿

七・六十四　韻上聲　五十二　方至

10 魚埯切　13 頗　15 旑

橝屋梠名又音譚○嗛猿藏食處苦簟切四歉食不飽又苦減切慊慊恨膁腰左右虛肉處○稴禾稀

力忝切三溓薄冰[7]䉎瓜瓜名○鼸鼠名胡忝切二㺌犬吠又胡斬切○憯憯悽青忝切又七感切一○嬚蛺身

皃兼玷切一○𡿺腦蓋也俗作㐹[8]明忝切又亡犯切二厶張口

五十二[9]○儼敬也說文曰昂頭也一曰好皃魯[10]掩切七广因巗為屋㡋掩广癡庴陵庴礹磛礹

庈[11]齊广曮日行○欦[12]欠崖丘广切三顩[13]頗醜笶小竹○埯土覆於[14]广切二旑[15]旑翳

五十三[16]○豏豆半生也下斬切八減減耗又古斬切𤢂犬齧物聲喊喊聲㺌犬吠不止㦰健皃糮

糮塗也甉瓦屋○湛水皃又沒也安也亦姓後漢有大司農湛重徒減切又直心切三𣹢古文偡偡然齊整

○屎牖也一曰小戶苦減切七惐惐惐[17]意不安也歉食不飽撖撖危𩓓面長槺不安槏牖傍柱也

○鹼鹵也古[18]斬切又七廉切四鹻鹹也減損也又姓漢有減宣𥳑竹名出玉篇○瀺瀺灂士減切三嶃

高峻[19]又士咸切嵁嵁絕山皃○臉臉膱羹屬也力減切二醶醶醶醋味○斬周禮曰秋官掌戮掌斬側減切一

○黬初減切二䤵酢味○闞[1]虎聲火斬切又苦暫切二欿笑也○摻擥也詩曰摻執子之祛兮所斬切四㺑
㺑儖犬吠又山檻切醦酢[2]味蔪芟林木也○黯黯然傷別皃說文云深黑也乙減切一○㖤聲也呼[3]豏切一圅
捕魚網也女減切三罱上同淰水無波也又乃玷切○㒷癡也丑減切二旵日光照也

五十四[4]○檻闌也說文曰櫳也一曰圈胡黤切十艦禦敵船四方施板以禦矢如[5]牢壏堅土㯺樿也劖
利也濫[6]泉正出也又盧暫切䡾網車轞車聲獵惡犬吠[7]不止也撖姓也姓苑云今河內有之○顩長面皃丘檻切
又五減[8]切一○摲斬取山檻切二㺑儖㺑犬聲○黤青黑色於檻切二黭黃[9]黭人名說文曰黭者忘而息也○醶
酢漿初檻切一○㺗小犬吠荒檻切二䜖開險皃○巉峻巉皃仕檻切一

五十五○范姓也出南陽濟陽二望本自陶唐氏[10]之後隋會爲晉大夫食采於范其後氏焉防錽切六範法也常也
式也前也軓說文云車軾前也周禮曰立當前軓笵說文云法也从竹竹簡書也犯干也侵也僭也勝也䖀蜂也
案禮云范則冠而蟬有緌字不從虫○錽馬首飾西京賦云金錽鏤鍚亡范切三㲈腦蓋也俗作𡿺又明忝切𨧨

四九十七　韻上聲　五十三　曹榮

11 淫

14 褾

刃也。腇今河東謂淊腫爲腇府犯切一。凵張口皃丘犯切二 扌凵以手扌凵物。釩釩拂峯犯切一。僴[12]僴行丑犯切二

躝[13]跧足望

廣韻上聲卷第三

新添類隔更音和切

否並鄙切 貯知呂切 縹偏小切 摽頻小切 褾[14]邊小切

廣韻去聲卷第四

蘇弄 送第一 獨用

蘇統 宋第二 用同用

余共 用第三

古巷 絳第四 獨用

支豉 寘第五 至志同用

之利 至第六

之吏 志第七

無沸 未第八 獨用

魚據 御第九 獨用

愚樹 遇第十 暮同用

莫故 暮第十一

子計 霽第十二 祭同用

子例 祭第十三

他蓋 泰第十四 獨用

古賣 卦第十五 怪夬同用

古壞 怪第十六

古邁 夬第十七

徒對 隊第十八 代同用

代徒戴第十九

廢方肺第二十獨用

震職刃第二十一稕同用

稕之閏第二十二

問無運第二十三獨用

焮許靳第二十四獨用

願魚怨第二十五慁恨同用

慁乎困第二十六

恨乎艮第二十七

翰乎旦第二十八換同用

換乎喚第二十九

諫古晏第三十襉同用

襉古莧第三十一

霰蘇見第三十二線同用

線私箭第三十三

嘯蘇弔第三十四笑同用

笑私妙第三十五

效乎教第三十六獨用

号乎到第三十七獨用

箇古賀第三十八過同用

古臥 過第三十九

莫駕 禡第四十 獨用

余亮 漾第四十一 宕同用

杜浪 宕第四十二

於命 映第四十三 諍勁同用

側迸 諍第四十四

居政 勁第四十五

古定 徑第四十六 獨用

諸應 證第四十七 嶝同用

都鄧 嶝第四十八

尤救 宥第四十九 候幼同用

乎遘 候第五十

幽謬 幼第五十一

七鴆 沁第五十二 獨用

苦紺 勘第五十三 闞同用

苦濫 闞第五十四

以贍 豔第五十五 㮇釅同用

他念 㮇第五十六

魚欠 釅第五十七[2]

戶韽 陷第五十八[3] 鑑梵同用

5 龜

6 氐

8 ⿰忄弄戇

12 石飛、[illegible]

13 紅

古懺鑑第五十九　扶汎梵第六十

一○送遣也蘇弄切三　鬆鬉鬆髮皃　凇凍凇冰也　○鳳爾雅曰鶠鳳其雌皇郭璞云瑞應鳥雞頭蛇頸燕頷龜[5]背魚尾五彩色高六尺許孔演圖曰鳳爲火精說文曰神鳥也亦州在秦隴西郡地漢改雍州爲涼州魏其地没蜀蜀平屬雍州本自白馬玄[6]羌所居晉爲仇池國後魏置固道郡又爲南岐州又改爲鳳州馮貢切二　䎱古文　○貢獻也薦也又姓漢有瑯邪貢禹古送切十　贛賜也　⿰氵貢水名出豫章　虹縣名在泗州今音絳　羾至也甘泉宮賦云登椽欒而羾天門　⿰阝虫從⿰阝虫山名又戶工切　⿱⺮夆杯箸名　⿷匚贛小杯名又音感　⿰木贛格木說文同上　⿱艹贛薏苡別名　○弄說文玩也盧貢切七　⿰忄弄⿰忄弄贛[8]愚也　梇梇棟古縣名在益州　礱磨礱又音聾[9]　哢郭云鳥吟　㢅㢅⿸尸弄　⿰氵弄水名　○涷瀑雨又水名出發鳩山多貢切又音東七　凍冰凍又音東　棟屋棟爾雅曰棟謂之桴　湩乳汁巨蒐民取牛馬湩以洗穆天子之足　𤭛𤭛甗　鬉鬉鬆髮皃　⿰羊東獸名似羊一角一目出秦戲山又音東　○控引也告也苦貢切六　倥倥傯困皃　悾誠心又苦紅切　鞚馬鞚　空空缺又苦紅切　⿰片空穿垣出文字集略　○稯蘆葉裹米作弄切七　粽俗　瞛窺視　傯倥傯　㚇斂足又[12]子貢[13]切　鯼石首魚又子工切

2 戙　3 亦　5 千　6 賵

檧小魚罟也又子工切○瓮說文罌也烏貢切五甕上同罋瓶也說文曰汲缾也罋上同齆鼻塞曰齆○謥

謥詷言急俗作謥千弄切二愡愡恫○洞空也又洞庭湖徒弄切十六恫愡恫不得志眮轉目絧相通之皃㓊

冷也峒礀深詷謥詷胴大腸慟慟哭哀過也筒簫達又音同駧馬急走也衕通街迵過也說文迭也戙[2]

舩纜所繫㗢大歌聲出埤蒼又戶冬戶宋二切䪦鍾聲○痛病也傷也[3]姓出姓苑他貢切一○仲中也爾雅曰中籥謂之仲亦姓

風俗通云凡氏於字伯仲叔季是也湯左相有仲虺又漢複姓四氏左傳衛大夫仲叔圉魯有仲[4]顏莊叔宋有司馬仲行寅後漢有山陽仲長

統直衆切三蟲蟲食物又音沖或作蚛鴤鳥名○諷諷刺方鳳切二風上同見詩○焪火乾物也去仲切三䛪

䛪多言也又詢問也躬使役也亦作伷○㝱寐中神游說文云寐而有覺周禮以日月星辰占六㝱之吉凶一曰正㝱無所感動

平安自㝱二曰愕㝱驚愕而㝱三曰思㝱覺時所思念之而㝱四曰寤㝱覺時所道之而㝱五曰喜㝱喜悅而㝱六曰懼㝱恐懼而㝱亦作夢

莫鳳切五夢上同又亡中切瞢雲瞢澤在南郡亦作夢鄸邑名在曹𧽍𧽍𧼯疲行皃○𧼯𧽍𧼯香仲切二

䠗跳皃又丘幼切○幪幪轂蓋巾也莫弄切三霿天氣下地不應曰霿艨艨艟戰舩又音蒙○趥行皃子[5]仲切一○賵[6]

八・八二　韻去聲　三　何昇

13 款

7 閧

瞤賻撫鳳切二　麷熬麥　○𣫁𣪗𣫁不迎自來徂送切二　傯聚也　○中當也陟仲切又陟沖切二　衷又陟沖切　○哄唱聲

胡貢切五　烘火皃　港港洞開通　閧[7]兵鬬也又下降切俗作鬨　蕻草菜[8]心長　○齈多涕鼻疾奴凍切二　癑痛也　○

衆多也三人爲衆又姓左傳魯大夫衆仲之仲切又音終一　○銃銎也充仲切一　○𠜂鍤屬仕仲切一　○烘火乾也呼

貢切二　戇悻戇愚人

二　○宋州也即閼伯之商丘也微子封宋二十餘世爲齊楚魏所滅魏得其梁陳留齊得濟陰東平楚得沛梁即今郡地是也隋置宋

州爾雅曰宋有孟諸之藪今爲[9]睢陽縣地又姓取微子之所封遂爲氏出西河廣平燉煌河南扶風五望蘇統切一　○綜織縷子宋切三

䝋牡豕　錝金毛　○統揔也紀也又姓他綜切二　𪏻黃色　○雺天氣下地不[10]應莫綜切一　○𥓓石聲平宋切二　嗵大聲

三　○用使也貨也通也以也庸也又姓漢有用蚪爲高唐令余頌切一　○頌歌也詩云吉甫作頌穆如清風又姓出何氏姓苑似用切

四　誦讀誦　訟爭罪曰獄爭財曰訟　吅爭言也出文字音義又宣[11]喧二音　○俸俸秩扶[12]用切四　幏欵[13]書　縫衣縫又房

容切　捀[14]灼龜視兆也說文父容切奉也　○共同也皆也渠用切一　○葑菰根也今江東有葑田方用切亦作湗二　封又方容切

4 [illegible]　　8 閧

○供設也居用切又居容切二龏又九容切[1]○雍九州名雍擁也東崤西漢南商北居庸四山之所擁翳也又姓風俗通云文王子雍伯之後於用切又於容切三灉河水決出還入爲灉又於容切[2]壅加土壅田○湩乳汁竹用切又都貢切三堹池塘塍埂諥言相觸也○縱放縱說文緩也一曰舍也子用切又子容切二瘲病也○蹱躘蹱行不正也丑用切二惷[3]愚也又丑江切○䩸毳飾[4]而用切三⿰革毛[5]上同⿰魚農鮐魚○種種埴也之用切又之隴切三偅儱偅不遇皃⿱重瓦甕屬○重更爲也柱用切又直容切三緟繒縷[6]⿰身重婦人娠也○⿰貝龍貧也良用切三躘躘踵儱儱偅○恐疑也區用切三忎古文⿱艹忎藺蕩[7]○從隨行也疾用切又才容切一○⿰扌戎推也穠用切一

四○絳赤色又州詩譜云晉穆侯遷都於絳曾孫孝侯改爲翼翼晉之舊都後獻公又命爲絳邑秦爲河東郡後魏置東雍州周爲絳州又姓古巷切五虹又音紅降下也歸也落也又音釭伏也夅上同洚水流不遵道○巷街巷又姓詩云巷伯胡絳切三衖上同亦作𨞩鬨[8]說文云鬭也孟子鄒與魯鬨俗作鬮○戇愚也陟[9]降切一○⿰車童衝城戰車直絳切六憧戇憧兇頑皃又尺容切⿱童心上同幢后妃車幰又宅江切撞撞鐘又直江切艟短船名○⿱巷目直視丑絳切二

11 㦸

14 志

17 後漢書

覰視不明也又丑江切。漴水所衝也士絳切一。胮脹臭皃匹絳切一。𥠻[10]不耕而種楚絳切一。淙水出

皃色絳切二 㦸[11]桿船木也

寘止也置也廢也支義切八 忮懻忮害心說文很也 伎傷害也詩云鞫人伎忒亦作忮 觶爵受四升或作觗[12]觝

伿惰也又以智切 ⿰言支快也 ⿰多支多也 嵮山名。避違也迴也毗義切一。惴憂心也之睡切三 ⿰日垂杵擊 ⿰日耑上同

詈罵詈力智切六 荔荔支樹名葉緑實赤味甘高五六丈子似石榴[14]出廣志又音隷 離去也又力知切 ⿸疒麗瘦黑又力計切

珕刀飾也又力計[13]切 ⿱竹隷篤⿱竹隷。豉鹽豉廣雅云苦李作豉是義切六 敊上同 ⿰弓是青州人云彈⿰弓是 鯷魚名重千斤郭

璞云鮎之別名又音[15]提音是 𩈘𩈘[16]⿰面宜面皃出新字林 ⿰米是黏皃。積委積也子智切又子昔切四 ⿰此欠歐也 ⿱艹積草名

⿰羊責羊相⿰羊委⿰羊責。賜與也惠也又姓世本云齊大夫簡子賜之後斯義切六 ⿱艹賜草名 澌盡也禮注云澌死之言澌也 ⿰歹斯

上同 儩上同 杫肉机後[17]漢之亂尚書郎無被枕杫也。爲助也于僞切又允危切一。⿰貝爲賭也詭僞切五 垝坫堂

隅可致物 ⿰危支瘦極又去奇切 攱攱戴物又居委切 庪毀也。帔衣帔披義切三 秛禾租 襬衣也。賁封名

[1]哀

△施　支韻式支切又以寘切

賁飾也亦姓漢有賁赫彼義切又肥墳奔三音七　彼哀[1]也論語云子西彼哉　詖論詖又慧也佞也　⿰貝支益也　陂傾也

易曰無平不陂又音碑　跛偏任又波[2]我切　藣草名又旄牛尾舞者所執又音陂　○髲頭髲也南越志云開平縣出髲平義

切六　被被服也覆也書曰光被四表又平彼切寢衣也　鞁裝束鞁馬　⿰弓皮弓　旇埤蒼云旌旗又衣服皃　⿱此皮⿱此皮襹○

累緣坐也良僞切一　○寄寄附說文託也居義切三　⿰月奇肉四⿰月奇　徛石杠聚石以爲步渡　○臂肱也卑義切一

○芰蔆也奇寄切八　騎騎乘又姓燕有騎劫又音奇　鬾鬼服又音奇　輢枕輢又於綺切　⿰貝支⿰貝支貝[3]四向用也　⿱此手

積也又前智切　汥水戾　⿰言戊謀也　○刺針刺爾雅曰刺殺也釋名曰書姓名於奏白曰刺漢武帝初置部刺史掌奉詔察州

成帝更名牧哀帝復爲刺史七賜切又七亦切十　刾俗　康偏康舍也　朿木芒　⿸广且人相依⿸广且　誎數諫也

莿草木針也　庛周禮車人爲耒庛長尺有一寸鄭玄云耒下前曲接耜者　截毛蟲　⿰言戊謀也　○易難易也簡易也

又禮云易墓非古也易謂芟除草木以豉切又以益切六　傷[4]相輕慢也　貤物之重次也　伿惰[5]也　⿱冃施⿱冃施⿱冃俞面衣又失智切

敡輕簡爲敡　○議謀也擇也評也語也宜寄切六　誼人所宜也又善也　竩上同　䇼正也止也　⿰面宜⿰面比[6]⿰面宜面皃出新字林

12 蛅　11 忮　8 智　7 骴

義仁義釋名曰義者宜也裁制事物使合宜也又姓漢有義縱又複姓西戎義渠爲秦所滅後因氏焉漢有光祿大夫義渠安國。譬
說文諭也四賜切二檗蜀漢人呼水洲曰檗。漬浸潤又漚也疾智切八眥目眥又在計切羵羵羵⿱此手說文積也
一曰摵頰旁也⿰歹責骨也又獸死髊髊枯骨見呂氏春秋骴[7]鳥鼠殘骨胔上同又骨有肉也。智知也又姓晉有智伯
知義切三⿱⿰矢于日[8]古文潪水名。倚侍也因也加也於義切又於蟻切三輢車輢陭陭氏縣在上黨又於奇切。縋繩懸
也馳僞切七膇重膇病或作⿸疒追槌蠶槌錘稱錘或作鎚又直危切腄縣名在東萊甀小口甖硾鎮也呂氏
春秋云硾之以石。吹鼓吹也月令曰命樂正習吹尺僞切又尺爲切三龡古文⿰禾出[9]衲糶。戲戲弄也施也謔也歇也說
文曰三軍之偏也一曰兵也又姓魏志有潁川戲志才香義切二嚱[10]聲也。企望也去智切六歧[11]傾也跂垂足坐又舉足望也⿺辶支
避蚑蟲行吱行喘息皃。縊自經死也於賜切三⿰歹益物凋死又腳手小病螠螠女蟲案爾雅曰蜆縊女郭璞云小
黑蟲赤頭喜自經死故曰縊女字俗從虫。翅鳥翼施智切十三翄⿰羽氏並上同施易曰雲行雨施又式支切馶馬強
啻不啻鍦短矛䗐爾雅曰蛅[12]䗐強蛘郭璞云今米穀中蠹小黑蟲是也建平人呼爲蛘子雉鳥名本又音支⿰多卩

1 度　5 鴉 鳥　8 言　9 [弓皮] [弓委]　10 禮字當刪

有大慶[1]也䏧几也屣屣屚[2]面衣翨鳥翮又居豉切○屣履不躡跟孟子曰舜去天下如脫敝屣所寄切又所綺切五

灑灑埽說文汛也[革徙]靴屬襹褷襹毛羽衣皃曬暴也○觖望也窺瑞切又音決一○餧餧飯也於僞切四

萎萎牛䍴羊相䍴積又音委𣨙禮記注益州有鹿𣨙○僞假也欺也詐也危睡[3]切一○毀男八歲女七歲而毀

齒況僞切一○恚怒恨也於避切二㜇說文曰不說也○睡眠睡是僞切四瑞祥瑞也符也應也說文曰以玉

爲信又姓出姓苑[垂隹][4]雅[5]鳥別名又音垂[禾垂]小積○馶強也居企切二翨鳥翮說文云鳥之彊羽猛者周禮翨

氏掌攻猛鳥又音翅○枘內也而瑞切一○[多卩]充豉切有大慶[6]也一○[禾委]禾四把也思累切二瀡滑也○娷[7]竹恚切飢

聲二諈諈諉累也○瓗玉名以睡切四纗絃中絕也譮譮[8]恨也䝒䝒嫕也○諉諈諉累也女恚切三

[扌芮]內也又姓[弓委][弓委][9][弓皮]弓皃○瞡規恚切視也一○[此衣]爭義切衣不展也二[此皮][此皮]皺皮不展也○孈呼恚切過

也一○[尢奇]跛也卿義切二掎跛也說文曰偏引也又居綺切

六○至到也說文曰鳥飛从高下至地也篆文象形脂利切十三摯國名亦持也又姓左傳周禮[10]有摯荒贄執贄也周

11 㥷　14 焅　17 火　19 王　21 緣　22 韢

禮云以禽作六贄以等諸臣孤執皮帛卿執羔大
夫執鴈士執雉庶人執鶩工商執鷄本亦作摯　鷙擊鳥　礩柱下石又音質
⿱執金田器說文曰羊箠也端有鐵又先列切　鴲雀鷙　懥[11]怒也　⿱執魚魚名　⿰革旨杠絲名亦作⿰革至　⿰革至上同　⿱執巾禮巾
⿱執女至也。○位正也列也莅也中庭之左右謂之位于愧[12]切一。○郿縣名在岐州明秘[13]切又音眉十　媚嫵媚　魅魑魅
鬽上同　⿱竹眉竹名　蝞蝞似蝦寄生龜殼中食之益人顏色　嚜嚜杘小兒多詐獪　⿱竹媚笋冬生名　煝焅[14]熱　娓
從也又音[15]眉音尾　○遂達也進也成也安也止也往也從志也又州名又姓出姓苑徐醉切二十四　彗帚也一曰妖星又音[16]
歲又囚芮切　隧埏隧墓道也俗作⿰土遂　襚贈襚　旞羽繫旌上　璲玉也詩曰鞙鞙佩璲鄭玄謂以瑞玉爲佩　檖陽檖
木名一曰赤羅子似梨小酢可食詩云隰有樹檖　⿰木㒸上同　⿱𨺅火說文曰塞上亭守逢[17]者　⿱隊火上同　燧上同又論語云
鑽燧改火　遂田間小溝　䡵輰䡵[18]車也　⿱隊金陽⿱隊金可取火於日中　鐩上同　穟禾秀說文曰禾穗之皃　⿱艹遂上同
⿱⿰丰丰王玉[19]⿱⿰丰丰王草　繸[20]佩玉繸[21]也　㒸從意也　采禾稷成皃說文曰禾成秀人所收从爪禾　穗上同　⿱竹隊⿱竹遂篨　韢
囊組名或作轊[22]。○醉說文曰醉卒也各[23]卒其度量不至於亂也將遂切二　檇左氏傳曰越敗吳於檇李又遵[24]爲切。○邃

4 䜌　5 邲　6 棐 同　7 㿙　8 鼻魚　9 奰　10 奰

深也遠也雖遂切九　祟禍祟　誶言也詩云歌以誶止　粹易曰純粹精也　睟視皃又潤澤皃　㪨說文云楚人謂

卜問吉凶曰㪨　賥貨也　譢讓也諫也告也問也　𢡟意思深也　○類善也法也等也種也說文云種類相似唯犬爲

甚从犬頪力遂切九　淚涕淚俗作涙　瓃玉器又力追切　膟血祭說文音律　垒垒墼[2]也出字林　蘱爾雅曰蘱薡董

郭璞云似蒲而細　纍係也　隸臨也又力地切　禷祭名　○祕密也神也視也勞也又姓西秦錄有僕射祕宜俗作秘兵

媚切十五　毖[3]告也慎也一曰遠也　閟閟閉　轡馬轡說文作䜌[4]　柲戟柄左傳有鏚柲　鉍上同　泌泉皃　鄪

邑名在魯　費上同　䀣直視也　𩎟弓紴　邲[5]好皃　粊惡米又魯東郊地名說文作棐　棐[6]上司　㚹女子　○匱

竭也乏也說文曰匣也又姓何氏姓苑云今廬江人求位切十一　蕢草器也　臾上同今作臾貴蕢皆從之　饋餉也　餽

上同　繢織餘　櫃櫃篋　樻木名又腫節名又口愧切　鞼繡韋也盾綴革也亦作䪏　簣土籠　䩻馬韁　○濞

水聲匹備切六　嚊喘聲　𦡙盛肥　㿙[7]氣滿　鼻魚[8]敗皃又魚名　淠水名在汝南　○備備具也防也咸也皆也副也慎

也成也又姓風俗通云宋封人備之後平秘切十七　俻俗　𤰇說文具也　葡古文　奰[9]怒也又一曰迫也　奰[10]上同見經典省

八·五六　〈韻去聲　七　沈思恭

11 㪨

12 孚

15 梏

14 韋

17 眂

20 秎

21 涖

𦡶壯大 糒糗也 犕牛具齒 絥說文曰車絥也 鞴上同 𩌦[11]上同 贔贔屓壯士作力皃 構木名出蜀其穗可食 葡以筋帖弓 𩇯鳥如梟又[12]非尾切 𤖷牑模 ◯媿慙媿俱位切六 愧 聭 謉同 騩並上馬色淺黑 䁛大視 ◯帥將帥也曹憲文字指歸云佩巾也所類切又所律切二 率鳥網也又所律切 ◯喟大息也丘愧切又苦拜切九 嘳上同 樻樻梧木腫[18]節可爲杖 䯣膝加地也 䰎髻屈髮也 𦛚筋節急也 襀紐也俗又作𧝘 𣄍柀也 韋[14]地名在洛陽 ◯豷豕息也許位切二 燹火也字統音銑[15] ◯嗜嗜慾常利切六 𩝐 醋並上 視看視又音是 眎 眂[17]並古文 ◯利吉也說文銛也亦州名華陽國志昔蜀王封弟於漢中号曰苴侯因命其邑曰葭萌秦滅蜀置巴蜀[18]二郡先主改葭萌爲漢壽屬梓潼郡晋爲晋壽南[19]齊分置東晋壽郡於烏奴今州城是又於其郡置西益州梁改爲黎州元帝又改爲利州又舍利獸名亦姓風俗通云漢有利乾爲中山相力至切八 秎[20]古文 颲烈風說文音栗 莅臨也亦作蒞[21] 涖涖涖水聲 痢病也 覼求也 隸臨也 ◯膩肥膩女利切四 𦢓上同出道書 睧目深皃又一活切 䣵重釀酒也 ◯屁氣下洩也匹寐切二 䊧上同 ◯劓割鼻漢文帝除肉刑劓者笞三百魚器切一 ◯致至也說文曰送詣也陟利切十五 懫止也

廣韻校本

疐礙不行也又頓也詩曰載疐其尾疐跲也𢷎𨅬並俗躓礙也頓也說文跲也輊車前重也輊上同騺
馬腳屈也䞘賑也亦貝也𨁈趍也又於進切懥怒也恨也擿刺也又劫財也質交質又物相贅又之日切騭騾騭
○棄說文捐也詰利切五弃古文銡鉣多屓身欹坐一曰屃蟿蟿螽蟲名○緻密也直利切十二稚
幼稚亦小也晚也又姓史記云湯後因國爲姓遲待也又直尸切稺[2]晚禾紩[3]刺紩縫也針鮗魚名治理也又直
之切儨會物擿[4]當也對也誶語誶韈履韈底也𩎟上同○寐寢也臥也息也彌二切二媢夫妬婦又音冒○屎
籅柄也又屎嘿[5]多詐丑利切八㞙上同誎不知埊叨埊也訵四陰知亦作呬蟸[6]分蠿跮跮踱作前卻𧮈
笑也○冀九州名爾雅曰兩河間曰冀州續漢書安平國故信都郡光武師[7]薊南行太守任光開門出迎今州城是又姓左傳晉大夫冀
芮几利切八兾上同見經典省覬覦希望也穊稠也驥騏驥𩤲上同洎肉汁又音泉懻強力皃○臮
衆與詞也具[8]冀切七暨及也至也與也鱀魚名鼻在額上又音忌洎潤也及也垍堅土塈息也又仰塗也湶
水名○悸心動也其季切五㑧左右兩視也猤壯勇皃痵病中恐也𤺌熟寐也○翠字林云青羽雀又翠

9 髤

11 後秦錄有吏部郎懿

橫

12 熱

微亦姓急就章有翠鴛鴛七醉切三澤下濕臎鳥尾上肉○二說文云地之數也而至切五弍古文貳副也亦攜貳變異也疑也敵也又姓後秦錄有後魏平陽太守貳塵樲酸棗髶髮飾○恣縱也資四切二㱦說文曰戰見血曰傷亂或爲惛死而復生爲㱦又七利切○次次第也亦三宿曰次又姓呂氏春秋荊有勇士次非七四切九䳐鳥名似梟人面山居所經國國必亡出山海經佽佽飛漢武官名又助也利也代也遞也及也髤[9]以漆塗器絘績所未緝者鴜鳥名螆蟲似蜘蛛㱦又資四切[10]義見上文⿱髟欠髮也○懿美也大也溫柔聖克也又姓[11]秦錄有吏部懿橫乙冀切七饐食傷[12]熱也⿰土壹陰皃欭噎欭數也鷾鷾鸍鷰鳥撎拜舉手[13]左傳注云若今之揖⿰壹乚貪也○四說文曰陰數也象四分之形息利切十四亖籀文𦉭古文肆陳也恣也極也放也說文从隶極陳也又姓何氏姓苑有漁陽太守肆敞⿱髟聿上同柶角匕大喪用之泗水名在魯說文曰受沛[14]水東入淮又涕泗也牭牛四歲貄爾雅云貍子貄𢑚鼠名說文曰㣇屬㣇羊至切俗作隸駟一乘四馬⿰月宰腦蓋蕼[15]菫也說文曰赤蕼也殔[16]埋棺坎下○器器皿史記曰舜作什器於壽丘又姓出姓苑去冀切一○季昆季也又少也小稱也亦姓左傳魯有季友又漢複姓四氏晉有唐邑大夫季連齊有鬼方氏第六子名季連其後氏焉晉有祁邑大夫季瓜

1 畀　2 至　3 比　4 子　6 萆　▲7 穦 比皆韻卑履切 妣又扁至切 算寱韻博計切又必至切　8 故其立字土力於一者爲地　▲呬 屓韻徒結切又火至切　12 名

八·七十六

韻去聲

忽宋有季隨逢世本云周有八士季隨季騧之後騧或作瓜又有魯大夫齊季窺昔齊公子季奔于楚楚遂号爲齊季氏居悸切二 䁛視皃 ○鼻說文曰引气自畀[1]也毗至切十 比近也又阿黨也又房脂必履扶必三切 枇細櫛 痺足氣不生[2] 坒地相次坒[3]也亦音邲 襣司馬相如著犢襣褌 𥘯以豚祠司命也 𩑋首也[4] 𦢊盛也 芘草名 ○䁥[5]恚視也香季切三 婎醜也 睢恣睢暴戾又許葵切又許葵切 ○痹脚冷濕病必至切六 畀與也 庇庇廕 萆[6]鼠莞可爲席 𥘯以豚祠司命也 比近也併也 ○萃集也聚也秦醉切六 顇顦顇 悴憔悴憂愁 崒止崒 穦[7]稻禾黏也 瘁病也 ○地土地說文曰元气初分輕清陽爲天重濁陰爲地萬物所陳列也元命包曰地者易也言養萬物懷任交易變化含吐應節故[8]立字亦從水土者爲地又虜複姓有地連氏地倫氏徒四切二 墬籀文 ○齂鼻息也虛器切六 呬[9]呻也又火尸切 屓贔屓 呬息也又丑[10]致切陰知也 豷夏后氏有澆豷寒浞子名 𩃱說文云見雨而止息曰𩃱 ○肆習也嫩條也羊至切八 殔釋名曰假葬於道曰殔說文云瘞也 庛倉也 貤重物次第 勩勞也 隶本也及也又[11]音代 㣇說文曰脩豪獸一曰河內名豕也又徒計切爾雅作肄 𥿍重多 ○示垂示神至切五 諡易曰[12]又申也說文作謚[13] 謚上同又音益 眎呈也 貤重物次第 ○自

九

宋琚

15 蜼　17 蜸　19 軨　20 訣 忘訣　22 骸

▲幟 本韻昌志切又音志

從也用也由也率也疾二切二嫉妬也又音疾○墜落也直類切三懟怨也鎚好銅半熟○出尺類切又昌律切一○遺
贈也以醉切又音惟七澅澅清侯出漢書王子侯表𢡺忘也出廣雅蜼爾雅曰蜼仰[14]鼻而長尾雄[15]似獮猴鼻露向上尾
長數尺末有岐雨即[16]自縣於樹以尾塞鼻又余救切瞶目疾蟦蜸[17]蟦䗽蛘[18]䗽蟲名○侐靜也詩云閟宮有侐火季切又火逼
切一○轛車橫軫[19]追萃切一○痓惡也充自切一○屍似皺皃也矢利切二訣訣[20]志○𢿱粟體楚愧切一○𤸷病皃釋類
切二宷方言云深也趙魏閒語
七○志意慕也詩云在心爲志爾雅曰骨鏃[21]不翦羽謂之志職吏切七娡有莘氏之女骸[22]娶之謂之女娡𦬊遠𦬊誌記誌
痣黑子織織文錦綺屬又音職識標識見禮本音式○値持也措也捨也當也直吏切五植種也又市力切治理也
又丈之切㨁㨁投𧶠或也○寺寺者司也官之所止有九寺釋名曰寺嗣也治事者相嗣續於其內又漢西域白馬駝經來初
止於鴻臚寺遂取寺名剏置白馬寺祥吏切五嗣繼也又姓風俗通云衞嗣君後孠古文飤食也飼上同○蛓蛓毛蟲有
毒七吏切四蚝螆蛳並上同○笥篋也圓曰簞方曰笥竹器也相吏切四伺伺候也察也思念也又音司覗

1 覶　3 椔　6 住　10 腱　12 烈

覗覰[1]也。○試用也式吏切四　弑大逆亦作殺　幟旗幟又音熾　倳[2]史記云小人以倳　○胾大臠也側吏切六　椔
木立死亦作檣[3]　事事刃又作剚傳　剚上同　傳上同又置也　鶅東[4]方雉名又音甾　○吏說文曰治人者也力置切
二　慈憂也　○字春秋說題辭曰字者飾也說文乳也又愛也疾置切六　牸牝牛　孶孶尾乳化曰孶交接曰尾　学
爾雅曰学麻母郭璞云苴麻成子者　芓上同　孖雙生子又音[5]咨　○眙直[6]視丑吏切五　佁佁儗不前　𩲡癘鬼　𡐦
忿戾　誺不知　○餌食也說文粉餅也仍吏切十六　鬻上同　珥耳[7]飾　衈耳開刑書殺雞血祭名周禮注云[8]割牲耳血及毛祭以
爲刉衈　毦氅毦羽毛飾也　咡口吻[9]　刵截耳　佴次也　誀誘也　洱水名　䎶以牲告神神欲聽曰䎶也　㚷女字
䏧筋腱[10]　䣩重醲　眲耳目不相信也　䎛聽音不敢言也　○駛[11]疾也踈吏切七　使又色里切　浭水名在河南　䝟
郭璞曰今江東呼貉爲𧳜䝟　𡃈列[12]也　䶡山阜突也　窔穴也　○廁說文圊[13]也釋名曰廁雜也言人雜廁其上也又閒也次也
初吏切一　○異奇也說文分也羊吏切七　异异哉歎也退也舉也　潩水名在河南密縣出文字音義　食人名漢有酈食
其又音蝕　已過事語辭又去也弃也成也　䔬連翹草名　廙恭也敬也　○置安置也驛也設也說文赦也陟吏切二　𢐀

14 緦 15 諴 20 乿

▲喜 止韻虛里切又香忌切

青州呼彈弓○侍近也從也承也時吏切三蒔種蒔秲上同○事使也立也由也鉏吏切又側吏切二餕玉篇云嗜食○忌忌諱又畏也欿也止也憎惡也亦姓周公忌父之後出風俗通渠記切十三邔古縣名在襄陽惎教也一曰謀也說文毒也緦[14]連針鱀魚名又音泉鵋鵋鶀鵂鶹鳥今之角鴟貄貍子也又音四誋告也信也說文[15]誡也諅志也說文忌也周書曰上不諅于凶德梞梞柎畁舉也說文音其[忄其]繫也又音[16]其𥫱竹名○熾盛也昌志切八饎方言云熟食也說文云酒食也[食巸]說文同上糦[17]大祭亦稷也說文同上幟又音試音[18]志戠赤土哆哆聲埴黏土○意志[19]也又姓於記切四鷾鷾鴯玄鳥也出莊子乿[20]貪也又音乙黖深黑○記記志也說文疏也居吏切一○憙好也許[21]記切二嬉可嬉美姿顏也又音熙○[鬼疑]恐也魚記切六豙豕怒毛豎也出說文[口疑]唭嶷無聞見也譺調譺[疑瓦]大甖儗佁儗不前○亟數也遽也去吏切又紀力切三唭唭嶷無聞見也[疑皿][疑皿]居獸名似蝟而赤尾

八○未辰名爾雅曰太歲在未曰協洽無沸切八味五味酸鹹[22]甘苦辛周禮瘍醫以酸養骨以辛養筋以[23]鹹養脈以苦養氣以甘養肉以滑養竅菋五味子藥名五行之精頪面前[米尾]饘也亦作[尾米]沬[24]水名鮇魚名峠山名○貴

4 檻　5 細

尊也高也釋名曰貴歸也物所歸仰也說文作𧶠亦姓出自陸終之後風俗通有貴遷爲盧江太守居胃切三　䞇極視也　𠑘使　○胃腸胃說文作𦞅府也于貴切十七　謂言也告也說文報也　𢚿佛𢚿不安也　媦楚人呼妹公羊傳曰楚王之妻媦　𦨣運船　緯經緯又姓　彙類也說文作𧕞蟲也似豪豬而小爾雅曰彙毛刺是也　蝟說文同上　渭水名亦州名書曰終南敦物至于鳥鼠鳥鼠山名渭所出也秦伐義渠始置隴西郡後魏莊帝置渭州因水爲名也　煟火光　𩸄魚名山海經曰樂游之山桃水多𩸄魚似蛇而四足　𢑴獸似鼠　緭緭繒也　𠅤草木𠅤孛[2]也　䔺草名　䫻大風　圍繞也又音韋

○魏魏闕又州名夏觀扈之國春秋時晉地秦爲東郡隋爲武陽郡武德初平竇建德改置魏州亦姓本自周武王母弟受封於畢至畢萬仕晉封魏城後因氏焉出鉅鹿任城二望魚貴切二　犩犪[3]牛肉數千斤又魚歸切　○沸詩曰觱沸濫[4]泉箋云觱沸者謂泉涌出皃方味切十一　疿熱生小瘡　芾毛萇詩傳曰蔽芾小皃　茀上同　誹謗人又音非　鯡魚子　𩇕覆　𩰿湯𩰿　祓蔽膝　𧩓言急　𨀁行疾　○費耗也惠也芳未切又房未冰備二切六　髴髣髴　靅靉靅雲布狀也　樻木名　昲日光又物乾也　𥼚失氣　○毇細米丘畏切三　襀襀細[5]　𣪌俗　○尉候也說文作尉云从上案下也

九•四　韻去聲　十一　余敏

从巳又持火所以申繒也風俗通[6]曰火斗曰尉俗作熨又尉氏縣鄭大
夫尉氏邑也亦云鄭之別獄又姓左傳鄭大夫尉止於胃切又紆物切
十二尉出說文熨俗見上注慰安慰畏畏懼罻罻網犚牛也蔚芜蔚螱飛蟻𧍢上同褽
衣袛也鮛魚名○諱說文認也許貴切四卉草揔名詩曰卉木萋萋又音虺芔古文汼水波汶也○𥝢獸名
說文曰周成王時州靡國獻𥝢人身反踵自笑笑即上脣掩其目食人
北方謂之土螻爾雅曰狒狒如人被髮迅走一名梟羊俗謂之山都今
交州南康山中有之郭璞讚云狒狒怪獸披髮操竹獲[9]
人則笑脣蔽其目終乃號咷反爲我戮扶涕[8]切二十四𥝢狒並上同濆
濆渭水溢腓[10]又音肥怫怫㥜又扶物切菲菜可食又霏斐二音屝草屩黄帝臣於則所造也蜚蜚盧蟲也
一名蜰即負盤臭蟲也又獸名山海經曰蜚如牛白首一目蛇尾行水
則竭行草則枯見則有兵役郭璞讚云蜚之無[12]名體似無害所經枯竭
甚於鴆厲萬物攸懼思介遐逝𧕏上同厞隱也陋也翡赤羽雀也𡋯塵也萉枲屬𢅤𢅤隱痱熱瘡䠊
刖足亦作剕𠡵壯勇之皃𥢌稻不黏也費姓也夏禹之後出江夏後漢汝南費長房
孫盛蜀譜云益州諸費有名位者多又後
魏書費連氏後改爲費氏𧖠[13]蜰蟦神蛇曊目不明或作昲黂爾雅曰黂枲實禮[14]曰苴麻之有黂又音肥蟦蠐螬蟲也

4 盵

6 侍

○旣巳也盡也又姓吴[1]王夫旣之後居[2]豙切七 暨諸暨縣在越州又其冀切 禨福祥 漑漑灌又古代切 钦幸也不便言也

旡飲食逆氣不得息也 蔇說文曰艸多皃 ○毅果敢也魚旣切七 忍怒也 豙豕怒毛豎也 藾說文曰煎茱萸

也 藙上同 顡說文曰癡顡[3]不聰明也 ⿱竹毅竹名 ○氣氣息也去既切說文本音欷五 炁同上出道書 气与人物也

說文曰雲气也今作乞又去訖切 盵[4]姓也出纂文 ⿱既皿⿱既皿居獸似蝟尾[5]赤也 ○欷歔欷許既切十八 唏唏仰也 塈塗

也 愾大息也又苦愛切 氣說文曰饋客芻米春秋傳曰齊人來氣諸侯 餼並上同 ⿱既米見說文 鎎怒戰也 ⿱既心息也 熂

燹火 黖黖菲黒也 霼靉霼雲狀 摡拭也 ⿱既皿獸名又音氣 𧰿豕息 𩣡馬走 犔牛病 忥靜也說文曰癡

皃 ○⿰酉幾秋酒名其既切二 幾未巳又音蟣音機 ○衣衣著於既切又音依一

九 ○御理也侍[6]也進也使也又姓左傳有大夫御叔牛倨切三 馭使馬也 語說也告也又魚巨切 ○慮思也又姓良倨

切九 勴助也 ⿱竹慮舟中簣⿱竹慮見方言 勴助也導也 鑢錯也 櫖林櫖山林又山櫐也 ⿰馬旅傳馬 ⿰山慮山名 ⿱罒呂網罟

○據依也持[7]也引也案也亦姓出姓苑居御切十 鋸刀鋸古史考曰孟莊子作鋸 倨倨傲 踞蹲又䟸踞大坐 椐靈壽木名又居

8 以夾鐘

11 丘
狙魚韻七余切
又七預切

13 蠧

祛二音鐻樂器形[8]似夾鐘削木爲之出埤蒼說文与虡同濾乾水又音遽艍角似雞距鯺魚名虡獸大如狗似猴多⿰犭彝[9]

好奮迅其頭能投石擲人出建平山又音渠[10]○覷伺視也七慮切六⿰目虘上同⿰且刂耕土起亦作耝坥螾場又七余切胆蠅胆

又七余切蜡周禮有蜡氏又音作○⿰去欠欠[11]⿰去欠近倨切九去離也又卻呂切麮麥汁呿卧聲⿱去黽⿱去黽䵶似蝦蟆居陸地胠

脅也又去魚切⿸尸去閉也又口荅切茾草名⿱去鳥鳥名○署書也廨[12]署部署也常恕切四藷藷蕷又音諸薯薯蕷俗

曙曉也○恕仁恕商署切四庶衆也冀也侈也幸也又庶幾也亦姓樜木名𣻣水名○著明也處也立也補也成也定也

陟慮切又張略長略二切二箸上同○翥飛舉也章恕切九⿰者羽上同⿰齒庶筐⿰齒庶⿰食庶犬糜又豕食⿱者蟲蟲名爾雅

云翥⿰者羽醜鏄剖母背而生或作蠧[13]庻周禮有庶氏掌除毒蠱又音恕蟅畨也⿰山庶畨[14]山⿸庶斤斫也○䟽記也亦作疎所去切三

捸裴捸又色句切⿱日所明也○飫飽也厭也賜也說文本作䬼燕食也依倨切十⿰食於上同瘀血[15]瘀鄔縣名在太原又

音塢醧私醧扵扵擊淤濁水中泥也又音於菸臭草棜無足樽也⿱穴要假寐也○箸匙箸遲倨切四筯

上同⿸疒除瘀⿸疒除不達又丑御切除去也見詩○遽急也疾也亦戰慄也窘也卒也其據切五勮勤務也又懼也疾也詎

醵 魚翻強魚切又音遽　2 麌　5 憂　6 屐

又其呂切 醵[1] 歛錢飲酒又音渠又其虐切 濾 乾濾 ○絮 說文曰敝緜也息據切又抽據尼恕二切一 ○助 佐也益也牀據
切三 耡 又士魚切 麆 爾雅云麠牡麌牡麌[2]其子麆 ○怚 憍也將預切二 沮 沮洳漸濕亦作湘 ○詛 呪詛亦作𧪘莊
助切二 阻 馬阻蹄又莊所切 ○洳 沮洳說文作澤漸濕也人恕切三 茹 飯牛又菜茹也 如 又尒諸切 ○豫 逸也
備先也辨也早也安也猒也敘也又州名尚書禹貢曰荆河爲豫州釋名云豫州在九州中京師東常安豫也秦爲三川郡漢爲河南郡後魏
置司州又改爲豫州亦獸名象屬又姓晉有豫讓羊洳切二十 預 安也先也廁也樂也佚也猒也怠也 譽 稱美也又姓晉書有平原
太守譽粹又音余 礜 礜石藥名蠶食之肥鼠食之死 䴀 馬疾行皃 輿 車輿又方輿縣名又音余 鸒 爾雅曰鸒斯鵯
鶋郭璞曰雅烏也小而多羣腹下白 悆 悅也 𪊨 大鹿 轝 舁食者或作轝 藇 諸藇又音序 蕷 著蕷俗 穥
穥穥黍稷美也 屐 履屬 忬 安也 歟 歎也又音余 悇 憂懼 與 參與也[4] 澦 灩澦水名 𡔛 高平 ○噓 吹噓
許御切又音虛一 ○女 以[3]女妻人也尼據切二 絮 姓也漢有絮舜 ○楚 楚利又木名出歷山瘡據切又瘡所切二 儊 儊不滑也
○處 處所也昌據切又音杵二 䖏 俗 ○絮 和調食也抽據切三 悇 懛悇愛[5]也 瘀 痴瘀不達 ○屐[6] 履屬徐預切一

8 干
△贖 燭韻神蜀切又音樹 本韻常句切
△尌 又音住
12 ⿰虫虎
13 ⿸厂尃字當刪

十○遇 不期而會又姓何氏姓苑云東莞人風俗通云漢有遇沖爲河內太守牛具切七 寓 寄也 庽 上同 媀 媀姤
也女子姤男子 ⿸疒禺 疣病 禺 獸名毋猴屬也又音愚 ⿰寓鳥 ⿰寓鳥鼠鳥名 ○嫗 老嫗也衣遇切三 蓲 荎也 饇 飽饇 ○樹
木揔名也立也又姓姓苑云今江東有之後魏官氏志樹洛于8氏後改爲樹氏常句切五 ⿱耂豕 老人行皃 澍 時雨又音注 尌
立也又音住9 侸 上同 ○住 止也又姓出姓苑持遇切三 牏 築垣短板 逗 姓也出何承天纂文又音豆 ○附 寄附又姓
晉書有附都符遇切十一 坿 白坿說10文益也 祔 祭名亦合葬也 賻 贈死也助也 駙 駙馬都尉官名漢武帝置掌駙11馬晉
尚公主者並加之駙副馬也一曰近也又疾也 鮒 魚名 ⿰身付 ⿰身付⿰身俞著衣也 蚹 蚹蛇腹下橫鱗可行者又爾雅曰蚹蠃⿰虫虎12蝓即蝸牛
也 跗 古之醫人俞跗出史記 ⿸厂尃13 小卮有蓋 胕 肺胕心膂 ○注 灌注也又注記也之戍切十六 疰 疰病 罜 小罟 ⿰犭主
黃犬黑頭 鑄 鎔鑄又姓堯後以國爲氏 馵 馬後左足白 註 註射出埤蒼又音駐 炷 燈炷 澍 時雨又殊遇切 霔 霖霔
⿰犭馵 鄉名在河南 ⿰耳朱 ⿰耳朱顴又音赴 祩 詛也祝也 ⿰舟主 邑名 ⿰韋主 皮袴 蛀 蛀蟲 ○屨 履屬方言曰履自關而西
謂之屨九遇切十 句 章句又音溝音構 蒟 蒟醬又音矩 絇 絲絇 瞿 視皃又音衢 ⿱䀠介 目驚⿱䀠介⿱䀠介然出埤蒼 怐

1 沫

恐怐 笱 竹名 邭 邑名 眗 左右視也 ○昫 日光說文曰日出溫也北地有昫衍縣香句切六 煦 上同 酗 醉怒亦作酌
呴 吐沫 姁 姁嫗 蝹 幺蝹 ○戍 遏也舍也從人荷戈也傷遇切八 腧 五藏腧也 輸 送也又式朱切 趨 馬趨前也
鞧 刀鞧 隃 鴈門 𨉷 射𨉷 毹 毹毛 ○裕 饒也道也容也寬也羊戍切七 䘱 上同 覦 覬覦又音俞 諭 譬諭
也諫也又姓東晉有諭歸撰西河記二卷何承天云喻音樹豫章人 喻 上同 籲 呼也又和也見書傳 ⿱冃俞 面[2]衣 ○孺 稚也
爾雅曰屬也說文曰乳子也一曰輸孺尚小也而遇切四 ⿰子屬 俗 擩 擩莝手進物也 ⿰牛需 牛莝 ○赴 奔赴爾雅曰至也說
文曰趨也芳[3]遇切十一 ⿱兔兔 急疾也 ⿺走付 上同 眜 眜顲也又音注 豧 豕聲 簠 簠簋又甫于方武二切 訃 告喪也又
至也 ⿺走咅 僵也說文音匐 仆 僵仆說文曰頓也 ⿰𧾷卜 說文曰趣越皃 娩 兔子曰娩又孚万切 ○務 事務也又強也遽也
趣也又姓列仙傳有務光亡遇切十四 婺 婺女星名 霧 元命包曰陰陽亂爲霧爾雅曰地氣發天不應曰霧釋名曰霧冒也
氣蒙冒覆地之物也 霚 上同見說文 騖 馳也奔也驅也 ⿱敄牛 六月生羔 ⿰敄隹 雞雛 蝥 蝥名亦作蟱 ⿺足敄 長跪又拜
⿰糸舞 ⿰糸舞淹餘也 ⿱敄巾 髮巾 嵍 丘也 敄 說文強也 鶩 鳥名又音目[4] ○緅 青赤色子句切又子侯切二 足 足添物也

6 鴟

7 廣志云蜀漢以芋爲資凡十四等有君子芋大如斗魁如杵簇其車轂鋸子旁巨青邊四芋多子

8 埰

11 誦

本音入聲○懼怖懼其遇切四具備也辦也[5]又姓左傳有具丙堣堤塘臞瘦又音瞿○芋一名蹲鴟[6]廣雅云蜀[7]

漢以芋爲資凡十四等大如斗魁其車聲鋸子旁巨青鳥等四等多子王遇切五雨詩曰雨雪其雩雱又音禹羽鳥翅也又五聲

宮商角徵羽晉書樂志云宮中也中和之道無往而不理商強也謂金性之堅強角觸也象諸陽氣觸動而生徵止也言物盛則止羽舒也陽

氣將復萬物孳育而舒生又音禹霽說文曰水音也吁疑怪鄦也○埾椝[8]也才句切二聚又秦雨切○揀裝揀色句

切又所㩃切三數筭數周禮有九數方田粟米差分少廣商功均輸方程贏[9]不足旁要也世本曰隸首作數又色矩色角二切[10]又音速

㡏裁殘帛也○付与也方遇切六賦賦頌詩有六義二[11]曰賦釋名曰敷布其義謂之賦漢書曰不歌而頌曰賦又斂也量也班也稅

也傅相也亦姓本自傅說出傅巖因以爲氏出北地清河二望[12]䯽露髻陚丘名搏擊也又布莫切○娶說文曰取

婦也七句切二趣趣向又親足七[13]俱倉苟三切○注解也中句切又音注九鉒置也又送死人物也駐止馬軴車軴

住停手又長句切邁不行壴說文云陳樂也咮鳥聲亍步止也○驅區遇切又羌愚切二軀牛名○菆

鳥窠芻注切三敨敨勇𦠆膳也○閸[14]直開也丑注切二㞳同上○尠思句切少也又息淺切一○屢數也疾也

1 西字當刪

2 籚

良遇切二　嚘　嚘嚘吳人呼狗方言也

十一○暮　日晚也冥也又姓出何氏姓苑莫故切六　慕　思慕又虜複姓二氏前燕録云昔高辛氏游於海濱留少子厭越以居北夷邑于紫蒙之野号曰東胡秦西[1]漢之際爲匈奴所敗分保鮮卑山因山爲号至魏初莫護跋率部落入居遼西時燕代多冠步搖冠跋好之乃斂髮襲冠諸部因謂之步搖後音訛爲慕容焉跋孫涉歸進拜單于遵循華俗自云慕二儀之德繼三光之容以爲氏歸子廆據遼東稱王僭号燕後又有將軍慕輿虔　募　召也　墓　墳墓　慔　勉也　⿱竹暮　竹筥　○渡　濟也過也去也徒故切五　斁　猒也一曰終也詩云服之無斁又音亦　鍍　金飾物也　度　法度又姓出後漢荊州刺史度尚又徒各切　簬　籚[2]簬　○路　道路亦大也周禮曰合方氏掌達天下之道路爾雅曰一達謂之道路又姓本自帝摯之後出陽平襄城陳留安定東陽河南等六望洛故切十三　露　說文曰露潤澤也五經通義曰和氣津凝爲露也蔡邕月令[3]曰露者陰之液也又露見也亦姓風俗通云漢有上黨都尉露平　潞　水名又州名春秋時初爲黎國後爲狄境古黎亭也周爲潞州隋爲韓州又爲上黨郡唐爲潞州開元中陞爲大[4]都督府又縣名在幽州　輅　車輅釋名曰天子乘玉輅以玉飾車也輅亦車也謂之輅者言行於道路也　鷺　爾雅曰鷺舂鉏郭璞云白鷺也頭翅背上皆有長翰毛江東人取以

八·九十四　韻去聲　十五　高異

爲睫攤名之[5]曰白鷺縗　璐玉名　賂遺賂也　簬竹名　簵上同　蕗蔠葵蘩蕗　𤻘𤺊𤻘痦病　𤺨上同　𦋺𦋺罟取魚具也　○妒妬忌當故切十二[6]　妬上同　秅禾束又縣名在濟陰或作秺　秺上同　奼美女　𦙶𦙶胍腹大　𤵸乳病

詫奠酒爵也　蠹食木蟲也　螙古文　殬敗也　斁上同　○菟菟絲草名又虜複姓後魏書有菟賴氏湯故切四　兔獸名崔豹古今注云兔口有缺尻有九孔論衡曰兔舐豪[7]而孕及其生子從口而出說文云象踞後其尾形兔頭與㲋頭同　吐歐也又湯古切　鵵木鵵鳥有毛角　○顧迴視也眷也又姓出吳郡古暮切十五　頋[8]俗　雇本音戶九雇鳥也相承借爲雇賃字

稒稒陽縣在五原　故舊也事也常也又姓出姓苑　酤賣也又音姑　沽上同　痼久病　固堅也一也常也故也四塞也　錮錮鑄又禁錮也亦鑄塞也　𤸎小兒口瘡　鮰魚肚中腸　𦊺𦋺𦊺取魚具也　棝射鼠斗也　涸凝也閉也

○誤謬誤五故切十四　悞上同　寤覺寤　忤逆也　牾上同　迕遇也　逜上同　晤明也朗也　悟心了　逜干逜語　𥨍廣雅云寤竈名　捂斜柱也[9]又枝捂也　娛娛樂也又五于切　聕聽也　○護救也助也胡誤切十七　瓠匏也又瓠子隄名亦姓淮南子有瓠巴善鼓琴　嫭美好　婟婟嫪戀惜也出聲類　頀大頀湯樂周禮作濩　互差互

俗作乎餘倣此濩布濩䇘所以收絲冱寒凝枑門外行馬䨼青屬韄佩刀飾也䛛誌也認也鱯魚名
擭布擭猶分解也罝兔網苙草名○訴訟也毀也說文作𧦅告也桑故切十五愬譖也說文同上𧩼向也說文同上
泝逆流而上廣雅曰泝斗舟中抒水斗遡說文同上素列子曰太素者質之始也又空也故也帛也說文作䌑白緻繒也又虜複
姓二氏後趙録有宜陽公素和明又後魏書云素黎氏後改爲黎氏傃向也嗉鳥嗉膆上同珔玉名塑塑像也出周公
夢書塐捏土容出古今奇字𧩸譜𧩸𧱋2牲白也亦作素𢹿暗取物也○祚福也祿也位也昨誤切七胙祭餘阼
阼階東階䱹魚醬飵相謁食也䶦3往也秨禾稼皃又音昨○笯盛鳥籠也乃故切又音奴二怒恚也又音努
○布布帛也又陳也周禮錢行之曰布藏之曰帛4又姓陶侃列傳有江夏布興博故切六圃園圃說文曰種菜曰圃又音補佈佈徧
也抪抪持𠛱裁刀𧊅𧊅5蟦蟲也○汙染也說6文穢也烏路切又音烏四惡憎惡也又烏各切噁喑噁怒皃𧬈相毀
說文作䛩○怖惶懼也普故切五悑上同見說文鋪設也又普胡切誧謀也痡痡瘉瘏病又音步○厝
置也倉故切五措舉也投也醋醬醋說文作酢錯金塗又姓宋太宰之後又千各切𣳚壅水○絝說文

7 今人苦車　8 楊　9 薩　10 糒　12 㕣　13 祚

曰胻衣也苦故切七袴上同庫貯物舍也又姓風俗通云古守庫大夫之後以官爲氏後漢輔義侯庫鈞亦虜複姓二氏周有
少師庫狄峙又有庫門氏亦虜三字姓前燕錄有岷山桓公庫傉官泥胯股也韓信出於胯下酤醋葅苦困也今[7]之苦辛
是跨踞也〇捕捉也薄故切十三哺食在口也步行步爾雅曰堂下謂之步白虎通曰人踐三尺法天地人再舉足步備陰
陽也又姓左傳晉有步塲[8]食采於步後因氏焉又虜三字姓三氏後魏書步六孤氏後改爲陸氏又西方步鹿根氏後改爲步氏北齊書有步
大汗氏[9]鞴鞴靫盛箭室餔餹餔又作[10]糒鮬魚名⿰馬步⿰馬步馬習馬案左傳曰左師見夫人之步馬字不從馬⿰舟符艇船
⿰步阝亭名鵏鵏鼓鳥⿸疒尃⿸疒尃⿸疒慮痞病又音怖荹亂草說文曰亂[11]稾也⿰馬本馬名〇謼號謼亦作呼荒故切又火姑切二
屛屛斗飲[12]水器也〇作造也臧祚[13]切一
十二〇霽雨止也子計切八隮升也又子奚切躋上同濟渡也定也止也又卦名旣濟又子禮切擠
排擠又將西反⿱髟齊婦人束小髻也又音祭音節⿰巾齊⿰巾齊緝麻紵名出異字苑穧穫也又音劑〇帝說文曰諦也王天下
之號也爾雅曰君也都計切二十三諦審也嚏鼻氣也啑俗柢木根柢也蔕草木綴[14]實螮螮蝀蝃

1 惲　3 躢　4 趍　遰 本韻特計切又低隸切　8 戾 輜車旁推户也　9 楴　10 屜　12 歖　13 筤　15 輨

上同見詩揥撮取舦舦艜水戰船出字林蔕姓也漢書王莽傳有中常侍蔕惲[1]疐疐柢也爾雅棗李曰疐之謂去柢也[2]

骶背也僀俊也摕兩手急持人也䟡躢也[3]𤭛甋甇大瓮偙偙儶腣胅腹皃又當兮切趆趍[4]走皃

蝭寒蟬又音啼䩚[5]補履下也渧埤蒼云渧瀝漉也○嚌嘗至齒也在詣切十劑分劑又子隨切[6]穧刈禾把數

𨢳鹹也眥目際又才賜切齊火齊似雲母重沓而開色黃赤似金出日南又齊和又徂兮切齌炊餔疾也[7]癠病也

懠怒也䶒䶒齘○替廢也代也滅也說文本作暜廢一偏下也他計切二十暜普㬱並上同出說文鬀說文曰鬄

髮也大人曰髡小兒曰鬀盡及身毛曰鬄剃上同戾[8]輜車殀殀殃楴[9]楴枝整髮釵也涕涕淚洟鼻洟䅠不耕

而種屜履中薦也[10]达足滑薙除草悷[11]寧悷心安褉補也殢極困軟[12]唾聲笶車節[13]也

○第次第說文本作弟韋東之次弟也今爲兄弟字又漢複姓二氏後漢書第五倫傳云齊諸田徙園陵者多故以次第爲氏有第五第

八等氏特計切二十九弟見上注又音上聲遰迢遰又底隸[14]切去也避也髢髮也鬄上同說文音剃締結也睇

睇視悌孝悌又音上聲娣娣姒禘大祭五年一禘軑說文曰車轄[15]也鈦以鎖加足說文鐵鉗也又音大鶗鶗鴂鳥又音啼

16 李　17 聰　18 聰　19 又　20 潁　21 羿　22 㫄　24 朹　25 舟車擊互序而行也

棣車下木[16]又常棣子似櫻桃可食又姓王莽司馬棣並　杕木盛皃　踶蹋　題又徒雞切　遞更遞　題視皃　㣇說文曰脩豪獸也一曰河內名豕也　⿱折示兩手急持人　摕取也　𧩘審　懘極也又聏厲切　鯷鮎魚別名　鶗鶗鴂鳥又音啼　墆墆貯也又墆翳隱蔽皃又徒結切　⿱竹是竹名　逮逮及也又徒戴切　○砌階砌也七計切八　切衆也又千結切　⿰目祭視也　妻以女妻人又七兮切　⿰扌祭挑取　聺耳[17]聽　⿰目切目⿰目切　⿰耳切耳[18]⿰耳畜　○細小也蘇計切六　⿰糸囟古文　些可也此也辭也何也楚音[19]蘇箇切　栖雞所宿也又先奚切　壻女夫　洇水出汝南新鄭入穎[20]　○詣至也五計切十一　𢏚古能射人名說文曰帝嚳射官也夏少康滅之　羿上同　羿說文曰羽之[21]羿風亦古諸侯也一曰射師　睨睥睨　指枍指殿名　盻恨視又下戾切　⿰兒見傍[22]視　甈破罌　堄埤堄女牆也見博雅　霓虹又音倪　○計筭計說文會也筭也又姓後漢有計子勳古詣切十二　係連係　繼紹繼俗作継　繫縛繫又口奚[23]胡計二切　薊草名爾雅曰朮山薊又縣名又州開元十八年以漁陽縣爲薊州又姓後漢有薊子訓俗作蓟　髻綰髮　⿰契阝燕都　檕爾雅曰枕[24]檕梅說文云繘耑木也　檵枸杞　蘻狗毒草也　轚舟[25]中互序而行也　毄係也盡也　○蒵⿸厤木蒵胡計切十四　⿰月系喉脈　⿰月契上同　系緒也又姓

1 乜　2 蚚　4 瘞

楚有系益　繇籀文　妎心不了也說文妒也又音害　禊祓除不祥也又禊飲　繫易之繫辭　瘛小兒病又尺制切

悏恨足[1]　謑謑換　盻恨視又五計切　閉門扇又胡介切　楔楔事換秧　○契契約苦計切又苦結切十　契刻也

罊說文云器中盡　䏿字林云腨腸　蟿蟿螽蟆蚚[2]　⿰舟契舟名　⿱毄心劇也又怖也　⿱毄女難也　䫔恐也　⿱启目省視

○翳羽葆也又隱也奄也障[3]也又鳥名似鳳於計切十七　曀陰風詩曰終風且曀　枍枍栺　瘱[4]靜也安也恭也　㝪安也靜也

⿱殹土塵也　殪殪死　瞖目瞖　医藏弓弩矢器　嫕婉嫕柔順皃　蘙蘙薈　縊自縊　豷豕息　繄是也

賴縎走絲也　壇天陰塵也　譩譩諦　殹擊中聲也　○謎隱言也莫計切二　擮裁也　○閉掩閉說文曰闔門也博計

切五　閇俗　嬖愛也卑也妾也　箅甑箅也說文蔽也所以蔽甑底又必[5]至切　戰戰毀也又補米切　○慧解也胡桂切十

三　憓憓愛也　潓水名　惠仁也亦惠然順也又姓出琅邪周惠王之後梁有惠施　蟪蟪蛄　蕙香草蘭屬　橞

木名　繐繐帳又音歲　⿰扌惠⿰扌惠裂　僡俙僡　譓多謀智曰譓也　鏸銳也又三隅矛　⿰耳惠羽⿰耳惠　○桂木名叢生合浦巴南

山峯閒無雜木葉長尺餘冬夏長青其花白山海經曰八樹成林又姓

後漢太尉陳球碑有城陽炅橫漢末被誅有四子一守墳墓姓炅一子

6 㰻 䫅㰻
8 淠
9 水聲
10 隷
11 盭
13 𥉮視
15 土
17 竹名也丑戾切又杖胡切一
19 㦝 㦝也欺慢 㦝當入郎計切下

避難居徐州姓香一子居幽州姓桂一子居華陽姓炔此四字皆九畫古惠切九香炅炔並見上注筀竹名罜挂也映[6]×映暌×𣧑𣧑𣧑殛殀[7]×也死皃也鴂鶗鴂即杜鵑也○嘒聲急說文小聲也亦作嚖呼惠切三嚖上同暳小星詩亦作嘒○嫓配也匹詣切七䠘上同見管子睥睥睨淠[8]×水名在汝南濞水名又芳備切渒水聲𠟠劓斫○薜薜荔蒲計切五鏊所以理苗殺草䉽弋鳥具也䤚醬也㮰木名○麗美也著也又姓出姓苑郎計切三十三戾乖也待也利也立也罪也來也至也定也又很戾說文曲也从犬出戶下戾者身戾曲也㑦很㑦俗隸僕隸隷上同俗作隷[10]×儷伉儷盭[11]綟色又綬名或作綟又云粥也綟草色衣也劙割破𠠐上同唳鶴鳴曰唳蜧大蝦蟆也䓞紫草沴妖氣說文曰水不利荔薜荔香草又羌複姓有荔非氏捩琵琶撥也欐梁棟之名也又師[12]禮二音𤄷埤蒼云滯𤄷漉也䉫札也涖沴也又力二切悷𢤱悷多惡又懔悷悲吟也栛小槤木名丽本也又鹿皮蜦神蛇又音倫㸚止也系也珕刀飾又力智切鬁視𥉮[13]也𤻦瘦黑又力翅切覼求視又師[14]蟻切蘼草木生亞上[15]×也颲[16]急風離漢書云附離著也棣木名○遾胡竹名也杖[17]也丑戾切一○泥滯陷不通語[18]云致遠恐泥奴計切又奴低切五埿俗㦝[19]㦝恡音慢又相

1 鬣

△彗 至韻徐醉切又音歲

4 蜹·爇

△毳 泰韻祖外切又山芮切

懰摩也迡近也濘濘陷欳氣越名呼計切三奅肥大也殢殢極困也

十三○祭享也祀也薦也至也察也子例切七際邊也畔也會也穄黍穄吕氏春秋曰飯之美者有山陽之穄說文曰穈

也穈音穈鰶魚名鬣[1]露髻又音霽𢥠寐言穧穫也又才計切○歲釋名曰歲越也越故限也從步戌相鋭切四槥[2]

小棺又篲衞二音䌨布縷細也繐上同○衞護也埀也加也亦州名夃所都也本衞國爲翟所滅齊桓公伐翟遷衞于河南秦屬

東郡魏文置朝歌郡晉爲汲郡東魏爲義州周武改爲衞州亦官名漢書曰衞尉秦官掌宮門衞屯兵又姓周文王子衞康叔之後國滅因氏

焉出河東陳留二望又精衞鳥名山海經云狀如鳥白首赤喙其鳴自呼取西山木石以填東海于歲切十三軎說文曰車軸耑也从車象

形轊上同璏[3]劒鼻王莽碎玉劒璏𥵣竹名䝟豚屬𧗿上同槥小棺暳日中必彗𢥠寐言讆上同

牛蹄彗躧乾○芮草生狀又姓周司徒芮伯之後而鋭切六汭水曲說文曰水相入皃枘柄枘蜹蚊蜹又音爇[4]笍

竹名鈉鋭鈉○贅贅肉也又最也聚也又贅衣官名也之芮切二𣪠卜問吉凶○啐小歠也山芮切一○毳細毛也又姓出

姓苑此芮切又楚稅切十二韢橐囊屬以盛賊頭又音遂脃說文曰小耎易斷也膬上同又七劣切脆俗帨佩巾又音稅

9 貞

12 衣敗

14 箭

毳葬穿壙也又楚税切 斷[5]斷也 蠿蟲名 劂小割 毳重擣[6]又楚[7]税切 藰[8]飲也 ○銳利也又姓姓苑云升平中鮮卑有御史中丞銳管以芮切六 鏊銅生五色 叡聖也 睿上同 蒁草生狀 蜹毒蟲又而税切 ○綴連綴陟衛切又丁劣切十一 醊祭也 畷禮注云井田閒道吳都賦云畛畷無數又張劣切 笍小車具也 裰重祭 啜甞也 餟說文曰祭酹也司馬[9]禎曰漢志作腏字通 腏上同又皮腏著也 錣針也 𨐡釣也 輟車小鈌也 ○税斂也舍也又姓盛弘之荆州記云建平信陵縣有税氏舒芮切九 說說誘 裞衣送死也又禮注云日月巳過乃聞喪而服曰裞又他活切[10]又他外切 蜕蜕皮又他臥切又他外切 帨佩巾也又音脃 ⿱執巾說文曰禮巾也 涚溫水又清也 ⿰飠兌小餟也又郎外切 鑴上同 ○獘[11]困也惡也說文曰頓仆也俗作弊毗祭切五 斃死也說文同上 幣幣帛 㡀說文曰敗衣也从巾象敗[12]衣之形又匹[13]世切 敝說文曰帗也一曰敗衣也又姓左傳齊有敝無存 ○毳重擣楚税切四 斷斷齗 毳葬穿壙也 毳細毛 ○篲埽帚爾雅曰[14]箭王篲本亦從卄祥歲切九 ⿱竹⿱彐日古文 鏏[15]大鼎 彗星名又音遂 ⿰鼎彗小鼎 槥小棺 轊車軸頭也又音衛 轊上同 ⿰巾彗布巾 ○蔽掩也必袂切四 鄨縣名在牂牁又音鼈 鷩爾雅曰鷩雉郭璞云似山雞而小冠周禮云王享先

1 饗　3 要·兒　4 遾　6 咸　7 簭

公嚮[1]射則鷩冕又音鼈　彎弓彎　○劌傷也割也居衛切六　鱖魚名大口細鱗有班文一曰婢魚也　劂剞劂斷割也

蹶爾雅云蹶洩苦棗亦作蹶　蹶行急遽皃曲禮曰足無蹶又居月切　躛踶躛牛展足　○袂袖也彌獘切一　○㡜

殘帛所例切三　鎩矛戟類又所戒切　蔱椒蔱又所八切　○掣掣曳尺制切又尺折切八　瘛小兒驚　懘怗懘[2]音不

和也怗樂記作怗　瘌郭璞云癩病　瘵上同　恄說文曰小怒也　鋫除利也　㺒狂犬別名　○制禁制又斷

也止也勝也說文作剌裁也从刀从未物有滋味可裁斷也征例切十八　剌見上注　[illegible]魚醬亦作[illegible]　淛水名　製製作

又裁也　䎢入意一曰聞也　晢星光也亦作晣又音折　𥮾方言云自關而西謂箄或謂之𥮾　㥟[3]婦孕病皃　[illegible]蝗子

鯯魚名可爲醬　[illegible]目光也又丑世切　狾狂犬　[illegible]矛也　[illegible]刀鞞　[illegible]臭敗之味　遾[4]古人姓　迣迾也度也

○逝往也行也去也時制切十三　忕忕習　[illegible]牛角豎也　噬齧噬　誓誓約　[illegible][5]古文　筮龜[6]曰卜蓍曰筮巫咸作筮筮決

也　簭[7]上同見周禮　澨水名書曰過三澨　䤄車[8]樘結一曰銅生五色又音銳　遰逮也　𧺌踰[9]也　[illegible]割肉　○曳牽也

引也餘制切二十九　裔邊也苗裔也又容裔也說文曰衣裾也俗作衰　玴石之次玉也　勩勞也　泄水名在九江又音薛

15
地

洩上同瘈[10]病也⿰羽曳[11]鳥飛枻[12]檝枻詍[13]多言怈明也一曰習也⿰羽惠鳳六翮靾以馬鞍贈亡人跇超踰又丑

例切厂施明也又身皃袣長被又衣長皃⿰禾曳白⿰禾曳稻名⿰曳鳥鳥名⿰氵裔溶⿰氵裔[14]水皃⿴行折合板⿴行折縫抴數也⿱曳女

婦人病胎⿱竹曳長也⿰犭曳狸子丿至也[15]薬蒸也又蔥薬也⿱折巾裂也呭呭樂說文曰多言也亦作呭蕎草名

○⿰糸曷[16]急也一曰不成也於罽切五瘞埋也餲又於葛於介[17]二切⿰月曷⿰月曷臆⿱艹渴清也又音藹○藝才能也靜也常

也準也又姓出姓苑魚祭切八埶說文種也周禮音世蓺上同寱睡語⿱埶心上同囈亦同槸樹枝相摩褹

字林云複襦也○滯廢也止也凝也[18]久也直例切七彘豕也又姓左傳有彘恭子蹛蹛林又音帶⿱㓞金除利也璏劍鼻

玉也茜草補鈌⿰魚彘魚名○例比也皆也力制切二十五厲惡也亦嚴整也烈也猛也又姓漢有魏郡太守厲溫礪砥石

勵勸勉禲無後鬼也癘疫癘痢上同鮤魚名又音列濿以衣渡水由膝已上為濿亦[19]作厲詩曰深則厲淺則揭說

文又作砅履石渡水也砅義見[20]上注蠇牡蠣蚌屬蠣上同欐木名䮛馬馳⿰馬列上同⿰禾列黍穰⿰禾厲上同贎

贎貨糲麤糲也又力達切巁巍也犡牛白脊栵栭栗又音列㤠帛餘亦作⿱列巾[21]㦒[22]恐人洌清水又音列○憩

3 膾 4 頮 5 二 6 侘 7 刻 9 鏑 10 黲

▲㡀 本韻毗祭切 又匹世切

○喙 廢韻許穢切 又昌芮切

息也去例切六㞼上同蕮蕮車草愒[1]爾雅貪也說文息也揭褰衣渡水由膝巳[2]下曰揭甈爾雅康瓠謂之甈郭璞云瓠壺也賈誼曰寶康瓠是也○世代也又姓風俗通云戰國時有秦大夫世鈞舒制切三勢形勢貰賖也貸也又時夜切○猘狂犬宋書云張收嘗[3]爲猘犬所傷食蝦蟆鱠而愈居例切八罽[4]氈類織毛爲之說文曰西胡毳布也𦋺上同說文曰魚网也㲨亦同瀱泉出皃訐持人短又居列切彑彙頭說文作彑云豕之頭象其銳而上見也薊薊華似芹○㿃赤白痢亦作[illegible]竹例切又音帶一○偈偈句其憩切一○𣪠嘗也嘗芮切又臣劣切一○跇跳也踰也丑例切十一[5][illegible]上同傺侘傺又[6]敕加切[illegible]習也[illegible]困劣[illegible][illegible][7]伭晢瞥也[illegible][illegible]也又丑列切揥佩飾[illegible]躍皃[illegible]渡也[illegible][8]視也○鏑[9]曲刀也削竹也除芮切一○劓去鼻也牛例切一○蕝束茅表位子芮切又子悅切三蠿[10]蟲名又作會切[illegible]裂也○潎魚游水也匹蔽切一○綣[11]綣緣短皃丘吠切一○緣[12]短皃呼吠切一○

十四○泰大也通也古作太他蓋切四忕奢也又逝大二音太甚也大也通也周禮曰太史掌建邦之六典宋書曰太史掌厤數靈臺專候日月星氣焉經典本作大亦漢複姓六氏漢有尚書太叔雄古今人表有太師庇[13]何氏姓苑云太征氏下邳人太

九百·三 韻去聲 二十一 王恭

14 丐 本又音緬四字當刪

17 瞹

18 奴

士氏永嘉人又有太室氏太祝氏 汏太過也 ○蓋覆也掩也通俗文曰張帛也禮記曰敝蓋不棄爲埋狗也又發語端也說文曰苫也俗作盖古太切三 匃乞也 丐[14]上同本又音緬 ○艾草名一名冰臺又老也長也養也亦姓風俗通云龐儉母艾氏五蓋切三 豥豥豭[15]豕 鴱巧婦別名 ○藹[16]晻藹樹繁茂又姓晉南海太守藹奐於蓋切十 壒塵也 馤香也 靄雲狀又於葛切 ⿰日蓋日色 ⿱艹渴覆也清也微也說文蓋也 ⿰歹蓋死也 ⿰忄蓋濤謹 ⿰鼠蓋⿰鼠啇⿰鼠蓋小鼠相銜而行 瞹[17]瞹隱 ○柰果木名廣志曰柰有青赤白三種俗作㮈奴帶切五 奈如也遇也那也本亦作柰又致[18]箇切 ⿰柰毛⿰毛乇⿰柰毛多毛 ⿰魚柰魚名 ⿰氵柰說文曰沛之也 ○大小大也說文曰天大地大人亦大故大象人形又漢複姓五氏晉獻公娶大狐氏楚襄王時有黃邑大夫大心子成史記秦將軍大羅洪周禮大羅氏掌鳥獸者其後氏焉又大庭氏古天子之号其後氏焉又有大叔氏又虜複姓後魏末有南州刺史大野拔又虜三字姓周書蔡祐賜姓大利稽氏周末有尉回將軍大莫于[19]玄章後魏書南方大洛稽氏後改爲稽[20]氏徒蓋切八 汏濤汏說文曰淅[21]瀟也 軑車轄 釱鉗也又大計切 ⿰鳥大鳥也 ⿰黑大黑跡 忕奢忕 ⿰亻大地名在海中 ○害傷也胡蓋切四 夆相遮也 妎字林云疾妎妬也 㤸快也 ○帶衣帶說文曰紳也男子鞶革婦人鞶[22]絲象繫佩之形帶有巾故从巾易曰或錫之鞶帶又蛇別名莊

子云蝍蛆甘帶也當蓋切七　跢倒跢　㿃㿃下病也　蹛匈奴傳有蹛林又音滯　帶帶方山名　艜艇船　㯄[1]槌也

○貝說文曰海介蟲也居陸名贆[2]在水名蜬象形古者貨貝而寶龜亦州名春秋時屬晉七國屬趙秦爲鉅鹿郡漢爲清河郡周置貝州

以貝丘爲名博蓋切十四　沛郡名又姓出姓苑又匹蓋切　郝上同　鋇鋇柔鋌也　芾小皃又方味切　䟺步行躐跋

狽狼狽　犻牛二歲也爾雅云體長犻　伂顛伂本[3]亦作沛　鮄魚名食之殺人　茷草木葉多　⿰市毛⿰市毛毲多毛　䀟

目不明皃又音霈　⿰彳市行皃　○霈霶霈普蓋切五　浿水在樂浪　沛流皃亦滂沛又水名出遼東又音貝　䀟䀟眛

目不明也　⿰忄市恨怒　○會合也古作會亦州秦屬隴西郡漢分爲金城郡周爲防隋爲鎮武德初平李軌置會州又姓漢有會相[4]黃

外切又音儈五　鬠[5]說文曰日月合宿爲鬠　違說文云無違也　禬[6]除殃祭也又古外切　繪繪五采也　○兌突也又卦名說

文本作兌說也又姓杜外切五　𩋵補𩋵　綐細紬　銳矛也又弋稅切　⿰山兌山名　○儈合市也晉令儈賣者皆當著巾白帖額言

所儈賣及姓名一足白履一足黑履古外切十八　膾魚膾說文曰細切肉也　鱠上同　襘說文曰帶所結也　禬福祭　檜

栢葉松身又古活切　旝木置石投敵也　巜說文曰水流澮澮也方百里有巜廣二尋深二仞　澮上同爾雅曰水注溝曰澮又水名在

8 ⿱髟会

平陽鄶國名在滎陽廥芻稾藏也膾五綵束髮說文曰骨擿之可會髮者詩云膾弁如星髻上同劊說文曰斷

也會會稽山名又黃外切⿱既月署痛擓收也獪狡獪小兒戲○最極也俗作冣祖外切三悴五色[7]采也⿱髟会[8]

蟲也又山[9]芮切○⿰言歲[10]衆聲呼會切六噦鳥聲翽鳥飛聲鐬鈴聲渙水名在譙又音喚濊說文曰水多皃又烏

會切○⿰禾會麤糠苦會切一○酹以酒沃地郎外切五頪說文曰難曉也一曰鮮白毲馬色班也⿰食兌門祭⿰歹亂瘦病又力

卧切○外表也遠也五會切一○祋祋[11]祤縣名在馮翊又祋殳也丁外切一○懀惡也烏外切七濊汪濊深廣[12]又呼會切薈

草盛嬒婦人名也⿰鼻會息也瞺眉目之閒⿰黑會淺黑色○蕞小皃才外切二⿱竹最⿱竹最篭○⿰石最小石先外切三⿰歹最

瘦病⿰目最流盻○⿰衣最[13]衣游縫也麤最切三⿰足最行⿰足最⿱穴叕塞外道也○旆旗也繫旐曰旆蒲蓋切三⿰足貝頪⿰足貝行不正也軷

祭道神又蒲[14]葛切○磕硍磕石聲苦蓋切九鶡鶡鴠鳥又音渴轄車聲愒貪也公羊傳云不及時而葬曰愒愒急也溘

船著沙也⿰矛害矛屬⿱害大擊也⿰害殳伐也擊也⿰盍阝地名或作⿰蓋阝○蔡龜也亦國名又姓出濟陽周蔡叔之後也倉大切三

⿱林囪古文鵽鵽鳩鳥○賴蒙也利也善也幸也恃也又姓風俗通云漢有交阯太守賴先落蓋切十四籟簫三孔也瀨

1 皃字當刪　○騔 馬翳許葛切 又呼蓋切　3 眛　4 沬　7 畫　8 徽繣　9 紘中繩也

疾也說文作癘惡疾也今爲疫癘字　癩 㾢癩　糲 麤米又力達切　襰 墮壞　藾 藾蒿　莿 上同　犡 牛名說文曰牛白脊

⿰魚賴 魚名　⿰足厲 跛⿰足厲行皃　⿰火賴 火之[1]毒皃　鵣 鳥名　囇 聲囇　○餀 食臭呼艾切五　鶡 上同　猲 獸名出音譜　疫

疫病　⿰魚曷 魚名　○娧 好[2]皃他外切五　蛻 蛇易皮又音稅　駾 奔突也詩云昆夷駾矣　毻 鳥易毛又音唾　裞 送死衣也

○眛[3] 眛眛目不明也莫貝切三　沬[4] 水名　⿰木末 木名　○⿰日最 ⿰日最小春也七外切一

十五○卦 說文曰筮也易疏云挂也懸挂萬象於其上八卦者八方之卦也乾坎艮震巽离坤兊古賣切六　挂 懸挂又剛挂弩

矢鏃名潘岳射雉賦云出剛挂以潛擬　掛 俗　詿 誤也又胡卦切　⿸盾圭 盾握也　罣 罣礙又胡卦切　○懈 懶也怠也古隘切六

解 除也　繲 繲浣衣出埤蒼　廨 公廨　薢 薢茩藥名　⿸疒圭 病也　○隘 陜也陋[5]也烏懈切六[6]　⿵鬥解 古文　阸 阻塞又阸嶭山

形或與隘同　⿸疒殺 病聲　⿰禾益 稻小把也　賹 賹記人物　○邂 邂逅胡懈切二　解 曲解亦縣名在蒲州又古賣古買胡買三切

○賣 說文作𧶠出物也莫懈切一　○畫 釋名曰畫挂也以五色挂物象也俗作畵[7]胡卦切又胡麥切九　詿 礙也　罣 上同　絓

絲結　澅 水名在齊　黊 鮮黃色　繣 繣徽[8]乖違　纗 弦[9]中絕也　孈 愚戇又多態也　○差 病除也[10]楚懈切又楚宜楚皆初牙三切七

八·卅八　韻去聲　二十三　吳益

13 庍　14 士　16 䵶

瘥上同又音醝衩衣衩杈杈杷平田具也又音叉浧浦浧詉詉持短又疑心名也䜉異言○睚目際又睚眦怨
也五懈切又五佳切一○謑怒言火懈切又胡禮切一○庎到別方卦切一○粺精米傍卦切四稗稻也又稗草似穀䴽
黍屬又音俾杷田具又音琶○㾷疾也七懈切二眦睚眦○派分流也俗作𠂢匹卦切七𠂢說文曰水之衺流別也䋛未緝
麻也說文曰散絲也𣏟麻紵滭說文曰水在丹陽𣏢藤屬蜀人以織布出埤蒼𣎵分枲皮也又匹刃切○債徵財側賣
切一○𡠦難也苦賣切又音契二𨛬鄉名○曬暴也所賣切又所寄丑離二切五䵶不黏之皃或與曬同𨡓簀酒
汛水皃說文灑也本又音信洒洒埽又先禮切○諣疾言呼卦切一○嶭阮嶭山形方賣切一○膪亦作䐈臄肉也
竹賣切又竹亞切脛膪肥皃二𢕊𢕊步立皃出聲譜
十六○怪怪異也古壞切八恠俗硁硁石似玉蒯草名𣀔毀也壞上同又胡怪切𡋟大皃䂂
訬也○噫噫氣烏界切二呃不平聲○瘵病也側界切三祭周大夫邑名又姓周公第五子祭伯其後以爲氏䣊
說文曰周邑也○誡言警也古拜切二十三戒慎也具也備也警也易注云洗心曰齋防患曰戒界境也垂也介大也

8 6
祙 俠
祐

2
丯
芥草

助也佑也甲也閱也耿介也說文作介畫也俗作分又姓介之推是屆至也舍也說文曰行不便也一曰極也疥瘡疥玠

大珪長尺二寸夰獨居忦憤也砎硬也魪比目魚也尬尲尬行不正尲音緘价善也又佁价也䯰髻結悈

飾也司馬法曰有虞氏悈於中國鴧鴧雀也似鶡而青出羌中艐爾雅云至也亦云古屆字睃怒也芥辛菜名又草芥衸

布衣幅也又胡介切丯[2]草介⿸厂介[3]⿸厂介到⿰馬介⿰馬介馬馬尾結也○褹紩布襦女介切一○譮怒聲許介切九欸上同⿰口戒喝⿰口戒

齂鼻息噧高聲皃又多言⿰言萬[4]譀⿰言萬⿸尸目臥息⿱此大[5]說文曰瞋大聲也⿱介心說文曰忽也孟子曰孝子心不若是⿱介心○械

器械又杻械胡介切十一䪥葷菜也葉似韭薤俗齘頪齘切齒怒頪于禁切⿵門介門扇瀣沆瀣北方夜半之氣又胡代切

⿰亻⿱夂韭[6]俠也⿱夂韭[7]⿱夂韭倮猶果敢也⿰犭⿱𢆶心雌狢衸[8]補膝裙也說文衸也⿰氵戒水名○⿰耳豙不聽五介切四譺誡譺⿰忄豙忦⿰忄豙慳悋人也

蟓蟲名呞食草木葉也○蒯茅類又姓出襄陽漢有蒯通或作⿰⿱艹朋刂苦怪切九喟歎也又丘愧切嬇女字⿰𢆉又太息⿱⺮⿰𢆉又箭竹

名也簣籠也嘳譏他人也蕢杜蕢蕢尚並見禮記墤俗云土塊本音嘳○⿰扌𡴀周禮曰大祝辨九⿰扌𡴀一曰稽首二曰頓首

三曰空首四曰振動五曰吉⿰扌𡴀六曰凶⿰扌𡴀七曰奇⿰扌𡴀八曰褒⿰扌𡴀九曰肅⿰扌𡴀博怪切三拜上同扒拔也詩云勿剪勿扒案本亦作拜○湃

△蘾 烏蒯胡瓦切 又音壞

10 頪

11 韎

13 指

14 迒

15 邁

16 人名晉有錢璯

澎湃普拜切二 湏[9]水名在樂浪 ○壞自破也胡怪切三 𡋠古文 蘾蘾烏蘾草 ○聵聾聵也五怪切三 䯏說文

同上 顡說文曰頭蔽顡[10] ○憊病也說文𢠵也蒲拜切八 𢟪 𤺋並同上 韛韋囊吹火 𩌦上同 𦪇船後𦪇木

排木名 瀤水波 ○昒昒眼久視莫拜切三 𧳠𧳠䝗頑惡 韎[11]東夷樂也 ○䝗𧳠䝗火怪切五 𧗿過也 𧝓木名

皮可牽船 㵍水聲 咶鼻息 ○鎩翦翮說文曰鈹有鐔也所拜切又所八切四 𧝬衣衸縫也 殺殺害又疾也猛也亦降殺

周禮注云殺衰小之也又所八切 閷[12]上同亦見周禮 ○烗熾也盛也苦戒切四 𤈦上同 劾勤力作也 揩[13]鼓名又客皆切

○顡顏惡也他怪切說文五怪切癡顡不聰明也一

十七○夬決也亦卦名古賣[15]切三 獪狡獪 𥲹籔竹名 ○快稱心也喜也可也又姓漢有快欽苦夬切五

噲咽也又人名漢有樊噲又姓孝子傳有噲參鷦銜珠與之 𥢔麤穅 駃駃馬日行千里 璯[16]姓也晉有璯錢 ○邁行也

遠也莫話切四 勱勉也強也 𧬊誇誕又火犗切 佅僸佅 ○話語話說文作語合會善言也下快切一 ○敗自破曰敗

說文毀也薄邁切又北邁切四 𣪠籀文 𨑹散走 唄梵音 ○𪑾淺黑色烏快切又烏外切三 𪖌喘息聲又烏外切 懀

1 皃　10 柭

惡也○嘬一舉盡臠曲禮曰無嘬炙楚夬切四䶐南方呼醬歠齧也毳𠿈上同○犗犍牛古喝[2]切二𧜵衣上也亦

作䄇○蠆毒蟲丑犗[3]切二⿱萬心極也劣也又⿱萬心芥○喝嘶聲於犗[4]切五餲飯臭又於罽切嗄聲敗又所嫁切餀通食氣也

欬上同○𠯗喝𠯗所犗[5]切一○⿰臭祭大臭又事露也除邁切一○⿰言萬譈⿰言萬火[6]犗切譈火懺切二⿰臭害⿰臭害⿰臭祭臭皃○咶息聲火[7]夬切一

○敗破他曰敗補邁切又音唄一○啐啗也倉夬切一○寨羊棲宿處犲夬切二砦山居以木柵○⿰亶攵纔然何犗切一

十八隊

○隊羣隊徒對切十二⿱雨對⿱雨對⿱雨湛[8]⿱雨對雲狀薱草盛憝怨也惡也周書曰元惡大憝憞上同譈亦同鐓

矛下銅也曲禮曰進矛戟者前其鐓錞上同⿰石㒸礧⿰石㒸物隊墜也顡顝顡愚人䨴⿱非韭[9]也濧漬也濡也○佩玉之帶也說文曰大帶佩

也从人从凡从巾佩必有巾巾謂之飾禮曰凡帶必有佩玉蒲昧切十二珮玉珮俗孛星也又蒲沒切鄁紂之畿內國名東曰衛南曰鄘

北曰邶上同偝向偝誖言亂又補內蒲沒二切悖心亂又蒲沒切背弃背又姓也又補妹切⿱非土埤蒼云珠百枚

曰⿱非土孫權貢珠百⿱非土⿱非土貫也又云珠五百枚也亦作琲又蒲罪切柭[10]拂取苝爾雅曰苝山雞案本亦作葧葧音勃○妹姊妹莫佩切十一

昧暗昧眛目暗每數也又武罪切痗病也又音晦瑁瑇瑁亦作帽蝐又莫沃切黴點筆又武悲切莓莓子木名似葚

九•十六　韻去聲　二十五　李倚

19 ⿰木委　16 七　15 市　14 肉刑　11 昢

又莫杯切䍙鳥網脢背肉也又莫杯切⿰禾黑禾傷雨則生黑班也○配匹也合也滂佩切四朏[11]向曙色也妃妃偶也又匹非切嶏崩聲○誨教訓也荒內切十一悔改悔晦冥也又月盡也⿰每寸易卦上體靧洗面頮上同秏稻名出南海又火号切痗病也⿰面頁面肥也詯休[12]市⿰氵冒大清說文曰青黒皃今作溜○對答也當也配也揚也應也古作對漢文責對而面[13]言多謂非誠對故去其口以從土也都隊切六對見上注碓杵臼廣雅曰䃂碓也通俗文云水碓曰轓車杜預作連機碓孔融[14]論曰水碓之巧勝於聖人之斷木掘地⿰木對車箱考工記云立曰⿰木對橫曰軓⿰車對上同⿰亻對⿰亻對[15]市○倅副也士[16]內切五淬染也犯也寒也焠作刀鋻也天官書曰火與水合爲焠⿰石妻⿰石妻磨啐嘗入口又先對切○睟周年子也子對切七祽月祭名也⿰黹卒說文曰會五綵繒也綷上同⿰巾卒亦同捘推也夎失容節拜又子臥切○槐槐⿰木委⿸疒發[17]風苦熱烏繢切三㞈隱翳隈字林云隩[18]隈也○退卻也說文作𢓭他內切五𢓭上同⿺辶⿱日夂古文⿰忄隶肆也又他沒切⿰木委槐⿰鬼委[19]○憒心亂也古對切十幗婦人喪冠又古獲切刉刉刀使利慖恨也䵋黃色又于鄙切⿱既月罯忽痛也簂筐也亦作槶⿱⺮俠篷也⿰黃惑病皃蔮儀禮注云滕薛名蔮爲頍○潰逃散又亂也胡對切十三迴曲也又音回又作匯繢畫也嬇女字殨肉爛闠闤闠市門荳

廣韻校本

隶 至韻羊至切 又音代

3 手

草名呂氏春秋云菜之美者有雲夢之䓿螝蟲蛹詯胡帀膭[1]肥大也僓長也讀覺悟說文曰中止也司馬法曰師多則民讀讀止也詯帀詯○塊土塊苦對切三凷上同說文曰墣也禮曰寢苫而枕凷堁塵起又於[2]臥切○碎細破也蘇內切五瓬說文破也誶告也啐送酒聲繀織繀說文曰著絲於筟車○內入也奴對切一○纇麤絲也盧對切十四

耒耒耜世本曰倕作耒古史考曰神農作耒說文云[3]耕曲木也儽極困也⿰扌畾櫑[4]鼓酹酹酒蘱[5]草名似蒲一云似茅⿰畾力推也⿱艹耒耕多草⿰禾畾秲⿰禾畾稻名⿱類土⿱類土塊土皃礧礧磙重也郲郲陽縣漢書作耒銇銇鑚錑平板○背脊背補[6]妹切三輩等輩又比也類也俗作輩誖亂也○磑磨也世本曰公輸般作之五對切一○蚚爾雅曰強蚚胡輩切又[7]音析一

十九○代

代更代年代亦州名春秋時屬晉其後趙襄子以銅斗擊殺代王取其地至秦隸太原郡漢置雲中鴈門代郡魏爲州又姓史記趙有代舉徒耐切十三岱泰山黛眉黛黱上同逮及也又徒帝切埭以土堨水⿰土录上同帒囊屬袋上同⿱弋甘甘也酨醋也又昨代切瑇瑇瑁亦作蝳蝳異物志云如龜生南海大者如籧篨背上有鱗鱗大如扇有文章將作器則煑其鱗如柔皮俗又作玳又徒督切靆靉靆雲狀○載年也事也則也乘也始也盟辭也又姓風俗通云姬姓之後作代切又村代切六

8 𩰫　10 愛　17 旁

再重也兩也縡事也出字林㦵古國名𩰫[8]說文曰設餁也戴涂戴○稞禾傷雨莫代切又莫亥切二脥背側肉也○賽報也先代切四簺格五戲說文云行棊相塞故曰簺也塞邊塞又蘇則切寨寬也實也○貸借也施也假也他代切四儓儓儗癡皃態意態亦作㑷靆曖靆不明皃出玉篇○溉灌也又水名出東海桑瀆縣覆甑山古代切六槩平斗斛木摡滌也詩云摡之釜鬵𣪠深堅意又偶也僾主也扢[9]磨也○慨慷慨苦蓋[10]切六愾[11]大息欬欬瘶鎧甲也管子曰葛盧之山發而出黃金蚩尤制以爲鎧也闓開也又音[12]開嘅嘅嘆○礙止也距也五溉切七硋同上㝵[13]釋典云无㝵也閡外閉儗儓儗懝騃也𣎴木曲頭不出又音稽○愛憐也說文作𢖻行皃烏代切九㤅惠也𢟪古文曖日不明又晻曖暗皃僾隱也𥳒隱也爾雅作薆靉靉靆雲狀薆薆薱[14]草盛璦珠璦玉篇云美玉也○瀣沆瀣氣也胡槩切三侅患苦劾推劾○耐忍也奴代切七𧍬小蚻蟲也鼐大鼎能技能又姓何氏姓苑云長廣人佴姓也山公集有佴湛𣈶日無光也耏頦也又如之切○戴荷戴又姓出濟北本自宋戴穆公之後風[17]俗通云凡氏於謚戴武宣穆是也都代切一○賚與也賜也洛代切九萊[16]草也又音來睞傍[17]視倈勞也勑同上瘷惡病誺誤也覫內視逨就也又音來

1 漿　2 一　3 肺　4 芳　6 貊　10 慎

○菜草可食者皆名菜倉代切五　埰古者卿大夫食采地郭璞云采地葬之因以名　棌木名　䰂髻也　䐆大腹　○載運也昨代切七　裁製裁　纔僅也　在所在　酨醋[1]醬　栽築牆長板　溨測也　○儓儓儗癡也海愛切又音礙[2]

二十○廢止也大也方肺[3]切九　癈固病　𧸘賦斂　橃木似柚也　祓福也除惡祭也又敷物切　蕟蘆蕟　廢上同

𧥂說文云弋射收繳具也　砩以石遏水曰砩　○肺金藏方[4]廢切四　柿斫木札也　怫怒也　𣅽曝也又音伐[5]　○穢惡也

於廢切六　薉荒薉說文蕪也　濊濊貊夫餘國名或作獩貊[6]又汪濊又烏外切　獩見上注　饖飯臭　𩦢驍馬怒　○吠犬聲符廢切四　茷草葉多也又方大切　𩵖魚名　鼣鼠名如犬吠也　○喙口喙許穢切又昌[7]芮切六　㝽困極也詩云昆夷㝽矣本亦作喙　𣩱[8]上同　𧽇行走之皃　餯飯臭　顡頰也　○𤛖牛觸人渠穢切一　○刈刈穫魚肺切八　乂才也

汉水名　𢖚困恚爲戒　鴱爾雅云桃蟲鷦其雌鴱俗呼爲巧婦亦作鴱又音艾　艾治也見詩　㜘虎皃　嬖才人名

二十一○震雷震也又動也懼也起也威也章刃切十一　振奮也裂也舉也整也救也又之人切　賑贍也　娠妊娠又音身　侲侲子逐厲鬼童子也　挋說文云給也一曰約也又爾雅曰挋拭刷清也　袗玄服　須[9]須鬒頭[10]少髮說文曰顏色𩑶𩖈順事也頁皆在

17 楨

14 輴 鞇

△ 引 軫韻余忍切 䡹又余刃切

左踬動也郘地名又音辰擫擫鷺鷺○信忠信又驗也極也用也重也誠也又姓魏信陵君無忌之後又漢複姓何氏姓苑有信都信平二氏息晉切十一訊問也告也訙上同迅疾也又私閏切囟說文曰頭會腦蓋也顖[11]上同卂疾飛而羽不見

汛說文灑也𤝔小獸有臭居澤色黃食鼠奞[12]奮奞也阠八陵名爾雅曰東陵阠又所臻切○刃刀刃而振切十一認識肕牢肕也韌柔韌亦與肕同仞七尺曰仞軔礙車輪木牣滿也詩曰於牣魚躍杒木名訒難言𢘝[13]枕巾賑眩慭

○胤繼也嗣也亦姓羊晉切十二酳酒漱口也靷引軸引又羊忍切輴[14]小鼓在大鼓上擊之以引樂亦作鞇濥說文云水脈[15]行地中濥濥然𦙍脊肉又直忍切㧋伸也洕小水鈏鐵鈏軸車名○遴行難也又姓良刃切二十八吝悔吝又惜也恨也俗作吝悋鄙悋本亦作吝磷薄石閵閵鷌鳥名似鴝鵒而黃䉮竹名粦說文作粦鬼火也兵死及牛馬血爲之燐上同藺草名莞屬亦縣名在西河又姓出西河本自有周晉穆公少子成師封韓韓獻子玄孫曰康食邑於藺因氏焉轥轥轢車踐轔上同蟒螢火𩕟須𩕟一曰頭少髮𪊨[16]獸名似𧰿身黃尾白麐牡麐又音鄰籣搷[17]也

𦼮草名瞵視不明皃橉木名鏻鏻健甐器也賃貪也䦧[18]蟲也閺[13]火皃疄田壟撛扶也又力

7 閑　6 壗　　2 覲　1 剌

盡切剌[1]水在石間躪蹸躪○儐儐相也說文導也必刃切七擯擯斥殯殯殮鬢頰上髮也覕見不相見也嬪

上同覲覲見又[2]匹人切○敶列也直刃切五陳上同見經典陣俗今通用診候脈又之忍切[3]𨳝登也○慎誠也

謹也亦姓古有慎到著書又漢複姓家語魯有慎潰氏奢侈踰法時刃切三昚古文亦姓蜃蛟蜃又[4]縣名○眒張目試刃切三阠

東方陵名抻抻物長也○菣香蒿可煑食去刃切又苦見切三[走臤]行皃臤堅也○賮琛賮又財貨也會禮也徐[5]刃切又疾刃切六

燼燭餘[聿火]上同藎進也詩云王之藎臣一曰草名濜水名壗[6]石似玉○憖且也一曰傷也又曰閑[7]也魚[8]覲切三猌犬張

齗怒皃垽滓也○晉進也又州名堯所都平陽禹貢冀州之域[9]春秋時晉地秦屬河東郡後魏爲唐州又爲晉州爾雅晉有大陸之藪今鉅鹿

是也亦姓本白唐叔虞之後以晉爲氏魏有晉鄙即刃切十𣈆上同出說文搢搢紳之士搢笏而垂紳又插也縉淺絳色又古有縉雲

氏[虫進]蟲名又蛤屬進前也善也升也登也又姓出何氏姓苑枃凡織先經以枃梳絲使不亂出埤蒼瑨美石次玉璡上同又音

津[執羊]羊名又亭名○衅牲血塗器祭也許覲切三舋上同又罪也瑕舋也釁俗○鎮壓也周禮有四鎮揚州之會稽

青州之沂山幽州之醫無閭冀州之霍山又姓出姓苑陟刃切三瑱玉充耳又吐甸切塡定也亦星名又音田○僅餘也纔也劣也

12 欠
14 諸侯王
17 闠
18 蠶
20 吐
○賣 本韻徐刃切又疾刃切
21 東

少也渠遴切十一 覲見也 殣埋也 瑾美玉名 饉無穀曰饑[10]無菜曰饉 𡭴少也 廑小屋 瘽病也 墐塗也
詩曰塞向墐戶 𠜴𠜴割也又去[11]槿切 歏歏坎[12] ○櫬空棺也初覲切七 瀙水名 嚫嚫施 䞋上同 襯近身衣 儭
裏也 齔說文曰毀齒也男八月而齒生八歲而齔女七月而齒生七歲而齔俗作齓又[13]初忍切 ○印符印也印信也亦因也封物相因付又漢
官儀曰諸[14]王侯黃金橐駝鈕文曰璽列侯黃金龜鈕文曰章御史大夫金印紫綬文曰章中二千石銀印龜鈕文曰章千石至四百石皆銅印文曰印又
姓左傳鄭大夫印段[15]出自穆公子印以王父字爲氏於刃切四 鮣魚名身上如印 [illegible]眣又音致 䨒氣行 ○疢病也俗作疹丑
刃切二 趁趁逐俗作趂 ○𣎳麻片匹[16]刃切三 闠[17]闢[18]也 𧡊暫見 ○親親家七遴切又七鄰切四 寴屋空皃說文至也
儭至也又畏也 瀙水名 ○螼螼蚓一名蜸蚕[18]蚯蚓也羌印切蜸苦典切一 ○呁[19]唁[20]也九峻切二 訽欺言 ○
二十二○稕束[21]稈也之閏切六 [illegible]上同 諄告之丁寧 [illegible]鈍目 盹上同 訰訰訰亂也 ○陖高也長也險也
峭也速也私閏切十三 峻上同 濬深也 浚水名在衛亦浚儀縣名 陖亭名在馮翊說文曰陗高也 埈上同 迅
疾也又音信 鵔鵔鸃似鳳說文曰鷩也漢初侍中服鵔鸃冠 [illegible][22]弓彇 奞奮奞鳥張羽毛也 [illegible]益 晙早也又音俊

8 駿 本韻子峻切又音峻

4 葍　5 目　9 璺　10 微

迿出表詞也 ○[8]殉以人送死辭閏切四 徇自衒名行 侚以身從物 彴巡師宣令又從也或作徇 ○儁智過千人曰儁又羌複姓有儁蒙氏子峻切十二 俊上同 晙早也 餕食餘 畯田畯農夫詩傳曰田大夫也 駿馬之俊周穆王有八駿驊騮騄騏赤驥白兔犧渠黃踰[1]盜驪山子又音峻 ⿰夋兔⿰夋兔古東郭之狡兔名又音逡 ⿰鼠夋石鼠出蜀毛可作筆 雋人中最才 焌然火 ⿱北瓦[2]獵之韋袴說文曰柔韋也又音耎 ⿰⿱北瓦舛上同又而[3]隴切 ○舜虞舜仁聖盛明曰舜說文作䑞艸也楚謂之蕾[4]秦謂之藑蔓地連華象形舒閏切八 䑞見上注 蕣木槿 瞬瞬目自[5]動也 瞚 眴並上同 眣亦同見公羊傳 鬊毛皃禮注云亂髮也 ○閏[6]閏餘也易曰五歲再閏史記曰黃帝起消息正閏餘漢書音義曰以歲之餘爲閏如順切三 潤[7]潤澤也又益也 䏰漢朐[8]䏰縣名地下濕多朐䏰蟲朐音蠢

○順從也食閏切二 揗說文摩也

二十三 ○問訊也又姓今襄州有之亡運切十一 璺破璺亦作璺方言曰秦晉器破而未離謂之璺[9] 絻喪服亦作免 汶水名 紊亂也 聞名達詩曰令聞令望 莬新生草也 脕上同詩曰微[10]亦柔止鄭玄云柔謂脃脕之時 抆拭也 鼤鼠文 娩生也又音免 ○運遠也動也轉輸也國語云廣運百里東西爲廣南北爲運又姓出姓苑又漢複姓二氏史記云秦後以國爲姓有運奄氏後漢

九百卌三　韻去聲　二十九　吴志

11 治

17 囊

梁鴻改姓爲運期氏王問切十六 暈日月傍氣 餫野餉 韗[11]理鼓工考工記云韗人爲皐陶皐陶鼓木也又況万切 韗上同 鄆

邑名又州名魯太昊之後風姓禹貢兖州之域[12]即魯之附庸須句國也秦爲薛郡地漢爲東平國武帝爲大河郡隋爲鄆州亦姓魯大夫食采於鄆後因氏焉

貟姓也前涼録有金城貟敞唐有棣州刺史貟半千 䲰鳥名似烏一名同力 忶心悶 鶤雞三尺曰鶤又音昆 䞨云物數亂也

韻[13]韻和也 䚋衆視 䚃上同 𤸫病也又尤粉切 緷說文緯也 ○訓誡也男曰教女曰訓又姓許運切五 爋火乾物

臐羊羹 薰薰香又許云切 鐼鐵類 ○湓[14]含水濆也匹問切四 忿怒也 魵小魚 濆水浸也又音奮 ○糞穢也方問

切八 𡊄上同 坌坌埽除也 拚上同見禮 僨僵也 奮[15]揚也鳥張毛羽奮奞也又姓左傳楚有司馬奮揚 瀵水名有三眼一

在蒲州泉眼大如車輪濆沸涌出一在同州界夾黃河一在河中央皆潛通大小並相似俱深不測又音湓 殨殨也 ○醞醞釀於問切又

於刎切四 慍怒也 緼亂麻 藴習也俗作蘊又音上聲 ○攟說文拾也居運切五 捃上同 皸足坼又居云切 豩豕求

食也又衢物切 䝐小野豕名 ○郡說文曰周制天子地方千里分爲百縣縣有四郡故春秋傳曰上[16]大夫受郡是也至秦初置三十六郡以

監其縣釋名曰郡羣也人所羣聚也渠運切一 ○分分劑扶問切又方文切五 𤺋𤺋痱瘡悶 𢡹[17]滿而裂 秎穧秎穫也 坋

塵也又房粉切

二十四。焮火氣香靳切六 炘上同 𤶜瘡中冷 庍 𦛁並上同 脪說文曰瘡肉反出也 。靳靳固又姓楚有大夫靳尚居焮切五 斤爾雅曰明明斤斤察也又居勤切 抻覆巾名 㨷說文拭也 劤多力皃 。近附也巨靳切又巨隱切一 。𠐍依人也於靳切八 𢡟上同 隱隈隱之皃又於謹切 檼屋脊又棟也 𤔌所依據也 㥯說文謹也 濦水名又於[1]覲切 𢤙𢤙裹[2]相著 。垽爾雅曰澱謂之垽吾靳切一

二十五。願欲也念也思也說文云大頭也魚怨切四 顚[3]上同說文云顛頂也 傆說文黠也 愿𧦝也善也謹也 。怨恨也說文恚也於願切二 䛄從也說文慰也又於阮切 。販買賤賣貴也方願切二 畈田畈 。券[4]券約說文契也釋名曰券綣也相約束繾綣爲[5]限也去願切六 桊束腰繩也 勸獎勸也勉也助也教也又姓 虇萌筍又蘆牙 綣繾綣志盟又去阮切 弮曲也又革中辨也說文又九萬切 。万十千又虜三字姓二[6]氏西魏有柱國万紐[7]于謹周書唐瑾樊深並賜姓万紐于氏無販切十八 萬萬舞字林云萬蟲名也亦州名自漢及梁猶爲朐䏰縣地後魏分置萬川郡及魚泉縣武德初割信州南浦置浦州貞觀改爲萬州又姓

八·五十七 韻去聲 三十 秦顯

9 脘　10 大　11 娩 兔　12 ⿸尢女　13 ⿱䜌十　16 犬　17 又　△瑗 線韻王眷切 又于願切

孟軻門人萬章 輓 輓車也亦作挽本又音晚 蔓 瓜蔓又姓左傳楚有蔓成然 曼 長也 蟃 蝘蜓蟲 鰻 魚名 鄤 蜀有鄤鄉 嫚 篆文云姓也古萬字 獌 獌狿獸長百尋說文曰狠屬也爾雅曰貙獌似狸 ⿰豸萬 貙獌似狸或作此⿰豸萬 ⿱雨免 姓梁公子⿱雨免杰之後 ⿰糸勉 挽舟繩也 贎 贈貨 ⿰車曼 戰車以遮矢也 ⿺皮曼 皮帨[9]又無遠切 脕 肌澤 鬗 髮長 ○飯 周書云黃帝始炊穀爲飯符万切六 餅 上同俗又作飰 閞 門欂櫨也 ⿰米并 粉⿰米并 ⿱緐泉 泉水 蛢 蟲名 ○嬔 嬔息也一曰鳥伏乍出說文曰生子齊均也或作嬎

芳万切十 ⿸疒反 吐⿸疒反 ⿱奔酉 一宿酒 奔 上[10]同 ⿱⺮敢 小舂 㤓 急性 娩[11] 說文云兔子也娩疾也 ⿸尢女[12] 說文云其義闕 ⿱䜌十[13] 量也 又居願切 汳 水在睢陽 ○建 立也樹也至也又木名在弱水直上百仞無枝又姓楚王子建之後漢元后傳有建公又州名居万切二 𨑽 捷也 ○堰 堰水也於建切十 鄢 地名在楚 郾 上同 ⿰貝匽 引[14]與爲價又[15]於面切 傿 上同 褗 郭璞云衣領也 ⿰匽欠 大呼用力

漹 水名在襄陽宜城入漢江也 嫣 長皃 ⿱匽大 說文曰大皃也 ○獻 進也禮云大[16]曰羹獻又姓風俗通有秦大夫獻則許建切四 憲 法也又姓出姓苑 𧼑 走意 瀗 水名 ○楥 靴履楥又法也虛願切四 楦 俗 韗 攻皮治鼓工也亦作韗又音運 ⿰韋宣 俗 ○健 伉也易曰天行健渠建切二 腱 筋本也 ○⿱⺮敢 小舂也亦作⿰韋雚[17]芳万切一 ○遠 離也于[18]願切一 ○甗 瓢也語堰[19]

2 𢍏　4 顨　5 昆　7 祕　9 出　10 苑

切二鬳鬲屬○圈[1]邑名曰万切一○𢍏[2]眈物也說文曰抒滿也居願切二絭弦也

二十六○慁慁亂也說文憂也一曰擾也又禮云儒有不慁君王慁猶辱也亦作㥵胡困切四溷濁也倱全[3]也圂廁也

一云豕所居也○頓說文云下首也亦姓魏志華佗傳有督郵頓子獻都困切三扽撼扽敦豎也又都昆徒官二切○巽卦名說文

具也亦作巺蘇困切六顨[4]說文云巽也此易顨卦爲長女爲風者潠潠水噀上同遜遁也從也伏也恭也愻順也○困

亂也逃也病之甚也悴也極也苦悶切四朱古文涃水名顐耳門又苦根[5]切○嫩[6]弱也奴困切四嫰上同腝肉腝抐

搵抐按物水中○搵烏困切二𩞄相謁食又於恨切○悶說文曰懣也易曰遯世無悶莫困切二懣煩也又莫緩亡損二

切○鐏說文曰柲[7]下銅也曲禮曰進戈者前其鐏徂[8]悶切五臶人名魏時張臶又至也栫木名䑳船底孔也鱒魚名

又魚入泥○睔大目露睛古困切七睴視皃琯玉[9]光也又音管琿俗鄆水名諢諢㦬人也謴順言謔弄皃出聲譜

○噴吐氣普悶切三歕上同湓水聲○鈍不利也頑也徒困切五遁逃也隱也去也遯上同鶨癡鳥顡顡顛

○寸說文[10]曰度量衡以粟生之十粟爲一分十分爲一寸十寸爲一尺家語云孔子曰布指知寸倉困切二鑴瓦器又千[11]見切○坌塵也

鼾 元翻居言切 又下㦡切

15 門

16 捍

亦作坋蒲悶切二 湓[12]水聲 ○顐禿也五困切二 諢玉篇云弄言 ○論議也盧困切又盧昆切三 淪水中曳船曰淪

碖大小勻皃又盧本切 ○奔[13]甫悶切又音犇一 ○惛迷忘也呼悶切又呼昆切一 ○焌然火周禮云遂龡其焌子寸切

三 䰯䰯委髮也 捘左傳曰涉佗捘衛侯之手

二十七○恨怨也胡艮切一 ○艮卦名也止也說文很也古恨切四 茛草名 珢石次玉 詪語也 ○䭓飽也五恨切一 ○𩟄𩟄䭓飽也烏恨切一

二十八○翰鳥羽也高飛也亦詞翰說文曰天雞赤羽也又姓左傳曹大夫翰胡侯旰切二十五 捍抵捍 扞以手扞又衛也

鼾鼾睡 鶾鶾天雞爾雅注云[14]小蟲黑身赤頭一名莎雞 垾小堤 豻野狗又音岸 釬釬金銀令相著亦作銲 汗熱汗 悍猛悍 瀚瀚海北海 閈里[15]也居也垣也說文曰閭也汝南平輿里門曰閈 皸射皸以皮皸[16]臂 駻馬高六尺說文曰馬突也

雗雗鶾鷽別名 䮧馬毛長也 馯姓也 韓草名又音寒 䏷臏䏷刀箭瘡藥出古兵格 忓善也 弙拒也又關名在巫縣 矸磓也 𣯶長毛 㪋說文止也 䱋魚名 ○炭火炭又姓西京雜記有長安炭虯他旦切六 歎歎息 嘆上同 湠

3 獦　4 ⿸广旱(?)旱韻古旱切又工旦切　衦旱韻古旱切又音幹　6 國　8 枹　9 枹　10 速

漾漫水廣皃出字林歡[1]歡歎無文章皃嬗嬗嫈無宜適也○按抑也止也烏旰切七案几屬也史記曰高祖過趙趙王張敖自持案進食又曹公作欹案臥視書又察行也考也驗也洝說文曰渜水也晏晚也又於諫切荌草也⿰安阝里名案[2]轢禾○旦早也得按切八

疸黃病鴠鶡鴠鳥名觛小觶又丁但切狚[3]獦狚獸名似狼怛傷也笪笞也⿸广旦小舍○憚難也又忌惡也徒案切六

彈行丸又徒丹切澶澶漫僤疾也周禮云句兵欲無僤但辭也又徒亶切撣撣觸也又徒干切○旰日晚也晏也古案切十一

榦楨榦築垣板倝說文曰日始出光倝倝也俗作幹幹莖幹又強也又姓杆檀木䞶赤色也盰說文曰目多白也一曰張目也

骭脅也⿰氵骭[4]滮滮⿰氵骭⿰氵骭水流疾皃㠊布袋矸石淨○岸水涯高者五旰切九[5]犴獄也又五干切豻野狗頇頭無髮也駻馯駻馬行又馬白額至脣⿸厂火說文云火色也讀若鴈⿱山⿸厂言唇也喭弔失容又五弁切[6]⿱髟岸長大[7]○侃正也苦旰切又苦旱切六偘上同

靬乾革看又苦干切衎樂也鶾鶾鳴鳥名○漢水名又姓姓苑云東莞人呼旰切九暵日氣乾暵耕田熯火乾又人善切罕[8]抱罕縣在河州[9]亦作罕抱音扶⿰旱虎呼也⿰氵鶾水濡乾也𦔻冬耕地厂山石之崖○爛火熟又明也郎旰切七[10]爤上同見說文瀾波也又音蘭⿰柬彡粲⿰柬彡文章皃糷飯相著爾雅曰摶者謂之糷鑭光鑭讕逆言又蘭嬾二音○攤按攤也奴案切

11 攔

13 餍

14 徂

15 垸漆骨垸也髋上同

16 掔

又他丹切六灘水奔又他丹切難患也又奴丹切䍳緼也㬮說文曰安㬮溫也幔巾捫[11]又塗著也○粲鮮好皃又優也察也明也亦作𡡑又姓出姓苑蒼案切六𡡑詩傳云三女為𡡑又美好[12]皃詩本亦作粲說文又作妭燦明淨皃璨美玉又璀璨𦾺草可為席𪆒鳥名○繖蓋也蘇旰切又蘇旱切六㪚分離也布也說文作㪔分離也㪔雜肉也今通作散又蘇旱切散見上注帴二幅說文帬也𥳑說文曰竹器也𢿨說文曰繖𢿨也一曰飛散也○贊佐也出也助也見也說文本作贊則旰切十一讚稱人之美酇縣名在南陽饡羹和飯也趲散走濽水濺𩟔[13]食也𡤻女從𩯺髮光澤也襸衣好皃攢訟也○𡤻不謹也一曰美好皃祖[14]贊切五殘禽獸食餘𣧑同上穳禾肥死又在丸切囋譏囋嘲也又才葛切

二十九○換易也胡玩切九逭逃也迯也轉也步也周也𨓈上同肒胞肒垸桼[15]補垸也髋膝骨惌漫惌不可知也䀎睕䀎轉目又大目皃𤵺癰疽屬也○穳鋋也子筭切二鑽錐鑽○惋驚歎烏貫切六腕手腕𦢊[16]上同捥亦同睕睕䀎大目琬琬圭又於阮切○貫事也穿也累也行也又姓漢有趙相貫高古玩切二十八矔張目祼祭名說文

4 瑖　　2 鑵

曰灌祭也館館舍也周禮五十里有市市有館館有積以待朝聘之客俗作舘瓘[1]玉升左傳曰瓘斝玉瓚杜預云瓘珪也鑵[2]汲水

器也⿸疒雚病也痯上同灌水名在廬江又聚也澆也漬也又姓漢有灌嬰雚雚雀鳥鸛上同樌木叢生也鏆臂鐶

⿰火果楚人云火懽憂無告也錧車軸頭鐵一曰江南人呼犂刃爟烽火說文曰取火於日官名舉火曰爟周禮曰司爟掌行火之政令遦

行也冠冠束白虎通曰男子幼娶必冠女子幼嫁必笄又姓列仙傳有仙人冠先又音官觀樓觀釋名曰觀者於上觀望也說文曰諦

視也爾雅曰觀謂之闕亦姓左傳楚有觀起又音官涫沸也悹憂也悺上同盥說文曰澡手也从臼水臨皿也春秋傳曰奉匜

沃盥棺殮屍又音官毌穿也婠好皃⿰衤官袴別名○竄逃也誅也放也藏也匿也從鼠在穴中七亂切五鑹小稍爨

炊爨又姓華陽國志云昌寧大姓有爨習蜀志云建寧大姓蜀錄有交州刺史爨深㸑㸑孝秦人云饋喪家食穳鋋也本音鑽俗爲槍

穳字○玩弄也五換切五貦說文上同翫習也妧好皃忨忨貪○段分段也又姓出武威本自鄭共叔段之後風俗通云段干

木之後段氏有出遼西者本鮮卑檀石槐之後晉將段匹磾徒玩切三毈卵壞椴木名○亂理也又兵寇也不理也俗作乱郎段切四

灓絕水渡也亦作亂⿰𤔔攴煩也𤔔理也○鍛[3]打鐵丁貫切六腶籤脯碫礪石斷決斷俗作斷斷瑖[4]石之似玉踹朱玩

△鶨 綫韻丑戀切又音彖

7 數 𢿱㪕

11 漫

12 胖

14 罩

15 御

足踹。彖 易有彖象通貫切四 褖 后衣 貒 野豚 湪 水名 。喚[5] 呼也火貫切八 嚾 上同 ⿰口⿰𠂤巳 上同出說文 煥 火光

奐 文彩明皃又姓 渙 水散又音𢿱 ⿰目奐[6] 國在流沙東 喛 恚也又虛元切 。筭 計也數也說文曰筭長六寸計歷數者也又有

九章術漢許商杜忠吳陳熾魏王粲並善之世本曰黃帝時隸首作數蘇貫切四 蒜 葷菜也張騫使西域得大蒜胡荽 笇 竹器 祘

明也 。縵 說文曰繒無文也漢律曰賜衣者縵表白裏莫半切十 幔 帷幔 漫 大水 數[7] 㪕數 ⿰耒曼[8] 不蒔之田也 獌 狼屬又音

萬 ⿰豸曼 上同 墁 所以塗飾牆又莫干切[9] 鏝 上同又鏝刀工人器 謾 欺也又莫干切[10] 。半 物中分也博慢切七[11] 絆 羈絆 靽

上同 姅 傷孕 ⿰馬半 ⿰馬半⿰馬岸馬行 ⿰半斗 五升 吸 吸喭失容 。判 剖判又分也普半切八 泮 泮宮禮記作頖 頖 見上注 沜

水涯 眫[12] 牲之半體 姅 傷孕又音半 冸 冰散 牉 牉合夫婦也本亦作判周禮云媒氏掌萬民之判 。叛 奔他國薄半切

四 ⿱半女 婒婜無宜適也 畔 田界 伴 伴奐見詩 。偄 偄弱也奴亂切五 愞 上同 稬 稻稬也 渜 浴餘汁也 ⿱鹿耎

說文曰鹿麛也 。攢 聚也在玩切一 。⿰金款 燒鐵炙也[13]口喚切二 ⿰魚款 魚撞罩[14]聲

三十 。諫 諫諍直言以悟人也又姓風俗通云漢有治書侍史[15]諫忠古晏切三 澗 溝澗爾雅曰山夾水澗亦作磵㵎 鐗

△閒 山韻古閑切又音澗　1 贄　△刪 刪韻所姦切又所晏切　4 閲　11 二

車間鐵也。○鴈禮曰[1×]孟春之月鴻鴈來賓白虎通曰贄用鴈者取其隨時五晏切六　鳫上同　雁鳥也出說文　贗僞物　傿上同　豜逐獸犬

○晏柔也天清也又晚也又姓左傳齊有晏氏代爲大夫烏澗切五　騴馬尾白也　暥目相戲也　鴳爾雅曰鳸鴳郭璞云今鴳雀　鷃上同

○訕謗也所晏切又所攀切七　汕魚乘水[2]上　狦獸名似狼說文曰惡健犬也　⿱罒巽取魚網也　疝病也又所姦[3]切　柵籬柵又又革切

⿺麥山餅麴[5]　骭脛骨下晏切又音旰二　婩僈也　○慢怠也倨也易也俗作慢謨晏切五　嫚侮易　謾欺謾　縵緩縵　⿸疒馬牛馬病又莫駕切

○綰鉤繫烏患切三　⿰貝患支財貨出文字指歸　⿰面官面曲皃　○患病也亦禍也憂也惡也苦也又姓出何氏姓苑胡慣切九

⿵門忠[4×]古文　擐擐甲　宦仕宦亦閹宦又學也左傳云宦三年矣　轘車裂人又音還　豢穀養畜又牛馬曰芻犬豕曰豢　⿰羊患獸名似羊無口出山海經

槵無槵木名　繯縞文　○慣習也古患切六　丱總角也幼稚也　摜摜帶　倌主駕官也又音官　串穿也習也　矔矔睊轉目

○孿雙生子亦作孿生患切又所眷切二　涮涮洗也　○篡奪也逆也初患切一　○薍菼薍五患切一　○輚臥車又寢車亦作轏士諫切五[5]

棧木棧道又士限切　虥虎淺毛又士限切[6]　⿰谷戔谷在上艾　⿰虫戔馬⿰虫戔蟲名　○襻衣襻普患切一　○奻訟也女患切[7]一

○羼[8]羊相間也初鴈切三　鏟[9]削木器又初限切　⿺麥戔[10]穀麥⿺麥戔也　○⿱日⿸戶木赤色丑晏切三[11×]　⿸疒馬牛馬病

14 苤　22 水　23 稷　24 廞　26 諑當音絢　28 七數　29 休　30 黃絢切

三十一○襉襉裙古莧切六猏[12]逐虎犬閒廁也瘳也代也送也迭也隔也又音平聲覵視也䤗醎也衦
古衣○莧[13]菜名侯襉切三蕢草[14]餘粯粉頭粯子○瓣瓜瓠瓣也蒲莧切五辦具也周禮曰以辦民器又步免切辧
俗辧小見釆說文云辨別也象獸指爪分別也○盼[15]美目匹莧切二辧小兒白眼視也○幻幻化胡[16]辨切一○蔄人姓
亡[17]莧切一○袒[18]衣縫解又作綻[19]丈莧切三綻[20]上同組補縫○扮打扮晡[21]幻切一○鰥鰥視古幻切一
三十二○霰雨雪雜又作䨘霹釋名曰[23]霰星也冰[22]雪相摶如星而散說文云霰稷雪也蘇佃切九䨘霹並上同㪚
散也廠舍也亦作廞[24]先先後猶娣姒又姓出河東又蘇前切汛灑汛又所隘息進二切軓轉軓車迹䈏紡䈏也
○蒨草盛倉甸切十三茜草名可染絳色輤載柩車蓋大夫以布士以葦席綪青赤色倩倩利又巧笑皃芊
芊蒨[25]草木相雜皃諑[26]諑散精木名帤幨[27]也又幧頭䙯褵也鑳紡錘說文曰瓦器也又士[28]鈍切䑗輕舟篟青竹
○絢文彩皃許縣切八絃上同敻[29]營求也又求娉切眴目動又音舜駽青驪馬也䞼走皃抣擊也讂
流言有所求也又古縣切○縣郡縣也釋名曰縣懸也懸於郡也古作寰楚莊王滅陳爲縣縣名自此始也又姓孔子門人縣單父黃練[30]

4 侍　5 㞱　7 顚　12 搥　13 奠

切十五 㝠古文 袨好衣 眩瞑眩書曰若藥弗瞑眩厥疾弗瘳 炫明也火光也 衒自媒 衙上同 𧵍行𧵍[4]賣 贙
獸名又音泫 ⿰玄頁顒後 迿出表辞 姰狂也又相倫切 玹玉名 旬目搖 眴上同 ○睊視皃古縣切十一 譞流言 甗
盆底 ⿰酉肙說文曰⿰酉鬲酒也⿰酉鬲音歷 羂鳥羅 罥綰也 懁急性 ⿴行睘車搖[2] 獧躍也 狷急也又音絹 弲觧也 ○電
陰陽激曜釋名曰電殄也乍見則殄滅也堂練切十八 殿宮殿風俗通曰殿堂象東井形刻爲荷菱荷菱水物所以厭火又都甸切 奠
設奠禮注云薦也陳也書傳云定也 畋平皃 澱澱滓亦藍澱也 淀陂淀泊屬 甸郊甸書曰五百里甸服 佃營田 鈿寶鈿
以寶飾器又音田 闐于闐國在西域[3]或作寘又音田 涏美好皃 ⿰黑異藍⿰黑異染者也 塡塞塡 寘上同 壂堂基 ⿸尸眞
待[4]也又音項 㞱[5]髀也 ⿺走眞走也 ○瑱玉名說文曰以玉充耳也詩曰玉之瑱也他甸切又音[6]田四 顚[7]上同 滇滇沔大水又音田
睼迎視又音啼 ○練白練又姓何氏姓苑云南康人郎甸切十五 浰水疾流皃 鍊鍊金 揀揀擇 楝木名鵷鶵食其實
⿰柬瓜瓜⿰柬瓜[8] 鰊魚名似鯉[9] 僆雞未[10]成也 萰草名 堜堜塘壚名在吳[11]郡 湅熟絲也周禮曰慌氏湅絲 潄熟潄 敕搥[12]打
物也 ⿰車桑奥[13]𧓍 ⿰月柬木解理也 ○見視也又姓出姓苑古電切又胡電切二 鋻鋻鐵 ○晛日光奴甸切四 ⿰目然上同 ⿰女然姓也 涊

九•〇二　韻去聲　三十五　方至

14 無違　15 研　16 己　△濺 線韻子賤切又作甸切　21 閂

說文曰水也○俔罄也譬也苦甸切八牽牽挽也又苦堅切𢾊爾雅曰萬蔙又去刃切蜆爾雅曰蜆縊女郭璞曰小黑蟲赤頭

喜自經故曰縊女又音哯𣗋橫𣗋木涀水名汧泉出不流𪏁穄也又口典切○見露也胡甸切四現俗涀水名逹

無[14]也○硯筆硯釋名云硯研也研墨使和濡也吾甸切六研磨研又音平聲䟰行不正也犴逐虎犬也豣爾雅云麕絕有力犴[15]趼

趼骨○宴安也息也於甸切十三驠馬名燕說文云玄鳥也作巢避戊巳[16]鷰俗今通用醼醼飲周禮[17]云以饗燕之禮親四

方之賓客詩云鹿鳴燕羣臣嘉賓也古無酉今通用[18]亦作宴讌讌會本亦同上嬿嬿婉並也又於典切嚥呑也咽上同曣

星無雲出說文洼大水皃酀邑名䁙視也或作䁙○薦薦席又薦進也說文曰獸之所食艸古者神人以廌遺黃帝帝曰何食何

處曰食薦夏處川澤[19]冬處松柏又姓出姓苑作甸切廌丈買切二𧆞畜食○麪束皙麪賦云重羅之麪塵飛雪白莫甸切八麵上同

瞑瞑眩眄斜視沔滇沔水大皃宆冥合𩈣𩈣炫汗血糆屑米○片半也判也析木也普麵切三牉半體也

辧爾雅革中絕謂之辧革車轡勒也本亦作辨○荐重也仍也再也在甸切七洊水荒曰洊亦再也易曰洊[20]雷震𡥈重至又魏

有高士張𡥈戴僞之鳥巢其門陰者又徂問[21]切栫圍也左傳云栫之以棘瀳水名袸小帶𨵵門次○餇饜飽鳥縣切四

1 而　3 戾　4 殿　8 封　△11 褊韻知演切又視戰切　9 綮繐　12 馬

襉廣雅云衣衿袖曲處 噮噮甘不[1]肰也 肙小蟲也又空也○殿軍在前曰啓後曰殿又殿最漢書音義云上功曰最下功曰殿

都甸切又堂練切三 唸[2]唸吚呻也亦作㗛戾[3]經典又作歐[4]屎 㗛見上注○韅在背曰韅亦作韅呼甸切又呼典切一

三十三○線線縷也周禮云縫人掌王宮縫線之事以役女御縫王及后衣服私箭切四 綫細絲出文字指歸說文同

上 惗思惗 鮮姓也本音平聲○戰懼也恐也又姓[5]之膳切二 顫四支[6]寒動○繕補也時戰切十二 鄯鄯善西域國名

擅專也 膳食也 饍上同 僐廣雅云姿態 禪[7]圭[8]禪又禪讓傳受 襢古文 單單父縣亦姓 ⿰亶瓦器縁 ⿰金單

上同 嬗說文緩也一曰傳也漢書霍去病子名嬗○彥美士魚變切六 唁弔失國說文曰弔生也詩曰歸唁衞侯 喭上同 甗

甑也 諺俗言 這迎也○譴問也責也怒也讓也亦姓去戰切五 遣人臣賜車馬曰遣車又去𨘢切 韇署帶 啓雨而晝止

繾又去演切○絹縑也廣雅曰繁[9]總鮮支穀絹也吉[10]掾切五 狷褊[11]急又古縣切 鄄鄄城縣在濮州 ⿰木絹⿰木絹青木皮葉可作衣似絹出西

域烏[12]耆國 睍視也○瑗玉名王眷切又于[13]願切五 援[14]援援救助也亦姓 媛淑媛 褑佩帶 院垣院○面向也前也說文作⿴囗百

顏前也俗作靣彌箭切二 偭說文曰鄉也禮少儀云尊壺者偭其鼻○釧鐶釧續漢書曰孫程十九人立順帝各賜金釧指鐶尺絹切四

九・廿三　韻去聲　三十六　吴椿

16 △ ⿰兖風 此本韻七絹切又弋絹切

17 土

19 六

△ 躽 願韻於建切又於面切

22 斛

23 匝

24 弅

25 汝 △ ⿱龹夂 仙韻巨員切又音倦

竄穿也又初稅切穿貫也又音川諯相讓也○掾官名以絹切四緣衣緣[15]⿰弓彖弓⿰弓彖⿰兖風[16]再揚穀又小風也○驏馬上[17]浴陟扇切三襢周禮王后之六服其一曰襢衣襢上同○⿰目耎城下田人絹切又而兗切一○箭箭竹高一丈節間三尺可爲矢爾雅曰東南之美者有會稽之竹箭子賤切九⿱⺮前古文鬋女鬢垂皃葥草名湔水名在蜀榗木名籛陸終子名又子田切濺濺水又作[18]甸切煎甲煎又將仙切○硟展繒石昌戰切一○扇雀豹古今注舜作五明扇說文扉也式戰切四[19]煽火盛皃又音羶傓熾盛⿰虫扇蠅動翅也說文曰蠅醜⿰虫扇⿱艹扇草名⿱⺮扇竹○躽[20]怒瞋於扇切三⿰目匽視皃又於殄切堰堰埭○眷眷屬說文顧也居倦切十五睠上同捲[21]西捲縣名在日南⿱龹弓曲也又書卷今作卷卷上同桊牛拘帣囊也亦三[22]石爲一帣絭連弩三十絭共一臂犈爾雅云牛腳黑犈又音權觠爾雅云羊屬角三觠羷郭璞云觠角三帀[23]⿱龹豆黃豆又求晚切⿱龹食祭名⿱龹虫⿱龹虫蠋蜘蛛別名⿱龹廾說文曰摶飯也隸省作龹卷字類從此俗作⿱龹廾[24]勬勤也又居負切○倦疲也猒也懈也說文又作券勞也或作勌渠卷切五綣緣韝縫也⿱龹韋上同襈重繒淃水名○戀慕也力卷切四⿱䜌木又音亂⿱䜌糸何承天云姓也漢有⿱䜌糸秘爲[25]南郡太守孌順也○猭獸走草丑戀切二鶨鳥名又音[26]彖○變化也通也易也又姓出姓苑彼眷切一○⿱算車⿱算車車軸所眷切

4 覍　10 士　11 儛

二孿一乳兩子亦作孿又生患切○線縷色七絹切又七[1]全切三諯相責䟴[2]更視見皃說文作遉相顧視而行也又弋[3]絹切○卞
縣名在魯又姓出濟陰本自有周曹叔振鐸
之後曹之支子封于卞遂以建族皮變切十五拚擊手抃上同弁周冠名覍[4]上同
汴水名在陳留亦州名秦屬三川郡漢爲陳留郡留鄭邑爲陳所幷遂名之東魏置梁州周改爲汴州犿犬鬬聲閞門欂櫨又音飯
昪日光皃匥笥也⿱艹弁雀草笲竹器玣玉名忭喜皃⿰弁頁⿰弁頁[5]冠○淀回泉辝戀切九鏇轉軸裁器縼長繩
繫牛馬放⿰扌旋上同旋遶也嫙好皃⿰羊巽羊也⿺走巽走[6]也⿰月旋⿰月旋短者○選息絹[7]切八潠[8]飲也⿰氵選口含[9]水潰⿰羊巽
羊也罠罥獸足網⿰足巽上同⿰糹巽索也渲小水○籑說文曰具食也七[10]戀切九饌上同⿰月巽上同見儀禮襈緣也僎
具也譔專教⿰王巽珍⿰土巽僝[11]見也具也⿰㔾巴[12]具也○孨[13]謹也莊眷切一○傳訓也釋名曰傳傳也以傳示後人也直戀切又直專
丁戀二切二縳縳繞也○賤輕賤又姓風俗通云漢有北平太守賤瓊才線切三諓巧讒皃餞酒食送人○羨貪慕又餘
也又姓列仙傳有羨門似面切二⿺辶羡遮也○騗躍上馬匹戰切二偏又音篇○⿰扌叀縣繩望時剸切二叀說文
曰專小謹也○輾水輾女箭切二碾上同○囀韻也又鳥吟知戀切三傳郵馬釋名曰傳傳也人所止息[14]去後人復

15 予　18 一　20 ⿰黑巴　23 合　26 敫

來轉轉相傳無常人也又直專直戀二切轉流轉又張兗切○衍水也溢也豐也于[15]線切又以淺切八莚蔓莚不斷羨延也進也

挻㨗挻[16]大獸名長八尺延曼延不斷其莚也涎湎涎水[17]流䢭移也⿰口寅大笑○便利也婢面切又音平聲[18]○邅逐也

持碾切又張連切二纏纏繞物也○㾻疰㾻惡病也連彥切二摙[19]按摙之皃○⿰黑巴[20]祭祀區倦切三桊[21]臂繩⿰足巽罥網○剸

切肉皃之囀切一○徧[22]周也說文帀也方見切二遍俗

三十四○嘯說文曰吹聲也蘇弔切五歗籀文⿰扌肅打也⿰月肅切肉[23]食糅熽火皃○糶賣米也他弔切十粜俗

眺視也覜周禮曰大夫衆來曰覜寡來曰聘趒越也咷叫咷楚聲又音桃頫薛琮云低頭聽本又音府窱窅窱[24]深邃

皃鋽銚鋽絩綺絲數也○弔弔生曰唁弔死曰弔多嘯切又音的七伄伄儅不當皃瘹瘹星狂病釣釣魚淮南

子曰詹公釣千歲之鯉詹公古善釣者呂氏春秋曰太公釣於滋泉以遇文王窵窵窅深也蔦寄生草⿺辶弔至也又音的

○叫呼也古弔切十二訆說文曰大呼也徼循也小道也憿[25]行縢又古鳥切譥訏也又痛聲也激水急又古歷切噭

噭噭深聲嘂大壎說文曰高聲也一曰大呼獥很子敫[26]歌也鷔爾雅云鷔鷌鸍似烏而蒼白色⿰車堯⿰車堯車轄○尿小便

4 嘄　6 歗　7 照字當刪　8 鑃

也或作溺奴弔切二屪古文○藋蓧藋也徒弔切七銚燒器又音姚掉振也搖也又徒了切調選也韻調也又音苕莜草田器又音苕[1]盄上同嬥嬥嬈不仁又徒了切○竅穴也苦[2]弔切二㩧旁擊亦作撽○顟顟顤長頭力弔切九尥牛脛交嫽嫽悷又音僚料料度量也又音僚嘹病呼鐐美金又音僚璙玉名䍡魚網炓火光○顤五弔切五獟狂犬澆韓[3]浞子名又音梟𪖐仰鼻又牛救切嘄[4]叫也○窔隱暗處亦作窔東南隅謂之窔俗作穾烏叫切二窅[5]窅窱幽深皃又音杳○歗[6]說文云悲意也火弔切三嬈嬥嬈不仁又而沼切娎娎姎喜皃

三十五笑○笑欣也喜也亦作笑私妙切五咲俗肖似也小也法也像也韒刀韒鞘上同○照明也之少切五炤上同詔上命釋名曰詔照也照[7]人暗不見事以此示之使昭然也又告也教也陘隄也界也卲卜問也又音邵○燿熠燿說文照也弋照切十七鷂鷙鳥也莊子曰鷂爲鸇鸇爲布穀此物變也搖搖動又音遙覞普視說文曰竝視也䚻上同耀光耀曜日光也又照也䚺視誤也睔上同𡰆行不正也𣤚[8]遺玉又音由筂屋上薄也趭走也鷅一名負雀䔄菟絲也又帝女花也艞對艞江中大船論誤言皃○要約也於笑切又於招切三葽草盛皃又於招切約又於

10 奭　12 軜　△驃 本韻毗召切又匹召切　14 措　16 力　20 祧

略。召呼也直[9]照切一。邵邑名又姓出魏郡周文王子邵公奭[10]之後寔照切七　召上同　劭自強也　[illegible]卜問也又音韶　[illegible]

倒懸鉤也　䬰小食又尺[11]邵切　卲高也。嶠山道又山銳而高渠廟切又音喬二　轎輈[12]車也又音喬。剽強取又輕也匹妙切十一

彯彯畫　瞟置風日中令乾　漂水中打絮韓信寄食於漂母又撫招切　僄僄狡輕迅　翲飛皃　[illegible]聽纔聞出字林　勡

劫也　摽摽落　嫖身輕便也　慓急疾。噍嚼也才笑切又子[13]幺子由二切四　誚責也　劁刈也　趭走也。妙好也彌笑切三

玅上同　篎爾雅云小管也。陗山峻亦作峭七肖切八　峭上同　篍竹簫洛陽亭長所吹又七流切　㴥峻波　哨壺口

顆者名也　俏俏醋[14]好皃　帩帩縛　䵲䵲黽。尞說文曰柴祭天也凡從尞者作尞同力照切八　燎照也一曰宵田又[15]放火也又九[16]小切

㙩周垣　𤺥𤺥病說文治也　療上同　熮火[17]皃　膫炙也　鷯爾雅云鶚一名鷯其雄曰鶓又音僚。趬行輕皃丘召切五

𩫸𩫸䖁不安　𢋿玉篇云高屋　譑譑弄　嶢高嶢。䖁𩫸䖁牛召切一。醮祭也子肖切十一　䄇上同　釂飲酒

畫也　皭白色　潐盡也　爝火[18]光　䩌面不光　僬行容止皃禮曰庶人僬僬　趭走皃　穛[19]物縮小又作蕉　瞧目瞑

。廟皃也齊職儀曰周有守禮[20]之官掌先王之宗廟也亦作庿眉召切二　庿上同。驃驃騎官名又馬黃白色毗召切又卑[21]笑匹召二切一

△ 驃 本韻毗召切 又卑笑切

○ 鉊 本韻寔照切 又尺邵切

△ ⿰孝廌 本韻呼教切 又音教

4 河南

△ 䩞 覺韻竹角切 又陟孝切

○少 幼少漢書曰少府秦官掌山海池澤之稅以給供養又漢複姓五氏說苑趙簡子御有少室周魯惠公子施叔之後有少施氏家語魯有少正卯孔子弟子有少叔乘何氏姓苑有少師氏失照切又失沼切二 燒 放火又失昭切 ○朓 祭也丑召切一 ○褾 領巾也方廟切二 俵 俵散 ○翹 尾起也巨要切又巨堯切一 ○饒 益饒人要切又人招切二 繞 卷取物皃 ○

三十六 ○效 具也學也象也又效力效驗也胡教切八 効 俗 校 校尉官名亦姓周禮校人之後又音教 斆 學也書曰惟斆學半 恔 快也出孟子 傚 教也詩曰是則是傚毛萇云言可法傚也 ⿱𦥯民 誤也 詨 詨叫 ○教 教訓也又法也語也元命包云天垂文象人行其事謂之教教之爲言傚也古孝切十一 效 古文 窖 倉窖 校 檢校又考校 鉸 鉸刀又裝鉸 酵 酒酵 覺 睡覺又音角 膠 膠黏物又音交 較 不等又音角 斈 又音交 珓 杯珓古者以玉爲之 ○孝 孝順爾雅曰善父母爲孝孝經左契曰元氣混沌孝在其中天子孝龍負圖庶人孝林澤茂又姓風俗通云齊孝公之後呼教切六 哮 嗅也又音虓 涍 水名在南陽 嗃 大嗥又呼各切 詨 上同 ⿰孝廌 解廌屬又音教 ○罩 竹籠取魚具也都教切五 箌 上同 罩 說文曰覆鳥令不得飛走也 ⿺走周 ⿺走周趟跳皃 鵫 鵫雉今白雉也 ○豹 獸名崔豹古今注曰豹尾車周制也象君子豹變尾言謙也古軍正建之今唯乘輿建焉廣志曰狐死首丘豹死首

7 怒　8 吏　13 鬧　14 治　15 上　18 士

山又姓風俗通曰八元叔豹之後北教切五　謈謈謈惡[7]也　㬥㬥直史[8]官　爆火裂又音駮　鼩鼠屬能飛食虎豹出胡地又音酌

○敲擊也苦教切又苦交切三　磝磝磽又口交切　巧巧僞山海經曰義均始爲巧倕作百巧也又苦絞切　○皃儀皃莫教切七　⿰豸頁

說文同上　貌籀文　⿰車皃引也　⿰巾皃幗也　緢旄雜絲也說文音苗　⿰角皃綵雜文也　○奅起釀亦大也匹皃切六　窌上同說文窖也

炮灼皃又步交切　抛抛車又普交切　皰面生氣也又旁教切　礮礮石軍戰石也　○趠行皃丑[9]教切二　踔猨跳　○稍均也小也

說文曰出物有漸也所教切七　潲豕食又雨濺也　⿱肖手木上小或作⿱削木[10]　⿱削木上同　娋小娋[11]侵也　⿰肖阝大夫食邑　⿰耒肖耰種　○棹

櫂也直教切四　櫂上同　濯浣衣又直角切　焯火急煎皃　○橈木曲奴教切又如[12]昭切四　淖泥淖　⿱亠贝不靜又猥也擾也

鬧[13]上同　○抓爪刺也側教切三　⿸疒焦縮也小也亦作𤸘　笊笊籬　○靤面瘡防教切五　皰面生氣也　鞄持[14]皮　鉋

鉋刀治木器也　骲手擊　○抄略取也初教切八　鈔上同　縐惡絹也又初爪切又側救切　耖重耕田也　仯仯仯小子

⿰角少角匕[15]也　⿰舟少船不安也　罺小網　○靿靴靿於教切五　袎襪袎　⿰亻幼很也戾[16]也　⿱竹約竹節又於角切　軪

車有機　○樂好也五教切又岳洛二音三　磽磝磽又五交切　⿰孝鬼醜皃　○巢棧閣也七[18]稍切又士交切一

10 毛　9 毛　8 聱 耴聱　7 傲　6 蒿　4 [illegible]

三十七○号号令又召也呼也謚[1]也亦作號胡到切六 號上同又乎刀切 琥石似玉也 號[3]土釜 諄相欺 嫴女字

○導引也徒到切十四 翿舞者所執 纛左纛以犛牛尾爲之大如斗繫於左騑馬軛上 悼傷悼 蹈踐也 盜盜賊 燾

覆也又徒刀切 幬上同 䆃嘉禾一莖六穗 儔隱也 䠷長兒 耊年九十或作[illegible][4] 檮黏也 纑不青不黃 ○到至也

又姓出彭城本自高陽氏楚令尹屈到之後漢有東平太守到質都導切六 禱祭也請也文字音義云得福曰祠求福曰禱又當老

切 倒倒懸又當老切 𡜆[5]姓也出河內 䘴衣背縫 菿大也 ○誥告也謹也古到切七 郜國名在濟陰又姓晉有高昌長

部 告報也說文作告又音梏 縞白纈又音蒿[6] 膏膏車又音高 犒苦木 烄交木然也 ○傲慢也倨也說[7]文作敖餘倣此五到切八

嫯慢也 䫜長頭 鏊餅鏊 驁馬名 奡陸地行舟人也 謷志遠兒 鷔[8]鷔駁魚鳥狀也 ○冃

說文曰小兒蠻夷頭衣也莫報切十九 帽頭帽 耄老耄亦作耄見經典省 薹上同見說文 芼菜食又擇也

菜也芼以蘋蘩爲羹亦草覆蔓 眊目少睛 瑁圭名天子所執 玥古文 冐覆也涉也又莫北切 䀉低目細視 旄狗足旄尾[9]

毛毛鷹鶬鶉 媢夫妬婦出說文 毷鳥輕毛 㧇手扶之也 覒邪視也亦作毷 毴鳥毛盛也 紽刺也絹帛紽[10]起如刺也

楣說文曰門樞之橫梁○嫪悋物又姓郎到切八澇淹也又水名或作潦潦上同勞勞慰又郎刀切僗俗髝髝髞麤急皃又音牢癆癆痢惡人說文曰朝鮮謂飲藥毒曰癆鐒麻莖大也[11]又施絞於編也○操持也又志操七到切又七刀切七造至也又昨早切艁古文慥言行急皵米穀雜糙上同鄵鄭地名○暴侵暴猝也急也又晞也案說文作㬥[12]疾有所趣也又作㬥晞也今通作暴亦姓漢有繡衣使者暴勝之薄報切九虣上同周禮曰以刑教中則民不虣曝曝乾俗瀑瀑雨勽說文覆也菢鳥伏卵裦衣前襟又云今朝服垂衣又簿[13]高切篗姓也出姓苑鸔鳥名又博木切○報報告又下婬曰報博耗切一○漕水運穀在到切二槽手攪也○奧深也內也主也藏也爾雅曰西南隅謂之奧烏到切十一懊懊悔䐿藏肉埋蒼云鳥胃也饇妬食隩說文曰水隈崖也燠燠釜[14]以水添釜[15]譳語也䮃長也墺四墺四方土又於六切鱮小鰌名澳澳深又水名○喿羣鳥聲蘇到切九譟羣呼噪上同瘙疥瘙㿋上同髞髝髞埽埽灑說文棄也又桑道切掃上同懆情性躁皃○鎬餉軍苦到切五犒上同槀槀飫書篇名靠相違也𩕄顧顛大頭○竈淮南子曰炎帝作火死而爲竈則到切三躁動也趮疾也○秏減也亦稻屬呂氏春秋云飯之美者南海之秏又姓出何氏姓

1 璧　　6 皃

苑俗作秏呼到切四好愛好亦璧[1]孔也見周禮又姓出纂文又呼老切㚪姓也或作玡歊[2]歊縮也。臑[3]臂節那到切三髟

長皃腦優[4]皮也

三十八。箇箇數又枚也凡也古賀切三个明堂四面偏室曰左个也個偏也。賀慶也擔也勞也加也亦姓出會

稽河南二望本齊之公族慶封之後漢侍中慶純避安帝諱改爲賀氏

又虜複姓九氏北俗謂忠貞爲賀若魏孝文以其先祖有忠貞之稱遂

以賀若爲氏周書賀蘭祥傳曰其先與魏俱起有紇伏者爲賀蘭[5]莫何

弗因以爲氏賀拔勝傳云其先與魏俱出陰山代爲酋長北方謂土爲

拔爲其揔有地土時人相賀因爲賀拔氏後自武川徙居河南也南燕

錄有輔國大將軍賀賴盧後魏書有賀葛賀婁賀皃[6]賀遂賀悅等氏胡

箇切四𧝁袚袖也袔上同𣻜水名。佐助也則箇切六左左右又作可切𢀳副也𨑔行不正也袏禪衣

作造也本臧洛切。跢小兒行也丁佐切四癉勞也痑病也哆語助聲。邏游兵也郎佐切三𧞫婦人衣

𤺌病也。坷坎坷不平也口箇切四軻轗軻不遇也孟子居貧轗軻故名軻字子居又苦哥切蚵爾雅螪蚵蟲一名蛽

又胡哥切𦩍船著沙不行也。餓不飽也五个切一。馱[7]負馱唐佐切二大[8]又唐蓋切。奈奈何奴箇切又奴帶切二

11 種

那語助又奴哥切。些楚語辭蘇箇切又音細一。呵噓氣呼箇切又呼哥切二歌歌歌大笑。拖牽車吐邏切一
三十九。過誤也越也責也度也古臥切七裹包也又音果鐹鎌也亦作划划上同蝸蟷蠰也即蟷蜋涹
水名。鍋食也出玉篇。和聲相應胡臥切又音禾三盉調味俰和也。挫摧也則[9]臥切三夎拜失容又詐也經典
作夎侳安也有也。課稅也試也第也苦臥切七堁堀堁塵起皃敤研[10]治髁髀骨也𡱫上同瘰秃瘰科
滋生也又音窠。唾說文云口液也湯臥切七涶上同毻鳥易毛也蛻蛇去皮媠好皃毤落毛䙕無袂衣也
。播揚也放也弃也說文掩[11]也一曰布也又姓播武殷賢[12]人補過切五𢿌古文簸簸揚又布火切番獸走譒敷也謠也
。剉[13]破也麤臥切三莝斬草銼蜀呼鈷鏻。磨磑也模臥切又莫[14]禾切四礳上同䃺䃺也摩按摩又莫禾切。[15]愞
弱也或從需下文同乃臥切又乃亂切四堧沙土又而緣如[16]兖二切稬秫名𤳲城下田又隍池內也。破破壞又虜三字姓三
氏北齊書有破六韓常後魏書有北境賊破六汗拔陵又西方破多羅氏後改爲潘氏普過切二頗又普禾切。座牀座徂臥切二坐
被罪又藏果切。臥寢也釋名曰臥化也精氣變化不與覺時同也說文曰休也从人臣取其伏也吾貨切一。諎諎䃺千[17]過切二措拭措

8 椵　　7 目 曰　　2 䋹

○貨財也蔡氏化清經曰貨者化也變化反易之物故字有化也呼臥切一　○惰惰懈也徒臥切四　媠嫷婦人也　𧞤[1]無袂衣　𧱓猪別名也　縛符臥切一　○羸瘦病也魯過切七　攍擊物之名　纙不細也又[2]不均也　𤼣畜産疫病　𡲢膝病　摞理也　儸儸弱也　○桗木本都[3]唾切四　㛊量也　剁剁斫剉也　挆落帆　○磋磨磋治象牙七[4]過切一　○䐭臂膏也先臥切一　○侉痛呼也安賀[5]切一　○涴泥著物也亦作污烏臥切又烏[6]官切又於阮切一

四十○禡師旅所止地祭名莫駕切九　榪牀頭橫木　䰆婦人結帶　㾺牛馬病又音慢說文曰[7]日病一日惡气著身也一曰蝕創　罵惡言　䣕縣名在犍爲又音馬　𧩼多言　隯增益又巧也　傌齊大夫名　○駕行也乘也說文曰馬在軛中也古訝切十二　稼稼穡種曰稼斂曰穡　嫁家也故婦人謂嫁曰歸　瘕腹病　架架屋亦作枷禮記曰不同椸枷　𢭃[8]舉閣　價價數　假借也至也易也休假也又古雅切　幏蠻夷賨布　𢋩𢋩屋間也　𦚔𦚔膠不密　賈賈人知善惡　○亞次也就也醜也衣嫁切十　俹倚俹　𣈆姓也　𣢼歐𣢼驢鳴歐乙利切　稏䆉稏稻名　𦝈𦝈膉肥皃　啞啞啞鳥聲　婭爾雅曰兩壻相謂爲亞或作婭　𨗨次第行[9]　襾覆也覆覈覂賈從此又許下切　○嚇笑聲呼訝切又呼格切八　鏬孔鏬　唬虎聲　䛼

九•

韻去聲　四十二　陸選

○矺 五韻析摭切 又竹亞切

11 醡

誑誶㙤地名在晉諕怒言煆赫也熱也乾也啁詬啁責怒○迓迎也吾駕切六訝嗟訝亦上同犽獸名齖

齰齖不相得也枒木名一云車輞合處砑碾砑○詫誑也丑亞切三侘侘傺失志見楚詞謑相誤○吒吒歎說文曰噴

也叱怒也陟駕切十二咤上同禮記曰無咤食奼美女又丁故切烢火聲哆哆吴大口奓張也開也又陟加切膨膨膨相黏

也僠[10]僠步立也膪腟膪肥也䒲䒲藺黃芩別名詫祭奠酒爵又丁故切閜上同○詐僞也側駕切六溠周禮

職方氏云河南曰豫州其浸波溠春秋傳云楚子除道梁溠咋咋語聲笮笮酒器也醡[11]壓酒具也出證俗文榨打油具也出證俗文

○乍鋤駕切五䄍年終祭名或作蜡廣雅曰夏曰清祀殷曰嘉平周曰大䄍秦曰臘也蜡上同齰齰齖詐說文曰慙語也○謝辝謝

又姓出陳郡會稽二望辝夜切三榭臺榭爾雅曰有木者謂之榭㴬水名○髂䯏骨枯駕切六𩩍上同疴小兒驚謑謑詬

巧言才也哬大笑㘰可歎聲○暇[12]閑也書曰不敢自暇[13]自逸俗作暇[14]胡駕切四夏春夏又胡雅切下行下又胡雅切芐蒲芐草

○褯小兒褯慈夜切五藉以蘭茅藉地又慈亦切躤踐也鎍鏑鎍䣢[15]亭名在貝丘○夜舍也暮也君子有四

時朝以聽政晝以訪問夕以修令夜以安身又姓羊謝切三射僕射鵺鳥名似雉○赿怒也一曰牽也充[16]夜切又丑[17]格切二厈

山名爾雅曰東方[1]之美者有斥山之文皮焉又音尺 ○蝑 鹽藏蟹司夜切又司余切四 卸 卸馬去鞍 瀉 吐瀉又音寫 篤 笘篤

○柘 木名亦姓之夜切七 樜 同上 鷓 鷓鴣鳥似雌南飛 䗪 蟅蛸蟲名亦作蟅 嗻 多語之皃 炙 炙肉周書曰黃帝始燔肉爲炙又之石切 蔗 甘蔗 ○唶 歎聲子夜切二 借 假借又將昔切 ○舍 屋也又姓古作舍始夜切五 赦 赦宥 騇 牝馬 涻 文字音義云涻水出北囂山也 厙 姓也出姓苑今台括有之又[2]昌舍切 ○射 射弓也周禮有五射白[3]匀參遠剡注讓尺井儀又姓三輔決録云漢末[4]大鴻臚射咸本姓謝名服天子以爲將軍出征姓謝名服不祥改之爲射氏名咸[5]神夜切又音石又音夜僕射也四 䠶 同上見說文

麝 獸名爾雅曰麝父麕足又華[6]山之陰多麝 貰 貰賒也貸也 ○霸 國語曰霸把也把持諸侯之權又姓益部者舊傳有霸相必駕切七 覇 俗 弝 弓弝 欛 刀柄名 靶 轡革 灞 水名 垻 蜀人謂平川爲[8]垻 ○帊 帊幞通俗文曰帛三幅曰帊帊衣幞[9]也普[10]駕切二 怕 怕懼 ○摦 寬也大也胡化切七 吴 大口 崋 崋山西嶽亦州名春秋時秦晉之分[11]埓後魏置東雍州改爲崋州又姓出平原䏐湯之後宋戴公考父食采於崋[12]後氏焉 華 上同 樺 木名 鱯 魚名似鮎白大 檴 亦木名又胡郭切 ○化 德化變化禮記曰田鼠化爲鴽[13]紀年曰周宣王時馬化爲狐又姓呼霸切六 匕 變也從到人 譌 疾言 𩲡 鬼變 魤 魚名 杹 木名皮可爲索

14 午

二 颺 陽韻式羊切又餘諒切

17 四

○跨越也又兩股間苦化切三 胯兩股間也 午[14]一步也又口瓦切 ○誜枉也所化切二 傻傻偢不仁 ○𤜣獸名似狼白駕切六 杷田器又白巴切 鮁海魚 皅色不真也 跁跁跒短人 䆉䆉稏稻名 ○䏧膩也乃亞切二 絮絲結亂也 ○笡斜逆也遷謝切二

趏趏脚立也 ○嗄老子曰終日號而不嗄注云聲不變也所嫁切又於[15]介切三 茸姓也 沙周禮云鳥皫色而沙鳴注云沙嘶也又所加切 ○坬土埵古罵切二 諣相諣誤也 ○蛇水母也一名蟦形如羊胃無目以蝦爲目除駕切二 秅開張屋皃 ○瓦泥瓦屋五化切一 ○攨吳人云牽亦爲攨也烏吳切三 宊㕦下處也 踨踨踷踏地用力

四十一 ○漾水名在隴西餘亮切十二 恙憂也病也又噬蟲善食人心也 羕長大也 颺風飛 煬炙也向也暴也 㨾式㨾 養供養 眻美目皃 諹謹也讙也 𩜍餌也 㺊㺊獸如師子食虎豹及人 瀁水溢蕩皃 ○亮朗也導也亦姓出姓苑力讓切十五 諒信也相也佐也又姓後漢有諒輔 掠笞也奪也取也治也 悢悢悢悲也 緉履屐雙也 𤛘牛色雜也 兩車兩數 踉踉蹡行不迅也 量合斗斛 就[16]字統云事有不善曰就薄 䬅北風又音涼 䁁目病 䀶上同 哴唴哴啼也 涼薄也又呂張切 ○狀形狀鋤亮切一 ○讓退讓責讓又交讓木名兩樹相對一枯則一生岷山有之人樣切三[17] 欀

道木攘文字指歸云揖攘又音穰懹憚也○餉餉饋式亮切十傷未成人或作殤又音商向人姓出河内本自有肹宋文公

支子向文肹肹孫戌以王父字爲氏又許亮切蟓桑繭即桑蠶也曏少時也不久也愓憂也⿸疒向上同饟爾雅曰饁饟饋也又

自家之野曰饟蠰食桑蟲似天牛珦玉名○帳帷帳釋名曰小帳曰斗帳形如覆斗也漢書曰東方朔云陛下誠能用臣朔之計推

甲乙之帳知亮切五脹脹滿痮上同漲大水又陟良切張張施又陟良切○悵失志丑亮切十暢通暢又達也亦姓陳留風

俗傳曰暢氏出齊鬯匕鬯又香草韔弓衣䩨上同薚草盛昶逮也日長也通也遠也又丑兩切暘不生也⿰禾鬯

穧也⿰目長失志○向對也窻也說文曰北出牖也从宀口詩云塞向墐戶許亮切八珦王名又音餉曏又音餉⿱鄉門門頭也說文曰

門響也蠁蛹中蟲也又許兩切著蓍芼食⿱鄉言非美言也嚮與向通用○仗器仗也又持也直亮切三長多也又直良切

瓺瓶也又音腸○釀醞酒女亮切三⿰米襄雜也⿱艹釀菜也又如養切○匠工匠漢書曰將作少府秦官掌理宮室又姓風俗通云凡

氏於事巫卜陶匠是也疾亮切三⿺走匠行皃⿰匠鳥自關以東謂桑飛爲女⿰匠鳥郭璞云工雀今謂之巧婦也○障界也隔也又步障也王君夫作

絲布步障二十里石崇作錦障五十里以敵之之亮切五⿸广章上同墇墇塞嶂峯嶂瘴熱病○尚庶幾亦高尚又飾也

10 滄　11 醬　12 蒟　13 子　14 望 似　17 俇

曾也加也佐也韻略云凡主天子之物皆曰尚尚醫尚食等是也又姓後漢高士尚子平又漢複姓有尚方氏時亮切四 上君也猶天[7]子也又時兩切 上古文 償備也還也又音常 ○壯大也側亮切三 裝行裝又側良切 淋[8]淋米入甑 ○怏情不足也於亮切四 軮飽也 訣智也又早知也 蛺青面 ○弶張取獸也其亮[9]切又魚兩切一 ○唱發歌又導也亦作誯倡尺亮切四 誯籀文 敞露舍 倡導引先又音昌 ○刱初也説文曰造法刱業也初亮切四 創上同又初良切 愴悽愴 滄[10]寒也 ○醬説文作醬[11]醢也漢書武帝使唐蒙風曉南[12]越南越食蒙蜀蒟醬于[13]亮切四 ⿱⿰爿酉皿籀文 ⿰爿酉古文 將將帥 ○軻轎軻魚向切二 仰又魚兩切 ○訪謀也敷亮切三 妨妨礙又敷方切 邡邑名 ○妄虛妄又亂也誣也巫放切六 望看望説文曰出亡在外望其還也亦祭名又姓何氏姓苑云魏興人又音亡 朢弦朢説文曰月滿與日相朢[14]以朝君也又音亡 忘遺忘又音亡[15] 汒谷名在京兆也 ⿰言望責也 ○況匹擬也善也矧也説文曰寒水也[16]亦脩況琴名又姓何氏姓苑云今廬[16]江人許訪切四 况俗 ⿰月兄山名 貺賜也與也 ○誑欺也居況切四 ⿱狂心⿱狂心惑也 俇[17]往也又遠行也 ⿰匡阝乖也 ○迋往也勞也于放切五 旺美光 暀上同 ⿱狂心誤人 王霸王又盛也又于方切 ○放逐也去也甫妄切四 舫並兩船又音謗 ⿰足方曲脛馬名 ⿰方隹鳥名 ○相視也助也扶也仲虺為湯左相漢書曰相國丞相皆秦官金印紫綬

3 哴

4 峼

5 ○當刪

掌丞天子助理万物亦州名春秋時屬晉秦邯鄲郡地魏初以東部爲陽平郡西部爲廣平郡兼魏王都爲三魏後魏置相州取河亶甲居相之義周自故鄴移於安陽城也又姓後秦錄有馮翊相雲作德獵賦又漢複姓三氏前趙錄有偏[1]將軍相里覽又務相[2]氏廩君之姓也晉惠時空相機殺平南將軍孟觀息亮切又息良切一○彊屍勁硬也居亮切一○唴唴喨[3]小兒啼也丘亮切三晾晾晾目病鞻陳相子名○蹡跟蹡行不正皃七亮切一○狂輒爲也渠放切二誑謬言○防守禦也符況切一

四十二○宕洞室一曰過也亦州名禹貢梁州之域秦漢魏晉諸羌處之後魏內附置蕃鎮周爲宕州也徒浪切七踼跌踼行失正又音唐碭石又山名又縣名在梁郡又音唐逷過也蕩蘭蕩毒藥囥碎石聲嵣嵣㟐[4]山皃○浪波浪謔浪游浪又姓晉永嘉末張平保青州爲其下浪逢所殺來宕切又魯當切五閬高門又閬中地名在蜀又閬風崑崙峯名也埌[5]冢也蘭蘭蕩蒗蒗蕩渠名在譙○吭鳥咽下浪切三行次第笐衣架○盎盆也又姓出姓苑烏浪切二醠濁酒○枊繫馬柱五[6]浪切三䭲馬怒又五郎五朗二切岇山名在越剡縣界○葬葬藏也則浪切一○傍蒲浪[7]切又蒲郎切二徬徬附○藏通俗文曰庫藏曰帑徂浪切又徂郎切三奘説文曰駔大也輩修車○讜言中理[8]丁浪切六儻

11 太守
13 棹
14 鍚
18 嵣峼
20 隱
21 平陽

不中甍大甕甍一曰井甃說文云大盆也又姓姚弋仲將甍耐虎當主當又底也亦音璫[9]擋擯擋闣閃闣人○抗以手抗舉也縣也振[10]也苦浪切十二閌閌閬門高炕火炕犺獡犺不順伉伉儷敵也又姓漢有伉喜爲漢中大[11]夫出風俗通亢高也旱也亦姓出姓苑蚢蟲名爾雅云蚢蕭繭硠硠硍石聲邟邑名⿰黃亢黃色阬門也又口庚切頏咽頏○螃蟲名似蝦蟆補[12]曠切四搒掉[13]船一歌舫舫人習水者也謗誹謗○儻倖也他浪切六摥排摥湯熱湯也又他郎切蕩蒗蕩渠又土郎徒朗二切盪盪盪行又度朗切鐋[14]工人治木器○曠空明也遠也大也久也又姓苦謗切五爌上同曠目無眳也壙墓穴纊絮也又細緜也禹貢豫州厥貢厥篚纖纊又作絖○儴緩也奴浪切三灢泱灢濁壤坱壤塵○喪亡也蘇浪切又音桑二器[15]上同○攩廣[16]雅云搥打也[17]乎曠切四擴上同潢釋名曰染書也又音黃睢睢明○桄織機桄古曠切又古黃切二光上色又古黃切○鋼古浪切又古郎切二掆捎掆舁也出字林○荒草多皃呼浪切一○漭漭浪大野莫浪切三吂老人不知峼峼[18]嵣山皃○汪水[19]臭也烏浪切二⿰酉黃潑⿰酉黃酒

四十三○映明也陽[20]也於敬切四暎上同賏頸飾詇早知也又音快○敬恭也肅也愼也又姓陳敬仲之後出[21]

○寎 梗韻兵永切又匿詠切

2 㯙

3 潢

7 三

風俗通後漢有揚州刺史敬歆居慶切四 竟 窮也終也又姓出何氏姓苑 鏡 拾遺録曰穆王時渠國貢火齊鏡廣三尺六寸暗中視如晝人向鏡語則鏡中響應之晉鎮南大將軍甘卓照鏡不覩其頭視庭樹而頭在樹上 獍 獸名食人 ○競 爭也強也逐也高也遽也渠敬切七 竸 俗 誩 爭言 倞 強也 檠 檠子疊名 儆 儆慎又音警 曔 明也 ○慶 賀也福也亦州名周之先不窋之所居春秋爲義渠戎國城本漢郁郅縣魏文置朔州隋爲慶州州立嘉名也亦姓左傳齊大夫慶封又漢複姓有慶師慶忌慶父三氏出姓苑丘敬切一 ○更 易也改也說文作㪅古孟切又古衡切一 ○命 使也教也道也信也計也召也眉病切一 ○病 憂也苦也說文曰疾加也皮命切四 評 平言又音平 坪 地名說文作𡍬地平也 枰 獨坐㯙[3]牀一曰投博局又音平 ○孟 長也勉也始也又姓出平昌武威二望本自周公魯桓公之子仲孫之胤仲孫爲三桓之孟故曰孟氏莫更切四 䁅 䁅盯瞋目 䀄 䀄倀失道皃又音怗倀猪孟切 盟 盟津又音明 ○蝗 蟲名戶孟切又音皇三 潢[3] 說文曰小津也一曰以船渡也 横 非理來又音[4]宏 ○柄 本也權也柯也陂病切六 棅 說文同上 怲 憂心也 邴 邑名又姓左傳魯大夫邴洩[5] 鈵 堅鈵 寎 驚病 ○詠 歌也爲命切五 咏 上同 泳 潛行水中 禜 祭名周禮禜門用瓢齎又永兵切 醟 酗酒 ○行 景迹又事也言也下[6]更切又胡郎胡浪胡庚三切五[7] 絎 刺縫

8 冷　9 憕　12 三　14 䶑　15 諍　Δ 窩 種顗兵水切 又凡病切　16 諍　18 慇

胻脛也○瀴瀴瀙冷也[8]於孟切一○瀙冷也楚敬切一○倀𦬊倀失道猪孟切又丑良切五○趟趟趟行皃○偵廉[9]視○橙開張畫繒也出文字指歸

○鞥張皮也○牚邪柱也他孟切一○榜榜人船人也北[10]孟切三○迸走也○跰史記云歲星晨出爲跰踵

○鋥磨鋥出劒[11]光或作張除更切[12]○瞠[13]住視○䂻塞也○生所敬切又所京切三○鼪鼪[14]鼠○貹財富○迎迓也魚敬切一

○膨脹也蒲孟切一○諍[15]瞋語許更切一○空小水皃烏橫切一

四十四○諍諫諍也止也亦作爭側迸切一○迸散也北諍切一○併皆也俱也蒲迸切一○靐雷靐靐聲○䙬文字集略云襉錯綵郭璞江賦云䙬以蘭紅鷖迸切二

○嫈小心態○鞕[16]堅牢五爭切二○硬上同○轟衆車聲也呼迸[17]切又呼宏切二○輷上同

四十五○勁勁健也居正切一○倩假倩也七政切又七見切二○淸温淸○政政化釋名曰政正也下所取正也亦姓出姓苑之盛切四

○正正當也長也定也平也是也君也亦姓左傳宋上卿正考父之後魏志有永昌太守正帛又漢複姓漢有郎中正令宮又之盈切

○証諫証○鴊雞也又之盈切○聖生也通也聲也風俗通云聖者聲也言聞聲知情故曰聖式正切一○鄭鄭重殷[18]懃亦州名秦屬三川郡史記管叔鮮之所封也宋武置司州於武牢後魏爲北豫州周爲滎州隋罷滎州於管城置鄭州又姓滎陽彭城安陸壽春東陽五

1 靗　4 瀞　5 地

望本自周宣王封母弟友於鄭及韓滅鄭子孫以國爲氏今之望多滎陽直正切三 呈 自媒衒又音程 ⿰奠瓦 瓦甖也 遉 邏候也丑鄭切
三 偵 偵問 靗[1] 覘也 ○性 性行也息正切二 姓 姓氏說文云姓人所生也古之神聖母感天而生子故稱天子从女生聲又姓漢書
貨殖傳臨菑姓偉貲五千万 ○令 善也命也律也法也力政切又力盈切又歷丁切二 詅 自衒賣也 ○聘[2] 聘問也訪也匹正切三 娉 娶也
俜 伶俜 ○敻 遠也休正切四 詗 自言長 醟 酗酒又爲命切 矎 直視皃 ○摒 摒除也畀政切三 併 兼也並也皆也
幷 專也 ○偋 偋隱僻也無人處字統云廁也防正切又蒲[3]徑切二 庰 上同 ○淨 無垢也疾政切八 瀞[4] 古文 穽 陷穽又音靜
睛 睛賜 靚 裝飾也古奉朝請亦作此字 請 延請亦朝請漢官名張禹首爲之又秦盈親井二切 婧 竦立 頩 頩首說文好皃 ○盛
多也長也又姓後漢西羌傳有北海太守盛苞其先姓奭避元帝諱改姓盛承正切又音成三 墭 堰器 晟 明也熾也器也 ○詺 詺目或單
作名彌正切一 ○輕 墟正切又去盈切一 ○欦 含笑也許令切二 ⿺面巠 面酡⿺面巠也 ○精 強也子姓切又音旌一

四十六○徑 步道古定切七 經 經緯又古靈切 逕 近也 ⿰口巠 徯聲 俓 直也 ⿰鬲巠 隔也 桱 桱木似杉而硬 ○寗
邑名亦姓說文作甯所願也乃定切四 佞 諂也一曰才也俗作侫 濘 泥濘 鸋 爾雅鸋鴂鴟屬也楚詞云鸋鴂之鳴 ○腥

。偋動顛防正切又蒲徑切

豕息肉肉中似米蘇佞切又音星三 醒酒醒又蘇丁先頂二切 䁝目䁝。脛胻脛釋名曰脛莖也直而長似物莖也胡定切二

踁上同。定安也亦州名帝堯始封唐國之城秦爲趙郡鉅鹿二郡漢爲中山郡後魏置安州又改爲定州以安定天下爲名徒徑切四

掟天掟出道書 廷朝廷又音亭 錠錫屬。矴矴石丁定切九 釘又得庭切 訂字林云逗遛也 定題額詩云定之方中

定營室也又徒徑切 飣貯食 ⿱亼頁上同 ⿰月丁亦同 顁題顁 錠豆有足曰錠無足曰鐙。罄盡也說文曰器中空也苦定切七

⿱穴巠說文空也 磬磬石樂器周禮曰磬人爲磬 殸籀文 麉爾雅云鹿絕有力又堅牽二音 ⿱輕足一足行 ⿱殸金金聲。聽待也聆也謀也他定切又音廳三

汀6汀濴不遂志又音廳 侹侹侹直也代也儆也。⿰青色⿰冥色⿰青色青黑千定切二 掅捽也。⿰冥色莫定切二 暝夕也。鎣鎣飾也烏定切四 瑩上同說文曰玉色一曰石之次玉者 ⿰忄瑩志恨也 濴小水。零零落郎定切又魯丁切三 ⿰扌霝插空皃又魯丁切 令令支縣在遼西郡。

四十七。證驗也諸應切二 烝熱又音蒸。孕懷孕以證切七 ⿰黑黽面黑子 賸增益一曰送也又物相贈 媵送女從嫁 ⿰亻关⿰亻关送行也 鱦小魚 ⿰月眷大視又雙也。乘車乘也實證切8又食陵切七 鱦魚子 媵又音孕 ⿰月黽

△晅 集韻況晚切又古鄧切

△掕 集韻力膺切又力證切

孕也嵊山名在剡縣也賸又音孕剩剩長也○認認物而證切又而振切四扔强牽引又音仍艿草不翦

朷上車又木名○應物相應也說文作𦚯當也於證切又音膺三譍以言對也䧹上同○甑古史考曰黃帝始作甑子

孕切四䰝上同𩰫籀文䙢汗襦○興許應切又許陵切三臖腫起嬹悅也喜也○勝勝負又加也克也亦州名

春秋時戎狄地戰國時晉趙地漢雲中五原也隋置榆林鎮屬雲州唐武德中改爲勝州詩證切又詩陵切四𦡊美目藤苣藤胡麻

縢織機縢也○瞪直視皃陸本作眙丈證切三𪒠米黑壞𪑵雲色○䬝馬食穀多氣流四下也里[2]甑切一○凭[3]依几

也皮證切又皮陵切二䨻䨻䨻雷聲也○稱愜意又是也等也銓也度也俗作秤云正斤兩也昌孕切又昌陵切二秤俗

○凝牛䬝切又牛淩切一○丞縣名在沂州臣衡所居常證切又音承一○覴直視丑證切一○殑釋典殑伽其䬝切又其陵切一

四十八○嶝小坂都鄧切八鐙鞍鐙隥梯隥橙几橙凳牀凳出字林䔲蔓䔲䬦祭食磴巖磴

○贈玩也好也相送貝也昨亘切二䵴府䵴○亘通也遍也竟也出方言古鄧切六堩路揯急引又古登切緪急張

亦作絙鮰魚名𥓃石連皃○蹭蹭蹬千鄧切二𠜂刀割過也○鄧國名周爲申國平王母申后之家戰國時地楚昭襄王取

5 在中國之南
6 懵
▲窆 豔韻方驗切 又方亘切
7 倰 倰僜
8 曰
10 不

韓置南陽郡釋名曰在南中[5]而居陽地故以爲名始皇三十六郡即其一焉隋以南陽爲縣改爲鄧州取鄧國名之又姓出南陽安定二望殷王武丁封叔父於河北是爲鄧侯後因氏焉徒亘切六 蹬 蹭蹬 僜 倰僜不著事 𣩘 殑𣩘困病 𩦠 行欲倒也 幐 囊屬 ○懵[6] 悶也武亘切五 鱛 魚名 懜 不明 𨬊 重鏍 夢 夢𧃍新睡起 ○𥦷 束棺下之說文作堋喪葬下土也方隥切二 堋 上同又壅江水灌漑曰堋 ○倗 輔也父鄧切一 ○踜[7] 踜蹬行皃魯鄧切二 𣨼 𣨼𣩘 ○增 剩也子鄧切一 ○𡫀 𡫀夢睡覺思贈切一 ○澄 小水相益台鄧切一

四十九宥 ○宥 寬也于救切十六 又 又猶更也 佑 佐也助也 右 左右又于久切[9] 祐 神助 𥁑 抒水器也 𥁒 上同 酭 報也 頄 說文顫也 疚 上同 囿 說文曰苑有垣一曰禽獸有[8]囿又于目切 姷 偶[9]也 忧 動[10]也 䞥 走皃 侑 勸食爾雅曰酬酢侑報也 蒏 草名 ○救 護也止也又姓風俗通漢有諫議大夫救仁居祐切十一 灸 灼也又居有切 廏 馬舍釋名曰廏聚也生馬之所聚也又灸廏並姓出姓苑俗作廐 究 窮也深也謀也盡也 㝌 說文云貧病也 疚 病也 𣪘 強擊 餇 說文飽也 𧩓 文字音義云止也禁也助也 猶 爾雅云猶如麂善登木又音由音柚 遚 恭謹行也 ○冑 冑子國[11]子也說文曰裔也

廣韻校本

2 犝　3 曲禮　4 鉎　5 皺

又姓出姓苑直祐切十三冑[1]介冑說文曰兜鍪也䩜古文酎三重醸酒宙宇宙繇卦兆辭也籀史籀周宣王太史名造大篆伷系也⿰言由訓也疛心腹疾也⿸疒壽上同駎競馳馬也懤愁毒○晝日中又姓晝邑大夫之後因氏焉出風俗通陟救切三咮鳥口又闘卓二音噣上同○狩冬獵舒救切五獸說文曰守備者周禮曰獸人掌罟田獸辨其物名字林曰兩足曰禽四足曰獸守太守首自首前罪收穫多○臭凡氣之摠名俗作臰尺救切二殠腐臭○岫山有穴曰岫似祐切四峀籀文袖衣袂也亦作褏褎㹨牛黑眥○齅以鼻取氣亦作嗅許救切三嘼嘼產亦作畜珛朽玉○呪呪詛職救切四⿱髟周髮多椆木椆船篙木也祝說文曰祭主贊詞又音粥○舊故也亦姓出姓苑巨救切三柩尸柩禮[3]注曰在牀曰尸在棺曰柩匶古文○痩痩損說文臞也所祐切四瘦上同漱漱口鏉鐵生[4]鏉○皺面皺俗作皺[5]側救切五瘷縮小甃井甃縐衣不申又絺之細者⿰月芻字書云⿰月芻脯也○副貳也佐也又虜姓後魏書副呂氏後改爲副氏敷救切七仆前倒⿱髟富假髻又敷六切覆蓋也又敷六切⿸疒复病重發也恒小怒也福[6]衣一福今作副○簉簉倅一曰齊也初救切三⿺辶⿱艹告上同又草根⿺辶叟不進○富豐於財又姓左傳周大夫富辰方副切四輻輻湊競聚又音

△不 尤韻甫鳩切又甫救切有韻方久切又甫救切

8 宿

△玉 燭韻相玉切又香救切

12 後魏書蒐賴氏後改爲就氏

福鍑釜而大口一曰小釜蕾爾雅云蕾蕾大葉白華根如指白可食詩云言采其蕾蕾音福○畜六畜丑救切又許宥許六丑六三切

二俞姓漢有司徒掾俞連又羊朱切○溜水溜力救切十九廖姓周文王子伯廖之後後漢有廖湛霤中霤神名嬼美好

鷚雞子一曰鳥子[7]餾餾飯瘤赤瘤腫病也出文字集略窌地名左傳云與之石窌之田留宿留停待也宿[8]音秀⿰土究

⿰土辡土曰⿰土究僇癡行皃廇屋梁宋也畂百畝𥛰留祀祝𥛰飂高風又古國在南陽湘陽勠併力又力竹切翏

高飛皃又力幺切塯瓦飯器也⿰雷瓦[9]櫑也又力回切○秀出也榮也息救切五繡五色備也尚書大傳曰未命爲士不得衣繡又

姓漢書游俠傳有馬領繡君賓[10]蜏蟲名琇玉名宿星宿亦宿留又音夙○僦僦賃即就切三稍稻稳實又稊也媨

醜老嫗皃○驟馬疾步也奔也鋤祐切三[11]㑳妊身人也㥮㑳㥮惡言罵也○就成也迎也即也說文曰就高也从京尤尤異於

凡也又姓後漢書蒐賴氏改爲就氏疾僦切四鷲鳥名黑色多子殧殧殄又子六切⿱山就山名又嶺名○糅雜也女救切五

⿰食丑雜飯亦作粈腬嘉膳猱爾雅曰猱蝯善援又奴刀切狃習也就也又狐狸也○復又也返也往來也安也白也告也扶

富切又音服八復古文⿸疒复再病伏鳥菢子又音服椱機持繒者⿰𠂤复兩阜閒也覆伏兵曰覆複重複○狖獸名

廣韻校本　四三八

1 成　2 酢　△揉尤韻耳由切又汝又切　3 形如惠文冠青黑色　5 ⿰候攵

似獲余救切十四貁上同鼬蟲名似鼠槱積薪燒之柚似橘而大廣志曰城[1]都柚大如斗爾雅注柚似橙而醋[2]出江南蜼
似獮猴鼻露向上尾長四五尺有岐雨則自縣於樹以尾塞鼻又以季切褎服飾盛皃油蘿子桐花曰油猶獸似麂善登木⿰鼠宂
鼬鼠櫾木名輶輶車又音由牰牛黑眥蜏不知晦朔又音酉○授付也又姓出何氏姓苑承呪切六詶荅也又市
州切⿰口受口⿰口受壽壽考售賣物出手綬綵衣皃○輮車輞人又切四蹂蹂踐煣蒸木使曲也鞣柔皮又音
柔○苺覆盆草也亡救切一○⿰鼻乚仰鼻牛救切一○⿰鼻丘⿰鼻丘⿰鼻乚仰鼻丘救切一○⿺走夋進也七溜切一
五十○候伺候又姓周禮有候人其後氏焉胡遘切十五鮜魚名郈地名在晉逅邂逅詬罵詬睺半盲后
君也皇后也後方言云先後猶娣姒堠今封堠也鱟郭璞注山海經云形[3]如車文青黑色十二足長五六尺似蟹雌常負雄漁者取
之必得其雙子如麻子南人爲醬鍭爾雅曰金鏃翦羽厚厚薄⿺走后蹇行又蒲[4]北切⿰貝侯⿰貝侯瞜貪財之皃⿰侯欠[5]石蜜膜也
○寇鈔也暴也又姓出馮翊河南二望陳留風俗傳云浚儀有寇氏黃帝之後風俗通云蘇忿生爲武王司寇後以官爲氏苦候切十滱
水名在代郡怐怐愗愚皃扣扣擊鷇鳥子亦作㲉生而須哺曰鷇自食曰鶵⿱㱿女⿱㱿女瞀無暇⿱㱿缶說文曰未燒瓦器也

8 豆　9 徒　11 豆　13 福　14 杖　15 鬭

箆織具 瞀瞀瞀 詬罵又巧言 ○茂卉木盛也古作楙莫候切十五 貿交易也市賣也又姓出姓苑東莞人 鄮縣名在會稽亦姓出姓苑 戊辰名 愗怐愗 袤廣袤東西曰廣南北曰袤 楙爾雅曰楙木瓜實如小瓜味酢可食 懋美也勉也 瞀瞀瞀 菽細草叢生 姆女師說文作娒 莓莓子即覆盆 菻草名 冃重覆又亡保切 雺天[7]氣下地不應 ○仆倒也匹候切又匐覆二音五 踣上同 ⿺走咅僵也 ⿰咅欠語而不受 豧豕息 ○豆穀豆物理論云菽者衆荳[8]之名也又姓後魏有將軍豆代田[9]候切十六 竇空也穴也水竇也又姓出扶風觀津河南三望風俗通云夏帝相遭有窮氏之難其妃方娠逃出自竇而生少康其後氏焉 窬禮曰蓽門圭窬又音俞 逗逗遛又住也止也 酘酘[10]酒 荳荳蔻 脰項脰 郖地名 梪籩豆或作䄈[11]古食肉器也 餖飣餖 浢水[12]名 䄈祭[13]䄈 毭⿰龍毛罽 ⿰革豆車鞁具 ⿰氵窬水名 ⿰女豆嫗⿰女豆語帖也 ○鬥說文曰兩士相對兵仗[14]在後象鬥之形凡從鬥者今與門戶字同都豆切九 鬭[15]鬭競說文遇也又姓左傳楚有大夫鬭伯比 鬪俗 噣鳥口或作咮又丁救切 ⿰言豆⿰言豆譳不能言也 ⿰豕尨⿰豕尨尾張衡東京賦云日月會於龍⿰豕尨 斣斢也角力走也又相易物俱等 襡衣袖又時燭切 ⿰飠殳⿰飠殳飣 ○槈說文曰薅器也纂文曰耨如鏟柄長三尺刃廣二寸以刺地除草奴豆切六 鎒上同亦出說文

4 東

△鋉 屋韻涌木切 又倉候切

耨上同五經文字云經典相承從耒久故不可改㝅乳也擩構擩不解事譳詎譳○瘶欬瘶蘇奏切七嗽

上同欶上氣漱漱口又音瘦鏉鏅利謏諵謏怒言也嗾使狗○奏進也說文作𡙁則候切三走釋名曰疾趨曰走又祖苟

切○透跳也他候切又書育切五咅說文作咅相與語唾而不受也隸變如上敨說文同上俗又作哣𣪘索彄毀也𧺆自投下或

作毀○漚久漬也烏候切三褔頭衣𡔷地名又市由切○遘遇也古候切二十構架也合也成也蓋也亂也媾重婚

覯見也姤卦名姤遇也又偶也購購贖𧴤稟給雊雉鳴彀張弓𣫂取牛羊乳亦作擊、句句當又姓華陽國志

云王平句扶張翼廖化並爲大將軍時人曰前有王句後有張廖俗作勾軥軥欘挽車也𡫏夜也搆搆擩也怐怐愗愚皃

又苦候切煹舉火也𥕢甃井也又罰也冓數也㝅說文曰乳也一曰㝅瞀也𨉖綿𨉖○輳輻輳亦作湊倉奏切八腠

膚腠湊水會也聚也嗾使犬𪉖南夷名鹽蔟太蔟律名又倉谷切楱橘屬𧲡温豕○陋踈惡也說文曰阸陜也盧候切

十三漏漏刻說文曰漏以銅受水刻節晝夜百刻爾雅曰西北隅謂之屋漏又禹耳三漏鏤彫鏤書傳云鏤剛鐵也又鏤漏並姓出何

氏姓苑又力誅切屚說文曰屋穿水下也从雨在尸下尸屋也一曰笱屚縣名在交阯瘻瘡也𦽟𦽟蘆䝏𧵈䝏貪財𨬍

5 謫

9 運日

10 而

鏉鍽蔄姓也敷敷欨小兒兇惡謱[5]謱詬忽怒⿰婁刂⿰婁刂剽細切僂僂佝短醜皃○蔻荳蔻呼漏切十豞豕聲⿰句頁[6]

字統云勤作詬怒也訽上同吼聲也又呼後切㰯敷欨⿰口后恥辱佝僂佝怐上同○䏽豕肉醬也蒲侯[7]切二⿰革尃

尻衣○偶不期也五遘切一○⿰取刂細切才奏切三楱鍽楱鐵齒杷名⿰足聚醉倒皃出埤蒼

五十一○幼少也伊謬切一○謬誤也詐也差也欺也靡幼切二繆紕繆又姓漢書儒林傳有申公弟子繆生○⿰足臭⿰足臭蹌

行皃丘謬切一○⿰足丩⿰足丩⿰足臭醜行之皃巨幼切一

五十二○沁水名在上黨亦州名本漢穀遠縣後魏置沁源縣武德初置州因沁水以名之七鴆切四𣳚沁冷吣犬吐⿰亻⿳彐冖又

⿱⺮侵墨工人具○浸漬也漸也子鴆切四濅上同出說文寖上同出字林祲祅氣也又子心切○妊妊身懷孕[8]汝鴆切五

紝織紝亦作紝絍鵀戴鵀鳥任已上四字並又音壬衽衣衿○鴆鳥名廣志[9]云其鳥大如鶂紫綠色有毒頸長七八寸食蛇

蝮雄名運目雌名陰諧以其毛歷飲食則殺人直禁切三沈又直壬切⿰瓜冘青皮瓜名○枕枕頭也論語曰飲水曲肱[10]枕之之任切又之稔

切二針又之林切○⿰舌今牛舌下病巨禁切十⿰齒今⿰牛今並上同噤說文曰口閉也⿰舟今蜀人呼舟紟紟帶或作襟[11]又音[12]今

7 地　8 齡　9 南康

鈙說文云持止也[1]讀若琴亦作㯲 澿寒澿 笒笒籛 䪩齒向裏 ○禁制也謹也止也避王莽家諱改曰省又姓何氏姓苑

云今吳興人居蔭切三 僸北[2]夷樂名又居林切 㯲格也 ○賃傭賃也借也乃禁切一 ○蔭說文曰草陰地也於禁切

七 䅧苗[3]美 窨地屋 喑聲也 瘖心中病亦作癊 廕庇廕 飲又於錦切 ○滲滲漉所禁切二 罧爾雅曰槮謂之

涔郭璞云今之作罧[4]者聚積柴木於水中魚得寒入其裏藏隱因以簿圍捕取之[5]又息甚切槮與罧同也 ○闖馬出門皃丑禁切二 䑢

私出頭視 ○譖讒也毀也莊[6]蔭切一 ○讖讖書釋名曰讖纖也其義纖微楚譖切一 ○吟長詠宜禁切一 ○揕擬擊史記曰右手揕

其胷知鴆切二 鈂掘也[7]鈂又參赤黑色 ○臨哭臨又偏向良鴆切又音林二 䑼䑼舲頭向前 ○甚太過時鴆切二 舲䑼舲

○顉顉齡[8]切齒怒皃于禁切二 鼟鼓聲見兵書 ○深不淺也式禁切又式今切二 㢙廕㢙大屋

五十三○勘校也苦紺切七 䘓凝血 䀼上同 ⿰鹵甚鹹味厚 轗轗軻坎壈也 竷擊也 磡巖崖之下

○紺青赤色也古暗切五 淦新淦縣在豫章 ⿱艹贛薏苡別名 灨縣名[9]記云章貢二水合流因其處立縣便以爲名在南康郡亦

作贑 贛贛榆縣在琅邪郡 ○憾恨也胡紺切七 琀送死口中玉亦作含 浛水和物 唅哺唅 蜭有毛之蟲 莟

11 深　12 悇　18 䀰　20 䭼馬步皃 冘冠幘近前　21 顲　22 灆

苗蓉心欲秀也脂食肉不猒○暗日無光又默也深也貪[10]也不明也烏紺切二闇冥也說文曰閉門也○僋僋俕癡皃他紺
切八灛灛氾水浮皃撢探[11]取西無光又舌出皃又吐念切傝傝㒌不自安又吐盍切䐺食味美憛憛㥏[12]懷憂
誩競言也又渠仰渠[13]政二切○俕僋俕蘇紺切四罯罯覆蓋也㥏[14]憛㥏失志頪[15]頷頪搖頭皃○謲怒也[16]七紺切三
叅叅鼓俗作叅𤳴田隴聯也○醰酒味不[17]長徒紺切又音譚五贉買物預付錢也潭沈水底沒潭瞫括[18]也
又徒[19]南切𧖧羊血凝○㒌傝㒌五紺切一○䭼[20]冠幘一曰馬步近前丁紺切三𩈎頑劣皃䳼䳼鳥○妠取也奴紺切一○顲[21]
面色黃皃郎紺切三僋僋伸皃又僋俕不淨灆[22]灆灛浮皃○顑[23]面虛黃色呼紺切二䭞食不飽也○篸以針篸物作紺
切二揝手撼

五十四○闞魯邑亦視也又姓左傳齊大夫闞止苦濫切五瞰視也矙日出皃嚂呵也又[24]工覽[25]切鹼味苦○濫
叨濫汎濫盧瞰切九𠠍刀利𨡽𨡽觴說文曰泛齊行酒也纜維舟吳書曰甘寧常以繒錦維舟去輒割弃以示奢爁火皃𡢃
貪也失禮也過差也俗作從水㦨貪也𥨷𥨷䆞不平嚂食皃○賧夷人以財贖罪[26]吐濫切七𪊆鹹𪊆無味䆞𥨷䆞不平

[1] 鐫　[5] 㢘

⿰鹵炎無味睒候視㶖薄味𦧺譫談舌出○䶣䶣䶠無味古蹔切二鹼味苦○賘乞戲物或作歛呼濫切三𧄍瓜葅也出說文

䖔虎怒○憨害也果決也下瞰切又呼甘切六㺖犬吠聲譀誇誕東觀漢記曰雖誇譀猶令人熱又呼甲切蜭瓜蟲⿰月臽

炙令熟或作⿰炙臽⿰炙臽上同○憺恬靜徒濫切又徒敢切八惔上同澹水搖動皃腅相飯也或作啖淡水味啗噉也食也

啖誑也倓安也靜也恬也亦作憺○暫左傳云婦人暫而免諸國暫猶卒也藏濫切三蹔上同鏨鐫[1]石又音蠶[2]○擔

負也都濫切二甔甔石大甖又都甘切○三三思蘇暫切又蘇甘切一

五十五○豔美色也以贍切九艷俗爓光也焰上同焱火華也⿰扌焱豔也鹽以鹽醃也本音平聲

灩上同灧瀲灧水波動皃○贍賙也時豔切一○染而豔切又如檢切二髥髥頷毛又人占切○厭論語曰食不厭精於

豔切五㤿快也又於驗切猒飽也又於廉切饜上同𡢻𡢻嬱美女[3]○窆下棺方驗切又方亘[4]切二砭石針說文曰以石刺

病也又甫兼[5]切○驗證也徵也效也說文云馬名也魚窆切三噞噞喁魚口譣證也[6]○閃說文曰闚頭門中也舒贍切又舒斂切四⿰炎占

火行皃苫以草覆屋掞舒藻○⿰口韱⿰口韱啜不廉子豔切又子廉切一○壍坑也遶城水也七豔切四塹上同出說文槧

8 值　9 餱　10 㤿

插也論衡曰斷木爲槧釋名曰槧版長三尺者也槧漸也言漸漸然長也又七廉切又才敢切嬱孌嬱美女皃○殮殯殮力驗切七

斂聚也又力琰切○瀲泛瀲一曰水波也亦作澰爁爁炎火延顩帀先入直[8]也䨢小雨獫長喙犬名○覘假[9]也說文云闚

視也春秋傳曰公使覘之丑豔切二䀡視也○𨇨音譜云馬急行昌豔切八幨披衣或作襜裧襜裧並上同韂鞍小

障泥韂上同𡓏蔽也閻闚閻○㤿快也[10]於驗切亦作惓二俺大也○潛藏也慈豔切一○占固也章豔切又職鹽切一

五十六○㮇火杖他念切六舚舌出皃忝辱也又他玷切阽亭名在京兆黇火光㐁無光說文曰舌皃

○念思也又姓西魏太傅念賢奴店切二𦁣字林[11]云挽船篾也○店店舍崔豹古今注云店置也所以置貨鬻物也都念切十一坫

墇也屏也沾水名在上黨說文他兼切痁病也又式詹切墊下也又墊江在巴[12]陵又徒協切𩅹早霜寒唸呻吟𥧌窮也說文曰屋

傾下也埝下也𦒷[13]老人面黑皃䀡目垂皃又丁[14]炎切○䃸䃸磹電光先念切二䅐禾草不實䅐䅐之皃○磹徒念切二

𤭛支也出通俗文○趝疾行皃紀念切一○酓苦味於念切一○僭擬也差也子念切一○䁮閉目思也漸念切一

○兼古念切又古嫌切二鮎[15]魚名○傔傔從苦念切一○稴稴䅐力店切一

3 㚈草木無蔓也

13 出字譜

14 譀譪譪呼戒切

15 闞

五十七○釅酒醋味厚魚欠[1]切二 鹻齒皃 ○脅妨也許[2]欠切二 𡠎好皃 ○𢻵匡下也丘釅切二 𤭛似瓶有耳

○㚈[3]草木無蔓[x]也亡劒切一

五十八○陷入地隤也戶韽切五 䱤魚名又古念切 臽小坑 䐄說文云食肉不猒也又䐄䐄也 錎車鑣 ○韽下入聲俗作韽[4]於陷切四 㸝犬吠又乙咸切 淊水没 揞吳人云抛也 ○蘸以物內水莊陷切一 ○𪉟鹹多[5]陟陷切三 站俗言獨立又作亜

涅[6]江岸上地名也出活州記 ○歁歁嗛口陷切又口咸切二 䫡䫡顑面長皃又公陷切 ○賺重買佇陷切三 詀被誑 譧

俗 ○儳輕言仕陷切三 隵陷也 韂鞔之短者[8] 𪉫鹹味公陷切二 䫡面也 ○諵尼賺切一 ○顑顑長面也玉[9]陷切一

五十九○鑑鏡也誡也照也亦作監格懺切又古銜切五 鑒上同 監領也亦姓風俗通云衞康叔爲連屬之監其後氏焉又古銜切 𥌠瞻也 劖利也又細切也 ○懺自陳悔也楚鑒切六 儳雜言又食陷切 攙投[12]也 𤭢甖屬 獑小犬聲 嚵試人食

○𧡊暫覽㒯高危皃子鑑切三 𩈿長面皃又昨三切 𩅿以物內水中出音譜 ○釤大鎌所鑑切三 𢒠暫見 𢒉相接物也又利也出字譜[13] ○㒯暫覽㒯許鑑切三 譀譀譪[14]又呼咸切 闞[15]犬聲 ○埿深泥也蒲鑑切二 湴上同 ○𧡦大瓮似盆

七·九十五　韻去聲　五十四　陸選

21 釣　22 蔡倫　23 鹿　25 大　26 練　32 匿　33 漕

續漢書云盜伏於覽下胡𩕄切二檻大櫃又下[16]斬切○鑱鑱[17]土具士𩕄切又士銜切六韉韉韉欃水門又作艬䳻

似雕而斑自出音譜讒譖也又[18]士衫切艬艬船○黬叫呼仿佛黬然自得音黯去聲一

六十○梵梵聲扶泛切三帆船使風又音凡颿上同說文曰馬疾步也○汎浮皃孚梵切八泛上同仉輕也⿱泛皿

杯也⿱罒乏上同氾濫也芝草浮水皃[24]又匹凡切姂好皃○劒[19]釋名曰劒檢也所以防檢非常也廣雅曰龍泉太阿干將鏌鋣[20]斷蛇魚腸純[21]鈎

燕支蔡[22]偷屬陳[23]干隊堂谿墨陽巨闕辟閭並劒名也崔豹古今注云吳太[25]皇帝有寶劒六一曰白虹二曰紫電三曰辟邪四曰流星五曰青冥六曰

百里列子云孔周有三劒一曰含光二曰承影三曰霄[26]陳吳王賜子胥屬鏤之劒而死周穆王有錕鋙[27]劒切玉如泥居欠切一○欠[28]欠伸說文曰張口气悟也今借爲欠

少字去劒切二俽俗○俺[29]大也於劒切八㤿[30]甘心淹[31]沒也又繹絲一淹也⿰羽奄劒羽媕誣拏裺衣寬⿰言奄諵[32]誯⿰見乏⿰見乏口墟名在富春清[33]上也

廣韻去聲卷第四

新添類隔更音和切

裱賔廟切窆班驗切

廣韻入聲卷第五

烏谷屋第一獨用
烏酷沃第二燭同用
之欲燭第三
古岳覺第四獨用
之日質第五術櫛同用
食律術第六
阻瑟櫛第七
文弗物第八獨用
許訖迄第九獨用
魚厥月第十没同用
莫勃没第十一
胡葛曷第十二末同用
莫割末第十三
胡八黠第十四鎋同用
胡瞎鎋第十五
先結屑第十六薛同用
私列薛第十七
以灼藥第十八鐸同用

徒各鐸第十九　莫白陌第二十麥昔同用

莫獲麥第二十一　私積昔第二十二

先擊錫第二十三獨用　之弋職第二十四德同用

多則德第二十五　七入緝第二十六獨用

胡閤合第二十七盍同用　胡臘盍第二十八

與涉葉第二十九怗同用　他協怗[1]第三十

侯夾洽第三十一狎同用　胡甲狎第三十二

魚劫業第三十三乏同用　房法乏第三十四

一○屋舍也具也淮南子曰舜築牆茨屋風俗通曰屋止也亦虜複姓後魏書官氏志云屋引氏後改爲房氏烏谷切七　𡱂籀文　臺[2]古文　剭鄭玄注周禮云剭誅謂所殺不於市而以適甸師氏又音[3]握　䣂地名　黳屋墨刑名又音握　𦞦𦞦膏肥皃　○獨

8 三　　6 養　　4 鷃

説文曰犬相得而鬬也羊爲羣犬爲獨一曰獨俗獸名如虎白身豕鬣
馬尾出北嚻山俗音欲亦單獨又虜複姓有獨孤氏後魏書云西方獨
孤渾氏後改爲杜氏徒谷切三十　黷垢也蒙也黑也　讟誇讟　髑髑髏　䪅上同　殰殤胎　讀讀誦　櫝函也又曰
小棺　牘簡牘　儥見也動也又音育　⿸疒由[1]字書云怨痛也　⿰夘賣卵敗　碡䃀碡田器　遺媟[2]遺　騳驪騳野馬　皾
滑　䟻[3]獸名如鼠也　襡襡韜藏又音蜀　韣弓衣又之蜀切　瓄圭名　瀆説文曰溝也一曰邑中溝爾雅曰江河淮濟爲四瀆　隫
説文曰通溝以防水　⿰谷賣古文　韇箭箙　嬻媟慢　犢牛犢　鸀鸀鳿[4]鳥也　罜罜麗魚罟　⿰亻蜀⿰亻蜀倲短醜皃　匵匵匵
○穀五穀也又生也祿也善也説文曰續也百穀之總名今經典省作穀餘從㱿者並同古祿切十七　穀[5]俗　轂車轂　榖木名
瀔水名　谷山谷亦善也[6]窮也又姓漢有谷永又欲鹿二音　瑴玉名又[7]音角　鷇布鷇鳥案爾雅只作穀　⿰歹角⿰歹角殊死皃出廣
雅　⿺鼠殳鼠名　豋豆名　⿰多角⿰多角⿰多束多也　㱿足跗　⿰豸谷獸如赤豹五尾又音欲　⿰目角動目　⿰目谷大目　唂鳥鳴又作⿰口角　○穀
羅穀胡谷切十四　槲木名　斛十斗又虜複姓二氏後魏有尚書斛斯延齊有丞相咸陽王斛律金　螜螻蛄　⿱艹殻水菜可食　嚳説文
云石聲也　㱿周禮注云受二[8]斗又苦角切　𣂔石[9]𣂔斛　⿰酉殻酒濁　瀔水聲　⿰齒告齒聲　⿰殻瓦瓦坏　⿱竹斛箱𥲰　焀火皃　○哭

八百八十四

韻入聲　二　吳志

10 鮮卑　11 誘　13 ⿺辶鹿　△數 遇韻色句切又音速　15 木

哀聲空谷切八 𣪘未燒瓦 𣪊卵也 𣫜餅麴 硞大阜 ⿱𣪊麻枲未績者 ⿱𣪊土土墼 𣫜麻𣫜 ○禿說文云無髮也从人上象禾粟之形文字音義云蒼頡出見禿人伏於禾中因以制字又國語云史伯曰祝融之後八姓已董彭禿妘曹斟芊是也又虜複姓有禿髮氏其先壽闐之在孕其母胡掖氏因寢而產於被中朝鮮[10]謂被爲禿髮因而姓焉禿髮烏孤以後魏元興元年稱王遷于樂都号涼及國滅入魏賜姓源氏他谷切五 秃籀文 ⿰言禿詆說[11]狡猾 ⿰扌禿[12]杖指 鵚鵚鶖鳥也 ○豰豰穀丁木切八 啄啄木鳥 豚尾下竅也 启俗 ⿱斲衣衣至地也說文音斲 豛擊聲 竺竺厚 剢刀鉏 ○速疾也召也戚也徵也桑谷切十八 遬籀文 ⿱欶言古文 蔌郭璞云菜茹之揔名也詩云其蔌維何傳謂菜肴也 餗鼎實 ⿱速鬲說文同上 ⿰虫速蝶⿰虫速蟲 樕槲樕木 榖榖榖動物榖丁木切 倲⿰亻蜀倲又音東 棟赤棟木名 ⿺辶⿱鹿束[13]麋鹿跡也 ⿱艹遬白茅也 殐殗殐 嗽吮也 殐殗殐多也 棴棴常樹名 涑水名在河東 ○祿俸也善也福也錄也又姓紂子祿父之後盧谷切四十七 鹿獸名國語曰周穆王征犬戎得四白鹿四白狼而荒服不至又姓風俗通云漢有巴郡太守鹿旗 漉滲漉又瀝也說文浚也一曰水下皃 淥說文同上 觻[14]觻得縣名在張掖 睩視皃 ⿰彔見笑視 ⿰龠彔東方音 ⿰車賣[15]⿰車賣轤圓轉也或作樚 轆上同 ⿰鹿瓦⿰鹿瓦瓾

艫舟名 琭玉名老子曰琭琭如玉注云琭琭喻少 簏箱簏說文云竹高篋也 箓說文同上 螰螇螰蟲螻蛄也 麗
罜麗 麓山足穀梁曰林屬於山曰麓 禁古文 碌多石皃 盝去水也瀝也竭也或作漉 𥂖同上 騼野馬 磟磟碡
又音六逐 簶弧簶箭室也出音譜 𧍕螰聽似蜥[1]蜴居樹上輒下齧人上樹垂頭聽聞哭聲乃去出字林 谷漢書匈奴傳有谷蠡
王蠡音离 娽埤蒼云顓頊妻名說文云隨從也史記毛遂入楚謂十九人曰公等娽娽可謂因人成事耳又力玉切案史記亦作録 𥈭䁐𥈭
眼淨也 摝振也周禮曰摝鐸鄭玄云掩上振之爲摝 𥛫祭也 𦊕捕魚具也 𥂁[2]吳王孫休三子名 𤾣白獸 麃賈逵曰麃
庚也 角角里先生漢時四皓名又音覺 逯見鬼 录本也亦刻木也 濼水名[3]又音朴 鏕鉅鏕郡名案漢書只作鹿 趢
趢趗局小 𦑍水上飛也 轆車聲 𣀮剥聲 𩅗大雨 蔍蔍葱草 𨝔地名 ○㱿歐聲呼木切七 豰獸名似豹而小
食獼猴又名黃腰案說文作穀犬屬腰已上黃腰已下黑食母猴 熇熱皃 臛羹臛又火各切 㱿日出赤皃 觳同上 嚛大歠
聲 ○族宗族昨木切三 銼銼鑹釜屬 鑿鑿鏤花葉又音昨 ○瘯瘯瘰皮膚病也千木切六 磼碌磼石皃 蔟蠶蔟
又千候切 趗趢趗局小皃 梀短椽說文丑録切 簇小竹 ○鏃箭鏃作木切二 鎐姓也出彭城 ○暴日乾也蒲木切十二

6 ⿸尸文　9 鳥　10 三

曝俗 瀑瀑布水流下也 蠂蠂蝀蟲名 㲫氄㲫毛不理也 樸爾雅云樕樸心又音卜 僕侍從人也 ⿰臣菐古文 ⿰矢菐

短人又倉[5]候切 業瀆業 ⿱业夊[6×]行皃 穙穙穛也 ○扑打也普木切十一 醭醋生白醭 濮齊魯閒水名左傳云公會

齊侯于濼 墣說文云塊也又匹角切 穙草生穊也 鼥⿰鼠菐鼥鼠名 攴擊也凡從攴者作攵同 撲拂著 骲骨鏃名也

⿰黑卜淺黲黑也 ⿰菐鳥鳥也 ○卜卜筮龜曰卜著曰筮又姓孔子弟子卜商博木切十四 濮水名出陳留郡入鉅野亦州名古昆吾之墟左傳齊桓公會諸侯於鄄今鄄城縣是後漢獻帝時兗州刺史治於此後魏爲濮陽郡隋初置濮州又姓出何氏姓苑 䧤彭䧤

蠻夷國名 轐車伏兔 ⿰女菐昌意妻也 樸棫樸叢木又音[7]僕樸樕小木也 獛獛鉛南極之夷尾長數寸巢居山林出山海經 蹼

足指閒相著爾雅云鳧鴈醜其足蹼 纀爾雅曰裳削幅謂之纀郭璞云削殺其幅深衣之裳 襆上同 ⿰髟菐須[8]鬗 ⿰革菐⿰革菐絡頭羈

⿰卜鳥⿰卜鳥雉 鸔鳥[9×]鸔水鳥似鶂而短頸腹翅紫白背上綠色又音剝 ○木樹木說文曰木冒也冒地而生東方之行又姓木華

字玄虛作海賦莫卜切十二[10×] 沐沐浴說文曰濯髮也禮記曰頭有創則沐又姓風俗通曰漢有東平太守沐寵又漢複姓有沐簡[11]氏何氏

姓苑云今任城人 朷朷桑 ⿱彔毛思皃一曰毛濕也 鶩鳧屬 霂霢霂 鞪車轅名也 ⿱敄巾轅上絲也 ⿱艹務毒草 艒小艖

1 𧓍

3 歷忌釋

輂說文曰車軸束也 椝屋架五椝詩曰五椝梁輈傳云椝歷録也 蚞蟝蚞[1]蟲 ○福德也祐也方六切十七 腹腹肚 複重衣 幅絹幅又姓也 輻車輻 偪偪偪 葍葍舊爾雅曰葍當又葍藑茅 蝠說文曰蝙蝠伏[2]翼也崔豹古今注云一名仙鼠 箙竹實 鍑說文云釜而大口者或作鍢又音富 鶝戴勝別名 踾踾踧聚皃 輹車軸縛也 菐瀆菐 偪偪陽宋國 楅東以木逼於牛角不令牴觸人 蕌草名 ○伏匿藏也伺也隱也歷[3]也釋名曰伏者何金氣伏藏之日金畏火故三伏皆庚日又姓出平昌本自伏犧之後漢有伏勝文帝蒲輪徵不至房六切三十三 復返也重也亦州名古竟陵縣春秋時屬楚秦屬南郡隋爲江陽郡武德初爲復州 虙古虙犧字說文云虎皃又姓虙子賤是也 服服事亦衣服又行也習也用也整也亦姓漢有江夏太守服徹 舩古文 茯茯苓 馥香氣芬馥 鵩不祥鳥 鞴韋囊步靫 蕧旋蕧[4]藥名 輹車輹[5]兔 軷上同 澓澓流又姓漢宣帝時有東海澓仲翁 椱織椱卷繒者 洑洄流 箙盛弩器 鞴上同 輹車笭間皮篋也 瘦音譜云病重發也 鶝鶝鵖即戴勝也 駥馬也 䨱地室 棴木出崏山也 复行故道也說文作夏 畐滿也 鞴車具 絥韍並上同 菔蘆菔菜也 匐匍匐伏地皃又蒲北切 鰒海魚名 琭見鬼皃 栿梁栿 ○縮斂也退也短也亂也所六切十三 莤說文曰禮祭束茆加于祼

九百卅六 韻入聲 四 余敏

圭而灌鬯酒是爲莤象神歆之也一曰榼上塞也　飂風聲　趚趜趚體不伸[6]也趜渠六切　樎馬櫪　謖起也　䎘鳥飛　㩋

擊聲　蹜文字音義云鳥鸛醜其飛掌蹜在腹下也　摍抽也顏叔子納鄰之嫠婦執燭燭盡摍屋以繼之　⿰虫宿蝍⿰虫宿尺蠖　摵到也

又子六切　謏小也又蘇了切　○六數也力竹切二十二　陸高平曰陸又高也厚也亦陸離參差也又姓出吴郡河南二望本自古天子陸

終後　戮刑戮說文殺也爾雅病也　剹上同　勠勠力併力也又音留　稑種稑先種後熟曰種後種先熟曰稑　穋上同　鵱鵱鷜

野鵝　⿱坴彡⿱坴彡莪詩傳云⿱坴彡長大貌　⿰氵⿱坴彡上同　⿰馬坴⿰馬坴良健馬　鯥魚名似牛蛇尾出山海經　⿱艹陸蒚⿱艹陸　磟磟碡　⿰虫坴魁⿰虫坴　淕

凝雨澤也　䡜轓䡜車箱　坴大塊　⿱山六地蕈　踛翹踛也　僇癡行又音溜　⿰礻坴見也　○逐追也驅也從也疾也強也走也

直六切十二　軸車軸　碡磟碡田器又音祿獨　妯妯娌　舳舳艫　鱁鱁鮧　⿰虫逐馬蚿蟲　筑水名出房陵漢有筑陽縣蕭何

妻封邑也　蓫馬尾草　柚杼柚機具又由舊切　⿰馬逐馬⿰馬逐獸名　篴竹名　○菊草名禮記季秋之月菊有黃華說文曰大菊蘧

麥也居六切三十三　鞠推窮也養也告也盈也禮記曰天子乃薦鞠衣於先帝鄭玄云鞠衣名蓋黃桑之服又姓出東萊[7]風俗通曰漢有尚

書令平原鞠譚又音麴又渠六切[8]　蘜爾雅曰蘜治牆郭璞云今之秋華菊也　⿱艹⿰幸匊說文曰日精也似秋華　㥌謹慎　⿰幸匊說文撮也

1 臼　2 文　3 糵　6 清

掬上同匊物在手𥷚說文曰窮治辠人也簕上同鞫上同𥨊說文窮也𥨝上同𤝵石狗獸名食猴鵴
說文曰秸鵴尸鳩爾雅作鴶鵴郭璞云今之布穀也鵴同⿰阝尻曲岸水外曰⿰阝尻⿰土尻上同𣈶韭畦𩻕郭璞云魚名有兩乳
椈爾雅曰柏椈禮云鬯[1]曰以椈⿱艹鞠山高皃臼兩手奉物𪇰鳥名餰饘也諊法用⿰髟匊亂髮踘踘蹋也
閰閞閰梮木名跼足也⿰氵尻水名[2]趜困人又巨竹切○麴麴蘖[3]又姓出西平漢有麴演驅匊切五𥴨上同說文
曰酒母也鞠上同鞠姓也又居六切䎤曲脊又渠六切○熟成也殊六切八孰誰也淑善也塾門側堂崔豹古今注
云臣來朝君至門外[4]更詳熟所應對之事塾之言熟也𨷖[5]上同璹玉名婌後宮女官名⿱孰石石聲○俶始也厚也作也
動也昌六切五柷柷敔柷作樂也俗作柷又音祝琡璋大八寸曰琡又音祝𡸏至也埱氣出於地一曰始也○育養也長也
余六切二十四毓稚也本亦同上鬻賣也亦作粥亦姓周有鬻熊爲文王師案說文鬻本音糜⿰食建也粥上同𩱰說文鬻也緕
青經白緯綪[6]陽所織𧶠賣也重也長也動也說文衒也或作儥儥上同棛車覆欄也錥鎢錥温器煜火光又燿也焴
上同昱日光⿱艹雈爾雅云雈山韭淯水名出攻離山蜟復蜟蟬未蛻者出論衡弆兩手捧物說文音匊堉地土肥也

◦鞗本韻式竹切又音育

喅音聲䎘生田𥉂望也又目明皃逳步也轉也行也菁草名也蘛茂也○驧馬跳躍也說文曰馬曲脊也渠竹切十
二𩤹上同趜趜趚𩷔魚名鵴鴶鵴鳲鳩又音菊鶔上同鞠蹋鞠以革爲之今通謂之毬子又菊麴二音
毱皮毛丸也蝌說文曰蝌鼀蟾蠩以脰鳴者也踘踘蹋也𥀿谷名在上艾匊曲脊皃○鼀蝌鼀七宿切三
蹴蹋蹴殧終也[8]○肉骨肉如六切俗作宍三衄鼻出血俗作衂又尼六切鰊魚子一曰魚名○粥糜也之六切五鬻
呼鷄聲亦作咮祝巫祝又太祝令[9]官名周禮曰太祝掌六祝之辭以事鬼神祈福祥求永貞亦音呪又姓後漢有司徒中山祝恬柷
柷敔又音俶又爾雅曰柷州木髦柔英本亦作祝琡璋大八寸又[10]音俶○叔季父亦姓左傳魯公子叔弓之後光武破虜將軍叔壽又
漢複姓二氏後漢有犍爲叔先雄左傳魯有大夫叔仲小式竹切十三儵青黑繒[11]倏倏忽犬走疾也透驚也又他豆切虪
爾雅云虪黑虎又[12]音育倐疾也長也鮛爾雅曰鮥鮛鮪郭璞云鮪鱣屬也大者名王鮪小者名鮛鮪掓拾也悠疾也
翛飛疾之皃又音蕭尗豆也菽上同潚水波○蓄蓄冬菜也許竹切又丑六切十稸上同畜養也說文
曰田畜也淮南子曰玄田爲畜又丑六許救二切𤲬上同說文云魯郊禮畜从田从兹兹益也𡣍媚也鄐晉邢侯邑又姓漢有

1 胄姓

△ ⿰冢彡 職韻丁力切又丁六切

3 嘆

4 篴，笪

5 繒

6 朒

7 詔

鄐熙爲東海太守董羊蹄菜又丑六切蓫上同慉起也詩云不我能慉眲細視○竹說文作竹冬生草也象形下垂

者箬箬也史記曰渭川千畮竹其人與千戸侯等亦姓本姜姓封爲孤竹君至伯夷叔齊之後以竹爲氏今遼西孤竹城是後漢有下邳相竹曾張

六切六竺天竺國名又姓出東莞後漢擬陽侯竺晏本姓竹報怨有仇以謂始名賢不改其族乃加二字以存夷齊而移於琅耶莒縣也又冬

毒切厚也俗作竺筑筑似箏十三弦高漸離善擊筑說文曰以竹爲五弦之樂也又爾雅曰筑拾也又音逐水名築擣也篁[2]古文

茿萹茿也似藜赤莖生道傍可食○蹙迫也促也近也急也子六切十七踧踧踖行而謹敬⿰虫就蝍⿰虫就蚇蠖也⿰口叔說文嘆[3]也

本音寂慼慼咨慙也噈歔噈口相就也摵到也槭木可作大車輮殧殁也龡取氣皃說文本才六切歔龡也篴[4]

笪也縬縮也又縬[5]文也又側六切欶欶悲皃⿰月戚脚⿰月戚膏澤也顣顣頞鼻頣促皃⿰衤戚好衣皃蹴蹋也又七六切○珿

齊也初六切六矗直皃又敕六切⿰足齒廉謹皃閦衆也出字統或作閦⿰豆足小豆⿰耳足飛皃○朒[6]朔而月見東方謂之縮朒

女六切八恧慙也⿰耳恧上同忸忸怩衄鼻出血又挫也又音肉⿰虫丑⿰虫丑蚭即蚰蜒也⿰衤丑刺也沑蹜沑水文聚○縬

縬文也側六切二⿰禾至塞也○蝮蝮蛇又姓乾封元年[7]改武惟良爲蝮氏芳福切八覆反覆又敗也倒也審也又敷[8]救切蕧

蕧葐草又音服䰄廣雅曰假髩也副畐剖也又敷救切堛地室䨱上同蕾蕾蕮草名又音富○郁文也亦郁郅縣

在北地又姓魯相有郁貢又虜三字姓二氏後魏書云蠕蠕姓郁久閭氏又北方郁原甄氏後改爲甄氏於六切二十戫有文章也彧

上同燠熱也又音奥栯栯李又音有俗作𣚍噢噢咿悲也墺墺壤䐿鳥胃薁蘡薁澳隈也水内曰澳隩上同

又音奥𥳑可以漉米𢻳愁皃鄭姓出姓苑黬羔裘之縫又于逼切稶黍稷盛皃懊貪也愛也又音奥𢧢

吹氣也㖪喉聲鉞[9]温器○肅恭也敬也戒也進也疾也又州名古月氏國地漢匈奴昆邪王殺休屠王并其衆來降遂置酒泉郡

後魏以酒泉爲甘州隋分福[10]禄縣置肅州亦姓出姓苑息逐切二十三宿素也大也舍也說文作宿止也左傳曰一宿爲舍再宿爲信又

姓風俗通云漢有鴈門太守宿詳又虜複姓後魏末有賊帥勤宿明達又虜三字姓後魏書宿六斤氏後改爲宿氏又息救切蓿苜蓿

史記云大宛國馬嗜目宿漢使所得種於離宮夙早也說文作𠈇早敬也从丮持事雖夕不休早敬者也丮音戟又姓魯大夫季孫夙之後

𠈇㑛並古文出說文玊朽玉又琢玉工又姓後漢有玊況字文伯光武以爲司徒鷫說文曰鷫鷞也五方神鳥也東方發明南方焦明西方鷫

鷞北方幽昌中央鳳皇𪁖上同蟰蟰蛸俗呼喜子詩曰蟰蛸在戶又音蕭驌驌驦馬名𦒍𦒍𦒍鳥羽聲又音縮䬁風聲

3
筑

鱐魚腊 䃤黑砥石又音篠 㲖朽玉又姓也 潚深清也亦姓漢有潚河 橚木長皃 㩋擊也 䑿䑽䑿船名 佩儵佩不伸 璛姓也 歗打也 ○目釋名曰目默也默而內識也說文曰人眼象形重童子也莫六切十一 睦親也敬也又和睦也亦西胡姓 穆和也美也敬也厚也清也又姓漢有穆生 苜苜蓿 莜莜蓿見爾雅注 牧養也放也使也察也司也食也說文曰養牛人也又姓風俗通云漢有越嶲太守牧根 坶坶野䢵近郊地名古文尚書作此坶說文作坶 繆禮記有繆公又姓也又靡幼切 苜苜蓿菜 㐱說文曰細文也今作㐱同 痏痏病 ○囿園囿于六切又于救切二 哊吐聲 ○蓄蓄冬菜詩曰我有旨蓄鄭玄云蓄聚美菜以禦冬月乏無時也本亦作畜丑六切十 稸上同 滀水聚 苗蓨也又他[2]六徒歷二切蓨音挑又音剔 蓫羊蹄菜 蓫上同 敊病敊皃 傗傗佩不伸 鄐地名在晉 矗直也齊也 ○𥓓齊頭皃魚菊切一 ○𪓰說文曰鼀𪓰也才六切一

二 ○沃灌也說文作渓又姓太甲子沃丁之後出風俗通烏酷切七 鋈白金 鱟魚名又音候 𦢊膏膜又音屋 𥌓瞋目 𦢊治角也又戶角切 鷽馬腹下聲 ○毒痛也害也苦也憎也說文作毐厚也害人之草往往而生徒沃切八 毐見上 𦺇萹竹[3]草 蝳蝳[4]蜍似蜘蛛 瑇瑇瑁又音代 纛左纛又徒号切 𢟯同上 碡碌碡田器 ○篤厚也說文曰馬行頓遲冬毒切十一 竺地名

△蓩 略韻武道切又亡毒切

12 辛

14 𣪘

九·廿八

說文厚也督率也勸也正也說文察也一曰目痛也又姓風俗通云漢有五原太守督瓚[5]俗作督裻衣背縫也禱襨並上同鋈

䭓舌𤬩瓠𤬩䃀䃀砡玉篇云落石也裻新衣聲又先篤切启尻启俗○酷虐也說文曰酒味厚也苦沃切六焅熱氣

𥝩禾熟嚳帝嚳高辛氏也說文曰急告之甚也硞碌硞石狀𡸅山皃○鵠鳥名又姓姓苑云今東海人胡沃切八𥉮鳥白

也翯[6]鳥肥澤也詩云白鳥翯翯又音學隺高也㸤灼也頶鼻高皃𨳡門聲礐石礐○僕僮僕說文曰給事者

也漢書曰太僕秦官掌輿馬亦姓風俗通云漢有渾梁侯僕多又虜複姓後魏書僕蘭氏後改爲僕氏蒲沃切六𥈲古[7]文鏷鏷鍏矢名

案左傳曰魯莊公以金僕姑射南宮長萬字不從金𧒂𧒂蠃又𧒂蝀蟲轐車轐兔也鸔鸔鸔○㵗雨聲先篤切二裻新衣聲

○梏手械紂所作也古沃切九牿牛馬牢也𨿅鳱[8]𨿅鳥名似鶻䅵禾皮又地名告又音誥告上曰告發下曰誥郜國名又音

誥祰說文云告祭也𨸶說文云大阜也䶜[9]治象牙也○瑁瑇瑁[10]莫沃切又莫代切五𣞤門樞横梁媢夫妬婦艒

艒艑船名䒵草也○熇熱也火酷切四臛[11]羹臛又音郝嚛食新[12]也歊氣出皃又音蹻○褥小兒衣也內[13]沃切又而蜀

切四傉虜三字姓有庫傉官氏耨釋典云阿耨搙捻搙○傶邑名又姓將毒切三𣪘[14]穿也錊姓也○襮黼領博沃

韻入聲 七

方堅

1 濟　4 谷　5 姓　6 擧

切三 犦犎牛出合浦郡 鸔鴇烏鸔水鳥名 ○濼水名在齊南盧毒切又力各切一 ○⿰牛翟白牛五沃切又[2]音岳一

三○燭燈燭也禮曰嫁女之[3]家三日不息燭世本曰石季倫以蠟燭炊又姓左傳鄭大夫燭之武之欲切十三 屬付也足也會也官衆也儕等也經典作属又音蜀 属俗 矚視也 ⿰糹屬綴帶 囑託也 鸀鸀鳿鳥 ⿺走蜀小兒行皃 歜吹氣也 噣

噣鳿鳥名 蠾蚕也方言云蠶蠶自關而東趙魏之郊或謂之蠾蝓又音蜀 韣弓衣又大欲[4]切 蠋⿰虫鳥蠋 ○玉白虎通曰玉者象君子之德燥不輕濕不重是以君子寶之禮記曰執玉不趨又烈火燒之不熱者眞玉也說文本作王隸加點以別王字魚欲切四 獄皐陶所造說文确也从犾从言二犬所以守也 鳿鸀鳿鳥 頊人[5]頊煩又音勗 ○旭說文曰日旦出皃一曰明也許玉切五 頊顓頊高陽氏也又謹勖皃 勗勉也 ⿸鹿頁⿸鹿頁顱出聲譜 ⿰骨鹿上同 ○輂禹所乘直轅車說文曰大車駕馬也居玉切十二 絭纕臂繩也又居願切

鋦以鐵縛物 挶持也 𦥑斂手 梮輿[6]食器也 ⿱𦥑車說文曰直轅車轒縛也 ⿱𦥑木舉食者名 ⿱𦥑糸靴⿱𦥑糸子纏連者說文約也 拲兩手共梏又己奉切 ⿱⿰糹龹糸絭[7]屬 ⿱龹角曲角 ○局曹局又分也說文促也渠玉切五 跼踡跼又曲也俛也促也 駶馬立不定 侷侷促短小 ⿰耒局耕也 ○蜀巴蜀說文曰葵中蠶也淮南子云蠶與蜀相類而愛憎異也亦作蠋市玉切十二 韣弓衣又徒谷切 蠾

8 ⿱⿲弓蜀弓鬲

9 左傳二字當刪

蠾蝓蜘蛛欘木似柳葉大也⿰衤屬玉篇云長襦也連署衣也襩上同⿰亻蜀⿰亻蜀俫動皃襡短衣又大口切屬附也類也又音燭

屬俗⿰王蜀玉⿰王蜀鐲温器又直角切○觸突也尺玉切四⿰牜角古文歜怒氣亦人名齊宣王時有高士顔歜或作斶臅狠臅

膏也○辱恥辱又汚也惡也又姓出姓苑而蜀切十一蓐草蓐又薦也說文曰陳草復生也一曰蔟也褥氈褥鄏郟鄏地名

在河南縟文采溽溽暑濕熱⿸厂⿰辱戈矛戟枝也媷懈惰也嗕囑嗕憐皃又西羌名⿰黑辱黑垢⿱⿲弓辱弓鬲8大鼎○束

縛也又9姓本自踈氏避難除足姓東左傳晉有束晳書玉切二俫⿰亻蜀俫○欲貪欲也余蜀切九浴洗浴說文曰洒身也洒先禮切

鵒鴝鵒雓上同鋊炭鉤又銅屑也漢書曰磨錢取鋊輍車枕前也慾嗜慾䜪獨䜪獸谷山谷爾雅曰水注谿曰谷說文

曰泉出通川為谷亦虜三字姓吐谷渾氏又音縠○躅躑躅直録切三𨇜上同蠋⿰虫鄭蠋蟲名○録采録說文曰金色也又録事職

官要録云總録衆事力玉切十七淥淥水名在湘東又姓何氏姓苑有淥圖為顓頊師⿰录見眼曲⿰录見也緑青黃色永徽二年始七品

六品服緑飾以銀八品九品服青飾以鍮石至文明元年又改青服碧色醁美酒騄騄駬駿馬名娽隨從又音鹿菉菉蓐草

逯謹也又姓風俗通云漢有大司空逯並後趙録有金紫光禄大夫廣平逯明西征記有逯明壘云是石勒十八騎中人⿰魚彔魚名籙

1 謯　3 慄　5 𪌭　趣 逼韻七句切又親足切　6 賣　7 擧

圖籙碌碌石綠色本又音祿𨂐恭𨂐也䚄謯也趢趢趗兒行睩日暗𣪊剝𣪊又聲𣪊○曲委曲說文作凵象器曲受
物之形又姓晉穆侯子成師封於曲沃後氏焉漢有代郡太守曲謙丘玉切四鮈魚名苖蠶薄漢書周勃織薄苖爲生亦作笛匩匡匣
也○瘃寒瘡也陟玉切七瘃上同孎謹也又陟角切斸斫也又钁也钃上同欘枝上曲一曰斤柄𧰲豕行兒又丑足
切○足爾雅云趾足也又滿也止也從口止即玉切又將喻切二哫楚詞云哫訾慄斯王逸謂承顏色也○贖說文貿也神蜀切又音樹三
鸀鸀鞮也又似足切𪌭姓也梁四公子𪌭黼之後○幞帊也又幞頭周武帝所制裁幅巾出四脚以幞頭乃名焉亦曰頭巾房玉切二
襆上同○促近也速也至也迫也七玉切六誎飾也趗趗速𠩳迫也𤆕弗𤆕炙具𤞚宋良犬又七雀切○續繼也
連也又姓舜七友有續牙似足切四俗風俗說文習也藚藚斷藥名一曰牛脣又名水蕮鸀白鸀鞮也○粟禾子也淮南子曰昔蒼頡
作書而天雨粟又姓袁紹魏郡太守粟舉相玉切七𥻆上同見說文憟憟斯涑水名在河東又蘇侯切𣰈𣰈毹罽毛玊西番
國名亦姓又香救切又新菊切𠠝細切○𤜺絡牛頭封曲切一○梀梀㯳木名丑玉切七亍彳亍𥻊字書曰糲𥻊損米𧾁
𧾁𧾁兒行𧰲豕行兒又知足切瘃牛馬所蹈之處豖說文曰豕絆足行豖豖也

張榮

10 鸑

四○覺曉也大也明也寤也知也古岳切又古孝切十八　斠平斗斛　角芒也競也觸也說文曰獸角也又角抵戲漢武故事曰未央庭中設角抵戲角抵者六國時所造也使角力相抵觸亦大角軍器徐廣車服儀制曰角前世書記所不載或云本出羌胡以驚中國之馬也又姓後漢有角善叔　桷榱也　較車箱又直也略也又古孝切　較說文曰車輢上曲銅9也　珏二玉相合爲一珏　瑴上同　鸒馬腹下聲　觷飾杖頭骨又胡歷切　榷以木渡水今之略彴也　捔掎捔　搉揚搉大舉又音確　䀨明也　梏直也又古沃切　傕後漢有李傕　䮳馬白頟　龣樂器　○嶽五嶽也五角切八　岳上同　樂音樂周禮有六樂雲門咸池大韶大夏大濩大武又姓出南陽本自有殷微子之後宋戴公四世孫樂莒爲大司寇　鸑鸑鷟鳳屬國語曰周之興也鸑鷟鳴于岐山俗作[獄隹]10×　[岳頁]說文云面前岳岳也　觷爾雅云角謂之觷治角也或作礐又音學　捳抨捳　[牛隺]說文曰白牛也　○浞水濕士角切十二　丵叢生草　鋜鎖足　灂瀺灂　鷟鸑鷟　擉攙擉組織亦作[角攴]　澩山夏有水冬〻無水　篧11魚罩又12音捉　汋說文曰激水聲也一曰井一有水一無水爲瀱汋　齺齒相近皃　嶌速也或作[辶嶌]　簎取魚箔也　○捉捉搦也側角切七　穛早熟穀　[米焦]上同　穱稻處種麥　斮斬又側略切　篧魚罩　蕉[艹矣]毒　○朔月一日又幽朔也命和叔宅朔方北方也又姓何氏姓苑云南陽人俗作[朔]所角切十二

2 椓　4 倨

欶口噏也 嗽上同 矟矛屬通俗文曰矛丈八者謂之矟 槊上同 蒴蒴藋藥也 數頻數 箾說文曰以竿擊人又舞者所執又蘇彫切 ⿱削糸縅也 榒木名 揱纖也又長臂皃又相邀切 ⿱罒削攡⿱罒削罘罩 ○斲削也竹角切十九 涿郡名 諑訴也王逸注楚詞云諑猶譖也 椓[2]擊也推也 琢治玉 孎謹孎 卓高也又姓蜀有卓王孫 桌古文 𥡴說文曰特止也 啄鳥啄也又丁木切 斀說文云去陰刑 啅衆口 噣鳥生子能自食 豝龍尾 豚上同 倬大也 晫明也又敕角切 豛打也 菿說文云草大[3]也本音到又陟孝切 ○剝落也削也割也傷也北角切十四 駮六駮獸名似馬鋸[4]牙食虎豹 駁馬色不純 詨指聲 ⿰月暴皮破 嚗李頤注莊子云嚗放杖聲又孚[5]邈切 箹箹手足指節之[6]鳴者亦作肑 肑上同 爆火烈又北教切 鸔烏鸔鳥又博沃切 髉骱骺 𤿎𤿎皴皮起 ⿰月樂[7]⿰月樂犖亂雜 趵足擊 ○邈遠也亦作𨘢 藐紫草 懇說文美也 眊目少精 皃皃人類狀本莫教切 毣好皃一[8]曰毛濡 瞀目不明也 ⿰扌貌打也 ⿱目⿰目目美目 ○雹說文曰雨冰也蒲角切二十 靁古文 撲相撲亦作撲 跑秦人言蹴 ⿰馬孛獸名似馬一角 ⿰馬包上同 骲骲箭 鰒魚名 ⿱竹畐竹名 瓝瓜瓝也 瓟上同 ⿰瓜交上同出說文小瓜也 ⿱暴言嗃⿱暴言大呼說文作⿱暴言云大呼自冤也 犦犎牛又甫沃切 豰說文云小豚也 窇廣雅曰窖也 ⿱竹豹

八·七十三　韻入聲　十　張榮

9 劇

△嚗 本韻北角切 又孚邈切

11 欘

車軬帶也𦢊肉胅起懪煩悶也㩧擊聲又匹角切。○璞玉璞匹角切十五擈擊聲又蒲角切樸木素朴上同

又厚朴藥名犦牛未劇攴楚也又普木切小擊也墣說文塊也淮南子曰水勝土也非以一墣塞江圤上同颮颮颮紛紛

衆多皃鞄攻皮之工謈自冤本蒲角切炇火裂䙺玉篇云久視玤批玤𧴪盈財。○㱿皮甲又說文曰从上擊下

也一曰素也苦角切十九毃毃打頭愨謹也善也愿也誠也搉擊也又音角確靳固也或作碻碻上同𥀬礐𥀬皮乾

㲉鳥卵觳盛脂器也㷇廣雅云火乾物嶨爾雅云山多大石嶨礐上同塙高也㱋上同10𤟻至也高也硞

固也肎說文曰幬帳之象隸省作肎埆墝埆不平𡇈鞕聲。○濁不清也又姓漢書貨殖傳云濁氏以胃脯而連騎直角切十六

擢拔也抽也出也濯澣濯又姓風俗通云濯輯之後鵫白鵫鳥嬥直好皃藋蒴藋鐲似鈴又音蜀斸11爾雅云拘

斸謂之定斸鋤也拘音劬本亦作斪斸斸陟玉切𤢄獸名鸀小鳥似烏赤喙出西方蠗小蠒名鸐山雉長尾䪅

龍䪅𢡆不安𩆷大雨𩆷𩆷戳築也舂也本又敕角切。○渥霑濡於角切十七握持也偓偓促又姓列仙

傳有偓佺箹小籥幄大帷三禮圖曰在上曰奔四旁及上曰帷上下四旁悉周曰幄楃說文曰木帳也喔鷄聲又喔咿強顏皃

2 正　　△ 木韻測角切 擉又音踔　　3 狗

鸒山鵲又音學 葯白芷葯也 腥厚脂 黖刑也又作劇 齷齷齪齒相近 媉好皃 葹英蒻 龏燭蔽 嚳誇聲也 鸒馬腹下鳴 ○擉持也女角切又女厄切六[1] 掉搖也又杖弔切 䚥屋角一曰調弓也 [角弓]上同 搙搵也 [角卓]握也 ○逴遠也一曰驚走又作趠敕角切五 趠上同 晫明也 踔跛也 戳授也刺也戳敊痛也敊丑六切 ○犖駁犖牛雜色又卓犖也呂角切三 礐礐確石相扣聲 嚛啅嚛有才辯俗 ○學說文與斆同覺悟也斆今音效又姓出姓苑胡覺切九 确磽确說文曰磬石也 嶨山多大石又音㱿亦作礐 [學殳][學殳]皷 鷽山鵲赤喙長尾知來而不知往 澩涸泉 觷治角之工 [角隺]鳥白又胡沃切 翯鳥肥澤 ○吒怒聲許角切十 狗[3]豕聲 鞷急束 翯鳥肥澤 㱿歐吐左傳褚師聲子韈而登席公怒辭曰[4]臣有足疾君將㱿之說文从口 苞草聲 謞讒慝 㵿㵿瀑水涌 [酉樂]醋味 滈水皃 ○娖辯也測角切八 [石剝][石剝]礫 齪齒相近聲 娕恭謹皃 擉司馬彪注莊子[5]云擉鼈刺鼈又音踔 齱漢書云握齱急促也 箹籥帶 [齒足]開孔具

五○質朴也主也信也平也謹也正也又姓漢書貨殖傳云質氏以洒削而鼎食注云理刀劍也之日切又音致十五 眰大也 郅

郁郅古縣名又姓漢有郅都桎桎梏在足曰桎櫍椹行刑用斧櫍蛭水蛭博物志曰水蛭三斷而成三物騭駁馬又書曰惟天陰騭下民傳云騭定也劕劕劑券也長曰劕短曰劑周禮作質劑銍縣名膣膣胖刀箭瘡藥鑕斧也[口質]野人之言懫止也礩柱下石也侄堅也又牢○日說文曰實也太陽精不虧从口一象形人質切五馹驛傳也衵女人近身衣又女乙切[巾刃]枕巾也𦤶到也○實滿也誠也神質切一○秩積也次也常也序也書曰望秩于山川直一切十二紩縫紩帙書帙亦謂之書衣又姓出纂文袠上同柣門限翐翐翐飛皃姪兄弟之子又音迭妷上同豒說文云爵之次弟也鉄帆索[走戜]走皃戜大也○悉說文云詳盡也息七切九厀說文曰脛節也膝上同蟋蟋蟀蛬也[艹膝]牛[艹膝]又作[艹悉]本草作膝[艹悉]上同[米悉][米悉]粲聲僁僁偦動也窸從穴出也○一數之始也物之極也同也少也初也又虜三字姓後魏書一那婁氏後改爲婁氏於悉切三弌古文壹專壹又合也誠也輩也醇也又虜三字姓後魏書云壹斗眷氏後改爲明氏○七數也親吉切十漆水名在岐又姓古有漆沈爲魯相何氏姓苑云今豫章人又漢複姓孔子弟子漆彫開洡俗餘倣此䣛地名在齊[桼鳥]鳥名桼膠桼說文曰木汁可以髤物从木象形桼如水滴而下也經典通用漆

5 昳　　4 ⿱匿虫

⿱艹厀 俗 ⿰木厀 木名可爲杖也 ⿱艹桼 草似蘇也 ⿰木桼 秦有⿰木桼娥臺 ○匹 偶也配也合也二也說文云四丈也从八匸八揲一匹俗

作疋譬[1] 鵯 鵯鶋鳥 ⿰口匹 ⿰口匹⿰口匹[2]唾也 ⿰月匹 牝⿰月匹 ○吉 吉利又姓出馮翊尹吉甫之後漢有漢中太守吉恪居質切八 趌 趌趨

怒走 狤 狂也 拮 拮据手病詩傳云拮据撠挶也又音結 ⿺走戠 走意 郆 郆成山 洁 水名[3] ⿰吉皮 黑⿰吉皮 ○暱 近也

尼質切七 昵 上同 衵 近身服 䵑 膠䵑 ⿰黍刃 上同 ⿱匿虫 小⿱匿虫[4] ⿰忄匿 愧⿰忄匿 ○逸 過也縱也奔也說文曰失也从辵从兔兔謾訑

善逃也夷質切十二 佚 佚樂 佾 八佾之舞佾行列也 溢 滿溢 軼 車過又突也又同結切 鎰 國語云二十四兩爲鎰又禮曰

朝一溢米注謂二十兩曰溢 泆 淫泆 ⿰齒益 廣雅云麖鹿受食處 劮 劮豫 昳[5] 辟也 ⿰馬失 馬足[6]疾 ⿰鳥失 餔鴃[7]鳥也 ○詰

問也責讓也去吉切四 蛣 蛣蜣蜣蜋又蛣蝠蝎也 ⿰馬吉 馬色也 趌 趌趨怒走也又音吉 ○欯 笑也許吉切五 ⿰喆欠 訶也又丑

律切 咭 笑又巨[8]吉切 ⿰忄吉 怖也 ⿰彳吉 行也 ○抶 打也丑栗切四 咥 笑也 眣 目不正也 跮 蹠也又丑利切 ○栗 堅也又果

木也漢書曰燕秦千樹栗其人與千戶侯等又姓漢長安富室有栗氏力質切十九 𠧪 上同說文作此 ⿱西⿱卤木 古文 慄 戰慄懼也 溧

溧水縣在宣州 ⿰風利 ⿰風利⿰風利[9]暴風 ⿰栗刂 斷也削也 鷅 鸙鷅流離鳥 凓 凓冽寒風 篥 觱篥胡樂 麜 䴥牡麜牡麜也

八•九十五　韻入聲　十二　金滋

11 盩　12 也　13 潛水

⿰車栗[10]車聲 瑮玉之英華羅列皃 ⿰糸栗蒸栗色繒也 塛塞也 搮以手理物 ⿱艹栗草名 㗚嘍㗚言不了也 ⿰山栗山名

○窒窒塞也陟栗切又丁結切十二 挃撞挃 庢盩[11]庢縣在京兆 銍刈也說文曰穫禾短鎌也又古縣名在譙 秷刈禾聲 ⿸瓜至

偺⿰歹至䨢觸忤人也 跌手拔物也 喹喹咄吐呵也 ⿰齒至齧聲 ⿺辶室近也 螲螻蛄 ⿰矢至短也 ○疾病也急也秦悉切十一

疾籀文 嫉嫉妬楚詞注云害賢曰嫉害色曰妬 蒺蒺藜 ⿰亻疾廣雅云賊也 ⿱疾虫爾雅云蒺藜蝍蛆郭璞云似蝗大腹長角能食

蛇腦亦作蝨螫 揤揤拭 愱愱毒苦也 槉屋枅 㗲就嗾 ⿰言疾語急 ○⿰桼刂割聲也初栗切四 ⿰率刂上同 ⿰齒卒齰也 ⿰言桼謅諪陰私

語 ○失錯也縱也式質切三 室房也易曰穴居而野處後世聖人易之以宮室釋名曰室實也人物實滿其中也周書曰黃帝始作宮室呂氏

春秋曰高元作宮室[12]二 ⿰革室刀⿰革室 ○堲夏后氏堲周燒土葬也資悉切八 ⿰口截鼠聲 喞啾喞聲 ⿰氵七水[13]潛 ⿰扌七⿰扌七擿 ⿰虫七

蜻蛚別名 蝍蝍飛蟲又音即 楖楖栗木名 ○蜜蜂所作食山海經云穀城之上足蜂蜜之廬亦蟲名彌畢切九 蠠上同 謐靜也

慎也安也 ⿰酉𥁑飲酒俱盡 榓木榓樹名 𥁑拭器 宓安也默也寧也止也 淧淧溢也 ⿰目𥁑[14]瞝瞝不測也 ○必審也然也

說文曰分極也从八弋畢吉切二十七 畢竟也說文作畢田罔也又姓出泰山本畢公高之後晉有畢卓 篳織荊門也說文曰藩落也春秋

1 屠　2 風寒　3 鮅　△ 咭本韻許吉切又巨言切　5 邲　6 柬　7 狭　9 罼

傳曰篳門圭窬 蓽上同 韠胡服蔽膝說文曰紱也所以蔽前也下廣二尺上廣一尺其頸五寸一命緼韠再命赤韠俗作韗 ⿰王畢上同 趩漢書曰出稱警入言趩顏師古曰警者戒肅也趩止行人也 蹕上同 滭滭沸泉出皃亦作觱見詩俗作觱 ⿰畢攴盡也 鷝鷝鳩鳥名白面青色 觱觱篥或作篳說文作觱云羌人所吹角署[1]觱以驚馬也 珌佩刀上飾 ⿰冫畢風寒[2] 熚火皃 ⿰女畢廣雅云母也 彃射 ⿰木畢木名 縪冠縫也說文止也 鮅爾雅曰鱓[3]鱒郭璞云似鱒子赤眼 饆饆饠餌也 ⿰金畢簡⿰金畢爾雅曰簡謂之畢注謂簡札也俗從金 𠦒弃糞器說文方干切箕屬 ⿰山畢道邊堂如牆也 ⿰畢皮畫韋曰⿰畢皮 ⿰礻畢竈上祭 罼兔罟 ○姞姓一曰字史記云姞氏爲后稷元妃巨乙切五 佶正也閑也 鮚說文云蚌也漢律會稽獻鮚醬二升[4] 趌直行 狤狂狤 ○邲地名在鄭又美皃毗必切二十一 比比次又毗妣鼻三 柲偶也 馝香也又虜複姓後魏書馝邦[5]氏後改爲邦氏 苾說文曰馨香也詩曰苾苾芬芬 ⿰革必車[6]革 佖有威儀也 鮩魚名 駜馬肥 坒相連 飶食之香者 縪紾也又必覓切 鮅魚名 怭慢也 泌水浹[7]流又必媚切 ⿰酉必飲酒[8]俱盡 ⿰虫必黑蜂 吡鳴吡吡亦作咇 ⿰必欠吹⿰必欠 咇言不了 妼女有容儀 ○⿺風曰大風也于筆切五 ⿸尸川說文曰水流也 汩上同 蒁草名 扻捏扻擊皃 ○率循也領也將也用也行也說文曰[10]捕鳥畢[9]也象絲罔上下其竿柄也俗作繂所律切十 帥佩巾又將帥亦姓本姓師晉景帝諱改爲帥氏晉有尚書郎帥昺丙又

11 筆

14 聱

所類切蟀蟋蟀⿱帥虫上同⿺辶率先導⿰率刂割也斷也出埤蒼⿰衤率裾⿰衤率短衣⿰口率⿰口率飲酒皃⿰亻率行皃衛循也說文曰將衛也

○叱呵叱也又虜複姓九氏夏錄有將作大匠叱于阿利西魏有開府叱奴興南陽公叱羅協後魏官氏志有叱呂叱門叱利叱李叱列叱盧等氏亦虜三字

姓周有侍中叱伏列龜其傳云代郡西部人昌粟切一○齣齧聲仕叱切一○密說文云山脊也又靜也亦州名古姑幕城秦琅邪郡隋爲密州

因水以名之又姓漢有尚書密忠又漢複姓三氏何氏姓苑云密茅氏琅邪人又有密革氏密須氏俗作宻美畢[11]切十⿱必山山形如堂蔤荷本下白

宓埤蒼云秘宓又音謐滵滵汩水流皃沕塵濁櫁香木⿱𠆢目[12]不見皃⿰密鳥鳥名⿰目密⿰目密不可測量也○弼輔也備也房密[13]

切十弻上同說文作此㢸⿱弗力並古文⿰禾弗⿰禾弗⿰禾卯禾重生⿱弗心輔也駜馬肥胇胇肸大皃邲地名佖威儀備也○乙

辰名爾雅云太歲在乙曰旃蒙亦姓前燕有護軍乙逸又虜複姓三氏後魏獻帝命叔父之胤曰乙旃氏後改爲叔氏前燕錄有高麗王乙弗利後魏有都督

乙干貴又虜三字姓有乙速孤氏於筆切三鳦燕也說文本作乙燕乙玄鳥也齊魯謂之乙取鳴自呼象形本烏轄切或从鳥亄貪也○耴贅[14]耴

魚鳥狀也魚乙切又女涉切七聉無知意也⿱⿰白乙刀斷也⿱巛夕水流皃圪高皃⿰舟乙舟行⿰乡力動⿰乡力⿰乡力○筆秦蒙恬所造爾雅曰

不律謂之筆韓詩外傳周舍爲趙簡子臣墨筆操牘從君之後伺君過而書之鄙密切九潷去滓鉍矛柄柲柄也泌泌瀄水流

3 臬　4 熒　8 ⿰日欠

⿰扌筆方言刺也亦作⿰扌必 咇咇⿰口節多言 ⿰王筆青白玉管天之所授 ⿰𧾷筆走也 ○茁草牙也徵筆切又鄒[2]律莊月二切一 ○肸肸蠁

俗作肹義 ○暨姓也吳尚書暨豔居乙切又泉[3]既二音一 ○蛭蛭蝚丁悉切又之日切一 ○獝狂也況必切一

六○術技術說文曰邑中道也又姓食聿切十一 述著述說文循也又姓風俗通云魯大夫仲述之後也 秫穀名 术上同 沭水名

在琅邪今沭陽縣在海州 噊爾雅曰危也又音聿 袕爾雅袕謂之褮衣開孔也褮音瑩[4] 潏爾雅曰小沚曰坻人所爲[5]爲潏謂人力所

作又音聿音譎 鱊小魚名爾雅曰鱊鮬鱖鯞又音聿 驈黑馬白髀[6]又音聿 ⿰虫矞⿰虫矞蟥也又音聿 ○橘果名周禮云橘踰淮

而北爲枳居聿[7]切八 ⿱艹矞草名 繘汲綆又餘律切 ⿺走矞走意 ⿺走矞上同 ⿰酉矞醬也 ⿰月穴姓也出韻譜 ⿰月矞月在乙也 ○崒山高

慈卹切四 踤摧踤又觸也駭蹋也 誶讓也 捽把捽 ○聿循也遂也述也說文曰所以書也楚謂之聿吳謂之不律燕謂之弗秦謂

之筆餘律切二十一 ⿱穴鳥飛快 燏火光 遹述也自也一曰遵也 鷸鳥名 驈黑馬白髀又音述 繘汲綆又音橘 ⿰矞風

疾風 潏水流皃 矞說文曰以錐有所穿也一曰滿也 霱霱雲瑞雲本亦作矞 ⿰虫矞⿰虫矞蟥也 ⿺辶聿行皃 茟草木初生

⿰目欠[8]詞也 鱊小魚名 噊鳥鳴 ⿰糸聿⿰糸聿長 銉針銉 ⿰扌矞飛⿰扌矞 ⿰矞出⿰矞出出 ○卒終也盡也子聿切又倉没切又則骨切五 ⿰歹卒

9 卹

12 ⿰犭戚

▲茁 質韻徵筆切又鄒律切

終也 鮮鱆鯆別名 欶飲也玉篇云吮也 啐啐律聲 ○卹[9]分賑辛聿切十五 恤夏憂恤 戌辰名爾雅太歲在戌曰閹

茂又滅也 訹謏訹誘也謏蘇了切 珬珂屬 𧬈靜也又音盡 鶐小鳥名 賉賑賉 沭水流沭沭 ⿰口戌口鳴⿰口戌⿰口戌 ⿰虫戌海蟀

⿰金戌鋸聲 ⿰血欠鳴⿰血欠⿰血欠 ⿰朮几不能行也 ⿰朮阝頹下 ○律律呂又律法也呂卹切八 寽持取今寽禾是 繂縆船上用亦作⿱率糸

膟腸間脂說文曰血祭肉也又作⿰月曾 ⿱艹率音譜云草子甲 葎蔓草有刺 ⿱竹寽竹⿱竹寽以[10]射鳥也 ⿰口聿鳴也亦作⿰口率 ○黜貶下也亦

作絀丑律切八 怵怵惕 ⿺走朮走也 炪火光 跊獸跡 ⿰忄出夏憂心也又音窋 ⿰犭朮獸名 欪訶也又許吉切 ○⿰忄出夏憂心也竹律切八

窋物在穴皃 絀縫也 ⿰矢出短皃 ⿰亻出上同 ⿺辶叕走皃 ⿱叕女面短皃 泏水出皃 ○朮藥名直律切三 ⿱艹朮上同 ⿰火朮

煙 ○出進也見也遠也赤律切又赤季切一 ○焌火燒亦火滅也倉聿切一 ○⿰叕出吳人呼短側律切二 ⿰叕白雞見出殼聲 ○⿰犭戚[12]

飛去皃許聿切四 怴狂也 ⿺風戌小風皃 ⿰目朮深目皃

七 ○櫛梳也阻瑟切六 楖上同見周禮 瀄瀄汨水聲 喞咇喞 ⿰禾卽⿰禾弗⿰禾卽禾重生⿰禾弗音弼 ⿰扌節挃⿰扌節 ○瑟

樂器世本曰庖犧作瑟所櫛切六 飋飋⿺風旦風也 蟋蟋蟀又音悉 蝨蟣蝨淮南子云大廈成而燕雀相賀湯沐具而蟣蝨相弔俗作虱

5
又

瑟玉鮮絜皃今爲之瑟瑟者其色碧也⿰糹瑟⿰糹瑟⿰糹瑟色也亦作⿱髟瑟○⿰齒出齒聲崱瑟切一

八○物萬物也又旗名周禮雜帛爲物說文曰牛爲大物天地之數起於牽牛故从牛勿文弗切九勿無也莫也說文曰州里所建旗也象其柄有三斿雜帛幅半異所以趣民故遽稱勿勿又作⿰方勿⿰方勿上同芴土瓜岉崛岉高皃伆離也又武粉切⿺辶勿遠也昒尚冥也又音忽沕沕穆微也○弗說文撟也分勿切二十紱綬也黻黼黻綍大索葬者引車紼上同

茀草木盛也市說文曰韠也上古衣蔽前而已市以象之天子朱市諸侯赤市大夫葱衡从巾象連帶之形經典作芾韍上同不與弗同又府鳩方[1]久二切⿰弗阝姓也漢有九江太守⿰弗阝修翇說文曰樂舞執全羽以祀社稷也周禮作帗柫[2]連枷杖打穀者出方言

⿰犬弗[3]大也髴婦人首飾冹寒冰皃帗毳又音撥颰風皃笰輿後笰也烕熚烕鬼火說文作⿱烕火甶鬼頭

○鬱香草又氣也長也幽也滯也腐臭也悠思也說文曰木叢生者又姓出姓苑[4]紆物切十二欝俗灪灪滃大水爩煙氣⿱夗食飴和豆也黦黃黑色也⿰石鬱⿰石鬱⿰石褱小石菀藥草又音苑尉說文作尉从𡰥火[5]持火所以申繒也亦姓古有尉繚子著書又虜複姓有尉遲氏其先魏氏之別尉遲部因而氏焉後單姓尉唐有將軍尉遲敬德又於魏切熨火展帛也說文本作尉見上注蔚草名又曰無子菣也

九·十二　韻入聲　十五　王宝

▲痜攷韻呼骨切又音欻

10 揘

九十二　韻入聲　十五　王宝

亦州名春秋時屬晉後入趙秦滅趙爲代郡東魏置北靈丘郡周宣帝置蔚州也鬱說文云芳草也○亥無左臂也九勿切又九月

切十了上同說文作此緝翟衣厥夏曰僬鬻商曰鬼方周曰儉狁漢曰匈奴魏曰突厥出漢書音義又音蕨屈屈産地名出良馬亦

姓楚有屈平又音詘鶌爾雅曰鶌鳩鶻鵃郭璞云似山鵲而小短尾青黑色多聲趉6走皃豩豕豩土也剧剞剧曲刀𨂮律𨂮

多力○屈拗曲亦姓又虜複姓屈突氏又羌複姓有屈男氏區勿切三詘辞塞𧌑蛣𧌑蟲○倔倔強衢物切九𨂮足多力也

崛山短而高屈短尾鳥裾衣短屈短尾犬堀說文曰突也引詩曰蜉蝣堀閱豩豕豩地掘掘地○佛牟子

曰漢明帝夢神人身有日7光飛在殿前以問群臣傅毅對曰天竺有佛將其神也學記曰其施之也悖其求之也佛符弗切九怫怫鬱坲

塵起岪山曲說文作茀山脅道也咈戾也𧼮8走皃刜斫也擊也𢿞玉篇云理也炥火皃○颮疾風許勿切六颰

俗欻暴起猝疾也嗽訶嗽㷖9火煨起皃○𩗗風聲王勿切六搰擲也𠪾羌人吹角扢10×捏扢䐿䐿䐿見𢕃

行也○拂去也拭也除也擊也斁勿切十二帗韜髮巃崩聲茀草多祓除災求福亦絜也又音廢艴淺色刜

擊也斫也乀左戾曰乀𩭷額前飾也髴髣髴亦作彷彿彿彷彿俗𨁴跳也○崛危崛山皃魚勿切一

3 乞

4 釳 本韻許訖切 又魚訖切

九○迄爾雅云至也許訖切九仡壯勇皃又魚訖切釳乘輿馬上插翟尾者曰方釳釳鐵也廣三寸又魚訖切肸肸蠁又許乙切忔喜也芞爾雅曰藒車芞輿郭璞云藒車香草又音乞⿰言希語嗔聲莔吳王孫休長子字也汔水涸盡

○訖止也居乙切五吃語難漢書曰司馬相如吃而善著書也扢摩也暨姓也吳有尚書暨豔⿰魚乞魚游○疙癡皃魚迄切五屹屹崪山皃圪高土皃虼虎皃仡壯勇皃○趌行皃其迄切二⿰幾乞饑也○乞求也說文本作气音氣今作乞取之乞又虜複姓晉有乞伏國仁太元十年稱秦王於金城去訖切三芞又許訖切契契丹夷名出字林

十○月范子計然云月者尺也尺者紀度而成數也王子年拾遺錄曰水精為月魚厥切十一刖絕也斷足刑也又五刮切跀⿰足兀並上同見說文軏車轅端曲木也又五骨切抈折也扤動也又五骨切枂枂鞍鈅兵器玥神珠⿰月山山也○伐征也斬木也又自矜曰伐房越切十四筏大曰筏小曰桴乘之渡水栰上同罰罪罰元命包曰网言為詈刀詈為罰罰之言网陷於害閥閥閱自序垡耕土橃木橃說文曰海中大船也⿰白市舂米瞂盾也或作戭拔爾雅云拔龍葛也似葛蔓生葉細莖赤也茷茷茂皃藅攀藅草坺地名⿰酉伐酒一⿰酉伐也○越墜也干也於也遠也走也逾也曰也揚也說文度也亦吳越又姓句踐之後又

[9] 鷩

[11] 行越趉也

[12] 亅

[13] 也

虜三字姓後秦録有北梁州刺史越質詰歸王伐切十六 逑說文踰也 粤辝也于也 戉說文曰大斧也司馬法曰夏執玄戉殷執

白戚周左杖黃戉又作鉞 鉞上同 絨紵布說文曰采彰也一曰車馬飾 樾樹陰 蚏蠚蚏似蟹而小 曰辝也於也之也 竘䇣立也

娍輕也 瓛劒鼻玉 ⿱彗戉暴乾 ⿰木戉木名 蛂蠊蛂蚌出魏書 泧大水 ○厥其也亦短也說文曰發石也又姓京兆人也漢賜衡

山王妾厥氏居月切十九 氒古文 蹶失腳又走也速也嘉也說文僵也一曰跳也亦作蹷又音橛 𨇾說文上同 ⿺走厥跳⿺走厥 ⿺走厥上同

瘚氣逆 劂刻刀 蕨蕨菜 蟨獸名走之則顛蟨蟨前足高不得食而善走蟨常爲蛩蛩取食蛩蛩負之而走也 蟩蟩蜉蟲

橜杙也又其月切 ⿰石厥發石 ⿸厥力強力 欮發也 撅撅撥物也 鱖鱖魚名 孑短也 乚說文曰鉤識也从反乚象形 ⿱厥女

嬉蟨婦人皃於月切四 ⿱夗食飴和豆又作⿰食宛說文作䜺 噦逆氣又乙劣[8]切 黦黃黑色說文作黦黑有文也 ○⿰角厥以角發物其月

切十三 鷢白鷢一名揚[9]鳥似鷹尾上白善捕鼠也 橜說文杙也一曰門梱亦作橛 撅[10]採撅亦樗蒲三采名 蹷又音厥 掘

穿也 赶舉尾走也 ⿸厥心強也 鐝磨鐝 ⿺走屈行[11]越 ⿰木欮橛株山名 ⿸厥月尾本 乚[12]說文曰鉤逆者謂之乚象形 ○闕門觀

也廣雅曰象魏闕也釋名曰闕在門兩旁中央闕然爲道也又失也過[13]不供也又姓出下邳漢有荆州刺史闕翊去月切三 ⿰氵厥水名

5 羊

○茁 質韻徵筆切 又莊月切

在義陽 𦅾 𦅾狄衣周禮作闕狄禮記作屈 ○髮 頭毛也說文根也又姓漢有東海人髮福治詩又有不毛之地莊子謂之窮髮方伐切六

𩬊 說文上同 𩑶 古文 發 發起又舒也明也舉也闕也揚也說文曰䠶發也 颰 疾風 𣳆 寒冰又音弗 ○韤 足衣漢張

釋之與王生結韤望發切五 韈 襪 並上同 𡙇 舉目使人 𩍩 𩍩鞨東北夷名似高麗 ○颰 小風許月切六 䟾 走皃

泧 水皃 狘 獸名又走皃 𦐙 飛皃 𡸣 山皃 ○謁 請也告也白也又姓風俗通云漢有汝南太守謁渙於歇切五 閼 爾雅云太

歲在卯曰單閼又於葛於連二切 暍[2] 傷熱亦作煬㾊 ⿱穴曷 說文曰屋迫也 黦[3] 色壞也又於月紆物二切 ○歇 氣泄也休息也又竭也許竭

切五 蠍 螫人蟲 猲 猲獢短喙犬也 獥 上同 ⿰舟歇 ⿰舟歇艎大船 ○訐 面斥人以言論語注云訐謂攻[4]發人陰私也居竭切又居列切

六 趨 走皃 羯 [5]犗羯 揭 揭起說文曰高舉也 擨 俗 鍻 金鍻 ○擖 擔擖物也本亦[6]作揭其謁切五 揭 上同 竭

盡也 碣 碣石海中山名今為碑碣字李斯造 楬 表楬閥閱自序名 ○怫 恨怒拂[7]伐切一 ○钀 馬勒旁鐵語訐切一 ○

十一 ○没 沈也又虜三字姓有没路眞氏出後魏書莫勃切六 歿 死也說文終也又作歾 ⿰王殳 玉名 頞 內頭水中又烏没切

𠬛 說文曰入水有所取也 ⿱艹𠬛 草[8] ○⿱口又[9] 入水又出皃土骨切一 ○骨 說文曰肉之覈也尸子曰徐偃王有筋無骨亦見史記又

11 炊　12 妖　17 也　18 踩

姓古忽切十六　縎縎結　鶻鶻鳩又搰猾二音　滑滑稽謂俳諧也　䯣䯣䮷獸出北海　㞓𡲤也　淈説文濁也一曰

滒泥又水出皃　汩汩没　愲心亂　蓇不實草　𩩲膝病　㾶上同　榾枸榾木也　䓛刷也或從竹　抇[10]摩也

𡼏出也○勃卒也又姓世本宋右師之後又梁武帝改豫章王綜姓勃氏蒲没切二十三　渤渤澥海名又水皃　馞馞馬

獸名似馬牛尾一角又音雹　鬻説文曰吹[11]釜溢也　餑麵餑　埻塵起　馞大香　悖逆也又音背　䟐𥟽稡禾所秀不

成聚向上皃　郣郡名　浡浡然興作　毴毴毴毛短　愂㥂亂　敦敦卒旋放之皃　誖言亂　焞煙起皃　桲

榅桲果似樝　孛星[12]也又怪氣　艴艴然不悦　挬拔也　脖胦[13]臍　䪬䕎母　䳝䳝䳚鳥名[14]○咄呵也當没切四　柮

榾柮木頭　䮷䯣䮷獸又五[15]枯切出北海　蜎鳥鳴豫知吉凶也○宊[16]出皃他骨切六　梲大杖也又音拙　𠫓不孝之子説文

曰不順忽出也　㐬説文同上或篆文从到子从到古文子　悷悷忽不[17]悵也　𨂊[18]踩也踈𨂊前不進也○突觸也欺也

説文曰犬从穴中暫出也一曰滑也陀骨切十四　揬搪揬　腯説文曰牛羊曰肥豕曰腯　鼵鳥鼠同穴其鳥曰䳜其鼠曰鼵鼵如人家

鼠而短尾　葖爾雅曰葖蘆葩郭璞云葩宜爲菔蘆菔蕪菁屬紫華大根俗呼雹葖　鶟鶟鶦[19]鳥名似雉青身白首　堗竈堗漢書作突

1 閒
2 殖植又傳也
3 一

云曲突徙薪亡恩澤艐艒艐鈎船鈯鈍也又小刃也䅷耕禾開也楱植也又[2]傳者凸凸出皃𠫓說文本他忽切義見

上文鍎覆鍎○頞内頭水中烏没切九膃膃肭肥殟心悶嗢咽也又虜複姓後魏書有嗢盆氏又虜三字姓嗢石蘭氏𣢑說文曰咽中息不利也本一滑切

榲榲桲果似樝也搵手撩物皃㥵水出聲馧馧馞大香○忽倏忽又滅也忘也輕也又十[3]蠶爲一忽十忽爲一絲呼骨切十七

昒尚冥也㾡狂病又音[4]欻匫古器寣睡一覺笏一名手板品官所執天子以玉諸侯以象大夫魚須文竹士木可也釋名笏忽也有事書其上以備忽忘

乾急擷也擷呼結切曶說文曰出气詞也篆文本作昌象气出形𨑨遠也啒憂皃榴高皃𩭹寢熟緫微也㫚豕屬惚恍惚亦作忽𩘋疾風皃𤸷[5]

睡多○兀高皃又姓後漢改樂安王元覽爲兀氏五忽切十六扤搖動杌樹無枝也屼崛屼禿山皃又五屼山名在犍爲矹硉矹

不穩皃𨳡閰括也又云卒者鼿鼻也𦨖說文曰船行不安也卼俗臲卼不安也𤵶說文曰病也𤵠俗

軏輗軏又音月蚅蛤蟹刖刮刖又音月芁艾芁○誖按物聲或作𡜪普没切五昢明旦日出皃哱吹氣聲𡜪

𡜪乳女字馞香皃○𣕚箭射勒没切五䟩䟩𨂹前不進也硉硉矹硣硣矹崖狀殸殸欱不穩又不利也○窟窟穴苦骨

八·九十　韻入聲　十八　秦曄

6 白　8 于　10 十　13 雄

切十五顝大頭皃泏漚泏頊皃[6]禿矻用心矻矻堀宋玉云堀堁揚塵又音掘顝說文曰因突出也本胡八切搰擊也

圣汝潁間謂致力於地曰圣⿰乞攵歁⿰乞攵不穩⿰土窟土塞勓力作⿰山窟⿰山窟屼禿山皃⿱骨頁目突⿱骨頁朏朏臀俗又作腒○訥謇訥

内骨切五㕯㕯口又女滑切肭膃肭抐內物水中㱞殟㱞○窣勃窣穴中出也蘇骨切七⿰麥肖麥屑⿰麥屑上同⿰卒毛⿰孛毛⿰卒毛毛皃

⿰鼻卒鼻⿰鼻卒鳴⿰卒鳥⿰孛鳥⿰卒鳥鳥屑動進皃說文本先節切○猝倉猝暴疾也倉沒切五卒急也遽也又子沒切又將律切⿰歹卒

亡也扨摩也紉索[7]也○捽手捽也昨沒切六椊椊杌以柄內孔䶑齚也觪角始生也崪崪屼山皃䯿小骨

○麧麧糏漢書云食糠麧下沒切五秂秳也舂粟不潰也齕齧齧也又胡結切紇絲下也又孔子父名又虜複姓三氏北齊開府

紇奚永樂又有紇干[8]氏紇骨氏又虜三字姓後魏有賊師紇豆陵伊利又胡結切淈淈泥又古忽切○搰掘地也[9]戶骨切十一[10]扢摩也榾

果子榾也出聲譜⿰耳黑[11]耳聾⿰耳骨耳聲扫牽物動轉鶻鳥名鷹屬又骨猾二音尳膝病⿰扌圂手推也⿸厂骨⿸厂骨露出見字林

滑滑[12]亂也出列子○卒說文隸人給事者衣爲卒卒衣有題識者臧沒切又將聿切三倅百人爲倅周禮作卒䘹⿰衤弗䘹

十二○曷何也胡葛切十一褐衣褐說文云編枲韤也一曰短衣毼毛布鶡鳥似鷄也[13]鬬必至死蝎蟲名

2 熱　　6 止　7 㢼　　9 燭

爾雅曰蟰蠨蝎又曰蝎桑蠹 餲餅名 ⿰曷頁頼⿰曷頁健也又音歇 ⿰骨曷⿰骨曷骬肩骨 骱骨堅 ⿰木害木轉皃 鞨靺鞨蕃人名出

北土 ○⿰曷頁頼⿰曷頁健也許葛切八 ⿰口歇訶也 喝上同 猲短[1]喙犬又恐也又音歇 ⿰臭曷犬臭氣 ⿰白曷白色 暍熱[2]皃 ⿰香害[3]香氣又[4]呼蓋切

出字林 ○怛悲慘也當割切十 ⿱制心驚⿱制心 妲妲己紂妃 呾相呵 炟火起 ⿰黑旦莫⿰黑旦縣在五原 狚獦狚獸名似狼而赤出山

海經 笪竹⿱竹廢 ⿱艹旦蕈⿱艹旦 靼柔革也又之列切 ○闥門內他達切十三 ⿰亻達佅⿰亻達 撻打撻 躂足跌 澾泥滑 獺

水狗 ⿰魚頼魚名 屮文字音義云蹈也從反止 羍小羊也 幸上同 達挑達往來皃又唐割切 汏汏過 噧多言

也 ○遏遮也絕也止也烏葛切十一 齃鼻齃 頞上同 堨擁堨 閼止也塞也又於連切 胺肉敗臭論語作餲食臭也

餲食傷臭又於[5]介於罽二切 靄雲狀又於蓋切 咹小[6]語 ⿷匚歇大呼用力 ⿸广曷屋迫 ○剌僻也戾也盧達切十六 揧手

研破 辢辛辢 ⿱艹剌⿱艹剌蒿 瘌瘵瘌不調 攋撥攋手披也 糲麤糲 癩疥癩又音賴 ⿸广束[7]廣雅曰庵也亦獄室也

轢車轢著又歷洛二音 ⿱剌巾拂著 ⿱剌齒[8]⿱剌齒聲 ⿰王剌玉名 ⿰目剌目不正 楋木名 蝲蝲蟽 ○渴飢渴又虜複姓二氏後魏書渴

侯氏後改爲緱氏渴單氏後改爲單氏亦虜三字姓後魏書北方渴獨[9]渾氏後改爲朱氏苦曷切八 㵣古文 ⿸疒曷內熱病也 ⿱曷鳥鶡鴠

八·七十四　韻入聲　十九　吴益

10 獻　11 褭　13 吽　17 廣雅以下十七字當删　20 薩　22 子

嵑嵑嶭山皃磕石聲骹肩髆稭禾長也○達通達亦姓出何氏姓苑又虜複姓三氏後魏獻[10]帝弟爲達奚氏又達勃氏後改爲褭[11]氏周文帝達步妃生齊煬王憲唐[12]割切二薘馬舄草名○巀巀嶭山名在右扶風才割切又才結切四囋嘈囋鼓聲或作啐[13]

巘上同擳擊也○嶭五割切又五結切十三轙車載高也屵高山狀枿伐木餘枿櫱頭戴皃說文[14]曰伐木餘也蘖上同書作蘖不古文從木無頭吽毀讀[15]曰吽擳擊也又才割切哷哷哷嘈嘈戒也說文曰語相訶歫也歺說文曰列骨之殘也凡從歺者今[16]亦作歹頇無髮齾獸食之餘曰齾○葛葛藟廣[17]雅云苑童寄生葛也一名寓木又名寄屑亦姓後漢有潁川太守葛興古達切十

⿱竹曷⿱竹曷⿱竹殺桃枝竹名獦獦狚獸也割剥也害也斷也截也⿰馬匃[18]馬走疾也匃[19]乞也亦作丐又音蓋轕轇轕戟形也又轇轕驅馳皃⿰葛阝鄉名在南陽⿰禾葛禾長也⿰氵葛水名又漻⿰氵葛波勢也○躠跋躠行皃桑割切九薩[20]釋典云菩薩菩普也薩濟也能普濟衆生也摋抹摋公羊傳曰宋萬臂摋仇牧碎首何休云側手曰摋䊛放也若䊛蔡叔是也說文曰⿰米悉䊛散之也⿰口冊音變攃攃攃聲

⿱竹殺⿱竹曷⿱竹殺桃枝竹也躠失躠辢俗云辢辣○攃足動草聲七曷切三縩縠屬出淮南子礤麤礤○捺手按奴曷[21]切三瘵痛也蛆蛬蟞○擖菜似蕨生水中子[22]割切一

1 首　3 明　△般 刪韻布還切 又音鉢

十三○末木上也無也弱也遠也端也亦姓姓苑云本姓秣氏後去禾又虜三字姓後燕録襄城公末那樓雷莫撥切二十七眛星也易曰
日中見眛案音義云字林作眛斗杓後星王肅音妹䪨䪨顒也眜遠視又不正眜視又莫拜切䴲麪也䤠醬也䬴馬食穀也
秣上同䇾捕鰌䇾竹器靺靺鞨蕃人出北土韎韎軩大帶苜1說文曰目不正粖糜也又㸬2上同𪎊亡結切
米和䬴魚名眛3目不正也抹抹摋摩也妹妹嬉4桀妃怽佅佅𠊉肥皃又西夷樂名怽忘也坺壤也𣻱塗拭
䳮鳥名沬水沬一曰水名在蜀又武泰切䒐䒐艶色不深也袜袜肚○枂去樹皮又柮枂柱頭木五活切一○柮藏活切一
○撥理也絶也除也北末切十六癶足刺癶也㧊蠻夷蔽膝5茇草6茇鉢鉢器也亦作盋顔師古注漢書曰盋食器也盋
上䳊鳥名又䱐魚掉7同音拔䱐魚尾也𨓆急走䯬䯬鬢多鬢皃襏襏襫蓑衣也帗一幅巾怽意不悅皃𦩑
大船䮽馬怒䈨箄䈨○䯬鬢姊末切六撥逼撥𤃡𤃡濊剶刺剶不淨也𨂡蹩𨂡行皃出新字林瀎水湍頭起
○括檢也結也至也古活切二十一活水流聲又乎括切𣸣上同髺結髺檜木名柏葉松身又工外切栝上同見書聒
聲苦說文曰苦蔞果蓏也䈠䈠䕮同上鴰鶬鴰韓詩云孔子渡江見之異衆莫能名孔子嘗聞河上人歌曰鴰兮鶻兮逆毛衰

11 頢

12 古字當刪

15 舀

16 蹋

兮一身九尾長兮鶬[8]鴰也萿爾雅曰萿麋舌郭璞云今麋舌草春生葉有似於舌适疾也銛說文曰斷也佸會計曰佸

頢小頭皃劊斷也萿菝萿瑞草䯏骨端懖愚懖無知說文曰善自用之意也引商書曰今汝懖懖[illegible]古文筈

箭筈受弦處○闊廣也遠也疏也苦栝切六蛞蝦蟆子名筈箭筈又音栝适疾也又音栝踻趏[9]踻[10]𤬪瓜𤬪

○活不死也又水流聲戶括切八㴾水流聲䄆祠也越鄭玄云瑟下孔又云翦蒲蒻席又音粵或作趏鬠以組束髮

佸佸會秳舂穀不潰也姡姡靦也又音刮○奪左傳曰一與一奪徒活切八𡙡上同敓強取也古奪字古[12]周書曰敓攘矯虔亦姓

脫肉去骨亦姓出姓苑又土活切挩解挩莌活莌草名生江南高丈[13]許大葉莖中有瓤正白㾢馬脛[14]傷也鮵爾雅曰鰹大鮦小者

鮵○豁豁達呼括切八𧮰上同奯大開目也濊水聲濊上同泧濊泧𣂀飲[15]水眓說文曰視高皃○斡轉也

烏括切九𤊷火煙出睕目開皃捾捾取也𣂀上同嬒方言云嬒可憎也或作懀又烏外切䁵目深黑皃睕

小嫵媚也⿰目叉說文云捾目也○繓結繓也子括切三撮撮挽牽也又七活切攥手把○鏺兩刃刈也普活切說文又

讀若撥十三撥茇撥䟦蹋[16]草聲抪推抪𨠔酒[17]氣醱醱醅酘酒潑水潑⿱費目目費眛不明皃鱍魚掉

1 艴

▲祱 祭韻舒芮切又他活切

2 ⿰齒骨

尾又音撥袚衣被也⿱癶色⿱癶色艴無色⿰羊巿牯羊㗘讝㗘人言○侻侻可也一曰輕他括切五捝除也誤也遺也又解捝或

作脫脫骨去肉又徒活切莌又徒活切棁大棒亦木棁又音拙○捋手捋也取也摩也或作寽郎括切五⿰寽刂削⿰寽刂也⿰虫寽

蚵⿰虫寽蟲又音劣⿰牛寽駁⿰牛寽⿰木寽木名又音劣○掇拾掇也丁括切八剟削也擊也⿰叕鳥⿰叕鳥雀又當刮切腏挑取骨閒肉也祋

祋祤縣名又都外切咄又都骨切裰補裰破衣也⿰叕戈战⿰叕戈知輕重也又⿰叕戈⿰叕殳食不嗅自來○撮六十四黍爲圭四圭爲撮撮手取倉

括切二䙵緇布冠詩作撮○跋跋躠行皃又蹎跋也蒲撥切二十五⿰⻊巿行皃⿰走巿上同𧺤上同魃旱魃⿸广犮舍也

軷犻行祭名⿰酉犮酒氣⿰香犮香氣炦火氣颰風皃癹除草說文音鏺妭鬼婦文字指歸云女妭秃無髮所居之處

天不雨說文曰婦人美皃犮犬走皃⿰角發弋鳥具說文音廢拔迴拔又虜複姓三氏後魏有都督拔略昶出賀真拔勝傳又有夏

州刺史拔也惡蚝官氏志有柯拔氏又虜三字姓後魏書拔列蘭氏後改爲梁氏又蒲八切胈夏禹治水腓無胈脛無毛韋昭云胈股上

小毛也鈸鈴鈸⿰犮鳥鳥名似梟駊駊韉蕃中馬也菝菝葀瑞草坺一臿土也又音伐⿱雲犮雲氣茇草木根也⿰骨犮肩髆

十四。黠黠慧也又堅黑也胡八切四⿰骨齒[2]齧聲⿱艹黠麻莖⿵門吉門聲○札簡札釋名曰札櫛也編之如櫛齒相比也

3 殀 薛韻陟劣切 又壯殺切
4 堅
6 搰 7 杷 9 黄 11 覈

又蹀也署也側八切六殀[3]癘疾蚻小蟬紮纏弓弝也鴶鳥雜蒼色扎扎拔也出家語○拔拔擢又盡也蒲八切
又蒲撥切三菝菝䓡狗脊根可作飲𥎞𥎞𥏐短人○𤬪勁也恪八切十二擖說文刮也一曰撻也劼用力又固也慎
也勤也鬜禿鬜也鬝上同丰刂巧剝剝硈石狀說文堅[4]也一曰突也䓡菝䓡草𥏐𥎞𥏐短人咭鼠鳴
𢻹擊也○滑利也亦州名春秋時爲衛國秦爲東郡後魏以東郡屬司州周改爲滑州因滑臺以爲名又姓風俗通云漢有詹事
滑典又音骨滑稽也戶八[5]切八猾狡猾書傳云猾亂也䱻魚名鳥翼出入有光音如鴛鴦見則天下大旱出山海經磆
磆石藥螖蟚螖似蟹而小䆽䴳名趏走趏鶻鶻鳩[6]又音骨猾○八數也博拔切十馬八馬八歲朳[7]無齒把也
捌上同扒破聲玐玉名𨥤[8]金類咧咧咧鳥聲玐玉聲釟治金○窡說文曰穴中見也丁滑切五𥦗說文
曰口滿食娺婠娺好皃鵽鵽[9]雀聉無所聞也○婠烏八切六𣂐𣂐取物也嗢咽也又烏沒切𣢇說文曰咽中息不利
也穵手穵爲穴嗗飲聲○豽獸名似狸蒼黑無前足善捕鼠說文作貀女滑切四貀上同向言逆下也又女骨切
肭膃肭肥皃○𪘨[10]齒利又磣𪘨初八切七蔡草蔡察監察也[11]諦也知也至也審也案說文云察覆也詧言微親詧也今通

7 滑　2 稾　1 揩

用亦姓出何氏姓苑詧上同檫木名瞭視瞭䰎羅䰎鬼亦作魀〇劀說文曰刮去惡創肉也周禮曰劀殺之齊古滑

切三𠜾俗鱊魚名〇戛指也常也禮也說文戟也古黠切十八扴揩[1]扴物也圿垢圿稭說文曰禾稾[2]去其皮

祭天以爲席也鴶鴶鵴鳲鳩楔櫻桃又先結切秸秸稾骱䯣[3]骱小骨鞂草鞂砎碊砎小石忦恨也嘎

嘎嘎鳥聲契刮也利也𪄭𪄭鶘鳥又音絜袺執衽又音結𣗖鼓也磍[4]輵磍搖目吐舌又感怨皃頡漢書有頡[5]羹侯

〇軋車輾鳥黠切十圠山曲揠拔草心也嫼嫉怒𧳜𧳜貐獸名食人迅走猰上同穵說文云空大也䁏

目相戲皃𩵖𩶘𩵖魚名窫窫窳國名〇殺殺命說文戮也所八切七煞俗鎩鳥羽病又長刃矛也𣽈水也帴

二[6]幅藙茱萸榝似茱萸而實赤又山列切〇僁僁僁健皃莫八切七䀛惡視𪖐氣息䯣䯣骱小骨𪑾黑也

睰視睰碊碊砎小石〇傄呼八切二䀰視也埤蒼云怒視皃〇痆瘡痛女黠切三瘵上同䘑奴人衣〇𪖙屈也五骨[7]

切三聉無知之意䎡無耳吳楚語也〇𩨨力作也口滑切又音窟一〇汃西極水名普八切四𪗋齒聲𥐟石破聲

𨋲車破聲〇茁草初生鄒滑切一

八•十二　韻入聲　二十三　李倍

9 [翻]

10 敨 畫

14 之字當刪

十五。鎋車軸頭鐵胡瞎切十五 舝上同出說文 轄上同說文車聲也一曰轄鍵也 齰齒聲 鶷鶷鶡鳥名似伯勞而小 砎礣砎硬也礣慕轄切 [舝蟲]蝬蛣別名 [王舝]石似玉也 [艹害]野蘇 [圣頁]囚突出也 縖束物也 [食害]食飽 [竹害]拾箸 [害力]用力[8] [舝手]手[舝手]○鶡乙鎋切五 [門害]門扇聲 [囗害]駱駝鳴也 呾相呼聲又當辭切 [九乚][九乚][9]屈強也

○齾器缺也五鎋切四 聐聐䫄無所聞也 [髟害]禿[髟害] [山齾]山中絕皃○剎剎柱也初鎋切二 刹掃地惡草○[竹鶡]木虎止樂器亦名敔也枯鎋切四 楬上同見禮 磍剝也 趏走皃○瞎一目盲亦作暍許鎋切四 齰齒堅聲 [髟曷][髟曷][髟契]禿皃 [曷力]力作[曷力][曷力]○獺獸名他鎋切又他達切一○刮刮削古頢切五 鴰鶬鴰鳥毛逆九尾又音括 剮利也又古滑切 祮禳祠名 趏走皃又枯鎋切○頢短面皃也下刮切七 [氵頁]言不了又不淨 [骨舌]細皃 敨[10]畫 舌塞口說文作昏話栝之類从此 姡面[11]醜 咶息也○頨頨頢強可皃丑刮切二 瀕瀕瀕○鵽爾雅曰鵽鳩[12]寇雉郭璞云鵽大如鴿似雌雉鼠腳無後指歧尾爲鳥憨急羣飛出北方沙漠地丁刮切又丁[13]括切三 窡穴中出皃 錣策端有鐵○刷刷拭也數刮切又所劣切一○刖去足亦槷刖危之[14]皃五刮切又音月四 聉說文曰墮耳也 [歹月]獸食殘皃 [言月]訶也

1 又　2 礣 礣砎　4 二　8 猛

○[illegible]黑也初刮切二　劕斷也又[1]之芮切　○礣[2]礣砎莫鎋切四　帓帓帶　帞帞額首飾　擸打擸　○妠婠妠小兒肥皃
女刮切三　瓾甑也亦作𡸁　䄻下人帶襦名　○捌方言云無齒杷百鎋切二　㭘木名　○鴰鶬鴰鳥名似鳧古鎋切四
擖刮聲也又揵也架也折也　鬜禿皃　猰犬[3]雜　○鐁秦人云切草查鎋切三　耫農具也　汃汃汃水流也
○哳嘲哳鳥鳴也陟鎋切四　𠪚𠪚好出證俗文　𧸧斮貨也　眣目露皃出聲類　○鬅細毛也而轄切一
十六○屑動作屑屑又清也劶也顧也勞也說文作屑先結切十一[4]　楔木楔　揳攕揳不方正也　躠蹩躠旋行　榍
木名說文限也　糏米麥破也　僁動草聲又云鷙鳥之聲又僁僁呻吟也亦作𠋻　偰儀偰淨也　㴽濊㴽水皃[5]　𦾔
草名[6]　𦞙膺中脂　㨝揲㨝　○切割也刻也近也迫也義也說文折[7]也千結切八　嚓小語　齥齥齒也　竊盜也
又淺　柣爾雅曰柣謂之閾又音秩　沏水聲　𨁈𨁈跌　詧說文曰言微親詧也又音察　○結締也古屑切十五　絜
說文曰麻一耑也　潔清也經典用絜　鐭鎌別名也　鍥同上　桔桔梗　㮏㮏槹汲水具也　趪走皃　鶪鶪鴰鳥名
鴰古轄切　袺詩傳云執衽曰袺　拮手口共有所作詩曰予手拮据　狤狤𤞑[8]獸名　魝割治魚也　𡗳頭傾皃　𧋎

9 即　10 奎　13 ⿸疒爲

蠷螋蟲名。節操也制也止也驗也說文曰竹約也子結切十三 卪說文曰瑞信也凡從卪今作卩 癤瘡癤 蝍蝍蛆蜈蚣

又音節[9] 楶屋梁上木 ⿰氵截小灑 ⿰火節燭餘 岊高山皃 ⿱髟截說文曰束髮少小也 ⿰魚節魚名 櫛櫛拭 𠬝

說文治也本房六切 ⿰衤截小衣。血釋名曰血濊也出於肉流而濊濊也呼決切十二 䀏瞎䀏惡皃 ⿱穴矞穿皃 ⿱穴血上同

閴闃閴無門戶也 泬泬寥空皃 疦瘡裏空也又音玦 ⿰目矞驚視皃 決莊子云決起而搶榆枋決小飛皃 ⿰言穴怒呵

⿱艹血草皃 坹穴也。闋終也苦穴切四 湀爾雅云湀闢流川又揆圭[10]二音 鈌器破 闃闃閴無門戶也。玦珮如

環而有缺逐臣賜玦義取與之訣別也古穴切二十六 潏泉出皃又水名在京兆又音聿 ⿰目夬目患 譎譎詐 訣訣別 ⿰角矞環有

舌也 觼上同出說文 鐍亦同又扃鐍出莊子 駃駃騠良馬生七日超母也 ⿱艹決⿱艹決明菜花黃 ⿱艹夬上同 赽馬疾

行也 鴂鷤鴂鳥名關西曰巧婦關東曰鸋鴂春分鳴則衆芳生秋分鳴則衆芳歇 鈌刺也又乙[11]穴切 ⿱𠂊夬[12]獸名似狸 決流行

也廬江有決水出大別山人斷也破也俗作決 觖觖望怨望也又羌瑞切 ⿰馬癸爾雅馬回毛在背曰⿰馬癸⿰馬廣⿰馬廣音光亦作闋廣 ⿰木夬

椀也又小盂也 疦說文[13]爲也 蚗蛶蚗蟪蛄蟲名 趹足疾 憰憰妄語也 ⿰衤矞衣袖 ⿰月夬孔⿰月夬 抉縱弦彄也。穴窟也

△鈌本韻古穴切又乙穴切

2 利　3 稊　4 刺

6 鐵·鐡

冎穴山名鳳皇所出胡決切四 坹空深皃 𥿮說文縷一枚也 袕鬼衣又長衣也 ○抉抉出於決切六 穾穿皃 妜

娟也 焆火光也 䀏目深皃 窫說文曰深抉也 ○姪姪娣公羊傳云兄之子徒結切三十五 眣目出 昳日昊

胅骨胅 凸高起 垤蟻封又曰冢前闕也 耋老也八十爲耊亦作耋 迭遞也更也道也 跌跌踼又差跌也 絰縗絰

驖馬赤黑也 嵽嵽嵲高山 軼車相過又音逸 駃馬行疾也 𨳊闍𨳊鄭城門也左傳作桔柣 瓞瓜瓞 咥

笑也又齧也易云履虎尾不咥人亨又火[1]至丑栗二切 墆貯也止也 戜剔[2]也又國名在三苗國東出山海經 苵爾雅曰蕛[3]苵郭

璞云蕛似稗布地生穢草 镻爾雅镻蝁注云蝮屬大眼最有毒今淮南人呼蝁子 鴩爾雅云鴩鵃鋪枝 荎刺[4]榆又音[5]治 𪘏

齧堅聲又竹一切 挃擿也 恎惡性 詄忘念 摕捎取 鵄鳥名 㗳齧堅 崼崼峊山皃 泆泆蕩 䂼砲䂼

趃大走 懘懘懘不自安也 ○鐵說文云黑金也神異經云南方有獸名曰齧鐵大如水牛色如漆食鐵飲水其糞可作兵器其

利如鋼也又虜複姓赫連勃勃改其支庶爲鐵伐氏云庶朕宗族子孫剛銳如鐵皆堪伐人也又作鐡[6]俗作鐵他結切八 銕古文 僣

僣侻狡猾 餮貪食說文作飻貪也 飻上同 蛈爾雅曰王蛈蝪郭璞云即螲蟷似鼅鼄在穴中有蓋今河北人呼蛈蝪 攕捅攕

9 奊
10 涅 下從呈者並當從呈
12 㠯

皃出字林 驖 馬赤黑也 ○纈 綵纈胡結切二十一 閽 閽閺義見閺字 擷 捋取又虎結切 ⿰扌絜 縛也 頡 頡頏詩傳云飛
而上曰頡飛而下曰頏說文曰頡直項也又姓風俗通有頡衞古之賢者 頁 頭也 齕 齧也又乎沒切 紇 絲下也又乎沒切 襭
以衣衽盛物也 絜 爾雅河名即九河之一也又古節切 ⿰目絜 ⿰目戠⿰目絜目赤 ⿱艹頡 蘢蘱[7]草也 鼰 鼠名又胡狄切 翓 翓翓飛上下
⿰月絜 膜⿰月絜 ⿱臤牛 牛很又口[8]殄切 奊[9] 頭邪 籺 屑米 ⿵門頁 門聲 ⿰麥敫 麥⿰麥敫不破 ⿱覀敫 邀⿱覀敫⿱覀敫 ○涅[10] 水名出東郡又水中黑土
奴結切十二 揑 揑捺 ⿱艹呈 菜似蒜生水邊 埕 塞也 呈 上同 篞 爾雅云大管曰簥其中曰篞小者曰䇧 苶 苶然疲役
又乃叶切 ⿰石呈 礬石別名 ⿸疒呈 疾病 ⿰口呈 ⿰口呈呵 脭 腫也 ⿱艹念 草也 ○截 廣雅云盛也斷也或作截截餘倣此[11]昨結切七 ⿺走截
傍出前也 岊 山峯又子結切 巀 巀嶭山名又藏活[12]切 蠽 蠽似蟹生海中 ⿱艹截 草⿱艹截 ⿰食截 食 ○齧 噬也亦姓莊子
有齧缺五結切十三 霓 虹又音倪 蜺 寒蜩又音倪 嵲 嵽嵲 槷 危槷 臬 禮注云門橛也爾雅云在牆者曰楎在地
者曰臬 嶭 巀嶭又五割切 ⿰皀危 ⿰皀危卼不安書作杌隉 隉 見上注 ⿰衤兒 祱視 ⿱山旨 山高皃說文作𡵅本音蘖 闑 門閫中也
⿰山齧 屼⿰山齧山皃 ○蔑 無也說文曰勞目無精也从苜戍人勞則蔑然也苜音末莫結切二十三 懱 輕懱 䁾 目赤說文云目眵也

1 汙　2 汙　4 工　7 ⿱大骨 社肥　9 右　10 槐　11 ⿸疒敝

俗作䁾 ⿰扌蔑 ⿰扌蔑揳不方正也 蠛 蠛蠓 篾 竹皮 幭 帊幞 鱴 鮤鱴魛今鮆魚也 ⿰糹丏 細也出蒼頡篇 衊 汙[1]血

也出說文 ⿰面蔑 ⿰面蔑心小也心即列切 ⿰亻蔑 ⿰亻蔑僣多詐 ⿰目盜 汙[2]面 ⿱艹⿱目火 火不明皃 覕 不[3]相見皃 ⿰蔑鳥 ⿰蔑鳥[4]雀 ⿰禾蔑 莊子謂之禾也

鴓 繼英鳥名 瀎 瀎泧也 ⿰米丏 糏⿰米丏也 ⿰目頻 ⿰目頻頡 粖 靡也又亡[5]達切 ⿱弜萬 上同 ○⿰弓㡀 弓戾或作⿱折弓方結切九 ⿱折糸

輓又普蔑切 閉 闔也塞也俗作閇又博計切 ⿰革㡀 刀飾名 ⿱大㡀 大也 ⿱敝糸 繩編劍帶 捌 捌柲也 ⿰衤㡀 ⿰衤㡀袖褾袂也

⿰皀力 大力之皃 ○噎 食塞又作咽烏結切六 䊦 糭屬 窫 靜也又音翳 蠮 蠮螉 ⿰犭因 獸名似牛白首四角出山海經

咽 哽咽 ○猰 猰犺不仁苦結切九 ⿰契頁 頢⿰契頁短皃 挈 提挈又持也 ⿱㓞瓦 ⿱㓞瓦瓶受一升[6]也 奊 奊𡖍多節目也奊練

結切 契 契闊又苦計切 栔 爾雅云栔滅殄絕也 鍥 刻也又斷絕也又古屑切 蛪 蛪蝁蟲又蛪蚼似蟬而小 ○⿱大骨 肥[7]狀

虎結切六 ⿰革見 急繫 擷 又胡結切 ⿰扌絜 ⿰扌絜束又下結切 褉 褉襦 ⿱夾見 見也[8] ○撆 小擊又略也引也亦作擙普蔑切十

丿 左[9]戾 ⿰忄敝 ⿰忄敝然瞋也 瞥 暫見亦作覕又芳滅切 ⿰香㡀 小香也 ⿱折糸 韻略云駁右迴又方結切 嫳 輕薄之皃 ⿰風必

⿰風必小風皃 鐅 江南呼鐅刃 暼 暼日落勢也 ○蹩 蹩躠旋行皃一曰跛也蒲結切十四 槐[10] 反手擊也 ⿰㡀頁 ⿰㡀頁頪 ⿸疒敝[11]

沈思忠

13 裏　14 侮

戾𪏼不正⿰香敝香也又音瞥咇咇語也又口香苾菜名說文曰馨香香也又頻必切馝香也⿰月必⿰月必沓肥也飶食香蛂

蛂蟥蛢甲蟲也柲支柲⿰忄敝[12]醜氣襒襒衣亦作⿱敝衣○窒塞也丁結切又陟栗切七膣膣䀇蛭水蛭又音質⿰口室⿰口室咄咥

蛇咥氏蕃姓⿵門至門閉国下入○奊奊⿱吉大多節目也練結切七戾罪也曲也戾至盭並又力計切捩拗捩出玉篇綟麻綟

唳嘍唳鳥聲盭綬色也𥎦左曰𥎦也

十七○薛國名亦姓出河東新蔡沛國高平四望本自黃帝任姓之後裔孫奚仲居薛歷夏殷周六十四代爲諸侯周末爲楚所滅後遂氏焉說文作薛艸也私列切十九⿱埶金田器紲繫也左傳曰臣負羈紲杜預云紲馬韁也亦作絏俗作靾緤上同

褻裏[13]衣辥說文辠也凡從辥者經典通作薛泄漏泄也歇也亦作洩又姓左傳鄭大夫洩駕又餘制切渫治井亦除去又姓渫子古賢者出韓子卨字林云蟲名也又殷祖也或作偰又作契⿱巛卨古文媟狎也慢也說文嬻也齛亦作⿰齒曳爾雅云

羊曰齛⿰米悉粲⿰米悉灒灒注暬晦[14]也絬堅絬憏殘帛又音雪⿸疒世痢也亦作⿸疒曳⿱辥力斷也○列行次也位序也又陳也布也說文作𠛱分解也亦姓鄭有列禦寇著書十八篇良辥切二十𠛱同上迾遮遏蛚蜻蛚蟋蟀鮤

1 鳥　2 蛆　4 說文楬櫫也　6 檀

刀魚也一名鱴刀今鮆魚也　烈光也業也又忠烈又猛也熱也火也　洌水清也潔也　冽寒也　裂擘裂破也左傳曰裂裳帛而與之　茢禮注云桃茢可以爲帚除不祥說文芀也　颲風雨暴至　鴷啄木[1]　栵細栗爾雅云栵栭今江東呼爲栭栗楚呼爲茅栗也　㤠憂心　挒埤蒼云挒捩也　䮋次第馳馬　埒膢也　𡿪水流皃　䴕美也　䅀說文曰黍穰也　○哲智也陟列切五　悊喆並上同　嚞古文　蜇螫也亦作蛆[2]　○傑英傑特立也又俊也渠列切十四　桀磔也又夏王名　竭盡也擧也　碣說文曰特立之石也又[3]東海有碣石山　楬有所表識說文桀[4]也春秋傳曰楬而書之　榤鷄栖於杙[5]　揭高擧又揭許二音　渴水盡也　嵥嵥峕高皃　滐水激迴出海賦　櫭木釘名　偈武也　杰梁四公子名䨯杰也　搩强暴　○熱釋名曰熱爇也如火所燒爇如列切二　苶疲役皃　○晢光也旨熱切九　晣上同　浙江名在東陽一曰浙米也　折拗折又虜複姓南涼禿髮傉擅[6]立其妻折屈氏爲皇后又常列切　靼柔皮　䩥古文　𩋾俗　脟脟皮也　䀿目明　○舌口中舌也山海經云長舌山有獸名長舌狀如禺而四耳出則郡多水又姓左傳越大夫舌庸也食列切四　揲數蓍又思[7]頰切　蛥蛥蚗蟪蛄別名　鞨治皮亦作剔　○折[8]斷而猶連也說文斷也又作斲常列切一　○孼臣僕庶孼之事謂賤子也猶樹之有孼生也說文曰庶子也魚

9 ⿰氵獻　10 ⿰氵獻　15 批　16 竭　18 陽

列切十二孼麹孼說文曰牙米也讞正獄說文作⿰氵獻[9]議皋也與法同意⿰氵獻[10]上同蠥袄蠥說文曰衣服謌謠艸木之怪謂之袄
禽獸蟲蝗之怪謂之蠥孽俗闑門中礙也𡸁山高皃說文作𡸁危高也又蓺[12]哲切⿰金獻馬勒傍鐵櫱木[13]餘又姓何氏
姓苑云東莞人本姓薛避仇改之䶩龍髻脊上䶩䶩又丁[14]篋切⿰車獻高皃○滅盡也絕也亡列切二搣手拔又摩也批[15]也捽也
○朅說文去也丘謁[16]切又去謁切五揭高舉也又擔也藒藒車香草愒息也⿱絜土玉篇云⿱絜土界也○鷩雉屬似山雞而
小周禮有鷩冕并列切七鼈魚鼈俗作鱉鼈虌蕨菜鄨水名在牂牁⿱敝土大阜憋急性皃鷩鵂鷩○絕
斷也作絶非情雪切一○蕝束茅表位子悅切又子芮切三⿰糹⿱色力⿰糹⿱色力斷物也⿰阝絕隔⿰阝絕○雪凝雨也元命包曰陰[18]凝爲雪釋名曰
雪綏也水下遇寒氣而凝綏綏然下也又拭也除也相絕切四䨮上同出說文憏憏縷桃花今製綾花⿰扌彗滅⿰扌彗○⿰允皮皮破丑悅
切一○悅喜也脫也樂也服也經典通用說又姓後燕錄有悅綰弋雪切七說姓傅說之後又失爇始銳二切閱簡閱也又閲閱
蛻蟬去皮也又他臥他外舒芮三切娧姚娧美好又他會切⿱艹閱草名似芹⿱艹悅草生而新達曰⿱艹悅也○鈌少也說文曰器
破也傾雪切二蒛蒛葐草也○噦逆氣乙劣切一○爇燒也如劣切五焫上同見禮蜹蚊蜹又如銳切⿰扌爽括[19]也肉

1 人　2 酥　3 止　9 瘍

言遲聲○說告也釋名曰說者述也宣述又[1]意也失爇切又悅稅二音一○拙不巧也職悅切十一炪說文曰火光也𥎊短也
棁梁上楹蝃蜘蛛準應劭云準頰權準也李斐云準鼻也又章允切⿰叕頁頭短⿰叕出倔⿰叕出短皃⿰出頁面秀骨⿰酉蔡醎[2]菹
⿰虫出蟲○歠大飲昌悅切二啜茹也○輟止也已也陟劣切十五畷田間道又竹芮切惙疲也憂也餟祭酹也又
竹芮切罬捕鳥覆車罔一名罦剟說文刊也醊醊連祭也啜言多不正[3]⿰足叕跳也綴連補也又竹芮切掇拾取
又丁活切腏骨間髓也輟車具叕聯[4]也蠿茅蜘蛛說文曰蠿蟊作罔蛛蟊也又壯[5]殺切○劣弱也鄙也少也力輟切十
三⿰忄寽上同埒馬埒亦庢也還也堤也爾雅山上有水埒又孟康云等庳垣也⿰足寽蹶⿰足寽跳跟皃出字統鋝說文曰十一銖二十
五分之十三周禮[6]曰重三鋝又音刷脟脅肉⿰牛寽牛白脊出字林蛶爾雅曰[7]蛶螪何⿰毛寽毛色斑也浖隈隅也哷
鷄鳴⿰木寽木名又音捋⿱丿禾[8]⿱丿禾禾麥知多少○瞥暫見亦作覕說文曰過目也又目翳也芳滅切又芳結切四潎漂潎又匹
蔽切憋怒也又畀列切𤺌[9]枯病○別異也離也解也說文作刐又姓何氏姓苑云揚州人皮[10]列切又彼列切二峢大峢山名書亦
作別○轍車轍直列切五徹通也明也道也達也又丑列切撤發撤又去也經典通用徹澈水澄㯙棗也○⿱⺮別分⿱⺮別

18 殊

20 士

▲鋝本韻力輟切又音制

一云分契方別切五 訓上同 莂種稑移蒔也 扒擘也 別分別 ○㕞埽也清也所劣切四 刷上同 唰鳥理毛也

啐小飲 ○孑單也居列切六 訐許發人私 釨句孑戟也 趌趌蹶跳皃 稭長禾 揭揭起 ○設置也陳也

合也識列切二 蔎香草 ○吶嗢吶聲不出女劣切一[11] ○𡕜舉目使人許劣切六 䬆小風皃 𣦼盡也 烕滅也 趐

小鳥[12]飛 吷飲也說文與歠同 ○妜鼻目間輕薄曰妜也於悅切一 ○蹶有所犯灾紀劣切又居月[13]居衞二切五 𧰲豕發 𡐊土也

𧣲角觸 𧼯小跳 叕罬也又陟劣切 ○茁草生皃側劣切又側滑切二 篡短黑皃也 ○膬耎而易破七絕切四 絟

細布別名 䃭毛石破 敠斷敠絕 ○蠽茅蠽似蟬而小[14]姊列切八 蠞上同 𪈓小[15]鷄 乚說文少也 扎扎摘去也 𣧑

[16]天死 𩯍說文曰束髮少[17]小也 吡鳴吡 ○榝茱萸山列切又音殺一 ○焆煙氣於列切二 𠯿怒𠯿 ○屮草初生皃

丑列切七 撤抽撤 硩擿也周禮有硩蔟氏 徹通也 𧣾𧣾觙 聅司馬法曰小罪聅聅謂以箭貫耳 𦨮船行 ○娎

喜皃許列切二 焎火氣 ○啜說文曰嘗也爾雅曰茹也禮曰啜菽飲水姝[18]雪切一 ○劕割斷聲厠[19]列切一 ○𣦽枯也寺絕切二 蜇

江蜇似蝤蛑生海中 ○掣挽也昌列切又昌制切二 瘛瘛癡小兒病又昌制切 ○抴亦作拽拕也羊列切又余世切一 ○閱城門中板也土[20]列切

1 沘　2 屵　△濼·鍚韻郎擊切又音藥　5 赭

十八。藥說文云治病艸禮云醫不三世不服其藥又姓後漢有南陽太守河内藥崧以灼切三十一躍跳躍也上也進也礿
祭名禴上同蘥燕麥鑰關鑰鬻内肉及菜湯中薄出之瀹上同又漬也瀹上同亦水名在沘[1]陽亦作濼
濼水名爚煜爚光明櫟櫟陽縣名在京兆又音歷龠量器名葯白葯縞也屵岸上見也說文作屵[2]敫光景
流籥樂器郭璞云如笛三孔而短小廣雅云七孔⿰巾龠幕⿰巾龠屋也出新字林⿰目龠矐⿰目龠視皃⿰虫龠⿰虫習⿰虫龠螢火別名纅絲色鸙
鸐鸙鳥嬫嬫媄之皃⿰龠亢仰也⿺走龠趠⿺走龠行皃⿸疒翟淫[3]⿸疒翟病也⿵門龠門⿵門龠⿰龠見視不定也[4]⿰足龠登也履也⿰足籥出走也⿱艹⿰若若
⿱艹⿰若若⿱艹⿰若若風吹水皃○略簡略謀略又求也法也要也又姓何氏姓苑云零陵人離灼切九⿱略系紩也擽字統云擊也掠抄掠刼人
財物䂮爾雅云利也又人名晉有褚[5]䂮⿱畧石上同蝊渠蝊蜉蝣蟲朝生暮死亦作⿱略虫䀩說文曰眄也方言云視也⿱略言約⿱略言歎美也
○腳釋名曰腳卻也以其坐時卻在後也居勺切五脚俗蹻走蹻蹻皃卻節也又去約切屩草履也○灼燒也炙也
熱也之若切十六斫刀斫又漢複姓有斫胥氏何氏姓苑云今平陽人彴横木渡水⿰忄勺痛也勺挹取也又周公樂名又音杓
酌酌酒又益也挹也行也取也霑也繳繒繳說文作繫生絲縷也焯火氣穛五穀皮又音梏妁媒妁說文曰酌也斟酌二姓也

九十二　韻入聲　二十八　吴益

10 士　　6 禚

又音杓譙欺也䈁篗䈁玉篇云盪米具犳獸名鼩鼠屬⿰衤勺玉篇云褌衣禚[6]齊地名○爍灼爍書藥切七
鑠銷鑠獡犬驚⿰女樂美好也爚儵爚光皃又音藥⿰目樂美目⿺走樂動也又音櫟○若如也順也汝也辝也又杜若香
草亦姓魯人也又虜三字姓後魏書若口引氏後改爲寇氏而灼切十一弱劣弱鄀地名在襄陽箬竹箬蒻荷莖入泥
之處又菜名楉楉榴安石榴也溺水名出龍道山其水不勝鴻毛又奴歷切⿰月弱脆腝說文曰肉表革裏也惹諵惹叒榑桑
叒木𨇨足下文○綽寬也昌約切四繛古文婥婥約美皃⿰石脣大脣屵[8]产⿰石脣皃屵魚偃切○約約束又儉也少也又姓韓
子有古賢者約續於略切又於笑切二葯白芷葉○卻退也去約切四却俗⿰卻阝地名在河東⿸疒卻⿸疒卻食瘡疾○虐
酷虐說文作虐殘也魚約切三⿰石脣[9]大脣皃又音綽瘧病也○妁媒妁市若切又音酌六勺周禮梓人爲飲器勺一升又漢複姓
殷人六族有長勺尾勺二氏又音酌汋[10]㵶汋又士角切杓杯杓彴彴約流星芍芍藥蕭該云芍藥香草可和食芍張略切藥良
約切又芍陂在淮南七削切又蓮芍縣名在馮翊之若切又蔦芘草名胡了切○㲋說文曰獸也似兔青色而大象形頭與兔同足與鹿同丑
略切六臭上同婼叔孫婼魯大夫說文曰不順也逴略逴行皃辵說文云[12]乍行乍止从彳止聲⿱若蚰蟲行毒亦作蠚

△廣 昔韻秦昔切 又七削切

3 篗

5 瀫

又火各切。削刻削息約切一。斮斬也側略切一。爵封也禮含文嘉曰殷爵三等周爵五等白虎通曰三等法三光五等法五
行也淮南子曰爵祿者人臣之衛轡也文字音義曰爵量也量其職盡其才也又禮器周禮曰享先王以玉爵即略切七[illegible]古文雀鳥雀
禮記云雀入大水爲蛤爝炬火莊子云日月出矣而爝火不息又音嚼燋火未然也擲捎也䶂鼠似兔而小也。皭
靖也埤蒼曰白色也在爵切三嚼噬嚼爝炬火。鵲淮南子云鵲知太歲之所字林作䧿七雀切十舄人姓纂文云古鵲字趞
行皃[illegible]宋國良犬碏敬也又人名衛大夫石碏芍陂名在壽春皵皮皴爾雅云棤皵謂木皮甲錯踖陵也馺也[illegible]
[illegible]也䱜魚名出東海。噱嗢噱笑不止其虐切九蹻舉足高又居勺切㑂須臾亦倦也[illegible]天神蟲又丘良[2]切
谷說文曰口上阿也一曰笑皃[illegible]臄說文並同上醵合錢飲酒腰腰腰大笑也。嬳作姿態也憂縛切四
[illegible]上同彠度也又乙虢切臒大也善也。縛繫也符钁切一。矆大視皃許縛切四[illegible]上同彏弓弦急皃
又居縛切戄驚戄又曰遽視。篗說文曰收絲者也亦作籰[3]王縛切五[illegible]上同[illegible]蘉子菜[illegible]笭取魚器也還
行不住還還天下。玃大猨也說文曰大母猴也居[4]縛切十一貜上同說文曰瀫[5]貜也[illegible]大步钁說文曰大鉏也方言

7 肒
8 且

云關東名曰囪斫也攫搏也矍說文云隹欲逸走也从又持之矍矍也一曰視遽皃𡚁健皃彏弓弦急皃躩盤辟
皃鸜三首三足鳥[6]𨏥車輞○芍芍藥香草張略切七著服衣於身又直略張豫二切磭說文云斫也櫡說文
曰斫謂之櫡鐯钁也斮上同擆置也擊也○著附也直略切一○躩說文云足躩如也丘縛切二𢖷往也○戄
大視具籰切五𧾵大步又居縛切𡚁健皃又居縛切𨟳鄉名貜大猨又居縛切○逽走逽女略切三闍閭閣牽引也
𨂁踐也○𩅢美雨孚縛切一○謔戲謔虛約切一
十九○鐸大鈴也軍法用之又木鐸金鈴木舌釋名鐸度也號令之限度也又姓左傳晉大夫鐸遏寇徒落切十五剫治木
也說文判也爾雅曰木謂之剫度度量也又音渡𢢔忖𢢔踱跣足蹋地澤楚詞云冬冬冰之洛澤襗褻衣𩑶頊顱𧪚
欺𩌼蘇𩌼胡履也𦢊肔[7]𦢊無檢限也㤞徼也亦作侂喥口喥喥無度侂他也䡓䡓輅○莫無也定也說文
本模故切日旦[8]冥也从日在茻中茻音莽又州名開元十三年改鄚州
去邑亦姓楚莫敖之後又虜複姓五氏西秦錄有左衞將軍莫者羖羝
南涼州刺史莫侯悌眷後魏末有亂寇莫折念生又有莫輿氏莫
盧氏又虜三字姓周太祖賜廣寧楊纂姓莫胡盧氏[9]慕各切十六幕

1 募　2 四　3 大

帷幕又姓鄚縣名在河間又姓膜肉膜鏌鏌鋣劒名摸摸揉又莫胡切漠沙漠又施也茂也瘼病也寞
寂寞說文作㗼嘆瞙目不明嗼勳嚏塻舍塻亦塵塻殦死也說文作募云死宗募也⿸广莫定也⿴囗莫文
⿰莫力勱動○落零落草曰零木曰落又始也聚落也左傳注云宮室始成祭之爲落亦姓出姓苑又漢複姓二氏漢有博士落姑仲異益
部耆舊傳有閬中落下閎善歷也盧各切三十三[2]絡絡絲又姓烙燒烙洛水名書曰導洛自熊耳漢書作雒珞瓔珞也
酪乳酪樂喜樂又五角五教二切零說文云雨零也轢陵轢又音歷落籠落硌磊硌駱白馬黑鬣曰駱又姓
出東陽吳有駱統⿰自隹太[3]白⿰革各生革⿰各刂去皮節又剔[4]也鉻說文鬄也馲馲駝又音託驝上同鮥魚名又五[5]格切
⿰鼠各鼠名又下各切雒字林鵋[6]鶀鳥又姓駱絡雒並出姓苑㮝欐㮝出音譜[7]⿰言樂⿰言樂譊狂言躒晉大夫名輔躒本又音歷
鵅烏鵅水鳥⿸疒樂治病又音料[8]⿰歹各殂也⿰白各大皃挌打也鵅似鸜黑文赤頭濼水名在濟南又音祿袼褔袼
⿰目各大目轠磟轠車聲○託寄也他各切十八袥開[9]衣領也橐無底囊魠魚名籜竹籜㯓擊㯓
漢書曰宮中衛城門擊刀斗傳五更衛士周廬擊㯓也亦作柝欜上同拓手承物又虜複姓二氏周書王秉王興並賜姓拓王氏又

八·八十九

韻入聲　三十　秦暉

10 太　13 蜥

有拓跋氏初黃帝子昌意少子受封北土黃帝以土德王北俗謂土爲拓謂后爲跋故以拓跋爲氏跋亦作拔或說自云拓天而生拔地而長遂以氏焉後魏孝文大[10]和二十年改爲元氏也 馲馲駝 驝上同 跅跅弛不遵禮度之士 韡葉落 𦙶𦙶膝也滴也澆也

侂毀也說文寄也 飥餺飥 䰐落䰐貧無家業出史記本音拍 沰赭也又磓也 矺儀禮注云王棘矺鼠 ○作爲也起也行也役也始也生也又姓漢有涿郡太守作顯則落切又則邏臧路二切六 迮起也又仄格切 柞木名又音昨 糳精細米也說文曰糲米一斛舂九斗曰糳 鑿詩曰白石鑿鑿 喿強喿又祖郭切 ○錯鑢別名又雜也摩也詩傳云東西爲交邪行爲錯說文云金涂也倉各切七 厝礪[11]石 䱜魚名 逪說文云这逪也 剒爾雅云犀謂之剒 縒縒綜亂也 莡草聲

○各說文云異詞[12]也古落切五 閣樓閣亦舉閣漢宮殿疏曰天祿閣麒麟閣蕭何造以藏祕書賢才也又姓急就章有閣弁訴 格樹枝 胳胳腋 袼袼䘸也又袂也 ○恪敬也又姓晉有中郎令恪啓苦各切三 㤩愙並上同 ○咢徒擊鼓謂之咢詩云或歌或咢說文作罫譁訟也五各切二十五 愕驚也 鄂國名在武昌又姓漢安平侯鄂君 諤謇諤直言 㓵說文曰刀劒刃也 𧊜說文曰似蜥[13]蜴長一丈水潛吞人即浮出日南 𧍞上同 遌心不欲見而見曰遌 蕚花蕚 鍔劒端 [illegible]

○⿰羽各 本韻匹各切 又步各切

仝失

籒文 崿崖崿 鶚鳥名 鰐魚名 噩爾雅曰太歲在酉曰作噩亦作咢 咢口中斷咢出字統 齶上同 顎嚴敬

曰顎 ⿱山噩山峯 鑩以鐵作鉤物也 偔多也 堮圻堮 ⿰土噩上同 ⿰木咢穽也 湂水名 ○⿰革頁面大皃匹各切十五 奋俗

濼陂濼 ⿱雨泊[1]上同 粕糟粕 膊說文曰薄脯膊之屋上 ⿰月薄割肉 ⿰車尃車覆軶 搏擊也 胉脅也 蒪

蒪苴大蘘荷名 ⿱竹尃⿱竹尃齒相簀也 ⿱艹僕⿱艹撲⿱艹僕也 ⿱艹臽舂也 ⿰羽各飛去也又步[2]各切 ○惡不善也說文曰過也烏各切又

烏故切四 悪俗 堊白土 蝁蛇名 ○泊止也傍各切十一 亳國名春秋時陳地漢爲沛之譙縣魏爲譙郡晉爲南兗州

齊爲亳州 箔簾箔 薄厚薄說文曰林薄也又姓漢文帝母薄氏 礴盤礴 簿蠶具 䪁䪁韐屧也 鑮似鍾而大

踄蹈也 ⿰魚薄魚似鯉一目也 餺餺餅亦作⿰麥薄 ○臛羹臛呵各切又火[3]酷切十一 鄗縣名漢光武改爲高邑 壑溝也

谷也坑也虛也 㕡上同 蠚螫也亦作䖿 謞讒慝 郝姓也殷帝乙時有子期封太原郝鄉後因氏焉 鰝爾雅云大鰕也

出海中似蝗長二三尺青州有之 熇熱皃又火沃切 嗃嚴厲皃易云家人嗃嗃 矐鍾目又光明也 ○索盡也散也又繩索亦

姓出燉煌蘇各切又所戟切六 㩳摸㩳 溹水名在滎陽又所戟切 䩹䩹⿰革睪 ⿱艹索草名 㯂白㯂木名 ○涸水竭也下

5 苑

6 鄐

各切十一鶴似鵠長喙左傳曰衞懿公好鶴有乘軒者貈說文曰似狐善睡獸也穆天子傳曰天子獵於滲澤得玄貈以祭河宗周禮曰貉踰汶則死此地氣然也貉狢並上同洛洛澤冰皃佫人姓出纂文䮾說文曰死[5]名一曰馬白額矐望也䅖似黍而小鮥鼠出胡地○昨昨日隔一宵又羌複姓有昨和氏在各切二十酢酬酢蒼頡篇云主荅客曰酬客報主人曰酢莋縣名在越巂怍慙怍𣫞穿𣫞鑿鏨也古史考曰孟莊子作笮竹索西南夷尋之以渡水筰上同柞木名又音作𤙖山牛岝岝崿山高斮[6]地名在蜀亦姓出蒼頡篇飵楚人相謁食麥饘曰飵䌟草繩帓帓幭綷緪也秨禾稼動搖砟石上又人名苲茹草又士革切鈼鉹也吳人云也○博廣也大也通也從十尃亦州名春秋時齊之聊攝也秦爲東郡地隋爲博州因博平縣以名焉又姓古有博勞善相馬也補各切二十髆胷髆搏手擊爆迫於火也鎛鍾磬上橫木也又田器也詩曰庤乃錢鎛嚩嚩嚛噍皃㗱姊入切𪘷上同襮衣領鑮大[7]鍾簙六簙棊類出說文世本曰烏曹作簙書本多單作博䗚䗚蟭螗蜋卵也猼犬名䍸䍸䍫獸名似羊九尾四耳其目在背出山海經䍫徒何切欂欂櫨枅也䡴車下索也溥水名䶈䶈鼠餺餺飥䙏短袂衫簙蠶具名吳人用○諾說文譍也奴各切一○霍

2 爲　　3 扑　　△彍本韻虛郭切又音廓

揮霍爾雅曰霍山爲南嶽又姓武王弟霍叔之後虛郭切十二靃地名說文曰飛聲也雨而雙飛者其聲靃然霩雲消皃䁨驚視藿豆葉又香草矐目開彉張也說文曰弩滿也又郭廓二音彍同上攉攉盤手戲瀖瀖泋衆波聲劐裂也癨吐病○郭城郭也釋名曰郭廓也廓落在城外也世本曰鮌作郭亦姓出太原河南潁川東郡馮翊五望本自王季之後又云氏於居者城郭園池是也案說文作𩫏爲居𩫏作鄺鄺氏也古博切十𩫏鄺並見上注崞縣名在代州又山名椁禮曰殷人棺椁又木名槨同上彉弓張說文曰弩滿也彍同上埻埻端國名又音蟈𦗼耳𦗼○雘丹也烏郭切六蠖蚇蠖屈伸蟲名𩞁味薄臒羹肉玉篇云善肉鸌水鳥嬳恐嬳○穫刈也胡郭切十鑊鼎鑊㦜心動也檴檴落木名𤎺𤎺熱濩說文曰雨流霤下皃擭柞擭阱浅則施之𩅦𩃳𩅦大雨𤺌瘑𤺌㢼廓㢼空遠○廓空也大也虛也亦州名漢西羌地前涼湟河郡周爲廓州也苦郭切六鞹皮去毛漷水名在魯又許虢切𠠥解也裂也籗爾雅注云捕魚籠亦作篧又仕角切噋敲噋噋聲也亦作嚉○玃扑玃五郭切一○𥗼礫𥗼石聲盧穫切礫音廓一○嚗鳴嚗嚗亦作嗽祖郭切一

二十○陌阡陌南北爲阡東西爲陌莫白切十八帞頭巾袹袹複嫫静也𡖞同上貘食鐵獸似熊黄黑色一曰白豹

九·卅一　韻入聲　三十二　沈思恭

蛨蚝蛨蟲 貊蠻貊 佰一百爲一佰也 驀騎驀 狛犸狛驢父牛母亦作馲駍[4] 駍上同 嗼詩云盈盈一水閒嗼嗼不得語
貉北方獸 洦水浅皃 拍擊也 趙趙越 鉑鉑刀軍器 ○磔張也開也爾雅曰祭風曰磔陟格切十一 蚝蚝蛨 舴舴艋
小船 犵犵狛 鶝鸔鳥鶝屬 馲馲駍 頟頟顱腦蓋 䵑黏皃 嫡孎嫡 窩[5]窟也 杔杔櫨壂酒器也 ○白西方
色又告也語也亦姓秦帥有白乙丙傍陌切五 帛幣帛尚書大傳曰舜修五禮五玉三帛又姓出吳神仙傳有帛和 舶海中大船 鮊
魚名 ⿱艹帛草爾雅曰帛似帛俗從卄 ○伯長也又侯伯周書曰率衆時作謂之伯亦姓左傳晉有大夫伯宗又漢複姓二氏韓子有伯夫氏墨家流
莊子有伯成子高博陌切八 迫逼也近也急也附也 敀上同 百數名又姓秦有大夫百里奚 柏木名五經通義曰諸侯墓樹柏
又姓晉趙王倫母曰柏夫人亦作栢 湐洦湐浅水 苩藍之別名 瓸甗瓸井甃 ○劇增也一曰艱也又姓史記燕有劇辛奇逆切六 屐
履屐 ⿰車屐車⿰車屐 ⿰谷瓦[6]倦⿰谷瓦 ⿰忄卻勞也 ⿰口劇戲⿰口劇 ○戟刃戟說文作𢧢有枝兵也釋名曰戟格也傍有枝格也典略曰昔周有雍狐之戟屈
盧之矛孤父之戈几劇切八 撠持也 ⿱艹戟大⿱艹戟藥名 ⿰犭丮⿰犭丮獸 ⿰谷丮相踦 丮持也 ⿰忄卻勞也又其戟切 ⿱髟戟髭⿱髟戟 ○𡩋
求也山戟切又蘇各切六 索上同 ⿺走索僵仆 溹水名又[7]雨下皃 ⿰石炙碎石[8]殞聲 ⿰米索煑米多水 ○柵村柵說文曰堅[9]編木測戟切三 踖

△舶 蓧鎛古了切 又匹白切

3後漢書云古 佩縌也

△𩾥鐸韻盧各 切又五格切

磿豆籍刺也國語曰籍魚鼈也○嚄嚄嘖大喚胡伯切二嚿嚿嚿誇皃○嘖側伯切八迮迫迮窄狹窄笮

矢箙又屋上版又迫也又姓吴有笮融亦作筰㳻遮水諎大聲亦作唶舴舴艋蚱蚱蟬○齚齧也鋤陌切五齰上同

咋呹咋多聲呹烏交切泎瀺泎水落地聲岝岝㟧山皃○隙壁孔也怨也閑也綺戟切七[2]郤姓出濟陰河南二望左傳

晉有大夫郤獻子俗從谷綌絺綌𠊎廣雅云勞也極也疲也又大笑谻嫌恨𡿁西方小皃𠰃大笑○額釋名曰額

鄂也有垠鄂也說文作頟額也五陌切六頟上同鰐鰅鰐魚名峉岝峉或作㟧詻鄭玄云詻詻教令嚴䩹補履

○逆迎也卻也亂也范曄漢書周防字偉公少孤微常修逆旅以侯過客而不待其報宜戟切六屰說文曰不順也縌漢[3]書

古佩縌也㘙說文云[4]呻也絆紱維咩嘔咩○客賔客苦格切四喀吐聲礊堅也揢手把著也○啞笑聲

烏格切二𩛞飢○虩懼也許郤切一○坼裂也亦作垿餘傚此丑格切六趚半步頣腦蓋皴皺破㸣脌開䡳

韄靳○韄佩刀飾乙白切一○拍打也普伯切十魄魂魄怕憺怕靜也皛亦[5]打出蜀都賦又胡了切又莫[6]百切敀大打

也㲋疾也又音赴珀琥珀趏風入水皃㼣脈破物也洦浅水○赫赤也發也明也亦盛皃又虜複姓有赫連氏其

先匈奴右賢王去卑之後劉元海之族也勃勃以後魏天賜四年稱王於朔方國号夏都以子從母之姓非禮也乃云王者繼天爲子是爲徽赫實與天連因改姓曰赫連氏呼格切五 爀火色 嚇怒也 懗懗𢖍赤紙 𥈆目赤 ○垎土乾也胡格切四 𧻗𧻗趚倒地

𣔻鞍𣔻 輅輓車當胷橫木 ○格式也度也量也書傳云來也爾雅云至也亦格五博屬行箭但行梟以格殺漢吾丘壽王善之又姓東觀漢記有侍御史東平相格班古伯切十四 佫至也亦作假 茖山葱 骼骨骼 觡鹿角 䱜䱜鰈魚名 鵅鵅鵋鳥名 挌擊也鬭也上也正也 㦴8擊也鬭也亦作斱 蛒蟦蠐8別名 䴽碎麥 敋擊也 鮥海魚似鱣肥美 鉻陳公鉤也 ○謋謋然虎伯切八 諕上同 漷水名在東海又音廓 砉又呼臭切出莊子 𦒷𦑝翻飛疾也 湱瀄湱波激水也 硅硅破 㤪心驚 ○宅居也說文云宅託也人所投託也9釋名曰宅擇也擇吉處而營之也場伯切十三 厇古文 擇選擇 澤潤澤又恩也亦陂澤釋名曰下有水曰澤又州名秦爲上黨郡後魏爲建興郡周爲澤州取濩澤以名之亦姓出姓苑 𩿧𩿧鸆鳥名毛備五色 翟陽翟縣名亦姓唐有陝州刺史翟璋又音狄 蘀蘀蕮藥草車前別名 檡檡棘善理堅刃者可以爲射決出儀禮 鸅鸅鸆即護田也

𩏑𩏑韄刀飾 蠌蝑蠌 襗衫襗 𣸣土得水也 ○10虢國名周封虢仲於西虢秦屬三川郡義寧元年爲鳳林郡武德初爲

5 ⿰虫卻　7 衰

鼎州又爲虢州亦姓左傳晉大夫虢射也古伯切五敋手打之類⿰氵虢[1]水裂⿰言虢⿰言虢⿰言虢多言皃唬鳥啼○擭手取也一曰布擭也一[2]
虢切五濩濩澤縣在澤州又音護彠[3]規蒦博雅曰度也韄刀飾把中皮也⿰山蒦陂名又村名在吳王舊城側也○踖踐也
女白切二搦[4]挺搦又正也○⿰虫郤[5]天神[6]蟲丘擭切二⿰廣刂解木○欂欂櫨戶上木弼戟切二⿱艹榑說文曰壁柱也
二十一○麥白虎通曰麥金也金王而生火王而死又姓隋有將軍麥鐵杖嶺南人俗作麦莫獲切八衇說文[7]曰血理之分衺行體者又
作脈經典亦作脉周禮曰以鹹養脉釋名曰脉幕也幕絡一體也脉上同衇籀文霢霢霂亦作霡眽[8]說文曰目邪視也
覛爾雅云相也說文本莫狄切衺視也⿰𠂢見籀文○獲得也又臧獲方言云荆淮海岱淮濟之間罵奴曰臧罵婢曰獲亦姓宋[9]大夫尹獲之
後胡麥切八畫計策也分也又胡卦切嫿分明好皃劃錐刀刻鱯魚名彠度也又烏虢切嚍嚍嘖叫也咟
上同○蟈螻蟈蛙別名古獲切十六馘截耳又獲也或作聝聝上同幗婦人喪冠膕曲腳中也⿰骨國上同埻埻端國名出山
海經摑打也亦作敋漍水⿰扌戜挻⿰扌戜⿰石或⿰石或破慖悖也嘓口嘓嘓煩也⿺風或⿺風或⿺風赤赤氣熱風之怪讗讗嚄疾言⿰血或
⿰血或犬血○檗黃檗俗作蘗博厄切五擘分擘薜爾雅云山芹當歸也又曰山麻也⿰爿辟[10]豆中小硬者出新字林檗

11 矛叉

12 顑

13 之所服

飯半生皃○䌟織絲爲帶蒲革切四繴罿也䍥翻車欂欂櫨又木名也○賾探賾士革切七鰿爾雅曰貝小者鰿郭
璞云今細貝亦有紫色者出日南又音迹⿱艹昨茹菜又音藉債容尋常人矠以叉矛[11]取物也積灰中種也嘖嚍嘖叫也
○責求也側革切十一⿰責頁⿰責頁頗[12]頭不正皃簀牀簀幘冠幘漢書曰幘古卑賤執事不冠者[13]所服之說文曰髮有巾曰幘
嘖大呼聲謮謮怒說文同上債負財⿰虫責小貝也⿰月責⿰月責子魚子脯出新字林嫧鮮好咋大聲○赥急走
也出字林查獲切二⿺走責⿺走責黠皃出方言○策謀也籌也釋名曰策書教令於上所以驅策諸下也又馬箠也楚革切十四冊簡冊
說文曰符命也諸侯進受於王也象其札一長一短中有二編之形笧古文嫧健急皃⿰齒責齒相值也筴卜筮筴也⿱冊曰
告也矠矛也憡憡痛皟淨也⿰忄責耿介蹟正也捒扶捒也柵豎木立柵又村柵○⿱殸革鞕皃楷革切六
⿴衣鬲說文曰衺裏也⿰礻鬲上同緙紩也又織緙罄器空諽謹也○剨[14]破聲呼麥切二十一繣徽繣乖違⿰羽或飛聲
⿰忄畫不慧又⿰忄畫⿰忄畫辯快出音譜劃劃作事又音畫捇捇掘土又裂衣也掝裂也⿰口或大笑皃⿱殸革鞕聲又口革切⿰月畫
曲脚中也焃赤也⿰扌畫擘也又于[15]馘切⿰巾畫裂帛聲⿰禾畫乖⿰禾畫⿰禾畫⿰目畫目病湱㶁湱水出西谿⿸疒或痛⿸疒或⿵門畫⿵門畫門聲[16]

1 但　2 椵　3 平　5 大　6 栜　7 ⿸疒朿　8 ⿰扌朿　9 ⿰革朿

滆水皃 ⿵風赤熱⿵風赤 ⿰或刂刀破。覈實也下革切九 繳衣繳衣領中骨又音酌 ⿰石鬲石地 翮鳥羽 ⿰木郤木名 核果中
核崔豹古今注云烏孫國有青田核莫測其樹實之形至中國
者得其核耳大如六升瓠空之以盛水俄而成酒味甚醇厚 [2]炈燒麥 滆
湖名在常州義興縣 蒚蒲臺頭名。隔塞也古核切十六 膈胷膈 搹捉也出儀禮 鬲縣名在太[3]原又鬲津九河名又
姓殷末賢人膠鬲之後又音歷鼎屬也 槅車槅 革改也獸皮也兵革也亦姓漢功臣表有煑棗侯革朱 ⿱竹鬲⿱竹鬲子竹障出通俗文
愅智也 諽謹也 ⿰革朿轡首 ⿸虍毄虎聲 ⿱雨革雨也 ⿰目鬲⿰目責⿰目鬲 ⿰革羽翅也 ⿰魚鬲魚也 嗝雉鳴。摘手取也陟革切又他
歷切九 謫責也又[4]丈尼切 讁同上 ⿰犭昜犬怒張耳 棏蠶棏或作樀 ⿴囗亶硬皃 ⿰米啇黏⿰米啇 厇張厇 矺磓也。戹
災也說文隘也於革切十四 厄同上 搤持也握也捉也 扼同上 軛車軛 阨限也礙也又危也迫也塞也 豟爾雅曰豕
絕有力又云彘犬五尺爲豟 呝呝喔鳥聲 ⿰鼠益鼠屬 貖同上 蚅蚅鳥蠋大如指似蠶 ⿰食厄飢皃 啞笑聲 ⿰厄見⿰厄見視。[6]梀
木名山責切十四 涑小雨 ⿸疒束[7]瘮⿸疒束寒皃 ⿱雨新霰 摵殞落皃 愬驚懼皃又音素 ⿰扌焚縭⿰扌焚捕鳥 捒[8]捒擇取物也
𡩋求也取也好也 索同上 溹溹溹雨下皃 ⿰革束[9]堅硬 虩虎驚皃又許逆切 ⿰氵昔說文曰所以攤水也。⿰扌雹射中聲也普麥

△⿱辟米 錫韻北激切又數椒切

10 㢸 東弓

○讁 本韻陟革切又丈戹切

11 左傳

12 邛

13 上

14 齝

切二糵飯半生熟爾雅云米者謂之糵○虉爾雅云虉綬虉小草雜色似綬五革切又五狄切四鳽鵁鶄又音堅鞆履頭㢸

㢸㢹[10]補也○礐礐硞水石聲也力摘切二矱矱礋打草田器出字林○⿰扌畫裂聲也簪摑切一○摵拂著又捎摵也出通俗文

砂獲切一○⿺走蒦⿺走蒦遽足長皃求獲切一○疒疾也尼戹切乡又仕莊切三⿱臤食⿱臤食炙餅餌名⿰目耳耳目不相信出列子○

二十二○昔往也始也也[11]爲一昔之期明日也說文作答乾肉也又姓漢有烏傷今昔登思積切十四⿱答月籀文腊乾肉見經典

惜悋惜說文痛也潟鹹土磶柱下石舄履也崔豹古今注云以木置履下乾腊不畏泥濕故曰舄也䩻上同蕮車前

草𩮯說文髮也骼髂骨間也䳭水鳥焟火乾棤皮甲錯也○積聚也資昔切又資賜切十八脊背脊釋名曰脊

積也積續骨節終上下也說文作脊背呂也蹐蹐地小步借假借也又資夜切迹足迹跡上同速籀文踖踧踖敬皃

又秦昔切⿱臼鳥⿱臼鳥鴒一名雝鸂又名錢母大於燕頸下有錢文亦作鵲鰿爾雅曰貝小者鰿郭璞云今細貝亦有紫色者出日南蟦

上同䱑魚名鯽上同蹟詩傳云不蹟不循道也瀐小水襀襞也碏碏⿰石甫厝縣在臨邛[12]○益增也進也伊昔

切八謚笑皃嗌喉也[13]漢宣帝崩昌邑王至京師不哭云嗌痛⿰益阝地名齸爾雅曰麋鹿曰齸牛曰齝[14]並吞芻而反出嚼之也膉

6 螫　7 餠　　4 襗

肥也 蕰益母草爾雅注只作益 鼶鼠名 ○繹理也陳也長也大也終也充也說文云抽絲也羊益切三十三 睪引繒皃說

文曰[1]司視也从目从幸今吏將目捕辠人也 亦摠也俗作夊 弈弈美皃又博弈 奕大也又輕麗皃又行也盛也 帟小幕[2]曰帟

譯傳言周禮有象胥傳四夷之言東方曰寄南方曰象西方曰狄鞮北方曰譯 懌悅也樂也改也 斁猒也 驛驛馬 嶧

山名在魯 醳苦酒 腋肘腋 掖持臂又縣名又掖庭也一曰正門之旁小門也亦姓 裓裓縫 易變易又始也改也奪也轉也亦

水名出涿郡安閣山見水經亦州名漢書趙分晉得中山秦為上谷郡漢置涿郡隋為易州因水名之又姓齊大夫易牙又盈義切 液津液

又姓急就章有液客[3]調 㾊病相染也 蜴蜥蜴 埸壃埸 圛說文云回行也商書曰圛圛者升雲半有半無 襗衣襦 射

無射九月律 墿道也 焲火光 襗[4]重祭名商曰肜周曰襗亦作繹 湙瀲湙水皃 燡火甚之皃 ⿰耒睪耕也又音釋 ⿸戶昜

交扅 ⿰口睪⿰口睪川 燡災也出字林 ⿰光睪光皃 ○釋捨也解也散也消[5]也廢也服也又姓施隻切十六 ⿰米睪說文曰漬米也 檡

梬棗 適樂也善也悟也往也又姓 奭盛也又驚視皃又邵公名說文作奭 郝人姓又呼各切 睗睒睗急視 晹日無光 ⿰女適

嫁也 ⿰耒睪耕皃 螫蟲行毒亦作蠚[6] 鬄髢髮又音逖 㚒盜竊懷物也從兩入弘農陝字從此 ⿱宀亘餠[7]堅柔相著 ⿰目睪

8 屋　9 石　11 蝢　14 在北地

視兒襫襏襫雨衣○尺家語曰布手知尺舒肱知尋說苑曰度量衡以粟生之十粟爲一分十分爲一寸十寸爲一尺昌石切十一赤南方色又姓出姓苑又漢複姓二氏莊子有赤張滿稽郭象注云赤張姓也韓子曰智伯以鍾遺仇繇赤章枝諫仇繇令不受烾古文蚇蚇蠖蟲名易亦作尺㡿逐也遠也又㡿候說文曰郤行[8]也从广屰屰音逆斥上同臭白澤郝鄉名滷鹵滷卤姓也⿱卤大獸也○石釋名曰山體爲石亦州名秦伐趙取離石周因邑以名州又姓左傳有衞大夫石碏又漢複姓二氏孔子弟子有石作蜀何氏姓苑有石牛氏常隻切七碩大也祏說文云宗[9]廟主一曰大夫以祏爲主鉐鍮鉐柘說文云百二十斤也鼫鼫鼠螻蛄䳭鳥名○隻一也說文曰鳥一枚也从又持隹持[10]一隹曰隻二隻曰雙之石切十三適往也又施隻切又都歷切炙說文曰炮肉也从肉在火上墌基址摭拾也拓上同蹠足履踐也楚人謂跳躍曰蹠跖上同說文曰足下也䗪𧑬[11]負蠜亦作蟅又音柘䨔𩂞䨔大雨⿺走石行也⿸厂辟仄也⿰衤夜袖也○擲投也搔也振也直炙切七擿上同出說文⿺麥適麩⿺麥適躑躑躅行不進也蹢上同⿰虫鄭⿰虫鄭蠋蟲名潪[12]土得水也○皵皮細起七迹切八磧砂磧刺穿也又七[13]四切趚⿺走歷趚行皃洓水名在北[14]䟄倉卒⿰衤朿⿰衤朿膝帬衸婧婧婕齊謹○席薦席又藉也大戴禮曰武王踐阼有席銘亦姓出安定其先姓藉避項羽名改姓席氏晉有席坦祥易切六

1 襲　2 說　3 土　5 瘦　7 眡

夕暮也字從半月又姓漢書巴郡蠻渠帥七姓有羅朴督鄂度夕龔[1]也朴普卜切蜀有尚書令夕斌　穸窀穸窀厚也穸夜也　汐潮汐　鄐鄉名　蓆大也　○籍簿籍秦昔切十三　踖踐也　䠙上同　藉狼藉又姓左傳晉大夫藉談又慈夜切　耤耤田耤借也說[2]文曰帝耤千畮也古者使民如借故謂之耤也宋書藉田令古官也於周爲甸師氏　塉薄[3]也　瘠病也瘦也　庴縣名在清河又七[4]削切　猎獸名似熊出山海經　葃茹草　膌膌腹[5]　⿰耤阝地名在蜀　簎打也　○擗撫心也房[6]益切九　椑棺也　躃躃倒　闢啓也開也　辟便辟又法也五刑有大辟從卩辛所以制節其罪也從口用法也　⿰歹辟⿰歹辟⿰歹析欲死之皃　⿰骨辟弓弭　萆雨衣　毴毛毴　○役古從人今從彳說文曰戍邊也營隻切十二　⿱艹役燕人呼芡又羊捶切　疫說文云民皆疾也　⿰魚殳魚名有四足出文字集略　坄喪家塊竈說文曰陶竈窻也　⿰彳坄上同　炈亦同　⿰役鳥⿰役鳥鳩鳥　鈠小矛　⿱雨役⿱雨役⿱雨蒦大雨　豛豬之別名　⿰虫殳⿰虫殳蟚蟲名　○瞁驚視許役切二　⿱役目眼[7]也　○辟爾雅皇王后辟君也亦除也又姓漢有富室辟子方又有辟閭彬必益切七　璧白虎通曰璧者外圜象天內方象地爾雅曰肉倍好謂之璧肉邊好孔也　鐴鐴土犂耳　躄跛躄說文作⿱辟正人不能行也　⿱辟正上同　襞襞衣說文曰韏衣也　⿱辟廾治也　○僻誤也邪僻也芳辟切四　辟上同見詩　癖腹病　廦牆也　○麝麝香也食亦切又食[8]夜切二　射世本

八•八十　韻入聲　三十七　吳澄

11 蜥

△蜥 豚韻胡輩切 又音析

12 敫·歘

曰逢蒙作射又姓吳有中書郎射慈又神柘切又羊謝羊益二切。碧色也說文曰石之青美者又八品九品服色代青也紀年曰惠成王七年雨碧于郢彼[9]役切一。䴘黏䴘竹益切一。彳說文云小步也象人脛丑亦切二瓻瓶也。萛萛卷之役切一。[illegible]小動七役切二復小行

二十三。錫賜也與也亦鉛錫玄中記曰鉛錫之精爲婢又姓吳志云漢末有錫光先擊切十三析分也字從木斤破木也又爾雅曰析木謂之津注云即漢津也[10]亦姓風俗通云齊大夫析歸父㭊俗裼袒衣晳人白色也緆細布[麻易]說文同上蜥[11]蜥蜴菥菥蓂大薺淅淅米悊敬也蝀蝀蜆𣩍𣩍欲死之皃。激疾波又姓淮南王傳有激章古歷切九擊打也墼土墼轚舟車獥狼子敫[12]敬也蔵草名[宀敫]揚皃[13]鷔鳥名似烏。霹霹靂普擊切七劈剖也裂也破也澼莊子洴澼絖漂絮者㦻急速鎃裁木爲器癖痃癖病僻邪僻。靂霹靂郎擊切四十五[走歷][走歷]趚行皃趚七昔切酈縣名在南陽亦姓又力知切癧瘰癧轣車踐又音洛鎘鎘[14]鎗[金歷]上同礫釋名曰小石曰礫瓅珠瓅秝稀踈櫪馬櫪[革歷]殼[革歷]櫟木名柞屬又音藥櫟陽縣名[魚歷]魚名亦作鰨歷經歷又次也數也近也行也過也又歷日續漢書律

5 ⿺鼠見

6 椵 種椵又 胡革切

歷志云黃帝造歷世本曰容成造歷尸子曰羲和造歷或作曆 曆見上注 藶葶藶子 瀝滴瀝 磿石聲 寥寂寥

無人又深也又音聊 鬲爾雅曰鼎款足者謂之鬲說文作鬲鼎屬實五斛斗二升曰斛象腹交文三足今亦作鬲 ⿸厂⿱秝瓦瓦器說文同上又作

⿰鬲瓦 蒚山蒜 皪的皪白狀 ⿰目歷⿰目歷⿰目鹿視明皃 ⿱罒歷羃⿱罒歷煙狀 躒動也 ⿺走樂上同 ⿰齒歷齒病 ⿰王毄說文云玉名 厤治也

攊擊口也 ⿰馬鬲馬色 [1]⿴衣歷⿰糸歷裹 ⿰酉蠡⿰酉蠡䤈酪滓 ⿸尸歷履下 ⿸厤月⿸厤月腿強脂 ⿰酉鬲下酒 ⿰磊刂劙開 [2]⿸厤鳥鳥名 觻角鋒 ⿰米樂

雜糅食名 擽捎也 濼一名貫衆葉圓銳莖毛黑布地生冬不死一名貫渠又[3]音藥 蝷爾雅曰蟿螽螇蝷亦作蚸 的指的又明也說

文作旳都歷切二十六 適從也又之石始石二切 嫡正也君也 甋瓴甋塼也 靮馬轡 鏑箭鏃 馰馰顙馬白額又作的

滴水滴也亦作適 肑腹下肉也 弔至也又音釣 芍蓮中子也亦作的見爾雅 蹢蹄也[4]詩云有豕白蹢 ⿰鼠勺鼠名又音灼

玓玓瓅明珠色出說文 樀屋梠 鷊雉屬 ⿱罒勺魚擊網也 ⿰石啇⿰石啇磓 ⿰石勺上同 扚引也 ⿰啇斗量也 啇本也 魡魚名

⿰忄勺⿰忄勺痛 ⿺辶弔至也 杓柄末橫木 ○檄符檄說文曰二尺書也胡狄切八 覡巫覡男曰巫女曰覡 藃的藃蓮實也見爾雅 ⿺鼠頁[5]

鼠名 ⿱敫鳥鳥似烏蒼白色 獥狼子又音叫音激 槔[6]鍾槔又胡老切 ⿱敫角以角飾杖策頭 ○鷁水鳥也博物志曰鷁雄雌相視則孕

8 左傳，茷　9 蔋　10 䨀　11 一　12 詆　13 怵　15 夭　17 慗·敕　19 旁

或曰雄鳴上風雌鳴下風亦孕五歷切五鶂上同說文又作鷁鶃艗艗舟舟頭爲鷁首[7]屔石地惡鷊鷊綬草○荻萑也徒歷切二十九狄北狄又姓春秋時狄國之後漢有博士狄山敵匹也當也輩也主也籊竹竿皃又他歷切翟翟雉又姓漢有上蔡翟方進迪進也道也蹈也覿見也䚓上同笛樂器風俗通云武帝時丘仲所作也晉協律中郎列和善吹笛也篴上同出周禮糴巿穀米又姓國語有晉大夫糴茂[8]籴俗邮鄉名在高陵滌洗也除也淨也蓧盛種器也蔋[9]草木旱死也踧詩曰踧踧周道𦅾𦅾綠色鰍東海有馬鰍魚䴞䴞麩樀屋梠又音的頔好皃梑梑藏槔爾雅釋木曰梑藏槔是也䊮穀粟之名䨀[10]雨也𤛮特牛苗苗蓨草滷鹹也[12]𢓜說文曰行𢓜𢓜也○逖遠也他歷切二十[11]逷古文倜倜儻不羈趯跳皃躍上同剔解骨𢻁上同訑[12]訑誘狡猾惕怵[13]惕憂也又愛也𩩍[14]骨間黃汁哲周禮哲蔟氏掌覆夭[15]鳥之巢又丑列切摘發也動也說文曰拓果樹實也一曰指近之也又張革切踢跊踢獸名左右有首出山海經覿說文云目赤也又前歷切鬄說文云髢髮也焬[16]望見火皃蓨苗蓨草籊竹竿皃惄勞也𢡱[17]敕也[18]䀮失意視皃○績緝也功業也繼也事也成也則歷切四勣功也樍樫木別名鶄鳥也○燩乾燥也苦擊切九擊傍[19]擊毄攻也漢書

云攻苦㲉淡喫喫食㗩上同𥎿矛也毄䡠毄𢡋敕也𨪐吹器○惄心之飢也憂也思也奴歷切四𧖄古文
溺溺水古作休又音弱又姓也愵憂皃○寂靜也安也前歷切五𡧫上同宗亦同㗘㗘嗼無聲覾目赤又音遬○覔
求也莫狄切二十三覛上同說文曰衺視也幎覆也亦作幂幦車覆軨也䙐上同䮭馬多惡也糸細絲也微也連也
鼏鼏蓋冪覆食巾又冪䍥婦人所戴汨汨羅水名在豫章屈原所沈之處𤄷𣿍並上同冂文字音義云以巾覆從一
下垂𧇊說文云白虎也蓂菥蓂𧳸白豕黑頭覭小皃䌐綱繩䵒䵒黷黑青䈿箹䈿𣿮瀝𣿮水淺𧍞蝀𧍞
蟲名塓塗也○甓㼩甓瓴甋扶歷切四鸊鸊鷈鳥名似鳧而小足近尾或作鷉椑大棺𣩘𣩘㱼欲死之皃○壁說文云垣
也釋名曰壁辟也辟禦風寒也漢官典職曰省中皆胡粉壁紫素界之畫古烈士亦州名本漢宕渠地武德初爲壁州北激切六鼊鼂鼊似龜而漫
胡無指爪其甲有黑珠文如瑇瑁可飾物繴爾雅繴謂之罿罿今覆車鳥網也又敕核切廦室屋綼紟綼絜也𧰙𧰙邪獸獸身鳥
喙○闃寂靜也苦鶪切二𨃧踞也○郹邑名在蔡古闃切七狊說文云犬視皃亦獸名猨屬脣厚而碧色鶪伯勞湨水名
在温縣鼳爾雅曰鼳鼠身長須秦人謂之小驢郭璞云似鼠而馬蹄一歲千斤爲物殘賊犑爾雅云犑牛𠊧𠊧黠○戚親戚又姓

8 閴　9 恨　10 𤄷，𤄷沭　11 眡　14 職　15 躬　16 崱屴　17 泐

漢有臨輮侯戚鰓倉歷切十一 慼憂也懼也 鼜說文曰夜戒守鼓也 鼜上同 鏚干鏚斧鉞本亦作慼 ⿰黑責⿰黑責顆色敗 ⿰赤見規覞面柔詩本或作慼施 慽慽痛 ⿱戚虫蟾蜍別名 ⿱艹戚草也 磩碶磩石次玉也

○赥笑聲許激切九 閴[8]閴也很[9]也戾也又相怨也 ⿰矛殳矛也左思吳都賦云長矜短兵亦作殺 𤄷[10]𤄷沭遽也 ⿰言赤私訟 ⿱竹鬲籬屬 ⿰忄赤心不安也 ⿺兒赤去涕 ⿰忄閴惶恐

○⿰矛殳矛也呼狊切七 砉砉然物相離聲 瞁驚視 ⿱谷目眼[11]也 狊犬視也 焱火華又火焰也 殈鳥卵破也

○歡痛也丑歷切又丑[12]力切二 ⿰禾啇福⿰禾啇

二十四○職爾雅云職主也常也博雅云業也字林云記微也又姓周禮有職方氏其後因官爲姓風俗通云漢有山陽令職洪之翼切九 軄俗 戠說文云闕識字从此 織組織說文曰作布帛總[13]名 ⿰目戠[14]油敗 蟙蟙螺蟲蝙蝠別名也 蘵草名似酸漿亦作蘵 膱脯長尺有二寸曰膱儀禮作職 樴樴杙

○直正也又姓楚人直弓之後漢有[15]御史大夫直不疑除力切四 犆犆犆牛也 ⿰月直肥腸 ⿰山直山直

○力筋也又姓黃帝佐力牧之後林直切九 朸縣名在平原 屴[16]屴崱山皃 仂不懈 ⿰鳥力似鳧而小亦作鳥勞 ⿰棘力趙魏間呼棘出方言 ⿰氵仂[17]水凝合皃 ⿺九力脛交 ⿰豸力遼東犬名

○敕誡也正也固也勞也理也書也急也今相

1 侙

△歡錫韻丑歷切又丑力切

2 子

承用勑勑本音賚恥力切十四 勅上同 飭牢密又整備也 淔水名 趩行聲 栻局又木名 侙意慎侙[1]又惕也 䳍鸂鶒 鷘上同 恜從也慎也 慗從也 遫張也 菫蒴藋別名 畟田器又地名 ○陟升也進也竹力切二 稙早種禾 ○食飲食大戴禮曰食穀者智惠而巧古史考曰古者茹毛飲血燧人鑽火而人始裹肉而燔之曰炮及神農時人方食穀加米于燒石之上而食之及黃帝始有釜甑火食之道成矣又戲名博屬又用也僞也亦姓風俗通云漢有博士食于[2]公河內人乘力切二 [3]蝕日蝕也說文云敗瘡也釋名曰日月虧曰蝕稍小侵虧如蟲食草木之葉也 ○息止也又嬎息也說文喘也亦姓姓苑云今襄陽人又漢複姓前漢書有河內息夫躬相即切十一 㮩木名 鄎新鄎縣在豫州 瘜惡肉 蒠菲蒠菜 熄蓄火 䐹䐹肉 𩞄食也 㴧水 䈞箕䈞 鵖鳥食 ○寔實也是也常職切八 湜水清也 殖多也生也 植種植也立志也置也 埴黏土 戠古文 植柱杖曰植 遈流行 ○識說文云常也一曰知也賞[4]職切十 式法也敬也用也度也又姓出何氏姓苑 拭拭刷 㡸上同 軾車前 飾裝飾 䋕方言云趙魏閒呼經而未緯者曰機䋕 鉽鼎鉽也 烒火皃 蘵草名 ○赩大[5]赤也許極切五 衋傷痛其心 䵱赤黑皃 奭斜視 㦶瞋怒皃 ○崱崱屴山皃士力切四 嵮嵮嶷 溭溭減水勢 萴草也

○極 中也至也終也窮也高也遠也說文棟也渠力切一 ○匿 藏也微也亡也隱也陰姦也女力切六 ⿷匚虫 蟲食病[6] ⿱匿虫 上同 ⿰忄匿

愧也 恧 慙也又女六切 ⿰魚匿 魚名 ○測 度也初力切六 惻 愴也 畟 畟畟陳器狀說文曰治稼畟畟進也詩云畟畟良耜又音即 ⿰耒畟

耜也 ⿰土則 過遮也 蕺 草名 ○憶 念也於力切十七 億 十万曰億又安也度也 臆 胷臆 肊 氣滿 ⿱音口 說文曰快也 繶

絛繩 醷 濁[7]漿 澺 水名在上蔡 薏 薏苡亦蓮心 ⿱艹⿱音口 上同 ⿰虫意 小蜂 ⿰革意 履頭也出韻略 檍 木名一名木橿也 ⿰木⿱音口

梓屬 抑 按也說文作归从反印 ⿰土卬 地名 癔 病也 ○色 顏色所力切十五 ⿰嗇欠 小怖皃 嗇 愛惜也又貪也慳也又積

也亦姓說文作嗇愛歰也从來亩來麥也來者亩而藏之故田夫謂之嗇夫亩音廩 轖 車馬絡帶 穡 稼穡種曰稼斂曰穡 薔 薔虞蓼也

轖 字書云車籍交革 繬 緈也縫也 濇 不滑 ⿱竹嗇 篩⿱竹嗇 嬙 女字 ⿰虫嗇 蟲也 懎 悲恨也 ⿰嗇頁 頬也 ⿰嗇力 助也 ○⿰革亟 皮鞕皃丘力切

一 ○殛 誅也紀力切十一 ⿰忄亟 急性相背說文曰疾也一曰謹重皃 襋 衣領 棘 小棗亦越戟名又箴也羸瘠也又姓文士傳曰

棗祗本姓棘其先避難改爲棗氏衞大夫棘子成之後也 亟 急也疾也趣也又音氣[8] ⿰王棘 埤蒼云⿰王棘地名出美玉案左傳只作棘 悈

急也又音戒 堎[9] 去也 蕀 遠志別名 茍 說文曰自急敕也 ⿰言亟[10] 訥言 ○弋 糜亦弋射又姓出河東今蒲州有弋氏見姓苑與職

1 皁　2 壬　4 官　5 騩　6 ⿹弋瓦·瓶　7 即　8 揤

切三十四翊馮翊郡又輔翊翌明日廙敬也又音異黓早也爾雅曰太歲在丑曰玄黓翼羽翼說文𦐊也又恭也美也助也亦
州名在隴右因翼水爲名又姓晉翼侯之後漢有諫議大夫翼奉⿱飛異說文同上𦐊古文⿺夌弋麥⿺夌弋隿繳射也或作弋⿱艹翼藕翹
⿰女弋婦宮也漢有鉤⿰女弋夫人居鉤⿰女弋宮漢書亦作弋潩水名出密縣大隗山杙果名如梨亦橜也芅今羊桃也或曰鬼桃葉似桃而花白
⿷匚異說文云田器也⿺走翼趨進⿺走翼如也⿺辶翼疾⿺走翼⿰禾翌黍稷蕃蕪皃亦作翼⿰虫羽蛡蛡蟲行皃⿹弋瓦瓵瓮骨也忇心動瀷
水聚⿹弋月缺盆骨也⿷匚翼大鼎熼火光鉽鼎附耳在外也⿸疒翼痒⿸疒翼淫⿸疒翼⿰虫異蟲也⿰耒異耕也⿰禾弋禾⿰禾弋⿰彳弋行⿰彳弋⿰衤弋
衣⿰衤弋⿰酉弋酒色○即就也今也舍也半也說文作皀食也亦姓風俗通有單父令即賣又漢複姓有城陽相齊人即墨成子力切十六卽
上同稷五穀之摠名一曰黍屬周禮注云社稷土穀之神有德者配食焉共工氏之子曰句龍食於社有厲山氏之子曰柱食於稷湯遷之而祀棄俗
作稷亦姓后稷之後⿰木畟木名似松⿰牛畟牛名蝍蝍蛆蟲名又子結切楖楖裴縣在魏郡裴房非切畟又初力切⿱畟足⿱畟足躄迫急
鯽魚名⿰犭畟犬生三子堲風堲又子栗切䐚膏澤喞喞聲也⿱即鳥⿱即鳥鴒亦作⿰即鳥揤捽也○逼迫也彼側切十偪
上同皕二百幅行縢名楅束也又音福⿰馬畐駞⿰馬畐湢湢沠水驚起勢也⿺風必風也⿴囗必姓也又閉也皀皀粒

13 盅　14 稜　15 逼　17 煏　▲皷 德韻蒲北切又符逼切

○域居也邦也雨逼切十四　蜮短狐蟲又音或　罭魚網　棫木叢　⿱大或字林云大力皃　䳼鶪䳼鳥　⿰金或[10]瓦器　琙人名

漢有公孫域　黬羔裘之縫又音洫　緎縫也亦同上　⿰馬或馬走　魊小兒鬼　淢溭淢波勢也　⿱艹或叢[11]也　○洫溝洫

況逼切十四　侐靜也　䦸上同　閾門限　⿵門⿴古文　⿱目攴舉目[13]使人　⿰或欠歘聲吹皃　⿸疒或頭痛　黬羔裘之縫　緎縫也

亦同上　䎗羽聲　⿰口⿱目攴聲[12]也　淢疾流　⿰赤畐赭色　○堛土田芳逼切十三　愊悃愊至誠　踾踾地聲　⿰片畐坼也　⿰食畐飽皃

揊擊聲　稫稫稄[14]禾密滿也　副析也禮云爲天子削瓜者副之巾以絺　畐道[15]滿也　⿰阝夬地裂也亦作⿰阝畐　⿰畐攴⿰畐攴皷　⿱畐畐

多也密也　疈周禮曰以疈辜祭四方百物　○稄稫稄阻力切十一　⿰禾旲一本作此　⿱日夨日⿱日夨又旁也傾也不正也　捑打也　仄仄陋

說文云側傾也　昃日在西方　汄湢汄水勢　萴廣雅云附子一歲曰萴子二歲曰烏喙三歲曰附子四歲曰烏頭五歲曰天雄　側傍側　夨

說文云傾頭也　⿸厂夨籀文　○愎很也符[16]逼切八　腷腷臆意不泄也　⿰火复火乾肉也　⿰米畐[17]同上　⿰片畐⿰片畐版出通俗文　馥香又音復　踾

踾地聲　鶝鶝䳼鳥　○嶷岐嶷詩曰克岐克嶷魚力切五　薿茂盛　㘈說文曰小兒有知也引詩云克岐克㘈　懝有所識也　⿱髟角

⿱髟角岳角皃　○堲疾也秦力切又將七切又牆[18]資切三　垐以土增道　捑打也又音側　○⿰害少丁[19]力切又丁六切三　⿰镸毛毛少⿰镸毛⿰镸毛　得

3 驚⿰忄㝵⿰扌㝵
4 自

得滴水少○䆾細視也亡逼切一○瀷水潦積聚昌力切又音翼二 ⿰耒翼字統云耕也
二十五○德德行又悳也升也福也亦州名秦爲齊郡地漢爲平原郡武德初爲德州因安德縣以名之多則切九 悳古文
惪艥惪縣名在張掖漢書作得 㝵說文取也今作㝵同 得得失 淂水皃又丁力切[1] ⿰足㝵行⿰足㝵⿰足㝵 ⿰㝵蒦約㝵也 ⿰㝵取取也
○則法則子德切三 𠟭古文 ⿰鼎刂籒文○勒鄴中記曰石虎諱勒呼馬勒爲轡盧則切十二 肋脅肋釋名曰肋勒也所以檢勒五藏
也 扐筮者著指閒 仂[2]禮祭用數之仂 艻蘿艻香草 朸說文曰木之理也平原有朸縣 ⿰王勒美石次玉 玏上同 泐凝合 㔹
功大說文曰材十人也 阞地脉理圻 竻竹根○忒差也他德切六 ⿰扌㝵打也 慝惡 貣從人求物也 ⿰目悳⿰目悳瞖欲臥也
⿰忄㝵[3]⿰忄㝵⿰忄㝵使也○刻刻鏤又剥也苦得切五 克能也勝也說文作𠅏肩也 剋剋己又必也殺也急也 勊目[4]强 ⿰女剋罵女老⿰女剋亦作
⿰女克○特特牛又獨也亦姓左傳晉大夫特宮徒得切九 貣假貣謂從官借本賈也亦從人求物也又音忒 𧌑食禾葉蟲 蟘[5]上同 樴
杙也 ⿰牛㝵鈍也 ⿰木㝵木名 ⿰馬代[6]⿰馬代鶠又徒戴切 螣螣蛇○黑北方色呼北切三 潶水名在雍州 ⿰黑欠唾聲○墨筆墨又姓
墨翟是也亦即墨縣名莫北切十二 默說文曰犬暫逐人也又靜也或作嘿 冒干也又莫報切 ⿰虫墨蟙⿰虫墨蟲即蝙蝠 纆[7]索也 万虜複

9 ⿱默目
10 賊敗
14 治
15 民

姓北齊特進万俟普俟音其𡨃方言同上艒艒䑧鈎艇嫼[8]姓也窅暫視⿱默目[9]聽⿱默目欲卧也䁺䀸䁺○賊盜也
説文作賊[10]則也昨則切七賊上同鱡烏鱡魚崔豹古今注云一名河伯度事小史[11]鰂上同蠈食禾節蟲亦作賊⿰氵賊
博雅云⿰氵賊測也⿱艹賊草名[12]○塞滿也窒也隔也蘇則切又蘇載切五⿱𡨄土上同見説文寨安也⿱𡨄心實也書曰剛而⿱𡨄心⿱塞心
上同見説文○北南北亦奔也又高麗姓又漢複姓七氏左傳衛大夫北宮貞子莊子有北門成漢有北唐子眞治京氏易世本云晉有高人隱
於北唐因以爲氏晏子云齊有北郭先生名騷古有北人無擇清身絜己疾世之濁自投清冷之淵姓苑有北鄉北野氏博墨切二⿱北虫蟲似蟹四
足○菔蘆菔蒲北切十三蔔上同僰僰道縣在犍爲又丁壯皃亦醜也亦作⿱罒服又符[13]逼切匐匍匐⿹勹畐上同踣斃也
倒也又作仆仆倒也菩草名又音蒲垘塡塞⿺走咅僵也又孚豆切⿰黍畐[14]黍豆漬葉也⿱罒服農夫賤稱⿰扌伏擊也
○或不定也疑也胡國切五惑迷惑蜮蟲名短狐狀如鼈含砂射人久則爲害生南方説文云有三足以氣射害人玄中記云長三四
寸蟾蜍鸑鷟鴐鵞悉食之魊鬼魊旋風⿱或灬水流皃○國邦國又姓太公之後左傳齊有國氏代爲上卿古或切一○餩噎聲愛黑
切二殕殪殕○劾推窮罪人也俗作刻胡得切一○⿱色䖵蟲名似蚕而小青班色齧人奴勒切三⿰耒导穀⿰耒导見齊[15]人要術⿱能日

字統云埃也又日光也。○裓釋典有衣裓古得切三䎴䎴耕草生𡡠竦身皃出玉篇。○墄階齒七則切一。○覆匹北切三蝮蝮蝗蟲名復復匐。○𩗗巾帛從風聲呼或切二䁤睡目

二十六○緝績也七入切六葺修補諿和也緁襟緣亦作緁𪔂鼓無聲咠咠咠譖言也說文曰聶語也。○十數名是執切四什篇什又什物也拾收拾又掇也斂也褶袴褶。○執持也操也守也攝也說文作𡙇捕辠人也之入切六汁瀋[3]也液也瓡縣名在北海𨦣[4]廣雅云羊箠也𡜶字統云至也慹怖也。○習學也因也說文作習數飛也又姓出襄陽晉有習鑿齒似入切十三襲因也及也重也合也入也又掩襲說文曰左衽袍也隰原隰亦州名左傳曰重耳居蒲即隰川縣故蒲城是也漢爲蒲子縣後魏齊周之閒爲沁州隋爲隰州以州前有泉下濕蓋取下濕之義名之又姓齊有大夫隰朋鰼爾雅云鰼鰌今泥鰌也又山海經云鰼魚狀如鵲而有十翼鱗在翼端聲如鵲騽馬豪骭又驪馬黃脊飁颯飁大風槢堅木名鳛鵖鳛鳥名𦺗𦺗茵水草出埤蒼䈦簷䈦修舩具也艒上同[5]褶袴褶霫霅霫大雨。○集聚也會也就也成也安也同也眾也本作雧字林云羣鳥駐木上亦州名漢宕渠縣梁爲東巴州恭帝爲集州以有集水名之又姓風俗通云漢有外黃令集一秦入切九輯

9 讓　△亼 本韻秦入切 又子入切　箿 本韻秦入切 又子立切　11 繫

和也 檝 舟檝又音接 亼 說文云三合也从入一象三合之形合僉之類皆从此又子[6]入切 咠 說文云詞之集[7]也 ⿱艹集 菩也 鏶 鐵鏶
慹 怖也 箿 箿覆也又子[8]立切 ○入 得也內也納也人執切二 廿 說文云二十并也今作廿直以爲二十字 ○揖 揖遜[9]又進也說文云[10]
攘也一曰手著胷曰揖伊入切二 挹 酌也 ○溼 水霑也失入切三 濕 上同見經典又他合切 ⿰耳㬎 牛耳動也 ○⿰口集 ⿰口尃⿰口集噍兒
子入切⿰口尃音博十一 潗 泉出 ⿰糸集 合也又蠻夷貨名 湒 雨兒 咠 又七入切 ⿱艹執 草生多兒 ⿰衤疌 襟緣 葺 茨也 ⿰目咠 眨⿰目咠
⿰禾咠 稠⿰禾咠⿰禾咠 ⿱山集 負秦山名 ○及 至也逮也連也辝也其立切七 ⿺辶⿱艹集 古文 ⿱艹⿰扌瓜 冬瓜 苙 白芷又力急切 ⿰及鳥 ⿰及鳥鳩鳥 笈
負書箱又其劫切 ⿸戶及 戶鍵 ○蟄 蟄蟲又藏也直立切六 ⿰月咠 肉半生半熟 俋 俋俋然耕皃出莊子 ⿰土濕 下入又直輒切 ⿸尸乏 屆⿸尸乏
前後相次也屆初立切 譶 讘譶言不止也 ○縶 繫[11]馬陟立切四 ⿱雨執 小濕 馽 馬[12]絆 ⿰口馽 口[13]⿰口馽⿰口馽 ○立 行立又住也成也又
漢複姓魯有賢人立如子力入切九 ⿰齒立 齧聲 粒 米粒[14] 笠 雨笠本草呼破笠爲敗天公也 ⿰立鳥 水狗爾雅謂之天狗注云小鳥青似
翠食魚江東呼爲水狗 苙 白芷又其立切 ⿰立隶 臨也 岦 岦岌山皃 砬 石藥 ○急 急疾說文作㤂褊也居[15]立切十一 汲
汲引也又縣名在衞州又姓漢有中尉汲黯河東人 給 供給又姓出姓苑 伋 孔伋字子思 級 等級說文云絲次序[16]也亦階級禮曰

1 ⿰鳥丏　2 奚霫　3 翖侯　6 暐

拾級聚足俗作阪 芨烏頭別名 蒫上同 疲病也 彶彶遽也 皀穀香 ⿰馬丙[1]⿰馬丙鴔鳥名 ○岌高皃魚及切二

砬危也 ○泣無聲出涕去急切三 㬤欲燥 湆羹汁 ○𩎓小兒履也先立切五 卌字統云插糞杷說文云數名今直以爲四

十字 霫字林云雨皃又[2]爲霫東北夷名 䟫䟫膝坐 㗩㗩㗩忍寒聲 ○歰說文曰不滑也色立切八 澀上同 澁俗

鈒戟也鋋也 霎小雨聲 濇不滑 㒊不及 翜疾飛 ○吸內息許及切十二 噏上同 歙說文曰縮鼻也

後漢有來歙又舒涉切州名 翕火炙一曰起也又斂也合也動也聚也盛也 ⿰言翕⿰言翕評語聲也 潝水流皃 熻熻熻熱 嬆

莊嚴 翖漢有[3]侯翖 郒地名 闟戟名曰闟 ⿰翕鳥鳥名 ○戢止也斂也阻立切九 ⿰目戢淚出皃 ⿰角咠[4]角多皃 ⿰角戢上同 咠

衆口 蕺菜名 濈和也 㗱喻也 霵雨下又士邑切 ○邑縣邑周禮曰四井爲邑又漢複姓有邑由氏楚大夫養由氏之後避仇改

焉於汲切八 悒憂悒 唈嗚唈[5]短氣 裛裛香又於怯切 浥濕潤 䓃䓃蔡茹熟 ⿰食邑食餲 ⿱艹挹⿱艹挹掮 ○湁湁潗沸皃

丑入切三 雴大雨 漐汗出皃 ○煜火皃爲立切四 曄曄[6]曄華又筠輒切 熠熠燿螢火又羊入切 騽馬豪骭又音習 ○熠

熠燿螢火羊入切二 㬛多皃 ○孴戢孴聚皃尼立切五 ⿰氵孴潗⿰氵孴水文皃 ⿰氵囚濕⿰氵囚 囚囚囚私取皃又女洽切 抐

7 駓 駓鵖亦作鵖

8 偛 洽韻恻洽切 又楚立切

9 合傅胡害

11 也

蓜蒳。霵暴雨皃仕戢切二 𩦿盛衆皃。駓[7]駓鵖亦作鵖皮及切一。鵖彼及切二 皀穀香也。㞚屆㞚初戢

切四 插插塌重累士也 褔重縁 䙝行皃。卙[8]字統云會聚也昌汁切一

二十七。合合同亦器名亦六合天地四方對也又州名秦爲巴郡宋爲宕渠郡後魏置合州蓋涪漢二水合流之處因以名之又姓左傳

宋有大夫[9]合左師又漢複姓高帝功臣表有合博虞侯閤切又音閤十一 郃郃陽縣在同州又虜複姓後魏書大莫干氏後改爲郃氏又音閤

榙榙㯓果名似李出埤蒼 迨迨遝行相及也 梒梒㭽木也 詥諧也亦作合 耠耕也 𡇙[10]會也 䶀䶀齧聲也 𦱊

草 盒盒盤覆也。閤爾雅曰小閨謂之閤古沓切十九 鴿鳥名 合合集又音迨 敆合會也 鉿二尺鋌 鮯

魚名六足鳥尾出山海經 蛤蚌蛤 郃水名又縣名[12]又音迨 浩浩亹地名亹音門 匌周帀也 頜頜頜頤傍 佮併佮聚[11]

㞩閉戸曰㞩 𣰺𣰺毼目睫長 梒劒柙又巨業切 𢂐以席載穀 鞈防捍 韐韎韐大帶 𢂈帢口亦同上。答當也

亦作荅都合切十二 畣爾雅曰俞畣然也 蹹跛行皃 搭打也出音譜 荅正名云小豆 褡横褡小被 嫸面嫸

姶皃 㾑肥㾑疲出字林 嗒舐嗒 𤞑犬食 𤿫皮𤿫[13] 榙榙㯓木名。趿進足蘇合切十一 颯風聲 靸小兒履或

1 以

2 噂

△鞜 盍韻吐盍切 又他荅切

作𣪧 𣪧上同 馺馬行疾 雴廣雅曰雨雴雴又音龘雴 卅說文云卅三十也今作卅直爲[1]三十字 㚷嬆㚷女字 毭毭毭

眼睫長 𢕝衆行皃 鈒鈒鏤 ○沓重也合也又語多沓沓也又虜複姓後魏書沓盧氏後改爲沓氏徒合切十八 誻譐誻亦作

沓[2]嗒 遝迨遝 揩指揩 榙柱上木也 涾沸溢 騇駁騇馬行 龖龍飛之狀 偕儑偕不著事也 譶疾言 𣝕

榙𣝕 𨆰齧𨆰 碏春巳復擣之爲碏 𧮰妄言 𦂶𦂶子綃出字林 𦿏東魯人呼蘆菔曰菈𦿏 蝔蝔蝔蟲 眔

目相見 ○錔器物錔頭他合切二十二 𠴲歠也 䓠菜生水中 㜓安皃說文曰俔伏也一曰意伏也[3] 踏著地 𢄔帳上覆

鞜革履 䎓翻䎓飛皃 漯水名在平原 濕上同 㹺犬食 𦧲上同 𪔮鼓聲也 佮合也 𪑓[4]晉書有兗州八伯太

山羊曼爲𪑓伯 䶎食也 䡨車釭䡨也 㭼柱㭼頭 䍝相䍝䍝出字林 𨤾[5]積厚 䳴鳥名 𥬷竹名 ○雜帀也集也

猝也穿也說文曰五綵相合也徂合切七 韴斷聲 磼磼嶫山高 雥羣鳥 𦺓戶簾 𨂿止也又才含切 𨞠亭名在貝丘 ○帀

遍也周也子荅切十 迊上同 咂入口 噆蚊蟲噆人 𪚣𪚣歠聲 魳魚名 𦏡羊腌 嘁歁嘁 沞湆沞繞濕 𧺆

趛趏急走 ○拉折也敗也摧也盧合切十一 搚上同 拹亦同 摺敗也 𦑛翻𦑛飛皃[6] 礘礘磼 鸗鸗鶍初飛皃 菈

八•二十六

韻入聲

四十五

8 魯　10 厒　13 戲　14 裹　17 七　18 ⿰言盍字當刪

菈蓮秦人[8]呼蘿蔔　歆歆歆不滿　㕎石聲　㸰㸰牲○納内也又姓出何氏姓苑奴荅切八　䪏腝皃　蒳字統云香草異

物志云葉如栟櫚而小子似檳榔可食　軜驂馬内轡繫軾前者　衲補衲紩也　魶[9]魚名似鼈無甲有尾口在腹下　妠姶妠聚物

㨥打㨥○溘至也奄也依也口荅切七　⿰歹盍⿰歹盍死見楚詞本作溘　⿸尸去閉戶聲　⿸厂去[10]山左右有岸　㝓容合相當也　匌匌帀

也　歁歁歁凝皃○姶美好皃烏[11]合切十三　𤸷短氣　罨網又一劫切　罯覆蓋也又烏[12]敢切　媕女有心媕媕也　盦盦彩

婦人髻飾花也[14]　庵庵低又屋　⿰足奄跛⿰足奄　⿰革奄車具又小兒履名⿰革奄戲[13]　⿰冂盍調色畫繒出鄣調字指　搕以手盍也又搕攉糞也

鞥皮裹[14]角也　佮姓也○欱大歠也呼合切四　⿸疒及病劣皃　⿰盍欠⿰盍欠⿸疒⿰盍欠　瘩寒瘩○㬈日中見絲凡作㬈同五合切十[16]　礏

磼礏　哈魚多皃　儑偺儑　⿰口㬎衆聲　砐峇砐　礘動礘礘亦作硆　瘩寒瘩病[15]　⿰舟及船皃　魥魚名○⿺走參走也赶會也七

合切二　⿰女參婪⿰女參○⿺辶參裹⿺辶參士[17]合切一○唈爾雅云僾唈也烏荅切一

二十八○盇何不也說文作盇覆也爾雅合也胡臘切十　闔閶闔說文云門扇也一曰閉也　闔俗　嗑噬嗑卦名　蓋

苫蓋　⿰言盍[18]靜也　篕籧篨也[19]　⿸尸去纂文云姓也　⿰盍阝說文云地名也　熆吹火也○臘臘蜡盧盍切十四　臈俗

2 榼　3 搨

6 讕譫妄語也

𪘿齧聲 𪙊上同 鑞錫鑞 蠟蜜蠟 蝲俗 擸折也又擸揰破壞也 皶[1]𦗦皴皮瘦寬皃 𪇰𪇰鷄鳥飛 搚摺搚相和

𦑱擸翪飛初起皃 𦆭繒𦆭 邋邋遢行皃 ○皶皶都搕[2]切十一 耷大耳 搨[3]手打也 搭上同 砙擲地聲又

竹[4]亞切亦作砙 剳相著聲一曰剳鉤也 笚竹相擊 荅菜生水中又荷覆水 褡橫褡小被 錔錔鈉 鞳熱鞳鞳 ○榻

牀也吐盍切十九 𣛮上同 䑽兩槽大船 毾毾㲪 鰈比目魚別名 魼上同 鰨魚名似鮎四足 𦑣𦑣布 傝傝隸

亦傝儜傝劣又傝𠎝不謹皃 狧犬食 䍇上同 譶譶誻多言古盍切 𦐇飛皃 鞳鏜鞳鐘聲又他[5]荅切 塔浮圖 搭摸搭

嗒嗒然忘懷也 遢邋遢謹事 騔驪騔馬行不進 ○𧹞大啜呼盍切三 鰪魶鰪魚名出山海經 𤶊肥𤶊 ○魶內魚名

奴盍切三 笝𥵣舟竹索也 鈉鈉錔 ○蹋践也徒盍切十 蹹上同見公羊傳 闒門樓上屋說文曰樓上戶也 𤒕𤒕也墮也

讕[6]讕譫忘語也 譫多言又作諜 鉂瓶 𪁤𪇰鷄鳥飛 𥴚窻扇 𦒀[7]擸𦒀 ○𠍉[8]傝𠍉不謹皃私盍切七 嗑[9]嗑嗑

食皃 搕[10]搕擸糞又才盍切 卅三十 蹋[11]蹋蹋行皃 靸靸鞋 𢿍[12]𢿍鼓起也出新字林 ○儑傝儑不著事也五盍切二 䁁

䁁睡 ○𧈧[13]惡也又姓出纂文今北海有之[14]才盍切二 搕[15]擸搕和雜 ○頜頜車頜骨古盍切八 𧬈多言又音盍 嗑上同 蓋

八六十四　韻入聲　四十六

17 ⿱鼓合　19 睫　20 余

姓也漢有盖寬饒字書作⿰盍阝 閘閉門 鉀鉀鑪 ⿰虫盍⿰虫盍蜡 ⿰盍阝地名 ○榼酒器也苦盍切六 磕石聲 ⿰衤盍⿰衤盍襠 ⿷匚盍

⿷匚盍崩損也 ⿱鼓合[16]鼓聲⿱鼓合[17]×⿱鼓合 ⿰車盍車聲 ○鰪鰪鱂魚名安盍切四 盦說文云覆蓋也 ⿸广盍山旁穴 ⿸疒盍短氣也又烏合切 ○囃

助舞聲也倉雜切三 磼石多皃 ⿱鼓去鼓[18]聲 ○砝石聲居盍切二 ⿱劫鳥鳥名 ○譫多言也章盍切一

二十九○葉枝葉又姓吳志孫堅傳有都尉葉雄與涉切又式涉切十 楪楪榆縣名在雲中 揲度揲 鍱銅鍱 偞

偞偞輕薄美好皃 枼薄也 ⿰木巤柶端又力葉切 煠煠爚 ⿱竹枼篇簿書⿱竹枼說文[19]×籥也 殜病也 ○接交也持也合也會也

又姓三輔決錄有接昕子即葉切十一 椄續木 睫目睫釋名曰捷[19]×插也插於眶也說文作䀹目旁毛也 䀹上同 楫舟楫 檝

上同 婕婕妤亦作倢伃 菨菨菨[20]×草可食 ⿰氵疌⿰氵疌沑灄有水皃 鯜魚名 ⿱竹妾竹⿱竹妾又所[21]甲切 ○攝兼也錄也書涉切八

灄水名在西陽 葉縣名在汝州又余涉切 歙黟歙又許及切 欇爾雅欇虎櫐郭璞云今虎豆纏蔓林樹而生莢有毛刺又

音涉 ⿰目聶目動之皃 弽射決張弓又童子佩之 韘上同 ○涉歷也徒行渡水也亦漳水別名涉縣是也又姓左傳晉大夫涉佗時攝切十

四 ⿰沝步上同出說文 欇虎櫐也又書涉切 ⿰金步鐵⿰金步 ○獵取獸白虎通曰四時之田揔名爲獵爲田除害也尸子曰虙羲氏之世天下多獸故

4 孤　　　　2 靻 1 狀

教人以獵也良涉切二十二鬛須鬛說文曰髮鬛鬛也⿰毛巤長毛說文同上又作犣躐踐也⿰目巤目暗⿰日巤日暗擸說文曰理持也儠說文云長狀儠儠也犣牛牡又旄牛名⿰革巤[2]⿰革巤靻也[3]⿰巤瓦馬蹈瓦聲⿱竹巤編竹爲之⿰魚巤魚名⿰口巤齧聲⿰立夾贏睞⿰巤刂削也擇也邋邁也⿰木巤栖端木也⿰石巤谷名⿰石巤⿰石巤崨山之連接巤本也又鼠毛獦戎姓俗作田獦字非○捷獲也佽也疾也剋也勝也成也說文曰獵也軍獲得也春秋傳曰齊人來獻戎捷又姓漢書藝文志捷子齊人著書疾葉切八疌說文疾也寁速也亟也倢斜出也又利也便也崨崨⿰石巤山連延也踕足疾緁合也遠方物也⿰言疌多言也又口⿰言疌○⿰月枼細切肉也直葉切三⿰土縣下入又直立切殜殗殜病○⿰奄攵⿰奄攵⿰聑攵於輒切四裛又於及於怯二切腌鹽腌魚⿰糸劫⿰糸劫緤補衣○聶姓也楚大夫食采於聶因以爲氏尼輒切十六躡蹈也履也登也急也鑷鑷子⿱金疌織⿱金疌㚔說文曰所以驚人也一曰大聲今作幸同睪圉報執之類從此睪伺視也說文云今吏將目捕罪人本羊益切𦘒說文曰手之捷巧也⿰馬耴馬步疾也籋籋也⿰糸業⿰糸劫⿰糸業補衣⿰日聶小⿰火集也⿰火聶上同⿰足耴足不相過⿱竹耴竹⿱竹耴⿰鳥耴鳥飛⿰聑攵⿰奄攵⿰聑攵○謵小語叱涉切九⿱聑木樹葉動皃⿰女占輕薄詀詀讘細語⿰阝婁女子態又前卻⿰阝婁媚也喢多口⿰忄耴㑙⿰忄耴小人皃⿰氵耴⿺辶疌⿰氵耴[illegible]有水皃⿰月耴⿰月耴⿰月聶⿰月耴○讘詀讘又孤[4]讘縣名在清河而涉切五

八・八十七　韻入聲　四十七

△⿰耳攵 怗韻蘇協切又人取切
5 文
6 ⿰馬乏
9 ⿰方酉掩也
10 六字當刪

顳顳顬鬢骨咠多言囁口動䐑動䐑○讋多言也之涉切十二讘口動又而涉切懾怖也心伏也失常也失氣也亦
作慴慴伏也懼也怯也慹司馬彪莊子注云慹不動皃又音捻霅說文云霅霅震電皃又蘇合胡甲文[5]甲三切摺摺疊也疊
風動皃詹言疾⿱執言拾人語也襵襞也⿰豕聶梁之良豕○妾不娉七接切十緁連緁說文曰緶衣也緝說文同上⿰業刂
續也鏶炙鐵淁水名鯜魚名檝飯臿穕土穕農具也踥踥踥往來皃○銸綴衣針丑輒切六煠爚煠
㤵㤵休也出字書霵霵霎小雨䈎籥䈎笛竹葉○衱禮記注云衱交領其輒切五极驢上負版笈負書箱也
㭘劒柙鴔[6]鴔鵖戴勝別名亦作⿰馬乏○輒專輒說文曰車相[7]倚也陟葉切八耴耴耳國名說文曰耳垂也襵衣襵又之涉切⿱艹耴
爾雅釋草云萉小葉㧖粘也鮿婢鮿魚即青衣魚㡇說文曰衣領耑也𣏠木小葉○曄光也筠輒切又爲立切七曅
同上饁餉田爗煒爗火盛爗說文盛也皣草木白華瞱目動[8]皃○㾊少氣也去涉切一○萐萐莆瑞草山輒
切萐箑歃霎並又所洽切六箑扇也歃歃血霎小雨喢多言又齒涉切歐愒欲○⿰糸劫縫也居輒切二鵊鳥名
○魘惡夢於葉切又於琰切七擪持也指按也靨面上靨子𡢚女字⿰方酉[9]掩光名厭厭伏亦惡夢又於琰切六[10]檿葉動皃

1 之字當刪

3 云

三十。怗安也服也靜也他協切十一　帖券帖又牀前帷也　𪔂鼓無聲或作𪔂　鉆鉆著物　鞊鞍鞊　貼以物之[1]質錢　跕跕屣又丁協切　蜨蝶蝔　𦧲小舐曰𦧲　呫嘗也　[illegible]衣領。協和也合也胡頰切十　叶古文　𢘍思也　綊說文曰紅綊也　挾懷也持也藏也護也　俠任俠又姓戰國策有韓相俠累　浹浹渫冰凍　劦同力　⿰牛劦協犍　愶束帶。頰頰面也古協切九　蠟籀文　鋏長鋏劒名　筴箸筴又古洽切　梜上同見禮　莢蓂莢榆莢又姓出平陽世本有晉大夫莢成僖子也　蛺蛺蝶　唊唊唊多言也亦作詼　⿰禾夾⿰禾夾穧穧音劑。愜心伏也又快[2]也苦協切八　⿱匧心上同　悏快也　㾜說文曰病息也　匧藏也　篋箱篋　⿱夾心說文曰思皃　⿰女夾得志⿰女夾⿰女夾又呼協切。牒書版曰牒又虜姓後魏書牒云氏後改爲牒[3]氏徒協切三十　喋便語　蹀躞蹀　諜反間又譜諜也　堞城上垣　⿰足疊小走聲　㲲細毛布　⿱罒毛上同　褺重衣　曡重也墮也明也累也積也說文云楊雄說以爲古理官決罪三日得其宜乃行之从晶从宜亡新以爲疊从三日太盛改爲三田亦州名禹貢梁州之域自秦至魏諸羌據焉周武帝始逐諸羌乃置疊州蓋以山重疊而名之　疊上同　鍱廣雅鋌也　慴慴也說文懼也　⿱埶足說文曰⿱埶足足也　⿱占心[4]安也又齒廉切　⿰箕枼⿰箕枼籔　牃牀版　褋禪衣　墊地名在巴中　惵思懼皃　褶袷也又似入切　𨏖車聲　蝶蛺蝶　渫浹渫又丈甲切　⿰疊鳥鳥名狀似鵲赤黑色兩首

6 䈎　7 㞜　△揲 韻食列切 又思頰切　△䶗龍 韻魚列切 又丁篋切

四足可以禦火出山海經揲揸揲㩶掛㩶䵎䵎黠首出音譜䁪5目䁪䐑䐑治○苶病劣皃莊子曰苶然疲役奴協切又音涅

十五埝陷聲𣊻晦冥又私列切䪞聲絶捻指捻錜小釘慹不動皃又之涉切敜說文云塞也書曰敜乃穽攝攝然

天下安出漢書㘨深也籋小箝6亦作鑈鑈上同惗相憶䩞鞍䩞薄也出字林䓉草○燮和也說文从言又炎

蘇協切十六屧屐3也履中薦也屟上同躞𨆪躞蹀韘韘韝射具𤪣石似玉爕熟也文字指歸从辛又炎鞢鞊鞢鞍具

出新字林徢徢行走皃䎎使也又人8耴切㛪㛪蝶小契蜨蛺蜨蟲名𧔥上同䕘草名婕婕洽9䑜䑜舟行也○㼭

蹈瓦聲也盧協切四䵎竹裏黑也囁囁耴多言𦔻耳垂○聑耳垂皃丁惬切十二㖂多言挕打也笘折竹箠也喋血流

皃又田叶切𥨇下也跕墮落鞊鞊鞢鞍具䙕衣領㑙低㑙也𨓏𨓏𨗨走也涉血流皃又時懾切10○𦾓草簾在協

切一○浹洽也通也徹也浹辰十二日也子協切三浹浹㷸又音卯𤬻半瓦○弽弓弽呼弽切四䁪閉一目㛍少氣皃偞

偞甲○𨗨𨓏𨗨走也先頰切一

三十一○洽和也合也霑也侯夾切十四䨐上同狹隘狹陜陿並上同祫祭名峽巫峽山名硤硤石

1 陷　2 篷 士

縣亦州名秦將白起攻楚燒夷陵即其地魏武於此置臨江郡後魏爲拓州取開拓之義周以居三峽之口因爲峽州也⿸广夾廦也⿱夾齒齒曲生又缺也䀹相著烚火烚珨蜃器⿺走合走皃○恰用心苦洽切十掐爪掐䁊目䁊㓣入也⿰齒咸齧咋皃又噍聲帢士服狀如弁缺四角魏武帝製魏志注云太祖以天下凶荒資財乏匱擬古皮弁裁縑帛以爲帢合乎簡易隨時之義以色別其貴賤本施軍飾非爲國容冐悏並上同⿰巾臽亦上同埤蒼云帽也㪉㪉斫○⿺辶⿱竹聿行書七洽切六煠湯煠䮜䮜䮜馬驟⿰氵臿水名出上黨郡牐下牐閉城門也⿺走臿行疾也○夾持也古洽切十五郟郟鄏地名也又郟城縣在汝州又姓左傳鄭大夫郟張筴箸也鋏箭具又音頰韐韎韐韋蔽膝帢上同跲躓礙袷複衣說文曰衣無絮也裌上同䀫眼細暗餄餄餅⿸疒走⿸疒走⿰足帝足病⿰齒咸噍聲也又苦洽切鵊鳥名⿰革夾履根鞈又公合切○眨目動側洽切六⿸尸臿薄楔偛偛㑿小人皃又楚立切⿰衤臿⿰衤臿略絜束皃⿰臿皮皺⿰臿皮皮老⿰言臿譅⿰言臿多言○插刺入楚洽切十臿舂去皮也或作疀俗作臿疀上同爾雅曰斛謂之疀郭璞云皆古鍪鍤字鍤上同扱取也獲也舉也引也說文收也笈負書箱又其劫切⿰女臿疾言失次也⿱取火火乾喢口喢⿰犭及狗食○⿴囗乂手取物俗作囡女洽切四⿰女聑⿰女聑⿰女聑美皃⿰口㒀喢⿰口㒀小人言薄相⿰亻㒀偛⿰亻㒀○⿰鼻合⿰鼻合⿰鼻句鼻息呼洽切四

5 𥂴

8 𩊲 𩎵𩊲

10 𩎵 𩎵𩊲

欱欱啓欸氣逆敌盡也○霎小雨山洽切七歃歃血又山輒切箑扇之別名篓上同萐萐莆瑞草王者孝德

至則萐莆生於廚其葉大如門不搖自扇飲食㖔㖔嗋小人言也𧳜獸名○劄刺著竹洽切三偛偛歷忽觸人也蛔斑身小蟲

○𨂕跛行皃鳥洽切四凹下也或作容浥波下又濕皃圔圔宏聲下○𥇖埤蒼云視皃五夾切一○𥂴5五味

調肉菜出文字音義丑図切一

三十二6○狎習也說文曰犬可習也胡甲切十一翈翮上短羽霅衆言聲又丈甲切霅7陽部在樂浪又音颯浹浹渫冰凍

相著柙檻也所以藏虎兕也出說文匣箱匣也𧆣虎習搏也𩊲8鞸𩊲𩎵怈怈喜炠火皃又9呼甲切筪竹名○渫

浹渫丈甲切六喋啑喋鳥咢鴈食也啑所甲切擖押擖重接皃霅霅陽縣名又水名在吳興澿水名𩎵10𩊲𩎵○鴨

水鳥或作𩿤鴨11鴨烏甲切六壓鎮也降也笮也壞也庘屋壞也𥤮人神脉刺穴閘開閉門出說文押押署文字指歸

云押字才能也○甲甲兵又狎也鎧也亦甲子爾雅曰太歲在甲曰閼逢又姓左傳鄭大夫甲12石甫古狎切十胛背胛梜木理亂押13押籭

壁也砰山側鉀鎧屬今單作甲玾玉名𨑵漢書人名㕅㕅辟䩷䩷勒胡複○翣翣形如扇以木為匡禮天子八諸侯

萎 業韻即葉切 又所甲切

㘡 本韻胡甲切 又呼甲切

2 去

六卿大夫四士二世本曰武王作翣所甲切八𧫞豕母啑啑喋帹面衣翜捷也𩗗風疾屆薄屆䞩行䞩○呷喤呷衆聲說文曰吸呷也呼甲切四譀誇誕𧧑譀𧧑語聲𣢕𣢕𣢕鼻息。

三十三○業事也大也敘也次也始也敬也嚴也說文作業大版也所以飾縣鍾鼓捷業如鋸齒以白畫之象其鉏鋙相承也詩曰巨業維樅又爾雅曰大版謂之業郭璞云築牆版也俗作牒魚怯切十五𤗪見上注鄴縣名在相州又姓風俗通云漢有梁令鄴風驜驜驜馬高大嶪岌嶪山皃𠝪績也𨽌危皃噗噗動皃𢊭引也𧬈樂也𩹍魚盛𢥋懼也𩼻魚名鸈鳥名知人吉凶㶕橫水大版○脅胷脅虛業切九𦜩𦜩上氣𣤶同愶以威力相恐也弽弓弽皃嗋口嗋嚇莊子曰余口張而不嗋熁火氣熁上㴸水流拹說文曰摺也一曰拉也○怯畏也去劫切九㹤上同抾挹也呿臥聲又音去魥以竹貫魚爲乾出復州界胠胠篋見莊子𠩂厓𠩂𤵸病劣㽹欠氣○劫強取也說文曰人欲劫以力脅止曰劫或曰以力止去曰劫俗作刧居怯切九[3]衱衣領袷上同蜐[4]南越志云石蜐生石上形如龜腳得春雨則生也跲躓也又巨業切鉣帶鐵砝硬也𦁐𦁐緤縫也䀹視皃○腌鹽漬魚也於業切十四䱘上同罨魚網又烏合切裛書囊也文字集

略云褭衱衣香又於及於輒二切䎨耕種殗殗殜不動皃㤿懆頭也浥潤也𢿄𢿄䎽相著錜[5]椎錜田器鞥

車具又於合切𪖰𪖰臭也[6]餌也粢也䁆閉目○殜殗殜亦作𣩉余業切二諜樂器○𨂝躡也巨業切五㭘劒匣

昅曝昅极极插笈書笈又初洽其輒二切

三十四乏○乏匱也房法切三泛水聲又孚梵切姂好皃○法則也數也常也又姓左傳齊襄王法章之後秦滅齊子孫

不敢稱故以法爲氏宣帝時徙三輔代爲二千石後漢有扶風法雄法子眞並有傳方乏切二灋上同○𥎊矢皃孚法切一○猲恐受

財史記云恐猲諸侯起法切又呼葛切二姂好皃○𦐇飛上皃女法切三𣽂[7]涾𣽂水皃𡹶靜𡹶○𦑣𦑣𦐇飛上皃丑法切一

廣韻入聲卷第五

3 廳

雙聲疊韻法

平聲**章** 灼良切 章略切 先雙聲 章灼良略是雙聲 正紐入聲爲首 到紐平聲爲首 後疊韻 灼略章良是疊韻 雙聲平聲爲首 疊韻入聲爲首

上聲**掌** 章兩切 掌良切 先雙聲 章掌良兩是雙聲 正紐平聲爲首 到紐上聲爲首 後疊韻 掌兩章良是疊韻 雙聲平聲爲首 疊韻上聲爲首

去聲**障** 章餉切 障傷切 先雙聲 章障傷餉是雙聲 正紐平聲爲首 到紐去聲爲首 後疊韻 障餉章傷是疊韻 雙聲平聲爲首 疊韻去聲爲首

入聲**灼** 章略切 灼良切 先雙聲 章灼良略是雙聲 正紐平聲爲首 到紐入聲爲首 後疊韻 灼略章良是疊韻 雙聲平聲爲首 疊韻入聲爲首

平聲**廳** 剔靈切 廳歷切 先雙聲 廳剔靈歷是雙聲 正紐入聲爲首 到紐平聲爲首 後疊韻 剔歷廳靈是疊韻 雙聲平聲爲首 疊韻入聲爲首

上聲**頲** 廳井切 頲精切 先雙聲 廳頲精井是雙聲 正紐平聲爲首 到紐上聲爲首 後疊韻 頲井廳精是疊韻 雙聲平聲爲首 疊韻上聲爲首

去聲**聽** 剔[3]徑切 聽擊切 先雙聲 廳剔徑擊是雙聲 正紐入聲爲首 到紐上聲爲首 後疊韻 剔擊廳徑是疊韻 雙聲去聲爲首 疊韻入聲爲首

入聲**剔** 廳歷切 剔靈切 先雙聲 廳剔靈歷是雙聲 正紐平聲爲首 到紐平聲爲首 後疊韻 剔歷廳靈是疊韻 雙聲去聲爲首 疊韻入聲爲首

六書

一曰象形（象物之形作字日月之字是也）二曰會意（比類爲字止戈爲武人言爲信是也）三曰諧聲（取譬相成江河之字是也）

四曰指事（指事爲字上下之字是也）五曰假借（本無其字依聲託事令長之字是也）六曰轉注（左轉爲考右轉爲老是也）

八體

一曰大篆　二曰小篆　三曰刻符　四曰蟲書

五曰摹印　六曰署書　七曰殳書　八曰隸書

辯字五音法

凡呼吸文字即有五音脣聲舌聲牙聲喉聲齒聲等

一脣聲幷餅（脣聲清也）　二舌聲靈歷（舌聲清也）　三齒聲陟珍（齒聲濁也）

四牙聲迦佉（牙聲濁也）　五喉聲綱各（喉聲濁也）

辯十四聲例法

1 朱 之余反 朱赤也

一開口聲 阿哥河等 並開口聲　二合口聲 菴甘堪諳等 並是合口聲　三䟫口聲 憂丘鳩休等 能所俱重也　四撮脣聲 烏姑乎枯 能所俱重

五開脣聲 波坡摩婆 能所俱輕　六隨鼻聲 灼蔦考姑等 能所俱重也　七舌根聲 奚雞溪等 能所俱重　八䟫舌下卷聲 伊酌等 能所重

九垂舌聲 遮車奢者 能所俱輕　十齒聲 止其始等能 所俱輕也　十一牙聲 迦佉俄等 能所俱輕　十二齶聲 鴉罵等 能所輕

十三喉聲 鴉加瑕等 能所俱輕　十四者牙齒齊呼開口送聲 吒沙拏荼 能所俱輕

辯四聲輕清重濁法

平聲上 輕清			重濁	
璡 將鄰反 美石也	禋 於鄰反 祭敬也	妃 芳非反 妃后也	之 職而反 之往也	肦 於斤反 肦大也
珍 陟鄰反 珍寶也	孚 撫夫反 孚信也	伊 於之反 伊因也	眞 只人反 眞正也	倫 力迍反 倫理也
陳 直鄰反 陳說也	鄰 力珍反 鄰近也	微 無非反 微妙也	辰 食鄰反 辰巳也	風 方隆反 風化也
椿 敕倫反 椿木名	從 疾容反 依從也	家 古牙反 家舍也	春 昌倫反 春陽也	松 詳容反 松柏也
弘 戶肱反 弘大也	峯 敷容反 山峯也	施 式支反 施設也	洪 戶公反 洪大也	飛 匪肥反 飛翔也
龜 居追反 龜龜也	江 古雙反 江海也	民 彌鄰反 民人也	諄 章倫反 諄至也	夫 甫于反 夫妻也
貟 王權反 貟位也	降 下江反 降伏也	同 徒紅反 同合也	生 1	分 府文反 分別也 2

4 紬 直流反 紬布也

九·四二

韻入聲

五十一

		一	二	三	四	五	六	七
		其 巨之反 其辭也	杭 戶郎反 杭州也	衣 於機反 衣服也	眉 武悲反 眉目也	無 武夫反 有無也	文 武分反 文字也	傍[4] 步光反 傍近也
平聲下	輕清	清 七情反 清濁也	仙 相然反 仙騰也	砧 知林反 砧杵也	孃 女良反 耶孃也[3]	緜 彌鞭反 緜絮也	朝 知遙反 朝日也	
		幽 於虬反 幽冥也	牆 疾羊反 牆壁也	箋 則前反 箋注也	愆 去乾反 愆過也	衫 所從反 衫衣也	名 武弁反 姓名也	弁 府盈反[5] 弁州也
		輕 去盈反 輕重也	傾 去營反 傾盡也	徼 古堯反 徼幸[6]也	翹 渠遙反 翹舉也	璿 似緣反 美玉也	晴 疾精反 晴明也	羌 去羊反 羌狄也
重濁		青 倉經反 青色也	先 蘇前反 先後也	針 職娙[7]反 針線也	瓤 汝羊反 瓜子也	眠 莫邊反 眠臥也	昭 止遙反 明昭也	訓 市州反 訓荅也
		川 昌專反 山川也	詳 似羊反 詳審也	坊 府良反 坊巷也	憂 於牛反 憂愁也	氈 諸延反 氈毯也	鉛 與專反 鉛錫也	三 蘇甘反 三數也
		明 武兵反 光明也	兵 補縈反 軍兵也	卿 去京反 公卿也	嬌 舉喬反 女字也	泉 聚緣反 水泉也	鍚[8] 徐盈反 鍚飴也	匡 去王反 匡正也
上聲	輕清	丑 勅柳反 乙丑也	餅 必茗反 餅果也	冢 知勇反 冢宅也	焐 昌狡反 焐脯也	袓 勅兩反 谿袓也	丈 直兩反 丈夫也	昺 久永反 昺明也
		豕 式是反 豕猪也	鄙 方美反 鄙陋也	邇 兒氏反 邇近也	敢 古覽反 敢果也	梗 古杏反 梗直也	皿 武永反 器皿也	起 墟里反 起發也
		美 無鄙反 美好也	緊 居忍反 緊堅也	畎 古泫反 畎取水	免 無究反 免止也	杏 何梗反 杏果也	氏 是止反 姓氏也	旨 職雉反 旨美也

重濁

甫方主反甫姓也 引[1]於軫反延引也 鼠舒呂反蟲鼠也 尾無匪反首尾也 比畀里反比校也 謹居隱反謹慎也 汝如與反汝爾也

卷居轉反卷書也 晚無遠反早晚也 雨于矩反風雨也 耿古幸反耿憂也 幸何耿反幸甚也 猛莫幸反猛勇也 舐[2]神旨反取食也

始詩止反終始也 豈氣幾反豈安也 倣方兩反倣學也 止諸市反停止也 里良巳反鄰里也 姊將巳反姊妹也 柹鋤里反果木也

去聲輕清

魅美祕反精魅也 快苦夬反快心也 避婢義反迴避也 譬疋義反譬喻也 臂卑義反手臂也 赴撫遇反赴奔也 惠胡桂反惠仁也

弊毗計反弊固也 肺芳昧反肺府也 浚私閏反水名也 絹去面反綾絹也 宋蘇統反人姓也 壞懷怪反毀壞也 怪古壞反怪異也

替他計反替廢也 至之利反至到也 縣玄絢反州縣也 甑子孕反盆甑也 濟子計反濟定也 字疾四反文字也 四思二反數四也

重濁

味無沸反五味也 蒯苦壞反蒯姓也 瑞是僞反祥瑞也 志之利反志望也 吏力值反公吏也 賦府遇反詩賦也 衞羽制反衞護也

誓時制反誓謹也 廢方袂反廢止也 舜舒閏反堯舜也 眷几倦切眷屬也 送蘇弄反送到也 會胡外反集會也 膾古兌反魚膾也

態他代反妓態也 廟苗召反神廟也 釧川絹反釵釧也 再作代反再又也 寺辭吏反寺舍也 伺相吏反伺候也 刵仍吏反截耳也

入聲輕清

格古陌反格令也 角古岳反角芒也 嶽五角反山嶽也 邈莫角反邈遠也 學[3]戶角反學效也 疋譬吉反疋偶也 必[4]畀吉反必然也

穴胡決反窟穴也　苵古穴反苵明也　薛思列反人姓也　籍秦昔反典籍也　悉息七反悉來也　一於質反一數也　擲[5]雉戟反擲投也

重濁

博補各反博學也　閣古洛反樓閣也　鄂五各反鄂國名　莫忙各反人姓也　鶴下各反靈鶴也　訖居乙反訖畢也　出赤律反出進[6]也

從常熟毛文扆借得大宋重修廣韻一部相與商榷行世延其甥王君爲玉館於將門東莊摹寫舊本字畫挍讎再四而後鏤諸版復因吴江潘先生耒假崑山故相國徐公元文家藏善本勘對詳審自康熙癸未歲之夏五訖於甲申秋孟迺克竣功是書須於宋初悉辨聲律博据精解非曲學所可增損蓋韻學流布去古寖微顧亭林先生炎武所刻廣韻猶病其略而不備閒嘗從秀水朱先生彝尊遊先生欲彙鈔前賢聲韻之書刊示學者今姑錄宋修廣韻悉仍其故閒弦賞音足徵雅曲庶幾

證之好古君子襄其事者家孝廉大受與閻丘顧孝廉嗣立均有功焉吴郡查山六浮閣主人張士俊敬識刻書本末於後

廣韻收字與唐本韻書歸韻異同表

上平 東韻 酆蘴 敷空切 切二敷隆反 故宮王韻入冬韻敷隆反

⿰工刂 古紅切 故宮王韻入冬韻古冬反

鍾韻 恭紐 九容切 切二故宮王韻五代刻本韻書入冬韻駒冬反

蜙紐 息恭切 切二故宮王韻五代刻本韻書入冬韻先恭反

樅紐 七恭切 切二故宮王韻五代刻本韻書入冬韻七恭反

銎 曲恭切 故宮王韻入冬韻曲恭反

江韻 夅 下江切 故宮王韻入冬韻戶冬反

支韻 ⿰禾离 呂支切 切二切三入脂韻力脂反 故宮王韻並見支脂兩韻

魚韻 ⿱魚魚 諾居切 敦煌王韻入模韻五胡反

虞韻 泭 芳無切 敦煌王韻入尤韻薄謀反 故宮王韻並見虞尤兩韻

佳韻 雅 五佳切 故宮王韻入之韻語基反 說文雅大徐音五加切

異同表

刪韻　潸所姦切　切三入山韻所閒反

頑五還切　切三入山韻吳鰥反

下平 蕭韻　踃蘇彫切　敦煌王韻入宵韻相焦反

豪韻　聱五勞切　敦煌王韻入肴韻五交反

麻韻　艖初牙切　故宮王韻入佳韻楚佳反

尤韻　䋷莫浮切　故宮本敦煌本王韻入侯韻恪侯反

侯韻　裒薄侯切　故宮本敦煌本王韻入尤韻故宮本父謀反敦煌本薄謀反　並云又蒲溝反

䏬薄侯切　故宮王韻入尤韻父謀反

箁薄侯切　故宮本敦煌本王韻入厚韻盧斗反　說文箁大徐音薄侯切

誰千侯切　故宮王韻入幽韻千侯反

添韻　妗香兼切　敦煌王韻入鹽韻火尖反　說文妗大徐音火占反與王韻音同

上聲 紙韻　姼承紙切　故宮王韻入歌韻得何反

止韻　㢟諸市切　故宮本敦煌本王韻入紙韻諸氏反

韻	字	廣韻反切	唐本歸韻
尾韻	扆	於豈切	故宮王韻入止韻 於豈反
	豈	祛狶切	故宮王韻入止韻 氣里反
	蟣	居狶切	故宮王韻入止韻 居狶反
準韻	脪	興腎切	敦煌王韻入隱韻 興近反
吻韻	惲	魚吻切	敦煌王韻入混韻 祖本反
銑韻	跈	乃殄切	敦煌王韻入獮韻 尼展反
有韻	婦	房久切	故宮王韻入厚韻 防不反
	缶	方久切	故宮王韻入厚韻 方負反
感韻	歜	徂感切	故宮本敦煌本王韻入咸韻 士咸反
琰韻	險	虛檢切	故宮王韻入广韻 虛广反
	貶	方斂切	故宮王韻入广韻 彼檢反
	預	丘檢切	故宮王韻入广韻 丘檢反
	顩	魚檢切	故宮王韻入广韻 魚儉反

韻	字	反切	異同
	儉	紐巨險切	故宮王韻入广韻巨險反
	檢	紐居奄切	故宮王韻入广韻居儼反
	奄	紐衣儉切	故宮王韻入广韻應險反
儼韻	儼	魚埯切	敦煌王韻入琰韻魚儉反
豏韻	嶃	士減切	切三入琰韻自染反
	嵁	士減切	故宮本敦煌本王韻入檻士檻反
去聲寘韻	戭	七賜切	故宮王韻入至韻七四反
志韻	僿	式吏切	故宮王韻入至韻息利反
	⿰黑乚	於記切	故宮王韻入未韻於既反　敦煌王韻在志韻
未韻	沬	無沸切	故宮王韻入隊韻莫佩反
暮韻	逜	五故切	故宮本敦煌本王韻入姥韻吾古反並云又吾故反
怪韻	尬	古拜切	故宮王韻入黠韻古黠反
	芥	古拜切	故宮本敦煌本王韻及唐韻均入夬韻　故宮王韻古邁反　唐韻古喝反

	[馬介] 古拜切	故宮王韻入夬韻古邁反
	[彳夬辶] 丈快切	故宮王韻入夬韻下快反
隊韻	[阝氏月] 古對切	故宮王韻入代韻古礙反
問韻	韻 王問切	故宮本敦煌本王韻入震韻 故宮本永爐反 敦煌本爲捃反
線韻	徧遍 方見切	故宮本敦煌本王韻及唐韻均入霰韻 王韻博見反 唐韻博燕反
嘯韻	鐐 力弔切	故宮王韻唐韻入笑韻力召反
沁韻	澿 巨禁切	敦煌王韻入寑韻渠飲反
梵韻	劒 居欠切	故宮王韻入嚴韻去聲覺欠反 敦煌王韻唐韻在梵韻
	欠 去劒切	故宮王韻入嚴韻去聲去劒反 敦煌王韻唐韻在梵韻
	俺 於劒切	故宮王韻入嚴韻去聲於欠反 敦煌王韻唐韻在梵韻
	淹 於劒切	敦煌王韻入嚴韻去聲於嚴反
入聲 覺韻	眊 莫角切	故宮王韻入鐸韻暮各反
質韻	[氏夬] 陟栗切	敦煌王韻入屑韻徒結反又知七反

異同表 三

	獝 況必切	切三故宮本敦煌本王韻音其聿反　唐韻入術韻其聿反
物韻	趉 九勿切	切三敦煌王韻入質韻其聿反　唐韻入術韻其聿反
沒韻	䓛 古忽切	故宮王韻入物韻恭屈反
	⿸疒术 呼骨切	切三故宮王韻入質韻許聿反　敦煌王韻在沒韻
黠韻	㤉 古黠切	唐韻入怪韻古拜反　敦煌王韻在黠韻
	⿰目舌 呼八切	唐韻入鎋韻荒刮反　敦煌王韻在黠韻
屑韻	丿 普蔑切	敦煌王韻入薛韻香折反
	嫳 普蔑切	切三唐韻入薛韻扶列反
	蛂 蒲結切	故宮王韻入物韻分物反
鐸韻	㤩 徒落切	故宮王韻入陌韻瑒伯反
陌韻	虢 古伯切	刻本韻書（P.5531）入麥韻古獲反
	㶁 古伯切	故宮王韻入隔韻呼麥反
昔韻	碧 彼役切	故宮王韻入格韻逋逆反

錫韻　鬄他歷切　故宮王韻入隔韻徒革反

砉殈呼狊切　敦煌王韻入昔韻許役反

盍韻　磕苦盍切　故宮王韻入合韻口荅反

葉韻　讋之涉切　故宮王韻入緝韻枕十反

擪魘於葉切　切三故宮王韻唐韻入怗韻於協反

嬮於葉切　故宮王韻入怗韻於協反

異同表　四

廣韻校勘記卷一

周祖謨

一葉

1 準　此字北宋本黎本景宋本作准。牒文準字放此。

2 勑　此字北宋本黎本景宋本作勅。牒文勑字放此。案勑字勅之俗體也。

3 雕　此字北宋本黎本景宋本作彫。

二葉

1 著作郎魏淵　淵字上當有彥字。切二陸法言序云：魏著作彥淵。案魏彥淵即魏澹也。隋書云：魏澹字彥深（隋書魏澹傳）。深字乃唐人修隋書避唐高祖諱改。

廣韻校勘記　卷一

2 有儀同劉臻等八人　棠切二作「有劉儀同臻顏外史之推盧武陽思道魏著作彥淵李常侍若蕭國子該辛諮議德原薛史部道衡等八人」。掇瑣甲本作「有劉儀同顏外史盧武陽李常侍蕭國子辛諮議薛史部魏著作等八人」。

3 以今聲調　棠切二今上有古字，當據補。掇瑣甲今古在今字下。

4 取捨　捨，掇瑣甲本同，切二作舍。

5 燕趙則多傷重濁　傷，切二及掇瑣甲本並作涉。

6 章移切　「切」字切二及切韻殘葉二〇一七均作「反」。下文脂魚虞等字注「切」字同。

三葉

1 廣 遇俱切　注「遇」字切二及切韻殘葉二〇一七作「語」。

2 共為一韻　「一」字切韻殘葉二〇一七同，切二及掇瑣甲本譌作「不」。

3 夏侯該韻略　夏侯該，切二作夏侯詠是也。掇瑣甲本作夏侯永。案隋書經籍志有四聲韻略十三卷，夏侯詠撰。又李涪刊誤下亦云：「梁夏侯詠撰四聲韻略十二卷。」

4 周思言音韻　此五字切二及切韻殘葉二〇一七掇瑣甲本均無。

5 蕭顏多所決定　「蕭顏」，切二及切韻殘葉二〇一七掇瑣甲本均作「顏外史蕭國子」。

6 何不隨口記之　何下切二及切韻殘葉二〇一七掇瑣甲本均有「為」字。

7 略記綱紀博問英辯　紀下切二及掇瑣甲本有「後」字。

8 兼從薄官　官，北宋本、景宋本作宦，與切韻殘葉二〇一七及掇瑣乙本合。

9 今遐初服　遐，唐本韻書殘葉二〇一九及掇瑣乙本作反。

10 秘訓諸弟子　案此文唐本韻書殘葉二〇一九同，掇瑣甲本作「秘訓諸子弟」，切二及切韻殘葉二〇一七作「秘訓諸弟」。

11 即須明聲韻　「明」字各寫本均無。

12 存者則貴賤禮隔以報絕交之旨　「以」字切韻殘葉二〇一七作「已」，是也。

13 未得縣金　「未得」，切韻殘葉二〇一七及掇瑣甲本作「未可」；切二作「柰可」。

14 大隋仁壽元年　年下切二及切韻殘葉二〇一七、掇瑣甲本均有「也」字。

15 訥言曰　案切二作「訥言謂陸生」，故宮王韻作「訥言謂陸生曰」。

16 此製酌古沿今無以加也　酌古沿今下切二有「推（蓋推字之誤）而論之」四字，故宮王韻作推而言之。當據補。

17 然古傳之已久　「古」，切二作「苦」，故宮王韻譌作若。當據正。唐本韻書殘葉（二〇一九）及擬瑣乙本作昔。

18 多失本源　源，故宮王韻同，唐本韻書殘葉二〇一九及擬瑣乙本作「原」。

19 差之一畫　畫，故宮王韻作點。

20 見炙從肉莫究厥由　見炙從肉上切二及故宮王韻有「弱冠嘗覽顏公字樣」八字，王韻嘗譌作常。當據補。

21 及其晤矣　晤，故宮王韻作悟。

22 若靡馮焉　馮，唐本韻書殘葉二〇一九作憑。

23 他皆倣此　倣，唐本韻書殘葉二〇一九及擬瑣乙本作放。

24 頙佩經之隙　頙，切二及故宮王韻唐本韻書殘葉二〇一九擬瑣乙本作「須」。又「佩」上切二及故宮王韻有「以」字，當據補。

四葉

1 楷其紕繆　楷，故宮王韻及唐本韻書殘葉二〇一九擬瑣乙本均作揩。

2 銀鉤創闕　創，切二及唐本韻書殘葉二〇一九擬瑣乙本作剏。

3 盪櫛行披　段玉裁云：「盪疑當作璗。」

4 遂徵金篆　切二及故宮王韻「遂」下有「乃廣」二字。

5 略題會意之辭　辭，切二及故宮王韻唐本韻書殘葉二〇一九擬瑣乙本均作詞。

6 不復備陳　復，切二故宮王韻同；唐本韻書殘葉二〇一九及掇瑣乙本作得。

7 一點一畫　畫，切二及故宮王韻唐本韻書殘葉二〇一九掇瑣乙本均作撇。

8 咸資別據　據下切二及故宮王韻有「又加六百字用補闕遺」九字，當據補。

9 其有類雜　類，王靜安先生曰：「疑當作顡」。

10 並爲訓解　此下切二及故宮王韻有「但稱案者俱非舊說」八字，當據補。

11 傳之不謬　不字切二及故宮王韻作弗。

12 大唐儀鳳二年　年下切二及故宮王韻有「也」字，當據補。

13 其新加無反音皆同上音也　無反音下唐本韻書殘葉二〇一九有「者」字，當據補。綴瑣乙本作無反語者。又末「也」字唐本韻書殘葉二〇一九及綴瑣乙本並無。

14 蓋閒文字聿興　閒字下錄唐韻序無。

15 蒼頡爾雅為首　下錄唐韻序無頡字爾字。

16 得失互分　互，唐本韻書殘葉二〇一九同；綴瑣乙本及下錄唐韻序作平。

17 陸生切韻　「陸生」，唐本韻書殘葉二〇一九及綴瑣乙本同；下錄唐韻序作「陸法言」。

18 盛行於世　「世」，唐本韻書殘葉二〇一九及綴瑣乙本同；下錄唐韻序作「代」。

19 隨珠　隨，唐本韻書殘葉二〇一九作隋。

20 虹玉仍瑕　「虹玉」，唐本韻書殘葉二〇一九及掇瑣乙本同。下錄唐韻序作「和璧」。

21 注有差錯文復漏誤　此文唐本韻書殘葉二〇一九及掇瑣乙本同。下錄唐韻序作「遺漏字多，訓釋義少」。

22 大崇儒術　崇，掇瑣乙本作行。

23 輒罄謏聞　此文下錄唐韻序同。唐本韻書殘葉二〇一九作「輒罄搜文」，掇瑣乙本作「輒罄搜遺文」。

24 兼習諸書具為訓解州縣名号亦據今時　「具為」「名号」四字唐本韻書殘葉二〇一九及掇瑣乙本並無。下錄唐韻序「具為訓解」作

「爲」註訓「釋」，「号」作「目」，「亦」作「多」。

25 字體從木從才著亻著亻 此文唐本韻書殘葉一二〇九及掇瑣乙本同。下錄唐韻序「字」上有「文」字，「體」下有「偏旁點畫意義」六字。又「從木從才」作「從才從木」。

26 施叉施支安尒安禾 案下錄唐韻序無此八字。

27 其有異聞奇怪傳說 傳說下下錄唐韻序有殊字。吳升大觀錄所載殊下又有記字。

28 皆引馮據 馮，唐本韻書殘葉一二〇九及掇瑣乙本下錄唐韻序作憑。

29 隨韻編紀添彼數家勒成一書名曰唐韻 案此文下錄唐韻序作「今加三千五百字，通舊總一萬五千文。其註訓解不在此數。勒成一家，并具三教，名曰唐韵。

30 蓋取周易周禮之義也 「周易」二字下録唐韵序無。

五葉

1 及案 及，下録唐韵序作皆。

2 字林 二字下録唐韵序無。

3 聲韵聲譜 聲韻，下録唐韵序作聲類。

4 三國志 志，掇瑣乙本及下録唐韵序作誌。

5 陳宋兩齊書 此文下録唐韵序作「陳梁兩齊等史」。案本書陳下宋字當是梁字之誤，上文已言「晉宋」，此不得復言「宋」也。

6 周何潔集文選諸集 「周何潔集」下録唐韵序無。又「諸集」二字卞録同，大觀録所載作「諸賢集」。

7 輿地志　志，掇瑣乙本及卞録唐韻序作誌。

8 及武德已來　案已字當改作以。

9 迄開元三十年　卞録唐韻序迄下有「于」字。又三十年作廿年。案開元止廿九年，本書三十殆二十之誤。

10 流汗交集愧以上陳天心　案卞録唐韻序作「戰汗交集，恧媿上陳。死罪。死罪」。序亦止此。王先生以為卞録唐韻序，為孫愐唐韻開元本序文。今廣韻此序與孫書天寶十載序合并為一。本文「流汗」當從卞録作「戰汗」。

11 並采以為證　采　唐切韻殘葉二〇一六及掇瑣乙本作採。

12 庶無壅而昭其馮　馮，唐切韻殘葉二〇一六及掇瑣乙本作憑。

六葉

1 天寶十載也　寶下唐切韻殘葉二〇一六有「之」字。

2 便格於五音爲足　足，擬瑣乙本作定。

3 徒拘桎於文辭耳　辭，擬瑣乙本作詞。

七葉

上平聲

。韵目

1 呼恢灰　呼，黎本譌作乎。

2 文第二十欣同用　文下注「欣同用」，北宋本黎本同，元泰定本明本注作「獨用」。案文欣兩韵去聲入聲韵目各注「獨用」，戴震聲韵考定此注亦當作「獨用」。

3 巾許 欣　欣，切韵韵目作殷，音於巾反。宋人修廣韵避宣祖諱改殷為欣。

4 欣第二十一　此下元泰定本明本有「獨用」二字，當據補。

○東韵

5 十三氏　唐切韵殘葉二〇一六作十四氏，曰：東里東野東萊東門東郭東郊東宮東閣東陵東周東方東陽東鄉東樓。中無廣韵之東閭氏，而多東郊東周二氏。

6 東鄉為　段氏云：「東鄉為人見周禮注，即向為人也。」案東鄉為人見周禮夏官大司馬鄭注。段說別見周禮漢讀考卷四。廣韵各本均為下脫人字。

7 甞 景宋本楝亭本作嘗。

8 鶇 元泰定本明本作鶇，與唐切韻殘葉二〇一六及玉篇合，當據正。

八葉

1 秦戲山 今本山海經北山經作秦戲山。

2 倲 元泰定本明本楝亭本同，北宋本中箱本黎本作倲。

3 又桐廬縣在睦州 睦州，中箱本作嚴州，蓋因宋制。徽宗宣和三年改睦州名嚴州，見宋史地理志。

4 䑴 唐切韻殘葉二〇一六云：「又作𧳅」。案本韻他紅切下此字即作𧳅。

5 潼 又通衝二音 注云「又通衝二音」，切二及故宮王韻作「又他紅昌容二反」。案本韻通紐他紅切下無潼字。

6 挏 引也 案董韻徒揔切挏下訓「推引也」，此注引上脫推字。唐切韻殘葉二〇一六注云：「摩挏推引」，亦有推字。

7 ⿰革童 鞍具飾也 注鞍字北宋本中箱本黎本明本均作鞁。張氏改作鞍，於義不合。案鞍玉篇訓箭室。

8 㢈 唐切韻殘葉二〇一六此字作商誤。

9 ⿸鼓甬 此字各本同，段氏改作鼕。方成珪集韻考正卷一云：「嚴厚民杰謂疑⿸鼓甬誤」。案嚴說是也，⿸鼓甬從鼓甬聲，與鼕為一字，見集韻。

10 ⿸虍⿱龹馬 案登韻徒登切下此字作⿸广騰。

11 漢書藝文志有室中周著書十篇 洪頤煊讀書叢錄云：「案藝文志無

室中周著書十篇，唯高祖功臣表有清簡侯室中同，以弩將初起，從入漢，以都尉擊項羽代侯。周當是同字之譌」。

12 𦺇 此字北宋本中箱本黎本皆誤作藝，張氏蓋據說文正。

13 曲成侯蟲進 進，各本同。張氏剜改本作達，與漢書高惠高后孝文功臣表合。

九葉

1 ⿰馬冬 冬韻都宗切下此字作鴤。

2 沖又音蟲 注云又音蟲，案本韻直弓切下無沖字。

3 ⿱髟幾 北宋本中箱本黎本作⿱髟戉，張改作⿱髟幾，與玉篇合。

4 狨細布 絨上同 元泰定本明本作「狨猛也 絨細布」。

5 釋名曰弓穹也張之穹穹然也　穹穹，今本釋名作穹隆。

6 孫子曰𢐀作弓　𢐀，北宋本中箱本黎本同，張氏刻改本作倕，與荀子解蔽篇合。

7 [illegible]官名漢書曰少府官有守宫令主御筆墨紙封書泥也　案後漢書百官志少府官下云：「守宫令一人，六百石。本注曰：主御紙筆墨及尚書財用諸物及封泥。」此引有脫誤。封下書字當刪。

8 彤祭名又敕林切　注云又敕林切，案侵韻敕林切下作彤，訓船行。故宮王韻有肜彤二字，並音敕林反，肜訓祭名，彤訓行舟。玉篇彤彤爲一字，見舟部。

9 鄸邑名在魯郡　注切二作「邑名在曹」，集韻同。案本書去聲送韻莫鳳切下字作鄸，注云：「邑名在曹」，正與切二集韻相符。此注魯字當是曹字之誤，郡字亦是衍文，當刪。春秋昭二十年左氏經云：「曹公孫會自鄸出奔宋」，杜注云：「曹邑」。

10 楓 木名子可為式　注子字蓋才字之誤，埤雅釋木云：「其材可以為式」。

11 猦 毋　毋當作狦。五代刻本韻書作狦，集韻同。本書上聲厚韻莫厚切下有狦字，注云：「猦狦獸名」。

十葉

1 飌　五代刻本韻書作飌。

2 豐 敷空切　敷空切，切二及故宮王韻並作敷隆反，五代刻本韻書作孚隆反。案本書作敷空切，空字當是誤字，豐空韻不同類，宜改作斅隆切。陳澧切韻考據二徐說文反語正爲斅戎切六合。

3 ⿱隆鼓 故宫王韻此字作⿰鼓隆，切二作⿸麻隆。

4 ⿸麻隆⿸麻隆之音 音，今本釋名作樂。

5 硿 硿青色也 案色下當有石字，切二注作「青石」。集韻云：「硿青藥名，出會稽」。

6 悾 此字北宋本同，巾箱本黎本譌作悾。

7 公何⿱艹狠 ⿱艹狠當是藐字之誤，案公何藐見左傳宣公五年。

8 公申叔子 左傳哀公八年有公甲叔子，此作公申叔子，申字蓋誤。

9 公甲叔 此即公甲叔子，與上複見，當删。

10 公沮　案沮襄公二十三年左傳作鉏。

11 大中大夫　上「大」字北宋本黎本並譌作太，中箱本不誤。

十一葉

1 莫紅切二十六　二十六，元泰定本明本作二十七是也。本切下凡二十七字。

2 艨 又武用切　注云又武用切，案用韻無此音。五代刻本韻書注云：「又去。」去聲送韻莫弄切下正有艨字。

3 檬 似槐葉黃　注葉字蓋華字之誤。山海經中山經：「放皐之山有木焉，其葉如槐，黃華而不實，其名曰蒙木，服之不惑。」是其證。

4 ⿰酉冡 ⿺麥冡上同 䤓亦上同　䤓，故宮王韻訓「洵（酒字之誤）酒」，不與⿰酉冡⿺麥冡為一字。集韻亦同。

廣韻校勘記　卷一　十一

5 霿 又莫侯切　注云又莫侯切，案侯韻亡侯切下無霿字。霿又見尤韻候韻，此注侯字蓋候字之誤。

6 龓 龓頭　注切二及故宮王韻並作「馬龓頭」，此注宜增「馬」字。

7 築土龏穀　龏，北宋本中箱本黎氏所據本棟亭本均譌作龔，元泰定本明本不誤。

8 鴻聊魋　聊，昭公二十年左傳唐石經及相臺本作⿰耳丣，釋文同。今本作駵。

9 ⿰阝虫　故宮王韻此字作陕。

10 ⿰石夅　各本此字作⿰石夆，張改作⿰石夅，與五代刻本韻書合。

十二葉

1 細腰蠭也　蠭，元泰定本楝亭本同。北宋本中箱本黎本明本均譌作螽。

2 文細綃　文當作又，見切二故宮王韻五代刻本韻書。

3 ⿸广悤屋中會　會，北宋本中箱本黎氏所據本均誤作符。案說文云：「⿸广悤，屋階中會。」此注屋下脫階字，當補。

4 曈曨曈欲明之皃　注「曨曈」，北宋本中箱本黎氏所據本作「朧朧」，並誤。案元泰定本明本作「曈曨」，與玉篇集韻合，當據正。本書徒紅切他孔切下曈字注均作曈曨。

5 ⿰豕同又音同　注云又音同，案本韻徒紅切下字作⿰豕同。

6 ⿰豕從　故宮本王韻作⿰犭從，五代刻本韻書作⿰豕㚇。

7 棱 棱櫊　注「棱櫊」，切二故宫王韻五代刻本韻書均作「析櫊」，與說文合。

8 翪 聳翅上見　故宫王韻注云：「案爾雅鳥飛竦翅上下。」（案見爾雅釋鳥郭注。）五代刻本韻書注云：「竦翅上下。」此注上字下當補「下」字。

9 韸　故宫王韻作韸，本書匹江切蒲江切下亦作韸。

10 驡 又音龍　注云又音龍，案鍾韻力鍾切無驡字。驡又見江韻呂江切瀧細下。此注龍字蓋瀧字之誤。

11 颩 又步留切　注云又步留切，案尤韻縛謀切下無颩字，颩別見幽韻皮彪切下。

12 䁞　集韻此字作䐬。

○冬韻

13 彤 亦姓彤伯爲成王宗枝 注枝字元泰定本明本作伯，與唐韻殘葉二〇一八合。案書顧命傳云：「宗伯第三，彤伯爲之」。可證作伯是也。

14 火威皃 威，切二及故宮王韻作烕，集韻同，當據正。

15 㝅 此字故宮王韻及五代刻本韻書同。說文玉篇集韻新撰字鏡天治本均從殳作㲉。

16 㾓 動病 病，故宮王韻說文玉篇同。五代刻本韻書新撰字鏡作痛。

十三葉

1 鷈 故宮王韻此字作鷉。

2 㞟 五代刻本韻書同。元泰定本明本作㞟，集韻同。

3 士 江切 士，北宋本巾箱本景宋本譌作土。

4 旌戚㻨鄉　戚下五代刻本韻書有「為」字，此脫。

5 謀諒樂也　案謀與樂為二義。集韻諒與悰為一字，本書悰下云：「慮也。一曰樂也」。此處謀諒下宜有「一曰」二字。

6 䃔隆石落　落下切二、故宮王韻、五代刻本韻書有「聲」字，當據補。

7 鼜　此字段氏改作𪔋，是也。𪔋從鼓夆聲，與[illegible]字同。（[illegible]見東韻力中切下。）

8 [illegible]　棟亭本同，北宋本、中箱本、黎本譌作穎。

。鍾韻

9 㨾　各本均作樣。

10 籠　籦竹名　籠籦當作籦籠，故宮王韻及集韻均作籦籠，本書力鍾切籠下同。案籦籠見文選南都賦、長笛賦。

11 舡 此字故宮王韻五代刻本韻書及說文集韻均作舩。

12 熱 化也 化，楝亭本黎本同。北宋本中箱本及五代刻本韻書作仆。

13 摏 楝亭本同。北宋本中箱本黎氏所據本均譌作椿。

14 伏苓 伏，中箱本楝亭本黎氏所據本均作茯，與唐韻殘葉二〇一八合。

15 松 亦州舜竄三苗於三危河關之西南羌是也 案唐韻殘葉二〇一八「州」字下有「名」字，當據補。

16 淞 凍落皃又先恭切 案先恭切下字作凇，故宮王韻同。此從水作淞誤。

17 罿 縱也 案注「縱」字誤。切二及故宮王韻唐韻殘葉二〇一八均訓「綱」。此縱字當是綱字之誤。

18 艟 艟艨戰船 注艟艨當作艨艟，見東韻莫紅切艨下及集韻注。

19 種 故宮王韻及五代刻本韻書此字作穜，本韻餘封切褣下同。

十四葉

1 倏䗤色如黄蛇有羽　故宫王韻色作狀，羽作翼。與山海經東山經合。

2 嵱山嵱在建州　山嵱當作嵱山。集韻云：「山名，在建州」。

3 餙䮵　案餙為飾之俗體。䮵，北宋本、中箱本、黎本均譌作饻。

4 大魚上化為龍上不得點額流血水謂丹色也　案此文有脫誤。玉篇作：「大魚上，即化為龍；上不得，點額流血，水為之丹色也」。當據正。

5 銎懼也又斤斧柄孔　注，唐韻殘葉二〇一八同。案銎字各書無訓懼者，此或寫者因恟注而誤。

6 䳭鴒　鴒，北宋本、中箱本、黎氏所據本、景宋本均譌作領。

7 壅 北宋本中箱本黎本景宋本均譌作壅。

8 ⿰馬農 江韻女江切下此字作鬞。

9 重 直容切 直，北宋本中箱本黎本譌作宜。案去聲用韻柱用切下「重」注云：「又直容切」，可證作直是也。元泰定本明本楝亭本均作直。

10 從 又即容切 案本韻即容切縱紐無此字。蓋從字亦讀為縱，故又音即容切。

11 ⿰犭雈 方言云南楚人謂雞 注「南楚」故宮王韻作桂林，集韻同。案方言八云：「雞，桂林之中或曰䳤」。

12 噇 又直容切 案本韻直容切下無此字。

13 ⿰革逢 故宮王韻作⿰革夆。⿰革夆之誤。

廣韻校勘記　卷一　十五

14 䧙　故宮王韵作䧏。本韵而容切狨下作䧏。

15 夆掣也　案爾雅云：「甹夆，掣曳也。」此注掣下宜有「曳」字。

16 夆又數容切　案本韵數容切下無此字。

17 䙜　巾箱本黎本此字譌作𥛱。

18 捀　案用韵扶用切下此字作摓。

十五葉

1 丯說文本作丯草盛丯也　注「草盛丯也」說文作「草盛丯丯也」。

2 火行穴中　集韵作火出穴中。

3 髶　故宮王韵作鬞，與玉篇合。

4 襛又厚衣皃　案說文云：「襛，衣厚皃。」本韵女容切下襛注同。此注「又厚衣皃」當作「又衣厚皃」。

5 搑 擣也 故宮王韻注作「推而擣」，本書腫韻而隴切搑下云：「推擣皃」。

6 稍 禾稍 注「稍」字類篇及宋本集韻作稍（見集韻考正一）是也。故宮王韻腫韻稍訓禾稍，新撰字鏡禾部稍注云：「稻稍」，足證稍爲稍字之誤。

7 [illegible]籠 二字棟亭本同。北宋本中箱本黎本景宋本均譌作籠[illegible]。

8 [illegible] 棟亭本同。北宋本中箱本黎本景宋本均譌作[illegible]。

9 [illegible] 通俗文云牽乾也 注牽乾也段改作「牽船也」。案集韻云：「引船淺水中」。此注「牽乾也」皆有脱文，或是牽船也乾革也二義。

10 恭 以下三紐切二故宮王韻及五代刻本韻書均入冬韻。

11 陸以恭蜙縱等入冬韻非也　縱當是樅字之誤，此謂本韻恭蜙樅三紐陸法言切韻均入冬韻。驗之切二正相符合。本韻縱紐切二未入冬韻。

12 淞又音松　本韻祥容切松紐有淞字，乃淞字之誤，此注云「又音松」非。

13 瞛　此字五代刻本韻書同。玉篇集韻從目作瞛，與文選七命合。

。江韻

14 杠一曰牀前橫　故宮王韻注云：「一曰牀頭橫木」，此脫木字。

15 厖犬也　「犬」當作「大」。方言一：「厖，大也。」此犬字蓋涉下文而誤。

十六葉

1 牻 牛白黑雜 案說文云：「牻，白黑雜毛牛。」此注雜下宜有「毛」字。

2 涳 又音[illegible] 注「[illegible]」字，字書無，明本作「羫」是也。涳羫均見本韻苦江切下。

3 窻 釋名曰窻聰也於內見外之聰明也 案今本釋名釋宮室作：「窻，聰也。於內窺外為聰明也。」

4 釭 甖釭 注甖釭，切二及故宮王韻作甖類。

5 [illegible] 故宮王韻此字作瓨，是也。當據正。

6 跭 [illegible]堅立也 「堅」字元泰定本明本作「豎」是也。

7 艂 艭船名 「艂」各本作「艂」。

8 [illegible] 故宮王韻此字作[illegible]，同。

9 逢胮韸艂　段云：「此四字皆從夆，音轉入江韻。」

10 艂　艂舡船皃　皃，元泰定本明本作名。

11 舡　艂舡船皃　集韻舡下云：「艂舡舟名。」

12 尻骨　尻，元泰定本明本作尻是也。

13 幢　釋名曰幢幢也其皃幢幢然也　案今本釋名釋兵作：「幢，童也。其皃童童也。」

14 尻骨　尻，元泰定本明本作尻，是也。

15 惷　又丑龍切又抽用切　注云又丑龍切，案鍾韻丑凶切下無此字，別見鍾韻書容切。

故宮王韻云：「惷，又書容丑用二反。」疑此注丑字為書字之誤。

○支韻

16 祇　此字切二及故宮王韻作秖，乃唐人俗體。集韻從示作祇。

衹音歧　歧，中箱本作岐，黎氏所據本同。

十七葉

1 ⿰多支　黎本譌作⿰多朿。

2 則為移書⿱艹戔表之類也　⿱艹戔，段氏改作箋，與韻會所引合。

3 杝　故宮王韻作柂。

4 ⿰禾施　說文新附字作椸，段氏據改。業切二及故宮王韻並作椸。

5 ⿸广矢㢋　北宋本中箱本及黎氏所據本並譌作㢋㢋。

6 袘　故宮王韻作袉。

7 酏酒也　切二及故宮王韻酏作⿰酉㐌，注云：「酒汁」。

8 ⿰多阝　故宮王韻入媯紐居為切下。

9 喎 口不言正 切二及故宮王韻注作「口不正」。案文選辨命論注引通俗文云：「口不正。」

10 於為切十 十下巾箱本黎本均有一字，此脫。

11 倭 慎皃 段氏云：「慎當依說文作順，恐是梁時改耳。」案切二及故宮王韻均作慎，蓋唐人慎順通用，順寫作慎，廣韻因之。

12 醾 玉篇同，故宮王韻作醿。

13 蘳 黃華也 馬韻蘳下云：「說文曰黃華。」此注「華黃也」當改作「黃華也」。

14 直垂切又丈果切 中箱本大果切下有「三」字，此脫，當據補。

15 錘 八銖 「八銖」，切三同。蓋本說文。切二及故宮王韻作「八兩」，未詳所本。

十八葉

1 ⿰垂隹 雅鳥 案說文云：「⿰垂隹，雕也」。此注雅字蓋雕字之誤。去聲寘韻⿰垂鳥下故宮王韻訓⿰垂鳥，⿰垂鳥即鵰字。見爾雅釋鳥釋文。說文鵰雕一字。

2 圝 山名在吳都 注「吳都」集韻作「吳郡」。

3 𠌶 草木葉縣 案注葉上當有「華」字，說文曰：「艸木華葉𠌶」。

4 鈹 敷羈切 敷羈切，故宮王韻同，切二作普羈反。

5 鮍 魚鮍 注切二作「魚名」。

6 翍 翍張之皃 注翍字當作羽。集韻云：「張羽皃」。

7 ⿰比皮 故宮王韻此字作⿰比攴，本書旨韻符鄙切匹鄙切下皆作⿰比攴。

8 皺 開肉　開肉，集韻作剖肉。

9 詖 又音祕　注云又音祕，案王韻兵媚切下無此字，寘韻彼義切下有之。

10 追述君父之功以書其上　今本釋名釋典藝功下有美字。

11 ⿰金羆　玉篇作䥯，同。

12 ⿰犭羆　故宮王韻作⿰犭罷，玉篇同。本書此韻符羈切及佳韻薄佳切下亦作⿰犭罷。

13 ⿱竹能　故宮王韻作䈨。

14 隋 侯之後　隋，北宋本中箱本景宋本楝亭本均作隨。

15 碕 又巨支切　注云又巨支切，案本韻巨支切下無碕字。切二及故宮王韻作

「又巨機」反，是也。碕字又見微韻渠希切下。

16 𢻶 此爲枝字或體，當作𢻶。玉篇集韻均誤。

17 秓 橫首兒 集韻秓字注云：「字林：橫首枝也」。此處首下蓋脫枝字。玉篇同誤。

18 示 又時至切 注云又時至切，案至韻常利切下無此字，別見神至切下。

19 岐 亦州春秋及戰國時爲秦都漢爲右扶風魏置雍城鎮又改爲岐州 案注「魏」字上當有「後」字。元和郡縣志卷二云：「後魏太武于今州理東五里築雍城鎮，文帝改鎮爲岐州」。

20 鼔 切二及故宮王韻此字作𢼌。

21 蚳 蝨也 注蝨字景宋本作蟁，與玉篇合。

22 鼓 長鼓國名髮長於身　集韻「髮長於身」上有「其人」二字。

23 許羈切十九　十九，棟亭本作十八，是也。本切下凡十八字。

24 欸欹貪者欲食皃　「欲」，切二及故宮王韻作「見」。本書此韻香支切欸下云：「亦欸欹乞人見食皃」。

25 桸 杇也　杇，各本作杓，與故宮王韻合。段氏亦改作杓。

26 歔 吹戲口聲　歔，依注及玉篇當作嚱。歔，集韻類篇訓相笑也。

27 戲　此字誤，當依集韻類篇作歔。

28 ⿰耳奇 一隻　玉篇集韻此字訓側目也。棟亭本改⿰耳奇作⿰目奇，注作「目一隻」。

29 碕　故宮王韻作椅。案爾雅釋宮云：「石杠謂之椅」。

十九葉

廣韻校勘記

1 㥶 㦓㥶險急　急，集韻作意，當據正。鹽韻㦓下云：「㦓㥶意不安也。」

2 𠣞㝖　二字當依說文作𥦗，窒。

3 榫 木下交皃　案交字當作支。廣雅釋木云：「下支謂之榫櫯。」萬象名義曰：「榫，木下支。」本韻符支切榫下云：「木枝下也。」

4 犤 下小牛也　下字疑涉上文衍。

5 禔　此字本黎氏所據本景宋本均譌作榐。張氏改作禔與巾箱本合。

6 眡 眡眡役目　此注「役目」二字蓋「𥈾」字之誤，集韻云：「𥈾，眡也。」玉篇眡𥈾二字均訓視。注重「眡」字蓋誤衍。

7 孟軻門人有離婁　段氏云：「門人衍。」此文改作「孟子有離婁。」

8 匈奴傳有谷蠡也又音鹿　又，段氏改作谷，是也。案漢書匈奴傳云：

廣韻校勘記　卷一　二十一

「置左右賢王左右谷蠡」顏師古曰：「谷音鹿」。本書屋韻盧谷切下有谷字，注云：「漢書匈奴傳有谷蠡王」。

9 𧕅 蜓蚰別名　蜓蚰當作蚰蜒，見本韻所宜切𧕅字注。故宮王韻不誤。

10 攡 太玄經云張也　案太玄經攡第九云：「玄者，幽攡萬類而不見形者也」。注曰：「攡，張也」。為此注所本。廣韻注中所引各書注解每每僅標書名，此是一例。

11 謧 謧語弄　注「弄語」，敦煌王韻作「弄言」。本書齊韻郎奚切下謧注同。

12 骴 又音自　注云又音自，案至韻疾二切下無骴字，骴别見寘韻疾智切下。

13 枇 無枇木一名榆　榆，段氏據爾雅釋木「榆無疵」之文改作榆，與故宮王韻合。

14 訾 何氏姓苑云今齊人本姓蔡氏

蔡氏，北宋本中箱本作祭氏。

15 鄑 鄑城名在海北

「在海北」，切二及故宮本敦煌本王韻作「在北海」是也。春秋莊公元年「齊師遷紀郱鄑郚」，杜注：「北海都昌縣西有訾城。」案鄑訾音同，釋文：鄑子斯反。

16 媊 又音前

注云又音前，案先韻昨先切下無此字。故宮本敦煌本王韻均作「又子踐反」，媊字正見獮韻即淺切翦紐。此注前字蓋翦字之誤。

17 姕 又疾支切

注云又疾支切，案本韻疾移切下無此字。

18 觜 又遵誅切

案誅字誤，中箱本作誄。考旨韻遵誄切下無觜字。觜見紙韻，音即委切。楝亭本此注作又遵為切，本韻遵為切下亦無觜字，觜見姊宜切下。元泰定本明本作又遵鬼切誤。

二十葉

1 敼 箸取物也 集韵敼下云：「以箸取物」，此注箸上宜有「以」字。

2 妓 妓姕態皃 案此注或有脫誤。集韵云：「妓姕，女容」。類篇云：「姕妓，婦人不媚皃。又姕妓女皃。」

3 太傅椽 椽，棟亭本作掾，是也。

4 卑 府移切 府移切，切三同。故宮王韵作必移反。

5 痺 下也 痺當作庳，紙韵便俾切下不誤。法言孝至篇注云：「庳，下也。」

6 䴸 麵餅 麵，故宮王韵作麴，與方言十三及廣雅釋器「䴸，麴也」訓合。

廣韻校勘記　卷一　二十三

7 爾雅曰蜌蠯　蠯，爾雅釋魚作螷。

8 螷（又薄猛切）　注云又薄猛切，案梗韻蒲猛切下無此字，耿韻蒲幸切有之。

9 椑（木枝下也）　「木枝下也」，玉篇作「朩下枝也」。廣雅釋木云：「下支謂之椑㯕」。

10 ⿺麥比（⿺麥比⿺麥黎麥麵）　麵，故宮王韻作⿺麥首，是也。廣雅釋器云：「⿺麥比⿺麥黎謂之⿺麥首」。

11 施（又以寘切）　注又以寘切，案寘韻以豉切下無此字。

12 又姓　又字北宋本巾箱本黎本景宋本均無。張氏依例增，是也。

13 凌澌　澌，北宋本黎本景宋本譌作斯，巾箱本不誤。

14 爾雅曰螺蛅蟴　案螺字誤。北宋本巾箱本黎本景宋本均作蟔。

與爾雅合。

15 ⿸广頁 ⿰青頁⿸广頁頭不正也　⿰青頁⿸广頁，清韻⿰青頁下作⿸广頁⿰青頁，玉篇同。又本書麥韻有⿰責頁字注云：「⿰責頁⿸广頁頭不正皃」。⿰青頁⿸广頁⿰責頁⿸广頁未詳孰是。

16 ⿱艹斯 草生水中　故宮王韻草下有「名」字，此脫。

17 鐁　故宮王韻作⿰金妻乃鋖字之誤。本書脂韻息夷切鋖下云：「亦作鐁」。是鐁鋖一字也。

18 ⿰目監 汗面皃　汗，萬象名義玉篇集韻均作汙，當據正。

19 ⿱竹璽 篾竹　篾竹，玉篇作竹篾，當據正。

20 擟 擟拘山名　擟拘，故宮王韻同。集韻作檷枸，玉篇作檷枸，今本山海經中山經作句檷。

21 罙 罙入也 注「罙入」巾箱本黎本作「罙入」。案故宮本敦煌本王韻作「深入」是也。詩殷武傳曰：「罙，深」。疏云：「罙者深入之意」。

二十一葉

1 姕 又疵移切 注又疵移切，案本韻疵移切下無此字。

2 𦍩 說文曰羊名蹏皮可以割黍 黍，說文作桼。

3 犄 字林或作犄 犄，北宋本巾箱本黎氏所據本景宋本均誤作椅。

4 㿦 身急又弱也 注故宮王韻作「身弱㿦」。集韻云：「身急弱㿦」。此注「又」字蓋衍文。

5 𩕳 笑容皃也 注故宮王韻作「美容也」。玉篇云：「美容皃」。此注笑字當是美字之誤。

6 檹 說文曰木檹施也賈侍中說檹即椅也可作琴　注「椅也」說文作「檹木」，此也字當改作木字。

7 直離切十四　十四，棟亭本作十三，是也。

8 齜 齒齗　齜，萬象名義玉篇均訓「齒齗見」，此注齗下宜補見字。

9 訑 又湯何切　注云又湯何切，案歌韻託何切下無訑字，訑見徒河切下。

10 韉 鞍韉　鞍韉，切二切三及故宮王韻作鞍鞘，倭名類聚抄引唐韻同。廣韻各本同。廣雅釋器云：「韉謂之鞘」。張氏改作鞍韉未允。

11 痿 人垂切　人垂切，切二切三同。故宮王韻誤作於垂切，遂與逶紐音同。

12 痿 又於隹切　隹字，中箱本黎本誤作佳。於隹切，切三故宮王韻同。案脂韻無於佳一音，𤸎字又見本韻於爲切下。

13 厜 姊宜切 姊宜切，切二切三故宮本敦煌本王韻均作姊規反。爾雅釋文同。

14 雟 鷤鳺鳥名 鷤鳺，北宋本中箱本黎氏所據本楝亭本均作鷤鴂。黎氏改作鷤雟，段氏改作鶗鴂。案切三及故宮王韻注皆作「鷤鴂別名」。廣雅云：「鷤鴂，子嶲也。」玉篇云：「雟，子嶲鳥。」是雟即鷤鴂也。鷤鴂又名鷤鳺，又名杜鵑。鷤鴂與鷤鳺杜鵑鶙並同。此注「鷤」字乃「鶗」字之誤。鶗乃鸋鶗（見爾雅）於此義不合。「鴂」，當從宋本作鴂。

15 熇 段氏改作熇，是也。

16 衰 又所危切 案本韻山垂切下無此字，此字又見脂韻音所追切。

17 箠 又之壘切 案「之壘切」旨韻無此音。箠又見紙韻之累切下，注壘字蓋累字之誤。

18 験 又之壘切　叢「之壘切」旨韻無此音。切二切三及故宮王韻作「又子累反」，紙韻即委切亦無験字。験，但見紙韻之累切。故宮本敦煌本王韻同。此注「又之壘切」，壘蓋累字之誤。玉篇云：「験，子垂之累二切。」

19 粗 緒　粗字，北宋本黎氏所據本譌作祖；張改作粗，與巾箱本合。

20 𧳜　故宮王韻此字別立一紐音「弋垂反」，寶典𧳜紐「悅吹切」音同。

。脂韻

21 脂 旨夷切　夷，黎本誤作支。

二十二葉

1 泜 元泰定本明本作泜，是也。泜又見本韻直尼切下。案說文云：「泜水在常山。」

2 湒 故宮王韻作㴯。

3 茋蒩也 蒩字誤，故宮王韻作苴，與說文合。

4 滥 當依說文作濫，明本不誤。

5 唯東夷從大人 段氏改作：「唯東夷從大，大，人也。」極碻。

6 蛦 蟣蛦蟲名 蟣字誤，切二切三故宮王韻及玉篇集韻均作蟣。

7 鴺 鶇鴺一名飛生 鶇鴺，集韻作鶇䳑，是也。案爾雅釋鳥云：「鼯鼠夷由。」郭注曰：「亦謂之飛生。」釋文曰：「由，字或作䳑。」

8 亦官名 官，北宋本巾箱本黎本景宗本均譌作宮。

9 幼扗繦褓之中　繦，中箱本作襁。

10 南陽師宜官　宮，北宋本中箱本黎本景宋本同。張氏後刻改作官。

11 皉說文曰人齎也　齎　說文作臍。北宋本中箱本黎本景宋本棟亭本均訛作齎。

此字。

12 ⿰木毘又方奚切　方奚切，切二切三同。故宮王韻作方邦。案齊韻邊兮切鞞紐無

13 ⿱竹梨芘荊藩　切二切三及故宮王韻均作「⿱竹梨芘荊藩」。

14 鳥首而翼魚尾　文選江賦注同，今山海經西山經翼上有魚字。

15 ⿱禾干館別名　館字誤，集韻作錧，是也。

16 ⿱罒巳箅笭　笭，當是筌字之誤。廣雅釋器云：「箅筌謂之笓。」案笓見

齊韻，注云：「取蝦竹器」。集韻笓⿱罒比一字。可知⿱罒比即捕魚蝦器，注

文笭字自當作筌。筌，玉篇云：「捕魚笱」。

二十三葉

1 ⿱罒長（又敕辰切）　敕辰切，切二切三故宮王韻同，案真韻女人切下無此字。

2 ⿰東見　故宮王韻此字作⿰東見，是也。

3 後漢有茨光　光，當作充。茨充字子河，見後漢書循吏列傳衞颯傳。

4 字林云北燕人謂蜒蚰為蛆蚭也　蜒蚰當作蚰蜒，廣雅釋蟲云：「蛆蚭，蚰蜒也」。方言十一云：「蚰蜒，北燕謂之蛆蚭」。

5 墀（說文云墀塗地也　禮天子有赤墀）　「有」字說文無。

廣韻校勘記

卷一　二十七

6 蚳 蟻卵　三字北宋本黎氏所據本並脫，惟巾箱本不誤。

7 眡 貝之黃質有日點者　日字誤，各本作白，當據正。

8 說文曰茅蒡也　蒡字誤，二徐本並作秀，切二及故宮王韻同。

9 秦有尸伎為商君師　伎當作佼，北宋本巾箱本黎氏所據本景宋本均誤。張氏二次剜改作佼。段氏云：「裴駰曰：尸佼晉人，秦相商鞅客也。」

10 尸 式之切　式之切，之字誤。切三及故宮王韻作脂，是也。

11 稓　故宮王韻作耤，與玉篇合。

12 黝 又於九切　注又於九切，案尤韻無此字，此字見黝韻音於糾切。

二十四葉

1 犂 又即奚切

即字誤，北宋本中箱本黎本均作郎。

2 鑗 金屬

金屬，北宋本作釡屬，非。案說文云：「鑗，金屬」。

3 𪍙 䴽𪍙餅也

餅，故宮王韻作麵，與廣雅釋器合。

4 𨟚

北宋本中箱本黎本景宋本譌作𠠝。

5 葵 渠追切

陳澧切韻考云：「此韻已有逵字，渠追切，葵字不當又渠追切也。玉篇類篇集韻逵葵皆不同音，則非傳寫誤分，實以葵字無同類之韻，故切語借用不同類之追字耳」。案切二作渠惟反，切三及故宮王韻作渠隹反。均不作渠追切。

6 追 陟隹切

隹，北宋本中箱本黎本楝亭本景宋本均譌作佳。

7 龜 大戴禮曰甲蟲三百六十四神龜為之長

案大戴禮易本命篇云：「有甲之蟲三百六十，

㕦神龜爲之長」。此注田字段氏改作甲，是也。「四」字又是「而」字之誤，當改正。

8 蕤 葳蕤草木華皃。 說文云：「蕤，草木華垂皃」。此注脫「垂」字，故宮王韻有。

9 擩 染也又而樹切 擩，故宮王韻作㨎，蓋㨎字之誤。段玉裁以爲此字當作㨎，見周禮漢讀考春官大祝。廣韻而主切下擩字亦誤。

10 讙 又士佳切 士，巾箱本黎本同，北宋本作卜。景宋本元泰定本明本作七。案讙字又見本韻視佳切下。玉篇云：「讙，以佳十惟二切」。十惟切即視佳切也。此處士字卜字七字皆誤字，當從玉篇作十。

11 賢 賢[虫遺]神蛇 賢字誤，集韻作蜸。案山海經西山經北山經均作肥，故宮王韻同。

12 㠥 又力罪切 注又力罪切，切二切三故宮王韻同。案賄韻落猥切下無此字。

13 嫘 祖黃帝妃 妃，切二切三及故宮王韻均作妻。

14 儽 又力罪切 注又力罪切，故宮王韻同。案本書賄韻落猥切下無此字。

15 綏 說文曰車中靶也 案靶說文作把。

16 奞 戌閏切 戌，北宋本中箱本黎本景宋本均誤作戍。案奞又見稕韻，音私閏切。私戌聲類相同。

二十五葉

1 卽 江籬也 籬，棟亭本作蘺，是也。說文云：「蘺，江蘺，蘼蕪。」

2 [illegible] 金飾馬耳　此注有誤，案萬象名義云：「乘輿金耳」。本書支韻武畀

切[illegible]下同。

3 攗　故宮王韻此字作攈，與爾雅釋草「蔆蕨攈」合。

4 左傳晉七輿大夫騅歂也　歂，左傳僖公十年作歂。

5 雈　切二切三及故宮王韻皆作萑，與萑蓷之萑為一字，未詳。

6 帷 釋名曰帷圍也以自障圍也　案釋名釋牀帳以字上有所字，此脫。

7 邳 符悲切　符，切三及故宮王韻同，切二作蒲。

8 丕 敷悲切　敷，切三及故宮王韻同，切二作普。

9 駓 桃花馬色　注當作「桃花色馬」，切二作「馬桃花色」。

10 豾　故宮王韻作狉。

11 廋 姿廋

廋，故宮王韻作廁，注云：「或婎」。案廋廁均誤字，集韻婎或作雧，此廋字蓋雧字之誤。說文云：「婎：姿婎，姿也。」此字或體「廋」字誤甚。

12 槌 又直畏切

案「直畏切」未韻無此音，故宮王韻作「又馳累反」，是也。此注畏字即累字之誤，槌又見寘韻馳僞切下。

13 推 又住切

又住切，切二切三及故宮王韻作「尺佳反」，是也。案灰韻他回切下推注云：「又昌佳切」，昌尺聲同一類。

14 胝 丁尼切

丁尼切，切二作陟（原誤作涉）夷反，切三及故宮王韻作丁私反。案丁私丁尼音同，類隔切也；陟夷反則為音和切。

15 𢻫

此字非紕字或體，故宮王韻訓器破，集韻同。本書支韻𪇊䳄切匹支切下作破，訓亦同。此字當別出，依故宮王韻增「破」注文。

之韵

16 頸到也又如一也　「又如一也」，也字當作切。故宮王韵作「又如一反」。本書質韵人質切下有頸字。

17 ⿱食其　當依說文作⿱食其。

18 船歠水斗　歠字誤，段氏改作歠。

二十六葉

1 宧　切二切三及故宮王韵均從穴作⿱穴臣，案說文此字從宀。

2 姬王妻別名　妻，故宮王韵作女。

3 時 晨也　晨，巾箱本元泰定本明本作辰，是也。

4 蒔 又音示　注云「又音示」，案至韵神至切下無此字，別見志韵時吏切下。

5 禗 不安欲去　故宮王韵注作「神不安欲去意」。

6 覸 覰也　覰，北宋本巾箱本景宋本作覻，是也。志韵覸下即作覻。覻見御韵訓伺視也。

7 眮 姦視　視，黎本作皃。玉篇云：「姧視皃」。

8 釋名曰熊虎為旗將軍所建象其猛如虎與衆期之於下也　此文今本釋名同，畢沅據初學記引改作：「熊虎為旗。旗，期也，言與衆期於下。軍將所建，象其猛如熊虎也。」

廣韻校勘記　卷一　三十一

9 鯕 編魚　注切二切三同，敦煌王韻作鯿魚。

10 詩 書之切　書之切，切二故宮王韻同。切三作所之反。

二十七葉

1 木名似栗而小　切二作「木名，子似栗而細」。此名字下脫子字。

2 檽　切二切三故宮王韻同，敦煌王韻從需作𣟁，集韻同。下從需之字集韻均從需。

3 陾　當作陾，陾又見厚韻乃后切下。

4 陾 又音仍　注云「又音仍」，案蒸韻如乘切下無此字。切二字作隭，注云：「說文作陾，築牆聲，音仍」。

5 𪀚　集韻作𡖐，當據正。

6 抾 把也　把字當作挹，玉篇集韻並云：「兩手挹也。」本韻末丘之切及業韻去劫切「抾」訓「挹也」。

7 抾 又丘之切　此字音去其切，注云又丘之切，案丘之切即本音也。韻末丘之切蓋後增者。

8 說文曰辭說也　案說文「說」作「訟」。

9 梩 從土輂　從，段氏改作徙，是也。案梩說文為相字或體，相注云：「一曰徙土輂。」

10 梩 又都皆切　「又都皆切」，切二切三同。案皆韻卓皆切無梩字。

11 [illegible]　切二及故宮王韻此字在脂韻力脂反下。

12 [illegible]　切二及故宮王韻此字在脂韻力脂反下。

13 蕾　案此條譌字，切二作蕾，是也。漢武班碑作蕾。畾字所從之甾即巛字：甲骨文巛作𡿧。

14 𡟰　此字蓋為𡞱字之誤。集韻作𡞱。

15 茬 案漢書地理志泰山郡有茬縣顏師古又士疑切　漢書地理志注師古曰：又音仕疑反。此顏師古下宜有「曰」字。

16 鶅 東方雉也　注切二作「東方為雉」，為字誤。

17 癡 丑之切　丑之切，切三故宮王韻同。切二作出之反。

18 蚩 字從㞢　㞢，北宋本中箱本黎本均譌作出。

二十八葉

1 媸 妍媸　注「媸妍」，敦煌王韻作「妍媸」。

2 龜音丘　案龜字見尤韻音居求切。去鳩切下無此字。

3 孜處也　處字譌，段氏改作劇。案廣雅釋訓云：「孜孜，劇也。」

4 滋蕃也　蕃，集韻作蓄，是也。

。微韻

5 幃又許歸切　注云又許歸切，案本韻許歸切下無此字。

6 婓江婓神女　婓，切二切三敦煌王韻無。廣韻此字音雨非切，非也。集韻于非切下無此字。案江婓神女左思蜀都賦作江斐，集韻芳微切下有斐字，注云：「或書作婓。」是此字當入霏紐，音芳非切。

7 [illegible]　段氏依說文改作[illegible]。

8 [illegible]細毛　注「細毛」，切二切三及敦煌王韻作「細毛皃」。

9 ⿱非目 又方市切 「市」字北宋本棟亭本明本作「巾」，與敦煌王韻合。案⿱非目字又音府巾切，見真韻，此作市者形近而譌。

10 左傳晉有⿱非犬豹 ⿱非犬，左傳襄公二十三年作斐。段氏云：「左傳⿱非犬豹當如此，不作斐。」

11 馬而免走 走，切三及敦煌王韻作足，是也。

12 左傳有肥義 肥義見戰國策趙策二，此作左傳誤。

13 賁 又彼義切 義當作義，賁字不見支韻，別見寘韻音彼義切。

14 嵔 礨嵔 礨，本書無此字，切二及敦煌王韻作⿰山壘。案⿰山壘為⿰山纍字或體，見脂韻力追切。

二十九葉

1 ⿰齒幾 又公哀切

「又公哀切」，切二切三敦煌王韻同。案咍韻古哀切下無此字。

2 ⿰月幾

各本此字作⿰月畿。張改作⿰月幾，與說文合。

3 ⿱幾皿

切二作⿱幾金，與說文合。

4 希 香衣切十一

十一，各本作十二，此誤。

5 鵗 北方雉

注切二切三及敦煌王韻均作「北方名雉」。

6 譩 痛聲

譩，北宋本黎本均誤作繶，元泰定本明本不誤。案玉篇云：「譩，不平之聲也，恨辭也。作噫同。」

7 溰 溰溰霜皃

溰，當從廣雅釋訓「漼溰霜雪也」文改作溰。溰，曹憲音五哀五非二反。溰亦見玉篇水部。

○魚韻

8 著　之簡紙求不滅也　求，今本釋名作永，棟亭本同。

9 鄃　巾箱本黎本並譌作舒。

三十葉

1 籧　斗筐　注斗筐當作飤牛筐，見語韵居許切籧注。

2 澽　澽挐方言云把宋魏之間謂之澽挐　把，方言五作杷；澽作渠。此把字誤。澽字亦渠之譌體。

3 說　文云螶蟝也　蟝，說文作蝀。

4 鐻　鐻耳之傑　注文見左思魏都賦，非鐻字字義。案山海經中山經青要之山下云：「魋武羅司之，其狀人面而豹文，小要而白齒，而（此而字疑衍）穿耳以鐻。」郭注云：「鐻，金銀器之名。」

5 槺 槺桔蘠，籬名。 案桔字誤，廣雅釋宮作栫，當據正。

6 ⿺走豦 中箱本同，北宋本、黎本並譌作⿰虫豦。

7 懅 又音遽。 注云又音遽，案御韻其據切下無此字，敦煌王韻有之。

8 ⿰貝賛 各本作⿰月賛，此誤。

9 畬 田三歲也。 注切二、切三及敦煌王韻作田二歲。

10 瀕 本切重見，當芟。

11 舁 對舉。舉 上同。 案舉當作擧，說文手部擧，對舉也。

12 胥 俗作⿱罒月。 ⿱罒月，北宋本、中箱本作⿱罒月，是也。唐人寫書胥每作⿱罒月。

13 諝 有才智稱。 注智下當有之字，語韻私呂切諝下云：才智之稱。

14 耶 又子余切。 注云又子余切，案本韻子魚切下無此字。

15 沮 亦云漆沮既從並在此地　「亦云」當作「書云」，漆沮既從見書禹貢。又「此地」當作「北地」，切二云：「水名在北地」是也。水經曰：「沮水出北地直路縣」。

16 狙 又七預切　「又七預切」，切二作「又七庶反」，音同。案御韻七慮切下無此字。

三十一葉

1 說文曰立𡠟斫也　案今本說文作「立𡠟所用也」。段注據廣韻改。

2 榑　段氏云「榑」，詩作「樗」。案樗見七月及我行其野。

3 摴蒲戲　「蒲」，段氏改作「蒱」，與五代刻本韻書合。「蒱」見模韻薄胡切下。

4 胍　當依說文作𦚔，元泰定本不誤。

5 出東海高平東莞琅邪濮陽五望　五，北宋本中箱本黎本譌作六。

6 揭櫫　揭當作楬，見說文。

7 孝文追録封諸縣侯　追，黎本譌作進。又吳志諸葛瑾傳注引風俗通此文封下有「其孫」二字，當據補。

8 藷 著預別名　預，黎本同。北宋本中箱本均作蕷，本韵署魚切藷下同。

三十二葉

1 鴐 鴾也　鴾，切二作鵨，是也。案廣雅釋鳥：「鴐，鵨也。」爾雅釋鳥：「鴐，鴾母。」郭注云：「鵨也。」

2 鮎 又他合切　注云又他合切，案合韵他合切下無鮎字，鮎見盍韵吐盍切下。

3 嵖 嵖崎山路　案集韵嵖下作「崎嵖山峻」。

4 菹 ⿱艹稙上同　案⿱艹稙字譌，說文菹或作䔾，或作䕮。此⿱艹稙乃䕮字之誤。

5 袽 又音如　注云又音如，案本韵人諸切下無此字。

。虞韻

6 遇俱切　遇，北宋本黎本景宋本作虞，虞蓋虞字之誤，元泰定本作虞。切三作語。語虞遇聲同一類。

7 一名姻澤　姻，五代刻本韻書作洇。姻澤見爾雅釋鳥郭注。

8 武夫切二十一　二十一，楝亭本作二十二，是也。本切下凡二十二字。

三十三葉

1 左傳莒有大夫无婁脩胡　案左傳無无婁脩胡其人，昭公元年左傳有務婁瞀胡二人。

2 慪欲空之皃　欲，中箱本作欧，北宋本黎氏所據本作飲，誤字也。楝亭本明本均作欲，玉篇字鏡同。張氏後刻改作歔，與元泰定本合。案作嵌是也。方言二云：「⿰巾監⿰巾亟，毳也。」郭注：「謂物之扞蔽也。」

3 雩 又沉于切 沉，切三作況，是也。當據正。雩又見本韻況于切下。

4 吹 欨 吹，切三作⿰口突。

5 盱 舉目又盱眙縣在楚州 盱眙縣，切三及五代刻本韻書字別作肝，與舉目之盱非一字。集韻肝下云：「通作盱。」

6 煦 瞙 案瞙字誤，集韻作瞜，當據正。

7 扜 說文云指摩也 摩字誤，說文作麾。當據正。本韻憶俱切扜下亦作麾。

8 ⿱覀車 又矩于切 注云又矩于切，案本韻舉朱切下無此字。

9 風俗通云織毛褥謂之氍毹 風俗通乃通俗文之誤，玄應一切經音義、御覽、北户錄注均引此文作通俗文。見任大椿小學鉤沈卷七。

10 眴 晡也 眴，晡，切三並從肉作朐，作脯。晡字，北宋本中箱本黎本均不誤；眴字當改作朐。王先生云：「此眴實朐之誤。既譌為眴，於是此下又加朐字，注云：脯名。蓋此時宋初已誤矣」見王氏校本。

11 朐 亦山名 山名，切三作地名，集韻同。案史記秦始皇本紀云：「於是立石東海上朐界中，以為秦東門」三十五年。則作地名者是也。

12 齊魯閒謂四齒把為欋 案把當據釋名釋道作杷。

三十四葉

1 趯 中箱本黎本並譌作趯。

2 𦨈 朐字之誤，段改作朐。別詳眴下校記。三十三葉第10。

3 ⿱⿰氵卯皿 此字北宋本黎本從米作⿱⿰米卯皿，與「樹種」義合。此從水作，非也。

4 懦（又乃亂切） 案換韵奴亂切此字作愞。

5 嬬（妻名） 妻，中箱本黎本同，北宋本譌作妾。案廣雅釋親云：「妻謂之嬬。」

6 嫩（耎皃） 耎，當作耎。

7 [illegible] 北宋本中箱本黎本景宋本作[illegible]。

8 荀卿子曰問娶之媒 案荀子佹詩曰：「閭娵子奢，莫之媒也。」段氏據改。

9 列（列殺字從歺） 注「列」字段改作「殊」。案匡謬正俗八引應劭云：「殊者死之也，」義與誅同。

10 又五割切 「又」字誤，段氏改作歺，與北宋本中箱本合。

11 有所壇挃於車上 壇，中箱本元泰定本明本作撞，與釋名釋兵合。

12 舜典有殳折　折，北宋本同。中箱本黎本並作斯。案今書舜典作斯。

三十五葉

1 萫蒣花皃　萫，集韻作蘤，與文選左思吳都賦合。此萫字為蘤之或體。

2 啚 又代兆切　代字誤，各本作弋，是也。小韻以沼切下有啚字。

3 區 亦姓後漢末有長沙區景　案區景當作區星。區星，漢末長沙賊也，見三國志吳志孫堅傳。

4 嘔 嘔隅不安皃　集韻嘔下云：「一曰嘔嘔不安。」

5 秼　元泰定本作袾，與玉篇集韻合。當據正。

6 瘻　瘻痀曲脊　瘻痀，莊子達生篇列子黃帝篇作痀僂。又脊字元泰定本棟亭本作嵴，是也。當據正。本韻舉朱切痀注云「曲脊。」

7 𢻱　當作𢼄，說文扶字古文從攴，攴非支字。

8 [illegible]　玉篇集韻作颫。

9 苻　又姓晉有苻洪武都互人　互，段改作氐，是也。苻洪氐人也，見晉書一百一十二卷。作互乃氐之俗體。

10 溜　玉篇此字作澑，未詳。

11 [illegible]　望也　[illegible]，玉篇集韻同。案當從目作䀗。

12 玸　玉文　文，玉篇集韻作名。

13 說 文曰婦人妊娠也　案今本說文作婦人妊身也。

14 傓 側治切　治，段改作洽，是也。案洽韻側洽切下有傓字。

三十六葉

1 荂 荂榮之皃　注「荂」字景宋本楝亭本作華，集韻同。

2 髼 毛解　注敦煌王韻作解毛，集韻云：「髼，鳥解毛。」

3 諏 又子侯切　又子侯切，切三同。案侯韻子侯切無此字。

4 跗 足趾也　注「趾」字各本均作「止」。案止乃上字之誤。儀禮士喪禮云：「綦結于跗連絇，」注云：「跗，足上也。」疏云：「謂足背也。」又莊子秋水篇云：「蹶泥則沒足滅跗。」跗亦謂足上也。張氏未審止字之誤，則改作趾，非也。

5 公羊傳云扶寸而合　案公羊傳僖公三十一年扶作膚。

6 說文云指麾也　云字黎本譌作去。

7 寫　北宋本中箱本作寫。

8 斞　北宋本中箱本黎本皆從奥作，非也。

9 鯃鮈魚名　切三玉篇同，集韵作鮈鯃魚名。

10 醔醶榆子醬也　段氏改榆子爲榆人。案榆子即榆荚之人，不必改也。齊民要術卷八作醬法有作榆子醬法。

○模韵

11 規墓地曰墲　規下敦煌王韵有「度」字，集韵同。

12 周禮注云墓爲壇位如雩營云　墓字下脫「亦」字，見周禮地官族師

「春秋祭酺亦如之」注。

三十七葉

1 戚為之蒲家　為，楝亭本作「謂」，是也。

2 齊宣王母弟別封毋鄉　母鄉，段氏云：「此母乃毋之誤，毋邑即貫邱也。貫本作毌，毌譌作母。」

3 禮記投壺篇云壺徑脩七寸　案禮記徑作頸，當據正。

4 湖 江湖廣曰湖也　「廣曰湖也」，元泰定本作「廣雅曰池」。（又見釋地。）

5 鱴鰗　段氏改作鱴鰗，蓋本玉篇。

6 本作壺　壺，黎本譌作榼。

7 胍肔大腹　肔，段氏改作肒，是也。肒字見本韻當孤切下。

8 䑸 漢書越王巫䑸祠在雲陽　越下「王」字當刪，切三、敦煌王韻均無。漢書地理志左馮翊雲陽縣有越巫䑸鄭祠。

9 松 棱松　注「棱松」，元泰定本明本作「松棱」，與敦煌王韻合。

10 同都切三十　三十，北宋本中箱本黎本景宋本作三十一，是也。本切下凡三十一字。

11 風俗通云漢諫議大夫塗禪　禪，段氏改作憚。案塗憚見漢書儒林傳孔安國傳及後漢書賈逵傳。

12 梌木名梚上同　梚，黎本從免作梚，是也。玉篇梚達胡切，與廣韻同都切音同。

13 廜　北宋本中箱本黎本均誤作瘏。

14 郤 下邑地名　說文云：「郤，邿下邑地。」此注下字上脫邿字。

三十八葉

1 爾雅曰鶩鷵鸆郭璞云似烏倉白色　鶩，爾雅作鷔；倉，作蒼。當據正。

2 笯 鳥籠　籠鳥，當作鳥籠，見麻韵女加切笯下。暮韵乃故切笯下亦云：「藏鳥籠。」說文云：「笯，鳥籠也。」此注切三及敦煌王韵亦誤作籠鳥。

3 張騫使大宛所得之　之字涉下文衍。當刪。

4 㤩　北宋本、黎本、景宋本誤作䀰，巾箱本不誤。

5 區峿 山名　集韵作嶇峿山皃。

6 蒩 茅蒩藉　注蒩字衍文，切三、敦煌王韵並無。又「籍」當作「藉」。說文云：「蒩，茅藉也。」

7 ⿱竹租又子余切　案：魚部子魚切下此字作笡。

8 後漢諫大夫東郡索盧放　案：諫下脫「議」字，當補。見後漢書卷七十一本傳。

9 盧又三字姓吒伏盧　吒，景宋本棟亭本作吐，與魏書官氏志合。

10 籚西竹　籚，北宋本中箱本黎本並譌作蘆。

11 欂欂櫨柱也　欂，說文作欂。

12 ⿸虍⿱甾皿說文曰瓴也　瓴，說文作罃。

三十九葉

1 元日飲之可除瘟氣　瘟，北宋本中箱本黎本景宋本均譌作溫。張改作瘟，與元泰定本明本合。

2 「爾雅曰純黑而返哺者謂之烏小而不返哺者謂之鵶」 北宋本巾箱本黎本景宋本爾雅上有「小」字，是也。案此文見小爾雅。

3 左傳齊大夫烏枚鳴　案左傳昭公二十一年作烏枝鳴。

4 北齊有烏郍羅愛　郍，棟亭本作那。

5 㳷 又憂俱切　注云又憂俱切，案廣韻憶俱切下無此字。

6 庯 庯屋上平　切三及敦煌王韻玉篇訓同。集韻云：「庯庩屋不平」，本韻他胡切庩下亦云：「庯庩屋不平也」。

7 鵏 𢻭鳥名　𢻭，北宋本誤作扳。巾箱本黎本作叔，亦誤。爾雅釋鳥云：「鴩，餔𢻭」。

8 𨁾 逋伏地　敦煌王韻𨁾逋作逋𨁾，與玉篇𨁾下注合，本韻他胡切𨁾注同。

9 苦胡切十　十下北宋本中箱本黎本楝亭本均有一字，此脫。

10 汙 又注手切　「注」字誤，元泰定本明本作汙是也。汙字又見本韻哀都切下。此注敦煌王韻作又於孤反，汙於哀聲同一類。

11 棒 木四布也　注玉篇同，集韻攻乎切棒注云：「棒梡，木枝四布。」

12 又姓有臨晉侯都稽　案漢書有臨蔡侯都稽，見南粵傳，此作臨晉侯誤。又有字上依例當增「漢」字。

13 𦙶 𦙶胍大腹　案古胡切胍下作胍𦙶大腹。

14 醆 醆醏醬也　醆，北宋本中箱本黎本均作醴。張氏蓋依玉篇改，正與敦煌王韻合。

廣韻校勘記　卷一　四十三

15 折 皮具

折，中箱本景宋本作析。

16 鱄

北宋本中箱本黎本均誤作鱄。

17 豧 豕名

豧，中箱本作豧。元泰定本明本同。案豧見虞韻芳無切下。

18 陠 裒也

裒，中箱本作裦，是也。見廣雅釋詁二。敦煌王韻亦作裦。

○齊韻

19 徂 奚切

徂字切三誤作俱，切韻殘葉二七韻目不誤。

20 麡 狼似鹿而角向前

似鹿，切三及敦煌王韻作似麋，集韻同。

21 薺

北宋本黎本誤作齏，中箱本元泰定本明本不誤。

22 詩云天之方懠

天，北宋本中箱本及黎氏所據本誤作于。

23 齌 又子兮側皆二切

案本韻祖稽切及皆韻側皆切下均無此字。

四十葉

1 懘怟欺慢之語 怟，北宋本中箱本黎本均譌作扺。又慢，方言十作謾。

2 淒又千弟切 注云又千弟切，案薺韻千禮切下無此字。

3 二十二 中箱本作二十三，是也。本切下凡廿三字。

4 說文云染繒黑石 繒，中箱本作繪，是也。

5 岻山名 名，北宋本中箱本黎本均作谷。集韻曰：「嵋岻山名，在青州。」

6 題現也 現，切三及敦煌王韻五代刻本韻書作視。案玉篇廣雅釋詁一題均訓視也。

7 騠又丁奚切 又丁奚切，敦煌王韻同。案本韻都奚切下無此字。

8 厗磄厗石也 磄，說文作唐。

廣韻校勘記　卷一　四十四

9 㡜 㡜帷

帷，當作⿰巾乍。廣雅釋器云：「幱㡜謂之⿰巾乍。」玉篇云：「⿰巾乍，⿰巾乍㡜也。」

案⿰巾乍見鐸韻在各切下。

10 ⿰月是

景宋本元泰定本明本作睼，與敦煌王韻及五代刻本韻書合。

11 睼 遠視也

遠，五代刻本韻書集韻作近，與說文合。

12 ⿰糹坒

切三及敦煌王韻五代刻本韻書均作紕。

13 錍 錍鈚短皃

鈚，元泰定本明本作鈚，與切三及五代刻本韻書合。案玉篇云：「錍鈚，短小皃。」鈚見本韻祖稽切下。

14 陛 說文曰牢也所以拘罪也

罪，北宋本中箱本景宋本均作非，與說文合。

四十一葉

1 楷 風扶杓木也

風，五代刻本韻書作楓。

廣韻校勘記

卷一　四十五

2 鐕　楝亭本此字作鐕，與廣雅釋詁一合。

3 紇奚　案魏書官氏志作紇奚。

4 相言應辞　言，切三及五代刻本韻書作然。

5 毇 毇毀兒　兒，景宋本作毀，楝亭本作「毀也」。集韻注作「毇毀，毀也」。案蕭韻研啓切毇下云：「毇毀，蟿，齊。」是此注毇字乃毇之譌。玉篇亦作毇毀。兒，當依景宋本。楝亭本作毀。萬象名義亦云：「毀，毇也」；「毇，毀也」。

6 䏲 痛聲　䏲，切三、五代刻本韻書同。集韻作欲，䏲別為䶘字或體。

7 左傳秦師西乞術　師，段改作帥，是也。見左傳僖公三十三年。

8 西 卤 古文　古文「卤」字黎本作卤，與說文合。

9 棲 說文曰或从木西　西，巾箱本同，段氏改作妻。案北宋本黎本均作妻。

10 ⿰馬虎一遍　注一遍二字乃匾字之誤。匾唐人俗寫作遍，與匹寫作迊同例，後人誤析為一遍二字。⿰馬虎下五代刻本韻書注作「遍匲」，廣韻此注又脫匲字，當據補。

四十二葉

1 鈚　切三及五代刻本韻書作鈚，同。集韻鈚為鈚之或體。

2 相稽切　相字景宗本作祖，是也。切三作即，即祖聲同一類。相字乃祖字之譌。

3 ⿰束⿱次韭　此字當依說文作⿰朿⿱次韭。

4 呰又茲比切　注比字乃此字之誤。呰又見紙韻將此切下。薺韻祖禮切下呰字注云「又子西茲此二切」。

5 迷莫兮切 莫，五代刻本韻書作𩵋，誤。

6 覭 五代刻本韻書同。說文作覭，當據改。

7 說文云水出鄌鄍北巒中 說文鄌鄍上有北地二字。

8 雜骨髗 雜，北宋本巾箱本譌作雜。

9 爾雅云杭繫梅 杭，爾雅從九作朹，當據改。

10 又孟子曰六十四黍為一圭十圭為一合 子，段改作康，並云：「經典釋文有孟子注者子二卷，或云孟康也。康字公休。」案段氏改子為康是也。五代刻本韻書亦作孟子。蓋鈔胥不知孟康其人，乃改作孟子耳。漢書律曆志「量多少者不失圭撮」，注云：「孟康曰六十四黍為圭。」

11 䍜 當從宋本集韻作瞿。見方氏集韻考正。

12 説 文云目少睛　案説文作「目不相聽也」，玉篇作「目少睛」。

13 睽 説文曰不相聽　注引説文，案説文無睽字。

14 户圭切二十四　二十四，各本作二十三。

15 鑴 大鍾　鍾，黎本作鍾。切三及五代刻本韵書作鐘。案鍾蓋鑊字之誤，玉篇云：「鑴，大鑊也。」説文云：「鑊，鑴也。」

16 驨 似馬一角　鸛 子鸛鳥出蜀中　嶲 上同　各本作「驨 似馬一角 嶲 上同又子嶲鳥出蜀中」。張氏以爲嶲非驨之或體，改增正文鸛字，且移注文「子嶲鳥出蜀中」六字於鸛下，列嶲爲鸛之重文。案爾雅釋獸云：「驨如馬一角，不角者騏。」陸氏釋文云：「驨，本又作嶲，同。」是驨字或作嶲也。別詳郝懿行爾雅義疏。但嶲字亦爲子嶲之嶲，故注云：「又子嶲鳥出蜀中」。此見爾雅釋鳥郭注。張氏案辨廣韵文例，別增⿰巂鳥字，非也。

17 酅 地名在東平

注「在東平」，切三同。案當作「在東安平」。後漢書郡國志北海國下云：「東安平，故屬菑川，六國時曰安平。有酅亭」。

18 毒 姓也

注五代刻本韵書作地名。

19 譪 說文曰自是也

案說文云：「譪，言壯皃」。此引非說文。

20 廣雅云挑剜刲劀削

削，今本廣雅釋言作剈。

21 ⿰目幵 ⿰目幵能視也

注「⿰目幵」字，北宋本中箱本黎本均誤作⿰月幵。又「能」字說文玉篇作直。

22 ⿰豸多 又余氏以支二切

案移又音余氏切，紙韵移爾切下無此字。又「切」字下各本有「一」字，此脫。

廣韻校勘記　卷一　四十七

。佳韻

四十三葉

1 楧 楧棱　棱，當作榼。爾雅釋木云：「魄，楧榼」。

2 排 又音敗　注云：又音敗，案夬韻簿邁切下無排字，排見怪韻蒲拜切下。

3 歐 佽　佽，北宋本黎本景宋本誤作佽，張改作佽與中箱本合。

4 菲雜斜絕　雜，段改作離。

5 葵　此字蓋爲葵之誤體，火媧切有葵字。

6 茈葫藥　切三及五代刻本韻書藥下均有「名」字，元泰定本明本楝亭本同。

7 䡅連車也一曰卻車抵堂也　卻，巾箱本作卻，是也。

8 查又七瑕切　七字誤，麻韻鉏加切下有查字，此七字乃士字之誤。士鉏

脊同一類。

9 䍶羺䍶胡羊　注「羺䍶」，切三、故宮王韻及五代刻本韻書均作「䍶羺」，當

據正。玄應一切經音義卷十四引埤倉：「䍶羺，胡羊也。」

10 滛聲　滛，北宋本、中箱本、黎本作淫，是也。

11 唲唲嘔小兒言也　唲，故宮王韻及五代刻本韻書作唲，與玉篇合。當據正。

12 籭竹名　段氏曰：「名當作器。」案籭又見支韻所宜切，訓「盝也」。說文云：

「籭，竹器也。」此段說所本。

13 諰　此字音山佳切，故宮王韻別為一紐，音「所柴反」，與本書音同。

廣韻校勘記　卷一　四十八

14 欬欥氣逆病　欬，北宋本中箱本黎本棟亭本作欬，誤。

○皆韻

15 釋名曰階梯也如梯之等差也　案釋名釋宮室「等」上有「有」字。

16 說文云木名孔子冢蓋樹也　案說文作「木也，孔子冢蓋樹之者」。

17 𤭢 瓦牡　牡瓦，玉篇集韻同。五代刻本韻書牡作牝。

18 淮南子曰蝔知雨至　此文五代刻本韻書同。段氏云：「今淮南作鶤日知晏，陰諧知雨。」案景宋本淮南子繆稱篇鶤作暉。案御覽卷九百四十八蝔條引淮南子曰：「蝔知將雨。高誘曰：蝔，蟲也。大如筆管，長三寸餘。」

19 代謂之猥狗　狗，五代刻本韻書作狗，集韻類篇同，當據正。

20 釋名曰彭排軍器也彭旁也在旁排敵御攻也　案釋名御作禦。

21 猈短頭狗也 頭，五代刻本韻書作項，說文作脛。

四十四葉

1 武德初於相崖城置懷州 相，景宋本作栢，是也。見元和郡縣志卷十六。

2 禮記云仲秋之月豺祭獸 案月令作「豺乃祭獸戮禽」。

3 虺又音毀 注又音毀，案紙韻許委切下無虺字，虺見尾韻許偉切下。

4 尵杜懷切 杜，北宋本中箱本黎氏所據本景宋本作柱，誤。案尵又見灰韻音杜回切，可證杜字是也。

5 崴乙皆切 案乙皆切與挨字乙諧切音同，切三及敦煌王韻五代刻本韻書均作乙乖反，當據正。

6 擇諧皆切 陳澧切韻考云：「諧皆疊韻，不可為切語。切韻指掌圖

廣韻校勘記 卷一 四十九

類隔更音和一條内有擇字，諾皆切，諧字乃諾字之誤。此吾友鄧特夫所校」

案切三諧正作諾。與陳氏之説相合。五代刻本韻書作女皆反，則

𡟭娘母。玄應一切經音義亦音女皆反。

7 古以為玉柱　段氏改作「古以玉為柱」。

8 ⿰彳希　段氏曰：「⿰彳希，説文作⿰彳希。」

○灰韵

9 魁 師魁　師，北宋本作帥，是也。當據改。書胤征傳云：「魁，帥也。」

10 ⿱⺮敲　當依玉篇作⿱⺮敲。

11 盔 盔器盂盛者也　注文疑有脱誤。龍龕手鏡云：「盔器，盂屬也。」

12 䚋 角曲中也　注敦煌王韻同。北宋本中箱本黎本均譌作「曲角中也」。

13 晉大夫富槐之後　段氏曰：「左傳富父槐乃魯大夫。」案見哀公三年左氏傳。

14 鄉名在濉陽　濉，玉篇集韻作睢，敦煌王韻同。

15 ⿱⿲一𠃌一夂杜來切　杜，北宋本黎本誤作柱，中箱本不誤。⿱⿲一𠃌一夂見咍韻音徒哀切。徒杜爲同一類。

四十五葉

1 ⿰月豈　黎本誤作⿰扌豈。

2 陰陽薄動靁雨生物者也　北宋本脫雨字，生誤作土。中箱本作靁雨生土物者也。張本與說文合。

3 ⿰畾瓦　敦煌王韻此字作⿰靁瓦，本書宥韻力救切下同。

4 ⿰禿貴頹上同　頹，切三及敦煌王韻訓禿，不爲⿰禿貴字重文。

5 墜也　墜，敦煌王韻作壓，棟亭本同。

6 傅四寸　傅，說文作博，段氏據改。棟亭本不誤。

7 母頍夏冠名　母，黎本元泰定本作毋是也。

8 ⿸厂阜　元泰定本明本棟亭本作⿸广阜，集韻同。案玉篇广部⿸广阜，都回切，屋邪也。

9 搥摘也　摘，敦煌王韻作擿，與廣雅釋詁合。

10 膗膭　膭，黎本譌作隤。

11 肧芳杯切　杯，北宋本中箱本黎本景宋本均譌作肧。張改作杯，與元泰定本明本合。

12 坯　北宋本中箱本楝亭本元泰定本明本均作坏，與切三及敦煌王韻合。

13 鱼名似鮎　鮎，巾箱本元泰定本明本同。北宋本黎本均譌作鮠。

14 履屬有頸曰屦　有字北宋本中箱本黎本均譌作也。頸，黎本又譌作頭。

15 ⿰忄夏　段氏改作⿰忄夓，本說文。

16 臓回切　臓，巾箱本譌作臟。敦煌王韻作子回切，子臓聲同一類。

。咍韻

17 陔 𣪠陔笑貌也　陔，當是⿰阝欠字之誤。原本玉篇殘卷云：「⿰阝欠，呼来反。說文：咲不壞顏也。廣雅：⿰阝欠，咲也。」此注𣪠陔二字亦當從欠作欬⿰阝欠。作𣪠於義不合。切三及敦煌王韻亦誤。

四十六葉

1 呂氏春秋云闕方衛公　案呂氏春秋知接篇有衛公子啓方。左傳作開方。此注當作衛公子開方。

2 殺 殺陖　此正文及注均誤，詳見陖下校記。四十五葉第17。

3 慢 廜　廜，切三及敦煌王韻作𢉏，是也。北宋本誤作廥。

4 唉 又於其切　又於其切，切三及敦煌王韻同。案之韻於其切下無唉字。

5 籉 可禦雨也　集韻注作「笠也，可以禦雨」。

6 垓 又垓下隄名沛郡垍羽敗處也　沛郡上切三有「在」字，當據補。

7 殿 階次序　切三及敦煌王韻階下有「之」字。

8 祴　北宋本巾箱本黎本從衣作裓，誤。

9 木梃也　梃，北宋本巾箱本黎本景宋本從手作挺，誤。

10 渽 水名 渽，集韻作渽。見也。渽字見書禹貢。今韻祖才切下作渽

不誤。

11 芀 蔽前草葥 案此注有誤，敦煌王韻訓「从蔽」是也。洪頤煊讀書叢錄云：「玉篇：芀，草也。廣雅釋草：蘈，芀，蔽也。爾雅釋草蘈蒚藿，郭璞注：似蒲而細。芀蘈同物，蔽前草當是从蔽蒲草之譌；前字又涉前字而衍」。

12 晉與秦戰于郩 郩，僖公卅三年左氏傳作殽。

13 漦 又力知切 又力知切，切三、敦煌王韻作又力之反，當據正。案此字見之韻里之切下，支韻無此字。

14 說 文云璝玉也 案說文作「壐璝玉也」。

15 鶆鳩鷹　鷹，中箱本棟亭本作鷹，是也。爾雅釋鳥云：「鷹，鶆鳩」。

16 䅘麰之麥一麥二稃周受此瑞麥出埤蒼　一麥二稃，段氏改作二麥一稃。案說文來下云：「一麥二縫」。

17 犛 關西有長尾牛　尾，當作髦。說文云：「犛，西南夷長髦牛也」。

18 葘　當作菑，見前。二十七葉第13。

19 棓　漢書爰盎傳有棓生，字作棓。

20 蛤 說文云黑貝　案說文無蛤字，集韻堂來切蛤下引字林：「黑貝也」。

21 鶠　黎本作顯，誤。

四十七葉

1 懛 剴失志皃　剴，集韻作敳，是也。作剴於義不合。

○真韵

2 真 側鄰切　側鄰切，切三作職鄰反，是也。真，玉篇音之仁切，集韵音之人切，之職聲同一類。

3 蒖 茚也　茚，元泰定本明本作茆，是也。集韵云：「蒖，艸名，鳧葵也。」說文云：「茆，鳧葵也。」若作茚於義不合。說文云：「茚，昌蒲也。」

4 [illegible]　北宋本巾箱本黎本均誤作[illegible]。

5 秦穆公時有方歅一名皐善相馬也　案方上當有「九」字，九方歅見莊子徐無鬼篇，列子說符篇作九方皐。

6 新 亦姓國語晉大夫新穆子　段朝端姓解辨誤云：「國語注（案見周語）新穉穆子晉大夫新穉狗也。」案新穉複姓，此作新穆子誤。

7 㱿擊聲　殿，真紐職鄰切下作殿。玉篇㱿殿音同。㱿訓擊聲，殿訓喜而動皃。

8 展重脣　脣，北宋本中箱本及黎氏所據本譌作名。張改作脣，與玉篇合。

9 釋名曰仁忍也好生惡殺善惡含忍也　今本釋名善字下無惡字。

10 左傳有寺人披　段氏曰：「左傳下當有晉字」。案寺人非姓，此以寺人爲複姓誤。

11 宋有廚人僕　僕，左傳昭公廿一年作濮。又廚人非姓。

12 漢司空椽封人嬰　椽，北宋本中箱本楝亭本作掾，是也。

四十八葉

1 顴 頭憒懘也　案方言十二云：「[illegible]顴懘也。」注曰：「謂憒懘也。」此注「情」字，錢繹以為是「憒」字之誤。見方言箋疏。

2 𨐌　段氏曰：「郭景純山海經傳云：𨐌音屋棟之棟。」案切三直珍反下亦有此字。

3 螓蜻 似蟬而小　螓，北宋本巾箱本黎氏所據本作蜻。張改作螓與玉篇合。

4 寅 又以之切　又以之切，切三同。寅字見脂韵以脂切下，之韵無寅字。

5 繽 匹賓切　匹賓切，切三作敷賓反。

6 闘 闘爭　闘，當從鬥作闘。

7 說文作闘鬭也　闘，說文作鬪。又鬭當從鬥作。

四十九葉

1 麐 獸名似貉而八目出山海經

八目，山海經中山經作人目。

2 居銀切一

一，黎本譌作七。

3 緝 繩細

案繩字當是綱字之誤。說文云：「緝，持綱紐也。」周禮考工記梓人鄭司農注：「緝，籠綱者。」

4 囷 去倫切

去倫切，切三同。案倫字在諄韻，切韻真諄未分，廣韻分之，此紐亦宜入諄韻。

5 囷 又咎倫渠殞二切

囷又音咎倫切，案諄韻無此音。又音渠殞切，案軫韻渠殞切下無囷字。

6 蜠

北宋本中箱本黎本景宋本作蜠，誤。若從囷，則與「去倫」之音不合。

7 鍲 鋭鍲　注鋭字當是銳字之誤。鍲，集韻爲鍲之或體，上文鍲下云：「笲，稅也。」

8 贇 美好也 於倫切　於倫切，切三同。案倫字在諄韻，切韻真諄未分，廣韻分之，此紐宜入諄韻。

○諄韻

9 後以爲氏　後，北宋本中箱本黎本均譌作郈。

10 樛　黎本此字作樛，誤。

11 樛 又祥勻切　注云又祥勻切，案本韻詳遵切下無此字。

五十葉

1 楢　說文作楢。

2 論 有言理 注段氏改作「言有理」，與集韻合。

3 魏志孫文懿呂輪直 何焯云：「輪直以諫公孫淵被殺，事見晉書宣紀，魏志無之。志即公字之誤。」見何氏所校棟亭本。與賈範皆被殺，事見晉書宣紀，魏志無之。志即公字之誤。」見何氏所校棟亭本。

4 綸 又音鱞 注鱞字本書無，案鱞為鰥字之誤，綸又音古頑切，見山韻。

5 周禮曰凡邦工入山林掄材而不禁 巾箱本而字在林下，與周禮合。

6 墫 說文從土作壿。

7 鄉飲禮 飲下宜有酒字，下引「僎者降席」即儀禮鄉飲酒禮文。

8 春秋說題曰春蠢也 段氏於題下增「辭」字，是也。春秋說題辭引見灰韻槐字下。太平御覽每引之。

9 鶅 西方雉名 注切三作「西方名雉」。案爾雅釋鳥：「雉，西方曰鶅。」

10 說文曰視行也　案說文二徐本也作皃。

11 鈞二十斤也　二十各本作三十，當據正。

12 趣渠人切　渠人切，陳澧云：「人字在十七真，趣字又見十七準，此真韻增加字誤入此韻也。」案陳說極是。故宮本敦煌本王韻軫韻丘忍反下有趣字，注云：「又渠人去刃二反」。此字又見震韻音去刃反。真軫震三韻相承，此亦當入真韻也。

13 砏普巾切　普巾切，北宋本中箱本黎本同。案巾字見真韻，此入諄韻不合。但元泰定明本作普均切，亦非。因同音之豳字又見真韻府巾切，彼注云：「又普巾方閑二切」，普巾切即指此紐也。

○臻韻

五十一葉

1 ⿰金孱 埤蒼云小鏧

小鏧，北宋本中箱本作⿰金孨鏧。案山韵士山切⿰金孱注云：「小鏧名。」

○文韵

2 雲 王分切

王分切，切三作戶分反。

3 溳 水名在南陽一云在美陽

切三注作「水名，在美陽。」案水經注云：「溳水出蔡陽縣大洪山。」美陽，說文玉篇均作蔡陽，當據正。

4 鼖 大鼓周禮鼓人掌六鼓以鼖鼓掌軍事

掌軍事，周禮作鼓軍事，此因上文掌字而誤。

5 蕡 草木多實 ⿱⺮弝 古文

⿱⺮弝字當作萉。說文云：「萉，枲實也。」周禮籩人注云：「蕡，枲實也。」可知萉蕡一字也。

五十二葉

1 轒輓兵車　輓，段改作轀，是也。於云切轀字注云：「轒轀兵車。」

2 扮搵也　吳夌雲廣韻說云：「案說文：扮，握也，讀若粉。魏策蘇代又身自醜於秦扮之，鮑彪注：扮，并也，握也，言合諸國。玩合并二字之義，作握為是。」

3 坌　問韻方問切下此字作坌。

4 𤺋痺也　𤺋，玉篇作痺，段改同。案本書刪韻五還切𤺋下不誤。

5 白虎通曰君者羣也羣下之歸心也　歸上脫「所」字，此文見白虎通三綱四紀。

6 芬府文切　府文切，與分字府文切音同，非也。府，切三作無，當是撫字之誤。若作無，則與文武分反音同。元泰定本明本作撫，極是。陳澧據改。

7 翂翁飛皃　案翂當作翉，真韻翉下云：「翉翁飛皃。」

8 汃 汃水名
汃汃見文選南都賦，李善注云：「波相激之聲也。」此注水石下或有脫文。

9 閿 閿閿之皃
閿，閿，皆當從門作。

○欣韻

10 邤 邤鄰地名
案集韻云：「邤，地名；一曰鄰也。」鄰字別為一義。

11 靳 又巨希切
注云又巨希切，案徵韻集希切下無此字。切二及敦煌王韻居希反下靳字注亦云：「今音祈。」

○元韻

五十三葉

1 原 亦州名漢高平縣魏為鎮州
案後魏書地形志原州下云：「太延二年置鎮。」此注鎮下州字乃衍文，當刪。又魏上當有後字。

2 原即與厵同　厵，段改作厵，與說文合。

3 秃髮傉擅之子賀入後魏　擅，魏書卷九十九作檀，當據正。晉書載記第二十六亦作檀。

4 說文本作厵　厵，當作厵。厵見厵部。

5 厵　當作厵。

6 水名在象郡鐔滛城西　此文何焯改作「水名在武陵郡鐔成西」，並曰：「鐔成，漢地理志屬武陵。云在象郡者，山海經之誤；在牂牁者，又水經之誤也。滛字後人所加音，刊者并誤以入行」。案漢書地理志武陵郡鐔成縣下應劭曰：「潭水所出，東入鬱林，潭音滛」。依宋祁校改。

7 亦云在牂牁　牂牁，漢書地理志作牂柯，楝亭本同。

8 紀年曰穆王十七年起師 段依紀年於十上增「三」字。

9 周禮榮原蠶 榮,周禮夏官司馬馬質作禁,當改正。

10 䬧又五丸切 注云又五丸切,案桓韻五丸切下無此字。

11 洛陽垣恭 洛陽,北宋本黎本作略陽。

12 ⿰女軍媛 ⿰女軍,段改作嬋。案明本不誤。

13 番又音盤 案番又音盤,桓韻薄官切下無此字。

14 薠似蘋而大 蘋,切三作莎,與說文合。

15 ⿰番非 說文此字作⿰非番。

16 鷭鵃鳥 鵃,切三作鵬,集韻同。

17 蟠又扶干切 又扶干切,切三同。案蟠字見桓韻薄官切下。

18 璠璵魯之寶玉　璠璵，切三作璵璠，與說文合。

19 出齊人種術　齊人種術即齊民要術。

20 墦　北宋本黎本作璠，誤。

21 䝼䮳上同　䮳，集韻作𢐗，䝼之省。而䝼又為蹯字之誤。

22 藩又音翻　注又音翻，案本韻孚袁切下無藩字。

23 憣俗通為幡　注幡字蓋誤字，元泰定本作憣。

五十四葉

1 鸇鷷鵔鳥名　注鴝字當是鵔字之誤。玉篇云：「鵔，鵔鷷小鳥」。本書諄韻詳遵切下鵔作駒，義同。

2 吅又私全切　又私全切，切三同。案仙韻須緣切下無此字。

3 幡 帊　幡，切三作繙。案本韻附袁切繙下云「繙帊，亂取」。

4 輝　當作輪，玉篇為軒字重文。集韻亦作輪，注云「通作軒」。案輪即軒輊之軒。若作輝則與魂韻之輝溷為一字。

5 蓒 芉　芉，北宋本黎本景宋本作芊，誤。

6 靬 又下憚切　注又下憚切，案翰韻侯旰切下無此字。

7 蔫 箊　箊，北宋本黎本景宋本棟亭本元泰定本明本作菸，與說文合。說文云「蔫，菸也」。

〇魂韻

8 驒 驒騱野馬　此注有誤。驒騱野馬，說文玉篇作驒騱，本書齊韻騱下云「驒騱，野馬名。驒音壇」。案驒字見山海經北山經云「有獸焉，其狀如麢羊而四角，馬尾而有距，其名曰驒」。是驒乃獸名，非野馬也。玉篇驒訓獸名不誤。此注因驒驒形近，誤以驒騱野馬為驒騱野馬。

9 樿 三爪犁曰樿犁上曲木也 注切三作「三爪犁，一曰犁上曲木」。本注樿下蓋脱「一曰」二字。

10 䯤 說文作䯤，集韵同。

11 䯤 又胡官切 注云又胡官切，案桓韵胡官切下無此字。

12 墠 說文此字作墠，本書删韵戶關切下同。

13 琨瑻 瑻，切三作珸，與史記司馬相如傳合。史記索隱引司馬彪云：

「琨珸，石之次玉也。」

五十五葉

1 歔 歔手不可知也 注「手」北宋本作千，案說文作干，此千手皆干字之誤。

2 瓚 同琨 注「同琨」二字各本作「玉名」。

3 蒀 又於殞切 又於殞切，較韵無此音，案蒀字見吻韵於粉切下。

4 古今表有逢門子豹 案表字上蓋脫人字。

5 赤粱粟也 粱，北宋本黎本景宋本均譌作梁。

6 尊 本又作𢍜 𢍜，當作𢍘。

7 從土 土，北宋本黎本均譌山。

五十六葉

1 弴 張同上 張，段氏改作弤，是也。案玉篇弴下有弤字，注云：「同上，畫弓也。又丁禮切，舜弓名」。吳夌雲廣韻說云：「弴即孟子弤朕之弤。趙注：弤，彫弓也。張即弤之誤」。

2 廣雅云臀謂之脽亦謂之脾也　案脾北宋本黎本景宋本作臎，是也。說文脾臀一字，不得云臀謂之脾也。廣雅釋親云：「臎，髁，臀也」；說文云：「𩪽，臀骨也」。臀與臀同。可知臎即臀也。臎亦作翠，禮記內則鄭注云：「翠，尾肉也」。

3 說文作尻　尻，段改作尻。

4 邨村亦音　注云亦音村，案本韻此尊切下無此字。

5 芚菜似莧也　棟亭本莧作莧，是也。玉篇云：「芚，菜似莧，可食」。

6 一曰水涌也　也字切三作出。

7 亦姓古有勇士賁育　案「賁育」，孟賁夏育也。孟賁見孟子，夏育見戰國策。此以賁為姓，非也。

8 賁 又音祕　注云又音祕，案至韻兵媚切下無此字，別見寘韻彼義切。

○痕韻

9 根 柢也　柢，元泰定本楝亭本作柢，是也。

○寒韻

五十七葉

1 亦虜姓可單氏後改為單氏　案魏書官氏志可單氏作阿單氏。

2 武德年討平王世充改為安州　案武德下蓋脫四字。新唐書高祖本紀武德四年五月秦王世民平王世充。

3 難 那干切又奴肝切　案又奴肝切，即那干切，此「肝」字譌字也。元泰定本明本作「汗」，當據改。難又見翰韻，音奴案切。

4 七安切　七，北宋本黎本均譌作士。

5 攤 攤擶賭博　攤，北宋本黎本作攤，誤。又注「賭博」二字，北宋本黎本作「四數」，與刻本韻書殘葉合。張氏改作「賭博」，與元泰定本明本合。玉篇云：「攤擶，原作擶誤。賭錢也。」

6 攤 開也　攤，北宋本黎本均作攤，張改作攤與說文合。

7 姍 訕也　訕，刻本韻書殘葉同。北宋本黎本作「作」，誤。案說文云：「姍，誹也。」

8 今檀城在瑕丘瑕丘屬山陽魯改山陽爲高平郡　魯字，刻本韻書殘葉作晉，是也。案瑕丘漢屬山陽郡，見漢書地理志。晉初分山陽置高平國。見晉書地理志兗州。此作魯者，因上文而誤。

9 太玄經云揮繫其名　段氏云：「揮，范望注太玄作揮。」案見太玄數第十一。敦煌王韻及刻本韻書殘葉引無「繫」字。

10 驒駭匈奴畜似馬而小　駭，敦煌王韻及刻本韻書殘葉作騱，與說文合。

案史記匈奴傳亦作驒騱，徐廣曰：「巨虛之屬」。

11 說文贓也　贓，段改作賊，與說文合。

12 奸以婬犯也　婬，楝亭本作淫，刻本韻書殘葉同，與說文合。

五十八葉

1 尪尪服　注服字刻本韻書殘葉作股，是也。集韻於寒切尪注云：「股也」。

2 落干切十一　十一，黎本楝亭本作十二，是也。本切下凡十二字。

3 栞槎木也　注刻本韻書殘葉作「槎枯」。

4 臤監也　監，楝亭本明本作堅，與說文合。

5 顩頑　顩,敦煌王韻作顟,是也。顟見桓韻毋官切下。

6 濡乃官切　乃官切,刻本韻書殘葉同。案官字在桓韻,濡字不得入此韻。

○桓韻

7 汍瀾泣淚　淚,切三及敦煌王韻作皃。

8 見說文　說字北宋本作同,黎氏所據本作皃,並誤。

9 爾雅云小山岌大山曰峘　案爾雅釋山無曰字。

10 抄偳　抄,楝亭本作仯。案效韻仯下云:「仯仯小子。」

11 䁍一曰目無睛　注睛字切三及敦煌王韻作精。案說文云:「䁍,目無明也。」

12 婠又古旦切　注云又古旦切,案翰韻古案切下無婠字,婠見換韻古玩切下。

13 貒 似豕而肥　切三及敦煌王韻「似」上有「貒豚」二字。

14 狻猊師子猛獸　切三及敦煌王韻猛獸上有「西域」二字。

15 鄟 邾鄟之邑　注文鄟字誤。切三及敦煌王韻均作⿰婁阝，集韻同。案春秋成公六年公羊傳云：「鄟者何？邾⿰婁阝之邑也。」

五十九葉

1 禶 禶補　北宋本三字皆從衣作，棟亭本同。

2 劗 又子攢切　攢，北宋本作欑，是也。此字又見本韻借官切下。

3 孔子妻亓官氏　亓，黎本作井，均誤。北宋本作幵，是也。詳見錢大昕十駕齋養新錄。

4 故謂之鸞　鸞，段改作鑾。

5 巒小山而銳　注切三作山小而銳，與說文合。

6 ⿰舟鳥　北宋本作⿰月鳥，是也。

7 古文尚書作腡　腡，各本作⿰舟鳥。

8 直轅⿱竹暈縳　⿱竹暈，段改作暈。案說文云：暈，直轅車轒。

9 曲髮為之　曲，切三及敦煌王韻均作屈，北宋本同。

10 瞞母官切　母官切，切三及敦煌王韻作武安切。案安字見寒韻，切韻王韻寒桓未分，此脣音合口字而以喉音開口字切之。

11 樠　北宋本、景宋本作⿰木兩，誤。

六十葉

1 潘又姓周文王畢公之子季孫食采於潘因氏焉　案周文王下當有「子」字。

廣韻校勘記　卷一　六十四

2 甂 ⿰土瓦大甂　⿰土瓦，段改作瓳。案廣雅釋宮云：「甂瓳，甂也。」玄應一切經音義卷十三引埤倉云：「甂瓳，大甂也。」

3 捕魚笱　笱，段改作笱。案玉篇云：「⿱竹般，笢也，又捕魚笱也。」

○刪韵

4 刪 又所晏切　注云又所晏切，案諫韵所晏切下無此字。

5 螞蠻 蟲名　案集韵云：「螞蠻，蟲曲息皃。」

6 吳王孫休　王，段改作主。

7 ⿰氵⿱大𣶒潫　案⿰氵⿱大𣶒當作奫。此字從大從淵。

8 ⿱馬十 又音弦　注云又音弦，案先韵胡田切下無此字。

9 戌 屋牡瓦名　注牡字說文作牝。

10 般又音鉢　般字又音鉢，案末韻北末切下無般字。

11 斕斒　切三作斒斕，是也。案山韻斒下云：「斒斕，色不純也。」玄應一切經音義卷五卷十二引埤倉云：「斒斕，文皃也。」

12 賤事之皃　賤，段改作賊，本說文。

13 ⿰犭㒼又莫干切　案莫干切寒韻無此音，桓韻母官切下有⿰犭㒼字，即此字也。集韻⿰犭㒼為獌字或體。

14 奻奴還切。　奴，陳澧切韻考依說文二徐本及玉篇反語改作女，正與切三合。又「切」字下北宋本黎本有「一」字，當據補。

15 頑　此字切三入山韻，音吳鰥反。

16 駢辟　辟，段改作躄。案駢躄見漢書儒林傳。

六十一葉

○山韻

1 疝 疝痂病也 切三注作「疝痂腹病」。說文云：疝，腹痛也。此注病上蓋脫腹字。

2 閑 又閑澗二音 閑字北宋本中箱本脫。案本韻戶閒切及諫韻古晏切下均無閑字。

3 史記濟南瞯氏 瞯，當作瞷。

4 鷴 切三作鷳，與說文合。

5 藖 莖餘 注切三同。案玉篇云：「莖（原誤作莚）餘草莖也」。此注莚字乃莖字之誤，詳見襇韻藖字校記。

6 臤（又口耕切）　注云又口耕切，案耕韻口莖切下無此字。

7 韗（韗軒）　注疑有誤。案廣雅釋器云：「韗韇輞也」。原本玉篇殘卷云：「韗韇車輞也」。今本書仙韻士連切下韗注作「軒輞」。

8 埏（門聚）　案集韻注作「埏門聚名，在睢陽」。玉篇埏下亦云：「埤蒼曰：埏門聚，在睢陽」。此注當作「埏門聚名」。

9 羴（又失然切）　注云又失然切，案仙韻式連切下字作羶，同。

10 斕（斒）　切三作斒斕，當據正。

11 𢿙　當作敹，見集韻。

12 ⿰犭聯（又丑連切）　注云又丑連切，案仙韻丑延切下無此字，此字見力延切下。注丑字蓋力字之誤。玉篇⿰犭聯，力延切。

13 墶門聚　注當作「墶門聚名」。

。新添類隔今更音和切

14 肦偏林切　林，元泰定本明本作杯，是也。

廣韻校勘記卷二

一葉

下平聲

先韻

1 ⿱竹沾（說文曰⿱艹潎絮簀也） ⿱艹潎，說文同，段氏改作潎。案說文解字注⿱竹沾下云：「廣韻曰：漂絮簀也。（案見鹽韻昨鹽切下。）漂與潎同義，水部曰：潎，於水中擊絮也。潎絮簀即今做紙密緻竹簾也」。

2 ⿱竹沾（或作⿱竹洴） ⿱竹洴，日本宋本景宋本作⿱竹洴。

3 仟（千人長也） 長工集韻有「之」字。案史記陳涉世家索隱曰：「仟，佰，謂千人百人之長也」。

4 説文曰望山谷之谸青也　案説文作望山谷谸谸青也。

二葉

1 ⿺辶壽　段氏依説文改作逮。

2 吞又湯門切　注云又湯门切，案魂韵他昆切下無吞字，吞又見痕韵，音吐根切。

3 ⿰扌絃縣名在東萊又音弦　⿰扌絃，切三作⿰木絃。案漢書地理志東萊郡下作⿰忄絃。

4 幵又音牽　注云又音牽，案本韵苦堅切下無幵字。

5 鵁鳽鳥名　鳽，日本宋本黎本景宋本作鶄，是也。爾雅釋鳥云：「鳽，鵁鶄。」説文同。

6 五經文字曰其琴瑟亦用此字作絃者非　案琴瑟下五經文字有弦字，

此脫。

7 㩬 縣名 㩬，段改作㡆，本漢書地理志。

8 胭頂 頂，楝亭本作脂，是也。

9 嗹嘍言語繁絮皃 絮，日本宋本黎本景宋本作挐，切三同。張改作絮非也。原本玉篇殘卷言部謰下云：「方言：謰謱拏也，南楚曰謰謱。郭璞曰：言譇拏也。字書或爲嗹字。」案拏挐字通，依說文當作拏。說文拏，牽引也。

10 佃 說文云中也春秋傳曰乘中佃一轅車古輕車也 案說文無「古輕車也」四字。左傳哀公十七年注云：「衷甸一轅，卿車。」此注作輕車，與傳注異。

11 昀 日本宋本巾箱本黎氏所據本景宋本作昀，切三同。元泰定本作昀，集韵同。

12 窴　日本宋本巾箱本黎本作寘，張氏改作窴與說文合。

13 譂　誕語不正也　譂誕，切三作誕譂。本韻他前切下誕注同。

14 滇　汚大水皃　方成珪集韻考正云：「汚，疑當作沔。滇沔淼漫，見左思吳都賦，注：滇沔，水闊無涯之狀。玉篇亦作沔，訓大水皃。」

15 穀　熟曰年　年，棟亭本作秊。

三葉

1 蚈　又古奚切　注云又古奚切，案齊韻古奚切下此字作蛢。玉篇同。

2 鵁　鳽也　鳽，日本宋本巾箱本黎本景宋本作鶄，與切三合。

3 ⿱宀臱　說文此字作⿱宀⿱自冏。

4 骿　骿肋　注切三作「并肋」，是也。說文：「骿，并脅也」。

5 玭班珠　班，段改作蚌。

6 蜎又甌泫切　又甌泫切，敦煌王韵作又甌泫反，音同。案本書銑韵無此音。

7 鞙鞙馬尾也　集韵云「鞙，馬勒」。此注有誤。

8 鞙又胡犬切　犬，黎本譌作失。

9 春秋傳曰何故使君水玆　君，日本宋本黎本均作吾，與左傳哀公八年合。

10 犳獸似豹而少文崇玄切　案犳當是犳之譌字。犳見山海經西山經底陽之山，郭注犳，音之藥反。玉篇犳，獸豹文。音與郭同。犳已見藥韵之若切下，此處當刪。

仙韵

11 故字從人旁山　今本釋名作「故其制字人旁作山也」。

四葉

1 秈稻　秈，切三及敦煌王韻作秔。

2 周禮注云錢泉也其藏曰泉其行曰布取名流行無不徧也　錢泉也，段改作「泉錢也」。案周禮地官泉府鄭司農云：「故書泉或作錢」。「其藏曰泉」云云見周禮外府鄭注。鄭注「其行曰布」下作「取名於水泉，其流行無不徧」。此「取名」下有脫文。

3 韆鞦繩戲　韆鞦，棟亭本作鞦韆，是也。

4 絑勞皃　此本說文。案玉篇絑作縈。

5 延　亦州漢高如縣取延州為延安郡　案高如縣當作高奴縣，如奴形近而誤。元和郡縣志卷三延州下云：「在漢為上郡高奴縣之地」，是其證。又下文「取延川為延安郡」亦有誤奪，依元和志當作「隋改延州為延安郡」。

6 牛領上衣　領，切三及敦煌王韻作項。

7 ⿺辶直　當作⿺辶直，⿺辶直即㢟之別體。見說文。

8 邅又直連切　注云又直連切，案本韻直連切下字作⿺走亶。

9 ⿺走亶同行難也　同下當有上字。

10 ⿰車單軒輞　此注疑有誤，廣雅釋器云：「⿰車單⿰車瞿輞也。」

11 ⿰土座門聚　注敦煌王韻同。案玉篇引埤蒼云：「⿰土座門聚，在睢陽。」集韻云：「⿰土座門，聚名，在睢陽。」此注當作「⿰土座門聚名。」

12 牛領上衣　領宜作項，見上文䘰字校記。本葉第6。

13 說文云肉醬　案說文肉上有生字。

14 季秋之月寒蟬鳴　季當作孟，見禮記月令。

15 澶 又音纏

注云又音纏，案本韻直連切下無此字。

五葉

1 嫣 又於遠切

注又於遠切，案阮韻於阮切下無嫣字，嫣見獮韻於蹇切下。

2 便 辯也

正文及注日本宋本誤作「偏不正」。

3 馬蜩 蟬中最大

大下宜有者字。案爾雅釋蟲「蝒馬蜩」下郭注云：「蟬中最大者為馬蜩。」宋本爾雅誤作「蜩中最大者為馬蟬」，今依初學記所引孫炎語「蝒馬蜩蟬最大者也」訂正。

4 蛃 說文曰蛃蚗螵蠣

蛃蚗，日本宋本中箱本黎本景宋本均作蛜蚗，與宋本說文合。

5 閿

敦煌王韻此字與顉為一字。

6 頣 頣頟

頣，日本宋本中箱本黎本景宋本作鵮，均誤。案鵮字已見上文，此處不當重出。元泰定本明本作鶍，與五代刻本韻書相合。龍龕手鑑馬部亦有鶍字。宋本之鷁即鶍字之誤。注亦當作「鶍額」。張氏改鷁作額，未詳所據。各字書無顊字。

7 䙇　此字當從耎作䙇。下䁥瑌同。

六葉

1 一曰射千　千，各本作干，此誤。

2 嬛　當依說文作嬛。

3 𠥻　黎本作圓，誤。

4 𠥲 簿也　注簿字當依方言作簙，方言五云：「簙，或謂之𠥲璇。」

5 古吏考　吏，日本宋本中箱本作史，誤。古史考蜀譙周撰。

6 有大玄女　大，日本宋本中箱本棟亭本作太，是也。

7 索瓊茅以筳篿　筳，離騷作筳，瓊作藑。棟亭本不誤。又篿下切三及敦煌王韻均有兮字，與離騷合。

8 鄰鄟邑名　鄟，日本宋本中箱本作鄟與敦煌王韻合，當據正。亦見桓韻度官切鄟字校記。

9 圝　支韻是為切下作圝。

10 史記有歂師　歂，日本宋本中箱本均作歂，當據正。

11 栓山員切　山員切，切三及敦煌王韻同。五代刻本韻書入莊緣反下，蓋誤。

12 犍為縣在嘉州　嘉州，切三敦煌王韻五代刻本韻書均作益州。案漢書地理志犍為郡下注云：「武帝建元六年開。莽曰西順，屬益州。」應劭曰：「故夜郎國」。此作嘉州者，本唐制也。見唐書地理志及元和郡縣志。

13 懲 懲俗　案懲日本宋本中箱本棟亭本作懲，與玉篇合。

14 一曰馬腹縶　此文切三及敦煌王韻同。五代刻本韻書作「馬腹熱病」。字鏡云：「馬腹縶」。說文繫傳同。

15 𧞣 又己偃切　又己偃切，切三及敦煌王韻同。案阮韻居偃切下無𧞣字，𧞣見獮韻九輦切下。

16 方言曰嗄嗄歡皃　案此引乃郭注。方言十三云：「嗄，樂也」。注：「嗄嗄，歡皃」。

17 闕緡　闕，景宋本棟亭本作關，是也。

七 葉

1 踡 踡跼不行　「不行」，切三及敦煌王韻同。元泰定本明本棟亭本作「仲」，玉篇同。

2 ⿰木鷵 鵅⿰木鷵 注「⿰木鷵鵅」，敦煌王韻及五代刻本韻書作「鶬鵅」。案鶬、⿰木鷵聲同。

玉篇⿰木鷵下云：「⿰木鷵鵅亦鶬鵅也」。

3 夐 又音倦 注云又音倦，案線韻渠卷切下無此字。

4 ⿺走雚 日本宋本此字作⿺走卷，同。集韻：「⿺走雚」或從卷」。

5 捲 說文云气勢也國語曰予有捲勇 說文引國語無予字。案齊語云：「於子之鄉有拳勇股肱之力秀出於衆者。」此注予字誤。

6 鄢 又於晚切 注云又於晚切，案阮韻於阮切下無鄢字。

7 漹 此字敦煌王韻與嫣字同在焉紐下，音於乾反。

8 ⿺辶雈 行不正皃丁全切一 切韻無此字。敦煌王韻作「槯 丁全反一槯九。也出說文新加一」注云：「出說文」。案說文無樢字。五代刻本韻書作「[illegible]丁全反一」，未詳。

蕭韻

9 蟏 蟏蛸蟲一名長蚑出崔豹古今注　蚑，各本作蚑，是也。蚑見支韻巨支切下。

又長字，宋嘉定本古今注作蟏。

10 潚　此字切三及敦煌王韻作瀟。

11 䎄 羽翼蔽皃　蔽，段氏改作敝，是也，與元建安鄭氏刊本玉篇合。集韻䎄翛一字，詩鴟鴞「予尾翛翛」傳云：「翛翛敝也」。

12 朓 月出西方　注出字，切三及敦煌王韻均作見。案漢書五行志下之下云：「晦而月見西方謂之朓」。

13 轉 簿　轉字誤，切三及敦煌王韻均作輕，當據正。

14 𢊁 說文此字從厂作，敦煌王韻同。

15 刅 此字段氏改作刅。下從刀者同。

16 刀 俗作刁 段云：「此本是刀，俗作刁，後人誤易之。」

17 茒中小蟲 茒，敦煌王韻作茅。

八葉

1 髝 又音鬮 注云又音鬮，案尤韻直由切下無髝字。玉篇髝字即音直由切。

2 漢書曰三族令先黥劓斬左右趾梟首菹其骨謂之具五刑 案此文有奪誤。漢書刑法志引成帝詔書，內云「然其大辟尚有夷三族之令，令曰：當三族者，皆先黥劓，斬左右止，笞殺之，梟其首，菹其骨肉於市。其誹謗詈詛者，又先斷舌。故謂之具五刑。」

3 亦弩䦧　䦧，切三及敦煌王韻作𫞋。

4 膠　日本宋本中箱本黎本作𦡝，誤。

5 瞭　日本宋本中箱本景宋本黎本作䫜，誤。

6 膝膟　膝，日本宋本中箱本黎本均作臉。張改作膝，與玉篇及本書宵韻膝注合。

宵韻

7 爾雅注一曰螵蛸　螵，日本宋本中箱本黎本景宋本作蟳，與爾雅注合。本韻即消切蠨注亦作螵。案螵字見鐸韻補各切下。

九葉

1 𩠆長皃色交色角二切　長皃，當依玉篇集韻作長臂皃。「色交色角二切」，日本宋本作「又色色角二切」，脫「交」字。中箱本作「又色交色角二切」，是也。此注皃字下當補「又」字。案肴韻所交切下無𣫄字。𣫄又見效韻所教切下。

2 奞又先凖切　注云又先凖切，案凖韻思尹切下無此字。

3 山魈　魈，楝亭本作魈，是也。

4 鼂又陟遙切　注云又陟遙切，案本韻陟遙切下無鼂字。

5 䫿又五刀切　注云又五刀切，案本書豪韻五勞切下無䫿字。故宮本敦煌本王韻有之。

6 說文木也　案說文作散木也。

7 獿又而沼切　而沼切，日本宋本中箱本楝亭本景宋本黎本明本作紹（而）切，音同。切三作又女紹反。案獿見小韻而沼切，而女屑不同類。

8 ⿺辶繇或作繇 繇，中箱本同。日本宋本黎本均作⿺辶繇。案當作⿺辶繇。玉篇⿺辶繇為⿺辶繇之或體。

十葉

1 ⿸广睪座也 案⿸广睪座二字均誤。萬象名義：「⿸疒皐，王聊反，癰腫欲潰也。痤也。」此⿸广睪當作⿸疒皐，座當作痤。唐人寫書字之從睪從皐者每每互訛，廣韻蓋因唐本韻書之誤。集韻作⿸疒皐，注云：「痤⿸疒皐疾名。」是也。

2 褕亦作揄 案褕當作褕，褕狄見周禮內司服。

3 ⿰召卩擊也 ⿰召卩，當依說文作⿰召巴。說文巴部⿰召巴，搔擊也。萬象名義玉篇此字均從巴作。

4 說文曰樹搖皃　搖字日本宋本巾箱本黎本景宋本均脫。

5 鉊淮南呼鎌　注「淮南」下切三有「人」字。案方言五云：「刈鉤，江淮陳楚之間謂之鉊」。

6 郭璞云苕華色異名也　案爾雅釋草云：「苕，陵苕。黃華，蔈；白華，茇」。郭注云：「苕華色異，名亦不同」。此注引郭注名下脫「亦不同」三字。

7 「爾雅云中鏞謂之剽　案爾雅釋樂云：「大鐘謂之鏞，其中謂之剽」。此引非原文。

8 篻　切三此字入蜱紐，音無遥反，蓋鈔者之誤。案郭璞音飄，釋文音婢遥反，皆與廣韻音同。

9 方言云江東謂浮萍為薸　段云：「方言無此」。王先生云：「案出郭璞爾雅注」。

10 𣝋 橐也又公混切　此字日本宋本巾箱本黎本均作𣝋，張改作㯻，是也。案說文：「㯻，橐張大皃。从橐省，匋省聲」。大徐音符霄切。又「𣝋，橐也。从束圂聲」。大徐音胡本切。廣韵此音符霄切，可知𣝋必為㯻字之誤。注「橐也」，當改從說文作「橐張大皃」；「又公混切」四字當刪。

11 苗 武瀌切　瀌，日本宋本巾箱本元泰定本明本作儦，音同。

12 𡢁 象人要自由之形　「自由」二字，日本宋本黎本景宋本作「皃曰」。「皃」，張改作自，是也。「曰」，張改作由，非。說文作𦥑，段據改。

13 鴟鴞　鴟，各本作鴟，此誤。

14 鄧鄉名在淯陽　「淯陽」，切三作「清河」，誤。案玉篇云：「鄧，南陽鄉名」。漢書地理志南陽郡有育陽縣。

15 廣雅云龜妃之名　段氏云：「今無」。

16 蠪音龍　案蠪字見東韻力東切下，此云「蠪音龍」，鍾韻力鍾切下無此字。

17 亦作⿰⿸广非斗　⿰⿸广非斗，說文作⿰⿸厂非斗。

18 七邃切十　十，中箱本、黎本作七，是也。本切下凡七字。

19 抄飯匙也　也字日本宋本、中箱本、景宋本無。

十一葉

1 說文云木盛皃　案說文作「木少盛皃」。

2 周禮注云輕𤰈土地之輕脃也　案周禮草人云：「輕𤰈用犬」。鄭注：「輕𤰈，輕脃者。」輕𤰈指土地而言，故此云「土地之輕脃也」，所引非周禮注原文。

3 亦作瀏　瀏，日本、宋本、黎本作漂，非。巾箱本作溧，楝亭本同。張氏改作瀏，與集韻合。

4 憍紆也　此正文及注均誤。案正文憍當作𢄼，唐人寫書從忄從巾每每互譌。𢄼即繑字或體。見原本玉篇殘卷。注紆字當作絝。絝唐人每寫作袴，因袴而譌作紆。萬象名義巾部𢄼，口騎反，絝也。集韻𢄼，絝細也。

5 橇蹋摘行又爲所乘也鞽上同　案此以橇鞽爲一字，非是。橇從毳聲，不得音起囂切。史記夏本紀云：「泥行乘橇，山行乘檋」。河渠書作「泥行蹈毳山行即橋」，漢書溝洫志作「泥行乘毳，山行則梮」。如淳曰：橇音茅蕝之蕝，司馬貞謂橇音昌芮反，是橇字不讀起囂切也。玉篇音丘喬切亦誤。橇宜入祭韻。集韻祭韻祖芮切充芮切下均有此字。此鞽下當云：山行所乘。

肴韻

6 猇 又直交切　交，日本宋本中箱本黎本景宋本明本均作支，與切三合。案支韻直離切下無猇字，集韻支韻「陳知切」下有之。張本改支作交，與元泰定本同，非也。案漢書地理志濟南郡有猇縣，注云：「應劭曰音箎」。箎，廣韻即音直支切，可證作「支」不誤。又猇，蘇林音爻，蔡謨音由，音鴞，顏師古音于虯反，均無直交切一音，可證「交」為譌字。

7 膠 亦太學也　太，日本宋本中箱本黎本作大。案禮記樂記注云：「周名大學曰東膠」。五代刻本韻書注云：「殷之大學名也」。

8 芃 秦芃

芃，段改作艽，是也。玉篇云：「艽，秦艽藥」。或作芁。芁亦艽字之誤。

9 兵車若巢

五代刻本韻書若上有「高」字。

10 鄉名在南郡

郡，段氏改作陽，與說文合。

11 鐃似鈴無舌

鈴，各本作鈴，與玉篇合。

12 洶 洶沙

洶，五代刻本韻書同。段氏改作硇。楝亭本作硇，注同。

13 麄 捽也

捽，當作崒，見玉篇集韻。

14 獶 又力刀切

又力刀切，力字誤。日本宋本中箱本作奴，是也。獶字又見豪韻奴刀切下。

十二葉

1 茅　草名左氏傳曰前茅慮無明　案左傳宣公十二年云：「前茅慮無」。「明」，乃杜注。注曰：「茅，明也」。此注依例當作「草名。又明也，左氏傳曰前茅慮無」。

2 水名在南郡　郡字，日本宋本、中箱本、黎氏所據本並無。張氏增，蓋本玉篇。段氏云：「西征賦注：字林曰袁水在河南郡。此落河字耳。去聲效韵則又譌為南陽」。案段說是也，當據正。

3 膠　切三、敦煌王韻、五代刻本韻書均作⿰目翏，玉篇同。此從月作膠，非。敦煌王韻云：「眑⿰目翏，面不平。眑，於交反」。案本書於交切下眑字亦從目作。

4 ⿰石交磝城名　城，日本宋本、中箱本、黎本均作成，集韻同。

5 瘠土　瘠，日本宋本、中箱本、黎本、景宋本、明本作塉。

6 又五勞語彪二切　日本宋本中箱本黎本景宋本作「又五勞切，語彪切」。

張氏依例改，與元泰定本合。

7 趙竹宵切　趙見庚韻竹盲切，此「宵」字誤。日本宋本作盲，切三及故宮王

韻同。當據正。

8 鵃　故宮王韻作鵰。

9 炮合毛炙物也　物，切三及故宮王韻作肉，是也。玉篇云：「炮，炙肉也」。

10 皃　案此字蓋皃字之譌。集韻本韻㒵，或作皃，巧韻或作皃。

11 膠又力絞切　注云又力絞切，案巧韻無此音。

豪韻

十三葉

1 鼙 役事車鼓　切三及故宮本敦煌本王韻注均無車字，案周禮鼓人云：「以鼙鼓鼓役事。」

2 㤓 知也局也　注故宮本敦煌本王韻五代刻本韻書均作「局知」。集韻云：「局知也」。

3 釋 今之餹餅曰釋　釋集韻作䅥。此從睪作釋誤。案從睪不得音古勞切也。

4 ⿱𤇾心　說文勞字古文作𢡚，此⿱𤇾心蓋𢡚字之誤。

5 ⿰木卿　黎本作⿰扌卿，誤。

6 ⿰扌林　日本宋本巾箱本黎本景宋本均作⿰扌林，集韻同。

7 說文曰眉髮及獸毛也　說文眉髮下有「之屬」二字。

8 徐援釋疑曰乘輿黃麾內羽仗班弓箭左罼右罕執罼者冠熊皮冠謂之髦頭也　案援字誤，日本宋本巾箱本黎本同，張刻後刻改作爰，是也。徐爰字長玉，宋中散大夫，虞世南北堂書鈔及李昉等太平御覽並引其書。北堂書鈔卷一百三十髦頭條注曰：徐爰釋疑略注云：乘輿黃麾內羽林班弓箭手，（據王石華校）左罼右罕。執罼罕者冠鶡皮冠，謂之髦頭。此文與廣韻所引略異。太平御覽卷六百八十引作徐爰釋疑略。（御覽圖書綱目名同。）

9 [illegible] 此字日本宋本巾箱本景宋本作[illegible]。

十四葉

1 縿本音衫 衫，各本均作杉。案杉字在咸韻，考縿字見銜韻所銜切衫紐下，張改作衫是也。

2 [illegible] 故宮王韻此字作[illegible]。

3 鱢 此字故宮本敦煌本王韻為臊字或體。

4 白首赤口 首，日本宋本巾箱本黎本均作身，切三及敦煌王韻五代刻本韻書同。

5 海中大鼇 鼇，切三作鼇，集韻同。

6 不省語也 此文切三及故宮本敦煌本王韻同。省字段氏改作肖，與五代刻本韻書及元泰定本合。案說文云：「謷，不肖人也。」

7 爊 切三及故宮本敦煌本王韻作𤒺，誤。案廣雅釋詁四云：「爊，煴也。」曹憲爊音烏高反，與廣韻音同。

8 鏖 此字說文同。切三及故宮本敦煌本王韻作鑣，非。

9 嶩峱 二字敦煌王韻均為巎字或體。

10 ⿰月隼也　⿰月隼，日本宋本巾箱本黎本均誤作脽。張改作⿰月隼，與說文合。

11 ⿰喿殳　玉篇集韻此字並作⿰喿攴，為操之或體。敦煌王韻同。

12 ⿰片毛　此字集韻同，巾箱本黎本作⿰月毛，誤。

十五葉

歌韻

1 釋名曰人聲曰歌歌者柯也以聲吟詠上下如草木之有柯葉　詠下今本釋名有「有」字，此奪。

2 菏　段改作渮，與故宮王韻合。此字從水苛聲，見說文。

3 渮澤水在山陽湖陵縣　注澤水，說文作渮澤水。段氏改作渮水。

4 傰　此字敦煌王韻同。漢書卷七十六王尊傳作傰。本書登韻步萠切下作倗。案漢書注：「蘇林曰倗音朋，晉灼曰音倍。」無得何切一音。後以倗譌作傰，又由傰譌作㑲，如蒯字唐人每寫作㓟。字既訛變，音由字生，去古彌遠。

5 舞不止　止，日本宋本巾箱本均譌作正。

6 陀 陂陀不平之皃陂普何切　注陂陀，故宮王韻作阪陀。案阪見戈韻滂禾切下。又注云：「陂普何切」，本韻及戈韻均無此陂字。

7 馱　此字玉篇作駄，大徐說文新附字同。

8 袉 又達河切　河，故宮本敦煌本王韻作何，並誤。日本宋本巾箱本黎本均作可，是也。案袉又見哿韻徒可切。

9 瘥 又初介切　案介字在怪韻，本書怪韻無「初介」一紐，瘥見卦韻楚懈切下。敦煌王韻𤸩在怪韻，音楚介反。

10 䣜縣在譙郡或作酇，在譙郡，切三及敦煌本故宮本王韻作在沛郡，案漢書地理志沛郡有酇縣。此作譙郡者，隋制也。

11 蒫又子邪切 子邪切，故宮王韻作子相反，音同。敦煌王韻作相邪反，誤。案蒫字又見麻韻子邪切下。

12 虘又才都切 又才都切，故宮王韻同。案模韻昨胡切下無此字。敦煌王韻昨姑反下有之。

13 似䔑蒿 䔑，日本宋本中箱本黎本均作斜。張改作䔑，與切三及故宮王韻合。案䔑見麻韻似嗟切下，注云：「䔑蒿」。

14 娥䄉上同 䄉，集韻訓「祭名」，非娥之或體。案此蓋本玉篇，玉篇䄉

廣韻校勘記

訓盛皃，或作娥。

15 水名在汶江　敦煌王韻云：「水出蜀汶江」，蓋本說文。此「在」字當作「出」字。

16 象寃曲垂尾形　寃，說文作冤，此誤。

17 蛇今市遮切　案麻韻視遮切下無蛇字，蛇見食遮切下。

十六　葉

1 班頭　頭，日本宋本巾箱本黎本景宋本均作題。案班題山海經作文題，張改題作頭，非也。

2 簡絜　簡，日本宋本巾箱本黎本景宋本作澗。張改作簡，與爾雅合。

3 阿伏于氏　于，日本宋本黎本作干。巾箱本作于，與魏書官氏志合。

戈韵

4 椂 日本宋本黎本作⿰扌彔，誤。張改作椂，與巾箱本明本合。案椂見玉篇。

5 ⿱艸心 ⿱艸心題縣名在涿郡 案⿱艸心題縣漢書地理志在清河郡。⿱艸心，段氏改作芯。別詳王念孫讀書雜志。

6 ⿱⿰氵夂石 又音盤 注云又音盤，案桓韵薄官切下無此字。

7 ⿰食麻 哺兒 哺，日本宋本巾箱本黎氏所據本景宋本明本作咘。

十七葉

1 危 敦煌王韵作⿸戶㔾。

2 ⿰言禿 詆⿰言禿 注文「⿰言禿詆」當作「詆⿰言禿」。屋韵⿰言禿下云：「詆⿰言禿，狡猾。」玉篇言部「詆」注同。

3 覼　說文此字作覶。

4 蠡 又音鹿　注云又音鹿，案屋韻盧谷切下無蠡字，此因谷蠡王之谷音鹿而誤作蠡字音鹿。亦見支韻呂支切蠡字校記。

5 波 博禾切　博禾切，切三作博河反，故宮本、敦煌本王韻作博何反。案河何為開口字，波為合口字，以牙喉音開口字切脣音合口字，於切韻王韻每每見之。

6 頗 滂禾切　滂禾切，切三作滂河反，故宮本、敦煌本王韻作滂何反。案河何為開口字，以之切合口頗字，亦牙喉音開口字切脣音合口字之一例。

7 頗 又匹我切　匹我切，故宮王韻作滂可反。案本書哿韻無頗字，頗又見果韻音普火切。王韻未分哿果二韻，此字見哿韻普可反下。

8 𦶜生海邊 𦶜下切三及故宮本敦煌本王韻均有𧃭字。集韻𦶜下云：「一曰藤類」。玄應一切經音義卷十八引南海志曰：「𦶜，藤名也」。

9 鞾許肥切 切三注云：「無反語」。故宮王韻音希波反。敦煌王韻音火戈反又布波反。布字當是希之誤字。

10 ⿰忄蛓恒 恒，日本宋本中箱本黎本作恒，誤。案恒見本韻丘伽切下。

11 伽求迦切 切三注云：「無反語，噱之平聲」。敦煌王韻作夫迦反。夫字當是誤字。故宮王韻此字音夷柯反，而此鉫茄枷二字音巨羅反。

12 迦居伽切又音伽 注「切」字黎本脫。又「又音伽」之伽，日本宋本中箱本黎本均作加，當據正。案迦又見麻韻古牙切下，與「加」音同。

13 脞醋伽切 切三無此字，故宮王韻作倉禾反，敦煌王韻作倉和反。

14 侳子骯切　切三無此字。故宮本敦煌本王韻作子過反。

麻韻

15 䗫又莫何切　又莫何切，故宮本敦煌本王韻作又莫柯反，音同。案䗫字本書又見戈韻，音莫婆切。

十八葉

1 燒榛種田　榛，日本宋本中箱本黎氏所據本明本作㯬，誤。

2 草名　故宮本敦煌本王韻作菜名。

3 遮正奢切　正奢切，切三及敦煌王韻作止奢反，音同。故宮王韻作士奢反，士字誤。

4 䐗　故宮敦煌王韻作䐗。

5 說文詠也　詠字誤，段氏云：「廣雅玉篇作諑，今說文作娽。」

6 袓又似與切　又似與切，故宮王韻同。案語韻徐呂切下無袓字，袓見慈呂切下。故宮本敦煌本王韻同。

7 唊小蛇吸蝮　吸，日本宋本中箱本黎本均作及。

8 廣雅云龍蹄獸掌羊骹兔頭挂髓蠻莆大青小斑皆瓜名　廣雅，段氏改作廣志。案此文亦見廣雅釋草，但無大青小斑四字。此文獸掌當作虎掌，廣雅及張載瓜賦皆作虎掌。挂髓當作桂髓。廣雅作桂支。陸機瓜賦云：「東陵出於秦谷，桂髓起於巫山。」

9 昔秦人迫逐乃袓吾離于瓜州　袓當作祖，見左傳襄公十四年。楝亭本不誤。

10 譒詉語皃　切三及故宮王韻云：「譒詉，語不正。」

廣韻校勘記　卷二　十九

11 設 𥿄設語不解也　設字各書未見。集韻有設字，為詉之或體。原本玉篇殘卷詉下云：「𢷑蒼云：譇詉言不解也。或為拏字。」又設下云：「字書或拏字。」是設與拏詉通用。此設字蓋即設字之誤。集韻作設，廣雅釋詁三作設。

案設字亦即詉之變體。設，玉篇扭加反，字鏡同。龍龕手鏡作女加反，與廣韻音同。設，字鏡或作詉，龍龕手鏡同。曹憲博雅音：詉，女家反。

12 㕼　此字蓋𡝩字之誤。集韻作㚈。

13 嘉 左傳周大夫嘉父　案左傳襄公廿一年有晉大夫嘉父，此作周大夫誤。

14 葭 又音遐　注又音遐，案本韻胡加切下有遐字，即此字。集韻：「遐，通作葭。」

15 跏 趺坐也　趺，各本作趺是也。結跏趺坐，每見釋典。趺即跗字，足面上也。

十九葉

1 碬 礪石也春秋傳曰鄭公孫碬字子石

碬，切三無。案此字從段，已見換韻丁貫切下。此處作碬當刪。原本玉篇殘卷云：「碬，都段反。說文：春秋鄭公碬字子石。」今左傳作公孫段。

2 ⿰韋段 履跟後帖 ⿰革段 上同

⿰韋段，切三無。案⿰韋段⿰革段均當從段作。⿰韋段見緩韻徒管切下，此處當刪。

3 吹 鯊小魚

案爾雅釋魚郭注鯊作沙。爾雅正義引陸璣疏云：魚狹而小，常張口吹沙，故曰吹沙。

4 ⿰革盍 ⿰革沙素⿰革睪履也

素，段改作⿰革索，與廣雅釋器合。案釋名亦云：

「韢韗、韗之缺前廱者也。」

5 吾 漢書金城郡有允吾縣允音鈆　注云允音鈆，此見漢書地理志應劭注。案本書仙

韵與專切下無允字。

6 楂 側加切　側加切，切三同。故宮王韵誤脫反語，致混入五牙反下。

7 又音徒　又字日本宋本、黎本脫，中箱本不誤。

8 舂藏葉可以為飲　切三及故宮王韵「葉」上並有「草」字，此脫。

9 秺 又縣名　案漢書地理志秺作秅。

二十葉

1 鉈 又音夷　注云又音夷，案脂韵以脂切下無鉈字。

2 窐　當作漥，字從水窐聲。

陽韵

3 囙封爲氏　囙字，日本宋本巾箱本黎本景宋本無。

4 與章切三十二　三十二，巾箱本楝亭本作三十一，是也。本切下凡三十一字。

二十一葉

1 後其地入蜀　地字日本宋本巾箱本黎氏所據本景宋本脱。

2 魏未克蜀　未，巾箱本黎本作末，是也。

3 䝧　日本宋本巾箱本黎本作晾，誤。張改作䝧，與故宮王韻合。

4 [illegible]又力尚切　案漾韵力讓切下字作[illegible]。

5 [illegible]牛　[illegible]各本作[illegible]。

6 螪羊[illegible]　羊，巾箱本楝亭本作蛘。

二十二葉

1 鶍 又餘諒切　注云又餘諒切，案漾韻餘亮切下無此字。

2 耕場　場，各本作塲。

3 鄣　日本宋本中箱本黎氏所據本均譌作彰。

4 鯧 鯧鯸魚名　注故宮王韻作「鮻魚」。

5 ⿱艹彊　此字當依說文作⿱艹彊，敦煌王韻不誤。

6 ⿰虫畺 蠶白　切三注作「蠶白死」，集韻同。

7 長 又丁丈切　又丁丈切，故宮王韻作陟兩反。案長見養韻知丈切下，「陟兩」為音和切，「丁丈」為類隔切。

8 場 祭神道處　切三及敦煌王韻注無「道」字。案說文云：「場，祭神道也」。

9 瓶也　瓶，日本宋本中箱本黎本誤作瓴。張改作瓶，與廣雅釋器合。故宮王韻作缾。

二十三葉

1 漢官有太子坊　官，中箱本作宫，是也。

2 什邡縣在漢州　漢州，切三及敦煌王韻作廣漢。案漢書地理志廣漢郡有什方縣。此作漢州者，唐制也。

3 子孫以謚為氏　謚，日本宋本中箱本黎本均作諡。

4 懷挾纓纕　懷，日本宋本中箱本黎本作懹，誤。張改作懷，與國語周語合。

5 進也　日本宋本中箱本黎本元泰定本明本均作「逃也」，當據正。

6 武方切十二　十二，中箱本楝亭本作十一，是也。本切下共十一字。

7 朚 忘也　忘，段改作忙，蓋據廣雅遽也一訓。案故宮本敦煌本王韻均作惡。

8 ⿸疒壯 俗　此字日本宋本中箱本黎本作⿸疒王。

9 鷞　當作鷞。

10 騻　當作騻。

11 蠰 又音傷　注云又音傷，案本韻式羊切下無此字。

二十四葉

1 周靈王　此下日本宋本黎本景宋本衍「太康琅邪周靈王」七字，中箱本不誤。

2 胦 脝胦　注「脝」字，故宮王韻作脖，是也。集韻脖下云：「脖胦，臍也。」脖胦見靈樞經。

3 葛褚羊切 褚當作褚。

4 韓子曰必不能審得失之地則謂之狂也 必，日本宋本中箱本黎本景宋本均作心。當據正。

唐韻

5 徒郎切四十一 四十一，中箱本楝亭本作四十，是也。本切下凡四十字。

6 風俗通云堂楚邑大夫五尚爲之其後氏焉 爲下當有宰字。本韻匡下引風俗通云：「匡，魯邑也。句須爲之宰，其後氏焉。」即其例。

二十五葉

1 磄磄岸石也 岸，日本宋本黎氏所據本景宋本均作厈，中箱本作厗。當據正。案厈字見齊韻杜奚切下，彼注亦作「磄厈石也」。

廣韻校勘記 卷二 二十三

2 闛 故宮本敦煌本王韻作𨵌。集韻𨵌爲闛之或體。

3 簹 罩也 罩，日本宋本巾箱本黎本均作罩，是也。

4 𣯴 毦 毦，日本宋本巾箱本黎本均譌作眊，張改作毦，與廣雅釋器玉篇

合。

5 鶬 鶬䧢 注䧢字與鴰字同，見集韻，廣韻無䧢。

6 又作堽 堽，當作堽，唐人以岡之字每以罡作。

7 槺 梁虛皃也見文選賦 賦上當有「長門」二字。文選司馬相如長門賦云：施瑰木之欂櫨兮，委參差以槺梁。

8 䁢 䀹䁢 目皃 注「䀹」，當作眏，見玉篇䁢字注及本韻烏郎切眏字注。

二十六葉

1 亢 巾箱本作京，與說文合。

2 胡光切三十三 三十三，巾箱本棟亭本作三十二，是也。本切下凡三十二字。

3 左傳鄭大夫皇頡 夫字下日本宋本巾箱本黎本衍夫字。

4 泱驡馬旋毛在脊也 也字元泰定本明本棟亭本作上。

5 簜 當從說文作蕩，蕩又見蕩韵。案簜乃竹名，與此義不合。

6 盪又徒郎切 注云又徒郎切，案本韵徒郎切下無盪字，盪又見蕩韵徒朗切下，此郎字蓋朗字之誤。

7 炕又苦朗切 注云又苦朗切，案蕩韵苦朗切下無此字。

8 ⿰月荒狼⿰月荒南夷國名 ⿰月荒，當作⿰目荒，注同。案呼光切⿰目荒下云狼⿰目荒南夷國名。

9 咉忼很戾 很，棟亭本作狠。

10 沆 工胡朗切　朗，黎本譌作郎。

11 肮 犬脈也　犬，日本宋本中箱本景宋本作大，是也。案史記張耳陳餘傳索隱引蘇林曰：「肮，頸大脈也。」

二十七葉

1 牂　此字當從說文作牂。

2 𢫬　日本宋本黎本譌作𢫬。張改作𢫬，與中箱本合。

3 鞋 革皮也　也，日本宋本中箱本黎本景宋本明本作用。

庚韻

4 劥勍　勍，日本宋本黎本作勍。案勍見皆韻，音苦淮切。

5 鄳 古縣名在義昌　注切三及故宮本敦煌本王韻同。段氏改義昌為義陽，與隋書地理志合。隋志義陽郡鍾山縣舊名酃縣。集韻眉兵切酃下亦作義陽。

6 嚝 鼓鐘聲 嚝，敦煌王韻訓嚝嘖聲，故宮王韻作嚝嘖聲。萬象名義字鏡同。惟龍龕手鏡此字訓鍾鼓聲。

7 觵 角為酒器 觵，切三及故宮本敦煌本王韻作觥，當據正。

二十八葉

1 於驚切七 七，巾箱本作十，是也。本切下凡十字。

2 女人稱美 玉篇集韻作女人美稱，當據正。

3 平 亦州名古山戎孤竹白狄𡵆子二國之地 𡵆子，日本宋本巾箱本景宋本黎本作肥子，是也。當據正。案御覽卷一百六十二引十道志曰：「平州……春秋時為山戎孫竹白狄肥子二國地。」

4 漢有丞相平當　有字，日本宋本巾箱本黎氏所據本均譌作相。

5 京 大也……京義亦取此公羊曰京者大也師者衆也天子之居必以衆大之辭言之　京義亦取此，吳棻雲曰：「當作京師義亦取此，脫一師字。」見廣韻說。

6 似麋牛尾　麋，段改作麕，與爾雅釋獸合。

7 䳟　日本宋本巾箱本黎氏所據本均譌作鵬，張改作䳟，與切三及故宮本敦煌本王韻合。

8 ⿺辶尚　此字當作⿱尚止，從止尚聲。

9 蠑螈　螈，切三及故宮王韻作蚖。案本書無螈字。蚖見元韻愚袁切下。

10 嶸又戶萌切　又戶萌切，故宮王韻作又戶明反，誤。案嶸字又見耕韻戶萌切下。

11 兵甫明切　甫明切，切三作甫榮反，均類隔切。故宮王韻作補榮反，爲音和切。

二十九葉

1 葝　當作⿱⺮勁，見爾雅釋草。

2 又云衛魯公字後乃氏焉　段氏改作「又云公衡魯公子」，並曰：「見左氏。」案左傳成公二年曰：「公衡爲質以請盟。」

耕韻

3 ⿰山巠硎或作　硎，楝亭本作⿰山刑。

4 ⿱⺮悶爾雅曰存存⿱⺮悶萠在也　⿱⺮悶，故宮王韻同。說文作⿱⺮悶，從心，簡省聲，讀若簡。爾雅作萌，郭音武耕反。見釋文。

5 甍　此字日本宋本中箱本作𦳝。

6 浜 布耕切　布耕切，與繃紐北萌切音同。切三及故宮王韻無此紐。集韻此字入廣韻補橫切下。此字又見梗韻。

7 浜 又布耿切　注云又布耿切，案耿韻無浜字，浜見梗韻，音布梗切。

8 三　各本作二，是也。布耕切下凡二字。

9 捹 冢口穴也　捹，集韻作㙩，此從手作非。

10 綗 紭　紭，日本宋本黎氏所據本譌作綗，張改作紭，與中箱本合。

11 齊人要術　當作齊民要術。人乃唐人避諱改，廣韻未加刊正。

12 崢 七耕切　七耕切，日本宋本中箱本同。黎本元泰定本明本作士耕切，是也。故宮王韻同。陳澧云：「玉篇仕耕切，集韻鋤耕切。仕士同音，士鋤聲同類，可證士字是也」。

三十葉

1 噌　日本宋本中箱本黎本作噲，誤。案作噲於音不合，玉篇集韻均作噌。

2 罰金四兩　四字日本宋本黎本景宋本脫，中箱本有。

3 伻使人　伻，故宮王韻作拼，注云：「使也，又必耕反」。案伻為拼之或體，見集韻。

本韻北萌切下作拼。

4 抨彈也　注彈字當依說文作撣。

5 桐⿰木宮三寸　⿰木宮，日本宋本中箱本黎本景宋本作棺，是也。

6 ⿰阝方　當從門作閍，見玉篇。

7 輣薄萌切　薄萌切，切三及故宮王韻作扶萌反，類隔切也。

8 弸 弓弱皃　故宮王韻訓同。段氏改作「弓彊皃」，與説文合。

9 埩 理也治也　理，日本宋本巾箱本作埋，故宮王韻同。

10 猙 又音淨　注云又音淨，案勁韻疾政切下無此字。此字又見静韻疾郢切下。注淨字蓋静字之譌。

清韻

11 爾雅注云旋首曰旌　日本宋本巾箱本黎本均作「爾雅曰注旋首曰旌」。案此文見爾雅釋天。張氏不察，改「曰注」二字為「注云」，非也。

12 見禮　棟亭本作「見周禮」。

13 䪫 𩓙䪫頭也　案玉篇𩓙注云：𩓙䪫頭不正也。此注頭下宜有「不正」二字。

14 聰 聽也　聰聽，故宮王韻作「聽聰」。

15 ⿰⿱𥫗亯風 亦作⿰亯風　注「⿰亯風」，日本宋本巾箱本黎氏所據本景宋本作⿰⿱𥫗亯風，乃⿰⿱𥫗亯風字之誤。元泰定本明本作⿰⿱𥫗亯風，是也。此字說文作⿰⿱𥫗亯風，玉篇亦云：「⿰⿱𥫗亯風，亦作⿰⿱𥫗亯風」。

16 說文市居也　宋本說文同。段改市作帀，本葉石君抄本。見段氏說文注七下宮部營字注。

三十一業

1 鎣 又音瑩　瑩，各本作營，誤。案音營即本音也。故宮王韻注作又烏定反，張改作瑩，正相符合。

2 男曰兒　男字日本宋本本脫。

3 宬 屋容受也　案說文云：「宬，屋所容受也」。此注受上當有所字。

4 [illegible]　段改作[illegible]，與集韻合。

5 春秋說題曰　段氏於題下加辭字，是也。

6 箳篁車轓　篁，當作篂，見青韵桑經切篂字注。廣雅釋器云：「箳篂，蔽簹也。」御覽卷七百七十六引通俗文云：「車當謂之箳篂。」

8 錫徐盈切　錫，明本作餳，是也。本書所附辨四聲輕清重濁法內有此字。

三十二葉

1 睘驚視　睘，當從說文作瞏。

2 嬛　此字各本作嬛，當據正。

3 騂馬赤色也　騂，當從觲作騂，見說文新附。觲字從羊，方有赤義，如垟說文訓赤剛土，烊廣雅訓赤，是其例。

4 垶　當從說文作[illegible]。

5 觪　當從說文作觲。

6 勁剄上同　勁，當作勁，見故宮王韻。重文剄亦當作剄。

青韵

7 亦經緯　緯字日本宋本脫。

8 涇水出薄洛之上　洛，棟亭本作落，與淮南子墬形篇合。

9 鵛　黎本誤作頸。

10 刑　各本作𠛬，是也。

11 讁爲河間鄭令　鄭，日本宋本、黎本、景宋本作鄚，是也。鄚縣漢書地理志屬涿郡，後漢書郡國志改屬河間國。張氏改鄚爲鄭，非。

鄭屬京兆，不屬河閒。

12 銂　故宮王韻作鉶。集韻鉶爲銂之或體。

13 又作型　型當作型。

14 酒器似鐘　段氏改鐘作鍾，與說文合。

15 甹　當從說文从血作粤。

16 郭璞云或即蜻蛉也　或下棟亭本有曰字，與爾雅郭注合。

三十三業

1 豕臭肉　臭，日本宋本、巾箱本、黎本作息，與說文合。此作臭誤。

2 劒利使性人也　使字元泰定本、明本、棟亭本作快。

3 自漢已後　已，當作以。

4 墩煌　墩：日本宋本中箱本黎本均作燉。此从土作非。

5 山海經曰　經字日本宋本脫。

6 駖蓋車騎聲　蓋，故宮王韻作礚，集韻作轞。

三十四葉

1 四人之食飲器　「食飲器」，說文作「飲食器」。此引「食飲」二字當乙正。

2 䲭鴞　䲭，當作鴟。

3 耆又乃定切　注云又乃定切。案徑韻乃定切下無耆字。故宮王韻注作又力之反，力字蓋誤。本書此字又見之韻赤之切下。

4 訂又徒頂他頂二切　案此字僅見迥韻徒鼎切，他鼎切下無此字。

5 漢有冥都為丞相　段於相下增史字，是也。漢書儒林傳顏安樂傳下云「都為丞相史」。案漢書宋祁校注引蕭該音義所引風俗通已脫史字。

6 釋名曰銘名也記名其功也　案今本釋名釋典藝作「銘，名也。述其功美，使可稱名也」。

7 麊 米漬　注漬字日本宋本作潰，是也。見說文玉篇。

8 爾雅曰覭髳茀離　茀，日本宋本巾箱本黎本均作弗，與說文所引合。張氏依今本爾雅改作茀。

9 ⿰田并　段改作⿰齒并，是也。案說文作⿰齒屏。

10 箳篂別駕車名　案此訓誤。箳篂乃車當也。漢時州別駕車前有屏星，如刺史車。見後漢書輿服志引謝承續漢書孔恂事。此注「名」字宜依清韻箳字及本韻篂字注改作韊。

11 熒 戶扃切　戶扃切，切三及故宮、王韻作胡丁反。案丁熒韻不同類，以胡丁切熒者，以胡字為合口字，音與戶扃切同。

蒸韻

12 脀　當從說文作脀。

13 罾 署陵切二　二，各本作三，是也。本切下凡三字。

14 𨋹　當作𨋹。

15 瞪 又直庚切　注云又直庚切，故宮王韻同。案本書庚韻直庚切下有盯字即此字。集韻盯或作瞪。

16 憕 又竹萌切　又竹萌切，切三及故宮王韻同。案耕韻中莖切下無此字，別見宅耕切下。

三十五葉

1 ⿰壴夌　日本宋本中箱本黎本均譌作崚。張改作⿰壴夌，與故宮本敦煌本王韵及說文合。

2 掕又力證切　注云又力證切，案證韵里甑切下無此字。

3 左傳曰邦晉應韓武之穆也　邦，日本宋本黎本景宋本作邦，案當作邘。此文見左傳僖公二十四年。邘音于。

4 八代孫　孫字日本宋本黎氏所據本脫，張增，與中箱本合。

5 抍馬壯吉　抍，日本宋本黎氏所據本誤作拼。

6 ⿺辶乃往也　⿺辶乃段氏改作迺，蓋本說文。案說文卤下云：「或曰卤，往也。讀若仍」。

段氏注云：「玄應書三引倉頡篇：迺，往也。」

7 興 亦州名戰國時為白馬玄之地漢置武都郡

白馬玄，日本宋本巾箱本黎本均作白馬互。互即氐字俗體。段改作氐是也。漢書地理志武都郡下應劭曰：「故白馬氐羌。」

8 興 上巾箱本有「嬹」字，注云「女字」。元泰定本明本同。案有此字始與興下所注字數「三字」相符。集韻：「嬹，悅也。一曰女名。」

9 䣜 說文曰地名也

注引說文，案說文無此字。玉篇有䣜字，音欣陵切。

10 殑 殑殑欲死狀

殑殑，切三及敦煌王韻均作殑殑，與玉篇歹部殑注合。

11 硱

此字故宮本敦煌本王韻同。段云：「元結文硱硱石顛，自注綺兢切。」案明正德刊本元次山文集卷六丹崖翁宅銘字作硱。

12 磳 仕兢切 切三無此字。故宮王韻在殑紐下，音其矜反，又子騰原誤勝反，又皮冰反。案敦煌王韻登韻磳下云：「又仕冰反」。仕冰反即與廣韻此音相合。

13 砅 段據江賦改作砯。

登韻

三十六葉

1 增 作滕切 作滕切，切三同。敦煌王韻作在滕反，誤。

2 磳 又士殑切 士字日本宋本、巾箱本、黎本、景宋本作土，非也。案磳字又見蒸韻，音仕兢切。仕士聲同。

3 層 昨棱切又作滕切 「昨棱切又作滕切」，切三同。王韻作「作棱反又作滕反」，「作棱」乃「昨」

稜」之誤。案本韻作滕切下無此字。

4 棚 棚門 門，各本作閣，當據正。玉篇云：「棚，閣也。」

5 倗 倗宗 漢書王尊傳作傰宗。

6 徒登切十一 十一，日本宋本中箱本作十二，是也。本切下凡十二字。

7 [illegible] 目美皃 [illegible]，當作膌。敦煌王韻作[illegible]，玉篇云：「[illegible]，亦作膌。」

8 [illegible] 古文 段氏曰：「當云：『[illegible]同上，[illegible]古文。』」蓋本說文。

9 漰潡 潡，當作渤。

尤韻

10 釋名曰督郵主諸縣罰負郵殿糾攝之 段氏曰：「今釋名無此語，長笛賦注引韋昭辯語，是古本有之也。」

11 纋笄中　中，日本宋本巾箱本黎本景宋本均作中，與故宮本敦煌本王韻合。案儀禮士喪禮云：「鬠笄用桑，長四寸，纋中。」鄭注曰：「纋，笄之中央，以安髮。」

三十七葉

1 留說文作畱　畱，日本宋本巾箱本作畱，是也。

2 駵　此字日本宋本巾箱本黎本作駵，是也。

3 肉起疾也　疾，切三及故宮本敦煌本王韻均作病。

4 鼦　此字日本宋本巾箱本黎本作鼦，是也。

5 飀又音柳　注云又音柳，案有韵力久切下作䬟。集韵飀䬟一字。

6 鰡　此字日本宋本巾箱本黎本作鰡，是也。

7 [illegible] 當依說文作[illegible]。

8 蕕 水蕕草又臭草 董蕕字切三反故宮本敦煌本王韻別作𦽺。

三十八葉

1 抌 抒臼出周禮 案此字說文作抭，為舀字重文。

2 洩 帛也 此注有誤。集韻云「洩，治帛也」。故宮王韻云「洩，洩帛藉名。亦須洩」。

3 [illegible] 又臭惡肉 注臭字日本宋本巾箱本黎本均作息。

4 粤 段氏據說文改作甹。

5 說文云生條也 生上說文有木字，此脫。

6 若顛木之有粤㽕 粤，當作甹。㽕，巾箱本楝亭本作枿，是也。

7 邑 又胡感切　注云又胡感切，案感韵胡感切下無此字。

8 湫 又子小切　「又子小切」，故宫王韵同。案小韵子小切下無湫字。湫字見篠韵，音子了切。

9 𦖋 目中聲　注中箱本、楝亭本作「目鳴聲」，與自秋切下𦖋注合。

10 惏 惆　惏字集韵類篇作惏，此注中作惏，誤。

11 詶 又之又切　注又之又切，切三及敦煌王韵同。案宥韵職救切下字作呪。故宫王韵注云又之由反，本韵職流切下無詶字。

12 蜀 江原地　原，巾箱本、楝亭本作源。案說文作原。漢書地理志蜀郡有江原縣。

13 順 也　此下巾箱本有「安也」二字，元泰定本、明本、楝亭本同。

三十九葉

1 鐵之奧也

奧，當作奥。也，楝亭本作者。

2 踐蹂

蹂，日本宋本、中箱本、黎氏所據本、景宋本、明本作穀，與切三及故宮本敦煌本王韻合。案玄應一切經音義卷九引通俗文云：「踐穀曰蹂」。

3 揉此萬邦

邦下中箱本、楝亭本有「箋云揉順也」五字。

4 揉又汝又切

注云又汝又切，案宥韻人又切下無此字。

5 [illegible]

此字故宮本敦煌本王韻同。段云：「[illegible]，說文作[illegible]」。

6 收俗作収

収，日本宋本、元泰定本作「収」。案故宮本敦煌本王韻均作「汥」。

7 孟子齊有曼丘不擇

段云：「今孟子無」。

8 菑丘訴

訴，日本宋本、黎本均作訢，是也。御覽卷四百三十七引越絕書作菑丘訢。今本吳越春秋卷二作椒丘訢。

9 莊丘勝　莊，巾箱本棟亭本同。日本宋本黎本作壯。

10 古有蔡丘欣表馬淮陽　段氏云：「此即菑邱訢耳」。案段說是也。蔡丘欣即菑丘訢之譌。喪馬淮陽事見御覽卷四百三十七引越絕書及今本吳越春秋卷二，韓詩外傳卷十。

11 𨑨追也　追，故宮本敦煌本王韻作迫，是也。此訓見廣雅釋詁。本韻巨鳩切𨑨下亦訓迫。

12 肧又音囬音來二切　注云又音囬音來二切，故宮本敦煌本王韻均作又普才反。案肧字見灰韻音芳杯切，此注音囬音來實一音也。

13 艽又居由切　此字音居求切，注云又居由切，居由居求一音也。切三及敦煌王韵注云「或作樛，居由反」。案樛字見幽韵音居虯切。

14 ⿵門龜 當從鬥作鬮，棟亭本不誤。

15 鬮取也 鬮取，日本宋本中箱本黎本均作鬭取，故宮王韵亦作鬭取，與說文合。案黝韵居黝切鬮下作「鬮取」，張氏蓋據彼改此。

16 龜又居危切 注云又居危切。案支韵無此字，此字見脂韵音居追切。

17 不又甫救切 「又甫救切」，切三及故宮本敦煌本王韵同。案宥韵方副切下無此字。

18 鍐馬金首飾 案玉篇此字訓「鍽也」，另有「鍐」字音亡犯切，訓「馬首飾」。此鍐字本書見范韵音亡范切，義與玉篇同。方成珪以為本注有誤。爾雅釋器云：「刻鏤物為鍐」，是玉篇訓「鍽」正合。本書蓋誤鍐鍐為一字。

19 人焉廋哉 人，日本宋本中箱本黎本作仁，張氏依論語改。

20 謅⿰言桼　⿰言桼，段改作⿰言桼是也。⿰言桼見質韻初栗切下。

四十葉

1 棷又乂笱切　注又乂笱切，敦煌王韻作又乂垢反，音同。案厚韻無乂笱切一音。

2 黀聚麻　注中箱本棟亭本同，日本宋本黎本作取麻。案故宮本敦煌本王韻訓麻莖，與玉篇合。

3 ⿱髟桼　當作⿱髟桼。⿱髟桼又見至韻七四切下。

4 ⿱艹囟又音由　注云又音由，本韻以周切下無⿱艹囟字。案爾雅釋文⿱艹囟，謝嶠音由。

5 說文作⿰目舃　⿰目舃，日本宋本景宋本作⿰目舃。案說文作⿰目翟。

6 薵藷蔥名　藷，切三作藸，與廣雅釋草合。

7 聚又側鳩切　注云又側鳩切，案本韻側鳩切下無此字。

8 椆木名不凋　案集韻注作「木名，寒而不凋」。

9 盩　盩，說文夲部此字從血作𥂕。

10 盩厔　厔，段依說文改作庢，說文厂部無厔字。

11 漢有求伸　伸，日本宋本巾箱本黎本均作伸。

12 人多鼽嚏　人，段改作民，本月令。

13 說文云寒鼻塞也　案說文寒上有病字，此脫。

14 䠗　日本宋本黎本景宋本作脙，誤。張改作䠗，與巾箱本合。

15 脙　日本宋本黎本作䠗，誤。張改作脙，與巾箱本合。

廣韻校勘記　卷二　三十七

16 执 綏也

故宮王韻注作「执，綏執也」。集韻云：「执执，綏持也」。

四十一葉

1 白芷

芷，故宮本敦煌本王韻並作芷。

2 浮 縛謀切

縛謀切，切三及敦煌王韻作薄謀反，案薄縛聲不同類。故宮王韻作父謀反，與廣韻音同。

3 哹 又捬謀切

注又捬謀切，切三及故宮本敦煌本王韻同。案本韻無此音。

4 謀 莫浮切

莫浮切，故宮本敦煌本王韻同。切三作莫侯反。

5 雺 又莫賁切

又莫賁切，切三及故宮本敦煌本王韻同。案送韻莫弄切下無此字，別有霿字，義與此同。雺霿並見說文雨部，與爾雅釋天訓異。

6 鬏

段改作鬏，與故宮王韻合。

7 繆 絲十累 注段改作「絲十絜」，本說文。說文云：「繆，枲之十絜也。」

矦韵

8 左傳曹有豎侯孺 孺，日本宋本黎本作獳，是也。案豎侯非姓，左傳僖公二十八年有侯獳，乃曹伯豎吏。

9 鯸 鮔 鮔，故宮本敦煌本王韵作鮨。

四十二葉

1 ⿰目堯 又若侯切 若字元泰定本明本作苦，是也。故宮本敦煌本王韵注作又口投反。

苦口⿰肩奇同。此字又見本韵恪侯切下。

2 剾 又格侯切 格，當是恪字之誤，故宮本敦煌本王韵作恪，當據正。案剾又見本韵恪侯切下。

3 獳奴鉤切　奴鉤切，切三及故宮王韻作女溝反。奴女聲不同類。敦煌王韻作奴溝反，與此音同。

4 剅劅　剅，日本宋本中箱本黎本棟亭本譌作頭。案剅字見當侯切下。

5 軀傴　軀，日本宋本中箱本黎本景宋本作軀。張改作軀，與故宮本敦煌本王韻合。段氏改軀作傴。

6 剅　廣韻此字與劅同音落侯切，非也。此蓋沿唐人韻書之誤。切三及故宮本敦煌本王韻劅譌作剅，別無劅字。案剅從豆聲，已見當侯切下，此處當刪。玉篇剅音丁侯切，無又音。

7 螜天螻　螜，段改作螜，與爾雅釋蟲合。

8 說文云夜戒守有所繫也　繫，說文作擊，段據改。

9 投 段云：「不當入此」。案說文此字从土役省聲。大徐音營隻切。

10 鵎 鶃頭鵎似鳧 注頭字棟亭本作鵎，是也。

11 說 文云關西呼鐮為𠛎也 案說文作「鐮」也。此語見方言五。

四十三葉

1 頭 有兩角 兩，各本作雨，當據正。

2 鄹 徂鉤切 徂字元泰定本明本作鉏，是也。切三作爼亦誤。案此字同音之鯫字，故宮本敦煌本王韻又音子侯反，彼注云：「又士溝反」，士溝反即指此紐。「士溝」與「鉏鉤」音同，可證作鉏，是也。

3 鯫 又七苟切 七，日本宋本巾箱本黎本作士，是也。案鯫又見厚韻音仕垢切，仕士聲同。

4 裒　當從說文作裒。

5 裒薄侯切　案此紐切三及故宮本敦煌本王韻均入尤韻。故宮本敦煌本王韻音蒲溝反。

6 ⿰食付 ⿰食付饇曰食也　案此注有誤，集韻作「⿰食付饇，食曰」。

7 說文云竹箬也　箬字誤，說文作箁。

幽韻

8 ⿰虫幽 又一糾切　注「又一糾切」，故宮本敦煌本王韻作又於糾反，音同。案本書黝韻於糾切下有蚴字，即此字。王韻黝韻⿰虫幽下云「亦作蚴」。

9 虯 又居幽切　注「又居幽切」，切三及敦煌王韻同。故宮王韻誤作又於幽反。案本韻居虯切下無此字。

10 [illegible] 日本宋本此字作[illegible]，與說文合。

11 朻 說文云高大也 案說文云朻，高木也。此注作高大，非。故宮王韻不誤。

12 [illegible]取魚鳥狀 取，切三及故宮王韻作耴，是也。[illegible]耴見左思吳都賦。

13 飍 又風幽切 注又風幽切，切三故宮王韻同。案本韻甫烋切下無此字。

14 烋 又火交切 注云又火交切，案肴韻許交切下無此字。

15 說文曰桼十絜也 案說文桼下有之字。

侵韻

16 六尺曰尋 六，段改作八，是也。案經傳注釋均云八尺曰尋，未有言六尺者。

四十四葉

1 鄩肝 案左傳昭公二十二年作鄩肸，此肝字誤。

廣韻校勘記

2 大 上小下

棟亭本作「下小上大」。

3 棽 又林森二音

案故宮王韻注云「又所林反」，敦煌王韻注云「又所金反」，均無「林」之一音。本書力尋切下亦無此字。

4 ⿰目見

段改作⿰彤見，是也。說文從見，彤聲。案尤韻毋鳩切下即作⿰彤見。

5 陶偘别傳

偘，棟亭本作侃，案偘即侃字俗體。

6 有斟弋氏出史記

弋，段改作戈，云：「今史記斟氏戈氏，上氏字衍。」案史記夏本紀作「斟戈氏」。

7 珹 ⿰王刀

⿰王刀，段改作玏，是也。廣雅釋地及子虛賦均作玏。

8 ⿰王斗

段改作⿰土十，與玉篇合。

9 爾雅曰⿱艹㝵莐藩

⿱艹㝵當作蕁。

10 鍤屬　鍤，段改作臿，蓋本說文。

11 第一為任氏　一，段云：「當作七」。案段說是也。國語晉語四云：「司空季子曰：……凡黃帝之子二十五宗，其得姓者十四人，為十二姓：姬酉祁己滕箴任荀僖姞儇依是也。」任氏正為第七。

12 太歲在壬曰玄黓　黓當作黓。

13 𡈼又延求切　注云又延求切，案尤韻以周切下無𡈼字。此蓋誤以䍃字為一字，

遙　注云又延求切。

14 目傷氣也　目，各本作日，切三及故宮本敦煌本王韻同，當據正。

四十五葉

1 鈘持也　鈘，說文作鈘，故宮本敦煌本王韻同。

廣韻校勘記　卷二　四十一

2 衿 又其禁切 注云又其禁切，案沁韻巨禁切下有紟字，即此字。玉篇集韻紟衿一字。

3 黔 又古咸切 注云又古咸切，案咸韻古咸切下無此字。

4 霠 說文作霒，从雲今聲。當據正。

5 䤃 醉聲又於南切 注云又於南切，案覃韻烏含切下無此字，別有䤃字，即此字。

6 㝗 段改作𥥍。案說文从穴从火从求省。

7 梣 又子心切 注云又子心切，案本韻子心切下有梫字，即此字也。故宮王韻梣下云「亦欃，梫」。

四十六葉

覃韵

1 徒含切十九　十九，中箱本棟亭本作二十，是也。本切下凡二十字。

2 潭成縣　當依漢書地理志作鐔成縣。

3 眈　此字黎本作耽，誤。

4 墰又徒紞切　墰，故宫王韵作醰，注云「亦墰字」。又注云「又徒紞切」，案敢韵徒敢切下無此字，感韵徒感切下有醰字，即此字也。

5 古有善暴背於南榮之者　「之」字段刪是也。「南榮」者屋南檐也。

6 環齊要略　齊，日本宋本黎本作濟，是也。删韵環下旨韵子下均引作濟。案環濟晉人。環濟要略御覽每引之。

7 抩又他含切　注云又他含切，案本韵他含切下無此字。集韵此字又見談韵他甘切下。

8 ⿰酓音又於林切 注云「又於林切」，案侵韻於金切下無此字，别有䤲字，殆即此字。

9 說文衛也 「衛也」，與小徐本說文合。案大徐本作嗛也。

10 俗作蚕非 日本宋本黎本無非字。案依例無非字是也。

11 篸又作感切 「又作感切」，切三及故宫王韻作「又作慽反」，當據正。案篸字

見勘韻，音作紺切。

12 探說文作撢遠取之也他含切 注「也」字，景宋本黎本無，張增「也」字，與說文合。日本宋本有也字而無他字。

13 ⿰甚見又大含切 注云「又大含切」，案本韻徒含切下無此字。

14 龕塔也亦曰龍皃 「亦曰」，楝亭本作「一曰」，與切三及故宫王韻合。

15 ⿹戈今 此字日本宋本黎本作⿹戈含，誤。

四十七葉

1 曆 段改作曆。見段氏說文注甘部曆下。

2 撖挂也 注挂字日本宋本作柱，黎本景宋本作拄。案張氏改作拄，與玉篇同。字鏡集韻作柱，未詳。

3 吉州有新淦縣水所出 段於水上增淦字，是也。

4 ⿰言縣 故宮本敦煌本王韻作⿰亻縣。案集韻云：「⿰言縣，或作⿰亻縣。」

談韻

5 倓又徒監切 徒監切，元泰定本明本作徒濫切，是也。此字又見闞韻徒濫切下。

6 餤又徒濫切 注云又徒濫切，案闞韻徒濫切下有啗字，即此字。集韻闞韻啗或作餤。

7 曆 當從說文段注作曆。

8 灆 故宮王韻此字作濫，是也。本書闞韻呼濫切下即作濫。

9 曆 當從說文段注作曆。

10 邯 江湘人言也又音寒 故宮王韻邯作⿰氵邯，注云「甙」。案此邯字當作⿰氵邯，注文「江湘人言」上當補「甙」字。方言十云：「⿰氵邯，甙也。沅澧之間凡言甙如此者⿰氵邯如是。」

四十八葉

1 邯 又音寒 正文邯字爲⿰氵邯字之誤，注又音寒當刪。

2 暫 昨三切 昨三切與慙字昨甘切音同，非也。此字切三及故宮王韻音作「壬反」，集韻同，當據正。

鹽韻

3 說文曰鹹也古者宿沙初作煮海為鹽　「為」字二徐說文並無。

4 語林云大夫向闈而立　段氏云：「吳語：王背檐而立，大夫向檐。」案此引作語林蓋誤。

5 䂜　玉篇此字作𥐟。

6 臉臉膗也　臜上同　洪頤煊讀書叢錄云：「案玉篇臜，初減切，臉臜羹也。臉，七廉切，臉膗。又力減切，臉臜。臉臜非一字。」

7 說文云仰也一曰屋招也　招，說文作梠，當據正。

8 秦謂之桷　桷，說文同。段氏改作楣，是也。說文楣下云：「秦名屋櫋聯也。」

9 婆姈婆善笑皃　注「姈婆」，當依說文玉篇姈字注作婆姈。本韻丑廉切婆下亦作⿱兼女姈。

10 ⿱兼女 又丑兼切　兼，元泰定本明本作廉，是也。⿱兼女字又見本韻丑廉切下。

11 ⿰女占 修輕薄皃　修，切三及故宮王韻作姈。

四十九葉

1 孑 如舌而醋　醋，棟亭本作酸。

2 䑎 舑長舌　舌下棟亭本有皃字。

3 崦 又於檢切　注云又於檢切，案殘韻衣儉切下字作⿰山弇。⿰山弇崦一字，見玉篇集韻。

4 子 廉切十一　十一，日本宋本作十三，是也。本切下凡十三字。

5 巨 淹切十一　十一，棟亭本黎本作十二，是也。本切下凡十二字。

6 鑯 鋤也　鋤，說文作鈲，當據正。案鑴鈲一字，廣韻有鑴無鈲。

7 ⿰女⿱僉囬 段氏改作嬐，本說文。

8 嬐又魚檢切 注云又魚檢切，故宮王韻同。案本書琰韻魚檢切下無此字，敦煌王韻有之。

9 ⿰鼓夾 ⿰系夾說文同上 ⿰系夾，說文作⿰系圭。玄應一切經音義卷四引字詁⿰鼓夾字古文作⿰系夾，詳廉反。

忝韻

10 ⿰忄乑 日本宋本黎本景宋本元泰定本明本作⿰巾乑，當據正。

五十葉

1 薕秀了荻草 「秀了」段氏改作「未秀」，是也。說文：「薕，蒹也。」「蒹，雚之未秀者。」本韻蒹下亦云：「荻未秀」。

2 熑 熑靹 靹，日本宋本黎本景宋本作䩍。

3 說文曰薄水也 水，宋本說文同。段注本改作仌。

4 戸兼切一 一，日本宋本黎本棟亭本作二，是也。本切下凡二字。

5 稴 又力兼切 注云又力兼切，案本韻勒兼切下無此字。

咸韻

6 稴 不作稻也 注「作」字，段改作黏，是也。案添韻稴下云：「稻不黏者」。

7 䛘 故宮本敦煌本王韻作諴同。集韻：「䛘，或作諴」。

8 讒 又士銜切 注「又士銜切」，切三及故宮本敦煌本王韻同。案本書銜韻鋤銜切下無此字。故宮王韻有之。

9 狡 毚 切三及故宮王韻作狡兔，與說文合。

銜韻

五十一葉

1 齊人要術　人，當作民。

2 嵌巖山也　故宮王韻注作「嵌巖，山谷深邃皃」。集韻云：「嵌巖山嶮」。此注段氏於巖上增嵌字，是也。案山字下亦有脫文。

嚴韻

3 說文曰嚴令急也　嚴，說文作敎，此誤。

凡韻

4 凡符咸切　咸字誤，切三及故宮本敦煌本王韻作芝，當據正。陳澧以為廣韻作符咸者因此韻字少，故借二十六咸之咸字，非也。

5 欲　日本宋本黎本作欲與故宮本敦煌王韻合。案原本玉篇殘卷欠部欲，丘凡反，字書欲，謂多智也。故宮本敦煌王韻此字增於芝下遂誤音丘凡反，廣韻亦承其謬。今當析出別為一紐，依玉篇音丘凡切。陳澧已辨之。

廣韻校勘記卷三

一葉

韻目

1 吻第十八 隱同用

段改「隱同用」作「獨用」，是也。顧炎武音論及戴震聲韻考均有考證。

2 隱第十九

此下段注「獨用」二字。

二葉

1 琰第五十 忝儼同用

注「忝儼同用」，戴氏聲韻考據吴棫韻補及本書韻目下獨用同用注改作「忝同用」。

2 儼第五十二 戴氏聲韻考改作「儼第五十四」，注「范同用」。次於檻韻之後，與故宮本敦煌本王韻合。王韻韻目作广。

3 豏第五十三 檻范同用 戴氏改作「豏第五十二」。注「檻同用」。

4 檻第五十四 戴氏改作「檻第五十三」。

董韻

5 懵懂心亂 懵，北宋本中箱本黎氏所據本景宋本作懞。張改作懵，與元泰定本明本合。

6 故名履字太乙 太乙北宋本黎本作天乙，是也。史記殷本紀云：「子天乙立，是為成湯」。

7 ⿱⺮摠 集韻作⿱⺮楤。

8 檧 又蘇公切 案檧與䈚當是一字。上文䈚下云：「箸桶」，方言五云：「箸筩自關而西謂之桶檧」，音義並同。集韻䈚檧一字。此注當補「上同」二字。故宮本敦煌本王韻有檧無䈚。

9 爾雅云軌䮴一名素華 軌字北宋本景宋本作軌，與爾雅釋草合。當據正。

10 睃 方言云南人竊視 案方言十曰：「凡相竊視南楚謂之闚，或謂之睃」。此引有脫文。依文義「竊視」下當有「曰睃」二字。下「輚」字注云：「關西呼輪曰輚」，方言九作「輪，關西謂之輚」，是其例。

11 廆 屋會 說文云：「廆，屋階中會也」。此注屋下脫「階中」二字，當據補。

三葉

1 琫 邊孔切 邊孔切，切三及故宮王韻作方孔反，類隔切也。

2 謂酒律　謂，段改作出，是也。覃韻啉下云：「酒巡匝曰啉，出酒律。」是其例。

3 心神怳忽皃　怱，中箱本作惚，楝亭本同。

4 菶蒱蠓切草盛皃　注依例當作「草盛皃。蒱蠓切。」以下反切在訓解前者放此。

腫韵

5 埫容不安　容，北宋本中箱本黎本景宋本作塎，是也。本韵余隴切下出塎字，注云：「埫塎」，是其證。

6 稻䅶　䅶，北宋本中箱本黎氏所據本作䅌，與切三及故宮王韵合。張氏改作䅶，非也。說文：「䅌，麥莖也。」

7 鍾柄也　鍾，北宋本中箱本黎本作鐘，當據正。

8 方言云慫涌歡也　涌，中箱本楝亭本作慂，是也。歡，方言作勸，當據正。

四葉

1 了（孑了井中小蟲也）　了，中箱本楝亭本作了，當據正。

2 烘（又戶工切）　注云又戶工切，案東韵戶公切下無烘字。

3 舉　集韵此字作鬨。

4 說文作𢀜　𢀜，北宋本黎氏所據本作巩。案巩乃巩字之譌，中箱本作巩，與說文合。說文丮部「巩，褢也」。張氏改作𢀜，未允。𢀜乃巩字或體。

5 駷（何休云馬搖銜走也）　馬搖銜走，故宮王韵同。案公羊定公八年傳「陽越下取策臨南駷馬」注作「捶馬銜走」。

6 傱（又先項切）　注云又先項切，案講韵無先項一音。

7 詾（又音凶）　注云又音凶，案鍾韵許容切下字作訩。

8 湩 都䳌切濁多也此是冬字上聲 湩，切三無。故宮王韻有之，注云冬恭反。濁多。此冬之上聲」。切語下字用恭，案恭字王韻在冬韻。

9 䳌 莫湩切 上文湩都䳌切，此字莫湩切，湩䳌二字互切。故宮王韻此字作莫奉反。

10 愡 職勇切 𢘆 上同又且勇切 注云又且勇切，案本韻無此音。故宮王韻𢘆音且勇反，不作職勇切。玉篇：𢘆，且勇職茸二切。

講韻

11 㑆 㑆偆武項切 㑆，北宋本中箱本黎本作㑆，注同；當據改。又武項切，切三同，故宮王韻作莫項反。案武項為類隔切，莫項為音和切。

12 硧 釋名曰項硧也堅硧受枕之處 硧，釋名作硧。案項硧雙聲，此作硧非。

13 鈷 又火口切 火口切，北宋本中箱本均作大口切，與玉篇及大徐說文反切相合。當據正。集韻厚韻鈷音徒口切，與大口切音同。案本書厚韻徒口切下無鈷字。

14 䋽 小兒皮履 履，各本作屨。案董韻邊孔切下䋽注亦作屨。

紙韻

15 軹 縣名在河内又字書云車輪之穿為道軹子嬰於軹途是也 注「車輪之穿為道」疑有譌字。說文云：「軹，車輪小穿也。」又「軹子嬰於軹途」上當依五代刻本韻書增「又亭名」三字。軹途亦當作軹道。切三云「縣名在河内。軹道，王子嬰降處」。五代刻本韻書軹注云：「又亭名，在灞水西。」史記云：「秦王子嬰素車白馬，頸以組，封皇帝璽符節，降軹道旁。」索隱曰：「漢書宮殿疏云：『枳道亭東去霸城觀四里』，是其證。

16 汦 水名出拘扶山　注拘扶山，北宋本中箱本作枸扶山，與切三合。案山海經東山經「栒狀之山，汦水出焉」，字作栒狀。

17 坻　此字說文作坘，當據正。

五葉

1 後魏書又有是連是婁是賁三氏　案是婁魏書官氏志作是樓。

2 氏 又支指二音　指，北宋本中箱本黎氏所據本均作精是也。氏又見清韻子盈切下。張改精作指，非也。

3 褆 衣服端下　下，段依玉篇改作正，是也。萬象名義褆下亦云「衣服端正」。

4 ⿱宀⿰米樂　此字玉篇同。說文作寐。

5 燬 火盛　注盛字，切三及故宫王韻並無。案說文云「燬，火也」。

6 摮 手摮傷也 注：「摮」字，景宋本作「擊」，當據正。說文云：「摮，傷擊也」，萬象名義云：「摮（原譌作毄）擊傷也」，是其證。

7 媯 又許以切 注云：又許以切，案上韻香忌切下無此字，元泰定本明本作又許恚切，是也。媯字即見本韻許恚切下。

8 詭 過委切 過委切，切三及故宮王韻作居委反。

9 䳫 子規 子規，北宋本中箱本黎氏所據本景宋本作鵻子，誤。張氏改作子規，與元泰定本合。案廣雅釋鳥云：「鷤䳫，子規也。」

10 神女賦曰既姽嬧於幽靜 嬧，段改作嫿，與文選神女賦合。當據正。

11 嶲 段改作巂，云：「原作嶲，非是。乃郭恕先之謬。」

12 說文曰象坂土爲牆壁 坂，北宋本作坺，與說文合。當據正。

六葉

1 輢 切三此字不在本紐，於䞈紐下別出，注云「車輢。於綺切，一。」敦煌王韵因之，別注引訂語曰「此輢，韻又作於綺□□□□何傷甚」。案故宮王韵併於本紐，注云「陸本別出」。

2 庋 切三及故宮王韵此字訓「食閣」，本書脫訓解，當據補。集韵亦曰「庋，閣藏食物也」。

3 公羊傳曰相與踦閭而語閭一扇一人在內一人在外 案相與踦閭而語見成公二年公羊傳，閭一扇以下乃何休注文。此引「扇」下又脫「閭一扇」三字。

4 碕 又巨支切 注又音巨支切，案支韵巨支切下無碕字。

5 㤦 慽㤦 注：北宋本、巾箱本、黎氏所據本作「減」。故宮王韻同。張改作「慽㤦」，與集韻合。

6 憸急也 急，北宋本、巾箱本、黎本均作意。集韻亦云「慽㤦憸意」。

7 紫 說文作紫，此從束誤。

8 蘃 切三及故宮王韻作蘂。

9 跐 又阻買切 注云又阻買切，案蟹韻無阻買一音。

10 𩦞 北宋本、黎本譌作鴜。

11 說文火介切瞶大聲也 案說文作瞶大也，無聲字。

12 長脊 脊，北宋本、巾箱本作脊，是也。

13 有所伺殺形 伺，北宋本、巾箱本作司，與說文合。

14 杝又敕氏切 注云又敕氏切，案本韵敕豸切下無此字。

15 ⿱徙幺又千禮切 注云又千禮切，案薺韵千禮切下無此字。

16 袘 切三故宮本敦煌本王韵及五代刻本韵書作袉。

17 衣中袖 切三及故宮本敦煌本王韵作中衣袖。

18 肔又敕紙切 注云又敕紙切，案本韵敕豸切下無此字。

七 葉

1 鑯細似龍須 須北宋本巾箱本作鬚。

2 闌 當從說文作闌。

3 國語曰狹溝而𢈪我 狹，北宋本巾箱本黎本並作俠，與說文所引合。今吳語作夾。

4 移 衣長　案長當作張。說文云：「移，衣張也。」故宮王韻五代刻本韻書並同。

5 扯 又側買切　注云又側買切，案蟹韻無側買一音。

6 沝 又音資　注云又音資，故宮王韻作又資遺反。案脂韻即夷切醉綏切

7 ⿰耑攴　故宮本敦煌本王韻均作⿰耑攴，爲揣字或體，此從支作⿰耑攴誤。本書下均無此字。（獮韻昌兖切下正作⿰耑攴。）

8 出 則有兵　出，切三及五代刻本韻書作現，故宮王韻作見。（原譌作皃。）

9 𣧖 枝折　注枝折二字，敦煌王韻作披析，當據正。故宮王韻作披折，（折乃析字之誤。）折，段氏改作析，極是。玄應一切經音義卷廿二引纂文云：「𣧖，析也；𣧖，猶分也。」是其證。

10 紽 又補柯切 注又補柯切，故宮本敦煌本王韻同。案柯字在歌韻，本書紽字見戈韻補禾切下。

11 䓈 北宋本中箱本景宋本作䓈，與切三故宮王韻合。

12 䓈 雞頭也北燕謂之䓈 「北燕謂之䓈」五字各本無，張氏蓋據方言增。

13 草木葉初出皃 葉，中箱本同，北宋本作華，與切三故宮王韻合。

14 又撞也 也字各本無。

15 惢 才捶切 捶，各本作搥，當據正。本書無捶字。

16 抳 掎抳 抳，故宮王韻及五代刻本韻書作柅，當據正。注掎抳二字當作椅柅。本韻於綺切下出椅字，注云「椅柅」，是其證。案椅柅者木柔弱也。見五代刻本韻書及集韻。

八葉

旨韻

1 鄙 方美切 方美切，切三敦煌王韻並同。故宮王韻作八美反。案八美為音和切，方美為類隔切。

2 犰 獸名如兔喙蛇尾見則有蝗災 犰當是犰字之誤，犰見尤韻，此出犰字非也。案山海經東山經云：「餘峩之山，有獸焉，其狀如菟而鳥喙，蛇尾，見人則眠，名曰犰狳，（仇餘二音）其名自訆，見則螽蝗為敗」，即此注所本。（注喙上並脫鳥字。）

3 秭 千億也 千億，切三及故宮本敦煌本王韻作萬億。段氏云：「郭注爾雅作十億」（爾雅釋詁郭注：「今以十億為秭。」）案秭之為數，舊無定說，說文云：「數億至萬曰秭」，此切韻王韻所本；下文引風俗通云：「億生兆，兆生京，京生秭」，秭適爲千億，此本注所本。

4 妣 又甫至切　又甫至切，切三及故宮本敦煌本王韻同。案至韻必至切下無此字。

5 今謂之渒水　渒，段改作淠，與水經注卷三十二合。

九葉

1 辛夷別名　名，北宋本黎本譌作地。張改作名，與中箱本合。

2 蜼 又音柚　柚，黎本譌作袖。張改作柚，與中箱本合。案蜼又見宥韻音余救切。

3 耒 又盧對切　又盧對切，切三及故宮本敦煌本王韻作又盧猥反。案猥在賄韻，賄韻無耒字。耒見隊韻盧對切下。

4 ⿰忄癸又巨隹切　又巨隹切，敦煌王韻作又視隹反，故宮王韻作「待（蓋侍字之誤）隹反」。

案脂韻視隹切下無⿰忄癸字，⿰忄癸見渠追切下。

5 娎又聚惟切　注云又聚惟切，案脂韻無聚惟一音。

6 說文曰湀辟深水處也　深，小徐繫傳作㴱。

7 ⿰癸隹細頸　注細頸，北宋本、中箱本、黎氏所據本、景宋本、明本作細計，未詳。

8 癸居誄切　居誄切，切三、敦煌王韻同。故宮王韻作居履反，是以開口字切合口字也。

9 痞腹内結痛　痛，切三及故宮本、敦煌本王韻均作病。

10 把　此字當從說文作圮。

11 仳又芳比切　芳，中箱本作方，誤。案仳又見脂韻房脂切下。切三及故宮本、敦煌本王韻作又芳匕反，匕乃比字之誤。

12 ⿰巾比　案說文此字作⿰巾匕。

13 秠又孚悲切　又孚悲切，故宮本敦煌本王韻作又卿悲反，卿字蓋誤。案秠見脂韻音敷悲切。

14 壝又音遺　又音遺，切三作又以隹反，音同。壝字卽見脂韻以追切下。故宮本敦煌本王韻作又逵位反，考廣韻至韻求位切下無壝字，王韻有之。

15 孈又尤卦切　又尤卦切，故宮本敦煌本王韻同。案卦韻無尤卦一音，孈字見卦韻胡卦切下。此作又尤卦切者，類隔切也。

16 嗺　切三及故宮本敦煌本王韻作嶉，與玉篇合。當據正。

17 ⿰豈支　敦煌王韻作敳，當據正。玉篇此字入攴部。

18 ⿸广隶　案此字當從玉篇作⿸麻隶。右旁隶，卽隸之俗體。

19 ⿰目商 此字故宮王韻玉篇新撰字鏡同。北宋本中箱本黎本元泰定本明本均作⿰目商，集韻作⿰目巂。

20 ⿰危阝 暨軌切 暨軌切，敦煌王韻同。故宮王韻此字誤入許葵切下。

止韻

21 畤 說文云天地五帝所基止祭也 案祭也說文作祭地，當據正。

十葉

1 政形 形，周禮地官司市作刑，此誤。

2 日側而市 段云側，周禮作昃。案見司市。

3 喜 又香忌切 注云又香忌切，案志韻許忌切下無此字。

4 蟢 蟢子蟲名 名，北宋本中箱本黎本景宋本明本作俗。張改作名，與元泰定本合。

5 苙　薏苙蓮實也　段云：「蓮字衍。說文目字下曰：意目實也。意目即薏苙」。

6 鈶　案廣雅釋器云：「鉊，鋌也。」此鈶即鉊字或體。

十一葉

1 待　段改作偫，與說文合。案切三及故宮本敦煌本王韻並同，當據正。

2 時　故宮本敦煌本王韻作畤，與玉篇合。

3 庤　亦作畤　畤，北宋本中箱本作待。案待當作偫。詩臣工「庤乃錢鎛」，庤，考工記注引作偫，是其證。張改作畤，蓋本集韻。集韻庤或作畤。

4 邔　此字說文作邔，段據改，與北宋本合。

5 仕　宦　宦中箱本作宧。

6 㞒戺同上 案切三無此字。故宮本敦煌本王韻有戺字入俟紐。

7 又音祈十 十，北宋本中箱本黎本作七，是也。此紐下共七字。

8 縻縄履 案此字當為縻字之譌。原本玉篇殘卷縻，胡氏反。引說文云：「一曰素絲縄履也。」今本說文作「青絲頭履」。

9 左傳鄭大夫子人氏 子人氏，北宋本中箱本黎氏所據本景宋本均作子人九，是也。案子人九見左傳僖公二十八年。

10 褫又直追池爾二切 注云又直追池爾二切，案脂韻直追切及本韻直里切下均無褫字，褫又見支韻直離切及紙韻池爾切下。

11 第又側几切 注又側几切，切三故宮本敦煌本王韻同。案旨韻無側几一音。

12 伱秦人呼傍人之稱乃里切 稱下中箱本有「玉篇云尒也」五字，棟亭本同。

尾韻

13 䰨人名鄭大夫蔡䰨也　鄭大夫蔡䰨不見左氏傳，段氏云：「恐即巳為董尾之誤」。

14 扆於豈切　此紐故宮王韻入止韻，是以尾韻開口字與止韻合為一類矣。

15 扆藏也　扆，北宋本中箱本黎本作扆，與切三及故宮本敦煌本王韻合。案：海韻於改切下亦作扆，當據正。原本玉篇殘卷厂部：「扆，廣雅：扆，藏也」。今釋詁四作扆。

十二葉

1 豈袪狶切　故宮王韻此紐入止韻，作氣里反，是唐代方言中此類字有與止韻音同者。切三及敦煌王韻則均在本韻。

2 蟣居狶切　故宮王韻此字入止韻。切三及敦煌王韻均在本韻。

3 幾 又既稀切

既稀切，北宋本中箱本黎本景宋本作既㡖切，音同。

4 匪冠婚媾

冠，北宋本中箱本黎本作冦，當據正。

5 方曰筐圓曰篚

案詩采蘋毛傳及淮南時則篇高注並云：方曰筐，圓曰筥，此云圓曰篚，段改作隋曰篚，蓋本應劭漢書集解。漢書食貨志注引應劭云：「棐，竹器也，所以盛。方曰筐，隋曰棐。」案棐篚古通。

6 蟹 爾雅云蜚蠦蟹即負盤臭蟲

「即負盤臭蟲」上中箱本元泰定本明本有「郭璞云」三字。案此語見爾雅郭注。本書援引各書，每每連及注文，不加分判。

7 ⿱艹棐 草也

此字故宮本敦煌本王韻訓猝，與廣雅釋詁二合。

8 鯑 介揔名

揔，棟亭本作總。并下揔字同。

9 ⿰鼻希 又虛几切

注云又虛几切，案旨韻無虛几一音。

10 磈於鬼切　故宮王韻此字入豨紐，音虛豈反，誤。切三及敦煌王韻韻書殘片一德國柏林普魯士學院所藏。均音於鬼反。

11 蟦又符沸切　符，中箱本棟亭本作扶，案符扶聲同。

12 陫又音厞　厞，北宋本中箱本景宋本作厞。案張跋作厞是也。爾雅釋言：厞，隱也。釋文云：厞，符沸反。字又作陫，同。楚辭湘君「隱思君兮陫側」，原本玉篇殘卷厂部厞下引作「厞側」可證。

13 ⿰舟賁船艒釘鐼　鐼，中箱本作⿰舟賁。

語韻

14 籞切三敦煌王韻作蘌。

15 説文祠也　祠，説文作祀。

16 籞　故宮本敦煌本王韻作籞，並云亦作「籞」。

17 籞蘙　蘙，中箱本楝亭本作蘙。案蘙乃翳字之誤。故宮本敦煌本王韻集韻類篇均作翳。廣雅釋器云：「籞，翳也。」（案籞蘙一字。）是其證。翳者掩覆也。

18 力舉切十二　十二，中箱本楝亭本作十三，是也。本切下凡十三字。

19 梠桶端連綿木　桶，段改作楄，與切三及故宮王韻合。當據正。

十三葉

1 𩅰章与切　章与切，黎本誤作章山切。

2 𥨯　北宋本中箱本誤作𥨯，張改作𥨯，與說文合。

3 蜯蛸　蛸，北宋本黎本誤作賴，張改作蛸，與中箱本合。案蛸見　韵，音房久切。

4 世本曰羅父作杵臼　案羅乃雍字之誤，段改作雝是也。有韻臼下云：「世本曰雍父作臼」，玄應一切經音義卷十八引世本云：「雍父作舂杵」，是其證。

5 說文曰⿰巾盾也所以盛米也　說文盛上有載字，故宮本敦煌本王韻同。

6 又張慮直畧二切　北宋本中箱本黎本均作又張慮切直略切，此張氏依例改。

7 䘢䘢衣　䘢衣，切三作斵衣。斵，當作敝。集韻云：「敝衣」，今據正。

8 禮記曰女者如也如男子之教　段氏曰：此大戴禮本命篇文。

9 大嶽之胤　大，景宋本黎本棟亭本作太。

10 粔籹膏環　環，段云：「刪韻作糫」。案作糫是也。刪韻糫下云：「膏糫粔籹」。玄應一切經音義卷五引蒼頡篇云「粔籹，餅餌也，江南呼為膏糫」，又引字苑云「粔籹，膏糫果也」，均其證。

11 釋名曰橫曰栒縱曰虡　虡，北宋本、黎本、景宋本作虡，今本釋名同。張改作虡，與巾箱本合。

12 姐 姐且　姐，北宋本、巾箱本、黎本均作姐，與說文、玉篇合。當據正。

十四葉

1 怚 切三此字入䖭紐。案玉篇作秦呂切，與本書音同。

2 𧽈 又前結切　注云又前結切，案屑韻昨結切下字作𧾀。

3 𥸤 飲牛筐　飤，各本作飲，與宋本說文合。段注說文改飲作食。張改飲作飤，是也。

廣韻校勘記　卷三　十四

4 舁共輿皃　舁，敦煌王韻作舁，注「共舉」，與說文合。此正文舁當作舁，注輿當作舉。

5 基犄　基，北宋本中箱本黎氏所據本均作由。案由蓋抽字之誤，太玄瑩云「羣倫抽犄」。

6 去說文从大口也　口，當作凵。說文云：「去，從大凵聲」。

7 綻繼入也　入，故宮本敦煌王韻並無，蓋衍文。

8 ⿰目皮皺⿰目皮皮裂　⿰目皮，中箱本作跛，與切三及故宮本敦煌本王韻合。此正文及注並誤。

9 㕮咀脩藥也　脩，北宋本中箱本黎氏所據本作清。案清乃漬字之譌，明本作漬是也。廣韻扶雨切㕮字注云「㕮咀嚼也」。㕮咀義見宋寇宗奭本草衍義。

10 硧磌埸外名也　名，棟亭本作石，非也。案此文本埤蒼，見原本玉篇硧下引。

麌韻

11 麌 牡鹿　注牡鹿切三及故宮本敦煌本王韻均作牝鹿。案詩曰：「麀鹿麌二」；玉篇「麌，牝鹿也」；萬象名義同。本書模韻麌，牝麛也；皆謂麌為牝鹿。惟爾雅釋獸云：「牡麌，牝麜」，即此注所本。郝懿行爾雅義疏以為「牡麌牝麜」當作「牡麜牝麌」。

13 鄅 子國在琅耶　耶，元泰定本明本楝亭本作邪。

14 頨 孔子頭也　注切三及敦煌王韻作「孔子頭反頨」，此注頭下脫「反頨」二字，當據補。史記孔子世家謂孔子生而首上圩頂，因名曰丘，云字仲尼。索隱云：「圩音烏，頂音鼎。圩頂言頂上窊也，故孔子頂如反宇。反宇者，若屋宇之反，中低而四傍高也」。案反宇即反頨，宇頨音同。

15 斧 斧鉞　斧，當從父作斧，注同。

16 說文低頭也太史公書頫仰字如此　太史公書，今本說文作太史卜書。

十五葉

1 孔子弟子有宰父黑　案宰父黑，史記仲尼弟子列傳作罕父黑。

2 䃴䃴磌　磌䃴，當作䃴磌。語韻磌下云：「䃴磌，場外名也。」

3 本自白馬互地　互，北宋本、巾箱本、黎氏所據本均作互。案互乃氐之俗體，段氏改作氐，是也。漢書地理志武都郡注引應劭曰：「故白馬氐羌，」是其證。

4 山海經曰帝後八子始為舞　案後當作俊。山海經海內西經云：「帝俊有子八人，是始為歌儛。」

5 𦊁　敦煌王韻同。故宮王韻作𦋐。

6 釜水出焉 釜，元泰定本楝亭本作滏，與山海經北山經合。

7 弣弓弝中也 弝，北宋本中箱本黎本均作把，與故宮本敦煌本王韻合。禮記曲禮鄭注云：「弣，把中。」釋名釋兵云：「弓中央曰弣。」當據正。

8 ⿱艹剖草剖 剖，當作⿱艹剖。此字從艸剖聲。

9 跓停足 停足，北宋本中箱本黎本作勇足，玉篇同。張改作停足，蓋本集韻。

10 ⿵冂⿰舌予⿰口⿱冖于上同 案⿰口⿱冖于當作冔，從冃吁聲。萬象名義正作冔。

11 一曰様 曰，北宋本黎本譌作行。張改作曰，與中箱本合。

12 本火手切 本，中箱本作又。

十六葉

1 窳器空中 器空中，元泰定本楝亭本作器中空。

2 華國志　段於華下增陽字，是也。華陽國志晉常璩撰。

3 說文曰宗廟宝祏　祏，段改作祏，與說文合。

4 又獨行皃　獨，北宋本、黎氏所據本無，中箱本、元泰定本、明本有之。

5 寠　說文從山作寠。

6 枸　木名出蜀子可食江南謂之木蜜其木近酒能薄酒味也　段氏云：江南以下十四字當在椇注枳椇之下。案此注蓋本毛詩義疏。詩南山有枸義疏云：「枳枸樹高大如白楊，所在皆有。子著支端，支柯不直，噉之甘美如飴。八九月熟，江南特美。今官園種之，謂之木蜜，能令酒味薄。若以為屋柱，則一屋酒皆薄。」是枳枸即枳椇也。枸椇音同。

7 ⿰亭風隄縣名 ⿰亭風，北宋本中箱本黎本均作⿰亭風。本書先韻落賢切下出⿰亭風字，注云：「⿰亭風隄縣名。」案漢書地理志字作⿰亭風。孟康音蓮。

8 僂 僂傴疾也 注僂傴，切三及故宮王韻作傴僂，當據正。案呂覽明理篇注：傴僂，俯者也。玄應一切經音義卷二引通俗文：曲脊謂之傴僂。

9 覼謱 覼當作覶。覼，覶之俗體。

10 迺 迺，當從玉篇作廼。唐人寫書從廴之字多作辶。如匹之作迊，廻之作迴，是其例。但從廴者仍作廴。此字唐人寫作迺，廣韻因而未改。

姥韻

11 鈷䥈 切三及故宮本敦煌本王韻此下有「燒器」二字，當據補。本韻鈷下亦闕訓解。

12 圡 文字指歸無點 案圡唐人每寫作圡，從土者同。廣韻改圡作土，而所承唐本韻書舊注猶未刪薙，故注云：文字指歸無點。

13 又虜三字姓三氏　三氏，北宋本景宋本巾箱本作二氏，是也。下文所舉僅吐谷渾吐伏盧二氏。

十七葉

1 荰　杜衡香草似葵山海經云可以治癭帶之令人便馬馬亦善走味似細辛而氣小異　案山海經西山經云：天帝之山，有草焉，其狀如葵，其臭如蘼蕪，名曰杜衡，可以走馬，食之已癭。郭注云：「帶之令人便馬。或曰馬得之而健走。」此注所引非原文。　又「味似細辛」，北宋本巾箱本黎氏所據本景宋本均作「都似細辛」。案都上當有根葉二字。宋圖經衍義本草引陶隱居陶弘景曰：「根葉都似細辛，惟香小異爾」，是其證。張氏未審都上有脫文，遂改都作味，非也。明本作「根葉似細辛而氣小異」，與本草陶説合。

2 桍 北宋本黎本作桍，是也。桍又見模韵落胡切下。

3 居 故宫王韵作居，與説文合，當據正。

4 𦟝 梁公子名仉𦟝 趙斐雲先生曰：「𦟝當從集韵類篇作𦟝。𦟝，省視也，見説文，與𦟝字有别。」

5 鼔 北宋本黎本景宋本均作鼓，與説文合。當據正。注文鼔字黎本亦作鼓。

6 亦作鼓 鼓，北宋本景宋本作鼓，是也。此作鼓，非。鼓，説文擊鼓也，與鼓字有别。

7 鼓 此字徐鍇説文繫傳讀若屬，玉篇音之録切，又公戸切。本書但音公戸切，公戸音誤。本鈕樹玉説文解字校録説。

8 說文曰擊鼔也　鼔，黎本作鼓，與說文合。

9 匃多債利也　匃，當從說文作夃。注債，棣亭本作積，故宮王韻作貸。說文云「秦以市買多得為夃」。

10 夃又古乎切　注云又古乎切，案模韻古胡切下無此字。

11 死　說文作𣧍，當據正。

12 粗徂古切　徂古切，切三及敦煌王韻同。故宮王韻作似古反。

13 粗又千胡切　注云又千胡切，案模韻倉胡切下無此字。

14 駔又徂朗切　注云又徂朗切，案駔見蕩韻子朗切下，玉篇此字亦音子朗切。徂子聲不同類，徂當是祖字之誤。

15 觕　故宮王韻此字作捔，從手。新撰字鏡亦收入手部。亦作𧢼。

16 珇（琫上起）

段云：「起下當有瑑字」，蓋本說文。說文云：「珇，琮玉之瑑」，又「瑑，圭璧上起兆瑑也」。

17 鄌（鄌）

故宮王韻作鄌，與說文合。

十八葉

1 鄔（郡名，又姓，鄔郡大守司馬牟之後，因以爲氏）

趙先生曰：「案古無鄔郡。說文：鄔，太原縣。兩漢書地理志同。故切韻本云：鄔，縣名，在太原。王韻同。漢志又云：鄔，晉大夫司馬彌牟邑。按彌牟爲晉大夫，見昭二十八年左氏傳。今本廣韻大夫譌作太守，縣名譌作郡名，牟上又奪彌字，文義齟突殊甚，今據切韻、左氏傳、漢志訂正。」

2 鴻（水鴻）

水鴻，故宮王韻作水名，集韻同。

3 趟（足輕）

足輕，巾箱本、黎本作走輕，與故宮王韻、說文合。當據正。

4 ⿰車鳥 車頭中骨

骨，北宋本中箱本黎氏所據本均作也。張改作骨，蓋本玉篇。

5 ⿸虍邑 西京記云抱土含⿸虍邑

案文選西京賦云：「抱杜含鄠，欱澧吐鎬。」此⿸虍邑蓋鄠之或體。

注西京記當作西京賦，抱土當作抱杜。杜者，杜陵也。

6 ⿱竹邑 海中取魚竹名曰⿱竹邑

名，當作罔。集韻云：「⿱竹邑，取魚竹罔。」

薺韻

7 薺 徂禮切

徂禮切，切三同，故宮王韻作徐禮反。韻目薺下作徂禮反。

8 艬 大舟也

大舟也，北宋本中箱本黎本作「小舶補也」。補蓋誤字。切三及故宮王韻均訓「小船」。原本玉篇云：「字書或艬字也。艬，小艖也。」方言九云：「舟，南楚江湘凡船大者謂之舸，小舸謂之艖。東南丹陽會稽之間謂艖為欚。」此切韻王韻及本書所本。張改小船為大舟，殊違原恉。

9 欚 亦作艤 亦作艤欚三字各本無。張氏誤從集韵增，未審本書艤欚爲二字也。

10 劙 又力多切 力多切，各本作力移切，是也。劙又見支韵呂支切下，此作力多切誤。

11 ⿰麗支 黎本作⿰麗攴，誤。

12 批 又側買切 注云又側買切，案蟹韵無側買一音。

十九葉

1 夘 說文音卿 夘，段改作卯。案說文篆文作[篆文]。

2 ⿰耳室 耳⿰耳農 ⿰耳農，北宋本中箱本黎本作膿，與切三及故宮王韵合。當據正。

3 㼖 小瓮 瓮，北宋本巾箱本黎本景宋本均作瓫。案作瓫是也。瓫即盆字。玉篇㼖，小盆也。方言五甂陳魏宋楚之間謂之㼖，郭注今河北人呼小盆為題子」。是其證。

4 闘　當從鬥作鬭。

5 絡　絳柎也　柎，北宋本巾箱本黎氏所據本作趺，與故宮王韻合。張改作柎，蓋本玉篇。

6 鞴　故宮王韻作靴，玉篇同。

7 説　文云雨而晝晴也　晴，北宋本巾箱本黎本景宋本作姓，與説文合。

8 脣　肥腸　肥，段改作腓，是也。蘅韻脣下引字林云「腨腸也」。故宮王韻同。李腨腸卽腓腸，説文「腨，腓腸也」。

9 睨　亦作眊　眊，玉篇同，故宮王韻作眊。

蟹韵

10 ⿱艹亏 各本作⿱艹了，與切三合。

11 猈犬短頸 頸，段改作脛，是也。說文云：「猈，短脛狗。」

二十葉

1 老人拄杖也 拄，北宋本中箱本黎本作柱。

2 ⿱⺮拐 集韵此字作⿱⺮柺。

駭韵

3 ⿰魚亥又音該 該，北宋本黎本作絯，中箱本作駭，並誤。案⿰魚亥又見咍韵該紐。

4 駴駴擊 注故宫王韵作「擊鼓」。案周禮夏官大司馬「鼓皆駴」，注：「疾雷擊鼓曰駴。」

5 ⿸疒挨⿸疒挨⿸疒矣 ⿸疒挨⿸疒矣，各本作⿸疒矣⿸疒挨。張改作⿸疒挨⿸疒矣，與刻本韵書三一五五合。

賄韻

6 腲腇肥皃　肥皃，切三及故宮王韻刻本韻書五五三一均作肥弱病。

7 ⿰鬼阝　集韻作⿰鬼卩。

8 ⿰耒阝 ⿰耒阝陽鄉名在桂陽　鄉名，故宮王韻同，切三作縣名，與說文漢書地理志合。

9 ⿰耒卩　集韻作⿰耒卩。

10 蓓蕾　蓓，棣亭本作蓓，與玉篇集韻合。

11 陲　當從說文作⿰阝豖。

12 ⿰阝豖 又力追切　注云又力追切，案脂韻力追切下無此字。

13 ⿰金遀　故宮王韻作⿰金隋，與說文廣雅釋器合。

14 聉頪癡瘨皃　瘨，切三及故宮王韻作頭。

15 讃說文胡對切中止也　案巾箱本作「說文云：中止也。又胡對切」。楝亭本同。

16 俗作傀儡字也　字，北宋本巾箱本楝亭本作子，是也。故宮王韵無俗作二字。

17 䫌又口瓦切　注又口瓦切，當作又口兀切。兀瓦形近而譌。故宮王韵䫌，又口兀口壞二反。是其證。案此字又見沒韵苦骨切下。

二十一葉

1 腲亦作腇　案腇見本韵呼罪切下，此云：腲亦作腇，當有誤。

2 陲郵　陲，當作隊。

3 [豸頁]　說文作顡。

4 說文音聵癡顛不聰明也　顛，北宋本巾箱本黎本作頭。段改作顡，與玉篇及本書怪韵顡注合。案今本說文作「癡不聰明也」。

5 嵬 又玉回切　玉，元泰定本明本棟亭本作五，是也。案嵬又見灰韻五灰切下。

6 倄 于罪切　于罪切，切三及故宮王韻作羽罪反，音同。敦煌王韻作素罪反，素字誤。案倄字從肴，不得音于罪切，倄當是侑字之誤。玄應一切經音義卷十五僧祇律第十三卷痏下引通俗文云：「于罪反。痛聲曰侑，警聲曰𠍿」。是其證也。顏氏家訓風操篇云：「倉頡篇有倄字，訓詁云：痛而謼也，音羽罪反」。字亦譌作倄。

海韻

7 呼 改切二　二，北宋本中箱本棟亭本作三，是也。本切下凡三字。

8 聹 半聾字林云秦音聽而不聰聞而不達曰聹　秦音，北宋本中箱本黎本景宋本均作秦晉，當據正。此文亦見方言卷六、說文。

9 又音臺十　各本十下有一字，當據補。

10 戰國策晉有亥唐　段云當云孟子。案亥唐見孟子萬章下。

11 竪垓神人　竪，段改作豎，與山海經海外東經合。

12 㥒　黎本中箱本此字譌作㟪。

13 挴　故宮王韻作栂，是也。栂亦見賄韻武罪切下。此作挴者涉下文毐字而誤。

14 欸 相然譍也　譍，切三及故宮王韻作辭。

15 疓 如亥切　故宮王韻此字在乃紐，音奴亥反，玉篇音同。

二十二葉

軫韻

1 診 候脹　脹，當作脈。故宮王韻作脉，是其證。

2 曲 禮曰虛坐盡前　段氏依曲禮改作「虛坐盡後，食坐盡前」。

3 䇮 士忍切　士，北宋本、中箱本、黎本、景宋本均作七，與敦煌王韻合。此作士誤。

4 菌　陸韻王韻無此字。此字音渠殞切，與爾雅釋文謝嶠音其隕反合。郭璞音巨阮反。

5 引 又徐刃切　徐，當作餘。引又見震韻音羊晉切，羊餘聲同一類。

6 蚓 又余刃切　注云又余刃切，案震韻羊晉切下無此字。

7 螾 又餘刃切　注云又餘刃切，案震韻羊晉切下無此字。

8 㧷 伸布也又　注伸又布也，段氏改作申布也，與玉篇集韻合。西京賦「衍地絡」，李善注「衍，申布也」。衍玉篇作㧷。

9 靷 又餘刃切　餘刃，黎本作徐刃，誤。案靷又見震韻音羊晉切，羊餘聲同一類。

二十三葉

1 [illegible]俗作[illegible] [illegible]，楝亭本作[illegible]，切三同。故宮本敦煌本王韻作[illegible]。

2 輡車軾兔下軛也 輡，段改作𨏥，云：「說文之𨏥，車伏兔下革也。」案𨏥字從𤕦，𤕦即古昏字，故𨏥亦作輡。集韻𨏥輡一字。

3 䐿䐿合 䐿，當作脗，莊子齊物論云：「為其脗合」。

4 以應黃鐘之律 鐘，北宋本中箱本黎本均作鍾。

準韻

5 準之尹切 之尹切，切三故宮王韻同，敦煌王韻作之忍反。案忍為開口字，本書在軫韻，王韻軫準為一韻。

6 置三川守河洛尹地 地，北宋本中箱本黎本景宋本均譌作也。

7 [illegible] 北宋本中箱本黎本作[illegible]，當據正。

8 篿　篿篿以捕鳥　以捕鳥三字各本無，張氏蓋據玉篇增。

9 釋名曰所以懸鼓者　案釋名鼓上有鐘字。

10 簨　案此字當依周禮考工記陸氏釋文作簨。

11 槇　案此字當從六作槇。

12 胊　北宋本、中箱本作朐，與漢書地理志合。顏師古曰：朐音劬。張改作朐，蓋本大徐說文新附。錢大昕漢書辨疑卷十四朐忍條下云：「續漢書郡國志及曹全碑並作朐忍，顏籀音朐爲劬，是也。闞駰十三州志乃云：朐音春，忍音閏，其地下濕多朐忍蟲，因以名縣。既有春音則字已近于朐矣；然玉篇中尚無朐字，杜佑通典州郡門作朐忍，朐音如順切，忍音如尹切，讀如閏蠢。君卿雖從闞音，而字猶未變。至徐鉉校定說文解字竟于肉部附入胸腮二字，亦可謂不放舊章，好信異說者矣。

13 ⿸厂緊 束縛。丘尹切 ⿸厂緊，故宫本敦煌本王韻作⿸广⿱林糸。案⿸厂緊⿸广⿱林糸均麇字之誤。顧野王原本玉篇殘卷糸部云：「⿸广⿱林糸，丘隕反。左氏傳『羅无勇⿸广⿱林糸之』，杜預曰：『⿸广⿱林糸，束縛也。』」是其證。案麇又見吻韻，音丘粉切。

14 螼 弃忍切 弃忍切，故宫本敦煌本王韻同。案忍在軫韻，此螼字當入軫韻。

15 賰 䁓賰 注䁓賰，故宫本敦煌本王韻作賰䁓，吻韻䁓下同。新撰字鏡亦同。

16 脪 興腎切 案腎在軫韻，陳澧以此紐諸字皆軫韻增加字，誤入此韻者。案此字敦煌王韻收入隱韻，注云「興近反。腫起。或作⿸疒希」。

17 濜 鉏紖切 案紖在軫韻，陳澧以為此字乃軫韻增加字，誤入此韻。

18 屒 珍忍切 案忍在軫韻，陳澧以為此字乃軫韻增加字，誤入此韻。

吻韻

19 扮 扮動　扮，黎本作枌，誤。

20 房 吻切十三　十三，中箱本作十四，是也。本切下凡十四字。

21 鼢 字林云地中行鼠百勞所化　百勞所化，北宋本中箱本黎氏所據本景宋本均作百勞所作。今本說文同。案慧琳一切經音義卷九十八引說文作「百勞所化也」。

二十四葉

1 坋 又步寸切　注云又步寸切，案慁韻步寸切下字作坌。

2 賱 賱賰富也　注賱賰，故宮本敦煌本王韻作賰賱。

3 揾 沒也　沒，黎本同，北宋本中箱本楝亭本作拄。案故宮本敦煌本王韻正文作榲，注作柱，當據正。榲亦見玉篇，義同。北宋本廣韻作「揾，拄也」，蓋沿廣雅釋詁四之誤。詳王氏疏證。南宋本作「搵沒也」，與說文合。

4 左傳云無勇麇之　案左傳哀公二年云「羅無勇麇之」，此無上奪羅字，當據補。

隱韵

5 𨼆　段云：「今說文作𨼆」。

6 居隱切十　十，中箱本作十一，是也。本切下凡十一字。

7 堇 菜也說文作𡋯黏土也　𡋯 同上　案說文堇從艸堇聲，𡋯從土從黃省，二字有別。此合堇𡋯為一字，非也。敦煌王韵分別蓳𡋯，蓳訓堇菜，𡋯訓黃土黏。

8 堇 又音芹　注云又音芹，案欣韵巨斤切下無此字。

9 巹 以𤮜爲酒器婚禮用之也　𧯷上同

巹，中箱本黎本作巹，與說文合，當據正。又巹𧯷本書爲一字，敦煌王韻分別爲二，巹爲巹敬字，𧯷爲𧯷𤮜字。（𧯷下注云：「𤮜，酒器。婚禮所用。陸訓巹𤮜字爲𧯷𤮜字，俗行大失。」）蓋本說文。（說文：「巹，謹身有所承也。」「𧯷，蠡也。」）案儀禮禮記合巹字均作巹。

10 𧯷

當依說文作𧯷。

11 ⿰角秦

此字北宋本中箱本黎本景宋本譌作⿰魚秦。

12 亲 又音臻

⿰𧾷秦，元泰定本明本作臻，是也。案亲又見臻韻側詵切下。

13 齓 俗作亂

齓，說文作齔，漢曹全碑同。

14 齓 又初靳切

注云又初靳切，案燉韻無初靳一音，齓字見震韻初覲切下。

阮韻

15 ⿺尢皀 小皃　⿺尢皀，敦煌王韻同，集韻類篇從尢作⿺尢皀。

16 屵　北宋本中箱本黎本景宋本元泰定本明本均作屵，與切一切三及敦煌王韻合。

二十五葉

1 㿫 皮脫也　脫，北宋本中箱本黎氏所據本景宋本作悗，誤。張改作脫，與敦煌王韻及玉篇合。

2 菌 草也，又求敏切　廣韻此字音求晚切。案菌從囷聲，各書無求晚一音，切二及敦煌王韻本韻均無此字。疑菌蓋蔨字之誤。爾雅「蔨，鹿蘼。其實莥」，釋文：「蔨，謝其隕反，郭巨阮反」。謝音已見軫韻，此求晚切正與郭音相符。

3 䘼又安院切　注云又安院切，案桓韻一丸切下無此字。

4 睕乖也又無婠也　無，當作嫵，玉篇云：「睕，小嫵（張刻本譌作撫）媚也。」集韻云：「睕，一曰嫵媚。」是其證。

5 晅　此字黎本譌作暅。

6 暅又古鄧切　注又古鄧切，切一及敦煌王韻同。案本書嶝韻古鄧切下無暅字，敦煌王韻有之。

混韻

7 顚頭面形顚也　形顚之顚各本作圓。集韻云：「顚，一曰面首俱圓謂之顚。」

8 本又治也　治，中箱本楝亭本作始，是也。廣雅釋詁一云：「本，始也。」

9 瘁瘷惡寒　瘷，當從敦煌王韻作瘷。瘷見麥韻音山責切。

10 穡持穀聚　持，說文作蹂。敦煌王韻同，切一切三作治，當據正。此持乃唐本韻書避高宗諱改。

11 㒚㒚㒚　注㒚㒚，元泰定本明本作㒚隱。案集韻云「㒚㒚，安也」。

12 帾貯也　貯，段改作䘀，與說文合。說文巾部帾，載米䘀也。宁部䘀，帾也。

13 帾又張倫文甸二切　注文甸當作丈句，文丈形近而譌。案帾又見諄韻直倫切下，直倫、丈句音同。玉篇帾，「丈句、豬句二切」，亦其證也。

14 尚書本作鯀　鯀，北宋本中箱本作鮌，與尚書堯典合。

二十六葉

1 䃂石聲　石聲，敦煌王韻作高聲。案周禮春官典同曰：「凡聲高聲䃂，正聲緩。」鄭玄注云：「高，謂鍾形容高也。高則聲上藏，袞然旋如裏。」此王韵刋本。集韵云：硍，鍾病聲。

2 硱 碖硱石落皃　碖硱，元泰定本明本作硱碖，楝亭本同。

3 碖 碖硱石落皃　注硱當作碅，碅見本韵苦本切下。又碖硱石落皃，元泰定本明本作硱碖石落皃。

4 播 車弓　播，楝亭本作橎，是也。案玉篇木部橎下云：拘簍車弓也。

5 又亡頓莫旱二切　切下各本有一字，此脫。

很韵

6 很 俗作狠　狠，北宋本中箱本黎本作佷，是也。唐人很每寫作佷，張改佷作狠，非是。狠，說文：犬鬭聲，玉篇音五閒切，萬象名義午閑反，新撰字鏡牛閑反。徐鉉音五還切。狠很音異。

7 墾 段改作墾，與說文合。

8 懇 段改作懇，與說文合。

旱韻

9 亶 多也穀也 「多也，穀也」，段依說文改作「多穀也」。

10 亶 又遮連切 注云又遮連切，案仙韻諸延切下無此字。

11 𩁹 鳥形又思旰切 注鳥形誤。說文云：「𩁹，𩁹𩁹也。从隹，椒聲。一曰飛𩁹。」又「思旰切」北宋本中箱本元泰定本明本作「思旰切」，音同。黎本作「思肝切」，誤。

12 袒 又除鴈切 注云又除鴈切，鴈見諫韻，案諫韻無除鴈一音。切三及敦煌王韻作又大莧反，是也。袒又見襇韻丈莧切下。

13 潬 水中沙為潬 注切一、切三及敦煌王韻作「水中沙出」。案爾雅釋水云：「潬，沙出。」

郭注「今江東呼水中沙堆為潬」。此注沙下蓋脫堆字，當據郭注訂正。

14 厈 又工旦切　注云又工旦切，案翰韻古案切下無此字。

15 衎 又音幹　注云又音幹，案翰韻古案切下無此字。

16 又羌複姓有罕井氏　井，段改作幵，是也。罕幵氏乃西羌姓，見後漢書趙充國傳。

二十七葉

1 又呼旰切　又，北宋本、中箱本、黎本、景宋本誤作父。

2 [髟贊] 款皃　款，蓋駿字之誤。翰韻則旰切下[髟贊]注云「駿光澤皃」。

緩韻

3 玉琯　琯，中箱本、楝亭本同，北宋本、黎本作管。

4 **鏉**鏠鏉　鏠，段改作縫，與切三及五代刻本韻書合。案匡謬正俗卷六云：「今官曹文案於紙縫上署記謂之款縫者，何也？答曰：此語言元出魏晉律令，字林本作鏉。鏉，刻也。古未有紙之時，所有簿領皆用簡牘，其編連之處，恐有改動，故於縫上刻記之。承前已來，呼為鏉縫，今於紙縫上署名，猶取舊語，呼為鏉縫耳。」此段校所本。當據正。

5 **伴**蒲旱切　蒲旱切，切三敦煌王韻作薄旱反。蒲旱薄旱音同。案旱在旱韻，以旱切伴不合。陸韻王韻旱緩未分，因假開口字切脣音合口字；廣韻旱緩既判為兩韻，於此猶沿襲未改。五代刻本韻書旱緩分立，伴作步卵反，於聲韻盡合。

6 **滿**莫旱切　莫旱切，切一切三敦煌王韻同，五代刻本韻書作莫卵反。參看前條校記。

廣韻校勘記　卷三　三十

7 懣　此字切三別出一紐，音亡伴反，又亡本反，蓋後增字也。敦煌王韻及五代刻本韻書均歸入滿紐。

8 鏋　金精　精，北宋本巾箱本黎本無。案集韻云：「金精謂之鏋」。張氏據集韻增，與五代刻本韻書合。

9 粁　餅　並上同　案北宋本黎本作「粁上同」，粁下無餅。巾箱本作「粁餅上同」，元泰定本明本作「粁上同餅上同」。張氏增餅字，適與板下所注本紐字數相合。

10 瓪　牡瓦也　牡，切一切三玉篇集韻均作牝，當據正。案瓦牝曰瓪，牡瓦曰甋。

11 昄　大也又扶板布綰二切　也下七字北宋本巾箱本黎本並無，張增與元泰定本明本合。

案潸韻扶板布綰二紐均出昄字。

12 𩌏　此字巾箱本黎本作𩍚，誤。

13 緞　此字中箱本黎本作緞，誤。

14 攤（奴但切）　奴但切，敦煌王韻同。案但在旱韻，攤入此韻非是，當移入旱韻，為翰韻攤字（奴案切）上聲。

潸韻

15 赧　當從說文作赧。

16 赧（俗作赧）　赧，元泰定本明本棟亭本作赧，當據正。案赧唐人俗寫作赧。集韻赧或从皮。

17 赧（奴板切）　奴板切，切一同。切三及敦煌王韻作怒板反，音同。五代刻本韻書作女板反。玉篇同。

18 僴（又音簡）　注又音簡，棟亭本作「又姑限切」，音同。

19 撊（猛也）　撊段改作撊，是也。案方言二云「撊，猛也。晉魏之間曰撊」。當據正。

20 捍捱摇動　捱，集韻作摌，是也。摌見産韻，音所簡切。五代刻本韻書摌下云「以手拔物捍摌」。案「拔物」與「摇動」義相符合。

21 黃蒸子玉篇餅也　案各本無「玉篇餅」三字。

22 鯇又胡本切　注云又胡本切，案混韻胡本切下字作鯶。敦煌王韻鯶下云「亦作鯇」，是鯶鯇一字也。

二十八葉

1 阪陂別名　注陂字，北宋本中箱本黎本景宋本作阪，誤。

産韻

2 ⿵門艮又作痕衆並俗　痕，當作⿸广艮。見集韻。棟亭本作⿸广艮亦誤。

3 㦃初綰切　案綰在潸韻，陳澧以為㦃蓋潸韻增加字誤入此韻也。

銑韻

4 跣 足跣 案足下當有脫文。五代刻本韻書注云：「跣，足蹋地。」說文云：「跣，足親地也。」

5 頣 當從說文作頣。

6 䁙 此字巾箱本黎本作暥，誤。

二十九葉

1 芇 又亡弦切 注云又亡弦切，案弦在先韻，先韻無芇字，芇見仙韻武延切下。

2 編 編綃 注編綃，切三及敦煌王韻作編絹。段氏改作編緒，是也。案廣雅釋器云：「編緒，絛也。」王懷祖曰：「說文：『絛，扁緒也。』急就篇注云：『絛，一名偏諸，織絲縷為之。』編緒即說文之扁緒，亦即急就篇注之偏諸，聲轉字異耳。漢書賈誼傳為之繡衣絲履偏諸緣，服虔注云：『加牙絛以作履緣也」。

3 贙 一曰對爭也　對爭也，切三作對爭皃。

4 鞘 韉鞘刀鞘也說文曰大車縛軛靼也　刀鞘，中箱本元泰定本明本作刀鞘，是也。韻會鞘下云：「韉鞘，刀削。」是其證。鞘削通用。又靻，說文作靼，當據正。

5 罥 挂也　挂，北宋本黎本誤作扶，張改作挂，與中箱本合。

6 羂　北宋本黎氏所據本誤作羅。

7 爾 雅云墜也　云，北宋本中箱本黎本並無。

8 辮 薄泫切　薄泫切，切三作薄顯反。以喉音開口字切脣音合口字。

9 ⿸广扁　元泰定本明本作⿸疒扁，與集韻合，當據正。

獮韻

10 㠭又視戰切　注又視戰切，切三同。案線韻時戰切下無此字。

三十葉

1 木廇　廇，元泰定本明本棟亭本作瘤，與集韻合。當據正。

2 趁亦作碾　碾，元泰定本明本作蹍，與集韻合。當據正。

3 ⿰車𠬝　說文此字從⿸尸𠬝作⿰車⿸尸𠬝，當據正。

4 ⿸尸𠬝　說文作⿸尸𠬝。當據正。

5 淺士演切　士演切，棟亭本作七演切，與切三合。當據正。案先韻淺下云又倉翦切，即指此音。倉七翦同一類。

6 幝車蔽　案蔽當作敝，詩杕杜「檀車幝幝」，傳曰「幝幝，敝貌」。

7 [illegible]說文作[illegible]　[illegible]說文從𠂤作[illegible]，當據正。

8 [illegible]　當從說文作[illegible]。

9 搴取也攓上同　攓，段改作攐，是也。方言十：「攓，取也。楚謂之攓。」集韵攓，或從褰作攐，亦作搴。注云：「俗作攓，非是。」

10 善言也　言，北宋本中箱本黎本均作吉，與說文合。當據正。

11 又作譱　作字北宋本中箱本黎氏所據本均脫。

12 墠除墠地名　注除墠地名，北宋本中箱本黎氏所據本作除壇地名。趙先生曰：「此文不可通，當作除地曰墠。禮記祭法一壇一墠注：除地曰墠。書金縢傳：墠，除地也。均其證。」

13 鱓死人殘化也　化，北宋本中箱本黎氏所據本均譌作作。

14 翦勒也　勒，北宋本中箱本黎本作勤，是也。爾雅釋詁：「翦，勤也。」

15 婣 明星

星，北宋本中箱本黎本明本作皃。張改作星，是也。說文云：甘氏星經曰：太白上公妻曰女婣，女婣居南斗食厲，天下祭之曰明星。

16 ⿱功言

段改作⿱功言，並云：巧言為辯，見魏書江式傳。

三十一葉

1 䩃 勒靻名也

靻，當作靼。說文云：䩃，勒靼也。

2 雋 徂兗切

徂兗切，敦煌王韻同。切三此紐作吮，音徐兗反，又徂兗反。案本書此韻有徂兗切，而無徐兗切；切三此紐作徐兗反，又別無徂兗反。

3 吮 又徐兗切

注云又徐兗切，案本韻無徐兗一音。

4 出王屋山

山，北宋本中箱本黎氏所據本作也，誤。

5 卷 居轉切

居轉切，切三作古轉反。

6 埢 土冡　冡，當作冢。

7 蝡 切三此字從需作蠕。下㮕䓴瑌愞諸字亦從需。

8 ⿰忄㞋 此字北宋本巾箱本黎本作恨，案當從㞋作⿰忄㞋。

9 㞋 此字北宋本巾箱本黎本作尺，段改作㞋。

10 又作莧見經典　經，北宋本巾箱本黎氏所據本作正，張改作経，是也。段氏云：見攷工記注。

11 囚刑圄　圄，北宋本巾箱本黎本景宋本明本作圓，張改作圄，與集韻合。

12 選 又思絹切 又思管切　又思管切，切三無。本書緩韻蘇管切下無選字。

13 一名孑孑　孑孑，楝亭本作孑孓，與爾雅釋魚郭注合。當據正。

14 蠉 香兗切 此字脫訓解。案說文云：「蠉，蟲行也。」

15 匾 又辮篇二音 辮，北宋本中箱本楝亭本作辮，是也。案匾又見銑韵薄泫切下。

三十二葉

1 扵 旌旗柱 柱，說文作杠。

2 蚩 伸行 伸，北宋本中箱本黎本作神，誤。說文云：「蚩，蟲曳行也。」

3 延 安步行之 之，段改作也，與說文合。

4 鵗 被免切 被，北宋本中箱本黎本均作披，與集韵合。當據正。

篠韵

5 撟 打也 也，中箱本黎本作名。張改作也，與集韵合。

6 ⿰白白 又匹白切　注云又匹白切，案陌韻普伯切下無⿰白白字。

7 磣㣿垂皃　案玉篇集韻並云「磣⿰石鳥石垂皃」，此垂皃上無石字，當據補。案磣⿰石鳥原本玉篇引字書作磣鳥，磣島磣⿰石鳥磣㣿音同。

8 朓 土了切　土了切，北宋本中箱本作士了切，誤。切三作土鳥反，敦煌王韻作吐鳥反，與土了切音同。

9 ⿰馬幼⿰馬赤長而不勁　⿰馬赤，段氏改作⿰馬夫，與集韻合。

10 葽 廣雅云遠志也　案今本廣雅無此文。楝亭本作爾雅是也。爾雅釋草云「葽繞蕀蒬」，郭注云「今遠志也」。

11 ⿰馬⿱罒力　中箱本楝亭本作⿰馬男，與敦煌王韻合。當據正。切三作⿰馬⿱罒各，或體也。見集韻。

12 ⿰馬赤　段氏改作⿰馬夫，與集韻合。案淮南子有此字，齊俗篇云「譬若舟車楯⿰馬夫」。

13 騕褭　騕，北宋本黎本誤作腰。張改作騕，與中箱本合。

14 [扌褭]摘也　摘也玉篇集韵作擿也。

15 𠄔玉篇音患　「玉篇音患」，棟亭本作「玉篇云：今作幻」。案玉篇予部𠄔，胡慢切，相詐惑也。从倒予，今作幻。

16 幽閑也　閑，北宋本中箱本景宗本作閑，是也。

17 眺眺瞟田中穴　案瞟下宜有田字。玉篇集韵並云：「眺，瞟田中穴」。

三十三葉

小韵

1 字統云合作芠　「合作芠」，北宋本中箱本黎氏所據本景宗本均作「合作此乏」。

2 禾 芒　禾，北宋本景宋本黎本譌作木，中箱本譌作文。張改作禾，與切三敦煌王韻合。

3 ⿱邵糸　當作⿱卲糸。

4 矯 又姓左傳晉大夫矯文　段朝端姓解辨誤以為矯文當作矯父，見後漢書逸民傳注。

5 瞂 盾也　段於盾上加繫字，是也。案書費誓「瞂乃干」鄭注云：「瞂，猶繫也。」說文云：「瞂，繫連也。」是其證。

6 表 陂嬌切　嬌，各本作矯，是也。嬌字宵韻已用為切字，此韻不得復為切字。

7 目 有所察　目，北宋本譌作司，景宋本黎氏所據本譌作同。

三十四葉

1 鷕又羊水切 注云又羊水切，案旨韻以水切下無此字。

2 ⿰臼穴⿰扌穴 各本均作𦥔，抭，與說文合。當據正。

3 愀 切三此字在篠韻湫紐，音子了反。了，原誤作己。

4 驕巨夭切 巨夭切，敦煌王韻作巨小反，音同。切三作在小反，在字誤。

巧韻

5 獶又好巧切 好，元泰定本明本作奴，是也。獶又見本韻音奴巧切。

6 酉緧也時物皆緧縮也 時上當依晉書樂志補謂字。

7 丣 各本譌作丣，張改作丣，與說文合。

8 說文作茆 茆，黎本同。北宋本景宋本作茆，與說文合。當據正。

9 姣 妖媚　妖，元泰定本明本棟亭本作姣，敦煌王韻同。

10 烄 木然也　烄木然，說文玉篇作交木然，當據正。

11 效　當從說文作𢽾。

12 拗 手拉　手拉，切三及敦煌王韻作手撥。

13 見 深目　見，集韻作見，為窅字或體。當據正。

三十五葉

1 㝅 一云攪也　案攪當作攪，敦煌王韻此字訓攪，玉篇：攪，㝅也，均其證。

晧韻

2 說文作昦　昦，北宋本中箱本譌作昦。

3 商山四顥 商，北宋本巾箱本景宋本均作南，案南山四晧見後漢書鄭玄傳。

4 昦 夰字從此 昦夰，北宋本巾箱本景宋本黎本均作昦天。張氏改天作夰，非是。案廣韵無夰字。

5 豯 西南夷名 西字上切三及敦煌王韵並有豯貕二字。

6 討 他浩切 浩，切三作沼，誤。案沼在小韵。

7 槄 又他刀切 他刀切，切三作地刀反，誤。案此字見豪韵土刀切下。

8 堖 堖頭 堖，說文匕部作𡿺，段氏據改。

9 腦 或從甾 甾，北宋本作𡿺。案唐人腦每寫作䐉，是甾字不誤。

10 嫂 北宋本巾箱本景宋本黎本譌作嫂。

11 ⿰女更　此字北宋本景宋本黎氏所據本作埂，誤。張改作⿰女更與中箱本合。

12 鳥又音鳥　注云又音鳥，案篠韻都了切下無此字。

13 又古借為蚤暮字　蚤，段改作早，是也。

14 璪玉名　注玉名，切三及敦煌王韻作玉飾，與說文合。案說文云：璪，玉飾，如水藻之文。

15 又槽屬　又，北宋本中箱本景宋本黎本均譌作入。

三十六葉

1 槀槀本藥　藥下中箱本有名字，楝亭本同。

2 ⿱人務又亡毒切　注又亡毒切，切三及敦煌王韻同。案沃韻莫沃切下無此字。

3 保亦姓呂氏春秋云楚有保申為文王傅 傅，北宋本中箱本黎本均作傅，當據正。案呂氏春秋直諫篇載葆申諫荊文王事。葆，高注：太葆官也。說苑正諫篇作保，此以保為姓氏非。又傅字下中箱本楝亭本有也字。

4 又羽稃 又，北宋本景宋本黎本作兒，誤。張改作又，與中箱本合。

哿韵

5 側弁也 弁，北宋本中箱本黎氏所據本景宋本均譌作卉。張改作弁，與敦煌王韵合。

6 餌餌釣 餌，集韵類篇作鐁，注：曳鈎也。此餌當作鐁，注鈎當作鈎。黎本鈎作鈎，與集韵合。

7 攡裂也 攡，切三及敦煌王韵作攞，集韵同。當據正。

8 㦬 㦬懡慙也　案㦬懡當作懡㦬。集韻云：「懡㦬，慙也」。本書果韻懡注同。玉篇懡㦬作⿰面麻⿰面羅。

9 ⿰目羅　中箱本黎本作曪，此從目作⿰目羅誤。

10 訢 相擊也　相，中箱本楝亭本同。北宋本黎氏所據本景宋本均作抲。案抲乃柯字之譌，說文訢：「柯擊也」，是其證。

11 ⿰巾多 ⿱宀咸也　⿱宀咸，北宋本中箱本黎氏所據本景宋本譌作宬，張改作⿱宀咸，與敦煌王韻合。案廣雅釋器云：「⿱宀咸，⿰巾多也」，可證作⿱宀咸為是。

12 㰤 虛我切　虛我切，切三作呼可反，敦煌王韻作呼我反。

三十七菓

1 軻 又音珂　珂，黎本楝亭本同。北宋本中箱本景宋本作坷。案軻又見歌箇二韻，音珂見歌韻，音坷見箇韻。

2 㱦又猗蟻切　注云又猗蟻切，案紙韻於綺切下字作㱦。

3 秦有左師觸龍　秦，段改作趙，是也。案觸龍見戰國策趙策及史記趙世家。

果韻

4 𨻰小崖　小崖，北宋本景宗本作山㕓，黎氏所據本作山崖，中箱本作小㕓。案張改作小崖，與集韻合。玄應一切經音義卷十七引字林云：𨻰，小堆也，吳人謂積土爲𨻰。

5 莎又蘇瓦切　注又蘇瓦切，切三及敦煌王韻作又蘇寡反，音同。案本書麻韻此字音沙瓦切，沙蘇聲不同類。敦煌王韻麻韻作蘇寡反，正相符合。

6 鄭 亭名在河南　在河南，敦煌王韻作在河東。

7 惢 又醉隨才棰二切　注才棰，當作才捶，本書無棰字。

8 垛 亦作陊　陊，北宋本中箱本黎本作垛，張改作陊與元泰定本及集韻合。

9 鞖 或作𩍘　北宋本黎氏所據本鞖作鞖，𩍘作鞖。張改與中箱本元泰定本合。

10 鎖 玉篇同，說文作鏁。

11 隋 又徒果切　注云又徒果切，案本韻徒果切下無此字。

12 墮 說文此字作隓，段氏據改。

13 麼 亡果切　亡果切，切三及敦煌王韻作莫可反，是以牙音開口字切脣音合口字也。

14 ⿰女卮 皃好　⿰女卮，切三及敦煌王韻竝作姽。敦煌王韻云「又牛委反」。案本書紙韻魚毀切下正有姽字，訓同。此⿰女卮蓋姽字之譌。廣雅釋詁一云「姽，好也」。曹憲亦音牛委、牛果二反。

15 瘰⿸疒厤　案⿸疒厤當作癧。

16 說文曰木上曰果地上曰蓏　案說文作「在木曰果，在地曰蓏」。

17 婐 烏果切　烏果切，敦煌王韻同。切三作与果反。与乃烏字之譌。玉篇此字亦音烏果切。

三十八葉

1 又烏戈切　戈，北宋本、黎本作弋，誤。

2 簸又布箇切　又布箇切，切三及敦煌王韻同。案箇在箇韻，本書此字見過韻補過切下。

3 𡯁𡯁𡯂行不正也　𡯁，當作𡯁。注𡯁𡯂，當作𡯁𡯂。說文𡯁𡯂均在尢部。

4 叵普火切　普火切，切三及敦煌王韻作普可反。案普可與普火韻不同類。凡脣音合口字唐人韻書每以牙喉音開口字切之，此以可切叵，即其例也。

5 河圖挻左輔曰伏羲禪於伯牛鑽木作火　案挻，北宋本、中箱本、景宋本作挺，是也。御覽火部亦引此文。

6 火呼果切　呼果切，切三同。敦煌王韻作乎果反，誤。

7 爸捕可切　捕可切，敦煌王韻作蒲可反，音同。案可在哿韻，以可切爸亦以牙音開口字切脣音合口字也。

8 沯作可切　注作可切，案可在哿韻，此字當入哿韻。

馬韻

9 寫穴寫在薀野　穴寫，集韻作穴名。

10 左傳衛大夫冶厪　廑，北宋本中箱本黎本作廑。

11 羌複姓有虵蛭氏　蛭，北宋本中箱本黎本景宋本均作咥，是也。屑韻丁結切下出咥字，注云「虵咥氏」，是其證。張改作蛭，非。「下文『蛭』都結切」之蛭，亦當改作咥。

12 㜷雅也　㜷，北宋本作嫺，是也。

13 似枳　枳，北宋本中箱本黎氏所據本景宋本譌作柷。

14 啞 不言也

不言也，切三及敦煌王韻作不能言也。此脫能字。

15 啞 烏下切

烏下切，敦煌王韻作烏雅反。音同。切三作与雅反，与乃烏字之譌。

16 ⿰黑汗 ⿰黑干墁污也

⿰黑汗，巾箱本棟亭本黎本作⿰黑汙，當據正。此從汗作⿰黑汗，於音義不合。又注墁字，北宋本巾箱本黎氏所據本作慢誤。棟亭本作漫。

17 夏 又胡駕古下二切

本注古下一音切三敦煌王韻並無。案本韻古疋切下無此字。

18 ⿰坐且 ⿰飠坐瓦切

⿰飠坐瓦切，元泰定本明本作銼瓦切。案⿰飠坐銼聲類不同，⿰飠坐為精母，銼為從母。韻鏡⿰坐且為照母二等字。

三十九葉

1 姐 兹野切

兹野切，切三及敦煌王韻作慈野反。案慈蓋兹字之誤。玉篇兹也切，字林子野反，見晉書音義下引。均與廣韻音同。

2 餌 無食味也 無食味，集韻作食無味，當據正。

3 ⿸尸彔 此字當從說文玉篇作⿸尸彔。

4 薉 又音壞 注云又音壞，案怪韻胡怪切下無此字。大徐本說文薉讀若壞，小徐本作讀若隓壞。是當讀隓壞之隓。

5 ⿰戈丸 大口又脅說文曰擊踝也 案注云大口疑誤。敦煌王韻此字訓擊踝，別有⿰口⿰果丸字訓大口。集韻云：⿰朋丸，大口曰⿰口⿰果丸。本書蓋脫⿰口⿰果丸字，其注誤置於此。

6 ⿺辶䴹 麩名 敦煌王韻此字訓⿺辶麴。本注⿺辶麩名當作⿺辶麴名。玉篇集韻並云：⿺辶䴹，⿺辶麴也。

7 老人柱杖 柱，楝亭本作拄。

8 惹 亂也 也，北宋本巾箱本黎氏所據本景宋本均作心。

9 㐄 跨步　　㐄，說文作㐄，从反夊。當據正。

10 穤　　集韻此字作糯，是也。糯，從米稬聲。

11 葰 沙瓦切　　沙瓦切，敦煌王韻作蘇寡反。案本書果韻葰下注云：「又蘇瓦切，與蘇寡反音同。」

養韻

12 混瀁水皃　　混，棟亭本、黎本作滉，與切三、故宮王韻合，當據正。案滉見蕩韻胡廣切下，注云：「滉瀁水皃」，可證作滉是也。

13 蔣 又秦杖切　　又秦杖切，切三及故宮本、敦煌本王韻作又秦丈反，音同。案本韻無秦杖一音。

14 又漢複姓漢有曲陽令蔣匠熙　　趙先生曰：「蔣匠當作將匠，將匠者，將作大匠之省。傳世漢印有將匠氏印是其證也。此文當移入下平十陽將字下。」

四十葉

1 說文頸靻也　靻，說文作靼，當據正。

2 眏無資量謂無極限也　案無資量當作無貲量。資乃貲字之譌。集韻云：「眏，無貲量也。」是其證。貲即量也，見後漢書陳蕃傳注。

3 ⿱爽力追也　注北宋本中箱本黎本作廹也，與說文合。此作追也，誤。

4 磢初兩切　初兩切，故宮王韻作測兩切，音同。切三測作則，誤。

5 又七良七養二切　二，北宋本中箱本景宋本黎本均脫。張據例增。

6 漺淨也　淨，段改作淨。案宋本方言十三云：「漺，淨也。」

廣韻校勘記 卷二 四十四

7 琅 耶掌同　耶，楝亭本作郳。

8 漺 淨也　淨，段改作淨。

9 高　北宋本中箱本譌作高。

10 踼 踼也　踼故宮王韻作踼。玉篇足部作踹。

11 踼 又王尚切　注云又王尚切，案漾韻之亮切下無此字。

12 賞 書兩切　書兩切，故宮王韻作識兩反，音同。切三作諸兩反，諸乃識字之譌。

13 网 俗作罔　罔，北宋本中箱本黎本作罔。

四十一漾

1 昉 分网切　分网切，切三及故宮王韻作分兩反。

2 旊 周禮有旊人為簋者蓋摶埴之工

摶埴之工，各本作埏埴之工，張氏依周禮考工記改。

3 旊 又音甫

注云又音甫，案廣韻方矩切下無此字。

4 枉 亦姓今虢州有

案有字下蓋脫之字。如蕩韻汻下云「姓，今涇州有之」，是其例。

5 長 知丈切

知丈切，敦煌王韻作中兩反，音同。故宮王韻作丁丈反，類隔切也。

6 臩 俱往切

陳澧云「俱往切與獷字居往切音同，徐鉉具往切則與俇字求往切音同」。案故宮王韻此字音渠往反，俇亦同屬一紐。

蕩韻

7 崵 山名漢高帝隱處

高帝，北宋本中箱本黎氏所據本景宋本均作高鳳。案高鳳隱於西唐山，見後漢書高鳳傳。非崵山也。崵山，漢高帝嘗隱匿其間，史記漢書字作碭。碭碭通用。集韻五「碭通作碭」，是其證。

8 滛戲皃　滛，各本作淫，是也。

9 潒水大之皃又洸潒也　段云「洸當作漭」。案洸當是沆字之誤。文選西京賦「滄池漭沆」，薛綜注云「漭沆猶洸潒，亦寬大也」，是其證。

10 𦦦持米精也　持，切三作治，是也。持蓋唐人韻書避高宗諱改，廣韻因襲未正。此與混韻穩下「持穀聚」切三作「治穀聚」例同。

11 榜北朗切　北朗切，故宮王韻作博朗反，音同。切三作薄朗反，博薄聲不同類。

12 𡕒　北宋本景宋本黎本作䬰，誤。張改作𡕒，與巾箱本合。案說文此字作𡕒。

13 朦滕月不明也　案滕中箱本作朦，是也。下文朦下云「朦朦，月不明皃」，是其證。

14 吳王孫休子　案吳王當作吳主。吳景帝也。

15 滕無一睛　無一睛，故宮王韻作無二目。案集韻云「無一目曰滕」，與本書合。

16 㟐嵣山皃　案㟐嵣當作嵣㟐，上文嵣下云「嵣㟐山皃」，文選南都賦注云「嵣㟐，山石廣大之貌也」，均其證。

17 烏朗切　烏，北宋本黎氏所據本景宋本譌作又，張改作烏，與中箱本合。

四十二葉

1 麙又丘廣切　又丘廣切，故宮本敦煌本王韻作又口廣反。案本書下文出麙字音丘晃切。

2 攩 搥打　故宮王韵此字別爲一紐，音真朗反，真字疑誤。

3 髈　北宋本、中箱本、黎氏所據本、景宋本均誤作⿰骨妾。張改作髈，與切三及故宮王韵合。

4 匹朗切　匹，中箱本、黎本誤作回。

5 慌⿰忄黨　棟亭本作⿰忄黨慌，與切三及故宮王韵合，當據正。本韵他朗切下出⿰忄黨字，注云⿰忄黨慌，失意皃。

6 爌 又苦晃切　注云又苦晃切，案此字見本韵丘晃切下。

7 ⿱廣心　案此字當作⿱廣心，⿱廣心又見苦朗切下。

梗韵

8 眪 亮也　亮，棟亭本作光，與切三合。

9 又姓漢書有秉漢　姓字北宋本中箱本黎本景宋本均脫，張增是也。又王靜安先生曰：漢書有邴漢，無秉漢，見龔勝傳。疑此文當入上文邴字注。

10 竆 又兄病乎命區詠三切　依注此字又有兄病區詠二音，案映韻許更切丘敬切下均無此字。

11 左傳晉大夫猛獲之後　案猛獲宋臣也，見左莊十二年傳。此云晉大夫誤。

12 猛 莫幸切　莫幸切，案幸字在耿韻，棟亭本作杏，與切三合。當據正。

13 蜢 蚱蜢　蚱，北宋本黎本作虴，誤。中箱本作蚝，與切三爾雅釋蟲釋文說文新附集韵均合。當據正。張改作蚱，未允。

四十三葉

1 穮 又曰稻不熟　又曰稻不熟，切三作一曰稻未舂。集韵同。

2 瑒 又音暢　注云又音暢，案漾韵丑亮切下無此字。

3 卝 呼晉切　呼，元泰定本明本棟亭本同，北宋本巾箱本黎本景宋本作乎。案集韵作胡猛切，是作乎為是。胡乎聲同一類。

耿韵

4 瞀 瞌視皃　瞌，北宋本巾箱本黎氏所據本景宋本均譌作猛。張改作瞌，與切三合。

5 餅 餲薄皃　薄，北宋本巾箱本黎氏所據本景宋本均譌作蒲。張改作簿是也。玉篇云「餅餲，白也。又淺薄色也」。

靜韻

6 竫停足 停，段改作亭，與說文切三合。

7 浧 段改作浧，與玉篇合。

8 柃木名可染 注切三作「木名灰可染」。此脫灰字，當據補。

9 禮左執領 案中箱本禮下有云字。

10 頃頙古文 案集韻頃或從田作䪾，此古文頙蓋䪾字之誤。

四十四葉

1 又水出丘前謂之渻丘 出，北宋本中箱本景宋本黎氏所據本均脫。張增與說文合。

2 丈井切一　一，北宋本巾箱本楝亭本景宋本作二，是也。本切下凡二字。

3 逞　案此字當從玉篇集韻作逞，逞亦省作逞。

迥韵

4 炅光也　光，切三同，案說文玉篇並云「炅，見也」。

5 ⿱䀠大目驚皃　⿱䀠大，集韻作⿱䀠夰，與說文合，當據正。

6 涇寒　涇，當作涇。玉篇云「涇，寒也」。

7 抒上終葵首　抒，說文同。案周禮玉人作杼。

8 ⿵門井　此字玉篇同，集韻作⿵門土。

9 ⿰矢夭　元泰定本明本楝亭本同。北宋本巾箱本景宋本黎本作⿰矢天，誤。案玉篇作⿰矢夭，集韻作⿰矢廷。

拯韵

10 ⿱丞車　此字當從說文作⿱丞車。

四十五葉

有韵

1 𥁕 又余救切　注云又余救切，案𥁕字又見宥韵于救切下，余于聲不同類。元泰定本明本作又于救切，是也。

2 劉　當作劉。

3 綹 十絲為綹　十絲為綹，敦煌王韵同，切三作廿絲為綹。案說文云「緯十縷為綹」。集韵則云「一曰絲十為綸，綸倍為綹」。是綹之絲數無定說。

4 莥 玉篇云鹿豆也　莥，本紐兩見，此處宜刪。詳次條校記。

5 ⿱艹紐 亦作莥　⿱艹紐，北宋本巾箱本景宋本楝亭本黎本作莥；注莥，巾箱本楝亭本作⿱艹紐；均與敦煌王韻合。當據正。張氏以正文莥字已見上文，故改作⿱艹紐。案莥⿱艹紐一字，不當兩出，今據敦煌王韻刪去上文莥字。

6 疛 說文曰小腹痛　痛，說文作病。

7 九方皐一名甄　甄，張氏二次刻改作歅，是也。案歅見真韻於真切下。

8 愀 在九切又鍬小切又在由子了二反。　切三及故宮本敦煌本王韻此字均入黝韻，切三音茲糾反，故宮本敦煌本王韻音慈糾反。

9 婦 房九切　此紐故宮王韻入厚韻，音防不反。案切三及敦煌王韻並在此韻。

10 萯 玉萯草　玉，說文作王，當據正。

11 陴 戚也亦作隅

陴，集韻作騂。注云「馬戚也。一曰益也。或作隅」。當據正。

四十六黝

1 缶 方久切

故宮王韻此紐入厚韻。案切三及敦煌王韻均在此韻。

2 缶 瓦器鉢也

鉢，中箱本元泰定本明本作盆。案爾雅釋器「盎謂之缶」郭注云「盆也」。

3 不 又甫救切

注云又甫救切，案宥韻方副切下無此字。

4 婮 好皃也

皃，中箱本元泰定本棟亭本作色，與故宮王韻合。此字王韻入厚韻。

5 孟子曰舜飯糗茹草

北宋本中箱本黎本景宋本均作「孟子曰：舜糗飯茹草」，張氏依孟子盡心下改正。

6 粽 粈

粽，段氏改作粽。

7 麏 牝麏　牝麏，故宮王韻同，切三作牡麏，與爾雅釋獸合。

8 槱 積木燎以祭天也　梄 上同　梄，段改作禉，與中箱本元泰定本明本合。

9 梄　案尤韻以周切下作楢。

10 鋈 遺玉　玉，北宋本中箱本黎氏所據本景宋本均誤作也，張改作玉，與故宮本敦煌王韻合。

11 醶 醶酒　醶，段改作醙，是也。玉篇云：醙，與久切，酒名。

12 羛　案集韻此字作溲，當據正。玉篇云：溲，余九切，水也。音義並同。

13 容 容納也　容，北宋本中箱本誤作俗。

14 楚 楚孝烈王自陳徙都壽春號曰郢　案孝當作考。楚考烈王為頃襄王子。又郡，中箱本作郢，是也，當據正。史記楚世家云：東徙都壽春，

「命曰郢」。

15 颮 颮，北宋本中箱本黎本景宋本均作瀏，與切三及故宮王韻合。案颮瀏見文選吳都賦。

四十七葉

厚韻

1 踇 踇偶山名踇兒行 踇，故宮王韻同，敦煌王韻作踇。案踇玉篇訓大踇指，集韻訓足將指，並無行兒一義。訓行兒者集韻作踇。趙先生以為廣韻此文當作「踇，踇偶山名，又行皃。」「踇，大踇指。」

2 培 培塿小阜 培，切三及故宮本敦煌本王韻作㟝，注培塿二字亦從山作㟝嶁。案廣雅釋丘云「培塿，冢也。」字從土作與廣韻同。

3 犃 又牛頭短　牛頭短，切三及故宮王韻作牛短頭，當據正。

4 抖擻 舉皃　舉皃切三及故宮本敦煌本王韻作舉物。

5 斢 對兵奪人物出字書　案下文對注作出新字林。集韻引作字林。

6 爾雅有十藪　十藪，北宋本中箱本黎氏所據本景宋本譌作千數，

7 駷 馬搖銜走　注云馬搖銜走，案公羊定公八年傳「陽越下取策臨南駷馬注云捶馬銜走。」

四十八葉

1 漊 溝通水漊也　案注水下漊字衍文，當刪。

2 鯫 又七溝切　又七溝切，元泰定本明本作又士溝切，與故宮本敦煌本王韻合。案此字又見侯韻鉏鉤切下，鉏士聲同一類。

3 楸 又側溝切

注又側溝切，故宮本敦煌本王韻同，案俟韻無側溝一音。

黝韻

4 䬀 颵

颵，北宋本巾箱本黎本景宋本作飀。

5 鬮 鬮取 負

鬮，當從鬥作鬮。注鬮取，故宮王韻作鬮取，與說文合。

寑韻

6 艐

當從說文作艐。

7 踸 踔

踔，當作踔。

8 䫖

敦煌王韻此字入醋紐，音子甚反，蓋誤。案玉篇音同廣韻。

9 鈓 飪䭙

注䭙飪，巾箱本作鍖鈓，與丑甚切下鍖注合。當據正。

四十九葉

1 沈 式任切 式任切，各本同。案任字不在本韻，見沁韻。段氏陳氏改作荏，與集韻合，當據正。切三及敦煌王韻作式稔反，式稔式荏音同。

2 諗 又如甚切 如，北宋本中箱本黎本景宋本均作知。張改作如，與元泰定本明本同。案本韻如甚切張甚切下均無此字，未審孰是。

3 眹 段云：「眹不應入此」。案敦煌王韻有此字。

4 𩕄 欽錦切 欽，中箱本元泰定本明本楝亭本同，北宋本黎本景宋本作鈐。案鈐欽聲不同類，中箱本作欽是也。漢書楊雄傳音義引字林云：「顩，醜也。丘飲反。狹面銳頤之貌也」。顩即𩕄字，丘飲欽錦音同，可證作欽為是。韻鏡七音略此字亦列於溪紐。敦煌王韻此字作仕瘮反，玉篇集韻作牛飲切。

5 廞 大喪褰也 案此注有脫誤，當作大喪「廞裘也」。周禮司裘云：大喪，廞裘，飾皮車」。案：裘車皆明器。廞者陳而不用也。荀子禮論篇云：「明器貌而不用。」

6 廞 又義今切 義，中箱本、黎本譌作羲。案：廞字又見侵韻許金切下，羲許齊同，一類。

感韻

7 戡 小斫也 小，北宋本、中箱本、黎本、景宋本均作少。

8 酒味滛也 滛，棟亭本作淫，是也。

9 醱 方言云箱類 段云：「方言無。」

10 糝 糟滓也 糝，切三及故宮本、敦煌本王韻作䊴，是也。本韻桑感切下出䊴字，注云：「䊴糟，滓也。」是其證。

11 徐 視 徐，北宋本、黎氏所據本、景宋本均譌作除。張改作徐，與中箱本合。

12 監 監醢　案監當從說文作監。

五十葉

1 亦作醓　醓，當從血作䘓。

2 又作𨓚　𨓚，北宋本黎本景宋本譌作𨓚。張改作𨓚，與中箱本合。

3 劉 劉剷　注剷字，中箱本元泰定本明本作剷，是也。剷見佳韻，注云：「小斧」。又劉，剷也。是其證。

4 慘 慘感也　注慘感各本作慽感。

5 說文曰淺青黑也　案說文同。棟亭本黑字下有色字。玉篇同。

6 嚐 又子盍切　注又子盍切，故宮王韻作又子臘反，音同。案盍韻無子盍一音。此字見合韻子荅切下。

7 俢　此字故宮本敦煌本王韻均作傪，案集韻傪俢一字。

8 粽　北宋本中箱本黎氏所據本均譌作粽，張改作粽與故宮本敦煌本王韻合。

9 字書云璅連環也　環，中箱本作鐶。

10 嬒　李慈銘曰：「嬒，當作嬒。右下从酉。」見李氏校本　案李說是也。說文：「嬒，含怒也。一曰難知也。」

11 嬒害惡姓也　姓，切三及故宮王韻並作性，此作姓誤。

12 燣黃焦　黃焦，切三及故宮王韻作黃焦色。敦煌王韻作黃黑色。此焦下脫色字。

13 𨍭輅𨍭　輅𨍭，北宋本景宋本作輅𨍭，中箱本元泰定本明本作輅𨍭。案輡⿰車稟是也。本韻苦感切下出輡字，注云：「輡⿰車稟，車行不平」，是其證。

14 ⿱人林 愁皃　愁皃，北宋本、中箱本譌作⿱入林皃。

15 耽 虎視　耽，切三及故宮本、敦煌本王韻從目作眈，是也。易曰：「虎視眈眈」。

16 抌 刺也擊也也又音由　「擊也」下「也」字衍文，當刪。「又」字北宋本、中箱本、景宋本、黎本均脫，張增是也。案注云又音由，當有誤。尤韻以周切下作抌，乃抒臼字，與此字形義不合。

17 ⿱竹感　北宋本、中箱本譌作箴。

18 ⿰感頁　段云：此即說文「顑」。

敢韻

19 澉 ⿱敢食無味　切三及故宮本、敦煌本王韻⿱敢食下有食字，宜據補。

20 萑之初生

萑，北宋本巾箱本黎本作雚。張改作萑，與說文合。

21 厰崟也

崟，北宋本黎氏所據本景宋本譌作唫。張改作崟，與巾箱本合。

22 鶝應福鳥名

福，故宮王韻同。段改作禍，是也。山海經海外西經「鶬鳥鶝鳥，所經國亡」，注云：「鶬鳥鶝鳥，此應禍之鳥，即今梟鵂鶹之類」，是其證。

五十一葉

1 媏

此字敦煌王韻玉篇竝同，切三作始。

2 鄉名在河東猗氏縣

猗，切三及故宮王韻作猗，與漢書地理志合。

3 亦作娜

娜，北宋本巾箱本黎氏所據本作媏。案媏當是始字之誤。本書媏字切三即作始，是始媏一字也。此從部作娜，於音義無所取。

今訂正。

4 餂 集韻此字作銛。

5 塩 北宋本中箱本黎本景宗本作鹽，誤。

6 𣟄 又音檻 注云又音檻，案檻韻胡黤切下字作壏。集韻壏𣟄一字。

琰韻

7 扊扅戶牡所以止扉 戶牡，黎本作戶牡，是也。戶牡，關鍵也。支韻扅下云「扊扅，戶扃」。扊扅，蔡邕月令章句作剡移。

8 濂 薄冰也 冰，中箱本同，黎本作水。案說文云「濂，薄水也」。段注改水作仌，本文選寡婦賦注。賦曰「水濂濂以微凝」，注「濂濂，薄冰也」。

9 縣鬑簿也 簿，故宮本敦煌本王韻作薄。

10 險 虚檢切 故宫王韻此紐入广韻。案切三及敦煌王韻均在本韻。

11 姎 又稾葉切 注又稾葉切，切三及故宫本敦煌本王韻同。案葉韻去涉切下無姎字，姎見怗韻苦協切下。

12 貶 方斂切 故宫王韻此紐入广韻。案切三及敦煌王韻均在本韻。

13 頇 丘檢切 故宫王韻此紐入广韻。案切三及敦煌王韻均在本韻。又「頇」，段云：「當作⿰羊頁」，以頇从平於諧聲不合，故改从羊聲。此與段注説文改⿱千火作⿱羊火意同。

14 顩 魚檢切 故宫王韻此紐入广韻。案切三及敦煌王韻均在本韻。

15 儉 巨險切 故宫王韻此紐入广韻。案切三及敦煌王韻均在本韻。

16 檢 居奄切 故宫王韻此紐入广韻。案切三及敦煌王韻均在本韻。

17 魘 又於協切　注云又於協切，案本書怗韻無此音，此字見葉韻於葉切下。

18 厭 又一牒切　注又一牒切，故宮本敦煌本王韻作又於牒反，音同。案本書怗韻無此音，此字見葉韻於葉切下。切三及故宮王韻唐韻此字在怗韻。

19 周禮染人掌染綏帛　綏，巾箱本楝亭本作絲，與周禮染人合。當據正。

20 婇　此字說文作媣。

21 亦作貧　貧，北宋本巾箱本黎氏所據本作貧。張改作貧，與元泰定本明本合。

五十二葉

1 奄 衣儉切　故宮王韻此紐入广韻。案切三及敦煌王韻均在本韻。

2 旃 掩也

案此字有誤。集韻作㫋，訓覆車罔，此旃即㫋字之譌。詳下條。

㫋本紐兩出，此處當依故宮本敦煌本王韻刪。

3 㫋 掩光，又於業切

㫋，故宮王韻作旓，敦煌王韻作旹。注又於葉切，故宮本敦煌本王韻作又於業反。案此與上文旃及儼韻於广切旹，業韻於業切㫋，均當從集韻作㫋。㫋從㫃，国聲。說文国，讀若篇。本書𤆍韻女減切下出国字，亦從国聲。廣雅釋器云：「㫋，率也。」曹憲音於劫反，又於檢反。於檢反與本韻衣檢切音同，於劫反與王韻又於業反音同。玉篇此字音於業於儼二切，字亦譌作旃。「旃，注云：掩光也」，於儼一音又與本書儼韻於广切相合。由此可證上述旃㫋旹諸體皆㫋字之譌。今據廣雅博雅音集韻三書訂正。又本注掩光，當依上文旃注作掩也。掩謂掩覆也。故宮本敦煌本王韻無光字是其證。

4 嚵 又初咸切　注云又初咸切，案咸韻無初咸一音。

忝韻

5 耇 老人面黑子　面下切三及敦煌王韻有有字，此脫，當據補。

6 潭 滔　滔，巾箱本黎本譌作涵。張改作滔，是也。琰韻以冉切下出滔字，注云「潭滔水滿」，是其證。

7 溓 薄冰　冰，巾箱本黎本作水，與說文合。案段注說文改水作仌，本文選寡婦賦注。

8 俗作㚇　㚇，集韻作夓。故宮本敦煌本王韻作夓。

儼韻

9 **五十二儼** 五十二，段氏依戴震聲韻考改作五十四。

10 **儼** 魯掩切 儼，切三及敦煌王韻在琰韻。切三無儼韻。故宮王韻在本韻音魚儉反，此注魯掩切當作魚掩切。魯，各本作魚，不誤。掩，本書在琰韻，段改作埯，是也。當據正。

11 **⿸广女** 集韻此字作⿰女广，並云：「通作嬐」。

12 **欦** 欠崖 欦，故宮本敦煌本王韻作㪁，是也。當據正。㪁又見嚴韻，音丘嚴切，注云：「㪁欹不齊，又丘广切」。案丘广切與本韻此字音正合。若從欠之欦，見鹽韻，音火斬切，注云：「笑也」，與㪁音義均異。

13 **頣** 集韻作顩，當據正。顩又見寑韻。

14 **埯** 於广切 於广切，敦煌王韻作虞广反，與广紐虞埯反音同，非也。

廣韻校勘記 卷二 五十八

15 旃 旃[illegible] 旃，當作旜。注同。詳琰韻旜字校記。五十二葉第3。

嚴韻

16 五十三嚴 五十三，段氏依戴震聲韻考改作五十二。

17 㦤 㦤意不安也 㦤㦤，當作㦤倚，倚見支韻去奇切下，注云㦤倚。

18 鹼 古斬切 古，切三誤作苦。

19 嶃 又士咸切 咸，北宋本中箱本黎本景宋本均誤作減。玉篇嶃音仕咸切。

本書咸韻士咸切下無此字。此字別見銜韻鋤銜切下。

五十三葉

1 闞 案當从鬥作鬫。

2 酢 酢味 酢，各本作醋。

3 喊呼豏切 呼豏切，故宮本敦煌本王韵作子減反，蓋誤。

檻韵

4 五十四檻 五十四，段氏依戴震聲韵考改作五十三。

5 艦四方施板以禦矢如牢 集韵如牢上有狀字，宜據增。

6 濫 切三及故宮本敦煌本王韵此字均入豏韵，音下斬反。

7 撖 集韵作橄。

8 顩又五減切 注又五減切，敦煌王韵作又五咸苦減二反。此注減字乃咸字之誤，顩又見咸韵五咸切下。

9 黃黬 黃黬，切三及故宮本敦煌本王韵均作董黬，並云出李子傳。

范韵

10 范 防錽切

切三云：無反語，取凡之上聲。故宮本敦煌本王韻音符山反，與防錽切音同。

11 滛 腫

滛，黎本棟亭本作淫，是也。

12 ⿰亻閻 行⿰亻閻

⿰亻閻，集韻作⿰亻閻，訓癡也。案⿰亻閻本書見豏韻，音丑減切。

13 ⿰𧾷閻 ⿰𧾷企足望

⿰𧾷閻，集韻作⿰𧾷閻。又⿰𧾷企，北宋本黎本景宋本誤作跧，張改作⿰𧾷企，是也。玉篇作跂。

新添類隔更音和切

14 褾 邊小切

褾，棟亭本作⿰礻票，誤也。褾字見小韻。

廣韻校勘記卷四

一葉

韵目

1 怪第十六 此下北宋本黎本景宋本有「獨用」二字。案卦下已云「怪夬同用」，此不得復注「獨用」。

二葉

1 豔㮇釅同用 注「㮇釅同用」，段氏改作「㮇同用」。詳戴震聲韵考。

2 釅第五十七 釅，段改作陷。下注「鑑同用」。

3 陷第五十八鑑梵同用 陷，段改作鑑。注「鑑梵同用」刪。

廣韻校勘記　卷四　一

4 鑑第五十九　鑑，段改作釃。下注「梵同用」。

送韻

5 龜背　龜，北宋本中箱本黎本作龜，當據正。

6 本自白馬玄羌所居　玄，北宋本中箱本黎本景宋本均作互。案互即氐之俗體，張改作玄，非是。

7 甘泉宮賦　泉字北宋本黎本景宋本脫，張增，與中箱本合。

8 㤼贛愚也　贛，敦煌王韻作戇，集韻同，當據正。案戇，愚也。本韻呼貢切戇下云「㤼戇愚人」。

9 ⿱龍各又音⿱龍骨　⿱龍骨，北宋本黎本景宋本譌作⿱龍各。張改作⿱龍骨，與中箱本合。

10 出秦戲山　秦，故宮王韻作泰，與山海經合。段氏亦改作泰。又云「郡國志注亦作「秦」。

11 腔 集韻此字作腔。

12 㚇 斂足 「斂足」下故宮王韻有「而飛」二字，當據補。本書東韻㚇下云：「飛而斂足」。

13 㚇 又子貢切 又子貢切，故宮王韻作又子紅反，是也。㚇又見東韻子紅切下。此作又子貢切與本紐作弄切音同，非也。

三葉

1 筩 簫達 注故宮王韻作「筩，簫通底」。案說文云：「筩，通簫也」。此注簫達宜從故宮王韻作簫通底，達即通字之譌。

2 戙 段改作⿰同弋，與玉篇集韻合，當據正。

3 痛 痛也，傷也，姓，出姓苑 　棟亭本傷也下有亦字，宜據增。廣韻禺下云：「亦姓，出姓苑。」是其例。

4 魯有仲顏莊叔 　段朝端姓解辨誤云：「顏莊叔見左襄二十九年傳，仲字屬上句讀。」案此以仲顏為複姓誤。

5 趥 子仲切 　子，段氏陳氏改作千，與北宋本中箱本合。故宮王韻亦作千。

6 賵 賵賻 　賵，各本作賵，當據正。

7 閧 兵鬭也，俗作鬨 　閧，當從鬥作鬨。注鬭閧同。

8 蕻 草莱心長 　莱，北宋本中箱本黎本作菜。

宋韻

9 今為睢陽縣地 　北宋本譌作今選雖陽縣池。

10 雺 天氣下地不應 　注北宋本中箱本黎氏所據本景宋本均作「地氣上，天不應」，與說文合；張氏改作「天氣下，地不應」，與爾雅釋天合。

用韻

11 吅 又宣喧二音 依注吅又音宣，案仙韻須緣切下無此字。

12 俸秩 中箱本秩下有也字。

13 歀書 歀，北宋本中箱本黎本作款，是也。

14 搼 此字北宋本中箱本黎本作摓。案史記龜筴傳有摓字。張改作搼，與說文玉篇合。又鍾韻符容切下亦作搼。

四葉

1 龏 又九容切 注云又九容切，案鍾韻九容切下無此字。

2 灉 又於容切 於，北宋本中箱本作義，誤。案灉見鍾韻於容切下。

3 舂　故宮王韻此字音磔巷反，又書容反。案巷在絳韻，磔巷反與絳韵陟降切音同。

4 鞘 毳飾　毳上故宮王韻有⿱宀革字，與說文合。

5 鞘 ⿰革毛上同　⿰革毛，段改作⿰龍毛，非。案鞘字或體故宮王韻玉篇均作⿰革毛。

6 繒 縷　繒，北宋本黎本景宋本譌作增，張改作繒，與中箱本合。

7 葱 藺蒚　藺蒚，北宋本中箱本黎本景宋本均作藺蕩，張改作藺蒚，與廣雅合。廣雅釋草云葱芊，藺蒚也。

絳韵

8 閧　故宮王韵作鬨，是也。注鬬鬩等字亦當從鬥。

9 戇 陟降切　陟降切，故宮王韵作丁降反，類隔切也。

10 稄 北宋本中箱本黎本景宋本作稯，誤。

11 戅 集韻此字作戇，當據正。

12 觶（或作觗） 觗，北宋本中箱本黎本景宋本譌作觝，張改作觗，與說文合。

寘韻

13 珕（又力計切） 計，北宋本中箱本黎氏所據本景宋本譌作許。

14 廣雅云苦李作鼓 案此文不見廣雅，段氏改作廣志，是也。御覽八百五十五引廣志曰「苦李（宋本譌作桊。）鼓也。」

15 鯷（又音提音是） 注云又音是，案紙韻承紙切下無此字。

16 ⿰面比（⿰面宜面皃） ⿰面比⿰面宜，集韻引字林作⿰面宜⿰面比。

17 杫（肉机，後漢之亂尚書郎無被枕杫也） 後漢之亂，故宮王韻作後漢書，是也。當據正。尚書郎無被枕杜為顯宗時藥崧事。後漢書鍾離意傳云：「藥崧者，河內人。天性朴忠，家貧為郎。常獨直臺上，無被，枕杜，食糟糠。」

五 葉

1 彼 哀也 哀，段氏云：「當作裒。紙韻引埤蒼：彼，邪也」。案段說是也。集韻即作裒。

2 跛 又波我切 注云又波我切，案本書哿韻無波我一音，此字見果韻音布火切。

3 ⿰貝夋 ⿰貝夋貝四向用也 貝，此字本中箱本黎氏所據本景宋本均作具。故宮王韻注云：「⿰貝夋具四相用。」

4 傷 敦煌王韻此字與伿罷等為一紐，音神豉反。故宮王韻傷，以豉反，又（又字原脫）神易反。

5 伿情也 情，北宋本黎本景宋本譌作情。張改作情，與中箱本合。

6 ⿰面比⿰面宜面兒出新字林 ⿰面比⿰面宜，集韻引字林作⿰面宜⿰面比。

7 ⿰骨比 此字段改作⿰骨比，與說文合。當據正。⿰骨比又見支韻疾移切下。

8 ⿰谷干 此字當從說文作⿰谷干。

9 納⿰米翟 ⿰米翟，黎本楝亭本同，北宋本中箱本景宋本作糴，誤。

10 ⿰口戠齒也 三字北宋本黎本景宋本無。張增，與中箱本元泰定本明本合。

11 歧 此字當從說文作岐。

12 爾雅曰蛅䗐強蛘 案蛅字誤，北宋本中箱本黎本作蛄，與爾雅釋蟲合。

六葉

1 㐜 有大慶也　　慶，當從說文作度。說文云：「㐜，有大度也」。

2 面 衣　　面，北宋本中箱本黎本景宋本均譌作雨。

3 㒹 危睡切　　危睡切，敦煌王韵作危賜反，音同。故宮王韵作危賜反，是以開口字切合口字也。

4 䳠　　北宋本黎氏所據本景宋本均譌作郵。張改作䳠，與中箱本及敦煌王韵合。故宮王韵作鵻。

5 䳠 雖烏別名　　烏，各本作鳥，敦煌王韵同。案故宮王韵注作「鵶」，鵶即鴟字。此注雖烏二字蓋鴟烏二字之誤。鴟作䧴，䧴又譌作雖。說文云：「䳠，䧴也」。

6 㐜 有大慶也　　慶，當從說文作度。

7 娷膌飢　娷，集韻爲諉字重文。訓飢者字作餧。

8 譮恨也　恨也，棟亭本作恨言，蓋本玉篇集韻改。

9 ⿰弓委⿰弓皮弓皃　⿰弓委⿰弓皮，敦煌王韻作⿰弓皮⿰弓委，是也。當據正。玉篇云：「⿰弓皮⿰弓委，所以張弩也。」集韻云：「⿰弓皮⿰弓委，張弓皃。」

10 左傳周禮有摯荒　案禮字衍文，當刪。摯荒見左傳昭公二十二年。

至韻

11 㦎　北宋本中箱本作㦎，是也。

12 位于愧切　于愧切，故宮本敦煌本王韻作洧冀反，是以開口字切合口字也。

13 嚜屎　屎，北宋本中箱本黎氏所據本景宋本均譌作尿。

14 煝焅熱　焅，北宋本中箱本黎本景宋本均作焅，當據正。廣雅釋器云：「焅謂之媚。

15 娓 又音文眉　注云又音眉，案脂韻武悲切下無此字。

16 彗 又音歲　注云又音歲，案祭韻相銳切下無此字。

17 說文塞上亭守㷭者　說文㷭下有火字。

18 鐆　北宋本黎氏所據本景宋本均譌作墜。張改作鐆，與中箱本合。

19 玉蒵草　玉，北宋本中箱本黎本均作王，與爾雅釋草合。當據正。

20 繸　故宮王韻作繸。

21 繸 佩玉緣也　注緣字各本作繸，是也。爾雅釋器云：繸，綬也。

22 韢 或作轊、　轊，當作韢。韢見本韻此芮切下。

23 說文云醉卒也各卒其度量不至於亂也　案各字大徐本無。

24 槜 又遵為切 注云又遵為切，案文韵遵為切下無槜字。槜見脂韵醉綏切下。

七 葉

1 詩 云歌以誶止 歌以誶止，韓詩陳風作歌以訊之。

2 坐 坐塹也出字林 段云：塹，當是壍。字林義同許而音異。案段說是也，說文云：「坐，壍也。」

3 [illegible] 北宋本中箱本黎本景宋本譌作[illegible]，張改作[illegible]與說文合。

4 [illegible] 說文作[illegible] [illegible]，北宋本中箱本作[illegible]。案[illegible]見五經文字；黎本景宋本作[illegible]與說文合。

5 [illegible] 負好 [illegible]，當從說文作[illegible]。

6 ⿱非米上同　⿱非米，當作棐。又注司字各本作同，當據正。

7 ⿸疒奊　北宋本中箱本作⿸疒奚，下從大，是也。

8 ⿰氵龠　各本作⿰氵龠。案玉篇水部作⿰氵龠。

9 ⿱罒蔑　北宋本作⿱罒蔑，當據正。

10 ⿱罒天　北宋本中箱本作⿱罒天，當據正。

11 ⿰壴欠　各本作歀，與故宮本敦煌本王韻合，當據正。段校亦作歀，並云：「犬音伏省」。

12 ⿱非巳又非尾切　注又非尾切，敦煌王韻作又孚尾反，是也。此字又見尾韻敷尾切下。孚敷聲同一類。

13 樻梧木腫節可為杖　案梧當作栝，栝樻雙聲。故宮王韻作栝樻木腫節可為杖與爾雅釋木合。

14 葦 此字當從說文作韋。魂韻戶昆切下作堚。

15 燹字統音銑 銑，北宋本黎本景宋本譌作銑，中箱本譌作銑。張改作銑，是也。獮韻息淺切燹下云又音銑，是其證。

16 視又音是 注云又音是。案紙韻承紙切下無此字。敦煌王韻作又神至反，此字古文眎，正見本韻神至切示細下。疑又音是之是蓋示字之誤。

17 眂 段改作眡，與說文視字古文合。本書旨韻承矢切視下古文亦作眡。

18 梓潼郡 潼，北宋本中箱本黎本景宋本作桐。張改作潼，與晉書地理志上梁州合。

19 梁改為黎州 黎，北宋本中箱本譌作秦。案隋書地理志義城郡下云「⿳罒一木曰黎州」，張改作黎，是也。

20 ⿰黍勿　當作⿰禾勿。

21 莅　亦作蒞　蒞，各本作涖，張改作蒞，非是。案莅俗體也。詩周禮莅臨字均作涖。凡本書字下注云「亦作某」而本字下不另出此一體者，此一體每為經典承用之字。如涖字即其例也。

八葉

1 ⿰𧾷垔　赴也　案赴當從玉篇作仆。說文云「⿰𧾷垔，卧也」。

2 穉　故宮本敦煌本王韵作⿰禾遲。

3 ⿰糸犀　故宮王韵作⿰糸遲。

4 ⿰扌貳　當也　對也　⿰扌貳，北宋本巾箱本黎本景宋本作樲，誤。張改作⿰扌貳，與說文合。

5 又屎嚜多許　屎嚜，敦煌王韵作嚜屎，是也。上文嚜下云「嚜屎，小兒多詐獪。」方言十「嚜屎，獪也。」廣雅釋詁二「嚜屎，欺也。」是其明證。

6 䮕　案此字當作騄，騄又見旨韵。

7 續漢書安平國故信都郡光武師薊南行太守任光開門出迎今州城是　「光武師」下楝亭本有「自」字，是也。當據增。後漢書任光傳云「更始二年春，世祖自薊還，狼貝不知所向，傳聞信都獨為漢拒邯鄲，即馳赴之。」

8 臮 具冀切　具，北宋本中箱本黎本景宋本作其，聲同一類。

9 𩭤　段改作𩯖，與說文合。段氏又云「不音次」。案故宮本敦煌本王韵均有此字。

10 義見上文　義，北宋本、巾箱本、黎本、景宋本均譌作戴。

11 又姓秦錄有吏部懿横　案秦上當有後字，部下當有郎字。崔鴻十六國春秋後秦錄姚泓傳云：吏部郎懿横又以齊公姚恢有忠動於國家，宜有殊賞。（本湯球校本。）是其證也。

12 饐食傷熟也　案熟當作熱。論語鄉黨篇及爾雅釋器釋文並引字林：饐，飯傷熱溼也。

13 拜舉手　段云：手，當作首。

14 說文曰受沛水東入淮　沛，說文作沸。

15 蘚　此字說文作蘇。

16 𣧑　故宮王韻作殔。案本韻羊至切下有殔字。

九　葉

1 說　文曰引气自畀也　畀，說文作畁。段據改。

2 痵　及氣不生　生，段改作至，與說文合。案故宮本敦煌本王韻均作至。

3 坒　地相次坒也　注坒字段改作比，與說文合。

4 䪼　首也　案首也當作首子。故宮王韻云：「蒼頡篇云：首子曰䪼。」集韻云：「䪼，犬初生子。一曰首子。」是其證。

5 𥉌　此字故宮本敦煌本王韻作𥉌，集韻作𥌒。

6 薾　此字當從爾雅釋草作薾。薾又見紙韻薺韻。

7 稘　段氏改作𥣯，與說文合。𥣯又見尾未二韻。

8 故　立字亦從水土者為地　案此文不通。此字本巾箱本景宋本作「故立字從大一，一者爲地。」亦非。當依御覽卷三十七引春秋元命包作「故其立字土力於一者爲地。」春秋說題辭同。

9 㕧 又火尸切　又火尸切，敦煌王韻同。案脂韻喜夷切下有屎字即此字也。集韻脂韻馨夷切下㕧，或作欭。

10 呬 又丑致切　注云又丑致切，案本韻丑利切下字作訵。

11 隶 又音代　又音代，敦煌王韻作又徒戴反，音同。案代韻徒耐切下無此字。

12 謚 曰易　曰，各本均作名。此作曰誤。

13 諡 說文作謚　注云說文作謚，案今本說文作謚。段注本改作謚。

14 仰 鼻　仰，爾雅釋獸作卬。

15 雄 似獮猴　雄，當作蜼。此見爾雅郭注。

16 雨即自縣於樹　即，北宋本中箱本黎本景宗本均作中，張氏依爾雅郭注改。

17 𧷔蟦　案山海經西山經云：「太華之山，有蛇焉，名曰肥蟦」。此作𧷔蟦，誤。段改作肥蟦，是也。

18 蠌蠪　蠌，廣雅釋蟲作蚲。玉篇同。

19 轛 車横軫　軫，北宋本中箱本景宗本作軨，與說文合。故宮本敦煌本王韵均作軨。

20 訣 志訣　訣，集韵作詄，與說文合。案說文：「詄，忘也」。本注志字北宋本中箱本黎本景宗本均作忘，當據正。

志韵

21 骨鏃，不翦羽謂之志　鏃，北宋本中箱本黎氏所據本景宋本均譌作鏇。

22 髐婜之　髐，北宋本中箱本黎本景宋本均作骸，故宮本敦煌本王韻同。

十葉

1 覞覷也　覷，黎本作覰，是也。覰見御韻，注云「伺視也」。

2 儽　故宮王韻此字入至韻，音息利反。注云「儽，猶細碎也」。史記小儽。「當作「史記小人以儽」。見高祖本紀。

3 椔或作楅　楅字譌。案甾或作畗，此楅字當作椔。

4 孖又音咨　注云又音咨，案脂韻即夷切下無孖字。孖見之韻子之切下。

5 眙直視　直視，北宋本中箱本黎本景宋本作住視。案住乃佳字之譌。故宮本敦煌本王韻均作「佳視」，當據正。方言七云：「僚，眙，逗也。南楚謂之僚，西秦謂之眙。」郭注云：「眙謂佳視也。」張改作直視，非也。

6 目餙　目，北宋本中箱本黎本景宋本均譌作珥。

7 周禮注云　北宋本中箱本黎本景宋本重云字，非也。

8 口吻　吻，中箱本黎本譌作刎。張改作吻，與故宮本敦煌本王韻合。

9 肕 筋健　注健，當作腱。集韻云：「肕，腱也。」段云：「健，內則腱，」案禮記內則肕作餌，注云：「筋腱也。」

10 駛　此字與北宋本中箱本黎本景宋本均作駛，與敦煌王韻合。案上聲止韻亦作駛。

11 䟤 列也　列，敦煌王韻作烈，與玉篇合。當據正。今本說文亦譌作列。

12 說　文圓也　　圓，說文作清。

13 緦　　故宮本敦煌本王韻作緫，是也。當據正。

14 說　文誡也　　誡，說文作誡，段據正。

15 惎　又音其　　注云又音其，案之韻渠之切下字作綦。

16 糦　大祭亦稷也　　段云：「毛公：大糦黍稷也。」案廣韻云：「大祭」，蓋用韓詩義。此注亦下當增黍字。詩云：「大糦是承」，陸氏釋文云：糦，尸志反。黍稷也。韓詩云：「大祭也。」

17 幟　又音志　　注云又音志，案本韻職吏切下無此字。

18 意　於記切　　於記切，敦煌王韻同。故宮王韻作於既反。案既在未韻，以既切意，則志韻與未韻開口音合為一類。

19 ⿰吉乚貪也

案⿰吉乚，當作亄。亄又見至韵質韵。

20 憙許記切

記，北宋本巾箱本黎氏所據本景宋本均譌作紀。紀在上聲止韵。

未韵

21 五味酸醎甘苦辛

醎，棟亭本作鹹。案醎俗體也。

22 以醎養豚

醎，棟亭本作鹹。

23 沬水名

沬，當依說文作沬。沬又見末韵。

十一葉

1 怫愲不安

怫，北宋本巾箱本黎本景宋本均譌作悱。張改作怫，與元泰定本明本合。故宮本敦煌本王韵亦作怫。

2 𡴎 草木𡴎孛也　孛，北宋本中箱本黎氏所據本景宋本均譌作字。張改作孛，與元泰定本明本合。說文云：「𡴎艸木𡴎孛之皃」。

3 犩 犪牛肉數千斤　注北宋本中箱本黎　景宋本均作「夔牛肉重千斤」。張改與爾雅釋畜郭注合。微韻犩下亦引爾雅。

4 詩曰觱沸濫泉　濫，各本作檻，與毛詩小雅采菽大雅瞻卬合。

5 襀 襀細　細，北宋本中箱本黎氏所據本景宋本均作紐，當據正。案至韻丘愧切襀下亦云「紐也」。

6 風俗通曰火斗曰尉　上曰字中箱本作云。案此文太平御覽卷七百十二引作通俗文，此作風俗通誤。段校亦作通俗文。

7 披䯾揠竹　披，北宋本中箱本棟亭本作被，與御覽卷九百八所引山海經圖讚合。

8 鷽扶涕切 注扶涕切，案涕乃霽韻字，不得切鷽。段改作沸，與故宮本敦煌本王韻合。當據正。

9 罵 北宋本景宋本作䍐，巾箱本作䍐。

10 腓 案此字脫訓解，故宮本敦煌本王韻及唐韻均訓病，當據補。

11 草穚 穚，北宋本巾箱本黎氏所據本景宋本均譌作屩，張改作穚，與玉篇合。

12 郭璞讚云蜚之無名 無名，當依山海經圖讚作為名。

13 蜸蜸蟺神蛇 蜸，段改作蜸，是也。當據正。

14 ⿸广賁 又音肥　注云又音肥，案微韻符非切下無此字。

十二葉

1 旣 又姓吳王夫旣之後　吳王夫旣，段云「左傳夫槩王」。案夫槩王，吳子闔廬之弟，見左傳定公四年。此云吳王夫旣，非。當刪。

2 旣 居豙切　居豙切，故宮本敦煌本王韻唐韻均作居未反，是以合口字切開口字也。

3 說文曰癡顡不聰明也　顡，北宋本中箱本黎本景宋本作頭，誤。

4 盵　此字北宋本作盵，中箱本作⿰日乞，唐韻作肐。案玉篇日部⿰日乞，去塈切，與本紐去旣切音同。王靜安先生以為作⿰日乞者是。見唐韻校勘記。

5 ⿰嘼欠 似蝟尾赤也　尾，各本作毛，集韻同。張改作尾，與志韻蝥下所云「赤尾」

合。

御韻

6 御 侍也 侍，唐韻作待。

7 攄 依也持也引也 持也二字各本無，張氏增蓋本說文，當删。

8 鐻 樂器形似夾鐘削木為之出𡉏蒼 注唐韻同。段氏改作「樂器，以夾鐘，削木為之」，是也。說文鐻虡一字，虡下云「鐘鼓之柎也」。爾雅釋器云「木謂之虡」。考工記「梓人為筍虡」注云「樂器所縣。横曰筍，植曰虡」。是鐻以木為之，正所以夾鐘者。莊子達生篇「梓慶削木為鐻」釋文引司馬彪注云「鐻，樂器也。似夾鐘」。似字當是以字之誤。非形似夾鐘也。

9 似猴多䫇 䫇，元泰定本明本楝亭本作髯。

10 又音渠 渠，北宋本譌作樂。

11 欸近倨切　近倨切，北宋本中箱本黎本景宋本均作丘倨切，與唐韻合。當據正。

12 書也，解署部署也　北宋本中箱本黎本景宋本作「書也。又部署也。」均無解署二字，當刪。

13 蠹蟲名爾雅云蠹醜鋳剖母背而生或作蠧　注「或作蠧」，北宋本黎本景宋本均作「或作蠹」，當據正。此云「或作蠹」者，謂爾雅蠹醜鋳之蠹或作蠹，故本紐出蠹字，非謂正文蠹或作蠹也。此與其他或作例不同。張氏不明廣韻文例，以或體與正文相同，未合，改蠹作蠧，殊背原旨。

14 ⿰山庶番山　番山，北宋本中箱本黎氏所據本涉上文譌作畨也。張改與元泰定本明本合。

15 瘀血瘀

注血瘀，敦煌王韻唐韻均作瘀血。

十三葉

1 醵

此字北宋本作據，誤。

2 牝麋

麋，當從爾雅釋獸作麎。

3 女尼據切

尼據切，唐韻同。故宮王韻作乃據反，類隔切也。

4 楚楚利

楚利，敦煌王韻作心利。

5 憚悇愛也

愛，北宋本中箱本楝亭本景宋本作憂，與敦煌王韻合。當據正。案勘韻憚下亦云「憚悇，懷憂」。「憚悇」廣雅釋訓作悇憚。楚辭七諫「心悇憚而煩冤兮」王逸注云「悇憚，憂愁貌也」。

6 㞋屐屬

㞋，集韻類篇作𡲼。段改作[illegible]，與說文玉篇合。案[illegible]又見本韻羊洳切下。

遇韻

7 東莞人　莞，北宋本巾箱本黎氏所據本景宋本均譌作菀。

8 樹洛于氏　于，北宋本巾箱本作千，與唐韻合。案樹洛干吐谷渾之後，見魏書列傳第八十九。

9 尌 又音住　注云又音住，案本韻持遇切下無此字。

10 坿 白坿說文益也　案故宮王韻唐韻有⿰忄付坿二字，⿰忄付訓白⿰忄付，坿訓益。本書合⿰忄付坿為一字非。

11 罝 掌駙馬　駙，北宋本黎氏所據本景宋本均譌作附。張改作駙，與巾箱本合。

12 ⿰虫虎蝓　案⿰虫虎當依爾雅釋蟲作螔。

13 ⿸卮尃小卮有蓋　案此⿸卮尃字當是⿸卮專字之誤。說文⿸卮專，小卮有耳蓋者。⿸卮專已見獮韻市兗切下，此⿸卮尃字當刪。

十四葉

1 吐沬　沬，棟亭本作沫，是也。

2 面衣　面，北宋本、黎本譌作雨，巾箱本不誤。

3 赴芳遇切　芳遇切，故宮本、敦煌本王韻作撫遇反，音同。唐韻作方遇反，方蓋芳字之誤。

4 鶩又音目　注又音目，唐韻同。案屋韻莫六切下無鶩字，鶩見莫卜切木紐下。唐韻同。此目字蓋木字之誤。

5 蹲鵄　鵄，各本作鴟，當據正。

6 廣雅云蜀漢以芋為資凡十四等大如斗魁其車轂鋸子旁巨青烏等四等多子　案廣雅無此文，段改作廣志，是也。齊民要術卷二引廣志曰：「蜀漢既繁芋，民以為資。凡十四等，有君子芋，大如斗魁，如杵簇。有車轂芋，有鋸子芋，有旁巨芋，有青邊芋，此四芋多子。」御覽卷九百七十五亦引此文。本書所引文字有誤：轂當作轂，烏當作邊，四等當作四芋。

7 栔也　案栔當作埰。

8 贏不足旁要也　唐韻作盈不足句股。案周禮保氏注與廣韻同，正義云：「今以句股替旁要。」

9 數速又音　又音速上北宋本巾箱本黎本景宋本衍均字。案此云「又音速」，屋韻桑谷切下無數字。

10 漢書曰不歌而頌曰賦　頌，段改作誦，與漢書藝文志合。

11 出北地清河二望　望下北宋本中箱本黎本景宋本衍四字。

12 趣又親足七俱倉苟三切　注又親足七俱倉苟三切，唐韻同。案厚韻有趣字音倉苟切。燭韻七玉切虞韻七逾切下均無趣字。

13 ⿵門主直⿵門主也　⿸广主同上　⿵門主，⿸广主，北宋本中箱本黎氏所據本楝亭本景宋本均作閗，⿸广主。張改與集韻合。

十五葉

暮韻

1 秦西漢之際　案御覽卷百二十一引前燕錄秦下無西字。

2 ⿱⺮度 ⿱⺮度⿱⺮緊

⿱⺮緊，段改作⿱⺮繫，是也。案廣雅釋器云「⿱⺮度謂之⿱⺮腎」。⿱⺮繫與⿱⺮腎同。玄應一切經音義卷十四四分律第五十二卷引通俗文云「綴衣曰⿱⺮繫」。

3 露平

露，北宋本、中箱本、黎本、景宋本譌作路。張改作露，與唐韵合。

4 大都督府

大，黎本譌作天。

5 江東人取以為睫攡

攡，爾雅作⿰木離，當據正。案睫攡即接䍦也。

6 妬忌

妬，各本作妒。

7 兔舐豪

豪，各本作毫，是也。

8 頣

楝亭本作頤，與故宮王韵、唐韵合。

9 斜柱也

柱，元泰定本、明本、楝亭本作拄。

十六葉

1 素和明 明，唐韻作眐。

2 獉 牲白也 案玉篇集韻無此字，別有獉字，訓獸也。此獉蓋獉字之誤。

3 ⿰虘且 往也 ⿰虘且，說文作⿰豦且，從且，豦聲。當據正。

4 周禮錢行之曰布藏之曰帛 帛，各本作泉，與唐韻合。張改作帛，非也。周禮外府鄭注云：布，泉也。其藏曰泉，其行曰布。

5 ⿰虫布蟦蟲也 ⿰虫布蟦，玉篇集韻作蟦⿰虫布。

6 說文穢也 北宋本中箱本黎本景宋本無此四字，當刪。

7 苦 困也今之苦辛是 「今之苦辛是」，北宋本巾箱本黎氏所據本景宋本作「今人苦車」，是。與唐韻合。當據正。案集韻云：今人病不善乘曰苦車。宋姚寬西溪叢語亦云：今人不善乘船謂之苦船，北人謂之苦車。張氏改

廣韻校勘記 卷四 十九

今人苦車作今之苦辛，非是。

8 左傳晉有步場 場，北宋本、中箱本、黎本、景宋本作揚，是也。案步揚見左傳僖公十五年。

9 北齊書有步大汗氏 步大汗氏，唐韻作步大汗薩。案步大汗薩見北齊書卷第二十。

10 餔又作⿰米甫 ⿰米甫，唐韻作⿰米甫，是也。當據正。集韻亦云：「餔，或作⿰米甫」。

11 說文曰亂槀也 槀，北宋本、中箱本作藳，黎本作藁。案說文作艸。

12 欿水器也 欿，段改作舀，是也。說文云：「舀，抒臼也」。此作欿，於義不合。

13 作臧袏切 袏，各本作祚，是也。當據正。

霽韻

14 蔕 草木綴實 草木綴實，唐韻同。故宮本敦煌本王韻作草木實綴。

十七葉

1 [illegible]憚 憚，唐韻作憚，與漢書王莽傳合。當據正。

2 隶 李曰寔之 李字北宋本中箱本黎本景宋本無，張增，與爾雅合。

3 躡 也 躡，敦煌王韻作蹋，是也。

4 趆 趑走皃 趑，楝亭本作趦，是也。說文云：趆，趦也。

5 䩚 北宋本中箱本黎本景宋本譌作䩚。

6 劑 分劑 案分劑，故宮本敦煌本王韻及唐韻均作劑分。

7 炊 餔疾也 炊，北宋本中箱本黎本景宋本均譌作吹。

8 戾 輺車 戾，北宋本中箱本黎本景宋本譌作戻。張改作戾，與說文合。說文云「戾，輜車旁推戶也」。此注「輜車」下當補「旁推戶也」四字。

9 楴 楴枝整髮釵也 楴，段改作揥，並云「詩象揥字」。案集韻亦從手作揥。

10 亦作𡱁𡲵 𡲵，北宋本巾箱本元泰定本均作𡲗。此作𡲵，誤。

11 ⿰忄笑 北宋本巾箱本黎本此字譌作⿰忄笑。下從笑者同。

12 ⿰車欠 案此字當從說文作⿰車欸。

13 笶 車節也 節，段改作筤，與玉篇合。

14 遰 又底隸切 又底隸切，敦煌王韻唐韻同。案本韻都計切下無此字。

15 説 文曰車轄也 轄，北宋本巾箱本黎本景宋本作輨，與說文合。張改作轄，非也。

16 棣 車下木 木，故宮本敦煌本王韻唐韻作李，是也。當據正。案車下李即奧李也。

17 聯（耳聽） 案聽當作聦。敦煌王韻集韻聯字均訓聦。

18 ⿰耳切（⿰耳嗇耳） ⿰耳嗇，字書無。集韻⿰耳切為聯字或體。⿰耳嗇字蓋聰字之誤。

19 蘇（笛切） 唐韻此上有又字，當據補。

20 入（頴） 案頴當作穎。

21 羽（之羿） 案羿當作羿。

22 覞（傍視） 傍，敦煌王韻作旁，與說文合。

23 蘩（又口奚切） 注云又口奚切，案齊韻苦奚切下無此字。

24 爾雅曰杋檕梅 杋，各本作杌，是也。當據正。案杌音求，見尤韻。

25 轚（舟中互序而行也） 案此注有脫誤，段氏改作「舟車轚互序而行也」，是也。

周禮秋官野廬氏云「凡道路舟車擊互者序而行之」。說文云擊，「車轄相擊也」。

十八葉

1 㥛 恨足　恨足，集韻作恨也。

2 螇 蚚　蚚，當從爾雅作蚸。

3 障 也　障，各本作鄣。

4 𢋈　案說文此字作瘱，敦煌王韻同。

5 箅 又必至切　注云又必至切，案至韻必至切下無此字。

6 畎 眏䁷　敦煌王韻此字作眏，注作䁷眏，是也。當據正。案玉篇目部眏，古惠切，䁷眏也。廣雅釋器云「䁷眏，䈃，篵也」。此眏䁷從田作非。

注中箱本黎本作映田，更誤。

7 殛殀　北宋本中箱本黎氏所據本景宋本作極妖。張改妖作殀，是也。

8 浬　故宮王韵唐韵作淠，是也。淠亦見至韵。

9 濞 水名　水名，故宮本敦煌本王韵及唐韵均作水聲。案說文云：濞，水暴至聲。此作水名，蓋涉上文而誤。

10 隸 俗作𨽸　𨽸，北宋本中箱本景宋本作𨽸。案當作𨽸。唐人隸字俗寫作𨽸。

11 鎜　案此字當從說文作鎜。

12 欐 又音師　注云又音師，案脂韵疏夷切下無欐字，欐見支韵所宜切下。

13 䫄 視竊也

視竊，當作竊視。故宮王韻注作「方言：南楚謂竊視也」。案方言卷十云：「……中夏語也。」

14 覼 又師蟻切

注云又師蟻切，案紙韻所綺切下有矖字，即此字也。切三於紙韻矖下云「或作覼」，可證覼矖一字。

15 草 草木生亞上也

上，北宋本中箱本黎本景宋本均作土，當據正。

16 ⿸厂遙

故宮本敦煌本王韻作⿸厂⿺辶免。集韻⿸厂⿺辶免⿸厂遙一字。

17 篷 胡竹名也杖也毋庚切

注故宮王韻作「毋庚反。又杖胡反。竹名。方言以裹為筡。亦筡也」。此注當作「竹名也。毋庚切。又杖胡切」。案模韻同都切下出筡字，即此字。集韻筡篷一字。切三作又杖胡反，類隔切也。本書誤以又音杖胡反散入注中。

18 語云致遠恐泥　語，北宋本巾箱本黎本景宋本作詩，唐韵同。案致遠恐泥見論語子張篇。

19 ⿰忄馬 ⿰忄馬忚音慢又相⿰忄馬摩也　此正文及注並誤。玉篇集韵均無⿰忄馬字。且⿰忄馬從馬，不得音奴計切。案⿰忄馬當是⿰忄詈字之譌。⿰忄詈本音郎計切，鈔胥誤入此紐。集韵郎計切下有⿰忄詈字。本書齊韵郎奚切下有⿰忄詈字，注云「⿰忄詈忚欺慢之語，出方言」。此郎計切，即其去聲也。本注「⿰忄馬忚音慢」當即「⿰忄詈忚欺慢」之誤。又注云「又相⿰忄馬摩也」，未詳。

十九葉

祭韵

1 ⿱髟戠　棟亭本此字作⿱髟韱，是也。

廣韻校勘記　卷四　二十三

2 檍　故宮本敦煌本王韻及唐韻此字作㯶。本書于歲切祥歲切下並同。

3 [illegible]　段改作[illegible]。

4 蜹　蚑蚋又音勢　注蚋，棟亭本作蜹；勢，各本作蓺；並與唐韻合。當據正。案蜹又見薛韻蓺紐，音如劣切。

5 籪　此字北宋本中箱本黎本景宋本作籪，誤。

6 重擣　擣，北宋本中箱本黎本景宋本作檮，誤。

7 又楚稅切　楚，黎本譌作是。

8 瀳　此字說文作[illegible]。案瀳又見線韻。

9 餟　司馬禎曰漢志作腏字通　禎，當作貞。史記武帝紀「其下四方地為餟食」司馬貞索隱云：「餟音竹芮反。謂連續而祭之。漢志作腏，古字亦通。」

10 稅（又他活切）　注又他活切，故宮本敦煌本王韻同。案宋韻他括切下無此字。

11 獘　說文從犬作獘。

12 象敗衣之形　說文作「象衣敗之形」。

13 㡀（又匹世切）　注云又匹世切，案本韻匹蔽切下無此字。

14 爾雅曰箭王篲　箭，北宋本中箱本作葥，與爾雅合。當據正。

15 鑴（大鼎）　大鼎，故宮本敦煌本王韻及唐韻並同。案鈕樹玉說文校錄云：「大當作小。高注淮南說林篇云：鑴，小鼎。」

二十葉

1 響射則鷩冕　響，北宋本中箱本黎本景宋本均作饗，與周禮司服文合。

2 懘 惉懘音不合　惉樂記作怗　惉，北宋本中箱本黎本景宋本作惉；怗，樂記作怗；均當據正。鹽韻惉注不誤。

3 瘱 婦孕病兒　瘱，集韻作㾜，是也。㾜亦見本韻餘制切下，注云「婦人病胎」。此注「病兒」北宋本中箱本黎本作「病皃」，當據正。

4 蹛　案霽韻都計切下字作蹛，當據正。

5 斲　案斲爲古文誓字。匡謬正俗字作斲，誤。

6 巫咸作筮　咸，景宋本作咸，是也。巫咸作筮，見呂氏春秋勿躬篇。

7 篸　案此字說文作簪。

8 鍫 車樘結　樘，說文同。唐韻作當。

9 蹫 也　蹫，北宋本黎本景宋本譌作蹫。張改作蹫，與中箱本合。

10 ⿸疒曳　此字敦煌王韻同，故宫王韻唐韻作⿸疒世。

11 ⿰羽曳　此字敦煌王韻同，故宫王韻唐韻作⿰羽世。

12 枻　此字故宫王韻唐韻同，敦煌王韻作栧。

13 詍　此字故宫王韻唐韻同，敦煌王韻作⿰言曳。

14 溶　溶滴水皃　溶，北宋本中箱本黎本景宋本作容。張改作溶，是也。文選高唐賦「洪波淫淫之溶滴」注云「溶滴，猶蕩動也」。

15 丿　至也　至也，北宋本中箱本楝亭本黎本景宋本均作至地，與敦煌王韻合。

16 ⿰糹昌　段改作⿰糹曷，與說文合。

17 餲　又於介切　注云又於介切，案怪韻烏界切下無餲字，餲見夬韻於犗切下。

18 凝　凝也久也　凝下也字北宋本中箱本黎本景宋本無。

19 由膝已上　已，唐韻作以，是也。

20 義見上注　案北宋本中箱本黎本作義上見注，誤。

21 ⿰巾列 亦作⿱列巾　⿱列巾，北宋本中箱本黎本作裂。張改作⿱列巾，與敦煌王韻玉篇合。

22 懘 恐人　案故宫本敦煌本王韻唐韻均無此字。故宫王韻憇紐有愒字，訓恐人，義與此同。敦煌王韻唐韻字作⿰亻⿸尸禺。此懘字當即愒字之譌。愒本音去例切，今誤入此紐。詳王靜安先生唐韻校勘記。中箱本去例切下有愒字，注云：「爾雅貪也，說文息也」。

二十一葉

1 愒 爾雅貪也說文息也 揭 褰衣渡水由膝已下曰揭　北宋本黎氏所據本景宋本脫愒下注文及揭字，張增與中箱本合。

2 由滕已下　已，當作以。

3 蝦蟆鱠　鱠，段改作膾，與唐韻合。

4 王彙頭　頭，段改作類，與玉篇合。

5 丑例切十一　十一，北宋本中箱本黎本均作十二，當據正。本切下凡十二字。

6 傺侘傺又敕加切　又，北宋本中箱本黎氏所據本楝亭本景宋本均作侘，與唐韻合。案侘音敕加切，見麻韻。張改侘作又，非也。

7 㑜佽㑜　案佽當作刺。方言十三云「㑜，刺也」，是其證。

8 䁬　北宋本黎本景宋本誤作𨂂。張改作䁬，與中箱本合。

9 鐗　集韻此字作鏑。

10 鍪　說文此字作蝥，從虫，敄聲。當據正。

11 ⿰矢卷丘吠切　丘吠切，玉篇同。案吠在廢韻，集韻此字入廢韻。陳澧云：此廢韻增加字，誤入此韻。

12 ⿰矢彖呼吠切　呼吠切，玉篇同。案吠在廢韻，集韻此字入廢韻。陳澧云：此廢韻增加字，誤入此韻。

泰韻

13 古今人表有太師庇　庇，北宋本、黎本、楝亭本、景宋本同，張氏刻改本作疪。案漢書古今人表作庇，史記周本紀作疪。

14 丏　此字唐韻同，段改作丐。

15 豛猳豕　猳，元泰定本、明本、楝亭本作豭，與唐韻合。案猳俗體也。

16 以⿰言曷　案說文此字從言萬聲，字作⿰言萬。

二十二葉

17 瞹　北宋本中箱本黎本景宋本均作曖，與故宮王韻合。

18 奈又致箇切　又致箇切，故宮王韻作又奴箇反，是也。此字又見箇韻，音奴箇切。唐韻奴作如。

19 周書有尉回將軍大莫于玄章　于，中箱本作干，黎本作千。案作干是也。魏書官氏志云：「大莫干氏後改為郃氏。」字作干。

20 後改為稽氏　稽，北宋本黎氏所據本景宋本均脫。張譜與魏書官氏志合。

21 說文曰淅𥼶也　淅，北宋本中箱本黎本景宋本譌作浙。

22 婦人鞶絲　鞶，說文作帶。

1 ⿰木帶　北宋本中箱本黎本景宋本誤作摕。

2 居陸名⿰貝⿱大⿰大大　⿰貝⿱大⿰大大，北宋本中箱本黎本景宋本作⿱大⿰大大，與說文合。故宮王韻亦作⿱大⿰大大。

3 伂 顛伂本亦作沛　本，北宋本中箱本黎氏所據本景宋本均誤作之。

4 漢有會相　相，北宋本中箱本黎本景宋本均作栩，與唐韻合。

5 䢈　段云：「䢈音辰。」案說文云：「日月合宿為䢈。从會，从辰，辰亦聲。」大徐音植鄰切。此字當移入真韻植鄰切下。

6 禬 除殃祭也　禬，各本作襘，當據正。禬又見古外切下。

7 ⿰巾卒 五色采也　案⿰巾卒與繪為一字。隊韻繪下引說文曰：「會五綵繒也。」玉篇云：「⿰巾卒，五綵繒。」此注「五色采也」當作「五綵繒也」。

8 ⿰隶𧰨 此字當從說文作⿰𠦬𧰨。

9 ⿰𠦬𧰨 又山芮切 注云又山芮切，案祭韻山芮切下無此字。

10 ⿰言歲 此字唐韻同，故宮王韻作譮。

11 又祋殳也 祋，北宋本、黎本、景宋本作役，誤。

12 汪濊深廣 此下楝亭本有「又水多皃」四字，別本無。

13 襊 麤最切 麤最切，唐韻作七會切，音同。故宮王韻此字入蕞紐，音在外反。

14 軷 又蒲葛切 注又蒲葛切，唐韻同。案曷韻無蒲葛一音，此字見末韻蒲撥切下。

二十三葉

1 㸊 火之毒皃　皃字各本無。

2 娧 好皃他外切　好皃二字，北宋本、中箱本、黎本、景宋本無。張增與元泰定本明本合。

3 眜　此字段改作眛。

4 沫　此字段改作沬，與說文合。案沫又見末韻。

卦韻

5 隘 陜也陋也　陋，北宋本、中箱本、黎本、景宋本作陿。案陿與陜一字，張改作陋，是也。元泰定本明本並作陋。

6 烏懈切六　六，棟亭本作七，本紐陒字下出峗字，注云困也，元泰定本明本同。

7 俗作畫 畫，各本作畫，是也。

8 韃 韃徽乖違 注韃徽，段氏改作徽韃，是也。麥韻呼麥切下出韃字，注云「徽韃乖違」，是其證。

9 繣 弦中絶也 注敦煌王韻同。段氏改作紘中繩也，是也。説文云：繣，維綱中繩。「綱，維紘繩也。」是其證。案寘韻繣下云「弦中絶也」，亦當作「紘中繩也」。

10 差 又楚宜楚皆初牙三切 初，北宋本、黎氏所據本、景宋本奪。張增與中箱本元泰定本明本合。

11 睚 又五佳切 五佳切，唐韻同。故宫王韻作仕佳反，仕蓋五字之誤。案佳韻五佳切下無睚字。敦煌王韻作又五加反，麻韻五加切下亦無此字。

12 誒 火懈切 火懈切，故宫本、敦煌本王韻、唐韻均作許懈反。

13 庎 到別方卦切 庎，故宮本敦煌本王韻唐韻同。案庎乃⿸疒冊字或體，見燉韻。此字從斤不得音方卦切。集韻卜卦切下有㡧字，注云「舍別」。王靜安先生以庎為㡧字之誤。見唐韻校勘記上。

14 瘵 七懈切 七，北宋本中箱本黎本景宋本均作士，與故宮本敦煌本王韻唐韻合。當據正。

15 曬 又丑離切 注又丑離切，故宮本敦煌本王韻唐韻同。案支韻丑知切下無此字。

16 ⿰黍昜 段改作⿰黍易，與集韻合。

怪韻

二十四葉

1 芥 此字故宮本敦煌本王韻入夬韻，音古邁反。唐韻亦入夬韻，音古喝反。

2 丯 介草 段改丯作丯，介作芥。

3 庎 庎到 案庎當作疥，此字與卦韻之庎當是一字。庎當是𢈈字之誤。故宮王韻卦韻庎下云「又作疥」，是其證。

4 譪 譪譀 譪，敦煌王韻作讍。

5 𡗝 案說文此字作𡘋。

6 儖 陜也 陜，敦煌王韻作陜，當據正。陜與陿狹並同。見本書洽韻。廣雅釋詁一云「儖，陿也」。楊雄反離騷「素初貯厥麗服兮，何文肆而質𩓥」，應劭注「𩓥，狹也」。案儖𩓥通用。

7 蹬 此字故宮王韻同。敦煌王韻作⿱髟悳，與玉篇合。

8 祄 補膝裙也 說文祐也 補，段改作⿰衤東，與玉篇合。玉篇⿰衤東下云「⿰衤東膝裙祄也」。又

祐，說文作祏，段氏據改。

9 湏 黎本作湏，誤。

10 說文曰頭蒯顡 顡，北宋本中箱本楝亭本景宋本作頪，與說文合。

當據正。

11 韎 此字說文從末作韎。

12 ⿰韋閒 北宋本中箱本黎本景宋本作韊，誤。

13 ⿰忄肯 鼓名 ⿰忄肯，北宋本中箱本黎氏所據本景宋本作掯，是也。案唐驃國樂

有掯鼓，見唐書南蠻傳及通典。

14 顡 他怪切　他，北宋本中箱本作辿。案辿乃迤字之誤。元泰定本作迤，是也。敦煌王韻作知，知迤膪同一類。此作他，非也。

夬韻

15 夬 古賣切　案賣在夬韻，以賣切夬非也。故宮王韻唐韻均作古邁反，當據正。

16 璯 姓也晉有璯錢　璯錢，日本宋本及黎本景宋本作錢璯，是也。錢璯，吳興人。此以璯為姓，誤。注「姓也」依例當作「人名」。

二十五葉

1 惡也　也，北宋本中箱本黎氏所據本景宋本作見。案見當是皃字之誤。元泰定本作皃，是其證。

廣韻校勘記 卷四

2 犗古喝切 古喝切，唐韻同。故宮王韻作古邁反。

3 蠆丑犗切 丑犗切，敦煌王韻作丑菜反，故宮王韻作丑界反，唐韻作丑介反。寨菜在代韻，界介均在怪韻。

4 喝於犗切 於犗切，敦煌王韻作於菜反，故宮王韻作於界反。寨菜在代韻，界在怪韻。唐韻作於芥反，芥字唐韻在本韻。

5 𠷈所犗切 所犗切，故宮王韻作所界反。

6 譪火犗切 火犗切，元泰定本明本作呼喝切，音同。敦煌王韻作火芥反，故宮王韻作火界反，唐韻作火介反。

7 咶火夬切 火夬切，故宮本敦煌本王韻同。唐韻作火介反。

隊韻

8 ⿱雨湛䨴

⿱雨湛，北宋本中箱本黎本景宗本作黮，與唐韻合。案張改作⿱雨湛，非也。⿱雨湛，當作⿱雨甚。⿱雨甚見感韻，注云：「⿱雨甚䨴，雲皃」。

9 ⿰阝⿱彖皿 ⿸广⿱齊皿也

⿸广⿱齊皿，北宋本中箱本黎本景宗本均作⿱敕皿。案當作⿱敕皿。張氏改作⿸广⿱齊皿，⿸广⿱齊皿即⿱敕皿字。見說文。故宮本敦煌本王韻亦作⿱敕皿。

10 柭

段云：「玉篇作⿰木犬」。案故宮本敦煌本王韻均作⿰木犬。敦煌王韻注云：「犬過」，玉篇訓同。是此字從犬無疑。集韻作犻，云：「或書作⿰木犬」。

11 朏 向曙色也

案朏故宮王韻唐韻均從日作昢，與玉篇合。王韻云：「又音普沒反」，案本書沒韻普沒切下正作昢，注云：「明旦日出也」。

12 詯 休市

注云休市，胡對切下詯注云：「胡市」。案原本玉篇殘卷引蒼頡篇云：「詯，胡市也」。

13 漢文責對而面言多謂非誠對　面字棟亭本無。

14 孔融論曰水碓之巧勝於聖人之斷木掘地　案論上當有肉刑二字。

此文見孔融肉刑論。

15 衛 市衛　市，北宋本景宋本作帀，是也。見說文。段注改作市，非。萬象名義云：「衛，遍也。」遍即周帀之義。

16 倅 士內切　士，北宋本中箱本黎本景宋本均作七，與故宮本敦煌本王韻唐韻合。當據正。

17 颹𩗴癈風苦熱　癈，各本作廢，唐韻同。

18 字林云隩隈也　隩，北宋本中箱本黎氏所據本景宋本作映，唐韻同。案映當是隩字之譌。

19 𡯁⿺鬼垂 ⿺鬼垂，元泰定本明本楝亭本作𡰝，是也。上文𡯁下云「𡯁𡰝，癡風
苦熱」。

二十六葉

1 膭 黎本譌作瞶。

2 堁又於卧切 又於卧切，敦煌王韻同。故宮王韻作又苦卧反。案此字見過韻苦卧切下。

3 說文云耕曲木也 說文耕上有手字。

4 攂鼓攂 攂鼓，故宮王韻唐韻作撾鼓，當據正。

5 ⿱丷類 唐韻作蘱。案爾雅釋草云「蘱，薡蕫」，字從類作蘱，與廣韻同。

6 背 補妹切　補妹切，故宮王韻作補配反，音同。唐韻作蒱妹反，誤。

7 蚚 又音析　注云又音析，案錫韻先擊切下無此字。爾雅釋文云：「蚚字林巨希反。」此析字當為祈字之誤。

8 [illegible]　案此字當從說文作[illegible]。

代韻

9 扢 磨也　扢，段改作扢。案廣雅釋詁三云：「扢，磨也。」字作扢，與扢同。

10 慨 苦蓋切　案蓋在泰韻，不得切慨字，故宮王韻作苦愛反，唐韻作苦慨反，並是。愛慨均在本韻。

11 愾　此字故宮王韻入漑紐，音古礙反。案唐韻與廣韻音同。

12 閡 又音閞　注云又音閞，案咍韻苦哀切下字作開。

13 旡 㝵也　旡，北宋本、巾箱本、黎本、景宋本均譌作无。

14 蔆薱 薱，北宋本中箱本黎本景宋本均作對。張改作薱，與唐韻合。

15 又姓 姓，北宋本中箱本黎氏所據本景宋本均譌作牲。張改作姓，與唐韻合。

16 茱 草也 草，北宋本中箱本黎氏所據本景宋本譌作直。

17 睞 傍視 傍，故宮王韻作旁，是也。文選洛神賦「明眸善睞」注「睞，旁視也」。

二十七葉

1 䣣 䣭醬 醬，段改作漿，是也。集韻云「䣣，酢漿」；廣雅釋器云「䣣，漿也」；是其證。

廢韻

2 又音磓 磓下各本有一字，此脫。

3 廢 方肺切　肺，段改作胇，與黎本景宋本合。當據正。

4 胇 方廢切　方，黎本作芳，與故宮王韻合。當據正。

5 𤾄 又音伐　伐，北宋本中箱本黎本景宋本作代，誤。案𤾄又見月韻伐紐，音房越切。

6 武 作獩額　額，各本作頟，是也。

7 喙 又昌芮切　又昌芮切，故宮王韻同。案祭韻無昌芮一音。

8 猭　段改此字作豨。案廣雅云「猭猭，極也」。字作猭，與廣韻同。

震韻

9 顉　北宋本中箱本黎氏所據本景宋本均譌作頷。

10 說文曰顏色𩔂𩕄順事也　順，說文作慎。軫韻𩔂下同。當據正。唐人慎順通用，此作順事，故宮王韻同。

11 顖 故宮王韻此字作頣。

12 奞 奮奞也 也，北宋本中箱本黎本景宋本作毛。案此注當從稕韻奞注作「奮奞鳥張羽毛也」。說文云：「奞，鳥張毛羽自奮也」。

13 㤙 此字說文作忉。

14 𢃄 亦作軸 案𢃄軸均當從東，此從東誤。說文軸從中東聲，故宮王韻不誤。

15 水脉行地中 北宋本中箱本黎氏所據本景宋本譌作水脤行池中。

16 𢑱 集韻此字作𢑲。

17 籣 撌也 撌，段改作植，是也。廣雅釋器云：「籣謂之植」。

18 二䦨　說文䖵部从𠕒作𧖧，蓋誤。

19 閔　說文火部作閿，从火𠕒省聲。

二十八葉

1 𠞊　段改作𣃔是也。𣃔又見真韻。

2 䚅 䚅見　䚅見敦煌王韻作䚅𥈰是也。案䚅𥈰暫見也。

3 𠕒　此字說文作𠕒誤，故宮本敦煌本王韻均作𠕒。元戴侗六書故第廿五引唐本說文从二作𠕒，此其證也。

4 蛟蝨　蛟，黎本譌作較。

5 賫 徐刃切又疾刃切　故宮本敦煌本王韻此字音疾刃反，別無徐刃切。本書此音徐刃切，別無疾刃切。

6 墟 石似玉　墟，元泰定本明本棟亭本作壚，與敦煌王韻合。當據正。

7 憗 又曰閑也

憗，北宋本中箱本黎本景宋本均作憖。張改作憗，與說文合。又注閑也，故宮王韻作閑也。案說文云「憗，問也」。左傳文公十二年釋文引字林義同。此閑字當是問字之誤。

8 憖 魚覲切

魚覲切，敦煌王韻同。故宮王韻覲作靳，誤。靳在焮韻。

9 禹貢冀州之域

域，北宋本中箱本黎氏所據本景宋本均誤作域。

10 無穀曰饑

饑，各本誤作飢。

11 㔶 又去槿切

注云又去槿切，案隱韻丘謹切下無㔶字。

12 歏 坎歏

坎，北宋本中箱本黎本景宋本均作欠，當據正。集韻云「歏，欠也」。玉篇云「歏，氣盛也」。

13 齔 又初忍切

注云又初忍切，案忍字在軫韻，軫韻無齔字。齔見隱韻，音初謹切。

14 漢官儀曰諸王侯黃金橐駝鈕 文曰璽 諸王侯，段氏改作諸侯王，是也。

15 鄭大夫印段 段，北宋本中箱本黎本景宋本棟亭本均譌作叚。案印段見左傳襄公二十七年。

16 汖 匹刃切 匹刃切，北宋本中箱本黎本景宋本均作撫刃切，類隔切也。故宮本敦煌本王韻亦作撫刃切。本紐親字故宮王韻在韻末，音匹刃反。本書卦韻汖下云：又匹刃切。

17 閵 鬭也 閵，鬭，均當從鬥。

18 豎 奋 案奋當作奮。奋俗體也。

19 呁 九峻切 九峻切，敦煌王韻同。案峻本書在稕韻，呁亦當入稕韻。王韻震稕未分。

20 呁 唁也

唁，敦煌王韻同。段改作吐，與廣雅合。廣雅釋詁四云：「呁，吐也」。

稕韻

21 朿稈也

朿，各本作束，是也。

22 弓彇

彇，北宋本中箱本黎氏所據本景宋本作蕭。

二十九葉

1 駿 又音峻

注云又音峻，案本韻私閏切下無此字。

2 ⿱北⿱宀瓦

此字段改作⿱北⿱宀儿。

3 ⿰⿱北⿱宀瓦奇 又而隴切

注云又而隴切，案腫韻而隴切下無此字。

4 舜 說文作䑞艸也楚謂之蕾秦謂之藑 蕾，北宋本中箱本黎本景宋本均作葍，與說文合。當據正。

5 瞬 目自動也 自動，北宋本中箱本景宋本明本均作目動，是也。

6 閠 此字黎本元泰定本明本作閏，與説文合。當據正。注中閠字均當作閏。

7 潤 此字當從黎本元泰定本明本作潤。

8 漢朐䏰縣名地下濕多朐䏰蟲朐音蠢 朐，北宋本中箱本作胊，是也。詳準韵朐字校記。

問韵

9 器破而未離謂之璺 璺，元泰定本明本作璺，與方言六合。段亦改作璺。當據正。

10 詩曰徵亦柔止　徵，詩采薇作薇。

11 鞸 理鼓工　理，故宮王韻作治，當據正。說文云：「鞸，攻皮治鼓工也。」本書願韻鞸注同。此作理者，唐人避高宗諱改。「敦煌王韻「治」作「作」。

12 兖州之域　域，北宋本中箱本黎本景宋本均誤作城。

13 韻　此字故宮王韻在震韻，音永爐反；敦煌王韻亦在震韻，音爲据反。

14 溢 匹問切　匹問切，敦煌王韻作亡問反，亡蓋匹字之誤。故宮王韻作汾問反。

15 奮 揚也　揚，北宋本中箱本黎本景宋本誤作楊。

16 故春秋傳曰上大夫受郡是也　此文說文引同。段改作「故春秋傳曰：上大夫受縣，下大夫受郡」，是也。

17 幩（滿而裂） 案滿上當有囊字。吻韻幩下云盛穀囊滿而裂也。

三十葉

焮韵

1 濦（又於靳切） 又於靳切，敦煌王韻作又於謹反，故宮王韻作又於勤反。案濦又見欣隱二韵，作於謹於勤並是。此作於靳切，靳當誤字。震韵無濦字。

2 懚（懚裏相著） 案裏當作裹。廣雅釋詁四云懚裹也。

願韵

3 [illegible] 案說文作[illegible]。

4 劵 北宋本中箱本黎本景宋本均作券。說文从刀作劵，張改是也。

5 釋 名曰卷綣也相約束繾綣為限也

釋名為上有「以」字，此脫。

6 姓 二氏

二氏，黎本譌作三氏。

7 丏 ⿰糹丏于謹

⿰糹丏，北宋本中箱本景宋本譌作⿰忄丏。

8 娩 纂文云姓也古萬字

案此注有誤。集韻云「娩，媚也」。本書阮韻娩下云「娩娩，媚也」。

9 ⿰皮曼 皮悅

悅，當作脫。阮韻無遠切⿰皮曼注作脫，不誤。玉篇云「⿰皮曼，皮脫也」是其證。

10 奔 上同

案此字非犇字重文。「上同」，故宮本敦煌本王韻均作「上大」，當據正。玉篇集韻並云「上大也」。

11 娩 說文云兔子也娩疾也

楝亭本娩作娩，兔作兔，均與說文合。當據正。說文娩在兔部。

12 ⿺乚丸

北宋本中箱本黎本景宋本譌作⿺乚九，張改作⿺乚丸，亦誤。說文丸部作⿺乚丸。當據正。

13 ⿱䜌十　案說文此字從斗作⿱䜌十。

14 引與爲價　與，故宮王韻同。敦煌王韻作物。

15 ⿰貝匽 又於面切　注云又於面切，故宮王韻同。案線韻於扇切下無此字。

16 禮云大曰羹獻　大，段改作犬，與禮記曲禮下合。

17 ⿰算攵 亦作⿰革垂 芳万切　芳万切，北宋本中箱本作又方切。案又万切，當是又万切之誤。故宮王韻正作又万反，當據正。此字或體⿰革垂字，玉篇亦音又萬切。⿰革垂見面部。張改作芳万切，非也。段校改芳作方，亦非。若作芳万切，則與嬔字芳万切音同。

18 遠 于願切　于，北宋本黎本景宋本譌作子。

19 ⿰鬳谷 語堰切　堰，北宋本中箱本黎氏所據本景宋本譌作偃。偃在阮韻。張改作堰，與敦煌王韻合。

三十一葉

1 圂 邑名 圂，敦煌王韵作圖，與玉篇合。

2 ⿱絲卉 元泰定本、明本、楝亭本作⿱絲卉，與說文合，當據正。

慁韵

3 俒 全也 也，景宋本黎本同。北宋本中箱本作一。

4 ⿱頁八 此字北宋本作顛，與說文合，當據正。

5 䫖 又苦根切 又苦根切，敦煌王韵作又苦昆反，是也。䫖見魂韵苦昆切下，痕韵無其字。

6 嫩 北宋本中箱本黎氏所據本景宋本此字均作嫰，故宮本敦煌本王韵同。唐韵作嫰，注云又作嫩，又作㜛。案說文㜛，而沇切。徐鉉曰案切韻又音奴困切。今俗作嫩，非是。」王靜安先生曰：「案此字正作嫰，通作嫩。其作嫩者，則因與嫩相似而譌。」

7 說文曰秘下銅也　秘，北宋本、中箱本、景宋本作柲，與說文合。當據正。

8 鐏徂悶切　徂悶切，敦煌王韻同。唐韻徂作祖，誤。

9 琯玉光也　玉，北宋本、中箱本、黎本、景宋本均作出，與故宮本、敦煌本王韻、唐韻合。案出光者，即集韻所謂「治金玉使瑩曰琯」。張氏改出光為玉光，非也。

10 說文曰度量衡以粟生之　說文，北宋本、中箱本、黎本、景宋本均作說苑，是也。案此文見說苑辨物篇。張改作說文，非也。

11 鑴又千見切　千，黎本譌作于。

12 ⿰氵坌 刻本切韻此字作湓，楝亭本同。

13 奔甫悶切 甫悶切，敦煌王韻同。唐韻作脯悶反，音和切也。刻本切韻作補悶反，與唐韻音同。

翰韻

14 爾雅注云小蟲黑身赤頭一名莎雞 此文與今本爾雅合。刻本切韻引作「尒疋云：小蟲。赤身，黑頭。一名沙雞也。」

15 閈里也 敦煌王韻唐韻刻本切韻均訓「里門」，此里下奪門字。

16 以皮⿰旱皮臂 ⿰旱皮，唐韻作捍，是也。

三十二葉

1 ⿰⿱山⿸厂夂文 敦煌王韻此字作⿰⿱山⿸厂夂攴，非是。萬象名義此字在文部。

2 寀　此字北宋本中箱本黎氏所據本景宋本均譌作寀，張改作寀，與敦煌王韻合。

3 獵狚獸名似狼　獵，段改作獦，是也。故宮本敦煌本王韻廣韻均作獦。案獦見曷韻。

4 澌　此字唐韻作澌，玉篇同。

5 岸水涯高者　水涯高者，北宋本中箱本黎本景宋本同。棟亭本作「涯岸，又水際」，與刻本切韻合。

6 喭弔失容　容，段改作國。案線韻云：「唁，弔失國。」唁或作喭。

7 ⿰長岸大長　大，北宋本中箱本黎氏所據本均作丈。張改作大，與集韻合。

8 抱罕縣　案抱當作枹，枹見虞韻。

9 抱音扶 案抱當作枹。

10 讕逆言 逆，北宋本中箱本黎本景宋本均作逸，寒韻讕注同，當據正。

11 幱巾㨴 㨴，敦煌王韻刻本切韻均作襇，當據正。

12 粲詩傳曰三女為粲又美好皃 又美好皃，刻本切韻作又美女皃。

13 飡 楝亭本此字作餐，段改同。

14 鑽祖贊切 祖，北宋本中箱本黎本景宋本均作徂，與故宮王韻唐韻合。此作祖，與贊字則旰切音同，非也。

換韻

15 垸桼補垸也髋骨勝 北宋本中箱本黎本作「垸桼骨垸也髋上同」。案敦煌王韻垸下云「骨桼曰垸」，本書桓韻垸下云「桼加骨灰上也」，可證宋本垸注

「漆骨堸也」不誤。張改作「桼補堸也」，非是。又髋本爲堸字或體，宗本注云：「上同」，正與唐韵堸注亦作「髋」相合。釋藏解脫道論字作髋。張氏改上同作膝骨，未免滅裂。

16 擘　此字段改作擘，與說文合，當據正。敦煌王韵腕下亦云：「正作擘」。

三十三葉

1 璔　玉升　升，故宫王韵唐韵作斗。

2 鑵　汲水器　鑵，北宋本景宋本作鑵，與故宫本敦煌本王韵唐韵合。

3 鍛　腶　碫　諸字北宋本巾箱本黎本景宋本均誤從叚。

4 瑖　此字北宋本巾箱本黎氏所據本景宋本均作瑖，與敦煌王韵合，當據正。案萬象名義作堅，音都灌反，與瑖正同。今本玉篇作堅，音烏灌切，非。

5 喚 案此字當從奐作喚。（下煥奐渙暎並同。）

6 ⿰目奐 黎本作渙，誤。

7 數 敹數 案萬象名義此字從文作數，當據正。注敹數亦當作敹數。

8 摱 不蒔之田也 注此宋本黎本景宋本作「不合時田也」，中箱本楝亭本作「不蒔田也」。案故宮王韻唐韻均作「不蒔田」，此注之字當刪。

9 墁 又莫干切 注云又莫干切，案干字在寒韻，此字見桓韻毋官切下。

10 謾 又莫干切 注云又莫干切，案干字在寒韻，此字見桓韻毋官切下。

11 半 博慢切 注博慢切，案慢在諫韻，以慢切半不合；故宮本敦煌本王韻唐韻作漫，是也。當據正。

12 眫 牲之半體 眫，段改作胖，是也。故宮本敦煌本王韻唐韻均從肉作胖。

13 燒鐵炙也　炙，敦煌王韻作久，集韻同。

14 魚撞罩聲　罩，敦煌王韻作罩，是也。當據正。

諫韻

15 漢有治書侍史　案唐韻作「漢有持書侍御史」，治作持，避唐高宗諱。御字廣韻脫，當據補。

三十四葉

1 白虎通曰鷙用鴈者取其隨時　鷙，段改作贄，是也。

2 汕 魚乘水上　水上，唐韻作上水。

3 疝 又所姦切　注云又所姦切，案刪韻所姦切下無疝字，疝見山韻所閒切下。

4 閞　案此字當作閞，從心，關省，見說文，中不從廾。棣亭本作閞，尤誤。

5 輚士諫切 士，北宋本譌作七。

6 虥䜺蝬。襻。奻 五字及注北宋本並脱，中箱本楝亭本黎本景宋本有之，與敦煌王韵合。

7 奻女患切一 一，景宋本同。黎本改作二，以鏟紐趝字誤入此紐。

8 羼羊相閒也初鴈切三 羼，北宋本因脱鏟趝二字，誤入輚紐，次於棧下；注無「初鴈切三」四字。黎本景宋本此字亦誤入輚紐，次於輚、棧之間。 中箱本楝亭本均在鏟紐趝下，音初鴈切，與唐韵次第合。張本此字在鏟上，鏟注「初鴈切三」四字歸羼下，猶未盡合。故宮本敦煌本王韵此字入襉韵，注云：「羊相閒。又初鴈反」。唐韵此字兩韵互出，襉韵反語與王韵全同，本韵注作「䙌見反」，誤。蓋原注本作「又初莧反」，鈔胥不慎，譌作䙌見反。

9 鏟 剗木器又初限切　此字北宋本黎本景宋本並脫，巾箱本有之，注云：「剗木器。初鴈切，又初限切。三。」棟亭本同。張氏移「初鴈切」三字於羼下，此紐即以羼字為首。

10 䴲 麴麥䴲也　此字北宋本脫，黎本景宋本在奻下，音女患切，非也。巾箱本棟亭本張本在鏟下，音初鴈切，與故宮本敦煌本王韻唐韻合。

11 丑晏切三　三，各本作二，是也。本切下凡二字。

襉韻

12 犴　此字故宮王韻同。唐韻作犴，或體也。

13 莧 侯襉切　襉，北宋本黎本誤作襴，巾箱本不誤。

14 蕑 草餘　注草餘，敦煌王韻作葌餘，是也。故宮王韻作菫餘，唐韻作菫餘，均誤。韻會閒

廣韻校本

韻𧄍下云「一曰莖餘草」，是其證。案莖，說文云「斬芻」，此云「莖餘」者芻莖之餘也。元結漫酬州劉沔州詩「豈欲皂櫪中，爭食對與𧄍」，原注云「牛馬食餘草節曰𧄍」，義與莖餘正相符合。玉篇云「𧄍，莁餘草莖也」。莁亦莖字之誤。莁者，莁荑也，草名，見爾雅，與𧄍義不相涉。

15 盼 北宋本中箱本黎本景宋本譌作盻。

16 幻 胡辨切 胡辨切，北宋本作胡覓切，音同。

17 蔄 亡莧切 亡莧切，唐韻同。故宮本敦煌本王韻作莫莧反。

18 又作䘺 䘺，唐韻作綻。

19 袒 丈莧切 丈莧切，唐韻同。故宮王韻作大莧反。

20 綻 故宮王韻此字為⿰糸旦字或體。

21 扮 晡幻切 晡，中箱本棟亭本同。景宋本黎氏所據本作脯，音同。

霰韻

22 冰雪相搏 冰，北宋本中箱本黎本景宋本作水，與釋名合。水雪卽雨雪也。張改水作冰，非是。

23 說文云霰積雪也 積，北宋本中箱本黎本景宋本均作稷，與說文合。稷雪者，謂雪之如稷者。見段注。張改稷作積，非也。

24 𢋈 亦作𢋒 案𢋒當作𢋈，此字從广㪚聲。

25 芊萰草木相雜皃 萰，北宋本中箱本黎本景宋本作萰，是也。郭景純江賦云：「涯灌芊萰，潛薈蔥蘢。」

26 諑 散諑 原本玉篇殘卷云：「諑，呼戰反，埤蒼：諑，數也。」集韻諑爲諯字或體，音翾縣切，注云「捐青也。一曰數也。」本書此字音倉甸切，與原本玉篇集韻均不合。新撰字鏡音乎戰反，乎蓋呼字之誤。注文散字當改作數，數音青也。

27 帤 ⿰忄奄也

⿰忄奄，黎本誤作⿰忄夸。

28 鑴 又士鈍切

士，北宋本中箱本黎本景宋本作七，是也。敦煌王韻作「又忩鈍反」，忩七鬝同一類。案此字又見慁韻音倉困切。

29 夐 又求娉切

求，北宋本中箱本黎本景宋本均作休，與唐韻合。敦煌王韻作詗，音同。案夐又見勁韻，音休正切。

30 縣 黃練切

黃練切，敦煌王韻唐韻同。唐韻黃誤作莫。案縣練韻不同類，故宮王韻作玄絢反，是也。

三十五葉

1 眩 行眩眚　唐韵注無眩字，說文此字作衙，注云「行且賣也」。

2 衛 車搖　車搖，說文同。敦煌王韵作車檣，萬象名義同。

3 于闐國在西域或作寘　北宋本中箱本黎氏所據本景宋本重域字，非。張刪，是也。黎本下域字改作闐。

4 廩 待也　待，當從說文作偫。偫，儲也。故宮王韵注作「偫⿱日展」。⿱日展，蓋展字之誤。玉篇云「廩，展也」。

5 ⿸尸先　說文此字作⿸尸⿱⺧几，下從几。

6 瑱 又音田　又音田，唐韵同。案先韵徒年切下無此字。

7 顛　巾箱本作顚，與說文合。

8 ⿰専瓜 瓜⿰専瓜　瓜⿰専瓜，故宮王韵同。敦煌王韵唐韵作瓜⿰數瓜。字鏡云「⿰専瓜，瓜樓也」。

瓜棲也。莊美齒如瓜瓣，則瓣者瓜核也。」

9 鰊 魚名似鮠 鮠，故宮王韻作鮎，唐韻作絁，蓋誤。文選江賦注云：「舊說曰鰊似鮠。」

10 健 雞未成也 雞未二字，北宋本中箱本黎氏所據本景宋本均誤作釋采。張改作雞未，與唐韻合。案爾雅釋畜曰：「未成雞，健。」郭注云：「江東呼雞少者曰健。」

11 埭 塘㙦名在吳郡 在吳郡，敦煌王韻作在博平，集韻同。

12 槌 打物也 槌，各本作搥。

13 轃 輿鬃 輿，玉篇作箕，當據正。萬象名義作輿，即箕字之誤。

14 違 無違也 無也，敦煌王韻作無違。案無違當作無違，見說文。

15 絶有力犴 犴，北宋本中箱本黎本景宋本作豻。案棟亭本作犴，與爾雅合。當據正。

16 戊巳 巳，段改作己。

17 親四方之賓客 親，北宋本中箱本黎本景宋本均誤作視。

18 今通用 唐韻作今通用之。

19 夏處川澤冬處松柏 澤，北宋本黎本景宋本奪。張增與中箱本及說文合。

20 易曰洊雷震 洊，黎本誤作濟。

21 銌又徂問切 問，唐韻作悶，是也。此字又見慁韻徂悶切下。

三十六葉

1 嚵 嚵甘不猒也 注不字，段改作而，是也。案呂氏春秋本味篇云：「甘而不嚵，酸而不酷」，是嚵謂甘而厭也。審時篇云：「舂之易，而食之不嚵而香」，高注云：「嚵讀如餲厭之餲」。

（嚵，今本譌作嚷，依畢沅校改。）

2 唅 故宮王韻此字作魀，同。爾雅釋文云：「歁䰾又作魀䏿」。

3 亦作㰶㞊 㞊，巾箱本楝亭本作㞊，與故宮王韻合。當據正。爾雅釋文云：「㰶㞊或作欿欥」。㞊，即欥字也。

4 經典又作歞㞊 歞，北宋本巾箱本黎本景宋本均作殿，與爾雅合，當據正。

線韻

5 又姓 姓，北宋本巾箱本黎本景宋本均譌作性。

6 四支寒動　支，北宋本中箱本誤作皮。

7 禪　北宋本中箱本黎本此字誤作禪。

8 圭禪　圭，故宮王韻唐韻作封，當據正。

9 廣雅曰䌛總鮮支縠綃也　䌛總，段依廣雅改作䌛䌨，是也。案唐韻亦誤。

10 綃吉掾切　吉掾切，故宮王韻作古掾反，唐韻作古緣反。

11 褊急　褊，黎本誤作楄。

12 出西域烏耆國　烏，北宋本黎氏所據本景宋本作焉。案烏焉均爲焉字之誤。焉耆國在車師南，西去洛陽八千二百里。

13 瑗又于願切　又于願切，故宮王韻唐韻同。案願韻于願切下無此字。

14 說文曰鄉也禮少儀云尊壺者偭其鼻 中箱本禮上有引字。

15 緣 衣緣 衣緣，刻本切韵作衣衿邊緣。

16 ⿰兊風 再揚穀又小風也 ⿰兊風，故宮王韵唐韵同。王靜安先生唐韵校勘記云：案玉篇有⿰兖風字，注：尹轉切，小風也。又有⿰兊風字，注：徒會切，無訓。此字當作⿰兖風，廣韵集韵並誤。

17 馬 上浴 上，中箱本棟亭本作土，與故宮王韵合。唐韵馬土浴誤作馬士浴。

18 濺 又作甸切 又作甸切，唐韵同。案霰韵作甸切下無濺字，唐韵有之。

19 弍 戰切四 四，中箱本棟亭本作六，是也。本切下凡六字。

20 躽 此字北宋本中箱本黎本景宋本均誤作⿰舟匽。張改作躽，與故宮王韵唐韵合。

21 捲西捲縣名　捲，故宮王韵唐韵作捲，注同。今漢書地理志作捲。

22 帣亦三石為一帣　注云三石為一帣，案三石當作三斛。故宮王韵注云「容三斛」，說文云「今鹽官三斛為一帣」。

23 郭璞云觠角三帀　帀，中箱本元泰定本明本楝亭本作匝，與爾雅注合。

24 𢍏俗作券　券，北宋本中箱本景宋本作𢍏，是也。故宮王韵𢍏即作𢍏。

25 漢有縣秘為南郡太守　唐韵南上有汝字。

26 鶨又音彖　又音彖，唐韵同。案換韵通貫切下無此字。

三十七葉

1 又七全切　全，黎本譌作金。

2 䀽 黎本譌作䀽。

3 䀽又弋絹切 注云又弋絹切，案本韻以絹切下無此字。

4 覍 當從說文作覍。

5 頩頩冠 頩冠，北宋本中箱本黎氏所據本景宋本均作傾冠。故宮王韻作冠皃。集韻云冠頩皃。

6 𧾍走也 走，北宋本中箱本黎氏所據本景宋本作大，集韻同。案說文云𧾍，走皃。張改作走是也。

7 選息絹切 息絹切，唐韻同。故宮王韻作息便反，是以脣音開口字切合口字也。

8 瀽 段云瀽，說文瀽。案祭韻亦作瀽。

廣韻校勘記 卷四 五十

9 口含水濆　濆，黎本譌作潰。

10 籑 七戀切　七，元泰定本明本黎本作士，與故宮王韻唐韻合，當據正。

11 僝　此字當從說文作僝，僝又見產韻士限切下。

12 㠱　段改作[卩巳]。

13 孨 謹也　謹，北宋本中箱本黎本景宋本均譌作譁。案說文云：「孨，謹也。」

14 人所止息去　今本釋名去上有而字。

15 衍 予緣切又以淺切　予緣切，唐韻作予線反，是也。本紐狿字故宮王韻音弋戰反，弋原譌作戈，戰下又奪反字。弋戰予線音同。又本紐衍嘕二字又音以淺切，莚埏延𨘢諸字又音以然切，以予齊同一類。若作于，則不合矣。

16 獌 狿大獸名長八尺　八尺，唐韻作八十尺。案顧韻獌下云：「獌蒹獸長百尋。」

17 湎涎水流　水流，中箱本元泰定本明本均作水皃。

18 又音平替　替下各本有一字，此脫。

19 摙　北宋本中箱本黎本景宋本均譌作漣。

20 [illegible]　萬象名義玉篇集韻均作[illegible]，當據正。

21 桼　北宋本黎本景宋本此字譌作養，中箱本不誤。

22 徧方見切　注方見切，案見在霰韻，此字當入霰韻。故宮本敦煌本王韻唐韻均在霰韻。王韻作博見反，唐韻作博燕反。

嘯韻

23 䐹切肉食糅　食，北宋本中箱本黎本景宋本均作合，當據正。

24 窎窱　窎，北宋本中箱本黎氏所據本景宋本均作叫，與故宮王韻唐韻合。張改作窅，與本韻窅下「窅窱幽深皃」合。案窅，說文作窅。

25 懒 黎本譌作懒。

26 敫 故宮王韻作敫，與說文玉篇合，當據正。

三十八葉

1 莜又音茖 又音茖，唐韻同。案蕭韻徒聊切下有⿷匚攸字，注云「田器」，即此字也。集韻云「莜，亦作⿷匚攸」。

2 竅苦弔切 苦弔切，故宮本敦煌本王韻同。唐韻作古弔反，與叫字音同，非也。古字蓋苦字之譌。

3 韓涀 韓，北宋本中箱本黎本同。張氏剜改本作寒。故宮本敦煌本王韻均作韓。

4 ⿰口臬　此字敦煌王韻同，段改作嘄，是也。嘄見說文及周禮大祝注。

5 ⿱穴巳　段依說文改作⿱穴皀。

6 ⿰肅攵　故宮王韻唐韻作歗，字從欠，與說文合。當據正。

笑韻

7 釋名曰詔照也照人暗不見事以此示之　人上照字衍文，當刪。釋名無。

8 ⿰壴欠　此字說文作⿱⿰壴攵土，當據正。

9 召直照切　直照切，敦煌王韻作直笑反，故宮王韻作持笑反，音並同。唐韻作真少反，真乃直字之誤。

10 邵公奭　奭，當作奭。

11 鉊又尺邵切　注云又尺邵切，案本韻無尺邵一音。

12 轎 䡈車也

䡈，何焯改作䡈，是也。案廣雅釋詁三云：「轎，䡈也。」玉篇云：「䡈，轎䡈。」是其證。漢書嚴助傳臣瓚注曰：「今竹輿車也。」

13 噍 又子幺子由二切

注「又子幺子由二切」，故宮王韻唐韻同。案子幺切，幺在蕭韻，蕭韻無子幺一音，此噍字見宵韻即消切下。又子由一音，本書尤韻即由切下無噍字，故宮王韻有之。

14 俏 醋好皃

醋，明本作措，韻會同。

15 燎 一曰宵田

一曰宵田，敦煌王韻唐韻同。段氏云：「宵田之字，說文作獠。」案故宮王韻別出獠字，注云：「尔疋云：宵田為獠。又管子云：（「管子」五原語作「子管反」。）獠獵畢弋。從犬。」

16 熛 又九小切

九，元泰定本明本楝亭本作力，與故宮本敦煌本王韻唐韻合，當據正。案此字見小韻力小切下。

17 膫　敦煌王韻此字作繚。案膫繚一字。故宮王韻作膫，注云「又繚」。本書小韻有繚字。

18 爝火　中箱本元泰定本明本注作火也。

19 穮　此字上北宋本黎本景宋本有「穮走皃」三字，涉上文誤衍，中箱本無。

20 周有守禮之官　禮，刻本切韻作祧，是也。棟亭本同。當據正。周禮春官云：「守祧，掌守先王之廟祧」。

21 驃又毘笑匹召二切　又毘笑匹召二切，北宋本中箱本棟亭本黎本景宋本作又毘笑切又匹召切。張氏依例改，與唐韻合。案本韻方廟切匹妙切下均無此字。

三十九葉

1 趬 又巨堯切　注又巨堯切，案堯在蕭韻，蕭韻無巨堯一音，此字見宵韻音渠遙切。

效韻

2 亦 姓　姓字北宋本、中箱本、黎本、景宋本均脫。

3 孝 又音交　注云又音交，案肴韻古肴切下無此字。

4 涍 水名在南陽　段校云：集韻水名，在河南。與西征賦注合。敎水注引呂忱：孝水在河南。案段說是也。故宮本、敦煌本王韻、唐韻均作在河南，當據正。

5 ⿰孝鳥 又音敎　注云又音敎，案本韻古孝切下無此字。

6 罩 都敎切　都敎切，唐韻同。敦煌王韻作如敎反，如蓋知字之誤。知敎音和切也。

7 謈 謈譟惡也　案集韻謈下云「謈〻譟，惡怒也」，此注惡下當有怒字。

8 儤 直史官　史，北宋本、中箱本、景宋本作吏，是也。歐陽隆押韻釋疑「儤：連直」下釋曰「儤〻直官吏」，韻會引增韻云「〻吏官連直也」，爆字作，是其證。

9 趠 丑教切　丑教切，故宮本、敦煌本王韻、唐韻作褚教反，音同。陳澧從說文二徐反切改丑爲知，非是。且「趠」與同音「踔」字又音敕角切，丑敕聲同一類。

10 勦 或作剿　剿，北宋本、中箱本、黎本均誤作勦。

11 娋 小娋侵也　注段改作「小小侵也」。案宥韻娋注云「小〻娋偷也」，敦煌王韻作「小小侵」，與段校合。

12 橈 又如昭切　又如昭切，唐韻作又奴昭反，奴蓋如字之誤。此字又見宵韻，如招切下。

13 閙　當作鬧。

14 靤持皮　持，唐韻作治，當據正。敦煌王韻作到。此作持者，唐人避高宗諱改。

15 觘角匕也　注，北宋本中箱本黎本景宋本均作「角上浪也」。案敦煌王韻注作「角上」，萬象名義字鏡均同。集韻云：觘，角上皃。是「角上」二字不誤。張改作「角匕」，非是。倭名類聚鈔卷七角下引唐韻云：觘，角上浪也。

16 戾也　戾，北宋本中箱本黎本景宋本誤作房。

17 磽又五交切　注云又五交切，案肴韻五交切下無此字。口交切下有磽字。

18 巢七稍切　七，北宋本中箱本作士，是也。敦煌王韻作仕稍反，仕士聲同，一類。

四十葉

號韵

1 号 諡也　謚，各本作諡，是也。詳見段氏説文注言部謚字下。

2 号 胡到切　到，北宋本中箱本黎本景宋本作倒。張改作到，與故宮本敦煌本王韵唐韵合。

3 號　案説文此字作號，从虍号聲。

4 嗸 或作謷　嗸，敦煌王韵作謷，故宮王韵唐韵作嗷。謷，北宋本中箱本黎本作嗸。案嗸蓋謷字之誤，張依玉篇改作謷，非也。

5 受　故宮王韵此字作受，注云「從文」，當據正。

6 縞 又音蒿　注云又音蒿。案豪韵無縞字，縞見晧韵古老切下。故宮王韵作又古老反，是也。此蒿字當是暠字之誤。

7 儌 說文作敫 餘倣此

敎，北宋本中箱本黎氏所據本景宋本作儌。案當作儌。（豪韵敖下云：「說文作敫」，是其例。）說文此字從敫作儌，本紐從敎諸字依說文當從敫，故注云「餘倣此」。

8 鷔 鷔鳦魚鳥狀也

北宋本中箱本黎本鷔作鰲，鳦作⿰身乙，並誤。段氏改作「鰲⿰耳乙」，云見吳都賦，當據正。

9 旄 狗足旄尾

尾，各本作毛，與唐韵合。案此注乃爾雅文，爾雅釋獸云：「麔，大麕。旄毛，狗足。」郭注云：「旄，旄毛獵長。」

10 ⿰糸毛 綃帛⿰糸毛起如刺也

案⿰糸毛起當作毛起，集韵云：「⿰糸毛，繒帛有毛刺者。」

11 縍 又施絞於編也

編，北宋本中箱本黎本作緶，與敦煌王韵及玉篇合，當據正。

12 說文作⿱日夲　案⿱日夲當作㬥。

13 裒又薄高切　簿，中箱本作薄，是也。裒又見豪韵薄褒切下。

14 又下媱曰報　媱，北宋本中箱本黎本景宋本作婬，是也。

15 燠釜以水添釜　釜，各本作釜，當據正。

四十一葉

1 好亦璧孔也　壁，棟亭本作璧，是也。爾雅曰：「肉倍好謂之璧」。

2 歡　敦煌王韵此字為秏字或體。

3 腝　段依說文改作臑。敦煌王韵作臑，同。

4 腦優皮也　優，北宋本中箱本景宋本作瀀。皮，棟亭本作澤。案集韵云：「腦，瀀澤也。」

箇韻

5 謂土爲㧞　土，黎本譌作本。

6 賀皃　皃，北宋本中箱本景宋本作兒，與唐韻及魏書官氏志合。

7 馱　此字段改作駄。案駄俗體也。

8 大　黎本譌作犬。

過韻

9 挫則卧切　則卧切，唐韻同。故宮本敦煌本王韻作側卧反，側字誤。

10 蜕蛇去皮　注蛇上故宮本敦煌本王韻唐韻均有蟬字。

11 播説文掩也　掩，楝亭本黎本作種，是也。説文云：播，種也。

12 殷賢人　人，北宋本黎本景宋本脱，中箱本有之。

13 剉 破也

破，故宮王韻唐韻作斫。

14 磨 摸卧切

摸卧切，唐韻同。故宮本敦煌本王韻作莫箇反，是以開口字切合口字也。

15 愞

此字敦煌王韻同，故宮王韻唐韻從需作懦。下堧稬同。

16 堧 又如兗切

注又如兗切，唐韻同。案獮韻而兗切下無此字。

17 請 千過切

千過切，與剉字麤卧切音同。本紐同音之搓字集韻入箇韻，音千个切。

四十二葉

1 𥙊

本韻湯卧切下此字作䅎，案𥙊䅎一字也。敦煌王韻云䅎，亦作𥙊。

2 𦆭 不細也

細，北宋本中箱本黎氏所據本作訓。案訓當是紃字之譌。原本玉篇纚下引説文云「不紃也」，是其證。此注敦煌王韻亦作紃，惟脱不字。不紃者，不勻順也。張改訓爲細，未允。

3 桗 都唾切

都唾切，集韻同。敦煌王韻作丁果反，果字誤。果王韻在哿韻。

4 磋 七過切

七過切，與剉字麤卧切音同。案敦煌王韻作七箇反，是磋字當在箇韻。集韻此字入箇韻，音千个切。

5 侉 安賀切

安賀切，敦煌王韻作烏佐反，音同。案賀佐皆箇韻字，侉字當在箇韻。集韻此字入箇韻。

6 涴 又烏官切 又於阮切

注又烏官切又於阮切，唐韻同。案桓韻一丸切阮韻於阮切下均無此字。

禡韻

7 說文曰日病一日惡氣著身也　北宋本中箱本黎本景宋本日病作目病，一日作一曰，並與說文合，當據正。

8 搬　故宮本敦煌本王韻唐韻此字作搬。集韻云：搬，所以擧物。

9 𨒬次第行　行下中箱本有也字。

10 徻步立也　立，北宋本中箱本黎本景宋本作肥，涉下文而誤。張改作立，與元泰定本明本合。

11 ⿰酉窑壓酒具也出證俗文　⿰酉窑，段改作醡，與集韻韻會合。案故宮王韻此字作⿰酉責，集韻醡或作⿰酉責。注云：⿰酉責酒，出王逸證俗文。或作笮，杔，庢，未詳。

12 閑也　案閑當作閒。

13 書曰不敢自暇自逸　自逸，各本無。張增，與書酒誥合。

14 暇（俗作暇）　注俗作暇，北宋本中箱本景宋本作俗作暇。案暇蓋假字之誤。文選登樓賦注：「暇，或為假」，列子黃帝篇釋文：「暇，一作假」。

15 鄮（亭名在同丘）　鄮，段改作鄮。案昔韻有鄮字，注云：「鄉名」，集韻云：「在臨邛」，與此字有別。（案覃韻合韻均有鄮字，義並同。玉篇亦作鄮。）

16 趚（充夜切）　充，北宋本黎本景宋本誤作色。

17 趚（又丑格切）　注云又丑格切，案陌韻丑格切下字作趚，集韻趚趚一字。（見陌韻。）

四十三葉

1 爾雅曰東方之美者有斥山之文皮焉　東方，爾雅作東北，當據正。

2 庫（又昌舍切）　注又昌舍切，唐韻同。案本韻充夜切下無庫字。

3 周禮有五射白矢參遠剡注讓尺井儀　案周禮保氏鄭司農

注云：「五射：白矢，參連，剡注，襄尺，井儀也」。此句遠讓三字均當據周禮注訂正。句中箱本作矢，云誤。

4 三輔決録云漢末大鴻臚射咸　　漢末下中箱本有有字是也。

5 射又音石　　注云又音石，案昔部常隻切下無此字。

6 又華山之陰多麝　　華山，唐韻作翠山，是也。案山海經西山經云：「翠山，其陰多旄牛麢麝」。

7 覇必駕切　　必駕切，唐韻同。故宮本敦煌本王韻作博駕反。

8 蜀人謂平川為垻　　垻上唐韻有平字。

9 帊衣幞也　　幞，北宋本中箱本棟亭本作襆。案襆幞字通。

10 帊普駕切　　普駕切，唐韻同。故宮本敦煌本王韻作芳駕反。

11 崋（亦州名春秋時秦晉之分境）　分境，北宋本中箱本作公境。元和郡縣志華州下云：「春秋時爲秦晉界邑。」

12 宋戴（公考父食采於崋後氏焉）　後上唐韻有其字，是也。

13 化（呼霸切）　呼霸切，唐韻同。故宮本敦煌本王韻作霍霸反。

14 午　說文此字作𡕒，从反夊。

15 嗄（又於介切）　注又於介切，唐韻同。案怪韻烏界切下無嗄字，嗄見夬韻於犗切下。

漾韻

16 𣄴　案說文此字作𣄼，從旡京聲。

17 人樣切三　三，棟亭本黎本作四，是也。本切下凡四字。

四十四葉

1 傷未成人 人下敦煌王韻唐韻有死字，此脱。故宫王韻亦曰：「未成人而死」。當據增。

2 悵知亮切 知亮切，故宫王韻作陟亮反，音同。敦煌王韻陟譌作涉。

3 䞪逮也 逮，唐韻作達，是也。當據正。

4 通也遠也 北宋本中箱本黎本景宋本通下脱也字。

5 蓍笔食 食，集韻作羹。

6 石崇作錦障五十里以敵之 作，北宋本中箱本黎氏所據本景宋本譌作以。

7 上君也 君，北宋本中箱本黎氏所據本景宋本均譌作居。

8 泔泔米入甑 入甑二字各本無，張增蓋本玉篇。玉篇泔下云「泔米入甑也」。

9 弶 又魚兩切 注又魚兩切，唐韻同。案養韻魚兩切下無此字。

10 滄 寒也 滄，段改作滄，與說文及故宮王韻唐韻合。

11 說文作醬 醬，段氏改作醬，是也。

12 南越食蒟醬子 蒟，段改作蒟，是也。案蒟醬見文選蜀都賦。史記漢書西南夷傳作枸醬。

13 醬 子亮切 子，各本作子，是也。故宮王韻唐韻作即亮反，子即聲同一類。

14 說文曰月滿與日相望以朝君也 案宋本說文同，段氏改望作望，以作似。

15 忘 又音亡 又音亡，故宮本敦煌本王韻唐韻作又武方反，音同。案本書陽韻武方切下無忘字，切三及故宮本敦煌本王韻有之。

16 今盧江人　盧，各本作盧。張改作廬，與唐韻合。

17 倠　此字段氏依說文改作催。

四十五葉

1 前趙録有偏將軍桐里隴　偏將軍，中箱本作衛將軍。

2 又務相氏廩君之姓也　氏，北宋本中箱本景宋本譌作成。案務相見後漢書南蠻傳。

3 嘵㖨小兒啼也　㖨，中箱本作哴，與故宮王韻合，當據正。本韻哴下云：「嘵哴，啼也。方言一云：平原謂啼極無聲謂之嘵哴。」

宕韻

4 嶆硭山皃　硭，當作嵯。黎本作磋，亦非。案嶆嵯見文選南都賦，李善注云：「嵣峼，山石廣大之貌也。」

5 埌 埌上之○當刪。

6 㭨 五浪切 五，北宋本巾箱本棟亭本作吾，音同。

7 傍 蒲浪切 浪，北宋本巾箱本譌作光。

8 譡 言中理 注理字北宋本巾箱本無，與故宮王韻唐韻同。

9 當 亦音蟷 蟷，各本作璫，唐韻同。案璫蟷音同。

10 抗 振也 振，元泰定本明本棟亭本作拒。

11 伉 漢有伉喜為漢中士夫出風俗通 案後漢書桓帝紀注引風俗通云：「後漢有抗喜為漢中太守」，此注作漢中士夫，誤。

12 螃 補曠切 補曠切，唐韻作甫曠反。

13 掉舩一歇　掉，北宋本中箱本黎本均作棹。

14 鍚　元泰定本明本作錫，當據正。

15 咒　各本作⿱吅乞。

16 攩廣雅云攩打也　案廣雅釋詁三云：「攩，擊也。」此云「攩，打也」，見列子釋文。

17 攩乎曠切　乎曠切，故宮王韻作呼浪反，呼當是乎字之誤。案攩又見蕩韻，音胡廣切，胡乎聲同一類。若作呼則不合矣。

18 峼嵣山皃　峼嵣，故宮王韻作嵣峼，是也。詳上文嵣字校記。（四十五葉第4）

19 汪烏浪切　案烏浪切與盎字烏浪切同音，非也。汪乃合口字，集韻作烏曠切，是也。

映韻

20 映 明也陽也　陽，各本作隱，是也。說文云「映，明也，隱也」。

21 陳敬仲之後出風俗通後漢有揚州刺史敬歆　唐韵出下有平陽二字，此脫。

四十六葉

1 競 逰也　逰，黎本譌作遂。

2 獨坐皈牀　案皈字誤，各本作版，當據正。故宫王韵唐韵作板。

3 潢　元泰定本明本楝亭本作濻，與說文合，當據正。故宫本敦煌本王韵均作濻。

4 横 又音宏　注云又音宏，案耕韵戶萌切下無横字，横見庚韵音戶盲切。

5 魯大夫郈洩　黎本洩下有子字，非。

6 行 下更切　下更切，元泰定本明本楝亭本作胡孟切，案胡孟下更音同。

7 五 各本作三，是也。

8 瀴 瀙冷也 冷，元泰定本明本棟亭本作冷，是也。案下文瀙字注云「冷也」。

9 檯 閉張畫繢也 檯，各本作懛。此作檯誤。又注繢字集韻作繪。

10 榜 北孟切 北孟切，唐韻同。故宮王韻此字入諍韻，音北諍反，又薄更反。

11 出劎光 劎，北宋本中箱本黎本景宋本譌作釰。

12 除更切 此下中箱本棟亭本有三字，當據增。

13 瞠 此字故宮王韻作䁯。

14 鼪 鼪鼠 注鼪鼠，北宋本中箱本景宋本均作鼬鼠，是也。爾雅釋獸郭注云「今鼬似鼦，赤黃色，大尾，啖鼠。江東呼為鼪」。故宮王韻鼪入清韻。

15 諍 唐韻此字作諍，是也。王篇作諍。

諍韵

16 鞕 五爭切 案爭字在耕韵，此字音五爭切，誤。棟亭本作五諍切，是也。故宮本敦煌本王韵唐韵此字入敬韵，音五孟反。明本此字音五更切，與五孟反合。

勁韵

17 轟 又呼宏切 呼，黎本誤作呼。

18 殷懃 殷，北宋本巾箱本黎本景宋本均作慇。

四十七葉

1 靗 玉篇此字作靗，在先部，段據改。

2 騁 騁問也訪也匹正切三 娉 娶也 北宋本黎本景宋本均脫騁注及正文娉字，張

增興中箱本合。

3 㛹 又蒲經切 注又蒲經切，唐韻同。案經韻無蒲經一音。

4 ⿰氵靚 段依說文改作瀞，與故宮王韻唐韻合。

5 北海太守盛苞 海，段改作地，與唐韻合。

徑韻

6 汀 汀⿰忄瑩不遂志又音聽 正文及注故宮本敦煌本王韻唐韻並同。案集韻汀訓

汀⿰氵瑩小水，别有忊字，訓忊⿰忄瑩不得志皃。案本韻烏定切下有⿰忄瑩字，

注云「志恨也」。此蓋脫汀字注文及正文忊字。（注「又音聽」當屬汀下。）當據集韻

訂正。

7 ⿰青色 ⿰黑色⿰青色青黑

注故宮本敦煌本王韻作⿰青色⿰黑色青黑色，玉篇同。

證韻

8 乘 實證切

實，北宋本中箱本黎本景宗本均譌作寶。張改作實，與故宮本敦煌本王韻唐韻合。

四十八嶝

1 瞪 陸本作眙

瞪，唐韻同。故宮本敦煌本王韻作眙。

2 ⿰食夌 里甑切

里，北宋本中箱本黎本景宗本譌作黑。

3 凭

敦煌王韻此字作凴。

嶝韻

4 凳

段氏云：凳當從几。几者，平也。

5 釋名曰在南中而居陽地故以爲名 在下北宋本日本宋本中箱本黎本景宋本衍「楚昭襄王取韓置南陽郡釋名曰在」十五字，張氏删之是也。又「在南中」當作「在中國之南」。王静安先生曰：案史記秦本紀正義引釋名曰：在中國之南，舊名陽地，故以爲名焉。今本釋名二釋州國作在國之南而地陽也，有脱字。廣韻在南中亦當依史記正義作「在中國之南」。

6 懵 悶也 懵，故宫本敦煌本王韻均作懵，是也。

7 踜 踜蹬行皃 踜，各本作倰。注蹬字元泰定本棟亭本作隥，與集韻合。

宵韻

8 一曰禽獸有囿 有，説文作曰。

廣韻校勘記　卷四　六十五

9 婻 偶也　偶，故宮王韵作耦，與說文合。說文云：「婻，耦也。」

10 怴 動也　說文云：「怴，不動也。」此注動上蓋脫不字。

11 胄 說文曰裔也　案裔也說文作胤也。

四十九葉

1 冑　黎本譌作胄。

2 罶 犛罶　犛，故宮王韵作𤛓，原作犛。與說文合。說文云：「罶，𤛓也。」

3 禮注曰在牀曰尸在棺曰柩　禮注，段改作曲禮。

4 鍬 鐵生鍬　生，北宋本中箱本景宋本作姓。案元泰定本明本作鉎，是也。故

宮本敦煌本王韵唐韵均作鉎。

5 皺 俗作皺　皺，中箱本作皺，是也。

6 福　北宋本中箱本黎本景宋本譌作福。

7 鸓 雞子一曰鳥子　一曰鳥子，故宮本敦煌本王韵唐韵作一曰鳥名。

8 宿 音秀　宿，各本作宿。

9 𤮚 又力回切　注云又力回切，案灰韵魯回切下字作𤮚。

10 游俠傳　傳字北宋本黎本景宋本脫，張增與中箱本合。

11 㑇 妊身人也　妊，北宋本中箱本黎本景宋本譌作任。張改作妊，是也。案㑇媰一字，見萬象名義集韵。玉篇媰下云「婦人妊身也」。

12 又姓後漢書蒐賴氏改爲就氏　唐韵漢作魏，改上有後字，是也。見後魏書官氏志。

五十葉

1 廣志曰城都柚大如斗　城，御覽卷九百七十三引作成，當據正。

2 柚似橙而醋出江南　醋，景宋本作酢，與爾雅釋木注合。

候韻

3 形如車文青黑色　唐韻作形如惠文冠青黑色，與山海經郭注合。

4 ⿺走后又蒲北切　注又蒲北切，敦煌王韻同。案德韻蒲北切下無此字。

5 ⿰亻⿰⿱白方欠　案玉篇集韻類篇此字從皮作⿰亻⿰⿱白方皮，當據正。

6 ⿺辶⿱穴敫　故宮本敦煌本王韻唐韻从支作⿺辶⿱宀敫，是也。下⿰氵⿺辶⿱穴敫⿱竹⿺辶⿱穴敫亦當作⿰氵⿺辶⿱宀敫⿱竹⿺辶⿱宀敫。

7 霿天氣下地不應　注北宋本中箱本黎氏所據本作「地氣發，天不應」。

8 物理論云菽者衆荳之名也　荳，棟亭本作豆。

9 豆又姓後魏有將軍豆代田候切　案豆代田見後魏書卷三十。此注田下有脱字，故宮本敦煌本王韻唐韻豆音徒候反，此田下當補徒字。

10 酘酒 酒，北宋本中箱本黎本均譌作酉。

11 梪武作⿰礻豆 ⿰礻豆，北宋本中箱本黎本作梪，均誤。故宮本敦煌本王韻唐韻作豆。

12 浢水名 名，北宋本中箱本黎本譌作浢。敦煌王韻注云：津名，在河東。

13 ⿰礻豆祭⿰礻豆 祭⿰礻豆，集韻作祭福，當據正。

14 兵仗在後 仗，說文作杖。

15 闘 當作鬭。

五十一葉

1 漱漱口 注口字北宋本中箱本黎本無。

2 鏉 鍋利　注敦煌王韻作鏉鍋利。

3 替 又市由切　注又市由切，故宮本敦煌本王韻同。案尤韻市流切下無此字。

4 胊 禀給　禀，當作稟。

5 謱 謱詬忽怒　謱詬，中箱本元泰定本明本楝亭本作謳詬，與集韻合。當據正。

6 ⿰句頁　此字北宋本中箱本黎本作⿰豸頁，誤。張改作⿰句頁，與唐韻合。

7 䏽 蒲候切　候，北宋本中箱本黎本譌作侯。

沁韻

8 妊 汝鴆切　汝鴆切，敦煌王韻唐韻同。故宮王韻作女鴆反。

9 鴆 鳥名廣志云其鳥大如鴞紫綠色有毒頸長七八寸食蛇蝮雄名運日雌名陰諧以其毛歷飲食則殺人　廣志，唐韻作廣疋。王靜安先生曰：「案廣雅僅有鳩烏雄者謂之運日，雌者謂之陰諧二語。」

則廣韻作廣志云爲是。 又運日，北宋本中箱本黎本作運日，是也。

淮南子廣雅均作運日。

10 論語曰飲水曲肱枕之　枕上中箱本棟亭本有而字，與論語合。

11 紟 或作襟 又音今　襟，段改作䘳。案故宮本敦煌本王韻唐韻亦作襟。襟，宜作衿。

本注云「又音今」，案侵韻居吟切下字作衿。衿紟一字也。禮內則釋文云「紟，本又作衿」。

五十二葉

1 說文云持止也　持止也，唐韻同。今本說文無止字。

2 僸 又居林切　注云又居林切，案侵韻居吟切下無此字。

3 稓 苗美　苗美，北宋本中箱本黎本景宋本均作上同，以爲蔭字或體，與敦煌王韻合。敦煌王韻薩下云「亦作穡」。張氏改上同為苗美，與元泰定本合。玉篇亦云「穡，稸，苗美也」。

4 郭璞云今之作罧者聚積柴木於水中　罧，爾雅釋器郭注作槮。

5 以簿圍捕取之　之字北宋本巾箱本黎本無，張增，與爾雅郭注合。

6 譖 莊蔭切　莊蔭切，故宮本敦煌本王韻作側讖反，音同。唐韻作蔟蔭反，蔟蓋莊字之譌。大徐說文亦音莊蔭切。

7 鈂鈂 掘也　也，唐韻作地，當據正。

8 顲齡切齒怒兒　齡，段改作齗，是也。怪韻胡介切下齗注云「顲齗，切齒怒」。

勘韻

9 瀨 縣名記云章貢二水合流因其處立縣便以爲名在南康郡 唐韻注作「縣名。南口口云云。」王靜安先生云云：南字下所闕當爲康記二字。太平御覽所引有王歆之鄧德明南康記二種。廣韻但稱記云，記上尔奪南康二字。」

10 暗 貪也 注貪也，北宋本中箱本黎氏所據本作貧也。

11 撢 探取 探取，北宋本中箱本黎本作深取，與故宮本敦煌本王韻唐韻合。案從覃之字皆有深意。

12 憛 憛懷憂 憛，北宋本中箱本黎本作悇，與敦煌王韻及玉篇合。案御韻抽據切悇下云云：「憛悇，憂也。」當據正。

13 諳 又渠政切 注云又渠政切，案政在勁韻，勁韻無渠政一音。諳字見映韻渠敬切下。

14 ⿰忄罙　集韻作⿰忄字。

15 ⿰穴頁　黎本譌作頛。

16 謲（怒也）　怒也，北宋本黎本作伺也，與故宮王韻唐韻合。案中箱本楝亭本元泰定本明本均作相怒也。說文云：「謲，相怒使也」。

17 醰（酒味不長）　注故宮王韻同。唐韻作酒味長。

18 瞫（括也）　注括也，蓋䀰也之誤。玉篇：「䀰，視也」。

19 瞫（又徒南切）　注又徒南切，敦煌王韻作又徒含反，音同。案覃韻徒含切下無此字。

20 ⿰馬冘（冠幘一曰馬步近前）　注北宋本中箱本黎本景宋本均作「冠幘近前」，無「一曰馬步」四字。故宮本敦煌本王韻唐韻同。元泰定本明本楝亭本均作「馬步近前」。案集韻有⿰馬尤帎二字，⿰馬尤訓馬睦皃；帎訓冠㡌前也。王韻唐韻蓋脫⿰馬尤注及正文帎字，帎字注文遂誤入⿰馬尤下。廣韻因之，亦未能訂正。張氏參合明本，改「冠幘近前」爲「冠幘一曰馬步近前」，非是。

21 ⿰畣頁 中箱本明本黎本此字作⿰畣頁，案當從畣作⿰畣頁。

22 ⿰氵畣 中箱本此字從畣作⿰氵畣，是也。

23 顑 敦煌王韻作⿰咸頁，同。集韻⿰咸頁顑一字。

闞韻

24 嚂 呵也 呵，北宋本中箱本黎本譌作可。

25 嚂 又工覽切 注云又工覽切，案敢韻古覽切下無嚂字，嚂見呼覽切下。

26　賧　吐濫切

吐濫切，黎本作正濫切，誤。

五十三葉

1　鐫石

鐫，當作鎸。

2　鏨　又音蹔

注又音蹔，唐韻同。案覃韻昨含切下無此字。

豔韻

3　㜝　㜝孌美女

案本韻孌下云「㜝孌，美女皃」。此注女下當有皃字。

4　窆　又方亘切

又方亘切，唐韻同。案嶝韻方隥切下無此字。

5　砭　又甫兼切

注又甫兼切，唐韻作又甫廉反，是也。故宫本敦煌本王韻作又方廉反，音同。案砭見鹽韻，音府廉切。

6　𣄯

故宫王韻作旝。

廣韻校勘記　卷四　七十一

7 ⿰口韱⿰口取不廉

⿰口取，北宋本中箱本黎本譌作噉。案⿰口取見廣韻。

8 市先入直也

直，敦煌王韻作值，當據正。

9 覘假也

假，北宋本中箱本楝亭本均作候，與唐韻合。當據正。

10 ⿰忄弇亦作⿰忄奄

⿰忄奄，元泰定本明本楝亭本黎本作⿰忄⿱亠电，與敦煌王韻合。當據正。

⿰木忝韵

11 総字林云挽船篾也

字林，唐韵作字統。

12 又墊江在巴陵

巴陵，故宮本敦煌本王韵唐韵作巴郡，與漢書地理志合。

13 耆

故宮王韵作⿱耂⿱匕口。

14 䀡 又丁奕切　又丁奕切，敦煌王韻作又丁兼反，是也。案此字見添韻丁兼切下，

鹽韻無此字。

15 [魚臽]　此字敦煌王韻唐韻同，故宮王韻作鱏。

五十四葉

醶韻

1 醶 魚欠切　敦煌王韻無此字，同音之䶑音，魚淹反。淹，廣韻在梵韻，敦煌王韻在本韻。又魚欠切，故宮王韻同。案欠，敦煌王韻唐韻均在梵韻，故宮王韻在本韻。

2 脅 許欠切　許欠切，敦煌王韻作盱淹反。

3 菱 草木無蔓也亡劒切　菱，段改作菱，與玉篇合。注無蔓，段改作蕪蔓，與

敦煌王韻合。又此字爲含口字，敦煌王韻入梵韻。五篇亦音亡泛切。

陷韻

4 鏑俗作鏑 鏑，北宋本中箱本黎本譌作鏑。張改作鏑，與元泰定本明本合。

5 𪘁陟陷切 陟陷切，故宮本敦煌本王韻唐韻作都陷反。

6 湼 北宋本中箱本作涅。

7 歉又口咸切 咸，北宋本中箱本黎本作感。張改作咸，與故宮本敦煌本王韻唐韻合。案咸韻苦咸切下無此字。

8 韉之短者 者，北宋本中箱本黎本明本作也。倭名類聚鈔卷五引唐韻同。

9 顩 玉陷切 玉陷切，集韻作五陷切。

鑑韻

10 照 照也 照，北宋本中箱本黎本作照。

11 儳 又食陷切 食，敦煌王韻唐韻均作倉。案儳見陷韻，音仕陷切；故宮王韻作又士陷反，是也。陷韻無倉陷一音。

12 摲 投也 也字北宋本中箱本無。

13 出字譜 字譜，北宋本中箱本黎本均作字諟。

14 譀 譀譪又呼戒切 注北宋本中箱本作「譀譪。譪，呼戒切」，是也。譪，唐韻作譪。案譪譪一字。見集韻。本書怪韻許介切下有譪字，注云「譀譪」。

15 闞 犬聲 案闞當作闞。又此字敦煌王韻入陷韻，音犬陷反。

16 ⿱臨木又下斬切 注云又下斬切，案豏韻下斬切下無⿱臨木字，⿱臨木見敢韻呼覽切下。

17 鑱又士衘切 又士衘切，故宮王韻唐韻同。元泰定本明本棟亭本衘作咸，誤。咸韻無此字。

18 讒又士衫切 注又士衫切，唐韻同。案衘韻鋤衘切下無此字。

梵韻

19 劍居欠切 劍，故宮王韻入去聲五十六嚴，音覺欠反。覺，蓋舉字之誤。敦煌王韻作舉欠反。欠字亦入梵韻，音去劍反。

20 鏌鋣 鋣，北宋本巾箱本作釾。

21 鈍鋼 鋼，廣雅作鈞，當據正。

22 葵偷　廣雅作蔡偷，當據正。

23 麢陳　陳，廣雅作鹿。唐韻作塵，蓋麈字之誤。御覽卷三百四十四引廣雅作鏤。

24 干隊　干，唐韻作千。

25 吳太皇帝　太，北宋本中箱本作大，與唐韻合。

26 霄陳　陳，段云「列子作練」。

27 周穆王有錕鋙劍　唐韻作「周穆王有琨瑀之劍」。

28 欠　故宮王韻此字入去聲嚴韻。

29 俺　故宮王韻此字入去聲嚴韻，音於欠反。

30 㤿　故宮王韻此字入去聲嚴韻，音於欠反。

31 淹　敦煌王韻此字入去聲嚴韻，音於嚴反。本紐俺媕⿰言奄⿰忄奄裺諸字均在本韻。

32 ⿰言奄　⿰言匽⿰言奄　⿰言匽，北宋本中箱本黎本作⿰言匽，與敦煌王韻合。

33 ⿰鬼乇　口墟名在富春清工也　清，段改作渚，是也。

廣韻校勘記卷五

一葉

韻目

1 帖第三十　帖，段改作怗，與卷內韻目合。

屋韻

2 臺　日本宋本巾箱本景宋本作臺，與說文合。

3 劅又音握　注云又音握，案覺韻於角切下作⿰黑屋。

二葉

1 痼　日本宋本黎本譌作痼。

2 遺 媟遺 注，日本宋本巾箱本黎本景宋本作遺也。玉篇同。張改作媟嬻，與說文合。

3 鼣 獸名如鼠 玉篇此字爲獨字古文。集韵字作𤟤，注云「𤟤狢，獸名，如虎而豕鬣」，古作鼣。案本注云「獸名，如鼠」疑誤。

4 鸀 鸀鳿鳥也 鳿，故宮王韵唐韵作鶞，是也。鶞見鍾韵，注云「鸀鶞鳥名」。

5 穀 此字當作榖。

6 谷 善也 善，黎本作養，與唐韵合。案老子「谷神不死」王弼注云「谷，養也」。

7 鷇 布鷇鳥 鷇，日本宋本巾箱本黎氏所據本作鷇。

8 觳 周禮注云受二斗 二斗，唐韵作三斗，是也。周禮考工記陶人注鄭司農云「觳受三斗」。

9 蔛 石蔛

注石蔛，日本宋本中箱本景宋本作石草。

10 朝鮮謂被爲禿鬆

案晉書載記卷廿六作「鮮卑謂被爲禿髮」，此云朝鮮，誤。

11 譊 詆説，狡猾

詆説，中箱本作詆譊，與切三故宮王韻唐韻合，當據正。

12 撓

黎本譌作橈。

13 𨘔

故宮王韻唐韻此字作𢉖，是也。

14 觻 觻得縣名在張掖

觻，切三故宮王韻唐韻譌作鱳。角魚二偏旁每互訛。案漢書地理志說文玉篇均作觻。

15 𨏔 𨏔轤圓轉也

也，切三故宮王韻唐韻均作木，當據正。

三葉

1 ⿰虫录 ⿰虫录聽似蜥蜴居樹上輒下齧人

⿰虫录，日本宋本中箱本黎本景宋本均作睩。唐韻同。又蜥，楝亭本作蜥，與唐韻合，當據正。

2 ⿰齒巨 吳王孫休三子名

案吳志孫休傳注引吳錄所載休詔第三子名⿰齒巨，⿰齒巨音如草莽之莽。此字作⿰齒巨，音祿，與休詔不合。

3 濼 又音朴

案朴當作扑，濼又見本韻普木切扑紐下。

4 暴 蒲木切

蒲木切，切三故宮王韻同。唐韻作昔木反，昔字誤。

5 ⿰矢菐 又倉候切

注云又倉候切，案候韻倉奏切下無此字。

6 ⿱文夂 皃行

⿱文夂，段云：說文玉篇皆作⿱亠夂。

7 棫 樸叢木

唐韻叢下有生字。

8 須 髴

須，中箱本作鬚。

9 鳥鸊水鳥　鳥鸊，黎本作烏鸊，是也。爾雅云「鶬，烏鸊」。

10 莫卜切十二　十二，巾箱本作十三，是也。本切下凡十三字。

11 沐蔺氏　蔺，唐韵作蘭。

四葉

1 蛛蟱蛛蟲　注蟱蛛，當作蟱蟅。故宮王韵作蟱鹿。爾雅釋蟲云「螳蛛，蟱蟅」。

2 說文曰蝙蝠伏翼也　伏，說文作服。

3 伏歷也釋名曰伏者何金氣伏藏之日　案釋名無此文。顧千里改「歷也釋名曰」爲「歷忌釋曰」，見段校本引。是也。當據正。北堂書鈔卷一百五十五注及太平御覽卷三十一均引此文作歷忌釋。御覽圖書綱目有歷忌擇日。

4 旋蕧藥名　旋，故宮王韵作蔙。

5 車輹兔 輹，唐韻同。切三故宫王韻作伏。

6 趚〔趚 趚〕 趚，巾箱本黎本作趚，與故宫王韻唐韻合。當據正。

7 鞠〔又姓出東萊風俗通曰漢有尚書令平原鞠譚〕 巾箱本東萊下有平原二望四字，無風俗通曰四字。

8 鞠〔又渠六切〕 又渠六切下巾箱本有又蹋踘三小字，蓋後增者。說文云：鞠，蹋鞠也。

五 葉

1 禮云鬯曰以椈 曰，元泰定本作臼，是也。禮記雜記上云：暢臼以椈。

2 𣲙〔水名〕 注水名，巾箱本黎本作水文。案玉篇云：𣲙，水文也。

3 麴蘗 蘗，景宋本作蘗，是也。唐韻作蘗，即蘗字之譌。

4 崔豹古今注云凡來朝君至門外更詳熟所應對之事 唐韻更上

有當就二字。案今本古今注作「臣來朝君，至門外當就舍，更衣熟詳所應對之事。」

5 𨶒 此字中箱本黎本譌作𨷲。

6 綪 青絟白絳綪陽所織 綪陽，段改作清陽。案漢書地理志南陽郡有育陽縣，育陽後漢書郡國志作清陽。

7 鴶 鴶鵴鳲鳩 鴶鵴，日本宋本中箱本黎本景宋本均作鵴鳩。

8 殧 終也 終，日本宋本作𣧩。本韻子六切下殧注同。

9 祈福祥求永貞 貞下日本宋本中箱本黎本衍亦貞二字。

10 後漢有犍爲叔先雄 雄，段改作雒。案後漢書列女傳亦作雄。

11 倏 倏忽犬走疾也 倏，段改作倐，與說文合。

12 ⿰鬲童 又音育

注云又音育，案本韻余六切下無此字。

六 葉

1 以謂始名⿰目賣

謂始二字段改作冑姓，是也。謂，日本宋本中箱本並作冑。

2 ⿱竹朱 ⿱竹重古文

故宮王韻古文作⿱竹足，⿱竹足蓋⿱竹旋字之誤。⿱竹旋見玉篇㚇部。

3 ⿰口叔 說文嘆也

嘆，日本宋本中箱本黎本景宋本均作嘆，與說文合。當據正。

故宮本敦煌本王韻作嘆，唐韻作歎，並誤。

4 ⿱竹鹵 笪也

⿱竹鹵，段改作篴，是也。廣雅釋器云「篴謂之笡」。玉篇云「篴，笡。逆槍也」。是其證。又注笪也，當作笡也。笡見禡韻。

5 ⿰糸戚 縮也，又⿰糸戚文也

⿰糸戚文，集韻作縬文。

6 肭

此字段改作朒，與切三故宮王韻合，當據正。案玉篇亦從肉作朒。

7 又姓乾封元年改武惟良爲蝮氏　改上唐韻有詔字，當據增。

8 又敷救切　敷，黎本誤作敫。

9 鐵 温器　鐵，敦煌王韻作鑣。案鑣乃鏖字之誤，鏖見豪韻於刀切下。說文云：「鏖，温器也。」

10 隋州福祿縣　福祿縣，段改作祿福縣，與漢書地理志合。見酒泉郡。隋唐志元和郡縣志均作福祿縣。

七葉

1 親也　親，黎本誤作[illegible]。

2 苖 又他六徒歷二切　注又他六切，案本韻無他六一音，爾雅釋文云：「苖，郭音他六反。」

沃韻

3 ⿱艹⿰氵毒 萹竹草 竹，故宮本敦煌本王韻唐韻作筑，是也。說文云「⿱艹⿰氵毒，水萹筑」。

4 蝳 蝳蜍似蜘蛛 注日本宋本中箱本景宋本作蜘蛛，與切三故宮本敦煌本王韻唐韻合。黎本注作蝳蜍。

5 漢有五原太守晢瓆 晢瓆，唐韻作督瓆。

6 翯 唐韻此字與䳽爲一字。

7 ⿰臣菐 日本宋本中箱本黎本景宋本誤作瞨。

8 䧼 䧼鳿 鳿，黎本誤作鴉。

9 ⿰齒告 故宮王韻此字入鵠紐，音胡沃反。

10 瑁 又莫代切 又莫代切，故宮本敦煌本王韻唐韻同。案此字見隊韻莫佩切下，代韻無此字。切三注作又莫佩反，正合。

11 臛羹臛　臛，切三及故宮本敦煌本王韻唐韻作脽，本書鐸韻呵各切下同。

12 嚛食新　新，段改作辛，是也。說文云：「嚛，食辛嚛也。」

13 褥小兒衣也　注中箱本作小兒衣一曰小兒也，多一曰小兒四字，蓋後增者。

14 𣫍　集韻此字作鑿，是也。鑿又見鐸韻在各切下。

八　葉

1 濼水名在齊南　齊南，日本宋本黎本景宋本作濟南，是也。玉篇云：「濼，水在濟南。」水經注云：「濼水出歷縣故城西南，泉源上奮，水涌若輪。」見濟水。

2 擢又音岳　注云又音岳，案覺韻五角切下字作擢。

燭韻

3 左傳鄭大夫燭之武　鄭，日本宋本中箱本黎本景宋本譌作奉。案燭之武，鄭人，見左傳僖公卅年。

4 韣 又大欲切　又大欲切，大黎本譌作六 敦煌王韻作又徒谷反，此注欲字當是谷字之誤。韣又見屋韻徒谷切下。

5 項 人項頰又音勗　注人下唐韻有姓字。

6 楇 輿食器也　輿，唐韻作轝，當據正。說文楇作[illegible]，注云：轝食者。

7 [illegible]　此字集韻類篇作[illegible]。

8 左傳晉有束皙　左傳二字段刪是也。束皙晉人，見晉書。

九葉

1 𧩓 謯也　謯，段改作謯，與敦煌王韻合。案廣雅釋言云：謯，𧩓也。原本玉篇引說文同。

2 𣪊 剥𣪊又⿱丵月𣪊 注文當有誤。集韻云：「𣪊，扑⿱丵月」。本書屋韻盧谷切下𣪊字注云：「剥⿱丵月」。

3 哫 楚詞云哫訾慄斯王逸謂承顏色也 慄斯，楚辭集注古逸叢書覆元刻本卜居篇作粟斯。朱注云：「粟，从米，詭隨也」。此慄字當是慄字之誤。今本楚辭章句及文選均誤。本韻相玉切下出慄字，注云：「慄斯」，是其證。又玉篇云：「慄，承上顏色也」；集韻云：「慄，詭隨也」；並與王逸朱熹注相合。案哫訾與慄斯皆雙聲連語，若作慄斯則不合矣。後魏陽固刺讒疾嬖幸詩曰：「彼謟諛兮，人之蠹兮；刺促昔粟，围顧䏍辱，以求媚兮」。見後魏書陽尼傳附陽固傳。刺促與昔粟亦雙聲字，與卜居之哫訾慄斯正同。

4 贖 又音樹 注云又音樹，案遇韻常句切下無此字。

5 䞗 姓也梁四公子䞗䶇之後 䞗，段改作𧺝。

6 粟 禾子也 子，敦煌王韻唐韻作實。

7 粟 又姓袁紹魏郡太守粟攀 段朝端姓解辨誤云：「粟攀當作栗攀，因形近致誤」。案段說是也，栗攀見三國志卷十四董昭傳。

8 玉 又香救切 注云又香救切，案宥韻許救切下無此字。

覺韻

9 說文曰車輢上曲銅也 段云：「銅，西京賦注引作鉤」。

10 鸑 俗作䳢 䳢，日本宋本中箱本景宋本元泰定本均作⿱嶽鳥，當據正。案注云「俗作⿱嶽鳥」者，以鸑字從鳥從獄，見說文，俗亦從嶽作⿱嶽鳥也。張改⿱嶽鳥作䳢，非是。䳢字一體雖見集韻，但與本注用意不合，宜加辨別。

11 篧 鐸韻此字作籗。

12 篧又音捉 又字日本宋本中箱本黎本景宋本並脫。

十 葉

1 斵竹角切 竹角切，唐韻同。切三及故宮王韻作丁角反，類隔切也。敦煌王韻作子角反，子字誤。

2 掾 段改作椓，與切三說文合。

3 箹又陟孝切 注云又陟孝切，案效韻都教切下無此字。

4 似馬鋸牙食虎豹 鋸，段改作倨，與說文合。故宮王韻亦作倨。

5 嚗又孚邈切 注云又孚邈切，案本韻匹角切下無此字。

6 箾手足揗節之鳴者 節，日本宋本黎本景宋本作節。張改與中箱本及說文合。

7 𦢊 𦢊犖，亂雜 𦢊，集韻作皪。

8 毣 好皃一曰毛濡 注一曰毛濡四字日本宋本中箱本黎本景宋本均無，張增蓋本集韻。

9 牛 未劇 劇，當作劇。

10 𤟏 至也高也 段云：「說文：隺，高至也。𤟏乃隺之誤。」

11 欘 爾雅云拘欘謂之定欘鋤也 欘，段云：「從木」，是也。玉篇云：「欘，一曰斤柄也。又斫也。」集韻云：「欘，鋤也。」是其證。案拘欘，爾雅作斪斸，考工記車人鄭注引爾雅作句欘。

十一葉

1 搦 又女厄切

注云又女厄切，案麥韻尼戹切下無搦字。搦見陌韻女白切下。

2 掉 搖也

搖也，日本宋本巾箱本黎本景宋本均作正也。案左傳宣十二年「掉鞅而還」注云：「掉，正也。」

3 豞 豕聲

豞，段改作豞，是也。豞又見厚韻。

4 左傳褚師聲子韈而登席公怒辭曰臣有足疾君將㱿之

案左傳哀公二十五年「辭曰：臣有疾，異於人，若見之，君將㱿之。」

5 擉 又音踔

注又音踔，唐韻同。案本韻敎角切下無此字。

質韻

6 䞨

說文此字作䟄。

7 說文曰脛節也

案說文脛下有頭字。

廣韻校勘記　卷五　九

十二葉

1 鷝　此字日本宋本巾箱本黎本景宋本均譌作鸅。

2 ⿰口匹　⿰口匹⿰口匹唾也　注日本宋本巾箱本黎本景宋本作「唾⿰口匹⿰口匹」。

3 洁　水名　名，日本宋本巾箱本黎氏所據本景宋本並無。張氏蓋據玉篇集韵

增。

4 蝨　小蝨　小蝨，日本宋本巾箱本黎氏所據本景宋本均作小蟲，與敦煌王韻

合。

5 ⿰目欠　此字當從說文作欥。

6 ⿰馬失　馬足疾　足，巾箱本元泰定本明本作走。案屑韵⿰馬失下云：「馬行疾也」。說文云：「⿰馬失，馬有疾足」。

7 鴩　鋪技鳥也　技，日本宋本巾箱本黎氏所據本景宋本作鼓，蓋鼓字之誤。敦煌

王韵作鼓，是也。說文云："鈇，鋪鼓也。"張改鼓作鼓，蓋本爾雅釋鳥。

8 咭又巨吉切 注云又巨吉切，案本韵巨乙切下無此字。

9 䫻䫻暴風 䫻䫻，日本宋本黎本景宋本作䫻䫻。張改作䫻䫻，與元泰定本明本合。

10 轢車聲 日本宋本景宋本轢作軔，注云："利也。"案軔即剌字，與剌為一字。見玉篇。上文剌下云："斷也，削也。"此軔下云"利也"，蓋"剌也"之誤。張改此文作轢，蓋據明本。元泰定本明本竝作"轢，車也"。集韵云："轢，車名。"

11 盭座縣 盭，說文從血作盭。

12 呂氏春秋曰高元作宮室二 二，中箱本作也，是也。

13 汢水潛 潛，段改作潸，是也。日本宋本作濽，中箱本作潸，黎本作濽，均潸字之譌。切三及故宮本敦煌本王韻唐韻注並作「瀆水」，當據正。

14 瞌 瞌〻不測也

瞌，敦煌王韻作𥈰，集韻同。本韻美畢切下亦作𥈰。

十三葉

1 羌人所吹角暑觱以驚馬也

暑，日本宋本巾箱本黎本景宋本作屠，與說文合。

2 滭 寒風

注寒風，故宮王韻唐韻均作風寒，與說文合。當據正。

3 鮅 爾雅曰鱓鱒

鱓，爾雅作鮅，當據正。

4 說文云蚌也漢律會稽獻鮚醬二升

二升，繫傳作三斗。說文蘱下云：「漢律會稽獻蘱一斗」，足證作升非是。

5 後魏書馝邦氏後改為邦氏

邦，唐韻作邘，與魏書官氏志合。

6 䩛 車革 　革，切三及故宮本敦煌本王韻唐韻均作束，當據正。說文云：䩛，車束也。

7 泌 水泆流 　泆，故宮王韻作狭。玉篇云：泌，狭流也。當據正。段改作俠，蓋本說文。說文云：泌，俠流也。

8 䤉 　本韻彌畢切下此字作醠。

9 說文曰捕鳥篳 　案篳，說文作畢，當據正。玉篇引作畢。

10 率 所律切 　所律切，切三故宮王韻唐韻同。案律字在術韻，唐韻同。七音略此字亦列入術韻。敦煌王韻此字音師茁反，茁音九律反。

11 密 美畢切 　案美畢切與蜜字彌畢切音同，非也。切三及故宮本敦煌本王韻唐韻均作美筆反，是也。當據正。

12 自 段云：「自，說文作百，在日部」。

13 㣙 房密切 房密切，唐韻同。切三及敦煌王韻作房律反，故宮王韻作旁律反。

14 䏐 贅䏐 贅，段改作贅，是也。贅䏐見左思吳都賦。

十四葉

1 茁 徵筆切 敦煌王韻此字音尤律反，尤當是九字之譌。集韻音厥律切，九厥聲同一類。

2 茁 又鄒律莊月二切 注云又鄒術莊月二切，案術韻側律切下無此字，月韻亦無莊月一音。

3 暨 又泉既二音 泉，黎本作泉，案泉當是臮字之譌。暨又見至韻臮紐，音其冀切。

術　韵

4 褮 音瑩　案瑩當是熒字或褮之誤，褮見青韵熒紐清韵縈紐。

5 爾雅曰小沚曰坻人所為為潏　人所為為潏，日本宋本中箱本黎本作人所為潏，脫一為字。張增與爾雅釋水合。

6 驈 里骨白髀　注髀字日本宋本黎本景宋本誤作骨，本韵餘律切下驈注亦作髀。

7 橘 居聿切　居聿切，唐韵作居律反，音同。切三故宮本敦煌本王韵均作居蜜反。

8 欥　段改作吹，與說文合。

9 卹　當從說文作卹。

10 等竹等以射鳥也　日本宋本巾箱本黎本景宋本均無以射鳥三字，張增蓋本玉篇集韻。

11 窋物在穴皃　皃下巾箱本有又丁骨切四字。案丁骨切乃丁滑切之誤，故宮本敦煌本王韻均作丁滑反。本書黠韻丁滑切下無窋字，集韻有之。

12 䟄　案此字當從戉作䟄，䟄又見月韻許月切下。

十五葉

物韻

1 不又方久切　方久切，日本宋本巾箱本黎本景宋本作方又切。案宥韻方副切

廣韻校勘記

卷五

下無不字。有韻不下亦王：又甫救切。

2 打穀者　打，唐韻作朾。

3 ⿰弗大大也　⿰弗大，說文作⿱大弗。

4 鬱紆物切　紆物切，故宮王韻唐韻同。切三作迂物反，迂字誤。

5 从𡰥火持火所以申繒也　火持火，日本宋本、中箱本、黎本、景宋本均作又持火，與說文合。

6 趉　唐韻此字入術韻，音其聿反。

7 身有日光　日光，唐韻作白光。案牟子理惑論作日光。

8 ⿺走弗走皃　⿺走弗，說文作[illegible]。

9 ⿰火豕火煨起皃　⿰火豕，段改作㸂。案廣雅釋詁二：「㸂，乾也。」釋詁四：「㸂，煴也。」王：

十三

篇「炢，熅也。炢烼火熛」。是炢[火象]字同。

10 扢 揑扢

揑，日本宋本巾箱本作揘，是也。質韻于筆切下扢注云「揘扢，擊只」。是其證。

十六葉

迄韻

1 迄 許訖切

許訖切，切三故宮王韻同。唐韻作詩訖反，詩譌字也。

2 釳 又魚訖切

注云又魚訖切，案本韻魚訖切下無此字。

3 訖 居乙切

居乙切，案乙在質韻，不得切訖字。切三及故宮王韻唐韻作居乞反，是也。當據正。

月韻

廣韻校勘記

4 伐 房越切　房越切，切三故宮王韻同。唐韻作戶越反，戶譌字也。

5 筏　黎本譌作茷。

6 越 干也　干，日本宋本中箱本黎本均作于。

7 越 王伐切　王伐切，故宮王韻唐韻同。切三作戶伐反。

8 噦 逆氣又乙劣切　本書此字音於月切，切三故宮王韻別爲一紐。切三音居劣反，故宮王韻音乙劣反。案劣在薛韻，此音居劣乙劣當列入薛韻。

9 鷢 白鷢一名揚鳥　揚鳥，唐韻作楊鷢，與爾雅合。爾雅釋鳥云：「楊鷢，白鷢。」

10 撅 採撅　撅，故宮本敦煌本王韻唐韻作橛，注採撅作株橛。

11 趉 行越　段云：「玉篇：趉，行越趉也。」此脫二字。

12 乚　日本宋本中箱本黎本景宋本此字作亅，與說文合。

13 闕 失也過不供也 過下巾箱本元泰定本明本有也字，是也。左傳襄公元年「謀事補闕」注「闕，過也」。

十七葉

1 謁 於歇切 於歇切，切三故宮王韻同。唐韻作許歇反，許涉下「許謁反」而誤。

2 暍 黎本譌作腸。

3 𪕰 又於月紆物二切 又於月紆物二切，日本宋本巾箱本黎本景宋本均作又於月切又紆物切。張氏依例改。

4 訐 又居列切 又居列切，切三敦煌王韻唐韻作又居例反。案祭薛兩韻並有此字。

5 羯 犗羯 犗羯，切三及故宮本敦煌本王韻唐韻均作犗羊，當據正。

6 擔揭物也

揭，日本宋本巾箱本景宋本譌作攇，黎本譌作撳。

7 怫拂伐切

拂伐切，切三故宮王韻作匹伐反，類隔切也。

沒韻

8 ⿱艹沒草

注巾箱本作草也。

9 𠬛

此字日本宋本巾箱本作⿱日又。⿱日又，蓋𠬛字之譌。

10 扢摩也

扢，段改作杚。案此字又見代韻，質韻，均作扢。說文木部有杚字，注云：「杚，平也。」此段氏所本。

11 ⿱將鬲說文曰吹釜溢也

吹，當作炊。今本說文亦誤。原本玉篇食部餑下引作炊。

12 孛星也又怪氣

故宮王韻注作「夭星一名彗」。案夭當作妖。本注星上當有妖字。

13 脖 胅膌

胅，日本宋本巾箱本黎氏所據本景宋本譌作肤。案集韻云「脖胅，膌也」。此注胅上亦當有脖字。脖胅見靈樞經。卷一「九鎋十二原」下云「膏之原出於脖胅，脖胅一」。

14 鵓鶉鳥名

名，日本宋本巾箱本黎氏所據本景宋本並無。

15 柮 又五括切

案此字又見末韻，音藏活切。此作又五括切，蓋由末韻五活藏活二紐相連而誤記。

16 宊

案此字當是突字譌體，集韻突宊一字。

17 㥞 㥞忽不悵也說文肆也

段云「不當作也」。案段說是也。敦煌王韻云「㥞，忽」。玉篇云「㥞，肆也，忘也，忽也」。

18 𨃦 䠊也

䠊，巾箱本元泰定本作𨃦，與切三故宮本敦煌本王韻唐韻合。當據正。玉篇云「𨃦，䠊也」。

19 鶟鶘鳥名 鶘，日本宋本黎本譌作鵬。

十八葉

1 ⿰耒突 耕禾閒也 閒，日本宋本黎本景宋本作間，與敦煌王韻合，當據正。案⿰耒突與穮義同，說文穮：「穮，耕禾間也。」張氏改間作閒，非也。（張刻玉篇亦譌作閒。）

2 揬 植也又傳揬 植也，日本宋本中箱本黎本景宋本均作瑣植，與敦煌王韻合。案爾雅釋宮云：「植謂之傳，傳謂之突。」釋文突本又作揬。注云：「戶持鏁植也。」見埤蒼。可證瑣植二字不誤。又「又傳揬」中箱本作「又傳也」，與爾雅「傳謂之突」義合，當據正。

3 忽 又十蠶為一忽 十蠶為一忽，日本宋本中箱本景宋本明本作一蠶為一忽，與唐韻合，當據正。案史記太史公自序正義曰：「忽，一蠶口出絲也。」

徐鍇說文繫傳糸下云：一蠶所吐為忽。十忽為絲。糸，五忽也。

4 ⿸疒朮 又音欻

注云又音欻，案物韻許勿切下無⿸疒朮字。⿸疒朮，切三及故宮王韻在質韻，音許聿反。

5 ⿸疒吉 腄多

方成珪以為此字即⿱宀⿰爿吉字之誤。案⿸疒吉亦見玉篇疒部，注云：多腄病也。

6 ⿰乞頁 皃禿

皃禿，日本宋本中箱本黎氏所據本景宋本均作白禿，與切三故宮本敦煌本王韻唐韻合。當據正。

7 ⿰糹切 切索也

索，日本宋本中箱本黎本景宋本作素，與敦煌王韻合。當據正。案原本玉篇⿰糹切下引字書云：⿰糹切，素也。張改素作索，蓋本廣雅集韻。

8 又有紇干氏

干，日本宋本中箱本作于。

9 搰 戶骨切

戶骨切，唐韻同。切三及故宮王韻搰字等入麧紇音下沒反。

敦煌王韻本紐扢⿺辶骨抇諸字入麧紐，鶻⿰月里抇諸字音胡骨反。猾字

兩紐重收。

10 戶骨切十一　十一，日本宋本巾箱本黎本作十，是也。本切下凡十字。

11 ⿰耳黑耳聱聕耳聱　日本宋本巾箱本黎氏所據本景宋本均作「⿰月里，耳聱」。無「耳聱」之注，及正文「聕」字。張氏蓋據集韻增改。案敦煌王韻玉篇⿰月里字均訓耳聱。

12 滑亂也出列子　出字日本宋本巾箱本黎本景宋本無，張增是也。

曷韻

13 鶻鳥似鶏也　鶏，唐韻同。案故宮王韻作雉，與說文合。當據正。

十九葉

1 猲短喙犬又恐也又音歇　注日本宋本巾箱本黎本景宋本均作「恐。又音歇」與唐韻合。張增短喙犬一訓，蓋本說文集韻。

2 暍⿰埶丸皃　⿰埶丸，日本宋本巾箱本黎本景宋本作熱，是也。玉篇云「暍，中熱也。溫也」。

3 ⿰香害　此字唐韻作⿰禾害。

4 ⿰香害又呼蓋切　注又呼蓋切，唐韻同。案泰韻呼艾切下無此字。

5 餲又於介切　注云又於介切，案怪韻烏界切下無餲字，餲見夬韻於犗切下。唐韻餲亦在夬韻，音於芥反。

6 咹小語　小語，敦煌王韻作止語，是也。案廣雅釋詁三云「咹，止也」。

7 ⿸广東廣雅曰庵也　⿸广東，敦煌王韻作⿸广剌，唐韻訛作瘌。廣雅釋宮同。

8 ⿱列巤　說文此字作⿰巤列，从巤列聲。

9 後魏書北方渴獨渾氏後改爲朱氏　獨，日本宋本中箱本景宋本作燭，與後魏書官氏志合。

10 後魏憲帝弟達奚氏　憲帝，唐韻作獻帝，是也。

11 又達勃氏後改爲褭氏　褭，後魏書官氏志作褭，當據正。

12 達唐割切　唐割切，故宮本敦煌本王韻作陁割反，音同。切三作他割反，他

13 囋或作啐　啐，日本宋本中箱本黎氏所據本均作啈。敦煌王韻本韻無囋字，別有啈字，即此字也。注云「嘈啈聲」，音才曷反，又五曷反。案啐、啈並誤。當從廣雅玉篇作哳。玉篇哳，音五葛才曷二切，注云「嘈嘈哳哳」；廣雅釋

詁四云：「嘈嚌，聲也」；慧琳一切經音義卷八十三引作嘈啐聲也。字均作嚌。且嚌亦作⿰口獻，與櫅亦作⿰木獻例正同。足證作嚌不誤。文選文賦注云：「埤蒼曰嘈啐長笛賦注啐譌作啐。聲貌。」啐與嚌及⿰口獻同。嚌亦譌作啐。此注宋本作或作啐，張改啐作啐，尤誤。

14 ⿰木獻 頭戴負 戴，敦煌王韻作載。

15 嚌 讀毀曰嚌 案此注疑有誤。

16 歺 今亦作歹 作字日本宋本中箱本黎本景宋本並脫，張增是也。

17 蔦 蔦蔦廣雅云苑童寄生蔦也一名寓木又名寄屑 注廣雅以下十七字段刪，並云：「寄生蔦之蔦乃蔦之誤。」案段刪是也。唐韻亦無此十七字。廣雅釋木云：「苑童，寄生樢也。」釋草云：「寄屑，寄生也。」爾雅釋木云：「寓木，苑童。」郭注曰寄生樹。一名蔦。足證寄生蔦之蔦爲蔦之誤。

18 駒 日本宋本巾箱本黎本作駒。

19 匃 日本宋本巾箱本黎本作匄。

20 蕯 日本宋本作薩，與切三故宮本敦煌本王韻唐韻合。案薩即薛之或體。

21 捺 奴曷切 奴曷切，黎本作奴葛切，音同。

22 藒 矛割切 矛割切，元泰定本明本作予割切，是也。玉篇音餘割切，玉篇此字譌作藒，今據萬象名義訂正。予餘聲同一類。

二十葉

末韻

1 苜 案說文此字作首，不從卄。

2 粖 糜也 糜，日本宋本黎本景宋本譌作麿。

3 眜 目不正也 目不正，故宮王韻作目不明，與說文合，當據正。

4 妹 嬉桀妃 妃，日本宋本巾箱本黎本景宋本作妻，與切三故宮本敦煌本王韻唐韻合。

5 祓 蠻夷蔽膝 膝下，切三故宮本敦煌本王韻唐韻均有衣字。

6 茇 華茇 華茇，切三故宮本敦煌本王韻唐韻作根茇。王靜安先生唐韻校勘記云：「廣韻云：『華茇』，非。」案廣雅釋草云：「茇，根也」，為切韻王韻唐韻所本。此云「華茇」，蓋本釋典。王先生以華茇為非，未允。考慧琳一切經音義卷六十根本說一切有部毗奈耶律第二十四卷華茇下云「蓽語。西國藥名也。本出波斯及婆羅門國。形如桑椹，緊細且長，味極辛辣」。

7 魚掉尾也 掉，日本宋本巾箱本黎本作棹。

8 長兮鴝鵒也 鴝，日本宋本巾箱本作鸜，景宋本作鸜。

9 跍 跍𨇾 𨇾，日本宋本巾箱本黎本景宋本作就，玉篇云「跍，𨇾也」。張改作𨇾是也。

10 以組束髮 以，日本宋本巾箱本黎本景宋本作似，張改作以，與唐韻合。

11 姡 又音刮 注「又音刮」，敦煌王韻同。案鎋韻刮紐古頞切下無姡字，姡字見頢紐音下刮切。切三故宮本敦煌本王韻唐韻同。此刮字當是頢字之誤。

12 敓 古奪字古周書曰敓攘矯虔 段云「下古字衍」，是也。案「奪攘矯虔」見書呂刑。

廣韻校勘記　卷五　二十

13 茷 活茷草名生江南高丈許大葉莖中有鄰正白　注日本宋本巾箱本景宋本作「活茷草生江南」六字，張氏蓋據集韻改。

14 瘢 馬脛傷也　黎本正文及注並脫。

15 斛 歃水　歃，段改作舀，是也。

16 躢 草聲　躢，當作蹋。

17 酼 酒氣　酒氣，唐韻同。切三及故宮本敦煌本王韻作酒色，與說文玉篇合。

二十一葉

1 㥷 𢬍無色　𢬍，當作秗。黎本作秗，亦誤。本韻莫撥切下有䅑字，注云「㥷䅑色不深也」。

黠韻

2 ⿰骨齒 說文此字作⿰齒骨，从齒从骨，骨亦聲。當據正。

3 ⿰歹乚 段改作⿰歹心，是也。此字從心聲。

4 硈說文堅也 案說文作石堅也。

5 滑戶八切 戶八切，切三及故宮本敦煌本王韻唐韻並同。案滑為合口字，此作戶八切者，是以脣音開口字切合口字也。

6 鶻又音骨榾 榾，當作搰。鶻字又見沒韻戶骨切搰紐。

7 朳無齒把也 把，當作杷。

8 ⿰金另金麵 ⿰金另，日本宋本中箱本黎本景宋本均作釛，玉篇同。案玉篇音胡刻切。龍龕手鑑音八，與廣韻同。

9 鷬鷬雀 注鷬雀，日本宋本中箱本黎本景宋本均作黃雀，當據正。爾雅義疏云：此鳥淺黃色」。

10 𪉬 初八切　初八切，故宮本敦煌本王韵唐韵同。切三初誤作切。

11 說文云察覆也　覆，說文作覈，段據改。

二十二葉

1 扴 揩扴物也　揩，切三敦煌王韵唐韵作指。案龍龕手鑑扴下云：「手指揩扴物也」。

2 稭 說文曰禾稁去其皮祭天以為席也　稁，說文作稾。

3 骱 髖骱小骨　髖骱，日本宋本中箱本黎本景宋本作骱髖。張改與髖字注合。

4 磍　段云：「今漢書大人賦作𧒒」。

5 漢書有頡羹侯　頡羹侯，日本宋本中箱本黎本景宋本作羹頡侯。

張改作頡羹侯，與漢書王子侯表合。

6 帴 帗幅二　二幅，敦煌王韻同。段云：「二當作一。說文：帴，帗也。帗，一幅巾也。」案輯韻帴下亦云：二幅。

7 ⿰臬出 五骨切　案五骨切，骨在沒韻，不得切⿰臬出字。故宮本敦煌本王韻唐韻作五滑切，是也。

鎋韻

8 ⿰害力 用力　力字黎本譌作方。

9 ⿰力乚 ⿰翁乚⿰力乚屈強也　屈強也三字日本宋本中箱本黎本景宋本並無。又⿰翁乚⿰力乚當作勜⿰力乚。玉篇勜字在力部。本書董韻烏孔切下勜注云：勜⿰力乚屈強皃」。

10 敌文畫皃 日本宋本中箱本黎本敌作敌，畫作畵，與切三故宮王韻唐韻合，當據正。敦煌王韻云「敌，刮畫」。集韻云「敌，畫也」。

11 姡面醜 面醜，日本宋本中箱本黎氏所據本景宋本均作面姡。切三故宮本敦煌本王韻唐韻作面淨。張改作面醜，蓋本集韻。

12 爾雅曰鵽鳩寇雉 鳩，日本宋本中箱本黎本譌作鴆。

13 鵽又丁括切 又丁括切，切三故宮本敦煌本王韻作又多活反，音同。黎本丁譌作下。

14 亦槷刖危之皃 危之皃，唐韻作危皃，是也。案文選長笛賦注云「槷刖，危皃」，是其證。

二十三葉

1 𠠝 又之芮切 之，日本宋本作又。案又乃义之誤。敦煌王韻作义是其證。本書祭韻楚稅切下有斴字，即此字也。

2 礣 礣砎莫鎋切 礣字黎本作礣，是也。礣又見黠韻莫八切下。注礣砎，切三故宮本敦煌本王韻作礣砎，是也。當據正。本韻砎下云礣砎，硬也。

3 獒 雜犬 雜犬，日本宋本中箱本黎本景宋本作雜也。張改作雜犬，與玉篇同。元泰定本亦作雜犬。

屑韻

4 先結切十一 案十一當作十二，本切下凡十二字。

5 溅 溅滤水皃 皃字日本宋本中箱本黎氏所據本景宋本並無，張增與集韵合。玉篇溎下云：「濊溎水流也」。

6 莦 草名　名字日本宋本中箱本黎氏所據本景宋本並無。

7 切 說文折也　折也，說文作刌也。

8 狤 狤狧獸名　狤，日本宋本黎氏所據本景宋本作活，中箱本元泰定本作狧，並誤。案此字當從類篇作[犭屈]。集韵迄韵九勿切下有[犭屈]字，注云：「狤[犭屈]，西域獸名。食香，無毛，但自鼻有毛，廣寸至尾，燒剌不能傷」。

9 蝍 又音節　節，日本宋本黎本景宋本元泰定本明本均作即，與故宮王韵唐韵合。案蝍又見職韵即紐。

10 湀 又揆圭二音　案圭當是奎字之誤。湀字見齊韵苦圭切下，古攜切圭紐下無湀字。

11 鴃又乙穴切 注又乙穴切，唐韻同。案本韻於決切下無此字。

12 奐 萬象名義此字从叟，作⿱⿱𠂊臼叟。音生冀反。案汧陽刻石有⿱⿱𠂊臼叟字。

13 疦說文為也 為，說文作𤺄，當據正。

二十四葉

1 呬又火至切 注又火至切，案至韻虛器切下無此字。敦煌王韻作又虛記反，志韻虛記反下有此字。本書志韻許記切下亦無。

2 戜剔也 剔，日本宋本中箱本黎本景宋本作剔。案故宮本敦煌本王韻唐韻作利，與說文合。

3 爾雅曰䔿芺郭璞云䔿似稗 䔿，爾雅釋草作蕛，郭注同。當據正。

4 刺揄 刺，當作剌。

5 荎 又音治　注云又音治，案之韻直之切治紐下無荎字，荎見脂韻直尼切下。

6 鐵 又作鐵俗作鐵　又作鐵之鐵，日本宋本作鐵，鐵蓋鐵字之誤。唐韻鐵即作鐵。又俗作鐵之鐵，日本宋本作鐵，案鐵當從元泰定本作鐵。切三鐵下云「俗作鐵」，是其證。

7 薡 蘢薡草也　蘢薡草也，日本宋本、巾箱本、黎本、景宋本均作蘢古草也。張改古作薡，與集韻合。爾雅釋草「紅，蘢古」。廣雅釋草「葒，蘢薡，馬蓼也」。

8 堅 又口殄切　注云又口殄切，案銑韻牽繭切下無此字。

9 寘　此字段改作寘，與說文合。

10 湼　此字段改作涅，與日本宋本、巾箱本、黎本合。此下从呈之字，日本宋本、巾箱本、黎本均从里，當據正。

11 截 昨結切　昨結切，故宮本敦煌本王韻、唐韻同。切三昨誤作作。

12 巀 又藏活切 活，唐韻作曷，是也。巀見曷韻，音才割切。

二十五葉

1 䘓 血汗 汗，元泰定本明本作汙，與唐韻合，當據正。案說文云：「䘓，汙血也。」

2 䀋 面汗 汗，元泰定本作汙，與敦煌王韻合，當據正。案玉篇云：「䀋，汙面也。」

3 𥈉 不相見皃 案說文云：「𥈉，蔽不相見也。」此注不上宜有蔽字。

4 䴢 鶂雀䴢 注䴢雀，各本均作工雀，與切三及敦煌王韻合，當據正。案工雀即巧婦也。見玉篇、集韻。

5 𥸷 又亡達切 注又亡達切，敦煌王韻同。案本書曷韻無亡達一音，此𥸷字見末韻莫撥切下。

6 ⿱㓞瓦 ⿰手瓦受一升也 一升，日本宋本、中箱本、黎本作一斗，與故宮王韻及玉篇合。案切三及唐韻亦作一升。

7 畣 肥狀 案畣當作奤，从大百。故宮王韻唐韻譌作畣。又肥狀，切三及故宮王韻唐韻均作肥壯。

8 覺 見也 注文「也」字日本宋本中箱本黎本景宋本無，張增與元泰定本明本合。

9 丿 左戾 段云：左乃右之譌。

10 㨯 反手擊也 㨯，切三故宮本敦煌本王韻唐韻均作㩇，與說文合，當據正。

11 𤺄 此字切三故宮王韻唐韻作𤺄，是也。𤺄與瀉均从舄，黎本此字譌作𤺄。

12 𢘉 故宮王韻此字音怖結反。

薛韻

13 褻 裏衣 裏，日本宋本中箱本黎本景宋本均作衷，與唐韻合。案漢書敘傳蕭該音義引字林云：「褻，衷衣也。」切三及故宮王韻衷亦作裏。

14 暬 晦也

晦，段改作侮，並云：「媟同，故曰侮也。」集韻乃云：「暝晦。」案段說是也。說文云：「暬，日狎習相慢也。」

二十六葉

1 鴷 啄木

切三故宮王韻木下有鳥字，當據增。

2 蛪 螫也亦作蛆

蛆，段改作𧊒，是也。玄應一切經音義卷十引字林云：「𧊒，螫也。」左傳僖公二十二年正義曰：「通俗文云：蠍毒傷人曰𧊒。張列反字或作蛪。」

3 又東海有碣石山

又字日本宋本黎本景宋本無，張增與巾箱本合。

4 楬 說文桀也

桀，日本宋本巾箱本黎本景宋本均作櫫，是也。今本說文云：「楬，楬櫫也。」桀字亦誤。詳見說文段注。此注云：「說文桀也」，當作「說文楬櫫也」。

5 櫟雞栖於杙　杙，巾箱本作櫟。

6 南涼禿髮傉擅　擅，當作檀。禿髮傉檀見晉書載記及魏書卷九

十九。

7 擛又思頰切　注又思頰切，切三故宮王韻同。案怗韻蘇協切下無擛字。擛見徒頰切下。

8 折常列切　折，故宮王韻入舌紐，音食列反。

9 讞說文作獻。　獻，巾箱本作𤅊，與說文合。當據正。

10 獻上同　獻，巾箱本作𤅊，是也。

11 蠥祆蠥　祆，日本宋本巾箱本黎本景宋本作妖。

12 峊又藝哲切　注又藝哲切，切三故宮王韻唐韻同。案藝哲切即本音魚列切也。哲疑爲結之譌。峊又見薛韻五結切下。敦煌王韻同。

13 櫱 木餘 木，日本宋本中箱本黎氏所據本景宋本均作蘖。

14 䶬 又丁篋切 注云又丁篋切，案怗韻丁愜切下無此字。

15 搣 批也 批，日本宋本中箱本作批，是也。說文云：「搣，批也。」「批，捽也。」

16 ⿺走曷 丘謁切 丘謁切，案謁字在月韻，中箱本作竭，與切三故宫王韻唐韻合。

17 ⿺走曷 又去謁切 又去謁切，切三故宫王韻唐韻同。案月韻去月切下無此字。

18 雪 元命包曰陰凝爲雪 陰凝爲雪，中箱本元泰定本同。日本宋本作陰陽爲雪。案初學記御覽引元命苞均作陰陽凝爲雪，當據正。

19 換 括也 括，段改作揾。

二十七葉、

1 釋 名曰說者述也宣述又意也 又，日本宋本中箱本黎本均作人。今本釋名作說。

者述也。序述之也。

2 酴　段改作酴，與集韻合。

3 啜言多不正　正，日本宋本元泰定本作止，與集韻合。

4 叕聯也　聯，日本宋本黎本景宋本作車。案車乃連字之誤，中箱本作連，與玉篇合。

5 鬣又壯殺切　注云又壯殺切，案黠韻側八切下無此字。

6 銟又音刷　注云又音刷，案本韻所劣切下無此字。

7 蛶爾雅曰蛶螪何　螪，日本宋本中箱本黎本作螪，張改與今本爾雅合。案釋文字作螪，音失羊反，字林音之亦反。

8 耒　集韻作耒。

9 瘑 此字巾箱本黎本作[illegible]，是也。

10 別 皮列切 皮列切，切三故宮本敦煌本王韻作憑列反，音同。唐韻作方列反，方謌字也。

11 吶 女劣切 女劣切下巾箱本有又女鬱切四字，與切三故宮本敦煌本王韻合。案物韻無女鬱一音。

12 𦐛 小鳥飛 小鳥飛，日本宋本巾箱本黎本景宋本均作小飛鳥。張改作小鳥飛，與切三故宮本敦煌本王韻唐韻合。

13 蹶 又居月居衛二切 月下日本宋本巾箱本黎本景宋本有又字，張删是也。

14 蠽 姊列切 姊列切，故宮王韻唐韻同。切三作千列反。

15 [illegible] 小鷄 小鷄，故宮王韻同。切三唐韻作小鷄。

16 殀 天死

天，段改作夭。云「夭死曰殀」。又云「殀是字林夭札字，見左傳釋文」。案左傳昭公十九年釋文云「札，側八反，一音截。大歺也。字林作殀，壯列反，云：夭死也」。是大歺夭歺各有所本。

17 鬣 說文曰束髮少小也

少小，段改作尐小。案今本說文作束髮少也。段注改作束髮尐小也。

18 啜 姝雪切

姝雪切，與歠字昌悅切音同。案姝，唐韻作殊，是也。啜字切三故宮本敦煌本王韻均音樹雪反，樹殊聲同一類。

19 蒯 廁列切

廁列切，唐韻同。切三作廁滑反，當是又音。敦煌王韻蒯下云「又側八反」。

20 闑 土列切

土列切，巾箱本作士列切，與集韻合。

二十八葉

藥韻

1 瀹 亦水名在泚陽亦作濼　泚陽，段改作沘陽，是也。泚陽亦作比陽，漢屬南陽郡，唐屬唐州。文選南都賦「爾其川瀆，則滍、澧、藥、瀵」注引字書曰藥水出泚陽。泚音此。字亦誤作泚。

2 屵 說文作屵　案說文此字作屵，注屵字段改作屵是也。

3 癯 淫癯病也　淫，黎本景宋本誤作滛。

4 䙐 不定也　也字各本無。

5 䂮 又人名晉有褚䂮　又人名五字日本宋本中箱本黎本景宋本無，張氏依例增。又褚當作褚。

6 褋 齊地名　褋，景宋本作褋，是也。案春秋莊公二年「夫人姜氏會齊侯于褋」。

7 灼爍　爍，黎本譌作樂。

8 大脣屵磭皃屵魚偃切　屵，當作屵。

9 磭 大脣皃又音緯　段玉裁集韻：[石屵]逆約切。[石屵]磭大脣皃。今案此正文當作屵，注當作屵磭大脣皃。

10 汋 又土角切　土，當作士。此字又見覺韻士角切下。

11 芍 又蓮芍縣名在馮翊之若切　案本韻之若切下無蓮芍縣之芍字。

12 辵 說文云乍行乍止从彳止聲　从彳止聲，今說文作从彳从止。

二十九葉

1 蝍蟲 天神　神，段改作祉，與說文合。

2 蝍又丘良切　注云又丘良切，案陽韵去羊切下無蝍字，別有蜣字，即此字也。玉篇蜣，或體作蝍。

3 篗亦作篗　篗，段改作篗，與說文合。說文篗，从竹蒦聲。

4 玃居縛切　居縛切，敦煌王韻同。唐韻作遽縛反。案遽縛反與本書戄紆具籰切音同。案唐韻本韻有遽縛，無居縛；敦煌王韻有居縛，無具籰。

5 貜說文曰穀貜也　穀，日本宋本中箱本作榖。案說文作㝅，當據正。

6 鸓三首三足鳥　三足二字各本無。

鐸韵

7 脌肶脌無檢限也　肶，段改作肞，與集韵合。案玉篇亦作肞。

8 莫日旦冥也　旦，說文作且。

9 姓莫胡盧氏　氏下日本宋本巾箱本黎本景宋本有也字。

三十葉

1 [歹莫]說文作[艹歹夕]云死宋[艹歹夕]也　[艹歹夕]，當依說文作[艹歹夕]。

2 盧各切三十三　下三字巾箱本黎本作四是也。本切下凡三十四字。

3 [白隹]太白　太，日本宋本巾箱本景宋本元泰定本均作大。

4 又剔也　剔，黎本誤作剔。

5 鮥又五格切　又五格切，故宮王韻唐韻同。案陌韻五伯切下無此字。

6 鵅鵋鳥　鵅，黎本誤作鵅。

7 音諳　諳，黎本誤作語。

8 [疒樂]又音料　注云又音料，案嘯韻力弔切下無[疒樂]字，[疒樂]見笑韻力照切下。

9 䄼 開衣領也

注開字日本宋本譌作䦢。唐韻云：「䄼，開衣令大。」徐鍇說文繫傳云：「字書䄼張衣令大也。」

10 後魏孝文大和二十年改爲元氏也

大，當作太。

11 厝 石礪

礪，黎本譌作礦。案說文云：「厝，厲石也。」

12 各 說文云異詞也

詞，說文作䛐。

13 蝷 似蜥蜴

蜥，當作蜥。

三十一葉

1 濼 霳上同

段於霳上增霻字，及注「雨濕革」三字。義本說文。以霳爲霻字或體。案故宮王韻、唐韻均以霳爲濼字或體。故宮王韻此下別有霻字，注云：「雨皃。」集韻濼或作霳。

2 挌 又步各切

注云又步各切，案本韻傍各切下無此字。

3 䐨 又火酷切

注云又火酷切，案沃韻火酷切下字作臛。

4 曤又光明也　光，日本宋本中箱本黎本景宋本均作失，是也。集韻云：「曤，失明也」。

5 騅說文曰死名　說文死作苑。

6 斲　段改作斵，與說文合。

7 鑮大鍾　鍾，景宋本作鐘，與說文合。

三十二葉

1 獷又郭廓二音　案獷又音廓，本韻苦郭切廓紐下無此字。

2 說文作𩫏為居𩫏作鄣鄣氏也　中箱本「作鄣」下有「為」字，與「作𩫏為居𩫏」文例同，當據正。

3 瓁瓁朴　注疑有誤。集韻云：「瓁，玉璞。」

陌韵

4 狛 亦作馲⿰馬白　⿰馬白，當作⿰馬百。

5 ⿱艹离　段改作⿱穴离，與廣雅釋宮及玉篇合。

6 谻 谻倦　谻，段改作谻，是也。谻亦見几劇切下。案史記司馬相如子虛賦「徼谻受詘」索隱引司馬彪曰「谻，倦也。」谻，方言十二作⿰亻谻，廣雅作御。

7 溹 水名又雨下皃　又雨下皃四字各本無。案雨下皃見麥韻山責切溹下。

8 碎 石殞聲　殞，段改作磒。案中箱本元泰定本作隕，當據正。

9 栅 說文曰堅編木　堅，中箱本元泰定本作豎，是也。今本說文栅下作編樹木也，段注本改作編豎木也。麥韻楚革切栅下云「豎木立栅」。

三十三葉

1 隙　閑也　　閑，當作閒。

2 䓵　西方小兒　　案此注有誤。故宮王韻作「際見之白」（白原譌作皃。）與說文合。

3 縌　漢書古佩璲也　　漢書下唐韻有云字。案此見後漢書。後漢書輿服志云：「縌者，古佩璲也。」此注當作「後漢書云：古佩璲也。」（崔豹古今注亦云：「縌者，古佩璲也。佩綬相迎受，故曰縌。紫綬以上縌綬之間得施玉環鐍云。」）

4 㘂　說文云呷也　　呷，景宋本黎本譌作神。

5 皛　亦打出蜀都賦又胡了切　　李慈銘曰：案蜀都賦皛貙氓於葽草，李善注：「皛，胡了切，當為拍。拍，普格切。」蓋以皛為拍之字誤，非皛可訓拍也。

6 皛　又莫百切　　注云又莫百切，案本韻莫白切下無此字。

7 𢧢　擊也闕也　　𢧢，段改作𢧵，與中箱本元泰定本合。案玉篇云：「𢧵，古獲切。闕也。」

8 蟦螬　螬，日本宋本中箱本黎本景宋本譌作螬。

9 宅 場伯切　場，日本宋本中箱本景宋本作瑒，切三故宮王韻唐韻同。案瑒本書音與章切，又徒杏切，與宅字聲不同類。張改作場，是也。集韻宅音直格切，本書場音直良切，宅場聲同一類也。

10 虢　刻本韻書五五三一此字入麥韻，音古獲反。

三十四業

1 ⿰氵虢　故宮王韻此字入麥韻，音呼麥反。

2 擭 手取也一曰布擭也　注一曰布擭也五字日本宋本中箱本黎本景宋本無，張增蓋本玉篇集韻。

3 韄 規韄博雅曰度也　注日本宋本中箱本黎本景宋本均作視⿺辶蒦，張改蓋本說文集韻。案說文彠為蒦字或體，蒦下云「規蒦，商也。一曰視遽皃。一曰蒦度也」。集韻胡陌切彠下云「博雅：度也」。故宮王韻正文作蒦，注云「度。一曰視遽」。

4 搦　本書此字音女白切，唐韻同。故宮王韻作女伯反，音同。切三音奴格反。

5 𧍍　藥韻其虐切下此字作蝍，當據正。

6 天神䘓　神，段改作祉，與說文合。

麥韻

7 衇　說文曰血理之分衺行體者　衺，說文作衺。此誤。

8 𥇍　說文曰目邪視也　邪，段改作衺，是也。說文二徐本作財，非也。日本宋本、黎本、景宋本亦作財。案𥇍覛字通。說文「覛，衺視也」。

9 宋大夫尹獲之後　宋，唐韻作晉。

10 ⿰爿辟 此字日本宋本、巾箱本、黎氏所據本、景宋本均作⿰月辟，五音集韻引新字林同。元泰定本、集韻此字作⿰片辟。

11 猎 以叉矛取物也 注段改作「以矛叉取物也」。

12 顭 顭顱頭不正皃 注顱當是顱字之誤。刻本韻書五五三一作顱，是也。唐韻譌作顱。支韻息移切下顱注云「顭顱，頭不正也。顭音精」。案顭顱，顭顱，未詳孰是。

13 漢書曰幘古畀賤執事不冠者所服之 案所服之當作之所服。此文見應劭漢官儀及蔡邕獨斷。後漢書輿服志注亦引之。

14 剳 此字切三、故宮本、敦煌本王韻、唐韻作䂞。

15 撻 又于馘切 又于馘切，刻本韻書五五三一同。案本韻無于馘一音。集韻撻又音胡麥切。

16 闎 闎門𨷿

𨷿字日本宋本中箱本黎本景宋本無，張增蓋本玉篇。

三十五葉

1 至中國者得其核耳

得上古今注有但字，當據補。

2 燬 燬燒麥

燬，段改作𢾾，與說文合。敦煌王韻及刻本韻書五五三一亦作𢾾。

3 鬲 縣名在太原

太原，切三故宮本敦煌本王韻作平原，是也。案漢書地理志鬲縣屬平原郡。

4 譎 又丈厄切

又丈厄切，切三故宮本敦煌本王韻唐韻同。案本韻無丈厄一音。

5 豟 爾雅曰豕絶有力又云豟犬五尺為豟

犬，日本宋本中箱本景宋本作大，是也。案爾雅釋畜云：「豟五尺為豟」，郭注云：「尸子曰：大豕為豟，五尺。今漁陽呼豬大者為豟。」

6 梀

明本作梀，是也。

7 瘵 段改作瘵。

8 捒 段改作捒。

9 鞢 段改作鞢。

10 彌 彌㢸補也 注「彌㢸補也」當有誤。故宮王韻云「彌，東弓」。玉篇云「彌，東弓弩」。此注「補也」一訓各書未見，蓋上文鞴下注文誤置於此者。故宮王韻鞴下云「補鞴」，廣雅釋詁四云「鞴，補也」，是其證。此注「㢸」字各書並無，當是「東弓」二字訛為一字。今據故宮王韻及玉篇訂正。

昔韻

11 為一昔之期 為上段增左傳二字是也。案為一昔之期見左傳哀公四年。

12 縣在臨邛　邛，段改作卭。

13 嗌喉也　注喉也，切三故宮王韵唐韵作喉上。

14 牛曰齝　齝，段改作齝，與爾雅釋獸合。

三十六葉

1 睪引繒皃說文曰司視也从目从羍令吏將目捕辠人也　案故宮王韵本紐有𢍉睪二字。𢍉訓引給，睪訓伺人也，一曰樂也。並與說文合。說文𢍉在収部，注「引給也」；睪在羍部，注「司視也」。本書合𢍉睪為一字，非也。睪別見葉韵。

2 小幕曰帟　幕，錢本譌作幕。

3 急就章有液客調　客，唐韵同。今本作容。

4 襗 此字元泰定本明本作襗，與切三故宮本敦煌本王韻合。此從衣作襗，誤。

5 釋 消也 消，日本宋本巾箱本黎氏所據本景宋本作清。張改作消，與元泰定本合。

6 鼖 亦作蕡 蕡，日本宋本黎本景宋本作鼖。案玉篇鼖亦作蕡。

7 冟 餅堅柔相著 餅，段改作飯，是也。說文云：「冟，飯剛柔不調相著」。

8 [illegible] 說文曰御行也 段云：今本行作屋。行非，屋是。

9 大夫以祏為主 祏，說文作石，唐韻同。此作祏非。

10 從又持隹 隹，黎本景宋本譌作住。

11 蟖負蠜 負，刻本韻書五五三一作蝜，是也。

12 潪 案陌韻𧻸伯切下此字作𣶢。

13 刺 又七四切 又七四切，切三及敦煌王韻同。案至韻七四切下無刺字，刺見寘韻七賜切。此注故宮王韻作「又七賜反」，正合。

14 洓 水名在北 北下切三敦煌王韻唐韻均有地字，類篇同，當據增。

三十七 昔

1 夕 龔 龔，段改作襲，是，見蜀都賦注。

2 談 文曰 談，段改作說，是也。

3 塉 薄也 薄也，切三故宮王韻唐韻均作薄土。

4 唶 又七削切 又七削切，切三故宮王韻唐韻同。案藥韻七雀切下無此字。

5 腈 腈腹 此字敦煌王韻訓臞，玉篇作臞。故宮王韻訓瘦，說文同。注腹字當是瘦字之訛。

6 擗房益切 房益切，切三故宮本敦煌本王韵同。唐韵作旁益反。

7 眥眼也 眼，敦宮王韵作眂，集韵同，當據正。案眂即視字，玉篇云：「眥，視也」。

8 麝又食夜切 又食夜切，切三故宮本敦煌本王韵唐韵同。案此字見禡韵神夜切下。

9 碧彼役切 彼役切，唐韵作方彳反，類隔切也。故宮王韵碧入陌韵，音補逆反。

錫韵

10 爾雅曰析木謂之津注云即漢津也 漢津之津日本宋本黎本並脫。

11 蜥 蜴蜥　蜥，切三敦煌王韻唐韻作蜥，是也。當據正。

12 敫 敬也　段改敫作敫，敬作歌，是也。說文欠部「敫，所謌也」，此注敬字涉愁下注文而誤。

13 窽 揚貝　窽，各書未見。日本宋本黎本景宋本均從穴作窽。敦煌王韻同，注作「迫陜」。案集韻此字作𥨍，注云「迫陜」。

14 錫 鎗錫　注唐韻作鎗錫。

三十八葉

1 裛 纏裛　裛，玉篇作裛，萬象名義作裹。蓋裛之譌。

2 鷹　黎本此字涉上文譌作劇。

3 濼 又音藥　注云又音藥，案藥韻以灼切下無此字。

4 詩云有豕白蹢　白，黎本譌作曰。

5 ⿰鼠頁鼠名　⿰鼠頁，段改作鼳，云：「玉篇亦收⿰鼠頁字。以爾雅注正之，則鼳字之譌。」

6 椺鍾椺又胡老切　案此字及注並誤。敦煌王韻同。椺，集韻作杸，是也。注云：說文：「穜杸也，一曰燒麥柃杸也。」說文繫傳同。此注鍾椺二字即穜杸二字之誤。敦煌王韻麥韻下革切下杸字注「又胡的反」，又字原脱。玉篇杸，胡的切，又胡革切。本書此字音胡狄切，正與胡的反相合，足證作杸是也。注「又胡老切」當刪。

7 舟頭爲鷁首　首，唐韻作鳥。

8 國語有晉大夫糴茂　段改國語作左傳，茂作茷，是也。案糴茷見左傳成公十年。

廣韻校勘記

9 ⿱艹淑 草木旱死也

⿱艹淑，當從說文作⿱艹俶。

10 ⿺辶雷 雨也

⿺辶雷，當從迪作⿱雨迪。廣雅釋訓云「⿱雨迪⿱雨迪，雨也」。玉篇亦作⿱雨迪。

11 他歷切二十

二十，元泰定本明本作二十一，是也。本切下凡二十一字。

12 ⿰言氏 ⿰言氏譊狡猾

⿰言氏，切三敦煌王韻唐韻作⿰言氏，是也。故宮王韻作⿰言長。屋韻戈韻譊下均作⿰言氏。玉篇云「⿰言氏，他狄切。⿰言氏譊，狡猾也」。

13 ⿰忄木 惕

⿰忄木，黎本元泰定本作怵，是也。

14 ⿰骨易

此字故宮王韻入麥韻，音徒革反。

15 周禮哲蔟氏掌覆妖鳥之巢

妖，日本宋本景宋本作夭，與周禮合。

16 ⿰火巳

此字宋本說文同。段改作⿰火邑。詳段氏說文注火部⿰火邑下。

17 ⿱敫心 軟也

⿱敫心，敦煌王韻同。集韻詰歷切下作⿱敫心。又注軟字當作軟，本韵苦擊切下𢡮注云「敎也」。

18 䁲

尤韵丑鳩切此字作𥆧。

19 罊 傍罊

傍，哺韵罊下作旁，與說文合。

三十九葉

1 ⿰血思

此字當作⿰血恖。玉篇「⿰血恖，奴的切。憂皃」。集韵⿰血恖爲惄字古文。

2 鼏 鼏蓋

鼏蓋，切三故宮本敦煌本王韵唐韵均作鼎蓋。

3 ⿰虫覓 ⿰虫覓蝀

蝀，當作⿰虫束。⿰虫束見先擊切下。

4 甓 扶歷切

扶歷切，切三敦煌王韵唐韵同。故宮王韵作蒲歷反。

5 ⿱罒黽鼊 似龜

⿱罒黽，段改作⿱勹黽。云「吳都賦音古庚切」。案切三故宮本敦煌本王韵唐韵均作⿱勹黽。

6 其甲有里珠文　珠，文選吳都賦注同。唐韻作朱。

7 檗 又敷核切　注云又敷核切，案麥韻普麥切下無檗字，檗見蒲革切下。

8 閴　當作闃。

9 鬩 很也　很，日本宋本、黎本作恨，與爾雅釋言合。

10 𤃫 𤃫沐遽也　案𤃫當作瀾。注沐，當作沭。方言十：瀾沭，佂伀，遑遽也。江湘之閒凡窘猝怖遽謂之瀾沭，或謂之佂伀。

11 眢 眼也　眼，當作眡。見昔韻眢下校記。三十七葉第7。

12 歡 又丑力切　注云又丑力切，案職韻恥力切下無此字。玉篇此字作又知力切，集韻職韻竹力切下有此字。

職韻

13 織 說文曰作布帛總名　說文總名上有之字。

14 䁒 油敗

䁒，故宮王韻唐韻作職，與玉篇合。段云：「玉篇：職，油敗也。即考工記注之䁒字也」。

15 直 又姓楚人直弓之後

直弓，當作直躬。見姓氏急就篇。

16 岃 岃崱山皃

注岃崱山皃，崱字下作崱岃山皃，當據正。案文選魯靈光殿賦云「崱岃嵫釐」。

17 氻 水凝合皃

氻，集韻作泐，當據正。案泐又見德韻盧則切下，注云「凝合」。

四十葉

1 代 意慎代

代，故宮王韻作㤞。又此注代下當重代字，唐韻云「意慎代代」。

2 風俗通云漢有博士食手公河內人

案食手公當作食子公，食子公見漢書儒林傳韓嬰傳下。

3 蝕 說文此字作蝕，从虫人食，食亦聲。

4 識 賞職切 賞職切，故宮王韻作辭識反，音同。唐韻作常寔反，與寔字音同，非也。常當是賞字之誤。

5 赩 大赤也 大，故宮王韻唐韻作犬。

6 蟲 食病 食，故宮王韻同。唐韻作蝕。

7 醷 酒漿 注濁漿，故宮王韻唐韻作梅漿。案禮記內則云：「漿水醷濫」注云：「梅漿」。

8 亟 又音氣 又音氣，唐韻同。案此字見志韻，音去吏切。未韻無此字。

9 ⿰去夌 去也 也，日本宋本景宋本作官，張改與集韻合。

10 ⿰言亟 言訥 言字日本宋本中箱本無。

四十一葉

1 黓 早也　早，故宮王韻唐韻作皂。案皂俗體也，今通用之。廣雅釋器云「黓，早，黑也。」黓字通作弋。漢書文帝紀「身衣弋綈」，如淳注云「弋，早也。」

2 爾雅曰太歲在丑曰玄黓　丑，爾雅作壬。

3 隿 繳射也　繳，日本宋本黎本景宋本作曰。張改作繳，與故宮王韻唐韻合。

4 妶 婦宮也　宮，日本宋本黎本景宋本作官，與說文合。故宮王韻云「妶，婦人官」。唐韻亦云「婦女官」。張改作宮，未允。

5 潩 水名出密縣大隗山　大隗山，唐韻作大騩山，是也。後漢書郡國志河南尹密縣有大騩山。山海經中山經郭注云「今滎陽密縣有大騩山。騩因溝水所出」。

6 ⿹戈瓦 ⿰金瓦⿹弋瓦骨也　⿹戈瓦，集韻作⿹弋瓦，是也。當據正。注⿰金瓦字當是瓶字之譌。

7 即說文作卽食也　案說文云：「卽，卽食也。」此注食上當有卽字。

8 楖楖裴縣在魏郡　楖，故宮王韻唐韻作揤，與漢書地理志合。

9 揤捽也　案此字即揤裴縣之揤字，當合幷。見集韻。

10 鉽　此字日本宋本黎本景宋本譌作鋱。張改作鉽，與故宮王韻合。

11 叢也　叢，日本宋本黎本景宋本作藂。

12 嗄聲也　聲也，日本宋本黎本景宋本均作嗄聲。五代刻本韻書注云：「簫聲」。

13 堛田土　田，段改作凷，與說文合。案故宮王韻唐韻五代刻本韻書均作凷。

14 稫稄禾密滿也　稄，段改作稄，是也。下文稄注云：「稫稄」，是其證。唐韻五代刻本韻書竝作稄。

15 畐道滿也　道，段改作逼。

16 愎符逼切　符逼切，故宮王韻唐韻同。五代刻本韻書作皮逼反。案符逼，類隔；皮逼，音和。

17 稪 [米畐]上同　[米畐]，段改作煏，是也。案煏字見玉篇。

18 堲又牆資切　注云又牆資切，案脂韻疾資切下有垐字，即此字也。堲垐字通，說文堲為垐字古文。

19 [害彡]又丁六切　又丁六切，五代刻本韻書同。案屋韻張六切下無此字。

四十二葉

德韻

1 淂又丁力切　注云又丁力切，案職韻丁力切下字作得。

2 仂禮祭用數之仂　仂，五代刻本韻書同。故宮王韻唐韻作忇。案禮記王制字作仂。又禮下五代刻本韻書有記字，宜據增。

3 愓 愓愓快也

注日本宋本作「愓愓也」。案五代刻本韻書注云：「騖愓愓。」亦作「恇」。集韻亦云：「愓，心懼。」是宋本「愓愓也」當作「騖愓愓也」。張本作「愓，快也」，非。

4 尅 目強

目強，元泰定本明本作自強，與五代刻本韻書合，當據正。案故宮王韻尅下云：「自強，勝，尅己約身也。」

5 蟘

此字當從說文作⿰虫貸。從虫從貸，貸亦聲。

6 ⿰馬弋 ⿰馬弋鸔

⿰馬弋，五代刻本韻書作⿰目弋。注⿰馬弋鸔作⿰目弋鴨，鴨蓋⿰目冒字之誤。同書亡得反⿰目冒下云：「⿰目弋⿰目冒。」本韻正文⿰馬弋當作⿰目弋，注⿰馬弋鸔當作⿰目弋⿰目冒。⿰目冒見本韻莫北切下。

7 纆　說文此字作縲。

8 嫼　五代刻本韻書此字作嫼，與說文合。

9 瞖　聽瞖欲卧也　瞖，當從五代刻本韻書作瞖。上文聽下云「聽瞖，欲卧也」，字即作瞖。

10 賊　說文作賊則也　案賊當從說文作賊，則當作敗。日本宋本、黎本、景宋本無則字。說文云：「賊，敗也。」

11 鱡　雀豹古今注云一名河伯度事小史　小史，古今注作小吏。

12 蒧　草名　名字日本宋本、黎本、景宋本無。

13 ⿱棘欠　又符逼切　又符逼切，敦煌王韻同。案職韻符逼切下無此字。

14 ⿰黍畐　黍豆漬葉也　注黍上當增治字，說文云：「⿰黍畐，治黍禾豆下潰葉。」

15 齊 人要術　人，段改作民。

四十三葉

緝韻

1 十 是執切　是執切，切三故宮王韻同。唐韻是譌作楚。

2 執 之入切　之入切，故宮王韻唐韻音同。切三作側什反。

3 汁 瀋也　瀋，字書無此字。切三故宮王韻唐韻作瀋，是也。

4 ⿱埶金 ⿱埶女　段氏云：⿱埶金見至韻，薛韻；⿱埶女見至韻。入此蓋誤也。从執不从執」。案段說是也。切三及故宮王韻無此二字。唐韻新加，當刪。

5 褶　本書此字音似入切，切三故宮王韻唐韻均音神執反，別為一紐。

6 亼 又子入切　又子入切，故宮王韻唐韻同。案本韻子入切下無此字。

7 卙 說文云詞之集也 集，故宮王韻唐韻同。今本說文作卙。

8 箿 又子立切 注云又子立切，案本韻子入切下無此字。

9 揖 𨗨 𨗨，日本宋本黎本景宋本均作讓。

10 說文云 云，日本宋本黎本景宋本均作曰。

11 縶 繫馬 繫，切三故宮王韻唐韻均作擊，當據正。

12 ⿱馬廾 此字當依說文作馽。

13 ⿰口⿱馬廾 當作⿰口馽。

14 粒 米粒 注粒字日本宋本黎本景宋本譌作立。

15 急 居立切 居立切，切三及故宮王韻同。唐韻居作苦，蓋誤。

16 說文云絲次序也 序，說文作第。

四十四葉

1 鵖 鵖鴔鳥名　鵖，段改作⿰鳥皀，與說文合。玉篇作⿺辶鳥。

2 霫 又爲霎東北夷名　霎，日本宋本黎本景宋本均作霫；爲，唐韵作奚；當據正。故宮王韵並云「奚霫，東夷名。」張氏未審注文「爲」係誤字，乃改霫爲霎，謬矣。

3 翖 漢有侯翖　案侯翖當作翖侯。翖侯乃烏孫大臣官號。見漢書張騫傳顏師古注。

4 ⿰角咠 角多皃　⿰角戢上同　⿰角咠，唐韵作⿰魚咠，訓魚多皃。案切三及故宮王韵均從角，訓角多。⿰角戢字亦見玉篇。唐韵作⿰魚咠者，譌字也。唐人寫書字之从魚从角者，每每互訛。

5 唈 嗚唈短氣　注日本宋本黎本景宋本作烏短氣也。張改作嗚唈短氣，與集韻合。

6 曄 曄曄　注曄曄，切三故宮王韻唐韻作暐曄。案暐見尾韻，注云「暐曄」。

7 鴓 鴓鴿亦鴿　鴓，段改作鴄，是也。又亦字下段增作字。

8 卙　日本宋本黎本景宋本作斟，誤。張氏改作卙，與說文合。卙在十部。

9 合 又漢複姓高帝功臣表有合傅虞　合博虞，唐韻作合傅胡虞。案漢書高帝功臣表有貰齊侯合傅胡害，當據正。

10 圔　集韻作圔。

11 佮 併佮聚　段云「聚下宜有也字」。案段說是也。說文云「佮，合也」。併佮非聚名。

12 柗 柙䤼　柙，日本宋本黎本景宋本均作柗。張改與說文集韻合。

13 榙 榙㯿木名　榙，當作榙。榙又見本韻侯閤切下。玉篇集韻均作榙。

四十五葉

1 卅 今作卅直為三十字　段於直下增以字，是也。此與緝韻廿字注「今作廿直以為二十字」文例正同。

2 誻 譶誻亦作沓嗒　沓，唐韻作嚃，當據正。

3 媘 說文曰俛伏也一曰意伏也　意伏，說文作伏意。集韻引作服意。

4 䵬 晉書有兖州八伯太山羊曼為䵬伯　䵬，晉書羊曼傳同。唐韻作鎉。案顏氏家訓書證篇云：「晉中興書（案宋何法盛撰）太山羊曼，常頹縱任俠，飲酒誕節，兗州號為鎉伯。此字皆無音訓。梁孝元帝嘗謂吾曰：由來不識，唯張簡憲見教，呼為嚃羹之嚃，自爾便遵承之，亦不知所出。簡憲是瀛州刺史張纘謚也，江南號爲碩學。案法盛世代殊近，當時耆老相傳，俗間又有𨤲𨤲語，蓋無所不施，無所不容之意也。顧野王玉篇誤爲里傍沓。顧雖博物，猶出簡憲孝元之下，而二人皆曰重邊，吾所見數本並無作里者。重沓是多饒積厚之意，從里更無義旨。此可證廣韻作𨤲爲是。

5 𨤲 厚積 案此與𨤲伯之𨤲爲一字，當合并。

7 翋 翋𦑣飛皃 皃，日本宋本、黎本、景宋本無，張增與切三、故宮王韻合。

8 菈 菈遝秦人呼蘿蔔 秦人，當作魯人。方言三云：蘆菔，東魯謂之菈遝。亦見遝字注。

9 魶 說文此字作魶。

10 ⿸厂金 山左右有岸 案此字當作厒。切三故宮王韻唐韻均作⿸厂⿱𠂉王。所從之金，即缶字破體。缶寫作⿱𠂉王，乃譌作金矣。爾雅釋山云：「左右有岸，厒。」釋文厒，口闔反。原本玉卷厂部厒，口荅反，注引爾雅，與此字音義均同。是⿸厂金為厒字之譌無疑。

11 姶 烏合切 烏合切，切三故宮王韻同。唐韻誤脫反切，闌入溘紐。

12 罯 又烏敢切 又烏敢切，唐韻同。案此字見感韻烏感切，敢韻無此字。

13 ⿰革奄 又小兒履名⿰革奄⿰虚皮 ⿰虚皮，日本宋本作⿰虛皮，是也。

14 鞥 皮裏角也 裏，元泰定本明本並作裹。

15 ⿸疒合 寒⿸疒合病 病，日本宋本黎本景宋本作瘩。

16 ⿺走沓 走也赴會也七合切 「走也赴會也」五字，日本宋本黎本景宋本無。

17 遝 士合切

士合切，日本宋本黎本元泰定本同，明本作子合切。陳澧謂士合子合並誤。士合當作七合，子合當作千合。切韻考云：「玉篇千荅切，五音集韻七合切，子字即千字之誤，士字即七字之誤。」案遝韻鈍在啿𤭢。

盍韻

18 ⿰言盍 靜也

注唐韻作「靜。出迮迮。」案爾雅云：「⿰言盍，謚，靜也。」無⿰言盍字，唐韻所據，當是誤本。廣韻亦承唐韻之誤。本韻古盍切下有⿰言盍字，注云「多言」。此處當刪。

19 ⿸厂盍 纂文云姓也

⿸厂盍，唐韻作廬。

四十六葉

1 ⿰巤皮 ⿰巤皮⿰奢皮皮瘦寬皃

瘦寬二字，日本宋本黎本景宋本無，故宮王韻唐韻同。張增蓋本玉篇。案玉篇皮部⿰巤皮下云：「⿰巤皮⿰奢皮，皮瘦寬皃。」

2 皾 都搕切　搕，黎本作榼，是也。本韻無搕字。

3 搨　此字當作搨。

4 矺 又竹亞切　又竹亞切，唐韻同。案禡韻陟駕切下無此字。

5 鞳 又他荅切　又他荅切，唐韻同。案合韻他合切下無此字。

6 讕 謵𧬈忘語也　忘，段改作妄，與故宮王韻合。又謵，當從正文作讕。

集韻謵讕一字。

7 𪐝　故宮王韻此字音吐盍反，在搨紐。

8 倕　故宮王韻此字作倕。萬象名義同。案所從之垂，見玉篇非部，萬象名義同，是垂不從非也。以下從垂者均當從垂。

9 唾 唾唾食皃　唾，當從萬象名義作倕，注同。

10 揞　揞揞　冀

揞，當從萬象名義作搖，注同。

11 蹅　蹅蹅　行皃

蹅，當作蹌，注同。

12 䥫　䥫　鼓

䥫，當作𢾍，注同。

13 奞

切三作奞，與玉篇合。

14 今北海有之

之，日本宋本黎本景宋本並脫。

15 揞　攙揞　和雜

揞，切三作搖，注同。

16 馨

切三、故宮王韻、唐韻此字均在合韻，音他合反。五代刻本韻書此處作鼛，注云「亦作鼛」。敦煌王韻作鼛。

17 鼓馩馨馨

馨，當是馨字之誤。

葉韻

。

18 菨 吳志孫堅傳有都尉葉雄　案吳志孫堅傳有都督華雄，無都尉葉雄，此注當

刪。

19 𥛚 釋名曰捷插也　捷，日本宋本黎本景宋本作睫，與釋名合。

20 菨 莕菨水草可食　水，段改作余。案余當在水上，不得去水字。唐韻注作「莕水草可食」。爾雅釋草「莕，接余，其葉苻」，郭注云「叢生水中」，是菨余水草也。

21 箑 又所甲切　又所甲切，五代刻本韻書同。案狎韻所甲切下無此字。

四十七葉

1 儼 說文云長狀儼儼也　狀，說文作壯，段據改。

2 ⿰革嚴 ⿰革嚴馬靻也　靻，段改作靼。

四十八葉

3 礹 礹嶬山之連接　礹嶬，下文嶬注作嶬礹。

4 讘 又狐讘縣名　狐，敦煌王韻唐韻同。案漢書地理志作狐。

5 霅 又蘇合胡甲文甲三切　案文甲當作丈甲，霅又見狎韻丈甲切下。

6 ⿰馬丙 ⿰馬丙鴿　⿰馬丙，段改作⿰馬亟，與說文合。

7 輒 說文曰車相倚也　車相倚也，說文作車兩輢也。

8 瞱 目動皃　注日本宋本黎氏所據本景宋本明本作「目不記」。案五代刻本韻書注作「目不記之」。張改作「目動皃」，與元泰定本集韻合。

9 ⿸㫃函 掩光名　⿸㫃函，當作⿸㫃函。注「掩光名」當作「掩也」，詳琰韻⿸㫃函下校記。

10 又於琰切六　六字衍文，當刪。

怗韻

1 貼以物之質錢 注之字衍文，唐韻無，當刪。

2 愜又快也 快，黎本譌作怏。

3 牒又虜姓後魏書牒云氏後改為牒氏 注「後改為牒氏」，唐韻同。案後魏書官氏志作「後改為云氏」，當據正。

4 惉 此字當從怗作惉，惉又見鹽韻。

5 䁋目䁋 䁋，黎本譌作[日枼]。注同。

6 籋小箱 箱，當是箝字之誤。玉篇集韻同訓「箝也」。

7 屧屐也 屐，當作屐。

8 䎎又人耴切 注云又人耴切，案葉韻而涉切下無此字。

9 婈 婈洽 洽，黎本元泰定本同。日本宋本景宋本明本作治，集韻同。

10 又時攝切 切，黎本譌作也。

11 僷 僷畢 故宮王韻注作「僷卑有所畏」。

洽韻

四十九葉

1 䁍 目䁍 注目䁍，切三故宮本敦煌本王韻唐韻五代刻本韻書均作「目陷」，與說文合，當據正。

2 ⿱⺮⿺辶疌 七洽切 ⿱⺮⿺辶疌，故宮王韻注云「亦⿱⺮⿺廴疌」。案敦煌王韻五代刻本韻書均作⿱⺮⿺廴疌，⿱⺮⿺廴疌即⿱⺮⿺廴疌字也。此⿱⺮⿺辶疌乃⿱⺮⿺廴疌字之誤，當改作⿱⺮⿺廴疌。 又七洽切，黎本作士洽切，與故宮本敦煌本王韻唐韻合。玉篇亦音士洽切。

廣韻校勘記 卷五 五十

3 ⿸疒蹇蹄足病　蹄，黎本譌作啼。

4 傗又楚立切　注云又楚立切，案緝韻昌汁切下無此字。

5 ⿱亶皿　日本宋本黎本作⿱亶皿，與類篇合。

狎韻

6 三十二狎　三十二，日本宋本黎本景宋本譌作三十三。

7 霅陽部在樂浪　部，日本宋本黎氏所據本景宋本作郙，唐韻作障。切三敦煌王韻五代刻本韻書作郡，故宮王韻作縣。

8 ⿰華甲 ⿰華枼⿰華甲　⿰華甲，黎本作⿰華甲，注作⿰華甲⿰華枼。案五代刻本韻書三字均從華，當據正。集韻⿰華枼下云「⿰華甲⿰華枼，華葉重多皃」。文選景福殿賦「紅葩⿰華甲⿰華枼」，⿰華甲亦從華。張本從革作⿰革甲，非。

9 炠又呼甲切　又呼甲切，五代刻本韻書同。案本韻呼甲切下無此字。

10 韘鞆韘　韘，黎本作鞢，注作鞆鞢。案三字均當從革作。

11 鴨或作⿰鳥甲⿱鳥甲鮑　⿱鳥甲，日本宋本作⿱罒衣，黎本景宋本作鮑，均誤。張改與元泰定本合。集韻云：鴨，或作⿱鳥甲。

12 左傳鄭大夫甲石甫　案甲石甫誤。左傳僖公廿四年有石甲父，此文當刪。

13 押押蘇壁也　押，唐韻五代刻本韻書作柙。

五十葉

業韻

1 ⿰業乚引也　也字日本宋本黎氏所據本景宋本無。

廣韻校勘記　卷五　五十二

2 劫 說文曰人欲劫以力脅止曰劫　人欲劫，日本宋本黎本景宋本均作人欲去，與說文合。

3 𢦔曰以力止去曰劫　止字段刪。

4 蜐　唐韻此字音於劫反，在腌紐。

5 鍤 梩鍤田器　田，日本宋本黎本景宋本均作甲。案廣雅釋詁二云：「鍤，梩也。」集韻云：「一曰治甲器。」未詳。

6 桼也　桼，黎本譌作柒。

7 澁 漯澁水皃　漯，各書未見，蓋譌字也。

乏韻

五十一葉

雙聲疊韻法

1 障餉章傷是疊韻　障餉章傷，日本宋本黎氏所據本景宋本譌作灼略章良。

2 廳剔徑擊是雙聲　剔字，日本宋本黎氏所據本景宋本譌作𧢲。

3 聽擊切　聽，當作廳。

五十二葉

辯四聲輕清重濁法

1 生（□□□　□□□）　日本宋本黎本作「朱（之俞反　朱赤也）」。

2 分別也　別，日本宋本黎本作布。

3 耶孃也　也字，日本宋本黎本無。

4 墨釘廖，日本宋本黎本作「紬（直流反　紬布也）」。

5 幷（府盈反　幷州也）　日本宋本黎本景宋本府作補，州作合。

6 徼 幸也　幸，日本宋本黎氏所據本景宋本譌作⿱幸儿。

7 針 職媵反　媵，日本宋本黎本景宋本譌作媛。

8 餳 徐盈反　餳，黎本譌作飴。

五十三葉

1 引 於軫反　於字誤。日本宋本黎本景宋本作余，是也。引見軫韵，音余忍切。

2 䑛 神旨反 取食也　正文及注日本宋本黎氏所據本景宋本譌作「⿰舌色 鉏里反 累木也」。案䑛見紙韵，音神帋切，注云「以舌取物」。

3 斆 效也　效，日本宋本黎本景宋本作習。

4 必 然也　然，日本宋本黎本景宋本作審。

5　擲雉戟反擲投也　注日本宋本黎本景宋本作「直炙反，抛擲也」。

6　出進也　進，日本宋本黎本景宋本作入。

廣韻校勘記 卷五 五十三

廣韻校勘記補遺

一九三七年余既寫定廣韻校勘記五卷，心知其中不備之處尚多，猶有待於後日之刪定補苴也。然終以人事忽遽，未獲如願。惟一得之愚，抑或有可取者，遂率爾問世，以供讀廣韻者參考。比年家居讀書，間涉音韻，乃於廣韻中之音字有向所不以爲誤者，今或能辨之矣。有宿疑不解者，及得師友之進益，亦條達曉暢，渙然冰釋焉。日有所得，即隨手札記，久之成數十條，總爲一篇，名曰補遺，所以補前作之疏闕云爾。一九三九年二月祖謨記於北京。

上平聲

補遺 一

九葉十行 東韻居戎切 ⿰氵宮 縣名在酒泉

⿰氵宮切二故宮本王韻同。案漢書地理志酒泉郡樂涫縣字從官，此⿰氵宮字即涫字之誤。本書桓韻古丸切有涫字，云樂涫縣在酒泉，與漢志正合。涫或誤為⿰氵宮，隋唐纂韻者因入本韻，與宮同音，讀居隆反，（廣韻作居戎切，音同）實則古人本無此字也。是即戴震所謂韻書中有本無其字因譌而成字者。見論韻書中字義答秦尚書。

十三葉下四行 鍾韻職容切 鈆 鐵鈆

鈆切二唐韻無。惟五代刻本刊謬補缺切韻有之。案此字殆即鉛之俗體誤以為從公而入此韻者。

廿葉四行 支韻府移切 渒 水名

渒集韻云：「水名，在弋陽。」案此字當從說文作淠，說文云：「淠水出汝南弋陽垂山東入淮。從水畀聲。」

廿葉下六行 支韻丑知切 誺 不知又洛代切

案方言十：「誺，不知也，沅澧之間凡相問而不知答曰誺。」

錢繹箋疏本郭注誺音癡眩。戴震據玉篇改作誺，不知也。誺亦見廣雅。釋詁三云：誺，誤也。釋言云：譺，誺也。誺諦二字形本相近，誺蓋由諦字變來。其變當在草書既行之後。諦或寫作誺，因有洛代一音。諦誺相亂，由來已久，後人已不能定其是非矣。原本玉篇言部有二誺字，一音豬飢丑利二反，引方言；一音力代反，引廣雅。前者蓋為諦字之誤，否則誺字不當重出。

卅五葉一行　廣韻羊朱切　萮蕍上同　案蕍當作蕍，字從育聲也。文選吳都賦異荂蓲蕍，李善注：蕍與萮同。萮即蕍字或體，蕍即蕍字譌體也。

卅六葉下一行　廣韻憶俱切　尪盤旋　案敦煌本王韻此字訓股，不訓盤旋。說文云：尪，股尪也。此云盤旋者，非本字注文。集韻有⿺辶盂字云：盤⿺辶盂，旋流也。是盤旋二字為⿺辶盂之訓釋無疑。尪下既脫注文，又奪正文⿺辶盂字，故⿺辶盂下注釋誤屬於尪字矣。依王韻尪下當有股尪二字，依集韻盤旋上當補⿺辶盂字，而盤旋又當作盤⿺辶盂旋流，文義始完。盤盂爲連語，見木華海賦，字亦作盤紆。盂又見模韻哀都切，注云：盤盂旋流也。又憂俱切。憂俱切即本韻憶俱切也。是此下本有盂字可證。

四十六葉下三行　咍韻洛哀切　鵃鵃鳩，鷹

案鵃鳩爾雅釋鳥同。郭注云：鵃當爲鶆字之誤耳。鶆鳩字見養韻踈兩切。

四十七葉三行　咍韻　犉昌来切，牛羊無子

案昌来切各書均無此音，說文云：讀若糗粮之糗。廣韻去久切，篆隸萬象名義音去有反，與說文合。今本玉篇徒刀充刀二切。惟敦煌本王韻豪韻吐高反犉下云又昌来充牢二反。疑来字有誤。

五十七葉十行　寒韻那干切　難𪆡𪇆並古文

案難字古文說文作𪆡𪇆。

五十九葉下八行　桓韻薄官切　縏番和縣名在涼州

案集韻縏訓小囊，別有番字訓番和縣名在張掖郡。

此䋣下蓋脫小囊之訓，又奪正文番字，故以番和縣名誤屬於䋣下也。番和縣見漢志張掖郡，如淳云「番音盤」。盤即本紐薄官切也。元韻孚袁切番下云「又盤潘煩三音」。番字音盤者，即番和縣之番。本紐當據集韻補䋣字注文及番字。

六十葉八行　刪韻數還切　櫰　關門機　宋櫰不得下筆，玉篇作欀是也。

下平聲

十五葉下七行　歌韻五何切　涐　水名在汶江　涐切三無，敦煌本故宮本王韻有之。宋涐為渽之誤字。渽既誤作涐，遂互五何切一音，汶江本無涐水，漢志蜀郡汶江縣下「渽水出徼外，南至南安，東入江，過郡三，行三千四十里，江沱在西南，東入江。」又青衣縣下師古曰「渽音哉」。是過汶江之水為渽水，非涐水也。此涐字當刪。識見咍韻祖才切。

十七葉三行 戈韻落戈切 虆盛土草器 案虆故宮本王韻作蘽，脂韻力追切下同，當據正。新撰字鏡亦作蘽力戈反 此字從艸纍聲，孟子滕文公上「蓋歸反虆梩而掩之」，劉注云：「虆盛土籠也。」虆亦作蔂，淮南詮言篇「蔂成城」，高注云：「蔂土籠也。」

十九葉下二行 麻韻所加切 髿髮髿垂皃 案注髮髿當作鬖髿。文選江賦注引通俗文云：「髮亂曰鬖髿。」玄應一切經音義二十引蒼頡篇：「鬖，蘇南反，毛垂貌也」，是其證。

卅六葉六行 登韻武登切 蕒纖也 蕒切三敦煌本王韻並無。字亦見集韻，云：「博雅，蔑也。」案蕒為夌之譌體。廣雅釋詁二：「夌，蔑也。」王念孫疏證云：「夌者，玉篇音亡泛切，草木蕪蔓也。」集韻又亡咸切。夌字從艸夌聲，夌音亡范反，各本作蕿，俗字也。廣韻夌俗作叟。是此字即夌字無疑，夌俗作蓌，又譌作蕒，萬象名義字鏡並作蕒。

纂韻者誤以爲字從夌聲，遂入本韻，音武登切，當删。蔆已見釅韻矣。

卅九葉下三行 尤韻匹尤切 𤸱 寐作聲 案𤸱集韻作𥧌，從不，當據正。

四十一葉四行 尤韻縛謀切 𦯔 姓也出纂文 案玉篇艸部此字作𦯔。

上聲

五葉下二行 紙韻去委切 跪 刖一足 跪切三作䟸，故宮本王韻作𨂴。案當作𨂴。字鏡失部𨂴，去委反，刖一足，是其證。字亦作𧿳，集韻紙韻苦委切作𧿳，注云：博雅傷也，一曰跛也。亦作𨂴𨂴。

五葉下六行 紙韻過委切 桅 短矛或作𢧵說文曰梔黃木可染 宋本說文云：「梔，黃木可染者。」桅乃梔字之誤。詳段氏注。案桅梔非一字，萬象名義：梔，之移反，黃木可染也，鮮支也。桅，媯彼反，長短不齊，小戈也。二者音義迥別。萬象名義本於原本玉篇，顧氏所據說文當作桅，不作梔。此云短矛，音過委切，字當從危作桅無疑，注中說文云云與此無涉，當刪。

九葉下二行　旨韻　嶵　嶵嶊山皃，祖累切　案嶵音祖累切，累在紙韻，非本韻字。敦煌本故宮本王韻均作祖壘反是也。此累字涉嶵嶊字而誤。

十葉七行　止韻　以　羊已切　案本紐有已字，訓止也，此紐作羊已切，以已為切字於廣韻全書之例不合。蓋凡同紐之字不得用之為切語，切三敦煌本故宮本王韻均作羊止反，當據正。（寘韻翅紐施智切，本紐已有施字，誤與此同。）

十葉下十行　止韻胥里切　萆　萆胡　案萆當作⿱艹畀。萬象名義字鏡均作⿱艹畀，且已反，俗體也。廣雅釋草：胡枲，枲耳也。王氏疏證云：玉篇⿱艹畀，且已切，枲耳也。⿱艹畀當為⿱艹畀字之誤。⿱艹畀蓋從艸甶聲，⿱艹畀從甶聲而讀如枲，猶思從甶聲而讀如司。

廣韻集韻胡枲並作胡萆，萆即葈字，筆畫小異耳。

十一葉下四行　止韻昌里切　紕　繢耑一紕出新字林　　案紕集韻類篇均作紕。

十三葉下七行　語韻咮舉切　盨　說文曰積盨負戴器也　　案積，說文作橨，當據正。說文匱下云，小桮也。匱或从木作橨。

卅三葉下四行　小韻亡沼切　訬　櫌也　　案說文云，訬，擾也，此注櫌字當作擾。

卅三葉下十行　小韻平表切　⿰各欠　歐吐　　案此字見廣雅釋詁四，曹憲音其表反，萬象名義音於垢反，字鏡音其表於垢二反，均無平表一音，此字從咎不得音平表切。

小韻平表切　狢　獪也　　狢音平表切，敦煌本王韻同。案此字見廣雅釋詁二，曹憲音巨表反，字鏡音渠表反，均無平表一音，此字從咎不得音平表切。

卅四葉一行　小韻　鷕　雉鳴也以沼切又羊水切　　鷕音以沼切，切三敦煌本王韻同。案此字從唯聲，不得音以沼切。毛詩釋文音以水反，隋唐纂韻者倉卒鈔錄誤以水為以小，田以小又改爲以沼，其致誤之由幾不可攷矣。此戴氏所謂韻書中有字雖不譌本無其音譌而成音者。見論韻書中字義荅秦尚書。

卅四葉三行　小韻子小切　漅水名　案注水名宜作湖名。文選江賦「朱滻丹漅」，李善注：「漅湖在居巢，漅，祖小切。」

小韻子小切　膘又符小切　案此字從肉票聲，不得音子小切，當是鈔纂之誤。詩車攻釋文：「膘，頻小反，又扶了反。本亦作髀，蒲禮反，又或作臑。」又「臑，餘繞反，又胡了反。呂忱子小反。本或作膘。」是膘字有脣音，無齒音也。此作子小切者，即由呂忱字林之臑音子小反而誤。春秋公羊傳桓公四年釋文：「臑，羊紹反，字林子小反。」通志堂本予小，即子小之誤，由毛詩釋文可證。廣韻子小切膘字當刪，於以沼切下加臑字，與釋文方合。

卅五葉八行　晧韻盧晧切　⿰皇頁　廣大皃　⿰皇頁敦煌本王韻同。案玉篇此字作顥，音公老切，字鏡集韻並同。此音盧晧切作⿰皇頁，蓋誤。案皇皋形近，從皋之字每譌作皇（從）。顥之作⿰皇頁，亦猶⿰皋見亦作⿰皇見也。字鏡見部⿰皋見⿰皇見為一字。

卅八葉十行　馬韻羊者切　野　古文埜　案埜當從說文作壄。

卅九葉下九行　養韻良獎切　⿰木兩　松脂　⿰木兩切三故宮本王韻並同。案⿰木兩蓋樠字俗體。樠見元韻武元切，云：「松心，又木名也。」字從㒼者皆有赤義，如璊䊡是也。見阮元揅經室集釋門　松心微赤，故樠亦從㒼聲。見段玉裁說文樠字注　此韻⿰木兩字從兩，於音義不合，當刪。惟樠之作⿰木兩，由來已久。左氏莊公四年傳：「卒於樠木之下。」音義：「樠，朗蕩反，又莫昆反，又武元反。」孔穎達正義云：「此字之音或為曼，或為朗。」若以㒼為聲，當作曼；以兩為聲，當作朗。字體難定，或兩為之音。是不能因聲音以求訓詁而定字體之正誤者也。段氏說文注以爲舊有橘柄二字非是。

四十三葉下七行　靜韻沙郢切屛風俗通云卿大夫帷士以廉以自鄣蔽　案注文廉字當作簾。

四十六葉八行　有韻除柳切紂紐鮦鮦陽縣在汝南又直冢切　案鮦從同聲，不得音紂。玫漢志汝南郡鮦陽縣，孟康曰鮦音紂紅反。唐人纂韻者倉卒不見紅反二字，以爲此字音紂，故收入有韻，古人本無此音也。鮦已見東韻徒紅切，腫韻直隴切，此紐當删。東韻腫韻鮦下所注又直柳切亦誤。

去聲

七葉下九行　至韻女利切暔目深皃又一活切　案此字見廣雅釋詁三，曹憲音一活女刮二反，今本玉篇同。此作女利切，蓋以刮利形近而誤。暔從目取聲，不得音女利切，依舊音當入鎋韻。

十二葉下三行　御韻丘倨切鼁鼁䵶似蝦蟆居陸地　案此字音丘倨切，自陸氏爾雅釋文而來。釋文音起據反，說文此字從黽圥聲，是不得音起據反，唐韻音七宿反（大徐所本）是也。說文蝴下云：「蝴鼀，詹諸，以脰鳴者。」蝴鼀疊韻，詹諸雙聲，然則鼀當從圥無疑。從去者譌體也。自鼀或誤作鼁（字從去），遂有起據一音矣。當刪。

十四葉五行　⿰牛需（遇韻而遇切）牛⿱荎土　案牛⿱荎土集韻作牛名。

十五葉五行　篡（暮韻莫故切）竹筥　篡故宮本王韻同，注云：「禮記竹筥。」案篡即篹字之誤。禮記喪大記「食於篹者盥」，注「篹，竹筥也」，是其證。篹既譌作篡，似與暮慕諧聲相同，故誤入本韻，當刪。

廿一葉下二行　匄（泰韻古太切）乞也　丐（上同，本又音緬）　案丐當作丏，丐丏非一字，注「本又音緬」四字宜刪。

廿七葉六行　⿰魚犬（廢韻符廢切）鼣　案集韻二字皆從犮。

廿八葉一行　覕（震韻必刃切）不相見也　⿰必賓（上同）　⿰必賓故宮本王韻同。案此字有誤。凡廣韻形聲字或體與

補遺 七

正。文之關係，非為形旁不同，即音符不同。而凡音符不同者，其聲音本自相近；凡形旁不同者，其意義固亦相通。若⿰必賓之與覕，形異者一從見一從賓耳。見者是形，賓者是音。⿰必賓字既從必，又從賓，是兩音符合為一體矣，其為誤字無疑。蓋唐本韻書覕或誤作⿰必賓，宋修廣韻不能正其紕繆，故併為一字耳。又覕玉篇莫結補日二切，此音必刃切亦誤。

卅五葉下十行 霰韻在⿵門鳶次 甸切 案⿵門鳶玉篇從薦作⿵門薦，是也。薦音作甸切，⿵門薦音在甸切，聲音相近。若從鳶，鳶音宅買切，則聲音隔越太遠。

卅六葉六行 笑韻 照之少切 案之少切與上聲小韻沼紐之少切相亂，唐韻作之妙反，是也。當據正。敦煌本故宮本王韻作之笑反

卅八葉五行 嘯韻 歗說文云悲意也大弔切 歗當從說文作歗。歗音大弔切，故宮本王韻唐韻同。案原本玉

篇、萬象名義、字鏡、玄應一切經音義、五均作所力反，此音丈弔切蓋誤。類篇有歎字音

聲叫切

四十七葉下六行　徑韻他定切　汀　汀瀅不遂志，又音廳

汀注敦煌本、故宮本王韻、唐韻均同。案集韻此字訓汀瀅小水，別有忊字訓忊憕不得志皃。此汀下蓋脫忊字，注亦有誤。當作「汀，汀瀅小水，又音廳。忊，忊憕不遂志。」本韻烏定切下有憕濙二字

五十葉下九行　候韻都豆切　䝲　䝲尾

案朱駿聲說文通訓定聲需部附錄䝲下云：「按即尻字。當从尾，从豕聲。」

入聲

三葉七行　屋韻盧谷切　鄜　地名

案此字為鄜之省體，說文作𨟙，从邑鹿聲。漢志孟康音穀。此以為鹿聲，音盧谷切，非是。

八葉七行　燭韻許玉切　勖　勉也

案說文此字從力冒聲。

十葉八行。覺韻蒲角切 雹 靁古文 案靁說文作𩇓。

十二葉六行 質韻夷質切 欥 辭也 案唐韻本紐無此字，敦煌本故宮本王韻有之。故宮本王韻云：「欥，詮辭，詩云：欥求厥寧。」與說文訓合。惟說文此字從曰，不從日。欥古與聿遹通用。聿遹見術韻，皆合口字也。欥聿同音，當亦為合口無疑。凡從曰聲之字均讀合口，此從日作欥，音夷質切，誤矣。欥已見術韻餘律切，此字當從唐韻刪。

十三葉一行 質韻卑吉切 韠 𤩽同 𤩽唐韻無。案𤩽韠非一字。𤩽即珌字，詩瞻彼洛矣「鞞琫有珌」，釋文云：珌又作𤩽，是也。故宮本王韻本紐珌下云：「刀上飾。亦𤩽。」是𤩽本在珌下，此誤入韠下，當據王韻更正。

十三葉九行 質韻于筆切 䫻 大風也 案說文二徐本此字均從日聲，段注改從曰聲，是也。此音于筆切為合口字，廣韻中每有用喉音合口字而以脣音開口字切之者當從曰聲。

十四葉下一行　術韻辛聿切　謚　靜也又音益　案謚字從益音辛聿切，於音理不合，此訓靜也與卹恤同音，必為謐字之誤。爾雅釋詁：「謐，靜也。」通作恤。書舜典「惟刑之恤哉」，史記五帝紀作「惟刑之靜哉」。集解：「徐廣曰：今文云『惟刑之謐哉』。」是謐恤音義相通，索隱曰卹謐聲相近。此謚訓靜，音恤，其為謐字之誤無疑。謐從𥁑聲，已見質韻彌畢切安，此又音辛聿切者，以恤謐通用故爾。注云「又音益」亦誤，當刪。

十四葉下六行　術韻竹律切　⿱罒宴　面短皃　案說文此字作⿱穴宴。

廿三葉二行　鎋韻　⿰辥鳥　鴐鵝鳥名似鳧古鎋切　⿰辥鳥故宮本王韻音五鎋反，又古鎋反。廣韻五鎋切無此字。案⿰辥鳥從辥聲，辥從𡴀聲，𡴀音魚列切，⿰辥鳥字自以(讀)五鎋切為正。萬象名義音雅札反。札原譌礼　文選南都賦「其鳥則有鶷鴰鸊鶂」，鶂李善音雅札切，鶂即⿰辥鳥之別體。段氏說文鶃字注謂鶂為鶃字之誤　小徐說文韻譜大徐說文反切⿰辥鳥音魚列切，同為疑母也。此音古鎋切者，蓋以鶛鸛爲連語所致。廣韻中之疊韻連語，其下字間有音變而與上字爲雙聲者，如賄韻呼罪切脂下云：「脃脂大腫皃，脃都罪切」；同韻都罪切脃下云：「亦作脂」，是脂脃爲雙聲矣。此鶛鸛二字本爲疊韻連語，鶛見黠韻古黠切，又見屑韻古屑切，見細字也，與鸛聲本不同。今鸛音古鎋切，是鶛鸛爲雙聲矣。實即同音 故宮本王韻鸛有五鎋古鎋二反，古鎋爲變音猶可考見；若廣韻乃僅取古鎋一音，殊昧本原，不可不正。

廿七葉十行　薛韻 𦐇 方別切　案本紐有別字，此注作方別切，未允。切三唐韻作方列反，當據正。故宮本王韻作變列反

廿七葉下十行　薛韻昌列切 瘛 瘛瘢小兒病　注，瘛瘢元泰定本作瘛瘲，與說文合，當據正。

卅三葉下六行　陌韻虎伯切 砉　案此字原本玉篇萬象名義石部作砉是也。朱氏說文通訓定聲

解部劃下云：字亦作砉，莊子養生主砉然嚮然，司馬注：皮骨相離聲。按字宜從石圭聲。」字又作騞，列子湯問騞然而過，釋文：破聲。西征賦繣㞑解而冰泮，注：繣，破聲也。字作繣。」朱氏之說可謂至精。古音支錫兩部音近，砉與繣音近義通，是砉字當從圭聲無疑。本紐從砉之字均宜從圭作。

陌韻虎伯切　硅　硅破　案此字即上文砉字，集韻爲一字也。硅作砉誤

卅五葉八行　麥韻於革切　蚅　蚅烏蠋大如指似蠶　案注烏蠋當從爾雅釋蟲作烏蠋。詩韓奕毛傳亦云：「厄烏蠋也。」

卅九葉一行　錫韻苦擊切　慗　慗敂也　案慗當作𢥠，集韻錫韻詰歷切𢥠敂也，是其證。

四十四葉下六行　合韻古沓切　敆　敆合會也　案說文此字從攴作敆，不從久。

四十六葉下二行　盍韻嚺倉雜切　案倉雜切有誤，雜字在合韻，敦煌本王韻作倉臘反是也，當據正。

四十八葉一行　怗韻他協切[illegible]鼓無聲

案集韻此字從占作𪔂。

廣韻校勘記再補

周士琦

一、一九四頁九行屏字注「屏盈徬徨」，「盈」應作「營」。

二、二六二頁四行宇字注「鮮卑呼草爲俟汾，遂号爲俟汾氏」，「俟汾」誤，當作「侯汾」。

三、四四九頁二行屋第一上，「鳥俗」當作「鳥谷」。

四、五三七頁九行「迺」當作「匝」。

五、五六〇頁六行「入檻」下應有「韻」字。

六、五六一頁二行「火快切」應作「火怪切」。

七、五六七頁二行「譌作不」，「譌」當作「均」。

八、五七四頁五行「唐錄序」，「錄」當作「韻」。

九、六六一頁六行「誤。案贕又見灰韻音杜回切，可證杜字是也」，當作「贕爲澄母字，作柱是也」。

十、七五三頁六行「出薄洛之上」，「上」當作「山」。

十一、七六四頁四行「巾箱本」三字當删。

十二、八二六頁二行「澧吐鎬」，「澧」當作「澧」。

十三、八三五頁九行「河洛尹地」，「尹」當作「伊」。

十四、八六二頁十行「譌作昪」，「昪」當作「㫒」。

十五、八六五頁六行「改作弃」，「弃」當作「弁」。

十六、八八三頁三行竫字注「停足」，「足」當作「安」。

十七、九〇六頁五行「集韻作躅」，「躅」當作「蠲」。
十八、九一二頁一行「舂」當作「惷」。
十九、九六七頁四行「賣在夬韻」，「夬」當作「卦」。
二十、九九二頁七行「改作摯」，「摯」當作「贄」。
二十一、一〇一七頁九行「巾箱本」三字當刪。
二十二、一〇二三頁四行「昔部」當作「昔韻」。
二十三、一〇四〇頁九行「汝鳩切」「女鳩反」，「鳩」並當作「鴆」。
二十四、一一二七頁三行「敦宫王韻」當作「敦煌本王韻」。
二十五、一一三四頁十行「巾箱本」三字當刪。
二十六、一一七四頁八行「卅六」當作「卅八」。
二十七、一一七五頁四行「此汀下蓋脱打字」，「打」當作「朾」。

周祖謨校

廣韻校本

下册

附　廣韻四聲韻字今音表

中華書局

部首檢字表

周士琦　編

中　華　書　局

説　明

1. 本檢字表的部首採用通行的214部。

2. 《廣韻》中的字體多有與現在通行的繁體字不同者，為便於讀者檢索起見，本檢字表採用通行的繁體字。

（一）部首目録

部首右邊的號碼指部首所在的頁碼。

一　畫
一 11
丨 11
丶 11
丿 11
乙（乚） 12
亅 12

二　畫
二 12
亠 12
人（亻） 12
儿 16
入 16
八 16
冂 16
冖 16
冫 17
几 17
凵 17
刀（刂） 17
力 18
勹 19
匕（𠤎） 19
匚 20
匸 20
十 20
卜 20
卩（㔾） 21
厂 21
厶 21
又 22

三　畫
口 22
囗 25
土 26
士 28
夂 28
夊 28
夕 29
大 29
女 29
子（孑） 32
宀 32
寸 33
小 34
尢 34
尸 34
屮（屮 㞢） 35
山 35
巛 37
工 37
己（已 巳） 37
巾 37
干 38
幺 38
广 38
廴 39
廾 39
弋 40
弓 40
彐（彑 ⺕） 40
彡 41
彳 41
阝（在左見阜，在右見邑）
辶（見辵）
犭（見犬）
氵（見水）
扌（見手）
忄（見心）

四　畫
心（忄 ⺗） 42
戈 45
户 46
手（扌） 46
支 50
攴（攵） 50
文 51
斗 51
斤 51
方 52
无（旡） 52
日 52
曰 53
月 54
木（朩） 54
欠 59
止 60
歹（歺） 60

部首	頁
殳	61
毋（毋母毌）	61
比	61
毛	61
氏	62
气	62
水（氺氵）	62
火（灬）	67
爪（爫）	69
父	69
爻	69
爿	70
片	70
牙	70
牛（牜）	70
犬（犭）	71
艹（見艸）	
罒（見网）	
礻（見示）	
屮（見屮）	
月（見肉）	
月（見肉）	
㓁（見网）	

五　　畫

部首	頁
玄	73
玉（王）	73
瓜	74
瓦	75
甘	75
生	76
用	76
田	76
疋（⺪）	77
疒	77
癶	78
白	79
皮	79
皿	79
目（罒）	80
矛	82
矢	82
石	83
示（示礻）	84
禸	85
禾（禾）	85
穴	87
立	87
衤（見衣）	
罓（見网）	
氺（見水）	
毋（見毋）	
歺（見歹）	

六　　畫

部首	頁
竹	88
米	90
糸（糹）	91
缶	94
网（㓁罓）	94
羊（⺶）	95
羽	95
老	96
而	96
耒	96
耳	97
聿	97
肉（月月）	98
臣	100
自	100
至	100
臼（臼）	100
舌	101
舛	101
舟	101
艮	102
色	102
艸（艹）	102
虍	108
虫	108
血	112
行	112
衣（衤）	112
襾（西）	114

七　　畫

部首	頁
見	114
角	115
言	115
谷	118
豆	118
豕	119
豸	119

貝 120
赤 121
走 121
足 122
身 124
車 124
辛 126
辰 126
辵（辶） 126
邑（阝在右） 127
酉 129
釆 130
里 130
镸（見長）
𦥑（見臼）

八畫

金 130
長（镸） 133
門 133
阜（阝在左） 134
隶 135
隹 135
雨 135
青 136
非 136
飠（見食）

九畫

面 137
革 137
韋 138
韭 138
音 138
頁 139
風 140
飛 141
食（飠） 141
首（𩠐） 142
香 142

十畫

馬 142
骨 144
高 145
髟 145
鬥 146
鬯 146
鬲 146
鬼 146

十一畫

魚 147
鳥 149
鹵 151
鹿 151
麥 152
麻 152
黃 152

十二畫

黍 152
黑 153
黹 153

十三畫

黽 153
鼎 154
鼓 154
鼠 154

十四畫

鼻 154
齊 155

十五畫

齒 155

十六畫

龍 156
龜 156

十七畫

龠 156

（二）检字表

字右邊的號碼指該字在《廣韻校本》中的頁碼。

一部

一 470

一畫

七 470
丁 200
196
丅 310
丄 315
428
丂 305

二畫

万 399
531
三 226
445
丈 314
上 315
428
下 310
424

三畫

不 210
325
438
477
丑 324
丏 291
295
与 258
丐 382

四畫

且 73
310
丙 317
丕 59
世 381
亙 478
丘 209

五畫

丠 210
西 444
446
丢 135
丞 200
435

六畫

丣 325
所 260

七畫

並 322

十畫

亞 329

丨部

丨 285

一畫

丩 210

二畫

个 421
丫 169
午 312
426

三畫

中 26
346
丰 39
丯 387
丮 512

四畫

丱 407

六畫

串 407

七畫

弗 289

八畫

𠁥 46

九畫

非 337
丵 466

丶部

丶 265

二畫

丸 125

三畫

丹 123

四畫

井 320
主 265
冃 334

七畫

丽 376

十畫

腸 128

丿部

丿 380
497
乀 478

一畫

乂 393
厂 380
乃 276
𠂇 307

二畫

久 324

三畫

之 60

四畫

夭 250
乏 548
乍 424
乎 83
乎 83
朩 256

五畫

𠂢 386
𠂤 99
永 221
𠂔 281

七畫

乖 96

九畫

乘 45
乘 201
434

十畫

乖 96

乙(乚)部	亅部	二部	亠部		人(亻)部		
乚 281	𠄌 480	二 356	一畫	十畫	人 104	198	四畫
乙 474	亅 480		亡 177	[illegible] 159		433	仵 268
		一畫			一畫	434	件 294
一畫	一畫	于 75	二畫	十一畫	亼 534	仚 141	伋 534
九 324	了 297	亍 268	亢 182	亶 140	534	[illegible] 277	任 220
乜 310	[illegible] 297	465	430	285		内 240	442
					二畫	伏 382	仳 54
二畫	二畫	二畫	四畫	十四畫	仆 367	仢 504	248
乞 479	孑 477	五 268	亥 276	[illegible] 109	437	仛 506	251
也 309		云 112	交 154	[illegible] 66	440	仟 134	伐 479
	三畫	三 356	亦 519		532	仡 479	休 211
七畫	[illegible] 298	亙 370		二十畫	从 38	479	伏 438
乳 365	予 70	井 320	五畫	[illegible] 119	仄 530	[illegible] 85	455
	258		亨 187	256	仂 526	仔 65	仲 345
十畫		四畫			531	256	仯 418
[illegible] 57	六畫	亘 435	六畫		仃 196	付 368	伤 280
乾 124	[illegible] 198		亩 330		仁 104	仟 286	477
144		五畫	京 188		什 533	[illegible] 338	伕 299
	七畫	些 171	享 313		仉 313	以 253	仰 313
十二畫	事 359	374			仇 212	仗 314	428
亂 405	360	422	七畫		介 386	427	企 248
[illegible] 356			亮 426		仍 202	代 391	350
360		六畫	[illegible] 45		今 222	仙 138	仹 39
374		亟 360	亯 313			[illegible] 233	伂 383
		528	亭 196		三畫	448	㑊 138
十三畫		亞 423			仝 25	仕 255	[illegible] 448
[illegible] 394			八畫		142	仜 32	[illegible] 92
[illegible] 547			[illegible] 201		令 141	他 162	份 108
			亳 509		194	仞 394	伀 36

价 387
伃 70
佛 414
伊 56
伍 268
伎 46
244
348
夬 418
仿 314
伉 430
伈 330

五畫
佁 253
276
359
佚 471
作 372
421
508
佝 442
伯 512
佊 243
349
伹 71
268
但 124
286

403
佀 253
伸 105
伷 437
佃 136
409
伿 348
349
佒 184
佔 230
佌 245
似 253
伴 288
406
佇 258
佗 162
162
位 352
住 366
368
伭 135
低 89
⿰亻瓜 168
佟 34
伶 197
伱 256
余 69
171
佖 473

474
伺 61
358
佛 478
佅 388
侒 433
何 163
306
佂 194
佅 487
⿰亻出 476
⿰亻劦 418
佉 166
估 268
体 285
伻 191
佐 421
伾 59
佋 151
300
佑 436
伽 166
佈 371

六畫
侊 184
186
侗 25
33

238
侃 286
403
佪 98
侎 247
佽 356
侙 527
侀 196
佴 359
392
侍 360
佳 94
使 254
359
來 101
侘 171
424
侒 123
佼 154
301
302
侔 213
佻 146
147
侈 147
佩 389
侊 111
侏 79
佩 461

佹 244
侚 397
佺 143
佮 536
537
538
佾 471
侖 109
⿱亼月 68
依 67
⿰亻虎 508
侅 101
101
273
276
佯 173
178
併 320
322
433
佸 488
488
佫 510
侐 358
530
⿰亻囟 246
246
侜 212
佶 473

⿰亻西 460
供 40
347
侄 470
例 380
⿰亻成 27
佰 512
侑 275
436
侉 423
侣 258

七畫
侮 263
侳 166
422
俟 67
255
俊 397
俗 465
侹 322
434
俛 297
俄 162
⿰亻身 105
⿰亻兵 319
俇 315
係 374
俆 71

俞 78
438
俎 260
俒 118
401
俫 444
⿰亻少 161
信 394
俍 316
侻 489
⿰亻条 434
俑 33
240
⿰亻尨 41
242
俓 137
192
433
俏 416
俚 254
俔 291
410
俋 534
保 305
俜 433
197
侵 218
侯 214
倡 463

俅 212
⿰亻亘 217
俌 263
264
便 141
414
促 465
俁 261
⿰亻咎 443
俘 80
俙 67
257
倲 452
464
⿰亻氏 544
侳 272
⿰亻行 380
381
俠 543
倀 103
393
⿰亻否 276

八畫
倚 154
275
倗 203
323
436

倜	524	借	425		350	偈	381		411	偐	407	傛	37	僋	444
俳	96		518	倒	304	偲	61	偳	126	偤	207		240		444
倕	44	俴	292		419		102		126	健	400	傍	185	僉	228
⿰亻和	422		294	俺	446	偔	509	⿰亻角	202	偰	493		429	⿰亻率	474
倭	44	倈	63		448	偘	403	⿰亻卸	505	偆	280	傓	412	⿰亻爽	315
	166	倧	35	俱	82	偎	98	偅	347		280	傚	417	傶	462
	308	倌	127	倱	284	偝	389	偩	325	⿰亻既	392	傏	181	傘	286
俻	353		407	倡	175	偶	311	偛	536			傕	466	貸	358
佫	157	倇	283		428	偵	193		545	十畫		傗	461	傿	400
	325	倥	29	偒	349		432	⿰亻風	29	傎	137	傔	446	僄	153
倠	60		238	個	421		433	偬	238	備	353	傞	161		416
倪	91		344	俶	457	⿰亻恒	166		344	⿰亻㝵	462		161	⿰亻卷	138
俾	247	倍	277	候	439	假	310	偟	183	傆	399	⿰亻奈	371	僅	395
⿰亻往	428	候	376	倬	467		423	偫	255	傄	491	傋	242	傴	265
倫	109	倞	431	偺	537	偓	468	偷	216	⿰亻蚤	159		242	⿰亻帶	373
倩	408	倅	484	修	207	偪	455	⿰亻复	455	⿰亻咼	444	傅	368	僇	438
	432		390	倏	458		529	⿰亻癸	58	傒	91	傌	423		456
俵	417	倣	315	倉	182	偦	289		355	傜	150	⿰亻雀	428	僂	215
倨	363	俯	262	倆	460		413	⿰亻枲	39	傑	499	⿰亻郤	513		266
倔	478	倦	412	倂	319	⿰亻壴	366	偒	316	偊	80				442
倖	319	倓	225		432	偉	257	候	439		438	十一畫		催	99
倳	359		332			偠	298	俊	328		545	傷	174	粤	76
倀	180		445	九畫		偡	338	偙	373	傀	99		427	傪	223
	432	倢	541	偄	296	偃	282	⿰亻軍	118		274	傻	312		333
倲	25	俸	239		406	偕	96		31	傂	50		426	傯	470
俹	423		346	俁	525	偞	540	偏	141		51	傾	194		493
倰	203	⿰車人	403	側	530		544		413		246	傱	241	傺	381
	436	倯	40	偶	328	儌	355	停	196	傖	187		242	⿰亻密	491
值	358	倚	244		442	偭	295	偯	256	⿰亻族	472	⿰亻業	302	⿰亻柬	25

傭 37
38
𠍴 167
債 386
516
𠏉 433
434
傲 419
僆 294
409
傳 145
413
413
傮 159
僙 184

十二畫
僣 495
僝 131
僥 148
僖 64
㒈 447
僨 398
𠍽 63
㒋 50
僭 446
僚 147
301
𠏙 313

僕 454
462
僓 274
391
僤 140
286
403
僰 530
532
僒 278
僮 25
僦 438
𠐇 271
僐 294
411
僔 284
僧 203
僗 420
僜 202
436
僩 288
289
僎 110
296
413
僁 144
僬 149
150
416

僟 67
僯 277
𠏣 195
僢 280
僞 351
𠐊 294
297
𠏿 546
像 312
𠑲 263
僑 152

十三畫
㒔 451
464
僾 256
392
𠐐 423
儋 226
僽 438
𠐳 539
儁 397
儌 297
儉 336
儈 383
𠑚 315
儀 47
僻 521
522

𠐟 485
𠑷 176
價 423
㒒 222
331
443
儊 365
儅 182
429
僶 279
𠑓 166
儂 35
𠐲 166
儌 318
431
儇 142
𠑀 359
億 528
儃 124
140

十四畫
𠒋 535
𠑗 444
538
539
𠑬 390
𠒎 284
399

儛 263
𠐩 346
𠐗 43
儜 191
儐 105
395
儕 97
儒 77
儔 211
419
𠑝 101
392
儖 226
儗 256
360
392
393

十五畫
儡 99
274
儢 258
𠒗 481
497
㒓 243
𠑯 155
156
𠒢 541
𠑈 151

儥 451
457
優 204
償 178
428
𠑱 348
儲 72

十六畫
𠒉 298
儶 204
𠒃 387
𠑊 99
𠑸 245
𠑳 339
儭 396
396
儱 239
347

十七畫
𠒡 59
361
𠓁 282
293
𠑿 63
𠒑 340
𠒅 190
儴 176

𠓅 443
儳 203
儻 458
𠓓 232
447

十八畫
𠓕 375
𠓗 29

十九畫
儸 162
𠓙 138
𠓚 138
儷 376
𠓛 137
儺 163
儹 288

二十畫
儼 338
儻 316
430

二十一畫
儽 58
274
391

二十二畫
儾 430

儿部

一畫
兀 483

二畫
允 279
元 115
先 222

三畫
卯 356
兄 188

四畫
兇 37 241
兆 299
先 134 408
兆 268
充 29
光 183 430

五畫
克 431
免 296
兑 383

六畫
兔 370
兒 47 91
光 249
皃 47
兕 249
兟 220
兕 249

七畫
兖 295

九畫
𠑹 282
兜 217

十畫
𠒎 126
兟 111

十二畫
兢 202

十七畫
𠔀 519

二十二畫
𠔂 367 513

入部

入 534

一畫
亼 534

二畫
内 391

四畫
全 142

五畫
㑒 482
㒳 312

六畫
兩 312 426

七畫
俞 78

八畫
𠓜 334

八部

八 490

二畫
兮 91
公 29
六 456

四畫
共 40 346

五畫
兵 188

六畫
具 368
典 290
其 62 63

七畫
㒸 352

八畫
兼 231 446

十一畫
巽 355

十二畫
龔 130

十四畫
冀 355

冂部

冂 525

一畫
冃 305 440

二畫
冄 419

三畫
同 200 321
冉 229 336
册 516

四畫
冎 311
再 392

七畫
冑 437
冒 419 531

八畫
𡬶 264 217
冓 441

九畫
冕 297
㒼 128

十畫
冔 545
冣 145

十一畫
冕 367
冔 349 351

冖部

二畫
冗 206 220

六畫
冞 50

七畫
冟 519
冠 127 405

八畫
冢 240
冥 199
冡 31
冤 117

十畫
𠖥 370 424

十三畫
䍍 443

冫部

冫 201

三畫
冬 34

四畫
冰 201
沁 442
冱 371

五畫
冷 198
319
322
洞 321
冸 406
冹 477
481
况 428
冶 309

六畫
洞 345
洛 510
冽 499

七畫
涇 320
浹 543
544
546

八畫
凇 36
40
344
凅 370
凈 191
凋 146
准 279
凉 174
凄 89
凊 432
凍 25
344
凌 200

九畫
渫 543
546

十畫
滄 182
428
滕 201
涵 224
凓 471
凒 68

十一畫
㴘 43
漱 216
澤 473

十二畫
澌 50

十三畫
澿 331
443
澤 506
凜 221
330

十四畫
凝 202
435

几部

几 249
几 78

一畫
凡 233
234

三畫
凥 277

六畫
凭 201
435

九畫
凰 183

十畫
凱 275

十二畫
凳 435

凵部

凵 340

二畫
凶 37

三畫
凷 391
凸 483
495
凹 546

六畫
函 224
331

十七畫
鬯 158

刀(刂)部

刁 146
刀 158

一畫
刃 394

二畫
刅 146
分 113
398
切 374
493
刈 393

三畫
𠛅 31
刌 284
刊 125
𠛃 177

四畫
列 77
498
刕 57
刏 67
67
390
刎 280
判 490
483
492
刖 479
刑 195
划 168
307
422
刓 126
刑 195

五畫
刣 337
刢 197
刱 428
利 354
刨 216
別 501
502
刜 478
478
刞 364
判 406
刡 279
利 379
初 68
㓨 135
删 129
407

六畫
釗 143
刿 498
剌 349
刮 492
㓣 545
剁 423
刹 492
剳 507
制 379
刵 359
刲 94
刳 87
到 419
刯 490
刺 349
520
刻 531
券 399
刷 492
502

七畫
剡 487
㓝 524
剆 489
剉 422
剑 264
325

剅 215
217
剌 485
剋 531
剄 322
削 505
則 531
剮 137
剆 163
306
剃 373
前 135
莿 371

八畫
剝 137
剕 93
剒 304
剔 524
剛 182
剡 452
剞 245
剝 467
契 491
剧 379
478
剚 359
剭 517
剄 169

剒 508
剫 289
剜 126
剖 264
329
剠 189
剡 335
337
剟 489
501

九畫
剆 89
副 311
剪 318
剬 126
296
剸 36
剳 516
揄 216
剳 94
副 437
460
530
剫 506
剪 294
剭 450
469

十畫
剶 381
剴 376
剫 92
劇 117
罰 182
剴 101
103
創 177
428
剶 142
144
剩 435
割 486
剺 95
169
剽 471
剹 378
剻 539

十一畫
勢 63
剺 256
472
剿 313
剬 27
346
剷 472
474

剸 126
296
414
剽 152
416
劃 215
216
劐 282
396
劉 456
劃 215
442
勦 301

十二畫
劂 293
劁 465
劄 333
劁 149
416
劂 480
劀 508
劄 264
劃 36
劐 284
劌 395
劊 435
劊 491
492

劃 515
516

十三畫
劊 384
488
劋 542
547
劌 379
劇 512
劓 299
劉 205
劓 531
勦 301
劈 522
劐 293

十四畫
劍 448
劓 354
劓 531
劁 228
劑 378
493
502
劐 511
劃 491
447
劙 233

339
444
劑 52
373
劋 217
442

十五畫
劖 523
劕 541
劗 470
劘 511
515
劙 57
劚 129

十六畫
孼 474
498
劖 190

十七畫
劖 232

十八畫
劘 94

十九畫
劗 127

128
劙 376
劘 164

二十一畫
劙 48
270
376

力部

力 526

一畫
劜 492

二畫
劝 210

三畫
加 168
功 31
劧 282

四畫
劣 501
劤 399
劦 543
劥 186

五畫
劭 416
助 365
劮 471
劬 76
努 269
劯 421
劫 547
劳 474
勑 362

六畫
劼 490
劺 213
劮 474
劻 179
劾 388
392
532
効 417

七畫
勅 527
勉 531
勇 240
勃 482
勁 432
勑 186

八畫
勑 392
𠡱 312
勍 189
勉 297
𠢜 97

九畫
勒 531
勘 443
務 367
勔 295
勗 463
㔥 492
動 239

十畫
勝 201
435
勛 113
𠢽 261
𠢔 497
勜 239
㔪 492
勞 157
420

十一畫
勠 205
438
456
𠢪 507
募 369
勦 154
301
㔜 157
勡 416
勢 381
勤 114
勣 524
勥 179
313

十二畫
勨 312
312
勬 500
𠢹 145
412
𠢥 526
𠢳 357
379
𠢔 480

十三畫
勮 364
勰 543
𠢱 528
勱 388
𠣂 273

十五畫
𠣄 99
391
勴 363
𠣁 273
勵 380

十七畫
勷 176

十八畫
勸 399

二十三畫
𠣐 363

勹部
勹 155

一畫
勺 503
504

二畫
勿 477
勼 210
勻 110
勾 280
420

三畫
匃 382
𠣏 486
包 155

四畫
𠣓 156
匈 38

五畫
𠣗 191

六畫
匌 536
538
𠣝 110
匋 159
匊 457

七畫
匍 82
匎 110

八畫
匔 279
匑 47
𠤃 77
𠤄 416

九畫
匐 455
532
匏 156

十畫
匑 28
28
匔 532
匒 538

十一畫
匓 267

十二畫
匔 533
匓 436

十四畫
𠤁 457
458

十五畫
𠤆 344

匕（七）部
七 425
匕 250

二畫
化 425
𠤏 305

三畫
北 532

九畫
𠤕 304
匙 47

匚部

匚 177

三畫

匜 43

246

四畫

匡 179

匠 427

五畫

匨 413

匣 546

匤 465

𠥫 143

七畫

匧 147

415

医 543

八畫

𠥼 483

𠥻 185

匪 257

九畫

匭 250

十畫

𠥶 182

十一畫

𠥩 250

匯 97

274

𠦀 529

十二畫

匰 123

匱 353

𠦁 143

十三畫

匳 227

𠦂 485

十四畫

𠦃 287

十五畫

匵 451

十七畫

𠦄 529

十八畫

𠦅 437

二十四畫

𠦆 332

344

匸部

匸 272

二畫

匹 471

五畫

医 375

七畫

匽 282

𠥭 224

九畫

區 79

214

匿 528

匾 291

十畫

𠥸 92

十八畫

𠧃 92

十部

十 533

一畫

千 134

卂 278

394

二畫

午 268

协 531

升 201

三畫

卉 257

362

半 406

卌 535

四畫

平 59

𠦃 158

𠦄 537

539

五畫

華 129

473

六畫

卑 49

132

卓 467

協 543

卒 475

484

484

七畫

南 223

八畫

真 103

九畫

斟 536

𠦬 534

十畫

博 510

卜部

卜 454

二畫

卞 413

卝 319

三畫

占 228

446

卟 91

271

五畫

卤 92

卣 206

326

卣 520

卲 151

415

416

六畫

卥 92

𠧞 299

卦 385

七畫

𠨀 390

卣 147

八畫

𠧪 206

卩(㔾)部

二畫
卬 185
313

三畫
危 42
卯 301
夘 271

四畫
印 396
危 51

五畫
却 504
卲 416
卵 287
308
即 529
卹 353

六畫
卶 350
351
卸 425
卹 476
卷 145
283
295
412

七畫
卼 483
卽 529
卻 503
504

八畫
卿 188

十一畫
𠨲 470

十六畫
𠨹 139

厂部

厂 286
403

二畫
仄 228

三畫
厈 424
厇 517
厌 530
厄 165

四畫
岸 503
厊 310
厎 387

五畫
厏 311
311
厑 35
底 249
253
厌 214
居 267
269
厒 547
厓 538

六畫
厓 95
厗 538
辰 256
276
390

七畫
厖 40
庯 81
厙 425
425
厥 43
厚 327
439
厗 90
厞 546

八畫
厡 524
厨 538
厝 371
508
原 115
厔 221
厞 258
362
厜 52

九畫
𠩺 64

十畫
厬 540
厤 137
厤 523
厥 478
480
厪 255

十二畫
厰 221
334
335
厭 336
445
542
㕓 250

十三畫
厲 380
辟 520
厴 232
233
𠫃 51

十七畫
𠫅 336

二十七畫
𠫆 115

二十八畫
𠫇 115

厶部

厶 56

一畫
厷 482

二畫
厸 338
厹 212

三畫
去 261
364

四畫
厽 483
厽 244

六畫
叀 413

九畫
叄 315
𠫭 316
參 222
222
223
226
444

十一畫
𠫯 247

十四畫
𠫾 109
397

又部

又 436

一畫
叉 95
169

二畫
及 481
友 323
㕚 302
殳 423
及 534
反 116
283

三畫
攴 158

四畫
𠬪 300
叒 504

六畫
叕 501
受 326
叔 458
取 266
329
㕞 502

七畫
叚 310
叛 406
328
[illegible] 387
叟 328

九畫
[illegible] 105
[illegible] 334
曼 128
400

十畫
[illegible] 353
377

十一畫
[illegible] 476
501
[illegible] 64

十二畫
[illegible] 509

十四畫
[illegible] 531
叡 378

十六畫
叢 33

二十畫
[illegible] 531

口部

口 329

二畫
叱 474
只 42
242
史 254
台 61
102
句 76
217
366
441
[illegible] 212
㕣 295
叫 414
叨 158
号 419
叩 329
叮 196
叶 543
司 61
可 306
古 267
叵 309
右 323
436
召 416
416

三畫
名 194
各 508
向 427
427
后 327
439
合 536
536
吅 117
142
346
同 25
吃 479
吒 424
[illegible] 184
430
吕 253
吉 471
吁 76
368
叩 60
357
吐 266
370
叿 34
吴 425
吕 258

四畫
吨 285
吪 165
听 278
282
吟 221
443
[illegible] 36
告 419
462
[illegible] 469
[illegible] 272
[illegible] 396
吡 502
[illegible] 156
冏 484
490
500
含 224
吰 190
吠 393
吳 85
呐 502
吵 300
303
吮 280
295
297
[illegible] 263
264
吽 329
吸 535
吺 217
呈 194
433
吹 45
350
吻 280
吷 502
[illegible] 537
吧 169
169
吱 350
呀 170
473
[illegible] 471
吼 329
呃 442
386
[illegible] 406
启 271
吝 394
君 113
吞 122
135
吾 85
170
否 251
325
340
吭 184
316
429
吣 442

五畫
呦 217
呶 154
呱 84
呤 198
呰 248
周 208
[illegible] 311
[illegible] 517
命 431
咎 157
325
和 165
422
呪 208
437
咉 184
316
呫 543
呬 355
357
咄 482

	489	音	441	咶	388		359	唆	164	哩	496		445	[口固]	83
咍	100	咏	431		389	咠	533	哦	162	哻	264	唯	57	唱	428
呼	85	咇	473		492		534	哰	157	[口巠]	433		252	唵	332
咆	156		475		56	哇	95	哿	306	[口辰]	103	啎	370	啄	452
咋	424		498	咻	211		171	唇	103	[口戒]	387	售	439		467
	513	呞	62		264	咭	471	哲	499	[口弟]	89	[口或]	516	啀	95
	516	[口并]	486	[口后]	327		473	哥	161	[去可]	424	唹	71	唻	97
呴	329				329		490	唐	180	[口去]	103	[口敢]	502		276
	367	六畫			442	哂	277	唁	411	唊	543	啒	482	啐	389
咊	165	[口冊]	389	哈	538	哄	346	哏	181	哱	501		483		390
呥	229		486	啐	486	咥	357		426	唅	225	[口乳]	328		391
呺	149	咳	102	咟	515		471	哢	344		443	唲	47		476
呷	547	咬	154	[口肙]	502		495	哼	483	唌	124		95	啖	334
呻	105		156	响	474		498	哺	372	哹	210	[口鬼]	95		445
咈	478	咹	485	哆	171	[口戎]	476	[口乩]	544		210	唸	411	唴	429
味	360	咤	171		247	[口有]	461	哽	317		213		446	啜	378
呢	55		424		306	咢	508	咏	238	[口谷]	451	唫	221		381
呵	163	咸	231		311	品	331	哮	155	[口身]	105		331		501
	422	哉	102		360	[口口口]	200		417	[舟圭]	366	呰	93		502
呿	166	咫	242		421	哃	26	哳	493	唧	472		248	啑	372
	364	咨	54		424			哤	41		529		270		547
	547	哀	101	咷	159	七畫		哨	148			啡	276	唪	239
呭	380	哷	513		414	哫	465		416	八畫		[口妥]	439		240
呚	149	咦	60	咼	95	哵	490	唄	388	啁	156	[口困]	278	[口取]	81
呣	217	咮	79	咽	136	唏	257	哯	291		212	啅	467	啞	310
呾	485		212		410		363	唈	535	唾	422	唬	423		423
	492		368		497	唉	64		538	啕	159		515		513
咀	261		437	咺	283		101	哭	451	啗	225	[口叔]	459		517
	261		440	咡	63		273	書	293		334		525	唭	360

唶 425
啉 224
啇 523
商 174
啓 271
問 397
⿰口官 129
啌 42
唉 376 498
啍 121
啚 84 249

九畫

喌 208 458
⿰口豈 458
啺 180
⿰口叟 530
⿰⿱口口只 197
啣 505
⿰口律 476
⿺九咼 243 244
單 123 140 294 411
呺 509
㗊 535
喟 354 387
喙 393
喘 296
喛 116 406
喼 276
⿱呴灬 264
喠 239 242
喚 406
啾 207
哂 541 542 545 546
喤 186 186
⿰口癸 489
喗 281
嗇 528
⿰舟占 84
喎 95
⿱奴各 503
喬 149 152
喻 367
喉 214
喃 232
喋 543 544 546
喈 96
喊 335 338 339
⿰口是 47
喁 38
喝 389 485
啻 350
善 293
⿱罒哥 211
喜 253 360
喆 499
喪 182 430
喧 117
喀 513
啼 89
喑 222 224 443
嚂 483 490
喭 403 411
喥 506
喫 525
喔 468
喓 152
嘅 392

十畫

嗕 464
⿰口脊 547
嗄 389 426
喿 420
嗣 358
嗝 517
嗊 239
㗚 472
嗜 354
嗑 538 539
嗔 106 136
嗖 144
嗥 304
嗞 65
嗒 536 539
嗤 65
⿰口芺 415
⿰口芴 545
⿰口冓 217
嗦 371
嗌 518
嗟 167
嗛 338
嗃 155 417 509
嗙 186
嗇 528
嗀 469
嗚 87
⿰口臬 415
嗁 89
嗈 38
嗸 453
⿰口疾 472
⿰口尃 510
⿰口戠 460
⿰口孫 401
器 182 430
嗗 490
⿱田里 163
嗂 151
⿰𧾷卑 243
⿱林吅 208
441
嘟 513

十一畫

⿰𧾷召 414
哱 85
嗼 507 512
嗺 81 100 100 252
⿰口祭 493
⿰口動 35 345 346
嗿 333
⿱莫口 82
⿰口冒 535
⿱殹口 96
⿰口窒 472 498
⿰口率 377 502
⿰口造 328
嘓 515
嘍 215 329
嘐 154
嘁 537
嘎 491
嘆 124 402
⿰口聊 157
嘈 160
嗽 441 452 467
嘕 141
嘌 153
嘔 214 329
嗻 425
嗾 328 441 441
嘒 376
嘖 513 516 516
嗷 160
嗹 136
⿰口寅 278 292 414
夢 171
嘗 178
⿱戚口 459
嘏 310
嘉 168
嗸 160
哲 306
嘘 71 365

十二畫

嘹 148 415
嘬 389
嘽 124 293
⿱罒吕 437
嘳 354 387
嘪 272
噅 44
嘯 414
噎 497
嘵 148
嘻 64
噉 334
噁 371
嘾 332
噴 122 401
嘲 156
嘶 92

噆 333
537
嘫 132
嘺 153
噍 150
207
416
嘷 156
嘰 67
噏 535
[illegible] 478
噎 495
嚱 389
[illegible] 534
噇 42
噋 31
511
噈 459
噂 284
噌 191
嘮 156
噊 475
475
[illegible] 515
[illegible] 132
噢 265
460
嘄 508
511

十三畫
[illegible] 535
器 356
噪 420
噥 35
41
[illegible] 164
165
噱 505
噳 261
噦 384
480
500
噧 387
485
[illegible] 68
噤 331
442
[illegible] 166
[illegible] 411
噰 38
噫 64
386
噩 509
[illegible] 435
噣 437
440
463
467
噞 336
445
噲 388
[illegible] 490
[illegible] 306
310
424
噔 539
[illegible] 525
[illegible] 416
[illegible] 485
[illegible] 379
噭 414
[illegible] 519
[illegible] 469
噡 228
噮 411
[illegible] 156
211
[illegible] 476

十四畫
嚇 423
514
[illegible] 360
530
嚂 334
335
444
444
嚄 513
[illegible] 547
[illegible] 537
嚊 353
[illegible] 284
[illegible] 538
[illegible] 252
嚀 199
[illegible] 276
嚌 373
[illegible] 469
嚅 77
[illegible] 369
[illegible] 95
嚝 186

十五畫
[illegible] 385
嚘 204
嚚 107
嚗 467
468
嚜 352
[illegible] 499
嚖 376
嚔 372
[illegible] 470
[illegible] 472
[illegible] 303
[illegible] 544
[illegible] 512
[illegible] 302
[illegible] 104
136
[illegible] 541
[illegible] 534
[illegible] 415
嚛 453
462
嚮 313
427

十六畫
嚥 410
嚨 32
[illegible] 32
嚫 396
[illegible] 252
嚬 107
嚧 886

十七畫
[illegible] 229
445
嚳 462
[illegible] 46
350
[illegible] 306
嚴 233
[illegible] 125
嚶 190
嚵 233
232
337
447

十八畫
囂 149
160
[illegible] 513
[illegible] 540
囁 542
542
嚾 406
嚼 505
囀 413

十九畫
囋 404
486
囉 163
囊 185
[illegible] 380
[illegible] 508

二十畫
[illegible] 513
囍 131
[illegible] 486

二十一畫
[illegible] 403
406
囑 463

二十三畫
[illegible] 233

囗部

囗 66

二畫
四 356
囚 211
[illegible] 535
545

三畫
囟 394
因 103
回 98

四畫
囮 165
207
囤 284
囦 137
囩 107
困 401
囧 318
园 126
[illegible] 33
41

五畫
固 429
囹 197
囷 107

110
278
固 370
囪 529

六畫
囯 498
囿 436
461

七畫
圄 258
圎 138
143
圅 224
圃 270
371
圂 401
囘 517
圁 107

八畫
㘡 468
圚 192
國 532
圀 296
圉 258
啚 536

九畫
圐 492
圈 283
295
401
圌 45
144
圍 66
361

十畫
圓 144
嚞 107
285
圔 546
園 115

十一畫
圙 507
圖 84
團 126

十二畫
圛 142

十三畫
圜 130
144
𡈽 519

十七畫
𡈼 207

十九畫
圞 128

土部

土 266
267

一畫
圠 491
壬 322

二畫
圣 484
圤 468
圢 290
322
圱 219

三畫
圪 474
479
㘸 134
在 276
393
圯 61
圮 451
圬 87
圭 93
地 357

四畫
坂 283
坅 330
坒 357
473
坋 281
398
401
圿 491
圻 67
114
122
呈 496
坌 281
398
401
𡉣 528
坐 308
422
坉 121
284
均 110
坑 186
坈 544
址 253
𡉻 219
坊 175
177
坎 333
坻 242
坄 216
521

五畫
坱 316
坤 122
坲 478
坾 487
垩 431
坪 188
坎 494
495
坢 288
坩 226
坯 100
坦 286
坡 165
坺 479
489
坭 271
𡊛 457
坷 307
421
坴 456
坳 156
坬 426
坣 180
坴 113
398
坻 55
242
271
垌 200
坫 320
446
坿 80
366
垂 44
坥 71
364
坍 226

六畫
垒 244
353
垕 327
堙 103
垎 514
𡋟 499
垈 479
垢 328
垤 495
垙 183
垗 299
城 193
垝 244
348
垑 247
垛 308
垍 355
垘 532
垔 103
垣 115
垚 148
型 196
垓 101
垐 55
530
垠 107
114
122
埩 191
192

七畫
埊 521
埅 55
472
529
530
埁 220
221
埔 240
埣 195
埌 429
垸 126
404
404
埿 395
399

⿰土究 438
埃 101
埈 396
坶 461
埆 468
埏 139
140
垔 308
埍 291
292
垷 291
291
埋 97
垹 41
⿰土孛 482
埂 186
317
坒 272
垾 402
埒 501
垻 425

八畫

埶 380
埝 446
544
基 63
堇 105
114
281
堂 180
⿱癸土 386
⿰土句 94
埪 29
埬 25
⿱非土 362
埤 49
堄 272
374
埱 457
堊 509
堆 99
埳 333
埵 307
堋 203
204
436
埰 393
埾 368
堈 182
埧 368
堁 309
391
422
423
場 519
堀 478
484
域 530
⿰土長 176
埴 360
527
堅 135
⿰土豖 465
埯 335
338
埫 239
堵 267
309
埲 239
埭 391
埽 304
420
埢 295
執 533
堉 457
埻 279
511
515
培 100
327
埿 93
376
447

九畫

堖 34
41
坙 44
堹 347
⿰土臿 536
堸 28
堭 183
堠 439
堢 305
堬 78
⿰土录 391
⿰坴且 310
埕 496
⿰土复 460
堡 305
⿱癹土 158
213
堗 482
堚 118
130
354
⿰土疒 513
⿰土度 267
堩 435
報 420
堪 225
堞 543
堦 96
埥 164
堧 142
296
422
堤 47
89
271
⿰土則 528
場 176
堣 74
堨 485
堮 509
堝 164
⿰土彖 296
堅 355
38
埬 409
堰 282
400
412
堛 530
堯 148
堙 103

十畫

塍 201
⿰月坐 99
塯 438
塖 201
⿰土袁 371
⿱浧土 321
⿱⿰礻又土 459
⿰土室 131
132
140
填 106
136
395
409
塙 468
塘 180
⿰土屖 55
⿰土栗 472
塞 392
532
⿱淩土 240
塗 84
170
塑 371
塋 193
塎 240
塚 240
塓 525
塊 391
塉 521
塕 239
⿰黑土 388
塒 61
塤 116
塔 539
塏 275
塩 227
塢 268
塠 99

十一畫

塲 175
鉛 275
⿰土寅 106
墅 261
墓 369
⿰土巢 154
塟 281
墍 91
375
墉 37
墌 520
境 318
塹 445
墀 55
塸 329
墐 105
396
墆 374
495
塽 313
墄 533
塿 329
墁 128
406
塼 424
塻 507
墋 331
墊 446
543
塾 457
塵 106
⿱厤土 98
422
墇 175
427
墟 73

十二畫

⿰土尞 147
416
墠 293
墣 454
468
墦 116
墲 75
82
88
墜 358
墮 44
308
308
墜 357

壄 309
墩 121
墡 294
墫 110
增 203, 436
[illegible] 500
[illegible] 356, 375
墝 155
墳 112, 280
墨 531
墭 433
墤 99, 387
[illegible] 67
墪 500
[illegible] 94, 273, 385
墺 420, 460

十三畫

墼 522
[illegible] 419
[illegible] 360, 527

[illegible] 166
墾 285
墽 148
[illegible] 446
墿 519
壃 176
墻 178
壅 38, 240
壂 409
壁 525
[illegible] 484
壇 124
壈 334
[illegible] 347

十四畫

壐 246
壆 365
壎 117
壏 335, 339
壔 304
壕 157
[illegible] 534, 541
[illegible] 484, 492
壓 546

壑 509
壒 382
壍 445
[illegible] 335
壙 430

十五畫

[illegible] 99
壘 251
壥 141

十六畫

壛 227
[illegible] 529
壚 86
壜 223
[illegible] 57, 252
壠 239
壞 386, 388

十七畫

[illegible] 105
壤 314
[illegible] 46

十九畫

[illegible] 391

二十一畫

[illegible] 416

二十二畫

[illegible] 430

士部

士 255

一畫

壬 220

四畫

壯 428
[illegible] 314

六畫

壴 368

七畫

[illegible] 493, 497

九畫

壺 83
壻 374
壹 470
壼 112

十畫

壺 285

十一畫

[illegible] 316
壽 326, 439

夂部

夂 252

一畫

夃 84, 268

三畫

夆 41

四畫

[illegible] 38, 39
[illegible] 382

六畫

[illegible] 29

夊部

夊 52, 58

四畫

夋 110
[illegible] 454

五畫

夌 200
[illegible] 338, 339

六畫

[illegible] 34, 344
复 455

七畫

[illegible] 390, 422
夏 310, 310, 424

十畫

堎 201, 528

十一畫

夐 408, 433

十六畫

夒 58

夕部

夕 521

二畫
夗 283
外 384

三畫
夙 460
多 161

五畫
𡖄 192
夜 424

七畫
𡖗 163
𡖤 224
334

八畫
夠 216
217

九畫
𡖵 355
夥 101

十畫
𡖿 452

十一畫
夤 106
𡖬 63
𡖼 273
309
募 511
夢 28
345
𡗀 166
309
𡖍 146

十二畫
𡖍 309

十五畫
𡗊 274

大部

大 382
421

一畫
夭 299
305
153
太 381
夫 80
81
天 135
矢 498
央 388

二畫
央 179
失 472
本 158
夯 303
305

三畫
夰 335
矣 91
夸 168
夷 53

四畫
夽 109
夽 181
夾 545
夾 336
519

五畫
奇 45
49
奔 400
奄 89
奆 418
奈 84
奘 246
387
臭 305
520
歎 477
奄 337
奞 171
奎 541
奈 382
421
扶 288
奉 240

六畫
奏 441
奊 496
奋 377
497
奓 171
424
奐 406
奒 101
奎 94
奔 121
402
奕 519
契 375
479
497

七畫
奚 91
奘 317
429
畚 284

八畫
奞 291
套 303
奞 58
149
280
394
396
奝 497
奩 530
奝 146
奭 313
奘 257
奢 167

九畫
奮 509
奧 420
奫 319
奡 419
奠 409
434

十畫
奪 488
奰 148
153

十一畫
奪 488
奫 108

十二畫
奰 400
契 378

十三畫
奮 398
奮 488
奭 519

十四畫
奮 128

十五畫
奰 353

二十畫
𡙈 506
506
奲 311

二十一畫
奰 353

女部

女 260
365

二畫
奴 85
奵 321

三畫
好 305
421
妏 130
407
妧 400
妁 503
504
妊 312
370
424
如 73
365
妖 529
奸 124
妃 66
390
妝 324
改 253
妄 428

四畫

妢 113
妐 36
妎 375
382
⿰孑攵 305
421
妛 65
⿰女氏 247
妘 112
妌 320
妧 405
妋 81
204
⿰女夬 495
502
妑 169
⿱比女 353
妝 178
妥 308
妒 370
妨 180
428
妉 224
妤 70
妦 39
妓 49
244
妣 250
357
妠 444
493
538
妙 416
⿰女及 537
妊 442
妖 153
妗 228
231
232

五畫

妳 272
妷 470
妾 542
妻 89
374
妿 161
163
姕 48
48
51
妹 389
妺 487
妸 163
307
姉 250
姏 227
姑 84
⿰女戉 480
妬 370
妭 489
姆 440
妲 485
姐 311
妯 208
456
委 44
243
⿱代女 81
妵 328
妼 473
姅 406
406
姗 124
⿰女平 191
姌 336
337
姎 184
316
姑 328
541
姒 253
姂 448
548
548
始 255
姓 433
姁 76
77
264
367
姈 199

六畫

⿰女朵 336
姝 82
姼 47
243
247
姳 321
姚 150
姻 103
姛 239
⿰女朵 423
姽 244
248
姰 109
409
姺 111
290
姡 488
492
姤 441
⿰女巵 308
309
姦 130
姶 538
姡 103
325
⿰女耳 359
娃 95
姞 473
姥 266
姬 61
63
姪 470
495
娀 27
姷 436
姱 168
姸 137
姨 53
姘 191
197
姟 101
㛄 68
姣 153
302
威 66
[illegible] 447
⿱列女 499
姿 54
姜 176
娑 269

七畫

娛 74
370
娖 469
娞 275
⿰女生 164
166
娭 64
娗 196
321
娩 283
297
397
400
娥 162
⿰女余 170
⿰女更 304
⿱癸女 404
娡 358
娝 249
娓 41
娙 191
196
娋 155
418
娨 407
娌 254
娉 433
娠 105
393
娜 306
⿰女夾 336
543
544
娕 469
娪 85
⿰女豆 440
⿰女孛 433
娑 161
306
娎 415
502
娘 178
娣 271
373
娧 385
500
娓 59
256
352
娟 143

八畫

娽 453
464
婟 269
370
婌 457
婥 504
⿰女沓 537
⿰女乳 328
婬 220
婔 66
婆 164
[illegible] 228
229
娶 77
368
⿱阿女 163
307
婪 224
婘 145
娺 57
490
婦 324
婕 540
娬 264
婧 192
320
433
婞 322
娵 81
婭 423
娸 63
⿰女厓 97
273
⿰女奄 448

婐 168
308
婕 544
婄 100
327
329
婉 283
婠 126
405
490
婓 66
婁 79
215
婤 208
208
娷 342
婏 367
400
婎 60
357
婗 91
婢 247
媏 103
婚 122
[illegible] 135
[illegible] 93
婍 245
[illegible] 335

九畫

媧 95
168
婼 47
171
504
媖 187
媌 155
302
媛 115
411
[illegible] 545
[illegible] 403
娋 318
[illegible] 141
[illegible] 304
[illegible] 223
337
538
婾 78
216
婸 315
[illegible] 310
[illegible] 195
媓 183
[illegible] 379
380
婺 406
[illegible] 367

婜 60
64
[illegible] 338
嫂 304
媣 226
媥 141
媄 249
媊 48
294
媨 438
媁 67
257
媉 469
婹 298
媚 352
媒 98
媅 224
[illegible] 531
媟 498
婧 308
423
[illegible] 401
媞 90
243
271
媢 305
355
419
462

媀 366
媪 305
[illegible] 273
媦 361

十畫

[illegible] 117
[illegible] 60
[illegible] 336
婫 349
媿 354
嫂 304
媰 80
媱 150
媽 266
[illegible] 351
媷 464
嫄 115
[illegible] 536
[illegible] 249
媸 65
[illegible] 91
嫈 190
195
432
[illegible] 439
媵 434
434
媻 128

164
嫁 423
嫇 190
199
321
嫉 358
472
[illegible] 458
嫌 231
媾 441
嫋 298
[illegible] 293

十一畫

[illegible] 511
[illegible] 266
[illegible] 473
[illegible] 419
嫯 216
嫣 141
145
297
400
嫖 153
416
[illegible] 375
嫪 157
420
嫚 407

[illegible] 167
[illegible] 370
嫫 82
[illegible] 223
333
538
[illegible] 330
333
337
[illegible] 352
533
嫩 401
嫗 366
嫥 143
嫧 516
516
520
嫙 143
413
[illegible] 160
419
嫛 91
嫡 512
523
[illegible] 164
[illegible] 63
[illegible] 52
251
291

十二畫

嫼 491
嬋 140
嬀 44
[illegible] 139
297
409
[illegible] 400
嫵 263
嬌 149
152
300
嬆 535
[illegible] 77
[illegible] 155
嫽 148
301
415
[illegible] 308
422
[illegible] 84
[illegible] 331
337
嬉 64
360
嬈 298
299
415
嫺 131

嫿 515
[illegible] 293
[illegible] 497
502
[illegible] 480
嬇 387
390
[illegible] 454
[illegible] 295

十三畫

嬗 124
285
411
嬚 335
嬙 178
528
嬛 142
143
195
嬐 336
嬒 384
488
[illegible] 111
[illegible] 221
224
227
嬴 192
嬖 375

𡡾 272 375 386
𡢃 476
嫛 243

十四畫

嬪 106
嬣 191
嬲 298
嬰 193
嬮 230 445 542
嬥 147 298 415 468
嬳 505 511
嬐 333
嬱 446
嬩 70
嬬 77
𡣞 444
嬯 101
嬭 271 272

十五畫

𡤒 503 504
𡤋 532
𡢷 519
嬻 451
嬼 323 438
孍 132 143 145

十六畫

嬾 286
嬿 290 410
𡤻 298
𡣗 97
嬴 192
𡣸 107
嬹 202 435

十七畫

孀 178
孅 228
𡤸 300 338 533
𡤧 50
𡤬 500
孃 176 178
孁 198

十八畫

孉 145
孈 246 252 351 385
𡤿 545

十九畫

孋 48
𡥂 404 404
孌 412 295

二十畫

𡥆 505
𡥄 171

二十一畫

𡥊 58
孎 465 467

子(子)部

子 255
孑 241 478
孓 502

一畫

孔 238

二畫

孕 434

三畫

存 120
𡥈 256
孖 65 359
字 359

四畫

孜 65
孚 80
𡥉 154 417
孝 417
孛 389 482

五畫

孡 102
孟 431
孠 358
孤 10 84
季 356
孥 85

六畫

孩 102
孨 296 413 535

七畫

㝃 283 297
孫 119
𡦹 379

八畫

孮 35
孰 457

九畫

孱 131 140 289

十畫

𡦗 65 359
孳 213
㝅 328 441
孴 256 535

十一畫

孵 81
孷 64

十三畫

學 469

十四畫

孺 367
𡦻 441

十五畫

𡦾 367

十六畫

孽 499

十七畫

𡧀 417

二十二畫

孿 407 413

宀部

宀 142

二畫

它 162
宄 250
宂 240
宁 73 258

三畫

宅 514
宊 326 436
安 123
宇 262
守 324 437

四畫

宏 190
宎 482
穷 108
宖 37
𡨀 387
完 125
宆 410
宋 346

五畫

定 434
宔 435
宐 47
弦 190
191
宗 35
宓 472
474
宔 265
宜 47
宙 437
宛 117
283
宕 429
㝉 525
官 127

六畫

宥 436
宋 525
宗 317
客 513
宣 298
宎 47
室 472
宣 142
宦 407
宧 61
宮 27

七畫

宴 290
410
宵 148
宷 331
容 36
宲 170
宊 47
宰 276
宊 212
宸 104
宬 193
家 168
宲 305
宭 113
113
害 382
宦 181
316

八畫

寅 53
106
宻 169
寄 349
寂 525
寀 276
宿 438
460

密 474
寁 333
541
㝛 69
寇 439

九畫

寎 431
寏 126
寑 330
寓 262
寍 161
寍 199
寔 136
㝢 375
497
寒 122
寋 282
富 437
寔 527
寘 148
寓 366
寐 355

十畫

寖 185
寘 348
索 509
512

517
寗 433
寋 441
㝯 259

十一畫

察 490
寑 330
寨 104
㝥 47
寥 147
523
實 470
寞 507
寤 483
寢 330
寣 370
寝 225
康 182
317
寧 199
寨 389
532
寂 446
544
寡 311

十二畫

寫 310

寫 245
寑 225
寮 147
寬 128
審 331
寯 152
寝 330

十三畫

寯 397
窫 522
寰 129
409

十五畫

寮 137

十六畫

寵 239
寴 104
396
竅 457

十七畫

寶 305
寱 210

十八畫

寋 532

寢 73
259
364
寶 29
寥 345

十九畫

寐 355

二十一畫

寱 243
272

二十二畫

寰 330

二十三畫

寝 225

二十四畫

寢 436

寸部

寸 401

三畫

寺 358

四畫

寽 476

六畫

㝵 392
封 37
346

七畫

射 424
425
519
521
專 81

八畫

專 143
將 177
428
尉 361
477

九畫

尌 366

366
尉 362
尊 120
尋 218

十畫

尌 303

十一畫

對 390

十三畫

導 419
對 390

十四畫

𡬶 296

小部

小 299

一畫
尐 502
少 299
417

二畫
尒 247

三畫
尖 229
尗 458

五畫
尚 178
427

七畫
党 413
尞 513

八畫
𡮴 328

十畫
尟 292
尠 292
368

十一畫
𡮶 459
530

十二畫
𡯀 396

尢部

尢 184

一畫
尤 204

二畫
尥 526

三畫
尦 156
415
尪 125
尫 82

四畫
尩 184
尬 387
尨 41

五畫
尮 309
尯 307
421

六畫
尲 354
𡯗 282
415

七畫
𡯛 274

八畫
𡯫 390
𡯸 224
322
𡯽 351
245

九畫
就 438
尰 241
尳 274

十畫
𡰀 90
𡰃 231

十二畫
尵 97
99

十三畫
𡰌 89
90

十九畫
𡰖 45
132
423

二十二畫
𡰙 94

尸部

尸 56

一畫
尺 520
尹 279

二畫
尼 55
𡰯 53
尻 160
𡰱 293
296

三畫
𡰳 452
462

四畫
尿 414
尾 256
屁 354
局 463

五畫
屈 478
478
㞋 454
屌 55
居 63
68
屆 387
屍 121
409
𡱂 534

六畫
屋 450
屍 56
358
𡱈 387
屑 484
𡱢 311
𡱣 355
屓 53
屎 60
250
屏 194
199
320

七畫
蚭 93
屒 104
280
孱 261
365
365
屖 92
展 292
屑 493
屓 357
屡 100
屐 512

八畫
屝 362
𡲟 519
𡲢 422
屚 441
屐 365
屋 450
𡲮 415
𡲯 77
屠 73
84

九畫
𡳊 250
𡳋 347
屣 373
屬 463
464
𡳐 478
𡳑 544
𡳒 536
545
547

屐 381

十畫

屈 478

十一畫

屣 246 351
[illegible] 100
屢 368
[illegible] 71

十二畫

履 251
屧 544
層 203
[illegible] 321 409

十三畫

[illegible] 55

十四畫

屨 366

十五畫

屩 503

十六畫

[illegible] 292

十八畫

屬 463 464

十九畫

[illegible] 523

屮(屮屮)部

屮 502

一畫

㞢 60
屯 109 121

二畫

半 39

三畫

屰 513

四畫

芬 113 114

七畫

[illegible] 319

九畫

埶 279

十畫

萬 50

山部

山 131

二畫

屴 526
屼 249
屳 222
屵 282 486

三畫

出 358 476
屹 479
屸 32
岂 494 496
屺 355
屼 483
屾 111

四畫

岉 477
岓 67
岑 222
峁 429
岄 479
㞷 37 180
岕 456
岏 126
岐 46
岈 171
岌 535

五畫

岧 147
岨 70
岫 437
岟 313
岝 510 513
岣 82 328
岭 198
岱 391
岳 466
[illegible] 360
[illegible] 481
岻 56 89
肯 468
[illegible] 474
岡 182
岦 534
岷 107
岪 478
岢 307
岵 269
岸 403
岯 59

六畫

峋 108
峈 513
峕 496 500
峑 143
峏 63
峘 126 204
峙 255
峔 266
峛 246
峒 25 345
[illegible] 32 34 42
峗 51
峞 100 275
峐 101
峓 53
岍 137
崢 187 190

七畫

峻 396
峩 162
峯 39
峆 225
峹 88
[illegible] 160
峹 84
[illegible] 285
[illegible] 501
豈 462
峽 544
[illegible] 41
[illegible] 189
峭 416
峴 291
[illegible] 143
[illegible] 316 430
[illegible] 274 308
[illegible] 157
峎 181
崀 316
[illegible] 383
峮 107
峬 87
[illegible] 548
峿 86

八畫

崘 122
[illegible] 526
[illegible] 527
嵐 94
崈 27
崇 27
崆 29 42
崞 511
崒 475
崪 484
崎 46 67
崖 47 95
崦 229 337
崗 182
崐 118
崝 153 157
崩 203
崔 99 100
崥 92 247
崟 221
崠 541

崝 191
崌 69
崛 478
478
[illegible] 81
崠 25
崋 168
425
崚 201
[illegible] 289
崍 102
崧 27
[illegible] 335

九畫

崳 78
[illegible] 91
嵈 287
[illegible] 175
[illegible] 229
337
嶅 367
嵒 232
542
崹 90
嵃 294
崺 246
崷 207
[illegible] 37
嵋 59
嵁 225
225
232
333
338
嵌 233
335
崽 95
97
崿 509
嵔 66
[illegible] 257
273
嵕 33
嵐 224
[illegible] 264
[illegible] 403
嵗 97
[illegible] 527
崵 173
315
嵎 74
嵑 486

十畫

[illegible] 252
[illegible] 99
嵫 65
嵦 104
[illegible] 97
嵥 499
嵊 435
嵲 496
嵬 100
275
嵧 205
[illegible] 84
[illegible] 93
[illegible] 472
[illegible] 396
[illegible] 190
嵱 37
嵩 27
嵣 315
429
嵰 336
嵯 50
162

十一畫

嵸 33
238
[illegible] 149
154
[illegible] 334
島 297
304
[illegible] 37
[illegible] 364
[illegible] 79
[illegible] 495
[illegible] 160
嶂 427
[illegible] 269
嵼 289
嵻 317
[illegible] 88
嶃 232
338
嶇 79
[illegible] 300
嵽 495
[illegible] 275
嶁 266
329
[illegible] 473
[illegible] 58
251
274
[illegible] 60
252
嶈 179
嵾 222
[illegible] 73

十二畫

[illegible] 308
嶟 110
120
嶙 105
277
嶒 202
嶝 435
嶢 148
嶠 152
416
嶕 149
[illegible] 534
[illegible] 157
[illegible] 438
[illegible] 312
嶘 289
[illegible] 221
[illegible] 390
478
[illegible] 148
[illegible] 123
嶔 221
[illegible] 58
251
274
嶓 165

十三畫

嶰 272
嶲 244
嶭 486
496
嶮 336
336
[illegible] 468
469
[illegible] 348
[illegible] 160
[illegible] 308
[illegible] 484
[illegible] 245
[illegible] 386
[illegible] 151
[illegible] 148
嶧 519
[illegible] 252
274
嶫 547

十四畫

嶺 320
[illegible] 281
[illegible] 123
嶽 466
[illegible] 515
[illegible] 309
[illegible] 154
嶷 61
530
嶼 261
嶸 188
190

十五畫

巀 486
496
[illegible] 94
[illegible] 363
巁 380
[illegible] 274

十六畫

[illegible] 509
[illegible] 97
[illegible] 72
巃 32
239

十七畫

巋 60
252
巉 232
339
[illegible] 293
294
[illegible] 457
巊 322
巇 46

十八畫

巍 68
[illegible] 29
[illegible] 299
[illegible] 58
[illegible] 160

十九畫

巑 127
巒 127
巔 137

二十畫

巖 233
巘 282
294

二十一畫

[illegible] 58
251
274
[illegible] 492
496

巛部

〈 291
巜 383
巛 122
川 142

一畫

⿻巛一 102

三畫

州 208
⿱巛夕 474
499

四畫

巡 110
巟 483
巠 195
⿱日巛 473

八畫

巢 154
418
⿱巛或 532

十二畫

⿱巛鼠 541

工部

工 31

二畫

巧 301
418
左 307
421
巨 260

三畫

巩 241

四畫

巫 75

七畫

差 50
95
97
169
385

九畫

㠭 292
411

己(已巳)部

己 253
已 253
359
巳 253

一畫

巴 169

二畫

⿸厂巳 517
㠯 253

三畫

巵 32
⿰巳巳 413

六畫

⿰臣巳 61
巷 347
巹 281

九畫

巽 401

巾部

巾 107

一畫

巿 477
帀 537

二畫

市 253
布 371

三畫

帆 233
448
⿰巾勺 297
⿰巾彡 226
⿱宀巾 183
帇 541
⿰巾干 403
⿰巾刃 470

四畫

⿰巾爪 302
⿰巾今 230
⿰巾介 387
希 67
帋 242
⿰巾比 252
⿱分巾 114
帍 269
⿰巾冘 444
⿰巾夫 81
帊 425
⿰巾少 152
⿰巾及 536

五畫

⿰巾召 149
帔 45
348
帗 477
487
帖 543
帙 470
⿰巾乍 510
⿰巾句 216
⿰巾冬 35
帕 493
⿰巾幼 302
尙 378
381
⿱夗巾 117
帛 512
帒 391
帑 85
316
帚 326
⿰巾朿 383
⿱此巾 48
⿰巾宁 259
⿰巾弗 478
⿰巾未 493
帘 111
227

六畫

帞 511
⿰巾夸 312
⿰巾㐬 183
⿰巾多 306
帢 45
帥 354
473
帤 74
帝 372
帟 519
帣 412
⿰巾式 527
⿰巾列 380
⿰巾劦 543

七畫

帩 416
⿰巾免 418
⿱余巾 408
師 53
⿰巾忽 394
⿰巾夾 545
席 520
帬 113
⿰巾合 536
545
⿱折巾 380
帨 377
378
⿰巾瓦 230
542
543
⿰巾巠 75
⿰巾辰 103

八畫

⿰巾奄 548
⿰巾皆 537
⿰巾周 211
⿰巾臽 545
帷 59
⿰巾卑 49
⿱或巾 533
⿱其巾 62
360
⿰巾炎 228
⿰巾松 242
242
⿱非巾 362
帶 382
常 178
⿰巾宗 35
帵 126
⿰巾空 29
⿰巾妾 547
⿰巾卒 384
390
⿰巾弦 135
⿰巾毒 461
⿰巾函 333
帳 427
⿰巾者 267
帴 124
135
294
404
491

九畫

⿰巾盾 108
109
284
⿱敄巾 152
299
幄 468
幅 455
529
幃 65
65
⿰巾面 295

帽 419
㡏 82
368
𢃡 441
幒 242
帿 214
𢄕 135
𢄙 82
367
454
帊 151
𢄵 485
幝 118

十畫

㡗 90
92
幐 204
436
帶 383
幋 128
𢅥 532
𢄝 195
𢅔 168
423
幏 31
345
幎 525
幨 227

幌 317
幍 158
𢄊 269
幉 90

十一畫

幑 65
幗 390
515
𢅳 379
498
500
𢅤 346
𢅅 352
378
幘 516
幕 506
𢅆 160
160
幖 151
幔 406
幓 312

十二畫

𢅽 286
幝 293
幞 465
幡 116
幧 153

幠 85
幓 298
301
𢅹 418
𢅖 77
𢅲 306
幣 378
幢 42
347
幟 358
359
360
𢅾 516

十三畫

幨 228
446
𢆃 297
414
幧 152
160
幦 525
𢆉 494

十四畫

幪 31
𢆈 399
𢆋 372
幫 185

幬 211
419

十五畫

𢆌 497
幮 82
𢆐 378

十六畫

𢆓 281
398
𢆏 230
𢆒 282
𢆕 514

十七畫

𢆗 228
229
𢆖 503
𢆘 432
𢆙 125

十八畫

𢆚 100

二十畫

𢆛 405

干部

干 124

二畫

平 141
187
234
𢆉 330

三畫

𢆊 135
137
年 136
并 194
433

五畫

幸 319

十畫

幹 403
𢆟 290

幺部

幺 148

一畫

幻 408

二畫

幼 442

三畫

𢆯 204
217

四畫

𢆰 191

六畫

幽 217

八畫

𢆶 129

九畫

幾 67
67
257
363

十一畫

𢆷 246
246
271

十二畫

𢆸 479

广部

广 336
338

二畫

庀 199
𢇁 248

三畫

庄 191
庍 333
𢇅 514
安 338

四畫

序 261
庋 130
床 178
庉 121
284
庎 399
𢇈 221
庋 244
245
庇 357
𢇋 310

五畫

店 446
庛 349

庖 156
府 262
底 271
床 284
庚 185
废 489
庴 403
㡷 349
庘 546
𢇇 241

六畫

庴 338
麻 211
序 520
𢈤 348
庛 386
𢈁 256
庠 173
庤 255
庲 349
度 369
506
庢 472
㡪 357
㡱 26
庣 146
彦 247
㡴 258

七畫

庮 207
326
庪 244
㡺 545
座 422
庭 196
庩 88
庰 344
庫 372
庯 87
康 485
庨 155

八畫

庱 202
322
庶 364
364
㡵 505
518
521
庲 102
𢉉 273
庵 323
538
𢉀 99
庳 49
247
㢋 247
庸 37
庰 433
康 182

九畫

廁 359
庽 366
𢉖 481
485
㢉 416
𢉩 265
𢊅 216
𢊁 33
238
廋 328
廁 485
廂 177
𢊬 423

十畫

廈 310
廋 210
廆 274
廇 438
𢋁 60
廊 181
廉 227
𢊻 540
𢋆 246
272

十一畫

廖 147
438
廣 315
廔 215
㢜 171
𢋈 507
𢋃 238
㢓 427
𢋁 443
廓 511
廘 453
廑 396
廕 443
廜 84

十二畫

𢋡 416
廠 408
𢋖 436
廛 141
廙 359
529
廞 221
332
𢋸 129
廡 263
廢 393
廚 82
廟 416
廝 50
廠 313
428

十三畫

𢌪 78
206
廨 385
廥 384
廩 330
廦 521
525
𢌫 317
廧 178
廬 86
267

十四畫

𢍉 263
廈 511

十五畫

𢍰 292
㢠 60

十六畫

龐 41
廬 72
𢎔 86

十七畫

𢏃 139
292
𢏂 320

十八畫

廱 38

十九畫

𢐖 89

二十二畫

廳 199

廴部

廴 278

三畫

𢌭 140
297

四畫

廷 196
434
延 139
414

六畫

建 400

九畫

道 139

廾部

廾 241
卄 40

一畫

廿 534

二畫

弁 413

三畫

𢌬 258
异 60
359

四畫

弄 344
𢍂 59
𢍆 281
弃 355

五畫

𢍏 457
𢍏 261
261

六畫

弇 225
337
弈 519

七畫
弄 412

九畫
弇 361

十一畫
奬 312

弋部

弋 528

一畫
弌 470

二畫
弍 356

三畫
弎 226
式 527

四畫
肯 529

六畫
戙 345

九畫
絨 359

十一畫
春 348

弓部

弓 27
丂 224
333

一畫
引 278
394
弔 218
弚 414
523
弖 494

二畫
弗 477
弘 278
令 78
弘 203

三畫
弛 247
弙 87
87
弙 402
弜 45
313

四畫
弝 42?
弞 27?

278
弟 371
373

五畫
弧 83
弩 269
弤 121
彼 349
彂 158
弥 50
弣 264
弤 121
271
弦 135
弨 153
300

六畫
弇 547
弴 26
弡 60
弮 145
412
弯 374
弭 247

七畫
弲 137

142
弦 474
弢 396
弱 504
弰 154

八畫
弸 191
191
弣 351
弰 497
弴 121
146
弶 313
428
張 176
427

九畫
弼 348
359
弼 474
弼 409
弼 412
弼 474
弽 540
544
强 179

十畫
彀 441
彋 354
彅 518

十一畫
彄 216
彃 473

十二畫
彈 124
403
彆 379
彅 333
彉 511
511
511
彇 146

十三畫
彊 179
313
429
彋 186
190

十四畫
彌 50
彍 511

511

十五畫
彎 116

十六畫
彏 86

十七畫
彏 151

十八畫
彏 145

十九畫
彎 129

二十畫
彏 505
506

彐(彑彐)部

彐 381

五畫
录 453
彔 357
374

六畫
彖 406

八畫
彗 352
377
378

九畫
彘 380
彘 151
彙 383

十畫
彙 361

十三畫
彝 356

十五畫
彝 53

二十三畫
[illegible] 505
515
515

彡部

彡 228
233

四畫
彣 111
形 195
彤 34

五畫
[illegible] 447

六畫
彥 411

七畫
彧 460

八畫
彩 276
彫 146
[illegible] 561
彪 218
彬 108
132

九畫
彭 186
[illegible] 403

十一畫
[illegible] 37
影 153
416
彰 175

十二畫
影 318
[illegible] 218

十九畫
彲 50

彳部

彳 522

三畫
[illegible] 503
[illegible] 529

四畫
役 521
彶 535
彸 36
彴 397
彷 185
314
往 179

五畫
[illegible] 524
彽 56
彾 198
[illegible] 220
往 315
彿 478
征 194
彼 243
徂 87

六畫
[illegible] 471
徊 98
徇 397
[illegible] 111
[illegible] 514
徉 173
律 476
很 285
[illegible] 53
[illegible] 27
待 276
後 327
439

七畫
[illegible] 97
[illegible] 39
徐 71
[illegible] 255
[illegible] 218
徒 84
徑 433
[illegible] 390
徎 321
322

八畫
從 38
40
347
徘 100
御 363
[illegible] 255
[illegible] 246
徤 544
[illegible] 25
[illegible] 292
徠 102
392
[illegible] 40
徛 244
349
徜 178
得 531
徙 246

九畫
[illegible] 478
[illegible] 34
[illegible] 239
復 438
455
徨 183
循 110
[illegible] 79
[illegible] 90
[illegible] 522
徧 414
[illegible] 324
[illegible] 97
徥 243
246

十畫
微 65
徬 429
徯 91
271

十一畫
[illegible] 516
[illegible] 99
[illegible] 333
[illegible] 530
531
復 438

十二畫
德 531
徵 202
253
徹 501
502
[illegible] 386
424

十三畫
[illegible] 132
徼 147
414

十四畫
徽 65
[illegible] 536
537
[illegible] 197

十五畫
[illegible] 418
[illegible] 204

十七畫
[illegible] 177

十八畫
忂 76

二十畫
[illegible] 506

心(忄⺗)部

心 220

一畫

必 472

二畫

忍 363
忎 393
忉 158
忊 434

三畫

忚 92
忕 379 381 382
㣿 297 503 523
忔 479
忒 531
忌 360
忐 241 347
志 358
忍 277
忙 184
忘 178 428
忏 125 402
忓 76
忖 284
㤃 529

四畫

忻 114
忣 400
忪 36
忦 491
忞 108
忝 337 446
忑 392
忠 26
忥 362
忽 483
念 446
忿 281 398
忩 33
念 387
忶 118 398
忨 126 405
快 388
忸 459
怖 383 393 481 487
忮 348
忬 171
忧 436
忡 27
忟 154 417
㣻 109 195
忾 60
忤 370
㤉 305
忯 46 47
忳 121
忱 220
忬 365
㤈 242
忭 413
忼 184 317

五畫

怕 425 513
怮 148 204 217 329
怓 154
怜 136 198
怣 474
怷 155
怨 161
思 61 358
怠 276
怨 117 399
急 534
怱 33
怤 81
怒 269 371
㤁 25
㤕 403
㤺 228
快 313 428
怗 543
怞 476
恬 60
性 433
怍 510
怐 366 439 441 442
㤹 34
怭 473
怦 191
怋 108 119
怰 186
怫 362 478
怽 487
㤸 296
怩 55
怔 194
怲 318 431
怯 547
怙 269
怴 476
怵 476
怌 60
怊 149 153
怖 371
㤓 157
怪 386
怚 167 261 365
怛 485
㤶 546
怞 211
怳 315

六畫

㤞 506
恈 214
恌 146 150
恀 242 243 247
恑 244
恂 109
怙 230
恟 37
恪 508
恤 476
㤼 208
恮 143 144
恔 297
恍 29
㤥 392
恲 187
恇 179
恨 402
恞 53
恜 527
恃 253
恄 471
恅 303
恉 249
㤨 33 241
恎 495
恢 98
恆 204
恠 386
㤰 85
恍 183
㤩 380 381
恫 33 345
恰 545
恙 426
恣 356
恥 256
恚 351
恐 241 347
恭 39
恧 459 528
恩 122
悆 508
息 527
恁 220 330
恕 364
恖 61
㤳 78 265
恝 499
悪 509

七畫

悔 273 390
悗 129
悇 88 365 365
恿 240
悊 499
悆 543
患 407
悉 470
悘 285
悠 206
愁 524
悲 464 428

悆 365
⿰忄孚 501
悑 371
⿰忄瓦 541
542
悁 143
悟 370
悚 241
⿰忄赤 526
⿰忄坐 60
91
悏 543
⿰忄巠 322
悄 301
悍 402
悝 98
254
悒 535
悮 370
悃 285
悜 320
⿰忄芒 184
悕 67
悛 143
悢 426
悙 187
恪 394
悌 271
373
悅 500
悀 240
悇 344
悈 387
528
悖 389
482
恒 327
437

八畫

悶 401
慈 135
惠 375
惑 532
惡 87
371
509
悳 531
惎 360
惪 531
悊 522
惄 525
⿱帖心 543
悲 59
132
惍 213
325
悠 68
悺 405
悔 204
256
⿱林心 132
⿱制心 485
惕 524
⿰忄典 290
悼 419
⿰忄采 276
⿰忄朋 191
⿰忄匋 456
悱 257
惆 208
悸 355
惂 333
惚 483
惟 57
惛 122
285
402
惗 411
544
惀 109
285
⿱亾心 52
248
308
惙 501
悽 89
⿰忄隶 390
482
情 192
悿 337
悵 427
⿰忄夌 201
惜 518
惏 224
⿰忄奇 47
245
⿰忄奄 230
448
惝 498
惘 314
⿰忄㝵 531
惃 118
284
惈 307
悹 127
287
405
惌 117
283
惉 228
悰 35
惋 404
悾 29
42
344
⿰忄矦 376
惇 108
120
悴 357
⿰忄罙 444
惔 225
335
445

九畫

⿰忄戔 117
⿰忄卸 512
512
⿰忄匋 191
⿰忄重 240
⿰忄学 195
愎 530
⿰忄秋 301
324
惚 345
惶 183
愭 514
惱 304
愉 78
慈 65
愗 440
惷 280
愍 278
⿱匽心 543
想 313
感 332
⿰忄耎 77
296
406
422
惻 528
愓 315
愠 398
惺 197
321
愒 384
500
381
⿰忄思 102
愕 508
⿰忄胃 361
⿰忄象 94
惴 348
⿰忄者 321
愚 74
惹 311
504
愛 392
愁 211
[illegible] 249
⿱挺心 144
愈 265
⿰忄弇 445
446
惣 238
愊 530
⿰忄壴 379
愇 257
⿰忄亟 528
⿰忄育 70
259
⿰忄某 75
264
266
愖 220
惵 543
⿰忄咸 229
338
惰 308
423
愐 295
⿱寒心 508
意 379
意 360
愃 142
283
愔 220
惲 281
惼 291
⿰忄叟 506
⿰忄酋 207
⿰忄癸 57
251
慨 392
⿰忄咠 247
愜 543
⿰忄宮 28
⿱既心 363
392

十畫

⿰忄虒 43
246
愊 517
愴 313
428
慃 242
⿱麻心 375
愬 371
517
⿱殸心 468
愻 401
愿 399
慁 401
⿱䍃心 281
399
愨 524
525
態 392
[illegible] 458
⿱般心 114

愱 472
⿱𡨄心 532
⿱𡨄心 392
⿱通心 240
⿰忄害 382
慏 321
愊 459
慊 338
⿰忄冓 242
愵 525
⿰忄貞 31
慓 471
慆 158
慀 375
愮 150
⿰忄笑 373
愾 363
392
慺 241
慴 80
愧 354
惃 60
愭 56
慎 395
慵 273
388
⿰忄脊 547
慅 159
304

愲 482
愪 112
279
慌 317
愺 304
愷 275

十一畫

慈 64
359
慰 362
慹 533
534
542
544
⿱連心 141
慙 226
⿱敖心 527
慝 531
⿱樊心 374
381
389
憂 204
慼 526
慮 363
慕 369
慾 464
慜 278
慫 241

⿸厤心 166
慗 482
蔥 288
⿰忄責 516
慚 226
慱 126
慒 35
211
慳 131
憣 471
528
慓 153
300
416
慬 114
281
慲 128
慞 175
⿰忄家 387
⿰忄逢 289
289
290
⿰忄离 48
慷 317
慵 39
⿰忄帶 495
慽 526
慴 542
543

憀 147
206
慺 79
215
266
慢 407
慖 390
515
慣 407
慔 369
慛 100
慘 333
慥 420
慟 345
慯 174
慶 ·431
慧 375
惷 36
42
347

十二畫

⿰忄敝 313
憬 318
憚 403
憒 390
⿰忄罟 89
376
⿰忄然 291

⿰忄榮 516
⿰忄象 315
憮 75
263
憍 149
153
憔 149
憑 201
⿱艹慈 157
憙 253
360
憨 227
445
憝 395
憋 500
501
憲 400
憧 36
347
憿 389
憐 136
憎 203
憰 494
憕 188
190
191
200
⿰忄書 516
⿱魚心 195

⿱毳心 483
⿱魄心 380
⿰亻悳 388
⿰彳⿱重心 241
⿰忄敝 497
⿵門思 407
⿸厂𢗗 480
憫 278
憪 131
288
⿱敫心 389
憓 375
憢 148
憉 187
⿰忄粟 465
憛 444
憤 280
⿰忄精 308
憯 333
338
憭 148
298
301
懊 305
420
460

十三畫

憾 34

懌 519
懁 409
⿰忄蜀 468
⿰忄業 547
憺 335
445
懈 385
憿 147
憸 228
228
336
337
⿰忄會 384
388
憶 528
懍 330
⿰忄禁 222
憷 260
懎 528
憾 443
⿰忄黽 201
懆 304
憹 35
懅 69
364
應 201
435
⿱辟心 522
⿱毄心 375

懃 114
⿱楙心 440
憼 314
318
懇 285
⿰忄遂 353
⿰忄勤 114

十四畫

懤 142
[illegible] 70
259
懕 230
懟 358
⿱⿰豸黑心 97
⿱⿰金吉心 488
⿱維心 358
懲 200
[illegible] 296
懚 399
⿱貌心 467
懣 285
288
401
懘 247
379
⿲辛忄辛 295
⿰忄賓 106
懠 88

373
懕 308
懦 77
406
422
㤿 118
懤 211
304
437
懢 226
444
懛 103
懝 392
530
㦗 382
懜 28
32
436
㦜 511
𢣻 72

十五畫
㦬 317
317
懇 57
𢣔 420
懥 352
355
瀠 434

懚 347
懊 527
懮 326
㦭 380
懪 468
㦸 496
𢟤 376
懰 205
323
慣 354
470

十六畫
懵 238
436
懸 138
衡心 377
377
380
懂 238
懀 280
㦕 239
懷 96
㦨 526
懶 286
懻 355

十七畫
懹 427

憤 93
懺 447

十八畫
懏 94
㦤 41
𢤱 356
寋 532
𢥞 48
𢥨 542
懼 368
𢥦 34
懽 128
405

十九畫
㦬 306
戀 412
𢥳 288
294

二十畫
㦤 505
506
戇 316

二十四畫
戇 346
347

懬 239

戈部

戈 163

一畫
戉 480
戊 440

二畫
戌 367
戎 27
戍 476

三畫
成 193
我 306
戒 386
𢦏 102

四畫
戕 161
178
185
𢦓 229
或 532
戔 124
𢦖 311
𢦤 224

五畫
𢦩 27

戚 193
𢦽 213

六畫
𢦵 77
𢧀 514
戙 345

七畫
戚 525
𢧐 125
戛 491
𢧃 495

八畫
戟 512

九畫
戡 225
332
戢 535
戠 526
戣 58
𢧞 493

十畫
戫 460
𢨁 470
𢧕 533

戩 294
𢧐 464

十一畫
𢧺 160
戮 456
截 496
戭 278
292
𢧰 37

十二畫
戰 411
𢨐 280

十三畫
𢨓 339
戲 46
85
350

十四畫
戴 392

十五畫
戲 46
𢩦 232

十八畫

𢨻 77

户部		手(扌)部					
户 269	扂 364	才 101	扚 297	扮 113	把 311	拗 302	306
	536	手 324	523	273	扨 484	抓 168	抭 301
一畫	538		扙 284	280	技 244	拎 197	抭 301
戹 517	扃 200	一畫	扞 402	280	批 93	抮 291	473
	居 337	扎 490	扜 76	408	扳 130	挙 95	478
三畫			81	扴 491	130	349	拉 537
戼 302	六畫	二畫	扝 87	牂 177	抔 100	350	拄 265
戹 255	扇 140	扏 212	扟 111	拜 241	217	拜 387	扼 517
戻 373	412	扔 202	扛 40	承 200	抇 484	拏 168	拌 129
戺 255	扆 256	435	扡 246	抖 328	抐 401	抩 223	288
	扅 43	扒 387		抃 413	484	224	抨 191
四畫		490	四畫	抗 184	抄 156	抹 487	拂 478
床 338	七畫	502	扢 392	430	418	抳 248	披 45
戾 376	扈 269	打 319	抈 479	抌 207	抄 472	拒 260	248
498		321	扱 545	265	502	抲 163	拭 386
戾 534	八畫	扐 531	投 216	334	抗 295	抾 63	拔 479
所 260	扉 66	扑 454	抍 202	技 280		65	489
戽 268	扊 335	扣 340	322	397	五畫	547	490
269			抑 528	抒 261	拙 501	拑 230	拇 327
372		三畫	抵 242	261	拚 398	抴 380	担 286
房 175		扤 479	扽 401	抎 281	413	502	抯 170
185		483	批 166	抏 126	抱 303	招 151	310
		扠 96	折 90	扶 79	拖 422	拓 507	311
五畫		扣 329	499	81	抶 471	520	押 546
扁 141		439	499	抉 494	拃 288	抪 87	546
291		扸 399	抓 156	495	拘 82	371	抻 395
292		扢 479	302	扭 324	拍 513	拋 155	拐 273
296		482	418	335	拊 264	418	抽 208
扂 368		484	扲 71	抪 488	抵 271	拕 162	抧 242

拈 231
批 248
248
270
273

六畫
挒 499
拹 547
拵 120
挎 87
挏 26
239
⿰扌因 104
拸 43
挆 307
⿰扌呆 423
拘 408
括 487
挌 507
514
⿰扌朱 158
⿰扌犬 532
拰 331
⿰扌危 309
拶 487
拴 143
拾 533
挐 74

168
⿰扌百 512
扭 210
拳 144
挈 497
挙 241
拲 241
463
按 403
⿰扌亥 276
拼 191
挑 146
158
298
拫 122
拭 527
⿰扌戎 240
347
持 64
挂 385
拒 393
拮 471
493
捒 516
517
拯 322
指 249
拱 241
挃 472

七畫
挴 274
276
挺 196
321
挽 283
⿰扌我 306
⿰扌秀 208
挠 452
捔 466
466
捀 38
346
⿰扌身 190
挻 140
捈 84
88
挲 273
⿱⺍手 161
捖 126
⿰扌宋 333
挱 161
挮 270
挩 488
489
捅 238
捃 398
挶 463
挬 482

捄 82
213
⿰扌豆 287
捕 372
⿰扌瓦 542
544
挭 317
捂 370
捒 364
368
挼 99
挫 422
挨 273
276
捘 110
390
402
捇 516
挟 543
挪 163
振 103
393
捎 148
154
捍 288
402
挸 291
⿰扌色 534
捐 142

捉 466
⿰扌呈 188
捌 490
493
捋 489
捊 156
217
⿰扌卸 472
529
529

八畫
捷 541
捫 119
捧 240
⿰扌弦 135
135
掅 434
据 69
掘 478
480
掫 81
216
327
掝 516
⿰扌東 413
掁 188
掛 385
⿰扌毒 276

掕 201
435
⿰扌直 358
527
措 371
捶 248
捿 57
100
165
掏 159
掐 545
⿰扌忽 484
推 60
100
掜 95
272
捭 273
⿰扌岳 466
掀 117
捻 544
捦 221
捨 311
掄 109
122
掌 313
掣 379
502
[illegible] 492
掎 48

245
351
掾 467
捺 486
掩 337
掆 182
430
⿰扌㝵 531
掍 284
掓 458
掉 298
415
469
掚 351
揩 537
授 439
採 276
掤 201
掬 457
排 96
掠 426
503
捽 475
484
⿰扌於 261
364
探 224
掖 519
捲 145

295
412
掞 445
掇 489
501
掃 304
420
掔 131
137
掟 434
捾 488
捥 404
控 42
344
掊 156
213
217
328
接 540
⿰扌侯 376
498
⿰扌者 311

九畫
揀 57
500
⿰扌奎 94
提 47
89

㨉	530		337	換	404		381	携	94	搌	292	十一畫		摒	433
	530	掣	149	插	545	揞	332	搥	99		297	摟	79	摫	52
揚	172		155	揔	238		447	搜	210	[illegible]	493		215	摙	294
[illegible]	419		418	揑	496	揮	65	[illegible]	538	[illegible]	509	摑	515		414
揖	534		467	揘	188	揙	143	搋	97	搏	368	摞	165	摲	447
揭	381	掔	404	探	328	揨	191	搶	179		509		423	摶	126
	502	拳	207	[illegible]	96	[illegible]	204		313		510	摜	407		296
	481	[illegible]	295	[illegible]	209		435		315	揁	308	摣	168	摳	79
	481	[illegible]	422		439	揃	294	搫	128	搨	539	摸	82		216
	499	揊	530	揆	251	揂	207		164	搰	484		507	[illegible]	420
	500	[illegible]	257	撥	488	摡	363	[illegible]	497	損	284	摘	367	[illegible]	190
揌	102	揟	70	揵	144		392	[illegible]	97	[illegible]	118	摧	100	摗	216
揋	98	揇	332		282	揾	281	[illegible]	208		484	摻	231	摽	153
[illegible]	478	揕	443	揳	493		401	搴	293	搑	39		339		299
掾	412	揲	499		115		483	鞠	456		240	摖	374		340
描	152		540	捪	108			搈	37	搭	539	摥	430		416
	155		544	握	468	十畫		搒	187	[illegible]	101	[illegible]	40	[illegible]	105
[illegible]	373	揩	97	揀	289	搞	517		430		102		41		399
	374		388		409	搮	472	[illegible]	291	搯	158	撲	147	摕	373
揗	110	撽	248	揠	491	搕	538	搪	180	[illegible]	95		156		374
	280		252	[illegible]	185	搷	136	推	466		375	[illegible]	137		495
	397		253	掣	485	搎	120		468	播	285	摀	304	[illegible]	315
[illegible]	378		355	揬	302	搢	395	搓	161	搖	150	[illegible]	117	摵	456
	394	掅	252	揎	142	揻	500	搤	517		415	[illegible]	426		459
揄	78	摅	124	搈	210	搙	462	搸	110	搩	499	撈	294		517
	207	揣	248	搭	513		469	[illegible]	371	搗	80	摴	71	摺	537
	216		307	揬	482	[illegible]	537	搆	441		210	[illegible]	381		542
	329	援	411	揥	89		539	搦	469		327		500	摎	154
揜	335	[illegible]	191		373	搔	159		515	搬	486	摏	36		205

[illegible] 425
摩 164
422
摩 275
摯 160
摯 351
擊 226
339
搲 495
摍 456
摬 318
摘 517
524
摌 289
摛 50
摭 520
摝 453
[illegible] 413
[illegible] 247
揝 311
摢 73

十二畫

撋 142
撊 288
[illegible] 146
297
414
456
461
撰 289
296
[illegible] 97
撎 356
撓 158
30
撒 225
338
339
撣 124
140
403
撲 454
撏 142
撝 44
播 422
撚 291
撐 475
撘 536
撫 164
撟 149
300
撨 146
149
[illegible] 537
539
撆 497
[illegible] 445
撢 220
224
444
撠 512
撕 92
[illegible] 248
撍 222
224
333
444
撅 480
480
撩 147
298
撮 488
489
撞 42
347
撤 501
502
[illegible] 293
撙 284
撛 277
394
撈 157
撥 487
撜 322
撏 219
224
228
[illegible] 516
518
[illegible] 355
[illegible] 496
597
撦 506

十三畫

[illegible] 517
[illegible] 226
445
擒 221
撿 335
擓 384
擎 189
擊 415
524
擊 243
[illegible] 481
擁 240
撹 195
擘 515
擊 522
擅 411
擁 240
[illegible] 116
[illegible] 517
擗 521
[illegible] 539
539
撻 485
擮 495
㩒 221
撼 333
擋 430
操 160
328
420
據 363
擄 267
擖 490
493
546
擇 514
擐 129
407
擺 98
擉 469
469
擳 476

十四畫

擭 371
511
515
[illegible] 467
擈 467
[illegible] 287
[illegible] 43
167
[illegible] 336
542
[illegible] 293
擟 50
[illegible] 387
擯 395
擘 334
擧 70
[illegible] 481
擠 93
372
擩 265
367
441
擣 304
擥 226
擡 101
擬 256
擢 468
擴 430

十五畫

[illegible] 518
[illegible] 468
468
擻 328
擂 391
攄 71
[illegible] 375
493
497
擦 486
486
擺 273
擽 503
523
[illegible] 205
擸 539
541
擧 241
[illegible] 124
[illegible] 355
擿 520
攀 130
擲 520
[illegible] 375
擻 81
擷 496
497
[illegible] 320
擾 299

十六畫

攉 511
攋 485
攊 523
攎 86
攀 230
[illegible] 282
攐 144
攏 239
攘 298
攍 192
攗 398

十七畫

攔 125
攖 193
攕 46
[illegible] 231
攙 232
233
[illegible] 291
擧 70
攓 293
攘 176
314
427
攈 59
[illegible] 515

十八畫

攜 94
[illegible] 505

擾 241
擾 299
攖 299
攝 540
544
攀 117

十九畫

攣 145
攠 44
攕 423
攤 48
攢 404
406
攤 124
288
403
攔 291

二十畫

攇 486
486
攪 302
攥 488
攎 426
攩 316
317
430
攫 506

二十一畫

攜 468
攬 334

二十二畫

疊 544

二十四畫

攮 198
434

支部

支 42

二畫

𢻫 350

四畫

𢻰 60
𢻲 46
𢻱 80

五畫

𢻵 244
348
𢻴 46

六畫

𢻸 43
348
𢻹 46
348
𢻺 348
𢻻 46

八畫

𢼀 47
49
245
𢼂 52

十畫

𢼤 46

十二畫

𢼸 301

十三畫

𢽁 160

攴（攵）部

攴 454
468

二畫

收 209
437
攷 305

三畫

攻 31
35
𢻬 49
𢻮 484
攸 206
𢻯 264
改 276
攺 253
254
𢼄 417
𢼅 221
225
233
338
447
𢼆 108
𢻱 80
放 315
428
政 432
敂 45
52
252
252

五畫

故 370
敁 230
𢼌 328
𢼏 512
513
𢼊 271
𢼍 264
367
敺 278
𢼎 306

六畫

𢼗 461
𢼘 315
敋 514
515
𢼙 408
𢼚 536
效 417
𢼛 247
𢼜 490

七畫

𢼯 306
402
敗 388
389
敘 261
教 154
417
敏 278
敚 488
敝 238
𢼰 482
救 436
𢼱 160
敞 88
𢼲 258
敕 526
啟 277

八畫

𢼳 467
452
敝 313
𢼴 378
𢼵 309
421
𢼶 349
斂 544
𢼷 453
465
𢽀 232
𢽂 232
𢽃 92
272
𢽄 272
375
𢽅 334
𢽆 483
敦 99
120
126
401
𢽇 489
502
敢 334
散 286
404
𢽈 286
𢽉 541
548

九畫

𢽊 409
𢽋 66
敬 430
𢽌 248
296
307
𢽍 546

			文部	斗部		斤部	
敫 503	敳 155	400	文 111	斗 327	斡 488	斤 114	十畫
敺 530		斀 388			斞 184	399	斲 467
数 303	十二畫	斁 346	六畫	五畫	187		
敦 191	斆 191	斄 208	敚 65	料 406		一畫	十一畫
敷 267	斂 405	斆 468			十一畫	斥 424	斷 364
數 173	斃 300	469	八畫	六畫	斢 523	520	
敬 280	斁 422		斑 130	斛 488	斣 329		十二畫
㪅 34	整 320	十五畫	斐 257	488	斢 328	四畫	斳 506
	斅 461	斄 64	斌 108	490		斧 262	
十畫	斀 525	102		料 147	十三畫	斨 114	十四畫
敲 155	156		九畫	415	斣 440	斯 179	斷 287
418	148	十六畫	斒 130	斜 545	斢 82		288
敼 103	整 320	斅 478	132			五畫	405
數 252	散 286	斆 86	斕 403	七畫	十九畫	斫 503	斸 378
敼 384	404	斁 417		斛 167	斖 400	斪 76	378
		斂 386	十一畫	170	401		493
十一畫	十三畫	斄 286	斐 63	斗 327		七畫	
敹 148	斀 467	404	斁 406	斛 451		斬 338	二十一畫
數 265	斂 335					斦 306	斸 465
368	446	十七畫	十二畫	八畫			
452	斅 415	斆 176	斕 132	斝 310		八畫	
467	斃 160					斯 49	
斂 473	斁 369	十八畫	十七畫	九畫		斮 466	
斁 170	370	斅 541	斕 132	斟 219		505	
斀 395	519			斞 365			
106		十九畫	十九畫	斠 146		九畫	
敵 524	十四畫	斆 47	斖 256			新 104	
數 80	斃 378	270		十畫		斲 379	
敺 79	斀 400	斅 128		斠 466			

方部

方 175
176

二畫

㫃 282
297

三畫

斺 42
202
297

四畫

於 71
87

五畫

施 49
349
350
斿 206

六畫

旄 158
419
旸 477
旅 258
旂 67
旁 185
旆 384
旃 338
旃 139

七畫

旓 337
542
旌 192
族 453
旍 192
旎 248
旒 263
旑 243
307
旋 143
413
旇 45
349

八畫

旐 299

九畫

旓 154
旒 205
旞 151
旔 400

十畫

旖 51
244
307
旗 62

十一畫

旚 298
旟 65

十三畫

旝 445
旚 153

十四畫

旛 116
116
旞 151

十五畫

旞 352
旜 140
旝 383

十六畫

旟 70

十八畫

旜 57

无(旡)部

无 75
82
旡 363

五畫

既 363

六畫

𣄃 244

八畫

兓 174
426

九畫

𣄍 309

日部

日 470

一畫

旦 403

二畫

旯 298
旬 110
旭 463
旨 249
早 304

三畫

旴 76
旵 339
旼 363
旰 403
旱 285

四畫

旻 107
旺 428
昊 303
昆 118
昄 288
288
289
昌 175
明 188
昨 268
昅 548
昇 201
昒 477
483
易 349
519
昂 185
昕 114
旹 61
曶 483
昏 122
昃 530
昃 530
昋 376
昔 518
昈 269
昉 315
旼 107

五畫

昢 390
483
昪 413
星 197
昳 495
昨 510
昫 367
昴 302
昤 198
昝 333
昶 314
427
春 110
昚 395
昱 457
昲 361
昧 487
昩 389
昵 471
昞 318
是 243
昜 172
昭 151
昦 303
映 316
430

六畫

晐 101
時 61
晊 469
晃 317
晁 149
晉 395
晏 403
407
晇 183
317
晈 297

七畫

晟 433
晛 291
409
晞 67
晙 396
397
晧 303
晦 390
晚 283
奐 34
晝 437
晢 379
499
晥 287
晜 118
晡 87
晤 370
晷 288
晣 499
晨 104
104

八畫

景 318
晬 390

晴 192
暑 259
尟 270
晻 332
337
晶 192
晹 519
晪 290
晫 467
469
晵 465
晷 250
晩 272
晰 364
晆 315
428
430
智 350
晳 423
晭 326
啓 271
411
普 269
晼 283
睹 267

九畫
暍 481
485
暎 430
暖 288
暑 287
暴 407
暋 278
暄 116
暗 444
暉 65
暈 398
暅 283
435
暆 43
暇 424
暕 289
暐 257
暎 288
暘 172

十畫
暢 427
暟 275
暡 239
暨 392
532
暝 199
434
暠 304
暨 355
363
475
479

十一畫
暯 287
403
暴 420
453
暳 316
暰 40
暮 369
暫 350
暫 445
暬 498
544
暲 175
暳 376
暩 416
暱 471

十二畫
暜 395
暡 34
暜 518
曇 223
曃 392
曀 375
曉 298
曒 444
暻 318
曄 535
542
曅 542
暷 409
暹 228
曏 291
538
曆 523
暼 497
曈 25
33
238
曒 121
暤 303

十三畫
曏 313
314
427
427
曐 197
曑 222
曒 431
曖 382
392
曙 364

十四畫
曚 238
曥 382
曛 113
曞 308
曜 415
曣 535
曠 430

十五畫
曡 543
曨 541
曝 420
454

十六畫
曦 46
曧 410
曨 32
239

十七畫
曩 316

十八畫
曡 541

十九畫
曬 132
404
曪 306
曫 128
曬 50
351
386

二十畫
曮 338
曭 316

曰部
曰 480

二畫
曳 379
曲 465

三畫
更 186
431

五畫
曷 484
[illegible] 516

六畫
書 68

七畫
曹 160

八畫
替 373
朁 229
333
最 384
曾 203
203

九畫
會 383
384

十畫
朄 394
暜 373
朅 500

十一畫
[illegible] 65
199
433

十二畫
暜 373

十六畫
[illegible] 160

月部				木部											
月	479		431	木	454	杀	305	杘	355	𣏟	386	枅	91	⿰木去	73
				不	486	朿	349	束	464	林	219	杬	115	柄	431
二畫		八畫		朩	386	朾	200	杄	403	杯	100	枎	80	枡	486
有	323	期	62		396		191	杅	76	杫	348	⿰木夬	494	枯	87
		朞	63			朽	324	杇	87	枘	377	杻	323	柑	226
四畫		朝	149	一畫		朷	159	杞	255	杪	300		324	枻	380
服	455		149	札	489		454	村	121	枂	479	杴	233	栻	480
肭	459			朮	475	朸	526	杙	529		487	枚	98	柩	437
朋	203	十畫			476		531	杜	266	枃	395	枏	522	柘	425
		朢	178	本	284	朴	468	杠	40	杵	259	枊	185	枷	166
五畫			428	未	360			杍	256	⿰木手	324		429		168
朏	257	⿰月荒	317	末	487	三畫		杝	43	枆	158	⿰木氏	47	柖	151
	276					杌	483		246	极	542	杶	108	柀	243
⿰月兄	428	十二畫		二畫		杕	374		248		548	⿰木化	425	柤	170
		⿰月喬	475	朻	210	杖	314	材	101	杸	78	析	522	柛	105
六畫					218	杈	169	杒	394	枖	153	板	288	柙	546
朒	459	十四畫			330		386			東	24	枔	219	枵	273
朓	146	朦	32	朹	212	⿰木小	299	四畫		枓	265	枍	375	柚	439
	298				250	杓	151	⿰木亙	371		328	枌	112		456
朔	466	十六畫		机	55		153	柿	393	杭	184	松	36	枳	242
朕	330	朧	32		249		504	杷	171	枋	177	杳	298		249
				⿰木乃	202		523		386	枕	220	杲	304	柷	457
七畫		二十畫			435	杆	134		426		330	果	307		458
望	178	⿰月黨	316	朼	250	杔	512	枝	42		442	⿱止木	401	柍	313
	428			⿰木人	104	杉	231	枇	54	杺	220	⿰木丐	142	柎	81
朖	316			朳	490	李	254		250	杼	258	⿰木尤	204	柢	89
朗	316			朱	79	杏	318		357		261				271
朚	177			朵	307	宋	177	枒	170	⿰木牛	242	五畫			372
	184			朶	307		185		424	枉	315	⿰木孛	255	柳	323

柧	84	柫	477		328		542	桄	183	栱	241	梩	63		282
柃	197	枺	385	柊	27		548		430	梵	212		97	梡	125
	320	柅	55	柏	512	案	403	桐	25	柽	470	梋	138		287
柰	382		248	栅	407	桊	412	桃	159	栵	380	梱	121		287
查	95		251		512	桑	182	移	43	、	499		285	桫	161
	171	柷	457		516	栔	375		94	栛	376	桯	196	梓	256
架	423	柜	261				497		246	梠	258		199	桹	181
柴	95	柯	161	六畫		栞	125	株	77			梸	493	梳	71
臬	254	枮	220	椂	164	栽	102	桌	467	七畫			497	梯	92
杘	355		228		423		393	槑	311	梞	542	梣	221	梲	482
柒	336	柟	223	桅	100	栗	471	桀	499	梗	317		222		489
	445		229		244	校	417	栠	330	梧	85	梼	113		501
柔	208		336	栴	140		417	桒	182	梀	452	梈	489	桶	238
柬	289	枇	48	桄	290	核	517	栜	158		453		501		239
某	327	柶	356	栝	337	样	173	梗	78		465	桴	81	梫	220
枼	540	柮	482		487		185		265	梄	206		213		222
柠	259		487	柢	258	栟	194	栻	527		300	桵	57		330
柁	306	柃	233		330	栚	330	械	27		326	桸	46	梆	41
·柱	264	杼	86	栙	41	框	179	桂	375	梐	90		67	桾	113
	265		267	格	508	根	122	梆	39		272	梐	165	梞	360
栐	318	枹	80		514	桋	53	桔	493	梵	28	梭	164	桥	344
柲	353		155	梠	60		90	梀	517		448	梏	462	梮	463
	473		213	栈	479	栯	323	栖	92	梜	543		466	椷	387
	474	柣	470	栿	455		460		374		546	梅	98	桲	482
	498		51	桁	184	桍	401	栲	305	桰	100	梃	321	梂	212
柈	128	柞	508		189		410	栳	303	桭	103	梚	84	梪	440
枰	188		510	栓	144	栭	63	栺	53		104	梁	173	桷	466
	431	枸	217	桧	536	栩	262		374	桱	433	梥	170	桻	39
柌	63		265		536		264	桓	60	梢	154	桼	111	梍	156

梃 140	棉 185	椭 457	407	禁 125	楠 223	檀 400	楃 468
楸 524	棝 370	椊 484	棶 102	棨 271	椹 220	椶 159	棟 409
桅 42	椒 150	棜 364	森 222	棄 355	極 528	格 514	椰 167
椴 517	棹 418	棎 228	棽 219	棄 201	樺 491	楥 483	楅 455
523	楷 537	棬 145	219	棸 211	楪 540	楴 373	529
桧 224	537	棪 335	222	211	楷 96	楎 65	椴 405
梌 84	棦 191	棲 92	棼 112	325	273	118	楀 262
88	棌 393	棣 374	棿 91	棘 528	楚 260	槁 200	266
170	楕 153	棒 242	棉 141	棗 304	365	楄 137	楩 141
桼 470	棽 116	棈 408	椑 49	棊 62	楂 171	141	296
柴 52	椻 452	椐 69	92	棺 127	椷 231	楟 196	楢 108
52	455	73	521	405	楲 67	機 43	110
245	棚 187	363	525	椀 287	楯 142	楢 206	280
梨 57	191	棷 211	棔 122	椌 29	楔 295	300	榆 78
梟 147	203	216	椔 64	42	楏 94	326	楔 418
條 146	椈 457	328	359	棓 100	楊 172	椽 352	槀 471
棷 266	棣 431	329	棯 330	213	椙 420	楙 440	業 547
柳 472	棑 95	棫 530	棆 109	242	462	楺 325	楚 91
476	388	楝 344	棠 180	椄 540	楫 540	楸 158	92
	椆 211	棖 188	棨 463	椂 338	楬 481	楑 57	桍 130
八畫	437	椪 169	棐 257	楮 259	492	251	楴 507
椅 51	梚 84	307	棃 56	267	499	楗 282	槌 207
244	棲 44	棅 312	棻 113		楒 61	楔 491	楔 280
椽 467	榴 483	棱 203	114	九畫	楞 509	493	椉 152
[illegible] 337	棓 157	植 358	[illegible] 446	楋 485	椳 98	椿 108	楬 164
椇 266	304	527	棢 314	椲 257	業 295	楱 441	楨 193
棍 284	椎 60	棤 518	桪 517	楣 59	[illegible] 135	442	楛 269
棵 287	椁 511	棧 289	531	楈 70	楶 494	椵 310	楉 504
287	椋 174	297	奞 59	259	楘 455	423	楧 187

楞 203
椯 144
楷 321
楥 400
楑 33
楹 192
椽 145
[illegible] 214
椱 438
455
楸 206
楓 28
楤 33
楩 78
265
榅 420
槩 392

十畫

榤 499
樛 108
110
榻 210
榴 205
[illegible] 87
槌 60
350
[illegible] 527
榭 424

槐 97
98
榌 54
91
497
[illegible] 74
榹 49
槍 178
187
[illegible] 33
架 260
265
槃 128
窯 36
[illegible] 91
[illegible] 109
樗 320
紩 470
榷 466
榓 472
槏 338
槎 171
311
滕 435
槊 467
[illegible] 480
[illegible] 231
榛 111
構 441

榍 493
榡 509
榑 80
榪 423
楀 517
榸 97
榱 115
[illegible] 43
榼 540
槙 137
277
構 354
槀 305
槁 305
[illegible] 467
榮 467
榖 451
榦 403
[illegible] 485
榨 424
榜 187
315
432
榔 181
316
榠 199
榱 57
榟 90
[illegible] 472

榶 181
榧 257
槈 440
榎 310
榞 115
榯 61
榾 539
榥 317
[illegible] 482
櫻 529
榎 144
槶 118
284
[illegible] 39
榙 536
槄 158
303
榗 412
榽 91
95
榝 491
502
榔 517
榆 285
榣 151

十一畫

槾 128
槵 407

標 244
樌 405
樝 170
樽 71
[illegible] 111
模 82
[illegible] 84
170
槶 267
[illegible] 312
槯 100
樊 116
槮 222
223
331
333
[illegible] 491
[illegible] 80
槲 451
樢 117
[illegible] 47
49
90
[illegible] 377
377
378
椿 42
樍 524
[illegible] 52

槤 141
樞 82
槽 159
160
樕 452
[illegible] 122
標 151
300
槸 380
[illegible] 102
槿 281
樠 118
119
128
[illegible] 383
[illegible] 471
麓 43
樉 313
槭 459
槢 533
樛 218
樘 187
樓 215
槃 160
槧 228
335
337
445
槖 186

穎 321
槷 496
樒 474
524
樎 456
樟 175
[illegible] 189
樀 523
[illegible] 307
槨 511
樆 48
槺 182
槦 37
樟 410
樤 146
樇 207
樅 39
40
樸 154
號 157
槳 312
樂 418
466
507
槩 172
橌 376
[illegible] 157
樺 473
橫 183

186
431

十二畫

橄 334
樾 480
樳 223
338
橨 112
258
橰 157
橽 84
87
[illegible] 92
橢 308
檽 63
橑 147
303
橕 187
橡 181
橛 542
樿 293
樻 353
354
樸 168
425
橧 203
202
橒 112

橘 475
橃 393
479
橙 191
435
樳 219
樲 356
檫 493
橌 288
橚 146
461
樻 361
㮹 111
橀 83
檍 375
橈 150
418
樹 265
366
樸 82
454
454
468
橎 283
橪 136
294
橇 153
橼 312
橅 82
橋 152
樵 149
磯 135
機 67
橁 539
麭 156
㯤 480
480
𣯓 378
378
檑 528
㯿 453
榙 536
檁 76
82
橐 507
橦 25
36
42
樴 526
531
橄 501
橀 92
275
橠 306
橬 293
樽 120
橉 277
394
十三畫
樴 534
540
㯨 411
櫛 476
橾 82
檛 171
襐 69
檍 34
238
檡 514
519
檈 109
143
𣞟 464
𣝥 164
檐 227
檞 273
欑 344
檇 60
100
352
嬴 165
檗 515
檕 93
374
櫜 160
槢 332
檍 528
檀 124
檥 245
檖 352
檆 231
檉 193
橿 176
樻 310
檣 178
㯯 471
蓮 335
㯩 443
檔 181
檄 523
檓 243
檎 221
檢 336
檜 383
487
檠 189
431
橄 318
檂 38
欶 221
錈 412
十四畫
櫌 425
511
樹 390
櫏 399
檭 107
𣞼 135
檦 108
檵 374
繄 336
櫜 152
𣛻 310
檏 62
櫏 537
㯫 484
緐 320
322
櫜 284
檗 335
339
轢 154
櫸 365
檸 319
檳 105
櫅 93
櫆 51
櫨 278
檮 159
211
304
櫃 353
檻 339
448
檯 101
檷 271
櫂 418
檬 31
檺 419
櫚 72
櫎 317
櫑 499
十五畫
櫑 99
274
櫶 72
363
櫖 215
櫨 190
櫡 506
櫓 267
櫼 142
櫟 503
522
櫞 142
櫍 470
櫳 540
541
櫐 251
薗 384
鎮 106
277
轢 409
纅 355
緣 252
纅 331
櫜 157
鼕 315
㰂 331
𣛗 310
㰌 377
377
378
檄 80
櫝 451
櫏 139
蓮 335
櫌 204
櫐 306
櫔 380
櫧 72
十六畫
櫨 86
櫴 107
櫫 71
櫱 486
500
檅 388
櫢 230
櫵 149
龒 32
𣡕 264
櫬 396
櫳 32
櫰 97
99
櫊 227
櫘 376
櫜 507
橐 522
十七畫
欂 510
515
516
欕 143
櫼 231
𣠾 206
439
欃 232
448
鎊 420
雜 152
207
𦅸 216
櫽 281
欀 177
426
欙 59

檽 197
欅 261
櫻 190

十八畫

櫹 222
欋 76
權 144
櫵 52
欇 541
542
櫺 205
櫸 53
欇 540
540

十九畫

欏 163
橃 542
鑅 315
欄 303
欀 129
欒 127
樆 48
欐 51
270
376
櫕 127

二十畫

欓 316
櫶 486
櫜 388

二十一畫

欔 142
欙 58
欃 270
欄 227
欗 434
欞 465
欖 334

二十二畫

欝 477

二十四畫

欗 227
蠹 471

欠部

欠 448

二畫

次 356

三畫

㳄 60
357
𣢁 363
改 100

四畫

㰦 171
欣 114
欲 92
欣 190
欣 184
昅 471
475
蚑 64
欲 231
233
338
339

五畫

軟 105
欥 96
歑 48
348
欪 471
476
欱 433
欨 76
264
欻 217
330
460
欸 473
歌 306
422
424
㰴 166
364
欳 377
欿 149
欥 547

六畫

魰 476
飲 109
欲 233
欱 538
546
欶 315
欧 356
欣 459
欽 76
欬 389
392
欶 480
款 94
95
款 471
欹 547

七畫

欲 464
欽 101
276
387
欱 225
欥 181
欮 441
442
軟 441
467
欵 287
欶 546
欣 277
欶 67
363

八畫

欼 423
欺 63
欹 51
欭 356
356
欽 221
欿 333
欲 300
欿 526
歆 122
欸 201
歆 440
欸 476
欻 478
歇 256
款 287
歌 460
463
530

九畫

歃 542
546
歇 414
522
歇 439
歈 78
216
歇 43
歆 221
歐 542
歐 400
歕 252
歟 104
歡 333
538
款 287
歁 232
歇 481
歊 95
歉 144
296

十畫

歀 538
539
歉 547
歔 326
歌 150
歈 256
歍 87
歍 43
167
歊 149
462
歡 468
歉 232
338
338
447
歌 161

十一畫

歗 538
歎 442
歔 85
歙 331
歉 182
歇 389
歐 214
329
歡 396
歡 402
歔 71

十二畫

歐 531
歙 535
540
歡 414
歆 64

十三畫

歡 415
528
歇 333
464
歛 227
歡 373
歡 122
401

十四畫

歠 526 527

𣦃 70 258 365

十五畫

𣤷 501

歑 204

十七畫

𣦅 321

歔 46

歡 459 461 537

十八畫

歡 128

十九畫

𣦊 127

二十一畫

𪑊 119

止部

止 252

㞢 485

一畫

正 194 432

二畫

此 245

三畫

步 372

四畫

武 263

歧 46

五畫

歫 260

𣥊 163

六畫

歭 255

歬 134

𣥞 122

八畫

𣥠 357

𣥡 68

𣦁 457

𣥟 188 313 427

九畫

歰 535

歱 239

歲 377

十二畫

𣦞 58

歷 522

十三畫

𣦢 521

十四畫

歸 68

歹(歺)部

歺 486

二畫

死 251

𣦸 124

𣦵 324

三畫

𣦶 373

四畫

𣦽 37

𣧀 124 492

歿 481

殀 299

𣧎 376

殅 484

𣧛 490 502

五畫

殂 87

殃 179

殆 276

𣧍 27

殄 290

𣧑 535

𣧋 87

残 502

𣧂 45 248

𣧃 129

六畫

𣧈 202 322

𣧣 507

𣧕 526

𣧘 356

𣧝 173

𣧢 404

殊 78

殉 397

七畫

殍 81 252 300

𣨁 274

𣨓 451

𣧲 87

𣨂 212

𣨋 452

𣨆 202 322 435

八畫

𣨙 46 49 245

殗 548

𣨛 44 351

殙 122

殕 264 325 532

𣨶 475 484

殔 357

𣨼 201 436

殖 527

殘 124

𣩁 522

九畫

𣩂 274

𣩉 393

殛 528

殜 540 541 548

殟 119 483

十畫

𣩗 101 103

𣩞 324 437 274

𣩘 162 167

𣩟 350

𣩠 538

殞 279

十一畫

𣩫 373 377

𣩯 507

殤 174

𣩸 159

𣩵 350

殣 396

十二畫

殪 375

殨 398

𣩺 348

𣪂 384

殫 123

𣪃 390

𣪅 438 458 459

𣪊 436

十三畫

殬 370

殮 446

𣪏 405

𣪎 521 525

殭 176

十四畫

𣪘 382

殯 395

十五畫

殰 451

十六畫

𣪠 32

十七畫

殲 229

十九畫

𣪭 384 423

殳部

殳 78

四畫

炈 221
332

五畫

段 405

六畫

殺 388
491
般 114
132
毅 101
殸 468

七畫

殼 190
434
殹 375
㱿 334
殷 103
104
111
豉 216

八畫

殽 153
𣪘 208
436

九畫

殿 409
411
𣪠 524
毀 243
351
毂 452

十畫

毃 468
𣪩 374

十一畫

毅 363
毆 329

十二畫

毈 405
[illegible] 462
磬 151
毇 243

十三畫

[illegible] 452
468
轂 441
穀 452

十四畫

[illegible] 208
毉 64
穀 452

十六畫

[illegible] 462
510

十九畫

毊 149
152
[illegible] 35

母(毋毋毌)部

母 74
毋 127
405

一畫

[illegible] 327

三畫

每 274
389
毒 101
276

四畫

毒 461

五畫

[illegible] 461

六畫

[illegible] 94

十畫

毓 457

比部

比 54
250
357
357
473

五畫

毗 54
皆 504
毖 353

六畫

[illegible] 54

九畫

[illegible] 494

十二畫

[illegible] 310

十三畫

毚 232
232

毛部

毛 158
419

二畫

[illegible] 452

四畫

[illegible] 537
[illegible] 160
[illegible] 114
[illegible] 383
[illegible] 42
42

五畫

[illegible] 198
[illegible] 147

六畫

[illegible] 290
[illegible] 536
[illegible] 74
[illegible] 367
[illegible] 359
[illegible] 454
467
[illegible] 102

七畫

[illegible] 146
[illegible] 384
501
[illegible] 81
毬 212
[illegible] 240
[illegible] 170
[illegible] 138
毫 156
[illegible] 482
[illegible] 440
[illegible] 422

八畫

[illegible] 458
毳 377
378
[illegible] 419
[illegible] 521
[illegible] 484
[illegible] 64
102
[illegible] 530
[illegible] 100
毯 334
[illegible] 315

九畫

[illegible] 385
422
[illegible] 484
[illegible] 318
[illegible] 100
[illegible] 82
[illegible] 292
[illegible] 168
[illegible] 382

十畫

[illegible] 381
[illegible] 539
[illegible] 280
[illegible] 543
[illegible] 181
[illegible] 402

十一畫

[illegible] 225
[illegible] 119
[illegible] 39
[illegible] 63
158
[illegible] 79

十二畫

[illegible] 113
[illegible] 313
[illegible] 454

[illegible] 149
[illegible] 240
[illegible] 203
[illegible] 465

十三畫
[illegible] 140
[illegible] 41

十四畫
[illegible] 189

十五畫
[illegible] 541

十八畫
氍 76

二十二畫
氎 543

氏部

氏 43
192
243

一畫
民 108
氐 60
89

二畫
氒 480

四畫
氓 190

六畫
[illegible] 472

十畫
[illegible] 355
396

十四畫
[illegible] 417

气部

气 363

四畫
氛 112
114

六畫
氣 363
363
氤 103

九畫
氳 112
氲 112

水(氺氵)部

水 251

一畫
永 318
氶 322

二畫
氾 472
氿 250
汃 108
491
求 212
汅 294
汊 393
汀 199
434
汁 533
汜 448
233

三畫
汈 174
409
汏 382
485
汕 289
407
汛 28
448

汋 521
汍 125
汎 386
394
408
汋 466
504
汔 479
汝 259
汞 238
汘 134
汒 184
428
汗 123
125
402
汙 76
87
371
汜 254
污 76
87
371
江 40
汓 211
池 51
161

四畫
汪 184
315
430
沄 112
118
汫 322
沅 115
決 494
494
沑 325
459
沛 383
383
沞 537
沏 493
汥 42
46
349
沔 294
沘 54
250
汱 422
沐 454
[illegible] 205
沋 204
沌 121
284
296
沂 68
汳 400
汾 112
㳂 142
沝 54
248
沓 537
汻 413
汸 177
沉 219
沆 316
沈 219
331
442
汶 107
111
397
沁 442
[illegible] 530
汰 382
汱 292
汩 473
汨 482
525
沖 26
27
沚 252
汭 377
沙 169
426
沇 295
汮 107
110
汼 317
没 481
汲 534
沕 474
477
沃 461
汷 143
沜 406
泜 53
242
[illegible] 526

五畫
油 206
439
沺 136
[illegible] 242
況 428
泱 179
316
沾 239
230
446
泂 321
泚 246
271

泗	356	泥	93	泔	226	洇	103	洟	53	⿰氵囟	374	浮	213	涝	487
泅	211		376	沽	84	洄	98		373	洑	455	浽	58	浭	186
泏	476	泡	155		268	洮	150	汧	137	洳	73		275	浯	85
	484		156		370		158		410		365	涘	255	涑	215
泛	448	泆	471	泄	379	洺	194	洹	115	洐	189	浚	396		452
	548		495		498	洙	78		125	派	386	浴	464		465
治	64	泊	509	泐	526	洡	470	洱	254	涇	386	浩	303	涍	155
	355	泭	80		531	渢	462		359	洽	544		536		417
	358		81	泧	480	洈	51	洔	252	淆	394	海	275	浾	170
沱	161	泜	53		481		244		255	洓	520	涏	321	浙	499
	306		55		488	洵	108	洼	93	洦	512		409	涊	277
泬	494	泖	302	⿰氵孔	393		110		95		513	浼	274		291
泣	535	泑	217	沭	475	洗	271		171	洷	447	浵	35	浃	544
注	366		329	沼	299		290	洅	275	溲	78	浰	409	浝	41
泳	431	泝	371	沰	508	活	487	⿰氵吏	359		207	涐	162	涇	195
泫	291	泒	84	波	165		488	洁	471	洝	403	涖	354	消	148
泌	353	泠	197	⿰氵国	535	洶	37	洒	271	流	29		376	涅	496
	473	沿	142	沮	70		241		386	洨	153	涎	143	浿	383
	474	沴	376		73	洚	32	洘	305	洲	208		414		388
泮	406	泰	381		73		35	洍	61	洋	173	浜	190	涓	137
泙	188	泉	142		261		41		254		173		319	涀	272
泯	108	⿰氵以	254		365		347	洪	32	洴	200	浟	206		410
	279	泎	513			洛	507	洌	380	洣	272	浛	403		410
沶	61	泈	27	六畫		洎	355		499	㳄	54	涂	72	浥	535
泓	191	泂	154	洸	183		355	洧	250	津	106		84		546
沸	361	派	457		184	洫	530	洊	410			涳	402		548
沬	385	河	163	洩	380	洭	179	洏	63	七畫		涗	378	浞	466
	487	法	548	洞	25	泿	107	洿	87	涔	222	漩	143	涃	401
沫	360	泲	362		345		122		269	浖	501		413	浧	320

涉	540	淩	200	淲	218		530	⿰氵冒	390	⿰氵柰	382	渶	187	湖	83
	544	渞	527	涝	180	涷	25	淙	35	渣	170	⿰氵莊	248	渫	498
泂	319	⿰氵鄉	226	淖	418		344		42	減	338	溆	388		545
泏	428	淇	62	涾	537	淜	201		348		338	湀	94	湝	96
浣	287	⿰氵昔	371	淨	433	淝	66	淀	409	湎	295		251		96
浨	334		513	⿰氵乳	328	淥	464	涫	127	渜	288		251	港	242
浤	190		517	淫	220	淛	379		405		406		494		346
浪	181	⿰氵枉	317	淆	154	涶	165	涴	117	⿰氵酉	410	澄	488	湘	177
	419	淺	135	深	220		422		283	湨	525	湕	282	湠	402
浺	26		293		443	⿰氵委	166		423	湜	527	湊	441	湍	126
	27	淋	219	液	519	淊	232	涳	29	渺	300	⿰氵耳	247		144
流	205	淶	102	淃	412		333		41	測	528	渥	468	湑	318
涕	270	淅	522	淡	225		335		42	湯	174	渤	482		321
	373	淞	36		335		447	涪	213		184	湅	409	湲	144
涌	240		40		335	淴	483	淁	542		430	⿰氵軌	250		132
浸	218	涯	47		445	添	230	淚	69	湒	534	渠	69	渹	191
	442		95	⿰氵疌	540	淮	97	涘	353	湡	74	湢	529	湷	514
涒	121	涿	467	淒	89	淵	137	淳	109	温	119	湋	66		516
洴	344	淹	229		271	淄	64	涼	174	渴	499	⿰氵戠	101	湃	387
滅	387		448	清	192	淰	331		426		485		102	湪	406
浘	247	淂	530	涺	69		337	淯	457	渱	32	湮	103	湩	241
浡	482		531	涮	407		339	淬	390	渨	98		136		344
浢	440	混	284	淈	482	淦	225	淤	71	渭	361	湄	59		347
浦	270	淠	49		484		443		364	渦	164	滑	70	渙	384
汎	541		353	涵	224	⿰氵舍	425	⿰氵並	447		166		259		406
			376		333	淪	109	渚	259	湞	191	湳	332	湫	206
八畫		涸	509	涬	322	淼	300				193	湛	219		207
⿰氵冉	226	淟	290	浧	321	⿰氵從	472	九畫		渏	161		224		298
淕	456	淑	457	淢	530	⿰氵开	403	洽	535	渼	476		338		324

渢	28		135	滂	184	⿰氵⿰丬肖	416	溘	384	漴	348		441	潩	359
湟	183		139	溟	199	滍	251		538	漰	204	漹	145		529
湼	496		412		321	滔	158	滇	136	漼	275		400	漉	452
湌	123	⿰氵宮	27	滈	303	溪	93		136	漖	261	漂	153	漾	426
渝	78				469	滏	264		137	滲	443		416	⿰氵舂	42
渰	337	十畫		溏	181	濚	499		409	⿰氵悉	493	漌	281	漬	350
湓	121	溜	438	⿰氵冤	117	⿰氵脂	53	滆	517	⿰氵蔣	80	漢	403	漲	126
	398	溤	269	漩	158	淶	201	滁	73	漁	68	潢	183		427
	401	⿰氵息	527	滀	461	準	279	溎	410	漨	38		430	漏	441
浣	295	⿰氵射	424	溓	231		501	滅	500	滌	524	滿	288	激	160
湐	512	溾	97		335	溠	161	溽	464	滫	326	滯	380	漣	141
⿰氵⿱罒亏	509		274		338		170	⿰氵⿰叕殳	491	漪	51	漤	334	漸	229
⿰氵⿱穴又	210	淪	402	溔	301		424			漅	301	漆	470		337
	326	溵	114	⿰氵脊	547	溢	471	十一畫		漦	65	澳	313		
渲	413	⿰氵虒	50	⿰氵坙	534	⿰氵鄉	401	潸	109	漐	535		313	十二畫	
湥	535	滄	182	源	115	溱	110	漻	148	潁	320	滵	474	濆	498
渧	373	滃	238	潘	159	溝	216	澤	473	漿	177	滱	439	潛	229
渾	118	滎	200	溳	308	溺	504	漊	266	⿰氵庶	364	演	292		446
	284	滕	204	滉	317		525		329	⿰氵⿰方令	192	漳	175	⿰氵厥	480
渟	196	⿰氵遂	338	潤	336	⿰氵屖	90	漫	406	漧	124	滰	313	潦	303
湉	230	涌	224	滑	482	溹	509	漍	515	⿰氵覓	525	滴	523		420
渡	369	⿰氵戠	101		484		512	漶	404	⿰氵冐	80	滸	268	⿰氵敞	381
游	206	⿰氵荒	183		490		517	漯	537	⿰水淋	540	淹	269		501
渀	519	湍	548	⿰氵負	112	溥	269	⿰氵虘	71	漙	126	漷	511	潶	531
渼	249	湝	376		279		510	滹	85	漚	215		514	澋	319
⿰氵⿱羊夂	326	穀	451	⿰氵⿱罒又	527	滒	161	漠	507		441	滻	289	潬	286
溉	363	滓	256	溷	401	滇	344	滷	267	漕	160	漓	48	潰	390
	392	溶	37	滋	65	溒	116		520		420	漮	182	潿	66
湔	134		240	溰	68	溧	471		524	漱	437	滽	37	⿰氵莘	316

	430	潓	375	澐	112	潬	275	澫	486	[illegible]	260		377	十五畫	
澁	535	澆	147	潏	475	澋	80	澤	514	濇	528		433	潤	72
潤	274		415		475	溦	59	澴	130		535	濱	105	㵽	274
	278	湏	238		494		65	[illegible]	275	濞	321	濟	270	滲	298
潤	397	澍	366	澄	188	澮	383	濁	468	濊	393		372	濺	487
澗	406		366		200	澼	350	澲	547		532	濠	157		497
瀆	272	澎	186	潯	219	澩	301	[illegible]	379	濉	58	濙	322	瀐	487
	525		187	澅	385		466	澹	225	[illegible]	476	濚	193		494
瀫	200	澉	334	潟	518		469		334			濡	77		518
潙	44		445	潀	27	湝	537		445	十四畫			125	[illegible]	515
	44	潭	223		33	潛	535	滋	211	濛	31	濤	358	漻	154
潘	129		332		35	澿	221	㵟	442		238	瀘	106	濳	514
潷	474	漬	112	溲	455	濈	535	澺	528	瀑	525		278	瀕	492
潆	517		122	澰	535	澠	201	澶	140	濩	371		280	瀏	205
潪	350	潮	149	[illegible]	101		279		141		511		395		323
	520	澌	348	濌	487		295		403		515	濤	159	[illegible]	298
潒	312	潼	25		488	潝	485	濂	231	濧	389	濫	339	濼	453
	315		33	潸	129	潞	369	濇	380	演	278		444		454
潕	263		36		288	澡	304	澭	38		394	濔	247		463
潲	418	澈	501	潰	421	澧	270	澻	352	潭	386	澤	252		503
潐	416	潫	129	潒	355	濃	38	澬	54	溲	211		356		507
潗	534		143	潸	244	濄	166		55	濞	353	濯	418		509
潔	493		145	澳	420	澽	364	澪	198		376		468		、523
潚	146	潾	105		460		365	澒	365	濮	427	澀	535	潢	186
	461		132			澞	24	澱	409	灘	57	濬	396		431
潠	401	潧	110	十三畫		濊	384	澼	522	渝	440	濕	534	[illegible]	546
潰	362	澇	157	澥	272		384	澾	485	濦	65		537	澤	444
潺	131		303	激	414		393	激	409	瀉	353	瀇	317	瀋	331
	140		420		522		488	澣	287	濘	322			瀉	310

字	頁
	425
瀌	151
	218
瀍	140
瀁	312
	426
瀅	434
瀙	432
瀔	451
瀆	451
瀀	204
瀉	380
瀈	65
瀦	72
瀐	135
	410
	412
瀑	420
	454
瀾	517
瀦	71
十六畫	
瀕	492
瀝	523
瀾	227
瀢	252
	274
瀘	86
瀊	387
	392
瀗	400
瀥	469
瀑	378
	413
瀙	111
	396
	396
瀧	32
	41
	41
瀤	97
瀛	192
瀖	511
潠	413
瀞	433
瀫	376
瀜	28
瀨	385
瀚	402
瀡	351
十七畫	
濤	135
	410
瀸	488
瀼	203
瀾	331
	332
瀾	125
	403
灂	381
潶	301
激	335
	446
瀸	229
瀠	116
瀺	338
瀹	59
瀼	176
瀿	116
灒	398
	398
瀱	444
瀰	50
	247
	271
瀻	141
瀶	219
瀷	114
	281
	399
澄	204
	436
灙	529
	531
瀴	321
	322
	432
瀐	46
灂	466
十八畫	
灆	226
灌	405
瀷	388
瀾	289
灛	337
瀲	458
灘	38
	347
灤	400
灦	70
瀿	116
灢	548
灄	540
灊	219
	221
	229
灈	76
灃	29
瀾	526
灛	334
	444
十九畫	
灒	404
灘	123
	286
	403
	404
灓	503
灖	163
灋	138
灤	128
	405
	412
灕	48
灑	246
	273
	310
	351
二十畫	
灡	293
灦	69
灝	500
二十一畫	
灅	58
	251
灊	503
灛	119
灞	425
灝	303
	332
二十二畫	
灍	286
	403
灇	68
灣	129
灒	316
	430
二十三畫	
灤	128
灥	110
	142
二十四畫	
灨	332
	443
灩	227
	445
二十八畫	
灩	445
二十九畫	
灪	477
火(灬)部	
火	309
二畫	
灰	98
灮	183
灱	155
三畫	
灵	225
	230
炙	324
	436
扙	102
灺	310
灼	503
灹	424
灾	102
灵	198
災	102
四畫	
炂	36
炅	321
	376
灸	425
	520
炁	363
炎	229
料	415
炕	184
	317
	430
炔	376
炇	468
炳	285
炒	303
炈	521
炊	45
炘	114
	399
五畫	
炢	499
炴	313
炶	226
炯	321
	321
炪	476
	501
炮	156
	418
炵	34
	35
炱	101
炭	402
為	44
烏	56
炷	265

	366	烊	173	焉	118	無	74	煥	406	煏	530	𤎺	122	熬	160
炫	409	烒	527		145	然	139	熜	33	煒	257	𤏣	394	熱	499
炥	478	烜	43		145	焦	149		238	煝	352	𤍠	303	勲	113
炬	260		283	焎	502	焱	445	煌	183	煙	136	煽	140	熪	48
炳	318	烓	94	焄	113		526	煖	116	煤	98		412		50
炢	476		322	煘	388	焭	195		288	煁	220	熇	453	熷	159
炤	415	烘	32	烺	524	㷍	268	煔	226	煠	540		462	熛	151
炦	489		34	埮	520	肰	285		445		542		509	熯	287
炟	485		346	𤏡	466	焥	488		446		545	煻	180		294
炠	546		346	㶷	257	焪	28	㷑	416	煩	116	熣	462		403
	547	烠	98	㶾	482		345	㷍	318	㷉	287	熑	231	熠	535
		烔	25	烳	270	焞	109	𤎖	497	煜	457	𤎆	441		535
六畫		烟	103	焃	516	焨	457	煎	139		535	熆	538	熮	148
烙	507		136	𤉎	478	焠	390		412	煆	171	𤏩	547		323
烚	545	烑	151	烴	322	焲	519	熙	64		424	熂	363		416
𦘺	395	𤇈	247	焇	148	焟	518	照	415	𤋰	74			燡	473
烖	102			焊	287	焜	284	煦	265	熅	112	十一畫		㷾	529
烕	502	七畫		焆	138	𤋅	273		367			㷠	43		
衮	122	𤈦	64		495		405	煞	491	十畫		熭	377	十二畫	
烝	200		101		502	焯	503	煢	195	㷎	303		480	燗	273
	434	焌	397	烰	213	焫	500	煬	173	𤊽	100	熨	362		274
烈	499		402			焰	445		426	熄	527		477	燀	145
羔	325		476	八畫		㷋	325	㷙	477	㷝	239	𤐤	326		293
烋	155	焀	451	焷	49	煑	259	煇	65	熒	200		439		293
	218	焅	462	焮	399				118	𤏶	453	𤐑	39	燁	542
烏	87	烽	39	㷈	545	九畫			284	熊	28	燓	39	燂	418
烄	302	炈	517	焚	112	煨	98	煪	207	熏	113	𤐫	230	燔	116
	419	𥤮	46	鈸	98	煟	361	煣	325	燚	105	熲	321	燃	139
烗	388		51	𤍽	302	煓	126		439		394	熟	457	燋	150

字	頁
	505
熻	535
營	192
燧	352
[illegible]	403
焰	445
熹	64
燕	136
	410
[illegible]	330
燊	111
燅	230
熾	360
燩	121
	121
燐	105
	394
熷	203
燆	475
燈	203
燖	230
熽	414
燒	150
	417
燂	223
	229
燍	50
熸	229
燎	153
	301
	416
餤	335
緂	228
	334
⿰火巽	52
燌	112
熚	542
⿰糸炎	229
錟	136
燠	305
	420
	460
十三畫	
⿰火焉	52
	295
燩	468
	524
燬	243
⿰火節	494
燮	544
燮	544
熛	334
	224
燫	231
⿰火廛	160
燧	352
燥	304
燡	519
燭	463
燦	404
十四畫	
⿰火蒦	511
燻	113
燹	290
	292
	354
[illegible]	530
爂	153
燾	159
	419
⿰火爾	292
⿰火稟	305
燼	395
燽	211
爁	334
	444
	446
爀	514
燿	415
爌	317
	317
	430
十五畫	
⿰火憲	72
爗	304
爇	500
爆	418
	467
	510
十六畫	
爋	398
爒	298
	301
燡	519
[illegible]	503
⿰火賴	385
爓	230
	445
爐	86
十七畫	
爛	403
爚	503
	504
⿰火聯	294
爝	416
	505
	505
十八畫	
爟	405
⿰火闞	539
⿰火聶	541
爞	26
	34
十九畫	
⿱雙火	139
⿱靡火	44
二十畫	
爣	316
二十一畫	
爤	403
二十四畫	
爧	198
[illegible]	352
⿱讎火	149
二十五畫	
爨	405
二十九畫	
爩	477

爪(爫)部

字	頁
爪	302
爫	313
四畫	
爬	171
争	192
⿱爫壬	220
爮	168
五畫	
爰	115
爯	202
受	419
六畫	
奚	399
八畫	
⿱爫冓	405
爲	43
	348
十三畫	
爵	505

父部

字	頁
父	263
	264
二畫	
⿱父又	481
四畫	
爸	309
六畫	
爹	171
	306
九畫	
⿱父者	167

爻部

字	頁
爻	153
四畫	
㸚	246
	376
五畫	
⿰爻疋	71
爼	260
七畫	
爽	313
	313
十畫	
爾	247
十二畫	
[illegible]	189

爿部

四畫
牀 178

五畫
牁 161
⿰爿召 151

六畫
⿰爿兆 298
疾 472
牂 185

九畫
牃 543

十畫
牄 179

十三畫
牆 178
⿰爿辟 515

片部

片 410

四畫
版 288

五畫
牉 406
⿰片斥 513

六畫
⿰片朱 78
⿰片𠂢 513
⿰片多 153
351

七畫
⿰片足 465

八畫
⿰片妾 544
牋 134
⿰片奄 337
牌 95
96
⿰片宛 283
⿰片空 344
⿰片咅 100
102

九畫
⿰片函 545
牎 41
牏 78
216
366
牑 138
⿰片柬 409
⿰片畐 530
530
牒 543

十畫
牓 315
牖 354

十一畫
⿰片崔 99
⿰片習 544
⿰片庸 326
⿰片婁 79

十二畫
⿰片賁 99

十三畫
⿰片業 547

十四畫
⿰片辡 410

十五畫
牘 451

牙部

牙 170

八畫
牚 432
⿰牙奇 46

牛（牜）部

牛 207

二畫
牝 251
278
牟 213

三畫
⿰牛口 329
⿰牛川 109
110
牢 157
牡 327
牣 394

四畫
⿰牛丹 163
物 477
牧 461
⿰牛今 442
牥 177
牨 182
⿰牛冘 219
⿰牛巿 383

五畫
⿰牛支 158
牲 189
⿰牛乍 510
⿰牛句 329
牴 271
⿰牛内 240
⿰牛令 199
牠 164
166
⿰牛平 191
牯 268
⿰牛由 437
439
⿰牛四 356

六畫
⿰牛因 132
牷 142
⿰牛石 329
329
329
⿰牛字 359
特 531
⿰牛劦 543

七畫
⿰牛孚 489
501
牿 462
⿰牛夆 39
⿰牛余 84
牽 137
410
⿰牛卒 195
⿰牛求 218
⿰牛坐 272
⿰牛尨 41
牼 189
190

八畫
⿰牛导 531
犀 92
⿱臤牛 289
293
496
⿱非牛 361
犁 57
89
犇 121
⿰牛咅 327
⿰牛享 109
⿰牛京 174
426
⿰牛卷 145
412
犆 526
犄 51
犅 182

九畫

犌 168
𤛓 525
𤚒 166
𤙡 37
𤛷 66
犍 117
144

十畫

𤜁 115
𤛧 529
𤛹 318
𤛾 74
𤜄 469
𤛼 441
犗 389
犒 420
𤛿 180
𤚹 463
466
𤜃 106
𤜲 354

十一畫

犘 166
犛 63
102
155
𤛹 362

𤛶 249
279
𤜔 524
𤛗 289
𤜥 37
𤛡 368
犝 281
𤛮 538
𤛫 180
犙 210
218
225

十二畫

犝 25
𤜐 468

十三畫

𤜝 176

十四畫

𤜧 103
158
犪 463
466
犥 367

十五畫

𤜭 45

47
95
𤜱 541
犪 150
299
𤛵 89
𤜘 153
300
犢 451
𤜯 380
385
𤜠 463
467

十六畫

犨 208
𤝉 377
379
393
𤜺 97
犧 46

十八畫

𤝇 68
361

十九畫

𤝍 45
47

95
犪 150
499

二十一畫

𤝕 58
𤝖 58

二十三畫

𤝖 208

犬(犭)部

犬 292

一畫

犮 489

二畫

犯 339
犰 212
犱 250

三畫

𤜬 394
犳 504
𤜮 512
𤜴 98
犴 123
403
𤜵 243
248

四畫

𤝔 138
𤜶 545
𤝋 121
𤝆 107
𤝅 78
𤝂 389
𤝃 114
狀 426

犼 512
犻 128
犺 430
狄 524
狂 180
429
𤝎 407
408
410
狃 323
438
犽 424
犹 279

五畫

狙 70
364
狎 546
𤝛 184
狌 189
狍 156
狗 328
狓 45
狑 198
狕 302
狐 83
𩚵 426
昊 525
526

狖 438
𤝠 366
狋 60
144
狒 362
狔 248
𤝞 547
𤝊 476
狘 481
𤝹 327
狚 286
403
485
𤝸 129
407

六畫

𤞶 497
狣 299
𤝚 43
𤝧 79
狧 539
狢 510
𤞂 211
𤞴 536
狩 437
狡 302
狨 27
狟 126

狤 471
473
493
𤞤 512
𤞽 380
狰 192
320
433

七畫

狷 409
411
𤟀 465
505
狻 126
𤟁 451
464
𤟂 196
狿 139
414
狳 70
奘 178
317
臭 520
狺 107
114
狼 181
𤟤 85
𤟧 155

狴 90
狾 379
狹 544
狵 40
猏 148
狸 63
狽 383

八畫

猓 307
猑 119
猖 175
猲 517
猇 51
153
155
猎 537
㹶 457
猘 381
狢 300
猚 95
251
猊 91
猈 96
272
猔 42
猏 135
猝 484
猜 102

猛 318
猎 521
㹽 289
猍 102
猗 51
244
猆 66
猌 395
猒 230
445
猋 151
㹰 175
猪 71

九畫

猲 481
485
548
猥 254
猬 273
猫 152
狻 33
238
猛 192
猦 28
猴 214
㺇 232
447
猭 65

118
猵 138
278
猶 206
436
439
猱 160
299
438
猤 355
猢 83
㺂 232
猳 168
猩 189
197
猨 116
猭 144
412
猰 491
493
497
㺐 304
㺄 504
猷 206
𤟆 451

十畫

㺔 529
猺 151

獅 54
獀 210
㺐 205
㺃 128
獄 463
獄 61
猷 103
㺇 468
㺌 338
338
㺕 199
㺒 426
㺍 510
㺊 168
猿 116
猻 120
獂 115
125
猾 490

十一畫

獌 129
130
400
406
獑 232
339
339
獒 160

獎 312
獐 175
獍 431
㺜 37
獑 232
232
㺞 78
㺎 129
130
㺒 301
301
400
㺐 79
獚 183

十二畫

獖 285
獠 148
303
303
㺡 131
㺗 132
獛 454
獦 116
413
𤡾 139
獢 149
𤢊 504
𤣍 385

𤢯 387
獜 105
198
獝 475
𤢾 357
獟 415
獥 339
445
447
獋 156

十三畫

獧 409
獨 450
獬 272
獥 414
522
523
獫 227
335
335
446
獪 384
388
𤣂 371
㺧 248
𤢸 366
𤣎 481
𤢼 35

154
160
獩 393
𤢫 541
486

十四畫

𤣈 338
339
𤣉 70
獮 292
𤣏 468
獲 515
獯 113
獰 189
獱 107
獳 77
215
獷 314
319

十五畫

獶 204
㺚 251
獵 540
獸 437
𤣒 379

十六畫

獹 86
獻 161
400
500
獺 485
492

十七畫

㺢 46
𤣪 232
獽 176
獼 50
𤣩 103
132
141

十八畫

獾 128
𤣮 198

十九畫

𤣯 292
𤣰 160
301

二十畫

𤣳 67
獿 160
玃 505

玁 335

二十一畫
獼 149

二十四畫
玃 198

玄部

玄 138

四畫
玅 416

五畫
玆 138

六畫
率 354
473
玈 86

玉(王)部

玉 463
王 437
460
465
王 179
428

二畫
玌 468
玜 56
玐 490
玎 190
196
玏 531

三畫
玒 31
40
玓 523
玖 324
玕 125
玗 76
玘 255

四畫
玭 107
137
玳 490
玧 279
玥 479
玫 481
玪 231
玢 108
玠 387
玟 98
玤 242
玩 405
玦 81
494

五畫
珫 29
珈 168
玿 151
珇 419
珇 268
珅 546
珊 124
玷 337
玶 413
玹 138
409
珌 473
珏 466
珉 107
珂 163
珆 53
玸 80
珄 189
玽 328
玻 165
珀 513
珋 323
玲 198
珩 371
珍 105

六畫
珛 437
465
珝 264
瑰 379
㻡 48
245
271
班 130
珧 150
珮 389
珐 305
珠 79
珣 108
珞 507
珦 427
427
珨 545
珩 189
鋈 39
垩 461
珓 417
珢 107
122
402
珥 359
珪 93
珁 61
珙 40
241
珬 476
珕 348
376

七畫
珿 459
珸 85
珵 194
琁 143
珽 321
琇 326
438
琈 213
琀 443
琜 88
琂 157
琅 181
球 212
琣 85
珹 194
理 254
現 410
琄 291

八畫
琡 405
琙 530
琪 62
琖 290
琳 219
琦 45
琢 467
琨 118
琩 175
琠 290
琡 457
458
琥 268
琨 278
琱 146
琲 275
389
琭 453
琮 35
琯 287
401
琬 283
404
珷 263
琛 219
琰 335
琫 239
琚 69
琟 57
琕 137
琤 187
191
琹 102
琶 171
琵 54
琴 221

九畫
瑛 187
瑞 351
瑑 296
瑆 186
瑀 262
瑕 405
瑗 400
411
瑜 78
瑟 476
瑬 205
瑋 257
瑎 96
瑂 59

瑚 83
瑊 219
231
瑌 142
295
瑕 169
瑅 90
瑒 173
319
427
瑁 389
419
462
瑄 142
琿 118
[illegible] 108
璁 33
瑈 209
瑃 108
瑇 391
461
[illegible] 485
瑘 167
瑯 181

十畫
瑤 151
瑠 205
瑦 87

269
瑰 98
99
瑫 158
瑲 178
瑩 188
434
瑴 451
466
瑢 37
瑭 180
瑳 161
306
瑮 472
瑱 136
395
409
瑵 302
瑨 395
瑣 307

十一畫
[illegible] 473
璝 119
瑹 68
璀 275
瑽 40
璅 304
[illegible] 88

璋 175
璄 318
璃 47
璇 143
[illegible] 88
璉 294
璂 62
瑾 396
[illegible] 531
璊 119
璆 212
218
璜 183

十二畫
璞 468
璠 116
[illegible] 475
[illegible] 377
380
480
璑 75
璡 106
395
璣 67
璗 315
璖 69
璘 105
[illegible] 157

璚 195
璒 203
璛 461
[illegible] 413
[illegible] 528
[illegible] 222
璙 148
301
415
[illegible] 143
璟 318
318

十三畫
環 129
璩 69
璥 318
[illegible] 464
璪 404
璬 297
璦 392
璯 388
璶 521
璽 38
璭 401
璲 352
璏 477
[illegible] 523
璫 181

[illegible] 419
璪 304
璐 370

十四畫
璿 143
[illegible] 511
璽 246
[illegible] 397
璺 207
326
415
璶 395
璹 326
457
[illegible] 492
[illegible] 62
璵 70

十五畫
瓃 58
99
353
[illegible] 195
瓈 89
瓅 522
[illegible] 72
瓄 451
瓌 99

十六畫
瓐 86
[illegible] 143
瓏 32
瓌 99

十七畫
瓔 193
[illegible] 197
瓕 50
[illegible] 544
瓖 177

十八畫
瓘 405
瓗 351

十九畫
[illegible] 160
瓚 286

二十畫
瓛 125

二十一畫
[illegible] 294

瓜部

瓜 168

三畫
瓝 467

四畫
[illegible] 442
[illegible] 121

五畫
[illegible] 265
[illegible] 84
259
[illegible] 217
[illegible] 198
瓟 156
467
瓞 495

六畫
[illegible] 490
瓠 83
370
[illegible] 467
[illegible] 488

七畫
[illegible] 275

八畫
[illegible] 100
[illegible] 533
[illegible] 462

九畫
[illegible] 137
[illegible] 409
[illegible] 316
[illegible] 119

十畫
[illegible] 196
[illegible] 338

十一畫
瓢 151
[illegible] 215
[illegible] 150
150

十三畫
[illegible] 182

十四畫
瓣 408

十六畫
瓤 400

十七畫
瓤 176
178

瓦部

瓦 311
426

二畫
⿰丁瓦 196

三畫
⿰土瓦 225
267
瓨 41
⿱弋瓦 529

四畫
瓬 263
315
⿰火瓦 334
⿰开瓦 196
⿰瓦今 447
瓪 288
288
瓮 345

五畫
瓴 197
⿰占瓦 61
⿰白瓦 512
⿰氐瓦 373
⿰它瓦 162
⿰古瓦 83
⿰出瓦 493

六畫
⿰臣瓦 60
⿰耒瓦 78
⿰奚瓦 308
⿰同瓦 25
瓷 55
⿱光瓦 241
⿱㓞瓦 497
瓶 199

七畫
⿰瓦含 224
⿰甫瓦 55
⿰谷瓦 512
522
⿰臤瓦 196
⿱叀瓦 491
⿰甬瓦 25
⿰來瓦 544
瓺 176
427
⿰官瓦 409

八畫
⿰其瓦 95
⿰東瓦 344
⿰幸瓦 319
甀 44
350
⿰卑瓦 92
⿰罔瓦 182
⿱旹瓦 446
瓽 430
瓿 80
327
⿰享瓦 121
⿰辛瓦 391

九畫
⿰契瓦 541
544
⿰禺瓦 328
⿰酋瓦 318
⿰俞瓦 79
⿺是瓦 271
⿱婺瓦 437
甇 77
296
397
甂 138
⿰甚瓦 103
140
⿰音瓦 96

十畫
⿰唐瓦 181
⿰荒瓦 42
182
甈 374
381
甉 232
338
⿱容瓦 37

十一畫
甌 214
⿰麥瓦 313
313
甎 329
⿰庸瓦 37
⿱莫瓦 190
甐 35
42
⿰鬲瓦 523
⿰康瓦 182
⿰鹿瓦 452
⿰執瓦 143
⿰蒂瓦 186

十二畫
⿰尊瓦 394
⿰敢瓦 435
⿰番瓦 129
甒 263
⿱斯瓦 50
92
⿱厭瓦 523
⿰敫瓦 26
347
⿰單瓦 433

十三畫
⿰雷瓦 99
438
⿰僉瓦 203
甔 224
226
445
甕 345
甓 525
⿱與瓦 451
⿰賈瓦 411

十四畫
⿱䀠瓦 190
⿱髮瓦 360
⿱監瓦 447

十六畫
⿰盧瓦 117
294
411
⿰盧瓦 86
⿱龍瓦 32

十七畫
⿰毚瓦 447
⿰燚瓦 240
397

十八畫
⿰巂瓦 94
⿰靁瓦 99
438

甘部

甘 225

三畫
⿱大甘 391

四畫
甚 331
443

六畫
甜 230

八畫
⿰甚冘 221
223
甞 178

十畫
⿰甘兼 231

十二畫
⿰甘覃 223
332
444

十三畫
⿸厤甘 225
226
226

生部

生 189, 432

五畫
甡 111

六畫
產 289

七畫
甤 57, 245, 252
甥 189

十二畫
𤯷 183

用部

用 346

二畫
甬 330
甫 262

五畫
莆 353

田部

甲 546
申 104
田 136
由 206

一畫
甴 477

二畫
甹 197
男 223
甹 207
町 199, 290, 321, 322
甸 409

三畫
甾 292
畀 357
畁 62, 360
甿 190
㽘 317
畂 438
畄 64

四畫
畏 362
畢 527
界 386
野 70
畎 376
畝 327
峀 41
畆 317
畎 292
畇 109, 110, 110, 136
畋 136, 409
畈 399
畐 455, 530

五畫
留 205, 438
畟 528, 529
畕 176
𤰞 223
𤰾 171
𤱏 322
畔 406

𤱩 45
畛 103, 277
畝 327
畜 438, 458, 458, 461

六畫
畣 536
畢 472
異 359
時 252, 253, 255
畦 94
𤱶 40
𤱹 298
略 503

七畫
番 116, 116, 128, 129, 165, 422
畬 70

167
𤲁 545
畯 397
畮 327
𤲆 80
畫 385, 515

八畫
𤲊 102
𤲋 457
𤲍 259
當 181, 430
畺 176
畬 284
畹 283
𤲰 200
𤲺 378, 501
𤲹 290
畸 48

九畫
畼 427
畽 285
𤳉 532
𤳋 287
𤳍 209

𤳘 142, 296, 412, 422

十畫
𤳙 110
畾 99
𤳚 458
𤳝 162
畿 67

十一畫
𤳡 444
𤳣 175
𤳥 545
𤳦 200
𤳧 364
𤳨 403
𤳩 205

十二畫
𤳴 129
𤳵 458
疃 287
疄 105, 394

十三畫
𤳽 93
𤳾 530

十四畫
疆 176
疇 211
𤴁 364

十五畫
𤴂 530

十七畫
疊 543

辵(辶)部	疒部						
辵 71	疒 178	四畫	痁 228	痋 34	痛 280	痕 122	痃 145
260	518	疨 171	446	痌 33	399	𤸊 483	痰 225
310		疣 204	𤶇 483	疫 385	痤 164	𤸖 488	瘢 278
	二畫	𤵸 358	㾀 100	疵 48	𤷞 273	痛 345	瘕 516
三畫	疔 210	疫 535	疤 136	痑 124	痠 126	㾦 330	530
𨑒 541	218	538	痊 366	162	𤸉 324		瘂 310
	302	539	疿 361	421	痗 389	八畫	𤷝 163
四畫	疠 276	疫 521	痆 491	𤷐 41	390	痳 166	𤸥 292
𨑜 541	疕 248	疷 46	病 431	𤶪 427	瘌 354	𤸃 51	痲 219
	250	疲 400	疴 424	𤶴 211	𤷒 170	245	痴 64
七畫	252	疥 387	痃 547	痓 143	171	273	痱 66
𨕥 71	疞 324	疢 547	痦 370	𤶰 536	痣 358	𤸇 102	275
	疚 436	疧 220	疶 498	538	痡 80	392	362
八畫		疢 396	疧 478	538	88	𤸝 465	𤸂 96
𨗦 71	三畫	疦 494	483	𤶭 171	𤷂 496	𤸎 486	痵 355
	疰 178	494	痂 168	痎 96	𤶸 207	491	㾓 44
九畫	疦 314	疫 42	疾 472	痒 173	㾊 543	瘭 422	52
𨙡 355	疝 131		痄 311	312	痦 249	㾠 427	𤸩 325
373	407	五畫	痀 82	痍 53	251	瘍 519	痺 49
疑 61	疯 404	𤵻 327	疲 47	痔 255	325	痺 357	𤸄 443
	疙 479	𤶊 461	疼 34	疰 385	𤷡 41	痼 370	𤸲 66
十一畫	疕 370	疽 70	𤶂 264	𤸱 517	痙 320	痶 290	𤸽 465
𨛶 379	疚 436	痈 228	疷 60	痓 358	痟 148	[illegible] 379	瘏 84
	𤵵 483	229	㽴 198	㾐 380	瘇 64	痯 287	
	疗 76	疸 285	疝 164	痏 250	254	405	九畫
	疛 324	403	166	𤶷 103	㾎 137	𤸛 42	瘈 287
	437	𤶅 451	疹 277	𤸰 380	痒 111	瘖 100	瘶 437
	疘 31	𤵽 43			284	瘁 357	瘊 214
		53	六畫	七畫	331	瘀 364	𤺥 141

瘉 78
265
瘍 173
瘑 366
瘺 485
瘬 98
瘸 164
瘧 504
痷 318
𤷛 504
瘃 393
瘦 437
438
455
瘦 437
瘖 222
瘒 121
瘄 107
瘞 542
瘌 485
瘂 220
瘊 83
瘕 168
310
423

十畫

瘤 205
438
瘱 527
瘦 437
瘣 274
瘨 137
瘡 177
瘢 128
瘧 50
92
瘛 375
379
502
𤷒 379
瘺 388
瘵 73
364
365
瘙 420
瘞 380
𤸷 407
407
423
瘠 482
痟 281
398
瘵 95
386
瘬 57
㾾 231
瘥 162
167
386
瘶 480
瘠 521
瘍 113
130
𤺃 371
372
瘟 538
540

十一畫

瘢 64
385
瘸 166
瘳 208
瘻 79
441
𤺃 357
瘭 308
癉 170
瘼 507
瘸 414
瘮 331
瘵 386
瘯 347
瘴 427
瘯 453
𤻃 414
瘶 441
瘭 151
瘽 114
282
396
𤺊 381
383
瘛 375
癀 183

十二畫

癇 131
𤺖 123
124
306
421
𤺽 99
癅 129
癄 418
𤺺 151
𤺊 245
瘚 310
癃 241
癆 420
癈 393
𤺋 92
癃 29
𤺥 139
療 416

十三畫

癑 346
㿈 380
癘 295
癙 259
𤹛 233
癥 65
癆 420
㿉 129
癒 528
癉 285
癛 330
癗 274
癖 521
522
𤸿 280
398
癤 494

十四畫

癯 503
𤻕 511
㿃 497
501
癡 64
𤼂 281
癠 89
270
271
373
癟 304
437
癢 545

十五畫

癥 202
癔 370
𤼕 204
𤼚 312
𤼛 416
507

十六畫

癧 522
癇 227
瘻 86
370
癯 511
癩 384
485

十七畫

癭 320
𤼲 529
癬 292

十八畫

癰 353
癮 248
癰 38
癯 76
癨 405

十九畫

𤼥 348
376
𤼦 421
癲 137
癵 128
145

二十一畫

𤺸 208

癶部

癶 487

四畫

癸 251
癹 489

七畫

發 481
登 202

十一畫

𤼽 393

白部

白 512

一畫
百 512

二畫
皂 174
529
535
536
皁 304
皃 418
467

三畫
的 523

四畫
皆 96
皇 183
皉 272

五畫
皋 157
皕 297
513

六畫
皉 271

皓 507
皐 157
皎 297
皏 319

七畫
皕 529
皔 285
皖 288

八畫
皠 507
晳 522
皩 453

九畫
皡 484

十畫
皝 317
皙 373
皛 298
512
513
皚 103
皠 462
469

十一畫

皟 516
皠 275

十二畫
皣 542
皤 164
165
皦 34
皢 298

十三畫
皦 297

十四畫
皧 238

十五畫
皪 523
皫 300
301

十七畫
皭 416
505

二十畫
皭 316

皮部

皮 47

三畫
皯 126
玻 286
皯 286
403

四畫
皰 169
皮 45
52
252
252

五畫
皱 88
261
皲 187
428
皴 468
513
皰 418
418
皱 279

六畫
皮 349
351

皵 536
詖 471

七畫
皴 500
皵 502
皸 402
皱 109
皵 468

八畫
皵 505
520
皺 280
皵 267
267
皺 64

九畫
皶 539
皷 545
皴 439
皸 113
398
皷 267

十畫
皺 437
皺 45

皲 358
420

十一畫
皾 64
皾 473
皾 170
皾 283
400

十三畫
皽 151
292
293
皽 469

十五畫
皾 467
皾 539
皾 451

十九畫
皾 290

皿部

皿 318

三畫
盂 75
125

四畫
盈 192
盆 121
盅 151
盃 100
盅 26
27
盄 119

五畫
盍 323
436
盉 487
盎 317
429
盌 287
盏 165
422
盐 448
盈 448
监 472
益 518
盍 538

盗 310

六畫
盔 98
盒 323
436
盒 536
盔 123
盓 82
87
盘 145
盛 137

七畫
盗 415
盟 188
318
盗 419
盛 194
433

八畫
盞 310
盟 188
431
盡 453
盤 332
盦 32
盜 53

53
盞 290

九畫

監 233
447
盝 89
270
盡 278
278
監 360
363
363

十畫

[illegible] 87
盤 128
[illegible] 453

十一畫

盦 224
540
[illegible] 453
[illegible] 302
[illegible] 164
166
盧 86
盥 287
405

十二畫

盩 212
[illegible] 152
[illegible] 260
盪 181
184
315
430

十三畫

[illegible] 268
[illegible] 173
[illegible] 124
[illegible] 546
[illegible] 84
268

十四畫

[illegible] 301
302

十五畫

盭 476
498

十八畫

[illegible] 77

目(四)部

目 461

二畫

[illegible] 300
[illegible] 291
409
[illegible] 148
盯 188
200
319
直 526

三畫

盲 186
[illegible] 302
[illegible] 302
盰 403
盱 76
[illegible] 404
盵 363
[illegible] 232
447

四畫

[illegible] 488
眇 300
[illegible] 138
眊 419
467
[illegible] 388
487
眂 47
盹 396
盻 374
375
眅 130
289
盼 408
眉 59
132
眈 223
224
334
[illegible] 108
[illegible] 278
[illegible] 80
[illegible] 494
[illegible] 383
383
[illegible] 374
眄 291
410
省 318
321
苜 487
看 125
403
[illegible] 474
盾 280
284
相 177
428
[illegible] 481
502
522
530
県 147

五畫

眒 105
395
眏 184
[illegible] 230
446
446
[illegible] 545
眙 61
359
眣 62
331
397
[illegible] 471
493
495
眗 82
[illegible] 261
眡 89
249
354
[illegible] 156
330
眕 277
[illegible] 362
488
眝 258
眩 138
409
[illegible] 353
491
[illegible] 61
眠 137
[illegible] 249
354
357
眛 389
眜 385
487
眐 194
眡 488
[illegible] 476
眧 300
䀠 82
367
智 117
126
眢 318
眔 537
眫 406

六畫

眦 386
[illegible] 213
眺 414
眳 321
321
眵 43
52
[illegible] 108
109
397
408
409
[illegible] 491
[illegible] 183
184
眻 173
426
眹 278
眯 272
眶 179
[illegible] 53
眼 290
眭 44
51
60
94
[illegible] 359
518
[illegible] 94
眮 26
239
345
[illegible] 503
507
[illegible] 494
[illegible] 142
144
[illegible] 545
眽 515
眷 412
眥 350
373

七畫

[illegible] 540
睅 288
睍 291
[illegible] 320
睎 67
睉 185
[illegible] 65
[illegible] 451
睋 162
睮 451

⿰目延 139
412
413
睆 288
⿰目良 426
睇 92
373
睊 138
409
⿰目豆 217
⿰目劦 547
⿰目斤 499
⿰目長 394
⿰目尨 41
⿰目巠 322
546
省 161
⿱折目 379
381
⿱匃目 59
⿱攸目 158
⿱癸目 521
526
⿰目包 289
夐 145
412

八畫

睜 319
睔 284
285
401
窅 531
532
眢 267
375
⿱医目 289
⿱戜目 533
督 462
⿱非目 66
108
睪 519
541
⿰目京 426
⿰目光 429
睦 461
睖 202
睞 392
睚 95
386
⿰目奄 548
⿰目長 427
睗 519
睩 452
睡 351
睢 44
58
60
357
睨 374
睥 376
睕 283
404
488
⿰目享 108
396
睟 353
睒 336
445
睫 540
睛 192
321
⿰目孟 319
431
睹 267

九畫

⿰目若 491
⿰目娄 238
344
387
睺 214
439
⿱⿰目句灬 76
⿰目奐 406
⿰目参 208
524
睃 146
328
睴 284
401
⿰目亭 191
睽 94
⿰目咎 108
108
⿰目剌 485
⿰目戢 102
102
⿰目爰 116
283
287
⿰⿱⺈目欠 479
⿱㚘目 440
467
⿱㚘目 347
睿 378
⿳丿目大 82
517
⿰目匽 290
412
491
⿰目枼 544
544
睠 412
睧 354
488
⿰目咸 545
睳 94
⿰目臭 521
526
⿰目是 90
409
⿰目冒 419
459
⿰目咠 534
睲 321
434
⿰目胃 478

十畫

瞀 319
⿱般目 128
⿱目介 319
321
366
瞐 467
⿱罒衣 195
⿰目耆 56
⿰目蚩 65
⿰目翁 125
⿰目晃 317
⿰目䍃 301
瞍 146
328
⿰目鬼 354
瞋 106
⿰目奚 272
⿰目虒 90
⿰目見 219
瞉 440
⿱□目 193
200
319
⿰目宴 410
⿰目宿 495
瞎 492
瞑 137
199
410
⿰目隺 458
510
⿰目監 50
497
⿰目鬲 517
⿰目晏 407

十一畫

⿰目翏 155
瞠 187
瞜 79
215
瞙 507
⿰目祭 374
381
491
⿰目魚 68
⿰目烏 146
⿰目脩 208
524
⿱敖目 376
⿱殹目 375
瞢 28
203
345
⿰目虚 364
⿰目密 474
⿰目寅 397
⿰目窒 498
⿰目商 252
⿰目啇 357
⿰目郭 511
⿰目康 182
⿰目鹿 452
⿰目旋 143
⿰目桼 204
⿰目規 351
357
瞘 215
⿰目堅 186
瞟 153
300
瞞 128
⿰目莽 316

十二畫

⿰目買 96
⿰目菐 462
瞬 397
瞴 75
264
⿰目絜 496
瞥 497
501
⿱罒弟 118
⿰目善 293
⿱殹目 532
瞭 148
298
⿰目尊 432
⿰目最 384
瞤 109
瞷 131
⿰目戠 535
瞶 358
361
⿰目華 542
瞳 25
瞵 105
394
⿰目曾 203
⿰目喬 494
瞪 188
191

200
435
⿰目畫 516
⿰目堯 215
216
瞦 64
瞰 444
瞫 223
331
444
⿰目悳 531
⿰目朁 229
446

十三畫
瞼 336
瞺 384
⿰目徵 59
65
瞽 267
⿱曹目 496
瞖 461
466
瞿 76
366
⿰目盜 472
⿰目亶 293
297
⿰目黽 186
190
318
⿰目農 41
⿰目睪 519
⿰目睘 295
⿰目業 539
⿰目愛 382
瞻 228

十四畫
矇 31
矆 505
矏 137
142
矊 141
⿱臱目 484
⿱䀠方 137
⿲辛目辛 408
408
矉 105
⿰目監 233
447
⿰目赫 514
⿰目廣 430

十五畫
⿰目敻 138
433
⿰目黎 89
⿰目樂 504
⿰目韱 541
矍 506
⿰目賴 497

十六畫
⿰目遺 57
矑 86
矓 190
⿱默目 532
矐 509
511
⿰目歷 523
⿰目縣 138
142
291

十七畫
⿰目龠 415
503
⿰目爵 416

十八畫
⿰目雟 252
357
⿰目聶 540
矔 404
407

十九畫
⿱䜌目 289
矗 459
461
⿰目麗 48
246
376

二十畫
⿰目黨 316
⿰目矍 505

二十一畫
矚 463
⿰目纍 58

矛部

矛 213

四畫
矜 202
⿰矛分 526
⿰矛丑 459
⿰矛殳 526

六畫
⿰矛虫 34

七畫
⿰矛折 379
矟 467
矞 475
⿰矛夸 525
⿰矛良 181
⿰矛𠬶 218
220

八畫
⿰矛昔 516
516

九畫
⿰矛建 282
⿰矛施 171
⿰矛悤 41

十畫
⿰矛冓 39
⿰矛害 384

十一畫
⿰矛逢 38
⿰矛堇 105
114

十二畫
⿰矛童 36
⿰矞出 475

十四畫
⿰矛爾 50
⿰矛與 261

十九畫
⿰矛贊 288
404
405

矢部

矢 250

二畫
矣 256

三畫
知 51
⿰弓矢 277

四畫
⿰矢引 277
⿰矢夫 322
⿸广矢 214

五畫
⿰矢召 146
⿰矢犮 490
⿰矢出 476
501
矩 265
⿰矢去 548

六畫
⿰矢此 93
⿰矢舟 212
⿰舟矢 212
⿰矢吉 490
⿰矢至 472

七畫
短 287
⿰矢坐 164

八畫
⿰矢卑 90
⿰矢卷 381
矮 273

九畫
⿰矢彖 381
⿰矢皆 273
⿰易矢 180

十畫
糇 255

十一畫
⿰矢昜 174
179

十二畫
矯 300
矰 203
⿰矢菐 441
454

十五畫
⿰矢罷 272

石部															
石	520		491	砰	191	⿰石艮	289	硬	432	⿰石壽	451		405	⿰石虒	50
			492	砡	461	硅	514	⿰石夾	544		456	磂	304	⿱𤇾石	469
二畫		砉	514	砩	393	硈	490	硜	190		461	碧	522	磬	128
⿰石八	491		526	砢	306	硫	206	硝	148	碔	263	⿱晶石	221	磊	274
⿰石㔾	227	砊	186	砝	540	研	137	硯	410	碱	515		232	磋	161
矴	434		430		547		410	⿰石固	202	⿰石亞	169	碥	291		423
		研	137	⿰石圣	386	砄	79		285	碏	505	⿰石亟	435	磉	315
三畫			410	砠	70					硹	27	⿰石彖	389	⿰石冓	441
矹	483	⿰石巴	227	砷	546	七畫		八畫		碕	45	碪	220	碾	413
⿰石勺	523	砌	374			硭	177	碊	250		46	碩	520	⿰石扁	517
矻	484	砑	424	六畫		⿰石坐	309		512		67	碝	295	磧	31
矺	424	⿰石厷	190	硐	25		312	碌	453		245	碬	169	磕	384
	508	砂	170		239	硞	462		465	⿰石昆	285	碭	180		486
	517			⿰石兆	298		468	硾	350	⿰石長	432		429		540
	539	五畫		硃	79	硪	162	⿰石委	274	⿰石果	305	⿰石官	35	磌	103
⿰石亡	185	砧	220	硊	248		306	碓	390	碑	45		346		136
⿰石千	286	⿰石永	202	⿰石先	134	确	469	碖	285	⿰石卓	298				409
	402	砭	227	⿰石夆	32	硟	139		402	⿰石皆	537	十畫		⿰石貨	308
	403		445	硌	507		412	⿱渚石	128			磑	100	碼	309
矼	40	⿰石失	495	硂	143	硰	170		164	九畫			391	⿰石骨	490
		砟	510	⿱卯石	39		306		165	碣	481	磔	512	⿰石員	279
四畫		破	422		241		309	硻	189		499	⿰石刺	469	磍	491
砅	380	砥	53	砦	389	硩	502	碁	62	碨	97	⿰石鳥	269		492
砇	154		242	⿱㓞石	503		524	⿱各石	462		274	磓	99	磅	184
砐	538		249	硎	186	⿰石呈	496	⿰石侯	483	⿰石咼	164	磈	257		187
砏	108	砱	198		196	硠	181	⿰石兒	137	⿰石責	261		275	碻	468
	110	砮	85	⿰石交	155	⿰石弄	511	硿	29		518	⿰石兜	93	磄	181
	114		269	硋	392	硨	167	碎	391	⿰石發	34	磎	93	⿰石隺	468
砼	387	砬	534	硉	483	⿰石甫	263	⿰石婁	390	碫	169	⿰石般	281		

十一畫
磟 453
456
磦 274
磣 331
磫 39
[illegible] 457
磨 164
422
磬 434
[illegible] 91
[illegible] 191
[illegible] 523
[illegible] 453
磧 520
磝 156
[illegible] 141
磛 337
[illegible] 443
[illegible] 313
[illegible] 278
504
504
磩 526
[illegible] 537

十二畫
[illegible] 384
磾 89
磻 128
164
165
礒 502
磼 537
磶 518
磯 67
[illegible] 35
磿 523
[illegible] 69
[illegible] 294
磷 105
394
磳 202
203
磴 435
[illegible] 297
461
磽 155
156
298
418
磹 446
[illegible] 50
[illegible] 480

十三畫
[illegible] 334
礉 155
418
礐 451
462
468
518
磏 227
礊 513
516
516
礒 245
礓 176
礎 260
[illegible] 332
礏 538
磈 275

十四畫
礦 319
[illegible] 518
礙 392
礜 365
礠 65
礛 233
[illegible] 538
[illegible] 506

十五畫
礤 486
礫 522
礩 352
470
[illegible] 541
[illegible] 116
礥 104
136
礪 380
礧 274
391
[illegible] 298
礣 491
493
[illegible] 72

十六畫
礮 418
礱 32
344
[illegible] 298

十七畫
[illegible] 314
礴 509
[illegible] 446

十八畫
[illegible] 540
[illegible] 77
82

十九畫
[illegible] 154
[illegible] 422

二十畫
礹 233
338

二十九畫
[illegible] 477

示(礻)部
示 46
357

一畫
礼 270

二畫
礽 202

三畫
祁 56
249
礿 503
祀 253
社 310

四畫
祉 256
祋 384
489
祆 153
祇 46
祈 67
祊 186
祅 138
祑 81
[illegible] 244
[illegible] 250
357
357

五畫
祖 268
祕 353
神 104
祝 437
458
祒 253
祚 371
祔 366
祗 53
祟 353
[illegible] 179
祠 63
祘 406
祜 269
祐 436
祏 520
祓 393
478

六畫
祪 244
[illegible] 488
492
[illegible] 258
祫 544
祡 95
祭 377
386
祥 173
[illegible] 262
264
[illegible] 86
祧 146
祩 79
366

七畫
[illegible] 309
[illegible] 162
[illegible] 206
326
祲 220
442
祴 101
[illegible] 440
祳 277
[illegible] 292
祰 305
462

八畫
祺 62
[illegible] 424
禂 304
祿 452

𥘬 414
𥙊 476
禁 222
443
祼 404
祽 390
裰 378
䘳 456
祾 201
203

九畫
禓 173
175
禗 61
禍 309
禎 193
𥛆 186
禊 375
𥘬 414
禘 373
福 455
禕 51
禋 103
𥜞 259
禖 98
禔 43
47
90

十畫
禛 103
𥜒 438
禠 50
禜 188
431
𥛡 187
𥛒 504
禡 423

十一畫
禩 253
𥜌 38
𥜍 468
禦 258
禥 62
𥜐 103
𥜗 526
𥜰 453
𥜇 42
𥜲 160
𥜹 473
𥜾 71

十二畫
𥜺 416
禨 67
363
𥝅 186

禧 64
禫 332
禪 140
411

十三畫
𥝀 519
禬 383
383
𥝈 411
禮 270

十四畫
禰 271
𥞒 336
禱 304
419

十五畫
禲 380

十六畫
𥞞 385

十七畫
禳 176
禴 503

十九畫
禶 286
𥞾 353

内部

内 323
325

四畫
禹 262
禺 74
366

六畫
离 48
50

七畫
禼 498

八畫
禽 221
𥝉 498
萬 399

十二畫
巂 362

二十畫
[illegible] 362

禾(禾)部

禾 165
禾 91
392

二畫
秃 452
私 56
秀 438

三畫
秂 484
秅 170
370
季 136
秉 318
𥝠 43
秆 286
秇 529
秄 256
秈 139
𥝐 297

四畫
种 26
䄲 351
秒 300
秏 390
420
秎 398
采 352
秌 206
䄷 354
科 165
422
秔 186
䄱 177
秋 206
𥝧 81
䄶 426
𥝙 250

五畫
䃔 520
租 86
秞 206
秧 179
313
䄻 350
秩 470
秨 371
510
秛 45
348
秝 522
秖 60
称 250
秢 198
秦 106
秤 435
秬 260
𥝯 474
482
秣 487
秜 57
秫 475
秠 59
210
252
327

六畫
䄬 380
𥞊 156
移 43
秳 488
秴 510
案 403
粊 39
241
𥞀 337
秼 79
𥞇 370
𥞃 170
171
426
秲 255
360

秸 491
秷 472
[illegible] 380
499

七畫

[illegible] 138
程 194
稀 67
稄 530
[illegible] 462
稃 81
[illegible] 57
58
稌 88
266
稂 181
稊 90
稅 378
[illegible] 256
[illegible] 81
87
264
稉 186
[illegible] 543
稍 418
稈 286
[illegible] 476

八畫

秼 102
稞 166
311
[illegible] 530
稗 386
稒 370
[illegible] 233
稇 285
稠 211
[illegible] 308
351
[illegible] 351
稚 355
稔 330
稟 331
[illegible] 29
稕 396
稡 484
[illegible] 283
稏 423
稑 456
稜 203
稙 527
稘 63

九畫

稰 438
[illegible] 126
307
稯 34
種 239
347
[illegible] 183
稱 202
435
稧 375
[illegible] 266
稖 230
443
[illegible] 325
稫 530
[illegible] 70
259
[illegible] 243
稭 96
491
稬 288
406
422
[illegible] 534
[illegible] 197
[illegible] 486
502
[illegible] 112
穊 355

十畫

[illegible] 39
240
[illegible] 182
[illegible] 65
218
[illegible] 80
稹 103
277
稻 303
穀 451
稾 304
420
[illegible] 88
[illegible] 427
稼 423
[illegible] 185
稿 458
461
稴 231
231
338
446
[illegible] 462
503
[illegible] 385
[illegible] 355
[illegible] 460
稽 56
[illegible] 91
271
[illegible] 529

十一畫

[illegible] 165
[illegible] 170
[illegible] 84
穇 233
穄 377
[illegible] 40
穎 320
穌 86
[illegible] 48
穅 182
[illegible] 42
積 348
518
[illegible] 416
[illegible] 529
穋 456
[illegible] 329
[illegible] 130
穆 461

十二畫

穙 454
[illegible] 116
穚 149
穛 466
[illegible] 542
[illegible] 157
穖 257
[illegible] 303
穜 26
38
穗 352
穘 155
[illegible] 221
222
[illegible] 467
[illegible] 276
390
392

十三畫

[illegible] 157
[illegible] 496
[illegible] 384
388
[illegible] 304
419
[illegible] 165
[illegible] 227
[illegible] 293
穟 352
[illegible] 55
穡 528
穠 38
39
[illegible] 393
[illegible] 486

十四畫

[illegible] 189
穧 372
373
377
[illegible] 256
穩 284
頹 99
纂 127
[illegible] 454
[illegible] 327
[illegible] 365
穫 511
穬 319

十五畫

[illegible] 497
穭 258
[illegible] 138
291
[illegible] 380
[illegible] 391

十六畫

[illegible] 32
[illegible] 357

十七畫

[illegible] 446
[illegible] 222
穰 176
314
[illegible] 257
357
362
穱 466

十九畫

[illegible] 48
291
穳 127

二十四畫

[illegible] 198

穴部

穴 494

一畫

穵 490
491

二畫

究 436
穻 191

三畫

空 29
344
穹 28
穸 521

四畫

⿱穴木 222
突 482
⿱穴永 358
⿱穴平 157
⿱穴乇 109
121
132
穽 320
433
⿱穴兵 495
穿 142
412

五畫

⿱穴虫 476
窆 436
445
448
窇 467
窄 513
窌 156
418
438
⿱穴易 298
窊 171
426
⿱穴弘 432
⿱穴冈 318
431
432
432
突 222
332
窅 156
298
⿱穴申 546
⿱穴由 437
⿱穴皿 318

六畫

⿱穴亘 298
415
⿱穴同 26
窓 41
窕 298
⿱穴盅 494
容 538
⿱穴安 415
窒 93
94
⿱穴吏 359
窒 472
498
⿱穴矢 332

七畫

⿱穴巠 434
窖 417
⿱穴余 170
窘 278
⿱穴拏 155
⿱穴狭 495

八畫

⿱穴冥 199
窠 165
窞 332
窪 265
⿱穴朋 436
窣 484
⿱穴叕 490
492
窟 483

九畫

窬 78
216
440
⿱穴契 491
窪 171
窨 443
窻 41

十畫

⿱穴至 150
窮 28
⿱穴條 298
414
窳 265
窯 150
窴 136
409
⿱穴馬 309

十一畫

窶 265
⿱穴嗇 370
⿱穴悉 470
⿱穴馬 414
⿱穴淡 226
444
⿱穴滯 442
⿱穴商 512
⿱穴覡 45
⿱穴堅 292

十二畫

⿱穴祭 147
⿱穴毳 378
378
412
⿱穴復 455
460
⿱穴叡 384
⿱穴曾 191
⿱穴禹 494
⿱穴登 190
竅 287
⿱穴覞 187
193
窿 29

十三畫

竄 405
⿱穴豪 69
⿱穴毅 415

十四畫

⿱穴雜 380
竈 28
⿱穴監 226
444

十五畫

竇 440

十六畫

竈 420
⿱穴親 239
⿱穴歡 457

十七畫

⿱穴稿 493

立部

立 534

一畫

辛 144

四畫

竑 190

五畫

站 447
竘 265
329
竛 198
竚 258
竝 322
⿰立戉 480

六畫

竟 431
章 175
⿰立亥 276
竫 320

七畫

竢 255
竣 109
童 25
⿰立束 241
⿰立夾 541

八畫

⿰立录 453
455
⿰立卑 311
竪 265
⿰立宜 349
⿰立享 275
⿰立隶 353
354
534
⿰立昔 505

九畫

竭 481
499
端 126
⿰立屏 197
199

十畫

⿰立翁 77

十一畫

⿰立專 126
296
⿱立見 431

十二畫

⿰立尊 110

竲 202
203

十三畫
[立義] 47
349
[立嬴] 423
竬 95

十五畫
竸 431
竷 333
443

竹部

竹 459

二畫
竻 531
竺 452
459
461

三畫
竽 75
竿 124

四畫
笍 377
378
笅 154
[竹号] 278
[竹犮] 534
542
545
548
笏 483
笑 338
[竹屯] 284
笒 222
443
笊 302
418
[竹公] 36

[竹千] 406
笎 182
429
笋 279
笄 91
[竹至] 371
笆 169
311
笓 93
笑 373
[竹夭] 415

五畫
笨 284
285
笳 168
[竹囟] 539
笪 285
403
485
笡 426
笚 539
546
笛 524
[竹冉] 336
[竹央] 317
[竹古] 544
笲 116
283

413
笵 339
笠 534
笥 358
笢 107
279
第 373
[竹布] 477
[竹朮] 487
笴 286
306
[竹去] 73
[竹旨] 226
334
笞 64
笙 189
笮 424
510
513
笱 328
笗 34
符 80
第 256
笭 198
322
笯 85
168
371
笧 516

六畫
筒 25
345
[竹危] 415
筋 114
[竹朱] 82
[竹杂] 171
筡 308
筍 279
筅 290
筈 488
488
[竹夆] 344
[竹关] 153
302
筆 474
筐 179
[竹帝] 541
[竹戎] 27
等 276
323
[竹耳] 39
策 516
[竹垂] 376
[竹色] 63
[竹耳卩] 39
筑 456
459
[竹夏] 380

[竹各] 507
筏 479
487
[竹往] 330
筌 143
答 536
筕 184
189
[竹更] 79
筥 261

七畫
[竹夆] 34
筳 139
筱 297
筰 510
[竹寺] 476
筟 80
[竹咎] 224
筡 71
85
376
筴 516
543
545
筬 194
筲 154
筧 291
筯 364

[竹呈] 194
[竹別] 501
[竹函] 186
[竹希] 55
[竹前] 467
[竹廷] 196
筣 64
89
筦 287
[竹言] 117
筤 181
[竹矢勺] 467
469
筩 25
[竹君] 113
[竹忽] 360
節 494
筭 406
[竹求] 212
筮 379
[竹钩] 107
[竹折] 379
[竹删] 124
404

八畫
[竹卓] 417
箘 107
278

[竹沓] 537
[竹罰] 546
箙 455
[竹肥] 66
箓 453
箠 52
248
箄 49
91
247
箏 192
[竹室] 220
[竹侖] 109
[竹函] 224
箃 211
箕 63
箋 134
箖 219
[竹挂] 84
箝 229
[竹易] 273
箛 84
[竹垶] 199
算 287
箟 107
算 357
375
箇 421
[竹典] 290

管	287	篌	308		254	簀	112	箱	154		329	篙	288	簝	148
筌	29	箋	287		276	篘	210	篚	257	篳	472	簎	466		157
箈	299	篘	325	篆	296	篋	527	篙	306	篖	390		513	簝	181
箛	134	箹	418	箽	238	篩	54	篡	407	篹	244		521	簶	384
	229		468	箺	279	篟	408	篛	539	篏	98	簿	95	簡	279
箔	509	箐	70	箕	280	篦	90	篡	369	簑	497	篴	456	簡	293
箁	217	箲	290	箽	364	篠	297	篤	461	篺	312		524	簡	289
篓	540	篇	141		364	篕	158	篬	37		315	篷	34	簞	123
	546	箯	369	箣	332	篡	271	篕	492	篸	224	簈	451	簣	353
	547	箷	43	箶	83	篏	128	篺	213		444	篼	217		387
箊	71	篨	390	箕	540		129	篣	185	篛	83	篸	27	簸	338
第	326	箭	412		542	篪	51		187	簉	437	篴	85	簜	315
箟	542	箳	194	箱	177	篛	33	篛	412	簃	43		376	簭	394
	545		200	箴	219		239	篙	157		51	簁	51	簩	157
	546	箲	61	箾	504	篘	367	篖	180	簉	440		246	簹	112
箐	192	範	339	箾	146	篘	457	旅	258	篰	327	簽	335	簦	203
		篙	467		467	篖	205	篧	466	篙	269	簍	459	簫	146
九畫		節	167	篪	47	篝	217		511	篷	289	簬	88	簨	280
箹	166	箵	352	篎	300	篼	408	篕	162	篦	453	簧	183	簇	97
篍	152	篙	311		416	篙	526		311	簇	453			簠	81
	206	箬	269	篡	315	簣	31	篛	225	篕	250	十二畫			262
	416	箬	504		316	篳	471	篔	525	簣	516	篟	308		367
箘	542	篏	98	篛	534	篕	538			篿	378	篕	28	簙	510
篔	114		387		534	篜	200	十一畫		篿	126		39	簞	337
䈉	442		388	篁	197	篬	294	篟	378		143		40	簃	352
篁	183	箒	45	篙	486	篨	72		533	簰	148	簪	222	簎	286
篌	214		144	十畫		簬	505	篡	287	簩	197		224		486
箯	141	箸	322				507	簍	215	簗	152	簻	238	簕	412
	143	箲	101	篝	217	簗	459		266		300	簽	123	簹	190

⿱竹然 139
⿱竹無 75
82
⿱竹𤓰 83
84
簥 149
⿱竹進 294
⿱竹婿 352
⿱竹卸 258
⿱竹復 455
⿱竹發 393
⿱竹圈 45
⿱竹奠 460

十三畫

⿱竹豦 69
261
⿱竹夋 392
⿱竹鉤 217
⿱竹健 118
簷 227
425
⿱竹賁 334
⿱竹微 59
65
⿱竹基 392
⿱竹溥 268
509
簾 227

⿱竹慈 279
⿱竹祿 453
⿱竹殿 121
⿱竹辟 376
⿱竹輅 370
⿱竹幹 286
簸 309
422
⿱竹隔 517
⿱竹褐 492
⿱竹嗇 528
⿱竹搏 509
510
⿱竹㨨 437
⿱竹感 334
⿱竹當 181
⿱竹路 370
⿱竹豊 270
⿱竹過 166
171

十四畫

⿱竹甄 103
140
⿱竹爾 544
⿱竹翟 524
524
籍 521
⿱竹端 126

籌 211
籃 226
⿱竹豰 33
籉 101
簡 72

十五畫

⿱竹慮 363
⿱竹龍 45
⿱竹劉 205
323
⿱竹韓 83
⿱竹鼠 541
⿱竹潘 118
⿱竹毅 363
⿱竹廢 393
⿱竹遷 139
⿱竹數 265
328

十六畫

⿱竹敝 154
301
302
⿱竹踶 89
374
籚 86
⿱竹錢 135
294

412
籙 464
⿱竹爾 541
⿱竹衡 377
⿱竹禦 258
⿱竹穀 243
籠 32
36
239
⿱竹羸 192
⿱竹翟 466
511
⿱竹選 296
⿱竹鞠 457
⿱竹隸 376
348
籟 384
⿱竹燕 136
⿱竹隨 45
⿱竹擇 507
⿱竹闌 394

十七畫

⿱竹鍾 36
⿱竹斂 227
籤 228
⿱竹鮮 139
292
籥 503

⿱竹藝 459
⿱竹襄 126
⿱竹雙 543
⿱竹鞠 457
⿱竹蘭 125
⿺辶⿱竹豦 69

十八畫

籩 138
⿱竹藏 134
⿱竹雙 379

十九畫

籭 52
96
籮 162
籫 288
⿱竹變 459
籬 47
⿱竹璽 50

二十畫

⿱竹矍 505
⿱竹嚴 233

二十三畫

⿰氵⿱竹矍 505

二十四畫

⿱竹鹽 198
⿱竹蠶 224

二十六畫

籲 367

米部

米 272

二畫

籴 524

三畫

籺 496
籹 260
⿰米工 32
⿰米凡 111

四畫

粄 288
粉 280
⿱此米 353
⿱夬米 498
粈 325
⿰米丏 497
⿰米氐 46

五畫

粕 509
⿰米付 81
⿱穴米 50
⿱北米 353
⿱龹米 199
⿰米古 83
粒 534
⿰米半 288

粔 260
粖 487
497
粗 88
268
粘 229
⿰米幷 400

六畫

粢 54
粟 465
⿱臼米 325
粪 105
394
粥 457
458
⿰米交 154
粞 92
102
⿰米㐬 205
粱 174

七畫

⿰米見 408
⿰米每 98
粰 213
粲 404
⿱㚘米 414
⿰米坒 178

粖 333
粮 174
粍 360
粳 186
[illegible] 465

八畫
粻 176
粺 307
386
[illegible] 208
粼 105
395
粽 344
粹 353
[illegible] 283
精 192
433

九畫
[illegible] 97
[illegible] 338
[illegible] 246
348
[illegible] 344
糇 214
[illegible] 465
[illegible] 398
糄 291

糅 438
[illegible] 286
[illegible] 530
糈 259
260
糂 333
糊 83
[illegible] 363

十畫
糒 354
[illegible] 326
[illegible] 210
[illegible] 325
糓 451
[illegible] 410
糖 180
[illegible] 493
[illegible] 512

十一畫
[illegible] 470
498
糙 420
糜 44
[illegible] 486
糞 398
[illegible] 517
糠 182

糟 159
[illegible] 119
[illegible] 180
[illegible] 128
糝 333

十二畫
糤 286
[illegible] 333
糧 174
[illegible] 88
[illegible] 466
[illegible] 354
361
[illegible] 497
糦 360
[illegible] 223
332

十三畫
[illegible] 275
糪 515
518
[illegible] 312
[illegible] 361
[illegible] 519
[illegible] 129
[illegible] 275

十四畫
[illegible] 524
[illegible] 419
[illegible] 339

十五畫
[illegible] 487
[illegible] 523
[illegible] 500
糲 380
385
485

十六畫
糴 524
[illegible] 508

十七畫
[illegible] 47
[illegible] 286

十九畫
[illegible] 44
[illegible] 414

二十畫
[illegible] 289
290

二十一畫
[illegible] 403

糸(糹)部

糸 525

一畫
系 374

二畫
[illegible] 212
糾 330

三畫
[illegible] 64
紉 106
紈 125
約 415
504
紇 484
496
紃 109
110
[illegible] 286
紆 81
紀 253
紂 325
紅 32

四畫
[illegible] 497
紕 49
49
60
256
紑 210
210
327
紘 190
納 438
紗 170
[illegible] 154
[illegible] 419
級 534
紝 220
紙 242
紡 314
紌 334
紋 111
紓 68
261
紖 277
紜 112
紐 323
[illegible] 484
[illegible] 42
純 109
279
紟 222
442
紛 114
[illegible] 255
311
紊 397
素 371
索 509
512
517
[illegible] 255

五畫
紲 498
[illegible] 480
[illegible] 346
紹 300
紱 477
紴 165
248
[illegible] 408
組 268
紳 105
細 374
紬 208
211
紻 313
絅 200
322
紵 258
紽 161
[illegible] 495
絃 135

	408	紊	399	絲	61		542	絻	129	緎	530	緄	284	縏	300
絆	406		401	絟	143		547		297		530	緆	522		
絅	55		412		502	綷	60		397	緉	312	綽	504	九畫	
	63		414	給	534		90	綖	139		426	緋	66	緩	34
紭	190		463	絎	431	綪	457	綏	58	緒	261	綢	158		345
紼	477	紫	247	𥿻	386	紻	543	綮	76	綾	200		211	綩	295
紅	194	紮	244	絞	302	經	195		264	綞	307	綠	464	縕	199
綻	71	絜	365	絯	101		433	絷	497	緌	57	綜	346	緣	142
	261		365		273	綃	148		497	綹	323	綻	408		412
紺	443		365	絣	191	䋰	290	約	503	綯	159	綰	288	緟	38
紿	276		426	綈	513	絹	411	絛	158	維	57		407		347
絁	49	絜	493	絑	272	綎	199			綿	141	綹	264	緫	400
紩	470		496	絘	356	絺	55	八畫		綼	473	緱	376	總	238
絇	77	絪	374	𦁊	475	綌	513	綴	378		525		498	線	411
	366	絧	26	絾	527	綄	125		501	綬	326	綡	174	緞	288
紵	510		345	絨	27		287	緁	542		439	綷	390	縯	217
終	26	細	103	絙	125	綈	90	緀	89	綪	192	綣	283	緶	141
紨	81	絩	414		204	綐	383		271	綵	276		399		291
紙	89	絼	357	絓	95	綾	218	綪	192	綎	220	緂	226	緳	305
紷	198	絶	500		385		220		408	綸	446		228	緩	287
紾	277	絑	79	緝	254		228	緼	478	綨	62		334	緰	77
	292	綵	307	結	493	綨	360		481	綱	163	綸	109		216
絷	490	絢	408	經	495	綍	477	綷	322	綪	510		131	緯	361
累	244	結	498	絠	276	絿	212	緟	296	綫	411	緇	64	緬	221
	349	絳	347	絝	371	綆	317		413	綺	245	綮	271	緙	516
綮	311	絡	507	紹	258	練	71	緐	116	綝	219	緊	278	緤	498
絣	116	絥	354				155	緅	211	綀	102	綦	62	緗	177
			455	七畫		綖	196		216	網	182	纂	463	緒	97
六畫		絍	442	糼	541		199		367		314	緫	483	緻	355

緎	231	緮	537	縐	334		419		218	縺	136		266	繳	297
緬	294	緪	204	縵	228	縒	50		442	繄	135		326		503
緛	296		435	縡	355		306		461	縹	300	縈	245		517
縿	311	緧	206	縛	423		508	縷	266		340		252	[illegible]	335
緹	90	緡	107		505	縰	513	縵	406	縩	313	繁	497	繪	383
	270	練	409	縹	472	縊	350		407			縸	288	繴	516
緝	533	緍	110	縉	395		375	繹	473	十二畫		繛	504		518
緼	112	緐	213	縟	464			繃	191	繞	299	繅	69		525
	119		218	縓	143	十一畫		繀	391		417	織	358	繫	93
	281	縶	.239		413	縻	44	縿	233	縓	182		526		374
	398		242	縎	482	縶	534	縫	38	繖	286	繕	411		375
緆	389	緊	467	縜	107	緊	91		346		404	繜	120	繭	290
緦	61	緜	141	緮	293		375	總	285	繚	148	繗	105	纗	288
緄	98		234	縐	303	繁	503	縨	525		298	繒	202	繫	225
緭	361	縆	140		418	纈	·291	縦	246		301	繘	475		231
緺	95				437		322	縱	39	繓	488		475		231
	164	十畫		縋	350	繇	150		347	繟	124	繣	385		231
	168	縚	158	縝	103		207	縹	159		293		516	纂	463
緢	152	縑	231		106		437		304	繢	390	綍	219	繶	528
	302	縗	89		277	縪	291	縯	278	繙	116	繡	438	繵	286
	418	縠	451		277	䌌	542		292		116	繏	413	䌳	293
締	90	縈	194	縚	205	縻	280	縮	455	繎	139	繐	375		294
	373	縻	280	縡	276		281	縭	48		142		377	繸	477
緷	284	縏	128		392	繁	116	縼	413	繅	264			繴	516
	284	縣	138	縖	492		128	縫	137	繈	313	十三畫		繮	176
	398		408	縍	185		164	繂	476	繑	153	繯	291	繬	528
編	138	縢	204	縗	99	縅	459	績	524	繏	534		407	繩	201
	143	縮	206	縞	158		459	繈	313		541	繋	541	繰	159
	291	繇	375		305	繆	214	繣	377	繽	241	繲	385		304

繡 539
繐 33
繹 519

十四畫

纁 367
纁 113
纊 454
繶 281
繼 374
纂 288
辮 292
繢 353
繽 106
繻 77
77
纙 419
524
繾 293
411
纊 430

十五畫

纋 204
纆 531
縩 486
纅 503
纇 391
纍 58

352
纏 140
414
纈 496
續 465

十六畫

[illegible] 150
繳 286
404
繝 335
纑 86
纇 107

十七畫

[illegible] 381
纖 228
纔 101
233
393
纕 177
纓 193

十八畫

纗 52
94
351
385

十九畫

纘 288
纙 49
50
52
[illegible] 423
纚 246
蠡 419
461

二十一畫

纜 444
纝 58
[illegible] 463

缶部

缶 325

三畫

缸 41

四畫

缻 207
缺 494
500

五畫

䍄 337
[illegible] 539
䍆 259
[illegible] 41

六畫

缿 242
329
䍊 154
525
缾 199

八畫

[illegible] 530
䍋 44
䍌 213
217
327

十畫

罃 190
㲄 210
439
452

十一畫

罄 434
罅 423

十二畫

䍐 411
罇 120

十三畫

罊 375
516
罋 38
345

十四畫

罌 190

十五畫

罍 99

十六畫

罏 86

十七畫

[illegible] 198
[illegible] 401
408

十八畫

罐 405
[illegible] 345

网(罒罓)部

网 314

二畫

[illegible] 199
322

三畫

罕 286
403
罔 314
[illegible] 523

四畫

罘 213
[illegible] 186
[illegible] 371
[illegible] 54

五畫

罠 107
[illegible] 339
[illegible] 155
213
[illegible] 328
[illegible] 323
[illegible] 322
罛 84
罟 267
罝 167
罜 366
451
罞 31
155
[illegible] 560

六畫

罣 376
385
385
[illegible] 50
[illegible] 363

七畫

[illegible] 98
264
390
罦 81
213
罤 90
罥 409
292

八畫

罨 337
538
547
[illegible] 370
罩 417

罯 537
罪 274
罹 417
蜀 94
罬 501
502
罭 530
罧 330
443
置 359
署 364

九畫
罱 334
罥 467
罳 61
罯 332
538
罰 479

十畫
罷 47
243
272
罶 323
⿱罒兼 231
罵 309
423

十一畫
罻 362
罼 473
⿱罒果 156
418
⿱罒鹿 453
罹 47

十二畫
⿱罒異 296
407
413
罽 381
⿱罒景 415
⿱罒無 75
罿 25
36
罾 203

十三畫
⿱罒黽 279
⿱罒路 370
⿱罒爵 292
⿱罒彔 453
⿱罒辟 516

十四畫
羅 162
⿱罒衛 339

⿱罒齊 270
羃 525
羆 45
⿱罒舞 75
263

十五畫
⿱罒畾 99

十六畫
⿱罒歷 523

十七畫
羇 48

十九畫
⿱罒麗 71
羈 48
⿱罒繯 409
⿱罒難 404
羉 127
⿱罒雝 48

羊(⺶)部

羊 172
芉 247

二畫
羌 175

三畫
羍 485
美 249
羑 326
幸 485

四畫
羒 112
⿰牛羊 185
羔 157
⿰羊市 489
羖 268

五畫
羚 198
羛 46
245
羞 207
⿰羊古 268
羜 258
⿰羊它 161
⿰羊平 191
羝 89

六畫
⿰羊兆 299
⿱此羊 51
⿰羊羊 173
羕 426
羠 53
249
⿰羊同 26

七畫
羣 113
羨 53
413
414
義 350
羥 131
190
⿰羊余 71

八畫
⿰羊柬 24
106
344
⿰羊妻 244
351
⿰羊兒 95
羫 42

九畫
⿰羊戠 230
232
羯 481
羭 78
⿱敄羊 367
⿱亯羊 109
⿰羊垔 91
104
132

十畫
⿰羊原 115
126
羲 46
⿰羊尃 510

十一畫
⿰羊悤 130
407
⿱執羊 395
⿰羊責 348
350
⿰羊婁 215

十二畫
⿰羊莧 125
羳 116
羴 131
140
⿰羊童 26
⿰羑羑 326
⿰羊巽 413
413
⿰羊賁 112
⿰羊晉 224
537

十三畫
羸 45
羹 186
⿰羊睘 130
羶 131
140
⿰羊僉 335

十四畫
⿰羊需 215

十五畫
⿸尸羴 289
407
⿰羊憂 429

十六畫
⿰羊歷 522

二十四畫
⿰羊霝 197

羽部

羽 261
368

三畫
⿱亡羽 32
⿱羽子 75
羿 374
⿰羽弋 529
⿰羽工 344

四畫
翁 114
翁 33
⿰亢羽 184
⿰夬羽 502
⿺走羽 350
翃 190
⿱羽王 183
⿰冊羽 332
⿰羽支 46
350
翀 26
⿰羽氏 350
⿱日羽 539
⿱止羽 65

五畫
翍 45
翊 529

栩 284
翑 148
翈 546
翎 198
翌 529
翇 477
習 533
翏 148
438
翀 336
䎗 476
481
翑 77
266
翄 305
翐 470

六畫
翕 535
翔 173
翓 496
翖 535
羿 374
䎗 476
翛 380
𦑎 509
509

七畫

翛 146
148
翛 146
458
翜 535
547
𦑜 111
𦑣 548
𦑝 459

八畫
䎃 530
翑 537
翢 158
159
翣 546
翠 355
翟 514
524
䎗 516
𦒂 288
293
𦒍 448
𦑟 453
翡 362
翥 364

九畫
翩 141

翔 517
翅 47
翚 65
翨 351
翫 405
翤 191
𦒃 34
238
翭 214
𦒊 548
翦 294
翻 117

十畫
翱 80
翰 123
402
翯 462
469
469
𦒄 81
翴 186
191
翮 517
翳 539

十一畫
翲 153
416

翻 537
𦒋 141
翳 91
375
翼 529

十二畫
翻 456
460
翹 153
417
翻 116
翽 153
翾 160
𦒿 475
𦓁 375
380
𦒈 152
翶 105
翻 203

十三畫
翾 142
𦓂 384
翿 141

十四畫
翽 159
419

耀 415
翷 106

十五畫
𦒏 539

十六畫
翻 514

老部
老 303

二畫
考 305

四畫
者 309
耆 56
耄 419
耈 366

五畫
者 337
446
耇 328
教 419

六畫
耆 56
耋 495

而部
而 62

三畫
耑 126
耍 63
126
165
耎 296
耐 392
耏 63
392

四畫
耍 63

十畫
耑 248
296

耒部
耒 251
391
耒 501

三畫
耙 254
耔 256

四畫
耕 189
耖 418
耘 112

五畫
耜 254
耞 45

六畫
耠 536
桂 94

七畫
耡 71
365
稍 418
耦 463

八畫
耤 532

耘 112
䅇 280
耣 280
䎆 64
耫 242
䎋 335
耤 521
𦔮 548

九畫
耦 328
䎕 41
348
䅵 483

十畫
䎙 112
䎘 528
耩 242
耨 441
462

十一畫
䎛 403
耬 215
䅼 129
406
䎖 373
𦔽 493

516
䎝 529

十二畫
䎗 510

十三畫
䆁 519
519

十五畫
䎐 151
耰 204

十七畫
𦕃 531

耳部

耳 254

一畫
耴 474
541
542

二畫
𦓐 426
耵 321

三畫
耷 539
耶 167

四畫
𦓝 374
耾 190
𦓙 542
544
耼 492
耹 221
耽 224
耿 319
耺 112
䎶 80

五畫
聅 124
502
聊 147
聆 198
聜 277
䎿 359
聃 226
聎 230
聉 274
474
490
491

六畫
聎 146
䏁 366
367
聒 487
聑 492
聐 492

七畫
聖 432
聘 433
䎸 370

八畫
䐓 311
聺 379
聞 111

397
聚 262
368
聙 192
聝 515
䎵 46
䎻 314

九畫
聧 94
䏂 207
207
聦 33
䏃 262
265
聟 388
𦖋 544
䎽 111
䏀 328
䎺 359
聤 196

十畫
聭 354
聥 409
䏅 276
䏌 137
聴 459
䏐 484

十一畫
𦗏 147
157
䏆 374
䎷 156
䏊 44
59
243
聱 155
160
218
419
聲 194
聳 241
聜 271
䏇 387
䏈 416
䏒 149
160
聯 141

十二畫
䏉 484
䏑 388
聶 541
職 526
䏏 293
䏗 223

十三畫
聾 41
聸 226

十四畫
䐓 256
聟 488
聹 199
322
䏙 541
聵 511

十六畫
聾 32
聽 199
434

十七畫
䏖 491

聿部

聿 475

三畫
𦘒 106

四畫
肁 299

七畫
肆 357
肄 356
肅 460

八畫
肇 299

肉(月⺼)部

肉 458

一畫

肊 528

二畫

肌 55
肍 213
肎 323
⿰月丁 434
肋 531

三畫

肒 404
⿰月勺 467
523
⿰月乇 88
370
肞 259
肙 411
肜 28
219
肓 183
肖 415
肝 124
肘 324
肛 40
42
肚 267
267
肕 394
肔 246
248

四畫

肬 204
⿰月匹 471
肰 139
肱 203
肭 484
490
股 267
⿰月壬 330
肼 410
肫 108
肣 224
333
肟 475
479
肦 113
130
肩 135
育 457
肯 323
肴 153
肪 175
177
[illegible] 184
⿰月冘 333
肨 348
⿰月引 278
278
394
⿰月夬 494
肤 81
⿰月丑 324
肺 393
肥 66
肢 42
肶 54
⿰月不 100
103
132
210

五畫

胠 73
364
547
⿰月古 267
胈 489
⿰月冊 327
⿰月且 70
364
胆 124
胛 546
胂 103
105
胑 42
胦 42
179
胥 423
胃 361
胄 436
背 389
391
⿰月乱 394
胡 83
⿰月穴 475
⿰月石 508
胐 484
胎 102
胞 155
155
胜 197
胅 495
胙 371
朐 76
77
⿰月白 509
胕 366
胝 60
胏 256
胍 84
胗 277
278
胥 70
259
脉 515
胘 135
138
⿰月必 498
胖 406
⿰月平 188
胇 474
⿰月正 194
⿰月冊 124
胖 406

六畫

脆 377
胸 280
胮 41
胳 508
⿰月㠯 273
脂 52
胻 184
189
432
能 103
203
323
392
脊 518
脅 447
547
背 51
胄 37
⿰月丞 200
脥 98
392
脛 55
⿰月西 63
胯 268
372
426
胱 183
⿰月巳 166
⿰月吏 78
胴 345
胭 136
脁 417
⿰月多 426
脃 377
胾 359
胔 48
350
⿱㓞月 379
胺 485
胶 154
胲 101
胼 137
胰 53
⿰月舛 276
⿰月耳 359
胿 91
94
⿰月匠 61

七畫

⿰月旱 402
⿰月里 496
脪 55
280
399
胜 166
309
朘 100
142
⿰月定 143
413
脢 98
390
392
脡 322
脚 503
⿰月斤 499
⿰月忽 397
脥 337
脤 277
⿰月尨 341
腔 322
434
禽 170
脘 287
脝 187
脖 482
脙 211
212
脜 440
脯 262
⿰月虎 541
脕 283
397
400
⿰月咎 279
脠 140
140
脟 295
501
脬 155
脮 274
275
脫 488
489
脣 109
脩 207
⿰月即 529

八畫

⿰月臽 444
445

	447	腆	290	腷	530	腬	209	膏	157	⿰月隶	371		435	⿰月晉	224
⿰月臽	279	⿰月固	278	腰	152		438		419			⿰月責	516		330
脽	59	腄	52	腌	332	⿰月癸	57	⿱敖月	258	十一畫		膞	144	臑	63
脎	393		204	⿰月枼	98		58	膋	147	膘	97		296	⿰月厥	151
腍	330		350	⿰月業	541	腱	117	脾	121	膜	82		296		153
⿰月欣	399	腓	66	⿰月皆	96		400	⿰月弱	504		507			膫	147
脊	271		362		272	⿰月春	280	⿰月胥	493	膗	97	十二畫			416
	375	腐	264	⿰月頁	209	腥	197	膊	509	⿰月從	40	膰	116	⿰月單	123
腎	277	腕	404	⿰月奉	296		433	膈	517	錬	465	膴	75	膹	99
⿱制月	379	腔	42		401	⿰月曷	380	⿰月員	423	膚	81		85		391
胳	211	腤	217		421	腲	273	⿰月負	284	膒	215		264	膽	386
	212		327	⿰月參	171	腢	95	⿰月荒	184	⿰月曹	160	⿰月麗	377		424
⿰月矦	60		442		424		165	⿰月豈	99	膘	300		502	膱	526
⿰月取	278	腋	519	⿰月是	89	腨	296		101		300	膲	150	膳	411
⿰月亞	423	腑	262	腸	176	腳	503		275		301	⿰月皋	148	膦	294
脼	312	腃	354	腫	239	⿰月盈	192	⿰月易	368	膝	470	⿰月幾	67	膯	204
腊	518	腅	445	腹	455	膃	483		437	⿰月戚	459	⿰月絜	374	膧	516
⿰月戔	124	⿰月發	378	⿰月卿	529	⿱殹月	384	膇	350	⿰月習	534		496	膩	354
	404		489	腶	405		390	⿰月宰	356	膠	154	臀	523	⿰月鄉	174
⿰月奇	349		501	⿰月叟	505			膀	185		417	⿰月尋	219	⿰月肅	210
⿰月直	526	⿰月夌	340	腧	367	十畫		⿰月雀	453	膢	79	⿰月巽	284		414
	526	腒	69	腯	482	⿰月息	527		462		215		413	⿰月奧	305
豚	452		69	⿰月契	374	⿰月鬼	275		509	膕	515	膮	148		420
	467	⿰月者	71	腦	304	⿰月昆	54	⿰月差	95	⿰月寅	106		298		460
腌	233				421		92		169	⿰月產	289	膨	186		
	541	九畫		[illegible]	353	⿰月真	106	膁	338	⿰月庸	38		432	十三畫	
	547	腠	441	腣	89	膎	95	膉	518	⿰月麻	164	⿰月覃	444	臇	52
脹	427	⿰月昏	280		373	⿰月翁	239	膌	521	膟	476	[illegible]	314		295
脾	49	⿰月屋	469	膪	223	𣪊	451	腿	274	膰	434	⿰月章	84	臉	228

			臣部	自部		至部	臼部
338	357	509	臣 61	自 357	十四畫	至 351	臼 325
膾 383	[illegible] 354	[illegible] 435	臣 104		[illegible] 389		[illegible] 457
臂 201	膱 538			一畫		三畫	463
臀 121	[illegible] 321	十七畫	二畫	百 324		致 354	
臂 349	臏 278	[illegible] 228	臤 125				二畫
[illegible] 450	臍 88	339	131	四畫		五畫	臽 333
461	臑 77	羸 304	135	臭 437		臺 450	447
臆 528	[illegible] 211	[illegible] 163	190	臭 78		[illegible] 472	臾 78
膻 286	325	[illegible] 314	395	臬 496			353
膹 257	[illegible] 252	[illegible] 509	臥 422			六畫	
281	356			六畫		[illegible] 60	三畫
[illegible] 182	[illegible] 276	十八畫	六畫	臮 355		470	[illegible] 336
[illegible] 434	朦 31	臛 145	臦 428			[illegible] 401	[illegible] 345
臊 159	238	[illegible] 542		九畫		410	
膿 35		臞 76	八畫	[illegible] 491			四畫
[illegible] 171	十五畫	368	臧 185	[illegible] 142		八畫	舀 207
[illegible] 505	膝 467			[illegible] 37		臺 101	79
[illegible] 538	468	十九畫	十一畫				301
[illegible] 506	[illegible] 274	[illegible] 93	臨 219	十畫		十畫	舁 70
臅 464	[illegible] 467	94	443	[illegible] 496		[illegible] 355	[illegible] 261
膽 334	[illegible] 470	163	[illegible] 315			359	[illegible] 393
	[illegible] 122	臡 164	318	十一畫		臻 110	479
十四畫	臙 151	[illegible] 189		[illegible] 548			
臒 505	[illegible] 291	[illegible] 127	十二畫			十二畫	五畫
511		295	[illegible] 454	十三畫		[illegible] 355	舂 36
臐 113	十六畫			[illegible] 385			[illegible] 301
398	[illegible] 230	二十三畫	十五畫	485			
[illegible] 353	臚 71	[illegible] 166	[illegible] 130	[illegible] 389			六畫
354	臛 462						舃 505

518
𦥯 509

七畫
𦦗 293
舅 325
與 70
258
365

八畫
𦦨 348

九畫
興 202
435
𦦶 315
𦧀 348

十畫
舉 261
𦧈 162
𦧆 476

十二畫
舊 437
𦧓 385

十五畫

舋 395

舌部
舌 492
499

二畫
舍 311
425

三畫
𦧇 248

四畫
舐 248
䑙 442
敌 492

五畫
舑 226
229

六畫
舒 68

七畫
𦨀 135

八畫
䑜 537
舙 492
舕 445

舓 248

九畫
𦧲 543

十畫
𦨈 539

十二畫
𦨊 124
136

十三畫
𦨌 230
446

舛部
舛 296

六畫
舜 397

七畫
舝 492

八畫
舞 263

十畫
䑞 397

舟部
舟 208

一畫
𦨉 474

二畫
𦨊 483
𦨋 455
𦨇 298
舠 158

三畫
𦨚 483
𦨖 219
舡 42
𦨣 169

四畫
般 128
129
130
487
舨 538
舩 143
航 184
舫 428
430
舥 169
𦨴 418

五畫
舴 512
513
𦨮 217
舶 512
𦨵 373
舲 197
船 143
舵 306
舷 135
舸 306
𦩉 146
舳 456

六畫
𦩍 25
𦩎 86
䑬 41
𦩐 39
𦩑 233
𦩘 191
舼 39

七畫
艁 304
420
艇 321
艀 213
艅 70

艆 181
䑯 271
艃 64
𦩡 442

八畫
艋 318
䑶 388
𦩧 330
䑳 109
𦩶 544
䑵 408
䑴 62

九畫
艘 33
387
421
艎 183
𦪇 375
艘 159
𦪊 483
艑 292
𦪌 454
462
532
艒 361

十畫

艘 146
艐 272
𦩷 149
艖 162
169
艗 524
𦪇 211

十一畫

艜 283
𦪻 502
𦪷 533
艛 215
𦪐 81
𦩿 372
𦪽 160
𦪋 461
𦫉 106
艚 160
𦪿 62

十二畫

𦫗 487
𦫕 415
𦫊 539
艟 36
347
𦪾 401

十三畫

𦫞 481
𦫋 267
𦫨 258
艤 245

十四畫

艨 31
345
艦 339
𦫰 264

十六畫

𦫸 36
艫 86

十七畫

艬 232
448

十八畫

艭 41

二十一畫

𦫼 270

二十四畫

𦫾 198

艮部

艮 402

一畫

良 173

十一畫

艱 131

色部

色 528

四畫

𦫵 92

五畫

艴 478
482
䒊 426
𦫺 489
𦫼 487

八畫

艵 197

十畫

𦬀 434
𦬁 92
𦬂 317
𦬃 316

十二畫

艶 203

十三畫

艷 445

十四畫

艷 28

十六畫

艷 203

艸（艹）部

艸 304

一畫

𦫳 273
311

二畫

艿 202
艾 382
393
𦬁 155
210
218
芁 154
芋 199
322
芌 272
艻 531
芀 146
147
艽 58
154
212

三畫

芐 269
424
芅 529
芏 266
芓 359
芽 101
芄 483
芔 362
芒 177
185
芊 76
368
芞 255
芎 28
芇 129
142
291
𦬕 299
芄 125
芃 28
34
298
504
504
505
506
523
芞 479
479
芉 134
408
艾 95
芠 58

四畫

芙 80
芵 494
苙 371
芾 361
383
477
芭 169
芰 349
芽 170
芘 54
357
𦬆 213
苐 26
26
芷 253
芮 377
芕 299
芴 74
芳 180
芫 182
184
芄 219
220
334
芝 60
234
芧 258
芛 248

	475	芙	249	茂	440		461	莜	383	茴	98		495	七畫	
芸	112	芺	495	茇	487		524		393	茈	48	若	328	莧	408
芫	115	茍	328		489	苒	336		479		95	荼	170	莫	506
芼	158		528	苺	440	苋	318	茱	158		248	莚	424	莒	535
	419	苿	165	苴	70	英	187	茯	455	菲	96	荇	318	莡	508
芆	535	苳	34		73	苫	228	荏	330	荍	153	莞	488	莂	502
芠	233	苻	80		171		445	荾	300	荦	213		489	荡	280
芺	299	苮	139		261	苘	320	茲	65	荈	296	莽	199	莏	221
	305	茆	302	苧	258		322		65	茗	321	莬	135	莎	82
芡	336		323	范	339	茵	207	荃	143	荣	391	莽	218		372
芴	477	苓	197	苙	534		211	荅	536	茱	78		218	莤	186
节	185	苭	298		534	苝	389	茹	73	荀	108	茻	316		479
	313	苽	84	苾	473	茁	475		259	荮	46	莩	359	莊	178
苌	46	苶	496		498		476		365	荆	188	荽	403	莃	67
芚	121		499	茅	155		481	荊	499	茷	27	茳	40	莝	422
苀	213		544	苹	187		491	荔	348	荁	125	荒	182	莢	256
䒢	435	茋	249	苣	260		502		376	茥	94		430	菱	58
花	168	苘	318	苰	203	苡	253	苜	323		94	莌	29	莓	98
芩	221	苦	269	茀	361	茾	413	茬	64	茝	104	茭	154		389
芹	114		372		478	芝	233		65	茸	39	荄	96		439
芬	114	苷	226	苊	271		448	荐	410	茞	252		101	莛	196
苶	302	茮	476	苛	163	苔	101	荟	76		276	莘	173		321
䒦	36	苯	284	苤	73	芓	85		81	茜	380	茨	55	菩	85
芥	387	茄	166		364			茪	183	茵	408	萑	179	莱	212
芷	164		168	苴	485	六畫		草	304	茎	200	莨	402	莣	358
		茖	147	苜	461	茺	290	荚	78	茜	266	荑	53	荳	440
五畫		若	171	苢	253	苦	487	茵	465	茆	39		90	莆	263
苑	283		311	苗	152	葢	494	茱	150	茿	459	莒	261	莭	542
苞	155		504	苗	461	荐	167	莤	103	荎	56			莤	455

茀 167
荘 267
茼 138
莁 75
蒳 535
莏 164
莇 107
279
菩 318
菥 107
114
葱 277
菁 458
英 543
苦 81
菴 213
莖 190
190
莆 148
155
草 285
董 459
461
527
莗 496
莵 397
莉 56
64
89

菘 56
莪 162
莠 326
菶 39
菈 354
菏 163
306
莚 139
414
菑 **151**
莜 415
荻 524
莋 510
莞 125
127
289
莐 219
䓕 494
莎 164
菠 481
華 111
萻 117
莨 181
苐 90
蔓 330
莙 107
113
278
莥 323

324
莤 512
莩 81
300
荽 58
荅 333
443
茶 84
167
170
莣 177
莈 248
521
菂 298
草 304
莽 266
316
327

八畫

蓮 282
菕 122
萒 469
萁 454
455
蓁 478
荓 167
菹 324
菝 461

莦 135
華 357
菟 295
295
菸 364
菤 295
菼 334
菱 447
蓮 542
546
萋 89
菶 239
239
蓫 135
菁 192
蓋 76
萿 69
蓭 482
菡 333
菄 24
菴 223
229
菌 314
菎 118
葨 176
菋 360
菓 305
菓 307
莧 125

菖 175
萌 190
菽 458
萀 268
萸 203
菌 278
283
菩 537
539
菜 393
莿 492
菔 455
532
菊 456
萉 112
362
萆 90
菉 464
菫 249
菣 395
410
菆 127
211
368
菮 530
華 167
168
425
莿 349

菱 201
萁 62
63
菈 537
菻 330
菥 50
522
菘 27
葹 469
菝 489
490
菑 211
菴 420
菰 84
葑 417
419
467
萊 101
392
菅 130
菀 283
477
茔 29
萍 199
菠 271
菏 163
落 149
菹 73

菭 56
101
菧 53
菩 83
277
325
532
萋 540
菸 376
菲 66
257
362
菟 84
370
菲 95
萋 44
351
萄 159
萏 332
荅 157
菾 230
萑 59
125
草 324
菷 512
萆 254
521
萯 161
萶 190

蕊 496
544
著 73
259
364
506
506
菑 64

九畫

萯 324
萪 166
萩 206
蕃 427
葳 224
蔥 33
萱 183
葩 169
葍 142
萬 262
265
葔 214
葰 58
308
312
葆 305
葋 378
500
葤 325

葒	32	葑	37	莤	206	莔	81		374	蒱	83	蒯	161	蒲	83
葯	469		346	莱	209	節	181	蒼	182	蓜	535	蓋	519	蒏	159
	504	葺	257		325	蕬	54		317	蒽	241	蒫	54		207
葉	540	蘵	102	蔱	305	萇	98	蒳	538		347		162	蔞	161
	540	蔞	148		440	蒷	361	蒓	109	蓀	120		167	蒤	84
葙	177		152	萮	79	蓾	436	蓽	74	蓴	464	蒴	467	蒡	187
蒩	170		298	葢	112	蔽	386		168	蒝	115	蓟	334		316
蒁	473		415		121	菌	250	蓟	264	蒔	61	蒲	146	蔱	379
葀	488	葿	59	葌	130	蔮	536	蒟	266		360	蓁	110		490
葬	429	蓪	266	葦	476	蔆	33		366	蒻	539	蒜	406		
葴	219	葡	332	蓈	96	蒠	117	蓏	534	菁	482	蒩	268	十一畫	
葳	66	葚	331		285	蕙	535	蒙	31	蒏	207	蒻	504	蓮	164
萯	295	葫	83	蓎	78	葋	77	𦶏	412	蒀	257	蓇	493	蔘	222
葝	189		85		265	董	237	蓂	199		390	蔂	509		225
	195	蓼	116	蓪	321	营	28		525	萃	95	蓒	117	蔡	384
藰	195	葖	482	蔗	300	蔬	363	蓑	100	蒯	387	蒪	509	蒲	83
葭	168	葎	139	蕩	180				164	蓥	150	萬	517	蔔	532
	169	葓	32		184	十畫		蒿	157		415		523	蓪	437
蒖	522	萿	488	萺	461	蔦	87	蒺	472	蒛	500	蓛	319	菰	487
䓵	47	落	507		462	蕙	527	蓸	180	蒩	70	蕖	472	䔟	43
葤	300	葷	113	茸	533	蒒	54	蒐	117		86	蓋	382	蓬	34
葥	527	萹	138		534	蒨	408	蒂	521		268		538	蔛	451
	530		141	蓝	112	蒐	210	蓷	457	蓓	277		539	蔦	297
葵	57		291	葃	510	蓖	90	蓄	458	蓏	308	蒸	200		414
葺	247	葶	196		515	蒖	103		461	蓊	33	蒕	200	蓧	146
萰	409		321		521	蓛	524	蓘	284		238	葦	256		524
葍	455	葹	49	葛	486	蒗	181	蒹	231	蓜	112	蓉	37	蓨	524
莉	385	葀	230	葸	254	蒥	205	蓍	56	蓄	64	蒈	492	蔘	27
	485	萷	412	蕚	508	蓁	91	蒢	73		102	蒗	429	蓸	160

蔌	452		454	蔀	327		267	蕣	397	蕎	381	蕫	26	薑	175
蒱	226	蓪	33		329	蓶	57	蒣	68		486		238	薢	286
蔫	117	蔚	362	蔏	174		252	藙	153	蘩	73	藤	435	蔴	440
	145		477	蓯	238	蔨	267	藿	125	蕧	455	蕡	296	薔	178
蓏	490	蔏	441	蔶	320	蕒	496	蕃	116		459	蕪	75		528
蔈	151	蔧	352	蔆	201	蔣	177		118	蕦	77	蕜	257	蕍	329
蔬	71	蔱	160	蔜	482		312	蕊	245	蕃	528	蒙	312	蕩	184
蓺	380	蓻	534	蔄	408	蔛	167		252	蘭	130	蕛	90	蘕	387
董	281	蓮	136		442		188	蕁	284	蕖	534	蕠	57	蕵	120
蓙	456		294	蒽	470	蔇	359	蕣	394	蘎	67		89	蘧	168
蔕	372	蔪	337	蔏	471			蕒	203	蓃	486	蕎	149		169
蓷	274	蓴	109	蕒	95	十二畫		蕓	112	藻	380		152	薪	321
蔭	443	蓲	81	蓫	456	蕟	300	蕎	289	蕭	322	蕉	150	蕼	356
蓶	60		210		459	蕨	480		475	蓑	123	蕈	157	蕻	346
	100		215		461	蕆	297	蕟	203	蕌	438	薌	174	薉	532
蓤	471		366	蓸	533	蕤	57	蕁	223		460	蔦	518	蕺	535
蒿	109	蔥	474	蔘	297	蔽	378	蕭	145	蕍	294	蕕	206	薖	166
蔵	544	蔻	442		456	蔰	118	蔡	202	蕖	69	蔿	245	蒙	69
蔎	502	蔩	53	蔨	278		126		221	藩	461	蕝	381		260
	453		106		295	蕞	384	蕙	375	蕩	184		500	蒐	80
蔗	425		292	蘇	272	蕮	190	蕘	150		315	蕬	61	蘗	544
蔍	453	蓿	460	蔞	79		203	蕈	331		430	蕿	210	薍	407
蔟	441	蔡	220		215	蕑	131	蕢	112	蕰	119		304	薅	158
蕐	476	蓞	226		266	蕇	290	蕀	528		281	蕻	460	薈	384
蔯	247	蔆	201	蕐	473	蕢	353	蔳	372		398			薟	227
	272	蔋	524	蔓	128		387	蕺	512	蘯	328	十三畫			335
	357	蔞	164		400	蕡	272	蘄	50	蕅	380	薜	376	薳	352
蔁	286	蓱	199	蔮	390	蕠	52	蕱	52		382		515	薂	522
蓩	305	蔁	175	蔖	162	蔌	528		248	蕍	78	薘	486	薄	396

薃 303
蔓 222
薄 509
藃 59
65
薪 104
薏 528
305
蒹 227
230
薦 410
蕎 380
蓭 99
274
薟 195
薠 116
薋 55
蕾 274
蔘 198
蘈 365
鞕 546
葴 393
薨 203
蕢 48
蘗 404
蕟 392
穎 305
蓷 249
251

373
薊 374
薢 96
273
385
蔦 295
蔜 523
薜 498
薯 364
藷 73

十四畫

藇 69
70
259
261
365
藟 86
夢 31
藅 479
蓫 537
薱 389
蕺 496
蘦 198
320
蘿 97
藐 300
467
蔦 143

薵 211
藍 226
蔾 33
薹 101
薳 245
甄 103
140
薩 486
藄 62
蓁 111
薄 515
薾 271
蕩 429
藏 185
429
藿 415
藈 94
蔫 148
165
蕩 427
銚 150
藉 424
521
薰 113
398
藒 500
蘗 509
薿 256
530

蓼 456
蘤 126
蔔 455
葶 191
蘀 293
蕡 106
蔡 490
蔪 337
薸 152
藻 304
薺 55
270
蔈 305
藃 149
155
421
蘗 156
藥 195
藎 395
蕑 72

十五畫

藟 312
藘 429
蘭 500
藪 328
蘲 251
蘆 72
蘺 81

蘷 436
藫 223
藩 116
116
118
藙 363
蕉 151
160
300
蘄 339
蔽 81
藖 131
408
藗 452
蕦 496
蕢 465
藝 380
蕒 100
蘢 45
349
藤 204
藤 470
藕 328
蓸 267
藜 89
藥 503
葥 28
蕃 331
蔓 204

蘯 348
藸 71
73
蘊 112
281
藷 72
364

十六畫

藾 385
蘞 230
蘛 79
458
藳 303
蘳 508
蘧 148
蘼 523
薣 189
藺 394
蓏 215
薇 301
302
蘄 62
67
114
蘆 72
86
蘋 106
蘿 185

蕁 223
蘇 86
蘔 348
蘱 99
蘅 189
薑 419
藻 299
蘭 332
蘁 190
蘯 73
藻 304
蘀 514
蘢 32
36
藹 382
蘵 192
蘂 245
蘸 466
藿 511
藙 451
蘎 529
蘳 328

十七畫

韓 123
402
蘛 79
蘜 456
蘺 371

韘 546
藺 381
蘠 178
蘝 227
233
335
蘇 150
206
蘩 116
蘚 292
蘺 245
蘥 503
蘌 258
蘫 226
445
蘘 176
蘪 59
蘲 198
蘬 324
蘜 456
蘿 468
蘙 375
蘡 193
蘭 125
蘧 69
76
蘳 44
311
藷 72

74

十八畫

蘬 60
68
252
蘳 238
穡 73
蘵 526
雜 537
544
蘴 29
39
蘒 153
黠 96
489
藂 33

十九畫

蘩 374
蘸 447
難 139
蘹 388
藥 251
蘷 435
蘺 162
蘰 127
蘠 175
識 527

蘽 165
蘺 48
蘼 44
243
藾 353
391
䕻 48
376

二十畫

蘱 363
黨 316
藏 229
雙 505

二十一畫

虉 518
524
顳 149
虆 58
虀 93
護 370
虇 283
399

二十三畫

蘻 29
蕏 503

二十四畫

釀 314
427
贛 332
344
443

二十五畫

龜 500

二十六畫

鬱 119

三十三畫

麤 88
267

虍部

虍 85

二畫

虎 268

三畫

虐 504

四畫

虓 155
虔 144
虒 49
𧆛 393

五畫

虖 76
83
85
處 259
365
虑 365
䖑 86
虝 479
虙 455
虘 87
162
䖎 546
虛 71
73

六畫

𧆦 525
虓 114

七畫

䖒 46
虜 267
虞 74
虤 226
虢 335
445
號 156
419
䖔 198
虡 260

八畫

盧 86

九畫

𧇆 514
䖘 416

十畫

𧇊 84
䖙 420
虩 132
𧇖 84
虘 371

戲 131
132
290
407

十一畫

虧 45
虩 232
虨 108
110
132
虡 260

十二畫

䖝 303
虞 371
虪 90
92
虦 513
517

十四畫

𧇻 107

十五畫

𧈅 517

十八畫

𧈊 26

35

二十畫

𧈎 458

二十二畫

𧈏 204

虫部

虫 257

二畫

虯 218
218
虮 55
𧈢 528
虰 191
193
196

三畫

虵 43
167
310
虺 483
虴 512
蚉 531
蚩 297
虫 97
98
257
虷 123
虶 82
虹 32
344
347
虸 356

四畫
蚗 494
蚨 80
⿰虫丑 459
蚆 169
169
蚑 46
350
⿰虫丏 142
蚍 54
⿰虫未 455
蚅 517
蚘 98
⿰虫北 472
⿰虫少 152
⿰虫允 279
蚥 263
264
蚝 358
蚳 46
蚪 328
蚢 184
316
430
蚄 177
蚊 111
蚌 242
蚟 179
蚓 278
394
蚖 115
126
蚇 520
蚚 67
391
蚡 113
280
蚣 31
36
蚕 290
蚤 304
蚩 64
⿱父虫 263
蚏 480
⿰虫殳 521

五畫
⿰虫旦 486
蚰 206
蚺 229
蛅 229
⿰虫出 501
⿰虫台 102
蛈 495
蚱 513
蚼 77
329
蚹 366
蛇 43
162
167
蛀 366
蚿 135
⿰虫必 473
蚲 188
蚭 55
蚵 163
421
蛃 318
⿰虫去 261
蚶 227
蛄 84
⿰虫戉 480
蛁 146
⿰虫巿 371
蛂 498
⿰虫因 70
73
蚯 210
蚔 56
蛉 197
蚴 217
329
蚻 490
⿱加虫 168
⿱生虫 532
⿱召虫 283
⿱癶虫 169
⿰虫司 358
⿰虫并 400

六畫
蛕 98
273
⿰虫幵 137
⿰虫羽 529
蛧 314
蛑 214
蛥 499
蛛 77
蛫 244
⿰虫旬 110
蛞 488
蛒 514
蛜 56
⿰虫宅 426
蛟 154
蛘 173
蛢 199
⿰虫关 508
⿰虫匡 179
蛝 131
蛦 53
蛙 95
171
蛣 471
蛭 470
475
498
⿰虫㐬 205
蛚 498
⿰虫戌 476
蛨 512
⿰虫向 313
蛤 536
蛓 349
358
䖵 118
⿱𢍏虫 412
⿱次虫 356
⿱圭虫 94
⿱夆虫 39
241
⿱𠬝虫 39
⿱此虫 48
蜇 497
⿲彳虫亍 292
⿰虫束 522
⿰虫戋 27

七畫
蜊 57
蛾 162
245
蜏 326
438
439
蜂 34
39
蜒 139
⿰虫寽 489
501
蜉 213
蜍 69
73
蜇 499
蜃 277
395
蜀 463
⿱丞虫 286
⿱攸虫 147
⿱亟虫 238
⿰虫折 502
522
蜻 457
蛺 543
蛖 41
⿰虫豕 98
蛵 197
蛸 148
155
蜆 291
291
410
蜎 137
143
292
296
蜈 85
蝍 472
494
529
蛘 247
312
⿰虫定 143
蜓 196
290
321
蜋 174
181
⿰虫弟 90
蛻 378
385
422
500
蛹 240
蛷 212
蜅 82
263
⿰虫更 317
⿰虫吾 85
蜐 547

八畫
蜹 377
378
500
蜠 107
178
蜡 537
⿰虫匊 458
蜩 147
⿰虫彔 453
蜘 51
蜲 44
244
蜪 158
159
蜭 333
443
蜼 251
358
439
蜺 91
496
蜱 49
152
⿰虫敝 288
蜦 109
376
蜜 472
⿱臤虫 292

蜻	192	蜰	66		505	蝡	280	⿰虫高	321	螟	199		330		40
	195		257		515		295	蝷	523	螗	180	螳	180	⿸鹿虫	425
蜛	69		362	蝩	38	蝰	94	蝣	206	螆	358	螻	215		520
⿰虫屈	478	⿱殹虫	362	蝜	324	蝦	169	蝤	207	螠	350	蟃	400	⿱婁虫	143
⿰虫函	224	蜚	257	蝮	459	蝭	90		207	螓	106	蟈	515	⿸鹿虫	49
	225		362	蝌	166		373	蝚	209	⿰虫貢	531	螺	165		95
蝀	25	⿰虫取	227	蝝	142	蝪	184	蝘	282	⿰虫尃	510	蟆	166		319
	237	⿰虫官	287	蟌	33	蝹	108		290	⿰虫盍	540	蟋	470	螯	160
蜮	530	蜿	117	蝗	183		112	蝠	455	螖	490		476	蟄	534
	532		126		186		305	蝲	485	⿱殸虫	451	⿰虫梨	57	螫	519
蜢	318		283		431	蝺	74			螚	392	⿰虫鳥	34	螿	177
蛹	312	⿰虫空	29	⿰虫泉	142	蝎	484	十畫		螌	130	⿰虫舂	36	螢	78
⿰虫坴	456	蜧	376	⿰虫侯	214	蝟	361	螘	245	⿱木䖵	370	⿰虫責	516	⿱叉䖵	213
蜡	364	蜣	175	⿰虫便	141	蝥	75		257	融	28		518	⿱長䖵	69
	424	蜷	145	蝯	116		155	螐	87	螒	402	螹	229	蟁	111
⿰虫戔	289	蝃	372	蝓	78		213	螝	57	螣	204		337	⿱甚䖵	226
	407		501	⿱旋虫	49		367		391		330	⿰虫區	367		445
蜥	522	⿰虫帚	325		350	⿱萐虫	339	螕	90		531	螬	160	螽	27
蜙	40	蜨	544	⿰虫要	152	⿱亭虫	292	螇	91	螄	54	⿰虫速	452	⿱尉虫	362
⿰虫奇	47	蜯	242	蝞	352	蝱	186		93	螋	82	⿰虫焉	145	蟳	126
	244	蝳	461	蝑	70	蝨	476	螔	43		210	螵	152	⿱匽虫	528
蜫	118				425	蝕	527		50	蟥	493		153	⿱殹虫	526
⿰虫長	176	九畫		蝶	543	⿰虫癸	57	螉	33	⿰虫京	503	螼	280	螾	106
蜾	307	蝸	95		543	⿰虫咢	508	瘙	472	蜃	293		396		278
蜴	519		168	蝔	96	⿱卻虫	474	螢	200	蝨	304	螮	372		394
⿰虫虎	268	⿰虫幽	217		96	蝖	117	螃	185			⿰虫遂	456	螲	472
蜑	509		329	蝛	232	蝬	82		315	十一畫		⿰虫彔	147	⿰虫宿	456
⿱基虫	62	螋	34	⿰虫戚	66		210		430	蟉	218	⿰虫覓	525	蠔	387
⿱埶虫	43	⿰虫卸	175	蝒	141	蝙	138	⿰虫扇	412		218	⿰虫從	33	螪	174

螭 50
⿰虫康 182
⿰虫庸 37
⿰虫鹿 453
蟀 474
蟥 183
⿰虫巽 529
蟒 316

十二畫

蟜 152
300
蟭 150
⿰虫進 395
⿰虫眾 27
蟡 44
244
蟣 67
257
⿰虫笄 91
137
⿱畫虫 206
蟚 186
蟴 50
⿸厤虫 480
蟲 26
345
⿰糸蚤 377
378
381
384
融 28
⿰虫琵 54
蟦 66
258
362
⿰虫厥 480
蟟 148
⿰虫華 167
⿰虫業 454
462
蟠 116
128
蟓 312
427
⿰虫桼 259
蟝 69
蟙 526
⿰虫敫 121
⿰虫就 459
⿰虫粦 394
蟧 148
157
蠕 475
475
蟰 146
460
⿰虫巽 144
蟪 375
蟯 150
152
蟢 253
蟬 140
蟫 220
223
蠁 313
427

十三畫

蟹 272
⿱赤䖵 212
⿱夆䖵 39
⿱壴䖵 165
308
⿰虫嗇 528
⿰虫萬 380
⿰壴蚤 526
⿰虫葛 539
蠌 514
蠉 142
296
蠋 463
464
蟾 228
228
螌 355
375
⿱虢虫 532
蠆 389
蟼 169
188
318
⿰虫意 528
蟺 293
蠊 227
蟻 244
⿰虫資 55
⿰虫壹 176
蟶 193
蟷 182
蠅 201
⿰虫歇 481
⿰虫過 164
422
⿱筮虫 496

十四畫

蠖 511
⿱覃虫 290
⿱㡭虫 358
⿱齊虫 55
⿱東䖵 25
⿱烏䖵 324
⿱卑䖵 49
⿰虫寧 322
蠙 107
137
蠐 88
⿰虫熒 188
⿰虫壓 140
蠗 468
蠓 31
238
⿱叕䖵 364

十五畫

蠟 539
蠜 116
蠢 280
蠚 504
509
蠡 48
165
270
⿱截虫 502
⿰虫養 312
⿰虫鄭 520
⿰虫霆 196
蠣 380
⿰虫壘 531
⿰虫幾 497
⿰虫諸 72

十六畫

⿱毄虫 500
⿱錢虫 139
⿸原䖵 115
⿱髟虫 532
⿱食䖵 111
⿰虫憲 282
282
⿰虫遺 57
358
蠦 86
蠪 32
36

十七畫

⿰虫侖 503
⿸麻䖵 49
95
319
⿱尉䖵 362
蠭 39
蠱 268
蠲 138
⿰虫燮 544
⿱匽䖵 471
蠰 175
178
185
314
427
⿰虫應 201
⿰虫霝 197
⿰虫翳 497
⿰虫韱 46
⿰虫鮮 292

十八畫

⿱竄䖵 199
⿱畫䖵 370
蠶 224
⿱畢䖵 162
⿱雋䖵 295
⿰虫覆 533
蠷 76
蠸 145
蠵 52
94

十九畫

⿰虫離 48
⿰虫麗 48
52
蠻 130

二十畫

⿱非䖵 362
⿱鹵䖵 490
501

二十一畫

⿱聶䖵 472
蠿 54
蠾 463
463
⿱截䖵 502

二十二畫

⿰虫彎 129
⿵門䖵 394

二十四畫

⿰虫靈 198

血部

血 494

二畫

𧖧 196

三畫

衁 183

四畫

衃 100 210
衄 458 459

五畫

衇 515
𧖴 515
衆 27 346
衅 395
衈 359

七畫

𧗈 100
𧗉 525

八畫

監 532
䘕 515

衉 443

九畫

䘓 525
𧗤 443

十畫

𧗳 67

十二畫

𧗿 67

十三畫

盥 35

十五畫

衊 497

十八畫

𧘂 527

二十四畫

𧘃 443

行部

行 184 189 429 431

二畫

𧗝 250

三畫

衎 286 403
衍 292 414

五畫

衒 409
術 475

六畫

衖 347
街 94 96
衕 26 345

七畫

衙 68 170 258

𧗱 409
𧗴 241

八畫

衛 292

九畫

衝 36

十畫

衡 189
衞 377
衠 303

十一畫

𧗾 474

十二畫

衝 36

十八畫

衢 73

衣(衤)部

衣 67 363

二畫

𧘂 298

三畫

衪 43 246
衩 386
𧘞 504
衫 233
表 300
衦 286 403
𧘝 529

四畫

衭 81
袂 379
𧘬 489
衼 42
衵 470 471
衲 538
袀 110
衱 542 547
衾 221

衷 146
衺 170
衰 52 57
衮 26 346
袁 115
衴 334
衽 442
衹 42 46
衿 222 442
衯 114
衳 36
衸 387 387
袤 300
𧘽 408

五畫

袞 284
袖 437
袡 229
袦 493
袍 159
被 243 349
袛 89

袊 320
袎 418
䘻 76
袗 277 393
𧙍 307
𧙎 361
袨 409
袢 116
袜 487
袔 421
𧘿 194
袪 73
袣 380
袏 421
袥 507
袑 300
袚 487
袒 286 408
袓 167 261
袈 168
袋 391
袈 168
𧚍 440
𧙤 523
𧙆 159 420

𧙈 470
𧘓 259
袉 162 306 306
䘹 475 495

六畫

𧙓 410 511
袴 372
𧙧 32
裀 104
袳 247
袾 77 82
袼 507 508
裎 330
袷 545 547
袽 73 74
裁 101 393
裂 499
装 351
𧚓 43

	247		544	裺	337		272	褐	484		248		297	𧞼	354
	306	裟	170		448		496	褍	126		256	𧝮	51		361
𧘂	29	裠	113	𧛸	497	𧞈	411		307	𧝏	525	𧝮	241	𧞸	66
衱	297	裘	212	裳	178	裨	49	𧜤	373	褰	144		242	襒	498
袿	93	裝	178	褩	462		49	褊	295	褮	190	𧝝	474	襆	454
袺	491		428		462	𧚐	222	褖	406		195	𧞨	3[illegible]2		465
	493	裔	379	製	379	褚	259	𧝝	439		200	褺	543	襎	116
𧚓	520	裘	212	裴	66		259	褻	159	褧	322	褻	498	襐	312
袹	120	裏	254		100			褌	118	𧞅	298	襄	177	𧝭	66
		裛	535	裹	307	九畫		褗	282	褒	97	𧞨	159	襉	422
七畫			541		422	褈	36		400	褭	97	𧞣	48	𧟀	421
裞	378		547	𧛚	287		38	褔	437	褣	37	𧛿	42	襃	412
	385	裦	367		405	複	438	褘	65	𧝶	389	襀	518	𧞺	99
	489	衰	217	𧙠	126		455		65	褫	424	襁	313	襘	435
裋	265				283	𧛳	536	褸	152	𧝝	306	𧝂	81	𧞪	494
補	270	八畫		𧜄	519		545	𧝄	83	褠	216		215	襏	487
裌	545	裧	228		520	𧜭	214	褞	281	𧝉	510		329	襑	219
裗	205		334	裷	117	褓	305						441		332
裖	277		446		283	褑	411	十畫		十一畫		褿	160	襈	412
裓	533	裰	489	裸	308	褕	78	𧝝	516	褺	380	褾	300		413
𧛊	155	𧜓	533	裮	175		151	𧞝	540		387		340	襓	150
裍	285		534	裼	522	褉	497	褥	462	𧞤	260	𧞒	186	𧟀	528
裎	194	𧛲	408	裯	82	褋	453		464		459	𧟀	69	襖	305
	320	𧜟	419		158	襒	248	褡	536	褶	533				
裕	367		462		211	𧝓	423		539		533	十二畫		十三畫	
𧛁	34	裱	417	裶	66	𧛸	142	𧞪	388		543	𧞽	384	襗	506
𧚹	139		448	裪	159	褆	90	𧝝	95	褸	215		489		514
	140	裾	69	𧙂	319		243	褫	51		266	襉	408		519
𧘹	230	𧝀	478	𧜖	92		246		246	𧞔	146	襌	123	襡	328

329
440
451
464
⿰衤詹 228
446
襘 383
褩 361
⿳亡口⿲月衣凡 308
襞 521
襢 486
293
412
襚 352
襟 222
襠 181
襛 38
39
⿰衤督 462

十四畫

⿰衤齊 54
襦 77
襤 226
襣 357
⿱斷衣 452
⿱齊衣 54
⿰衤察 491

十五畫

襮 462
510
⿰衤幾 481
襬 45
348
⿰衤戠 494
⿰衤燕 300
⿰衤顛 496
襩 464

十六畫

⿰衤[illegible] 520
⿰衤篤 462
⿰衤褱 97
襲 533
襯 396
襱 32
239
240

十七畫

⿰衤嬰 432
襳 222
228
230
⿰衤蹇 144
293

十八畫

⿰衤簡 289
襵 542
542

十九畫

⿰衤羅 421
襻 407
⿰衤贊 127
404
襹 51
351
⿰衤[illegible] 291

二十一畫

⿰衤屬 464

襾(覀)部

襾 310
423
西 92

三畫

要 152
415

四畫

⿱覀廾 138

五畫

⿱覀乏 241

六畫

覃 223
⿱覀至 94

八畫

⿱覀朋 425
⿱覀辰 532

十畫

⿱覀⿰羊隹 94

十二畫

覆 437
438
459
533

十三畫

覈 496
517

見部

見 409
410

三畫

⿱見寸 531
⿰見寸 448

四畫

規 52
⿰夬見 419
覔 525

五畫

視 249
354
357
⿰召見 300
⿰古見 229
446
⿰台見 49
⿰尼見 517
⿰禾見 55
⿱癶見 497
⿰令見 49
⿰少見 395
497
⿰司見 61
358
⿰民見 93

六畫

覜 414
⿰缶見 515
525
⿰朿見 55
⿺見比 515
⿰至見 524
⿰[illegible]見 526

七畫

覡 523
⿰貝見 415
⿰求見 227

八畫

⿰录見 452
464
⿰坴見 44
⿰兒見 374
⿰炎見 336
⿰[illegible]見 392
⿸厂⿰[illegible]見 273
覩 267

九畫

⿺是見 90
374
⿰[illegible]見 318
⿰[illegible]見 283
287
覦 78
367
⿰般見 219
443
親 104
396
⿰單見 118
398
⿰覃見 411
⿰甚見 223
223
224
332

十畫

⿰翏見 56
⿰鹵見 207
覬 355
⿺是見 415
⿱𤇾見 197
⿱冥見 199
525
⿰[illegible]見 441

十一畫

覲 396
覷 364
⿰[illegible]見 42

348
覱 447
覶 300

十二畫
覾 524
525
覻 157
覽 435
闚 131
295
408

十三畫
覺 417
466
覼 217
覹 59

十四畫
覿 105
106
395
396
觀 165
覽 334

十五畫
觀 116

覿 524
觀 131

十七畫
觀 415
503

十八畫
觀 127
405
覽 59
68

十九畫
觀 246
354
376

角部

角 453
466

二畫
觓 218

三畫
觛 36
40
觔 469

四畫
觕 169
觖 418
觗 88
268
464
觖 351
494

五畫
觝 271
觚 84
觛 260
觛 285
286
403

六畫

觡 514
觜 48
52
81
245
觜 379
觠 145
412
463
觤 451
衡 187
觛 46
117
觟 311
解 272
273
385
385
觥 186
觤 244

七畫
觩 218
觪 195

八畫
觭 46
245
觬 284

觶 469
觬 92
272
觶 91
觲 484
觳 502
觰 364
觼 290
觰 171
311

九畫
觹 102
觻 98
觸 311
觿 126
觷 473
478
觷 463
觰 207
觻 381
502
觝 89
90
觶 535

十畫
觽 246
觳 451

468
觫 282
觶 469

十一畫
觻 206
觴 174
觵 186

十二畫
觸 505
觶 43
348
觹 300
觹 494
觺 393
489
觼 480

十三畫
觷 461
466
469
觺 466
523
觾 535
觸 464

十四畫

觼 61
530

十五畫
觻 452
523
觽 151
觼 494

十八畫
觿 117
觿 44
94

言部

言 117
言 282
言 282

二畫
訄 414
訅 212
訆 202
訇 138
191
訄 160
210
213
計 374
訂 199
321
322
434
訃 367

三畫
訌 329
訕 129
407
訙 394
訊 394
訖 479
託 507
訓 398

訔	107	訪	428		349		165	六畫		誂	37	詾	108	誠	193
記	360	訦	220	詁	268		306	詮	143		241	詵	111	誙	189
訐	381		331	詍	380	訧	494	詬	328	誂	298	話	388	誀	285
	481	訠	277	訹	476	註	366		440	詻	433	詾	37	誤	370
	502	訣	80	詔	415		368		442	誃	51		241	誗	416
訏	76	訣	494	詃	349	詠	431	詥	536		247	詻	513	誺	479
討	303	訮	371		349	詃	292	詤	183	詫	424	詯	390	誑	164
訌	32	訧	348	詛	365	評	187		315	詨	154		391	誒	64
訍	386	訝	424	訷	105		431		317		417	詣	374	誐	426
訒	394	訛	248	䛃	547	詎	260	訾	48		417	誑	220	誥	419
		訧	204	䛩	229		364		248	該	101		221	誨	390
四畫		訥	484	訹	437	詞	63	詧	491	詶	208			誕	321
訩	37	訬	156	詇	313	設	168		493		437	七畫		誗	230
訶	492		300		428	詸	361	詹	228		439	誘	325	誐	162
許	260				430	訶	163	誓	503	詳	173	誂	165	誏	316
訋	104	五畫		詀	230	証	432	臨	249		173		452	誦	346
	396	詘	478		232	詆	89	詗	391	詎	429	誕	286	誋	360
設	502	詒	61		447		271	詰	471	詪	285	誑	428	詐	424	誖	389
訞	153		276		541		524	誎	349		291	詐	424		391
訰	108	詝	85	詗	322	訑	165	詼	98		402	說	378		482
	396	詑	283		433	詅	198	詽	131	試	359		491	誎	436
訛	165		399	訵	55		433		135	詩	62		501	誌	358
訡	221	詾	159		355	詉	168		138	詿	385	誓	379	誣	440
訢	114	詄	358		357	訴	371	誇	168		385	誩	313	誧	87
訜	91	詄	495	詖	158	診	277	詡	264	誀	63		431		88
	272	詐	424	詝	259		395	諛	78		359		444		269
訟	36	詢	439	詑	43	詟	294	詷	239	誅	251	誎	526		371
	346		442		51	詟	294		345	誅	77	詹	167	語	258
訾	207	詖	45		161	詈	348	詖	248	詭	244	信	272		363

誎 465
誣 75
詿 60
認 394
435
誡 386

八畫

諑 465
諈 351
誹 66
361
諉 351
謟 159
諂 336
諮 325
誰 59
說 95
誑 541
請 192
321
433
諏 81
216
諲 269
諆 63
諎 422
513
諓 292
413
諫 50
355
359
392
諑 467
諳 448
調 314
課 166
422
諕 514
諸 537
諏 457
調 147
212
415
諿 248
諍 432
諗 330
331
論 109
121
402
諅 63
360
闇 107
諐 144
諒 35
誼 349
誇 345
諄 108
396
諒 426
誶 253
391
475
談 225
諸 72
167

九畫

諤 508
謂 361
諣 386
425
諾 510
諯 143
144
412
413
諞 141
294
296
諑 408
諥 347
諴 545
諷 345
諝 70
259
諵 232
447
諶 220
謀 213
諽 516
517
諜 543
諧 96
譈 253
355
諴 231
諟 243
諹 173
426
諿 533
謁 481
諰 96
254
謥 345
諻 186
諼 116
283
諭 367
謚 357
諔 424
諮 326
諍 432
諠 117
諮 297
328
諦 372
諳 223
諢 402
諺 411
諜 506
諮 54
諫 406
諲 103
諡 528
諱 362

十畫

謅 210
303
謝 424
謏 297
441
456
謉 275
354
謓 106
謟 158
謨 271
386
424
謗 430
謞 469
509
謑 472
謐 472
謎 386
謎 375
謜 371
講 242
謘 56
355
謌 161
謚 476
538
539
諸 55
謜 115
143
謕 423
謆 539
謖 456
謔 506
謠 150
謙 231
謚 357
518
謕 50
90
92
謇 293
謍 186
191
193
謈 467
468
謄 204
謝 371
謗 168

十一畫

謏 312
謩 542
謷 155
160
419
謺 542
謦 322
謦 91
謕 374
謮 401
謋 156
謷 452
謬 442
謱 215
266
329
謾 128
130
141
406
407
謯 167
311
謫 85
372
謨 82
謹 57
59
217
謲 444
謻 43
謶 423
謪 517
518
謹 428
謪 48
89
謶 504
謣 76
謮 516
謪 442
謳 214
謹 281
謎 472
謵 541
謴 171

十二畫

譚 223

332
請 165
譖 443
謳 232
謮 274
391
譁 168
譒 422
譕 75
譑 300
416
譙 149
譂 419
譌 165
譏 67
𧮫 535
誓 92
𧬚 44
䜌 127
145
412
識 358
527
譤 389
譐 284
譄 203
譎 494
證 434
𧭊 143

296
413
䛼 375
譓 375
響 427
譊 154
譆 64
譀 445
447
547
讔 371
䜒 420

十三畫

譫 539
540
譣 228
336
譮 387
譍 435
譬 350
警 318
謷 414
譱 293
𧫷 95
譡 429
譔 424
426
譭 243

譩 64
68
256
𧭈 401
譠 124
132
譧 447
議 349
譜 270
譢 353
譝 201
譟 420
䜁 384
譪 387
388
389
譯 519
譞 142

十四畫

護 370
𧭹 537
譺 256
360
387
譽 70
365
譻 190
譶 534

537
𧮂 191
譳 441
譸 212
𧮐 225
譴 411
𧬳 351

十五畫

讄 251
讂 408
409
𧮦 507
譹 515
讁 517
讀 451
𧬪 418

十六畫

讋 542
𧮰 107
讆 377
讎 208
變 412
𧮺 282
讌 410
𧮯 337

十七畫

讖 443
讓 426
讕 125
286
403
讒 232
233
448
讑 415

十八畫

讙 117
128
讗 94
515
䜨 99
讘 541
讇 539

十九畫

讚 404

二十畫

讜 316
讞 294
500

二十二畫

讟 451

谷部

谷 451
453
464
505

二畫

𧮫 212

三畫

𧮬 134
𧮭 40

四畫

𧮮 232
𧮯 113
谹 190
谸 512
谺 171

六畫

谼 32
𧮳 214

七畫

𧮴 148
157
谽 225

八畫

𧮵 407
𧮶 458
谾 34
42

十畫

豁 488
𧯁 488
谿 93

十一畫

𧯂 513
𧯃 148
𧯄 129

十二畫

𧯅 339
𧯆 158

十五畫

豄 451
𧯉 541

十六畫

豅 32

豆部

豆 440

三畫

豈 257
豇 40

四畫

豉 348
𧯠 368

五畫

𧯣 217

六畫

豋 283
412
豐 270
𧯤 41

七畫

𧯰 459
𧯮 190
𧯯 218
𧯱 274

八畫

𧯷 90
豎 265
䇝 62

豌 126
䜺 512

九畫
豋 451
䔲 281
䜲 222
𧯞 78

十畫
豏 338
𧯷 157

十一畫
豐 29

十二畫
𧯸 157

十三畫
豑 470

十五畫
𧰈 67
101

十八畫
𧰓 41

二十一畫
豔 445

二十二畫
𧰔 204

豕部

豕 247

一畫
豖 465

三畫
㒸 98

四畫
豝 169
豛 521
豘 121
豚 121
豙 360
363
彖 247
𧰲 440
467
豩 465
465
豣 135
410

五畫
𧰿 442
469
象 312
冢 249
𧱃 517

豠 71

六畫
𧱓 25
33
𧱆 382
豢 407
豦 69
364
豥 101
102
豤 122
285
292

七畫
豨 67
257
豪 156
𧱥 71
豧 81
367
440
𧱬 440
467

八畫
𧲣 398
478
478
502
𧱵 266
䝋 346
䝍 135
𧱹 388
豬 71

九畫
豭 168
豫 365
𧲂 423
䝐 398
䝒 441
豱 119

十畫
𧲈 388
豰 452
453
467
豳 108
𧲕 88
𧲓 199
豲 125
115
𧲛 363
豯 91

十一畫
𧲦 525
豵 33
39
𧳅 79
215

十二畫
𧲻 354
375
𧲺 52
248
𧳃 38
𧳂 105

十三畫
豶 112

十四畫
𧳋 547
𧳍 28
𧳎 266

十六畫
𧳜 377

十七畫
𧳟 410

十八畫
𧳠 52
𧳡 542
𧳢 525

二十畫
𧳜 377

豸部

豸 246
272

二畫
𧳣 526

三畫
豺 97
豹 417
豻 123
130
402
403

四畫
𧳫 490
𧳮 302
豼 54

五畫
貂 146
𧳸 184
貀 490
豿 328
𧴀 34
𧳿 439
𧳼 55
𧴄 60

六畫

⿰豸同 25, 33

貉 510, 512

⿰豸朱 211

貈 510

貆 117, 126, 128

⿰豸吏 359

貊 512

七畫

貎 418

⿰豸弟 272

貍 63

⿰豸夋 126

八畫

⿰豸來 102

貌 91

⿰豸周 326

⿰豸妾 546

貄 356, 360

九畫

貒 126, 406

貐 265

⿰豸契 491

⿰豸甾 304

⿰豸柔 160, 299, 438

貑 169

貓 152, 155

十畫

⿰豸昆 54

貕 91

貖 517

十一畫

⿰豸曼 406

貘 511

⿰豸㒼 129, 130, 400

⿰豸庸 37

貙 77

貗 265

十二畫

貚 124, 136

⿰豸監 301

⿰豸眔 27

⿰豸桼 69

⿰豸尞 303, 303

十三畫

⿰豸雍 38

十八畫

貛 128

二十畫

貜 505, 506

貝部

貝 383

二畫

負 324

⿰貝卜 468

貞 193

三畫

貣 531, 531

貢 344

員 112, 144, 398

⿱小貝 308

⿱彡貝 336

貤 349, 357, 357

財 101

四畫

貫 127, 404

貨 423

貪 224

貧 108

貦 405

販 399

責 516

五畫

貯 259, 340

⿰貝疋 260

⿰貝甘 227, 445

貶 336

貽 61

貹 432

⿰貝句 441

⿰貝皮 349

貾 56

貳 356

費 353, 361, 362

賁 66, 112, 121, 348

貰 381, 425

賀 421

貴 360

買 272

貿 440

貸 392

⿰貝玄 409

貺 428

⿰貝央 313

貼 543

六畫

賂 370

資 54

賈 268, 310, 423

貲 48

賃 443

⿰貝血 476

賊 532

賅 101

賆 137

賊 532

賄 273

⿰貝旬 195, 200

七畫

賓 105

⿰㝅貝 389, 392

⿰貝云 112, 398

⿰貝斤 493

賔 105

⿰貝咨 394

賕 212

賑 277, 393

賏 193, 430

⿰貝每 273

賒 167

八畫

賜 348

⿰貝典 290

賙 208

賨 35

賡 186

賢 135

賣 385

賚 392

賞 314

⿱知貝 51

質 355, 469

賤 349

賫 174

⿰貝宛 287

⿰貝京 174

⿰貝卒 353

賝 219

⿰貝炎 444

⿰貝青 192, 433

賦 368

⿰貝居 69

賤 413

九畫

賵 345

⿰貝耑 287

⿰貝侯 439

賮 395, 396

賲 305

賴 384

蹟 516

賱 281

賰 280

⿰貝匽 282, 400, 412

賭 267

⿰貝敫 355

⿰貝耎 296

十畫

賽 392

賣 93

賾 516

賣 457
賸 434
435
賹 385
購 441
賻 366

十一畫
贅 377
贄 351
賢 351
䝨 156
303
䝾 441
𧶠 407
䞈 88

十二畫
䝴 151
䞋 348
𧸇 108
𧸖 395
贈 435
䞍 332
444
贊 404

十三畫
䝱 446

贏 192
賺 447
贎 400
贍 445

十四畫
贑 332
443
贔 354
贓 185
𧹞 396

十五畫
𧹟 380
蟦 451
贋 407
贖 366
465

十六畫
贚 347
贆 291
409
䞊 396

十七畫
贛 332
344
443

赤部

赤 520

四畫
赦 425
赥 526

五畫
𧹬 35
赧 288

六畫
𧹲 527
赨 35

七畫
赫 513
䞓 193
𧹷 256
赭 309

九畫
赮 169
赬 193
𧹽 530

十畫
𧹿 403
赯 181
𧺀 453

十四畫
𧺃 77

走部

走 329
441

二畫
赳 330
赴 367

三畫
起 255
赲 97
102
赵 479
赶 118
480

四畫
𧺛 39
40
赹 195
𧺡 441
赾 282
赽 494
𧺮 537
𧺐 489
𧺎 46
245

五畫
𧺯 478

趃 495
䞘 77
264
𧺶 89
373
𧻘 55
趆 424
426
513
趁 106
293
396
𧺼 288
𧺠 261
𧺯 478
越 479
488
𧺧 476
𧺺 520
超 149
越 489
趄 70

六畫
趒 146
147
414
趕 51
79

趎 82
䞞 492
492
𧻒 514
𧻓 212
𧻔 439
𧻕 545
𧻖 432
趑 55
𧻚 116
𧻛 248
趌 471
471
473
502
趚 520
𧺸 512
513
𧻬 436
𧻫 427
𧺳 246

七畫
𧻰 453
465
䞚 67
趖 164
𧼈 439
䞖 367

䞝 88
𧻯 240
𧻙 212
𧻭 87
𧻱 516
𧼉 379
𧻼 547
趙 299
𧻜 102

八畫
𧼎 239
465
趟 188
432
趠 418
469
𧼑 281
281
𧼐 457
458
𧼐 156
417
趢 453
465
趡 251
趝 446
𧼕 331
𧼓 367

										足部					
	440	十畫		趪	183	十五畫		趲	286	足	367	趽	177	跓	264
	532	⿱𡨄走	117			⿺走賣	296		404		465		185	距	260
⿺走叚	502		117	十二畫			393						428	⿰𧾷民	279
⿺走玆	136	⿺走袁	512	趫	152		408	二十畫		二畫		⿰𧾷亢	316	⿰𧾷弗	478
⿺走屈	480	⿺走員	490		153		475	⿺走覺	505	⿰𧾷卜	367		317	⿰𧾷尻	457
趣	110	⿺走叟	144	趭	415	⿺走彔	138		506	⿰𧾷斗	442	趼	290	跜	55
	280	趨	79		416		297			⿰𧾷丁	187		410	跒	310
	395	⿺走鹿	51		416	⿺走樂	504				190	趺	81	跍	87
趣	79	⿺走眞	137	⿺走幾	67		523				193	趹	494	跇	380
	329		409	⿺走啇	475	⿺走戠	261								381
	368	⿺走烏	269	趬	153		471			三畫		五畫		跗	81
	465	⿺走鬼	345		416		496			⿰𧾷凡	535	⿰𧾷戉	481		366
趞	505			⿺走覃	223					趵	467	⿰𧾷术	476	⿰𧾷氐	373
⿺走爭	480	十一畫		⿺走厥	480	十六畫				⿰𧾷几	479	跖	520	⿰𧾷市	252
		⿺走進	261			⿺走聚	110					跏	168	跉	194
九畫			496	十三畫			413			四畫		跋	489		198
⿺走咼	481	⿺走進	99	⿺走睘	142	⿺走憲	400			跁	311	⿰𧾷母	327	跈	290
趥	545	⿺走參	223	⿺走蜀	463	⿺走歷	522				426	跙	261		291
⿺走俞	367		538	⿺走賁	55					⿰𧾷市	361	⿰𧾷田	136	⿱尚足	188
⿺走契	381	⿱斬走	337	⿺走亶	140	十七畫					489	跕	543		313
⿺走奄	424	⿺走戚	470		140	⿺走龠	503			跂	46		544		427
	513	⿺走責	516	趮	420	⿺走薊	493				249	跆	101	跚	124
⿺走窆	210		520	⿺走豦	69	⿺走翼	529				350	跑	156		
	456	⿺走票	151							⿰𧾷切	493		467	六畫	
⿺走遀	206		153	十四畫		十八畫				趾	253	跌	495	跭	41
	345	⿺走曼	119	⿺走與	70	⿺走瞿	77			⿰𧾷月	479	跔	82	路	369
趧	90		129	⿺走蒦	518	⿺走雚	145			⿰𧾷殳	441	跛	309	跧	110
⿺走昜	184	⿺走庸	473	趯	524					⿰𧾷及	536		349		131
		⿺走巽	527			十九畫				⿰𧾷氏	243	跎	161		144

545
547
548
跢 487
跫 42
跨 168
311
372
426
⿰足同 33
跐 245
248
248
273
跳 147
⿰足彡 383
421
跦 77
跪 244
248
跣 290
⿰足舌 488
跤 155
跡 518
⿰足羊 173
跰 137
432
跟 122
跠 53
跱 255
跬 248
跮 355
471
跴 504
趼 137

七畫

踆 110
跭 57
58
踇 327
⿰足寽 501
踈 71
跾 458
⿰足㐬 71
364
跅 381
⿰足辰 394
踁 434
踃 146
⿰足貝 383
384
⿰足見 410
踄 509
踉 174
181
426
⿰足弟 92
踊 240
跽 252
⿰足咼 463
⿰足更 184
⿰足乳 541
⿰足求 212
⿰足甫 88
⿱目足 529

八畫

踧 459
524
踔 418
469
踏 537
⿰足匋 457
458
⿰足录 465
踟 51
⿰足非 362
踒 166
踓 251
252
踚 109
⿰足隶 482
踞 363
⿰足亞 478
478
踛 456
踜 436
踑 62
踖 505
518
521
踐 292
踦 46
245
⿰足奄 538
546
⿰足尋 531
⿰足長 176
踝 311
踼 524
⿰足典 290
踠 283
踣 440
532
踥 542
⿰足矦 483
踤 475
踡 145
⿰足炎 335
⿰足叕 501
踺 541
⿱荎足 233

九畫

⿰足奎 248
⿰足段 169
⿰足昊 525
踶 246
374
踼 180
184
429
⿰足若 506
515
踹 296
405
踵 239
踽 265
265
踰 78
⿰足契 381
⿱癹足 367
蹁 137
138
蹄 89
⿰足宰 508
踱 506
蹂 209
325
439
⿰足癸 488
踳 280
踾 455
530
530
踸 330
蹀 543

十畫

蹋 211
⿰足臭 345
442
⿰足昆 376
蹎 137
蹈 419
蹊 91
蹌 178
蹏 89
蹇 282
293
⿰足悤 426
⿰足旁 185
蹉 161
蹐 518
⿰足冒 539
⿰足䍃 151

十一畫

蹡 179
429
蹤 39
⿱埶足 543
⿱斬足 445
⿱黃足 373
379
⿱戚足 459
⿱蒦足 345
⿱將足 179
蹜 456
蹢 520
523
蹠 520
⿰足舂 36
蹟 518
⿰足票 153
蹣 128
128
蹛 380
383
⿰足睪 473
⿰足虘 162
⿰足屠 170

十二畫

⿰足翕 537
躄 379
480
480
蹩 497
⿰足巽 413
414
蹶 379
480
480
502
⿰足最 384
蹪 99
蹼 454
蹯 116
蹨 291
294
⿰足華 475
⿰足荅 536
蹻 152
153
300
503
505
蹱 36
38
347
蹴 458
459
蹲 120
蹭 435
蹬 436
蹺 153
⿰足巷 134
⿰足晉 224
537
躇 72

十三畫
䠨 446
𨆪 539
躄 521
躃 521
𨇁 290
𨆴 116
躂 485
躁 420
躅 464

十四畫
躖 287
𨇌 194
434
躠 493
𨆢 521
躋 93
372
躊 211
躆 442
躍 503

十五畫
躒 507
523
躓 355
躐 541
躔 355

躕 82
𨇈 140
躑 520
躚 134
139
𨇔 385

十六畫
躛 379
躗 388
躘 36
347
躝 395

十七畫
𨈊 340
𨇹 503
躉 486
躞 544
躟 176
314
躪 125

十八畫
𨈇 145
躤 424
𨈖 41
𨈜 480
躡 541

躣 76
𨈤 539

十九畫
躧 246
273
𨇺 138
𨈡 243
躦 162

二十畫
躩 506
506

二十一畫
𨈹 464
躨 58

二十二畫
𨉁 543

二十三畫
𨉂 503

身部

身 105

三畫
躬 27

四畫
䠶 42
䠷 54

五畫
䠵 366
𨉬 226
𨉭 425

六畫
𨉷 298
䠸 168
躳 27

七畫
躴 181

八畫
躶 308
䠿 273
𨊄 345
躸 49

九畫
𨊊 347
𨊉 367
躽 290
412

十畫
𨊪 102

十一畫
軀 79
躿 182

十二畫
軄 526

十三畫
軆 270
𨋅 293

車部

車 69
166

一畫
軋 491

二畫
軌 250
軍 113
𨊾 210

三畫
軑 373
382
軓 339
𨊻 108
軎 377
378
軒 117
軔 394
𨊿 408
𨊷 479
483

四畫
𨋀 428
軝 46
軘 121
𨋎 283

𨋩 37
軙 43
𨋺 317
317
𨋢 220
𨋟 291
軠 180
軜 538
較 466
軟 295

五畫
軳 159
軼 471
495
軥 76
217
441
軵 240
軧 271
𨋲 323
軨 198
軪 156
418
𨋰 84
𨋹 277
軬 283
𨋮 394
軤 85

𨋗 354
𨋷 162
軴 368
𨋽 517
𨋬 293
軻 163
307
421
軲 87
軺 150
151
軷 384
489
軸 456
軹 242
軮 317
軩 276

六畫
輕 355
輀 63
輄 183
𨌋 271
輅 369
輈 212
輇 144
輂 241
𨌔 200
322

輂 463
衝 409
軳 100
軼 455
較 417
466
輆 275
軿 137
199
軾 527
軭 179
180
載 276
391
393
輁 39
241

七畫

輓 283
400
輗 418
[illegible] 136
輦 55
55
95
輩 429
[illegible] 181
輑 107

輔 264
軓 542
輕 194
433
輎 154
輍 464
軥 136

八畫

輠 274
307
309
311
[illegible] 537
輣 187
191
輖 208
輫 96
100
輡 333
[illegible] 100
輗 91
輪 109
輝 65
輦 294
暈 463
輩 391
[illegible] 455
[illegible] 453

輨 287
輐 112
117
281
輬 174
輟 378
501
輤 408
輊 456
輘 203
輚 290
407
輢 245
349
350
輞 314
輥 284
輜 61
64

九畫

輵 164
輲 144
轅 238
輷 191
432
輹 455
455
輸 82

367
輶 108
[illegible] 454
[illegible] 33
輪 117
輅 514
[illegible] 117
118
艘 506
輶 206
326
439
輮 325
439
輳 441
[illegible] 279
輻 437
455
[illegible] 231
[illegible] 295
輰 173
輯 533
[illegible] 486
輼 119

十畫

轄 540
輯 240
[illegible] 269

轃 190
轂 451
[illegible] 195
輿 69
365
[illegible] 187
轄 384
492
[illegible] 181
轃 111
135
輾 292
413
[illegible] 512
轅 115
[illegible] 472

十一畫

轇 154
[illegible] 400
[illegible] 39
[illegible] 154
[illegible] 189
[illegible] 355
轆 452
[illegible] 207
[illegible] 377
378
轉 295

414
轍 501
轒 183

十二畫

轑 303
[illegible] 131
140
[illegible] 454
462
[illegible] 36
347
轔 105
394
[illegible] 289
轎 414
轒 113
281
[illegible] 63
轓 116
118
轎 152
416

十三畫

轜 181
轋 69
轘 130
407

[illegible] 374
522
[illegible] 334
[illegible] 227
轙 47
245
[illegible] 352
[illegible] 528
[illegible] 333
443

十四畫

[illegible] 281
[illegible] 339
[illegible] 144
412
轟 191
432
轞 339
[illegible] 358
390

十五畫

轢 485
507
522
[illegible] 353
轒 452
[illegible] 507

[illegible] 99
251

十六畫

轠 32
轤 86

十七畫

[illegible] 198
轣 232
[illegible] 136

十九畫

[illegible] 128
[illegible] 279

二十畫

[illegible] 506
[illegible] 486
500
[illegible] 394

二十二畫

[illegible] 543

辛部

辛 104

五畫

辝 63
辜 84

六畫

辞 486
⿰多辛 111
辠 274
辟 521
521
521

七畫

⿰車辛 485
辡 294
295

八畫

⿰炏辛 63
⿱辟又 393

九畫

辨 294
408
辥 498
辦 408

十畫

⿱辟廾 521

十一畫

辬 130

十二畫

辭 63
⿰辛畫 516

十四畫

辯 294

長部

長 104

三畫

⿱長寸 464

六畫

農 35

七畫

⿱品長 104

八畫

⿰宂⿱長寸 240
⿱林長 35

十二畫

⿰單長 55
103
277
⿰糸⿱田長 38
239

十三畫

⿱長曾 40
⿱𦥑長 35

十四畫

⿱楙長 35

辵（辶）部

辵 504

二畫

迈 202

三畫

迅 394
396
迆 43
246
达 373
迄 479
迁 134
迂 125
迁 75
81
265
辻 84

四畫

迕 370
⿺辶勿 477
483
迎 189
432
迍 109
返 283
近 282
299
⿺辶公 40
迒 182
184
迋 315
428
递 414
523
⿺辶丙 537
迊 487
⿺辶支 350
⿺辶氐 424

五畫

迪 524
迥 321
迨 276
迭 495
迮 508
513
迩 427
迫 512
⿺辶甲 546
迱 162
迡 377
延 194
迣 379
⿺辶戉 480
述 475
迢 146
迦 166
168
迌 87

六畫

迺 276
逕 55
迾 498
迵 345
迴 98
390
逃 159
迻 43
迿 397
409
适 488
488
⿺辶宇 76
⿺辶交 154
迹 518
送 344
迸 432
逆 513
⿺辶聿 475
退 390
逄 41
追 57
逡 327
⿺辶合 536
逅 439
⿺辶𢍏 206
速 518

七畫

逕 433
逍 148
⿺辶貝 388
逞 320
逡 109
造 304
420
透 441
458
逢 38
⿺辶𤇾 524
逛 315
途 84
⿺辶𠬶 390
逎 207
這 411
通 33
逑 212
逗 366
440
連 141
逋 87
⿺辶更 186
逜 370
⿺辶東 452
⿺辶取 544
逝 379
⿺辶青 458
逐 456

八畫

逿 524
逴 469
504
逯 464
逸 471
逶 44
進 395
⿺辶𣶒 137
逭 404
逫 476
逮 374
391
⿺辶亞 423
逵 58
⿺辶昔 508
逨 102
392

九畫

達 485
486
逼 529

										邑(阝在右)部					
違	66	十畫			520	邁	388	邌	89	邑	535	邛	324	邯	123
遱	544	遞	271		523	遴	379	邂	385	遺	451	邦	81	邺	473
迦	168		374	遮	167	邂	385	邊	138	二畫		邧	112		474
遐	169	逮	135	遾	474	邀	147	邋	539	邝	249	邢	320	邱	261
遈	527	遳	534	遨	160		152		541			邢	195	邺	477
逿	429	遡	371	遭	159	遼	88			三畫		邧	115	郅	311
遇	366	遘	441	遨	452		120	十六畫		邘	75		282	郦	318
遏	485	遲	56			邅	140	邍	115	邔	255	郊	46		431
過	163		355	十二畫			297				360	邠	383	邳	59
	422	遠	282	遷	472		414	十七畫		邛	39	邡	182		132
運	397		400	遼	147	遺	139	邎	150	叩	329		184	邵	416
遍	414	遜	401	遻	370		413		206	岇	131		430	郎	155
遊	294	遢	539	遺	57		414	選	529	邕	38	邡	175		159
遊	206	遣	293		358	邅	524			邙	178		428	郇	367
道	207		411	遵	545	避	348	十八畫			185	邩	331	邸	271
	207	遝	537	邃	312	遽	364	邁	368	邗	123	邩	309	邱	210
道	303	遚	437	邂	436	還	129				125	邦	41		
遂	352	遙	150	邁	394		143	十九畫				邪	163	六畫	
逮	135	遛	206	遵	110			邏	421	四畫			422	邢	137
遣	139			適	475	十四畫		邐	246	邪	167			翀	262
遉	433	十一畫		選	287	邌	383	邊	139		170	五畫		郏	77
遄	144	遳	373		296		410			那	306	邔	152	郝	274
遑	183		373		413	邈	467	二十畫		邖	299		157		391
逾	78	遷	215	遲	55	邏	524	躩	505		301	耶	70	郈	244
遁	284	遺	405		355	邃	352			邻	221		73		252
	401	遴	538	遶	299	邇	247	二十二畫		邨	121	邮	207	郇	108
遻	508	遯	284	遷	139	遹	309	邐	38		121		524		130
遳	506		401							邠	114	邶	389	郁	91
連	239	適	519	十三畫		十五畫				邠	108	部	102	郍	73

郃	536	郔	139	郴	219		199		400	鄧	518		296	鄨	378
	536	郛	80	郴	102	鄙	64	郭	67	鄯	384	鄢	145		500
郈	327	郢	196		274	都	88	鄙	59		538		282	鄣	26
郮	26	郩	418	郇	229				352		540		283	鄯	294
𨚮	48	郢	254		337	九畫		鄄	411	鄩	48		400		411
戠	392	郇	386	郹	303	鄄	525	都	318	鄮	464	鄱	139	鄰	105
郊	123	郣	372	郯	209	鄂	508	部	35	鄭	308	鄣	125	鄭	432
	403	郐	71	郐	68	鄀	504	鄙	119			鄞	107	鄧	202
郎	181		84	都	305	鄁	389			十一畫			114	鄧	435
郊	154	郗	178	郿	208	鄇	183	十畫		鄹	298	鄰	470	鄩	219
郂	101		185	郵	204	鄗	262	鄢	309	鄙	249	鄝	84	鄦	353
郾	179	郡	398	郶	100	郷	214		423	鄞	79		170	鄟	223
邿	62	郭	482	郶	89		439	鄖	112		215	鄘	183	鄭	460
郘	104	郲	212	部	268	鄃	78	鄦	144	鄘	162				
	394	郖	217		327		82	鄒	210	鄜	268	十二畫		十三畫	
邽	93		440	郭	511	鄭	374	鄡	87	鄭	507	鄧	224	鄴	547
郜	471	郙	81	郯	225	鄍	210		269	鄘	100		537	鄶	384
郱	40		263	郪	55	鄐	450		364		323	鄲	123	鄭	82
郤	87	郠	317		89	鄖	148	鄎	527	鄒	386	鄱	164	鄰	47
郅	469	郚	85	郰	211	鄙	74	鄉	274	鄛	148	鄦	260	鄲	186
郁	460	郝	509	都	521	郞	193		274	鄲	154	鄮	300		319
郗	120		519	郴	200		194	鄴	476	鄧	181	鄡	149	鄦	186
郘	258		520	郳	91	鄉	174	鄝	185	鄣	175	鄭	157	鄵	420
		郄	104	郫	47	鄒	192	鄖	199	鄘	37	鄫	440	鄸	486
七畫		郴	193		49	邕	38	鄗	155	鄜	80	鄔	44	鄺	69
郗	55	郕	545		95		239		303		453		245		
郤	513	郢	320	鄠	269	鄆	398		509	鄠	269	鄵	28	十四畫	
部	419			鄜	268	鄈	57	鄯	458	鄟	126	鄯.	424	鄹	208
	462	八畫		郰	136	鄢	282		461		144	鄶	535		211

326
鄹 211
262
288
鄸 28
345
⿱夢邑 28
345
[illegible] 510
521
鄺 183
315

十五畫
鄾 204
[illegible] 400
⿰黎阝 57
⿰徵阝 202
⿱樊邑 116
⿰廖阝 140
[illegible] 294

十六畫
⿰燕阝 410
鄰 220
⿰興阝 202
[illegible] 511

十七畫
⿰龜阝 232
⿰嬰阝 193
320
⿰襄阝 176
⿰霝阝 198

十八畫
⿰雚阝 128
酅 94
酆 29
⿰瞿阝 145
504

十九畫
酈 47
522
酇 127
288
404

二十畫
⿰嬰阝 506
⿰黨阝 316

酉部

酉 325

二畫
酊 321
酋 207

三畫
酎 437
酏 43
246
酌 503
酒 326
酐 317
配 390
酖 529

四畫
酘 440
⿰酉屯 108
109
酓 336
446
⿰丬酉 428
酛 317
⿰酉尢 224
⿰酉市 488
酗 367
酕 158

五畫
酤 84
269
370
酣 226
⿰酉犮 489
酢 510
酥 87
⿱谷酉 400
酡 162
⿰酉必 473

六畫
酩 321
酪 507
⿰酉戋 479
⿺𢦏酉 391
393
⿱任酉 336
⿰酉交 154
酬 208
⿰酉耳 354
359
酭 436
酮 26
239

七畫
酸 126
酹 384
391
酷 462
⿰酉肖 394
酴 84
酺 82
酵 417
⿰酉肙 409
酲 194

八畫
醋 371
醆 290
293
醂 334
醃 229
233
醁 464
⿱智酉 51
⿰酉妾 100
醅 100
210
醇 109
⿰酉京 174
醉 352
醊 378
501
⿰酉孟 76
76
82
醏 88

九畫
醍 90
270
醒 197
322
434
⿰酉荼 501
⿰酉俞 84
216
⿱敄酉 82
213
⿱秋酉 210
⿱⿰丬酉皿 428
⿰酉夌 210
⿰酉音 222
224
⿰酉軍 284
⿰酉酋 326
醱 488
醑 259
⿰酉某 99
⿰酉甚 220
221
醐 83
醎 231
醞 281
398

十畫
醙 326
醜 324
⿱荀酉 431
433
⿱殸酉 451
⿰酉窄 424
⿰酉旁 185
⿰酉家 31
⿰酉益 472
醝 162
⿰酉鬲 523
⿰酉耆 354
醞 275
醘 316
429

十一畫
醪 157
⿰酉畢 376
⿰酉參 331
339
醫 64
醬 428
⿱敝酉 194
⿰酉祭 501
⿰酉室 424
醨 47
⿰酉責 386
醧 215
364
醩 159
醥 300
⿰酉㒼 93
⿰酉盧 92
⿰酉黃 430

十二畫
⿰酉非 252
醮 416
⿰酉替 330
330
⿰酉閒 408
⿰酉幾 363
⿰酉賁 326
⿰酉喬 475
醰 223
332
444
醭 454

十三畫
醵 69
365
505
醳 519

		釆部	里部	金部			
醶 338	⿰酉韱 337	釆 408	里 254	金 221	167	394	543
339	339	采 276			釴 529	鈃 196	鈯 483
醘 31	醬 332		二畫	二畫	釭 31	鈇 81	鈶 254
醷 256	釀 427	十三畫	重 38	釕 297	35	鈌 494	鉋 156
528	⿰酉檗 44	釋 519	240	釗 147	40	495	418
醴 270	釂 416		347	151	釨 502	鈕 323	鉈 49
醲 38				釚 212		鈀 169	171
	十九畫		四畫	釟 490	四畫	169	鉒 368
十四畫	釃 51		野 261	釜 264	鈔 156	釾 167	鉉 291
醻 208	71		309	釘 196	418	鈋 54	鉍 353
⿰酉監 444	246			434	鈞 110	93	474
⿰酉與 261	釁 395		五畫	針 219	鈅 479	鈜 190	鉅 260
醺 113			⿱⺌里 38	442	鈒 535	鈘 443	鈱 108
⿱斬酉 337	二十畫		38		537	鈉 377	鈳 163
⿰酉悤 33	釅 447		量 174	三畫	鈠 521		鉦 194
⿰酉齊 373			426	釵 95	鈍 401	五畫	鈵 431
醹 77	二十一畫			釱 373	鈚 165	鉐 520	鉣 547
265	⿰酉蠡 523		十一畫	382	鈐 230	鉊 151	鈷 268
			釐 63	釦 329	釿 114	鈸 489	鉗 230
十五畫				釥 301	278	鉏 71	鉞 480
⿰酉樂 469				釩 340	鈑 288	261	鉢 487
⿰酉蔑 487				釣 414	鈆 36	⿰金另 490	鉎 189
				釳 479	142	鉀 540	197
十六畫				479	⿰金卝 319	546	鈼 510
醼 410				釧 411	鈄 328	鈿 136	鉤 216
⿱僉酉 230				釤 447	鈁 177	409	鉛 142
				釪 76	鈂 220	鉠 179	鈹 45
十七畫				釬 402	221	187	鉌 165
醽 197				釫 87	鈏 278	鉆 230	鉖 35

鉜	213	銘	199	七畫		銶	212		285	錟	225	鍱	540	鍵	144
鈴	197	鉹	43	鋙	68	鋀	216	錫	522	錣	378	鍇	96		282
鈽	89		247		258	鋪	80	錮	370		492		273		294
	93	銇	391	鋏	543		88	鋽	414	鋸	363		273	鍲	108
鉟	59	銖	78	鋠	277		371	錪	290	[illegible]	224	鍼	219	鍊	409
	60	銤	307	鋞	196	鋊	464		290	鋹	314		230	鎯	167
		銫	244		322	鋂	98	錔	537	錏	169		230	鍏	66
六畫		銑	290	銷	148	鋌	321	錭	159	錤	62	鍹	308		257
銋	220	銛	227	鋇	383	鋒	39	錄	464		63	鍜	169	鍤	542
	330		337	鋤	71	鋢	189	錘	44	錯	371	鍉	89		545
銓	143		488	鋘	85	鋋	139		350		508	鍚	173	鍯	33
鉿	536	鉻	507		167		140	錎	333	錢	139	鍝	74	鍠	186
銗	214		514	鋜	466	鋢	501		447		294	鍻	481	鍭	214
銜	232	銃	346	鋥	432		502	錐	59	錡	46	鍔	508		439
銢	522	鉸	154	鋛	177	鋖	56	錦	331		244	鍡	273	鍛	214
銎	37		302	[illegible]	540	鋡	224	錍	49		245	鍋	164	[illegible]	129
	40		417	鉎	164	鋈	461		93	錜	544	鍴	126	鍮	216
銐	379	鉼	320		422	鋭	378	錝	346	錀	114	鍧	191	鍎	483
	380	銉	475		453		383	錠	434	錚	191	鍾	36	鍥	493
鈭	48	銕	90	鋑	142	銴	378		434	鋻	135	鍑	438		497
	51		495	鋅	157		379	錧	287		409		455	鍫	213
銆	512	銀	107	鈔	161	鋚	147		405	鍳	45	鍐	210	鍪	152
銙	312	釓	276	鋃	181			鍭	391	鍪	462	鍍	84		
[illegible]	229	鉽	527	銻	90	八畫		錞	109	鍰	339		369	十畫	
銅	25	鉶	196	銿	37	錄	548		274	錙	64	鍦	49	鍽	522
[illegible]	34	鉷	32	鋗	138	鋿	178		389	鍺	307		171	鎩	460
銚	146	銍	470	鋟	229	鋼	182	錆	457				350	鍺	56
	150		472		330		430	錊	462	九畫		鍒	209	鎛	440
	415	鋮	476	鋦	463	錕	119	[illegible]	424	鍖	330	鍨	58	鎠	329

鎡 65
鏍 131
鎧 275
392
[illegible] 297
鎖 307
鎐 453
鎷 381
鎎 363
鎔 37
鎋 492
鎊 184
鎬 303
鎕 181
鎌 227
鎈 169
鎰 471
鎛 510
鎚 60
99
358
鎢 87
鎞 91
鎮 106
395
鎦 205
鎗 187
鎼 90
鎣 193
434
鎜 128
鎝 91
鎩 379
388

十一畫

鏔 53
60
[illegible] 117
鏡 431
鏑 523
鏩 306
鐽 289
407
鏈 140
141
鏂 215
鏗 189
鏉 215
437
441
鏢 153
鏋 288
鏚 526
鏐 206
218
鏜 184
鏤 79
441
鏝 128
406
鏎 473
鏆 405
[illegible] 266
316
鏖 160
鍪 419
鏊 226
232
335
337
445
[illegible] 352
377
498
533
鐊 430
鏞 37
鏕 453
鏇 143
413
鏃 453
鏏 378
鏹 313
鍽 441
鏌 507
鏄 267
鏘 178
鏙 275
491
鏦 40
41
[illegible] 258
鐄 186

十二畫

[illegible] 287
406
鐃 154
鐔 218
220
223
鍏 84
鐁 50
鐓 286
鐕 224
鐐 147
415
鐗 406
鏵 167
鏷 462
鐇 116
118
鐊 430
鐘 36
鐓 389
鐏 401
[illegible] 105
198
394
鐍 494
鏺 488
鐙 435
鐉 143
[illegible] 111
131
140
鐿 375
鐈 152
鐎 149
150
鍱 534
542
鐖 67
鐭 493
鐅 497
鐆 352
鐢 480
鏳 191
鐯 506

十三畫

鐶 130
鐲 464
468
鐷 543
鐫 142
[illegible] 65
鐾 35
鐩 352
鐹 307
422
鐌 69
260
364
鐼 267
鐵 384
鐸 506
[illegible] 293
[illegible] 160
鐮 227
鐳 99
鐴 521
鐵 495
鐨 113
398
鐺 181
187
鐰 152
160

十四畫

鑈 271
544
[illegible] 436
鑊 511
鑋 194
434
鑒 447
鑏 191
鑌 105
鑐 77
鑄 366
鑑 233
447
鑛 319

十五畫

鑢 363
鑼 273
鑗 57
鑠 504
鑕 470
鑞 539
[illegible] 186
鑣 151
鑘 99
274

十六畫

鑪 86
[illegible] 274
鑩 522
鑸 509
[illegible] 297
298

十七畫

鑮 509
510
鑯 229
鑱 232
448
鑰 503
[illegible] 50
[illegible] 294
鑲 176
177
178
鑭 403

十八畫

鑵 405
鑴 44
94
[illegible] 493
鑶 405
鑷 541
鑺 77

十九畫

鑾 127

鑼 45
鑹 165
鑼 163
鑽 128
404

二十畫
鑿 453
508
510
钁 505
钀 481
500

二十一畫
钃 465

長（镸）部

長 176
315
427

四畫
镺 305
420
镸支 46

五畫
镻 495
镸左 167
镸幼 298

六畫
镸兆 304
304
419
421
镸朱 298

八畫
镸岸 403

十畫
镸差 167
镸容 37

十一畫
镸敖 160

十二畫
镸喬 301
镸尞 298

十三畫
镸農 38

十四畫
镾 50

門部

門 119

二畫
閃 336
445
閂 395

三畫
閉 375
497
閆 483
閇 402
閉 375

四畫
閑 131
閎 190
間 131
408
閞 444
閏 322
閎 36
閉 375
387
閈 322
閍 186
234
閌 430
閔 278
閏 397
開 100
392
閧 494

五畫
閘 540
546
閗 400
413
閕 495
閞 198
閨 368
閙 418
閟 353
閛 191
閜 310
閐 286

六畫
閩 107
111
閣 508
閰 530
閾 479
閟 459
閤 536
閦 494
閡 392
闋 129
閬 289
閨 93
閭 489
496
閧 346
347
閨 498
閣 72

七畫
閪 462
閱 457
閬 500
閬 181
429
閷 516
閫 285

八畫
閹 229
337
閶 175
閻 227
閵 394
閲 526
閽 122
網 388
閼 136
145
481
485
闕 530
閿 307
閾 502
闍 88
170

九畫
闃 496
闈 318
闌 525
闐 107
108
111
闔 492
闍 506
闟 78
闉 530
闊 488
闇 444
闋 494
闌 125
闈 66
闉 103
闄 301

十畫
闐 496
500
闐 136
409
闖 179
闔 440
闅 424
闓 181
闕 480
[illegible] 538
[illegible] 539
闖 443
闛 101
275
392

十一畫
闚 181
184
關 129
闞 538
[illegible] 271
[illegible] 45

十二畫
闠 390
闟 535
[illegible] 95
245

		阜(阝在左)部													
闞	339	阜	324		430	⿰阝虫	32	除	72	⿰阝卷	295	⿰阝貞	193	⿰阝差	44
	444	𠂤	324				344		364	⿰阝武	368	⿱㕡𠂤	293	隙	513
	447			五畫		陊	246	⿰阝西	441	陳	106	隌	222		
闡	293	二畫		⿰阝冉	337		306	院	126		395		332	十一畫	
闠	427	阞	531		446	陎	78		411	陸	456	隊	389	⿰阝婁	215
		⿰阝丁	196	阽	227	⿰阝朵	164	陣	395	陷	447	隁	544		266
十三畫				阼	371		307	陠	87	陮	274	隀	103	⿰阝雈	99
闣	430	三畫		⿰阝句	76	陒	244		88	⿰阝阜	324	階	96	際	377
闤	129	阤	246		265	降	41	陡	328	陴	49	隋	45	⿰阝坐	90
闟	227		247	陂	45		347	⿰阝肙	291		132		308		93
	446	阡	134		165	⿰阝衣	68	⿰阝坐	272	陰	222		308	障	175
⿵門鳥	410	⿰阝凡	111		349	陔	101	陙	109	陯	109	⿰阝戚	66		427
闢	521		394	附	366	⿰阝夷	53			陼	259	⿰阝栗	63	⿰阝康	182
闥	485		395	阺	56	限	289	八畫					202	⿰阝區	79
				阾	198	⿰阝共	32	陵	200	九畫			328	⿰阝堂	181
十四畫		四畫			320	陌	511	陬	81	隄	89			⿰阝番	170
闦	457	阮	115	陀	161	陑	63		211		90	十畫			
⿵門爾	247		282	⿰阝穴	385	陓	81		216	陽	172	⿰阝馬	325	十二畫	
	271	阱	320		517			陭	51	隅	75		423	⿰阝為	44
		⿰阝夬	530	⿰阝尻	457	七畫			350	隈	98	隕	279		44
十五畫		阰	54	阿	163	陘	196	⿰阝呈	415		390	隑	103		245
⿵門襄	140	阯	253	⿰阝巨	45	陝	336	陲	44	隆	29	隖	268	⿰阝絕	500
		⿰阝殳	100		165		544	陫	258	隍	183	隗	275	隥	435
十七畫		阪	283		349	陗	416		362	⿰阝望	496	⿰阝欮	58	⿰阝尋	219
⿵門䜌	503		289	阹	73	陟	527	陶	150	隃	77		274	⿰阝需	63
闢	296	阧	328	阻	260	陖	396		159		78	隚	181	⿰阝單	293
		防	175		365	⿰阝告	452	⿰阝舀	438		82	隒	336	隤	81
十九畫			429				462	⿰阝定	89		367	隘	385	⿰阝菐	454
⿵門龠	125	阬	186	六畫		陛	201	陪	100	⿰阝象	296	隔	517	⿰阝無	75

障 157
隩 420
460

十三畫
隟 547
隂 447
𨽐 272
險 335
𨻰 308
𨻻 541
隧 352
隨 45

十四畫
隰 533
隱 281
399
隵 359
隮 93
372

十五畫
隳 44
隫 451

十六畫
隴 239

十七畫
𨽻 46

十八畫
𨽽 284

二十四畫
𨾃 385

隶部

隶 357
391

八畫
隷 376

九畫
隸 376
隸 276

十一畫
𨽸 361

隹部

隹 59

二畫
隼 279
隻 520
隽 295
隺 462

三畫
堆 32
雂 324
雀 505
隿 529

四畫
𨾊 43
350
雅 310
雄 28
雂 221
230
集 533
雃 123
𨾴 58
雇 269
370
雁 407
𨾬 428
𨾓 52

五畫
雉 251
雊 441
雋 295
雄 55
雍 38
347
睢 70

六畫
雌 50
雒 507
𨾰 137
蜼 464
翟 94
雐 85
翟 73

七畫
誰 462
𨿕 251
維 70

八畫
𨿽 45
351
𩛧 208
稚 89
雕 146

九畫
𨿝 109
雖 58
𩀌 241
𨿲 367
雛 206

十畫
雛 80
雞 91
雝 38
雙 41
艭 511
舊 94
藿 405
雗 402
雜 537
䧹 182

十一畫
難 123
404
𨿧 38
離 47
348
376

十二畫
𩁗 220

十三畫
䧫 52

十四畫
𩂏 123

十五畫
𩁹 123

十六畫
𩁵 404
雥 537

二十四畫
雧 137

雨部

雨 262
368

三畫
雩 75
76
雱 232
雪 500

四畫
雲 111
𩂆 327
䨙 535
雰 114
𩂐 184
雯 111

五畫
雷 99
雹 467
䨮 34
零 136
198
434
𩃤 535
雺 31
213
346
440

電 409

六畫

零 507

霂 95

97

21

霫 544

雩 82

霙 90

需 77

霸 368

霝 99

霤 396

七畫

霓 542

震 393

霄 148

霓 408

霆 196

321

雹 213

霞 521

霃 219

霈 383

霂 454

霅 537

542

546

546

八畫

霏 517

霪 337

霣 186

霓 229

231

霏 66

霍 510

霓 91

374

496

霝 224

黔 222

霆 366

霑 229

霋 542

546

霎 89

霖 219

九畫

霜 178

霪 257

霞 169

霤 524

霝 197

霙 179

187

霱 262

霰 489

霂 336

霒 222

霰 32

367

霘 197

霮 332

霫 509

517

十畫

霬 511

520

霍 57

霣 54

霤 438

霶 184

霚 227

霤 224

霣 279

霢 515

十一畫

霫 500

霰 446

534

霉 127

霦 108

霤 533

535

霆 220

霸 511

霳 453

霧 367

十二畫

霰 408

霳 29

霫 222

霫 129

霂 27

霪 509

霱 475

十三畫

霮 197

霹 522

霸 425

霰 535

536

露 369

霞 35

霎 229

446

447

酸 54

55

霶 184

霸 506

十四畫

霱 197

霿 32

霹 389

霾 97

顥 257

363

魏 215

400

霽 372

霿 32

345

靅 126

靚 357

十五畫

靁 467

十六畫

靂 522

靈 197

靇 244

511

靐 198

謔 391

讃 361

靄 382

485

十七畫

霿 176

靆 49

408

靉 257

392

靃 468

三十一畫

靐 435

四十四畫

䨻 432

青部

青 195

三畫

彭 319

五畫

靖 319

六畫

靘 195

434

靗 433

靗 433

七畫

靚 433

八畫

靜 319

十畫

𩇕 538

十四畫

雘 371

非部

非 66

三畫

靟 257

354

厞 362

四畫

靟 66

七畫

靠 420

十一畫

靡 243

十二畫

靟 66

面部

面 411

四畫

⿰面比 348

⿰面今 232

⿰面冘 444

五畫

靤 418

⿰面乍 288

⿰面占 232

六畫

⿰面𠂤 99

七畫

靦 290

⿰面含 225

⿰面甫 264

⿰面呈 433

八畫

⿰面宜 349

⿰面宛 488

⿰面官 407

九畫

⿰面柰 288

⿱敄面 226

十畫

⿰面冥 410

十一畫

⿱斬面 227 447

十二畫

⿰面焦 149 150 416

⿰面發 301

靧 390

十四畫

靨 542

十五畫

⿰面蔑 497

革部

革 517

二畫

靪 196 321

三畫

靯 267

靫 95 169

靮 523

⿰革乞 483

⿰革于 76 76 81

靬 117 125 131 402 403

四畫

靴 166

靲 221

靳 399

⿰革尹 291

⿰革厷 203

靷 278 394

靶 425

⿰革毛 347

靸 536 539

⿰革氏 46

⿰革卬 185

五畫

⿰革申 105

⿰革甲 546

鞅 312

⿰革占 543 544

鞄 156 302 418 468

鞁 349

⿰革禾 491

⿰革氐 373

靿 418

⿰革它 162

⿱白革 437

⿰革玄 291

⿰革必 473

靽 406

鞃 203

靺 487

靾 380

鞀 159

靻 266

靼 485 499

六畫

⿰革伏 455

鞈 536 545

鞌 123

鞏 241

⿰革全 352

⿰革舌 352

鞎 122

鞋 95 96

鞇 103

鞉 159

⿰革杀 307 308

⿰革各 507

七畫

鞙 138 291

鞓 199

⿰革廷 199

鞔 128

⿰革延 286

⿰革余 88

⿱夆革 147

⿰革沙 161 170

⿰革兑 383

⿰革豆 440

鞕 432

⿰革束 517

⿰革折 379 499

⿰革夾 545

鞘 154 415

⿰革見 497

八畫

⿰革奄 538 548

⿰革長 427

鞜 537

鞠 456 457 458

鞞 49 92 247 322

⿰革念 544

⿱臤革 131

⿰革官 287

⿰革宛 117 283

鞚 344

⿰革兩 497

⿰革叕 501

⿰革取 327

九畫

⿰革昜 173

鞨 485 499

⿰革荒 271

⿰革虽 297 320

鞫 457

⿰革复 455

鞦 206

鞭 143

⿰革俞 78 367

鞥 538

鞪 213 455

⿱封革 185

⿰革夋 216

⿰革宣 400

⿰革室 472

⿰革軍 398 400

⿰革叟 88

鞧 206

鞣 209 439

鞬 117

⿰革叚 169

⿰革亟 528

鞢 544

⿰革致 355

⿰革面 295

鞮 89

十畫

鞰 546

犕 354 372 455

⿰革茸 39 347

鞳 537 539

⿰革芻 327

⿰革鬼 353

鞵 95

⿰革翁 33

⿱㱿革 469

鞶 128

⿰革冤 283

鞟 509
鞲 442
510
鞷 513
518

十一畫
鞪 465
465
鞪 232
233
韄 38
鞭 246
273
351
鞿 216
韓 175
鞹 511
鞴 39
鞰 81
鞻 215

十二畫
鞼 454
465
鞽 153
鶷 518
鞿 67
鞼 112

鞺 26
鞢 517
鞼 99
353
鞾 166
鞼 96

十三畫
韇 506
韂 446
韃 499
韄 457
韅 528
韁 176
韂 528
韇 270

十四畫
韄 371
韅 271
韅 291
411
韆 411

十五畫
韈 481
韉 43
韆 541
韇 451

韃 139

十六畫
韉 32

十七畫
韊 125
韊 447
448
韆 117
韉 509
韉 135

十八畫
韉 52
100

十九畫
韊 246
韊 127
128

二十三畫
韊 291
411

二十九畫
韊 128

韋部

韋 66

三畫
韌 394

四畫
韍 154
韎 535
537
韏 354
韐 538

五畫
韎 388
487
韍 477
韒 513
韓 366
韠 353

六畫
韏 295
399
412
韐 455
韐 536
545

七畫

韗 66
韒 415
韛 264

八畫
韔 283
韔 427

九畫
韘 540
544
韝 288
韙 257
韗 398
400
韖 325
韞 169
韞 119
281

十畫
韜 158
韓 122
韝 216
216
韠 509
韡 539

十一畫

韡 473
韢 388
韣 352
377

十二畫
韤 352
377
韡 257
韥 432

十三畫
韂 228
446
韣 233
336
韤 514
韣 451
463
463

十四畫
韤 513
515

十五畫
韤 481

韭部

韭 324

四畫
韮 539

七畫
韱 387

八畫
韲 539
韯 228

十畫
韲 93

十二畫
韲 116
韲 389

十四畫
齏 387

音部

音 222

三畫
韸 32
韷 51

四畫
韸 221
韹 537

五畫
韶 151

六畫
韹 34
41
41
韺 467
韸 34

七畫
韻 34
41
41
韼 483
韽 190

八畫
韽 544

九畫
韺 187
韹 183
186
⿰音枼 548

十畫
⿰音責 345
韻 398
⿱𥫗音 195

十一畫
⿰僉音 222
224
447
韾 220

十二畫
響 313

十三畫
⿰音蜀 468
⿰音業 547

十四畫
⿰音蒦 370

頁部

頁 496

二畫
頃 194
320
頂 321
頄 59
212

三畫
⿰乇頁 506
512
513
順 397
⿰夊頁 95
須 77
⿰千頁 125
403
486
項 242
⿰亡頁 285
484

四畫
⿰礻頁 130
⿰夫頁 248
⿰不頁 96
100
⿰木頁 436
⿰今頁 225
⿰夊頁 481
483
⿰牛頁 306
⿰屯頁 401
⿰斤頁 67
頒 112
130
頌 37
346
⿰爻頁 481
頑 184
430
⿰火頁 331
334
預 365
⿰夬頁 279
頊 463
463

五畫
⿰丕頁 60
⿰由頁 524
⿰占頁 226
⿰出頁 501
領 320
⿰弁頁 283
413
⿰多頁 393
頗 165
309
422
⿰句頁 442
⿰貝㐱 277
⿰台頁 409
頖 406
⿰矛頁 336
頤 107
⿰禾頁 487
⿰木頁 360
⿰可頁 163
306
⿰古頁 83
⿰后頁 370

六畫
⿰羽頁 142
262
頜 333
536
⿰兆頁 262
414
⿰耒頁 274
頋 248
275
頢 488
492
頟 513
⿰多頁 306
⿰自頁 357
⿰白頁 99
275
⿰鹵頁 320
⿰辰頁 332
338
⿰安頁 485
頝 155
頦 102
276
⿰朱頁 197
322
⿰米頁 384
⿰艮頁 285
290
頣 277
頡 491
496

七畫
⿰臣頁 61
頻 106
132
⿰?頁 390
頷 224
333
⿰豸頁 418
⿰系頁 59
250
頲 322
⿰告頁 462
頹 99
⿰我頁 162
306
⿰兑頁 492
⿰宋頁 444
頵 107
108
頼 212
頭 216
⿰甫頁 264
頰 543
⿰成頁 189
194
頸 195
320
⿰困頁 122
401

八畫
顆 309
⿰金頁 221
332
333
⿰忽頁 97
顀 60
⿰卓頁 270
⿰岳頁 466
⿰昏頁 119
⿰争頁 433
⿰頁桼 52
⿰桼頁 52
[illegible] 228
⿰彖頁 77
顁 434
⿰奇頁 131
⿰辛頁 357
⿰叕頁 501
⿰青頁 192
顄 224
333
⿰其頁 63
⿰?頁 497

九畫
題 90
374
顒 38
⿰昌頁 485
485
顋 102
顎 509
顓 143
⿰幽頁 156
⿰侯頁 214
⿰彖頁 282
⿰象頁 401
⿰䍃頁 48
⿰契頁 375
497
⿰?頁 296
⿰?頁 388
⿰容頁 513
⿰革頁 118
121
402
顏 130
⿰段頁 169
⿰甚頁 330
⿰?頁 509
顑 333
447
⿰酋頁 390

十畫
⿰員頁 281
284
顗 257
⿰鬼頁 63
274
275
顛 136
⿰虒頁 50
⿰翁頁 33
⿰奚頁 59

				風部			
60	363	十三畫	十六畫	風 28	[illegible] 43	426	十一畫
顋 394	388	顪 393	顱 86	345	[illegible] 497	[illegible] 515	飄 151
[illegible] 140	[illegible] 463	[illegible] 451	[illegible] 330		529		153
[illegible] 199	[illegible] 166	[illegible] 330	334	二畫	[illegible] 477	九畫	飁 533
蘱 232	[illegible] 516	336	444	[illegible] 156	[illegible] 476	[illegible] 318	飂 205
338	[illegible] 160	[illegible] 321			499	[illegible] 395	438
339	419	顫 411	十七畫	三畫	[illegible] 502	412	[illegible] 186
447	顠 300	[illegible] 331	[illegible] 203	[illegible] 32	[illegible] 149	[illegible] 257	
447	300	443	[illegible] 198	[illegible] 34		[illegible] 96	十二畫
類 148	[illegible] 128	[illegible] 528		218	六畫	[illegible] 478	[illegible] 147
153		[illegible] 334	十八畫		颲 499	[illegible] 210	飇 151
類 353	十二畫	444	[illegible] 542	四畫	[illegible] 34	颺 172	[illegible] 188
纇 315	[illegible] 415		顴 145	[illegible] 473		426	[illegible] 475
[illegible] 224	顥 303	十四畫		[illegible] 160	七畫	颸 62	[illegible] 456
[illegible] 539	[illegible] 164	[illegible] 51		[illegible] 219	颵 155	[illegible] 361	460
願 399	顦 149	顬 77		颫 80	[illegible] 354	478	
顝 98	[illegible] 157	[illegible] 158		[illegible] 171	471	[illegible] 35	十三畫
274	303	顯 291			[illegible] 275		[illegible] 476
484	[illegible] 142	[illegible] 322		五畫	[illegible] 517	十畫	
	[illegible] 401	[illegible] 105		颰 481	[illegible] 547	[illegible] 159	十四畫
十一畫	[illegible] 277			489		[illegible] 150	[illegible] 159
[illegible] 313	394	十五畫		颭 336	八畫	颿 233	211
315	顧 370	[illegible] 142		颮 156	[illegible] 52	448	
[illegible] 459	[illegible] 293	[illegible] 107		468	[illegible] 478	颽 275	十五畫
顟 156	[illegible] 148	[illegible] 399		[illegible] 205	483	[illegible] 376	飅 205
[illegible] 333	155	399		323	[illegible] 210	[illegible] 155	323
333	415	[illegible] 113		[illegible] 326	[illegible] 98	飀 205	[illegible] 153
[illegible] 49	[illegible] 331	[illegible] 332		329	[illegible] 29	205	
顡 275				颯 536	[illegible] 174		十六畫

[illegible] 146

十七畫

[illegible] 203

十八畫

飌 28
飍 218
218

飛部

飛 66

八畫

[illegible] 66

九畫

[illegible] 364

十一畫

[illegible] 529

十二畫

飜 116

十三畫

[illegible] 130

食（飠）部

食 359
527

二畫

飢 54
飣 434
飤 358

三畫

飧 120
飥 508

四畫

飪 330
飲 331
443
飫 364
飩 121
飯 283
400
餋 412
[illegible] 115
126
[illegible] 438
[illegible] 539
[illegible] 440
[illegible] 527

五畫

[illegible] 288
飼 358
[illegible] 487
[illegible] 55
[illegible] 416
417
飷 311
[illegible] 313
428
[illegible] 321
[illegible] 229
231
[illegible] 60
餅 400
飳 328
[illegible] 513
517
飶 473
498
飴 60
飽 301
飵 371
510
飾 527
[illegible] 217
[illegible] 89
90
[illegible] 198
495
餐 477
480
[illegible] 301

六畫

餉 427
餁 330
餄 545
養 312
426
餈 55
[illegible] 48
[illegible] 60
[illegible] 101
389
餅 320
餌 359
[illegible] 360
餃 385
[illegible] 335
[illegible] 151
[illegible] 311

七畫

[illegible] 410
[illegible] 166
餕 397
餓 421
餒 275
餘 69
[illegible] 379
[illegible] 123
[illegible] 207
[illegible] 392
[illegible] 90
[illegible] 378
384
[illegible] 256
餑 482
[illegible] 440
餔 87
372
餗 452
[illegible] 535

八畫

餞 292
413
[illegible] 548
餦 176
餛 118
[illegible] 153
[illegible] 457
餧 275
351
[illegible] 330
[illegible] 532
[illegible] 404
[illegible] 518
[illegible] 66
257
[illegible] 364
餳 194
[illegible] 311
館 405
餤 225
445
[illegible] 378
501
[illegible] 25
[illegible] 201
435
[illegible] 113

九畫

[illegible] 530
餬 83
[illegible] 244
[illegible] 288
餳 194
餲 380
389
485
485
餭 183
餱 214
[illegible] 393
[illegible] 495
[illegible] 139
[illegible] 360
[illegible] 210
餫 118
398
[illegible] 55
[illegible] 117
[illegible] 306

十畫

[illegible] 157
[illegible] 426
[illegible] 510
餺 542
饁 354
[illegible] 539
[illegible] 393
[illegible] 95
[illegible] 402
餼 363
[illegible] 492
[illegible] 420
餹 180
[illegible] 335
餾 205
438
[illegible] 99
[illegible] 527

餽 353
飻 207
餜 301

十一畫

䭌 27
䭢 117
餳 314
䴦 164
䭕 335
䭃 42
䭖 364
饇 366
饉 396
饅 128
饆 473
饗 313

十二畫

䭣 330
䭷 318
饙 353
䭳 314
饑 67
饍 411
䭿 435
饌 289
413
饚 356

饒 150
417
饎 360
饊 286
䭲 420

十三畫

饖 393
饔 38
䭪 158
饘 139
293
䭤 198
饋 113
䭩 444
䭗 422
䭢 35
41

十四畫

饕 230
445
䭼 413
䭼 337
䭢 191
䭉 293
饛 31
䭪 511
䭳 401

402

十五畫

䭯 496

十六畫

䭶 32

十七畫

䭱 509
饞 232
饟 175
314
427

十八畫

䭴 52
378

十九畫

䭲 164
饠 162
饡 404

首(𩠐)部

首 324
437
𩠐 324

二畫

䭹 321
馗 58
212

五畫

𩠕 481

六畫

𩠗 271
𩠘 61

七畫

𩠙 543

八畫

馘 515

九畫

𩠞 324

十畫

𩠟 478

十八畫

𩠠 144

香部

香 174

四畫

馚 113

五畫

馝 473
498
馛 489

七畫

馠 225
馞 482
483

八畫

馡 66
馣 224
𩡋 497
498

九畫

馥 455
530
馤 382
馧 112
483

十畫

𩡌 187
𩡖 385
485
馦 231

十一畫

馨 161

十二畫

𩡩 223
馩 113

馬部

馬 309

二畫

馮 28
201
𩠩 130
136
291
馭 363
𩡧 490

三畫

馲 507
508
512
馴 110
𩡶 366
馯 130
402
馳 51
馰 523

四畫

馺 537
馹 470
馻 279
295
駁 264
𩢊 467

⿰馬卬 185 317 429
⿰馬介 387
⿰乇馬 305
⿰馬夭 298
馾 444
馼 111
駃 388 494
馶 43 46 350 351
⿰馬犬 162 421

五畫

⿰馬失 471 495
駒 82
駊 309 309
駙 366
駖 198
駗 105 277
篤 423
駑 85
[illegible] 534
駔 268 316
駎 437
⿰馬卯 205
駛 253 254 359
駚 313 317
⿰馬可 200
駟 356
⿰馬出 482
駘 101 276
⿰馬包 467
馳 161
駝 161
駐 368
⿰馬玄 138
駜 473 474
⿰馬半 406
駏 260
駓 60
⿰馬本 372
⿰馬犮 489

六畫

罵 423
⿰鳥馬 183
⿰羽馬 76
⿰此馬 246
傌 211
駨 486
駰 103 108
⿰馬回 98
駣 159 299 304
駪 111
駱 507
⿰馬氐 72
⿰馬伏 455
⿰馬舟 212
駩 143
駕 39
[illegible] 499
駮 467
駭 273
駢 137
⿰馬匡 179
駬 254
⿰馬吉 471
駤 355
⿰馬列 380
⿰馬百 512
駥 27
駫 200
駧 345

七畫

駷 241 328
⿰馬乩 541
⿰馬邪 205
駹 40
駻 402
駽 138 408
騁 320
⿰馬步 372
⿰馬希 363
騃 255 273
駿 397 397
騀 306
駼 84
騂 195
駺 181
駾 385
駸 218 222
駶 463
⿰馬戒 273
⿰馬孛 467 482
⿰馬甫 88

八畫

⿰馬岸 403
⿰馬垂 52 248
騑 66 66
騊 159
騅 59
⿰馬卑 324
⿰馬舍 311 425
騄 464
⿰馬匊 458
⿰馬戚 530
⿰馬坴 456
騏 62
騋 102
騎 45 349
騉 119
⿰馬沓 537

九畫

騝 117 144
⿰馬段 169
⿰馬畐 529
騕 298
⿰馬皆 96
⿰馬飛 66
⿰馬咸 231
騠 89 90
騧 95 168
騣 33
⿰馬容 210
⿰馬軍 118
騚 134
騥 209
騤 58 494
⿰馬函 545
驄 33
騜 183
騟 79
騖 367
⿰亶馬 142
⿰扁馬 413
⿰馬禺 38
⿰馬昷 119

十畫

⿰馬骨 482
⿰馬草 304
⿰馬豈 355
騬 201
騶 211
騮 205
騩 57 68 354
騯 185 186 187
⿰馬旅 363
⿰馬隺 466 510
⿰馬展 412
騙 523
騷 159
騵 115
⿰馬晏 407
⿰馬弱 539
⿰馬真 136
騱 91
⿰馬虒 92
騫 144
騺 470
[illegible] 123 402
⿰䍃馬 158
騰 203

十一畫

⿰馬遂 456
騽 533 535
騾 165
驂 33
⿰馬覓 35
驁 160 419
驚 355
[illegible] 512
⿰馬崔 289
⿰馬鹿 453
驅 79 368
驃 416 416 417
[illegible] 178
驉 71

十二畫

⿰馬閒 131
驒 124 137 161
驊 167
⿰馬番 116
驕 149

⿰馬斐 257
驐 121
驎 105
驓 202
驕 475
475
驋 487
⿰馬登 436
驌 460
驍 147
⿰馬喪 182
驔 337

十三畫
⿰馬蜀 451
驜 547
驗 445
驙 129
140
驖 495
496
⿰馬劉 315
⿰馬虞 74
⿰馬歲 393
驛 519
⿱高⿰馬凡 165
驚 188
⿱與馬 461
466
469

十四畫
⿰馬蒙 31
⿱舉馬 70
365
⿰虎驀 26
35
⿰馬壽 304
⿰馬豦 438
驞 183

十五畫
⿰馬黎 89
⿰馬厲 380

十六畫
驠 136
410
驢 72
驡 36
316
⿰馬龍 34
41
驝 507
508
驥 355

十七畫
驧 458
驤 177
驦 178

十八畫
驨 94
驩 128

十九畫
驪 47
89

二十畫
驫 151
218

二十四畫
⿱驫木 111
536

骨部

骨 481

二畫
⿰骨力 484
491

三畫
骫 244
⿺辶骨 482
484
⿸厂骨 484
骭 403
407
骬 76

四畫
骰 216
⿰骨欠 483
490
骱 485
491
骯 316
317
⿰骨元 126

五畫
骳 243
骶 373
⿰骨令 198
⿰虫骨 482
⿰骨它 166
⿰骨乇 166
⿰骨可 163
⿰骨犮 486
489
⿰骨号 301
骲 302
418
454
467

六畫
骴 48
350
⿰骨危 172
⿰骨舌 488
骼 514
⿰骨台 214
⿰骨行 189
骹 155
骸 96
⿰骨圭 94
骻 311
⿰骨光 185

七畫
骾 317
⿰骨坐 272
骽 274
⿰骨系 284
⿰骨完 404
⿰骨良 181

八畫
髀 247
250
272
骿 137
⿱奔骨 261
⿰骨空 42
⿰骨卒 484
髁 166
311
422
⿰骨易 518
524

九畫
⿰骨曷 485
⿰骨咼 168
⿰骨叚 424
髂 424
⿰骨扁 292
⿰骨彖 389
髃 74
328
⿰骨昷 305

十畫
⿰骨隺 467
⿰骨差 350
髆 510
髈 185
317
髇 155

十一畫
髏 233
⿰骨國 515
⿰骨逢 346
髍 164
⿱敖骨 160
⿰骨鹿 463
⿰骨區 82
髎 148
153

十二畫
⿰骨貴 354
⿰骨童 42
⿱厤骨 480

十三畫
⿰骨葬 316
髑 451
⿰骨會 384
⿱殹骨 121
⿰骨辟 521
髓 244
體 270

十四畫
髕 278

十五畫
⿰骨蔑 491
⿰骨齒 489
髖 122
128

十六畫
髗 86

高部

高 157

三畫

[illegible] 384

六畫

[illegible] 511

九畫

[illegible] 305 420

十一畫

[illegible] 160

十二畫

[illegible] 157 420
[illegible] 115

十三畫

[illegible] 420
[illegible] 49

十八畫

[illegible] 306

髟部

髟 151 218 233

三畫

髡 122
髢 373

四畫

[illegible] 211
髦 158
[illegible] 35
[illegible] 387
髣 314
[illegible] 332
[illegible] 187

五畫

髮 481
[illegible] 229 445
[illegible] 230
髫 102
[illegible] 349
[illegible] 81 368
髴 31
[illegible] 361 477 478
[illegible] 457
[illegible] 60
[illegible] 146

六畫

[illegible] 39
髵 63
[illegible] 356
[illegible] 275
髺 487
[illegible] 356
髻 374
[illegible] 40
[illegible] 356
[illegible] 179
[illegible] 27

七畫

[illegible] 64
[illegible] 154
[illegible] 171
髼 34 393
[illegible] 164 170
鬀 373 373
[illegible] 228
[illegible] 207

八畫

鬆 35 40 40 344
鬄 518
鬅 203
[illegible] 146 147 211 212 437
鬇 187 191
[illegible] 276 393
鬃 35 42
[illegible] 217 264 329
鬈 145 145
[illegible] 344
[illegible] 187 316

九畫

[illegible] 44 307 308
[illegible] 493
[illegible] 34
[illegible] 33 238
[illegible] 492
[illegible] 490 493
鬋 139 294 412
[illegible] 209
[illegible] 213
鬊 397

十畫

[illegible] 519 524
[illegible] 39
鬒 277
[illegible] 128 130
[illegible] 492
鬑 227 230
[illegible] 162 306
[illegible] 56

十一畫

[illegible] 423
鬖 226
[illegible] 217
[illegible] 216
[illegible] 300
[illegible] 129 400
[illegible] 211 356
鬘 130

十二畫

[illegible] 148
鬜 131 131 490
[illegible] 354
[illegible] 454
鬚 77
[illegible] 437 460
[illegible] 512
鬙 203
[illegible] 402
[illegible] 487

十三畫

鬟 129
鬠 384 488
鬞 41

十四畫

[illegible] 226
鬣 372 377 494 502
[illegible] 271
[illegible] 31
鬡 191
鬢 395

十五畫

[illegible] 137
[illegible] 541

十六畫

[illegible] 72 86

十七畫

鬤 176 189

十九畫

[illegible] 287 404 487

鬥部

鬥 440

四畫

鬦 191

五畫

鬧 418

六畫

鬨 346 347

八畫

鬩 526

十畫

鬪 440

十一畫

[illegible] 205 297

十二畫

[illegible] 447

十四畫

鬬 247 271

鬭 440

鬭 106 396

十六畫

鬮 210 330

十八畫

[illegible] 114

鬯部

鬯 427

六畫

[illegible] 254 259

十一畫

[illegible] 505

十八畫

鬱 478

十九畫

鬱 477

鬲部

鬲 517 523

三畫

[illegible] 164

[illegible] 164

四畫

[illegible] 111

[illegible] 245

六畫

[illegible] 63

鬳 401

[illegible] 94

七畫

[illegible] 433

[illegible] 264

八畫

[illegible] 219 220 229

[illegible] 361

九畫

鬷 33 238

十畫

[illegible] 303

十一畫

[illegible] 52

十二畫

[illegible] 457

[illegible] 359

[illegible] 435

十三畫

[illegible] 364

[illegible] 452

[illegible] 516

[illegible] 482

十四畫

[illegible] 117

十五畫

[illegible] 117

[illegible] 259

十六畫

[illegible] 303

[illegible] 464

[illegible] 186

十八畫

[illegible] 435

十九畫

[illegible] 457

二十畫

[illegible] 503

二十一畫

[illegible] 149

二十七畫

[illegible] 487 497

鬼部

鬼 257

三畫

[illegible] 390

[illegible] 352

四畫

[illegible] 45 349

[illegible] 118

傀 425

魁 98

五畫

[illegible] 105

[illegible] 359

[illegible] 508 513

魅 352

[illegible] 489

七畫

[illegible] 149

[illegible] 418

[illegible] 322

八畫

[illegible] 85

[illegible] 99

[illegible] 532

[illegible] 25

魏 361

[illegible] 530

[illegible] 312

[illegible] 63

[illegible] 315

[illegible] 311

十畫

[illegible] 67 257

十一畫

[illegible] 163

魔 164

[illegible] 50

[illegible] 71

十二畫

[illegible] 156 302

十四畫

[illegible] 105 106 107

[illegible] 77 215

魗 208
324
⿰鬼參 491
⿰鬼疑 360
⿱敄鬼 336
542

十七畫

⿰霝鬼 198

魚部

魚 68

一畫

⿰魚乙 491

二畫

魛 158
魝 493
⿰魚匕 425
⿰魚丁 297

三畫

魡 523
⿰魚乞 479
魠 507
魟 31
32
34
⿰魚小 299

四畫

⿰魚犬 393
魶 538
539
魦 164
169
魥 538
547
⿰魚夬 539
魰 68
⿰魚化 165
魴 175
魧 182
184
316
魫 331
⿰魚壬 179
⿰魚夫 81
魱 83
魳 537
⿰魚市 383
魮 54
⿰魚不 100
⿰魚今 220
331
333
魵 112
280
281
398
魬 289
魪 387
魯 267

五畫

魾 59
60
鮋 207
208
211
鮎 231
鮂 207
211
鮐 102
鮑 302
鮏 197
⿰魚矢 331
鮈 82
鮀 161
鮅 473
473
⿰魚末 487
鮇 360
魺 163
魼 73
539
⿰魚丙 319
魽 226
鮓 311
鮍 45
鮊 512
鮒 366
⿰魚卯 205
⿰魚氐 55
魿 105
198
⿰魚幼 148
326

六畫

鮭 93
94
95
⿰魚臣 61
⿰魚共 241
鮪 250
鮞 63
458
鮬 87
372
鮦 26
240
325
赤 458
⿰魚此 48
270
鮡 147
299
鮫 154
鮮 139
292
411
⿰魚并 319
322
473
⿰魚米 272
鮧 53
90
鮚 473
鮢 79
鮠 100
鮥 507
513
鮣 396
鮨 56
鮜 439
鮯 536
鮤 380
498
鮆 48
270
⿰魚亟 435
⿰魚先 290

七畫

⿰魚巠 195
322
鯉 254
⿰魚邑 547
鮹 148
155
⿰魚孚 81
213
⿰魚每 213
鮸 297
⿰魚延 140
⿰魚狄 524
⿰魚殳 521
鯇 284
288
⿰魚良 181
鮷 90
鮵 470
鮶 114
⿰魚豆 328
鯆 87
88
263
鮿 542
鯁 317
鯀 284
鯊 169
鯈 211
鯃 85
⿰魚岑 220
鮾 275
⿰魚攸 207

八畫

⿰魚昔 505
508
鯠 102
⿰魚果 311
鯤 118
鯧 175
鯝 370
⿰魚匊 457
458
465
鯛 146
鯡 361
⿰魚臽 446
447
⿰魚卑 95
鯢 91
⿰魚爭 192
鯜 540
542
鯨 189
鯞 326
鯖 194
195
⿰魚居 364
鯟 25
鯫 79
217
329
鯥 456
鯪 201
鯕 62
⿰魚录 464
鯩 109
鯔 64

鮝 313
⿱制魚 379
⿱敄魚 57
89
⿰魚卒 476

九畫

⿰魚胥 70
鰈 539
⿰魚敄 355
⿰魚飛 66
鯷 47
90
243
348
374
⿰魚削 532
鰑 73
鰅 38
74
鯹 197
⿰魚曷 385
鰓 102
鰐 509
鰃 98
⿰魚胃 361
⿰魚嵏 33
344
鰒 455

鰍 206
⿰魚帝 90
90
鯶 284
288
鯿 130
143
鰌 207
鰇 209
⿰魚癸 57
鰕 169
鰋 282
鰊 409
鯽 518
529
鯸 214
鯾 143
⿰魚契 513
鰀 287
⿰魚亭 196
鰔 66
⿰魚肰 426
⿰魚彖 143
⿰魚柰 382
⿱臤魚 355
360

十畫

⿰魚格 514

鰣 61
鰨 539
鰢 309
⿰魚骨 490
鰬 144
鰥 131
408
鰦 65
⿰魚豈 102
⿰魚員 308
鰝 303
509
⿰魚唐 180
鰜 231
231
鰠 159
⿰魚脊 518
⿰魚尃 88
⿰魚鬲 514
517
鰪 540
鰭 56
鰩 150
鰞 87
鰤 54
鰡 205
鰯 33
⿸虍⿰魚攵 68
鰧 204

330
⿰𠦝魚 402

十一畫

鰾 270
鱁 456
鰼 533
⿰魚婁 79
215
鰻 128
400
⿱執魚 352
⿰魚莘 110
鱂 177
鰶 377
鰷 147
⿰魚巢 304
鱅 37
39
鰿 516
518
⿰魚尌 362
鰱 141
鱄 144
296
鰸 79
鰹 135
⿰魚匿 528
鰲 160

鱉 279
⿱魚魚 68
⿲彳魚攵 65
[illegible] 467
鱑 183

十二畫

⿰魚朁 220
222
222
鱖 379
480
鱓 293
鱕 118
鱌 312
鱎 300
⿰魚爲 44
44
⿱猌魚 105
鱒 284
401
鱗 105
鱊 475
475
491
鱍 487
488
鱐 461
⿰魚巽 296

⿰魚款 287
406
鱏 219
220
⿰魚隋 252
308
308
⿰魚奧 420

十三畫

⿰魚解 272
⿰魚節 494
⿰魚僉 336
鱠 383
鱟 439
461
⿱亯⿰魚凡 165
鱨 178
⿰魚賊 532
[illegible] 380
鱣 140
⿰魚畺 179
189
鱝 280
鱤 332
鱦 201
319
434
434

鱢 159
鱧 270
⿰魚農 347
⿰魚虜 267
⿰魚業 547

十四畫

鱮 261
鱯 371
425
515
鱭 270
鱬 77

十五畫

⿰魚壘 140
鱲 541
⿰魚戠 219
鱴 497

十六畫

⿰魚歷 522
鰽 436
⿰魚賴 385
485
鱸 86

十七畫

⿰魚薄 509

⿰魚蹇 293

十九畫

鱺 270

二十一畫

⿰魚蠡 270

二十二畫

鱻 139

二十三畫

[illegible] 547

鳥部															
鳥	297	鴂	494		542		495		79	鳰	382		372		542
		鴇	444	鴥	269	鴛	490	鴴	244		393	鵅	85	鵝	213
一畫		鴆	43	鴊	135	鴐	301		248	鴿	536	鵂	545	鵛	308
鳦	474	鴅	305		189	鴐	168	鴰	487	鵋	458	鵵	241	鵥	521
	474	鴉	169		518	鴦	179		492	鵧	214		242	鷙	540
		鳾	210	鴧	164		184	鴿	507	鵔	63	鵛	195	鵜	385
二畫			325	鴸	518	鴐	117		514	鵊	27	鵙	384		
鳩	210	鴄	345				119	鴭	325	鵛	495		403	八畫	
鳧	80	鳷	155	五畫		鴪	475	鵂	211	鵴	110		485	鵪	457
鳭	146	鳺	264	鴒	197	鴗	534	鵑	53	鵉	356	鵗	67		458
	150	䳑	128	鴾	295	鴰	328		352	鵟	499	鵒	464	鵕	524
鳫	407	鴀	419		297		329	鵃	151	鵟	48	鵚	396	鵰	146
鳰	382	鴉	534	鴝	76	鵂	497		156		48	鵚	541	鵸	54
	393	鴒	230		217	鴹	487	鵄	55	鵢	220	鵌	70	鵻	370
鳨	526	鴋	314	鴤	27	鴡	194	鵅	99		221		84	鵮	232
鳪	356	鴟	46		34		432	鵏	53		442	鵞	184		232
鳮	156	鴈	407	鵃	81	鴣	84		90	鵞	73	鵞	180	鶇	49
鳲	454	鴉	111	鴡	55	鴰	59	鵝	527	鵓	514	鵟	457		471
		鴋	175	鴢	298	鴰	520	鵏	376	鵖	407	鷺	518	鶹	64
三畫			177		302	鴳	487	鵠	491	鴻	32		529		359
鳴	188	鴪	442	鴤	27		489	鵟	40		238	鶠	181	鶀	329
鳩	125	鴊	463		34	鵐	264	鷗	427	鵕	154	鵜	90	鶘	537
鳶	142	鴂	81	鴃	391		327	鵃	323	鵝	173	鵖	360	鶌	69
鴃	382	鴣	398		531	鴞	152	鵚	63			鵡	263		478
鳳	344	鴔	112	鴦	364	鴨	546	鵓	87	七畫		鶉	482	鶇	24
鳱	125		130	鴚	161	鴫	403	鵂	137	鵑	138	鵲	462	鶥	169
鳵	56	鴒	387	鴖	243			鵖	77	鵙	216	鶖	452	鶊	530
		鴄	535	鮐	101	六畫			214	鵄	75	鵬	162	鶓	456
四畫			536	鴃	471	鴹	77	鵖	380	鵏	87	鵗	536	鶒	62

字	頁	字	頁	字	頁	字	頁	字	頁	字	頁	字	頁	字	頁
鵲	505	鶄	192	𪃑	115	鷃	407	𪄍	484	鷐	104	𪆷	211	𪇬	41
𪀗	102		195	鶩	367	鶻	482	𪆒	269	鷬	79	𪆿	356	𪈁	74
鵸	45				454		484	𪅞	524		215	𪇂	154	䴃	492
𪁉	500	九畫		鶘	83		490	鷒	126	鷝	473	䳲	220	鸅	514
鵾	118	鶴	108	鷔	206	𪃱	539		144	𪃨	223		415	䴁	463
𪀚	188	鵒	121	𪂻	117	鵍	476	鷗	215	鷊	84	𪅽	112		468
鵫	417	鶨	401		142	鶬	182	𪅱	153				121	𪇔	404
	468		406	鷄	482	𪂺	150	𪅀	470	十二畫		𪅨	63	𪈅	547
鴸	305		412	鵗	90		415	鷛	37	鷤	90	䴌	50	𪇽	71
𪀱	221	𪃞	491	鶤	118	鶲	80	鶞	36		124	鷯	148	鸝	334
鵮	68		493		398	鷉	92	𦵪	466		373		416	𪇺	206
鵩	455	鶗	90	鶖	209	鶱	117	鷔	160	𪆂	216	鷳	131	鸀	451
鵬	203		374	𪂇	57	鶯	190	鷙	352	鷨	167	鷴	131	鷹	201
鵻	59	鶟	550	𪀦	108	鷇	439	𪆬	226	𪆄	272	𪈂	69	鷿	525
	279	𪀵	152	鶥	59	𪅦	394		448	鸈	454	鷔	126	𪈙	173
𪄻	43	𪀿	102	鶠	282	𪆏	65	鷔	527		462	鷲	438	鷽	469
鴛	48	鶝	455			𪄝	314	鷖	91	𪆏	535	𪇩	410		469
鵷	117		530	十畫		鳻	128	𪆂	252	鷭	116	鷢	480	𪈤	414
鵼	29	𪃍	152	鵾	93	鷒	123		301	鵡	75	𪇙	523		522
鶬	135	鶛	96	鷆	136	鶷	492	𪄰	474	鷮	149	𪇀	313		523
鶉	109	𪀹	525	鶹	205	𪅹	180	鷷	175		152	鷩	378	鸁	165
鶁	188	𪁗	74	鷄	91	鶴	510	𪄨	178	鷦	150		500	𪈿	93
鶊	185	鶡	484	𪂯	38				313	𪆀	157	鷺	369	𪉂	360
鵺	424	鶚	509	𪃎	309	十一畫		𪂶	533	𪆟	25	𪇃	74	𪉁	140
𪀮	227	鶜	155	𪄀	527	𪄽	174	鷚	213	鷣	110		366		
鵽	489	鶧	187	𪃀	37		512		218		110			十四畫	
	490	鶇	38	鷏	231		523		218	𪅾	475	十三畫		𪉅	199
	492	鵵	324	鷁	523	鷎	48		438	𪆫	203	鸃	47		433
𪀯	89	𪀾	455	鷅	471	鷓	425	𪅃	178	𪇈	460	𪇴	198	𪈫	211

⿰監鳥 226
⿰爾鳥 49
50
⿰翟鳥 468
⿰豪鳥 31
238
⿰鳥蒦 511
⿱獄鳥 466
⿱殼鳥 451
⿱器鳥 190
鸞 70
365

十五畫
⿰樂鳥 507
⿰巤鳥 537
539
⿰埶鳥 123
⿰蔡鳥 384
⿰截鳥 502
⿰葳鳥 210
⿰纍鳥 420
454
403
467
⿰畾鳥 58
251
⿰蔑鳥 497

十六畫
⿰盧鳥 86
⿰蓺鳥 457
⿱龍鳥 32
36

十七畫
⿰纕鳥 266
⿰龠鳥 503
⿰薛鳥 493
⿰霜鳥 178
⿰嬰鳥 190

十八畫
⿰雚鳥 405
⿰巂鳥 94
⿰鳥藿 128
⿰豐鳥 70

十九畫
⿱竊鳥 127
鸁 48
⿰離鳥 130

二十畫
⿰鬱鳥 506

二十二畫
⿰權鳥 145

二十三畫
⿰疊鳥 543

二十五畫
⿰蠻鳥 119

鹵部

鹵 267

四畫
⿰鹵亢 317

五畫
⿰鹵令 198
⿰鹵占 232
447

七畫
⿰鹵肖 149

八畫
⿰鹵臽 445
447
⿰鹵炎 445

九畫
⿰鹵甚 443
鹹 231
⿰鹵扁 292
⿰鹵奏 441
⿰鹵昷 119

十畫
⿰鹵鬼 97
⿰鹵兼 338
鹺 162

十二畫
⿰鹵最 389
⿰鹵敢 444
445

十三畫
鹼 228
338
鹽 227
445

十四畫
⿰鹵監 444

十六畫
⿰鹵褱 97

鹿部

鹿 452

二畫
麂 249
⿸鹿匕 204
鹿 88

三畫
⿸鹿凡 125
⿸鹿巳 254

四畫
⿸鹿开 434
⿸鹿夬 305
麃 156
300
301

五畫
⿸鹿生 189
⿸鹿未 107
⿸鹿加 168
麈 265
麆 268
365

六畫
⿸鹿至 93
⿸鹿旨 249
⿱髟鹿 135
⿱𠔉鹿 50
麋 59
⿸鹿弄 135
137

七畫
⿸鹿君 107
麎 104
⿸鹿吳 86
261
⿸鹿言 107
114
⿸鹿吝 105
394

八畫
麖 188
⿸鹿昆 119
麕 107
麔 325
⿸鹿隹 59
麑 91
麒 62
⿸鹿妻 44
麗 48
376
麓 453

九畫
⿸鹿咸 232
⿸鹿奐 406
⿸鹿幽 204
麚 168
⿸鹿弭 93

十畫
麝 425
521
⿸鹿栗 471

十一畫
麞 175
⿸鹿逮 452

十二畫
麟 105

十三畫
⿸鹿畺 188

十四畫
⿸鹿需 77
77
⿸鹿與 70
365
麡 88
93

97

十七畫
⿱鹿灬 197

二十二畫
麤 87

麥部

麥 515

三畫
⿰麥山 407
麧 484
⿰麥弋 465
529
⿰麥寸 101

四畫
⿰麥戈 465
⿰麥比 49
⿰麥尤 300
麩 80
麪 410

五畫
⿰麥末 487
麮 261
364
⿰麥穴 490
⿰麥主 328

六畫
⿰麥舌 213
⿰麥各 514
⿰麥并 320

七畫
⿰麥肖 484
麱 80
⿰麥完 118
288

八畫
⿰麥鬼 457
⿰麥卑 49
⿱㓞麥 57
⿰麥咅 327
⿰麥發 407
⿰麥來 102
⿰麥果 307
311

九畫
⿰麥酉 300
⿰麥胡 83
⿰麥面 410

十畫
⿰麥脊 484
⿰麥貴 308
⿱殸麥 452
⿰麥家 31
⿰麥差 162

十一畫
⿰麥連 294
⿰麥婁 329
⿰麥商 520
524
⿰麥黃 319

十二畫
⿰麥粦 136
⿰麥善 294

十三畫
⿰麥瞏 288

十四畫
⿰麥賓 319

十六畫
⿰麥麻 102

十八畫
麷 29
346

麻部

麻 166

三畫
⿸麻止 308
⿰彳麻 243

四畫
⿸麻夂 44
麾 44

六畫
⿸麻兆 206

八畫
⿸麻殳 211
⿰麻易 522

九畫
⿸麻⿰彳麻 452
⿸麻習 122
⿸麻龠 216

十二畫
⿸麻黍 44

十三畫
⿰麻賁 66
362

黃部

黃 183

四畫
黅 222
⿰黃屯 121
⿰黃亢 430

五畫
⿰黃宂 29
346
黈 328
黇 230

六畫
⿰黃有 250
390
黊 94
311
385

七畫
⿰黃夾 231
⿰黃夾 230

八畫
⿰黃賁 121
126
⿰黃定 229

九畫
⿰黃耑 126
⿰黃黃 186

十畫
⿰黃頁 281

十一畫
⿰黃翏 303

十二畫
⿰黃感 390
⿰黃單 293

十三畫
⿱⿰黃黃貝 186

黍部

黍 259

三畫
⿰黍女 259
黎 89
⿰黍刃 471

四畫
⿰黍斤 281
⿰黍日 471

五畫
黏 229
⿰黍古 83

六畫
⿰黍朱 77

八畫
⿰黍卑 247
386
⿱臤黍 292
410
⿰黍易 386
⿰黍卷 283
⿰黍柬 238

九畫
⿰黍畐 532

十一畫
黐 48
50
⿰黍离 512
522

黑部

黑 531

一畫
⿰黑乙 360

二畫
⿰黑卜 454
⿰黑刂 189

三畫
黓 529
⿰黑大 382
⿰黑干 286

四畫
默 531
黗 121
285
黔 221
230
黕 334
⿰黑乇 363
⿰黑尤 204

五畫
黜 476
黝 56
329
黛 391
黈 265
黚 221
230
⿰黑旦 485
點 337

六畫
黟 56
91
⿰黑夅 41
⿱髟黑 291
⿹𢦏黑 392
⿰黑汙 310
黠 489

七畫
⿰黑肖 416
⿰黑龙 41

八畫
⿰黑奄 332
339
⿰黑咎 537
⿰黑金 222
231
黨 316
⿱敄黑 89
⿰黑宛 477
480
481
⿰黑京 189
⿰黑或 460
530
530
⿰黑來 102

九畫
⿰黑枼 544
544
⿰黑咸 231
232
黫 174
426
⿰黑弇 332
⿱殸黑 130
黯 232
339
⿰黑亭 435
⿰黑兵 409
⿰黑屋 450
469
⿰黑垔 132
黮 332
333

十畫
⿰黑眞 132
277
⿱般黑 128
⿰月黨 391
⿰黑冥 525
⿰黑骞 464
⿰黑兹 65

十一畫
黲 333
335
⿱殹黑 91
黴 59
389
⿰黑庸 38
⿰黑責 526

十二畫
⿰黑惠 491
⿰黑喜 527
⿰黑敢 339
448
⿰黑曾 435
⿰黑登 435

十三畫
⿰黑詹 334
⿰黑會 384
388
⿰黑黽 434
⿰黑農 38

十四畫
⿱厭黑 336
⿱算黑 493
502
⿰黑壹 101
103

十五畫
⿰黑蔵 231
⿰黑賣 451

十六畫
黸 86
⿰黑焉 26

黹部

黹 252

四畫
黺 480

五畫
黻 477

七畫
黼 263

八畫
⿰黹卒 390

十一畫
⿰黹虘 260

黽部

黽 201
279
295
319

四畫
⿱吕黽 149
149
黿 115
126

五畫
⿱去黽 458
⿱旦黽 149
⿱句黽 217
⿰黽句 77
⿱幸黽 364

六畫
⿱朱黽 77
⿱圭黽 95
96

八畫
⿱兒黽 93
⿱咎黽 51

九畫
⿱敄黽 206

⿰酉黽 206

十畫
⿰奚黽 91
鼆 319

十一畫
鼇 160
⿱執黽 51
⿸厤黽 166

十二畫
鼈 500
鼉 161

十三畫
鼊 525

十四畫
⿱爾黽 49

鼎部

鼎 321

二畫
鼐 276
392
鼏 525

三畫
鼒 65
101
⿱日鼎 112

十一畫
⿱將鼎 175
⿰鼎彗 378

鼓部

鼓 267
鼔 267

五畫
鼕 34
⿱鼓云 540

六畫
⿱鼓卤 108
⿱鼓夅 41
⿱鼓合 537
540
⿱十鼓 112
⿱非鼓 159

七畫
⿱鼓甫 26

八畫
⿱鼓冎 108
137
⿱鼓咎 157
⿱鼓長 180
鼙 92

九畫
⿱鼓耳 533
⿱鼓金 35
⿱鼓音 543

十畫
⿱鼓蚤 526

十一畫
⿱殸鼓 443
鼞 184

十二畫
鼟 204
⿱隆鼓 29

十三畫
⿱鼓貴 112

鼠部

鼠 259

三畫
⿰鼠勺 418
504
505
523

四畫
⿰鼠今 224
225
鼢 113
280
鼤 111
397
鼣 393
⿰鼠支 454

五畫
⿰鼠同 200
鼪 189
432
鼩 76
鼨 27
⿰鼠卯 323
205
⿰鼠令 198
鼧 162
162
⿰鼠穴 439
⿰鼠冗 240
⿰鼠平 199
鼫 520
鼬 439

六畫
⿰鼠各 507
510
⿱此鼠 48
⿰鼠寺 61
⿰鼠耳 254

七畫
⿰鼠夋 397
鼮 196
鼯 85

八畫
⿰鼠隹 59
鼱 192

九畫
⿰鼠頁 496
523
⿰鼠是 525
⿰鼠曷 382
鼵 482
鼲 118
鼴 282
⿰鼠胡 83

十畫
⿰鼠尃 510
鼷 91
鼶 50
90
⿱壳鼠 451
⿰鼠唐 180
鼸 338
⿰鼠益 517
519

十一畫
⿰鼠离 47

十二畫
⿰鼠番 116

十七畫
⿰鼠韱 232

鼻部

鼻 357

一畫
⿰鼻乚 415
439

二畫
鼽 212

三畫
⿰鼻几 98
483
鼾 125
402

五畫
齁 216

六畫
⿰鼻合 545

七畫
⿰衤鼻 248
252
257

八畫
⿰鼻隶 357
387

401

九畫

⿰鼻咼 485

十畫

⿰鼻韋 345
齅 437

十一畫

⿰鼻卒 484

十二畫

⿰鼻晉 220

十三畫

⿰鼻會 384
388
齈 346

十七畫

⿰鼻毚 232

齊部

齊 88
373

三畫

⿱齊冃 97
⿱齊冋 88
93
97

四畫

⿱齊冈 89
93
373

五畫

⿱齊冎 54
⿱齊冏 54

七畫

⿱齊冐 54
93

八畫

⿱齊冑 88

九畫

⿱齊冓 93

齒部

齒 256

二畫

⿰齒八 491
齔 282
396

三畫

⿰齒也 51
⿰齒干 289
齕 484
496

四畫

⿰齒今 442
齗 114
278
齘 387
⿰齒开 282
⿰齒牙 170
424

五畫

齟 260
齞 292
⿰齒出 474
477
齝 62
64

齚 513
齡 197
⿱尒齒 171
⿰齒立 534
539
⿰齒巨 260
⿰齒司 62
⿰齒可 171
齛 498

六畫

齜 52
⿰齒白 325
⿰齒合 536
537
⿱糸齒 145
齧 485
⿱艹齒 95
⿱𥮊齒 496
齩 302
齦 114
285
290
⿰齒吉 492
492
⿰齒至 472
495

七畫

⿰齒告 451
462
⿱佥齒 545
⿱佳齒 161
162
⿰齒監 459
469
齬 68
85
258
齪 469
齫 285

八畫

⿰齒來 97
齮 245
⿰齒囷 281
齯 91
⿰齒所 260
260
⿰齒直 95
⿰齒卒 472
484
齱 211
469
⿰齒其 62
63
齰 424
513

⿰齒戔 289

九畫

⿰齒咸 545
545
齵 74
216
齶 509
齲 265
齳 281
齴 294
齷 469

十畫

⿰齒尃 510
⿰齒骨 480
⿰齒豈 101
齺 466
齻 136
齹 50
52
162
⿰骨齒 493
⿱差齒 50
52
162
⿰齒兼 229
232
447

⿰齒差 50
52
162
齸 471
518

十一畫

⿰齒盧 73
170
171
⿰齒責 516

十二畫

⿱敖齒 278
⿰齒幾 67

十三畫

⿰齒楚 260
⿰齒禁 443

十四畫

⿰齒齊 373

十五畫

⿰齒截 490
⿰齒巤 539

十六畫

⿰齒歷 523

十七畫

⿱聯齒 141

二十畫

⿱獻齒 486
492

龍部

龍 36

三畫

龏 40, 347, 469

六畫

礲 32, 239
龔 40
攏 36
蘢 135, 500, 544
龕 224

七畫

[illegible] 36

十六畫

龖 537

十七畫

龗 198

龜部

龜 57, 210
龜 57

四畫

[illegible] 150
[illegible] 223, 229

五畫

[illegible] 27, 35

3

龠部

龠 503

四畫

龡 107, 114

五畫

龢 165

八畫

龣 452, 466
籥 45, 350
[illegible] 428

九畫

龤 96

十畫

[illegible] 51

廣韻四聲韻字今音表

周祖謨　編

中 華 書 局

叙　　例

(一)　《廣韻》是公元十一世紀初宋真宗時陳彭年等根據唐代流傳下來的《切韻》、《唐韻》一系的韻書刊定撰集而成的。雖然屬於韻書一類，而實際就是按韻編排的一部字書，從中既可以檢查字音，又可以考查字義，而對研究漢語歷史音韻來説，用處就更多一些。可是《廣韻》所代表的音系是公元六世紀的讀書音，與現代普通話語音系統不同，其中有不少反切從用字上要確定今音的讀法是比較困難的。現在爲便於應用起見，按照《廣韻》韻部的次第，參照宋人的等韻圖，列爲六十一個表，把《廣韻》四聲韻部中各組的反切注音一一標出現代普通話的讀音來。讀者一方面可以由此瞭解每組今音的讀法，另一方面也可以藉此略知《廣韻》音系與今音的異同以及其中一些主要的音變規律，這對於研究現代方音和推廣普通話都不無幫助。

(二)　《廣韻》的聲韻系統是因承隋陸法言《切韻》而來的。《切韻》原書分爲一百九十三韻，而《廣韻》又參照了唐孫愐《唐韻》一類的韻書，分類加細，四聲韻部增多至二百零六韻。每一韻内的韻母，有的只有一類，有的就有兩類、三類或四類。主要由於有無[i]介音或[u]介音而類别多寡有所不同。這些可以從反切下字來確定。例如"東"韻"通""穹"是兩類，"麻"韻"巴""鴉""瓜"是三類，"庚"韻"庚""觥""京""兄"是四韻。

(三)《廣韻》的聲類，根據書中的反切，大別為四十一類。用宋代韻圖（如《七音略》）三十六字母的名稱作標目，可列表如下：

幫[p]	滂[p']	並[b]	明[m]				
非[pj]	敷[p'j]	奉[bj]	微[mj]				
端[t]	透[t']	定[d]	泥[n]	來[l]			
知[ṭ]	徹[ṭ']	澄[ḍ]	娘[ṇ]				
見[k]	溪[k']	群[g]	疑[ng]				
精[ts]	清[ts']	從[dz]		心[s]	邪[z]		
照(莊)[tṣ]	穿(初)[tṣ']	牀[dẓ]		山[ṣ]			
照[tś]	穿[tś']	牀(神)[dź]		審[ś]	禪[ź]	日[ń]	
影[—]				曉[x]	匣[ɣ]	喻(于)[jw]	喻[j]

這裏用國際音標所注的擬音是根據多數人的意見擬定的。其

幫滂並明四母（即所謂“重脣音”）和非敷奉微四母（即所謂“輕脣音”）在《廣韻》中分别不嚴，但是今音有些字讀雙脣音，有些字讀脣齒音（[f]），遠自唐代有些方音即已如此，宋代韻圖以非敷奉微與幫滂並明相對，一定是與當時語音的讀法相適應的。本書目的既在於注明今音，所以把重脣和輕脣分開，以免混淆。又宋人三十六字母中照穿牀審喻五母，據《廣韻》反切，應各爲兩類，現在參照清陳澧《切韻考·外篇》分爲十母。照母分爲照、莊兩類，穿母分爲穿、初兩類，牀母分爲神、禪兩類，審母分爲審、山兩類，喻母分爲喻、于兩類（“于”陳澧作“爲”）。這樣就共有四十一類。

(四) 現代普通話的聲母，包括零聲母，只有二十二個。韻母只有三十五個。聲調分爲陰平、陽平、上聲、去聲四調，而没有入聲。《廣韻》的入聲字一律分别讀入平、上、去三聲。本書各表上面一行序列《廣韻》聲母，聲母次序是按照前條所列的次第來排列的。聲母標目之下，分爲四欄，排列《廣韻》平、上、去、入四聲韻紐。各表豎看同一行的字，聲母相同；横看同一欄的字，韻類相同。這與宋代韻圖的格式相似。

(五) 本書各表所列的字都是《廣韻》一紐開頭的第一字。每字之下一律注明《廣韻》原書的反切。《廣韻》的反切有以端組字切知組字的（即等韻書中所謂“類隔切”），都加一星號(*)來表示。在反切的下面則用漢語拼音字母注出現代普通話的讀音。其中凡聲母不同而韻母同於左邊鄰近的字就用一短横線(—)來表示，意思是與左邊的字韻母和聲調完全相同。如果韻母相同而聲調不同的話，則加標調號。標注聲調的辦法是：

(1)　《廣韻》平聲韻一欄，今音讀陰平聲的，一律不加調號；讀陽平聲的，標陽平調(／)。

(2)　《廣韻》上聲韻一欄，今音讀上聲的，不標調號；變為去聲的，標去聲調(＼)。

(3)　《廣韻》去聲韻一欄，今音讀去聲，一律不標調號。

(4)　《廣韻》入聲韻一欄，今音分別讀入平、上、去三聲。除讀陰平聲的不標調號外，其他讀陽平(／)、上聲(∨)、去聲(＼)的字都分別標記調號。

(六)　現代普通話的語音系統比《廣韻》音系簡單得多。《廣韻》音變為今音，根據具體的例子可以歸納出一些基本規律來。瞭解這些規律，對審辨字音的讀法就比較容易。

就聲母來說，由於聲母的發音部位和發音方法各有不同，其讀音和字調也就有所不同。現在分別敘述如下：

(1)　清聲母"幫""端"讀b，d。"知""莊""照"讀zh。"見""精"讀g，z，在i，ü介音前讀j。這些聲母的入聲字一般都讀陽平。如"筆"字則讀上聲。

(2)　送氣輕聲母"滂""透"讀p，t。"徹""初""穿"讀ch。"溪""清"讀k，c，在i，ü介音前讀q。這些聲母的入聲字都讀去聲。

(3)　濁聲母"並""定""澄""群""從""牀""神"，平聲字讀為送氣清音p，t，ch，q，c，ch，ch(少數讀sh，如"神")，都讀陽平。上、去、入三聲字讀為不送清音b，d，zh，j，z，zh，zh。上聲字都變讀去聲，入聲字則讀陽平。

(4)　鼻音聲母"明""泥""娘""日"和邊音"來"母，平聲字讀m，n，l，r。"泥""娘"沒有分別。

又"微""疑"兩母一般讀為零聲母。惟"疑"母有一部分讀n，如"倪""擬""虐""逆""齧""凝"等。這七個聲母同屬濁音一類，平聲字都讀陽平調，上、去二聲不變，入聲則讀為去聲。

(5)"非""敷""奉"三母今音沒有分別，都讀為f。"非"母入聲字讀為陽平調，少數字讀上聲或去聲。如"法"讀上聲，"髮"讀去聲。"敷"母入聲字一般讀去聲。少數字如"物""韻""拂"字讀陽平。"奉"母上聲字讀為去聲，入聲字讀為陽平。

(6)"心""邪"兩母是與塞擦音"精""清""從"相同部位的摩擦音。"心"母讀s，而在i，ü音前讀x。平聲字讀陰平調，上、去二聲不變，入聲字一般讀去聲。只有少數字如"悉""錫""薛"等字讀陰平，"雪""索"等字讀上聲。"邪"母是濁音，也讀s，在i，ü前同"心"母一樣讀x，少數字讀q，如"囚"。惟平聲字讀陽平調，上聲字讀去聲，入聲字讀陽平。

(7)"山""審"二母為摩擦清音，今音讀sh。"山"母少數字讀s或x，如"搜""森""瑟""澀"讀s，"莘"讀x；"審"母少數字讀ch，如"舂"。這兩母平聲字讀陰平，上聲不變，入聲字一般讀去聲。惟"山"母少數字讀陰平，如"殺""刷"。"禪"母為摩擦濁音，平聲字一般讀ch，陽平調；少數字讀sh，如"誰""韶"。上、去、入三聲都讀sh。但上聲字讀為去聲，入聲字則以讀為陽平者居多。少數字讀上聲或去聲，如"蜀"讀上聲，"涉"讀去聲。

(8)"曉""匣"二母為摩擦音，"曉"為清音，"匣"為濁音，但今音都讀h，在i，ü前讀x。"曉"母平聲字讀陰平，上、去二聲不變，入聲字讀去聲。少數字讀陰平，如"歇""忽""黑"等字。"匣"母平聲字讀陽平調，上聲變為去聲，入聲字以讀陽平調者為多，有些字讀去聲，如"穴"。

(9) "影""于""喻"三母今音都沒有輔音，即所謂零聲母。"于""喻"二母屬濁音一類，平聲讀陽平調，上聲不變，入聲字讀為去聲。"影"母為清音，平聲字讀陰平調。入聲字大都讀為去聲，間有讀為陰平的，如"八""噎""揖""鴨""屋""約"等字。

從上面所說的情形來看，《廣韻》音跟現代音在聲母讀音上的不同最顯著的一點是古濁音現代都讀為清音。其次一點是"知"組塞音和"莊""照"兩組塞擦音讀得一樣。在聲調方面，聲母和聲調的關係可以概括為幾句話：平聲字，清聲母讀陰平，濁聲母讀陽平；上聲字，濁聲母都讀為去聲；入聲字，不送氣的清塞音和濁塞音以及濁摩擦音都讀為陽平，其他一般都讀為去聲。但都有少數例外，那要從不同歷史時期演變的情況去解釋。

(七)《廣韻》音所分的韻部很多，今音都趨於簡單化。凡《廣韻》韻部比次在一起，讀音又相近的各部，今音都有所歸併。《廣韻》韻尾收[-m]的都變為收[-n]，而且入聲的韻尾[k][t][p]三類一律消失。今舉平聲韻為例，以見其併合的情況：

東冬鍾 } ong, iong, eng,

江陽唐 } ang, iang, uang

寒桓刪山元仙先 } an, ian, uan, üan

覃談咸銜鹽添嚴凡 } an, ian

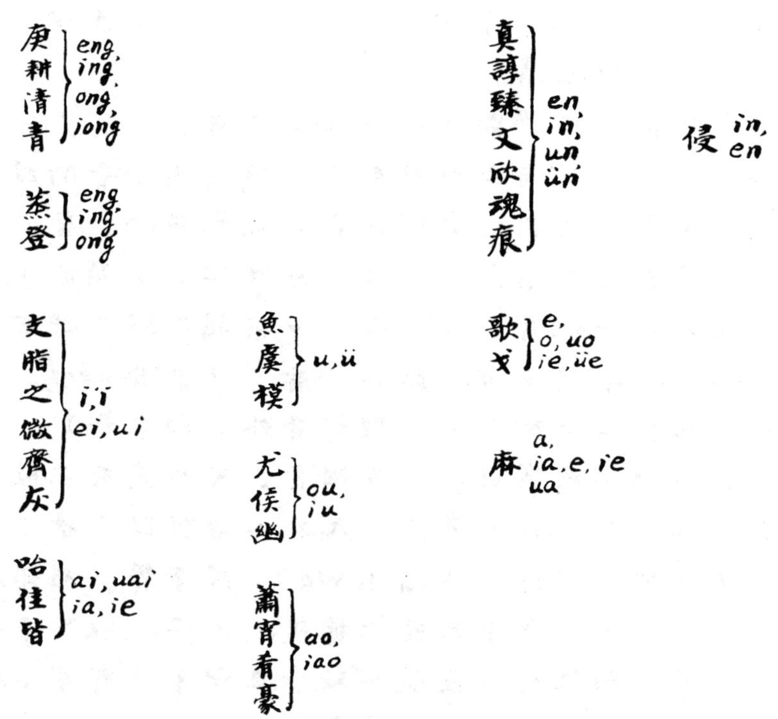

（八） 這個《今音表》所注的音都是《廣韻》一紐第一字的讀音。依例同紐的字應當讀音相同，但有時並不如此。例如《表三》平聲鍾韻"容"紐第一字"容"字今音róng，而"容"紐內有"庸""鄘"等字則讀yōng。《表六》平聲脂韻"眉"紐的"眉""郿""湄"等字音méi，而"麋"鹿字音mí。遇到這種情形，表中酌量分注兩音，以供參照。

另外，有些韻紐第一字今音自有它的讀法，而與本紐內其他字的讀音不同。如《表一》入聲屋韻"六"紐的"六"字，通常作數目字用，音liù，"六安縣"則音lù，可是"六"紐內的字如"陸""戮"等字都音lù。因此，在表內"六"下除注lù外，並注出liù的一音，而外加括號，以示分別。又如《表十八》去聲隊韻"佩"紐，《廣韻》有"琲""誖"

等字都音bèi，而"佩"字讀pèi，在"佩"下兼注bèi、(pèi)二音，以免含混不清。

(九) 把《廣韻》四聲韻字一一注出今音，確實是一件複雜繁難的事。因為一方面要照顧到古音演變為今音的規律，另一方面還要照顧到現代的實際讀音，頗費斟酌。有時還遇到少數字在《廣韻》音系雖然佔據一定地位，但讀成今音，可能是不曾聽到的一個音。如《表一》東韻"疑"母的"岘"字音"五東切"，依照反切，讀為今音，只能音wéng，而聽起來很特殊。在語言中除表示一種聲音外（即象聲），沒有同音的語詞，因此字典裏也不收這個音。另外還有少數字在字典裏注音並不一致。如《表五十九》入聲狎韻"曉"母的"呷"字，舊日的字典依規律讀為xiá，陽平聲，而現在的字典音xiā，作陰平。表中只能根據現代的字典取陰平一讀。本書六十一個表，雖然經過反復參校，其中不免有不準確處，也可能有沒有檢查到的錯誤，希望讀者指正。

目　　録

1	東	董	送	屋	1
2	冬	(湩)	宋	沃	3
3	鍾	腫	用	燭	4
4	江	講	絳	覺	6
5	支	紙	寘		7
6	脂	旨	至		9
7	之	止	志		11
8	微	尾	未		13
9	魚	語	御		13
10	虞	麌	遇		15
11	模	姥	暮		17
12	齊	薺	霽		18
13			祭		19
14			泰		21
15	佳	蟹	卦		22
16	皆	駭	怪		23
17			夬		25
18	灰	賄	隊		26
19	咍	海	代		27
20			廢		28
21	真	軫	震	質	29
22	諄	準	稕	術	31
23	臻			櫛	32
24	文	吻	問	物	33
25	殷	隱	焮	迄	33
26	元	阮	願	月	34
27	魂	混	慁	沒	35
28	痕	很	恨	(麧)	36
29	寒	旱	翰	曷	37
30	桓	緩	換	末	38
31	刪	潸	諫	黠	39
32	山	產	襇	鎋	40
33	先	銑	霰	屑	41
34	仙	獮	線	薛	43
35	蕭	篠	嘯		45
36	宵	小	笑		45
37	肴	巧	效		47
38	豪	晧	号		48
39	歌	哿	箇		49
40	戈	果	過		50
41	麻	馬	禡		51
42	陽	養	漾	藥	53
43	唐	蕩	宕	鐸	55
44	庚	梗	敬(映)	陌	56
45	耕	耿	諍	麥	58
46	清	靜	勁	昔	59
47	青	迥	徑	錫	61
48	蒸	拯	證	職	62
49	登	等	嶝	德	65
50	尤	有	宥		66
51	侯	厚	候		68
52	幽	黝	幼		69
53	侵	寑	沁	緝	70
54	覃	感	勘	合	71
55	談	敢	闞	盍	72
56	鹽	琰	豔	葉	73
57	添	忝	㮇	帖	75
58	咸	豏	陷	洽	76
59	銜	檻	鑑	狎	77
60	嚴	儼	釅	業	78
61	凡	范	梵	乏	78

表一

〇	幫		滂	並	明	非	敷	奉	微	端	透	定	泥	來		知	徹	澄
[東]				蓬 蒲紅 peng	蒙 莫紅 m—ˊ					東 德紅 dong	通 他紅 t—	同 徒紅 t—ˊ		籠 盧紅 l—ˊ				
						風 方戎 feng	豐 敷戎 f—	馮 房戎 f—ˊ	瞢 莫中 m—ˊ					隆 力中 lóng		中 陟弓 zhong	忡 敕中 ch—	蟲 直弓 ch—ˊ
[董]	琫 邊孔 beng			菶 蒲蠓 b—ˋ	蠓 莫孔 m—					董 多動 dong	侗 他孔 t—	動 徒揔 d—ˋ	貜 奴動 n—	嚨 力董 l—				
[送]					幪 莫弄 meng					涷 多貢 dong	痛 他貢 t—	洞 徒弄 d—	齈 奴凍 n—	弄 盧貢 l—	(n—)			
						諷 方鳳 fěng	賵 撫鳳 f—	鳳 馮貢 f—	㝱 莫鳳 m—							中 陟仲 zhong		仲 直眾 zh—
[屋]	卜 博木 bǔ	pú	扑 普木 p—	暴 蒲木 p—ˊ	木 莫卜 m—ˋ					轂 丁木 d—ˊ	禿 他谷 t—	獨 徒谷 d—ˊ		祿 盧谷 l—ˋ				
						福 方六 fú	蝮 芳福 f—ˋ	伏 房六 f—ˊ	目 莫六 m—ˋ					六 力竹 l—ˋ	(Liù)	竹 張六 zh—ˊ	畜 丑六 ch—ˋ	逐 直六 zh—ˊ

娘	見	溪	群	疑	精	清	從	心	莊	初	牀	山	照	穿	審
	公 古紅 g—	空 苦紅 k—		峣 五東 weng	葼 子紅 zong	怱 倉紅 c—	叢 徂紅 c—	檧 蘇公 s—							
	弓 居戎 g—	穹 去宮 qiong	窮 渠弓 q—					嵩 息弓 song			崇 鋤弓 ch—		終 職戎 zh—	充 昌終 ch—	
		孔 康董 k—			總 作孔 z—			敵 先孔 s—							
	貢 古送 g—	控 苦貢 k—			糉 作弄 z—	謥 千弄 c—	⿰聚攵 徂送 z—	送 蘇弄 s—							
		焪 去仲 qiong				趙 千仲 qiong					⿰崇刂 仕仲 zhong		眾 之仲 zh—	銃 充仲 ch—	
	穀 古祿 g—	哭 空谷 k—			鏃 作木 z—	瘯 千木 c—	族 昨木 z—	速 桑谷 s—							
朒 女六 nǜ	菊 居六 jú	麴 驅匊 q—	驧 渠竹 j—	砡 魚菊 yù	蹙 子六 zú (cù)	⿱龍足 七宿 cù	⿰齒足 才六 zú	肅 息逐 s—	縬 側六 zh—	珿 初六 ch—		縮 所六 s— (suo)	粥 之六 zh— (zhou)	俶 昌六 ch—	叔 式竹 sh— shù

表二

〇	幫	滂	並	明	端	透	定	泥	
[冬]					冬 都宗 dong	炵 他冬 t–	彤 徒冬 t–́	農 奴冬 n–́	
[湩]				䳉 莫湩 meng	湩 都䳉 dong				
[宋]				雺 莫綜 meng		統 他綜 tong			
[沃]	襆 博沃 bú		僕 蒲沃 p–́	瑁 莫沃 m–̀	篤 冬毒 d–̌		毒 徒沃 d–́	褥 內沃 n–̀	(r–̀)

禪		日		影	曉	匣	于	喻
				翁 烏紅 weng	烘 呼東 hong	洪 户公 h–́		
		戎 如融 r–́					雄 羽弓 xiong	融 以戎 rong
				蓊 烏孔 weng	嗊 呼孔 hong	澒 胡孔 h–̀		
				瓮 烏貢 weng	烘 呼貢 hong	哄 胡貢 h–		
					[illegible] 香仲 xiong			
				屋 烏谷 wū	嗀 呼木 hū	縠 胡谷 h–́		
塾 殊六 sh–́	(shóu)	肉 如六 r–̀	(ròu)	郁 於六 yù	畜 許竹 xù		囿 于六 yòu	育 余六 yù

来	見	溪	疑	精	從	心	影		曉	匣
礲 力冬 l-ˊ	攻 古冬 g-			宗 作冬 z-	賨 藏宗 c-ˊ	鬆 私宗 s-				䃔 户冬 h-ˊ
				綜 子宋 z-		宋 蘇統 s-				䃔 乎宋 h-
濼 盧毒 l-ˋ	梏 古沃 g-ˋ	酷 苦沃 k-ˋ	擢 五沃 wù	傶 將毒 z-ˊ		洬 先篤 s-ˋ	沃 烏酷 wù	wò	熇 火酷 kù	鵠 胡沃 h-ˊ

表三

〇	非	敷	奉	知	徹	澄
[鍾]	封 府容 feng	峯 敷容 f-	逢 符容 f-ˊ		蹱 丑凶 chong	重 直容 ch-ˊ
[腫]	覂 方勇 feng	捧 敷奉 p-ˇ	奉 扶隴 f-ˋ	冢 知隴 zhong	寵 丑隴 ch-	重 直隴 zh-ˋ
[用]	葑 方用 feng		俸 扶用 f-ˋ	湩 竹用 zhong	蹱 丑用 ch-	重 柱用 zh-
[燭]	轐 封曲 bǔ		幞 房玉 p-ˊ	瘃 陟玉 zh-ˊ	梀 丑玉 ch-ˋ	躅 直錄 zh-ˊ

娘	來	見	溪	群	疑	精	清	從	心	邪	照	穿	神	審	禪	日
醲 女容 n-ˊ	龍 力鍾 l-ˊ	恭 九容 g-	銎 曲恭 qióng	蛩 渠容 q-ˊ	顒 魚容 yóng	縱 即容 zong	樅 七恭 c-	從 疾容 c-ˊ	蜙 息恭 s-	松 祥容 s-	鍾 職容 zh-	衝 尺容 ch-		舂 書容 ch-	鱅 蜀庸 ch-ˊ	茸 而容 róng
	隴 力踵 l-	拱 居悚 g-	恐 丘隴 k-	梁(?) 渠隴 jiǒng		縱 子冢 zong	愡(?) 且勇 c-		悚 息拱 s-		腫 之隴 愡(?) 職勇 zhong	錐(?) 充隴 ch-			尰 時冗 chòng	冗 而隴 rong
搑 穠用 n-	曨 良用 l-	供 居用 g-	恐 區用 k-	共 渠用 g-		縱 子用 z-		從 疾用 z-		頌 似用 s-	種 之用 zh-					䩸(?) 而用 rong
	錄 力玉 l-ˋ	輂 居玉 jú	曲 丘玉 qū (qǔ)	局 渠玉 jú	玉 魚欲 yù	足 即玉 zú	促 七玉 c-ˋ		粟 相玉 s-ˋ	續 似足 sú (xù)	燭 之欲 zhú	觸 尺玉 ch-ˋ	贖 神蜀 sh-ˊ	束 書玉 shù	蜀 市玉 sh-ˇ	辱 而蜀 r-ˋ (rǔ)

影	曉	喻	
邕 於容 yong	胷 許容 xiong	容 餘封 róng	yong
擁 於隴 yong	洶 許拱 xiong	勇 余隴 yong	
雍 於用 yong		用 余頌 yong	
	旭 許玉 xù	欲 余蜀 yù	

表四

○	幫		滂	並		明	知	徹	澄	娘	來	見
[江]	邦 博江 bang		胮 匹江 p—	龐 薄江 p—ˊ		厖 莫江 m—ˊ	椿 都江 zhuang	惷 丑江 ch—	幢 宅江 ch—ˊ	醲 女江 náng	瀧 吕江 l—ˊ	江 古雙 jiang
[講]	㭋 巴講 bang			棒 步項 b—ˋ		㟂 武項 m—						講 古項 jiang
[絳]			胖 匹絳 pang				戇 陟降 zhuang	𥃼 丑絳 ch—	幢 直絳 zh—			絳 古巷 jiang
[覺]	剝 北角 bō	(bo) bao	璞 匹角 pò	雹 蒲角 bó	báo	邈 莫角 miǎo	斲 竹角 zhuó	逴 敕角 ch—ˋ	濁 直角 zh—ˊ	搦 女角 n—ˋ	犖 吕角 l—ˋ	覺 古岳 jué

	溪	疑	莊	初	牀	山	影	曉	匣
gang	腔 苦江 q—	岘 五江 yáng		囱 楚江 chuang	淙 士江 ch—´	雙 所江 sh—	胦 握江 yang	肛 許江 xiang	栙 下江 x—´
gang							慃 烏項 yang	傋 虛慃 xiang	項 胡講 x—ˋ
				糉 楚絳 chuang	漴 士絳 zh—	淙 色絳 sh—			巷 胡絳 xiang
	㱿 苦角 q—ˋ	嶽 五角 y—ˋ	捉 側角 zhuo	娖 測角 ch—ˋ	浞 士角 zh—´	朔 所角 sh—ˋ	渥 於角 wò	吒 許角 xuè	學 胡覺 xué

表五

○	幫	滂	並		明	知	徹
[支]	陂 彼為 卑 府移 bei	鈹 敷羈 ⿰口皮 匹支 pi	皮 符羈 陴 符支 p—´		糜 靡為 彌 武移 m—´	知 陟離 zhi 腄 竹垂 zhui	摛 丑知 ch—
[紙]	彼 甫委 俾 匹婢 bi	⿰歹皮 匹靡 諀 并弭 p—	被 皮彼 婢 便俾 bì	(bèi)	靡 文彼 渳 綿婢 m—	⿰扌敉 陟侈 zhi	褫 敕豸 ch—
[寘]	賁 彼義 臂 卑義 bi	帔 披義 譬 匹賜 p—	髲 平義 避 毗義 b—			智 知義 zhi 娷 竹恚 zhui	

澄	娘	來	見	溪	群	疑	精	清	從	心		邪	莊		初	牀	山		照
馳 直離 ch-´		離 呂支 l-´	羈 居宜 j-	攲 去奇 q-	奇 渠羈 祇 巨支 q-´	宜 魚羈 yí	貲 即移 zi	雌 此移 c-	疵 疾移 c-´	斯 息移 s-			𪗊 側宜 z-		差 楚宜 c-	齹 士宜 c-´	釃 所宜 s-	(sh-)	支 章移 zh-
鬌 直垂 ch-´		羸 力為 léi	嬀 居為 [illegible] 居隨 gui	虧 去為 闚 去隨 k-		危 魚為 wei	劑 遵為 厜 姊規 zui			眭 息為 sui		隨 旬為 s-´			衰 楚危 c-		[illegible] 山垂 s-	sh-	
豸 池爾 zh-`	狔 女氏 n-	邐 力紙 l-	掎 居綺 枳 居紙 j-	綺 墟彼 企 丘弭 q-	技 渠綺 j-`	螘 魚倚 yi	紫 將此 zi	此 雌氏 c-		徙 斯氏 xi			批 側氏 zi				躧 所綺 xi		紙 諸氏 zhi
		累 力委 lei	詭 過委 gui	跪 去委 跬 丘弭 kui	跪 渠委 g-`	硊 魚毀 wei	觜 即委 zui		惢 才捶 z-`	髓 息委 s-		橢 隨婢 s-`			揣 初委 chuai				捶 之累 zhui
		詈 力智 li	寄 居義 馶 居企 ji	椅 卿義 企 去智 q-	芰 奇寄 j-	議 宜寄 yi	積 子智 zi	刺 七賜 c-	漬 疾智 z-	賜 斯義 s-	c-		裝 爭義 z-	zh-			屣 所寄 xi		寘 支義 zhi
縋 馳偽 zh-	諉 女恚 n-	累 良偽 lei	䞈 詭偽 瞡 規恚 gui	觖 窺瑞 k-		偽 危睡 wei				[illegible] 思累 sui									惴 之睡 zh-

表六

穿	神	審	禪	日	影	曉	于	喻
眵 叱支 ch- 吹 昌垂 ch-		釃 式支 sh-	提 是支 ch-ˊ 垂 是爲 ch-ˊ	兒 汝移 er 痿 人垂 r-ˊ	漪 於離 yi 逶 於爲 wei	犧 許羈 訑 香支 xi 麾 許爲 隓 許規 hui	爲 薳支 wei	移 弋支 yi 隋 悅吹 wei
侈 尺氏 ch-	舓 神帋 sh-	弛 施是 sh- (ch-ˊ)	是 承紙 sh-ˋ 菙 時髓 sh-ˋ	爾 兒氏 er 蘂 如累 r-	倚 於綺 yi 委 於詭 wei	⿰赤鼻 興倚 xi 毀 許委 hui	蔿 韋委 wei	酏 移爾 yi 蓶 羊捶 wei
卶 充豉 ch- 吹 尺僞 ch-		翅 施智 sh- (ch-)	豉 是義 sh- (ch-ˋ) 睡 是僞 sh-	枘 而瑞 r-	倚 於義 縊 於賜 yi 餧 於僞 恚 於避 wei	戲 香義 xi 毀 況僞 孈 呼恚 hui	爲 于僞 wei	易 以豉 yi 瓗 以睡 wei

○	幫	滂	並	明
[脂]	悲 府眉 bei	丕 敷悲 紕 匹夷 pi	邳 符悲 毗 房脂 p-ˊ	(pei) 眉 武悲
[旨]	鄙 方美 匕 卑履 bi	嚭 匹鄙 p-	否 符鄙 牝 扶履 p-	美 無鄙 mei
[至]	秘 兵媚 (mi) 痺 必至 bi	濞 匹備 屁 匹寐 p-	備 平秘 鼻 毗至 bei bi	郿 明祕 寐 彌二 mei

	知	徹	澄	娘	来	定	見	溪	群	疑	精	清	從	心	邪	初	山
	胝 丁尼* zhi	絺 丑飢 ch-	墀 直尼 ch-ˊ	尼 女夷 ní	棃 力脂 l-ˊ		飢 居夷 jī		鬐 渠脂 q-ˊ	狋 牛肌 yí	咨 即夷 zi	郪 取私 c-	茨 疾資 c-ˊ	私 息夷 s-			師 疏夷 shi
mei	追 陟佳 zhui		鎚 直追 ch-ˊ		漯 力追 léi		龜 居追 gui	巋 丘追 k-	逵 渠追 葵 渠佳 k-ˊ		嗺 醉綏 z-						
														綏 息遺 s-			衰 所追 shuai
	黹 豬几 zhi	𪘀 褚几 ch-	雉 直几 zh-ˋ	柅 女履 ní	履 力几		几 居履 jǐ (jǐ)		跽 暨几 j-ˋ		姊 將几 zǐ						
	zhi	ch-	zh-ˋ	ni	lü									死 息姊 s-	兕 徐姊 s-ˋ		
					壘 力軌 lei		軌 居洧	巋 丘軌	郈 暨軌		濢 遵誄 z-	䢐 千水 c-	嶊 徂壘 z-ˋ				
							癸 居誄 gui	k-	揆 求癸 k-								
	致 陟利 zhi	杘 丑利 ch-	緻 直利 zh-	膩 女利 ni	利 力至 l-	地 徒四 d-	冀 几利 jì	器 去冀	臮 具冀 j-	劓 魚器 yì	恣 資四 zi	次 七四 c-	自 疾二 z-	四 息利 s-			
								弃 詰利 q-									
	轛 追萃 zhui		墜 直類 zh-		類 力遂 lei		媿 俱位 kui	喟 丘愧 k-	匱 求位 k-		醉 將遂 zui	翠 七醉 c-	萃 秦醉 c-	邃 雖遂 s-	遂 徐醉 s-	敊 楚愧 ch-	帥 所類 shuai
							季 居悸 jì gui		悸 其季 jì gui								

表七

照	穿	神	審	禪	日	影	曉	于	喻
脂 旨夷 zh-	鴟 處脂 ch-		尸 式脂 sh-			伊 於脂 yi	咦 喜夷 xi		姨 以脂 yi
錐 職追 zhui	推 尺隹 ch-			誰 視隹 sh-´	蕤 儒隹 r-´		倠 許維 hui	帷 洧悲 wei	惟 以隹 wei
旨 職雉 zhi			矢 式視 sh-	視 承矢 sh-\`		歖 於几 yi			
			水 式軌 sh-		惢 如壘 r-			洧 榮美 wei	唯 以水 wei
							瞲 火癸 hui		
至 脂利 zhi	痓 充自 ch-	示 神至 sh-	屍 矢利 sh-	嗜 常利 sh-	二 而至 er	懿 乙冀 yi	齂 虛器 xi		肄 羊至 yi
	出 尺類 chui		[illegible] 釋類 sh-				豷 許位	位 于愧 wei	遺 以醉 wei
							瞲 香季 hui		

○	知	徹	澄	娘	来	見	溪
[之]		癡 丑之 chi	治 直之 ch-´		釐 里之 li	姬 居之 ji	欺 去其 q-
[止]	徵 陟里 zhi	恥 敕里 ch-	峙 直里 zh-\`	伱 乃里 ni	里 良士 li	紀 居里 ji	起 墟里 q-
[志]	置 陟吏 zhi	眙 丑吏 ch-	值 直吏 zh-		吏 力置 li	記 居吏 ji	亟 去吏 q-

群	疑	精	清	從	心	邪	莊	初	牀	山	照	穿	審	禪	日	影	曉
其 渠之 q—	疑 語其 yí	兹 子之 zī		慈 疾之 c—́	思 息兹 s—	詞 似兹 c—́	菑 側持 z—	輜 楚持 (z—) c—	漦 俟菑 c—́ (ch—) 茬 士之 chí		之 止而 zhī	蚩 赤之 ch—	詩 書之 sh—	時 市之 sh—́	而 如之 ér	醫 於其 yī	僖 許其 xī
	擬 魚紀 nǐ	子 即里 zǐ			枲 胥里 xǐ	似 詳里 sì	滓 阻史 z—	剃 初紀 c—	俟 牀史 s—̀ 士 鉏里 shì	史 疎士 shǐ	止 諸市 zh—	齒 昌里 ch—	始 詩止 sh—	市 時止 sh—̀	耳 而止 ěr	譩 於擬 yǐ	喜 虛里 xǐ
忌 渠記 j—	鱁 魚記 yì		截 七吏 cì	字 疾置 z—	笥 相吏 s—	寺 祥吏 s—	胾 側吏 z—	廁 初吏 c— (cè)	事 鉏吏 shì	駛 疏吏 shǐ	志 職吏 zh—	熾 昌志 ch—	試 式吏 sh—	侍 時吏 sh—	餌 仍吏 èr	意 於記 yì	憙 許記 xì

表八

○	非	敷	奉	微	見	溪	群	疑	影	曉	于
[微]					機 居依 ji		祈 渠希 q-	沂 魚衣 yi	依 於希 yi	希 香衣 xi	
	非 甫微 fei	霏 芳非 fei	肥 符非 fei	微 無非 wei	歸 舉韋 gui	蘬 丘韋 k-		巍 語韋 wei	威 於非 wei	揮 許歸 hui	幃 雨非 wei
[尾]					蟣 居狶 ji	豈 袪狶 q-		顗 魚豈 yi	扆 於豈 yi	豨 虛豈 xi	
	匪 府尾 fei	斐 敷尾 f-	膹 浮鬼 f-	尾 無匪 wei	鬼 居偉 gui				磈 於鬼 wei	虺 許偉 hui	韙 于鬼 wei
[未]					既 居豙 ji	氣 去既 q-	䤒 其既 j-	毅 魚既 yi	衣 於既 yi	欷 許既 xi	
	沸 方味 fei	費 芳未 f-	狒 扶沸 f-	未 無沸 wei	貴 居胃 gui	毇 丘畏 k-		魏 魚貴 wei	尉 於胃 wei	諱 許貴 hui	胃 于貴 wei

于	喻
	飴 與之 yi
矣 于紀 yi	以 羊己 yi
	異 羊吏 yi

表九

○	知
[魚]	豬 陟魚 zhu
[語]	貯 丁呂* zhu
[御]	著 陟慮 zhu

徹	澄	娘	来		見	溪	群	疑	精	清		從	心	邪	莊		初	牀	山
攄 丑居 sh–	除 直魚 ch–ˊ	袽 女余 rú	臚 力居 lú	lǘ	居 九魚 ju	墟 去魚 q–	渠 強魚 q–ˊ	魚 語居 yú	且 子魚 ju	疽 七余 q–	(j–)		胥 相居 xu	徐 似魚 x–ˊ	菹 側魚 ju		初 楚居 chu	鉏 士魚 ch–ˊ	疏 所菹 sh–
褚 丑呂 ch–	佇 直呂 zh–ˋ	女 尼呂 nü	呂 力舉 lü		舉 居許 ju	去 羌舉 q–	巨 其呂 j–ˋ	語 魚巨 yu	苴 子與 ju	䀖 七與 q–		咀 慈呂 j–	諝 私呂 x–	敘 徐呂 x–ˋ	阻 側呂 zu		楚 創舉 ch–	齟 牀呂 zu	所 疏舉 xu
絮 抽據 ch–	箸 遲倨 zh–	女 尼據 nü	慮 良倨 lü		據 居御 ju	㰦 丘倨 q–	遽 其據 j–	御 牛倨 yu	怚 將預 ju	覻 七慮 q–			絮 息據 xu	屐 徐預 x–	詛 莊助 zu	(zǔ)	楚 瘡據 ch–	助 牀據 zh–	疏 所去 sh–

表十

〇	非	敷	奉	微	知	徹	澄
[虞]	跗 甫無 fu	敷 芳無 f-	扶 防無 f-ˊ	無 武夫 wú	株 陟輸 zhu	貙 敕俱 ch-	廚 直誅 ch-ˊ
[麌]	甫 方矩 fu	撫 芳武 f-	父 扶雨 f-ˋ	武 文甫 wu	拄 知庾 zhu		柱 直主 zh-ˋ
[遇]	付 方遇 fu	赴 芳遇 f-	附 符遇 f-	務 亡遇 wu	註 中句 zhu	⿵門主 丑住 ch-	住 持遇 zh-

照	穿	神	審	禪	日	影	曉	喻
諸 章魚 zh-			書 傷魚 sh-	蜍 署魚 ch-ˊ	如 人諸 r-ˊ	於 央居 yu	虛 朽居 xu	余 以諸 yú
⿱⿲弓者弓鬲 章與 (suo) zhu	杵 昌與 ch-	紓 神與 sh-	暑 舒呂 sh-	墅 承與 sh-ˋ	汝 人渚 r-	淤 於許 yu	許 虛呂 xu	與 余呂 yu
翥 章恕 zh-	處 昌據 ch-		恕 商署 sh-	署 常恕 sh-	洳 人恕 r-	飫 依倨 yu	嘘 許御 xu	豫 羊洳 yu

來	見	溪	群	疑	精	清	從	心	莊	初	牀	山	照	穿	審	禪	日	影	曉
僂 力朱 lü	拘 舉朱 ju	區 豈俱 q-	衢 其俱 q-´	虞 遇俱 yu	諏 子于 ju	趨 七逾 q-		須 相俞 x-	傷 莊俱 zhu	芻 測隅 chú	犓 仕于 ch-´	毹 山芻 sh-	朱 章句 zh-	樞 昌朱 sh-	輸 式朱 sh-	殊 市朱 sh-	儒 人朱 r-´	紆 憶俱 yu	訏 況于 xu
縷 力主 lü	矩 俱雨 ju	齲 驅雨 q-	窶 其矩 j-`	麌 虞矩 yu		取 七庾 q-	聚 慈庾 ju	縃 相庾			𤞘 雛禹 zhù	數 所矩 shu	主 之庾 zh-			豎 臣庾 sh-`	乳 而主 r-	傴 於武 yu	詡 況羽 xu
屢 良遇 lü	屨 九遇 ju	驅 區遇 q-	懼 其遇 j-	遇 牛具 yu	緅 子句 ju	娶 七句 q-	堅 才句 j-	尠 思句 x-		菆 芻注 chu		捒 色句 shu	注 之戍 zh-		戍 傷遇 sh-	樹 常句 sh-	孺 而遇 r-	嫗 衣遇 yu	昫 香句 xu

于	喻
于 羽俱 yú	逾 羊朱 yú
羽 王矩 yǔ	庾 以主 yǔ
芋 王遇 yù	裕 羊戍 yù

表十一

○	幫	滂		並		明	端	透	定	泥	來	見	溪	疑	精
[模]	逋 博孤 bu	稗 普胡 p-		酺 薄胡 p-ˊ		模 莫胡 m-ˊ	都 當孤 d-	瑹 他胡 t-	徒 同都 t-ˊ	奴 乃都 n-ˊ	盧 落胡 l-ˊ	孤 古胡 g-	枯 苦胡 k-	吾 五乎 wú	租 則吾 zu
[姥]	補 博古 bu	普 滂古 p-		簿 裴古 b-ˋ		姥 莫補 m-	覩 當古 d-	土 他魯 t-	杜 徒古 d-ˋ	怒 奴古 n-	魯 郎古 l-	古 公戶 g-	苦 康杜 k-	五 疑古 wu	祖 則古 zu
[暮]	布 博故 bu	怖 普故 p-	(b-)	捕 薄故 b-	(b-ˇ)	暮 莫故 m-	妒 當故 d-	菟 湯故 t-	渡 徒故 d-	笯 乃故 n-	路 洛故 l-	顧 古暮 g-	絝 苦故 ku	誤 五故 wu	作 臧祚 zuo

清		從	心	影	曉	匣
麤 倉胡 c–		徂 昨胡 c–ˊ	蘇 素姑 s–	烏 哀都 wu	呼 荒烏 hu	胡 户吴 hú
蔖 采古 c–		粗 徂古 z–ˋ		隖 安古 wù	虎 呼古 hu	户 侯古 h–ˋ
厝 倉故 cu	cuo	祚 昨誤 zuo	訴 桑故 su	汙 烏路 wu	謼 荒故 hu	護 胡誤 h–

表十二

○	幫	滂	並	明		端	透	定	泥	徹
[齊]	豍 邊兮 bi	磇 匹迷 p–	鼙 部迷 p–ˊ	迷 莫兮 m–ˊ		低 都奚 d–	梯 土雞 t–	嗁 杜奚 t–ˊ	泥 奴低 n–ˊ	
[薺]	鞞 補米 bi	頩 匹米 p–	陛 傍禮 b–ˋ	米 莫禮 m–		邸 都禮 d–	體 他禮 t–	弟 徒禮 d–ˋ	禰 奴禮 n–	
[霽]	閉 博計 bi	媲 匹詣 p–	薜 蒲計 b–	謎 莫計 m–	(m–ˋ)	帝 都計 d–	替 他計 t–	第 特計 d–	泥 奴計 n–	遾 丑戾 chi

表十三

來	見	溪	疑	精	清	從	心	禪	日	影	曉	匣
黎 郎奚 l-ˊ	雞 古奚 j- 圭 古攜 guī	谿 苦奚 q- 睽 苦圭 k-	倪 五稽 n-ˊ	齎 祖鷄 j-	妻 七稽 q-	齊 徂奚 q-ˊ	西 先稽 x-	移 成臡 shí	臡 人兮 n-ˊ	鷖 烏奚 yī 烓 烏攜 wēi	醯 呼雞 xī 眭 呼攜 huī	奚 胡雞 x- 攜 戶圭 xié
禮 盧啟 l-		啟 康禮 q-	堄 研啟 n-	濟 子禮 j-	泚 千禮 cǐ	薺 徂禮 jì	洗 先禮 x-			吟 烏弟 yī		徯 胡禮 xǐ
麗 郎計 lì	計 古詣 j- 桂 古惠 guì	契 苦計 q-	詣 五計 yì	霽 子計 jì	砌 七計 q-	嚌 在詣 j-	細 蘇計 x-			翳 於計 yì	欪 呼計 xì 嘒 呼惠 huì	蒵 胡計 x- 慧 胡桂 h-

○	幫	滂	並	明
[際]	蔽 必袂 bì	潎 匹蔽 p-	獘 毗祭 b-	袂 彌獘 mèi

知	徹	澄	来	見	溪	群	疑	精	清	心	邪		初	山	照	穿	審	禪
㡙 竹例 zhi	跇 丑例 ch-	滯 直例 zh-	例 力制 li	猘 居例 j-	憩 去例 q-	偈 憩其 j-	藝 魚祭 yi	祭 子例 j-						㡜 所例 shi	制 征例 zhi	掣 尺制 ch-	世 舒制 sh-	逝 時制 sh-
綴 陟衛 zhui		䄔 除芮 zh-		劌 居衛 g-				蕝 子芮 z-	毳 此芮 c-	歲 相銳 s-	篲 祥歲 sui	(hui)	桑 楚稅 c-	啐 山芮 sh-	贅 之芮 zh-		稅 舒銳 sh-	啜 嘗銳 sh- (chuo)

表十四

○	幫	滂	並	明	端	透	定		泥	来	見		溪
[泰]	貝 博蓋 bei	霈 普蓋 p-	旆 蒲蓋 p-	眛 莫貝 m-	帶 當蓋 dai	泰 他蓋 t-	大 徒蓋 t-	(da)	柰 奴帶 n-	賴 盧蓋 l-	蓋 古太 g-		礚 苦蓋 k-
					祋 丁外 dui	娧 他外 t-	兊 杜外 d-			酹 郎外 lei	儈 古外 gui	kuai	檜 苦會 k-

日	影	于	喻
	緆 於罽 yi		曳 餘制 yi
芮 而鋭 rui		衛 于歲 wei	鋭 以芮 rui

表十五

○	幫	滂	並	明	知	徹		澄
[佳]			牌 薄佳 pái	䁹 莫佳 m-́		扠 丑佳 chāi (chā)		
[蟹]	擺 北買 bǎi		罷 薄蟹 bà	買 莫蟹 mǎi				廌 宅買 zhì [illegible] 丈夥 zhuò
[卦]	嶭 方賣 bài 庍 方卦* bài	派 匹卦 p-	粺 傍卦 b-	賣 莫懈 m-	膪 竹賣 chuài			

疑	精	清	從	心	影		曉	匣
艾 五蓋 ài 外 五會 wài	最 祖外 zuì	蔡 倉大 c- 襊 麤最 c-	蕞 才外 z-	䃮 先外 s-	藹 於蓋 ài 懀 烏外 wèi	ǎi	餀 呼艾 h- 譮 呼會 huì	害 胡蓋 h- 會 黃外 h-

表十六

娘	見		溪		群	疑	莊	初	牀	山		影		曉	匣	○	幫
[illegible] 佳嬭 nai	佳 古膎 jia					崖 五佳 yá		釵 楚佳 chai	柴 士佳 ch-´	崽 山佳 sh-	(z-ˇ)	娃 於佳 wa	(wá)	[illegible] 火佳 xie	[illegible] 戶佳 xie	[皆]	
	媧 古蛙 gua	(wa)	咼 苦緺 k-	(kuai)										竵 火媧 hua	鼃 戶媧 h-´		
嬭 奴蟹 nai	解 佳買 jie		[illegible] 苦蟹 kai		箉 求蟹 guai					灑 所蟹 sa		矮 烏蟹 ai			蟹 胡買 xie	[駭]	
	丫 乖買 guai													扮 花夥 huo	夥 懷丫 h-		
	懈 古隘 jie	(x-)	[illegible] 苦賣 kai			睚 五懈 yà	債 側賣 zhai	差 楚懈 ch-	㾪 士懈 zh-	曬 所賣 sh-		隘 烏懈 ai		謑 火懈 xie	邂 胡懈 x-	[怪]	拜 布戒 bai
	卦 古賣 gua													諣 呼卦 h-	畫 胡卦 h-		

滂	並	明	知	徹	澄	娘	來	見	溪	疑	莊	初	牀	山
	排 步皆 pai	埋 莫皆 m-´	[illegible] 卓皆 zh-	搋 丑皆 chui (chuai)		搱? 諾皆 nái	唻 賴諧 lai (lié)	皆 古諧 jie	揩 口皆 kai	[illegible] 擬皆 ái	齋 側皆 zhai	差 楚皆 ch-	豺 士皆 ch-´	崽 山皆 sh- (z-ˇ)
					尵 杜懷 tuái (tuí)		[illegible] 力懷 léi	乖 古懷 guai	匯 苦淮 k-				膗 仕懷 chuai	
									楷 苦駭 kai	騃 五駭 ai				
湃 普拜 p-	憊 蒲拜 bei	昒 莫拜 m-				褹 女介 nie		誡 古拜 jie	烗? 苦戒 kai	[illegible] 五介 ai	瘵 側界 zhai			鎩 所拜 sh-
								怪 古壞 guai	蒯 苦怪 k- (k-ˇ)	聵 五怪 wai				

表十七

○	幫	並	明	徹	澄	見	溪	清	初	牀	山	影	曉
[夬]	敗 補邁 bai	敗 薄邁 b-	邁 莫話 m-	蠆 丑犗 chai	𧿧 除邁 zh-	犗 古喝 jie 夬 古邁 guai	快 苦夬 k-	啐 蒼夬 cui	嘬 楚夬 chuai	寨 豺夬 zhai	𠻗 所犗 sh-	喝 於犗 ai 黵 烏快 wai	譪 火犗 hai 咶 火夬 hua

影	曉	匣
挨 乙諧 ai 崴 乙乖 wai	俙 喜皆 xie 䖄 呼懷 hui	諧 戶皆 x- 懷 戶乖 huai
挨 於駭 ai		駭 侯楷 xie hài
噫 烏界 ai	譮 許介 xie 豷 火怪 huai	械 胡介 xie 壞 胡怪 h-

表十八

匣	○	幫	滂	並		明	端	透	定	泥	來	知	見		溪		疑
	[灰]	桮 布回 bei	肧 芳杯* p-	裴 蒲回 p-´		枚 莫杯 m-´	磓 都回 dui	蓷 他回 t-	穨 杜回 t-´	㶧 乃回 n-´	雷 魯回 lei		傀 公回 gui		恢 苦回 k-	(h-)	鮠 五灰 wei
	[賄]			琲 蒲罪 fèi		浼 武罪* mei	脮 都罪 dui	骽 吐猥 t-	錞 徒猥 d-`	餧 奴罪 nei	磥 落猥 lei	䯿 陟賄 zhuǐ			魁 口猥 kui		頠 五罪 wei
話 下快 hua	[隊]	背 補妹 bei	配 滂佩 p-	佩 蒲昧 b-	(p-)	妹 莫佩 m-	對 都隊 dui	退 他內 t-	隊 徒對 d-	内 奴對 nei	纇 盧對 lei		憒 古對 gui	(k-)	塊 苦對 kuai		磑 五對 wei

精	清	從	心	影	曉	匣	于
嗺 臧回 zui	崔 倉回 c—	摧 昨回 c—	膗 素回 s—	隈 烏恢 wei	灰 呼恢 hui	回 戶恢 h—ˊ	
嶊 子罪 zui	皠 七罪 c—	辠 徂賄 z—ˋ		猥 烏賄 wei	賄 呼罪 hui (h—ˇ)	瘣 胡罪 h—ˋ	倄 于罪 wei
晬 子對 zui	倅 七內 c—		碎 蘇內 s—	⿺尢鬼 烏繢 wei	誨 荒內 hui	潰 胡對 h— (k—)	

表十九

○	滂	並	明	端	透
[咍]	婄 普來 pei	陪 扶來* p—ˊ		⿰黑臺 丁來 dai	胎 土來 t—
[海]	啡 匹愷 pei	倍 薄亥 b—ˋ	⿰禾黑 莫亥 mai (mei)	等 多改 dai	⿰口臺 他亥 t—
[代]			⿰禾黑 莫代 mai (mei)	戴 都代 dai	貸 他代 t— (d—)

表二十

定	泥	来	見	溪	疑	精	清	從	心	穿	日	影	曉	匣	喻
臺 徒哀 t-´	能 奴來 n-´	來 落哀 l-´	該 古哀 g-	開 苦哀 k-	皚 五來 ai	栽 祖才 zai	猜 倉才 c-	裁 昨哉 c-´	鰓 蘇來 s-	犓 昌來 ch-		哀 烏開 ai	咍 呼來 hai	孩 戶來 h-´	
駘 徒亥 d-`	乃 奴亥 n-	[illegible] 來改 l-	改 古亥 g-	愷 苦亥 k-		宰 作亥 z-	采 倉宰 c-	在 昨宰 z-`		茝 昌紿 ch-	疓 如亥 n-	欸 於改 ai	海 呼改 hai	亥 胡改 h-`	䑂 與改 ai
代 徒耐 d-	耐 奴代 n-	賚 洛代 l-	溉 古代 g-	慨 苦溉 k-	礙 五溉 ai	載 作代 zai	菜 倉代 c-	載 昨代 z-	賽 先代 s-			愛 烏代 ai	儗 海愛 hai	瀣 胡槩 xie	

○	非
[廢]	廢 方肺 fei

敷	奉	群	疑	影		曉
肺 芳吠 f-	吠 符廢 f-	[illegible] 渠穢 gui	刈 魚肺 yi	穢 於廢 wei	hui	喙 許穢 hui

表二十一

○	幫	滂	並	明	知	徹	澄
[真]	賓 必鄰	繽 匹賓	頻 符真	民 彌鄰	珍 陟鄰 zhen	獜 丑人 ch-	陳 直珍 ch-ˊ
	彬 府巾 bin	砏* 普巾 p- (b-)	貧 符巾 p-ˊ	珉 武巾 m-ˊ			
[軫]			邲 毗引 bin (pin)	泯 武盡 min		辴 丑忍 chen	紖 直引 zh-ˋ
				愍 眉殞 min			
[震]	儐 必刃 bin	汖 撫刃 p-			鎮 陟刃 zhen	疢 丑刃 ch-	陣 直刃 zh-
[質]	必 卑吉 bi	匹 譬吉 pi	邲 毗必 bì	蜜 彌畢 mì	窒 陟栗	抶 丑栗 chì	秩 直一 zhí
					蛭 丁悉* zhì		
	筆 鄙密 bǐ (bì)		弼 房密 bì	密 美筆 mì			
					茁 徵筆 zhí		

娘	来	見	溪	群	疑	精	清	從	心	邪	莊	初	牀	山
紉 女鄰 nín (rén)	粦 力珍 Lín			趣 渠人		津 將鄰 jīn	親 七人 q-	秦 匠鄰 q-´	新 息鄰 x-					
		巾 居銀 j-		殣 巨巾 q-´ (j-)	銀 語巾 yín									
		麏 居筠 jūn	囷 去倫 q- (j-)											
	嶙 良忍 Lǐn	緊 居忍 j-			釿 宜引 yǐn	榼 即忍 jǐn	笉 七忍 q-	盡 慈忍 j-`						
				窘 渠殞 jùn yǔn										
	遴 良刃 Lìn		鼓 去忍 q-	僅 渠遴 j-	憖 魚覲 yìn	晉 即忍 jìn	親 七遴 q-		信 息晉 x-	賮 徐刃 j-		櫬 初覲 chen·		
zhì 暱 尼質 nì	栗 力質 Lì	吉 居質 jí	詰 去吉 jie			堲 資悉 jí	七 親吉 qī	疾 秦悉 jí	悉 息七 xī			𠛼 初栗 chì	齜 士叱 zh-´	
		暨 居乙 jì		姞 巨乙 jí	耴 魚乙 yì									率 所律 shuò shuài

表二十二

照	穿	神	審	禪	日	影	曉	匣	于	喻
真 職鄰 zhen	瞋 昌真 ch-	神 食鄰 sh-ˊ	申 失人 sh-	辰 植鄰 ch-ˊ	仁 如鄰 r-ˊ	因 於真 䨙 於巾 yin 贇 於倫 yun		礥 下珍 xin	筠 為贇 yun	寅 翼珍 yin
軫 章忍 zhen			矤 式忍 sh-	腎 時忍 sh-ˋ	忍 而軫 r-				殞 于敏 yun	引 余忍 yin
震 章刃 zh-			胂 試刃 sh-	慎 時刃 sh-	刃 而振 r-	印 於刃 yin	衅 許覲 xin			胤 羊晉 yin
質 之日 zhì	叱 昌栗 chì	實 神質 shí	失 式質 shī		日 人質 rì	一 於悉 yī 乙 於筆 yǐ	欯 許吉 xì 肸 羲乙 xì 獝 況必 xù		颶 於筆 yù	逸 夷質 yì

○	知	徹	澄	來	見	溪
[諄]	屯 陟綸 zhun	椿 丑倫 ch-	[illegible] 直倫 ch-ˊ	淪 力迍 l-ˊ	均 居勻 jun	
[準]		偆 癡準 chun		輪 力準 l-		[illegible] 丘尹 gun
[稕]						
[術]	[illegible] 竹律 zhú	黜 丑律 ch-ˋ	术 直律 zh-ˊ	律 呂卹 lǜ	橘 居聿 jú	

精	清	從	心	邪	莊	照	穿	神		審	禪	日	曉	喻
遵 將倫 zun	逡 七倫 c–	鵔 昨旬 c–ˊ	荀 相倫 xún	旬 詳遵 xún		諄 章倫 zhun	春 昌脣 ch–	脣 食倫 ch–ˊ			純 常倫 ch–ˊ	犉 如勻 r–ˊ		勻 羊倫 yún
			筍 思允 sun			準 之尹 zhun	蠢 尺尹 ch–	盾 食尹 sh–	(dun)	賰 式允 sh–		蝡 而允 r–		尹 余準 yun (yin)
儁 子峻 jun			陖 私閏 xun	殉 辭閏 x–		稕 之閏 zhun		順 食閏 sh–		舜 舒閏 sh–		閏 如順 r–		
卒 子聿 zu	焌 倉聿 c–ˋ	崒 慈卹 z–ˊ	卹 辛聿 xù		黜 側律 zhú		出 赤律 chu	術 食聿 shù					䬋 許聿 xùˋ	聿 餘律 yù

表二十三

○	莊
[臻]	臻 側詵 zhen
[櫛]	櫛 阻瑟 zhí

表二十四

牀	山
榛 士臻 chan	莘 所臻 xin
齜 崱瑟 zhe	瑟 所櫛 se

表二十四

○	非	敷	奉	微	見	溪	群	疑	影	曉	于
[文]	分 府文 fen	芬 撫文 f–	汾 符分 f–ˊ	文 無分 wen	君 舉云 jun		群 渠云 q–ˊ		熅 於云 yun	薰 許云 xun	雲 王分 yún
[吻]	粉 方吻 fen	忿 敷粉 f–	憤 房吻 f–ˋ	吻 武粉 wen		趣 丘粉 qun		齳 魚吻 yun	惲 於粉 yǔn		抎 云粉 yun
[問]	糞 方問 fen	湓 匹問* f–	分 扶問 f–	問 亡運 wen			郡 渠運 jun		醞 於問 yun	訓 許運 xun	運 王問 yun
[物]	弗 分勿 fú	拂 敷勿 fú	佛 符弗 fó	物 文弗 wù	亥 九物 jué	屈 區勿 qū	倔 衢物 jué	崛 魚勿 wù	鬱 紆物 yù	𩗓 許勿 xù	颵 王勿 yù (wù)

表二十五

○	見
[殷](欣)	斤 舉欣 jīn
[隱]	謹 居隱 jǐn
[焮]	靳 居焮 jìn
[迄]	訖 居乞 jí

表二十六

溪		群	疑		莊	初	影	曉	
		勤 巨斤 q-ˊ	䖐 語斤 yín				殷 於斤 yin	欣 許斤 xin	
赾 丘謹 q-		近 其謹 j-ˋ	听 牛謹 yin		[illegible] 仄謹 zhen	齔 初謹 ch-	隱 於謹 yin	[illegible] 許謹 xin	
		近 巨靳 jin	垽 吾靳 yin				[illegible] 於靳 yin	焮 香靳 xin	
(q-ˋ) 乞 去訖 q-ˋ	(q-ˋ)	起 其迄 jì	疙 魚迄 yì	(q-ˋ)				迄 許訖 xì	qì

○	非	敷	奉	微	見	溪
[元]					揵 居言 jian	傒 丘言 q-
	蕃 甫煩 fan	飜 孚袁 f-	煩 附袁 f-ˊ	樠 武元 m-ˊ		
[阮]					湕 居偃 jian	言 去偃 q-
	反 府遠 fan		飯 扶晚 f-ˋ	晚 無遠 wan		綣 去阮 quan
[願]					建 居万 jian	
	販 方願 fan	嬔 芳万 f-	飯 符万 f-	万 無販 wan	[illegible] 居願 juan	券 去願 q-
[月]					訐 居竭 jié	
					厥 居月 jué	闕 去月 q-ˋ

群	疑	初	影	曉	于
⿱⺮腱 巨言 q-ˊ	言 語軒 yán		蔫 謁言 yan	軒 虛言 xian (xuan)	
	元 愚袁 yuan		鴛 於袁 yuan	暄 況袁 xuan	袁 雨元 yuán
寋 具偃 j-ˋ	言 語偃 yan		偃 於幰 yan	幰 虛偃 xian	
圈 求晚 j-ˋ	阮 虞遠 yan (yuan)		婉 於阮 yuan wan	暅 況晚 xuan	遠 雲阮 yuan
健 渠建 j-	甗 語偃 yan		堰 於建 yan	獻 許建 xian	
圈 臼万 j-	願 魚怨 yuan	⿱⺮散 又万 chuan	怨 於願 yuan	楥 虛願 xuan	遠 于願 yuan
揭 具謁 jie	钀 語訐 nieˋ		謁 於歇 yeˋ	歇 許竭 xie	
⿰角厥 其月 j-ˊ	月 魚厥 yueˋ		嬮 於月 yue	颰 許月 xueˋ	越 王伐 yueˋ

表二十七

○	幫	滂	並	明	端	透	定	泥
[魂]	奔 博昆 ben	濆 普魂 p-	盆 蒲奔 p-ˊ	門 莫奔 m-ˊ	敦 都昆 dun	暾 他昆 t-	屯 徒渾 t-ˊ	黁 奴昆 n-ˊ
[混]	本 布忖 ben	翉 普本 p-	獖 蒲本 b-ˋ	懣 模本 m-		畽 他衮 tun	囤 徒損 d-ˋ	⿰火内 乃本 n-
[慁]	奔 甫悶*	噴 普悶 p-	坌 蒲悶 b-	悶 莫困 m-	頓 都困 dun		鈍 徒困 d-	嫩 奴困 n-
[沒]		䪗 普沒 pò	勃 蒲沒 bó	沒 莫勃 mò	咄 當沒 duò	宊 他骨 tu	突 陀骨 tú	訥 內骨 nè

	來	見		溪	疑		精	清	從	心	影	曉		匣
	論 盧昆 l-´	昆 古渾 [g-]	K-	坤 苦昆 K-	僤 牛昆 wen		尊 祖昆 zun	村 此尊 c-	存 徂尊 c-´	孫 思渾 s-	温 烏渾 wen	昏 呼昆 hun		魂 户昆 h-´
	怨 盧本 l-	鯀 古本 g-		閫 苦本 K-			剸 兹損 z-	忖 倉本 c-	鱒 才本 z-ˋ	損 蘇本 s-	穩 烏本 wen	總 虛本 hun		混 胡本 h-
	論 盧困 l-	睔 古困 g-		困 苦悶 K-	顐 五困 wen	hun	焌 子寸 zun	寸 倉困 c-	鐏 徂悶 z-	巽 蘇困 xun	搵 烏困 wen	惛 呼悶 hun		慁 胡困 h-
na`	䫻 勒没 lè	骨 古忽 gǔ		窟 苦骨 kū	兀 五忽 wù		卒 臧没 zú	猝 倉没 cù	捽 昨没 zú	窣 蘇骨 sù	𩒯 烏没 wò	忽 呼骨 hū	hù	搰 户骨 hú 麧 下没 he (痕入)

表二十八

○	透
[痕]	吞 吐根 tun
[很]	
[恨]	

見	溪	疑	影	匣
根 古痕 gen		垠 五根 yín	恩 烏痕 en	痕 户恩 hén
頣 古很 gen	墾 康很 k—			很 胡墾 hen
艮 古恨 gen		皚 五恨 en	饐 烏恨 en	恨 胡艮 hen

表二十九

○	端	透	定	泥	來	見	溪	疑	精	清	從	心
[寒]	單 都寒 dan	灘 他干 t—	壇 徒干 t—ˊ	難 那干 n—ˊ	蘭 落干 l—ˊ	干 古寒 g—	看 苦寒 k—	豻 俄寒 án		餐 七安 can	殘 昨干 c—ˊ	跚 蘇干 s—
[旱]	亶 多旱 dan	坦 他但 t—	但 徒旱 d—ˋ		嬾 落旱 l—	笴 古旱 g—	侃 空旱 k—		鬢 作旱 z—		瓚 藏旱 z—ˋ	散 蘇旱 s—
[翰]	旦 得按 dan	炭 他旦 t—	憚 徒案 d—	攤 奴案 n—	爛 郎旰 l—	旰 古案 g—	侃 苦旰 k—	岸 五旰 an	贊 則旰 zan	粲 蒼案 c—	儹 徂贊 z—	繖 蘇旰 s—
[曷]	怛 當割 dá	闥 他達 tà	達 唐割 dá	捺 奴曷 nà	剌 盧達 là	葛 古達 gě	渴 苦曷 kě	嶭 五割 è		攃 七曷 ca	巀 才割 z—ˊ	躠 桑割 sà

表三十

影	曉	匣	喻
安 烏寒 an	頇 許干 h-	寒 胡安 h-ˊ	
	罕 呼旱 h-	旱 胡笴 h-ˋ	
按 烏旰 an	漢 呼旰 han	翰 侯旰 h-	
遏 烏葛 è	[illegible] 許葛 hè	曷 胡葛 hé	[illegible] 予割 è

○	幫	滂	並	明	端	透	定	泥	來	見		溪	疑
[桓]	[illegible] 北潘 ban	潘 普官 p-	槃 薄官 p-ˊ	瞞 母官 m-ˊ	端 多官 duan	湍 他端 t-	團 度官 t-ˊ		鑾 落官 l-	官 古丸 g-		寬 苦官 k-	岏 五丸 wán
[緩]	粄 博管 ban	坢 普伴 p-	伴 蒲滿 b-ˋ	滿 莫旱 m-	短 都管 duan	疃 吐緩 t-	斷 徒管 d-	煗 乃管 n-	卵 盧管 l-	管 古滿 g-		款 苦管 k-	
[換]	半 博幔 ban	判 普半 p-	叛 薄半 p-	縵 莫半 m-	鍛 丁貫 duan	彖 通貫 t-	段 徒玩 d-	偄 奴亂 n-	亂 郎段 l-	貫 古玩 g-		[illegible] 口喚 k-	玩 五換 wan
[末]	撥 北末 bō	鏺 普活 pò	跋 蒲撥 bó	末 莫撥 mò	掇 丁括 duō	侻 他括 tuò	奪 徒活 duó		捋 郎括 luō	括 古活 kuò	guā	闊 苦括 kuò	枂 五活 wò

表三十一

精	清	從	心	邪	影	曉	匣
鑽 借官 zuan		攢 在丸 c-´	酸 素官 s-		豌 一丸 wan	歡 呼官 huan	桓 胡官 h-´
纂 作管 z-			算 蘇管 s-	鄹 辞纂 s-`	椀 烏管 wan		緩 胡管 huan
攅 子算 zuan	竄 七亂 c-	攢 在玩 z-	筭 蘇貫 s-		惋 烏貫 wan	喚 火貫 huan	換 胡玩 h-
鬢 姊末 zá	撮 倉括 cuō	柮 藏活 z-´			斡 烏括 wò	豁 呼括 huò	活 戶括 huó
繓 子括 zuǒ							

○	幫	滂	並	明	知	徹	娘	見
[刪]								姦 古顏 jian
	班 布還 ban	攀 普班 p-		蠻 莫還 m-´			奻 女還 nuán	關 古還 guan
[潸]							赧 女版 nan	
	版 布綰 ban	販 普板 p-	阪 扶板* b-	矕 武板 m-				
[諫]					羼 丑晏 chan			諫 古晏 jian
		襻 普患 pan		慢 謨晏 m-			奻 女患 nuan	慣 古患 g-
[黠]							痆 女黠 niè	戛 古黠 jiá gá
	八 博拔 bā	汃 普八 pà	拔 蒲八 bá	傛 莫八 mà	窡 丁滑* zhuó		豽 女滑 nà	刮 古滑 guā

表三十二

○	幫	滂	並	明	透	知	徹	澄
[山]	斒 方閑 ban					譠 陟山 zh-		[illegible] 直閑 chán
[產]				[illegible] 武簡*				
[襉]	扮 晡幻 ban	盼 匹莧 p-	辦 蒲莧 b-	[illegible] 亡莧*				袒 丈莧 zhan
[鎋]	捌 百鎋 ba			礣 莫鎋 mà	獺 他鎋 tà	哳 陟鎋 zhá		
						鵽 丁刮* zhuá	[illegible] 丑刮 ch-	

溪	疑	莊	初	牀	山	影	曉	匣
馯 丘姦 q-	顏 五姦 yán				刪 所姦 shan			
	[illegible] 五還 wán	跧 阻頑 zhuan			[illegible] 數還 sh-	彎 烏關 wan		還 户關 huán
	齴 五板 yan	醆 側板 zhan	[illegible] 初板 ch-	[illegible] 士板 zh-	潸 數板 sh-			僩 下赧 xiàn
						綰 烏板 wan		睆 户板 huan
	鴈 五晏 yan		羼 初晏 chan	輚 士諫 zh-	訕 所晏 sh-	晏 烏澗 yan		骭 下晏 xian
	薍 五患 wan		篡 初患 cuan		[illegible] 生患 sh-	綰 烏患 wan		患 胡慣 huan
[illegible] 恪八 qià		札 側八 zhá	[illegible] 初八 chà		殺 所八 shā	軋 烏黠 yà	傄 呼八 xiā	黠 胡八 xiá
[illegible] 口滑 k-	[illegible] 五滑 wa	茁 鄒滑 zhuó				婠 烏八 wà		滑 户八 huá

表三十三

	娘	來	見	溪	疑	從	莊	初	牀	山	日	影	曉	匣
先	嘫 女閑 nán	斕 力閑 lán	閒 古閑 jian	慳 苦閑 q-	訮 五閑 yán	戔 昨閑 cán		貚 充山* ch-	虥 士山 ch-ˊ	山 所閒 sh-		黫 烏閑 yan	羴 許閒 xian	閑 戶閒 x-ˊ
			鰥 古頑 guan		頑 吳鰥 wán									
銑			簡 古限 jian	齦 起限 q-	眼 五限 yan		醆 阻限 zhan	剗 初限 ch-	棧 士限 zh-ˋ	産 所簡 ch-				限 胡簡 xiàn
								𢡺 初綰						
霰			襇 古莧 jian											莧 侯襇 xian
														幻 胡辦 huan
屑			鶷 古鎋 jiá	[illegible] 枯鎋 q-ˋ	齾 五鎋 yà			刹 初鎋 chà	鍘 查鎋 zhá		髾 而鎋	[illegible] 乙鎋 yà	瞎 許鎋 xiā	鎋 胡瞎 xiá
	妠 女刮 nà		刮 古頞 guā		刖 五刮 wà			[illegible] 初刮 chuà		刷 數刮 shuā				頢 下刮 huá

〇	幫	滂	
[先]	邊 布賢 bian		
[銑]	編 方典* bian		
[霰]	遍 方見* bian	片 普麪 p-	
[屑]	𢐗 方結 biē	撆 普蔑 piē	piě

並	明	端	透	定	泥	來	見	溪	疑	精	清	從	心	牀	影	曉	匣
蹁 部田 p-ˊ	眠 莫賢 m-ˊ	顚 都年 d-	天 他前 t-	田 徒年 t-ˊ	年 奴顚 n-ˊ	蓮 落賢 l-ˊ	堅 古賢 j-	牽 苦堅 q-	妍 五堅 yan	箋 則前 jian	千 蒼先 q-	前 昨先 q-ˊ	先 蘇前 x-		煙 烏前 yan	祆 呼煙 xian	賢 胡田 x-ˊ
							涓 古玄 juan							狗 崇玄 chuán	淵 烏玄 yuan	鋗 火玄 xuan	玄 胡涓 x-ˊ
	搷 彌殄 m-	典 多殄 d-	腆 他典 t-	殄 徒典	撚 乃殄 n-		繭 古典 j-	𡨴 牽繭 q-	齴 硯峴 yan				銑 蘇典 xian		蝘 於殄 yan	顯 呼典 xian	峴 胡典 x-ˋ
辮 薄泫 biàn							く 姑泫 juan	犬 苦泫 q-									泫 胡畎 xuàn
	麪 莫甸 m-	殿 都甸 d-	瑱 他甸 t-	電 堂練 d-	晛 奴甸 n-	練 郎甸 l-	見 古電 j-	俔 苦甸 q-	硯 五甸 yan	薦 作甸 jian	蒨 倉甸 q-	荐 在甸 j-	霰 蘇甸 x-		宴 於甸 yan	韅 呼甸 xian	見 胡甸 x-
							睊 古縣 juan								䭨 烏縣 yuan	絢 許縣 xuan	縣 黃絢 xian
蹩 蒲結 bié	蔑 莫結 miè	窒 丁結 dié	鐵 他結 t-ˋ	姪 徒結 d-ˊ	涅 奴結 n-ˋ	戾 練結 l-ˋ	結 古屑 j-ˊ	楔 苦結 q-ˋ	齧 五結 n-ˋ	節 子結 j-ˊ	切 千結 q-ˋ	截 昨結 j-ˊ	屑 先結 x-ˋ		噎 烏結 yē	[illegible] 虎結 xiè	纈 胡結 x-ˊ
							玦 古穴 jué	闋 苦穴 q-ˋ quē							抉 於決 yuē	血 呼決 xuè	穴 胡決 x-ˊ

○	幫	滂	並	明	知		徹	澄	娘	來		見	溪	群	疑	精		清
[仙]	鞭 卑連 bian	篇 芳連 p-	便 房連 p-ˊ	緜 武延 m-ˊ	邅 張連 zhan		脠 丑延 ch-	纏 直連 ch-ˊ		連 力延 lián		甄 居延 j-	愆 去乾 q-	乾 渠焉 q-ˊ		煎 子仙 j-		遷 七然 q-
					[illegible] 丁全* zhuan		猭 丑緣 ch-	椽 直攣 ch-ˊ		攣 呂員 luán		勬 居員 juan	弮 丘圓 q-	權 巨員 q-ˊ		鐫 子泉 j-		詮 此緣 q-ˊ
[獮]	辡 方免	鴘 披免 p-	辯 符蹇	免 亡辨	展 知演 zhan		搌 丑善 ch-	邅 除善 zh-ˋ	趁 尼展 nian	輦 力展 l-	(n-)	蹇 九輦 j-	遣 去演 q-	件 其輦 j-ˋ	齴 魚蹇 yan	翦 即淺 j-		淺 七演 q-
	褊 方緬 bian		楩 符善 b-ˋ	緬 彌兗 m-														
					轉 陟兗 zhuan			篆 持兗 zh-ˋ		臠 力兗 l-	(l-ˊ)	卷 居轉 juan		圈 渠篆 j-ˋ		雋 子兗 j-		
[線]		騗 匹戰 p-	便 婢面	面 彌箭 m-	驏 陟扇 zhan				輾 女箭 nian				譴 去戰 q-		彥 魚變 yan	箭 子賤 j-		
	變 彼眷 bian		卞 皮變 b-															
					囀 知戀 zhuan		猭 丑戀 ch-	傳 直戀 zh-		戀 力卷 lian		眷 居倦 juan	䋎 區倦 q-	倦 渠卷 j-				縓 七絹 q-
[薛]	鷩 并列	瞥 芳滅 piē	別 皮列 bie	滅 亡列 miè	哲 陟列 zhé		屮 丑列 ch-ˋ	轍 直列 zh-ˊ		列 良薛 liè		孑 居列 j-ˊ	朅 丘竭 q-ˋ	傑 渠列 j-ˊ	孽 魚列 n-ˋ	蠽 姊列 j-ˊ		
	𠜱 方別 biē																	
					輟 陟劣 zhuó	ch-ˋ	[illegible] 丑悅 ch-ˋ		吶 女劣 nuò	劣 力輟 liè	le	蹶 紀劣 jue	缺 傾雪 quē			蕝 子悅 j-ˊ	juē	膬 七絕 q-ˋ

從	心	邪	莊	初	牀	山	照		穿	神	審	禪	日	影	曉	于	喻
錢 昨仙 q-´	仙 相然 x-	次 夕連 x-´			潺 士連 chán		饘 諸延 zhan		燀 尺延 ch-		羶 式連 sh-	鋋 市連 ch-´	然 如延 r-´	焉 於乾 yan	嗎 許焉 xian	漹 有乾 yan	延 以然 yán
全 疾緣 q-´	宣 須緣 x-	旋 似宣 x-´	恮 莊緣 zhuan			栓 山員 sh-	專 職緣 zh-		穿 昌緣 ch-	船 食川 ch-´		遄 市緣 ch-´	堧 而緣 r-´	嬛 於權 娟 於緣 yuan	翾 許緣 xuan	員 王權 yuan	沿 與專 yuán (yán)
踐 慈演 j-`	獮 息淺 x-	緖 徐翦 x-`			撰 士免 zhuàn		膳 旨善 zhan		闡 昌善 ch-		[illegible] 式善 sh-	善 常演 sh-`	蹨 人善 r-	㫃 於蹇 yan			演 以淺 yan
雋 徂兗 j-`	選 息兗 x-						剸 旨兗 zhuan		舛 昌兗 ch-			膞 市兗 sh-`	輭 而兗 r-		蠉 香兗 xuan		兗 以轉 yan
賤 才線 j-	線 私箭 x-	羨 似面 x-					戰 之膳 zhan		硟 昌戰 ch-		扇 式戰 sh-	繕 時戰 sh-		躽 於扇 yan			衍 予線 yan
	選 息絹 x-	淀 辭戀 x-	孨 莊眷 zhuan		籑 士戀 zh-	篹 所眷 sh-	剸 之囀 zh-					摶 時釧 sh-	[illegible] 人絹 r-			瑗 王眷 yuan	掾 以絹 yuan
	薛 私列 xuè			劕 廁列 chè	閷 士列 zhé	樧 山列 shè	哲 旨熱 zhé	zhè	掣 昌列 ch-`	舌 食列 sh-´	設 識列 sh-`	折 常列 sh-´	熱 如列 r-`	焆 於列 yè	娎 許列 xiè		抴 羊列 yè
絕 情雪 j-´	雪 相絕 x-ˇ	[illegible] 寺絕 x-´	茁 側劣 zhuó			㕞 所劣 shuā	拙 職悅 zhuó		歠 昌悅 ch-`		說 失爇 shuō		爇 如劣 ruò	噦 乙劣 妜 於悅 yuè	旻 許劣 xuè		悅 弋雪 yuè

表三十六

○	端	透	定	泥	来	見	溪	疑	精	心	影	曉	匣	○
[蕭]	貂 都聊 diao	祧 吐彫 t-	迢 徒聊 t-ˊ		聊 落蕭 l-ˊ	驍 古堯 j- x-	鄡 苦幺 q-	堯 五聊 yaoˊ		蕭 蘇彫 x-	幺 於堯 yao	膮 許幺 xiao		[宵]
[篠]	鳥 都了 diao(n-)	朓 土了 t-	窕 徒了 t-	嬲 奴鳥 n-	了 盧鳥 l-	皎 古了 j-	磽 苦皎 q-		湫 子了 j-	篠 先鳥 x-	杳 烏皎 yao	曉 馨皛 xiao	皛 胡了 x-ˋ	[小]
[嘯]	弔 多嘯 diao	糶 他弔 t-	藋 徒弔 d-	尿 奴弔 n-ˋ	顟 力弔 l-	叫 古弔 j-	竅 苦弔 q-	顤 五弔 yao		嘯 蘇弔 x-	窔 烏叫 yao	歗 火弔 x-		[笑]

幫	滂	並		明	知	徹	澄	來	見	溪	群	疑	精	清	從	心	照	穿
飆 甫遙 鑣 甫驕 biao	嘌 撫招 p-	瓢 符霄 p-ˊ		蜱 彌遙 苗 武瀌 m-	朝 陟遙 zhao	超 敕宵 ch-	鼂 直遙 ch-ˊ	燎 力昭 liao	驕 舉喬 jiao	蹻 去遙 趫 起囂 q-	翹 渠遙 喬 去嬌 q-ˊ		焦 即消 j-	鍫 七遙 q-	樵 昨焦 q-ˊ	宵 相邀 x-	昭 止遙 zhao	怊 尺招 ch-
表 陂矯 biao	麃 表滂 縹 敷沼 p-	藨 平表 p- 摽 符少 b-ˋ	(p-ˇ)	眇 亡沼 m-		巐 丑小 chao	肇 治小 zh-ˋ	繚 力小 liao	矯 居夭 jiao		驕 巨夭 j-ˋ		勦 子小 j-	悄 親小 q-		小 私兆 x-	沼 之少 zhao	麨 尺沼 ch-
裱 方廟 biao	剽 匹妙 p-	驃 毗召 p-		妙 彌笑 廟 眉召 m-		朓 丑召 chao (tiào)	召 直照 zh-	尞 力照 liao		趬 丘召 qiao	翹 巨要 q- 嶠 渠廟 j-	虓 牛召 yao	醮 子肖 j-	陗 七肖 q-	噍 才笑 j-	笑 私妙 x-	照 之少 zhao	

表三十七

審	禪	日	影	曉	于	喻
燒 式昭 sh-	韶 市昭 sh-´	饒 如招 r-´	要 於霄 妖 於喬 yao	囂 許嬌 xiao	鴞 于嬌 x-	遙 餘昭 yáo
少 書沼 sh-	紹 市沼 sh-ˋ	擾 而沼 r-	夭 於兆 yao			鷕 以沼 yao
少 失照 sh-	邵 實照 sh-	饒 人要 r-	要 於笑 yao			燿 弋照 yao

○	幫	滂	並	明	知	徹	澄	娘
[肴]	包 布交 bao	胞 匹交 p-	庖 薄交 p-´	茅 莫交 m-´	嘲 陟交 zhao cháo	颮 敕交 ch-	䄻 直交 ch-´	鐃 女交 n-´
[巧]	飽 博巧 bao		鮑 薄巧 b-ˋ	卯 莫飽 m-	獠 張絞 zhao			獿 奴巧 n-
[效]	豹 北教 bao		皰 防教 b- p-	皃 莫教 m-		趠 丑教 chao	棹 直教 zhao	橈 奴教 n-

來	見	溪	疑	莊	初	牀	山	影	曉	匣
顟 力嘲 liao	交 古肴 jiao	敲 口交 q-	聱 五交 yao	[illegible] 側交 zhao	[illegible] 楚交 ch-	巢 鉏交 ch-´	梢 所交 sh-	[illegible] 於交 yao	虓 許交 xiao	肴 胡茅 x-´ yao
	絞 古巧 jiao	巧 苦絞 q-	齩 五巧 yao	爪 側絞 zhao	煼 初爪 ch-	[illegible] 士絞 zh-`	数 山巧 sh-	拗 於絞 yao		[illegible] 下巧 xiao
	教 古孝 jiao	敲 苦教 q-	樂 五教 yao	抓 側教 zhao	抄 初教 ch-	巢 士稍 ch-	稍 所教 sh-	靿 烏教 yao	孝 許教 xiao	效 胡教 x-

表三十八

○	幫	滂	並	明	端
[豪]	褒 博毛 bao	橐 普袍 p-	袍 薄褒 p-´	毛 莫袍 m-´	刀 都牢 d-
[晧]	寶 博抱 bao		抱 薄浩 b-`	蓩 武道 m-	倒 都晧 d-
[号]	報 博耗 bao		暴 薄報 b-	冃 莫到 m-	到 都導 d-

透	定	泥	來	見	溪	疑	精	清	從	心	影	曉	匣
饕 土刀 t-	陶 徒刀 t-´	猱 奴刀 n-´	勞 魯刀 l-´	高 古勞 g-	尻 苦刀 k-	敖 五勞 áo	糟 作曹 zao	操 七刀 c-	曹 昨勞 c-´	騷 蘇遭 s-	爊 於刀 ao	蒿 呼毛 hao	豪 胡刀 h-´
討 他浩 t-	道 徒晧 d-`	堖 奴晧 n-	老 盧晧 l-	暠 古老 g-	考 苦浩 k-	頢 五老 ao	早 子晧 zao	草 采老 c-	皁 昨早 z-`	嫂 蘇老 s-	襖 烏晧 ao	好 呼晧 hao	晧 胡老 hào
	導 徒到 d-	腝 那到 n-	嫪 郎到 l-	誥 古到 g-	鎬 苦到 k-	傲 五到 ao	竈 則到 zao	操 七到 c-	漕 在到 z-	喿 蘇到 s-	奧 烏到 ao	秏 呼到 hao	号 胡到 h-

表三十九

○	端	透	定
[歌]	多 得何 duo	佗 託何 t-	駝 徒何 t-´
[哿]	鐸 丁可 duo	袉 吐可 t-	爹 徒可 d-`
[箇]	跢 丁佐 duo	拕 吐邏 t-	馱 唐佐 d-

泥		来	見	溪	疑	精	清	從	心	影	曉	匣
那 諾何 n-´		羅 魯何 l-´	歌 古俄 ge	珂 苦何 k-	莪 五何 é		蹉 七何 cuo	醝 昨何 c-´	娑 素何 s-	阿 烏何 e	訶 虎何 he	何 胡歌 h-´
橠 奴可 n-	na	欏 来可 l-	哿 古我 ge	可 枯我 k-	我 五可 uo	左 臧可 zuo	瑳 千可 c-		縒 蘇可 s-	閜 烏可 e	吹 虚我 he	荷 胡可 hè
奈 奴箇 n-	na	邏 郎佐 l-	箇 古賀 ge	坷 口箇 k-	餓 五个 e	佐 則箇 zuo	磋 七箇 c-		些 蘇箇 s-	侉 安賀 e	呵 呼箇 he	賀 胡箇 h-

表四十

○	幫	滂	並	明
[戈]	波 博禾 bo	頗 滂禾 p-	婆 薄波 p-´	摩 莫婆 m-´
[果]	跛 布火 bo	叵 普火 p-	爸 捕可 pà	麽 亡果 mo
[過]	播 補過 bo	破 普過 p-	縛 符卧 b-	磨 模卧 m-

表四十一

端	透	定	泥	來	見	溪	群	疑	精	清	從	心	影	曉	匣	○	幫
除 丁戈 duo	詑 土禾 t-	沱 徒和 t-´	挼 奴禾 n-´	𣎆 落戈 l-´	戈 古禾 ge	科 苦禾 k-		訛 五禾 é		蓬 七戈 cuo	矬 昨禾 c-´	莎 蘇禾 s-	倭 烏禾 wo		和 户戈 hé	[麻]	巴 伯加 ba
					迦 居𤘅 jia	佉 丘伽 q-	伽 求伽 qié			胜 醋伽 qie							
				脶 縷䩾 lüé		䯿 去靴 que	瘸 巨靴 q-´		侳 子䩾 j-				肥 於靴 yue	鞾 許戈 xue			
埵 丁果 duo	妥 他果 t-	墮 徒果 d-ˋ	娞 奴果 n-	裸 郎果 l-	果 古火 guo	顆 苦果 ke		姽 五果 e	硰 作可 zue	脞 倉果 c-	坐 徂果 z-ˋ	鎖 蘇果 s-	婐 烏果 wo	火 呼果 huo	禍 胡果 h-ˋ	[馬]	把 博下 ba
桗 都唾 duo	唾 湯卧 t-	惰 徒卧 d-	愞 乃卧 n-	𣎆 魯過 l-	過 古卧 guo	課 苦卧 ke		卧 吾貨 wo	挫 則卧 cuo	剉 麤卧 c-	座 徂卧 z-	膹 先卧 s-	涴 烏卧 wo	貨 呼卧 huo	和 胡卧 h-	[禡]	霸 必駕 ba

滂	並	明	知	徹	澄	娘	來	見	溪	疑	精	清	從	心	邪	莊	初	牀	山
葩 普巴 p-	爬 蒲巴 p-´	麻 莫霞 m-´	奓 陟加 zh-	侘 敕加 ch-	茶 宅加 ch-´	拏 女加 n-´		嘉 古牙 jia	齣 苦加	牙 五加 ya´						樝 側加 zha	叉 初牙 ch-	楂 鉏加 ch-´	鯊 所加 sh-
									𠌥 乞加 g-										
			檛 陟瓜 zhua					瓜 古華 g-	誇 苦瓜 k-	𣢾 五瓜 wa´						髽 莊華 zhua			
			爹 陟邪 die								嗟 子邪 j-		査 才邪 q-´	些 寫邪 x-	衺 似嗟 x-´				
	跁 傍下 p-	馬 莫下 m-	縿 竹下	奼 丑下 ch-		絮 奴下 n-	藞 盧下 l-	檟 古雅 jia	跒 苦下 q-	雅 五下 ya						鮓 側下 zha		槎 士下 zh-`	灑 沙下 s-
			觰 都賈* zh-																
				䆻 丑寡 chua				寡 古瓦 g-	髁 苦瓦 k-	瓦 五寡 wa						𧢼 銼瓦* zhua	䂳 叉瓦 ch-		葰 沙瓦 sh-
		乜 彌也 mie									姐 茲野 j-	且 七也 q-		寫 悉姐 x-	灺 徐野 x-`				
帊 普駕 p-	飫 白駕 b-	禡 莫駕 m-	吒 陟駕 zh-	詫 丑亞 ch-	蛇 除駕 zh-	胗 乃亞 n-		駕 古訝 jia	髂 枯駕 q-	迓 吾駕 ya						詐 側駕 zha		乍 鋤駕 zh-	嗄 所嫁 sh-
								坬 古罵 gua	跨 苦化 k-	瓦 五化 wa									誜 所化 shua
											唶 子夜 jie	笡 遷謝 q-	褯 慈夜 j-	蝑 司夜 x-	謝 辭夜 x-				

表四十二

	徹	知	微	奉	敷	非	○
陽	募 褚羊 ch-	張 陟良 zhang					
			亡 武方 wang	房 符方 f-´	芳 敷方 f-	方 府良 fang	
養	昶 丑兩 ch-	長 知丈 zhang					
			网 文兩 wang	駠 毗養 f-`	髣 妃兩 f-	昉 分网 fang	
漾	悵 丑亮 ch-	帳 知亮 zhang					
			妄 巫放 wang	防 符況 f-	訪 敷亮 f-	放 甫妄 fang	
藥	㲋 丑略 ch-`	芍 張略 zhuó					
				縛 符钁 fu´	[illegible] 孚縛 fo		

喻	匣	曉	影	日	禪	審	神	穿	照
	遐 胡加 x-´	煆 許加 xia	鵶 於加 ya						
	華 戶花 h-´	華 呼瓜 hua	窊 烏瓜 wa						
邪 以遮 ye´				若 人賒 r-´	闍 視遮 sh-´	奢 式車 sh-	蛇 食遮 sh-´	車 尺遮 ch-	遮 正奢 zhe
	下 胡雅 x-`	閜 許下 xia	啞 烏下 ya						
	踝 胡瓦 hua`								
野 羊者 ye				若 人者 r-	社 常者 sh-`	捨 書冶 sh-		奲 昌者 ch-	者 章也 zhe (sha)
	暇 胡駕 x-	嚇 呼訝 xia	亞 衣嫁 ya						
	摦 胡化 h-	化 呼霸 hua	攨 烏吴 wa						
夜 羊謝 ye					射 神夜 sh-	舍 始夜 sh-		赿 充夜 ch-	柘 之夜 zhe

澄	娘	来	見		溪	群	疑	精	清	從	心	邪	莊	初	牀	山	照	穿	審
長 直良 ch-ˊ	孃 女良 niáng	良 呂張 l-ˊ	薑 居良 j-		羌 去羊 q-	強 巨良 q-ˊ		將 即良 j-	鏘 七羊 q-	牆 在良 q-ˊ	襄 息良 x-	詳 似羊 x-ˊ	莊 側羊 zhuang	創 初良 ch-	牀 士莊 ch-ˊ	霜 色莊 sh-	章 諸良 zhang	昌 尺良 ch-	商 式羊 sh-
					匡 去王 kuang	狂 巨王 k-ˊ													
丈 直兩 zh-ˋ		兩 良奬 liang	繈 居兩 q-	j-		勥 其兩 j-ˋ	仰 魚兩 yang	奬 即兩 jiang	搶 七兩 q-		想 息兩 x-	像 徐兩 x-ˋ		磢 初兩 chuang		爽 疎兩 sh-	掌 諸兩 zhang	敞 昌兩 ch-	賞 書兩 sh-
			獷 居往 guang			俇 求往 g-ˋ													
仗 直亮 zh-	釀 女亮 niang	亮 力讓 l-	彊 居亮 j-		唴 丘亮 q-	弶 其亮 j-	軻 魚向 yang	醬 子亮 j-	蹡 七亮 q-	匠 疾亮 j-	相 息亮 x-		壯 側亮 zhuang	剏 初亮 ch-	狀 鋤亮 zh-		障 之亮 zhang	唱 尺亮 ch-	餉 式亮 sh-
			誑 居況 guang (k-)			狂 渠放 g-													
著 直略 zh-ˊ	逽 女略 nuò	略 離灼 lüè	腳 居勺 jué (jiǎo)		卻 去約 q-ˋ	噱 其虐 j-ˊ	虐 魚約 nüè	爵 即略 jué	鵲 七雀 q-ˋ	皭 在爵 j-ˊ	削 息約 xuē		斮 側略 zhuó				灼 之若 zh-ˊ	綽 昌約 sh-ˋ	爍 市若 sh-ˊ
			玃 居縛 jué		躩 丘縛 j-ˊ	戄 具籰 j-ˊ													

表四十三

禪	日	影	曉	于	喻
常 市羊 ch-´	穰 汝陽 r-	央 於良 yang	香 許良 xiang		陽 與章 yáng
				王 雨方 wang	
上 時掌 sh-ˋ	壤 如兩 r-	鞅 於兩 yang	響 許兩 xiang		養 餘兩 yang
		枉 紆往 wang	怳 許昉 huang	往 于兩 wang	
尚 時亮 sh-	讓 人漾 r-	怏 於亮 yang	向 許亮 xiang		漾 餘亮 yang
			況 許訪 kuang	迋 于放 wang	
妁 市若 sh-´	若 而灼 r-ˋ	約 於略 yuē	謔 虛約 xuè		藥 以灼 yuè (yaò)
		嬳 憂縛 yuè	矍 許縛 xuè (huò)	籰 王縛 yuè	

○	幫	滂	並	明	端	透	定	泥
[唐]	幫 博旁 bang	滂 普郎 p-	傍 步光 p-´	茫 莫郎 m-´	當 都郎 d-	湯 吐郎 t-	唐 徒郎 t-´	囊 奴當 n-´
[蕩]	榜 北朗 bang	髈 匹朗 p-		莽 模朗 m-	黨 多朗 d-	曭 他朗 t-	蕩 徒朗 d-ˋ	曩 奴朗
[宕]	螃 補曠 bang		傍 蒲浪 b-	漭 莫浪 m-	讜 丁浪 d-	儻 他浪 t-	宕 徒浪 d-	儾 奴浪 n-
[鐸]	博 補各 bó	䪙 匹各 p-ˋ	泊 傍各 bó	莫 慕各 m-ˋ		託 他各 tuō (tuō)	鐸 徒落 d-´	諾 奴各 n-ˋ

來	見		溪	疑	精	清	從	心	影		曉	匣
郎 魯當 l-´	岡 古郎 g-		康 苦岡 k-	卬 五剛 ang	臧 則郎 zang	倉 七岡 c-	藏 昨郎 c-´	桑 息郎 s-	鴦 烏郎 ang	yang	炕 呼郎 hang	航 胡郎 h-´
	光 古黃 guang		骶 苦光 k-						汪 烏光 wang		荒 胡光 huang	黃 胡光 h-´
朗 盧黨 l-	䣈 各朗 g-		慷 苦朗 k-	駠 五朗 ang	駔 子朗 zang	蒼 麤朗 c-	奘 徂朗 z-`	顙 蘇朗 s-	坱 烏朗 ang	yang	汻 呼朗 hang	沆 胡朗 h-`
	廣 古晃 guang		懬 丘晃 k-						㳹 烏晃 wang		慌 呼晃 huang	晃 胡廣 h-
浪 來宕 l-	鋼 古浪 g-		抗 苦浪 k-	枊 五浪 ang	葬 則浪 z-		藏 徂浪 z-	喪 蘇浪 s-	盎 烏浪 ang			吭 下浪 hang
	桄 古曠 guang		曠 苦謗 k-						汪 烏曠 wang		荒 呼浪 huang	櫎 乎曠 h-
落 盧各 l-`	各 古落 ge`	gē	恪 苦各 k-`	咢 五各 e`	作 則落 zuo`	錯 倉各 c-	昨 在各 z-´	索 蘇各 s-ˇ	惡 烏各 e`		臛 呵各 huo`	涸 下各 he` (hào)
[illegible] 盧穫 luò	郭 古博 guō		廓 苦郭 k-`	瓁 五郭 wo`	[illegible] 祖郭 zuo`				雘 烏郭 wo		霍 虛郭 huo`	穫 胡郭 h-`

表四十四

○	幫	滂
[庚]	閍 甫盲 beng	磅 撫庚 p-
	兵 甫明 bing	
[梗]	浜 布梗 beng	
	丙 兵永 bing	
[敬](映)	榜 北孟 beng	
	柄 陂命 bing	
[陌]	伯 博陌 bó	拍 普伯 p-` (pāi)

並	明	端	知	徹	澄	娘	見	溪	群	疑	莊
彭 薄庚 p-´	盲 武庚 m-´ (móng)		趟 竹盲 zh-	瞠 丑庚 ch-	棖 直庚 ch-´	鬤 乃庚 néng	庚 古行 geng 觵 古橫 gong	阬 客庚 k-			
平 符兵 p-´	明 武兵 m-´						驚 舉卿 j-	卿 去京 q-	擎 渠京 q-´	迎 語京 yíng	
鮩 蒲猛 b-`	猛 莫杏 m-	打 德冷 [d-] da	盯 張梗 zh-		瑒 徒杏* zh-`	檸 拏梗 neng	梗 古杏 geng 礦 古猛 gong (kuàng) 警 居影 jing 憬 俱永 jiong				
	皿 武永 m- (mǐn)										
膨 蒲孟 b-	孟 莫更 m-		倀 豬孟 zh-	牚 他孟* ch-	鋥 除更 zh-		更 古孟 g-				
病 皮命 b-	命 眉病 m-						敬 居慶 jing	慶 丘敬 q-	競 渠敬 j-	迎 魚敬 ying	
白 傍陌 bó (bái)	陌 莫白 m-`		磔 陟格 zhé	坼 丑格 ch-`	宅 場伯 zhè zhái zé	蹃 女白 nuò	格 古伯 gé 虢 古伯 guó	客 苦格 kè		額 五陌 é	嘖 側伯 zé
欂 弼戟 bó							戟 几劇 jǐ (jǐ)	隙 綺戟 xì	劇 奇逆 jì jí (jù)	逆 魚戟 nì	

表四十五

初	牀	山	影	曉	匣	于	來
鎗 楚庚 ch-	傖 助庚 ch-´	生 所庚 sh-	甇 於驚 ying	脝 許庚 heng 諻 虎橫 hong 兄 許榮 xiong	行 户庚 h-´ (xing) 橫 户盲 héng hóng	榮 永兵 róng yíng	
		省 所景 sheng	替 烏猛 ying 影 於丙 ying	卝 呼替 hòng 克 許永 xiong	杏 何梗 xing	永 于憬 yong	冷 魯打 leng
		生 所敬 sheng	瀴 於孟 ying 宖 烏橫 wong 映 於敬 ying	䛭 許更 heng	行 下更 xing heng 蝗 户孟 hong	詠 爲命 yong	
柵 測戟 ce` (zhà)	齚 鋤陌 zé	索 山戟 suǒ	啞 烏格 è	赫 呼格 hè 虩 許卻 xì	垎 胡格 hè		

〇	幫	滂	並	明
[耕]	浜 布耕 beng 繃 北萌 beng	怦 普耕 peng pin	輣 薄萌 p-´	甍 莫耕 m-´
[耿]		皏 普幸 peng	倂 蒲幸 b-`	䁅 武幸 m-
[諍]	迸 北諍 beng		倂 蒲迸 b-	
[麥]	檗 博厄 bò bó	[扌雹] 普麥 pò	繴 蒲革 bó	麥 莫獲 mò

知	澄	娘	來	見	溪	群	疑	莊	初	牀	山	影	曉	匣
朾 中莖 zh-	橙 宅耕 ch-´	儜 女耕 níng		耕 古莖 g-	鏗 口莖 k-		娙 五莖 yíng	爭 側莖 zheng	琤 楚耕 ch- zh-	崢 士耕 ch-´		甖 烏莖 yīng		莖 户耕 jīng
												泓 烏宏 hong	轟 呼宏 hong	宏 户萌 h-´
				耿 古幸 g-										幸 胡耿 xìng
							鞕 五爭 yìng	諍 側迸 zhèng				䙬 鷖迸 yìng		
													轟 呼迸 hòng	
擿 陟革 (mài) zhé		疒 尼厄 nè	礐 力摘 lè	隔 古核 gé	礊 楷革 kè		鷊 五革 è	責 側革 zé	策 楚革 c-`	賾 士革 z-´	栜 山責 s-`	戹 於革 è		覈 下革 hé
				蟈 古獲 guó guō		[illegible] 求獲 guó		[illegible] 簪摑 z-´		[illegible] 查獲 z-´	摵 砂獲 s-`		剨 呼麥 huò	獲 胡麥 huò

○	幫	滂	並	明	知		徹	澄	来	見	溪	群	精			清	從	心	邪
[清]	并 府盈 bing			名 武并 m-´	貞 陟盈 zheng zhen		檉 丑貞 ch-		跉 呂貞 ling		輕 去盈 q-	頸 巨成	精 子盈 j-			清 七情 q-	情 疾盈 q-´		餳 徐盈 x-´
											傾 去營 qing	瓊 渠營 qiong						騂 息營 xing	
[靜]	餅 必郢 bing			眳 亡井 m-			逞 丑郢 cheng		領 良郢 ling	頸 居郢 j-		痙 巨郢 j-ˋ	井 子郢 j-			請 七靜 q-	靜 疾郢 j-ˋ	省 息井 xing	
											頃 去潁 qing								
[勁]	摒 畀正 bing	聘 匹正 p-	偋 防正 b-	詺 彌正 m-			遉 丑鄭 cheng	鄭 直正 zh-	令 力政 ling	勁 居正 j-	輕 墟正 q-		精 子姓 j-			倩 七政 q-	淨 疾政 j-	性 息正 x-	
[昔]	辟 必益 bì	僻 芳辟 p-ˋ	擗 房益 p-ˋ		䵂 竹益 zhí		彳 丑亦 chì	擲 直炙 zhí					積 資昔 j-´ j-ˋ (jì)			皵 七迹 q-ˋ	籍 秦昔 j-´	昔 思積 xī	席 詳易 xí
	碧 彼役 bì															狊 七役 qì			

表四十七

照	穿	(空)	神	審	禪	影	(空)	曉	喻
征 諸盈 zheng				聲 書盈 sh-	成 是征 ch-ˊ	嬰 於盈 ying			盈 以成 yíng
						㷀 於營 ying	(yíng)	眴 火營 xiong	營 余傾 yíng
整 之郢 zheng						癭 於郢 yǐng			郢 以整 yǐng 潁 餘頃 yǐng
政 之盛 zheng				聖 式正 sh-	盛 承政 sh-			敻 休正 xiong	
隻 之石 zhī	尺 昌石 chǐ	(chì)	麝 食亦 shè	釋 施隻 shì	石 常隻 shí	益 伊昔 yì			繹 羊益 yì
𦵏 之役 zhì								瞁 許役 xù	役 營隻 yì

○	幫	滂	(空)	並	明	端
[青]		竮 普丁 ping		瓶 蒲經 p-ˊ	冥 莫經 m-ˊ	丁 當經 d-
[迥]	鞞 補鼎 bing	頩 匹迥 p-		並 蒲迥 b-ˋ	茗 莫迥 m-	頂 都挺 d-
[徑]					䁔 莫定 m-	矴 丁定 d-
[錫]	壁 北激 bì	霹 普擊 pī	pì		覓 莫狄 m-ˋ	的 都歷 d-ˊ d-ˋ

透	定	泥	徹	來	見	溪		疑	精	清	從	心		影	曉		匣
汀 他丁 t–	庭 特丁 t–´	寧 奴丁 n–´		靈 郎丁 l–´	經 古靈 j–					青 倉經 q–		星 桑經 x–			馨 呼刑 [xing]	xin	刑 户經 xing
					扃 古螢 jiong												熒 户扃 yíng
珽 他鼎 t–	挺 徒鼎 t–	𩕄 乃挺 n–		笭 力鼎 l–	剄 古挺 j–	謦 去挺 q–ˋ		脛 五剄 ying			汫 祖醒 j–ˋ	醒 蘇挺 x–		巊 烟涬 ying			婞 胡頂 xing
					熲 古迥 jiong	褧 口迥 q–	(j–)							濙 烏迥 ying	詗 火迥 xiong		迥 户穎 jiong
聽 他定 t–	定 徒徑 d–	甯 乃定 n–		零 郎定 l–	徑 古定 j–	罄 苦定 q–				靘 千定 q–		腥 蘇佞 x–		鎣 烏定 ying			脛 胡定 jing
逖 他歷 t–ˋ	荻 徒歷 d–´	惄 奴歷 n–ˋ	歡 丑歷 chì	靂 郎擊 lì	激 古歷 jī	燩 苦擊 q–ˋ		鷁 五歷 yì	績 則歷 jì	戚 倉歷 q–ˋ	寂 前歷 j–ˋ	錫 先擊 xī	xí		赥 許激 xì		檄 胡狄 xí
					郹 古闃 jú	闃 苦鶪 qù									殺 呼臭 xù		

○	幫		滂		並	明	端	知	徹	澄	娘	来	見	溪	群	疑	精		從
[蒸]	冫 筆陵 bing		砯 披冰 p-		凭 扶冰 p-ˊ			徵 陟陵 zheng	僜 丑升 ch-	澂 直陵 ch-ˊ		陵 力膺 ling	兢 居陵 j-	硱 綺兢 q-	殑 其矜 q-ˊ	凝 魚陵 n-ˊ			繒 疾陵 céng
[拯]																			
[證]					凭 皮證 bing				覴 丑證 cheng	瞪 丈證 deng		[illegible] 里甑 ling			殑 其[illegible] j-	凝 牛[illegible] n-	甑 子孕 zeng		
[職]	逼 彼側 bì	(bì)	堛 芳逼 p-ˋ	b-ˋ	愎 符逼 b-ˋ	[illegible] 亡逼 m-ˋ	[illegible] 丁力 dí	陟 竹力 zhì	敕 恥力 chì	直 除力 chí	匿 女力 nì	力 林直 lì	殛 紀力 jí	𩋜 丘力 q-ˋ	極 渠力 j-ˊ	嶷 魚力 n-ˋ	即 子力 j-ˊ	j-ˋ	堲 秦力 j-ˊ

	心	莊	初	牀	山	照	穿	神	審	禪	日	影	曉	于
(zèng)				磳 仕兢 ch-´	殑 山矜 sh-	蒸 煮仍 zh-	稱 處陵 ch-	繩 食陵 ch-´ sh-´	升 識蒸 sh-	承 署陵 ch-´	仍 如乘 r-´	膺 於陵 ying	興 虛陵 x-	
						拯 zheng								
						證 諸應 zheng	稱 昌孕 ch-	乘 實證 sh-	勝 詩證 sh-	丞 常證 sh-	認 而證 r-	應 於證 ying	興 許應 x-	
	息 相即 xī	稄 阻力 zè zé cè	測 初力 cè	崱 士力 zè	色 所力 sè	職 之翼 zhí zhī	瀷 昌力 chì	食 乘力 shí	識 賞職 shì	寔 常職 shí zhí		憶 於力 yì	赩 許力 xì	
													洫 況逼 xù	域 雨逼 yù

表四十九

喻	○	幫	滂	並	明	端	透	定	泥	來	見	溪	精	清	從
蠅 余陵 yíng	[登]	崩 北滕 beng	漰 普朋 p-	朋 步崩 p-´	瞢 武登* m-´	登 都滕 deng	鼟 他登 t-	騰 徒登 t-´	能 奴登 n-´	楞 魯登 l-´	揯 古恒 g- 肱 古弘 gong		增 作滕 z-		層 昨棱 c-´
	[等]		倗 普等 peng			等 多肯 deng			能 奴等 n-			肯 苦等 ken			
孕 以證 yìng (yùn)	[嶝]	[illegible] 方隥* beng		倗 父鄧* b-	懵 武亘* m-	嶝 都鄧 deng	蹬 台鄧 t-	鄧 徒亘 d-		踜 魯鄧 l-	亘 古鄧 g-		增 子鄧 z-	蹭 千鄧 c-	贈 昨亘 z-
弋 與職 yì	[德]	北 博德 běi	覆 匹北 fù	菔 蒲北 bó	墨 莫北 mò	德 多則 dé	忒 他德 t-`	特 徒得 t-`	螚 奴勒 n-`	勒 盧則 l-`	裓 古得 g-´ 國 古或 guó	刻 苦得 kè	則 子德 z-´	墄 七則 c-`	賊 昨則 z-´ (zéi)

心	影	曉	匣
僧 蘇增 s—			恒 胡登 h-ˊ
		薨 呼肱 h—	弘 胡肱 h-ˊ
彇 思贈 s—			
塞 蘇則 s-ˋ	餩 愛墨 eˋ	黑 呼北 hēi	劾 胡得 heˋ
		䞤 呼或 huò	或 胡國 huò

表五十

○	幫	滂	並	明	知	徹	澄	娘	來	見	溪	群	疑
[尤]	不 甫鳩 fou	䬍 匹尤 fou	浮 縛謀 fuˊ	謀 莫浮 mou	輈 張流 zhou	抽 丑鳩 ch—	儔 直由 chˊ		劉 力求 liu	鳩 居求 j—	丘 去鳩 q—	裘 巨鳩 q-ˊ	牛 語求 n-ˊ
[有]	缶 方久 fou	恒 芳否 fou	婦 房九 fuˋ		肘 陟柳 zh—	丑 敕久 ch—	紂 除柳 zh-ˋ	狃 女久 niu	柳 力久 liu	久 舉有 j—	糗 去久 q—	舅 其九 j-ˋ	
[宥]	富 方副 fu	副 敷救 f—	復 扶富 f—	莓 亡救 mou	晝 陟救 chou	畜 丑救 chu	胄 直祐 zhou	糅 女救 niu	溜 力救 l—	救 居祐 j—	䡱 丘救 q—	舊 巨救 j—	鼿 牛救 n—

精	清	從	心	邪	莊	初	牀	山	照	穿	審	禪	日	影	曉	于	喻
遒 即由 j-	秋 七由 q-	酋 自秋 q-ˊ	脩 息流 x-	囚 似由 q-ˊ	鄒 側鳩 zou	搊 楚鳩 ch-	愁 士尤 ch-ˊ	搜 所鳩 s-	周 職流 zh-	犨 赤周 ch-	收 式州 sh-	[illegible] 市流 ch-ˊ	柔 耳由 r-ˊ	憂 於求 you	休 許尤 xiu	尤 羽求 yóu	猷 以周 yóu
酒 子酉 j-		湫 在九 j-ˋ	滫 息有 x-		掫 側九 zou	[illegible] 初九 ch-	[illegible] 士九 zh-ˋ	溲 踈有 s-	帚 之九 zh-	醜 昌九 ch-	首 書九 sh-	受 殖酉 sh-ˋ	蹂 人九 r-	[illegible] 於柳 you	朽 許久 xiu	有 云久 you	酉 與久 you
僦 即就 j-	趥 七溜 q-	就 疾僦 j-	秀 息救 x-	岫 似祐 x-	皺 側救 zhou	簉 初救 ch-	驟 鋤祐 zh-	瘦 所祐 sh- s-	呪 職救 zh-	臭 尺救 ch-	狩 舒救 sh-	授 承呪 sh-	鞣 人又 r-		齅 許救 xiu	宥 于救 you	狖 余救 you

○	幫	滂	並	明	端	透	定	泥	來	見	溪	疑	精	清	從	心	牀
[侯]			裒 薄侯 póu	呣 亡侯 m-´	兜 當侯 d-	偷 託侯 t-	頭 度侯 t-´	羺 奴鉤 n-´	樓 洛侯 l-´	鉤 古侯 g-	彄 恪侯 k-	齵 五婁 óu	緅 子侯 zou	誰 千侯 c-	剽 徂鉤 c-´	涑 速侯 s-	
[厚]	掊 方垢* bu	剖 普后 pou (pōu)	部 蒲口 bù	母 莫厚 mu	斗 當口 dou	黈 天口 t-	緰 徒口 d-`	穀 乃后 n-	塿 郎斗 l-	苟 古厚 g-	口 苦后 k-	藕 五口 ou	走 子苟 zou	趣 倉苟 c-		叟 蘇后 s-	鯫 仕垢 zh-`
[候]		仆 匹候 pù	䏽 薄候 bòu	茂 莫候 mào	鬥 都豆 dou	透 他候 t-	豆 徒候 d-	槈 奴豆 n-	陋 盧候 l-	遘 古候 g-	寇 苦候 k-	偶 五遘 ou	奏 則候 zòu	輳 倉奏 c-	剽 才奏 z-	瘶 蘇奏 s-	

表五十二

○	幫	並	明	見	溪	群	疑	來	精	山	影	曉
[幽]	彪 甫烋 biao	淲 皮彪 piu	繆 武彪 m-´	樛 居虯 j-		虯 渠幽 q-´	聱 語虯 yóu	鏐 力幽 liú	稵 子幽 j-	犙 山幽 shun	幽 於虯 you	飍 香幽 xiu
[黝]						蟉 渠黝 j-ˋ					黝 於糾 you	
[幼]			謬 靡幼 miu		䠓 丘謬 q-	趴 巨幼 j-					幼 伊謬 you	

影	曉	匣
謳 烏侯 ou	齁 呼侯 hou	侯 户鉤 h-ˋ
歐 烏后 ou	吼 呼后 hou	厚 胡口 h-ˋ
漚 烏候 ou	蔻 呼漏 hou (k-)	候 胡遘 h-

○	幫	滂	並	知	徹	澄	娘	來	見	溪	群	疑	精	清	從	心	邪
[侵]				碪 知林 zhen	琛 丑林 ch-	沈 直深 ch-´	誑 女心 nín	林 力尋 lín	金 居吟 j-	欽 去金 q-	琴 巨金 q-´	吟 魚金 yín	祲 子心 jin	侵 七林 q-	鬵 昨淫 q-´	心 息林 x-	尋 徐林 x-´ xún
[寑]	稟 筆錦 bing	品 丕飲 pin		戡 張甚 zhen	踸 丑甚 ch-	朕 直稔 zh-`	拰 尼凛 nin	廩 力稔 lin	錦 居飲 j-	坅 丘甚 [illegible] 欽錦 q-	噤 渠飲 j-`	僸 牛錦 yin	醦 子朕 jin	寑 七稔 q-	蕈 慈荏 xìn	罧 斯甚 xin	
[沁]				揕 知鴆 zhen	闖 丑禁 ch-	鴆 直禁 zh-	賃 乃禁 lìn	臨 良鴆 lìn	禁 居蔭 j-		紟 巨禁 j-	吟 宜禁 yin	浸 子鴆 jin	沁 七鴆 q-			
[緝]	鵖 彼及 bī		鮩 皮及 bì	縶 陟立 zhí	湁 丑入 chì	蟄 直立 zhé	孨 尼立 nì	立 力入 l-`	急 居立 j-´	泣 去急 q-`	及 其立 j-´	岌 魚及 yì	[illegible] 子入 j-´	緝 七入 q-`	集 秦入 j-´	觙 先立 x-`	習 似入 x-´

表五十四

莊	初	牀	山	照		穿	神	審	禪	日	影	曉		于	喻	○	端
兂 側吟 zen	參 楚簪 c-	岑 鋤針 c-ˊ	森 所今 s-	斟 職深 zh-		覘 充針 ch-		深 式針 sh-	諶 氏任 ch-ˊ	任 如林 r-ˊ	愔 挹淫 yin 音 於金 yin	歆 許金 xin			淫 餘針 yin	[覃]	耽 丁含 dan
	墋 初朕 chen	頣 士荏 zh-ˋ	痒 踈錦 sh-	枕 章荏 zh-		瀋 昌枕 sh-	葚 食荏 sh-ˋ	沈 式荏 sh-	甚 常枕 sh-ˋ	荏 如甚 r-	飲 於錦 yin	廞 許錦			潭 以荏 yin	[感]	黕 都感 dan
譖 莊蔭 zen	讖 楚譖 ch-		滲 所禁 sh-	枕 之任 zh-				深 式禁 sh-	甚 時鴆 sh-	妊 汝鴆 r-	蔭 於禁 yin			類 于禁 yin		[勘]	馾 丁紺 dan
戢 阻立 jí	届 初戢 qì	霵 仕戢 jí	歰 色立 sè	執 之入 zhí	zhī			溼 失入 shī	十 是執 shí	入 人執 rù	揖 伊入 yī 邑 於汲 yì	吸 許及 xì (xī)		煜 為立 yì	熠 羊入 yì	[合]	答 都合 dá

表五十五

	端	明	○
談	擔 都甘 d–	姏 武甘 man	[談]
敢	膽 都敢 d–	[illegible] 謨敢 man	[敢]
闞	擔 都濫 dan		[闞]
盍	[illegible] 都盍 dā		[盍]

匣	曉	影	心	從	清	精	疑	溪	見	來	泥	定	透	
含 胡男 h–´	㟏 火含 han	諳 烏含 an	毿 蘇含 s–	蠶 昨含 c–´	參 倉含 c–	簪 作含 zan	[illegible] 五含 án	龕 口含 k–	弇 古南 g–	婪 盧含 l–´	南 那含 n–´	覃 徒含 t–´	探 他含 t–	
頷 胡感 h–`	顑 呼唵 han	晻 烏感 an	糂 桑感 s–	歜 徂感 z–	慘 七感 c–	昝 子感 zan	顉 五感 an	坎 苦感 k–	感 古禫 g–	壈 盧感 l–	腩 奴感 n–	禫 徒感 d–`	襑 他感 t–	
憾 胡紺 h–	顄 呼紺 han	暗 烏紺 an	俕 蘇紺 s–		謲 七紺 c–	篸 作紺 zan	儑 五紺 an	勘 苦紺 k–	紺 古暗 g–	顲 郎紺 l–	妠 奴紺 n–	醰 徒紺 d–	僋 他紺 t–	
合 侯閤 hé	欱 呼合 hè	姶 烏合 è	趿 蘇合 sà	雜 徂合 zá	[illegible] 七合 cà	帀 子答 zā	㬎 五合 è	溘 口答 kè	閤 古沓 gé	拉 盧合 lā	納 奴答 n–`	沓 徒合 t–`	錔 他合 t–`	dā
		唈 烏答 è			遪 七合 cà									

表五十六

透	定	泥	來	見	溪	疑	精	清	從	心	照	審	影	曉	匣	○
䑙 他酣 t-	談 徒甘 t-´		籃 魯甘 l-´	甘 古三 g-	坩 苦甘 k-		[illegible] 作三 z-		慙 昨甘 c-´	三 蘇甘 s-				蚶 呼談 h-	酣 胡甘 h-´	[談]
菼 吐敢 t-	噉 徒敢 d-		覽 盧敢 l-	敢 古覽 g-	厰 口敢 k-		[illegible] 子敢 z-	黲 倉敢 c-	槧 才敢 z-`			[illegible] 賞敢 sh-	埯 烏敢 an	喊 呼覽 han		[敢]
賧 吐濫 t-	憺 徒濫 d-		濫 盧瞰 l-	䫲 古覽 g-	闞 苦濫 k-				暫 藏濫 zh-	三 蘇暫 s-				賵 呼濫 h-	憨 下瞰 h-	[闞]
榻 吐盍 tà tă	蹋 徒盍 tà	納 奴盍 nà	臘 盧盍 là	頟 古盍 gé 砝 居盍 gé	榼 苦盍 kè	㵣 五盍 è		囃 倉雜 cà	[illegible] 才盍 zá	僠 私盍 sà	譫 章盍 zhé		鰪 安盍 è	欱 呼盍 hè	盍 胡臘 hé	[盍]

非	知	徹	澄	娘	来	見	溪	群		疑	精		清	從	心	邪	山	照	穿
砭 府廉 bian	霑 張廉 zhan	覘 丑廉 ch–	[乏+火] 直廉 ch–´	黏 女廉 nián	廉 力鹽 lián		㦓 丘廉 q–	箝 巨淹 q–´		䶢 語廉 yán	尖 子廉 jian		籤 七廉 q–	潛 昨鹽 q–´	銛 息廉 x–	燅 徐鹽 x–´	襳 史炎 shan	詹 職廉 zhan	譫 處占 ch–
貶 方斂 bian		諂 丑琰 chan			斂 良冉 lian		脥 謙琰 q–				䁪 子冉 j–		憸 七漸 q–	漸 慈染 j–`				颭 占琰 zhan	
						檢 居奄 jian	預 丘檢 q–	儉 巨險 j–	q–`	顩 魚檢 yan									
窆 方驗 bian		覘 丑豔 chan			殮 力驗 lian					驗 魚窆 yan	[口+韱] 子豔 jian		塹 七豔 q–	潛 慈豔 j–				占 章豔 zhan	跲 昌豔 ch–
	輒 陟葉 zhé	鍤 丑輒 ch–`	牒 直葉 zh–´	聶 尼輒 niè	獵 良涉 liè	𦁓 居輒 j–´	㾊 去涉 q–`	极 其輒 j–´			接 即葉 jiē	jié	妾 七接 q–`	捷 疾葉 j–´			萐 山輒 shè	讋 之涉 zhé	謵 叱涉 ch–`

表五十七

○	明	端	透	定	泥	來	見	溪	精	清
[添]		髻 丁兼 dian	添 他兼 t—	甜 徒兼 t—´	鲇 奴兼 n—´	鬑 勒兼 l—´	兼 古甜 j—	謙 苦兼 q—		
[忝]	変 明忝 mian	點 多忝 d—	忝 他點 t—	簟 徒玷 d—`	淰 乃玷 n—	稴 力忝 l—	孂 兼玷 j—	嗛 苦簟 q—`		憯 青忝 q—
[㮇]		店 都念 dian	掭 他念 t—	磹 徒念 d—	念 奴店 n—	稴 力店 l—	趝 紀念 j—	傔 苦念 q—	僭 子念 j—	
[怗]		聑 丁愜 dié	怗 他協 t—`	牒 徒協 d—´	苶 奴協 n—`	甄 盧協 l—`	頰 古協 jiá	愜 苦協 qiè	浹 子協 jiá	

審	禪	日	影	曉	于	喻
苫 失廉 sh—	棎 視占 ch—´	髯 汝鹽 r—´	懕 一鹽 yan		炎 于廉 yán	鹽 余廉 yán
			淹 央炎 yan			
陜 失冉 sh—	剡 時染 sh—`	冉 而琰 r—	黶 於琰 yan	險 虛檢 xian		琰 以冉 yan
			奄 衣檢 yan			
閃 舒贍 sh—	贍 時豔 sh—	染 而豔 r—	厭 於豔 yan			豔 以贍 yan
			㤿 於驗 yan			
攝 書涉 sh—`	涉 時攝 sh—`	讘 而涉 niè	魘 於葉 yè		曄 筠輒 yè	葉 與涉 yè
			⿰奄攵 於輒 yè			

表五十八

從	心	影	曉	匣
			譀 許兼 x—	嫌 户兼 x—ˊ
				䶢 胡忝 x—ˋ (qiǎn)
暫 慚念 j—	礛 先念 x—	酓 於念 yan		
雜 在協 jiá	燮 蘇協 xiè		䚳 呼牒 xiè	協 胡頰 xié xiá

○	知	徹	澄		娘	来	見	溪	疑	莊	初
[咸]	詀 竹咸 zhen				諵 女咸 nan		緘 古咸 jian	鵮 苦咸 q—	嵒 五咸 yan		
[豏]		㒞 丑減 chan			䍐 女減 nian	臉 力減 l—	鹻 古斬 j—	床 苦減 q—		斬 側減 zhan	臟 初減 ch—
[陷]	䛸 陟陷 zhan		賺 佇陷 zhan(zhuàn)		諵 尼賺 nan		鼸 公陷 jian	歉 口陷 q—	顩 五陷 yan	蘸 莊陷 zhan	
[洽]	劄 竹洽 zhā	䨻 丑図 ch—ˋ			図 女洽 nà		夾 古洽 jiā	恰 苦洽 q—ˋ	脛 五夾 yà	眨 側洽 zhǎ	插 楚洽 chā

表五十九

○	山	牀	初	精	疑	溪	見	澄	並	匣	曉	影	山	牀
[銜]	衫 所銜 sh-	巉 鋤銜 ch-ˊ	攙 楚銜 chan		巖 五銜 yán	嵌 口銜 q-	監 古銜 jian		䰉 白銜 pán	咸 胡讒 xián hán	㰹 許咸 xian han	猪 乙咸 an	攕 所咸 sh-	讒 士咸 chán
[檻]	摲 山檻 sh-	巉 仕檻 zh-ˋ	醶 初檻 chan			顩 丘檻 qian				豏 下斬 xiàn	闞 火斬 han 喊 呼豏 han	黯 乙減 an	摻 所斬 sh-	瀺 士減 zh-ˋ
[鑑]	釤 所鑑 sh-	鑱 士懺 zh-	懺 楚鑑 chan	覱 子鑑 jian			鑑 格懺 jian		埿 蒲鑑 ban	陷 户韽 xian		韽 於陷 an		儳 仕陷 zh-
[狎]	翣 所甲 shà						甲 古狎 jiǎ	渫 丈甲 zhá		洽 侯夾 xiá	䶎 呼洽 xià	[illegible] 烏洽 yà wà	霎 山洽 shà	箑 士洽 zhá

影	曉	匣
		銜 戶監 xián
黤 於檻 yan	㺂 荒檻 han	檻 胡黤 jiàn
	㺂 許鑑 han	䦧 胡懺 xian
鴨 烏甲 yā	呷 呼甲 xiā	狎 胡甲 xiá

表六十

○	微	見	溪	群	疑	影	曉	喻
[嚴]			欦 丘嚴 qian		嚴 語𩐻 yán	醃 於嚴 yan	𩐻 虛嚴 xian	
[儼]			欦 丘广 qian		儼 魚埯 yan	埯 於广 yan		
[釅]	𦬒 亡劍 wan		欦 丘釅 qian		釅 魚欠 yan		脅 許欠 xian	
[業]		㹶 居怯 jie	怯 去㹶 q-ˋ	跲 巨業 jié	業 魚怯 yè	腌 於業 yè	脅 虛業 xié	殜 余業 yè

表六十一

○	非	敷	奉
[凡]		芝 匹凡 fan	凡 符芝 f-ˊ
[范]	腇 府犯 fan	釩 峰犯 fan	范 防泛 f-ˋ
[梵]		汎 孚梵 fan	梵 扶泛 f-ˋ
[乏]	法 方乏 fǎ	𠲎 孚法	乏 房法 fá

微	徹	娘	見	溪	影
				欦 丘凡 qian	
錽 亡范 wan	𠐐 丑范 chan			凵 丘犯 qian	
			劍 居欠 jian	欠 去劍 q-	俺 於劍 yan
	䎱 丑法 chà	𦓤 女法 nià		猲 起法 qià	

《廣韻四聲韻字今音表》校讀記

李葆嘉　审校

中 華 書 局

目　録

一　切　語 …… 253
(一)反切上字誤者(十一條) …… 253
(二)反切下字誤者(五條) …… 254
(三)切語抄錯者(六條) …… 254
(四)反切字不煩更改者 …… 255
　1.反切上字異而同紐者(十四條) …… 255
　2.反切下字異而同韻者(九條) …… 257
　3.反切上下字全異而紐韻皆同者(二條) …… 259

二　標　音 …… 260
(一)聲調有誤者 …… 261
　1.既不合規則且又不合今音者(十五條) …… 261
　2.不合規則者(二條) …… 262
　3.不合今音者(五條) …… 262
(二)聲母有誤者(三條) …… 262
(三)韻母有誤者(六條) …… 263
(四)普通話音系中無此音節者(六條) …… 264
(五)抄寫顯誤者 …… 264
　1.承前韻母誤者(四條) …… 264
　2.不合書寫規則者(二條) …… 265
　3.標調不合條例者(三條) …… 265
　4.其他(三條) …… 265
(六)未標音者(八條) …… 265
(七)宜補他音者(十三條) …… 266

三　等呼和聲紐 …… 268
（一）等之不合理者（四條） …… 268
1.脂韻合口三等 …… 268
2.旨韻開口三等 …… 268
（二）呼之失當者（一條） …… 269
（三）聲紐之誤者（四條） …… 269

四　小　韻 …… 271
（一）不録之小韻七十一個 …… 271
（二）備閲 …… 275
1.《今音表》同音小韻（六對） …… 275
2.《廣韻》中同字切語（四對） …… 276
3.《今音表》所移小韻（七條） …… 276
4.《今音表》新析小韻 …… 277

五　文　字 …… 278
（一）抄成錯字者（十一條） …… 278
（二）抄成别字者（十條） …… 279

一　切　語

(一)反切上字誤者

1)夬韻並紐　(P.193，《今音表》頁數，下同)

敗　博邁切

嘉案: 博在幫紐。張刻本作薄邁切，正。

2)隊韻滂紐　(P.194)

配　傍佩切

嘉案: 傍在並紐。張刻本作滂佩切，正。

3)質韻於紐　(P.199)

颮　於筆切

嘉案: 於在影紐。張刻本作於筆切，正。

4)獮韻澄紐　(P.211)

篆　特兗切

嘉案: 特在定紐。張刻本作持兗切，正。

5)宵韻群紐　(P.214)

喬　去嬌切

嘉案: 去在溪紐。張刻本作巨嬌切，正。

6)戈韻滂紐　(P.218)

頗　傍禾切

嘉案: 傍在並紐。張刻本作滂禾切，正。

7)麻韻穿紐　(P.221)

車　遲遮切

嘉案: 遲在澄紐。張刻本作尺遮切，正。

8)藥韻喻紐　(P.223)

藥　似灼切

嘉案: 似在邪紐。張刻本作以灼切，正。

9）藥韻審紐　（P.222）

爍　市若切

嘉案： 市在禪紐。張刻本作書藥切，正。市若切爲妁小韻之反切，此亦可視爲抄寫之誤。

10）唐韻曉紐　（P.224）

荒　胡光切

嘉案： 胡在匣紐。張刻本作呼光切，正。

11）候韻精紐　（P.236）

奏　側候切

嘉案： 側在莊紐。張刻本作則候切，正。

（二）反切下字誤者

1）震韻溪紐　（P.198）

菣　去忍切

嘉案： 忍在軫韻。張刻本作去刃切，正。

2）震韻精紐　（P.198）

晉　即忍切

嘉案： 忍在軫韻。張刻本作即刃切，正。

3）桓韻疑紐　（P.206）

岏　五凡切

嘉案： 凡在凡韻。張刻本作五丸切，正。

4）寢韻照紐　（P.239）

枕　章任切

嘉案： 任在侵韻。張刻本作章荏切，正。

5）諍韻疑紐　（P.227）

鞕　五爭切

嘉案： 爭在耕韻。張刻本亦誤。曹刻本作五諍切（參見《廣韻校本》），正。

（三）切語抄錯者

1）紙韻幫紐　（P.175）

俾　匹婢切

嘉案: 匹在滂紐。此將諀小韻切語誤抄在俾下。張刻本作并弭切,正。

2)紙韻滂紐　(P.175)

諀　并弭切

嘉案: 并在幫紐。此將俾小韻切語誤抄在諀下。張刻本作匹婢切,正。

3)祭韻群紐　(P.188)

偈　憩其切

嘉案: 切語上下字顛倒,張刻本作其憩切,正。

4)佳韻娘紐　(P.191)

羪　佳嬭切

嘉案: 切語上下字顛倒,張刻本作嬭佳切,正。

5)小韻滂紐　(P.214)

麃　表滂切

嘉案: 切語上下字顛倒,張刻本作滂表切,正。

6)尤韻牀紐　(P.235)

愁　尤士切

嘉案: 切語上下字顛倒,張刻本作士尤切,正。

(四)反切字不煩更改者

與張刻本比較,《今音表》中反切字更改或係誤抄者,有反切上字異而同紐者、有反切下字異而同韻者、有上下字全異而紐韻皆同者。下面所列的這些反切,《廣韻校本》未曾有所校勘。今據《唐五代韻書集存》,並參閲《鉅宋廣韻》,以明更改之不當者及抄手誤抄者。

1.反切上字異而同紐者

1)泰韻來紐　(P.189)

賴　盧蓋切

嘉案: 張刻本作落蓋切,黎刻本、鉅宋本(去聲係巾箱本補入)同,宋跋本亦同。項跋本作理大反。《唐韻》賴字反切殘。切語上字當作落。

2)夬韻清紐　(P.193)

啐　蒼夬切

嘉案: 張刻本作倉夬切,黎刻本、鉅宋本同。宋跋本作倉快反。敦煌本作食快反,又倉憒反,食當是倉之誤。唯有《切韻考》作蒼夬切。此切語上字宋代韻書多作倉,於唐代韻書有徵，當作倉。

3）灰韻並紐　（P.194）

裴　蒲回切

嘉案：張刻本作薄回切，黎刻本、鉅宋本同。敦煌本作薄灰反。唐寫本（斯二〇七一、伯三六九五、三六九六）、宋跋本均作薄恢反。切語上字當作薄。

4）質韻牀紐　（P.198）

齜　士叱切

嘉案：張刻本作仕叱切，黎刻本、鉅宋本同。敦煌本、宋跋本皆作仕乙反。切語上字當作仕。

5）霰韻疑紐　（P.210）

硯　五甸切

嘉案：張刻本作吾甸切，黎刻本、鉅宋本同。敦煌本、宋跋本、項跋本作五見反（項跋本倒爲見五反）。然《唐韻》作吾甸反。《廣韻》反切多據《唐韻》。此切語不煩改字，宜作吾。

6）銑韻疑紐　（P.210）

齞　硯峴切

嘉案：張刻本作研峴切，黎刻本、鉅宋本同。《王韻》中未見。硯據通行的反切上字表不是反切上字。此切語上字當作研。硯蓋是受峴之見影響而筆誤。

7）獮韻心紐　（P.212）

選　息兗切

嘉案：張刻本作思兗切，黎刻本、鉅宋本皆同，唐寫本（斯二〇七一）、宋跋本亦同。切語上字當作思。

8）小韻並紐　（P.214）

摽　符少切

嘉案：黎刻本、鉅宋本同《今音表》。敦煌本、宋跋本、唐寫本（斯二〇七一）作符小反。張刻本作苻少切，唐寫本（伯三六九三）作苻小反。《唐韻》殘缺。通行的反切上字表有苻，僅用在此切語中一次。張刻本作苻，於唐有徵，不煩改字，切語上字宜作苻。

9）效韻影紐　（P.216）

靿　烏教切

嘉案：張刻本作於教切，黎刻本、鉅宋本同。宋跋本靿在拗小韻內，拗下注乙罩反又於絞反，敦煌本同。《唐韻》作於教反。切語上字當作於。

10）過韻明紐　（P.218）

磨　模臥切

嘉案：張刻本作摸臥切，黎刻本、鉅宋本同。敦煌本、宋跋本作莫箇反。項跋本、《唐韻》作摸臥反。切語上字當作摸。

11）馬韻山紐　（P.220）

灑　沙下切

嘉案：張刻本作砂下切，黎刻本、鉅宋本同。唐代韻書中未見。不煩改字，宜作砂。又《切韻考》作沙下切。

12）藥韻群紐　（P.222）

戄　其籰切

嘉案：張刻本作具籰切，黎刻本、鉅宋本同。宋跋本作衢籰反又俱籰反。《唐韻》無戄小韻，戄字見於矆小韻内許縛反。具與俱相近。其恐是具之訛。《切韻考》作其，蓋另有所本。此亦不煩改字。

13）陌韻疑紐　（P.225）

逆　魚戟切

嘉案：張刻本作宜戟切，黎本、鉅宋不同，唐寫本（斯二〇七一）、宋跋本、項跋本、《唐韻》皆作宜戟反。切語上字當作宜。

14）梵韻敷紐　（P.246）

汎　浮梵切

嘉案：張刻本作孚梵切，黎刻本、鉅宋本同。唐寫本（伯三六四九）、宋跋本、敦煌本作敷梵反。《唐韻》作孚梵反。切語上字當作孚。

2.反切下字異而同韻者

15）脂韻喻紐　（P.179）

惟　以隹切

嘉案：張刻本作以追切，黎刻本、鉅宋本同。唐寫本（斯二〇七一、斯二〇五五）作以隹反，宋跋本、項跋本同。《今音表》之更改，本於唐代韻書。然《唐韻》脂部殘闕，《廣韻》所據故不可考。以追切亦不爲誤，故不煩改字。又《唐五代韻書集存》附表1，誤將陸韻（伯三六九五、三六九六）帷小韻切語洧悲反寫在惟小韻反切沿革内。斯二〇七一："帷，洧悲反一。"在誰小韻與邳小韻之間；"帷，以佳反八。"在衰小韻與濼小韻之間。斯二〇五五亦同。帷、惟有别。陸韻（伯三六九五、三六九六）帷小韻完整，惟小韻殘，僅留四字維、琟、遺、潍，在衰小韻與濼小韻之間。又斯二〇五五有"惟，以佳反"，附表1遺漏。

16）祭韻禪紐　（P.188）

啜　嘗鋭切

嘉案: 張刻本作嘗芮切，黎刻本、鉅宋本同。《王韻》三種皆作市芮反。《唐韻》嘗鋭反。切語下字當作芮。

17）真韻喻紐　（P.199）

寅　翼珍切

嘉案: 張刻本作翼真切，黎刻本、鉅宋本同。唐寫本（斯二〇七一）、宋跋本作余真反。切語下字當作真。

18）準韻心紐　（P.200）

筍　思允切

嘉案: 張刻本作思尹切，黎刻本、鉅宋本同。唐寫本（斯二〇七一）、敦煌本、宋跋本亦同。切語下字當作尹。又項跋本作思忍反。

19）物韻見紐　（P.201）

亥　九物切

嘉案: 張刻本作九勿切，黎刻本、鉅宋本同。宋跋本作久勿反，項跋本、《唐韻》作九勿反。然唐寫本（斯二〇七一）作九物反，《今音表》蓋本於此。多種本子作勿，《廣韻》又多本《唐韻》，故不煩改字，宜作勿。

20）末韻端紐　（P.206）

掇　丁活切

嘉案: 張刻本作丁括切，黎刻本、鉅宋本同。唐寫本（斯二〇七一）、敦煌本多活反。宋跋本、項跋本、《唐韻》皆多括反。可見早期作活，後來作括。《廣韻》據後來韻書重修，故作丁括切，不煩改字。

21）先韻幫紐　（P.209）

邊　布賢切

嘉案: 張刻本作布玄切，黎刻本、鉅宋本同。唐寫本（斯二〇七一）、敦煌本、宋跋本皆布玄反。《切韻考》作布賢切，同《今音表》。先韻爲開合韻，賢在開口，玄在合口。邊是開口，玄却是合口切之，故有可能據此改用開口下字賢。然周祖謨論及古人爲韻之慣例，有“唇音之開口字以牙喉音合口字爲切語之例”，此種情況並非如陳澧所説用字偶疏（見《陳澧切韻考辨誤》）。此切語下字不煩更改，正當玄。邵榮芬在《切韻研究》中唇音字不分開合之統計可參閱。

22）闞韻來紐　（P.241）

濫　盧瞰切

嘉案: 張刻本作盧瞰切，黎刻本、鉅宋本同。唐寫本（斯二〇七一）、敦煌本、宋跋本、項跋本皆作盧瞰反，《今音表》本於此。通常的反切下字，收瞰，亦收瞰。二者都是各用一次。瞰用於憨之下瞰切，瞰用於此濫字。宋代韻書多本於《唐韻》，《唐韻》作盧瞰反。故不煩改字。

23）漾韻日紐　（P.223）

讓　人漾切

嘉案: 張刻本作人揚切，黎刻本、鉅宋本同。唐寫本（斯二〇七一）、宋跋本如狀反。敦煌本、項跋本如仗反。通常的反切下字表没有漾，有樣（段注：唐人式樣字從手作揚）。《唐韻》正是人揚反。《廣韻》本之，故此切語下字不煩改字。然《唐五代韻書集存》附表1唐韻作人樣（引自《唐韻》宜寫異體揚），《廣韻》作人漾。查《廣韻校本》中没有更改。張刻本不誤，又有所本，何必更改？今引用韻書，宜從通常所用之字。

3.反切上下字全異而紐韻皆同者

24）怪韻幫紐　（P.191）

拜　布戒切

嘉案: 張刻本作博怪切，黎本、鉅宋本同。唐寫本（伯三六九六）、敦煌本、《唐韻》作愽恠反（愽是博之誤，恠是怪之異體）。宋跋本、項跋本作博怪反。此切語當作博怪。關於唇音字反切下字開合請參見（21）邊下案語。

25）勁韻幫紐　（P.228）

摒　卑正切

嘉案: 張刻本作畀政切，黎本、鉅宋本同。敦煌本、宋跋本、《唐韻》作卑政反。項跋本畢政反。切語下字當作政。切語上字表中有畀，僅用於此切語中一次。《集韻》作卑正切。《廣韻》中不煩改字，宜爲畀政切。

二 標 音

《今音表·敘例》曰：

“今音表所注的音都是廣韻一紐第一字的讀音。……（遇到同紐的字讀音不同），表中酌量分注兩音，以供參照。”

嘉案： 這種方式可稱爲分注參照方式。表中亦有標注今音與第一字（小韻内有一些字與第一字今音同）不合者，亦有同紐的一組字與第一字今音不同而未分注以供參照者。這兩種情況是否考慮補注一音。

“有些韻紐第一字今音自有它的讀法，而與本紐内其他字的讀音不同。……（除注出其他字的今音，並注出第一字的今音），而外加括號，以示分別。”

嘉案： 這種方式可稱爲第一字另注方式。表中亦有第一字今音與本紐内其他字今音不同而未另注者。這種情況亦可考慮另注一音。

“（注出今音）一方面要照顧到古音演變爲今音的規律，另一方面還要照顧到現代的實際讀音，頗費斟酌。”

嘉案： 這可稱之爲兼顧原則。標注今音與漢字正音問題有聯繫。有人曾提出通行原則，即不同讀法之中取一般業已通行的讀法；或提出歷史原則，即幾種讀法都還没有通行則根據傳統讀音來確定規範（見高名凱、劉正埮《語音規範化和漢字正音問題》）。今音是以北京話音系爲標準又做了一定規範的讀音。《廣韻》中的字，從現代漢語普通話中使用與否，可大致分爲活字和死字兩大類。拿《廣韻》中的反切和活字的普通話讀音做比較，從中可求得古今音變的一般對應規則，這是用比較法、歸納法做研究。對應規則僅就活字的一般情況而言，但是還有些活字的音變不能由通常對應規則所包括，則稱之爲例外。例外的形成途徑是多樣的：自由變讀、語流音變、聲讀類化、誤讀訓讀、古音異讀等等。這種例外若以小韻爲單位考察，或是小韻的韻字和其他的字今音不同，或是小韻内的字據今音不同可分爲幾組，或是小韻内的字今音都不合通則。這是標注今音頗費斟酌的一個方面。凡例外衹能根據實際讀音，而不能就規則改今音，也就是説凡今音不合乎演變規則的，兼顧原則管不住。今音與演變規則一致的，則無須兼顧。在一個字有幾個實際讀音時，應當選擇合乎演變規則的標注今音，祇有在這個範圍内，才能兼顧。這和上面提到的歷史原則一樣。《今音表》中亦有死字不合規則者，亦有合規則不合今音者，亦有既不合今音又不合規則者。

"少數字在《廣韻》音系雖然占據一定地位，但讀成今音，可能是不曾聽到的一個音。"

嘉案：這種情況可稱爲硬推方式。拿規則去推出《廣韻》中死字反切的今音，這是用演繹法做研究。根據規則類推出來的音節有些是普通話音系中没有的音位組合，一種是聲韻組合（音質音位組合）無，一種是聲韻組合有而聲韻調組合（可稱爲非音質音位組合）無。這是標注今音頗費斟酌的又一個方面。如果認爲推出來的音節在普通話音系中没有就不是今音，那麽這類音節就有必要動點小手術。一種方式是靠攏。據規則類推的非音質音位組合，假若是普通話音系中没有的，可調整聲調，朝普通話音系中有的靠攏。一種方式是折合，據規則類推的音質音位組合，假若是普通話音系中没有的，可調整聲母，折合成普通話音系中有的。

"還有少數字在字典里注音不一致，……表中祇能根據現代的字典……。"

嘉案：這里提出捨舊從新的原則。《今音表》中有捨今從舊者，亦有今舊兩音並舉者。

（一）聲調有誤者

1.既不合規則且又不合今音者

1）蟹韻匣紐　（P.191）　蟹　xiě

2）準韻神紐　（P.200）　盾　（dǔn）

説明：《今音表》標音有簡略形式，此處摘引時，凡簡略形式則根據《敘例》中的規定還原爲完整形式。

嘉案：匣紐、神紐是濁音，上聲全濁變去聲。蟹音 xiè，盾音 dùn。

3）支韻於紐　（P.177）　爲　wēi

4）灰韻來紐　（P.194）　雷　lēi

5）殷韻疑紐　（P.202）　虒　yǐn

6）仙韻於紐　（P.212）　員　yuān

7）肴韻來紐　（P.216）　顟　jiāo

8）肴韻匣紐　（P.216）　肴　yāo

9）陽韻於紐　（P.223）　王　wāng

10）清韻來紐　（P.228）　跉　līng

11）清韻群紐　（P.228）　瓊　qiāng

12）蒸韻來紐　（P.231）　陵　līng

13）談韻明紐　（P.240）　姏　mān

嘉案：以上聲母是濁音，逢平聲今音讀陽平。以上的聲調一律得改標陽平。琥是死字，其小韻内圻、垠、齗、狺、鄞今音皆陽平。𩔹是死字，其小韻内窮今音陽平（見《辭源》）。跉通行辭書不録，其小韻内令陽平（見《辭源》），且從令之字今音多讀陽平。姏是獨字小韻，今音陽平（所舉今音多據通行辭書，除有必要，一般不注出處）。

14）没韻匣紐　（P.204）　麧　hē

嘉案：匣紐入聲多讀陽平（變調規則可參見《今音表·敘例》）。且麧小韻内齕、紇今音陽平。

15）静韻喻紐　（P.228）　潁　yíng

嘉案：上聲次濁聲母不變調。潁和小韻内的穎今音上聲。

2.不合规則者

16）咸韻從紐　（P.240）　歜　zǎn

17）有韻初紐　（P.235）　鞇　chòu

嘉案：歜又音燭韻穿紐，今音 chù。其小韻内㿈、魿、劉，今通行辭書不收，據上聲全濁變去聲類推，當作 zàn。鞇是獨字小韻，通行辭書不收，據上聲次清不變調，當作 chǒu。

3.不合今音者

18）宋韻透紐　（P.171）　統　tòng

19）腫韻曉紐　（P.174）　洶　xiǒng

20）遇韻日紐　（P.184）　孺　rù

21）皆韻曉紐　（P.193）　虺　huì

22）没韻定紐　（P.203）　突　tú

嘉案：統音 tǒng。洶及其小韻内詾、兇今音 xiōng，且普通話音系中無 xiǒng 音節。孺今音 rú，舊讀 rù，據捨舊從新，當作 rú。虺當注 huī，平聲全清讀陰平。虺又作許偉切，今音 huǐ，與平聲義有别。突及其小韻内堗、葖、凸、鼵今音 tū，作 tú 誤。

（二）聲母有誤者

1）佳韻溪紐　（P.191）　咼　kuāi

嘉案:《辭海》音 wāi,《現代漢語詞典》音 wāi, 寫作咼(喎)。《辭源》一作喎, 音 kuāi, 注同喎; 一作喎, 音 wāi。通行的注音是 wāi, 不宜作 kuāi。

2)耕韻牀紐 (P.227) 峥 chéng

嘉案: 小韻字峥及其小韻内的崝、鬇, 今音 zhēng, 據濁聲母今音送氣陽平規則類推, 與今音不合。但據通行原則宜作 zhēng。小韻内竫、鐺、箏通行辭書不收。這些字是據規則類推, 還是朝本小韻内已有今音的字音靠攏? 這一類型須做通盤考慮。

3)宥韻知紐 (P.234) 晝 chòu

嘉案: 此小韻内共晝、咮二字, 今音爲 zhòu。

(三)韻母有誤者

1)阮韻疑紐 (P.203) 阮 yǎn(ruǎn)

嘉案: 小韻内共三字。阮音 ruǎn, 䬧通行辭書不收, 邧今音 yuán。阮小韻是合口, 標音 yǎn, 是開口。邧今音來自元韻愚袁切。今從元之字多讀爲 yuán, 䬧亦可定音爲 yuǎn。此小韻標音可作 yuǎn。

2)臻韻山紐 (P.201) 莘 xīn

嘉案: 據《廣韻》注: "地名, 又姓。" 此義今音 shēn, 其小韻内駪、甡亦同。查《集韻》此字另有斯人切, 在真韻, 注: "細莘藥草。" 今音 xīn。此音義《廣韻》未録。

3)臻韻牀紐 (P.201) 榛 chān

嘉案: 榛及其小韻内㲽(另有"帘", 通行辭書據又音標音)通行辭書不收。《集韻》移榛字入莊紐, 與臻音同。牀紐以榛、蓁作小韻字, 今音 zhēn。此小韻據規則當標 chén。韻母 ān 與臻韻不合。

4)咸韻知紐 (P.244) 詀 zhēn

嘉案: en 與咸韻不合。《辭海》標作 zhān。

5)幽韻明紐 (P.237) 繆 miú

嘉案: 幽韻繆下注: "《詩傳》云: 綢繆猶纏緜也,《説文》曰: 枲十絜也, 武彪切。" 綢繆之繆今音 móu。尤韻莫浮切亦有繆, 注: "絲千累。" 武彪切下所有的字(繆、鷚、䋷)皆重出於莫浮切下, 兩者今音實在相同。此處宜標 móu。

6)紙韻並紐 (P.175) 被 皮彼

婢 便俾 bì (bèi)

嘉案: 此二小韻爲重紐。皮彼切有二字: 被今音 bèi; 罷今音 bà, 來自薄蟹切(此字釋義爲遣有罪, 不讀 pí, pí 音來自支韻符羈切)。便俾切亦有二字: 婢今音 bì; 庳今音 bǐ, 又音 bēi（二音同出於便俾切）。此處注音宜將重紐分開，標爲：被 bì（bèi）；婢 bǐ，bēi（bì）。

（四）普通話音系中無此音節者

1）寘韻娘紐　（P.176）　諉　女恚切　nuì

嘉案：《辭源》據此反切定音 wěi，推托之義，與《廣韻》釋義不合。《集韻》諉有三個反切：①邕危切，支韻影紐，今音 wěi，釋義諈諉；②弋睡切，寘韻喻紐，今音 wèi，釋義累也；③而睡切，寘韻日紐，今音 ruì，釋義諈諉煩重貌。諈諉，《辭源》釋義是鈍滯，與而睡切 ruì 音義合。諉小韻内捣、䅑通行辭書不收。捣從芮聲，芮今音 ruì。nuì 爲普通話中没有的音節，不妨折合成 ruì，作爲諉小韻的今音。

又《辭源》據女恚切爲諉定今音 wěi，不妥。《集韻》邕危切方可定今音 wěi。推諉之諉 wěi 與諈諉之諉ruì音義有别（參見《古今字音對照手册》P.100）。

2）鍩韻日紐　（P.209）　髩　而鍩切　tà

嘉案：正文中缺標音，勘誤補標 tà。疑是 rà 之誤。日紐字有讀n的，如讘，而涉切（葉韻日紐）音 niè。髩爲獨字韻，應標爲 nà。

3）幽韻並紐　（P.237）　淲　皮彪切　piú

嘉案：《廣韻》淲下注：水流貌，亦作滮。滮，今音 biāo，其小韻内瀌，今音 biāo。另有颮，通行辭書不收。此小韻今音可標爲 piáo

4）幽韻山紐　（P.237）　犙　山幽切　shūn

嘉案：犙獨字小韻。通行辭書不收。犙又見於尤韻所鳩切，今音 sōu。犙又蘇含切，見於覃韻。此小韻標音當爲 shōu。

5）戈韻來紐　（P.219）　䡰　縷䑩切　lüé

嘉案：普通話音節表中有 lüě、lüè，無 lüé。䡰是獨字韻。

6）馬韻初紐　（P.220）　䂳　叉瓦切　chuǎ

嘉案：普通話音節表中衹有 chuā，無 chuǎ。䂳是獨字韻。

（五）抄寫顯誤者

1.承前韻母誤者

1）有韻知紐　（P.234）　肘　陟柳切　zh-

2）耕韻見紐　（P.227）　耕　古莖切　g-

3）獮韻精紐　（P.211）　翦　即淺切　j-

4）緩韻定紐　（P.206）　斷　徒管切　d-

嘉案： 肘承前標音 fǔ 的韻母，則音 zhǔ，應作 zhǒu，不當承前。耕承前 níng 的韻母 íng，則音 gíng，應作 gēng。篛承前標音 yǎn，則成 jyǎn，不合書寫規則，應作 jiǎn，不宜承前。斷承前 uǎn，則音 duǎn，應作 duàn。

2.不合書寫規則者

5）狎韻影紐　（P.246）　鴨　烏甲切　iā

6）藥韻喻紐　（P.223）　藥　以灼切　（yaò）

嘉案： iā 當作 yā。yaò 當作 yào。

3.標調不合條例者

7）用韻奉紐　（P.172）　俸　扶用切　fèng

8）腫韻非紐　（P.172）　覂　方勇切　fěng

9）腫韻敷紐　（P.172）　捧　敷奉切　pěng

嘉案： 依據《敘例》標音條例，上聲韻内上聲調不標，去聲韻内去聲調不標，入聲韻内陰平調不標。表内具體標調情況與條例不合者甚多。

4.其他

10）魂韻見紐　（P.204）　昆　〔gūn〕　kūn

11）青韻曉紐　（P.230）　馨　〔xīng〕　xīn

嘉案： 符號〔〕的用法《敘例》中未講到。想來是標明舊讀之用。一字有舊讀今讀差别的不少，僅在這兩處標出舊讀，與《敘例》中捨舊從今原則不合。舊音不必列出。如果爲了以資參考，可將舊讀全部標出，採取存舊從今原則。

12）果韻精紐　（P.219）　硰　作可切　zuě

嘉案： zuě 爲 zuǒ 之誤。

（六）未標音者

1）麌韻心紐　（P.184）　縙　相庾

嘉案： 查《集韻》縙有兩個反切：一在平聲虞韻詢趨切，《辭源》注音 xū；一在上聲噳韻聳取切。《廣韻》縙平聲未又出，僅在上聲韻。故當標音爲xǔ。其小韻内另一個字是稰，通行辭書不收。

2）慁韻幫紐　（P.203）　奔　甫悶

嘉案： 甫悶切音 bèn，投奔之義。又博昆切，音 bēn，奔走之義，在魂韻。

3）産韻初紐　（P.209）　㹽　初綰

嘉案: 㦃重出在剗小韻,初限切,開口,今音 chǎn。初綰切,爲合口,今音 chuǎn。産韻合口衹此一小韻。因綰在潸韻合口,故陳澧認爲此小韻爲潸韻增加字而誤入産韻者。李新魁認爲借用潸韻字亦有可能(參見《韻鏡校正》)。但㦃有開合兩讀無疑。其小韻内另一字𪆌,在《集韻》中亦有所簡(chǎn)、揣綰(chuǎn)二切,可以爲證。

4) 銑韻定紐　(P.210)　殄　徒典*

嘉案: 殄小韻另有二字:跈,今音 niǎn,是據又音乃殄切;蜓,今音 tíng,亦據又音特丁切。徒典切之蜓指蝘蜓,一名守宫;特丁切之蜓指蜻蜓。二者音義有别。殄,今音 tiǎn。此小韻宜標 tiǎn,《今音表》第二次印刷所附《勘誤》已補音。

5) 蕩韻泥紐　(P.223)　曩　奴朗*

嘉案: 當補標音 nǎng。《勘誤》已補音

6) 清韻羣紐　(P.228)　頸　巨成

嘉案: 頸重出静韻,居郢切,今音 jǐng。巨成切當音 qíng。其小韻内另二字:一爲鵛,今音 qíng。一爲葝,《辭源》將巨成切標爲 qíng,而將葝的釋義鼠尾草却繫在堅正切(《集韻》的反切)jìng 之下。巨成切可標音 qíng。《勘誤》已補。

7) 寑韻曉紐　(P.239)　廞　許錦

嘉案:《辭海》《辭源》注今音 xīn,乃據侵韻又音許金切。其下注《爾雅》曰:興也,亦陳車服也。"許錦切之廞爲獨字韻,釋義大喪囊也。二反切音義有别。此小韻應補標音 xǐn。

8) 乏韻敷紐　(P.246)　㹒　孚法

嘉案: 㹒爲獨字韻。敷母入聲字今音一般讀去聲,少數讀陽平。此處可補標音 fà。

(七) 宜補他音者

1) 諄韻清紐　(P.200)　逡　cūn

嘉案: 其小韻内今音 cūn 的:皴;今音 qūn 的:逡、踆;今音 jùn 的:㕙(據《辭源》)。

2) 潸韻匣紐　(P.208)　睆　huǎn

嘉案: 睆當作晼(參見伍、文字)。其小韻内鯇音 huàn,晼音 wǎn。據規則全濁上變去,huàn 正合。可標成 huàn,wǎn、(huǎn)。

3) 銑韻見紐　(P.210)　〈　juǎn

嘉案: 其小韻内〈(異體甽、畎)今音 quǎn。誸音 juǎn。埍、汱二字通行辭書不收。宜作 juǎn(quǎn)。

4）陽韻微紐 （P.221） 亡 wāng

嘉案: 此爲既錯又宜補音之例。其小韻内音wáng的有亡;音máng的有硭、鋩、宋、芒、邙。宜作máng（wáng）。

5）屋韻並紐 （P.169） 暴 pú

嘉案: 小韻内音pú的有僕;音pù的有暴、瀑。若據入聲並母今多讀爲去,pù爲規則變化。宜補。

6）東韻溪紐 （P.170） 穹 qiōng

嘉案: 小韻内穹音qióng,营音qiōng（據《辭海》）。然《現代漢語詞典》音節表中無qiōng,如據靠攏規則,宜標作陽平。

7）鍾韻喻紐 （P.174） 容 róng, yōng

嘉案: 其小韻内音yōng的:庸、鄘、墉、慵。音yóng的:庸、墉、螪、鄘、鷛。且yóng爲規則變化。宜補yóng。

8）志韻日紐 （P.180） 餌 èr

嘉案: 音èr的:佴、刵、咡。音ěr的:餌、珥（未在上聲韻内重出）。宜補ěr。

9）物韻奉紐 （P.201） 坲 fó

嘉案: 音fó的:佛、坲。音fú的:怫、咈、刜、岪。宜補fú。

10）换韻影紐 （P.207） 惋 wàn

嘉案: 音wàn的:捥（腕）;音wǎn的:惋、琬（上聲韻内不重出）;音wān的:豌（平聲韻内不重出）。宜補。

11）霰韻匣紐 （P.210） 縣 xiàn

嘉案: 此小韻内袨、眩、炫、衒、眴,皆音xuàn,且此小韻爲合口,宜補xuàn。xiàn爲不規則音變。

12）昔韻並紐 （P.228） 擗 pì

嘉案: 擗今音pǐ宜補（pǐ）。

13）忝韻溪紐 （P.243） 嗛 qiàn

嘉案: 音qiàn的:慊。嗛音qiǎn;又音qiàn,通歉。上聲次清不變調,此小韻宜補qiǎn。

三　等呼和聲紐

(一) 等之不合理者

《今音表·敘例》曰:

“各表竪看同一行的字，聲母相同；横看同一欄的字，韻類相同。這與宋代韻圖的格式相似。”(P.171)

嘉案:《今音表》没有明確標出等，但在表中，從小韻位置的相對上下行，還是顯示了等第。因此，這裏就産生了小韻位置的上下行安排是否合理的問題，也就是説這種位置的安排是否與宋代韻圖的等第協調的問題。表中小韻位置的安排基本上與宋代韻圖相合（除了韻圖里列在二等和四等的一小部分小韻字通常認爲是三等的做法）。但亦有錯行或失當之處。

1.脂韻合口三等　(P.178—P.179)

1）精紐　嶉　醉綏切　列在合口上行

心紐　綏　息遺切　列在合口下行

嘉案: 嶉列上行，綏列下行，前者相當於三等，后者相當於四等，似不妥當。二者同在精組（《韻鏡》列四等，今通常算三等），且同一韻類（嶉以綏爲反切下字）。當同列合口上行。

2）山紐　衰　所追切　　日紐　蕤　儒隹切

照紐　錐　職追切　　曉紐　倠　許維切

穿紐　推　尺隹切　　於紐　帷　洧悲切

禪紐　誰　视隹切　　喻紐　惟　以隹切

這些小韻字皆列在合口下行（相當四等）。

嘉案: 這些小韻字和列在合口上行的小韻字（追、鎚、濢、龜、巋、逵、嶉）據韻圖和反切下字繫聯定爲追類，合口三等。它們當同列上行。下行留給群紐四等葵（群紐有三等逵）。

2.旨韻開口三等　(P.178—P.179)

1）精紐　姊　將几切　列在開口上行

心紐　死　息姊切　列在開口下行

邪紐　兕　徐姊切　列在開口下行

嘉案: 姊列上行，相當三等，死、兕列下行，相當四等，似不妥當。三者同在精組，且同一韻類（几類）。死、兕均以姊爲切下字，當同列上行。

2）照紐　旨　職雉切　　禪紐　視　承矢切

審紐　矢　式視切　　影紐　歕　於几切

這些小韻字列在開口下行（相當四等）。

嘉案: 這些小韻字和列在開口上行的小韻字（鄙、美、雉、几、姊等），據韻圖和反切下字繫聯定爲几類，開口三等。故當同列開口上行。

（二）呼之失當者

1）梗韻　（P.224—P.225）

幫紐　丙　兵永切　與合口三等同列

明紐　皿　武永切　與合口三等同列

嘉案:《韻鏡》《古今字音對照手册》《方言調查字表》皆爲開口。丙、皿固然以永爲切下字，似可與合口繫聯，然宋代韻圖二者列在開口圖。《今音表》現在的這種處理方式，不僅與韻圖有悖，而且與作者在《陳澧切韻考辨誤》中的見解不合。《辨誤》曰（《問學集》下册P.545）："至如梗韻之影於丙切，丙永兵切。案影、丙同爲開口，而丙以合口之永字爲切語者，是脣音之開口字以牙喉音合口字爲切語之例也。陳澧據反切定丙、永同爲合口一類，故以爲影字切語用丙是其疏忽耳，實則不然。宋人等韻圖如《韻鏡》《七音略》影、丙同爲開口，是其明證。"《今音表》列影在上行，相當開口三等，列丙、皿在下行，和合口三等字爲伍，故謂之呼之失當。

（三）聲紐之誤者

1）諫韻知紐　（P.207）

𣋽　丑晏切

嘉案: 丑在徹紐，《韻鏡》列𣋽在徹紐。《今音表》誤，當移至徹紐下。

2）禡韻禪紐　（P.221）

射　神夜切

嘉案: 神在神紐，《韻鏡》列射在神紐位置。《今音表》誤，當移至神紐下。

3）尤、有、宥三韻　（P.234）

幫紐　不fōu　缶fǒu　富fù

滂紐　颰fōu　恒fǒu　副fù

並紐　浮fú　婦fù　復fù

嘉案:《今音表·敘例》曰:“（脣音字）今音有些字讀雙脣音，有些字讀脣齒音，遠自唐代有些方音即已如此，宋代韻圖以非敷奉微與幫滂並明相對，一定是與當時語音的讀法相適應的。本書目的既在於注明今音，所以把重脣和輕脣分開，以免混淆。”此處三紐的字皆讀脣齒音，將聲紐標爲重脣不妥，宜改爲輕脣非、敷、奉，以免自亂條例。《方言調查字表》輕重分開，此三紐標爲輕脣。

4）鹽、琰、豔三韻　（P.242）

非紐　砭biān　貶biǎn　窆biàn

嘉案: 此處宜改標重脣幫。理由如上。

四 小 韻

(一)不録之小韻七十一個

與張刻本《廣韻》對照,《今音表》不録小韻多達七十一個。兹列於下表中。

《廣韻》中小韻《今音表》不録者一覽表

表例: 1.表序指《今音表》中表的序號。2.小韻的等呼主要根據宋人韻圖而定。3.類别是指對不録小韻的分類: 一類爲空位,《今音表》此位空着,簡稱“空”; 一類爲同音,《今音表》此位另有字,簡稱“同”; 一類爲重紐,簡稱“重”。4.爲便於比較,列出陳(陳澧《切韻考》)、周(周祖謨《陳澧切韻考辨誤》)、李(李榮《切韻音系》)、邵(邵榮芬《切韻研究》)四家取捨情况。取之符號爲“+”,捨之符號爲“-”。

序號	表序	韻紐	小韻反切	等呼	類 别	陳周李邵	備 注
1	五	支照	腄·之垂	三合	空	-+--	
2	六	旨照	跰·止姊	三開	同	----	
3		至曉	侐·火季	四合	同	---+	
4	七	之溪	抾·丘之	四開	重	----	
5		之審	眹·式其	三開	同	----	
6	十三	祭溪	甤·丘吠	三合	空	--++	李、邵列在廢韻。
7		祭曉	緣·呼吠	三合	空	---+	邵列在廢韻。
8		祭疑	剿·牛例	四開	重	--++	邵列在合口。
9	十四	泰清	暩·七外	一合	同	----	
10	十五	佳影	蛙·烏媧	二合	空	++++	
11	十六	怪知	顡·知怪	二合	空	--++	
12	十七	夬匣	寙·何犗	二開	空	----	

續表

序號	表序	韻紐	小韻反切	等呼	類 別	陳周李邵	備 注
13	十八	隊匣	蚚·胡輩	一合	同	----	
14	十九	海滂	俖·普乃	一開	同	--+-	
15		海喻	佁·夷在	一開	同	----	
16	廿一	震見	昀·九峻	四開	空	--++	李、邵列在合口。
17		震溪	螼·羌印	四開	重	----	
18	廿二	準知	屒·珍忍	三合	空	----	
19		準曉	脪·興腎	三合	空	----	
20		準日	毴·而尹	三合	同	--++	
21		準溪	螼·棄忍	三合	同	----	
22		準牀	濜·鉏紖	二合	空	----	
23	廿四	問見	攈·居運	三合	空	+-++	小韻字作捃。
24	廿六	月非	髮·方伐	三合	空	+-++	李列在開口。
25		月敷	怫·拂伐	三合	空	+-++	列在開口。
26		月奉	伐·房越	三合	空	+-++	列在開口。
27		月微	韈·望髮	三合	空	+-++	列在開口。
28	廿七	没透	宊·土骨	一合	同	----	
29	卅一	删溪	豻·可顔	二開	同	----	
30		潸牀	撰·雛鯇	二合	空	-+--	
31	卅二	山澄	窀·墜頑	二合	空	-+++	
32		山群	權·跪頑	二合	空	----	
33		山影	嬛·委鰥	二合	空	-+++	
34		山匣	湲·獲頑	二合	空	-+--	
35		山來	廬·力頑	二合	空	-+--	
36		襇見	鰥·古幻	二合	空	--++	

續表

序號	表序	韻紐	小韻反切	等呼	類 别	陳周李邵	備 注
37	卅四	獮群	蜎·狂兗	二合	重	-+++	邵列在三D。
38		獮牀	棧·士免	二開	同	----	
39		線澄	邅·持碾	三開	空	+---	
40		線來	㦁·連彦	三開	空	----	
41		線見	絹·吉掾	四合	重	++++	
42		線穿	釧·尺絹	三合	空	+-++	
43		薛禪	啜·殊雪	三合	空	--++	
44	卅六	小影	闄·於小	四開	重	-+++	
45		小幫	褾·方小	四開	重	--++	邵小韻字作表。
46.	卅七	效滂	奅·匹皃	二開	空	+-++	
47	卌	過清	諎·千過	一合	同	----	
48	卌二	養見	臩·俱往	三合	同	---+	邵作群紐。
49		養初	磢·初丈	二開	同	----	
50	卌四	梗溪	界·苦礦	二合	空	----	
51		敬初	瀙·楚敬	二開	空	+-++	
52		陌曉	謋·虎伯	二合	同	--+-	
53		陌溪	蝍·丘擭	二合	空	-+--	
54		陌影	擭·一虢	二合	空	-++-	
55		陌影	韄·乙白	二合	空	--++	
56		陌匣	嚄·胡伯	二合	空	+-++	李作舍垎反。
57	卌六	清澄	呈·直貞	二開	空	+-++	
58		静澄	徎·丈井	三開	空	-+--	
59	卌七	錫並	甓·扶歷	四開	空	+-++	

續表

序號	表序	韻紐	小韻反切	等呼	類 別	陳周李邵	備 注
60	卌八	拯群	殑·其拯	三開	空	----	
61		拯徹	庱·丑拯	三開	空	----	
62		拯審	殊·色庱	三開	空	----	
63	五十	尤溪	恘·去秋	三開	同	----	
64		有滂	秠·芳婦	三開	同	----	
65	五二	黝見	糾·居黝	四開	空	+-++	
66	五三	緝穿	斟·昌汁	三開	空	-+--	
67	五六	鹽群	鍼·巨鹽	三開	同	-+--	
68	五七	桥見	兼·古念	四開	重	--++	邵作舍趁反。
69		怗心	谍·先頰	四開	重	----	
70	五八	豏澄	湛·徒減	二開	空	+--+	邵作定紐。
71	五九	鑑影	黤·黯去聲	二開	空	----	

嘉案：不録的七十一小韻已見上表，四家取捨亦已見上表。陳澧《切韻考》删五十五，録十六。陳氏這樣做，是爲了"稍復陸氏撰本之舊"，力圖從《廣韻》中求《切韻》之原貌，故以自己訂下的規則對小韻大加删除。周祖謨《陳澧切韻考辨誤》一文中，論及陳氏有些規則不妥及濫删小韻等問題時，主張有些小韻不能删，文中提及的有十三個。李榮《切韻音系》録三十一。邵榮芬《切韻研究》録三十一。這兩家都是以《王韻》爲研究對象，故《廣韻》後增之韻字當在不録之列。《今音表》以《廣韻》爲對象，應與其他三家取捨收録有别。《廣韻》不是《王韻》，更不是《陸韻》，而是在唐代韻書（主要是《唐韻》）的基礎上所廣益重修。自陸氏成書以後，《切韻》經傳寫、箋注、增訓加字或刊謬補闕，直至孫愐編撰《唐韻》，前書遂廢，已非陸氏之舊。宋代陳彭年重修《廣韻》，乃爲《切韻》系韻書集大成者。廣韻後增小韻，理當智有所本。今既爲《廣韻》作《今音表》，似無大删《廣韻》中小韻字之必要。

《今音表》所删小韻，可分爲三類。空位類小韻四十三個，宋人韻圖中往往列入。同音類十九個。重紐類九個。

（二）備　閱

1.《今音表》同音小韻

1）腫韻照紐

（P.173）　腫　之隴切

　　　　　㥲　職勇切（又音且勇切，列清紐）

嘉案：《韻鏡》此位列腫字。陳澧刪去㥲。二字同爲合口三等。宋跋本無㥲小韻，後增。㥲之又音且勇切，《廣韻》未單列。應列出。

2）之韻牀紐

（P.180）　漦　俟甾切

　　　　　茬　士之切

3）止韻牀紐

（P.180）　俟　牀史切

　　　　　士　鉏里切

嘉案：《韻鏡》俟在禪紐，士在牀紐，聲紐有別。宋跋本漦與俟兩字互切，不與牀紐字繫聯，自成一類。李榮獨立爲俟紐。《今音表》不設俟紐，俟仍作牀史切。漦與茬，俟與士是作同音小韻處理。《廣韻》俟已合於牀紐。

4）質韻知紐

（P.197）　窒　陟栗切

　　　　　蛭　丁悉*切

嘉案：《韻鏡》窒在三等，蛭在四等。據門法，三等知紐，四等端紐。《切韻考》蛭放在端紐。《今音表》質部不設端紐，將蛭列在知紐，在切語上加*，標明類隔。是將窒、蛭作同音處理。論切蛭在端紐。

5）末韻精紐

（P.207）　䲝　姊末切

　　　　　繓　子括切

嘉案：《切韻考》刪去繓。《韻鏡》此位列繓，《磨光韻鏡》列䲝在曷韻此位。李新魁認爲：《切韻》《王韻》不分曷、末，故䲝姊末切以合口末字爲下字。《唐韻》始別曷、末爲二韻，䲝字誤入末韻，《廣韻》承其誤。《今音表》䲝注音 zá，繓注音 zuǒ，開合今音有別。然二字同列一處，是作同音小韻處理。䲝可移至曷韻。

6）馬韻知紐

（P.220）　縿　竹下切

鮬　都賈*切

嘉案:《韻鏡》列鮬在合口，又列鮬在開口。依切語上字當列㛂在開口二等知紐，而列鮬在開口四等端紐。《切韻考》鮬在端紐。《今音表》二字同列，又標明類隔，是作同音處理。鮬之反切下字賈爲二等。

2.《廣韻》中同字切語

1）獮韻牀紐

（P.212）　撰　士免切

棧　士免切　（《今音表》删去）

嘉案:《韻鏡》在合口二等牀紐列撰，是潸韻雛鯇切之撰。在開口二等牀紐列棧，是産韻士限切之棧。在韻圖中，獮韻二等字無處安排。《切韻考》删去棧士免切。《今音表》亦同，録撰士免切。潸韻撰雛鯇切删去。獮韻之撰爲合三、棧爲開三，是開合之别。

2）陌韻見紐

（P.225）　格　古伯切

虢　古伯切

嘉案:《韻鏡》格在開口二等，虢在合口二等。《今音表》從之。陳澧云:（虢）以其無同類之韻，故借用伯字耳。

3）合韻清紐

（P.240）　趁　七合切

遪　七合切

嘉案: 遪之反切，《玉篇》作千合反，正。張刻本作士合切，鉅宋本作十合切，《四庫全書·原本廣韻》作於合切，上字皆爲千之訛。《今音表》定七合切，不妥。

4）紙韻溪紐

（P.176）　企　丘弭切

跬　丘弭切

嘉案: 企之反切爲開口呼，跬之反切爲合口呼。反切用字相同而等呼有别，蓋爲六朝舊音開合不分之孑遺。

3.《今音表》所移小韻

1）湩韻明紐　䲈　莫湩切　（P.171）

2）湩韻端紐　湩　都䲈切　（P.171）

嘉案:《廣韻》腫韻之湩下注，此是冬上聲。《今音表》析湩韻，此二字移出。

3）真韻群紐　趣*　渠人切　（P.198）

4）真韻滂紐　砏*　普巾切　（P.197）

嘉案：《廣韻》此二字在諄韻中，《今音表》移至開口真韻，符號*大概是移韻記號。唐代韻書真諄爲一韻部，反切下字自然開合通用。且趣、砏，一爲牙音，一爲脣音。古人爲音之慣例，有牙喉音合口字或以開口字切之者，有脣音合口字之切語其上字爲合口則下字間亦取開口字爲之（參見《陳澧切韻考辨誤》）。以反切下字開口爲移韻之根據不妥。

5）霰韻幫紐　遍*　方見切（P.209）

嘉案：《廣韻》此字列在線韻中。線、霰兩韻在唐代已分部。陳澧認爲見在三十二霰，故遍在線韻中爲誤。遍爲脣音，古者開合辨析未精，故可以認爲此切下字爲古音反切之遺孑。

6）箇韻清紐　磋　七箇切　（P.218）

7）箇韻影紐　侉　安賀切　（P.218）

嘉案：此二字《廣韻》列在過韻中。《韻鏡》列磋在箇韻，依此可移。陳澧認爲侉爲箇韻增加字誤入過韻。箇、過二韻《唐韻》以前合一。反切下字開合通用。侉在《七音略》中列於箇韻，而《韻鏡》未收。依《七音略》可移。

4.《今音表》新析小韻

1）腫韻清紐　幒　且勇切　（P.173）

2）山韻疑紐　頑　吴鰥切　（P.209）

3）凡韻溪紐　欦　丘凡切　（P.247）

嘉案：幒本於唐代韻書，宋跋本有㧤，且勇反，項跋本同，衹是字有異。頑吴鰥切見於唐代韻書，《廣韻》頑列删韻五還切内。欦，《玉篇》作丘凡反，宋跋本、項跋本誤繫芝小韻匹凡反之下，《廣韻》承之。又《集韻》有欱（釋義同欦，張刻本作欦，多智也），丘凡切。陳澧據此辨之。《韻鏡》有㧤、頑，未録欦。幒、欦當列出，而頑不當析出。

五 文 字

(一) 抄成錯字者

1) 紙韻心紐　髓　(P.176)

嘉案: 月誤作貝,當作髓。《說文》髓,從骨隓聲。段注:隸作髓。

2) 祭韻明紐　袂　(P.187)

嘉案: 夬誤作央,當作袂。《說文》袂,袖也,從衣夬聲。《唐韻》作袂,形旁誤。

3) 灰韻泥紐　幔　(P.194)

嘉案: 夊誤作夂,當作幔。《說文》(大徐本)從巾、夒聲。夒,《說文》從頁;巳止夊,其手足。幔,墀地也,以巾擱之,故從巾。段注:塗地以巾,按而摩之,如今之擦漆,故其字從巾。唐寫本(斯二〇七一)作幔,敦煌本作幔(據影印),宋跋本作幔。唐代韻書皆誤。據《說文》,當作幔。

4) 隊韻見紐　幘　(P.194)

嘉案: 忄誤作巾,當作憒。《廣韻》注:心亂也。《說文》憒,亂也,從心貴聲。項跋本作憒。宋跋本、《唐韻》作憒。

5) 潸韻匣紐　睕　(P.208)

嘉案: 完誤作宅,當作睆。唐寫本(斯二六八三、斯二〇七一)、宋跋本皆作睆。《集韻》睆之異體爲晥。

6) 麥韻影紐　戹　(P.227)

嘉案: 當作戹。《說文》:從户乙聲。

7) 青韻見紐　扃　(P.230)

嘉案: 當作扃。《說文》:從户冋聲。

8) 蒸韻溪紐　殑　(P.231)

嘉案: 石誤作歹,當作硱。《玉篇》:硱,硱磳,石貌。宋跋本作硱(困誤作因)。敦煌本(據影印)作硱。

9) 葉韻禪紐　涉　(P.243)

嘉案: 步下不是少,當作涉。

10）覃韻心紐　毵　（P.240）

嘉案：毛誤作戈，當作毵。《玉篇》：長毛貌。敦煌本（影印本斷爛，據劉刻本）、宋跋本作毵。項跋本作毵，衾爲參之誤。

11）藥韻羣紐　噱　其虐切（P.222）

嘉案：切下字當作虐，⺕爲⺊之誤。《説文》：虐，殘也。從虎爪人。虎足反爪人也。段注：覆手曰爪，虎反爪向外攫人是曰虐。

（二）抄成别字者

1）紙韻照紐　紙　（P.176）

嘉案：《玉篇》：紙，支氏切，蔡倫所作也。另有紙，丁兮切，絲滓也（見《説文》）。段注：此篆與紙别。唐寫本（斯二〇七一）作紙，王國維摹本如此，影印本此處斷爛，但據"弛，式氏反"可證作紙。敦煌本影印此處模糊，劉刻本作紙。項跋本作紙。看來唐人喜多一點，但在上不在下。唯宋跋本作紙，正。

2）鍾韻心紐　蜙　（P.173）

嘉案：張刻本作蚣，鉅宋本同。《説文》：蚣，蚣蝑，舂黍也，以股鳴者；從䖵松聲；蚣，蚣或省。《説文》：蜙，從䖵從聲；蝑蜙，蟲在牛馬皮者。二蟲爲不同之物，二字亦不可混淆。《廣韻》鍾韻清紐樅小韻内有蜙字。唐寫本（斯二〇五五）、宋跋本、項跋本蚣皆在冬韻。宋跋本蜙在東韻子紅反。此處小韻字當作蚣。

3）絳韻滂紐　胖　（P.174）

嘉案：張刻本作肨。《廣韻》肨，脹臭貌。《説文》：胖，半體也：一曰廣肉。段注：此别一義，胖之言般也，般大也。《大學》：心廣體胖，其引申之義也。《玉篇》二字有别，肨下注：普江、普降二切，肨脹也；胖下注：普半切，牲之半體。《切韻考》曰：肨，明本誤作胖。《廣韻》换韻滂紐普半切有眫（月誤作目），牲之半體。

4）語韻照紐　鬻　（P.183）

嘉案：張刻本作鬻，正。《説文》：鬻，亨也（段注普庚切，今字作烹），從䰜者聲。據《集韻》其異體有煑、䰞、鬻。鬻爲另一字，《説文》：鍵也，從䰜米。段注：作粥者，俗字也。《廣韻》屋部照紐有粥，之六切。查唐代韻書，唐寫本（斯二〇七一）作煑，敦煌本煮或作鬻，宋跋本作煑。唯有項跋本煑下注亦鬻，二字相混。

5）潸韻滂紐　販　（P.207）

嘉案：張刻本作眅。《廣韻》注：目中白色，《説文》：多白眼也，從目反聲。宋跋本作眅。唐寫本（斯二〇七一）删韻有眅，目多白。王國維誤抄作販。

6）麻韻日紐　惹　（P.221）

嘉案：張刻本作若，注蜀地名，出《巴中記》。馬韻日紐若（人者切）小韻内有惹，亂也。查《王韻》麻韻日紐有婼，而遮反，婼羌，國名。此字列於《廣韻》蜀地名若之後。今作若羌（在新疆）。

7）鐸韻疑紐　愕　（P.224）

嘉案：張刻本作咢。咢與愕有别。《廣韻》注："徒擊皷謂之咢，……《説文》作㖾，譁訟也。"此小韻内另有愕，驚也。宋跋本愕爲小韻字，注：五各反，驚，亦作咢。不另列咢字，以咢爲愕之異體。《唐韻》以愕爲小韻字，既不注亦作咢，又不另列咢字。項跋本以愕作小韻字，注：驚，俗咢；又另列出㖾，讙訟也，一曰徒擊皷。《廣韻》立咢爲小韻字，又另出愕字，故小韻字不宜寫作愕，應以咢爲正。

8）德韻曉紐　墨　（P.234）

嘉案：此處是呼北切，當爲黑字。墨是莫北切，在明紐。

9）寑韻精紐　醻　（P.238）

嘉案：張刻本作醑，正。唐寫本（伯三六九五）、宋跋本同。敦煌本亦同，且注亦作醑、䣻。《康熙字典·備考》有醻，《字匯補》徂丸切，音攢。醑是子朕切，寑韻開口精紐。醻爲徂丸切，與《廣韻》在丸切同，桓韻合口從紐，二字有别。

10）㮇韻透紐　搽　（P.243）

嘉案：張刻本作㮇。唐代韻書，㮇多作搽或掭。唯敦煌本作㮇，黎刻本、鉅宋本（去聲爲巾箱本）同，宋本《玉篇》亦同。㮇之釋義，韻書多爲火杖，獨《玉篇》爲木杖。查《説文》有㮇之異體桰，注炊灶木。段注灶㮇，即撥火木棍。可知古代撥火工具，以一木杖，製字故從木。唐宋韻書（皆《陸韻》一系）釋之爲"火杖"，與顧野王《玉篇》釋之爲"木杖"，實無大别。木杖明工具之材料，以材料修飾工具；火杖明工具之用途，以用途修飾工具。顧爲南人，陸爲北人，同一工具名稱小異，與理不悖。㮇之本義明，故字形亦明。唐人作搽，顯然是錯字，木誤作扌。由於形誤而成爲異體，是異體字形成的方式之一。然宋代韻書一正唐代之誤（敦煌本不誤），以㮇爲正體。